Praktische Reisetipps A–Z

Dar es Salaam – „Hafen des Friedens"

Land und Leute/Die Tierwelt des östlichen Afrika

Südliche Swahili-Küste und Selous Game Reserve

Arusha und das Mt.-Meru-Gebiet

Die Morogoro-Region

Das Rift Valley – Tarangire und Manyara National Parks

Zentrales Tansania – die „Nyika"

Das Ngorongoro-Schutzgebiet und der Serengeti National Park

Die Lake-Victoria-Region

Moshi und Mt. Kilimanjaro National Park

Der Westen und der Tanganyika-See

Pare- und Usambara-Berge

Südliches Hochland, Ruaha National Park und Lake Nyasa

Die nördliche Swahili-Küste

Sansibar, Pemba, Mafia

Anhang/Kartenatlas

Jörg Gabriel
Tansania,
Sansibar, Kilimanjaro

„Enkong'u naipang'a eng'en" –
„It is the eye which has travelled that is clever"

Sprichwort der Maasai

Impressum

Jörg Gabriel
Tansania, Sansibar, Kilimanjaro

erschienen im
REISE KNOW-HOW Verlag Peter Rump GmbH
Osnabrücker Str. 79, 33649 Bielefeld

© REISE KNOW-HOW Verlag Därr GmbH, Hohenthann, 1999
© 2000, 2003: Peter Rump
4., komplett aktualisierte und erweiterte Auflage 2007

Alle Rechte vorbehalten.

Gestaltung
Umschlag: G. Pawlak, P. Rump (Layout); M. Luck (Realisierung)
Inhalt: G. Pawlak (Layout); M. Luck (Realisierung)
Karten: B. Spachmüller, der Verlag; C. Raisin (Kartenatlas)
Fotos: J. Gabriel (jg); K. Simon (ks); O. Dahms (od);
G. Guzinski (gg); C. Drews (cd); F. Jantschke (fj)
Titelfoto: J. Gabriel

Lektorat: M. Luck

Druck und Bindung: Wilhelm & Adam, Heusenstamm

ISBN 978-3-8317-1367-7
PRINTED IN GERMANY

Dieses Buch ist erhältlich in jeder Buchhandlung
Deutschlands, Österreichs, der Niederlande, Belgiens
und der Schweiz. Bitte informieren Sie Ihren
Buchhändler über folgende Bezugsadressen:

Deutschland:
Prolit Verlagsauslieferung GmbH,
Siemensstr. 16, D-35461 Fernwald (Annerod)
sowie alle Barsortimente
Schweiz:
AVA/Buch 2000
Postfach, CH-8910 Affoltern a.A.
Österreich:
Mohr-Morawa Buchvertrieb GmbH
Sulzengasse 2, A-1230 Wien
Niederlande, Belgien:
Willems Adventure
Postbus 403, NL-3140 AK Maassluis

Wer im Buchhandel trotzdem kein Glück hat,
bekommt unsere Bücher auch über
unseren **Büchershop im Internet:**
www.reise-know-how.de

*Wir freuen uns über Kritik, Kommentare
und Verbesserungsvorschläge.*

*Alle Informationen in diesem Buch sind vom
Autor mit größter Sorgfalt gesammelt
und vom Lektorat des Verlages gewissenhaft
bearbeitet und überprüft worden.*

*Da inhaltliche und sachliche Fehler nicht aus-
geschlossen werden können, erklärt der Verlag,
dass alle Angaben im Sinne der Produkthaftung
ohne Garantie erfolgen und dass Verlag
wie Autor keinerlei Verantwortung und
Haftung für inhaltliche und sachliche Fehler
übernehmen.*

*Die Nennung von Firmen und ihren Produkten
und ihre Reihenfolge sind als Beispiel ohne Wer-
tung gegenüber anderen anzusehen. Qualitäts-
und Quantitätsangaben sind rein subjektive Ein-
schätzungen des Autors und dienen keinesfalls
der Bewerbung von Firmen oder Produkten.*

Jörg Gabriel

Tansania

Sansibar
Kilimanjaro

REISE KNOW-HOW im Internet

Aktuelle Reisetipps und Neuigkeiten
Ergänzungen nach Redaktionsschluss
Büchershop und Sonderangebote

www.reise-know-how.de
info@reise-know-how.de

Wir freuen uns über Anregung und Kritik.

Ein persönliches Vorwort

Tansania! In unseren Breiten hat dieses Wort noch nicht annähernd die Anziehungskraft auf Reisende, wie die Namen der einzelnen Haupttouristenziele des Landes: die bis zum Horizont reichende tierreiche Savanne der **Serengeti**, der gewaltige, schneebedeckte **Mount Kilimanjaro** und die Gewürzinsel **Sansibar**, einzigartiger kultureller Schmelztiegel zwischen Afrika und Vorderasien. Bevor ich aber über weitere fantastische Sehenswürdigkeiten des ostafrikanischen Landes ins Schwärmen gerate, will ich Ihnen eine Anekdote schildern, deren Pointe die Stellung Tansanias im Vergleich zum übrigen Afrika treffender nicht bezeichnen könnte.

Auf einer meiner Reisen im noch sehr unerschlossenen Westen des Landes, genauer gesagt in dem Dorf Puge auf halbem Weg zwischen Nzega und Tabor, hielt ich zu einer kurzen Getränkepause an. Im Schatten eines Kiosks an der Piste nahm ich auf einer Bank neben einem alten Mann *(Mzee)* Platz. Eine Packung Kekse und eine warme Fanta sollten mich für meine Weiterfahrt stärken. Ein paar Dorfbewohner gesellten sich zu mir; neugierig wurden mir Fragen zu Herkunft, Vorhaben und über meine Eindrücke von ihrem Land gestellt. Nur der alte Mann an meiner Seite drehte weder seinen Kopf in meine Richtung, noch stellte er Fragen.

Ein großer Überlandbus fuhr nun in den Ort hinein. In dem aufgewirbelten Staub stiegen die Passagiere zu einer Soda-Pause aus. Die Strapazen der langen, holprigen Fahrt standen ihnen förmlich in die Gesichter geschrieben. Unter ihnen war auch eine Touristin aus dem nördlicheren Teil unserer Erde. Sie stand auf der gegenüberliegenden Seite der Straße inmitten der Gluthitze. Auch der alte Mann richtete seinen Blick in ihre Richtung. Als sie mich bemerkte, schenkte sie mir ein kurzes Nicken. Ein Nicken meinerseits vervollständigte dann die Wahrnehmung voneinander.

Plötzlich stammelte der alte Mann neben mir die Worte: „Africa is magic". Er wiederholte die Worte ein zweites Mal, da er wohl nicht wusste, ob ich ihn beim ersten Mal verstanden hatte. Es schien ihm wichtig, dass ich seine Worte höre, doch noch immer sah er nicht zu mir herüber. Ich wusste sofort, worauf er mit diesen Worten anspielte: „Africa is magic" lautete der Aufdruck auf dem Souvenir-T-Shirt der nun wieder in den Bus einsteigenden Touristin. Ohne ihn anzuschauen, stimmte ich dem alten Mann zu: „Yes, yes, Africa is magic". Doch es schien mir, als wenn dies noch nicht alles war, was er mir sagen wollte. Aus dem Augenwinkel bemerkte ich ein Leuchten in seinen Augen und einen sehr sicheren und äußerst zufriedenen Gesichtsausdruck, ganz wie ihn ein Pokerspieler hat, der noch über ein As im Ärmel verfügt und darauf brennt, es einzusetzen.

Der Bus war nun abgefahren, und nachdem sich der Staub wieder etwas gelegt hatte, trank ich meine warme Fanta aus, nahm meinen Helm und meine Handschuhe, doch bevor ich aufstehen konnte, sagte der alte Mann erneut: **„Africa is magic!"** Ich bemerkte, wie er mich nun mit seinen leuchtenden Augen ansah. Gefesselt von seinem Blick und seiner Ausstrahlung blieb ich vorerst noch sitzen. Nun stand er jedoch auf, und ich war fast enttäuscht, da ich noch irgendwie auf etwas wartete, eine Erklärung des alten Mannes oder einfach nur ein Gespräch mit ihm, doch er wiederholte während des Aufstehens nur die bekannten drei Worte. Doch dann drehte er sich um und fügte mit aller Überzeugung an: „... and Tanzania is the magician!"

❄ ❄ ❄

Tansania ist ein Land der Superlative. Innerhalb seiner Grenzen liegen der höchste und tiefste Punkt des afrikanischen Kontinents: der Mt. Kilimanjaro, 5895 m hoch, und der Tanganyika-See, über 1400 m tief. Als einziges Land Afrikas hat Tansania Zugang zu den drei großen Seen des Kontinents: zum Victoria-, Tanganyika- und Nyasa-See (Malawi-See). Wie kein anderes afrikanisches Land vereinigt Tansania kulturelle Aspekte Zentralafrikas aus dem Gebiet der „Großen Seen" (Seenkette zwischen dem Kongo-Becken

Ein persönliches Vorwort

und dem ostafrikanischen Hochland) mit dem Mythos und der Geschichte Ostafrikas entlang des Indischen Ozeans und in den Hochebenen des East African Rift Valley (Ostafrikanischer Grabenbruch). Doch nicht genug: Das Küstengebiet mit seinen traumhaften Inseln ist stark von orientalischer/indischer Lebenskultur geprägt. All das macht Tansania zu einem der landschaftlich und kulturell vielfältigsten Länder Afrikas.

✳ ✳ ✳

Tansania hat sich in den letzten Jahren zu einem der beliebtesten Reiseziele des afrikanischen Kontinents entwickelt. Doch trotz der wachsenden Popularität gibt es in Tansania auch abseits der Touristenpfade noch viel zu entdecken. Ob auf eigene Faust unterwegs oder im Rahmen einer organisierten Reise – Sie werden in diesem Reisehandbuch eine Fülle an Informationen zur Reisevorbereitung, zur Reisebegleitung und zum Verständnis von Land und Leuten vorfinden. Der Planung und Durchführung einer Reise mit Ihren ganz persönlichen Schwerpunkten dürfte somit nichts mehr im Wege stehen!

✳ ✳ ✳

Ein Reiseführer kann über vieles informieren, jedoch nicht alle Fragen beantworten, vor allem dann nicht, wenn sich dauernd neue Fragen stellen. Das vorliegende Reisehandbuch will selbstverständlich möglichst umfassend, präzise und aktuell informieren, um ein nützlicher Ratgeber zu sein. Auch soll der Leser einen Eindruck von der fremden Kultur, Tradition, Mentalität und dem tansanischen Alltag bekommen.

Hinsichtlich der praktischen Informationen ist zu bedenken, dass sie zwar bei Redaktionsschluss (Januar 2007) gültig waren, aber – gerade in diesem Teil Afrikas – Preise, Gebühren, Bestimmungen, Fahrpläne, der Zustand der Straßen, die Qualität von Unterkünften usw. einem ständigen Wandel unterliegen. Eine Tatsache, mit der wohl jeder Reisebuchautor zu kämpfen hat, und die besonders schwer wiegt im Falle eines Entwicklungslandes wie Tansania, wo soziale, politi-

sche und ökonomische Prognosen unsicher bleiben müssen und die Entwicklung im touristischen Sektor alles andere als planmäßig verläuft. Kurz: Was heute preiswert, gut, hygienisch, schlicht empfehlenswert ist, kann schon morgen in katastrophalem Zustand, überteuert und schlichtweg eine Zumutung sein!

Betrachten Sie die Preisangaben im reisepraktischen Teil des Buches daher mehr als Orientierungshilfe; Sie können die Kosten Ihrer Reise damit annäherungsweise hochrechnen, und wenn Sie kurz vor Reiseantritt den aktuellen Wechselkurs einholen und berücksichtigen, werden Sie dem tatsächlich erforderlichen Reisebudget schon recht nahe kommen.

Gestützt durch den IWF (Internationaler Währungsfond) blieb der tansanische Shilling in den letzten Jahren relativ stabil. Viele Preise im Buch sind daher in Tansania Shilling (mit TSh = Tansania Shilling gekennzeichnet) angegeben. Viele Mittelklasse- und gehobenere Hotels und Lodges sowie alle Nationalparks/Game Reserves sind mit US-Dollars zu bezahlen, ebenso sämtliche Inlandsflüge, Fähren zwischen dem Festland und den Inseln Sansibars und Schiffsreisen auf den großen Seen.

✳ ✳ ✳

Über Hilfe, das Buch für weitere Auflagen möglichst komplett, aktuell und praktisch verwertbar zu gestalten, würde ich mich sehr freuen. Anregungen, Ergänzungen, Tipps, Kritik und Verbesserungen können Sie mir bzw. dem Verlag mitteilen. Vielen Dank schon im Voraus!

✳ ✳ ✳

Ich hoffe, dass ich Ihnen mit diesem Reisehandbuch das Land Tansania nahe bringen kann, und wünsche Ihnen eine interessante und erlebnisreiche Reise.

Jörg Gabriel

Inhalt

Ein persönliches Vorwort	7

Praktische Reisetipps A–Z

An-, Ein- und Weiterreise	18
Ausrüstung	24
Dipl. Vertretungen und Infostellen	27
Dokumente und Zollbestimmungen	29
Essen und Trinken	31
Feiertage und Öffnungszeiten	38
Fotografieren und Filmen	39
Frauen allein unterwegs	41
Führer/Guides	43
Geld und Reisekasse	45
Grenzverkehr	48
Kleidung	51
Medien	53
Nachtleben und Unterhaltung	55
Notfall	56
Orientierung	58
Post und Telekommunikation	60
Reisen in Tansania	63
Reiseplanung und -vorbereitung	80
Reise- und Safariveranstalter	81
Reisezeit	86
Sicherheit und Kriminalität	87
Souvenirs	88
Sport und Aktivitäten	89
Stromversorgung	93
Unterkünfte und Zelten	94
Verhalten und Verständigung	102
Versicherungen	105
Zeit und Zeitverschiebung	107

Land und Leute

Naturraum	110
Klima	123
Wild- und Naturschutz	126
Geschichte	136
Staat und Politik	163
Wirtschaft	168
Bildungswesen	171
Gesundheitswesen	171
Bevölkerung	173
Religionen	179
Kunst und Kultur	184
Sport	191

Unterwegs in Tansania

Arusha und das Mt.-Meru-Gebiet	**194**
Arusha	194
Routenbeschreibungen ab/nach Arusha	224
Namanga – Arusha	224
Arusha – Makuyuni – (Kwa Kuchinia) Tarangire National Park	225
Arusha – Moshi	226
Arusha National Park	227
Das Rift Valley – Tarangire und Manyara National Parks	**242**
Tarangire National Park	243
Babati	251
Routenbeschreibungen ab/nach Babati	252
Kwa Kuchinia (Tarangire) – Babati	252

● **Zur ostafrikanischen Tierwelt siehe den 48-seitigen Farbbildteil nach Seite 120.**
● **Hinweis: Internet- und E-Mail-Adressen** im Buch können so getrennt werden (Zeilenumbruch!), dass ein Trennstrich erscheint, der nicht zur Adresse gehören muss!

INHALT

Babati – Kolo (Kolo Rock Paintings) – Kondoa – Dodoma	252
Babati – Ndareda – Katesh (Mt. Hanang) – Singida	253
Kolo Rock Paintings	254
Kondoa	258
Mt. Hanang	259
Mto Wa Mbu	260
Routenbeschreibungen ab/nach Mto Wa Mbu	261
Makuyuni – Mto Wa Mbu (Manyara National Park) – Karatu	261
Mto Wa Mbu – Engaruka Jini (Engaruka Ruins) – Lake Natron	262
Abstecher Engaruka Ruins	262
Manyara National Park	263
Lake Natron	269
Ol Doinyo Lengai	282

Das Ngorongoro-Schutzgebiet und der Serengeti National Park 284

Karatu und Oldeani	285
Routenbeschreibungen ab/nach Karatu	287
Karatu – Mbulu – Dongobesh – Ndareda	287
Karatu – Oldeani – Lake Eyasi	288
Lake Eyasi	289
Die Ngorongoro Conservation Area	293
Routenbeschreibungen zum/im Ngorongoro-Schutzgebiet	307
Karatu – Ngorongoro-Krater – Oldupai Gorge – Naabi Hill Gate	307
Abstecher in die Northern Highlands	307
Abstecher Nasera Rock/ Olkarien Gorge	309
Abstecher Lake Ndutu und Lake Masek	310

Serengeti National Park	311
Routenbeschreibungen durch die und in der Serengeti	326
Allgemeines	326
Naabi Hill – Seronera – Western Corridor – Ndabaka Gate (Lake Victoria)	326
Seronera – Ikoma – Nyamuswa/Lobo – Bologonja	328

Moshi und Mt. Kilimanjaro National Park 330

Moshi	330
Routenbeschreibung östlich von Moshi	345
Moshi – Marangu – Lake Chala/ Holili (Kenia-Grenze)	345
Mt. Kilimanjaro National Park	348

Pare- und Usambara-Berge 370

Usangi/North Pare Mountains	372
Routenbeschreibungen in/um die North Pare Mountains	372
Moshi – Mwanga – Same/ Mkomazi-Umba National Park	372
Abstecher zum Lake Jipe	372
Mwanga – Kikweni – Usangi	373
Same	373
Manka/South Pare Mountains	374
Routenbeschreibungen in/um die South Pare Mountains	374
Same – Manka/Bombo – Gonja Maore	374
Same – Zange Gate (Mkomazi G.R.) – Gonja – Mkomazi – B1 (Buiko)	375
Mkomazi-Umba National Park	376
Die Usambara-Berge	380
Routenbeschreibungen in/um die Usambara-Berge	393
Same – Buiko – Mombo	393

Mombo – Soni – Lushoto	394	*Kilwa Masoko*	509
Buiko – Mkomazi (Ort) –		*Die Inseln Kilwas*	511
Kivingo – Mlao – Lushoto	394	Lindi	513
Lushoto – Bumbuli –		Routenbeschreibungen	
Korogwe – Segera	395	ab/nach Lindi	517
East Usambara Mountains –		*Kilwa – Nangurukuru – Lindi*	517
Amani und Sigi	396	*Lindi – Mingoyo –*	
		Ndanda – Masasi	517
Die nördliche Swahili-Küste	**398**	*Lindi – Mingoyo –*	
Tanga	402	*Mikindani – Mtwara*	519
Routenbeschreibungen		Mikindani	519
ab/nach Tanga	415	Mtwara	520
Korogwe – Tanga	415	Routenbeschreibungen	
Tanga – Horo Horo/		ab/nach Mtwara/Tunduru	527
Lunga Lunga (Kenia-Grenze)	415	*Mtwara – Newala – Masasi*	527
Tanga – Pangani	416	*Masasi – Tunduru – Songea*	527
Pangani	416	*Mtwara – Rovula*	
Routenbeschreibungen		*(Mnazi Marine Reserve)/*	
ab/nach Pangani	421	*Kirambo (Ruvuma-River-Fähre/*	
Pangani – Segara – (Saadani) –		*Mosambik-Grenze)*	528
Bagamoyo/Chalinze –		Mnazi Bay –	
Dar es Salaam	421	Ruvuma Estuary Marine Park	529
Abstecher Saadani	421	Newala	530
Pangani – Mkwaja – Saadani –		Ndanda	530
Bagamoyo – Dar es Salaam	422	Masasi	531
Saadani National Park	423	Tunduru	531
Bagamoyo	426	Mbesa	531
Dar es Salaam	**440**	**Die Morogoro-Region**	**532**
		Morogoro	533
Südliche Swahili-Küste		Routenbeschreibungen	
und Selous Game Reserve	**484**	ab/nach Morogoro	540
Selous Game Reserve	486	*Dar es Salaam – Chalinze –*	
Routenbeschreibungen		*Morogoro*	540
nach Selous und Kilwa	501	*Morogoro – Mikumi*	
Dar es Salaam – Kibiti/		*National Park – Mikumi*	541
Selous Game Reserve	501	*Morogoro – Mvuha –*	
Kibiti – Kilwa Kivinje –		*Kisaki – Matambwe Gate*	
Kilwa Masoko	502	*(Selous Game Reserve)*	541
Kilwa Peninsula und Inseln	503	Die Uluguru Mountains	542
Kilwa Kivinje	506	Mikumi National Park	546

Mikumi	552	Rubondo Island National Park	623
Routenbeschreibungen		Routenbeschreibungen	
ab Mikumi	553	westlich von Mwanza	627
Mikumi – Iringa	553	*Mwanza – Geita – Biharamulo/*	
Mikumi – Mang'ula		*Runzewe – Kibondo*	627
(Udzungwa Mountains NP)/		*Biharamulo – Muleba – Bukoba/*	
Ifakara – Mahenge	554	*Mutukula (Uganda-Grenze)*	628
Udzungwa Mountains		Bukoba	630
National Park	555		

Zentrales Tansania –

		Der Westen	
die „Nyika"	**560**	**und der Tanganyika-See**	**638**
Dodoma	562	Tanganyika-See	639
Routenbeschreibungen		Kigoma	642
ab/nach Dodoma	570	Ujiji	651
Morogoro – Dodoma	570	Gombe Stream National Park	652
Abstecher nach Mpwapwa	571	Mahale Mountains National Park	657
Dodoma – Iringa	571	Routenbeschreibungen	
Dodoma – Manyoni – Singida	578	in der Kigoma-Region	665
Kilimatinde	579	*Kibondo – Ujiji/Kigoma*	665
Singida	579	*Kigoma – Uvinza/Mpanda*	665
Nzega	582	Kibondo	666
Routenbeschreibungen		Moyowosi Game Reserve	666
ab/nach Nzega	583	Uvinza	667
Singida – Igunga – Nzega	583	Ugalla River Game Reserve	668
Nzega – Shinyanga – Mwanza	583	Mpulungu (Sambia)	669
Nzega – Jomu –		Sumbawanga	676
Kahama – Nyakanazi	584	Routenbeschreibungen	
Nzega – Tabora	584	in der Rukwa-Region	681
Tabora	584	*Tunduma – Sumbawanga*	681
Shinyanga	593	*Sumbawanga – Katavi*	
		National Park – Mpanda	681
		Lake Rukwa Rift Valley	682
Die Lake-Victoria-Region	**596**	Katavi National Park	684
Musoma	601	Mpanda	688
Routenbeschreibungen			
ab/nach Musoma	605	**Südliches Hochland, Ruaha**	
Sirari – Tarime – Musoma	605	**National Park und Lake Nyasa**	**690**
Musoma – Ndabaka Gate		Iringa	692
(Serengeti) – Mwanza	606	Routenbeschreibungen ab Iringa	701
Mwanza	607	*Iringa – Mufindi –*	
Inseln im Victoria-See	620	*(Usangu/Kipengere) – Mbeya*	701

INHALT

Abstecher in die		Strande bei Zanzibar Town	808
Mufindi Highlands und		*Bootsausflüge zu den Inseln*	808
zur Mufindi Highland Lodge	702	*Ausflug ins Inselinnere:*	
Abstecher zum Lake Nzivi	702	*Spice Tour – die „Gewürztour"*	818
Iringa – Ruaha National Park	703	*Jozani Forest Reserve*	819
Ruaha National Park	704	*Ruinenstätten auf Sansibar*	822
Kipengere-Mpanga		Ras Nungwi	
Game Reserve	710	– die Nordspitze Sansibars	827
Mbeya	710	Die Ostküstenstrände	833
Routenbeschreibungen		Im Süden Sansibars/	
ab Mbeya und Tukuyu	723	Kizimkazi	839
Mbeya – Tunduma			
(Sambia-Grenze)	723	**Insel Pemba – die Nelkeninsel**	**842**
Mbeya – Izyonje – Tukuyu –		Die Insel	842
Mwandenga (Malawi-Grenze)	723	Geschichte	843
Tukuyu – Kyela –		Attraktionen und Infrastruktur	846
Matema (Lake Nyasa)	724	Mkoani/Süd-Pemba	847
Kitulo National Park	725	Chake Chake	850
Tukuyu	726	Wete/Nord-Pemba	859
Matema	729		
Lake Nyasa (Malawi-See)	732	**Die Inselgruppe von Mafia**	**866**
Njombe	736	Geschichte	868
Routenbeschreibungen		Sehenswürdigkeiten	870
von und nach Njombe/Songea	739	Mafia Island Marine Park	871
Makumbako – Njombe – Songea	739	Wohnen und Essen	872
Songea – Namtumbo – Tunduru	739	Transport	875
Songea – Peramiho –			
Mbinga – Mbamba Bay	740	## Anhang	
Mbinga	740		
Songea	740	Wörterliste Swahili	878
Peramiho	744	Gesundheit	885
Mbamba Bay	744	*Reise-Gesundheitsinformationen*	888
		Literatur	893
		Karten	898
Sansibar, Pemba, Mafia	**746**	Nützliche Internet-Adressen	
Die Insel Sansibar (Unguja)	**748**	zu Tansania	899
Geografie	750	Register	922
Geschichte und Politik	751	**Kartenverzeichnis**	**935**
Bevölkerung	763	Der Autor	936
Religionen	765		
Flora und Fauna	766	**Kartenatlas** nach Seite 936	
Zanzibar Town	771		

Exkurse von A–Z

Auf den (Gleis-)Spuren der Deutsch-
Ostafrikanischen Mittellandbahn –
eine Fahrt mit der
Central Railway ... 572
Bushiri und der Araber-Aufstand
(1888–1890) ... 433
Das Sandawe-Buschmannvolk ... 256
Der Afrikanische Wildhund ... 497
Der Baobab (Affenbrotbaum) ... 248
Der Einsatz der Zoologischen
Gesellschaft Frankfurt ... 321
Der „kanga" ... 188
Der Maji-Maji-Aufstand
(1905–1907) ... 508
Der Norden Tansanias –
ein Bilderbuch-Afrika ... 196
Der Sansibar Rotkopf Guereza –
eine bedrohte Affenart ... 823
Der Sklavenhandel –
das grausamste Kapitel
in Sansibars Geschichte ... 754
Die Barabaig – das Schicksal
eines Nomadenvolkes ... 256
Die Chagga –
das Volk am Kilimanjaro ... 332
Die Eastern Arc Mountains ... 386
Die einstigen Chagga-Reiche
am Kilimanjaro ... 342
Die Entdeckungsreisenden –
von Burton bis Livingstone ... 145
Die Entstehung der Ngorongoro
Conservation Area ... 302
Die Entwicklung der deutschen
Kolonialarchitektur am Beispiel von
Dar es Salaam/von R. Hasse ... 460
Die Hadzabe – das letzte
Buschmannvolk/von N. Große ... 290
Die kaiserliche Schutztruppe – eine
deutsch-afrikanische Armee ... 148
Die Legende des Menelik I. ... 368
Die Maasai – Afrikas bekanntes
Volk zwischen Tradition
und Moderne/von Th. Schrör ... 270

Die Makonde ... 522
Die Migration –
der große Trek der Gnus ... 318
Die Ngoni –
Volk aus dem Süden Afrikas ... 742
Die Regenmacher
von „Bukerebe" ... 621
Die richtige Organisation
einer Safari ... 212
Die Schädel des
Hehe-Herrschers Mkwawa ... 698
Die Schnitzkunst der Makonde ... 523
Die Ta-Za-Ra-Eisenbahn ... 716
Die Usambara-Eisenbahn ... 389
Die Yao – Volk am Ruvuma ... 530
Die zentrale Karawanenroute
der Araber ... 590
Dinosaurierfunde
am Tendaguru-Hügel ... 516
Dodoma – die Geschichte einer
fehlgeplanten Hauptstadt ... 564
Eine Fahrt mit der „M.V. Liemba"
auf dem Tanganyika-See,
und die verschiedenen Stationen,
um von Bord zu gehen ... 670
Emily Ruete, eine Prinzessin
aus Sansibar ... 784
Festival of the Dhow Countries ... 782
Flycatcher –
Tricks und Machenschaften
der Safari-Vermittler ... 217
Freddy Mercury – ein Rocksänger
aus Sansibar ... 794
Frederick Courteny Selous ... 489
Für Eisenbahn-Backpacker ... 410
German Bomas – große Mauern
aus deutscher Zeit ... 155
„Hatari" – Hardy Krügers
ehemalige Farm in Afrika ... 235
Julius Nyerere ... 164
„Kilimanjaro-Kaffee" aus Südtansania/
von U. Kusserow ... 339
Koloniale Apartheid –
„kiboko ishirini na moja"... 403
Lake Victoria – das „Meer"
im Herzen Afrikas ist bedroht ... 598

EXKURSE VON A–Z

Lettow-Vorbecks letzter Askari
aus Tanga ... 412
Mafia – die verlorene
Insel Menouthias? ... 868
Mangrovenwälder –
ein gefährdeter Lebensraum ... 857
Matriarchate im Tierreich ... 130
Mawenzis verbeulter Kopf ... 351
Mreho/Mregho –
ein Stock fürs Leben ... 346
„M.V. Liemba" – die Geschichte
der „Graf von Götzen" ... 648
Mwaka-Kogwa-Fest ... 841
Nelken und andere
Gewürze Sansibars ... 820
Ngalawa – das Fischerboot
der Swahili-Küste ... 438
Ngassa, der Naturgott
vom Nyanza ... 613
Safari – ein afrikanisches Wort
erobert die Welt ... 82
Sansibar-Truhen ... 804
Sansibar-Türen –
Wahrzeichen der Stone Town ... 799
Schimpansen –
unsere nächsten Verwandten ... 662
Sisal – eine deutsche
Hinterlassenschaft ... 401
Sport und Aktivitäten
auf Sansibar, Pemba und Mafia ... 810
Stierkämpfe auf Pemba –
„Mchezo wa ngombe" ... 852
Stone Town – Spiegelbild
orientalischer Kulturen
mit viktorianischer Vollendung ... 776
Taarab – Sansibars
traditionelle Musik ... 794
Tan/za/nia = Tanganyika
+ Sansibar + Azania ... 112
Tanzanit – blaue Edelsteine
aus dem Land der Maasai ... 170
Tippu Tip, der
berüchtigte Sklavenhändler ... 755
Tourismus auf Sansibar –
Ausverkauf einer Trauminsel? ... 830

Traditionelle Heiler
und Geistervertreiber ... 864
Traditionelles Geburtsritual
der Fipa ... 680
Über die Uluguru-Berge
durch die Savannenlandschaft
des Mikumi zu den
Quellen des Nils ... 544
URITHI – Stiftung zur
Denkmalpflege in Tanga ... 409
Wandern im Ngorongoro-
Hochland – Fuß-Safaris mit
Buschleuten und Maasai ... 305
Weder Schleier- noch Minipflicht ... 765
Wenn Nashörner Namen haben ... 297
Wie Kibo und Mawenzi
voneinander getrennt wurden ... 351
Zur Geschichte des preußischen
Kreuzers „Königsberg" ... 507
Zur Geschichte des Rungwe Valley –
Land der Nyakyusa ... 730

PRAKTISCHE REISETIPPS A–Z

Praktische Reisetipps A–Z

Auf Safari in der Serengeti

Dar es Salaam – Ocean Road Hospital

Solche Fotos nur nach Absprache!

An-, Ein- und Weiterreise

Am häufigsten erfolgt die Anreise nach Tansania über den Luftweg zu den **internationalen Flughäfen in Dar es Salaam, Sansibar und am Kilimanjaro.** Für Individualreisende, die mit einem eingeführten Fahrzeug das Land erkunden möchten, ergibt sich ein großer Aufwand an Planung und Kosten. Doch wer Zeit und Geld hat, Tansania für mehrere Monate zu bereisen, der wird die Autarkie und vor allem den unabhängigen Zugang zu den faszinierendsten Nationalparks in ganz Afrika zu würdigen wissen.

Anreise mit dem Flugzeug

Flugverbindungen

Flugverbindungen nach Tansania bestehen sowohl von Europa als auch von anderen afrikanischen Ländern aus. Aus dem deutschsprachigen Raum fliegen zurzeit **direkt** nur Swiss fünfmal wöchentlich von Zürich nach Dar es Salaam und Condor einmal wöchentlich von Frankfurt nach Kilimanjaro sowie einmal wöchentlich von München nach Sansibar. Am Montag geht es von München über Mombasa nach Sansibar und von dort zurück nach München, am Dienstag von Frankfurt direkt zum Kilimanjaro und über Mombasa zurück nach Frankfurt. Weitere Fluggesellschaften, die mehrmals wöchentlich von Deutschland, Österreich und der Schweiz **Umsteigeverbindungen** über London, Amsterdam, Addis Abeba, Abu Dhabi, Dubai oder Doha nach Kilimanjaro, Dar es Salaam oder Sansibar anbieten, sind British Airways, KLM, Kenya Airways, Ethiopian Airlines, Emirates und Qatar Airways.

Eine gute Option sind so genannte **Gabelflüge.** Bei diesen Flügen besteht die Möglichkeit, die Reise z.B. im Norden Tansanias zu beginnen und von der Küste oder Sansibar zurückzufliegen. Zurzeit (2007) bieten Ethiopian Airlines, Emirates und Condor preiswerte Hinflüge nach Nairobi oder Kilimanjaro und von Dar es Salaam oder Sansibar zurück an. Mit KLM kann man hin nach Nairobi oder Kilimanjaro und zurück von Dar es Salaam (oder umgekehrt) fliegen.

Wer Tansania um die **Weihnachtszeit** besuchen möchte, sollte möglichst **frühzeitig** einen Flug **reservieren,** da für diese Zeit viele Fluggesellschaften schon lange vorher komplett ausgebucht sind. Ein Überblick über Flüge von, nach und in Tansania findet sich im Internet unter: www.tanserve.com unter „flights".

Flugpreise

Die Flugpreise sind gestaffelt, je nach Aufenthaltsdauer, je nach Saison und je nachdem, ob man eine Jugend- oder Studentenermäßigung in Anspruch nehmen kann. Am teuersten ist es in der **Hauptsaison,** die je nach Airline zwischen dem 15. Juni und dem 1. Juli beginnt und bis etwa Ende August dauert. Hochsaison bei Flügen ist auch von Mitte bis Ende Dezember. Für ein Ticket muss man für diese Zeit mit mindestens **850 Euro** rechnen. In der **Nebensaison**

AN-, EIN- UND WEITERREISE

kann man bereits zu Preisen ab etwa **600 Euro** von Deutschland, Österreich und der Schweiz nach Tansania und zurück fliegen (Endpreis inkl. aller Steuern, Gebühren und Entgelte).

Von Zeit zu Zeit offerieren die Fluggesellschaften, die Tansania anfliegen, befristete **Sonderangebote** zu niedrigeren als den üblichen Preisen. Dann kann man z.B. mit KLM für unter 600 Euro von Deutschland nach Dar es Salaam und wieder zurück fliegen. Ob für die geplante Reisezeit gerade Sonderangebote für Flüge nach Tansania auf dem Markt sind, lässt sich der Website von Jet-Travel (s.u.) unter „Flüge" entnehmen, wo sie als Schnäppchenflüge nach Afrika mit aufgeführt sind. Wenn für die gewünschten Reisetermine Plätze zur Verfügung stehen, kann man dort auch gleich online buchen.

Indirekt sparen kann man als Mitglied eines **Vielflieger-Programms** wie www.star-alliance.com (Mitglied u.a. Swiss), www.skyteam.com (Mitglied u.a. KLM) sowie www.oneworld.com (Mitglied u.a. British Airways). Die Mitgliedschaft ist kostenlos, und mit den gesammelten Meilen von Flügen bei Fluggesellschaften innerhalb eines Verbundes reichen die gesammelten Flugmeilen dann vielleicht schon für einen Freiflug bei einem der Partnergesellschaften beim nächsten Flugurlaub. Bei Einlösung eines Gratisfluges ist langfristige Vorausplanung nötig.

Buchung

Folgende zuverlässigen Reisebüros haben meistens günstigere Preise als viele andere:

● **Jet-Travel,** Buchholzstr. 35, 53127 Bonn, Tel. 0228-284315, Fax 284086, info@jet-travel.de, www.jet-travel.de. Auch für Jugend- und Studententickets. Sonderangebote auf der Website unter „Schnäppchenflüge".
● **Globetrotter Travel Service,** Löwenstr. 61, 8023 Zürich, Tel. 01-2286666, zh-loewenstrasse@globetrotter.ch, www.globetrotter.ch. Weitere Filialen siehe Website.

Die vergünstigten Spezialtarife und befristeten Sonderangebote kann man nur bei wenigen Fluggesellschaften in ihren Büros oder direkt auf ihren Websites buchen; diese sind jedoch immer auch bei den oben genannten Reisebüros erhältlich.

Last-Minute

Wer sich erst im letzten Augenblick für eine Reise nach Tansania entscheidet oder gern pokert, kann Ausschau nach **Last-Minute-Flügen** halten, die von einigen Airlines mit deutlicher Ermäßigung ab etwa 14 Tage vor Abflug angeboten werden. Diese Last-Minute-Flüge lassen sich nur bei Condor direkt (www.condor.com) und ansonsten nur bei Spezialisten buchen:

● **L'Tur,** www.ltur.com, (D)-Tel. 01805-212121 (0,12 Euro/Min.), (A)-Tel. 0820-600800 (0,12 Euro/Min.), (CH)-Tel. 0848-808088 (0,12 SFr./Min.); 140 Niederlassungen europaweit.
● **Lastminute.com,** www.de.lastminute.com, (D)-Tel. 01805-777257 (0,12 Euro/Min.).
● **5 vor Flug,** www.5vorflug.de, (D)-Tel. 01805-105105 (0,12 Euro/Min.).
● **www.restplatzboerse.at:** Schnäppchenflüge für Leser in Österreich.

Ankunft Kilimanjaro

Wer in Tansania vor allem die grandiose afrikanische Tierwelt des Nordens erleben möchte oder aber Bergsteigerambitionen

Mini-„Flug-Know-How"

Check-in

Nicht vergessen: Ohne einen **gültigen Reisepass** kommt man nicht an Bord eines Fluzeuges nach Tansania.

Bei den meisten internationalen Flügen muss man **zwei bis drei Stunden vor Abflug** am Schalter der Airline eingecheckt haben. Viele Airlines neigen zum Überbuchen, das heißt, sie buchen mehr Passagiere ein, als Sitze im Flugzeug vorhanden sind, und wer zuletzt kommt, hat dann möglicherweise das Nachsehen.

Wenn ein **vorheriges Reservieren** der Sitzplätze nicht möglich war, hat man die Chance, einen Wunsch bezüglich des Sitzplatzes zu äußern.

Das Gepäck

In der Economy Class darf man in der Regel nur **Gepäck bis zu 20 kg pro Person** einchecken (steht auf dem Flugticket) und zusätzlich ein Handgepäck von 7 kg in die Kabine mitnehmen, welches eine bestimmte Größe von 55 x 40 x 23 cm nicht überschreiten darf. In der Business Class sind es meist 30 kg pro Person und zwei Handgepäckstücke, die insgesamt nicht mehr als 12 kg wiegen dürfen. Man sollte sich beim Kauf des Tickets über die Bestimmungen der Airline informieren.

Aus Sicherheitsgründen dürfen **Taschenmesser, Nagelfeilen, Nagelscheren**, sonstige Scheren und Ähnliches nicht mehr im Handgepäck untergebracht werden. Diese Gegenstände sollte man unbedingt im aufzugebenden Gepäck verstauen, sonst werden sie bei der Sicherheitskontrolle einfach weggeworfen. Darüber hinaus gilt, dass Feuerwerke, leicht entzündliche Gase (in Sprühdosen, Campinggas), entflammbare Stoffe (in Benzinfeuerzeugen, Feuerzeugfüllung) etc. nichts im Passagiergepäck zu suchen haben.

Seit November 2006 dürfen auch **Flüssigkeiten** oder vergleichbare Gegenstände in ähnlicher Konsistenz (z.B. Getränke, Gels, Sprays, Shampoos, Cremes, Zahnpasta, Suppen) nur noch in der Höchstmenge von 0,1 Liter als Handgepäck mit ins Flugzeug genommen werden. Die Flüssigkeiten müssen in einem durchsichtigen wiederverschließbaren Plastikbeutel transportiert werden, der max. 1 Liter Fassungsvermögen hat. Ausgenommen sind z.B. Babynahrung und persönlich verschriebene Medikamente, die während des Fluges benötigt werden.

Rückbestätigung

Bei den meisten Airlines ist heutzutage die **Bestätigung des Rückfluges** nicht mehr notwendig. Allerdings empfehlen alle Airlines, sich dennoch telefonisch zu erkundigen, ob sich an der Flugzeit nichts geändert hat, denn kurzfristige Änderungen der genauen Abfluguhrzeit kommen beim zunehmenden Luftverkehr heute immer häufiger vor.

Wenn die Airline allerdings eine Rückbestätigung *(reconfirmation)* **bis 72 oder 48 Stunden vor dem Rückflug** verlangt, sollte man auf keinen Fall versäumen, die Airline kurz anzurufen, sonst kann es passieren, dass die Buchung im Computer der Airline gestrichen wird; der Flugtermin ist dahin. Das Ticket verfällt aber nicht dadurch, es sei denn, die Gültigkeitsdauer wird überschritten, aber unter Umständen ist in der Hochsaison nicht sofort ein Platz in einem anderen Flieger frei.

Die **Rufnummer** kann man von Mitarbeitern der Airline bei der Ankunft, im Hotel, dem Telefonbuch oder auf der Website der Airline erfahren.

Buchtipps:
● Frank Littek
Fliegen ohne Angst
● Erich Witschi
Clever buchen, besser fliegen
(beide Bände REISE KNOW-HOW Praxis)

AN-, EIN- UND WEITERREISE

hat, sollte sich bemühen, von Europa einen Direktflug zum **Kilimanjaro International Airport (KIA)** zu bekommen (z.B. mit KLM, Condor). Dieser Flughafen liegt zwischen den Städten Arusha (50 km) und Moshi (35 km), den Zentren für organisierte Safaris und Bergsteigertouren. Vom Kilimanjaro Airport verkehren ständig Shuttlebusse (ca. 10 $ bis Arusha) und Privattaxis (50 $) zu den beiden Städten. Wer schon eine Safari bei einem Reiseveranstalter gebucht hat, wird – sofern dies vereinbart wurde – vom Flughafen abgeholt (vgl. „Reise- und Safariveranstalter"). Wer nachts ankommt und noch keine Übernachtungsmöglichkeit hat, kann in der neuen und sehr guten KIA Lodge direkt am Flughafen absteigen (Tel. 027-2554194/5/6, Internet: www.kialodge.com, E-Mail: kialodge@africaonline.co.tz).

Ein Büro einer Autovermietung gibt es am Flughafen nicht. Siehe hierzu mehr bei Autovermietung Moshi bzw. Arusha. Geldwechselbüro vorhanden (Kurs ist gut). Visum bei Ankunft problemlos gegen eine Gebühr von 50 $/50 Euro erhältlich.

Ankunft Dar es Salaam

Der **Dar es Salaam International Airport** (Terminal 2) ist 11 km vom Stadtzentrum entfernt. Direkt nach der Ankunft findet sich rechter Hand der Passkontrolle ein Informationsstand mit Telefonservice und Auskünften zu direkten Weiterflügen nach Sansibar oder Arusha/Kilimanjaro. Am Ausgang befinden sich mehrere Wechselstuben (guter Kurs!), die Flamingo Bar & Restaurant, ein Taxi-Schalter, Büros der inländischen Fluggesellschaften und Schalter von Reisebüros. Ein Airport-Hotel gibt es nicht, Übernachtungsmöglichkeiten erst im Stadtzentrum! Eine Autoanmietung ist über Hima Tours & Travel möglich.

Inländische Flugtransfers erfolgen vom gleichen Terminal, sofern diese von Precision Air, Air Tanzania oder Air Excel angeboten werden. Coastal Travel und Zan Air fliegen von Terminal 1, dem „old airport". Eine Taxifahrt dorthin kostet 3000 TSh.

Eine **Taxifahrt vom Flughafen in die Stadt** kostet 15.000 TSh. Der genaue Preis sollte jedoch vor der Fahrt ausgehandelt werden.

Ankunft Sansibar

Sansibars **Kisauni International Airport** liegt 7 km südlich von Zanzibar Town. Vom und zum Flughafen verkehren Taxis für 5000 TSh sowie die Buslinie „U" (mehrmals täglich zum Darajani-Markt). Busse fahren vom Flughafen nicht direkt an die Ostküste, man muss zunächst nach Zanzibar Town fahren.

Am Flughafen befinden sich die Büros der privaten nationalen Fluggesellschaften Coastal Travel und Zan Air. Zan Air fliegt täglich einmal, außer So, für 65 $ (pro Person, eine Richtung) nach Chake Chake/Pemba.

Ankunft Nairobi (Kenia)

Eine sehr gute und vor allem preisgünstige Alternative ist auch die Anreise über Nairobi. Der **größte Flughafen Ostafrikas** wird von sehr vielen Fluggesellschaften angeflogen. Deutsche, Schweizer und Österreicher benötigen für Kenia ein **Transitvisum** (50 $). In die 275 km entfernte Touristenmetropole Tansanias, Arusha, fahren von Nairobi aus täglich Busse. Ein tansanisches Visum bis zu einer dreimonatigen Aufenthaltsdauer ist an der Grenze in Namanga ohne Schwierigkeiten zu bekommen. Ein Passfoto ist hierfür nicht erforderlich, das Visum kann in Dollar und Euro bezahlt werden. Vom Nairobi-Flughafen können Sie mit einem Shuttle-Bus für 30 $ nach Arusha fahren (Mt. Meru Hotel 77); fragen Sie nach der Ankunft im Flughafen am Taxi-Stand nach den **Arusha-Shuttle-Bussen.** Die Gesellschaft Riverside Shuttle (Internet: www.riverside-shuttle.com, E-Mail: riverside_shuttle@hotmail.com) kann auch direkt vom Flughafen Nairobi (besser natürlich noch vor Abflug in Europa) angerufen werden, um einen Sitzplatz zu reservieren (Tel. 00254/20/229618, 241032; Abfahrtszeiten von der Stadt (Norfolk oder Stanley Hotel) in Richtung Arusha sind täglich um 8.30 und 14.30 Uhr, Fahrzeit ca. 5 Stunden).

Andernfalls müssen Sie erst in das 15 km entfernte Nairobi und am zentralen Busbahnhof (Accra Road) auf den nächsten Bus in Richtung Namanga (Grenzort)/Arusha warten. Diese sind günstiger als die Flughafen-Shuttle-Busse. Wer abends ankommt und eine **Nacht in Nairobi verbringen** muss, dem

Praktische Reisetipps A–Z

empfehle ich das **Dolat Hotel** (Tel. 00254/ 20/222797) in der Mfanga Street (sicher, sauber, Zimmer mit Bad/WC – heiße Duschen! –, 10 $). Die Rezeption ist auch bei der Buchung der Shuttle-Busse nach Arusha behilflich bzw. stellt eine Begleitperson, falls Sie ein Ticket für einen öffentlichen Bus besorgen müssen. Dies ist ratsam, weil die Busstation von Nairobi dem Beinamen der Stadt – „Nairobbery" – alle Ehre macht ... Busse nach Arusha verkehren vor allem in den Morgenstunden, Busse nach Namanga fahren öfters. Falls man in Nairobi in der Nähe des Busbahnhofs übernachten muss, ist das **Iqbal Hotel** in der Matema Road für 8 $ (KSh) pro Nacht zu empfehlen. Von der Namanga-Grenze besteht ebenfalls regelmäßig Anschluss nach Arusha. Namanga bietet auf beiden Seiten der Grenze gute Unterkunfts- und Verpflegungsmöglichkeiten (siehe dort).

Anreise mit der Eisenbahn

Diese Möglichkeit besteht vom Süden des afrikanischen Kontinents aus. **Von Kapiri Mposhi in Sambia,** ca. 100 km nördlich der Hauptstadt Lusaka, fährt die Ta-Za-Ra (Tanzania-Zambia-Railways), eine von Tansania und Sambia gemeinsam verwaltete Eisenbahngesellschaft, bis nach Dar es Salaam am Indischen Ozean. Die Fahrt dauert knapp 40 Stunden (2 Nächte/1 Tag), kostet ca. 75 $ und ist ein Erlebnis besonderer Art, wenn auch anstrengend.

Buchtipps:
- Rainer Höh
Clever reisen mit dem Wohnmobil
- Bernd Büttner
Fernreisen mit dem eigenen Fahrzeug
- Hans Strobach
Fernreisen auf eigene Faust
(alle Bände REISE KNOW-HOW Praxis)

Anreise mit dem Schiff

Vom kenianischen Mombasa bestehen derzeit (2007) keine Fährverbindungen nach Sansibar/Dar es Salaam.

Die **innerkontinentalen Schiffsverbindungen** von Port Bell in Uganda über den Victoria-See nach Mwanza und von Bujumbura/Burundi über den Tanganyika-See nach Kigoma liegen ebenfalls darnieder.

Von Mpulungu (Sambia) am Südende des Lake Tanganyika besteht die Möglichkeit, mit dem aus deutscher Kolonialzeit stammenden Passagierschiff M.V. Liemba nach Tansania einzureisen (vgl. „Grenzverkehr" und Mpulungu).

Über den Malawi-See verkehrt das kleine Schiff M.V. Songea von Nkhata Bay nach Mbamba Bay (vgl. „Grenzverkehr" und beim Lake Nyasa).

Anreise auf dem Landweg

Die sehr beliebte Transafrika-Route über Algerien und das ehemalige Zaire nach Kenia bzw. Tansania ist momentan aufgrund politischer Unruhen nicht bereisbar. Zurzeit erfolgt die Anreise auf dem Landweg entweder über **Libyen** bzw. über **Israel, Ägypten** und dann über den **Sudan** weiter nach **Eritrea** oder **Äthiopien.** Aktuelle Informationen hierzu im Internet unter: www.weltreise-forum.info.

Die Weiterfahrt von Eritrea/Äthiopien über Kenia nach Tansania gilt als unproblematisch. Nur im Norden Kenias müssen Sie zwischen Moyale und Marsabit in einem Konvoi fahren, der mehrmals in der Woche diese Strecke zurücklegt.

AN-, EIN- UND WEITERREISE

Die empfehlenswerte **Straßenkarte** für den afrikanischen Teil der Anfahrt ist die Michelin-Karte 954, Nord- und Ostafrika. Doch sollte man auch auf die zu den einzelnen Ländern angebotenen Karten zurückgreifen, gerade wenn etwas ausgefallenere Routen befahren werden sollen. Beachten sollte man die Gesundheits- und Einreisebestimmungen der entsprechenden Länder, in erster Linie die Visa-, Impf- und Zollvorschriften. Informationen hierüber erteilen die jeweiligen Botschaften.

Einfuhr von Fahrzeugen

Folgende **Fahrzeugpapiere** werden benötigt: **Internationaler Führerschein und Zulassung** (erhältlich im Landratsamt bzw. bei der Zulassungsstelle); **Grüne Versicherungskarte; Carnet de Passage** (Zollbürgschaftsdokument; für Tansania erforderlich).

Mit dem **Carnet de Passage** können Sie ein Fahrzeug für maximal ein Jahr nach Tansania zollfrei einführen. Nähere Informationen hierzu erhalten Sie bei den jeweiligen nationalen Automobilverbänden (ADAC etc.).

Bei der **Einreise nach Tansania** müssen Sie für Fahrzeuge eine **Straßenbenutzungsgebühr** („Road-Tax") zahlen. Diese liegt derzeit bei **85 $** und gilt für einen Zeitraum von **drei Monaten.** Für Motorräder muss keine Gebühr bezahlt werden.

In Tansania sollten Sie sich eine lokale **Kfz-Versicherung zulegen.** Diese ist zwar nicht zwingend erforderlich, doch kann sie im Falle einer hartnäckigen Polizeikontrolle und insbesondere bei einem Unfall durchaus von Nutzen sein.

Eine Kfz-Versicherung bekommen Sie mit dem in Afrika üblichen bürokratischen Zeit- und Arbeitsaufwand für einen Mindestzeitraum von einem Monat in allen größeren Städten des Landes sowie an den Grenzübergängen (z.B. Namanga).

Bringen Sie ein **Fahrrad** mit ins Land, so wird dies in Ihrem Reisepass vermerkt, mit der Verpflichtung, es nach Beendigung ihres Aufenthaltes wieder auszuführen. Wichtig ist, dass Ihr Fahrrad über eine Rahmennummer oder ähnliches verfügt, die zur Registrierung notwendig ist.

Autoverladung per Seefracht

Zwei Möglichkeiten der Verschiffung gibt es: den Container und die so genannte Roll on/Roll off-Variante. Ein Anbieter ist z.B. Woick Expeditionsservice (Adresse siehe unter „Ausrüstung"); hier erfahren Sie nähere Details.

Motorradtransport per Luftfracht

Der Luftfrachttransport eines Motorrads ist in jedem Fall **günstiger als per Seefracht,** da die einzig denkbare und vor allem sichere Verschiffungsvariante per Container ist. Preislich lohnt sich dieser Aufwand erst bei einer Handvoll Motorrädern.

Luftfracht hat den großen Vorteil, dass man direkt, ohne tagelange Wartezeit, vom Flughafen weg seine Reise beginnen kann. Schiffe haben oft Verspätung, und wenn sie dann ankommen, kann es manchmal lange dauern, bis überhaupt entladen wird. Zudem ist die Abwicklung der Formalitäten an den Häfen von Dar es Salaam und Momba-

Praktische Reisetipps A–Z

sa extrem langsam, und um Dinge zu beschleunigen, werden oft horrende Bestechungssummen erwartet.

Buchen Sie Ihren Flug frühzeitig, kann die Verfrachtung im gleichen Flieger, in dem Sie sitzen, geschehen. Nur wenige Stunden nach Ihrer Ankunft können Sie dann direkt vom Flughafen aus ins Abenteuer starten. Die Transportpalette wird bis zu Ihrem Rückflug von der Fluggesellschaft aufbewahrt.

Einen sehr guten Frachtservice bietet die **Fluggesellschaft LTU** mit ihrem „Fly and bike"-Angebot. Für Hin- und Rückflug für einen Passagier plus Motorrad über Mombasa (80 km von der tansanischen Grenze entfernt) werden ca. 2000 Euro verlangt. In diesem Preis enthalten sind jeweils die Ver- und Entladung des Motorrads sowie die Vermietung der Palette, auf der die Maschine verzurrt wird. Nähere Auskünfte erteilen die LTU-Frachtbüros auf den Flughäfen Düsseldorf, München und Hannover sowie z.B. die Ausrüsterläden Woick und Därr (zu den Adressen siehe unter „Ausrüstung").

Buchtipps:
● Rainer Höh
Wildnis-Ausrüstung
● Rainer Höh
Wildnis-Backpacking
(beide Bände REISE KNOW-HOW Praxis)

Ausrüstung

Was die Ausrüstung anbelangt, macht man es selten genau richtig. Oft nimmt man zuviel mit, manchmal fehlt das ein oder andere. Vielreisende werden dieses Kapitel eher überfliegen, meist haben sie schon ihre Erfahrungen gesammelt und wissen, worauf es (nicht) ankommt.

Art und Menge des Gepäcks hängen natürlich zunächst von der beabsichtigten **Reiseform** ab. Sollten Sie die Organisation Ihrer Reise in die Hände eines Safari-/Bergsteigerunternehmens legen, so müssen Sie eigentlich auf nichts verzichten, und Menge und Größe ihrer Gepäckstücke spielen nur eine untergeordnete Rolle (zu bedenken sind allenfalls die Vorgaben der Fluggesellschaft, was unentgeltliche Beförderungsmengen und evtl. fällige Zuzahlungen betrifft). Auch können Sie durchaus auf Koffer oder Alu-Kisten zurückgreifen und müssen nicht unbedingt einen teuren Reiserucksack dabeihaben. Bei Bergwanderungen über organisierte Trekking-Safaris kann dann schon einmal ihre Ausrüstung in unternehmenseigene Tragesäcke umgepackt werden.

Anders ist es natürlich für diejenigen, die das Land auf eigene Faust mit öffentlichen Verkehrsmitteln bereisen möchten. Hier ist als Grundausstattung ein **großer Reiserucksack** ideal und vielleicht auch ein kleiner einfacher Rucksack für die persönlichen Dinge. Bei Busfahrten wandert der große Rucksack meist in den Bauch des Busses oder aufs Dach, und Sie werden

Ausrüstungs-Checkliste

- Koffer, Rucksack oder Tragetasche
- Kleiner Rucksack oder Umhängetasche
- Vorhängeschloss (evtl. mit Kette) für Rucksack oder Reisetasche und auch für Zimmertüren in Pensionen
- evtl. Regenhaube für Rucksack
- Brustbeutel, Geldgürtel oder Hüfttasche
- Fotoausrüstung/Fernglas
- Schlafsack und kleines Kissen
- Moskitonetz/-dom (Zelt) (Moskitospiralen gibt es preisgünstiger vor Ort)
- Mückencreme/-spray (in großen Supermärkten auch vor Ort erhältlich)
- Reiseapotheke (siehe im Anhang)
- Wasserentkeimungsmittel (Micropur, Certisil)
- Wasserfilter
- strapazierfähige Wasserflasche und Mineraltabletten
- Sonnenschutzmittel/Lippenschutz
- Sonnenhut/Sonnenbrille
- Regenkleidung/Regenschirm
- Taschenlampe (Batterien sind überall erhältlich)
- evtl. Taschenmesser
- Handtuch
- Nähzeug/Sicherheitsnadeln
- Reisewaschmittel/Wäscheleine
- Plastiktüten für Wäsche, dreckige Schuhe, Müll etc.
- evtl. Reisebesteck
- Wecker
- Notizheft oder Schreibblock
- Passbilder/Fotokopie vom Pass
- Steckdosenadapter (der Wechselstrom beträgt 220 V)

AUSRÜSTUNG

während der gesamten Fahrt kaum Zugriff auf das Gepäckstück haben. Der Rucksack sollte robust und wasserdicht sein, so dass er grobe Behandlung und widrige Wetterverhältnisse verkraftet.

Es empfiehlt sich weiter die **Mitnahme eines Mückennetzes,** da Malaria in ganz Tansania verbreitet ist und nicht immer alle Hotels und lokalen Pensionen *(guesthouses)* mit Netzen ausgerüstet sind. Leicht im Gepäck sind die Moskitonetze mit großem, rechteckigem Himmel – mit ausreichend Schnur, evtl. Pins/Klebeband und mit etwas Erfindungsgeist überall aufzuhängen. Moskitonetze gibt es preisgünstig auch vor Ort in größeren Supermärkten und in den kleinen indischen Kleidergeschäften.

Auf diesen praktischen Mückenschutz **gegen die Malariaübertragung** sollte aus zwei Gründen nicht verzichtet werden: Zum einen bietet keines der derzeit auf dem Markt befindlichen Prophylaxemittel einen vollkommenen Schutz gegen Malaria, zum zweiten werden – so das Ergebnis neuester Studien – die weiblichen Anopheles-Mücken (die Überträger der Malariaviren) erst ein bis zwei Stunden nach Einbruch der Dunkelheit aktiv, was den nächtlichen Schlaf unter einem Moskitonetz nur noch dringlicher erscheinen lässt. Zusätzlich können Sie Ihr Moskitonetz und auch Ihre Jacke und Hose mit dem Mücken tötenden Stoff Peripel 55 imprägnieren. Dieser wird in Ostafrika von führenden Tropenärzten empfohlen und ist für den Menschen, auch für Säuglinge, harmlos. Mücken, die am Moskitonetz oder auch Innenzelt Platz

nehmen, werden betäubt und fallen zu Boden, ehe man von ihnen durch das Netz in die dagegen lehnenden Arme und Beine gestochen werden kann. Erhältlich ist Peripel 55 bei den einschlägigen Globetrotter-Ausrüstungsläden, aber auch bei den „Flying Doctors" in Dar es Salaam und Nairobi (vgl. im Kapitel „Notfall").

Da in allen Unterkünften des Landes – und seien sie noch so einfach – ausreichend und je nach Klima die passende Bettwäsche in den Zimmern vorhanden ist (nicht immer wohlriechend, aber doch meist frisch gewaschen), wird ein Schlafsack eigentlich nicht benötigt. Wem jedoch die eigene Bettwäsche lieber ist, sollte einen **leichten Leinenschlafsack,** auch „Schlafsack-Inlett" genannt (entweder aus Baumwolle oder Seide), mitnehmen, in dem man dann „zwischen" die unterkunftseigene Bettwäsche schlüpft. Für kühlere Nächte ist ein warmer Schlafsack nicht unbedingt erforderlich, da es auch an Wolldecken in den landestypischen Pensionen nicht fehlt. Nur wer bergsteigen oder (wild) campen möchte, sollte einen entsprechenden Schlafsack mitbringen. Sinnvoll bei Budget-Reisen ist auch ein kleines „Kuschel"-Kissen als Ersatz für harte Guesthouse-Kissen, bei Busreisen auf durchgesessenen Sitzen, am Strand oder im Flugzeug.

Bei der **Wahl des Zeltes** haben sich in der Ausrüsterindustrie vor allem Kuppel- und Tunnelzelte ihrer Praktikabiliät und Geräumigkeit wegen durchgesetzt. An dieser Stelle jedoch irgendein bestimmtes Zelt hervorzuheben, ist aufgrund des vielfältigen Angebots und mit Blick auf die unterschiedlichen Größen nicht möglich. Kuppelzelte (Iglu-Form) haben in der Regel den kleinen Vorteil, dass sie etwas leichter sind als Tunnelzelte, da sie auch ohne Heringe von alleine stehen. In jedem Fall sollte das Zelt ein Überdach haben, das nicht nur als Regenschutz dient, sondern auch als Temperaturregler wirkt und ein wenig vor Hitze und Kälte schützt. Wichtig ist, dass die offenen Stellen zur Luftzirkulation mit einem Moskitonetz versehen sind.

Zur Aufbewahrung von Reisedokumenten, Flugticket und Geld empfehlen sich Brustbeutel, Hüfttaschen oder Geldgürtel. Pass und Flugticket sollten grundsätzlich kopiert und separat aufbewahrt werden, damit Sie bei einem Verlust schnell an Ersatz kommen.

Diplomatische Vertretungen und Infostellen

Diplomatische Vertretungen in Europa

Botschaft der Vereinigten Republik Tansania

●**14050 Berlin,** Eschenallee 11, Tel. 030-3030800, Fax 30308020, Internet: www.tanzania-gov.de, E-Mail: info@tanzania-gov.de. Sprechzeit 9–16.30 Uhr, Visa-Angelegenheiten 10–13 Uhr.

Honorarkonsul der Republik Tansania

●**20537 Hamburg,** Normannenweg 17–1, Tel. 040-2507936, Passstelle: Tel. 040-25456289.

Honorarkonsul Tanzania

●**25474 Bönningstedt,** Franz-Rabe-Straße 23, Tel. 040-2507936, Passstelle: Tel. 040-25456289.

Vertretung in der Schweiz: „Permanent Mission of Tanzania"

●**1202 Genf,** 47 Avenue Blanc, Tel. 022-7318920-9, Fax 7328255, Internet: www.un.org/millenium/webcast/statements/tanzania.htm.

Vertretung in Österreich

In Österreich gibt es derzeit **keine diplomatische Vertretung.** Für die Visumerteilung an Österreicher ist die Vertretung in Berlin zuständig. Für die Bearbeitungszeit sollte man mit zwei bis drei Wochen rechnen.

Zu den Modalitäten bzgl. der Beantragung/**Ausstellung eines Visums** vgl. das nächste Kapitel.

Zu den **Adressen** von **Reiseveranstaltern** in Deutschland siehe das Kapitel „Reise- und Safariveranstalter".

DIPLOMATISCHE VERTRETUNGEN UND INFOSTELLEN

Diplomatische Vertretungen in Tansania

Bei den meisten diplomatischen Vertretungen gelten die Vormittagsstunden zwischen 9 und 12 Uhr für Visaanträge und Besucherverkehr als die geeignetste Zeit.

Deutsche Botschaft in Dar es Salaam

- **Hausadresse:** Umoja House, Ecke Garden Avenue/Mirambo Street, Dar es Salaam; Öffnungszeiten: Mo bis Fr von 8–12 Uhr außer an Feiertagen.
- **Postadresse:** P.O. Box 9541, Dar es Salaam, Tel. 022-2117409-15, Fax 2112944, Internet: www.daressalaam.diplo.de, E-Mail: german-embassy@bol.co.tz.
- In **Notfällen** ist die Botschaft außerhalb der Bürozeiten unter folgender Telefonnummer zu erreichen: Tel. 0741-455209.

Deutsche Honorarkonsulin auf Sansibar

- **Frau Angelika Sepetu,** Adresse: Kiembe Samaki Kijijini, P.O. Box 1787, Zanzibar/Tanzania, Tel. 024-2233691 (vormittags), 024-2234062 (nachmittags), Fax 2233691, Mobil: 0747-410045, E-Mail: sepetu_family@yahoo.com.

Deutscher Honorarkonsul in Arusha

- **Ulf A. Kusserow,** Director: Msumbi Estate Ltd., Adresse: Ngaramtoni Chini (in der Nähe des Flughafens), P.O. Box 15066, Arusha, Tel./Fax 027-2508022, Mobil: 0744-789603, 0787-789603, 0784-318242, E-Mail: kusserow@habari.co.tz.

Honorargeneralkonsulat der Republik Österreich

- Slipway Road, Msasani, Dar es Salaam, Plot 1684/2, Postanschrift: P.O. Box 105526, Dar es Salaam, Tel. 022-2601501, Fax 2601503, E-Mail: austrianconsulate@bol.co.tz.

Botschaft der Schweizerischen Eidgenossenschaft

- Kinondoni Road, Plot 79, Dar es Salaam, Postanschrift: P.O. Box 2454, Dar es Salaam, Tel. 022-2666008/09, Fax 2666736, E-Mail: vertretung@dar.rep.admin.ch; Mo bis Fr 8–12 Uhr (nachmittags nach Vereinbarung).

Infoadressen

Die Adressen der wichtigen **Touristeninformationsbüros** in Arusha, Dar es Salaam und Sansibar Town stehen in den jeweiligen Stadt-Kapiteln. Die Zentrale hat folgende Adresse:

- **Tanzania Tourist Board,** IPS Building, 3rd Floor, Azikiwe Street, TZ-Dar es Salaam, Postanschrift: P.O. Box 2485, TZ-Dar es Salaam, Tel. 022-2111244/-45, Fax 2116420, Internet: www.tanzaniatouristboard.com, E-Mail: md@ttb.ud.or.tz.

Die Adressen von **Reiseveranstaltern, Reisebüros, Fluggesellschaften** und **Autovermietungen** in Tansania sind bei den jeweiligen Städten vermerkt.

Aktuelle Reisehinweise zu den Transitländern neben Hinweisen zur allgemeinen Sicherheitslage erteilen:

- **Deutschland:** www.auswaertiges-amt.de und www.diplo.de/sicherreisen (Länder- und Reiseinformationen), Tel. 030-5000-0, Fax 5000-3402.
- **Österreich:** www.bmaa.gv.at (Bürgerservice), Tel. 05-01150-4411, Fax 05-01159-0.
- **Schweiz:** www.eda.admin.ch (Reisehinweise), Tel. 031-3238484.

> **Hinweis:** Da sich die **Einreisebedingungen kurzfristig ändern** können, raten wir, sich kurz vor der Abreise beim Auswärtigen Amt (www.auswaertiges-amt.de bzw. www.bmaa.gv.at oder www.dfae.sdmin.ch) oder der jeweiligen Botschaft zu informieren.

Dokumente und Zollbestimmungen

Deutsche, Schweizer und Österreicher benötigen für die Einreise nach Tansania einen bei Abflug noch mindestens sechs Monate gültigen Reisepass und ein **Visum,** das bei der Botschaft der Vereinigten Republik Tansania in Berlin (s.o.) problemlos für Staatsangehörige Deutschlands, Österreichs und der Schweiz erhältlich ist.

Die **Kosten** für die **Ausstellung eines Visums** betragen zurzeit (2007) **50 Euro.** Das **Beantragungsformular** kann man sich entweder über einen rückfrankierten Briefumschlag zuschicken oder über das Internet (www.tanzania-gov. de, Links: Embassy, visa application) ausdrucken lassen. Dem Antrag anzufügen sind ein Passfoto und eine Kopie des Tickets bzw. eine Rückflugbestätigung des Reisebüros. Der Reisepass sollte bei Einreisedatum noch mindestens sechs Monate Gültigkeit haben.

Man bekommt aber auch **nach Ankunft an einem der internationalen Flughäfen Tansanias** (Dar es Salaam, Kilimanjaro und Sansibar) ein Visum für einen Aufenthalt bis zu drei Monaten ausgestellt. Auch **an allen offiziellen Landesgrenzstationen** ist ein Visum mit bis zu dreimonatiger Gültigkeit ohne großen bürokratischen Aufwand zu bekommen. Die Verlängerung eines Visums in einem Immigration Office (Einwanderungsbehörde) ist in fast allen großen Städten Tansanias möglich. Ein dreimonatiges Visum ist nur entsprechender Begründung (z.B. Krankheit)

um einen weiteren Monat kostenfrei zu verlängern, wer darüber liegt, muss 400 $ auf den Tisch legen. Leider scheint nicht jeder Immigration-Officer im Lande diese Bestimmung kennen zu wollen! Leser wissen von unterschiedlichsten Gebührenbestimmungen bei Visa-Angelegenheiten zu berichten! Besonders Arusha scheint hier zurzeit etwas in Verruf zu stehen. Besser und korrekter wird die Angelegenheit in Dar es Salaam behandelt. Doch liegt es eigentlich nicht am Ort selbst, sondern am gerade Dienst habenden Beamten und dessen Leidenschaft für „Nebenverdienste" ...

Anfang 2007 betrugen die **Visa-Kosten** (für ein drei Monate gültiges Touristen-Visum) an Grenzen und Flughäfen für Deutsche, Schweizer und Österreicher **50 $.** Dieser Betrag kann auch in Euro bezahlt werden, allerdings werden Sie meistens auch genau 50 Euro zahlen müssen und nicht etwa den Wechselgegenwert von ca. 40 Euro.

Bei Ankunft am Flughafen oder an einer Grenzstation müssen Sie eine **„Immigration Card"** ausfüllen. Hier werden ihre persönlichen Daten sowie Zweck und Dauer ihres Aufenthaltes im Land festgehalten.

Für die Einreise benötigen Sie einen **Impfpass** mit dem Nachweis einer Gelbfieberimpfung. Zwar heißt es offiziell, dass wenn man aus Europa einreist, die Impfung nicht erforderlich sei, doch können Kontrolleure an Flughäfen da schon einmal anderer Ansicht sein. Bei der Einreise aus einem Nachbarland müssen Sie in jedem Fall eine Impfung vorweisen. Dies wird zwar auch nicht

DOKUMENTE UND ZOLLBESTIMMUNGEN

immer überprüft, doch sollte man die Impfung aus gesundheitlichen Gründen in jedem Fall haben (vgl. dazu „Gesundheit" im Anhang). Wer vom Festland aus nach Sansibar fährt, bekommt dort nochmals einen Einreisestempel, der lediglich Formsache ist.

Eine **Devisendeklaration** bei der Einreise ist **nicht nötig.**

Streng **verboten** ist die **Einfuhr von Waffen und Drogen.**

Ansonsten können alle Artikel, die dem persönlichen Bedarf dienen, problemlos ein- und ausgeführt werden.

Bei der **Ausreise** müssen Sie erneut ein Formular der „Immigration"-Behörde ausfüllen. Gepäckkontrollen finden selten statt, doch sollten Sie darauf achten, keine tansanischen Shillinge auszuführen.

Bei der **Ausfuhr** ist darauf zu achten, dass die Mitnahme von antiken Kunstwerken nicht gestattet ist. Keiner Beschränkung unterliegen alle neu produzierten Waren. **Souvenirs,** deren Materialien aus nicht-tierischen Produkten bestehen, können ohne Bedenken ausgeführt werden. Verboten sind die Mitnahme von Elfenbein, Trophäen und Wildtierfellen (hier gelten übrigens auch in Europa international verbindliche Schutzabkommen, die bei Missachtung empfindliche Strafen nach sich ziehen) sowie Strandsouvenirs wie Seesterne, Schneckenhäuser, Schildkrötenpanzer, Korallen, Muscheln u.a.

Wer von Tansania in Nachbarländer ausreisen möchte und erst ein Visum an einer Botschaft beantragen muss (hierfür muss der Pass abgegeben werden), sollte vor der Reise zuhause noch einen **Zweitpass** beantragen. Während der Wartezeit auf ein Visum (was manchmal mehrere Tage dauern kann), ist man so weiterhin ausgewiesen, und man kann auch in einer Bank Geld wechseln/abheben. Auch im Falle des Verlustes des Erstpasses ist solch ein Ersatzdokument nützlich. Wer nicht über einen Zweitpass verfügt, sollte in jedem Fall eine Fotokopie der relevanten Seiten seines Passes (Seite mit persönlichen Daten und Seiten mit Gültigkeitsdatum des Passes und des Visums) machen und diese getrennt aufbewahren.

Sollten Sie einmal ohne Ausweis sein, weil Sie den Pass verloren haben oder er geklaut wurde, dann wenden Sie sich an die nächste Botschaft (mehr dazu im Kapitel „Notfall").

Mit einem **Internationalen Studentenausweis** werden Sie in Tansania kaum Ermäßigungen bekommen. Fähren, Eintrittsgebühren für Nationalparks usw. kosten für alle gleich viel. Bei der TaZaRa-Eisenbahn bekommen Studenten 50% Ermäßigung.

Zollbestimmungen bei der Rückreise nach Europa

Bei der Rückreise gibt es auf europäischer Seite **Freigrenzen, Verbote und Einschränkungen,** die man beachten sollte, um eine Überraschung am Zoll zu vermeiden. Folgende Freimengen darf man zollfrei einführen:

- **Tabakwaren** (über 17-Jährige in EU-Länder und die Schweiz): 200 Zigaretten oder 100 Zigarillos oder 50 Zigarren oder 250 g Tabak.
- **Alkohol,** über 17-Jährige in EU-Länder: 1 l über 22% Vol. oder 2 l bis 22% Vol. und zu-

sätzlich 2 l nicht-schäumende Weine; in die Schweiz: 2 l (bis 15% Vol.) und 1 l (über 15% Vol.).

- **Andere Waren für den persönlichen Gebrauch,** über 15-Jährige: nach Deutschland 500 g Kaffee, nach Österreich zusätzlich 100 g Tee; ohne Altersbeschränkung: 50 g Parfüm und 0,25 Liter Eau de Toilette sowie Waren bis zu 175 Euro. In die Schweiz Waren bis zu einem Gesamtwert von 300 SFr p.P.

Wird der Warenwert von 175 Euro/300 SFr überschritten, sind **Einfuhrabgaben** auf den Gesamtwert der Ware zu zahlen und nicht nur auf den die Freigrenze übersteigenden Anteil. Die Berechnung erfolgt entweder pauschalisiert oder nach dem Zolltarif jeder einzelnen Ware zuzüglich sonstigen Steuern.

Einfuhrbeschränkungen bestehen z.B. für Tiere, Pflanzen, Arzneimittel, Betäubungsmittel, Feuerwerkskörper, Lebensmittel, Raubkopien, verfassungswidrige Schriften, Pornographie, Waffen und Munition; in Österreich auch für Rohgold und in der Schweiz auch für CB-Funkgeräte.

Nähere **Informationen** gibt es bei:
- **Deutschland:** www.zoll.de oder beim Zoll-Infocenter, Tel. 069-46 99 76-00.
- **Österreich:** www.bmf.gv.at oder beim Zollamt Villach, Tel. 04242-33 23 3.
- **Schweiz:** www.zoll.admin.ch oder bei der Zollkreisdirektion Basel, Tel. 061-28 71 11 1.

Essen und Trinken

Essen

Tansania besitzt mit Ausnahme von Sansibar **keine ausgeprägte kulinarische Kultur,** doch werden Sie in allen Städten ein Hotel oder Restaurant finden, in dem man zufrieden stellende bis sehr gute internationale Speisen bekommt.

Lodges und Camps in Nationalparks sowie Hotels und Ressorts an der Küste bieten in den meisten Fällen ausgewogene und gute internationale Gerichte. Selbst in entlegenen Luxuscamps, wie denen von Sanctuary Lodges, Conscorp Africa, Selous Safari Company etc., werden Sie mit einer fabelhaften 5-Sterne-Küche verwöhnt. Wer mit einem preiswerten Safariveranstalter unterwegs ist, wird ebenfalls positiv überrascht sein ob der Vielfalt und des Geschmackreichtums der „Buschküche".

Eine traditionell **tansanische Küche** hat sich aufgrund der vielen Fremdeinflüsse in den letzten Jahrhunderten nur wenig entwickelt. Lediglich in den entlegenen Gebieten des Landes sind traditionelle Ernährungsgewohnheiten bis heute erhalten geblieben. Doch von einer Küchenkultur kann auch in diesen Gebieten nicht gesprochen werden, da es sich weder um eine vielseitige noch gewürzorientierte Küche handelt, sondern lediglich eine den Grundbedürfnissen angepasste Ernährungsweise ist.

Grundnahrungsmittel sind Cassava (Maniok), **Mais** und auch **Reis (wali),** welche vielerorts zu einem festen, un-

ESSEN UND TRINKEN

Tansanische Bezeichnungen für typische Speisen

- *bizari* – Curry
- *kabeji* – Kohlgemüse
- *kimanda* – Omelett
- *maharagwe* – Bohnen
- *mboga* – Gemüse
- *mchicha* – Spinat
- *mchuzi* – Soße (meist mit curry)
- *mishkaki* – gegrillte Fleischspießchen
- *muhogo* – Maniok/Cassava
- *muwa* – Zuckerrohr
- *nyama* – Fleisch
- *nyama ya kuku* – Huhn
- *nyama ya ngombe* – Rind
- *posho* – Verpflegung, Proviant und Hirsebrei
- *saladi* – Salat
- *sambusa* – vegetarische oder Hackfleischteigtasche; frittiert
- *supu* – Suppe
- *ugali* – Maismehl-/Hirsebrei
- *viazi* – Kartoffeln
- *viazi vitamu* – Süßkartoffeln
- *chipsi ya mayai* – Chips-Omelette
- *mayai ya kukoroga* – Rühreier

Auf Sansibar typische Snack-Speisen

- *Pilipili hoho* – Chili-Soße
- *Katlesi* – Kartoffel-Kroketten mit Hackfleisch
- *Zanzibar Pizza* – quadratisch gefalteter Teig, gefüllt mit Hackfleisch, Salat und Ei
- *Mkate wa ufuta* – Weißbrotscheibe angebraten
- *Kachori* – ballförmige, indisch gewürzte Kartoffel-Kroketten
- *Cassava crisps* – Maniok-Chips
- *Samaki wa kupaka* – Fisch mit einer Kokosnuss-Curry-Marinade
- *Miksi* – von allem etwas, mit Salat und klein gehackt

Ein tansanisches Rezept: Ndizi na nyama (Kochbananen mit Fleisch)

Zutaten:

- 6 Kochbananen, geschält und in zentimeterdicke Scheiben geschnitten
- 1 kg Rindfleisch
- 1 große Zwiebel gehackt
- 4 reife Tomaten
- 1 EL Tomatenmark/-püree
- 2 EL Kokosnusscreme
- 1 EL Gewürzgemisch (Curry, Massala, Kardamon, Kumian und Ingwer)
- 1 EL Weißer Pfeffer
- eine Prise Salz

Zubereitung:

Fleisch in kleine Stücke schneiden, mit Wasser bedecken, Salz und Zwiebeln dazu geben und das Ganze eine halbe Stunde bei mittlerer Hitze kochen. Danach das Fleisch herausnehmen und Tomaten, Kokosnusscreme, Pfeffer und eine Tasse Wasser zu dem Sud geben. Beim Einrühren aufkochen lassen und Bananenstücke hinzufügen. Anschließend Topf zudecken und bei niedriger Flamme 20 Minuten köcheln lassen. Schließlich wird das vorgekochte Fleisch nochmals mit dazu gegeben und weitere 15 Minuten auf dem Herd gehalten.

Heiß servieren, als mögliche Beilage kann, sofern keine Chapatis zur Hand sind, Fladenbrot von der Döner-Bude um die Ecke gereicht werden.

ESSEN UND TRINKEN

gewürzten Brei verarbeitet werden. **Ugali** (Maisbrei) ist das meistservierte Grundgericht, zu dem eine aus Zwiebeln, Tomaten und anderen erhältlichen Gemüsearten zubereitete Soße *(mchuzi)* gereicht wird.

In den see- und küstennahen Gebieten werden zu ugali und wali viel **Fisch, Krustentiere** oder auch Tintenfisch gegessen. Ansonsten wird noch Gemüse, wie **gekochter Kohl und Spinat,** zu den Gerichten serviert, und in den fruchtbaren regenreichen Gebieten gibt es auch die großen **Kochbananen** dazu. Diese werden in Öl gebraten, zu einem Brei *(matoke)* verarbeitet (hauptsächlich in der Kagera-Region) oder auch zu einem Bananenbier gegoren, das vor allem im Nordwesten des Landes und am Kilimanjaro sehr beliebt ist.

Neben Fisch sind **Rind- und Ziegenfleisch** die am häufigsten gegessenen tierischen Nahrungsmittel. Huhn ist ebenfalls sehr beliebt, aber teurer. Schweinefleisch wird in der islamisch geprägten Küstenregion gar nicht und im übrigen Land nur äußerst selten gegessen. In manchen Gebieten kommen Tiere wie Ziegen und Kühe nur bei festlichen Anlässen unters Messer, sofern es den Ernährungsgewohnheiten einzelner Volksgruppen entspricht.

In den **einfachen landestypischen Restaurants** *(hoteli* genannt) wird häufig neben wali und ugali auch **chipsi** angeboten. Dies sind **frittierte Kartoffeln** in Pommes-Frittes-Form. Chipsi sind meist lauwarm, fettig und häufig nicht so durchfrittiert wie aus Europa gewohnt, aber sie stillen schon mal den größten Hunger. Oft werden diese Art von Pommes mit Eiern zu einem Omelette verarbeitet und mit Tomatensalat serviert. Eine beliebte Mahlzeit, *chipsi ya mayai* genannt, wird an Straßenstopps und in wenig besuchten Backpacker-Regionen angeboten.

Durch den asiatischen Einfluss im Land haben sich im letzten Jahrhundert **viele indische Gerichte und Imbisse** verbreitet. Gut schmeckende **Currys und Massalas,** wie auch **Pilau,** ein mit Kardamom gewürzter Reis mit Fleischstückchen, werden in vielen einfachen landestypischen Restaurants preiswert angeboten. Dazu gibt es **Chapatis,** ein aus Mehl, Wasser und ein wenig Salz gefertigtes pfannenkuchenflaches Fladenbrot, das auf jeden Fall frisch sein sollte, da es sonst zu einer zähen Angelegenheit wird. Chapatis mit Tee ist das landestypische Frühstück auf dem Land, an Straßenständen und in einfachen Guesthouses. Auch die aus Indien bekannte frittierte **Teigtasche Samosa** mit Hackfleisch- oder Gemüsefüllung (in Tansania „sambusa" geschrieben) ist ein beliebter Imbiss an Bus- und Bahnstationen sowie in Restaurants und Kneipen. **Mandazis,** mit den uns bekannten Donats/Krapfen zu vergleichen, gehören zu den populärsten Snacks und sind in jedem Ort mit einem Soft Drink (Cola, Fanta, Pepsi usw.) für nur wenige Shillinge zu haben. Sie sollten nur darauf achten, dass sie nicht schon ein paar Tage alt sind, sonst sind sie ein zähes Vergnügen.

Wer sich hauptsächlich an diese typischen tansanischen Speisen hält, isst sehr preiswert. In kleinen hotelis kann man sich für Beträge um 500–2000

ESSEN UND TRINKEN

Essensstand mit gegrillten Fleischspießchen (mishkaki)

TSh, manchmal sogar weniger, durchaus satt essen, wobei der zur Mahlzeit getrunkene Soft Drink mehr kosten kann als das gesamte Essen.

Beliebt zum Einnehmen einer kleinen Mahlzeit sind **Straßenstände** in Truckerortschaften an den großen Highways des Landes, entlang der Eisenbahnlinien und an Bushaltestellen sowie vor Bars und Discos. Beliebt unter Reisenden ist vor allem die Uferpromenade von Zanzibar Town, wo Abend für Abend an zahlreichen Essensständen unter freiem Sternenhimmel verschiedenste Imbisse zubereitet werden.

An Straßenständen wird von gegrilltem Huhn mit in Omelette verbackenen chips bis hin zu gut gewürzten Kebabs mit verschiedenen Salaten alles angeboten, was sich auf den einfachen kohlegeheizten Grills und Pfannen zubereiten lässt. Nicht alles verträgt der europäische Magen ohne Probleme, insbesondere bei Salaten ist Vorsicht angebracht.

In vielen **Städten** des Landes gibt es mittlerweile eine weitreichende Palette von **Restaurants und Bars,** die ein **reichhaltiges Angebot internationaler Küchenstile** anbieten: Von mexikanisch, italienisch, äthiopisch, indisch oder chinesisch und auch deutsch ist an Geschmacksrichtungen, insbesondere in den Touristenmetropolen Arusha, Dar es Salaam und zunehmend auch in

ESSEN UND TRINKEN

Zanzibar Town, alles vertreten. Was die Preise anbelangt, liegen viele dieser Restaurants schon fast auf mitteleuropäischem Niveau.

Vegetarier werden auch in Tansania auf ihre Kosten kommen. Viele Speisen in den landestypischen Restaurants werden zwar mit Fleisch und Fisch gereicht, doch können zum Reis auch Bohnen, Spinat oder gemüsehaltige Soßen (mchuzi) als Beilage mit einem Chapati eine Mahlzeit abrunden. Wenn Sie genau erklären, was Sie essen wollen bzw. was nicht, wird man sich auf Ihre Wünsche einstellen. In den besseren Hotels und Lodges stehen ohnehin immer mehr vegetarische Menüs auf der Speisekarte.

Wenn Sie das **große Obstangebot** des Landes wahrnehmen möchten und nicht gerade in besseren Hotels absteigen, wo Ihnen meist ein reiches Sortiment an natürlichen Vitaminen zur Verfügung steht, sollten Sie die **Stände an den Straßen und Märkten** aufsuchen, um sich mit Obst einzudecken. Auf Bus- und Zugfahrten bekommen Sie diese oft während der Stopps durchs Fenster angeboten (Swahili-Bezeichnungen für Obst und Gemüse stehen im Anhang).

Märkte und Lebensmittelläden

Das Angebot auf den **Märkten** größerer Ortschaften und Städte ist reichhaltig. In den Städten ist fast jeder Tag außer Sonntag Markttag, auf dem Land in kleinen Orten werden Märkte an verschiedenen Werktagen abgehalten.

Mehr zu den einzelnen Märkten verschiedener Städte entnehmen Sie den jeweiligen Ortskapiteln.

Supermärkte und kleinräumige Einkaufsläden verfügen über eine gute Auswahl an Nahrungsmitteln. Selbstversorger werden sich insbesondere in den Städten reichhaltig eindecken können. Viele **Lebensmittel** werden **aus Kenia und Südafrika** bezogen und verbessern das Angebot, allerdings sind die Preise enorm hoch und liegen z.T. weit höher als in Geschäften bei uns. Produkte wie lang haltbare **Milch, Müsli, Dosenbrot, Margarine** in Dosen, **Käse und Wurstkonserven** sind vielerorts erhältlich. Besonders in Arusha und Dar es Salaam hat man die Möglichkeit, alles Notwendige für Camping-Ausflüge zu erstehen. Im Westen und Süden des Landes ist das Angebot magerer, und man muss sich vielerorts mit den immer gleichen Lebensmitteln aus kleinen Mehrzweckläden (dukas oder einfach nur shops genannt) und von den Marktständen begnügen. Wer also mit dem eigenen Fahrzeug mehrere Tage in entlegeneren Gebieten unterwegs ist, sollte entweder einen gut sortierten Vorrat an Lebensmitteln mit sich führen oder mit dem vorliebnehmen können, was vor Ort erhältlich ist. Verhungern tut man auf keinen Fall, die allgemeine Versorgung im Landesinneren ist ausreichend.

Getränke

Auf dem Land dürfte neben **Wasser** und, in den moslemisch geprägten Regionen, **Tee (chai) Bier** das bevorzugte

Praktische Reisetipps A–Z

ESSEN UND TRINKEN

Getränk in Tansania sein. Für eine warme Flasche Bier am Abend zahlen viele Tansanier schon mal gerne einen halben Tageslohn, und so sind die **Restaurants mit Lizenz für Alkoholausschank beliebte Treffpunkte,** um am Abend einen über den Durst zu trinken. Viele dieser Lokale sind in erster Linie Trinkräume mit vergitterten Bars und lautstarker afrikanischer Musik. Bedienungen sind nicht immer die Regel, oftmals muss man sich sein Getränk an der Bar selber holen und auch direkt zahlen. Das Angebot an Bieren hat sich in den letzten Jahren stark verbessert, außer dem einst einzigen „Safari Lager" gibt es mittlerweile andere Biersorten, hinter denen in erster Linie südafrikanische und deutsche Brauereien bzw. Braumeister stehen. Damit man auch weiß, dass man es mit tansanischen Bieren zu tun hat, tragen diese dann auch Namen wie Kilimanjaro, Safari, Ndovu oder Kibo. Die kenianischen und südafrikanischen Biere Tusker, Pilsener und Castle werden unter Lizenz gebraut und sind auch in manchen Hotels/Lodges als Fassbier *(draft)* zu bekommen. Wenn auch die Versorgung mit manchen Lebensmitteln im Land nicht immer hundertprozentig klappt, so ist zumindest der Biervorrat in allen Landesecken ausreichend ... Neuerdings bekommt man sogar original Pilsener Urquell aus Tschechien.

Zu den **härteren Alkoholika** gehören Lizenz-Spirituosen wie Gin, Brandy, Whisky, Vodka oder auch Frucht-Cidre aus tansanischen Destillerien, alle von passabler Qualität. Populär in Tansania ist vor allem der heimische **Zuckerrohr-**

schnaps Konyagi (34% Alc.). In kleinen Mengen genossen, ist er durchaus schmackhaft und verträglich.

In den Dörfern kostengünstig und in Familienregie gebraut, werden auf lokalen Feiern eimerweise **Bananen- und Hirsebier** ausgeschenkt, meist einfach nur als **pombe** (Alkohol) bezeichnet. Viele, die dem exzessiven Konsum nicht widerstehen können, leiden tagelang an Kopfschmerzen, Magenverstimmungen und anderen gesundheitlichen Problemen. Für den Großteil der Tansanier ist pombe die billigste Art und Weise, sich einen Rausch anzutrinken. Wenn Sie einmal die Möglichkeit haben, an einem Pombe-Fest (bei Beschneidungszeremonien, Hochzeiten, Erntedankfesten usw.) teilzunehmen, sollten Sie das streng riechende Gebräu zumindest probieren, doch ich rate Ihnen von einem zu hohen Konsum ab, da man nie genau weiß, wie es sich mit der Hygiene verhält bzw. was alles zu den Zutaten gehört – wahrscheinlich ist es auch besser, wenn man es nicht weiß ...

In vielen Regionen des Landes wird auch **Palmwein** hergestellt. Sofern er frisch gezapft und einigermaßen kühl ist, sollten Sie dieses ganz akzeptable, alkoholschwache Getränk einmal probieren. Gerade wenn er frisch ist, schmeckt der Wein noch süß und nicht vergoren – in diesem Stadium nennt man ihn *mshuko.* Je länger er steht, desto mehr Zucker geht in Alkohol über. Dann heißt er *tembo* (Elefant) und sollte nicht gegen den Durst getrunken werden, sonst werden die Kopfschmerzen genau so groß, wie der Name es

ESSEN UND TRINKEN

verspricht. Besonders im Küstengebiet und in der Lake-Tanganyika-Region werden Sie die Möglichkeit haben, mshuko zu probieren.

Genauso wie Bier erhält man in jedem noch so abgeschiedenen Ort des Landes **Soft Drinks,** süße, kohlensäurehaltige Getränke wie Coca Cola, Pepsi, Fanta, Mirinda, 7 up, Sprite, aber auch Sprudelwasser in 0,3-l-, 0,5-l- und manchmal auch 1-l-Flaschen.

Leitungswasser kann mit dem **Zusatz von Entkeimungsmitteln** wie Micropur oder Certisil getrunken werden, sofern es einigermaßen klar ist. Wasser aus Flüssen und Seen des Landes sollte nicht getrunken werden, ohne es vorher abzukochen oder zu filtern.

Wasserentkeimungsmittel säubern nur bedingt, auf keinen Fall töten sie alle Viren und Bakterien ab, auch wenn es sich um chloranteilige Präparate wie Certisil handelt. Wer unterwegs ist, hat allerdings auch nicht immer die Möglichkeit, Wasser abzukochen. Neuartige **Wasserfilter** im Kleinformat (z.B. von der Firma Seagull) sollen Tests zufolge auch Kleinstviren aus dem Wasser filtern können und gehören für denjenigen, der im Busch unterwegs ist, zur wichtigsten Grundausstattung.

Abgefülltes **Wasser in 1-l-Plastikflaschen** mit viel versprechenden Namensetiketten wie „Kilimanjaro" ist **keimfreies Trinkwasser;** die Flaschen gibt es im ganzen Land, auch an Bushaltestellen und größeren Bahnhöfen, zu kaufen. Mit 500–800 TSh für eine Literflasche ist es zwar eine für Landesverhältnisse teure Angelegenheit, doch dafür kann man das Wasser auch be-

denkenlos trinken. Wichtig ist nur, dass Sie beim Kauf oder in einem Restaurant darauf achten, dass die Flaschen original verschlossen sind und Sie nicht etwa mit Leitungswasser wiederaufgefüllte Second-Hand-Flaschen angeboten bekommen.

Abgesehen von den auf Touristen eingestellten Hotels und Lodges bekommt man auch in den Restaurants der Städte hin und wieder frisch gepresste **Säfte aus Mangos, Orangen, Ananas** oder auch **Grapefruit.** Doch erkundigen Sie sich bei der Bestellung genau, denn vielerorts besteht „juice" nur aus Fruchtkonzentrat bzw. Fertigpulver, das in Wasser aufgelöst wurde.

Bekannt aus dem Orient und aus Asien, bekommt man im ganzen Land **chai, süßen Tee,** der oft mit reichlich Milch serviert wird *(chai ya maziwa).* Möchte man nur schwarzen Tee, dann heißt er *chai ya rangi.*

Sonstiges

Zu Zeiten des **Ramadan** (siehe nächstes Kapitel) können die Öffnungszeiten, bzw. die Angebote von Restaurants und Geschäften eingeschränkt sein. Dies gilt speziell für die islamischen Gebiete an der Küste und auf Sansibar. Man sollte dies in seine Reiseplanung mit einbeziehen.

Feiertage und Öffnungszeiten

Staatliche Feiertage

- **1. Januar:** Neujahr
- **12. Januar:** Jahrestag der Revolution auf Sansibar (1964)
- **Karfreitag, Karsamstag, Ostersonntag und Ostermontag**
- **7. April:** „Karume-Tag" (an diesem Tag wurde 1972 *Scheich Karume*, der erste Staatspräsident von Sansibar erschossen)
- **26. April:** „Union Day" (Zusammenschluss von Tanganyika und Sansibar zum Staat Tansania 1964)
- **1. Mai:** „Labour Day" (Tag der Arbeit)
- **7. Juli:** „Saba Saba Day" (Tag der Bauern und Gründungstag der TANU)
- **8. August:** „Nane Nane Day"
- **14. Oktober:** „Nyerere-Tag" (an diesem Tag ist 1999 *Julius Nyerere*, Staatsgründer und erster Präsident, gestorben, siehe auch Exkurs hierzu)
- **9. Dezember:** „Independence Day" (Feiertag aus Anlass der Unabhängigkeit Tanganyikas 1961)
- **25./26. Dezember:** Weihnachtsfeiertage

Feiertage, die auf einen Sonntag fallen, werden in Tansania nicht auf einen anderen Wochentag verlegt.

Islamische Feiertage

Weitere religiöse Feiertage sind die islamischen Feiertage **Id el Fitr** (Ende des Fastenmonats Ramadan, dauert zwei Tage), **Id el Haji** (Pilgerfest, Flucht *Mohammeds* von Mekka nach Medina) und **Maulidi** (Geburtstag des Propheten *Mohammed*). Diese Feiertage werden vorwiegend an der Küste und auf den Inseln gefeiert. Die (Feier-)Tage richten sich **nach dem Mondkalender** und fallen daher jedes Kalenderjahr knapp elf Tage früher aus als im jeweils vorhergehenden. 2007 fallen die **Fastentage des Ramadan** in die Zeit vom 13. Sept. bis 13. Okt., 2008 in die Zeit vom 1. Sept. bis 1. Okt.

Öffnungszeiten

Gesetzliche Ladenschlusszeiten existieren in der Praxis kaum. **Geschäfte** öffnen in der Regel zwischen 8 und 9 Uhr, haben über Mittag oft durchgehend geöffnet und schließen irgendwann zwischen 18 und 20 Uhr. In kleineren Orten haben die Geschäfte oft auch an Feiertagen und an Sonntagen geöffnet.

Bei **Behörden und Botschaften** erreichen Sie in den Morgenstunden zwischen 9 und 12 Uhr am meisten.

Banken haben normalerweise von Montag bis Freitag von 8.30–15 bzw. 16 Uhr und am Samstag von 8.30–12 Uhr geöffnet.

Die **Post** ist von Montag bis Freitag von 8–12.30 Uhr und 14–16 Uhr und am Samstag von 8–12 Uhr geöffnet.

Die **Nationalparks** öffnen morgens um 6 Uhr und schließen ihre Tore um 18.30 Uhr; Einlass ist bis 16.30 Uhr.

Buchtipps:
- Helmut Hermann

Reisefotografie
- Volker Heinrich

Reisefotografie digital
(beide Bände Reise Know-How Praxis)

Fotografieren und Filmen

Foto- und Filmkameras sollten **diskret** und mit Feingefühl benutzt werden, besonders wenn es um Aufnahmen von Menschen geht: **Fragen** Sie immer zuerst **um Erlaubnis,** bevor Sie jemanden fotografieren! Nicht jeder möchte jederzeit abgelichtet werden. In bestimmten Situationen, etwa bei Festen, Feiertagen oder bei Ritualen, können Kameras tabu sein. Erkundigen Sie sich auch hier vorsichtshalber vorher. Unreflektierte fotografische „Schießwut" kann schnell aggressive Reaktionen seitens der „Bildopfer" hervorrufen, etwa wenn sie sich in ihrer Würde und in ihrem Stolz verletzt fühlen. Seien Sie sich immer der Tatsache bewusst, dass Sie der Gast in einem anderen Land sind!

Für die Genehmigung eines Fotos fordern die Objekte der fotografischen Begierde als **Gegenleistung** gern, dass man ihnen einen Abzug zukommen lässt. Leider wird dies oft nur versprochen und selten eingehalten. Häufig wird man auch gleich nach Geld gefragt, wenn man eine Aufnahme machen möchte. Hierbei wurden mir schon die abenteuerlichsten Preise genannt. Entscheiden Sie je nach Situation und Motiv, was Ihnen die Aufnahme wert ist. Bedenken Sie auch, dass solch ein „Geschäft" für manch einen die einzige Möglichkeit ist, zu einem Verdienst zu kommen.

Auf dem Weg in die nördlicheren Parks wie Manyara und Ngorongoro warten immer wieder **Maasai am Wegesrand,** die Ihnen für ein entsprechendes Entgelt Porträt stehen. Auch gibt es im Ngorongoro-Schutzgebiet eigens für Fotozwecke herausgeputzte **Maasai-Dörfer,** in denen Sie nach vorheriger Zahlung alles fotografieren dürfen. Auch wenn vieles vielleicht eher gestellt wirkt, so gewährt eine solche Einrichtung doch einen guten Einblick in das Leben der Maasai, ohne dabei traditionelle Lebensweisen negativ zu beeinflussen, wie dies bei einem „echten" Maasai-Dorf der Fall wäre.

In der Nähe von **Grenzen, Polizeistationen und militärischen Anlagen** (dies können auch Brücken, Funktürme usw. sein) und bei politischen Veranstaltungen sollte man nicht fotografieren.

FOTOGRAFIEREN UND FILMEN

Auch das Ablichten der Nationalflagge oder eines der Präsidentenfotos ist streng genommen nicht erlaubt.

Kamera und Objektive

Ideal ist natürlich eine **Spiegelreflexkamera** mit Tele- und Weitwinkelobjektiv. Um möglichst alle Entfernungen und Betrachtungswinkel abzudecken, empfehlen sich **Zoom-Objektive** (28–70 mm und 70–200/300 mm) oder aber ein „Alleskönner-Objektiv" wie ein 28–300-mm-Zoom.

Um **in den Nationalparks** einigermaßen „nah" an die Tiere heranzukommen, werden Sie mit **Tele-Brennweiten von 200–500 mm** gut auskommen. Genügend Licht werden Sie in Tansania für derartige Objektive vorfinden.

Wer eine **Digitalkamera** verwendet, sollte bei einer Safari über folgende Dinge Bescheid wissen:

Genügend Speicherkarten oder ein Speicherkartenlesegerät mitnehmen, um volle Karten auf ein mobiles Speichermedium transferieren zu können.

Ein **zusätzlicher Akku** ist empfehlenswert, da man nicht überall (vor allem bei Camping-Safaris in Nationalparks) die Möglichkeit hat, Akkus wieder aufzuladen. Jedoch sind mittlerweile viele Camps auch mit dieser Problematik vertraut und schmeißen schon mal einen kleinen Generator an, um Kameras wieder mit der nötigen Energie zu versorgen.

Staub! Speziell bei digitalen Spiegelreflexkameras können Sensoren sehr schnell Staubpartikel „aufsaugen". Gerade wenn man Objektive wechselt und ein Staub aufwirbelndes Fahrzeug vorbeifährt, ist schnell das Kameragehäuse in Gefahr. Es gilt daher extrem vorsichtig zu sein! Wer es sich leisten kann, sollte ein zweites Kameragehäuse dabeihaben und/oder Zoom-Objektiven gegenüber Festbrennweiten den Vorzug geben. Bitte beachten Sie, dass es bei der digitalen Spiegelreflex-Fotografie zum Teil große Qualitätsunterschiede bei der Verwendung von Objektiven gibt. Nicht alle Zoom-Objektive geben in Verbindung mit digitalen Spiegelreflexkameras gute Schärfe- oder Kontrastwerte wieder.

Ein **Stativ** wird wohl nur der Profi im Gepäck haben. Im übrigen darf man gerade in den Parks für Tieraufnahmen eigentlich nicht aussteigen, um ein Foto zu machen bzw. ein Stativ dafür aufzubauen. Meistens wird bei Teleaufnahmen das Objektiv aufs Autofenster aufgelegt. Hier empfiehlt sich ein Bohnenkissen.

Auch können verschiedene **Objektiv-Filter,** beispielsweise UV und Skylight, für tieffarbige Aufnahmen nützlich sein und zudem das Objektiv schonen. Pol-Filter bieten sich besonders für die Küste an. In den etwas bewölkten Monaten von August bis Oktober kann ein leichter Korrektur-Filter deutlich mehr Kontraste erzeugen.

Außerdem hat sich die Mitnahme einer zweiten **kleinen Kamera** bewährt, die sich gut für unauffällige Schnappschüsse eignet. Weniger Anspruchsvolle werden auch allein mit einer Pocketkamera gut klarkommen und durchaus brauchbare Bilder mit nach Hause nehmen können – entscheidend ist ja nicht nur die Ausrüstung, sondern auch das Auge für gute Motive ...!

Für Museen, Ausstellungen und sonstige dunkle Innenräume benötigen Sie ein **Blitzgerät.** Benötigen Sie spezielle Batterien für ihre Kamera, sollten Sie Ersatz dabeihaben.

Unterwegs ist es wichtig, die Ausrüstung vor Feuchtigkeit und Staub zu schützen und durch eine gefütterte Fototasche Schläge und Vibrationen abzudämpfen.

Grundsätzlich sollte man die **Kamera nie offen und für jedermann sichtbar tragen.** Gerade dort, wo schon einfache Kameras einen höheren sozialen Status symbolisieren, ist statt einer grell leuchtenden Multi-Funktions-Fototasche eine unauffällige Umhängetasche oder auch nur ein nichtssagender Stoffbeutel vorzuziehen, da sie nicht schon von weitem den wertvollen Inhalt verraten.

Filme

Decken Sie sich zuhause mit genügend Filmen ein. Zwar bekommen Sie in den großen Städten und in vielen Safari-Hotels auch Filme, doch sind sie meist teurer. Dia-Filme sind mittlerweile in Fotoläden und Hotels/Lodges erhältlich, zum Teil jedoch sehr teuer. Dia-Entwicklung (E6-Prozess) ist in Arusha, in Moshi und Dar es Salaam möglich. Sehr gute Erfahrung habe ich persönlich mit dem Kodak-Fotolabor im Shoppers Plaza in Dar es Salaam gemacht.

Sofern Sie nicht in den wolkenverhangenen Regenmonaten unterwegs sind, werden Sie mit 100-Asa-Filmen gut aus-

kommen. Für Tieraufnahmen, v.a. mit langen lichtschwachen Tele-Brennweiten, benötigt man ab und zu einen 200er oder sogar 400er Film, gerade wenn es frühmorgens oder am späten Nachmittag (wenn die Lichtverhältnisse etwas schwächer sind) auf Foto-Pirsch gehen soll.

Kontrollgeräte an den tansanischen Flughäfen gelten als „sicher" für belichtete Filme. Einen wirklich sicheren Schutz gegen unliebsame Schäden durch Röntgenstrahlen bietet ein bleibeschichteter Beutel („Film-Shield-Photo-Bag"), der in Fotofachgeschäften erhältlich ist.

Frauen allein unterwegs

Allein reisende Frauen unterwegs in Ostafrika sind keine Seltenheit mehr, aber auch nicht selbstverständlich. Von zahlreichen Frauen, die zum Teil mehrere Monate in Afrika auf Tour waren, habe ich überwiegend positive Eindrücke und Erfahrungen vernommen. Die meisten von ihnen bestätigten mir, dass das Reisen allein als Frau im Allgemeinen nicht gefährlich sei, vorausgesetzt es werden einige Regeln und Tipps im Alltag beachtet. Das wichtigste aber ist, ein Gefühl zu entwickeln und ein Gespür dafür zu bekommen, wie frau sich in den jeweilig gegebenen Situationen (richtig) zu verhalten hat.

Angemessene Kleidung ist nicht nur in der vorwiegend islamischen Küstenregion angebracht. Um sich vor unerwünschten Blicken zu schützen, eignen sich weite Blusen oder T-Shirts, lange Röcke und Hosen. Wer sich dagegen in Shorts oder ausgeschnittener Oberbekleidung präsentiert, darf sich nicht wundern, wenn dies von Männern als „Aufforderung" betrachtet wird. Bei längeren Haaren – vor allem wenn diese blond sind – empfiehlt es sich, einen Zopf zu binden, da offen getragenes Haar als „Freizügigkeit" interpretiert werden kann. Auch ein Kopftuch kann in dieser Hinsicht nützlich sein, zudem schützt es unterwegs vor Staub und Sonne. Tansanische Frauen tragen häufig ein Kopftuch.

Dass afrikanische Männer europäische Frauen **in sexueller Absicht anmachen,** kommt selten vor, und wenn es doch passiert, dann reicht meist ein mit Nachdruck formuliertes Nein, um der Avance ein Ende zu bereiten. Aggressiv-gewalttätige Verhaltensweisen oder gar die Gefahr einer Vergewaltigung haben Frauen meiner Ansicht nach und auch gemäß dem, was mir berichtet wurde, nicht zu befürchten. Beziehungen zu europäischen Frauen sind für manchen Tansanier vielleicht eher aus Gründen nicht-sexueller Natur erstrebenswert: des vermeintlichen Reichtums wegen, aus Prestigegründen oder einfach, weil sich einige junge Leute dadurch erhoffen, einmal nach

Europa zu kommen und so den Sprung in ein „besseres" Leben zu schaffen.

Eine Möglichkeit, Missverständnissen vorzubeugen, ist das **Tragen eines (Pseudo-)Eherings** und die Mitnahme von Bildern vom (angeblichen) Ehemann und den Kindern, die frau dann bei jeder Gelegenheit vorzeigen kann. In Tansania trägt man den Ehering übrigens an der linken Hand, da man die rechte zum Essen gebraucht. Einer verheirateten Frau mit Familie wird sehr viel mehr Respekt entgegengebracht als einer unverheirateten und kinderlosen. Allerdings verstehen dann wiederum viele Afrikaner nicht, dass der Ehemann seine Frau allein reisen lässt ...

Unterwegs ist es ratsam, sich nicht als Touristin zu „outen", die mit viel Zeit im Gepäck einfach nur aus Spaß am Reisen unterwegs ist. Dafür haben viele Afrikaner wenig Verständnis, schon aus finanziellen Gründen. Oftmals ist es besser, einfach zu sagen, frau reise von A nach B, um dort Freunde, Verwandte oder den Ehemann zu besuchen, der im Land arbeitet. Verwandtenbesuche sind in Afrika an der Tagesordnung und werden als wichtiger Reisegrund verständnisvoll akzeptiert.

Einer allein reisenden Frau in öffentlichen Verkehrsmitteln wird gewöhnlich sehr viel Hilfsbereitschaft und Gastfreundschaft entgegengebracht. Im Falle von Zugreisen wird sie beim Kaufen einer Fahrkarte für die 2. Klasse automatisch in ein reines Frauenabteil gesetzt, selbst wenn ein Partner dabei sein sollte. Auch das Absteigen in einfacheren landestypischen Hotels ist unproblematisch, solang diesen nicht irgend-

Buchtipp:
● Birgit Adam
Als Frau allein unterwegs
(REISE KNOW-HOW Praxis)

welche düsteren Discos oder Männerkneipen angeschlossen sind.

Allein reisen – egal ob als Mann oder Frau – birgt ein **höheres Sicherheitsrisiko.** Denn zu zweit oder in der Gruppe hat man in Notfällen immer jemanden, der für Hilfe sorgen kann. Wenn möglich, ist es sinnvoll, im Hotel oder bei Reisebekanntschaften eine Nachricht zu hinterlassen, wohin Sie unterwegs sind und wann ungefähr Sie wieder zurück sein wollen. Dies gilt besonders für Touren in abseits gelegene Gebiete.

Eine Reise als Frau allein erfordert **Mut,** ein gewisses Selbstvertrauen und eine zuversichtliche und offene Einstellung den Dingen und Menschen gegenüber, die da kommen mögen. Ebenso hilfreich sind aber auch ein gesundes Misstrauen und eine gute Menschenkenntnis. Wichtig sind zudem Unternehmungsgeist und Entscheidungsfreude, denn alles muss in Eigenregie und ohne Unterstützung eines Reisepartners auf die Beine gestellt werden, die Tagespläne, die verschiedenen Aktivitäten, die Reiserouten usw. Es kann natürlich auch vorkommen, dass sich Gefühle der Einsamkeit, Verlorenheit oder Beklommenheit einstellen und im fremden Kulturkreis noch verstärkt werden. Eine **intensive Reisevorbereitung** zur Einstimmung vor allem auf alle praktischen und kulturellen Belange ist also sinnvoll.

An Gesprächspartnern wird es der allein reisenden Frau unterwegs nicht mangeln. Im Gegenteil: Um manchmal ganz mit sich allein zu sein, wird frau sich schon mal ins Hotelzimmer zurückziehen oder demonstrativ in ein Buch vertiefen müssen.

Als **Fazit** aber bleibt: Mit der gebotenen und nötigen Anpassungsfähigkeit einer fremden Kultur gegenüber, mit einem gewissen Instinkt für richtiges Handeln in neuartigen Situationen und fremden Menschen gegenüber und natürlich mit der nötigen gewissenhaften Vorbereitung und einer selbstkritischen Einschätzung der eigenen Fähigkeiten wird auch die allein reisende Frau in Tansania eine schöne Zeit verbringen können.

Führer/Guides

Etwas ganz alltägliches und normales ist die **„Begleitung"** des Touristen durch selbst ernannte „Guides" in Städten, an Bus-, Bahn-, Fährstationen, auf Märkten oder bei Fußmärschen im Landesinnern. Gerade Alleinreisende, die in bestimmten Situationen Ratlosigkeit ausstrahlen, sind beliebte Opfer von Führern. Die Intention der meist jugendlichen Männer ist völlig **harmlos,** man erhofft sich lediglich, als Vermittler und Guide ein kleines Taschengeld zu verdienen. Kriminelle Absichten bestehen hier nur äußerst selten, dennoch sollte man nicht gleich jedem in eine dunkle Gasse folgen, nur weil dort angeblich etwas Besonderes zu entdecken wäre.

Ein ortskundiger Guide hat immense **Vorteile.** Er kennt sich mit den Gepflogenheiten seines Landes aus und kann Ihnen selbst mitten in der Nacht, wenn scheinbar alle Unterkünfte geschlossen haben, eine Pension vermitteln. Der Hilfeleistende steht dann meist morgens wieder auf der Matte und hofft darauf,

Führer/Guides

Sie bei weiteren Aktivitäten erneut unterstützen zu können. Für manche Reisende, denen diese Dienste gelegen kommen, entwickeln sich Guides oftmals zu regelrechten Reisepartnern, insbesondere dann, wenn man sich länger in einer Region aufhält. Gerade derjenige, der mehr über Gebräuche und Sitten erfahren und in den tansanischen Alltag eintauchen möchte, wird ohne einen dolmetschenden Führer kaum auskommen. Zudem hat ein Guide den Vorteil, dass man nicht ständig von anderen Hilfeanbietern genervt wird und dass man sich relativ sicher überall hinwagen kann – vorausgesetzt, Sie haben das Gefühl oder die Gewissheit, Ihrem Guide trauen zu können!

Nachts in Zanzibar Town

Erwarten Sie jedoch nicht **zu viel,** die wenigsten Führer kennen die Hintergründe zu historischen Stätten, die Balz- und Jagdgewohnheiten der Löwen oder die Pflanzenwelt am Kilimanjaro. Ein Guide beherrscht eher die praktischen Tipps und Tricks im Alltag.

Doch **Vorsicht!** Oft bekommt ein Guide auch Provision von Hotels, Safariunternehmen oder Taxifahrern. Sollten Sie sich bereits vorher für eine bestimmte Unterkunft oder einen Safariveranstalter entschieden haben, und Ihr Guide meint was Besseres zu kennen bzw. behauptet, dass die von Ihnen ausgesuchte Einrichtung nicht mehr existiere, so muss dies nicht unbedingt zutreffen, da er wahrscheinlich als „bezahlter Köder" fungiert (mehr hierzu in den Exkursen zu den Flycatchern und zu den Papaasi).

GELD UND REISEKASSE

Die **Bezahlung eines Führers** fällt je nach Ort und Zeitaufwand sehr unterschiedlich aus. In den Touristenzentren wie Sansibar und Arusha sind Guides teurer als am Lake Tanganyika. Bei kleinen Hilfeleistungen zahlt man ein Soda oder auch mal ein Essen. Planen Sie mit einem Guide anfangs nicht zu viel, überzeugen Sie sich lieber erst von seinem Nutzen und seinen Preisvorstellungen. Ist man zufrieden, und verlangt der Führer nicht zu viel Geld, kann man für weitere Planungen, wie z.B. einer Besichtigung des Marktes oder einer reinen Afrikaner-Siedlung, seine Dienste in Anspruch nehmen. Gerade bei Reisen abseits der üblichen Touristenpfade ist man oft auf Hilfe bei der Auffindung einer Sehenswürdigkeit angewiesen. Nach kurzem Herumfragen bietet sich meist jemand an, der behilflich ist.

Bedenken Sie jedoch, dass fast alle dieser Personen **keine Touristik-Lizenz** haben und dieses Führer-Geschäft eigentlich illegal ist. Auch wenn die Regierung dies nicht so eng sieht, sollte man einen Hilfeleistenden nicht öffentlich Guide nennen und die Belohnung oder Bezahlung nicht gerade im Beisein von Polizisten tätigen.

Wie von mehreren Seiten bestätigt, sollten insbesondere Frauen auf **Trickbetrüger** achten: Dabei gibt sich ein Mann – der oft auch sehr sympathisch wirken kann – als Guide aus, begleitet die Frau abends zu ein, zwei Flaschen Bier und lässt sich und die sich sicher wähnende Frau von anderen auf dem Weg ins Hotel ausrauben.

Geld und Reisekasse

Tansania kann beides sein: ein teures und preiswertes Reiseziel. Rucksackreisende ohne Ambitionen auf teure Nationalparks, unterwegs mit öffentlichen Verkehrsmitteln und anspruchslos in Bezug auf landestypische Unterkünfte können **schon mit 20–40 $ pro Tag gut über die Runden kommen.** Sind Sie aber hauptsächlich auf Safari in den Nationalparks unterwegs, dann wird sich Ihr Geldbedarf schnell verzehnfachen! Viele Reisende geben den Großteil ihres Geldes im Norden Tansanias aus, um an einer Park-zu-Park-Safari teilzunehmen und/oder evtl. den Kilimanjaro zu besteigen. Preiswerte Safaris und Bergbesteigungen sind längst Geschichte, Tansania ist in diesen Bereichen teurer als die Länder im südlichen Afrika. Preiswerte Bergwanderungen und Aufenthalte in tierreichen Naturlandschaften (nicht Nationalparks) sind außerhalb von Wildschutzgebieten dagegen vielerorts möglich und ebenso beeindruckend.

Preise zu Safaris, Unterkünften und Verpflegung, Nationalparks, Transport und Transfers entnehmen Sie den entsprechenden Kapiteln.

Reisekosten

Die mitzunehmende Geldmenge muss jeder **individuell** nach Reiseziel, Reisegeschwindigkeit, Wahl der Unterkunft und der Fortbewegungsmittel sowie am täglichen Bedarf ausrichten. Grob errechnen lassen sich die Kosten anhand

Geld und Reisekasse

der in diesem Buch genannten Preise für Unterkunft, Verpflegung, Serviceleistungen und Transportkosten.

Wer nicht soviel Wert auf teure Bergtouren und Nationalparks legt, sondern vielmehr das Land und seine Menschen kennenlernen möchte und hier nicht unbedingt die 1. Klasse bei den öffentlichen Verkehrsmitteln und teure Hotels bevorzugt, kann die Reise relativ preiswert anlegen (Ausnahme Sansibar: Hier können touristische Leistungen auch für Backpacker während der High Season aufgrund der hohen Nachfrage stark überteuert sein!). Dagegen sind Katamaranfahrten bei Pemba, das Besteigen des Kilimanjaro über eine Spezialroute und ein Flug mit einem Heißluftballon über die Serengeti wesentlich kostenintensivere Reisegestaltungsmöglichkeiten. Wie auch immer man plant und rechnet, man sollte in jedem Fall nicht zu knapp kalkulieren und über eine ausreichende Geldreserve verfügen.

Reisemittel

Sofern Sie nicht nur (mit seriös geführten) Reise-/Safariunternehmen in Nationalparks unterwegs sind und sich an Badestränden aufhalten und die Leistungen bereits im Voraus in Tansania in $ cash beglichen haben (Zahlung mit Kreditkarte ist nur bedingt möglich), werden Sie im Land immer eine ausreichende Menge an **Bargeld** benötigen. Auch in vielen Läden werden Kreditkarten nicht akzeptiert, selbst gehobenere Hotels lehnen sie oft ab oder erkennen nur die ein oder andere an. In den meisten Fällen ist man mit **MasterCard** und **VISA** (in Tansania mehr verbreitet als MasterCard) gut bedient. Oft finden Sie an Hoteltüren, Eingängen zu Reisebüros usw. einen Aufkleber von einer bekannten Kreditkarte. Fragen Sie vorsichtshalber gleich nach, ob Sie mit der beworbenen Karte auch zahlen können, da so ein Aufkleber oft nur zur dekorativen Eingangsgestaltung gehört und nicht die Akzeptanz einer bestimmten Karte verkünden soll ...

Die **tansanische Währung** ist der **Shilling** (Swahili: *shillingi*), kurz **TSh**. Im Februar 2007 betrug der **Wechselkurs** für 1 Euro ca. 1,72 TSh, für 1 US-Dollar ($) ca. 1,31 TSh, für 1 SFr ca. 1,06 TSh. Der Währungsverfall hat sich im Vergleich zu früheren Zeiten deutlich verlangsamt (auf Druck des IWF wird zunehmend eine Politik der Geldwertstabilität verfolgt). Größter Schein ist die 10.000-TSh-Note.

Parallel zum Shilling ist der **US-Dollar** so etwas wie eine **inoffizielle Zweitwährung in Tansania,** mit dem vor allem im Tourismusgewerbe gehandelt und gerechnet wird. Manche Bergwanderungen, Nationalparks und auch einige Hotels können nur mit Dollars bezahlt werden, ebenso Visa an den Grenzen. Es ist daher ratsam, einen **Teil seines Bargeldes in US-Dollar mitzuführen.** Um vor Ort tansanische Shillinge zu kaufen, eignen sich SFr und Euro bestens. Diese können Sie im Norden, in Dar es Salaam und auf Sansibar problemlos und zu guten Kursen wechseln. Auch im Landesinneren tauschen Banken Euro.

Neben Bargeld sind **Traveller-Reiseschecks** empfehlenswert, wenngleich der Kurs beim Umtausch etwas schlechter ist. Man zahlt bei Ausstellung pro Scheck 1% des Nennbetrages und ist damit gegen Verlust und Diebstahl versichert. Auch müssen es keine $-Traveller-Schecks sein, da man schon Tauschverluste beim Ankauf in Euopa hat und dann ein zweites Mal, wenn sie gegen tansanische Shillinge eingewechselt werden. Nicht von allen Banken in Tansania werden die Schecks eingelöst, gerade im Süden und Westen gibt es hier noch Probleme. Meistens tauscht die NBC (National Bank of Commerce) Traveller-Schecks. Bei Hotels ist es ähnlich, in den Touristenorten fallen für den Wechsel noch einige Prozente an Bearbeitungsgebühren an.

Denken Sie auch bei den Schecks an kleinere Ausschreibungen, da es immer wieder passiert, dass man nur einen kleinen Betrag benötigt.

Geldwechsel

Neben den **Banken,** die in nahezu allen größeren Orten des Landes zu finden sind, existieren noch **Forex-Büros,** private Einrichtungen mit der Lizenz zum Geldwechseln. Oft sind die Wechselkurse in diesen Büros etwas besser als in den Banken, zudem muss man nicht so lange warten. In der Regel gibt es für größere Scheine (50er und aufwärts) einen besseren Kurs. Tansanische Schillinge gegen Kreditkarte (Visa, MasterCard) zu bekommen, funktioniert nur an wenigen Stellen. Banken und Hotels/Lodges schlagen heftige Gebühren auf, z.T. mit 5–7% Kursverlust gegenüber Bargeld-Tauschgeschäften.

In vielen Städten wie Dar es Salaam, Arusha, Bukoba, Dodoma, Geita, Iringa, Karatu, Kigoma, Lindi, Mbeya, Moshi, Morogoro, Mtwara, Musoma, Mwanza, Njombe, Shinyanga, Singida, Songea, Sumbawanga, Tabora, Tanga, Tukuyu und Zanzibar verfügen die NBC Bank ebenso wie fast auch alle internationalen Banken wie die Standard Chartered Bank oder die Barclays Bank über **Bargeld-Automaten** (ATMs), wo man mit Kreditkarten **(VISA- und MasterCard)** Bargeld bis zum Höchstbetrag von 400.000 TSh zu einem guten Kurs ziehen kann. Oft wird jedoch nur VISA von den Automaten angenommen. Es gilt der jeweilige Interbank-Kurs des Tages. Je nach kartenausstellender Bank werden bis zu 5,5% Gebühr für Barabhebungen per Kreditkarte erhoben. Zusätzlich kann man **bei Barclays-Bankfilialen** mit ATM-Automaten **auch mit der Maestro-(EC-)Karte** Geld ziehen, ebenfalls bis zu einem Höchstbetrag von 400.000 TSh. Dafür wird je nach Hausbank pro Abhebung eine Gebühr von ca. 1,30–4 Euro bzw. 4–6 SFr berechnet.

Informationen unter:
● www.barclays.com/africa/
tanzania/cash_mach.htm
● www.nbctz.com
● www.standardchartered.com/tz/cb/
service/svc_atm.html

Zum **Schwarztausch** wird man vor allem in den von Touristen häufig frequentierten Städten angesprochen. Die Kurse, die Ihnen beim Vorbeigehen ins Ohr geflüstert werden, liegen nur geringfügig über den offiziellen Raten. Lassen Sie die Finger von solch einem Geschäft! Irgendwo in einer Seitengasse könnten böse Jungs mit dicken Keulen lauern oder auch die Polizei, die Sie mit einem zivilen Beamten einer strafbaren Handlung überführt hat, denn der Geldtausch auf dem Schwarzmarkt ist verboten!

Unterbringung von Geld

Wichtig bei der Aufbewahrung von Geldmitteln und Papieren ist, dass Sie Geld und Pass **am Körper** tragen (Brusttasche unterm Hemd, Geldgürtel usw.), das Geld immer verteilt aufbewahren und für den Tagesbedarf gut erreichbar haben.

Sofern Sie die Möglichkeit haben, Ihre Wertsachen in einem Hotel einzusperren (**Hotelsafe),** empfehle ich Ihnen, dies zu nutzen. Gerade in den größeren Städten wie Arusha und Dar es Salaam treiben Taschendiebe auch am Tag ihr Unwesen.

Grenzverkehr

Der grenzüberschreitende Verkehr von/nach Tansania ist derzeit **in alle Nachbarländer möglich,** wobei von einer Ausreise in den ehemaligen Zaire (jetzt: Demokratische Republik Kongo) und nach Burundi abzuraten ist. Es gibt Straßenverbindungen nach Kenia, Uganda, Ruanda, Burundi, Sambia, Mosambik und Malawi. Der Kongo (Kalemie/Kalundu) kann nur mit dem Schiff (die Mitnahme von Fahrzeugen bis ca. drei Tonnen ist möglich) von Kigoma aus erreicht werden (vgl. bei Kigoma). Für die Einreise in alle Nachbarländer ist eine **Gelbfieberimpfung** erforderlich, sie wird jedoch selten überprüft.

Von/nach Kenia

Am stärksten ist der Grenzverkehr mit dem Nachbarn Kenia. Die **vier Hauptgrenzübergänge** sind **Sirari** nahe des Victoria-Sees, **Namanga** zwischen den Tourismusmetropolen Nairobi und Arusha, **Taveta** zwischen Moshi und dem Tsavo National Park und schließlich **Horo Horo (Lunga Lunga)** an der Küste.

Die **Eisenbahnverbindung** zwischen Tansania und Kenia ist bis auf Weiteres eingestellt.

GRENZVERKEHR 49

Zwischen dem kenianischen Nationalpark Masai Mara und der Serengeti herrscht **kein offizieller Grenzverkehr,** dennoch passieren am Sand-River-Übergang hin und wieder Fahrzeuge die Landesgrenze. Touristen mit Privatfahrzeugen können hier die Grenze nicht passieren, auch wenn sie im Besitz der erforderlichen Grenzdokumente sind. Beim Sand River-Camp sind keine Zollbeamten im Dienst, sondern nur kenianische Parkranger, die Ihnen die Aus- und Einreise bzw. Ein- und Ausfuhrstempel für Sie und ihr Fahrzeug nicht erteilen können. Mit ostafrikanischen Nummernschildern und Wohnsitz in Tansania *(resident)* kann man von der Serengeti nach Kenia fahren. Den Ausreisestempel erhält man im Visitors Centre in Seronera (Zentral-Serengeti).

Von Mombasa besteht nicht mehr die Möglichkeit, mit dem Schiff nach Tansania einzureisen.

Deutsche, Schweizer und Österreicher benötigen für Kenia ein **Visum** (50 $). Bei Busfahrten durch Kenia wird ein **Transitvisum** fällig, das 20 $ kostet.

Genauere Informationen zu Grenzformalitäten, Geldwechsel, Öffnungszeiten und Unterkünften an den offiziellen Grenzen finden Sie in den entsprechenden Kapiteln bzw. Routenbeschreibungen.

Von/nach Uganda

Deutsche, Schweizer und Österreicher benötigen für Uganda ein **Visum** (30 $, **an der Grenze erhältlich**).

Seit dem Untergang des Passagierschiffes „Bukoba" im Sommer 1995 besteht **keine direkte Seeverbindung** zwischen Tansania und Uganda. Zurzeit bietet sich nur die Möglichkeit, mit dem Schiff von Mwanza nach Bukoba und von dort mit dem täglich (außer So) verkehrenden Bus nach **Mutukula,** der 87 km entfernten **Grenzstation zu Uganda,** zu fahren. Von Mutukula bekommt man dann **Anschluss nach Masaka und Kampala.** In Mutukula gibt es keine Unterkunftsmöglichkeit und auch keine offizielle Wechselstube. Schwarztausch ist möglich und wird auch geduldet, der Kurs ist nicht schlecht. In Bukoba können bei den Banken keine Uganda Shillinge gekauft werden (siehe dort).

Von/nach Ruanda

Die einzige passierbare Grenze nach Ruanda ist bei den Rusumu-Wasserfällen über den Kagera-Fluss. Die Grenze macht pünktlich zum Sonnenuntergang zu. Nur sehr einfache Übernachtungsmöglichkeiten bietet der Ort **Rusumu** kurz nach der Grenze. Busse fahren hier selten, nur kleine Sammeltaxis in die nächstgrößeren Orte. Das größte Verkehrsaufkommen entsteht durch die großen Überland-LKWs, die Ruanda von Dar es Salaam aus mit Gütern versorgen.

Von/nach Burundi

Das 1995 von Tansania verhängte Handelsembargo wurde zwar wieder aufgehoben, doch der Passagierschiffsverkehr zwischen Kigoma und Bujumbura ist noch immer eingestellt.

Praktische Reisetipps A–Z

Motorgetriebene **Holzboote fahren** jedoch **in beiden Ländern entlang des Seeufers bis zur Grenze,** wo Sie dann umsteigen müssen (vgl. bei Kigoma).

Auf dem Landweg besteht lediglich **bei Kobero,** etwa hundert Kilometer westlich von Biharamulo, die Möglichkeit, die Grenze zu passieren. An der Grenze kann man weder übernachten noch Geld wechseln. Auch verkehren keine großen Busse, sondern nur Dalla Dallas zwischen Muyinga und Ngara zur Grenze. Die aktuellsten Informationen erhalten Sie in Dar es Salaam bei der Botschaft von Burundi oder im Konsulat in Kigoma. Aufgrund der unruhigen Lage wird jedoch von einer Einreise nach Burundi abgeraten.

Von/nach Kongo

Siehe oben die Einleitung und bei Kigoma.

Von/nach Sambia

Neben der legendären **Schiffsfahrt über den Lake Tanganyika** von Kigoma nach Mpulungu/Sambia an der Südspitze des Sees (vgl. bei Kigoma) besteht noch die Möglichkeit, über **Straße von Sumbawanga nach Mbala** sowie über die gängigste **Grenzstation Nakonde/Tunduma am Tanzania-Zambia-Highway** (auch Great South Road genannt) nach Sambia zu gelangen. Ferner kann man **mit der Eisenbahn (Ta-Za-Ra)** von Tansania in das zentrale Sambia fahren, von wo es Eisenbahnanschlüsse nach Simbabwe und bis ins ferne Kapstadt gibt (s.a. „Anreise").

Wer mit dem Schiff nach Sambia einreist, bekommt am Hafen in Mpulungu ein **Visum** ausgestellt (Deutsche, Österreicher, Schweizer). An den Straßengrenzstationen und im Zug nach Sambia sind ebenfalls Visa zu bekommen. Tipp: Das Transitvisum (eine Woche) für Sambia liegt bei 40 $, das reguläre Touristenvisum (single-entry) kostet nur 25 $; geben Sie also an, mehr als eine Woche im Land bleiben zu wollen.

Von/nach Malawi

Derzeit gibt es nur **einen Straßengrenzübergang** nach Malawi. Dieser liegt bei **Mwandenga** an der sehr gut asphaltierten Straße zwischen Mbeya und Lilongwe, der Hauptstadt Malawis. Seit dem Ende des Banda-Regimes in Malawi geht es auf der einst sehr bürokratisch-peniblen Grenzstation lockerer zu, und die Dauer der Abwicklung der Ein- und Ausreiseformalitäten hat sich erheblich verringert.

Das tansanische **Passagierschiff „Songea"** fährt **von Mbamba Bay,** dem südlichsten Ort Tansanias am Lake Nyasa, auf die andere Seite des Sees **nach Nkhata Bay/Malawi.** Die Abfahrtszeiten sind jedoch sehr unregelmäßig und lassen sich nur in Itungi Port oder in Mbamba Bay exakt herausfinden (mehr siehe dort).

Das Visum für Malawi kostet für Deutsche 30 $.

Von/nach Mosambik

Über den Ruvuma-Fluss nach Mosambik verkehrt seit 2001 eine Fähre bei Kilambo, nahe der Mündung des Flusses in den Ozean. Hier befindet sich auch ein Grenzposten für Ein- und Ausreise. Die auf manchen Karten eingezeichnete Asphaltstraße von Lindi über Massasi nach Masuguru an der Grenze zu Mosambik ist nur bis Massasi geteert, und bei Masuguru besteht keine Möglichkeit, über den Fluss überzusetzen. Auch soll es hier noch keinen Grenzposten geben, über den eine offizielle Einreise nach Mosambik möglich wäre.

Von Msimbati fahren auch Dhaus nach Palma, dem ersten größeren Ort in Mosambik. Genaues erfahren Sie jedoch nur vor Ort (mehr bei Mtwara).

Das Visum erteilt die Botschaft von Mosambik in Dar es Salaam.

Kleidung

Die **Kleidung richtet sich** in erster Linie **nach Reisezeit, Reiseart und Reiseziel.** Trotz der innertropischen Lage Tansanias kann es, abgesehen vom Küstengebiet, in den meisten Teilen des Landes kühler werden als man meint. Dies trifft insbesondere auf die höher gelegenen Landesteile zu. Über 60% des tansanischen Staatsgebietes liegt über 1000 m hoch. Daher sollten **ein Pullover für kühle Abende** sowie ein **guter Wind- und Wetterschutz** auf jeden Fall im Reisegepäck sein. Empfindlich kalt kann es in den Sommermonaten werden, vor allem in den Bergregio-

nen, etwa im Ngorongoro-Gebiet und am Kilimanjaro, sowie in den Usambara-Bergen und insbesondere in den Bergregionen im Süden des Landes. Hier kommt es im Juli und August mancherorts zu frostigen Nächten.

Für Bergbesteigungen über 4000 m (Mt. Meru und Mt. Kilimanjaro) ist eine **alpine Bergsteigerbekleidung/-ausrüstung erforderlich.** Zum Teil können solche Kleidungsstücke bei den Bergsteigerunternehmen vor Ort für die Dauer der Bergtour gemietet werden. Doch bergtaugliches, gut eingelaufenes Schuhwerk (empfehlenswert ist ein Gore-tex-Bergsteigerschuh) sollten Sie von zuhause mitbringen (vgl. zu diesem Thema das Kapitel Kilimanjaro).

Die meiste Zeit eignet sich **Kleidung aus pflegeleichten, luftdurchlässigen und schweißsaugenden Baumwoll- oder anderen Naturfasern. Leichte, lange Hosen, luftige, kniebedeckende Röcke und bequeme, weitärmlige Blusen oder T-Shirts** sind nicht nur „sittlich angemessene", sondern auch aus gesundheitlichen Gründen sinnvolle Kleidungsstücke, bedenkt man die Tageshitze und Sonneneinstrahlung.

Vor allem an der Küste sowie auf den Inseln Sansibar und Pemba sollte **Rücksicht auf die teils sehr islamisch geprägte Bevölkerung** genommen werden. Frauen sollten gemäß moslemischer Sitte Knie und Schultern bedeckt halten und überhaupt „textile Zurückhaltung" üben, wollen sie nicht unangenehm auffallen. „Oben ohne" sollte auf keinen Fall gebadet werden, auch nicht an Hotelbadestränden. Badekleidung, Shorts, tief ausgeschnittene, ärmellose

Oberteile bei Frauen sollten auf die Strände und Hotelanlagen beschränkt bleiben. Auch die Tatsache, dass in der Stone Town von Sansibar sehr knapp bekleidete Touristinnen promenieren, ohne Gefühl und Respekt für andere Kultur- und Moralstandards, sollte keine Frau als Aufforderung zur Nachahmung interpretieren – wer sich nur so zeigen kann, ist auf Ibiza besser aufgehoben!

Für Reisen im Land, z.B. auf **Safari** und langen Bus- und Zugfahrten, empfehlen sich **strapazierfähige,** aber dennoch **leichte und luftige Schuhe,** mit denen auch längere Fußmärsche innerhalb von Städten oder auch im Busch bei Ausflügen problemlos gemeistert werden können. Gut bewährt für derartige Allround-Einsätze haben sich bei vielen Reisenden preisgünstige, **knöchelhohe Leinenschuhe,** die eine seitlich hochgezogene feste und grobprofilierte Gummisohle haben und zum Teil auch lederverstärkt sind. Bei gefüttertem Schuhwerk aus Nylon oder Leder sollten Sie darauf achten, dass es sich um ein Feuchtigkeit leitendes Futter handelt und dass das Obermaterial luftdurchlässig ist.

In den letzten Jahren haben **Teva-Sandalen** an großer Beliebtheit gewonnen. Diese amphibische Sportsandale, die es je nach Anspruch und Einsatz in den verschiedensten Ausführungen gibt, ist vor allem für die heißen Küstengebiete und Inseln absolut ideal.

Regenklamotten braucht man für Tansania von Mitte August bis Mitte Oktober nicht mit im Gepäck zu haben; in dieser Zeit ist äußerst selten mit Regen zu rechnen.

Medien

Zeitungen und Zeitschriften

Die Auswahl an Zeitungen und Zeitschriften ist mittlerweile beträchtlich.

Die **englischsprachigen Tageszeitungen Daily News** (lange Zeit das absolute Sprachrohr der CCM-Partei, heute etwas liberaler), **The Guardian** (mehr Auslandsthemen) und die erfrischende **Daily Mail** (kritischer und leicht links einzustufen) verschaffen einen guten Überblick über die nationalen und weltweiten Ereignisse. Gut entwickelt hat sich die **wöchentlich** erscheinende **The East African,** die sich vornehmlich mit der Politik und Wirtschaft Ostafrikas auseinandersetzt. Vor allem die kritische innenpolitische Berichterstattung ist hervorzuheben.

Die meisten Zeitungen sind **in Swahili** abgefasst und heißen Taifa Leo, Majira, Mtanzania usw.; besonders die letzten beiden sind im Lande sehr beliebt.

Während man zwischen Dar es Salaam, Dodoma und Arusha die Tageszeitung morgens zu Gesicht bekommt, muss man weiter im Westen und Süden schon mal einen ganzen Tag warten.

In den Straßen von Dar es Salaam und Arusha werden regelmäßig **europäische Zeitschriften** an Kiosks gehandelt. Vom englischen Time Magazin über den SPIEGEL bis hin zur National Geographic ist hier alles erhältlich, wenn auch nicht immer ganz aktuell.

Eine gute Zeitschrift, die touristische Sehenswürdigkeiten hervorhebt, historische und kulturelle Themen umfasst, Artikel über Natur- und Wildschutzaktivitäten im Land u.v.m. beinhaltet, ist **Kakakuona – Tanzania Wildlife Magazine** (viermal jährlich) des Tanzania Wildlife Protection Fund. Die Zeitschrift ist an/in vielen Zeitungsständen/Buchläden in den Städten Arusha, Dar es Salaam und in Zanzibar Town erhältlich. Die in Sansibar ebenfalls vierteljährlich herausgegebene **Swahili Coast** war einst gut, ist aber zu einem Werbe- und Modeblatt des Herausgebers *Javed Jafferji* geworden.

Radio und Fernsehen

Das **Radio** ist das **beliebteste Medium Tansanias.** Der Großteil der Sender sendet in Swahili, gelegentlich erfolgen Sendungen in Englisch. Im ganzen Land ist das Radiohören eine beliebte Beschäftigung, weshalb auch viele Leute im Besitz eines kleinen, einfachen Empfängers sind.

Das **tansanische Fernsehen** ist ebenfalls beliebt und hat einige sehr interessante Facetten zu bieten. Im **Sender ITV** sind zwar professionelle Werbespots noch Zukunftsvisionen, dafür sind gerade tansanisch produzierte, aber auch kenianische, südafrikanische und amerikanische Familien-Soaps zu beliebten Sendungen geworden. Die zentralen Themen (Familie & Freunde & Liebe & all ihre Probleme) unterscheiden sich nicht sonderlich von denen in Serien wie Lindenstraße oder Gute Zeiten, Schlechte Zeiten. Nur steht hier eben der tansanische bzw. afrikanische Alltag im Vordergrund. Auch Inhalte

MEDIEN

Fest auf Sansibar mit Taarab-Musik

wie Empfängnisverhütung und AIDS finden eine Plattform. Der Großteil der Sendungen wird in Swahili ausgestrahlt, englische Spielfilme älteren Datums laufen von Zeit zu Zeit.

Der zweite große Sender heißt **CTN** und baut mehr auf internationale Themen. Über CTN werden auch CNN-Nachrichten ausgestrahlt (abends um 19 und 23 Uhr), und in Kooperation mit Deutsche Welle TV sind öfters deutsche oder internationale Magazine zu sehen, die in Englisch gesendet werden.

Darüber hinaus können in vielen Hotels und Lodges des Landes über Satellit **internationale Fernsehsender** wie Sky News Channel, BBC oder CNN empfangen werden. Anbieter hierfür ist die südafrikanische Satelliten-Fernsehstation M-Net, über welche auch eine Vielzahl von Sportsendern, Spielfilme usw. zu sehen ist.

Wer mit einem Weltempfänger z.B. **Deutsche Welle** hören möchte, beachte bitte Folgendes: Da sich der Einsatz der Kurzwellenfrequenzen im Verlauf eines Jahres mehrfach ändert, empfiehlt es sich, die aktuellen Frequenzen direkt beim Kundenservice der Deutschen Welle (Tel. 0228-4293208, Internet: www.dw-world.de) anzufordern.

Nachtleben und Unterhaltung

Von einem ausgeprägten Nachtleben in Tansania zu sprechen, wäre übertrieben. Selbst in den Tourismusmetropolen Arusha und Zanzibar Town ist das nächtliche Freizeitangebot eher bescheiden. Anders dagegen in **Dar es Salaam,** wo eine Vielzahl von Bars, Discos, Casinos, kulturelle Veranstaltungen und neuerdings auch Kinos bzw. Filmvorführungsabende die Nachtschwärmer anlocken.

Oft sind **Bars in größeren Hotels** beliebte Orte, an denen Tansanier wie Europäer sich abends zu einem kühlen Getränk treffen. **Einheimische Kneipen** richten sich dagegen an ein überwiegend afrikanisches Publikum. Hier wird gern ohrenbetäubend laut „Musiki wa dansi" gespielt. Diese Kneipen werden kaum von Europäern aufgesucht, was auch davon abhängt, in welchen Stadtteilen sich die Lokale befinden. Gegenden mit hoher Kriminalitätsrate, hauptsächlich die überwiegend afrikanischen Viertel Dar es Salaams, sollten nur in Begleitung von Tansaniern aufgesucht werden. Während in den afrikanischen Pinten oft erst um Mitternacht die Stimmung steigt, schließen die meisten Hotel- und Restaurant-Bars bereits ab 23 Uhr (Bars/Lokale sind in den Stadtkapiteln aufgelistet).

In den kleineren Orten im Land verfügen nur wenige einfache landestypische Lokale über eine Lizenz für den **Alkoholausschank.** Übrigens besteht ein direkter Zusammenhang zwischen Bierverkauf und Nachtleben: Dieses entfaltet sich nur dort, wo jenes verkauft wird; wirkt also ein Ortsteil unbelebt, gibt es dort schlicht kein Bier! Vor alkohollizenzierten Lokalen etablieren sich in den Abendstunden dann auch Essensstände, und wenn das Publikum zahlungskräftig ist, bleiben Prostituierte ebenfalls nicht aus.

In den größeren Städten finden **an Wochenenden Discos** statt. **Auftritte von Musikgruppen oder Tanz- und Trommelshows** werden in den Tageszeitungen angekündigt.

Sehr populär ist in Tansania das **Kino.** In fast allen Städten gibt es mindestens einen Kinosaal, oft sind es ehemalige Theatersäle aus englischer Mandatszeit. Der Großteil der gezeigten Filme ist älteren Datums und die Filmrollen, meist Raubkopien, sind von schlechter Qualität. **Beliebt sind handlungsarme Actionfilme,** am besten mit vielen Schlägereien. In Städten mit hohem indischen Bevölkerungsanteil werden auch viele **Hindi-Filme** aus Bombay gezeigt. Wer noch nie einen indischen Film gesehen hat und offen für Neues ist, sollte sich die Gelegenheit nicht entgehen lassen. Die Stoffe handeln von tanzenden und singenden Schönheiten, um die sich Schurken und Helden streiten, alles beeindruckend naiv, weltfremd und – faszinierend. Das die Filme ohne englische Untertitel laufen, stört da nur wenig.

Selbst in kleinen Orten fernab der Städte sind **Video-Shows** mittlerweile populäre Abendveranstaltungen. In einfachen Restaurant-Räumen zeigt man der ländlichen Bevölkerung chinesische und amerikanische Karatefilme, die der einfachen Bevölkerung ein blödsinniges Bild von der Welt zeigen, die sie nicht kennen, und die vielleicht auch zur zunehmenden Alltagsgewalt beitragen.

Notfall

Medizinischer Notfall

Das Reisen im südöstlichen Teil Afrikas bedarf einiger Überlegungen in Bezug auf Krankheits- bzw. Notfälle. Die (stationäre) medizinische Versorgung in Tansania ist nicht in allen Gebieten gewährleistet, und auch die ambulante Betreuung ist kaum ausreichend. Bei Verkehrsunfällen im Land vergeht oft viel Zeit, bis ärztliche Hilfe eintrifft.

Der Weg zu einem Krankenhaus, in dem eine Krankheit fachkundig und mit der nötigen Ausrüstung behandelt werden könnte, ist oftmals zu weit. Im Raum Ostafrika sind Nairobi, Dar es Salaam und mit Einschränkung auch Arusha, Moshi und Sansibar Orte, in denen eine befriedigende medizinische Versorgung gewährleistet ist. **In Nairobi ist der Hauptsitz der Flying Doctors of East Africa (AMREF);** auch in Dar es Salaam und in Arusha gibt es ein AMREF-Büro. Die Flugzeug-Ambulanz kann mit kleinen Maschinen alle Landepisten Ostafrikas anfliegen und die Patienten direkt zu den entsprechenden Krankenhäusern bringen. Mit vielen Polizeistationen und Nationalparks besteht Funkkontakt. An Bord der Flugzeuge sind Notärzte, die für eine erste Betreuung sorgen. Das Unternehmen ist mit allen Krankenhäusern und Fachärzten vertraut und bringt Patienten sogar bis nach Nairobi. Für Tropenkrankheiten wie Malaria ist die Section for Tropical Medicines unter der Leitung des italienischen Tropenarztes *Dr. Saio* im Nairobi Hospital die momentan beste Adresse für diesen Teil des Kontinents.

Die **AMREF-Mitgliedschaft für Touristen** kostet 25 $ für einen Monat oder 50 $ für ein Jahr und ist für ausgedehnte Reisen im Landesinneren unverzichtbar. **In Notfällen** können Sie sich über Funk oder Telefon aus dem letzten Winkel Tansanias melden und von einem Flying Doctor abholen lassen. Im Ernstfall werden natürlich auch Nicht-Mitglieder zu einem Krankenhaus geflogen, wobei dann für den Abholdienst der volle Preis anfällt.

Zusätzlich zu dieser Mitgliedschaft sollte man in jedem Fall eine Auslandskrankenversicherung abschließen (vgl. „Versicherungen").

Falls bei einem Krankenhausaufenthalt sehr hohe Kosten auftreten und von zuhause kein Geld kommt (z.B. über Western Union), wird Ihnen die Botschaft aushelfen können.

Wer in der Ausschaltung potenzieller Risiken noch weiter gehen möchte, kann zusätzlich auch eine **Rückholversicherung von Europa** aus abschließen. In diesem Fall wird man meist an den großen Flughäfen „empfangen", nachdem man von den Flying Doctors aus dem Busch geholt worden ist. Oft beinhaltet schon eine in Europa abgeschlossene Rückholversicherung den Service der Flying Doctors.

NOTFALL

Flying Doctors of Africa

- **Nairobi AMREF Wilson Airport**
P.O. Box 30125, Langata Road, Tel. (02) 501301/2/3 (für Mitgliedschaften); Tel. (02) 336886/501280/602492 (für Notfälle), Funk-Frequenzen: 9116, 5796 kHz LSB, Infos unter: www.amrefgermany.de.
- **24 Hours Emergency
Control Centre at Wilson Airport/Nairobi**
Tel. 00254/20/315454, 315455, 600090, 602492, 600602, 600552, 600833, 600868, Mobiltel. 00254 (0)733/628/422, 00254/ (0)733/639/088, 00254/722/314/239, Sat-Tel. 00873/762315580, Fax 00254/20/ 344170, Sat-Fax 00873/762315581, Funk HF 9116 KHz oder 5796 KHz LSB, Call sign „Foundation Control", E-Mail: emergency@ flydoc.org, Membership/Mitgliedschaft: The Flying Doctor Society of East Africa, P.O. Box 310125, 00100, GPO Nairobi, Kenya, Tel. 00254/20/602495, Fax 00254/20/601594, E-Mail: flyingdocs@amrefke.org.
- **AMREF Tanzania**
1019 Ali Hassan Mwinyi Road, Upanga, P.O. Box 2773, Dar es Salaam, Tel. 00255/(0)22/ 2116610, 2113637, Fax 00255/(0)22/ 2115823, E-Mail: info@amreftz.org.
- **Arusha Office**
P.O. Box 15506, Meru Post Office, Location: Sinka Court Hotel, Swahili Street, Arusha, Fax 00255/(0)27/2544407, Mobiltel. 00255/ (0)748/240500, E-Mail: yananm@amrefke. org, yanan@habari.co.tz.

Knight Support

- E-Mail: firstarusha@knightsupport.com, Tel. 075/4510197. Siehe auch Mt. Kilimanjaro National Park.

Rückholflüge von Europa

Für Mitglieder des Roten Kreuzes oder des Malteser Hilfsdienstes sind in einigen Landesverbänden die Kosten für den Flugrettungsdienst durch die Mitgliedsgebühr abgedeckt (erkundigen Sie sich bei Ihrem Landesverband!). Grundsätzlich ist für Rückholflüge eine ärztliche Begründung erforderlich. Folgende **Unternehmen** führen Rückholflüge durch:

- **Deutsche Flugambulanz**
40474 **Düsseldorf**/Flughafen-Halle 3, Tel. 0049/211/431717, Fax 0049/211/4360252.
- **Deutsche Rettungsflugwacht**
Flughafen **Stuttgart,** Tel. 0049/711/701070.
- **Flugdienst des Deutschen Roten Kreuzes**
Friedrich-Ebert-Allee 71, 53113 **Bonn,** Tel. 0049/228/230023.
- **Malteser Hilfsdienst (MHD)**
Einsatzzentrale Leonhard-Tietz-Str. 8, 50676 **Köln,** Tel. 0049/221/203080.
- **Rettungsflugwacht REGA**
8058 Zürich, Tel. 0041/1/3831111, Fax 0041/1/6543590.

Geld-Notfall

Verlust von „Plastikkarten"

Bei Verlust oder Diebstahl der Kredit- oder Maestro-(EC-)Karte sollte man diese umgehend sperren lassen. Für deutsche Maestro-/Kreditkarten gibt es die einheitliche **Sperrnummer 0049-116 116** und im Ausland zusätzlich 0049-30-40 50 40 50. Für österreicherische und schweizerische Karten gelten:

- **Maestro-(EC-)Karte,** (A)-Tel. 0043-1-2048 800; (CH)-Tel. 0041-44-2712230, UBS: 0041-800-888601, Credit Suisse: 0041-800-800488.
- **MasterCard/VISA,** (A)-Tel. 0043-1-71701 4500 (MasterCard) bzw. Tel. 0043-1-7111 1770 (VISA); (CH)-Tel. 0041-58-9588383 für alle Banken außer Credit Suisse, Corner Bank Lugano und UBS.
- **American Express,** (A)-Tel. 0049-69-9797 1000; (CH)-Tel. 0041-44-6596333.
- **Diners Club,** (A)-Tel. 0043-1-5013514; (CH)-Tel. 0041-44-8354545.

Verlust von Reiseschecks

Nur wenn man den **Kaufbeleg** mit den Seriennummern der Reiseschecks sowie den **Polizeibericht** vorlegen kann, wird der Geldbetrag von einer größeren Bank vor Ort binnen 24 Stunden zurückerstattet. Also muss der Verlust oder Diebstahl umgehend bei der örtlichen Polizei und auch bei American Express bzw. Travelex/Thomas Cook gemeldet werden. Die Rufnummer für Ihr Reiseland steht auf der Notrufkarte, die Sie mit den Reiseschecks bekommen haben.

Geldbeschaffung

Über den **Western Union Money Transfer Service** in Verbindung mit der **Tanzania Postal Bank,** Internet: www.postalbank.co.tz (Filialen in Dar es Salaam, Zanzibar, Arusha, Bukoba, Dodoma, Iringa, Kigoma, Moshi, Morogoro, Mtwara, Mwanza, Shinyanga, Songea, Tabora, Tanga; Adressen siehe entsprechende Kapitel), kann man sehr schnell Geld aus Europa geschickt bekommen. Wie geht das? Sie müssen jemanden zu Hause kontaktieren (Mail, Fax, Telefon etc.), der Ihnen Geld bei der Postbank einzahlt, mit dem Hinweis, das eine Verschickung über Western Union erfolgen soll, und der Sie auch als Adressaten beschreiben kann. Die Gebühr beträgt stolze 10% der Geldsumme, doch das benötigte Geld ist in aller Regel sofort da und wird auch sehr schnell ausbezahlt (Reisende berichteten von 20–30 Minuten).

Diebstahl/Überfall

Wer beklaut oder gar unter Gewaltanwendung überfallen wird, sollte dies umgehend der nächsten Polizeistelle melden. Wenn Ihnen z.B. die Papiere wie **Reisepass und Rückflugticket abhanden** gekommen sind, dann lassen Sie sich das am besten von der Polizei bestätigen. Mit dieser Bestätigung können Sie im Land weiterreisen, bis Sie Ihre Botschaft erreichen. Dort wird Ihnen ein neuer Pass oder auch nur ein vorübergehender Notausweis ausgestellt. Beschleunigen kann man das Verfahren, wenn Sie eine Fotokopie Ihres Passes und noch zwei Passfotos haben. Nach Erhalt eines neuen Passes muss man zunächst wieder zu einer Einwanderungsbehörde (Immigration Office), um ein neues Visum zu bekommen – sonst kriegen Sie bei der Ausreise Probleme!

Auch in dringenden Notfällen, z.B. medizinischer oder rechtlicher Art, bei der Vermisstensuche, Hilfe bei Todesfällen, Häftlingsbetreuung o.Ä. sind die **Auslandsvertretungen** bemüht vermittelnd zu helfen (Adressen siehe „Diplomatische Vertretungen").

Orientierung

In Städten und Orten

Um die Städte Tansanias werden Sie kaum herumkommen, auch wenn Sie sich nur für Natur und Tierwelt interessieren. Zum Eindecken mit Lebensmitteln, für die Einholung von Auskünften und erforderlichen Genehmigungen oder für den Informationsaustausch mit anderen Reisenden ist man auch als Selbstfahrer immer wieder auf Städte angewiesen.

Aber vor allem Rucksack-Reisende sind von Städten abhängig. Alle wichtigen Verkehrsmittel wie Busse, Züge, Schiffe und Flugzeuge können nur von größeren Orten aus genommen werden. Genauso ist die Organisation von Safaris oder Bergwanderungen nur in größeren Orten bzw. Städten möglich.

Die Orientierung in den Städten Tansanias klappt ganz gut. Ausnahme ist die Stone Town von Sansibar, deren enge Gassen am Anfang wie ein Labyrinth wirken. Doch irgendwie wird man immer seinen Weg finden, auch wenn man sich einmal im Kreis drehen sollte. Auf dem Festland bilden meist Kreisverkehre, Banken, Postämter, Busstationen, Märkte und die Bahnhöfe der T.R.C.-Eisenbahn den **gut überschaubaren Ortskern,** welcher zusätzlich durch asphaltierte Geschäftsstraßen und Baumalleen deutlich vom Rest der Stadt zu unterscheiden ist. In diesem Bereich befinden sich auch oft die einfachen landestypischen Unterkünfte sowie ein altes, meist aus der Kolonialzeit stammendes Hotel.

Mit den **Stadtplänen** in diesem Buch verfügen Sie über gute Orientierungshilfen. Sollten Sie die ein oder andere Straße trotzdem nicht finden, liegt das vermutlich daran, dass die von mir vermerkten Straßennamen in der Realität „verschwunden" sind – die entsprechenden Straßenschilder sind verrostet, überwuchert, verbaut oder schlicht nicht mehr vorhanden. Nach der Straße zu fragen, nützt nur wenig, sofern es nicht eine bedeutende Hauptstraße wie Nyerere Street oder Dar es Salaam Avenue ist. Viele Tansanier kennen die einzelnen Straßen nicht so sehr nach ihren Namen, sondern nach den wichtigen Gebäuden, die an ihnen liegen. Im Zuge der infrastrukturellen Arbeiten in den größeren Städten sind wieder neue Straßenschilder errichtet worden, aber eben doch nicht überall.

Auf dem Land

Die Orientierung im Landesinnern ist nicht besonders schwierig. Tansania hat nur wenige große, unbesiedelte Flächen, und so besteht fast immer die Möglichkeit, sich durchzufragen, vorausgesetzt man kennt die entsprechenden Fragestellungen in Swahili (vgl. Sprachhilfe im Anhang). Tansanier sind sehr hilfsbereit und bieten oft von sich aus an, Ihnen den Weg zu zeigen. Das dafür eine Belohnung/Bezahlung als Dank fällig ist, versteht sich von selbst (s.a. „Führer/Guides").

GPS-Satelliten-Navigationsgeräte sind für normale Reisen in Tansania nicht nötig. Im Reiseteil werden Sie nur vereinzelt GPS-Koordinaten finden, speziell da, wo Orientierungspunkte fehlen.

Buchtipps:
● Wolfram Schwieder
Richtig Kartenlesen
● Rainer Höh
GPS-Navigation für Auto, Motorrad, Wohnmobil
● Rainer Höh
Orientierung mit Kompass und GPS
(alle Bände REISE KNOW-HOW Praxis)

Post und Telekommunikation

Verschicken und Empfangen von Post

Briefe und Postkarten lassen sich überall in Tansania verschicken; das Porto für eine Postkarte oder einen Brief beträgt 600 TSh. Wichtig ist, dass Sie Ihre Post mit **Air-Mail-Aufklebern** versehen, ansonsten verläuft die Versendung auf dem Schiffsweg, und das kann über einen Monat dauern. Mit Luftpost muss man zwischen vier und zehn Tagen rechnen. **Telegramme** können in Postämtern aufgegeben werden.

Für **wichtige Dokumente** wie Pässe, Carnet de Passage etc. empfiehlt sich der Service von DHL; **DHL** unterhält bereits in mehreren Städten Büros (Näheres in den Ortskapiteln). Infos im Internet unter: www.dhl.co.tz. Ein Dokumentversand kostet ca. 50 $ für eine Sendung bis zu 500 g.

Pakete (maximal 20 kg) bedürfen einer Freigabe durch den Zoll. Nur in den großen Städten Arusha, Moshi, Mbeya, Mwanza, Sansibar, Dar es Salaam usw. ist ein solcher Zollschalter im Postamt integriert. Beachten Sie die **Zollbestimmungen** (vgl. „An-, Ein- und Weiterreise"). Eine unfreie Versendung ist nicht möglich (1 kg = 11.000 TSh).

Das Empfangen von Post über den **Poste-restante-Weg** funktioniert in Tansania recht gut. Auf diesem Weg lässt sich Post an jedes Postamt in Tansania verschicken, wo man sie dann abholen kann. Wie das geht? Ganz einfach: Man lässt sich auf seinen Namen seine Post mit dem Vermerk „poste restante" an die Adresse eines Postamtes schicken, welches man im Verlauf seiner Reise aufsuchen wird. Der Vermerk steht für „wird abgeholt". Die Adresse sollte so angegeben sein: Mustermann Michael, Main Post Office, Poste restante, Arusha, Tanzania.

Gegen eine Bearbeitungsgebühr von 200 TSh pro Brief und nach Vorlage des Ausweises bekommt man dann seine Post ausgehändigt.

Telefonieren und Faxen

Telefonieren

Das Telefonieren funktioniert in Tansania recht gut. Die meisten Groß- und Kleinstädte sind im **Selbstwahlverfahren** zu erreichen, kleinere Orte bedürfen der Hilfe eines *Operators* (Gesprächsvermittler). Alle gehobenen Hotels sind telefonisch erreichbar, Lodges und Camps in Nationalparks meist nur über E-Mail.

Fast alle größeren Postämter haben eine separate Einrichtung für Ferngespräche, meist **Telephone House** oder **Extelecom Office** genannt. Bei vielen

---

Buchtipps:
- Volker Heinrich
Kommunikation von unterwegs
- Günter Schramm
Internet für die Reise
- Volker Heinrich
**Handy global –
mit dem Handy im Ausland**
(alle Bände REISE KNOW-HOW Praxis)

POST UND TELEKOMMUNIKATION

kann man nicht selbst wählen, die Verbindungen werden für Sie hergestellt. Oft werden Sie nach dem Namen der Person gefragt, mit der Sie sprechen wollen. Sagen Sie der Vermittlungsperson, dass Sie nur die Nummer wollen und keine spezifische Person. Denn sonst spricht der Operator erst mit Ihrer ganzen Familie (die wahrscheinlich nur die Hälfte versteht) oder lässt die volle Zeit des evtl. reagierenden Anrufbeantworters verstreichen. Die Kosten haben Sie zu tragen! Ein **Drei-Minuten-Gespräch nach Europa kostet etwa 10.000 TSh.**

Vor vielen Extelcom- oder Postämtern (Arusha, Dar es Salaam, Zanzibar Town u.a.) befinden sich **Telefonzellen,** welche **mit Karte** funktionieren. Diese sind in den Ämtern selbst erhältlich und ermöglichen auch Anrufe nach Europa.

Mobil telefonieren

Sehr gut funktioniert mittlerweile das Mobiltelefon-Netz. Die Betreiber Vodacom, Celtel, TIGO und Zantel bieten einen **fast flächendeckenden Service** als Konkurrenz zur so genannten „landline" (Festnetz), zumindest im Umkreis von Städten und Ortschaften. Nur einige dünn besiedelte Gebiete im Zentrum und Westen sowie die meisten Nationalparks haben einen eingeschränkten Empfang. Es ist daher möglich, das Handy aus Europa mitzubringen und über die tansanischen Mobilnetze **im Roamingverfahren internationale Gespräche** zu führen. Nicht zu vergessen sind die passiven Kosten,

Postamt auf dem Land

POST UND TELEKOMMUNIKATION

wenn man von zu Hause angerufen wird (Mailbox abstellen!). Der Anrufer zahlt nur die Gebühr ins heimische Mobilnetz, die teure Rufweiterleitung ins Ausland zahlt der Empfänger. Wesentlich preiswerter ist es, sich von vornherein auf **SMS** zu beschränken, der Empfang ist dabei in der Regel kostenfrei.

Falls das Mobiltelefon **SIM-lock-frei** ist (keine Sperrung anderer Provider vorhanden ist) und man vor Ort und unterwegs viele tansanische Telefonnummern wählen möchte, für den lohnt es sich, eine **tansanische Prepaid-Karte** der unten aufgeführten lokalen Anbieter zu kaufen. Die eigentliche SIM-Karte mit einer lokalen Telefonnummer ist je nach Angebot sehr preiswert (ab 2000 TSh), passende Guthabenkarten gibt es in Stückelungen bis 50.000 TSh. Ruft nun jemand von zu Hause an, ist es in diesem Fall der Anrufer, der die Kosten trägt (die Daheimgebliebenen können aber unter www.teltarif.de die günstigsten Call-by-Call-Tarife für das tansanische Mobilnetz herausfinden). Nützlich ist es, die temporäre Reisenummer auf seine heimische Mailboxansage zu sprechen. Beachten Sie hierzu die Tipps zum Thema Auslandskostenfalle Mailbox unter: www.teltarif.de/i/reise-mailbox.html.

Internationale Gespräche werden allerdings mit der lokalen Nummer entweder sehr teuer, oder sie sind nicht möglich. Deshalb empfiehlt es sich, auch immer die heimische SIM-Karte bei sich zu haben, um ggf. schnell tauschen zu können.

An eine tansanische SIM-Karte gelangt man, wenn man jemand im Land kennt, der eine Karte schicken kann. Bei Ankunft kann man sie am Flughafen kaufen oder sie gemütlich beim ersten Stadtbummel in einem der vielen kleinen Geschäfte erwerben. Es empfehlen sich Vodacom oder Celtel. **Mobiltelefonfirmen** in Tansania sind:

- **Vodacom**
Tel. (0754) 705000, Internet: www.vodacom.co.tz, E-Mail: info@vodacom.co.tz. Das Vodacom-Netz umfasst alle Nummern mit 0753, 0754, 0745 und 0756.
- **Celtel**
Tel. (022) 2748100/123, (0784) 104222, Internet: www.celtel.com, E-Mail: helpdesk@tz.celtel.com. Das Celtel-Netz umfasst alle Nummern mit 0784 und 0787.
- **TIGO**
Tel. (0713) 123130, (0713) 800800, Internet: www.tigo.co.tz. Das Mobitel-Netz umfasst die Nummer 0713. Damit keine Verwirrung entsteht: Die bis 2006 gültigen Betreibernamen Mobitel, Buzz und Simu Poa sind nun durch TIGO ersetzt worden.
- **Zantel**
Tel. (024) 2236543. Zantel ist hauptsächlich auf Sansibar verbreitet.

Alle Betreiber verwenden die Standards GSM 900 bzw. 1800.

Auslandsvorwahlen

- **Deutschland: 0049**
- **Österreich: 0043**
- **Schweiz: 0041**
- **Tansania: 00255**

Eine weitere Telefon-Möglichkeit ist das **Telefonieren übers Internet.** Das geht in fast jedem größeren Internet-Café in den Städten und kostet 300–500 Shiling pro Minute. Übers Festnetz bezahlt man pro Minute 3000 TSh! Die Verbindung rauscht und knackt zwar ein bisschen mehr, ist aber auf jeden Fall eine gute und vor allem eben preiswerte Alternative!

Faxen

Das Faxen in Tansania funktioniert genauso gut oder schlecht wie das Telefonieren. Nicht alle Hotels und Postämter sind mit einem Gerät ausgestattet. Bei Hotels/Lodges, Safariunternehmen und größeren Geschäften besteht aber eigentlich immer die Möglichkeit, ein Fax abzuschicken. Rechnen Sie für eine Seite mit 3000–12.000 TSh (je nachdem, ob in Dar es Salaam oder in einer gehobenen Lodge).

E-Mail und Internet

Auch Tansania hat das Internet entdeckt. Seit einigen Jahren sind **Internet-Cafés** in den von Touristen viel besuchten Städten wie Pilze aus dem Boden geschossen. Aber auch im zentralen und westlichen Tansania bestehen in Kleinstädten Möglichkeiten, online zu gehen. Im Tourismus haben **E-mails** das Fax-Gerät ersetzt, ständig werden neue Server und Anschlüsse geschaffen. Die Folge ist natürlich ein großes Angebot, weshalb sich auch vielerorts für 500–1000 TSh die Stunde surfen lässt. Auch einige Lodges in Nationalparks sowie viele Hotels und Beach-Resorts bieten ihren Gästen den Kommunikations-Service mit dem globalen Netz an, dann allerdings um einiges teurer als auf der Straße gegenüber vom Backpackers Hostel. Internetanbieter sind **Africa**

Online (www.africaonline.co.tz) und **Raha** (www.raha.com). Einen kleinen Überblick über diverse Internet-Cafés und ihren Service bietet: www.tanserve.com/links/cafes.html.

Reisen in Tansania

Das Reisen **mit öffentlichen Verkehrsmitteln** in Tansania funktioniert **relativ problemlos.** Flug-, Eisenbahn-, Schiffs- und Busverbindungen gibt es viele, jeder Landeswinkel lässt sich gut erreichen. Flexibler ist man natürlich mit Miet- oder eigenem Wagen/Motorrad.

Mit dem Flugzeug

Die schnellste und bequemste Art des Reisens in Tansania bieten die **zahlreichen Inlandsflüge** der privaten Fluggesellschaften **Precision Air** (P.A.), **Coastal Travel** (C.T.), **Regional Air** (R.A.), **Zan Air** (Z.A.), **Air Excel** (A.E.) und **Air Tanzania** (A.T.L., zur Hälfte von South African Airlines aufgekauft).

Fliegen hat jedoch seinen **Preis:** Der liegt in der Regel beim Sechs- bis Zehnfachen einer Bahnfahrt 1. Klasse bzw. einer Überlandbusfahrt. Neben den deutlich kürzeren Reisezeiten (z.B. Arusha – Sansibar: mit dem Flugzeug 2 Std., mit Bus und Fähre – mit viel Glück an einem Tag möglich – 13 Std. und mehr) kommt man natürlich in den Genuss faszinierender Aussichten.

Zu einigen Wildschutzgebieten sind zudem auch die Erdstraßen in einem sehr schlechten Zustand, oder die Parks liegen fernab in einem nur über mehre-

Die wichtigsten regionalen Flugrouten und ungefähre Preise (one way)

Von Dar es Salaam nach:

Entebbe/Uganda	340 $
Kigoma	265 $
Kilimanjaro	120–170 $
Kilwa/Mafia	55/75 $
Lindi/ Mtwara	110 $
Mombasa/Kenia	170 $
Mtwara	110 $
Mwanza	215 $
Nairobi/Kenia	260 $
Pangani/Tanga	70 $
Pemba (Mosambik)	260 $
Ruaha	280 $
Sansibar	40–55 $
Selous	110 $
Seronera/Serengeti (über Arusha)	210 $

Von Sansibar nach:

Arusha	145–170 $
Mafia	60 $
Mombasa/Kenia	180 $
Nairobi/Kenia	280 $
Pemba	60 $
Selous Game Reserve	125 $
Tanga/Pangani	150 $

Von Kilimanjaro nach:

Dar es Salaam	130 $
Entebbe/Uganda	265 $
Mombasa/Kenia	165 $
Mwanza	155 $
Nairobi/Kenia	155 $
Pangani	110 $
Sansibar	140 $
Seronera/Serengeti	145 $

Von Arusha nach:

Mwanza	155 $
Nairobi/Kenia	130 $
Ruaha	265 $
Seronera/Serengeti	145 $

Von Seronera/Serengeti nach:

Mwanza	120 $
Ruaha	275 $
Rubondo Island	145 $

re Tagesreisen zu erreichenden Gebiet. Gerade wer an einer organisierten Park-Safari teilnehmen möchte und mit der verfügbaren Reisezeit genau kalkulieren muss, sollte die An- und Abreise mit dem Flugzeug in Erwägung ziehen.

Regelmäßige **Flugverbindungen** in den Süden und Westen des Landes (Sumbawanga, Mbeya und Songea) gibt es derzeit nicht. Welche Fluggesellschaften wann wohin fliegen, ist aus den jeweiligen Stadt- und Nationalpark-Kapiteln zu entnehmen. Die Mehrheit der eingesetzten Flugzeuge sind Cessnas, überwiegend 12-sitzige Turboprop-Maschinen vom Typ Caravan 10 sowie Cessna 206, 208 und 404, aber auch ATR 42 und ATR 72. Seit Mitte 2005 fallen 8 $ **Safety Fee** für internationale Flüge sowie 5 $ **Airport Tax** bei nationalen Flügen an. Diese Gebühren sind meist im Flugpreis enthalten. Ein Überblick der **Anbieter:**

Air Tanzania

- www.airtanzania.com
- Tel. (022) 2118411
- E-Mail: bookings@airtanzania.com

Nach Finanznöten ist die eine oder andere nationale Verbindung wieder aufgenommen worden, z.B. Kilimanjaro – Dar es Salaam.

Precision Air

- www.precisionairtz.com,
- Tel. (027) 2506903/7635/7319
- E-Mail: information@precisionairtz.com

In Bezug auf Pünktlichkeit nicht gerade „präzise", verbindet aber im ständigen Pendel Sansibar/Dar es Salaam mit Arusha, auch Destinationen wie Mwanza, Kigoma und Mbeya erscheinen immer wieder im Flugplan. Precision Air hat auch eine **Vertretung in Deutschland:** *Tanja Stojisavljevic*, Landsberger Str. 155, 80687 München, Tel. 089/

55253363, Fax 54506055, E Mail: TanjaS@
aviareps.com.

Coastal Aviation

- www.coastal.cc
- **Tel. (022) 2117959 (Town Office),
  Tel. (022) 2843293 (Airport)**
- **E-Mail: aviation@coastal.cc,
  safari@coastal.cc**
  Überzeugt vor allem mit modernen und
  regelmäßig gewarteten Flugzeugen. Wie der
  Name ausdrückt, konzentriert sich die in Dar
  es Salaam ansässige Fluggesellschaft auf den
  Küstenraum (Dar es Salaam, Sansibar und
  Pemba, Tanga und Pangani, Kilwa und Mafia
  Island) und fliegt in der Hochsaison im tägli-
  chen Pendel die Parks Selous und Ruaha an
  (von Dar es Salaam). Arusha wird ebenfalls
  von Dar aus bedient (weitere Details siehe in
  den Kapiteln Arusha, Dar es Salaam und Sansibar). Charterflüge sind möglich. Arbeitet im
  Verbund mit Regional Air.

Regional Air

- www.regional.co.tz, www.airkenya.com
- **Tel. (027) 2502541/4477, 2548536/8**
- **E-Mail: info@regional.co.tz**
  Sitz in Arusha (siehe dort). Bewährte Fluggesellschaft, welche von Arusha/Kilimanjaro
  aus täglich die nördlichen Nationalparks anfliegt: Manyara, Ngorongoro und Serengeti
  (Klein's Camp, Grumeti, Seronera). Regional
  Air gehört zu Air Kenya, im Verbund bestehen Verbindungen zwischen Kilimanjaro und
  Nairobi. Auch mit Coastal Travel besteht ein
  solcher Verbund, d.h. die einzelnen Flüge
  sind aufeinander abgestimmt. An einem Tag
  lässt sich von der Serengeti über Arusha nach
  Nairobi fliegen oder eben weiter nach Dar es
  Salaam bzw. Sansibar. Charterflüge sind
  möglich.

Air Excel

- **Tel. (027) 2548429,
  2501595/7, (0744) 211227**
- **E-Mail: reservation@airexcelonline.com**
  Kleines, aber effizientes Unternehmen, das
  nahezu täglich zwischen Arusha, Tarangire,
  Manyara, Kusini (Süd-Serengeti) und wieder
  zurück nach Arusha fliegt. Charterflüge sind
  möglich.

Tanzanair

- www.tanzanair.com
- **Tel. (022) 2113151/2, (0713) 406407,
  Airport (022) 2843131-3, (0713) 406409**
- **E-Mail: reservations@tanzanair.com**
  Buchungsbüro im Royal Palm Hotel in Dar
  Es Salaam.

Zan Air

- www.zanair.com
- **Tel. (024) 2233670, 2233768**
- **E-Mail reservations@zanair.com**
  Auf Sansibar ansässiges Unternehmen, das
  Pemba, Mafia, Selous und Arusha bedient.
  Charterflüge sind möglich.

Mit der Eisenbahn

Eisenbahnfahrten sind in Tansania ein
besonderes Erlebnis. Unter der tansanischen Bevölkerung hat jedoch das
Bahnfahren an Attraktivität eingebüßt,
da aufgrund der verbesserten Straßenverhältnisse die zahlreichen Überlandbusse schneller und auch preiswerter
sind. Besonders die Züge von Dar es
Salaam nach Mbeya sind von diesem
Konkurrenzkampf betroffen und daher
selten ausgebucht. Schon lange eingestellt sind die Verbindungen von Tanga
nach Dar es Salaam und von Tanga
über Moshi nach Arusha. Dennoch lassen sich alle größeren Städte des Landes außer Mtwara, Arusha, Tanga und
Iringa mit der Eisenbahn erreichen, womit die Bahn **für Individualreisende**
ein alternatives Fortbewegungsmittel ist
(nicht so bei Pauschalreisen). Im Frühjahr 2006 haben die starken Regenfälle
verheerende Schäden an vielen Linien
angerichtet. Einige Streckenabschnitte
sind bis ins Jahr 2007 hinein wegen Reparaturarbeiten gesperrt.

Einen Überblick über die Eisenbahnlinien gibt es unter: **www.trctz.com,** Tel. (022) 2110599, 2110600.

Ein weiterer Grund für den Bedeutungsverlust der Bahn sind die noch zum Großteil aus der Kolonialzeit stammenden, veralteten Gleisverlegungen. Besonders auf den Strecken der Tanzania Railways Cooperation (T.R.C.) werden **Geschwindigkeiten** über 50 km/h nur selten erreicht. Oft tingelt der Zug mit **30–40 km/h** durch die Lande. Auf Strecken wie Dar es Salaam – Dodoma oder Dar es Salaam – Moshi benötigen daher die großen Überlandbusse nur ein Drittel der Fahrzeit der Züge.

Hauptlinien

Die wichtigsten Bahnlinien sind die **Moshi Line,** die **Central Line** und die **Ta-Za-Ra (Ta**nsania-**Za**mbia-**Ra**ilways).

Während die zwei nördlicheren Bahnlinien von der T.R.C. verwaltet werden, unterliegt die südliche Ta-Za-Ra-Bahn einem kooperativen Management durch die Staaten Tansania und Sambia. Zwischen den beiden Bahnsystemen gibt es aufgrund der unterschiedlichen Spurbreiten keine Verbindung, weswegen es in Dar es Salaam auch zwei Bahnhöfe gibt! Zu beachten ist, dass die Fahrkarten der einen Bahngesellschaft bei der jeweils anderen nicht erhältlich sind.

Alle Züge werden heute von Dieselloks gezogen, der Betrieb der letzten Dampflokomotiven wurde Anfang der 1980er Jahre eingestellt. Es ist jedoch geplant, eine alte Dampflok wieder zum Schnaufen zu bringen, um evtl. einen speziellen Touristen-Zug ins Leben zu rufen.

REISEN IN TANSANIA

● Moshi Line
Zwischen **Dar es Salaam** und **Moshi**, zwischen Arusha und Voi sowie **von und nach Tanga** verkehren **keine Passagierzüge.**

● Central Line
Aufgrund der schlechten Straßenanbindungen westlich von Dodoma ist die zentrale Eisenbahnlinie die wichtigste und populärste in Tansania (Internet: www.trctz.com, E-Mail: ccm_cserv@trctz.com).

Von **Dar es Salaam** verkehren dreimal wöchentlich Züge über Morogoro, Dodoma und Tabora **nach Kigoma** am Lake Tanganyika **bzw. nach Mwanza** am Lake Victoria. Die Fahrt zu den Seen zieht sich über zwei Nächte und einen Tag (36–40 Stunden). Die Tagesetappe liegt zwischen den Städten Dodoma und Tabora. Von Dodoma fährt dreimal in der Woche über Manyoni ein **Tageszug nach Singida** (nur 3. Klasse). Von Tabora verkehrt mehrmals in der Woche eine **Stichbahn nach Mpanda** im zentralen Westen des Landes. Auf der anderen Stichbahn der Central Line von Kilosa zum Udzungwa Mountains National Park verkehren keine Personenzüge.

Die Züge der Central Line sind **oft restlos ausgebucht,** Fahrkartenreservierungen sind mindestens ein bis drei Wochen im Voraus zu tätigen.

Die Bahnstrecke nach Kigoma wurde in der deutschen Kolonialzeit gebaut. An der damals als „Mittelland-Bahn" bezeichneten Strecke stehen heute noch viele eindrucksvolle Bahnhofsgebäude aus der Zeit Deutsch-Ostafrikas.

● Ta-Za-Ra (Tanzania-Zambia-Railways)
Die von Chinesen in den 1970er Jahren erbaute Eisenbahnlinie **von Dar es Salaam ins 1900 km entfernte Kapiri Mposhi in Sambia** verläuft durch abwechslungsreiche Landschaften im Süden Tansanias (Internet: www. tazara.co.tz, Tel. (022) 2865187, (0713) 323532, 615370, E-Mail: acistz@afsat.com).

Züge fahren mehrmals die Woche ab Dar es Salaam den tansanischen Teil der Strecke bis **Mbeya** und Tunduma (Grenzort). Die einzigen größeren Orte zwischen Dar es Salaam und Mbeya sind Ifakara und Makambako.

Auch die Ta-Za-Ra verliert eine einstige Bedeutung, da die Busse auf dem etwa parallel verlaufenden Tan-Zam-Highway schneller und günstiger sind.

Doch bietet die Ta-Za-Ra eine bequeme und direkte **Anfahrt zum Selous Game Reserve** und zum **Udzungwa Mountains National Park** (näheres bei den beiden Wildschutzgebieten).

Auf der Ta-Za-Ra fahren abwechselnd zwei verschiedene Züge. Der **Ordinary Train** (nur **ein 1.-Klasse-Abteil**) hält an allen Bahnstationen. Der **Express-Train** hält nur an größeren Bahnhöfen und ist daher **schneller.** Von Nachteil ist, dass der Express hauptsächlich nachts fährt und man daher wenig vom Land sieht. Ein schöner und wildreicher Streckenabschnitt ist nämlich die Durchquerung des Selous Game Reserve, die bei Tag nur mit dem Ordinary Train möglich ist.

Zu Preisen und Abfahrtszeiten siehe bei Mbeya und Dar es Salaam.

Abteile und Verpflegung
Die meisten Verbindungen sind Nachtfahrten. Die Abteile der 1. und 2. Klasse besitzen Schlafliegen. Während in allen Zügen die 2. Klasse aus 6er-Kabinen besteht, sind die 1.-Klasse-Abteile der T.R.C.-Züge für zwei Personen und die der Ta-Za-Ra für vier ausgelegt. Lediglich in der 1. Klasse bei T.R.C. darf man als Paar reisen, alle anderen Abteile sind nach Geschlechtern getrennt, es sei denn, Sie sind zu viert oder zu sechst und nehmen sich ein ganzes Abteil.

Die Abteile sind **nicht klimatisiert,** zur Kühlung befindet sich lediglich ein wenig effektiver Ventilator an der Abteildecke. Wirkliche Kühlung verspricht

Praktische Reisetipps A–Z

Bild ganz links: Blick in die 3. Klasse;
links: Verpflegung an der Bahnstrecke

nur das offene Zugfenster, das jedoch während den nächtlichen Stopps an Bahnstationen geschlossen sein sollte, da Taschendiebe keine Seltenheit sind. Zur Verbarrikadierung liegt meist ein Holzpflock im Abteil, den man unters Fenster klemmt.

Vom Zugpersonal werden Bettzeug (bestehend aus sauberen Laken, Kissen und Decken), 0,5 Liter Trinkwasser, Gästeseife und pro Abteil eine Rolle Toilettenpapier gestellt.

Das Reisen in der **3. Klasse** ist nur etwas für Hartgesottene. Hier hat man in der Regel nur einen engen Sitzplatz. Für kurze Streckenabschnitte ist aber auch diese Alternative durchaus verträglich und zudem sehr interessant, was die damit verbundenen Einblicke in den tansanischen Alltag anbelangt.

Alle Züge besitzen **Speisewagen,** die zu festen Zeiten Frühstück, Mittag- und Abendessen servieren. Meist geht jemand vom Küchenpersonal mit einer Bimmel durch den Zug und signalisiert den Beginn der Essenszeit. Wer vorbestellt, kann sich die Mahlzeiten auch ins Abteil bringen lassen. Das Essen ist gut, erwarten Sie jedoch nicht zu viel (Kostenpunkt 1500–2000 TSh).

Ansonsten bieten sich immer wieder Stopps als Gelegenheit, durchs Fenster Früchte, Snacks, Sodas (bei Zahlung des Pfandguts), Trinkwasserflaschen und sonstiges mehr zu kaufen. **Getränke** (Bier, Sodas, Wasser) können auch im Speisewagen erworben werden.

In jedem Fall sollte man **Toilettenpapier** im Gepäck haben, in den WCs werden Sie selten welches vorfinden. Beachten sollte man auch, dass es spätestens einen Tag nach Fahrtantritt kein **Wasser** in den Waschräumen und in den Toiletten mehr gibt. Ein kleiner mitgebrachter Wasserkanister und feuchte (Baby)Tücher können große Dienste leisten.

Fahrkarten und Abfahrtszeiten

Fahrkarten für die Züge der Tanzania Railways Cooperation bekommen Sie nur an den Ticket-Offices in den Bahnhöfen; in Dar es Salaam können auch Reisebüros, sofern man hier eine Tour oder Ähnliches bucht, eine Fahrkarte besorgen.

Wer mit der Ta-Za-Ra fährt, muss sich nicht unbedingt zu den weit außerhalb des Stadtkerns liegenden Bahnhöfen begeben, in Mbeya und Dar es Salaam befinden sich Verkaufsbüros im Stadtzentrum.

Studenten bekommen mit etwas Aufwand bei der Ta-Za-Ra eine **Ermäßigung** von 50%. Bei Vorlage des Ausweises in den Stadtbüros wird ein Formular ausgehändigt, das auszufüllen und beim District Educational Officer (siehe Mbeya; in Dar es Salaam am Bahnhof) abzustempeln ist. Damit kann dann der reduzierte Fahrpreis in Anspruch genommen werden.

Beim Kauf einer Fahrkarte erfahren Sie noch nicht Ihre **Sitz- bzw. Liegenummer,** es sei denn Sie schauen dem Ticket-Verkäufer über die Schulter und bekommen die Waggon-Liste zu sehen, in welche Sie eingetragen werden. Normalerweise erfährt man sein Abteil am Tag der Abfahrt über die Anschlagtafeln in den Bahnhöfen. Die **Bahnpreise** sind in den letzten Jahren angehoben wor-

REISEN IN TANSANIA

den, eine Bahnfahrt 1. Klasse von Dar es Salaam nach Mwanza oder Kigoma kostet beispielsweise 52.000 TSh.

Fahrpreise und Abfahrtszeiten entnehmen Sie den jeweiligen Kapiteln zu den Städten.

Begleitete **Sonderreisen für Eisenbahnfreunde** organisiert das in Krefeld ansässige Unternehmen Röhr Tour, www.roehrverkehr.de.

Mit Schiffen/Fähren

Die drei Inseln Sansibar, Pemba und Mafia im Indischen Ozean sowie die Teilhabe an den drei großen Seen Afrikas machen Tansania zu dem Land in Afrika, das die reichste Auswahl an Möglichkeiten bietet, eine Schiffsreise anzutreten. Auch Fährboote, die Buchten und Flüsse im Landesinnern durchqueren, sind wichtige Bindeglieder im tansanischen Verkehrswesen.

Entlang der Küste

Zwischen Dar es Salaam, Sansibar, Pemba und Tanga verkehren Schiffe (z.B. schnelle Tragflügelboote und große Katamarane). Vor allem **zwischen Sansibar und Dar es Salaam** gibt es mehrmals am Tag Verbindungen, die je nach Boot/Schiff zwischen 90 Minuten und drei Stunden dauern können. Die **Fahrpreise** liegen bei **30 $.** Ein Sitzplatz ist jederzeit ohne große Vorausbuchung zu bekommen.

Die Unterbringung auf den Schnellbooten erfolgt unter Deck in klimatisierten Großräumen, ähnlich wie in einem Flugzeug. An Bord der Schiffe sind Getränke und Snacks zu kaufen, und während der Fahrt werden über Monitore Filme gezeigt.

Genauere Informationen zu den Schiffen, Fahrpreisen und Abfahrtszeiten stehen bei Dar es Salaam, Sansibar, Pemba, Tanga und Mtwara.

Nur mit Sondergenehmigung ist die **Mitfahrt auf einheimischen Segel-Dhaus** möglich. Die einmastigen Holzsegelboote – heute meist mit Außenbordmotor versehen (und dann ohne Genehmigung zu benutzen) – segeln die Küste entlang, seitdem Perser und Araber im 7. Jahrhundert ihre ersten Handelsstützpunkte in Ostafrika errichteten. Jahreszeitlich von den Passatwinden angetrieben, verkehrten die großen hölzernen Kähne regelmäßig zwischen Vorderasien und Orten wie Kilwa, Mombasa und später Sansibar. Noch während der Kolonialzeit waren sie die wichtigsten Transportmittel zwischen dem tansanischen Festland und den vorgelagerten Inseln. Abgelöst durch Stahlschiffe und moderne Schnellboote, bringen heute nur noch wenige Dhaus Passagiere zu den Inseln. Diese verkehren auch nicht nach einem festen Fahrplan; dennoch bestehen regelmäßige Verbindungen zwischen Tanga/Pangani und Pemba Island sowie zwischen Bagamoyo/Dar es Salaam und Sansibar Island, vor allem aber zwischen den beiden großen Inseln.

Die Ausstellung einer offiziellen Genehmigung für eine Segel-Dhau-Fahrt erfordert meist längere bürokratische Bemühungen – eine Erlaubnis wird zudem nur selten erteilt (zu erfragen bei den jeweiligen Distrikt-Büros). Viele Dhau-Besitzer gehen nur ungern das

Praktische Reisetipps A–Z

Risiko ein, jemanden ohne „permit" mitzunehmen, da sie sonst mit Strafen rechnen müssen. Aus dem Grund verlangen sie auch oft **bis zu 50.000 TSh für die Überfahrt.** Dennoch fahren hin und wieder wagemutige Reisende mit den großen Holzkähnen vom Festland zu den Inseln. Für eine Fahrt sollte man seefest sein, denn das Meer kann sehr rau werden. Auf den Booten bekommt man nur einen einfachen Sitzplatz, und je nach Route ist man 6–18 Stunden unterwegs. Auskunft zu den verschiedenen Möglichkeiten bekommen Sie direkt bei den Dhau-Häfen.

Auf den Seen

Auf dem Victoria-See, Tanganyika-See und **Nyasa-See** verkehren regelmäßig **Passagierschiffe** von der Marine Division. Informationen zu den aktuellen Fahrplänen bekommen Sie über das Hauptbüro in Mwanza (siehe dort).

Auf allen drei Seen sind die Passagierschiffe mit Schlafkabinen der 1. und 2. Klasse ausgerüstet und verfügen über Bord-Restaurants. Die Fahrpreise sind in TSh zu zahlen, zuzüglich 5000 TSh Hafengebühr.

Lake Victoria

Nach dem Untergang der M.V. Bukoba ist die Schifffahrt zwischen Mwanza und Port Bell in Uganda bis auf weiteres eingestellt. **Von Mwanza** fahren derzeit nur Schiffe und Fahrzeugfähren zur **Ukerewe Island,** nach **Nyamirembe (Rubondo Island National Park)** und nach **Bukoba.** Die Kleinstadt Musoma an der Ostseite des Victoria-Sees sowie das kenianische Kisumu werden nicht

mehr angelaufen. Es besteht jedoch der Plan, in naher Zukunft alle drei ostafrikanischen Länder im Rahmen einer regelmäßigen Rundfahrt mit einem großen Passagierschiff anzulaufen. Genauere Informationen stehen bei Mwanza.

Lake Tanganyika

Auf dem längsten und tiefsten See Afrikas verkehren regelmäßig **zwei Passagierschiffe zwischen Kigoma und Mpulungu/Sambia** bzw. **Kalemie/ Kongo.** Eines der Schiffe ist die legendäre M.V. Liemba, die noch aus der Zeit Deutsch-Ostafrikas stammt und damals unter dem Namen „Graf von Götzen" in Kolonialdiensten stand (vgl. den Exkurs zur M.V. Liemba). Genauere Informationen entnehmen Sie den Abschnitten zu Kigoma und Mpulungu. **Bujumbura** in Burundi wird derzeit nicht angelaufen.

Zusätzlich verkehren Holzboote mit Außenbordmotoren, mit denen man beispielsweise zum **Gombe National Park** gelangt.

Lake Nyasa (Malawi-See)

Entlang des tansanischen Teils des Sees verkehrt **zwischen Itungi Port und Mbamba Bay** das kleine Passagierschiff M.V. Songea, welches auch weiter nach **Nkhata Bay/Malawi** fährt, von wo aus man entweder nach Süden zur Monkey Bay weiterfährt oder zurück in Richtung Norden zur Endstation Chilumba. Die Verbindungen von Mbamba Bay nach Nkhata Bay sind jedoch nicht immer regelmäßig. Für eine Weiterfahrt nach Malawi benötigen Deutsche kein Visum. Nähere Informationen entneh-

REISEN IN TANSANIA

men Sie dem Abschnitt „Schifffahrt auf dem Lake Nyasa" im Kapitel zum Lake Nyasa.

Mit Bussen und Dalla Dallas

Die gängigsten Transportmittel in Afrika sind große Überlandbusse und abenteuerlich umgebaute Personen-LKWs oder Pick-up-Wagen, sog. Dalla Dallas.

In Tansania bietet eine **Vielzahl von Busunternehmen** ein **riesiges Angebot an Überlandfahrten** an. Die überwiegend privat geführten Unternehmen sind auf manchen Routen so zahlreich vertreten, dass man oft stündlich von einer Stadt in die nächste reisen kann, ohne groß im voraus buchen zu müssen. Auf nicht so häufig frequentierten oder längeren Strecken wie Arusha – Mwanza oder Dar es Salaam – Mbeya sollte man jedoch sicherheitshalber am Tag vor der geplanten Busfahrt eine Fahrkarte erwerben. Das ist insofern auch sinnvoll, da in Tansania, im Gegensatz zu Kenia, **Nachtfahrten verboten** sind und die Busse bei längeren Distanzen frühmorgens aufbrechen müssen, um die Strecke bei Tageslicht zu schaffen. Um also sicherzugehen, dass sich das Frühaufstehen für einen 5-Uhr-Überlandbus lohnt, kauft man am Vortag sein Busticket. Die angepeilten Abfahrtszeiten werden in der Regel eingehalten.

Busbahnhof

Fahrkarten bekommen Sie bei allen großen Busbahnhöfen (auf den Stadtplänen im Buch vermerkt!). An den Haltestellen hat fast jedes Unternehmen seine Verkaufsbüros in Form von aneinander gereihten, kleinen bunten Holzbuden, die an Jahrmarktstände erinnern. An den Außenwänden hängen meist Tafeln, die die Zielorte, Fahrtkosten und gelegentlich die Abfahrtszeiten bekannt geben. Im Falle der empfehlenswerten Busgesellschaft Scandinavia sind die Büros separat untergebracht und daher weniger belagert. Unterschiede in den Preisen der einzelnen Bus-Companies gibt es kaum, man kann jedoch zwischen normalen Bussen und **Luxury Coaches** wählen. Letztere sehen oft wie moderne Ritterkutschen aus: getönte Scheiben, Fransen und Ketten, provozierend und ehrfurchtgebietend bemalt bzw. beschriftet („Schwarzenegger of the Road"). Ihrem rasanten Aussehen entspricht auch der Fahrstil, Vollgas heißt die oberste Devise, wer bremst, verliert. Mit Schnelligkeit und kürzesten Fahrzeiten wirbt man um Kundschaft. Im Innern der Luxus-Busse hat man mehr Fußraum als in den normalen Bussen, zudem sind sie klimatisiert. Zusätzlich werden kostenfrei Tageszeitungen und auch Limonaden gereicht. Die „Nobel-Busse" sind bis zu 50% teurer als die anderen Busse, eine Fahrkarte Arusha – Dar es Salaam z.B. kostet etwa 25.000 TSh im Vergleich zu ca. 15.000 TSh im normalen Bus (Fahrzeit ca. 7 Std.).

Da die normalen Busse nicht unwesentlich langsamer sind, sollten Sie sich für jede Fahrt, vor allem wenn es von einer heißen Region in kühleres Bergland geht, ein Überhemd oder eine Jacke mit auf den Sitzplatz nehmen. Auch wenn scheinbar alle Fenster geschlossen sind, irgendwo zieht es immer rein.

Welche Busse sind sicher?

In den letzten Jahren hat sich ein bisschen die Spreu vom Weizen getrennt, und es lassen sich jetzt bestimmte Bus-Unternehmen als verkehrstechnisch sicherer einstufen, während andere durch Formel-1-Gehabe auf den Straßen auffallen bzw. zu oft mit tragischen Unfällen Schlagzeilen machen. Als bewährt und verhältnismäßig sicher einzustufen sind die Scandinavia Express Services (Internet: www.scandinaviagroup.com, E-Mail: info@scandinaviagroup.com) mit ihren „Princess Class"-Bussen, welche die Dar es Salaam-Arusha-Strecke bedienen und auch oft die Südwest-Route Dar es Salaam/Iringa/Mbeya/Kyela fahren sowie nach Nairobi, Tanga und Moshi. Hier scheinen qualifizierte und verantwortungsbewusste Fahrer am Steuer zu sitzen, zudem sind die Busse mit Funk ausgestattet, und Fahrkarten lassen sich in den jeweiligen Städten (vgl. dort) bequem telefonisch vorbestellen. Auf Fahrten werden Soft Drinks und Kekse gereicht. Ein besonderes Augenmerk wird auf evtl. mitfahrende Taschendiebe verwendet.

Die Busse werden regelmäßigen Wartungen unterzogen. Davon sollte man sich jedoch nicht blenden lassen, denn technisch mängelfreie Busse sucht man in Tansania vergebens. Ein TÜV-Beamter würde auch im Falle dieser Busse die Augen verdrehen ...

An den Busbahnhöfen wird es nicht immer ganz klar, in welchen Bus man einsteigen soll, manchmal stehen weder der Name des Unternehmens noch das Fahrziel außen angeschrieben. Oft steht jedoch das Nummernschild des Busses auf Ihrem Ticket, ansonsten hilft nur fragen, fragen, fragen.

Das Gepäck wird auf dem Dach oder in seitlichen Kofferräumen untergebracht. Diese sind vorzuziehen, da hier während der Fahrt und den Stopps keiner rankommt. Auf dem Dach können schon mal Personen mitfahren (nicht bei Luxus-Bussen), die Ihren Rucksack näher betrachten wollen ...

Auf längeren Fahrten werden regelmäßig Verpflegungs- und Pinkelpausen eingelegt. Die wenigen asphaltierten Strecken im Land erlauben ein gemütliches, staubfreies Fahren in relativ zügigem Tempo. Wenn es jedoch über Pisten geht, wie Arusha – Dodoma oder Arusha – Mwanza, wird es holprig und oft extrem staubig. Die Fenster der Busse lassen sich zwar meistens schließen, doch dringt der Staub durch jede Ritze und Fuge und verwirbelt sich im Innenraum des Busses. Dass der Fahrer, um diesen Effekt zu mindern, seinen Bleifuß vom Gas nimmt, ist nicht zu erwarten. Im Gegenteil: Auch hier ist man König der Landstraße, und dass dabei mal etwas zu Bruch geht, ist schon fast Routine. Die wichtigsten Ersatzteile hat man dabei, dennoch kann es passieren, dass der Bus mitten im Busch liegenbleibt und einige Stunden vergehen, bis der Schaden behoben ist. Wenn man Glück hat, kommt ein anderer Bus vorbei, in dem noch Sitzplätze frei sind. Das Problem ist dann, dass alle die gleiche Idee haben und unter Einsatz der Ellenbogen ein Kampf um die freien Plätze entsteht. Am Ziel endlich angekommen, benötigt man erst einmal eine funktionierende Dusche.

Neben den großen Bussen gibt es auch eine Fülle von anderen, kleineren Transportmitteln, die meist **Dalla Dalla** genannt werden. Was genau alles unter diesen Begriff fällt, ist nicht immer ganz eindeutig; manchmal wird auch von „Mini-Bussen" oder „Land Rover-Taxis" gesprochen. Der Begriff „Dalla Dalla" wird jedoch im ganzen Land verstanden und ist das Synonym zur kenianischen Bezeichnung „Matatu".

Dalla Dallas verkehren nicht auf großen Distanzen, sie sind die Fortbewegungsmittel zwischen nahen Städten, zwischen Stadtmitte und den Randgebieten; in entlegenen Landesteilen fahren sie bis in die letzten Dörfer. Dalla Dallas haben **keinen festen Fahrplan,** sie arbeiten nach dem Prinzip: Losfahren, wenn alle Sitze belegt sind. Nur auf dem Land kann man sich grob an Abfahrtszeiten wie „vormittags" oder „nachmittags" orientieren. Verkehren mehrere Dalla Dallas in dieselbe Richtung, setzt man sich in den Wagen, der am vollsten aussieht, da dieser wahrscheinlich am ehesten losfährt. Es werden keine Sitze oder Fahrkarten gebucht. Wer zuerst kommt, kann sich seinen Sitzplatz aussuchen, bezahlt wird beim mitfahrenden „Schaffner".

Dalla Dallas, welche in entlegeneren Gebieten verkehren, sind aufgrund der schlechten Straßenverhältnisse meist Pick-ups oder Geländewagen. Hier sind auf den Pritschen Holzbänke montiert, und die Ladung – Menschen, Hühner, Maissäcke und anderes mehr –, wird dicht zusammengedrängt, bis der Wagen kurz vor dem Zusammenbrechen ist. Erst dann geht's los. Solche Fahrten, speziell zu den schwer erreichbaren Orten am Tanganyika- und Nyasa-See, sind regelrechte Abenteuer-Touren. Man muss sich gut festhalten können, denn die Pisten sind oft extrem holprig, und das ständige Auf- und Abschaukeln kann einen schon mal seekrank werden lassen. In regenreichen Monaten darf man hin und wieder die Fuhre auch aus einem Matschloch schieben.

Ganz anders ist die Situation **auf Sansibar.** Hier sind viele Straßen asphaltiert, und die Busse verkehren nach einem Nummern- bzw. Buchstabensystem zu allen Dörfern der Insel (vgl. bei Sansibar und Pemba).

Welche Busse und Dalla Dallas wann und wohin fahren, entnehmen Sie den Kapiteln zu den jeweiligen Orten und Städten, die für Ihre geplanten Fahrten die Ausgangspunkte darstellen.

Taxis

In allen größeren Städten Tansanias verkehren Taxis. Wie fast überall auf der Welt warten Taxis an Flughäfen, Bahnhöfen, Hotels, Discos und an Taxi-Ständen in der Stadtmitte auf ihre Kundschaft. Stadtfahrten schlagen mit etwa 1500–3000 TSh zu Buche.

Taxis sind aber auch nützliche Transportmittel für nahe gelegene Ausflugsziele. In welcher Stadt Taxis zur Verfügung stehen und mit welchen Kosten

man für Ausflüge zu rechnen hat, entnehmen Sie den entsprechenden Buchabschnitten.

Trampen

An der Straße zu stehen und den Daumen rauszuhalten, ist in Tansania **nicht üblich** und wird als unhöfliches, schmarotzerhaftes Verhalten von Europäern gesehen, sofern überhaupt verstanden wird, was damit gemeint ist. Wenn überhaupt, dann winkt man einem Fahrzeug entgegen und bekundet damit den Wunsch mitzufahren, unter der Voraussetzung, die Strecke auch angemessen zu bezahlen. **Eine kostenlose Mitnahme ist selten** und sollte daher auch nicht erwartet werden. Meist sagt Ihnen der Fahrer oder Beifahrer gleich, mit wieviel Sie zu rechnen haben. Haben Sie das Gefühl, eine Mitfahrt wird kostenlos angeboten, dann fragen Sie höflichkeitshalber trotzdem, wieviel die Mitfahrt kostet.

Besser als an Straßen zu warten, fragt man in Orten (Tankstellen!), ob bei jemandem eine Mitfahrt möglich ist.

Mietwagen

Prinzipiell besteht zwar die Möglichkeit, große Touren innerhalb Tansanias mit einem Mietwagen zu unternehmen, doch ist das Angebot von gut gewarteten Fahrzeugen noch sehr bescheiden. Der Hauptgrund sind die vielerorts sehr schlechten Straßen- und Pistenzustände (vgl. weiter unten), die einen enormen Verschleiß von Fahrzeugteilen bedingen. Gut ausgestattete und zuverlässige

REISEN IN TANSANIA

Geländewagen sind bei den Autovermietungen in Dar es Salaam und Arusha eher eine Seltenheit. Gerade neuere Geländewagen, etwa ein Land Rover TDI, werden oft nur mit Fahrer vermietet und liegen bei **etwa 150 $ Mietkosten pro Tag!**

Mit einem günstigeren (ca. 50 $ am Tag) zweiradgetriebenen PKW ist man in manchen Gebieten sehr eingeschränkt. Fahrten etwa zum Ngorongoro-Krater und in die Serengeti wären dann kaum möglich. Die Pisten dorthin zermürben jegliches Material. Sie müssten dafür sorgen, dass man Ihnen **mindestens zwei Ersatzreifen** mitgibt, einen brauchbaren **Werkzeugkasten** und eine Auswahl **wichtiger Ersatzteile.** Doch Freude und Erholung hätte man bei einem derartigen Unterfangen kaum, weshalb ich nur abraten kann, eine Reise im Norden mit einem normalen PKW anzutreten.

Relativ problemlos lassen sich mit einem zweiradgetriebenen PKW die Nationalparks und andere Sehenswürdigkeiten entlang der großen Asphaltstraße von Dar es Salaam in den Südwesten Tansanias besuchen.

Zu den besseren **Autovermietungen** gehören Hertz, Evergreen, Fortes und Avis, mit Büros in Dar es Salaam oder Arusha. Auch auf Sansibar kann man Kleinwagen für Ausflüge mieten.

Die meisten **Mietverträge** beinhalten eine Versicherung, diverse Steuerauflagen und oft auch, sofern mit Fahrer gemietet, die Treibstoffkosten. Generell werden auch 80–120 Freikilometer am Tag gewährt, darüber hinaus werden in der Regel 3 $ pro 5 km verlangt.

Wer noch wenig Fahrübung auf afrikanischen Pisten hat, tut gut daran, einen **Wagen mit Fahrer** zu mieten. Der Verkehr auf den Hauptrouten kann mitunter chaotisch sein. Sicherlich gibt es Verkehrsregeln, doch im Allgemeinen hat der Stärkere/Größere Vorfahrt (vgl. weiter unten). Ein tansanischer Fahrer kennt sich mit den ungeschriebenen Gesetzen der Straße aus und kann Ihnen, sofern er das Land kennt, auch als Führer und Dolmetscher zur Verfügung stehen. Die Chauffeure schlafen unterwegs meist in einfachen lokalen Unterkünften, die es praktisch in jedem Ort Tansanias gibt; falls Sie im Busch campen, ist es für die meisten Fahrer auch kein Problem, im Auto zu schlafen. Bezüglich der Verpflegung müssen Sie sich mit dem Fahrer absprechen, doch sollte auch das kein Problem sein. Oft nimmt er seine Mahlzeiten an Straßenständen ein oder in den Fahrer-Kantinen bei den Lodges der Nationalparks.

Vor dem Übernehmen eines Mietwagens sollten Sie sich vergewissern, dass mindestens ein Ersatzrad (zwei wären besser), ein Wagenheber (wird oft vergessen!), ein Radmutterkreuz und möglichst ein Abschleppseil an Bord sind.

Selbstfahrer benötigen in Tansania einen **Internationalen Führerschein.**

Mit dem eigenen Fahrzeug

Die unabhängigste Art, durch Tansania zu reisen, ist sicherlich mit dem eigenen Fahrzeug. Die verschiedenen Anreisemöglichkeiten stehen im Kapitel zur Anreise, die Bedingungen für eine temporäre Einfuhr finden sich ebenda.

Praktische Reisetipps A–Z

Reisen in Tansania

Wie schon bei den Mietautos sei hier nochmals darauf hingewiesen, dass in Tansania wegen der schlechten Straßenverhältnisse eigentlich nur ein **Allrad-Geländewagen** in Frage kommt.

Derzeit gibt es **keine Sperrgebiete im Land,** jede Region ist alleine zu bereisen. Mit Ausnahme des Ngorongoro-Kraters und der Selous Game Reserve gibt es auch kein Gebiet, wo ein Führer Pflicht wäre. Gegenden, wo man sich mit einem Fahrzeug nicht zu lange aufhalten sollte, sind Staudämme, Brücken in Grenznähe und Militäranlagen. Hier wird seitens der Behörden oft empfindlich reagiert, Fotografieren ist verboten.

Treibstoff und gute **Motorenöle** (auf kenianische oder südafrikanische Produktion achten!) mit den gängigen Viskositätsbereichen sind im ganzen Land erhältlich. Selten liegen mehr als 300 km zwischen zwei Tankstellen. Bei längeren Aufenthalten in den Nationalparks kann man bei den meisten Park Headquarters tanken. Lediglich bei längeren Aufenthalten in Regionen wie am Lake Natron oder in der Maasai-Steppe ist die Mitnahme von genügend Treibstoff erforderlich.

Der Liter **Diesel** kostete Anfang 2007 1250–1400 TSh, **Benzin** 1300–1500 TSh. Am preiswertesten ist Treibstoff auf den Inseln und im Küstengebiet, je weiter nach Westen man kommt, desto mehr steigt der Preis aufgrund der Transportkosten an.

Normal-Benzin soll etwa 90 **Oktan** haben, das in vielen Gebieten erhältliche verbleite Super-Benzin liegt angeblich bei 94 Oktan.

REISEN IN TANSANIA

Praktische Reisetipps A–Z

An den Hauptrouten finden sich in regelmäßigen Abständen kleine **Tyre-Repair-Shops,** meist bei Tankstellen, wo platte Reifen geflickt werden.

Gute **Werkstätten** sind in Tansania rar. Ersatzteile bekommen Sie in der Regel nur für Land Rovers, Toyotas und andere gängige japanische Geländewagen. Einen guten Service erhalten Sie in den Städten Arusha, Dar es Salaam, Mwanza und Mbeya. Relativ gute **Geländereifen,** die in Tansania hergestellt werden (von General Tyre), sind in Arusha und Dar es Salaam erhältlich.

Die Mitnahme von **Sandblechen** ist höchstens für den Westen Tansanias nötig. Wer sich mitten in der Regenzeit auf schlammige Pisten wagt, muss ein sehr **griffiges Reifenprofil** haben, ein Abschleppseil, evtl. einen Greifzug oder sogar Schneeketten mitführen.

Im Gegensatz zu anderen afrikanischen Ländern kommt **Fahrzeugdiebstahl** in Tansania kaum vor, und auch das Aufbrechen von Fahrzeugen ist eher selten. Türen und Fenster sollten dennoch verschlossen sein, denn der Sinnspruch „Gelegenheit macht Diebe" gilt weltweit. Für den sicheren Transport von Kameras und anderen wertvollen Gegenständen haben sich fest verankerte und abschließbare Metallkisten (z.B. Zarges) bewährt.

Bei den von mir vermerkten **Kilometerangaben in diesem Buch** werden Sie oft feststellen, dass der Kilometerzähler Ihres Fahrzeuges mal weniger, mal mehr anzeigt. Diese Abweichungen haben drei Gründe: 1. Nicht alle Tachos von Fahrzeugen sind werkseitig hundertprozentig geeicht. 2. Bei Verwendung anderer Reifen (z.B. 16 Zoll statt der originalen 15-Zoll-Reifen) können Tachos oftmals weniger anzeigen. 3. Schließlich hängt es auch vom Fahrstil ab. Wer auf einer 300-km-Strecke slalomartig jedem Schlagloch ausweicht, wird mehr Kilometer auf dem Zähler haben als jemand, der über diese Unebenheiten hinwegpflügt.

Autos bis zu 2,5 Tonnen werden von den Passagierschiffen auf dem Tanganyika- und Victoria-See mitgenommen.

Fahrzeug-Eintrittspreise in die Nationalparks

S/N	Fahrzeuggewicht	Tansanisches -	Ausländisches Nummernschild
1	Bis zu 2000 kg	10.000 TSh	40 $
2	2000–3000 kg	25.000 TSh	150 $
3	3001–7000 kg	50.000 TSh	200 $
4	7001–10.000 kg	100.000 TSh	300 $

Wer sich daher länger in Nationalparks aufhalten möchte, zahlt auf Dauer mit einem Mietwagen wesentlich weniger Parkgebühren.

Noch höher ist der Preis für **LKWs,** wozu auch Pinzgauer und Unimogs zählen. Für den „Eintritt" größerer Fahrzeuge werden **pro Tag 150 $** verlangt!

Eine **Autofähre von Dar es Salaam nach Sansibar gibt es nicht.** Für einen Ausflug auf die Insel bietet das Silversands Hotel nördlich von Dar es Salaam für 2 $ pro Tag (und auch andere gute Hotels in der Stadt) eine bewachte Unterstellmöglichkeit (siehe „Dar es Salaam/Unterkunft").

Alle **Flussfähren** im Land sind auf zehn Tonnen Tragfähigkeit ausgelegt und daher für LKWs nutzbar. Bezüglich der Seen besteht nur auf dem Victoria-See die Möglichkeit, mit der großen Fähre einen LKW zu transportieren.

Motorräder und Mofas zum Mieten

Auf Sansibar lassen sich **Scooter (Vespas)** oder **kleine Motorräder** mit 250 ccm Hubraum für 25 $ am Tag mieten (Enduros: Honda XR); siehe auch im Kapitel zu Sansibar.

Mit dem eigenen Motorrad

(Zu Anreise/Einreiseformalitäten siehe im Kapitel „An-, Ein- und Weiterreise".) Für viele Afrikaner ist es unvorstellbar, mit einem Motorrad (auf Swahili *piki-piki*) mehrere tausend Kilometer durch den afrikanischen Kontinent zu fahren. Ein Europäer, der so reist, scheint nicht viel Geld zu haben, denn sonst würde er sicherlich mit einem Auto fahren. Eine solche oder ähnliche Einschätzung erfährt man als Motorradreisender immer wieder, mit dem oftmals positiven Nebeneffekt, dass einem immer wieder Hilfsbereitschaft und Kontaktfreudigkeit entgegengebracht wird.

Abgesehen davon, dass man mit einem Motorrad nicht durch die Nationalparks (inkl. der Ngorongoro Conservation Area) und nur beschränkt durch Game Reserves fahren kann, bietet das motorisierte Zweiradreisen auch seine Vorteile. Auf vielen (schlechten) Strecken im Land kommt man z.B. wesentlich schneller voran als mit einem Auto.

In Gebieten, wo es keine Straßenverbindungen gibt (z.B. zwischen Tabora und Kigoma), kann das Motorrad **mit der Eisenbahn** transportiert werden. Auch können **alle Schiffsverbindungen** kostengünstig wahrgenommen werden. Ein Motorrad gilt dann als Gepäckstück. Der Preis errechnet sich nach dem Gewicht und enthält in den meisten Fällen auch das Ein- und Ausladen mit dem Schiffskran. Zur Verladung in einen Gepäckwaggon der Eisenbahn stehen an größeren Bahnhöfen genug Gepäckträger zur Verfügung.

Motorradhändler mit Fachwissen und Ersatzteilen für größere Reiseenduros existieren in Tansania nicht. Decken Sie sich lieber mit den notwendigsten Ersatzteilen (CDI-Einheit, Schläuche, Züge, Dichtungen, Luftfilter etc.) schon zuhause ein. Auch Reifen werden Sie in Tansania nur bedingt bekommen. Lediglich 21-Zoll-Enduro-Reifen sind von Zeit zu Zeit in Dar es Salaam und Arusha erhältlich. Extrem **grobstollige Reifen** wie der Michelin Desert sind für Tansania nicht nötig. Gut bewährt hat sich auf meinen Reisen der Continental TKC 80 oder der Michelin T 63.

Abschied am Bahnsteig

Verkehr und Straßenzustände

In Tansania herrscht **Linksverkehr,** die Verkehrsregeln entsprechen in etwa der britischen Straßenverkehrsordnung. In der Praxis jedoch gelten **"afrikanische Regeln".** Während in den Städten noch einigermaßen geordnet gefahren wird, bestimmen auf Überlandstraßen Größe und Schnelligkeit die Hierachie der Verkehrsteilnehmer. Auf schmalen Straßen haben schnelle Überlandbusse und LKWs fast immer Vorfahrt; man muss an den linken Straßenrand fahren, um alles, was größer ist, vorbeizulassen. Lautes Hupen beeindruckt nur wenig. Als Selbstfahrer werden Sie die ungeschriebenen Gesetze der Straße schnell verinnerlichen und sich wie alle anderen den Leitsatz zu eigen machen: **"Der Stärkere hat Vorfahrt!"**

Das Verkehrsaufkommen ist in Tansania – mit Ausnahme der Metropole Dar es Salaam – nicht sehr hoch. Auf manchen Überlandstraßen können schon mal Stunden ohne Gegenverkehr vergehen. Selbst auf den zwei wichtigen Verkehrsadern des Landes, Arusha – Dar es Salaam und Dar es Salaam – Mbeya (Tan-Zam-Highway), ist der Verkehr eher bescheiden.

Was ein flottes Vorankommen unmöglich macht, sind die **Straßenzustände** in Tansania. Wer hier kenianische Verhältnisse vermutet, wird schnell eines Besseren belehrt. **Über 80%** der Straßen Tansanias sind **Pisten,** oft mit Schlaglöchern übersät und/oder wie Wellblech zu befahren. Viele Strecken im zentralen und westlichen Tansania sind in schlechtem Zustand. Während der Regenzeiten sind vor allem die Pisten entlang der Küste und der Seen nahezu unbefahrbar. Aber auch viel befahrene Straßen im Tourismusgebiet des Nordens sind katastrophal. Der zweite Teil der Strecke von Arusha zum Manyara National Park/Ngorongoro gleicht eher einem Panzer-Versuchsgelände.

Die **wenigen asphaltierten Straßen** führen von Namanga an der kenianischen Grenze über Arusha/Moshi nach Lushoto/Tanga und Dar es Salaam. Von der Küstenstadt führt die Tan-Zam-Highway über Iringa und Mbeya bis zur Grenze nach Sambia, mit asphaltierten Abzweigen von Morogoro nach Dodoma, von Makambako nach Songea und von Mbeya zur Grenze nach Malawi.

Ansonsten besteht nur noch ein asphaltierter Streckenabschnitt zwischen Mwanza am Victoria-See und der kenianischen Grenze sowie zwischen Kahama und der ruandischen Grenze. Zur Zeit werden hier und da Pisten mit asphaltierten Teilstücken versehen, wenn es zum Beispiel gilt, einen Steilhang zu überwinden.

Einen guten Überblick über die asphaltierten Straßen in Tansania und zur Bewertung der übrigen Pisten gibt Ihnen die Tansania-Straßenkarte von REISE KNOW-HOW (vgl. im Anhang).

Für Fahrer und Beifahrer gilt die Anschnallpflicht. Auf einigen Überlandstrecken wird häufig geblitzt. Entgegenkommende Fahrzeuge mit Aufblendlicht signalisieren die „Straßenarbeit" der Polizei. Es gilt dann Tempo 80. Regelverstöße kosten 20.000 TSh.

Reiseplanung und -vorbereitung

Beim Planen einer Reise mit fester Zeitbegrenzung sollte man bedenken, dass alle organisatorischen Vorkehrungen, die man **von Europa aus** erledigen kann, ein zeitlicher Zugewinn vor Ort sind. Wer also vor hat, den Kilimanjaro zu besteigen, eine mehrtägige Safari durch Nationalparks zu unternehmen oder Wert auf eine ganz bestimmte Hotelunterbringung auf Sansibar legt, sollte einige Wochen/Monate vor Antritt der Reise sich mit den entsprechenden Anbietern in Verbindung setzen (siehe bei Reise- und Safariveranstaltern).

Das Organisieren einer Safari oder Bergwanderung **vor Ort** funktioniert zwar auch problemlos, doch kann dies unter Umständen zwei bis drei Tage wertvolle Reisezeit kosten.

Auch inländische Flug-, Bahn- und Schiffsverbindungen können zum Teil von außerhalb gebucht werden. Hilfreich ist dabei, wenn eine Safari mit einem Reiseunternehmen organisiert wird und dieses über seine Zweigstelle vor Ort die nötigen Tickets/Fahrkarten für die gewünschten Termine besorgt.

Individualreisende werden Bahn- und Schiffsreisen nur vor Ort organisieren können und sollten sich einen Zeitpuffer in Ihre Planung einbauen. Das ganze Land werden Sie in drei Wochen nicht bereisen können. Wenn Sie im Reiseteil die jeweiligen Straßenverhältnisse und die Fahrzeiten der öffentlichen Verkehrsmittel studieren, bekommen Sie einen Überblick über die Zeit, die Sie allein fürs Umherreisen benötigen.

Realistische Ziele im Rahmen eines dreiwöchigen Aufenthalts sind z.B. eine 4- bis 7-tägige Safari in die nördlichen Parks, Start- und Endpunkt jeweils Arusha. Damit wären Ziele wie der Manyara oder Tarangire Park, der Ngorongoro-Krater und die Serengeti abgedeckt. In der zweiten Urlaubswoche könnte man bergsteigen oder wandern: Zur Auswahl stehen Kilimanjaro oder Mt. Meru oder geruhsamer und kulturell erlebnisreicher die Usambara- oder Pare-Berge bzw. südliche Regionen wie die Udzungwa-Berge und das Hochland in der Region von Mbeya. In der dritten Woche würde man sich der Küste oder den Inseln Sansibars widmen.

Reise- und Safariveranstalter

Jeder Nationalpark und nahezu alle touristischen Sehenswürdigkeiten Tansanias lassen sich über Reiseunternehmen in Europa und natürlich vor allem mit Safariveranstaltern vor Ort besuchen. Ohne eigenes Fahrzeug ist man für den Besuch eines Nationalparks, der nicht zu Fuß erkundet werden darf (Serengeti, Tarangire, Manyara u.a.), auf einen solchen Tour-Operator angewiesen. Die Alternative, sich ein Fahrzeug zu mieten und für eine eigene Ausrüstung zu sorgen, ist meist wesentlich teurer.

Wie man vor Ort eine Safari organisiert und wogegen man unbedingt gewappnet sein sollte, entnehmen Sie den Ausführungen unter „Organisation einer Safari" und „Flycatcher – Tricks und Machenschaften der Safari-Vermittler".

In Deutschland

Ich empfehle die Buchung über einen Reiseveranstalter in Deutschland bzw. Europa, auch wenn es in Tansania an Anbietern nicht fehlt (s.u.). Erstens kostet das nicht mehr (im Gegenteil, es ist manchmal sogar preiswerter), zweitens gehen keine wertvollen Reisetage mit der Organisation vor Ort verloren, und drittens gibt es einen Versicherungsschutz in Form des Reise-Sicherungsscheines auch noch dazu!

In Deutschland sind u.a. folgende Reisebüros auf Safaris, Trekking, Kilimanjaro-Besteigungen und Strand-/Tauchurlaube auf Sansibar spezialisiert.

SAFARI – EIN AFRIKANISCHES WORT EROBERT DIE WELT

Safari – ein afrikanisches Wort erobert die Welt

Safari! Auch wer noch nicht in Afrika war, wird dieses mit Abenteuer und Sonnenuntergang-Romantik behaftete Wort seit frühester Kindheit kennen. Ob Filme, Bilderbücher oder Hörspielkassetten, spätestens seit *Hemingway* oder dem *Dschungelbuch* verbindet man den Begriff mit dem fernen und mythenumwobenen Kontinent Afrika. Kaum ein anderes afrikanisches Wort hat die Welt derart erobert und in seinen Bann gezogen. Ein Bann, der sich speist aus einer Mixtur von riskantem, aber kalkuliertem Abenteuerfeeling, dem Drang nach unberührter Wildnis, geheimnisvoller Exotik und dem Bild eines brüllenden Löwen vor der feuerrot untergehenden Sonne.

Fast drei Millionen Europäer und Nordamerikaner reisen jedes Jahr ins östliche und südliche Afrika, um „auf Safari zu gehen". Nicht wenige legen hierfür sogar fünfstellige Euro- und Dollar-Beträge hin. Der Lockruf ertönt aus den Nationalparks mit ihrer unvergleichlichen Tierwelt, bekannt und immer wieder vor Augen geführt durch die Flut der Tier- und Naturreportagen auf den heimischen Fernsehkanälen. Doch die Assoziationen und Visionen, die das Wort Safari hervorruft, haben sich seit dem Beginn der Entdeckung Afrikas gewandelt.

Safari ist Swahili und bedeutet „Reise", Reise ganz allgemein und nicht nur die Land-Rover-Reise in die Wildnis bzw. durch die Nationalparks, sondern auch eine ganz normale Zugfahrt oder eine Busfahrt von A nach B auf Asphalt. Und fliegen Sie von Dar es Salaam zurück nach Europa, wird Sie ein Ihnen bekannter Tansanier mit „Safari Njema" (Gute Reise!) verabschieden!

SAFARI – EIN AFRIKANISCHES WORT EROBERT DIE WELT

Safari wird von dem arabischen „safara" (eine Reise machen) abgeleitet und entstand – wie so viele Wörter des Swahili – durch den arabischen Spracheinfluss an der ostafrikanischen Küste. Noch genauer lassen sich Ursprung und insbesondere Verwendung des Wortes für das Gebiet des heutigen Tansania festlegen. Mit Sansibar und Bagamoyo als Einfallstoren bzw. Umschlagplätze des großen Sklaven- und Elfenbeinhandels im 19. Jahrhundert, bedeutete eine Safari die Karawanenreise ins Innere Afrikas, um dort den Nachschub im Menschen verachtenden Handel mit der Ware Mensch zu besorgen. Forscher und Missionare folgten bald auf diesen Routen. Ihre Erzählungen und Tagebücher gaben der Safari ein neues, europäisches Image – das der Entdeckungsreisen.

Der Brite *Richard F. Burton* machte den Begriff Mitte des 19. Jahrhunderts in Europa salonfähig. Von da an wurden Expeditionen, geografische Erkundungen und koloniale Eroberungen in englischsprachigen Zeitungen zwischen Amerika und Britisch-Indien zunehmend mit dem Beinamen „Safari" versehen.

Nach dem Ende des Sklavenhandels, der großen Welle der Entdeckungen und der Eroberung und Aufteilung von Kolonien kam es in der ersten Hälfte des 20. Jahrhunderts zu einem weiteren Bedeutungswandel: Safari war jetzt die Großwildjagd! Angeführt von bekannten Persönlichkeiten des „game sports", wie *Frederick Selous* (vgl. entsprechenden Exkurs) oder 1909 *Theodore Roosevelt*, dem späteren Präsidenten der USA, besaß das Töten der afrikanischen Tierwelt eine große, aristokratische Lobby. Anfangs waren diese Jagdreisen in wildreiche Savannenlandschaften (heute meist Gebiete, die als Nationalparks unter Schutz stehen) noch mit Dutzenden von Trägern ausgestattet. Schließlich gehörten neben Munitionskisten auch reichlich Scotch, ein Grammofon sowie andere wichtige Dinge des viktorianischen Lebens zur Grundausstattung. Dann wurden die Automobile immer geländetauglicher und der Land Rover mit der Zeit der unentbehrliche Safari-Wagen. Nun konnten auch die weniger Aktiven, vor allem auch Nichtjäger, die fantastischen Landschaften Afrikas genießen. Die Flinte wich immer mehr dem Fernglas und schließlich den Foto- und Filmapparaten. Exklusive Ballon-Safaris mit anschließendem Sektfrühstück unter der Schirmakazie bilden vorerst den Höhepunkt der Entwicklung. Doch um das Töten geht es weiterhin. Denn für den sicher abseits stehenden Zuschauer gibt es keine packendere Szene als den Kampf auf Leben und Tod zwischen einer Raubkatze und einem Zebra. Erst dann ist der „game drive", wie eine Pirschfahrt in Afrikas Parks bezeichnet wird, perfekt. Zurück in den luxuriös ausgestatteten Safari-Camps kann man dann stolz und befriedigt, das Flackern des Lagerfeuerscheins im Gesicht, die Frage, ob man denn auch einen „kill" gesehen habe, mit Ja beantworten.

Welchen Inhalt auch immer eine Reise nach Afrika haben mag, welche Visionen, Träume oder Überraschungen mit einer Safari einhergehen mögen – die Geschichte und das Verständnis des Begriffes haben einen territorialen Ursprung: Tansania!

Im Übrigen lässt sich heute der Scotch mit Cola mischen und das Grammofon durch einen Walkman ersetzen – Safari Njema!

●**Buchtipp:** Jörg Gabriel, **Safari-Handbuch Afrika**
Tipps, Informationen und Hintergründe zur Durchführung einer gelungenen Safari
(REISE KNOW-HOW Praxis)

REISE- UND SAFARIVERANSTALTER

●**AST (African Special Tours)**
Gronauer Weg 31, 61118 Bad Vilbel, Tel. 06101/499020, Fax 499029. Langjähriger Spezialist für das südliche und östliche Afrika. Geschäftsführerin *Nennstiel* und ihr Team kennen Tansania gut. Im Angebot sind alle Nationalparks sowie die Küsten am Festland und die Strände der Insel Sansibar. Individuelle Gestaltung sowie bewährte Programme zeichnen AST aus. Angeboten wird auch das 7-Tage-Hatari-Hemingway-Programm.
Internet: www.ast-reisen.de.

●**Chamäleon Reisen**
Charlottenburger Ufer 9, 10587 Berlin, Tel. 030/3479960, Fax 34799611. Kilimanjaro, Safaris, Sansibar.
Internet: www.chamaeleonreisen.de.

●**concept reisen**
Geisbergstraße 14, 10777 Berlin, Tel. 030/2184053, Fax 2119130. Spezialist nur für Tansania, der sich in fast allen Landesecken auskennt. Gutes Preis-/Leistungsverhältnis. Sehr individuelle Betreuung vom Fachmann selbst (Autor des Swahili-Kauderwelsch-Buches bei REISE KNOW-HOW!).
Internet: www.concept-reisen.de,
E-Mail: concept_reisen@startpartner.net.

●**DAV Summit Club GmbH**
Am Perlacher Forst 186, 81545 München, Tel. 089/642400, Fax 64240100. Das Bergsteiger- und Freizeitreisebüro des Deutschen Alpenvereins und einer der wenigen guten Spezialisten am Kilimanjaro sowie Mt. Meru. Neu im Programm ist eine mehrtägige Mountainbike-Tour rund um den Kilimanjaro.
Internet: www.dav-summit-club.de.

●**Der TOUR**
Der TOUR greift auf ein umfangreiches Vertriebsnetz von Reisebüros in ganz Deutschland zurück. Tansania wird hier in seiner luxuriösesten Art angeboten.
Internet: www.dertour.de.

Buchtipp:
●Hartmut Schäfer
All inclusive?
(REISE KNOW-HOW Praxis)

●**Diamir Reisen**
Loschwitzerstr. 58, 01309 Dresden, Tel. 0351/2025445, Fax 2025556. Der Bergsteigerspezialist im Osten Deutschlands. Neben guten und oftmals auch mit deutscher Bergführung organisierten Kilimanjaro- und Mt.-Meru-Besteigungen werden auch Safaris angeboten.
Internet: www. diamir-reisen.de,
E-Mail: dresden@diamir-reisen.de.

●**Equatorial Safaris**
Tel. 0871/9246900, Fax 9246901. Gutes Unternehmen mit Sitz in Landshut. Angebote werden in erster Linie Safaris in die nördlichen Nationalparks, auch mit Besuch auf deutschen Gästefarmen (Karatu).
E-Mail: Equatorial-safaris@t-online.de.

●**Globetrotter Select**
Geltinger Weg 9, 82538 Geretsried, Tel. 08171/997272, Fax 997273. Unternehmen mit langjähriger Tansania-Erfahrung; Trekking-Touren durch das Ngorongoro-Hochland, gute Land Rover-Safaris; eines der wohl empfehlenswertesten Unternehmen für Kilimanjaro-Besteigungen; Badeurlaub auf Sansibar. E-Mail: info@globetrotter-select.de.

●**ITST – Tanzania Special Tours**
Mühlbachstr. 25, 70794 Filderstadt, Tel. 0711/7778712, Fax 7787150. Arrangements individueller Touren (Park-Safaris, Kilimanjaro, Sansibar); langjährige Tansania-Erfahrung, auch vor Ort.
Internet: www. tanzania-tours.de.

●**Jambo Tours**
Langscheider Str. 40c, 59846 Sundern, Tel. 02935/79191, Fax 79192. Das Unternehmen bietet – neben Safaris in den südlichen und nördlichen Nationalparks (auch Ballonfahrt über der Serengeti) und der Besteigung des Kilimanjaro – ein sehr vielseitiges Programm zu Bade- und Tauchaufenthalten auf den Inseln Sansibar, Pemba und Mafia an.
Internet: www.jambotours.de,
E-Mail: info@jambotours.de.

●**Karawane Reisen**
Schorndorferstr. 149, 71638 Ludwigsburg, Tel. 07141/284830, Fax 284838. Bewährter Afrika-Veranstalter mit speziellen Programmen und individueller Kundenbetreuung. Über Karawane lässt sich auch das 7-Tage-Hatari-Hemingway-Programm buchen.

Internet: www. karawane.de,
E-Mail: africa@karawane.de.

● **Macho Porini**
Brunnthal 3, 83562 Rechtmehring, Tel. 08076/9707, Fax 9709. Neueres Unternehmen im süddeutschen Raum. Geschäftsführer und Ansprechpartner *Dieter Czurn* ist in Tansania aufgewachsen. Als einschlägiger Landeskenner berät er Sie individuell. Internet: www. macho-porini.com.

● **Safari Reisebüro**
Schönhauser Allee 183, 10119 Berlin, Tel. 030/4492973. Bewährter Spezialist für Ostafrika. Internet: www.safari-berlin.de.

● **Tantours**
Hellenthalstr. 1, 47661 Issum, Tel. 02835/790691, Fax 790692. Preiswerte Camping-/Lodge-Safaris, die den Norden mit Sansibar verbinden; Kilimanjaro-Besteigungen. E-Mail: info@ tantours.de

● **TUI**
Mit mehreren tausend Filialen und Büros in Deutschland vertreten. TUI hat sein Afrika-Programm umfangreicher gestaltet und bietet nun auch abseits – oder im Anschluss – von Pauschalreisen exklusivere Produkte. Dabei wird ein besonderes Augenmerk auf Tansania gelegt. Internet: www.tui.de.

In der Schweiz

● **Flycatcher Safaris**
Mauerweg 7, Postfach 20, 3283 Kallnach, Tel. 032/3925450, Fax 3925451. Sehr erfahrenes schweizerisches Unternehmen, seit über 15 Jahren in Tansania aktiv. Das Unternehmen konzentriert sich auf die Serengeti, den Rubondo Nationalpark (hier mit eigenem Safari Camp) und auf den Westen Tansanias. Internet: www.flycat.com.

● **Let's Go Tours**
Vorstadt 14, 8201 Schaffhausen, Tel. 052624/1077, Fax 6077. Innovativer Veranstalter mit durchdachten und empfehlenswerten Produkten. Individuell und maßgeschneiderte Safaris sowie zubuchbare Programme. Internet: www.letsgo.ch.

● **Private Safaris**
Wiesenstr. 10, 8034 Zürich, Tel. 01/3864646, Fax 3864647. Langjährige Erfahrung in Ost-

afrika. Programm sowie Individual-Safaris im Norden und Süden Tansanias möglich. Internet: www.kuoni.ch.

In Österreich

● **Jedek Reisen**
Döblinger Hauptstr. 23–25, 1070 Wien, Tel. 01/36966025, Fax 369660215. Etabliertes Unternehmen mit gutem Namen. Individuelle Konzeptionen möglich. Angeboten werden die meisten Destinationen in Tansania. Internet: www.jedek.com.

● **Ruefa Reisen**
Mariahilfstr. 120, 1070 Wien, Tel. 01/5255-5413, Fax 5255-5414. Standardreisen zu festen Terminen für Zubucher. Internet: www.ruefa.at.

In Tansania

In Tansania gibt es eine **Unmenge an Safariveranstaltern,** hauptsächlich in **Arusha, Moshi** und **Dar es Salaam.** Vor allem in Arusha, der Tourismusmetropole des Landes, ist die Auswahl sehr groß. Hier können Sie je nach Geldbeutel und Interessen Ihre ganz persönlich zugeschnittene Tour zusammenstellen, wobei Sie mit mindestens zwei bis drei Organisationstagen vor Ort rechnen müssen.

Doch nicht alle Nationalpark-Safaris lassen sich von Arusha und Moshi aus organisieren. Für die südlichen Parks sind Dar es Salaam und bedingt **Iringa** die besten Ausgangsorte, für die westlichen Nationalparks bieten die Städte **Mwanza** und **Kigoma** gute Möglichkeiten.

Bei den jeweiligen Stadt-Kapiteln finden Sie die unterschiedlichsten und bewährte Safariveranstalter und Bergsteiger-Unternehmen.

Reisezeit

Das Klima Tansanias wird im Norden und im Küstenvorland von zwei Regenzeiten bestimmt. Die nicht besonders starke **„Kleine Regenzeit"** beginnt etwa **Anfang November** und dauert **bis Mitte Dezember,** an der Küste auch länger. Das Reisen im Land ist dennoch möglich, Erdstraßen sind bis auf ein paar wenige Pisten noch gut befahrbar. In der Regel gibt es ein bis zwei kurze kräftige Schauer pro Tag, dazwischen scheint die Sonne und die Luft ist klar. In den letzten Jahren ist es auch schon oft vorgekommen, dass die kleine Regenzeit in den Nordregionen nur sehr kurz war oder sogar ganz ausblieb. Grundsätzlich kann ein gelegentlich abkühlender und Staub bindender Schauer sehr angenehm sein.

„Zuverlässiger" ist dagegen die **„Große Regenzeit"** von **Mitte März bis etwa Mitte Mai.** Dann regnet es fast überall und täglich, viele nicht-befestigte Straßen sind unpassierbar. Gerade der Südosten, der Selous und fast alle Gebiete entlang des Lake Tanganyika und des Lake Nyasa sind auf dem Landweg kaum zu erreichen.

Im südwestlichen Teil des Landes verschmelzen die kurz aufeinander folgenden Regenzeiten meist zu einer großen. Oft dauert diese dann fast fünf Monate. Trockener und vor allem kühler ist die Zeit nach den großen Regen. Von **Juni bis Oktober** bieten die so genannten **Trockenmonate mildere Temperaturen** und machen das Reisen im Land sehr angenehm. Gerade im Juni, kurz nach der Großen Regenzeit, verwandeln sich die sonst trockenen und staubigen Savannen in blühende Wiesen. **Juli,** aber vor allem **August sind die kältesten Monate,** in denen es auch vereinzelt regnen kann. In dieser Zeit herrscht der „tansanische Winter" (das Land liegt südlich des Äquators), in Regionen im **südlichen Hochland** kann es sogar zu **frostigen Nächten** kommen. Aber auch im nördlichen Arusha, dem Ausgangsort für eine Vielzahl von Safaris, können die Temperaturen tagsüber nur 18 °C betragen.

Entlang der **Küste und auf Sansibar** liegen die monatlichen Temperaturen eigentlich das ganze Jahr über zwischen 24 und 31 °C. Von Juni bis Oktober ist die Luftfeuchtigkeit nicht zu hoch und die Temperaturen sind angenehm, nachts sinken sie auch an der Küste auf etwa 20 °C. Durch die gute Infrastruktur auf Sansibar (viele Straßen sind asphaltiert) kann man die Insel auch während der Regenmonate gut bereisen, wobei aber zu bedenken ist, dass in dieser Zeit der Himmel oft wolkenverhangen ist und somit in der Regel getrübtes Badewetter herrscht.

Buchtipps:
- Friederike Vogel
  Sonne, Wind und Reisewetter
- Hans Hörauf
  Wann wohin reisen?
  (beide Bände REISE KNOW-HOW Praxis)

Sicherheit und Kriminalität

Die allgemeine **Sicherheitslage hat sich** in Tansania in den letzten Jahren etwas **verschlechtert.** Als Autor dieses Reiseführers möchte ich die Situation nicht schönreden, aber zumindest relativieren und eingrenzen.

Zunehmende Kriminalität ist eine afrikaweite Entwicklung, und auch in Europa lassen zumindest die Statistiken eine Verschärfung der Lage erkennen. Nur macht es eben in der **subjektiven Wahrnehmung** einen großen Unterschied, ob die Bedrohung bzw. die Interpretation einer Situation als bedrohlich in Italien stattfindet oder weit weg, in völlig fremder Umgebung, im „tiefen Busch" eben, wo man sich als Besucher plötzlich ganz allein und verlassen fühlt und dann dazu neigt, die Situation schlimmer zu sehen, als sie wirklich ist.

Sicherlich sind in Tansania ausländische **Touristen** eine **Zielgruppe für Diebstähle und gelegentlich auch Überfälle.** Die Gründe sind dabei vor allem im falschen Verhalten der Touristen und in der Lebenssituation vieler Menschen im armen Entwicklungsland Tansania zu suchen. Man bedenke, dass zwischen der sozialen und wirtschaftlichen Position eines jeden Touristen und der nahezu aller Tansanier tatsächlich die sprichwörtlichen Welten liegen. Wenn Jahr für Jahr Zehntausende von Touristen durch touristische Ballungsräume ziehen, in denen die Arbeitslosenrate unter Jugendlichen und jungen Männern bei bis zu 40% liegt und auch der In Lohn und Brot stehende Einheimische weit davon entfernt ist, ein europäisches Lohn- und Lebensniveau zu erreichen, dann kann es nicht ausbleiben, dass es zu Diebstählen und anderen Delikten kommt.

Zu betonen ist an dieser Stelle allerdings auch die Tatsache, dass viele Touristen in einer unüberbietbaren Mischung aus **Blauäugigkeit,** falschem Auftreten und fehlender Reisevorbereitung zu kriminellen Handlungen geradezu einladen. Gepäck lässt man nicht unbeaufsichtigt stehen, Geld trägt man versteckt, oder man hat immer nur soviel einstecken, wie gerade für die jeweilige Unternehmung gebraucht wird, teure Ausrüstungsgegenstände sind unauffällig zu handhaben, und muss denn der wertvolle Schmuck unbedingt auch in Tansania getragen werden?

Der Tourist sucht in Tansania natürlich sein Bild von (Ost)Afrika zu verwirklichen, das Afrika der wilden Tiere, der Serengeti, des Kilimanjaro und der romantischen Insel Sansibar, doch hinter diesen Kulissen präsentiert sich das „wahre" Afrika, ein riesiger Kontinent mit großen Problemen. Der **Lebensalltag der meisten Tansanier** ist alles andere als rosig. Für viele nichts als der Kampf ums Überleben, ist eben auch der ein oder andere Diebstahl ein Teil

---

Buchtipp:
● Matthias Faermann
**Schutz vor Gewalt
und Kriminalität unterwegs**
(REISE KNOW-HOW Praxis)

dieses Existenzkampfes. Machen Sie sich diese Situation bewusst, und bedenken Sie auch, dass Organisation und Effizienz der Polizei- und Justizarbeit nicht nach europäischen Maßstäben gemessen werden können. Sie sind zu Gast in Tansania und haben sich auf diese Realitäten einzustellen, und wer das bewusst tut und sein Auftreten und Handeln danach richtet, wird auch in Tansania wahrscheinlich nicht mehr oder weniger Probleme haben als in einem europäischen Reiseland.

Vermeiden Sie **in größeren Städten** wie Arusha und Dar es Salaam längere Spaziergänge bei Dunkelheit. Fahren Sie lieber mit dem Taxi. Sollten Sie Opfer eines Überfalls werden, was sehr selten auch tagsüber auf einer belebten Straße in der Innenstadt passieren kann, spielen Sie nicht den Helden! Meist sind mehr Personen an der Aktion beteiligt als Sie denken. Sie sind der Schwächere! Wer nicht schnell seine Wertsachen abgibt, läuft Gefahr, mit einem Messer ernsthaft verletzt zu werden. Verlassen Sie sich nicht auf vorbeigehende Passanten! In einer solchen Situation ist man oft ganz auf sich allein gestellt. Schreien Sie nach Hilfe erst, nachdem man Ihnen Ihre Sachen genommen hat, sonst riskieren Sie ernsthafte Gewaltanwendung!

Kriminelle Vorkommnisse sind der Polizei zu melden. Gerade wenn der Pass mit dem Visum-Vermerk weg ist, benötigen Sie eine offizielle Diebstahlbescheinigung (vgl. „Notfall").

An den **Stränden** sind vereinzelt Überfälle vorgekommen. Viele Hotels haben daher inzwischen an ihren Stränden Wachpersonal aufgestellt. Öffentliche Strände sind mit Vorsicht zu genießen, auch auf Sansibar.

Auf dem Land ist die Situation entspannter. Hier sind meist nur einzelne Langfinger unterwegs, die vor allem Busstationen und Bahnhöfe als ihr Betätigungsfeld wählen.

In Hotelräumen sollten nur dann Wertsachen aufbewahrt werden, wenn vor den Fenstern Gitter angebracht sind und man die Zimmertür mit einem eigenen Vorhängeschloss absperren kann. Oftmals sind die einfachen landestypischen Guesthouses sicherer als beispielsweise das Embassy Hotel in Dar es Salaam.

Das Reisen in Tansania ist derzeit (2007) nur in den Gebieten entlang der Burundi-Grenze, wo sich auch Flüchtlingscamps befinden, mit unkalkulierbaren Risiken verbunden.

Aktuelle Sicherheitshinweise bietet das Auswärtige Amt im Internet (**www. auswaertiges-amt.de**), wobei hier die Lageeinschätzung oft zu negativ ausfällt. Entgegen der Warnung dort sind der Lake Natron und Loliondo als sicher einzustufen.

Souvenirs

Die meisten tansanischen Souvenirs sind Holzschnitzereien und Körperschmuck. Am bekanntesten sind die **Makonde-Skulpturen aus Ebenholz** vom gleichnamigen Volk im äußersten Südosten des Landes. Die Figuren sind in vielen namhaften Hotels und Lodges sowie in fast allen Souvenir-Läden des

Landes zu kaufen, vor allem aber in Arusha, einem wahren Einkaufsparadies (in der Souvenirgasse im Zentrum ist Handeln für weiße Touristen allerdings Pflicht!), und Dar es Salaam.

Auf Sansibar sind insbesondere die berühmten, mehrere Jahrzehnte alten **Sansibar-Teakholztruhen** mit ihren kunstvollen Messingbeschlägen begehrte Objekte von Kunstsammlern. Mittlerweile sind jedoch fast alle dieser legendären Truhen über die Welt verstreut, meist in Privatbesitz. Für Touristen werden Truhen in Handarbeit in allen erdenklichen Größen gefertigt („souvenir-boxes"). Große Truhen müssen beim Export verzollt werden, die Geschäfte übernehmen meist die Versendung an Ihren Heimatort. Eine echte Antiquität übrigens darf nicht exportiert werden.

Im Norden haben sich auch die **Maasai** auf die Souvenir-Nachfrage eingestellt und produzieren aus Holz, Draht, Leder, Glas- und Plastikperlen die unterschiedlichsten Souvenir- und Schmuckstücke. Viele dieser Produkte haben nur wenig mit der Tradition des stolzen Nomadenvolkes zu tun. Dagegen sind die ebenfalls angebotenen Speere, Kampfschilder, Hocker und Messer in allen Größen „wirkliche" Maasai-Gegenstände, auch wenn sie etwas verzierter sind als üblich. Maasai-Souvenirs bekommen Sie vor allem in Arusha und in Läden an den Straßen (curio shops) zu den nördlichen Nationalparks.

Weitere Andenken, die man gehäuft in Dar es Salaam und auf Sansibar bekommt, sind **Kanga-** und **Kitenge-Tücher** (vgl. auch Exkurs: „Der Kanga"),

Tinga-Tinga-Malereien (vgl. im Kapitel „Kunst und Kultur"), geflochtene Gegenstände aus Gras-, Stroh- und Blattmaterialien (Körbe, Hüte, Schalen usw.) und kostbarer **Körperschmuck aus Edelsteinen.**

Ein Souvenir-Laden ist kaum zu übersehen, die Überschrift **„curio shop"** ist immer weithin sichtbar. Meist haben die Gegenstände feste Preise (erkenntlich durch Etiketten), doch lohnt sich Handeln immer.

An der Küste werden **Meeres-Souvenirs** angeboten. Für den Verkauf von Seesternen, Muscheln, Schneckenhäusern usw. werden die Korallenriffe skrupellos geplündert. Überlegen Sie sich daher, wie wichtig Ihnen derartige Souvenirs sind! Große Schneckenhäuser dürfen nicht exportiert werden.

Sport und Aktivitäten

Reiten

Reiten ist in Tansania möglich, auch in Kombination mit Safaris. Bewährte und vor allem gut durchgeführte Reitstunden sind an der Küste, südlich von Dar es Salaam, möglich (siehe dort unter „Ausflüge") sowie im Norden, am Mt. Meru (siehe Arusha-Kapitel) und oberhalb des Manyara-Sees (siehe dort).

Kanu- und Radfahren

Zu großer Beliebtheit hat sich das **Mountain-Biking** entwickelt. Mehrere Hotels und Lodges im Land besitzen Fahrräder (meist Mountainbikes), um

SPORT UND AKTIVITÄTEN

das Umland zu erkunden. Das lässt sich in den Usambara-Bergen machen (eine mehrtägige Umrundung des Kilimanjaro, organisiert vom DAV Summit Club) und im Karatu-Hochland. Auch auf den Inseln lassen sich Fahrräder mieten, speziell Pemba bietet viel Fahrfreude. Am Manyara-See werden über die Serena Lodge geführte Mountainbike-Ausflüge angeboten.

Neben den **Einbäumen,** die am Lake Nyasa z.B. von den Fischern vor Ort gemietet werden können, werden auch **geführte Kanutouren** auf den Momella-Seen im Arusha-Nationalpark angeboten – eine sanfte und eindrucksvolle Art und Weise, die Tierwelt vom Wasser aus zu erleben. Mehr hierzu im Internet unter: www.hatarilodge.com/kanutouren.

Windsurfen und Segeln

Windsurfen ist in Tansania wenig verbreitet. Einzelne Hotels auf Sansibar und in Pangani vermieten Ausrüstung. Wind und Wellen lassen an der tansanischen Küste jedoch keine Freudensprünge aufkommen.

Segeln ist besonders in den Gewässern vor Dar es Salaam eine beliebte Freizeitbeschäftigung. In Dar es Salaam und in Tanga ist dies insbesondere möglich über die dort ansässigen Yacht Clubs, aber nur für Members!

Schnorcheln und Tauchen

Die Korallenbänke mit ihrer artenreichen **tropischen Fischwelt im Indischen Ozean** und **bunte Cichliden**

(Aquarium-Fische) **im Tanganyika- und Nyasa-See** machen Tansania zu einem bemerkenswerten Schnorchel- und Tauch-Paradies in Afrika.

Vor allem die Inseln Sansibar und Mafia gehören zu den besten Tauchregionen entlang der afrikanischen Ostküste. Hier sind einige professionelle Tauch-Unternehmen ansässig, die von einfachen Schnupper-Kursen bis hin zu Tiefsee-Tauchscheinen alles im Angebot haben. Wer bereits qualifizierter Taucher ist, kann an mehrtägigen Tauchfahrten teilnehmen. Die einzelnen Anbieter entnehmen Sie den Buchabschnitten zu Dar es Salaam, Sansibar und Mafia.

Für das Tauchen mit Sauerstoffflaschen gibt es **am Lake Tanganyika** und **am Lake Nyasa** noch **keine professionellen Anbieter.** In den zwei längsten Seen Afrikas wird hauptsächlich geschnorchelt. Besonders die Uferstreifen entlang des Gombe National Park und Mahale Mountains National Park am Tanganyika-See sind sehr schöne Schnorchelgebiete. Die Ausrüstung sollten Sie selber mitbringen, wobei Flossen nicht unbedingt nötig sind. Wer über Sunset Tours in Kigoma zu den Parks reist, kann sich hier eine Ausrüstung stellen lassen. Am Lake Nyasa vermietet nur die einfache Nyasa View Lodge in Mbamba Bay Tauchermasken und Schnorchel.

Die Unterwasser-Tierwelt wird in den Kapiteln über die beiden Seen näher erläutert.

Lake Nyasa –
Strand am drittgrößten See Afrikas

Sport und Aktivitäten

Baden und Strände

Baden! Ein Grund, der Jahr für Jahr Tausende von Touristen an die Strände Tansanias lockt. Zu den beliebten Badezielen gehören vor allem die **Strände zwischen Pangani und Dar es Salaam sowie auf den Inseln Sansibars und Mafias.** Immer mehr luxuriöse Hotels und Beach Resorts öffnen ihre Pforten und machen dem Beach-Paradies von Mombasa in Kenia Konkurrenz.

Nicht überall, wo ein Strand ist, kann man auch bedenkenlos in die Fluten springen. Gerade auf Sansibar mit seiner islamischen Bevölkerung sollten Sitten und Religion des Gastlandes rücksichtsvoll bedacht werden. Anders ist die Situation im Falle der großen Hotels: Hier sind Strände extra fürs Baden ausgewiesen. Für Frauen gilt: Oben ohne ist überall in Tansania tabu!

Im Gegensatz zu den anderen Ländern Ostafrikas kann man in Tansania auch in einigen Seen im Landesinnern baden. Vor allem der **Tanganyika- und Nyasa-See** bieten **traumhafte Strandbuchten.** Das Wasser der beiden Seen ist äußerst sauber und wird nicht von Schilfschnecken bewohnt, den Überträgern der Bilharziose. Große Hotels, die sich auf Bade-Tourismus eingerichtet haben, sind hier noch fremd (Details in den entsprechenden Kapiteln).

Im Victoria-See sollte nur an ausgewiesenen Stellen gebadet werden. Nur an ein paar Stränden soll es angeblich keine Bilharziose geben.

In allen anderen Seen, wie den Rift Valley Lakes Natron, Manyara, Eyasi,

SPORT UND AKTIVITÄTEN

Balangida und Rukwa, ist das Schwimmen aufgrund des stark alkalischen Wassers nicht möglich.

Bergsteigen und Wandern

Die Berge und Savannen Tansanias bieten viele Möglichkeiten, die Natur zu Fuß zu erkunden. Diese Art, die afrikanische Wildnis zu erleben und zu erfahren, wird immer populärer. Neben den seit Jahren praktizierten **Bergwanderungen auf den Mt. Kilimanjaro** (ausführlich im Kilimanjaro-Kapitel beschrieben) und **Mt. Meru** (vgl. Arusha National Park), setzen einige Safariunternehmen auch auf andere Bergregionen und bieten auch faszinierende Wanderungen durch tierreiche Savannengebiete an. Neben der Möglichkeit, in den Nationalparks Kilimanjaro, Katavi, Tarangire, Arusha, Rubondo, Gombe, Mahale und Udzungwa ausgiebige Wanderungen zu unternehmen, werden

auch **Fußsafaris im Selous Game Reserve** und in der **Ngorongoro Conservation Area** angeboten.

Genaue Informationen zur Organisation und zu den möglichen Routen entnehmen Sie den jeweiligen Kapiteln zu den Parks bzw. Wildschutzgebieten.

Doch auch außerhalb der Tier- und Naturreservate kann man die Bergwelt Tansanias ohne fahrbaren Untersatz erkunden. Im Norden ist seit längerer Zeit der noch tätige **Vulkanberg Ol Doinyo Lengai (2878 m)** im Rift Valley eine beliebte Herausforderung für Kletter-Ambitionierte. Genügend Ausdauer sowie eine gute Ausrüstung und Organisation sind die Voraussetzung, um diesen atemberaubenden „Heiligen Berg der Maasai" erklimmen zu können. In Arusha bieten einige erfahrene Safariunternehmen Touren zu dem einsamen Vulkankegel im Nord-Massailand.

Zu den ganz besonderen Erlebnissen gehören jedoch die mehrtägigen **Fußsafaris durch das Ngorongoro-Kraterhochland** (hier liegen zahlreiche Gipfel weit über der 3000-m-Marke). In Begleitung von Wildhütern (manchmal auch begleitet von Maasai und Lasteseln) erfährt der Wanderer hier hautnah die grenzenlose Wildnis Afrikas. Nicht selten marschiert man an Giraffen und Zebras oder an einer grasenden Büffelherde vorbei. Wer einmal solch einen Trekk mitgemacht hat, wird sich kaum noch danach sehnen, in einen Safaribus gezwängt, von einer halben Wagenburg umgeben ein Tier zu beobachten. Bei einer Wanderung ist man nicht Betrachter in gemütlicher und (scheinbar) sicherer Lage, sondern

---

Buchtipps:
Zu sportlichen Betätigungen und aktiver Freizeitgestaltung bietet REISE KNOW-HOW eine Reihe von Praxis-Ratgebern an, z.B.:
- Rainer Höh
Handbuch Kanu
- RALLE K.!
Handbuch Mountainbiking
- Klaus Becker
Tauchen in warmen Gewässern
- Klaus Becker
Tauchen in kalten Gewässern
- Gunter Schramm
Trekking-Handbuch

man wird selber Teil der afrikanischen Wildnis und erfährt schnell, dass man sich ihr unterordnen und anpassen muss. Ranger und professionelle Führer kennen die Verhaltensweisen der Tiere sehr genau und lehren den Mitwandernden die Gesetze der Natur (mehr dazu siehe „Ngorongoro Conservation Area").

Weitere Berge und Gebirge, wie der über **3400 m hohe Mt. Hanang,** die jeweils über 2500 m hohen **Usambara- und Uluguru-Berge** sowie die zahlreichen Erhebungen und Hochplateaus im Süden des Landes, bieten eine Fülle an Gelegenheiten, die Wanderstiefel zu schnüren. In den jeweiligen Distrikt-Hauptstädten dieser Bergregionen befinden sich zunehmend lokale Tourismus-Büros, die in Zusammenarbeit mit der Entwicklungsorganisation SNV in Arusha (siehe dort unter „Ausflüge") kultur- und naturgerechte Wandertouren für den Backpacker-Geldbeutel organisieren. Ein Teil der Einnahmen fließt direkt in die besuchten Dörfer, zum Bau von Schulen, Brunnen usw.

Für bestimmte Berge benötigen Sie eine **Genehmigung** der örtlichen Distriktverwaltung (insbesondere bei militärischen Funkanlagen in Gipfelregionen) oder auch ein Permit des Department for Natural Resources, falls man sich in einem Waldschutzgebiet – Forest Reserve – bewegen sollte (mehr zu den Bestimmungen in den entsprechenden Kapiteln).

Stromversorgung

Die Stromspannung in Tansania beträgt **230 Volt.** Die Stromversorgung ist in allen Klein- und Großstädten gewährleistet. Lediglich nach lang anhaltenden Trockenzeiten, wenn die zur Stromerzeugung wichtigen Wasserkraftwerke ihren Betrieb einschränken müssen, wird die Stromzufuhr für mehrere Stunden am Tag abgeschaltet. Aber auch sonst sind **Stromausfälle an der Tagesordnung.**

Die meisten kleineren Orte, die in größerer Entfernung von Städten liegen, sind nicht an das staatliche Stromnetz angeschlossen. Hier wird man in den Abendstunden mit **Petroleumlampen und Kerzen** auskommen müssen. Nur einzelne größere Unterkünfte bzw. Restaurants besitzen einen Stromgenerator.

Ähnlich ist die Situation bei manchen Luxus-Camps und Nobel-Lodges in den Nationalparks. Da es keine Stromleitungen in die Parks gibt, arbeiten auch hier alle Unterkünfte mit **Stromgeneratoren,** die jedoch oft gegen 22 Uhr abgeschaltet und von Petroleumlampen abgelöst werden.

Steckdosen können in Tansania sehr variieren. Die in Deutschland, Österreich und der Schweiz üblichen Steckdosen werden Sie in Tansania kaum finden, meist überwiegt das englische System, aber auch merkwürdige indische und chinesische Steckdosen-Nachbauten sind keine Seltenheit. Ein Multi-Adapter im Gepäck (bei den meisten Ausrüsterläden zu bekommen) kann

Unterkünfte und Zelten

daher sehr hilfreich sein. Einfache Adapter sind gelegentlich auch in Electronic & Hardware Shops größerer Städte erhältlich.

Stromschwankungen zwischen 150 und 300 Volt schädigen empfindliche elektronische Geräte (Laptops, Kühlaggregate etc.). Ein Spannungsstabilisator ist hier ratsam.

Das **Angebot** an Hotels, Lodges, Luxus-Zelt-Camps, landestypischen Pensionen und Herbergen ist in Tansania **sehr groß.** Für jeden ist etwas dabei. Die **Preisskala** reicht von **2 bis 1000 $** pro Nacht.

Die **im Reiseteil dieses Buches aufgeführten Unterkünfte** sind nicht nach Noten oder mit Sternen bewertet, da ich das für wenig aussagekräftig halte. Soweit es mir möglich war, habe ich die aufgelisteten Hotels und Guesthouses jeweils mit einer kurzen Beschreibung versehen. In Bezug auf größere Städte ist es unmöglich, alle Unterkünfte zu erwähnen, in der Praxis werden Sie sicherlich das eine oder andere gute Hotel finden, welches im Buch nicht genannt ist.

Bedenken Sie auch, dass man gerade im Hotelgewerbe in Afrika **ständig** mit **Änderungen** rechnen muss. Von mir als gut und sauber bezeichnete Unterkünfte können in kurzer Zeit zu heruntergekommenen Einrichtungen werden, und andere, die zuvor kaum erwähnenswert waren, entwickeln sich zu „In-Adressen" unter Reisenden. Sollten Sie eine derartige Erfahrung machen, bin ich Ihnen jederzeit für eine Mitteilung dankbar (an den Verlag, Adresse siehe Impressum).

Auf dem Fischmarkt in Mtwara

UNTERKÜNFTE UND ZELTEN

Ein weiteres schwieriges Thema sind die **Preisangaben.** Zwar ist der tansanische Shilling gegenüber dem Euro bzw. Dollar relativ stabil, doch die Inflation im Land wirkt sich auf die Preise aus. Der **US-Dollar ($)** ist in Tansania die **inoffizielle Zweitwährung,** einige Hotels und Lodges verlangen die Zahlung in US-Dollar. Wenn Unterkünfte in tansanischen Shillingen zu zahlen sind, ist das im Buch entsprechend mit TSh angegeben.

Zu den **Preisangaben im Buch** ist noch Folgendes anzumerken:
- „Übernachtung im Doppelzimmer (DZ) 100 $" meint: ein DZ kostet 100 US-Dollar;
- Preisangaben in der Form „60/90 $" beziehen sich auf Einzelzimmer (EZ)/DZ;
- heißt es „Übernachtung (mit oder ohne Frühstück) für 20.000 TSh", gilt der Preis pro Person (p.P.).

Hotels, Lodges und Safari Camps

Die **teuren Unterkünfte,** wie **Safari Lodges/Tented Camps** und **Strandhotels,** befinden sich hauptsächlich in und entlang der Nationalparks sowie in den beliebten Badeorten an der Küste und auf den Inseln. Diese Einrichtungen sind fast alle in TSh zu zahlen, Visa Card und Mastercard werden nicht überall akzeptiert, Fernbuchungen werden seriös behandelt.

In Bezug auf Service und Komfort besteht kaum ein Unterschied zwischen Lodges und Hotels. Lodges sind meist etwas rustikaler gebaut und durch viele Holz- und Natursteinmaterialien sowie eindrucksvolle Strohdachkonstruktionen harmonisch in die Natur eingebunden. Solche Bauten sind vornehmlich in den Wildschutzgebieten zu finden.

Safari Tented Camps befinden sich ebenfalls hauptsächlich in Nationalparks und Game Reserves. Es sind keine öffentlichen Zeltplätze, sondern **noble Zelt-Unterkünfte,** deren Standard dem einer guten Lodge gleichzusetzen ist. Die Zelte verschaffen eine größere Nähe zur afrikanischen Wildnis und vermitteln eine „Jenseits-von-Afrika-Stimmung". Die Unterbringung in den großen, über 2 m hohen Zwei-Personen-Zelten ist sehr angenehm. Der Zeltboden steht meist auf einem Holzdeck, das Zelt wird von einem Holzgerüst mit Strohbedachung überspannt, um es vor Wind und Regen zu schützen. Das Überdach reicht weit über beide Enden des Zeltes hinaus. So entsteht vor dem Zelt eine eigene Terrasse, und am hinteren Teil überdeckt das Dach das ans Zelt anschließende, (gemauerte) Badezimmer mit Toilette. Der Innenraum des Zeltes entspricht der Einrichtung eines guten Hotelzimmers (zwei Betten mit Moskitonetzen, Deckenventilatoren – falls nötig, Komoden usw.).

Mittelklassehotels liegen preislich ungefähr zwischen 15 und 40 $ die Nacht (meist inkl. Frühstück) und sind in allen Städten und bedeutenden Orten des Landes zu finden. In Kleinstädten im Landesinnern ist ein solches Mittelklassehotel oft die beste Adresse im Ort; die Zimmer sind in der Regel mit Moskitonetzen und Deckenventilatoren ausgestattet, oft verfügen solche Hotels auch über das beste Restaurant.

Im Safari- und Beach-Tourismus gibt es **Hotel- und Lodgeketten,** welche

UNTERKÜNFTE UND ZELTEN

zum Teil miteinander konkurrierend, zum Teil sich ergänzend arbeiten. Manche Firmen betreiben z.B. nur in den nördlichen Parks Lodges, andere sind auf den Süden fixiert oder im Begriff, ein eigenes flächendeckendes Unterkunftsangebot zu schaffen, um möglichst Kunden so lange wie möglich bei dem eigenen Produkt zu halten.

Nachfolgend die **namhaften Hotel-/Lodge-Camp-Ketten** im Land:

Hotels & Lodges

Hotels & Lodges befinden sich in staatlicher Hand und sind zum Teil Überreste aus der sozialistischen Zeit. Je nach Lodge können bis zu 160 Gäste aufgenommen werden. Unterbringung und Essen sind zweckmäßig, die Zimmer haben noch den Touch der 1970er Jahre, Kategorie 2–3 Sterne. Beliebt bei den kombinierten Lodge-/Camping-Safaris sind die zwei Wildlife Lodges am Ngorongoro-Krater und in der Zentral-Serengeti (Seronera). Auch wenn die Hotels & Lodges-Produkte als eher mittelmäßig einzustufen sind, so liegen doch alle Lodges an den herrlichsten Stellen, bieten grandiose Aussichten auf Natur und Wild. Lodges befinden sich ferner am Manyara-See, im Norden der Serengeti (Lobo Area), in Arusha (Mt. Meru Novotel) und im Mikumi National Park. Letztere ist ziemlich heruntergekommen. Auf Sansibar neu hinzugekommen sind: Zanzibar Safari Club, Changuu Private Island (Prison Island) und Bawe Tropical Island.

Die Wildlife Lodges bilden bei Safaris in den nördlichen Nationalparks die preiswerteste Alternative. Viel darf man dabei nicht erwarten, die Unterkünfte sind auf Massenbetrieb eingestellt.

●Infos unter:
www.hotelsandlodges-tanzania.com

Serena Lodges

Große Lodges im „angepassten afrikanischen Stil" errichtet, für bis zu 150 Gäste, 3- bis 4-Sterne-Niveau. Die bewährte ostafrikanische Hotelkette ist eine Firma des *Aga Khan*. Im Norden Tansanias befinden sich in allen namhaften Parks (Ausnahme Tarangire) Serena Lodges. Das sind: Mountain Village bei Arusha, Manyara Serena, Ngorongoro Serena, Serengeti Serena, Kirawira Luxury Tented Camp (Grumeti-Serengeti), Mbuzi Mawe Tented Camp (Serengeti). Im Selous Game Reserve und auf Mafia Island werden derzeit Lodges gebaut. In der Stone Town von Sansibar ist das Zanzibar Serena Inn sehr zu empfehlen.

●Infos unter: www.serenahotels.com

Sopa Lodges

Private Hotelkette in Tansania mit (teils monströs) großen, im fantasievollen Naturstil gebauten Lodges am Ngorongoro-Krater, in der Zentral-Serengeti und im Tarangire National Park. Der Standard hinkt dem von Serena etwas hinterher. Sopa liegt daher vom Niveau her zwischen Hotels & Lodges und Serena Lodges, wobei sie preislich gesehen die Erwartungen nicht erfüllen, denn auch die Zimmer bedürfen hie und da der Renovierung, was aber derzeit (Anfang 2007) auch geschieht.

●Infos unter: www.sopalodges.com

UNTERKÜNFTE UND ZELTEN

Conscorp Corporation Africa, CCA

Die absolute Luxus-Lodgekette für Nobel-Safaris, südafrikanisch, im obersten Preissegment angesiedelt. Die Lodges und Camps zelebrieren die Dekadenz und vermischen kulturelle Epochen, was die Inneneinrichtung angeht. Die Unterkünfte bieten alle eigene Aktivitäten, Gäste werden meist eingeflogen bzw. mit dem Flugzeug von Lodge zu Lodge gebracht. CCA-Produkte sind die pompös-märchenhafte Crater Lodge am Ngorongoro-Krater, das Klein's Camp und das Grumeti River Camp in der Serengeti, die Tree Lodge im Manyara National Park und das exklusive Robinson Crusoe-Atoll Mnemba Island vor der Nordostküste Sansibars.

● Infos unter: www.ccafrica.com

Sanctuary Lodges

Die wahrscheinlich perfekte Kombination aus Eleganz, nostalgischem Charme und echtem Busch-Feeling. Die Camps und Lodges aus dem Sanctuary-Programm (auch in Uganda, Kenia und Botswana) haben sich mittlerweile zu festen Größen im Northern Circuit entwickelt; sie liegen im oberen Preissegment, der Luxus wird sehr naturverbunden umgesetzt. Wie im Falle von CCA verfügen auch die Nationalpark-Unterkünfte von Sanctuary über ein eigenes Angebot an Aktivitäten, ausgebildete Guides führen die Gäste mit offenen Geländewagen in abgelegenen Gebieten zu tierreichen Stellen. Die zwei Camps in Tansania sind: der Geheimtipp Swala Camp im Westen des Tarangire-Parks und das Kusini Camp in der

Süd-Serengeti, der Region, um die bekannte Gnu-Migration in ihrer ganzen Pracht zu erleben.

● Infos unter: www. sanctuarylodges.com

Elewana

Die indische Lodge- und Camp-Gruppe ist ebenfalls im Norden Tansanias vertreten. Die Unterkünfte sind stilvoll und elegant in die Natur integriert. Auch hier werden Aktivitäten und Tierbeobachtungsfahrten direkt über die Lodges organisiert. Elewana betreibt die Arusha Coffee Lodge in Arusha, das Tarangire Treetops Camp sowie das Migration Camp in der Nord-Serengeti.

● Infos unter: www.elewana.com

Selous Safari Company, SSC

Die wahrscheinlich beste Adresse für Top-Safari-Unterkünfte auf dem so genannten Southern Circuit. SSC besitzt drei Unterkünfte: Ras Kutani, eine hervorzuhebende Beach Lodge im Süden von Dar es Salaam, das Selous Safari Camp im Herzen des Selous Game Reserve und das neuere Jongomeru Camp im Ruaha National Park. Alle drei Adressen sind empfehlenswert, wenn auch sehr teuer. Die SSC-Unterkünfte sind mit dem Flugzeug untereinander verbunden, auch hier werden sämtliche Aktivitäten in Eigenregie übernommen.

● Infos unter: www.selous.com

Foxes African Safaris

Die seit über vierzig Jahren in Tansania ansässige Fox-Familie bietet rustikales Safari- und Beach-Flair zu fairen Prei-

98 UNTERKÜNFTE UND ZELTEN

sen im südlichen Tansania. Die Camps und Lodges sind zweckmäßig aufgebaut, Zimmer und Anlagen sind stilvoll, aber einfach gehalten, der Service ist gut. Die Produktpalette umfasst die Ruaha River Lodge (Ruaha National Park), das Mikumi Fox Tented Camp (Mikumi National Park), das Vuma Hill Tented Camp (Mikumi National Park), das Katavi Fox Tented Camp (Katavi National Park), die Highland Fishing Lodge (Mufindi Highlands) sowie die Lazy Lagoon Island Lodge (Bagamoyo).

● Infos unter: www.tanzaniasafaris.info

Kempinski

Kempinski hat verwirklicht, was nur wenige erwartet hatten: modernste Hotelbaukunst in Tansania! In kühlem, aber sehr zeitgemäßen Stil präsentieren sich die beiden ersten Hotels der weltbekannten Hotelkette im Land: Kilimanjaro (Dar es Salaam) und Zamani (Sansibar). Ein weiteres Hotel in der Serengeti befindet sich in Planung.

● Infos unter: www.kempinski.com

Moivaro Lodges & Camps

Entstanden aus dem Hotel Moivaro bei Arusha, bietet diese von Holländern gemanagte Hotelkette einen guten mittleren bis gehobenen Standard. Angenehmes Preis-/Leistungsverhältnis. Unterhalten werden die Moivaro Coffee Lodge (Arusha), Manyara Tented Camp (Manyara National Park, außerhalb), Lake Natron Tented Camp (Natron-See), Serengeti Tented Camp (Serengeti, außerhalb), KIA Lodge (Kili-

manjaro International Airport), Stone Town Hotel (Sansibar Town), Fumba Beach Lodge (Sansibar).

● Infos unter: www.moivaro.com

Adventure Camps & Lodges

Schöne Zeltcamps in hervorragender Tierbeobachtungslage: Mbweni Ruins Hotel (Sansibar), Selous Impala Camp (Selous Game Reserve), Old Mdonya Camp (Ruaha National Park).

● Infos unter: www.adventurecamps.co.tz

Nomad Tanzania

Vorwiegend britisches und amerikanisches Publikum. Jedes Camp wird bestens geführt und ist aufgrund der Lage, des Designs sowie des Services sehr bekannt und auch begehrt. Für eine Luxus-Safari in weniger besuchte Gebiete ideal. Folgende Unterkünfte werden betrieben: Sand Rivers Lodge (Selous Game Reserve), Greystoke Mahale (Mahale National Park), Chada Katavi (Katavi National Park), Mobile Camping Safaris (Serengeti).

● Infos unter: www.nomad-tanzania.com

Asilia Camps & Lodges

Kette im nördlichen Tansania und Sansibar mit tollen Plätzen. Gehobene Preisklasse. Sayari Camp (Serengeti National Park), Olivers Camp (Tarangire National Park), Matembwe Beach Bungalows (Sansibar), Sokwe Mobile Camping, Kigongoni Lodge (Arusha).

● Infos unter: www.asilialodges.com

UNTERKÜNFTE UND ZELTEN   99

The African Embassy

Eine Alternative zu den üblichen Safarirouten im Norden Tansanias. The African Embassy bietet ganz andere Safari-Bausteine, die sich geografisch zwischen Arusha National Park, Kilimanjaro und Süd-Amboseli befinden. Aufgrund der deutsch geführten Safaris und der reichen deutschen Geschichte dieser Region ideal für deutsch sprechende Besucher. Mittlere bis gehobene Preisklasse. Unterkünfte sind die Hatari Lodge (Arusha National Park, außerhalb) und das Hemingway Bushcamp (Süd-Amboseli, außerhalb).

●Infos unter: www.hatarilodge.com

Tanganyika Wilderness Camps & Lodges

Überwiegend spanisches und amerikanisches Publikum. Gehobene Preisklasse. Die Unterkünfte: Elerai Kambi ya Tembo (West-Kilimanjaro), Maramboi Tarangire Camp (Tarangire National Park, außerhalb), Ngorongoro Farm House (Karatu).

●Infos unter: www.africawilderness.com

George Mavroudis Safaris

Wunderschöne Camps an ebenso herrlichen Orten. Hier werden andere Gebiete als die üblichen vorgestellt. Sehr gutes Preis-/Leistungsverhältnis. Unterhalten werden: Lukuba Island Lodge (Victoria-See), Kisima Ngeda Tented Camp (Eyasi-See), Babu's Camp (Mkomazi Game Reserve).

●Infos unter: www.gmsafaris.com

Tanzania Photographic Safaris & Tours

Überwiegend amerikanisches Publikum, gehobene Preisklasse. Kikoti Tented Camp, Rubondo Island Camp.

●Infos unter: www.tzphotosafaris.com

Tent with a View Ltd.

Mittleres Preissegment, angenehm einfache und rustikale Plätze. Leider ist die jeweilige Lage nicht optimal für die Destination, welche sie präsentieren. Sable Mountain Lodge (Selous Game Reserve, außerhalb), A tent with a view Safari Lodge (Saadani National Park, außerhalb).

●Infos unter: www.saadani.com

Chimpanzee Safaris

Mittelklasse-Camps mit indischem Management: Kigoma Hill Top Hotel (Kigoma), Gombe Tented Camp (Gombe National Park), Mkungwe Tented Camp (Mahale National Park), Tarangire River Camp (Tarangire National Park, außerhalb), Katuma Tented Camp (Katavi National Park).

●Infos unter:
www.chimpanzeesafaris.com

Ngare Sero Ltd.

Angenehme Lodges/Camps im Norden Tansanias. Geschichte und Stil stehen im Vordergrund. Ngare Sero Mountain Lodge (Arusha), Lake Natron Camp (Natron-See).

●Infos unter: www.ngare-sero-lodge.com

Unterkünfte und Zelten

Guesthouses

Die **einfachen, landestypischen Unterkünfte** (auf Swahili: *gesti*) sind in fast jedem größeren Dorf Tansanias zu finden. Die irreführende Bezeichnung „hoteli" steht nur selten für eine Unterkunft, sondern bezeichnet meistens ein Restaurant.

Der Großteil der Guesthouses sind reine **Herbergen ohne Speiseräume und Getränkeversorgung.** Je nach Preislage (1500–8000 TSh) haben die Zimmer ein eigenes Bad mit WC, Moskitonetze und Deckenventilatoren. Üblich ist aber auch ein gemeinschaftlicher Wasch- und Toilettenraum.

Typisches Guesthouse

Auch wenn manche Guesthouses von außen nicht sehr einladend wirken, sind die **Zimmer** doch **meist sauber** und die Bettwäsche frisch. Dennoch sollte man sich die Zimmer immer vorher ansehen, Moskitonetze (sofern vorhanden) auf Löcher überprüfen (ggfs. mit Gewebeklebeband aus dem Baumarkt flicken), die Innenverriegelung der Fenster kontrollieren und schauen, ob Strom und fließendes Wasser vorhanden sind. Ein Zimmer mit „eigenem Bad" muss nicht unbedingt bedeuten, dass man auch fließendes Leitungswasser hat; oft steht nur ein Wassereimer mit Schöpfkelle zur Verfügung. Selten auch sind Toilettenpapier und Seife im Zimmer vorhanden; hier sollten Sie nachfragen, Seife und Handtücher sind in fast jedem Guesthouse vorrätig. Toilettenpapier sollten Sie ohnehin immer im Gepäck haben.

UNTERKÜNFTE UND ZELTEN

Praktische Reisetipps A–Z

Sollte Ihr Guesthouse keinen Stromanschluss haben, werden Ihnen Petroleumlampen und/oder Kerzen zur Verfügung gestellt. Kondome auf dem Nachttisch bedeuten nicht, dass man in einem Stundenhotel nächtigt. Vielmehr ist es so, dass die nationale AIDS-Aufklärung an viele Guesthouses regelmäßig Kondome verteilt. In den Zimmern ausgelegt, will man Gäste auf die Ansteckungsgefahr hinweisen.

Die Zimmer werden oftmals mit einem Vorhängeschloss abgesperrt. Nehmen Sie Ihr eigenes Schloss mit, können Sie sicher gehen, dass nur Sie Zugang zum Zimmer haben.

In manchen Nationalparks gibt es so genannte **hostels** oder Guesthouses, in denen die Übernachtung 20 $ kostet. Diese Unterkünfte sind ebenfalls sehr einfach und bestehen meist nur aus einem Schlafsaal mit mehreren Betten. Einen Schlafsack oder Bettzeug muss man in der Regel dabeihaben. Verpflegung gibt es hier keine, doch stehen zur Selbstversorgung Kochstellen zur Verfügung. Kochgeschirr ist meist vorhanden. Einzelheiten entnehmen Sie den jeweiligen Park-Kapiteln.

Camping

Sowohl außerhalb als auch innerhalb von Nationalparks und Game Reserves gibt es **gute Campingplätze.** Preislich liegen Zeltplätze außerhalb von Wildschutzgebieten bei 5000–10.000 TSh (oft werden aber auch einfach 5–10 $ veranschlagt) pro Person und Nacht und bieten oftmals einen besseren Service als die wesentlich teureren Camp-

sites in den Nationalparks. Die Verwaltung der tansanischen Parks (TANAPA) setzt auf „Ursprünglichkeit", d.h. oftmals findet sich nur eine freigeschlagene Fläche, auf der ein Toilettenhäuschen und evtl. auch eine Duschmöglichkeit installiert sind. Die Toiletten sind oft einfache „Plumps-Klos", die Duschen funktionieren natürlich nur dann, wenn die Wassertanks regelmäßig aufgefüllt werden. Das **Zelten** kostet **in allen Nationalparks 30 $ pro Person.** Zusätzlich gibt es so genannte **Special Campsites,** die bei **50 $ pro Person** liegen und sich in Bezug auf Ausstattung von den normalen Zeltplätzen nicht unterscheiden. Ihr Reiz wird mit der angeblich abgelegeneren Lage im Busch begründet und der Garantie, mit niemandem teilen zu müssen. Eine Anmeldung für diese Plätze ist am Parkeingang erforderlich, besser aber über das Hauptbüro in Arusha.

Mehr zu den verschiedenen Zeltplätzen im Land erfahren Sie im Reiseteil dieses Buches.

Auf Sansibar wurde 1999 das **Wildzelten** verboten. Auch bei vielen einfachen Strandunterkünften sieht die Polizei das Zelten nicht gerne, und die meisten Guesthouses lassen es auch nicht mehr zu. Auf dem Festland dagegen ist es außerhalb der Schutzgebiete gestattet. Im Bereich von Siedlungsflächen sollte man aber erst bei der lokalen Bevölkerung nachfragen. In der Regel wird einem problemlos Platz gewährt und manchmal sogar Schutz in Form eines Nachtwächters gestellt, welcher natürlich am nächsten Morgen belohnt werden sollte.

Verhalten und Verständigung

mit Ergänzungen von *Katharina Wenzl*

Reisen durch Tansania bedeutet Erleben und Kennenlernen einer anderen Kultur. Als Mitteleuropäer wird man zunächst seine gewohnten Maßstäbe in Bezug auf Organisation, Pünktlichkeit, Sauberkeit, Kommunikation usw. sowie etwaige **Wunsch- und Traumvorstellungen von Afrika ablegen** müssen. Der Alltag in Tansania und der afrikanische Lebensrhythmus sind uns zunächst absolut fremd, und nur offene, unvoreingenommene und anpassungsfähige Menschen werden eine gewisse Nähe zu Land und Leuten entwickeln.

Was passiert, wenn ich das Flughafengebäude verlasse, was erwartet mich in einem Land, welches zu den ärmsten Entwicklungsländern Afrikas gehört? Werden sich meine Träume erfüllen, meine Vorstellungen von Afrika bestätigen, wird es genau so romantisch wie im Film „Jenseits von Afrika"? Wie habe ich mich am besten zu verhalten? Solche, ähnliche oder andere Fragen schwirren einem durch den Kopf, wenn die Maschine in Europa abhebt.

Buchtipps:
● Harald A. Friedl
Respektvoll reisen
● Kirstin Kabasci
Islam erleben
(beide Bände REISE KNOW-HOW Praxis)

Wir kennen das Phänomen des **Kulturschocks** und haben vielleicht auch schon das ein oder andere Buch dazu in der Hand gehabt. Nein, auf Sansibar werden Sie als Frau keinen Schleier tragen müssen, und Slums wie im indischen Kalkutta werden Sie auf dem tansanischen Festland kaum finden. Doch auch ein erster Besuch ins Afrika südlich der Sahara wird zweifelsohne die gedankliche Konfrontation mit einer neuen Kultur hervorrufen. Ob die Auseinandersetzung schockartig sein wird, richtet sich nach dem Naturell der betroffenen Person.

Denn: Wie kann man die Natur genießen, wenn die Bewohner dieser zauberhaften Landschaften nicht immer wissen, was sie abends zu essen haben. Wie sich über die Sonne freuen, die das Land austrocknet und auszehrt? Es gilt einen Weg zu finden, eine Gratwanderung zu meistern zwischen klarem Bewusstsein für Missstände, Offenheit für fremde Einflüsse und einer guten Portion Optimismus. Optimismus, um hinter oft verheerenden Problemen kraft- und fantasievolle Lösungsansätze nicht zu übersehen, und schließlich das Gute, das es auch gibt, nicht aus dem Auge zu verlieren.

Europäer werden in Tansania als **Wazungu** (Einzahl *Mzungu* = Landstreicher/Weißer) bezeichnet. Als Tourist ist man im Allgemeinen nur kurze Zeit im Land, eine Zeit, die natürlich optimal genutzt sein will. Viele sehen nur Hotels/Lodges und Nationalparks. Allenfalls lernt man den Safari-Wagen-Fahrer oder den Kilimanjaro-Führer näher kennen, Hotelbediensteten wird ein Lä-

VERHALTEN UND VERSTÄNDIGUNG

cheln und ein Trinkgeld geschenkt. So darf es nicht verwundern, wenn Einheimische eine bestimmte Vorstellung vom reisenden Europäer entwickeln: ignorant, mit mangelnden Sprachkenntnissen ausgerüstet, alles, was ihn interessiert, sind Safaris, Berge und Strände, und dafür hat er eine Menge Geld.

Das monatliche Durchschnittseinkommen in Tansania beträgt etwa 50 Euro. Der Preis für eine normale, dreitägige Safari in die Nationalparks entspricht der Hälfte eines tansanischen Jahreseinkommens! Man findet sich im Urlaub also plötzlich in einer Einkommensklasse wieder, die den oberen 10.000 in Deutschland entspricht. Auf Reisen kommt man daher oft zwangsläufig in die unangenehme Rolle der zu melkenden Kuh, auch wenn man nur als Rucksackreisender unterwegs ist und teure Nationalparks meidet. Ein Tansanier weiß dies nicht zu unterscheiden. Reisende, die länger im Land unterwegs waren, beklagten, dass sie permanent um Geld angegangen wurden, sei es für irgendwelche Waren, aufgedrängte Dienstleistungen oder wegen dubioser Gebühren aufgrund ebenso fadenscheiniger Begründungen. Das führt auf Dauer zu einer Haltung Land und Leuten gegenüber, die vor allem Gereiztheit, Wut und ständige Vorsicht zum Antrieb hat. Mitunter eilt man nur noch starren Blickes, die Hand fest auf der Brieftasche, von A nach B und reagiert schon reserviert, wenn sich jemand auch nur nach dem Befinden er-

VERHALTEN UND VERSTÄNDIGUNG

kundigt. Freundliche Anfragen, ob man vielleicht dieses oder jenes will, beantwortet man kurz angebunden oder mit finsterem Schweigen. Das löst wiederum bei den meist freundlichen und hilfsbereiten Afrikanern Unverständnis aus. Hier hilft es oft schon, kurz und freundlich zu erklären, dass man schon Früchte hat, auf Safari war etc.

Was das Verhalten, das Auftreten und die äußerliche Erscheinung betrifft, ist zumindest folgendes zu sagen:

Rücksicht und Respekt sind touristische Grundtugenden, die an Tansanias islamisch geprägten Küsten besonders gefordert sind, wo z.B. „angemessene" Kleidung zu tragen ist und der für Europäer selbstverständliche öffentliche Austausch von Zärtlichkeiten zwischen Mann und Frau tabu ist. Doch auch im zentralen und westlichen Tansania sind Zurückhaltung bei Liebkosungen und dezente Kleidung angebracht. Sie werden feststellen, dass viele tansanische Männer tadellose Hosen und gebügelte Hemden tragen und tansanische Frauen in farbenprächtigen, sauberen Kangas (Wickelkleider) gekleidet sind. Hier kommt kein gesteigertes Modebewusstsein zum Ausdruck, sondern schlicht die Tatsache, dass es als unfein gilt, schmutzig oder unpassend gekleidet aufzutreten.

Am Anfang eines Gesprächs oder wenn man eine Frage stellen möchte, begrüßt man sein Gegenüber zunächst und erkundigt sich über die Neuigkeiten des Tages und/oder über das Wohlbefinden des Gesprächspartners. Dieses **„Begrüßungsritual"** ist nicht nur Bestandteil der Swahili-Sprache, es ist

eine für viele Teile Afrikas übliche Umgangsform und alles andere als ein lästiger Austausch von Höflichkeitsfloskeln. Handelt es sich um eine Gruppe, mit der Kontakt aufgenommen wird, grüßt man zuerst den oder die Ältesten. In Tansania gelten alte Menschen als Weise und werden respektvoll behandelt.

Zeit ist das höchste Gut in Tansania und ein wichtiges Element im Leben eines Tansaniers – wenn man schon sonst nicht viel hat, so verfügt man zumindest über viel Zeit. Dass einem aus europäischer Sicht diese Lebensphilosophie nicht immer ganz behagt bzw. die Geduld hin und wieder strapaziert wird, ist völlig normal. Es geht ja auch nicht darum, genauso zu denken und zu fühlen wie ein Tansanier, sondern darum, sein Bestes zu geben, um die verschiedenen Sichtweisen konfliktfrei miteinander zu verbinden. Gelingt das, ist die Brücke zwischen den Kulturen geschlagen.

Fragen nach dem Weg, einem Ort oder nach einem Guesthouse sind so zu formulieren, dass sie mit einem einfachen Ja oder Nein beantwortet werden können. Also nicht: „Wie finde ich das Hotel xxx/den Ort yyy?", sondern: „Ist das hier die Straße, an der das Hotel xxx liegt/zu dem Ort yyy?".

Im **alltäglichen Verhalten** gibt es einige gängige Gepflogenheiten unter Tansaniern. Beim Händeschütteln z.B. stützt häufig die linke Hand den rechten Unterarm, und bei der Übergabe eines Gegenstandes werden beide Hände benutzt. Doch diese Verhaltensweisen muss der Tourist nicht übernehmen, wie es überhaupt nicht darum geht, eine vollständige kulturelle Assimilation anzustreben. Reisende, die so tansanisch wie möglich aufzutreten versuchen (sprachlich, bzgl. Kleidung und Verhalten etc.) werden weniger akzeptiert als diejenigen, die einen gesunden Mittelweg zwischen tansanischer Kultur und eigener Identität wählen. Tansanier lernen ja auch gerne von Ihnen und haben nicht die Möglichkeit, in der Welt umherzureisen. So wie Sie von ihnen etwas in Erfahrung bringen möchten, haben auch Tansanier den Wunsch, einen Einblick in die europäische Welt zu bekommen.

Bedenken Sie, dass die „Beobachtungssituation" eine wechselseitige ist: Jedes neue, besondere Detail, welches Sie bei einem Tansanier beobachten oder dessen Bedeutung Sie in Erfahrung bringen möchten, hat ja für den Tansanier auch in Ihrem Verhalten und Auftreten eine Entsprechung – und damit ist Ihr Handeln und Reden wichtig für das Bild, das sich die Bevölkerung von Europa und seinen Völkern macht.

Achten Sie also die Andersartigkeit Ihres Gastlandes, und entsprechen Sie nicht dem Bild des souvenirhungrigen, allzeit fotografierenden Touristen, dessen Reise im Eiltempo verläuft und der sich nicht um fremde Kultur und Konventionen schert.

Versicherungen

Egal, welche Versicherungen man abschließt, hier ein **Tipp:** Für alle Versicherungen sollte man die Notfallnummern notieren und mit der Policenummer gut aufheben! Bei Eintreten eines Notfalles sollte die Versicherungsgesellschaft sofort telefonisch verständigt werden!

Auslandskrankenversicherung

Die Kosten für eine Behandlung in Tansania werden von den gesetzlichen Krankenversicherungen in Deutschland und Österreich nicht übernommen, daher ist der Abschluss einer privaten Auslandskrankenversicherung **unverzichtbar.** Bei Abschluss der Versicherung – die es mit bis zu einem Jahr Gültigkeit gibt – sollte auf einige Punkte geachtet werden. Zunächst sollte ein Vollschutz ohne Summenbeschränkung bestehen, im Falle einer schweren Krankheit oder eines Unfalls sollte auch der **Rücktransport** übernommen werden. Persönlich habe ich mit dem ADAC-Auslandskrankenschutz, der bis zu einem Jahr gültig ist, gute Erfahrungen gemacht. Wichtig ist überdies, dass im Krankheitsfall der Versicherungsschutz über die vorher festgelegte Zeit hinaus automatisch verlängert wird, wenn die Rückreise nicht möglich ist.

Schweizer sollten bei ihrer Krankenversicherungsgesellschaft nachfragen, ob die Auslandsdeckung auch für Tansania inbegriffen ist. Sofern man keine Auslandsdeckung hat, kann man sich kostenlos bei Soliswiss (Gutenbergstr.

6, 3011 Bern, Tel. 031/3810494, Internet: www.soliswiss.ch, E-Mail: info@soliswiss.ch) über mögliche Krankenversicherer informieren.

Bei **Arzt- oder Apothekenrechnungen,** die Sie fast immer direkt vor Ort bar bezahlen müssen, sollten Sie nur darauf achten, sich eine offizielle Quittung ausstellen zu lassen, die zudem den zum Zeitpunkt der Ausstellung gültigen Wechselkurs Ihrer Währung verzeichnet. Wenn Sie sich einer Rückerstattung durch Ihre Versicherung ganz sicher sein wollen, dann müssen Sie sich von einer Bank den entsprechenden Tageskurs bestätigen lassen oder bei der Zahlstelle Ihrer Botschaft in Dar es Salaam eine bestätigte Wechselkursliste holen und diese zusammen mit den Rechnungen bei der Versicherung einreichen.

Der Abschluss einer **Jahresversicherung** ist in der Regel kostengünstiger als mehrere Einzelversicherungen. Günstiger ist auch die Versicherung als Familie statt als Einzelpersonen. Hier sollte man nur die Definition von „Familie" genau prüfen.

Andere Versicherungen

Für schwerwiegendere Krankheitsfälle oder auch bei Unfällen im Land sind **Flugrückholversicherungen** zuständig.

Ob es sich lohnt, weitere Versicherungen abzuschließen wie eine Reiserücktritts-, Reisegepäck-, Reisehaftpflicht- oder Reiseunfallversicherung, ist individuell abzuklären. Sie enthalten viele Ausschlussklauseln, so dass sie nicht immer Sinn machen.

Gängig sind **Reiserücktrittskostenversicherungen.** Sie haften bei einem Krankheitsfall des Reisenden oder wenn dieser aus zwingenden Gründen wegen eines Krankheitsfalles eines Angehörigen schnell zurückreisen möchte. Da der im Flugticket eingetragene Rückflug meistens nicht kostenfrei umgebucht werden kann, übernimmt diese Versicherung die Stornokosten und deckt auch bereits angezahlte Hotelreservierungen, die nicht wahrgenommen werden können. Eine Eigenbeteiligung in Höhe von 20–30% der Stornokosten fällt in der Regel dennoch an.

Die **Reisegepäckversicherung** lohnt sich seltener, da z.B. bei Flugreisen verlorenes Gepäck oft nur nach Kilopreis und auch sonst nur der Zeitwert nach Vorlage der Rechnung ersetzt wird. Wurde eine Wertsache nicht im Safe aufbewahrt, gibt es bei Diebstahl auch keinen Ersatz. Kameraausrüstung und Laptop dürfen beim Flug nicht als Gepäck aufgegeben worden sein. Gepäck im unbeaufsichtigt abgestellten Fahrzeug ist ebenfalls nicht versichert. Die Liste der Ausschlussgründe ist endlos ... Überdies deckt häufig die Hausratsversicherung schon Einbruch, Raub und Beschädigung von Eigentum auch im Ausland. Für den Fall, dass etwas passiert ist, muss der Versicherung als Schadensnachweis ein Polizeiprotokoll vorgelegt werden.

Reisende mit eigenem Fahrzeug tun gut daran, sich in Tansania eine **Kfz-Versicherung** zuzulegen. Diese ist zwar nicht zwingend erforderlich, doch kann sie in entlegeneren Landesteilen, wo die Polizei bei Kontrollen schon mal

ZEIT UND ZEITVERSCHIEBUNG

gern auf die Vollständigkeit der fahrzeugrelevanten Papiere plädiert, Probleme vermeiden helfen. Zudem hätten Sie bei einem Verkehrsunfall zumindest rechtlich den Rücken frei.

In der Regel bekommen Sie **mit einer ausländischen Zulassung nur eine einfache Teilkasko** (Third Party Insurance) ohne Sonderkonditionen. Die Versicherungen können über drei Monate bis zu einem Jahr abgeschlossen werden und sind sehr günstig. Eine dreimonatige Versicherung kostet etwa 28.000 TSh, sie ist an allen Landesgrenzen oder in größeren Städten erhältlich. Zur Ausstellung einer Versicherung reicht die Vorlage des Carnet de Passage oder ein in Englisch abgefasster Fahrzeugbrief.

Zeit und Zeitverschiebung

Während der europäischen Sommerzeit ist die Uhr in Tansania eine Stunde weiter, ansonsten beträgt der **Zeitunterschied zwei Stunden.**

Die **Swahili-Kultur** hat eine **eigene Zeitrechnung,** die zu der unseren **um sechs Stunden versetzt** ist. Besonders an der Küste und auf den vorgelagerten Inseln ist diese Art der Zeitwahrnehmung noch gang und gäbe, aber auch im Landesinnern, wenn die Kommunikation auf Swahili stattfindet, muss man sich vergewissern, ob eine Zeitangabe nach dem internationalen oder nach dem Swahili-Modus erfolgt. Verwirrungen und Missverständnisse sind keine Seltenheit.

In der Swahili-Zeitrechnung hat ein Tag nicht 24 Stunden, sondern 2 x 12. Diese Zeiteinteilung richtet sich nach dem Wechsel von Tag und Nacht. So ist zum Beispiel 1 Uhr in der Swahili-Zeit entweder eine Stunde nach Sonnenaufgang oder nach Sonnenuntergang. Damit dies nicht jeden Tag neu berechnet werden muss, gelten 18 Uhr und 6 Uhr als das jeweilige Ende von Tag und Nacht und werden in der Swahili-Zeitrechnung als 12 Uhr bezeichnet. Die Angabe „null Uhr" existiert eigentlich nicht.

In der Praxis jedoch richten sich alle **offiziellen Zeitangaben** (Banken, Postämter, Behörden, Abfahrtszeiten, Öffnungszeiten der Nationalparks usw.) nach der internationalen Zeitrechnung. Doch wenn Sie Swahili sprechen und mit jemandem eine Uhrzeit vereinbaren, sollte man sich vergewissern, in welcher Zeitrechnung gedacht wurde.

Die Swahili-Uhrzeit erklärt auch das Sansibar-Sprichwort: „Um null Uhr geht die Sonne auf", was soviel bedeutet wie: „Jeder neue Tag auf Sansibar ist immer etwas Besonderes und für eine Überraschung gut".

Praktische Reisetipps A–Z

LAND UND LEUTE

Land und Leute

Hadzabe-Buschmann am Lake Eyasi
(im Rift Valley)

Tanganyika-See – unterwegs im Einbaum

Tischlerei in Zentral-Tansania

Naturraum

Tansania ist das **Land der Seen, Berge und Savannen** und einer **vielseitigen Tier- und Pflanzenwelt**. Weltbekannte Nationalparks wie die Serengeti und das Schutzgebiet um das Ngorongoro-Kraterhochland weisen die größte zusammenhängende Population an Wildtieren in Afrika auf. Insbesondere der Bestand an Löwen, Geparden, Leoparden und Gnus ist einzigartig und lockt jährlich Hunderttausende von Besuchern in die endlosen Weiten dieser nordtansanischen Savannen. Das Selous Game Reserve, das zweitgrößte Wildschutzgebiet Afrikas und mit der höchsten Elefantenpopulation überhaupt, ist so groß wie ganz Dänemark und erstreckt sich über den noch in weiten Teilen unerforschten Süden des ostafrikanischen Staates.

Zudem liegen in Tansanias Grenzen zwei der vier höchsten Berge des Kontinents: der 4566 m hohe Mt. Meru und der **5896 m** hohe, schneebedeckte **Mt. Kilimanjaro, das „Dach Afrikas".** An der Westgrenze des Landes bildet die tiefste Stelle des längsten und zweitgrößten Sees Afrikas, des **Tanganyika-Sees,** mit fast 700 m unter dem Meeresspiegel den **„Boden Afrikas".**

Zwischen diesen beiden Superlativen liegen weitere spektakuläre Naturlandschaften: Im Nordwesten reicht über die Hälfte des größten afrikanischen Sees, des Lake Victoria, in das tansanische Staatsgebiet hinein. Im Süden grenzt das Land über eine weite Strecke an den drittgrößten See des Kontinents, den Lake Nyasa, besser bekannt als Malawi-See. Diese Lage führt dazu, dass Tansania über die **größte Wasseroberfläche Afrikas** verfügt, zu der neben den zahlreichen anderen kleinen Seen im Innern auch die großflächigen Küstengewässer zwischen den Inseln Sansibars und dem Festland gezählt werden. Die **Inseln (Zanzibar, Pemba und Mafia)** sind die drei größten an der ostafrikanischen Küste und gehören allesamt zu Tansania. Sie sind Teil einer langen Riffbarriere zwischen der Küste und den Tiefen des Indischen Ozeans. Die azurblauen Gewässer mit ihren traumhaften Korallengärten rund um die Inseln bieten eine der artenreichsten Unterwassertier- und -pflanzenwelten überhaupt (mehr dazu im Kapitel zu Sansibar).

Im Innern des Landes ragen gewaltige **Vulkanberge** aus den Ebenen, die alle ein Produkt der afrikanischen Grabenbruchaktivitäten sind. Die Bergregionen stehen in unmittelbarer Verbindung zu den regionalen Klimaverhältnissen. Als „Wolkenfänger" verzeichnen sie höhere Niederschlagswerte, der höheren Lage wegen herrschen mildere Temperaturen, und die vulkanischen, mineralhaltigen Böden bieten beste Voraussetzungen für eine ganzjährige Landwirtschaft. Diese vorteilhaften Bedingungen äußern sich auch in der Bevölkerungsverteilung. Hohe Populationsdichten verzeichnen die regenreichen und fruchtbaren Hügel- und Berglandschaften, etwa die immergrüne Kagera-Region im äußersten Nordwesten des Landes, die Hänge des Kilimanjaro-Massivs, die Usambara- und Uluguru-

Tansania im Überblick

Staatsname/Staatsgründung: Die Vereinigte Republik Tansania *(Jamhuri ya Muungano wa Tanzania)* entstand am 26. April 1964 aus dem Zusammenschluss von Tanganyika (Festland und Insel Mafia, 1890–1918 „Deutsch-Ostafrika", danach britisches Treuhand- bzw. Mandatsgebiet bis zur Unabhängigkeit am 9. Dezember 1961) und den Inseln Sansibars (Zanzibar und Pemba, 1890–1963 britisches Protektorat). Der Staatsname „Tanzania" bildet sich aus Tanganyika + Zanzibar + Azania (früherer griechischer Begriff für die Küste Ostafrikas; vgl. nächste Seite).

Staatsfläche: 945.087 km² (über zweieinhalbmal so groß wie Deutschland)

Amtliche Sprachen: Swahili und Englisch

Währung: 1 Tanzania Shilling (TSh) = 100 Cents; 1 Euro = 1614 TSh (Februar 2007).

Hauptstadt: Dodoma, de facto jedoch ist Dar es Salaam Verwaltungs- und Regierungs- zentrum.

Staats- und Regierungsform: Föderative Präsidialrepublik. Bis zum 1. Juli 1992 war Tansania laut Verfassung ein Einparteienstaat, der bis 1985 unter der Führung des ersten Präsidenten *Julius Nyerere* den so genannten Ujamaa-Sozialismus propagierte.

Staatsoberhaupt: Seit Oktober 2005 *Mresho Jikaya Kikwete,* der nun vierte Präsident seit der Unabhängigkeit Tansanias. Der Präsident wird für fünf Jahre gewählt und kann einmal wiedergewählt werden. Neben dem Amt des Regierungschefs hat er auch die oberste Befehlsgewalt über die Streitkräfte. Gemäß der Verfassung ist der Präsident von Sansibar Mitglied des tansanischen Kabinetts.

Parlament/Parteien: Die dritten Mehrparteienwahlen fanden im Dezember 2005 statt. Derzeit umfasst das gesamttansanische Parlament 294 Abgeordnete. Der halbautonome Teilstaat Sansibar verfügt zudem über ein eigenes Parlament (House of Representatives). Im tansanischen Parlament vertreten ist die Einheitspartei CCM (Chama Cha Mapunduzi = Partei der Revolution) mit 257 Sitzen, die drei Oppositionsparteien CHADEMA (Chama Cha Demokrasia na Maendeleo = Partei für Demokratie und Entwicklung), CUF (Civic United Front) und NCCR (National Convention for Construction & Reform) teilen sich 37 Sitze, restliche Mandate werden zugewiesen.

Verwaltungsgliederung: 22 Verwaltungsregionen, gegliedert in insgesamt 91 Distrikte.

Wirtschaft: Tansania hat eine überwiegend agrarisch strukturierte Wirtschaft (über 80% der Erwerbstätigen). Hauptexportprodukte sind Kaffee, Tee, Tabak, Baumwolle, Sisal, Cashew-Nüsse und Gewürznelken aus Sansibar. Die Arbeitslosigkeit beträgt ca. 30%.

Bevölkerung: Über 37 Millionen bei durchschnittlich 38 Einwohnern pro km². Bevölkerungswachstum ca. 2%. Durchschnittliche Lebenserwartung: Frauen 49,4 Jahre, Männer 52,3. Stadtbevölkerung 26%. Analphabetenrate ca. 20%.

Religion: 43% der Bevölkerung sind Christen, 38% Moslems und 19% Anhänger traditioneller Religionen.

Tan/za/nia = Tanganyika + Sansibar + Azania

„Tanzania" ist der Kunstname, welcher der Union aus den unabhängigen Staaten Tanganyika und Sansibar 1964 gegeben wurde. Die Verantwortlichen bedienten sich der Anfangsbuchstaben der jeweiligen Staatsnamen, und am Ende fügte man, um den neuen Ausdruck klangvoll abzurunden, noch die letzten Buchstaben von „Azania" hinzu (der frühere griechische und älteste Begriff für die Küste Ostafrikas).

„Sansibar" leitet sich entweder vom arabischen Satz **„zayn za'l bar" („Schön ist diese Insel")** oder vom persischen **„zanji bar" („Küste der Schwarzen")** ab, wobei in beiden Fällen nicht klar ist, ob damals nur die Insel oder aber die gesamte Küste Ostafrikas gemeint war.

Ein regelrechter Theorienstreit bricht aus, wenn es um die Wurzeln des Wortes „Tanganyika" geht. Die in vielen Büchern vertretene Auffassung, dass es sich bei der Bedeutung um „das weite Land (nyika in Swahili) hinter dem Ort Tanga" handelt, gilt mittlerweile als überholt. Der Begriff Tanganyika war schon Mitte des 19. Jahrhunderts bekannt, als zwar Tanga schon existierte, doch in seiner Bedeutung weit hinter den Handelsorten Pangani, Bagamoyo, Kilwa usw. lag. Auch der heute gleichnamige See hatte unterschiedliche Bezeichnungen unter arabischen Sklavenhändlern und den Völkern der Region. *Burton* und *Speke* entschieden sich jedoch nach der „Entdeckung" des Sees für den Begriff Tanganyika, wie die große blaue Wassermasse im Norden genannt wurde. Im Zuge der weiteren Erforschung und Missionierung wurde das weite Land, das man von Sansibar aus bis zum großen Binnensee durchqueren musste, als das Tanganyika-Land bezeichnet. Araber und die Völker des Gebietes blieben jedoch bei den ihnen vertrauten, jeweils regionalen Bezeichnungen. Das Volk der Wajiji in der heutigen Kigoma-Region z.B. nannte sein Gebiet auch Tanganyika, denn ein kleiner See heißt in ihrer Sprache „kitanga". „Nyika" bedeutet in ihrer und in anderen Bantu-Sprachen „riesig", „endlos", „weite Ebene". Die Bezeichnung für den großen See könnte sich daher aus (ki-)tanga und nyika zusammensetzen. Offiziell als Name für das ehemalige Territorium von Deutsch-Ostafrika 1922 besiegelt, bediente sich die britische Treuhandverwaltung der Erkenntnisse ihrer verehrten Entdecker. Seither heißt das Festland von Tansania Tanganyika.

Berge, die südlichen Highlands und das Makonde-Plateau an der Grenze zu Mosambik. Aber auch die flachen Gebiete entlang der Seen, v.a. rund um den Lake Victoria und an einigen Stellen des Tanganyika- und Nyasa-Sees, sowie an der Meeresküste weisen hohe Bevölkerungszahlen auf. Diese ungleiche Verteilung war bisher zum Vorteil der afrikanischen Tierwelt. Viele Gebiete lassen eine dichte Besiedlung auch gar nicht zu, etwa aufgrund zu geringer Niederschlagswerte und der wenig mineralhaltigen Böden, wie z.B. in den Ebenen des östlichen Rift Valley und der großen Maasai-Trockensavanne (Maasai-Steppe). Auch der Miombowald (s.u.), der über 30% des Landes im Westen und Süden bedeckt, ist wegen der von der Tsetsefliege übertragenen Schlafkrankheit für Mensch und Vieh nicht nutzbar. Wildtiere sind dieser Krankheit nicht ausgesetzt und besitzen dadurch große Rückzugsareale vor den Menschen. Auch an die klimatischen Bedingungen des Rift Valley und der Maasai-Trockensavanne ist ein Teil der afrikanischen Tierwelt angepasst, die sich nicht nur auf die dortigen Nationalparks Manyara, Tarangire und Ruaha beschränkt. Saisonal finden Migrationsbewegungen zu außerhalb liegenden Weideflächen statt, die den Tieren von der Bevölkerung, in diesem Fall den Maasai, kaum streitig gemacht werden. In anderen Regionen sind jedoch in den letzten Jahren wegen des rapiden Bevölkerungsanstiegs Problemzonen speziell entlang der Nationalparks und Game Reserves entstanden (vgl. hierzu „Abholzung und Wilderei").

Geografie

Tansania liegt südlich des Äquators zwischen dem 1° und 12° südlicher Breite, womit die Nord-Süd-Ausdehnung rund 1200 km beträgt, was in etwa auch der West-Ost-Ausdehnung entspricht.

Acht Staaten grenzen an Tansania: im Norden Kenia und Uganda, im Westen Ruanda, Burundi und der Kongo und im Süden Sambia, Malawi und Mosambik. Nur der Kongo und Sudan haben in Afrika mehr Staaten als Nachbarn.

Seen und Flüsse markieren viele der natürlichen Grenzlinien Tansanias; die Grenzziehung ist kolonialen Ursprungs. Der Victoria-See trennt auf breiter Fläche Uganda von Tansania, der große Kagera River – als der „Schwarze Nil" der Hauptzufluss des Victoria-Sees – bildet die Grenze zu Ruanda. Burundi trennen die Flussoberläufe des Ruvubu und Malagarasi von Tansania. Die Westgrenze zum Kongo verläuft durch den Tanganyika-See, der zusammen mit dem Kalambo River auch einen Abschnitt der Sambia-Grenze bildet. Einer der Zuflüsse des Lake Nyasa (Malawi-See), der Songwe River, sowie der See selbst trennen Malawi von Tansania, und schließlich stellt der Ruvuma-Strom fast die komplette Grenze zu Mosambik dar. Lediglich die Grenze zu Kenia ist eine typische Kolonialgrenze, wie sie von den damaligen Mächten in vielen Regionen Afrikas ohne Rücksicht auf ethnische Zusammengehörigkeiten am Zeichenbrett ausgehandelt wurden.

Tansania ist, wie auch der gesamte Großraum Ostafrika, durch **großflä-**

chige Plateaus gekennzeichnet, die in unterschiedlichen Höhenlagen das Landschaftsbild, aber auch das Klima bestimmen. Verantwortlich dafür ist eine Landmasse, die vornehmlich aus Gneis und Granit besteht und im Zeitalter des Tertiär vor 35–40 Millionen Jahren ungleichmäßig angehoben wurde und daraufhin in Schollen zerbrach, die heute eben jene Plateaus bilden. Die endgültige Herausbildung der berühmten und markanten Landschaftsformen, darunter das gewaltige Massiv des Kilimanjaro, das imposante Ngorongoro-Kraterhochland und der Tanganyika-See, ist den Aktivitäten des afrikanischen Grabenbruchsystems zuzuschreiben.

Geomorphologisch lässt sich Tansania in etwa folgende Landschaftsformen einteilen:

Inseln und Küstenvorland

Das Küstenvorland am Indischen Ozean ist eine schmale Zone von etwa 50–200 km Breite. Das **Flachland** ist durch nur leicht zerschnittene Terrassen gekennzeichnet und besteht aus **Korallenkalken,** die lehmig und auch sandig beschaffen sind. Das Gebiet lag in der Jurazeit unter Meeresspiegelniveau und hat sich über eine Lagunenlandschaft, von der heute noch die sichtbaren korallenhaltigen Flussmündungsbuchten (creeks) zeugen, in Jahrmillionen von Jahren zu einem zusammenhängenden Küstenvorland entwickelt. Im Verlauf dieses **Hebeprozesses** formten sich auch Korallenriffschollen, und aus dem Ozean tauchten als Inselarchipele Sansibar, Pemba und Mafia auf. Wie viel tiefer das Land einmal lag bzw. wie viel höher der Meeresspiegel einmal war,

NATURRAUM

lässt sich an den terrassenartigen Erhebungen in einigen Kilometern Entfernung landeinwärts gut erkennen. Hier deuten die korallenhaltigen Hänge auf frühere Korallenriffe hin, die vom Ozean umspült waren.

Die Brandung an der Küste ist aufgrund der vorgelagerten Riffe verhältnismäßig schwach, der Gezeitenhub beträgt rund 3 m. Dennoch gräbt sich der Ozean an einigen Stellen ins Landesinnere und ganze Strandabschnitte verschwinden. Grund hierfür ist die Abholzung der Mangrovenwälder, die zuvor mit ihrem dichten Wurzelwerk das Watt und den vorgelagerten Strand „festhielten".

Das östliche Plateau

Dem ca. 800 km langen Streifen des Küstenvorlandes folgt landeinwärts ein leichter Höhenanstieg in ein **flaches Hügelland.** Dieses anschließende Plateau teilt sich in eine nordöstliche Rumpffläche und in ein **südöstliches Tiefland** mit durchschnittlichen Höhen zwischen 200 und 600 m, welches sich bis nach Mosambik erstreckt. Hier ragen einzelne Inselberge und die knapp 1000 m hohe Bruchscholle des Makonde-Plateaus aus der Ebene. Das südliche Tiefland wird westlich, nach der Senkungsebene des nur 250 m hohen und sumpfigen Kilombero Valley, von der kristallinen Bergkette der über 2000 m hoch aufsteigenden **Southern Highlands** begrenzt. Diese Barriere schiebt sich wie ein Keil zwischen das südöstliche Tiefland, das zentraltansanische Plateau und die nordöstliche Rumpffläche. Diese besondere Reliefgestaltung Südtansanias behinderte lange Zeit die wirtschaftliche und verkehrstechnische Entwicklung. Zwar ließen die guten Naturhäfen, wie Kilwa, Lindi und Mikindani, das heutige Südosttansania an den frühen Handelskontakten mit Arabern und Persern teilhaben, doch stellte die Hochland-Randstufe der Southern Highlands mit ihren steil aufragenden Escarpment-Wänden ein nicht zu überwindendes Hindernis zum südlichen Zentral-Tansania dar. Sie wurde daher im Norden und Süden umgangen, und erst mit dem Bau der Ta-Za-Ra-Eisenbahn in den 1970er Jahren gelang es, mit Hilfe zahlreicher Brücken und Tunnels das Iringa-Hochland frontal anzugehen.

Der nördliche Teil des östlichen Plateaus, die **nordöstliche Rumpffläche,** geht westlich in die große, knapp 1000 m hoch gelegene Maasai-Trockensavanne (Maasai-Steppe) über und weist hohe Gebirgszüge wie die Nguru Mountains, Usambara Mountains, Pare Mountains und Lossogonoi Mountains auf, allesamt Ergebnisse der afrikanischen Grabenbruchaktivitäten.

Das afrikanische Grabenbruchsystem

Das afrikanische Grabenbruchsystem erstreckt sich vom Roten Meer durch Äthiopien bis zum Sambesi-Fluss in Mosambik, wobei nach neuesten Forschungen ein zweiter Vorsatz noch wei-

Am Lake Nyasa

Land und Leute

ter südwestlich bis in das Damaraland von Namibia verlaufen soll. Der ca. **4500 km** lange „Riss in der Erdkruste" legt die Vermutung nahe, dass sich der östliche Teil Afrikas in ferner Zukunft vom großen Kontinent abtrennen wird, ähnlich wie dies vor Millionen von Jahren mit Madagaskar geschehen ist.

Entstanden ist der Grabenbruch durch gewaltige unterirdische Kräfte, die vor rund 18 Millionen Jahren begannen und die Erdkruste aufspalteten, wobei die aufgerissenen Erdteile mit in den Riss sanken und geschmolzenes Gestein in vulkanischen Eruptionen an die Oberfläche drang. Noch heute ist dieser Prozess nicht abgeschlossen, wie zahlreiche tätige und halbtätige Vulkane sowie heiße Quellen beweisen, die große Mengen Natriumcarbonat ausspeien und viele Seen im Grabenbruch in alkalische Gewässer oder ätzende Soda-Seen verwandeln.

Betrachtet man die vordere Umschlagkarte dieses Buches, lässt sich diese Naturgewalt an der langen Kette

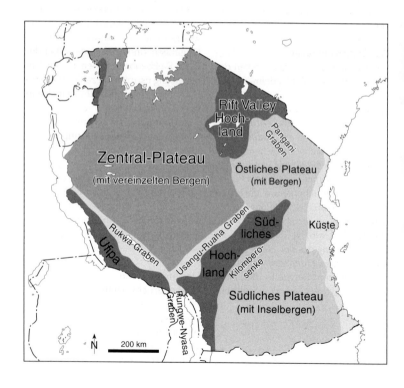

NATURRAUM

der nicht-alkalischen Seen Albert, Edward, Kivu, Tanganyika und Malawi eindrucksvoll nachvollziehen, ein Abschnitt, der gemeinhin als **zentralafrikanischer Grabenbruch** (Central oder auch Western Rift Valley) bezeichnet wird und die kulturelle und sprachliche Barriere zwischen Ost- und Zentralafrika markiert. Beim Prozess des Auseinanderdriftens sind hier gigantische Gräben entstanden, an deren Rändern sich große Bergketten erhoben. Am Lake Nyasa (Malawi-See) sind die fast senkrecht vom Seeufer über 2000 m aufragenden **Livingstone Mountains** ein eindrucksvolles Beispiel für diese gewaltigen Erdkräfte, die einst im östlichen Afrika wüteten. Die tiefste Stelle des Grabenbruchs liegt jedoch im Norden des über 1400 m tiefen **Tanganyika-Sees.** Hier ragen auf kongolesischer Seite die Monts Mitumba 2500 m in die Höhe, was einen fast 4000 m tiefen Graben ergibt und damit die größte Schlucht aller kontinentalen Schluchten – die Vorstellung, dieser Graben wäre nicht durch den Tanganyika-See aufgefüllt, ist Schwindel erregend (mehr siehe beim Lake Tanganyika und Mahale Mountains National Park).

Im Norden Kenias gabelt sich ein weiterer Riss vom großen Grabenbruch ab: das **Ostafrikanische Rift Valley.** Dieser östlichere Zweig, der das kenianische Hochland eindrucksvoll durchschneidet, zieht sich, von kleinen Unterbrechungen abgesehen, durch das zentrale Tansania und trifft im Bereich der Southern Highlands bei den Bergen Mbeyas wieder auf den zentralafrikanischen Ast, wo er sich mit diesem über den

Nyasa-Graben (Malawi-See) nach Süden fortsetzt. Damit ist Tansania das einzige afrikanische Land, welches sowohl vom zentral- als auch vom ostafrikanischen Grabenbruch gezeichnet ist.

Hinzu kommt, dass das östliche Rift Valley in Tansania nicht nur aus einem Graben besteht, sondern mehrere Verästelungen unterschiedlicher Ausprägung aufweist. Auch hier deuten Seen auf den Verlauf des Rift Valley hin, alkalische Seen, die jedoch im Gegensatz zu denen im zentralafrikanischen Grabenbruch sehr flache und saisonal in ihrer Größe variierende Gewässer sind. Von der kenianischen Seenkette (Nakuru, Elementaita, Naivasha und Magadi) setzt sich im Norden Tansanias der **Hauptzweig des Rift Valley** über **Natron-, Manyara-See** und die zwei **Balangida-Seen** bis zu den Bahi Swamps zwischen Manyoni und Dodoma fort. Versetzt beginnt dann südöstlich der Hauptstadt die Bruchstufe des Fufu Escarpment, die südwestwärts entlang der knapp 100 m hohen Bruchstufe des **Ruaha-Grabens** bis zu den Bergen der Mbeya Range verläuft und auf den **Rukwa-Nyasagraben** stößt (vgl. Mbeya und Lake Rukwa Rift Valley).

Die deutlichste Ausprägung verzeichnet das ostafrikanische Rift Valley jedoch im Norden, wo einige Grabenwände bis zu 1000 m steil abfallen. Hinzu kommt, dass hier mächtige Vulkanberge aus dem „Grabenboden" ragen, wie der Mt. Hanang, Mt. Gelai oder der „Gottesberg der Maasai", der **Ol Doinyo Lengai** – der **letzte noch aktive Vulkan des Rift Valley** (mehr dazu im Kapitel zum Rift Valley).

Land und Leute

Im Bereich der heutigen Ngorongoro Conservation Area haben die vulkanischen Aktivitäten an der Bruchstelle des Rift Valley ein riesiges Kraterhochland entstehen lassen (der berühmte Ngorongoro-Krater befindet sich hier!), von dem in südwestlicher Richtung der **Eyasi-Graben** durch den gleichnamigen See entlang der Irembe-Bruchstufe bis zum Wembere Swamp zwischen Tabora und Singida reicht (vgl. auch Ngorongoro Conservation Area: Entstehung des Kraterhochlandes).

Ein dritter, kaum sichtbarer Zweig ist der so genannte **Pangani-Graben,** der vom **Kilimanjaro** (zur Geografie siehe Kapitel zum Kilimanjaro) über die kristalline Bergkette der Pare Mountains und Usambara Mountains reicht. Hier haben sich durch stärkere Heraushebung einzelner Schollen an den Grabenflanken Rumpfberg- und Hügelländer entwickelt, **Gebirgsformationen,** die bereits zum östlichen Plateau gezählt werden und allesamt höher als 2000 m liegen: Nguru, Uluguru, Kibriani, Rubeho, Udzungwa und Mahenge Mountains.

Das zentraltansanische Plateau

Das zentraltansanische Plateau ist eine **mächtige Granitplatte,** welche sich vom östlichen Grabenbruchzweig bis zum Rukwa- und Tanganyikagraben erstreckt. Die Hochebene liegt durchschnittlich auf knapp 1200 m Höhe und reicht vom Norden Ugandas bis zu den Bergen Mbeyas im Süden. In der Mitte dieses Plateaus erstreckt sich eine riesige, aber nicht sehr tiefe Senke, die das Auffangbecken einer Vielzahl von Flüssen und Bächen der innerostafrikanischen Region bildet: der 1134 m hoch gelegene **Victoria-See.** Im Osten des „afrikanischen Mittelmeeres" umfasst diese geologische Einheit auch die Savannen und Flussläufe der **Serengeti.** Westlich des Victoria-Sees ragen Schollenbergländer wie das Kamachumu-Plateau aus der Hochebene, die über die Western Rift Valley Highlands der Staaten Burundi und Ruanda zum zentralafrikanischen Grabenbruch übergehen.

Südlich des Victoria-Sees beginnt schließlich eine weite trockene Ebene, im Swahili **Nyika** genannt, die kaum Erhebungen aufweist und auf der sich endlose Buschsavannen und flächendeckende Trockenwälder erstrecken. Diese Ebene umfasst im Westen die großen Sumpf- und Seengebiete entlang des Moyowosi- und Malagarasi-Flusses und reicht im Südosten bis zu der Ruaha-Bruchstufe und im Südwesten bis zu dem großen Rukwa-Graben, der knapp 300 m tiefer verläuft und sich von den Sumpfebenen des Katavi National Park bis zu den Poroto Mountains südlich von Mbeya erstreckt. Auf der anderen Seite des Grabens erhebt sich die durchschnittlich 1800 m hohe Rumpfscholle des **Ufipa-Plateaus,** die an der Westgrenze Tansanias am Lake Tanganyika 1000 m abfällt.

Südlich der Ruaha-Bruchstufe beginnt das Iringa-Hochland als Teil der Southern Highlands, eine an ihrem östlichen Rand stark zerschnittene Rumpffläche. Diese neigt sich leicht westwärts und fällt über eine kleinere Bruchstufe in die Usangu Flats im Südteil des Ostafrikanischen Grabens ab. Daran schließen sich die mächtigsten Erhebungen im Süden Tansanias an, wie die fast 3000 m hoch aufgewölbten Schollen der **Kipengere Range,** und Vulkanberge, wie der Mt. Rungwe (2960 m) im Nyasagraben.

Vegetationsformen

Das Spektrum der tansanischen Vegetationsformen reicht von den Extremen der **Wüste bis zum ewigen Eis** der Kilimanjaro-Gletscher. Unter dem Begriff Wüste ist jedoch keine riesige Sandfläche zu verstehen, sondern die tansanische Wüste beschränkt sich auf die alpine Wüste aus Lavageröll, die sich auf dem Kilimanjaro in über 4000 m Höhe zwischen den Gipfeln Kibo und Mawensi erstreckt. Hier wachsen nur noch vereinzelt Flechten. Die besonderen afroalpinen Vegetationsformen des mächtigen Kilimanjaro, die von tropischem Regenwald über Riesenlobelien bis zu Heiden und Hochmooren reichen und an schottische Landschaften erinnern, werden im Kapitel zum Mt. Kilimanjaro National Park eingehend beschrieben.

Den Charakter einer **Halbwüste** hat in Tansania höchstens das nördliche Rift Valley im Bereich des Lake Natron, doch können auch hier die seltenen Regenfälle die Landschaft in eine grüne Savanne verwandeln.

Mehr als zwei Drittel des Landes sind von riesigen **Trockenwäldern und Savannen** überzogen. Dabei bilden die Trockenwälder die Übergangszone zwischen den Savannen und den dichten, geschlossenen **tropischen Bergregenwäldern** in den Nationalparks Gombe und Mahale am Lake Tanganyika sowie im Udzungwa Mountains National Park.

Höhere Niederschläge als in der Savanne und kürzere Dürrezeiten bewirken den verstärkten Wuchs der Baumarten des Trockenwaldes, wovon insbesondere die *Isoberlinia* und die *Brachystegia* das Landschaftsbild bestimmen. Die Brachystegia heißt auf Swahili *miombo,* woraus sich der charakteristische Name **„Miombo-Wald"** für diese Art von Waldflächen ableitet. Der Baumbestand erreicht Höhen von bis zu 15 m und ist teilweise sehr licht, der

Kanu-Safari auf dem Manyara-See

NATURRAUM

Boden ist mit flächendeckenden Gräsern und Buschwerk überzogen – eine Landschaftsform, die oft auch als Baumsavanne bezeichnet wird, wobei diese eher andere Baumarten meint. Der Miombo-Wald erstreckt sich hauptsächlich über den Westen und Süden des Landes, auf der vorderen Umschlagkarte des Buches gut zu erkennen.

Die eigentlichen **Savannenlandschaften** haben im wesentlichen **zwei Erscheinungsformen:** Die wirklich offenen und oft schier endlosen Graslandschaften bilden die **Kurzgras- und Langgrassavannen,** wobei es auch eine Übergangsform von mittelhohen Gräsern gibt, deutlich erkennbar in der Serengeti (vgl. dort); die zweite Form sind die **Baumsavannen.**

Der wohl typischste Savannenbaum ist die Akazie. Besonders die **Schirmakazie** *(Acacia drepanolobium),* mit ihrer brettflachen Baumkrone, den weit ausladenden und schattenspendenden Ästen mit geringem Laubwerk und spitzen weißen Dornen, gilt als Wahrzeichen der ostafrikanischen Savannenlandschaften. Ein anderer oft zu sehender Vertreter dieser Baumart ist die **Fieberakazie** mit ihrer gelblichen Rinde, benannt nach dem Umstand, dass Forscher in früheren Zeiten beim Schlaf unter diesem Baum kurze Zeit später Malaria-Fieberschübe bekamen – die Männer hatten schlichtweg nicht realisiert, dass die Bäume von Moskitos als Habitat bevorzugt wurden ... In den regenärmeren Savannen wächst hauptsächlich die **Flötenakazie** mit ihren sehr dornigen Ästen. An den spitzen Dornenzweigen wachsen kugelförmige Hohlräume, die wie aufgeplatzte Tischtennisbälle aussehen und ein beliebtes Zuhause der afrikanischen Schwarzen Ameise sind, die extrem flink sein kann und deren Bisse ordentlich weh tun. Seinen Namen – im Englischen auch „Whistling Thorntree" genannt – verdankt der Baum dem pfeifenden Geräusch, das verursacht wird, wenn der Wind durch die hohlen Astkugeln weht.

Während der großen Trockenzeit (Juni bis Oktober) brennt die Sonne die Savannen aus, und die Gräser und Bäume liegen nur noch in einem staubigen, gelbbraunen Kleid. Das Wild konzentriert sich auf wenige übrig gebliebene Wasserlöcher, da es in den verdorrten Weiten der Savannen nur geringe Überlebenschancen hat. Die Akazienbäume meistern solche Trockenperioden mit Hilfe sehr langer Wurzeln, die bis ins Grundwasser reichen. Andere Bäume wie der berühmte **Affenbrotbaum** – auch als **Baobab** bekannt (vgl. entsprechenden Exkurs) – speichern das wertvolle Wasser in ihrem dicken Stamm. Mit dem Einsetzen der ersten Regenzeit wird die zuvor trostlos wirkende staubige Landschaft nach nur wenigen Tagen von jungen gelbgrünen Gräsern überzogen. Allmählich schmücken sich dann auch die Sträucher und Bäume wieder mit einem farbigen Blätterkleid, und die Savanne beginnt schließlich in einem satten Grün zu leuchten.

Savannen, die hohe Niederschlagswerte verzeichnen oder in einer großen Senke liegen, die ganzjährig von Flüssen gespeist wird, wie im Westen der Serengeti, werden auch als **Feuchtsavannen** bezeichnet. Mehrere Baumar-

DIE TIERWELT DES ÖSTLICHEN AFRIKA

Die Tierwelt des östlichen Afrika

nach einem Text von
Dr. Fritz Jantschke,
überarbeitet und ergänzt von
Jörg Gabriel

Die **Fotos** stammen von
Dr. Fritz Jantschke (fj),
Dr. Christoph Lübbert (cl),
Carlos Drews (cd),
Axel Hippke (ah)
und *Jörg Gabriel* (jg).

Säugetiere

Affen	2
Nagetiere	6
Schuppentiere	7
Raubtiere	8
Katzen	8
Hunde	11
Hyänen	13
Schleichkatzen	14
Marder	14
Erdferkel	15
Rüsseltiere	15
Schliefer	17
Unpaarhufer	18
Zebras	18
Nashörner	19
Paarhufer	20
Flusspferde und Schweine	20
Giraffen	22
Hornträger	22
Ducker	22
Böckchen	24
Waldböcke	25
Rinder	26
Kuhantilopen	27
Pferdeböcke	29
Ried- und Wasserböcke	30
Schwarzfersenantilope	30
Gazellen	31

Vögel

Afrikanischer Strauß	32
Pelikane und Kormorane	33
Reiher	34
Störche und Ibisse	35
Flamingos	37
Enten und Gänse	38
Greifvögel	39
Hühnervögel	41
Rallen, Kraniche, Trappen	42
Watvögel	43
Tauben	44
Papageien	44
Eulen und Nachtschwalben	44
Rackenvögel	44
Spechte und Bartvögel	46
Sperlingsvögel	46

Reptilien

Krokodile	47
Schlangen	47
Echsen	48

Säugetiere

Affen

Unter den so genannten Herrentieren (Primaten) sind im östlichen Afrika die Menschenaffen mit Gorilla (nur in Ruanda, Uganda und im Osten von Kongo-Zaire) und Schimpanse, die Niederen Affen mit verschiedenen Pavian-, Meerkatzen- und Stummelaffenarten sowie die Halbaffen mit Galagos („Buschbabys") vertreten.

Menschenaffen

Die im Regenwald Afrikas vorkommenden Schimpansen gibt es in Ostafrika von Uganda über Ruanda und Burundi bis in den Osten der DR Kongo und nach Tansania.

Schimpanse – Chimpanzee
(Pan troglodytes)

- **Körpermerkmale:** Kopf-Rumpf-Länge von ca. 170 cm, selten mehr als 60 kg Gewicht. Behaarung mittellang und nicht sehr dicht, Farbe schwarz bis dunkelgrau, Gesichtshaut hell bis fast schwarz.
- **Fortpflanzung und Entwicklung:** 1 Jungtier (selten Zwillinge) nach etwa 7½ Monaten Tragzeit. Säugeperiode bis 4 Jahre, Geschlechtsreife mit 6–8, Lebenserwartung bis 50 Jahre.
- **Nahrung:** Vorwiegend pflanzlich (Früchte, Knospen, Blätter, Rinde), daneben Insekten und Vogeleier, gelegentlich auch Affen oder junge Antilopen.
- **Lebensraum und Lebensweise:** Ausschließlich in Wäldern (vom tropischen Regenwald bis zum offenen Savannenwald), hervorragende Kletterer, die sich aber auch sehr häufig auf dem Boden fortbewegen. Gemischte Gruppen aus beiden Geschlechtern von 30–50 Tieren (oder auch mehr), die nur selten zusammen anzutreffen sind und ihr Revier gegen Gruppenfremde verteidigen. Streifgebiete bis zu 50 km². Übernachten in Zweignestern vorwiegend in Bäumen.

Schimpanse (Foto: fj)

- **Bestand und Situation:** Gesamtzahl der Tiere in einem insgesamt riesigen Verbreitungsgebiet noch weit über 100.000, stellenweise durch Jagd und Fang sowie Verlust des Lebensraums gefährdet.
- **Beobachtungsmöglichkeiten:** Nur an zwei Stellen in Tansania (Gombe und Mahale) wurden Schimpansen an Menschen gewöhnt und können unter Führung erfahrener Ranger besucht werden. In Kenia, Uganda und Sambia sind für konfiszierte Schimpansen sehr geräumige Gehege („Semireservate") eingerichtet worden.

Niedere Affen – Paviane

Von den fünf Pavianarten kommen im östlichen Afrika Anubispavian, Bärenpavian und Steppenpavian vor (der Sphinxpavian lebt in Westafrika, der Mantelpavian in Somalia, Eritrea und Arabien). Es handelt sich um sehr große und schwere Hundsaffen, die viel auf dem Boden anzutreffen sind. Kennzeichnend sind stämmige, kräftige Arme und Beine, eine sehr lange Schnauze und ein kräftiges Gebiss mit riesigen Eckzähnen. Männchen sind doppelt so groß wie die Weibchen.

- **Fortpflanzung und Entwicklung:** Nach 175–195 Tagen wird ein Jungtier (selten zwei) geboren, das etwa ein Jahr (zunächst am Bauch, später auf dem Rücken) von der Mutter getragen und mit ca. fünf Jahren geschlechtsreif wird und eine Lebenserwartung von 30–40 Jahren hat.
- **Nahrung:** Vor allem pflanzlich (Früchte, Knollen, Gräser), aber auch Insekten, Jungvögel und kleine Säugetiere (z.B. Kitze von Antilopen).

Schimpansen bei der Körperpflege
(Foto: fj)

AFFEN

- **Lebensraum und Lebensweise:** Gruppen von 10–150 Tieren, angeführt von einem oder mehreren Männchen mit deutlicher Rangordnung. Vor allem in der Baumsavanne lebend.
- **Bestand und Situation:** Keine Art gefährdet, Hauptfeinde Leopard und Mensch, der sie als Erntschädlinge bekämpft.
- **Beobachtungsmöglichkeiten:** In fast allen Nationalparks des südlichen und östlichen Afrika regelmäßig zu sehen.

Anubispavian – Olive Baboon
(Papio anubis)

- **Körpermerkmale:** Männchen mit einer Kopf-Rumpf-Länge von 70–95 cm, einem 40–60 cm langen Schwanz und bis 30 kg Gewicht. Weibchen ein Drittel kleiner und nur halb so schwer. Fell dunkel olivgrün, Gesicht schwarz.
- **Vorkommen:** Von Kamerun bis Uganda und Kenia sowie im Osten der Republik Kongo und im Westen Tansanias häufig.

Anubispavian fletscht seine mächtigen Zähne (Foto: cd)

Sansibar Rotkopf-Guereza (Foto: jg)

AFFEN

Steppenpavian – Yellow Baboon
(*Papio cynocephalus*)

- **Körpermerkmale:** Schlanker und etwas kleiner als der Anubispavian, verhältnismäßig runder Kopf und kurze Schnauze, Fell überwiegend gelbgrün.
- **Vorkommen:** Vom Osten Kenias und Tansanias bis Sambia. In manchen Gebieten (z.B. am Manyara-See in Tansania) leben zwei Pavianarten nebeneinander.

Niedere Affen – Meerkatzen

Mit gut einem Dutzend Arten sind Meerkatzen die häufigsten Affen Afrikas. Die meisten Arten leben im tropischen Regenwald, nur zwei im Savannengürtel des östlichen und südlichen Afrika.

Grüne Meerkatze – Vervet Monkey
(*Cercopithecus aethiops*)

- **Körpermerkmale:** Kopf-Rumpf-Länge 40–65 cm, Schwanz 55–75 cm, Gewicht 2,5–7 kg, Fell vorwiegend hellgrau bis gelbgrün, Gesicht schwarz und von einem weißen Stirnstreifen umrahmt. Männchen mit blauem Hodensack, Penis und Aftergegend hellrot.
- **Fortpflanzung und Entwicklung:** Nach etwa 160 Tagen Tragzeit in der Regel ein Jungtier von 300–400 g. Geschlechtsreife mit zwei Jahren, Lebenserwartung bis 30 Jahre.
- **Nahrung:** Gras, Früchte, Knospen, Blüten, Blätter, gelegentlich Insekten.
- **Lebensraum und Lebensweise:** Bewohner offener Wälder und angrenzender Savannen, oft in der Nähe menschlicher Siedlungen, häufig auf dem Boden, aber nie weit entfernt von Bäumen, auf die sie sich bei Gefahr (durch Leoparden oder Adler) zurückziehen. Verbreitung in ganz Afrika südlich der Sahara mit Ausnahme des tropischen Regenwalds und der Wüste. Gruppen von 10–60 Tieren mit mehreren Männchen. Reviergröße bis zu 1 km².

- **Bestand und Situation:** Sehr häufig, nicht gefährdet.
- **Beobachtungsmöglichkeiten:** In allen Savannengebieten anzutreffen, regelmäßig auch an Camping sites und Lodges.

Diademmeerkatze – Blue Monkey
(*Cercopithecus mitis*)

- **Körpermerkmale:** Etwas schwerer und gedrungener als die Grüne Meerkatze, dunkleres Fell („Blue Monkey"), weißer Kehlfleck („Diadem"). Zahlreiche Unterarten.
- **Fortpflanzung und Entwicklung:** wie Grüne Meerkatze.
- **Nahrung:** wie Grüne Meerkatze.
- **Lebensraum und Lebensweise:** Stärker ans Baumleben gebunden, kleinere Verbände.
- **Bestand und Situation:** Seltener als Grüne Meerkatzen, aber nicht gefährdet.
- **Beobachtungsmöglichkeiten:** Eher in Waldgebieten, bei weitem nicht so häufig wie die Grüne Meerkatze.

Tierwelt

Grüne Meerkatze (Foto: fj)

Niedere Affen – Stummelaffen – Colobus Monkeys

Mit einem gekammerten Magen auf Verzehr und Verdauung von nährstoffarmen Blättern spezialisiert, daher vorwiegend im Regenwald Zentralafrikas anzutreffen, einige Arten auch in Bergwäldern Ostafrikas. Es sind zwei Arten von schwarzweißen **Guerezas** (Mantelaffe, *Colobus guereza*, und Bärenstummelaffe, *Colobus polykomos*) sowie in Ruanda, im Westen Tansanias und in anderen ostafrikanischen Randgebieten des Regenwaldes **Rote Stummelaffen** (*Procolobus badius*). Eine Unterart von diesen lebt auch im Jozani Forest auf Sansibar.

Halbaffen

Von den diversen Familien der Halbaffen (in der Gehirnentwicklung „noch nicht so weit" vorangeschritten wie die „echten" Affen) gibt es nur eine im östlichen Afrika: die Galagos oder Buschbabys. Die meisten sind Bewohner des dichten Waldes. Der Senegalgalago hat den lichten Savannenwald erobert und ist nachts in Bäumen unterwegs.

Senegalgalago – Bushbaby (*Galago senegalensis*)

- **Körpermerkmale:** 150–450 g, Körper höchstens 19 cm, Schwanz rund 30 cm lang. Hinterbeine sehr kräftig für eine hüpfende Fortbewegung, Augen und Ohren groß.
- **Fortpflanzung und Entwicklung:** Tragzeit 120–145 Tage, meist ein Jungtier (selten zwei), Geschlechtsreife ab ½ Jahr, Lebenserwartung ca. 15 Jahre.

- **Nahrung:** Vorwiegend Insekten und Baumsäfte.
- **Lebensraum und Lebensweise:** Ausschließlich nachtaktiv, Einzelgänger, vorwiegend am Rand von Wäldern und in der Baumsavanne. Tagsüber Schlaf in Baumhöhlen.
- **Bestand und Situation:** Recht häufig, nicht gefährdet; Feinde insbesondere Eulen und Schleichkatzen.
- **Beobachtungsmöglichkeiten:** Galagos sind nur nachts mit Hilfe starker Scheinwerfer in Bäumen zu entdecken, da ihre lichtempfindlichen Augen das Licht stark reflektieren. In Tansania (selten) zu beobachten sind die Unterarten Udzungwa-, Usambara- und Sansibargalago.

Nagetiere

Die meisten Hasen und Nagetiere (zwei verschiedene Säugetierordnungen) sind klein und nachtaktiv, so dass sie nur selten zu sehen sind. Regional häufig sind Hörnchen (Erdhörnchen und Buschhörnchen im Osten und Süden des Kontinents, Rotschenkelhörnchen und andere in den Regenwäldern Zentral- und Ostafrikas).

Kaphase – Cape Hare (*Lepus capensis*)

Sehr ähnlich dem europäischen Feldhasen, nur selten tagsüber zu sehen, da vorwiegend dämmerungs- und nachtaktiv. Bevorzugter Lebensraum sind offene, grasige Ebenen mit verstreutem Buschwerk. Ähnliche, verwandte Arten sind **Crawshay's-Hase** (*Lepus crawshayi*), **Buschhase** (*Lepus saxatilis*) und der **Buschmannhase** (*Bunolagus monticularis*). Während der Crawshay's-Hase im gesamten subsaharischen Afrika anzutreffen ist, kommen letztere nur in der Kap-Provinz Südafrikas vor.

Erdhörnchen (Foto: cl)

SCHUPPENTIERE

Springhase – Spring Hare
(Pedetes capensis)

Im östlichen Afrika von Kenia bis Südtansania weit verbreitet. Einschließlich des langen, buschigen Schwanzes 70–90 cm groß, 3–4 kg schwer, ein echtes Nagetier (nicht verwandt mit Hasen), ausschließlich nachtaktiv, in kleinen Kolonien in selbst gegrabenen Höhlen lebend, sehr sprungkräftig mit langen Hinterbeinen (wie ein kleines Känguru), nachts mit Scheinwerfern zu beobachten.

Erdhörnchen – Ground Squirrel
(Xerus rutilus)

Im östlichen Afrika unter allen Nagetieren am häufigsten zu sehen, da es tagaktiv ist (seinen buschigen Schwanz verwendet es wie einen Sonnenschirm). Lebt in kleinen Gruppen in Buschsavannen. Im gesamten Nordosten Tansanias sowie in Kenia und Uganda häufig anzutreffen.

Buschhörnchen (Rotbauch)
(Paraxerus palliatus)

Lokal häufig (im Küstenvorland von Kenia und Tansania). Verhältnismäßig kurzer, buschiger Schwanz. Dem Borstenhörnchen sehr ähnlich. Lebensraum sind die Baumsavanne und lichte Wälder. Ausschließlich tagaktiv. Tansania: Neben den im Selous Game Reserve weit verbreiteten Streifen-Buschhörnchen (Striped Bush Squirrel) kommen die Berg-Buschhörnchen (Tanganyika Mountain Squirrel) in den Eastern Arc Mountains häufig vor.

Stachelschwein – Porcupine
(Hystrix cristata & africaeaustralis)

50–90 cm lang und bis 27 kg schwer, dank der langen, schwarzweiß geringelten Stacheln (umgewandelte Haare) unverkennbar, aber kaum zu sehen, da ausschließlich nachtaktiv und die Tage in Höhlen verschlafend. In Tansania sind beide Hauparten häufig: Gemeines Stachelschwein (Crested Porcupine) und Südafrikanisches Stachelschwein (Southafrican Porcupine).

Schuppentiere

Eine der ältesten und ungewöhnlichsten Säugetierordnungen mit Arten in Afrika und Asien, die mit den südamerikanischen Gürteltieren (an die sie ein wenig erinnern) nicht verwandt sind und statt der gürtelartigen Hornringe als Körperschutz tannenzapfenartig angelegte Hornschuppen tragen.

Pangolin – Pangolin
(Manis temminckii)

Einschließlich des kräftigen Schwanzes fast 1 m lang und 15 kg schwer, nachtaktiv, Ernährung vorwiegend von Ameisen und Termiten, deren Baue sie mit ihren kräftigen Krallen aufreißen. Äußerst selten zu sehen, da trotz des Panzerschutzes sehr scheu und verborgen lebend.

RAUBTIERE

Löwen – oben: ein prachtvolles männliches Tier (Foto: jg), unten: bei der Paarung (Foto: cd)

Raubtiere

Raubtiere gehören zu den attraktivsten Säugetieren des Schwarzen Kontinents. Eine Safari ist für viele Teilnehmer erst erfolgreich, wenn der erste Löwe gesichtet wurde. Kaum weniger attraktiv sind Leoparden und Geparde, Hyänen und Schakale. Selten zu sehen sind die kleineren Katzen (wie Serval, Wildkatze, Karakal) und die vorwiegend nachtaktiven Schleichkatzen und Marder, nicht vertreten in Afrika sind Bären und Kleinbären.

Katzen

Mit den Großkatzen Löwe und Leopard und diversen Kleinkatzen von Gepard bis Schwarzfußkatze ist Afrika ein ausgesprochener „Katzen-Kontinent".

Löwe – Lion
(Panthera leo)

- **Körpermerkmale:** Einschließlich des knapp 1 m langen Schwanzes 250–300 cm lang, 80–105 cm hoch und bis 250 kg schwer (etwa gleich groß wie der Sibirische Tiger), Männchen mit Backen- und Halsmähne, Schwanz mit dunkler Quaste, Jungtiere gefleckt wie Leoparden.
- **Fortpflanzung und Entwicklung:** Tragzeit 100–115 Tage, zwei bis vier (ausnahmsweise bis sieben) Jungtiere von ca. 1300 g Geburtsgewicht, Säugezeit etwa ein halbes Jahr, Geschlechtsreife mit drei (Weibchen) oder fünf bis sechs Jahren (Männchen), Lebenserwartung selten über 15 Jahre, in Zoos teilweise viel länger.
- **Nahrung:** Vorwiegend größere Huftiere (Zebras, Antilopen, Büffel, gelegentlich Giraffen und junge Elefanten, Flusspferde oder Nashörner).
- **Lebensraum und Lebensweise:** Als einzige Katze im Rudel (zwei bis über 30 Tiere) mit ein bis mehreren Männchen lebend, vorwiegend in der offenen Savanne, auch in Halbwüsten und lichten Wäldern. Reviergröße bis zu 400 km^2.
- **Bestand und Situation:** In einigen Gebieten Afrikas (äußerster Norden und Süden) ausgerottet, ansonsten vor allem in großen Schutzgebieten mit reichem Wildbestand

nicht bedroht. Jungtiere durch Leopard, Hyäne und Wildhund gefährdet, erwachsene nur durch den Menschen.
- **Beobachtungsmöglichkeiten:** Zwar sind Löwen vorwiegend dämmerungs- und nachtaktiv, doch suchen die Tiere beim Ruhen kein Versteck (nur Sonnenschutz) und sind deshalb in Nationalparks früher oder später zu entdecken. Einzelne Tiere sind aber auch bei Tag unterwegs.

Leopard – Leopard
(Panthera pardus)

- **Körpermerkmale:** Gesamtlänge 155–270 cm (davon 60–95 cm Schwanz), Schulterhöhe von 50–75 cm, Gewicht 30–85 kg (also deutlich kleiner als der Löwe, vor allem aber schlanker und weniger kräftig gebaut), auffallende, sehr variable Rosettenmusterung, Schwärzlinge („Schwarze Panther") in der Natur äußerst selten.
- **Fortpflanzung und Entwicklung:** Nach 90–105 Tagen ein bis sechs (meist zwei bis vier) Jungtiere von 500–600 g, die mit 2½–4 Jahren geschlechtsreif und 15–20 Jahre alt werden.
- **Nahrung:** Kleine bis mittelgroße Huftiere (in Afrika vorwiegend Antilopen), Affen und Vögel.
- **Lebensraum und Lebensweise:** Einzelgänger, vorwiegend dämmerungs- und nachtaktiv, aber manchmal auch bei Tag unterwegs. Fast in allen Lebensräumen von Regenwald bis Wüstenrand, von Gebirge bis Flachland, in ganz Afrika (sowie in großen Teilen Asiens von der Türkei bis Sibirien und Java), selbst in Vororten von Großstädten (z.B. Nairobi/Kenia) und dort unter anderem Haushunde jagend.
- **Bestand und Situation:** Weit verbreitet und stellenweise nicht selten, trotz Verfolgung durch den Menschen (wegen seines

Leopard bei der „Siesta" (Foto: fj)

RAUBTIERE

schönen Pelzes und seiner „Schädlichkeit" für Haustiere) höchstens regional gefährdet.
- **Beobachtungsmöglichkeiten:** Von wenigen Stellen abgesehen (z.B. im Ngorongoro-Krater oder im Seronera-Gebiet in der Serengeti) ist es ein ausgesprochener Glücksfall, auf Safari einen Leoparden zu sehen, am ehesten bei einer Siesta im Baum.

Gepard – Cheetah
(Acinonyx jubatus)

- **Körpermerkmale:** 180–230 cm Gesamtlänge (Schwanz 60–80 cm), 60–80 cm hoch, 30–65 kg schwer (fast so groß wie der Leopard und doch wesentlich schlanker und leichter gebaut), relativ hochbeinig, Krallen nicht einziehbar, helles Fell mit unregelmäßigen Flecken. Jungtiere einfarbig gelbgrau mit langer Rückenmähne.
- **Fortpflanzung und Entwicklung:** Nach 90–95 Tagen werden ein bis fünf Jungtiere von 250–280 g geboren. Geschlechtsreife mit 2½–3 Jahren, Lebenserwartung kaum über 15 Jahre.
- **Nahrung:** Vorwiegend Gazellen und andere kleine Huftiere, Hasen und Vögel.
- **Lebensraum und Lebensweise:** Einzelgänger, doch können Junge bis zu zwei Jahre bei der Mutter bleiben und zwei oder drei Brüder eine Jagdgemeinschaft bilden. Streifgebiete bis zu einer Größe von 100 km². Um seine überragende Schnelligkeit (bis über 100 km/h Geschwindigkeit) ausspielen zu können, braucht der Gepard offene Lebensräume (Gras- und Buschsavanne) und gute Sicht (ist deshalb im Gegensatz zu allen anderen Katzen tagaktiv).
- **Bestand und Situation:** Selbst in Schutzgebieten geringe Bestände und bedroht, da das Erbgut eine sehr geringe Variabilität aufweist und Inzuchtdefekte auftreten. Neben dem Menschen (der dem Geparden oft als „Viehräuber" nachstellt) sind alle Raubtiere (Löwe, Leopard, Wildhund, Hyänen, Schakale) vor allem für junge Geparde gefährlich

Gepard (Foto: jg)

RAUBTIERE

und können den nicht sehr wehrhaften Jägern die Beute streitig machen.
- **Beobachtungsmöglichkeiten:** Wo der Gepard noch relativ häufig vorkommt (in den Kurzgrassavannen im Serengeti-Ngorongoro-Ökosystem), ist die Chance gut, ihn zu sehen, da der Sprinter tagsüber auf Jagd geht.

Serval – Serval
(Leptailurus serval)

- **Körpermerkmale:** Länge 70–100 cm, Schwanz mit 30–40 cm verhältnismäßig kurz, relativ hochbeinig (45–65 cm) und doch leicht (7–18 kg). Fell strohfarben mit kleinen schwarzen Flecken und Bändern. Kopf schmal und spitz, Ohren groß.
- **Fortpflanzung und Entwicklung:** Ein bis drei (selten fünf) Jungtiere nach 2½ Monaten Tragzeit, mit ca. zwei Jahren erwachsen, Lebenserwartung etwa 20 Jahre.
- **Nahrung:** Vorwiegend Kleinsäuger (Mäuse) und Vögel.

- **Lebensraum und Lebensweise:** Bewohnt Busch- und Grasland, meist einzeln, Reviere bis 10 km².
- **Bestand und Situation:** In den Savannen Afrikas verhältnismäßig weit verbreitet und nicht bedroht.
- **Beobachtungsmöglichkeiten:** Die scheue Kleinkatze ist nur mit viel Glück (z.B. im Serengeti-Nationalpark) zu sehen.

Hunde – Dogs

Die Hundeartigen (vor allem die Schakale) sind häufiger zu beobachten als Vertreter anderer Raubtier-Familien.

Afrikanischer Wildhund – African Wild Dog/Cape Hunting Dog
(Lycaon pictus)

- **Körpermerkmale:** 60–80 cm hoch, 75–100 cm lang (plus 30–40 cm Schwanz) und

Serval (Foto: fj)

RAUBTIERE

17–36 kg schwer. Farbe sehr variabel: unregelmäßige gelbe und weiße Flecken im dunklen Fell, stets weiße Schwanzspitze, sehr große, runde Ohren, lange Beine.
- **Fortpflanzung und Entwicklung:** zwei bis 16 (!) Junge mit 200–300 g nach 60–80 Tagen Tragzeit. Geschlechtsreife mit ca. 1½ Jahren, Lebenserwartung 10–12 Jahre.
- **Nahrung:** Vorwiegend mittelgroße bis große Huftiere (bis zu Gnu- und Zebragröße).
- **Lebensraum und Lebensweise:** In hoch organisierten Rudeln von durchschnittlich etwa zehn Tieren in großen Streifgebieten lebend, vor allem in der Savanne und in offenen Wäldern.
- **Bestand und Situation:** Stark bedroht durch intensive Bejagung (als „Schädlinge"), Lebensraumverlust und Seuchen (z.B. Hundestaupe).
- **Beobachtungsmöglichkeiten:** Da die Bestände überall (z.B. auch in der Serengeti) stark abgenommen haben, sind Begegnungen mit den „Hyänenhunden" (der frühere Name) ausgesprochen selten. Relativ häufig noch im Selous Game Reserve in Tansania sowie in verschiedenen Schutzgebieten Simbabwes und Südafrikas.

Schakale – Jackals

Alle drei Arten der fuchsähnlichen Schakale kommen im östlichen Afrika vor. Die Tiere sind Einzelgänger, die überall dort auftauchen, wo es Essbares zu holen gibt, also an Müllhalden und am Riss großer Raubtiere (insbesondere Löwen).

- **Körpermerkmale:** Gesamtlänge 100–140 cm (Schwanz 25–35 cm), Schulterhöhe ca. 40 cm, Gewicht 8–15 kg, Grundfärbung gelb- bis graubraun, langer, spitzer Kopf, verhältnismäßig kurzbeinig.
- **Fortpflanzung und Entwicklung:** Drei bis sechs Junge mit ca. 200–250 g nach neun Wochen Tragzeit, erwachsen mit knapp zwei Jahren, Lebenserwartung 12–14 Jahre.
- **Nahrung:** Vorwiegend Kleinsäuger (Mäuse) und Vögel, Insekten, Früchte, gerne auch „Abfälle" von großen Raubtieren.
- **Lebensraum und Lebensweise:** Tag- und nachtaktiv, meist einzeln, manchmal auch in Paaren und Familientrupps, Savanne und lichter Wald.
- **Bestand und Situation:** Häufig, nicht bedroht.
- **Beobachtungsmöglichkeiten:** Regelmäßig zu sehen, vor allem am „Kill" von Löwen.

Schabrackenschakal – Blackbacked Jackal
(Canis mesomelas)
Ost- und Südafrika, gekennzeichnet durch schwarzen Sattel auf dem grauen bis silberfarbigen Fell, häufig.

Streifenschakal – Sidestriped Jackal
(Canis adustus)
Östliches und südliches Afrika außer der Kap-Provinz, gekennzeichnet durch dunkle Streifen an den Flanken und weißes Schwanzende, seltener als der Schabrackenschakal.

Goldschakal – Common Jackal
(Canis aureus)
Nur im nördlichen Ostafrika (bis Norden Tansanias, z.B. Serengeti), golden, rotgelbes

Afrikanischer Wildhund (Foto: jg)

RAUBTIERE

Fell ohne Marken, kleiner als die beiden anderen Arten, etwas struppig im Aussehen.

Löffelhund – Bat eared Fox
(*Otocyon megalotis*)

Größe und Aussehen etwa wie Schakale, auffallend große, breite Ohren, kurze, spitze Schnauze, dichtes Fell. Ernährung von Kleintieren und Insekten, meist paarweise und in Familien lebend, relativ häufig, oft am Bau (nicht selten in alten Termitenstöcken) beim Sonnenbaden anzutreffen, da vorwiegend nachtaktiv.

Hyänen – Hyanas

Von den vier Arten sind die Tüpfelhyänen am häufigsten und trotz ihrer vorwiegend nächtlichen Lebensweise nicht selten zu sehen. Streifenhyäne (nur im nördlichen und östlichen Afrika) und Erdwolf sind viel seltener und zudem ausschließlich nachtaktiv. Die Schabrackenhyäne oder Braune Hyäne kommt nur in Namibia, Botswana, Teilen Südafrikas und in Simbabwe vor.

Tüpfelhyäne – Spotted Hyena
(*Crocuta crocuta*)
- **Körpermerkmale:** 150–210 cm lang (Schwanz 25–30 cm), 70–90 cm hoch und 40–65 kg schwer (Weibchen in der Regel größer und schwerer), Rücken abfallend, Ohren rund und verhältnismäßig groß.
- **Fortpflanzung und Entwicklung:** Meist zwei Jungtiere von 1–1,2 kg nach etwa 110 Tagen Tragzeit, Geschlechtsreife mit zwei bis drei Jahren, Lebenserwartung ca. 25 Jahre.
- **Nahrung:** Allesfresser, vor allem Aas (vorwiegend von Löwen, aber auch von anderen Raubtieren, denen sie den Fang zum Teil streitig machen und wegnehmen), aber im Rudel auch selbst Antilopen und Zebras jagend.
- **Lebensraum und Lebensweise:** Einzelgänger, aber auch große Clans mit bis zu 100 Tieren in stark verteidigten Eigenbezirken, vorwiegend nachtaktiv, tags in Erdbauen schlafend, manchmal auch bei Tag unterwegs und nicht selten beim Sonnenbaden und Suhlen in seichten Pfützen zu entdecken.
- **Bestand und Situation:** Recht häufig, nicht gefährdet.
- **Beobachtungsmöglichkeiten:** In fast allen Savannengebieten anzutreffen, am häufigsten im Ngorongoro-Krater in Tansania.

Tüpfelhyänen (Fotos: cd)

RAUBTIERE

Streifenhyäne – Striped Hyana
(Hyaena hyaena)

Geringfügig kleiner und leichter als die Tüpfelhyäne, gekennzeichnet durch schwarze Streifen und Kehlfleck, relativ lange Nacken- und Schultermähne und verlängerte Schwanzhaare sowie verhältnismäßig spitze Ohren. Meist Einzelgänger, doch auch in kleinen Familiengruppen lebend. Recht selten und stellenweise bedroht.

Erdwolf – Aardwolf
(Proteles cristatus)

Sehr ähnlich wie Streifenhyäne aussehend, aber deutlich kleiner, schwarze Schnauze kaum behaart. Lebt in Dauerehe in Savannen und ernährt sich v.a. von Termiten, Ameisen und anderen Kerbtieren. Recht selten.

Schleichkatzen

Die meisten Arten sind nachtaktiv und recht klein und folglich nur selten zu beobachten – ausgenommen sind Stellen, die eigens für Nachtbeobachtungen eingerichtet wurden. In der Regel sind Schleichkatzen Einzelgänger. Zwei Arten, **Zwerg-** und **Zebramangusten**, sind aber nicht nur sehr gesellig, sondern außerdem auch tagaktiv, so dass Trupps von ihnen gelegentlich bei der Beutesuche gesehen werden können.

- **Körpermerkmale:** Meist klein, schlank und langgestreckt, zwischen 20 (Zwergmungo) und über 85 cm (Afrikanische Zibetkatze) plus 20–45 cm Schwanz, Höhe 15–45 cm, Gewicht 350 g–20 kg.
- **Fortpflanzung und Entwicklung:** Tragzeit meist knapp zwei Monate, Geburtsgewicht 50–500 g, Geschlechtsreife mit ein bis zwei Jahren, Lebenserwartung 10–15 Jahre.
- **Nahrung:** Vorwiegend Kleintiere wie Insekten, Mäuse, Reptilien, Vögel, aber auch Früchte.

- **Lebensraum und Lebensweise:** Meist Einzelgänger und nachtaktiv in sehr unterschiedlichen Lebensräumen.
- **Bestand und Situation:** Keine Art vom Aussterben bedroht.
- **Beobachtungsmöglichkeiten:** Nur die tagaktiven und geselligen **Zwergmangusten** (Helogale parvula) und **Zebramangusten** (Mungos mungo) sind gelegentlich zu sehen, wenn ihre Trupps flink und wuselig auf Nahrungssuche unterwegs sind (oder auch wenn sie aus den Termitenbauen, die sie gerne als Höhlen benutzen, herausschauen). Auch der sehr schlanke und lang gestreckte, tagaktive **Rotichneumon** (Herpestes sanguineus) mit rotbraunem Fell und schwarzer Schwanzspitze ist manchmal für kurze Zeit zu beobachten, ehe er wieder in einem Dickicht verschwindet.

Zwei nachtaktive Schleichkatzen im östlichen Afrika sind die **Ginsterkatze** (Genetta genetta, engl. Genet) und die **Zibetkatze** (Civettictis civette, engl. Civet). Beide lassen sich oft bei abendlichen und nächtlichen Fahrten sehen.

Marder

Alle Arten der Marder sind nachtaktive Einzelgänger. Am ehesten ist noch der **Honigdachs** (Mellivora capensis, engl. Honey badger) zu beobachten. Dank seiner „Zweifarbigkeit" (schwarzer Körper, deutlich abgesetzter silbrig-weißer Rücken) und der kräftigen Dachsfigur ist er unverkennbar. Sehr aggressiv, greift selbst Katzen und Großwild wie Büffel und Elefanten an. Selten zu sehen sind die in Afrika lebenden Otter, am ehesten noch der **Kapotter** (Aonyx capensis), sowie die nur nächtlich auf Nahrungssuche gehenden Streifeniltisse.

Elefantenmutter mit Jungtier (Foto: cd)

ERDFERKEL, RÜSSELTIERE

Erdferkel

Eine der ungewöhnlichsten afrikanischen Tiergestalten ist das Erdferkel (*Orycteropus afer,* engl. *Aardvark*), das in Savannengebieten weit verbreitet ist, aber nur selten beobachtet werden kann, wenn es sich nachts auf Nahrungssuche (Termiten und Ameisen) macht. Kennzeichnend sind der kräftige, fast haarlose Körper (schweineähnlich, auch wenn die Tiere gar nichts mit den Borstentieren zu tun haben, sondern in die altertümliche Säugetierordnung der Vorhuftiere gehören), große Ohren, kräftige Grabklauen an den Vorderbeinen. Tagsüber in selbst gegrabenen Erdhöhlen schlafend.

Rüsseltiere

Begegnungen mit Elefanten gehören zu den eindrucksvollsten Erlebnissen einer Afrikareise. Nicht nur, weil sie die größten Landtiere sind und mit dem Rüssel ein einmaliges Allzweckorgan haben, sondern auch wegen ihres faszinierenden Sozialverhaltens. Leider gibt es nur wenige Nationalparks, die den Großtieren mit dem riesigen Appetit auf Dauer einen ausreichenden Lebensraum garantieren können. Es ist zu befürchten, dass die Elefanten wie ihre Verwandten, die Mammuts und Mastodons, langfristig aussterben werden.

16 RÜSSELTIERE

Afrikanischer Elefant – African Elephant
(Loxodonta africana)

- **Körpermerkmale:** Von der Rüssel- bis zur Schwanzspitze 7–7,5 m lang, Schulterhöhe 2,2–3,7 m, Gewicht bis über 9000 kg – damit das bei weitem größte Landtier. Der Rüssel, der aus Oberlippe und Nase entstand und mehr als 2 m lang sein kann, dient zur Nahrungsaufnahme (beim Trinken werden bis zu 10 l Wasser angesaugt und dann in den Mund gespritzt), zum Tasten, Riechen, Ergreifen von Gegenständen und zur Kommunikation (gegenseitiges Berühren, aber auch Schlagen). Die Stoßzähne, die bei den Bullen deutlich größer sind als bei den Kühen (Rekordmaße über 3 m), sind umgewandelte Schneidezähne mit offener Wurzel, können also lebenslang wachsen. In jeder Kieferhälfte ist jeweils nur ein Mahlzahn von Backsteingröße im Einsatz. Der nächste Zahn schiebt von hinten nach (horizontaler Zahnwechsel). Die Fußsohlen bedecken zusammen eine Fläche von mehr als 1 m². Unter den Zehen- und Mittelfußknochen fängt ein mächtiges Bindegewebspolster den Druck von einigen Tonnen ab. An den Zehenspitzen befinden sich vorne fünf, hinten drei flache, hufartige Hornnägel.
- **Fortpflanzung und Entwicklung:** 22 Monate Tragzeit, ein Jungtier (ganz selten zwei) von 90–135 kg. Säugezeit bis über zwei Jahre, Geschlechtsreife ab sieben bis acht Jahren, Lebenserwartung 50–70 Jahre.
- **Nahrung:** Gras, Zweige, Blätter, Früchte, Rinde, Wurzeln, Knollen – bis zu 200 kg am Tag.
- **Lebensweise und Lebensraum:** Aktiv „rund um die Uhr", Mutterfamilien als Grundeinheit, Männchen in eigenen Gruppen oder Einzelgänger, Eindringen in Weibchenrudel nur, wenn ein Tier empfängnisbereit ist. Lebensraum von Halbwüste und Grassavanne bis tropischer Regenwald.

- **Bestand und Situation:** In ganz Afrika (Schwerpunkt Zentralafrika) leben noch rund 600.000 Tiere, doch wurden sie in den vergangenen Jahrzehnten wegen ihres Elfenbeins gnadenlos bejagt, und vor allem schwindet ihr Lebensraum drastisch – die Aussichten sind selbst bei konsequentem Schutz wegen des großen Nahrungs- und Raumbedarfs der Tiere schlecht.
- **Beobachtungsmöglichkeiten:** Berühmte Nationalparks mit Elefanten sind zum Beispiel Marsabit, Samburu, Amboseli und Tsavo in Kenia, Manyara, Tarangire, Selous und Ruaha in Tansania, das Luangwa-Valley in Sambia, Matusadonha, Mana Pools und Hwange in Simbabwe, nicht zuletzt der Chobe National Park in Botswana, um nur die wichtigsten zu nennen. In Tansania sind sie am ehesten in Manyara und Tarangire zu sehen.

Schliefer

Die murmeltierähnlichen Schliefer wurden früher als Verwandte der Elefanten angesehen, doch haben genauere Untersuchungen gezeigt, dass sie eher mit Pferden und anderen Unpaarhufern verwandt sind. Die auf Felsen lebenden Klipp- und Buschschliefer sind regelmäßig zu beobachten, die ausschließlich nachtaktiven Baumschliefer bekommt der Afrikabesucher nur mit ihren knarzenden Rufen zu hören.

Klippschliefer – Rock Hyrax
(Procavia capensis)

- **Körpermerkmale:** 45–44 cm lang, schwanzlos, 15–25 cm hoch, 2–5,5 kg schwer, gedrungener Körper und kurze Beine (mit nagelförmigen kleinen Hufen), Fell kurz und dicht. Geschlechter äußerlich kaum zu unterscheiden.

Afrikanischer Elefant (Foto: jg)

Unpaarhufer

- **Fortpflanzung und Entwicklung:** Tragzeit sieben bis acht Monate, ein bis vier Junge von 200–250 g. Geschlechtsreife mit 1½–2 Jahren, Lebenserwartung 9–14 Jahre.
- **Nahrung:** Ausschließlich pflanzlich (Gras und Laub).
- **Lebensraum und Lebensweise:** Tagaktiv (Nahrungsaufnahme v.a. morgens und abends), Zusammenleben in Familiengruppen (ein Männchen mit einem bis mehreren Weibchen), in felsigem Gelände bis über 4000 m Höhe, hervorragende Kletterer (vorwiegend auf Felsen, aber auch auf Bäumen).
- **Bestand und Situation:** Weit verbreitet und nicht gefährdet.
- **Beobachtungsmöglichkeiten:** Überall in felsigem Gelände (besonders in der Serengeti) anzutreffen und recht auffallend.

Busch- und Steppenschliefer sind in Aussehen und Lebensweise sehr ähnlich, dagegen sind die **Baumschliefer** *(Dendrohyrax spec.)* ausgesprochen nachtaktiv und nur ausnahmsweise zu sehen, wenn sie aus ihrer Schlafhöhle in Bäumen schauen.

Steppenzebras in der Serengeti (Foto: jg)

Unpaarhufer

Von den drei Familien sind Pferdeverwandte (mit drei Zebraarten und dem Wildesel) und Nashörner (mit Breit- und Spitzmaulnashorn) in Afrika vertreten, während Tapire, nur in Asien und Südamerika vorkommen.

Zebras – Zebras

Vier der sechs Einhufer-Arten sind auf dem afrikanischen Kontinent zu Hause. Nur eine, das **Steppenzebra** (verschiedene Unterarten), ist nicht gefährdet. Das im Norden Kenias lebende Grevy-Zebra ist sehr selten geworden, das im Süden des Kontinents beheimatete Bergzebra vom Aussterben bedroht. Im südlichen Afrika wird vor allem die Hauptunterart des Steppenzebras, das Burchell-Zebra, angetroffen, in Ostafrika eher das Grant- oder Böhm-Zebra.

UNPAARHUFER 19

Steppen-Zebra – Burchell's Zebra
(Equus quagga)

- **Körpermerkmale:** Einschließlich des (50 cm langen) Schwanzes ca. 3 m lang und 125– 135 cm hoch und etwa 300 kg schwer, schwarze Streifen auf weißem Grund im Norden, mit Zwischenstreifen und gelblicherem Grund im Süden, vom Körper kontinuierlich auf die Beine übergehend, an Beinen und Rumpf verringert.
- **Fortpflanzung und Entwicklung:** Ein Jungtier von 30 kg nach einem Jahr Tragzeit, Geschlechtsreife mit zwei Jahren, Lebenserwartung 20 Jahre.
- **Nahrung:** Fast ausschließlich Gras.
- **Lebensraum und Lebensweise:** Familienverbände von einem Hengst mit mehreren Weibchen, in Grasländern von Ost- bis Südwestafrika.
- **Bestand und Situation:** Insgesamt häufig, nur stellenweise selten geworden oder gar bedroht.
- **Beobachtungsmöglichkeiten:** Fast in allen Nationalparks des Savannengebiets anzutreffen.

Nashörner – Rhinos

Keine andere Säugetierordnung ist stärker vom Aussterben bedroht, da die Hörner auf dem chinesischen und südostasiatischen Pharmamarkt (Potenzmittel) sowie im Mittleren Osten (dort als Dolchgriffe, vor allem im Jemen) immer noch stark gefragt sind. In den letzten Jahren ist die Nashorn-Wilderei in Afrika deutlich zurückgegangen.

Spitzmaulnashorn – Hook-lipped Rhino
(Diceros bicornis)

- **Körpermerkmale:** Einschließlich des (ca. 60 cm langen) Schwanzes knapp 4 m lang, 1,55 m hoch und 1,5 t schwer, mit zwei Hörnern, vorderes bis über 1 m lang.
- **Fortpflanzung und Entwicklung:** 450 Tage Tragzeit, ein Junges von ca. 50 kg, mit vier

Spitzmaulnashorn (Foto: cl)

(Weibchen) bis acht Jahren geschlechtsreif, Lebenserwartung ca. 40 Jahre.
- **Nahrung:** Blätter und Zweige von Sträuchern, auch Kräuter und Gräser, Aufnahme sehr selektiv mit verlängerter Oberlippe.
- **Lebensraum und Lebensweise:** Einzelgänger, nur Mütter mit Jungen längere Zeit zusammen, tag- und nachtaktiv vorwiegend im Busch.
- **Bestand und Situation:** Sehr bedroht durch starke Wilderei.
- **Beobachtungsmöglichkeiten:** Nur noch an wenigen Stellen (in Tansania z.B. in der Serengeti, im Selous Game Reserve und im Ngorongoro-Krater) zu sehen.

Breitmaulnashorn – Square-lipped Rhino (*Ceratotherium simum*)

Deutlich größer und schwerer (bis 3 t), oft in kleinen Herden (ein Bulle mit mehreren Kühen), vorwiegend in reiner Grasflur lebend und Gräser weidend, daher auch leichter zu beobachten. Früher auch im östlichen Afrika, überall mit Ausnahme des südafrikanischen Reservates Umfolozi-Hluhluwe ausgerottet und wieder an verschiedene Stellen Ost- und Südostafrikas zurückgebracht (z.B. Hwange in Simbabwe). Nördliche Unterart im Garamba National Park im Nordosten der Demokratischen Republik Kongo.

Paarhufer

Mit Warzenschweinen, Flusspferden, Giraffen und vor allem zahlreichen Hornträgern (Büffel und Antilopen) ist diese Tiergruppe bei Safaris bei weitem am häufigsten zu sehen und am kennzeichnendsten.

Flusspferde und Schweine

Zwei Gruppen von Säugetieren, die höchstens entfernt miteinander verwandt sind. Zwei Flusspferdarten: **Großflusspferd** über weite Teile Afrikas südlich der Sahara verbreitet, das viel kleinere **Zwergflusspferd** nur in kleinen Restbeständen im Westen des

Kontinents. Flusspferde zeichnen mit Abstand für die meisten durch wilde Tiere bedingten Todesfälle in Afrika verantwortlich und sollten daher niemals unterschätzt werden.

Flusspferd – Hippo
(Hippopotamus amphibius)

- **Körpermerkmale:** Massiger, walzenförmiger Körper bis 450 cm Länge (Schwanz 35 cm) und 165 cm Höhe, bis über 3000 kg schwer. Kopf riesig, Mund tief gespalten und weiter aufzureißen als bei jedem anderen Säugetier. Haut sehr dick, glatt und weitgehend haarlos, Ohren und Nasenlöcher zum Untertauchen verschließbar und mit Augen auf einer Ebene liegend.
- **Fortpflanzung und Entwicklung:** Tragzeit ca. acht Monate, ein Jungtier von 50 kg, Geschlechtsreife mit vier bis sechs Jahren, Lebenserwartung (im Zoo) bis über 50 Jahre.
- **Nahrung:** Vorwiegend Gräser, die bei nächtlichen Landgängen geweidet werden.
- **Lebensraum und Lebensweise:** Tagsüber vorwiegend im Wasser, nachts an Land, kleine bis sehr große Gruppen, starke Bullen mit Paarungsterritorium.
- **Bestand und Situation:** An manchen Stellen (z.B. in Ägypten, wo es früher vorkam) ausgerottet oder selten geworden, in manchen Reservaten sehr zahlreich.
- **Beobachtungsmöglichkeiten:** „Hippo-Pools", an denen oft Hunderte von Flusspferden eng gedrängt die Tage verbringen, gibt es in vielen Nationalparks des südlichen und östlichen Afrika (in Tansania z.B. im Ngorongoro-Gebiet und in der Serengeti).

Drei von neun Schweine-Arten (ohne die amerikanischen Pekaris) kommen in Afrika vor. Nur das Warzenschwein ist regelmäßig im Grasland zu sehen.

Warzenschwein – Warthog
(Phacochoerus aethiopicus)

- **Körpermerkmale:** Einschließlich des (35–50 cm langen) Schwanzes 140–200 cm lang, 65–85 cm hoch und 50–150 kg schwer, verhältnismäßig großer Kopf mit großen Ausbuchtungen („Warzen") über und unter den Augen sowie am Unterkiefer, riesige (bis 60 cm lange) Eckzähne. Haut mit Ausnahme meist heller langer Haare an Rücken, Hals und Unterkiefer fast nackt.
- **Fortpflanzung und Entwicklung:** Tragzeit etwa 5½ Monate, ein bis vier (manchmal bis acht) Jungtiere von 450–900 g. Recht lange Abhängigkeit von der Mutter, Geschlechtsreife mit 17–19 Monaten, Lebenserwartung knapp 20 Jahre.
- **Nahrung:** Im Gegensatz zu allen anderen Schweinen keine Allesesser, sondern Gras und Kräuter weidend, kaum nach Wurzeln, Rhizomen und Kleintieren wühlend.
- **Lebensraum und Lebensweise:** Ein bis zwei Mutterfamilien, manchmal mit den Vätern, in kleinen Gruppen, vorwiegend tagaktiv in Grassavannen.

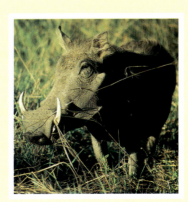

Warzenschwein (Foto: cd)

Flusspferd (Foto: jg)

PAARHUFER

- **Bestand und Situation:** Relativ häufig, nur Löwe als ernstzunehmender Feind (erfolgreiche Verteidigung gegen alle anderen Raubtiere).
- **Beobachtungsmöglichkeiten:** In allen Grasgebieten Afrikas regelmäßig anzutreffen.

Das **Buschschwein** (Potamochoerus porcus, engl. Bushpig) ist zwar im gesamten afrikanischen Bereich weit verbreitet, doch bekommt man die nachtaktive und im dichten Busch lebende Art kaum zu sehen. Noch mehr trifft dies für das **Riesenwaldschwein** (Hylochoerus meinertzhageni, engl. Giant Forest Hog) zu, das nur in den zentral- und ostafrikanischen Regen- und Bergwäldern vorkommt und erst Anfang des 20. Jahrhunderts für die Wissenschaft entdeckt wurde.

Giraffen – Giraffes

Zwei Arten dieser langhalsigen typischen Afrikaner gibt es: die im Savannengürtel weit verbreitete Giraffe (bis zu acht verschiedene Unterarten) und ihre nur in einem verhältnismäßig kleinen Gebiet des Kongo-Regenwalds lebende Waldgiraffe, das **Okapi** (Okapia johnstoni). Die in Tansania lebende Unterart ist die **Maasai-Giraffe** (Giraffa camelopardalis tippelskirchi), in Kenia gibt es daneben die **Uganda-** und die **Netzgiraffe.**

Giraffe – Giaffe
(Giraffa camelopardalis)

- **Körpermerkmale:** Bis knapp 5 m hoch (Vorderbeine deutlich länger als Hinterbeine, Hals gut 2 m und trotzdem wie bei fast allen Säugetieren nur aus 7 Wirbeln bestehend), Schwanz ca. 1 m, Gewicht 550 kg (kleine Weibchen) bis annähernd 2000 kg, kennzeichnendes Fleckenmuster (unterschiedlich bei den bis zu acht Unterarten), mit Fell überzogene Knochenzapfen (zwei bis fünf) bei beiden Geschlechtern.

- **Fortpflanzung und Entwicklung:** In der Regel ein Jungtier von ca. 100 kg nach 450–465 Tagen Tragzeit. Geschlechtsreife mit vier bis fünf Jahren, Lebenserwartung 25 Jahre.
- **Nahrung:** Blätter und junge Triebe von Bäumen (vor allem Akazien), die mit den sehr beweglichen Lippen und der langen Zunge vorsichtig zwischen Dornen herausgepflückt werden.
- **Lebensraum und Lebensweise:** Gesellig in Gruppen sehr unterschiedlicher Größe und ständig wechselnder Zusammensetzung (ohne feste Verbände), recht große Streifgebiete in Baumsavannen- und Buschgebieten.
- **Bestand und Situation:** Relativ häufig, da nur wenig bejagt, Feinde sind höchstens Löwen (die sich aber vor den mächtigen Hufschlägen erwachsener Tiere, mit denen auch Kälber erfolgreich verteidigt werden, hüten müssen).
- **Beobachtungsmöglichkeiten:** In allen Savannengebieten mit guten Baum- (Akazien-) Beständen zu sehen.

Hornträger

Neben den bekannten Hornträgern Schaf, Ziege und Rind gibt es die nicht genau definierte Gruppe der „Antilopen", die in Afrika mit einem Dutzend Unterfamilien in zahlreichen Arten sehr vielfältig vertreten ist. Hornträger gehören zu den am häufigsten gesehenen Tieren im südlichen Afrika.

Ducker – Duiker

14 Arten, von denen die meisten im tropischen Regenwald oder zumindest in sehr dichtbewachsenen Buschgebieten leben, deshalb kaum einmal von Afrikareisenden zu sehen. Ausnahme ist der Kronenducker, der südlich der Sa-

Maasai-Giraffe (Foto: fj)

Paarhufer 23

PAARHUFER

Klippspringer (Foto: fj)

- **Lebensraum und Lebensweise:** Paarweise oder einzeln in Buschgebieten (nicht in reiner Grassavanne und im dichten Wald).
- **Bestand und Beobachtungsmöglichkeiten:** Weit verbreitet, nicht bedroht, trotzdem nur selten zu sehen.

Im tansanischen Küstenvorland und auf der Insel Sansibar ist auch der **Blauducker** (Cephalophus monticola, engl. Blue Duiker) häufig. Vom Aussterben bedroht ist der auf Sansibar endemische **Adersducker** (Cephalophus adersi, engl. Ader's Duiker).

Böckchen

Häufiger als Ducker sind im Dornbusch die zierlichen Dikdiks und auf Felsen die Klippspringer zu beobachten, stellenweise auch die Stein- und Bleichböckchen.

hara weit verbreitet und in der Buschsavanne und in lichten Wäldern gelegentlich zu beobachten ist, in Bergwäldern daneben auch der Rotducker (Cephalophus natalensis, engl. Red Duiker).

Kronenducker – Bush Duiker (*Sylvicapra grimmia*)

- **Körpermerkmale:** Etwa rehgroß (rund 1 m lang, 45–60 cm hoch und 10–20 kg schwer), hellbraun bis -grau. Böcke mit 8–18 cm langen, spitzen Hörnern, Weibchen meist ohne, kennzeichnend der lange Stirnschopf.
- **Fortpflanzung und Entwicklung:** Ein Jungtier von 1,3–2,1 kg, Tragzeit 7–7½ Monate, Geschlechtsreife ca. mit einem Jahr, Lebenserwartung ca. 12 Jahre.
- **Nahrung:** Vor allem Blätter von Büschen, z.T. Früchte und Samen, auch Jungvögel.

Kirk-Dikdik – Kirk's Dikdik (*Madoqua kirki*)

- **Körpermerkmale:** Sehr klein und zierlich (44–75 cm lang, 35–45 cm hoch, 2,5–6,5 kg schwer), pfeffer- und salzfarben, Nase verlängert, nur Männchen mit (bis 12 cm langen) spitzen Hörnern.
- **Fortpflanzung und Entwicklung:** Ein Jungtier von 0,5–0,6 kg Gewicht, Tragzeit 5–6 Monate, erwachsen mit knapp einem Jahr, Lebenserwartung kaum über zehn Jahre.
- **Nahrung:** Vorwiegend Blätter von Sträuchern, Knospen, Kräuter, Gräser, sehr geringer Wasserbedarf.
- **Lebensraum und Lebensweise:** Einzeln oder paarweise (wahrscheinlich in lebenslanger Einehe) in dichtem Busch lebend, streng territorial.
- **Bestand und Beobachtungsmöglichkeiten:** In seinem verhältnismäßig kleinen Verbreitungsgebiet nicht selten und lokal häufig zu beobachten. Ähnliches gilt für die anderen (vier) Arten.

PAARHUFER 25

Klippspringer – Klipspringer
(Oreotragus oreotragus)

- **Körpermerkmale:** Ähnlich wie Dikdiks, doch etwas größer und im Körperbau kräftiger, extreme Zehenspitzengänger, Voraugendrüsen noch auffallender als bei Dikdiks.
- **Fortpflanzung und Entwicklung:** Tragzeit sieben Monate, Geburtsgewicht ca. 1 kg, Geschlechtsreife mit einem Jahr, Lebenserwartung etwa 15 Jahre.
- **Nahrung:** Gräser, Kräuter, Blätter in der Nähe von Felsen, auch Flechten, Blüten, Früchte.
- **Lebensraum und Lebensweise:** Paarweise auf und in der Nähe von Felsen (Einzelfelsen ebenso wie Gebirgsblöcke) lebend, Territorien klein, höchstens 10 ha um den „Heimatfelsen".
- **Bestand und Beobachtungsmöglichkeiten:** In passendem Felsgelände nicht selten und leicht zu beobachten, da oft auf den höchsten Felserhebungen stehend. Gefährdet durch Leoparden und Adler.

Steinböckchen (Raphicerus campestris) und **Bleichböckchen oder Oribis** (Ourebia ourebi) sind in Größe und Aussehen ähnlich wie Klippspringer, doch klettern sie nie wie diese auf Felsen. Steinböckchen sind rötlich-ocker und leben als Einzelgänger im Buschland, Bleichböckchen sind fahlgelb, leben als Einzelgänger oder in kleinen Gruppen und bevorzugen große Grasflächen. Oribis sind nur gelegentlich zu beobachten (regelmäßig z.B. in Westtansania), Steinböckchen sind im südlichen Afrika regional häufig.

Moschusböckchen (Neotragus moschatus): Gehört zur Familie der Zwergantilopen und hat in Afrika sein größtes Verbreitungsgebiet im Osten Tansanias. Die im Englischen als Suni bezeichnete Antilope erreicht ein Gewicht von 4–6 kg.

Buschbock (Foto: cd)

Waldböcke

Drehhornantilopen werden diese mittelgroßen bis sehr großen Antilopen der Grassavanne (Elenantilope), Baumsavanne (Kudus, Buschbock, Nyalas) und des Sumpfes (Sitatunga) genannt wegen ihrer korkenzieherartig gedrehten Hörner, die beide Geschlechter oder auch nur die Männchen tragen können. Das schönste Schraubengehörn von annähernd 180 cm Länge haben die Großen Kudus.

- **Körpermerkmale:** Neben dem Korkenzieher-Gehörn gekennzeichnet durch weiße Abzeichen in Gesicht und Streifen oder Fleckenmuster am Körper. Männchen können anders gefärbt sein als die Weibchen (Buschbock: Bulle kastanienbraun, Kuh rotbraun,

Tierwelt

Elen: Bulle graubraun, Kuh rötlich), aber auch recht verschieden aussehen (beim Nyala haben die Männchen eine sehr lange Bauch- und Halsbehaarung fast ohne Abzeichen, während die Weibchen kurzhaarig und rotbraun mit weißen Streifen sind). Elenantilopen-Bullen können bis zu 1000 kg wiegen, dagegen sind Buschböcke nur 25–60 kg schwer. Schulterhöhe liegt zwischen diesen beiden Extremen bei 180 bzw. nur 100 cm.

- **Fortpflanzung und Entwicklung:** Tragzeit zwischen 6 und 9½ Monaten, meist nur ein Jungtier, zwischen 3,2 und 35 kg. Geschlechtsreife mit ein bis zwei Jahren, Lebenserwartung 12–25 Jahre.
- **Nahrung:** Vorwiegend Blätter, Knospen, Triebe von Sträuchern, aber auch Wasser- und Sumpfpflanzen (Sitatunga) bzw. Gräser und Kräuter (Elen).
- **Lebensraum und Lebensweise:** Von einzelgängerisch (Buschbock) bis zu gemischten Trupps (bis 50 Tiere bei Elen) in mehr oder weniger deckungsreichem Gelände (Busch, Wald, Sumpf), fast alle mit verhältnismäßig großen Verbreitungsgebieten.
- **Bestand und Situation:** Keine der Arten vom Aussterben bedroht, Bestände stellenweise stark reduziert (häufig noch im Selous Game Reserve und Ruaha-Nationalpark, beide in Tansania). Jede Art ist in dem einen oder anderen Reservat mit einiger Sicherheit zu beobachten.

In Tansania gibt es fünf Arten: **Buschbock** (*Tragelaphus scriptus*, engl. *Bushbuck*), **Sitatunga** (*Tragelaphus spekei*, engl. *Sitatunga*), **Nyala** (*Tragelaphus angasi*), **Kleiner Kudu** (*Tragelaphus imberbis*, engl. *Lesser Kudu*) **Großer Kudu** (*Tragelaphus strepsiceros*, engl. *Greater Kudu*) und **Elenantilope** (*Taurotragus oryx*, engl. *Eland*).

Rinder

Von den zwölf Rinderarten der Erde ist eine Art (mit zwei Unterarten) in Afrika weit verbreitet: der Afrikanische oder Kaffernbüffel.

Links: Großer Kudu, rechts: Nyala-Weibchen (Fotos: fj)

Afrikanischer Büffel – Cape/African Buffalo
(Syncerus caffer)

- **Körpermerkmale:** Gesamtlänge 300–450 cm (Schwanz 70–110 cm), Schulterhöhe 100–170 cm, Gewicht 250–700 kg, Fellfarbe schwarzbraun bis rotbraun oder rot (Rotbüffel des Regenwalds), Hörner unterschiedlich groß, bei Bullen meist an der Stirn zusammengewachsen zu einer Platte, große, zumeist an den Rändern und im Innern stark behaarte Ohren.
- **Fortpflanzung und Entwicklung:** Tragzeit knapp ein Jahr, meist ein, selten zwei Jungtiere von 55–60 kg, Geschlechtsreife mit ca. fünf Jahren, Lebenserwartung bis 25 Jahre.
- **Nahrung:** Gräser und Kräuter, aber auch Blätter von Bäumen und Sträuchern.
- **Lebensraum und Lebensweise:** Kühe und Jungtiere mit einigen Bullen in teils riesigen Herden von bis zu 1000 Tieren, ältere Bullen Einzelgänger, in Savannen und Waldland in ganz Afrika, nie weit von Wasser.
- **Bestand und Situation:** Trotz Bejagung sehr gute Bestände, vor allem in den Nationalparks in Südafrika, Botswana und Simbabwe.
- **Beobachtungsmöglichkeiten:** Fast in allen Reservaten können einzelne Büffel oder auch riesige Herden beobachtet werden.

Kuhantilopen

Mit sieben Arten gehört die Gruppe der Kuhantilopen zu den Charaktertieren der afrikanischen Savanne. Besonders häufig sind die im gesamten östlichen und südlichen Afrika verbreiteten **Streifengnus** (*Connochaetes taurinus*, engl. *Blue Wildebeest*) (über eine Million allein in der tansanischen Serengeti). Regelmäßig beobachtet werden im östlichen Afrika auch zwei Unterarten der Kuhantilope *(Alcelaphus buselaphus)*, die **Ostafrikanische Kuhantilope** oder **Kongoni** (*A. b. caama*, engl. *Kongoni*) und die **Lichtensteins-Kuhantilope**

Büffelherde (Foto: fj)

PAARHUFER

Gnu-Migration in der Serengeti (Tansania) (Foto: jg)

(A. b. lichtensteini). Hinzu kommt die **Leierantilope** oder **Topi** (Damaliscus lunatus topi, engl. Topi). **Weißschwanzgnus** (Connochaetes gnou) und **Blessböcke** (Damaliscus dorcas) sind nahezu ausgerottet worden und kommen heute nur noch in wenigen südafrikanischen Reservaten und Farmen vor.

- **Körpermerkmale:** Relativ groß (Länge 170–320 cm incl. Schwanz, Schulterhöhe 85–145 cm, Gewicht 60–290 kg), verhältnismäßig derbe („kuhähnliche") Gestalt, mehr oder weniger große Köpfe, nicht übermäßig lange (maximal 80 cm), nach innen und hinten gebogene Hörner bei beiden Geschlechtern. Geschlechtsunterschied bei allen sowohl in Größe als auch in Färbung gering.
- **Fortpflanzung und Entwicklung:** Tragzeit 7½–8½ Monate, ein Jungtier von 7–18 kg, Geschlechtsreife mit ca. zwei Jahren, Lebenserwartung etwa 20 Jahre.
- **Nahrung:** Gräser und Kräuter.
- **Lebensraum und Lebensweise:** Meist in Gruppen von 5–30 Tieren (Großverbände bis über 1000 bei Streifengnus) in Grassavanne lebend, Bullen meist territorial (Streifengnus nur kurz in der Fortpflanzungszeit). Jungtiere „Nestflüchter", die der Mutter vom ersten Tag an folgen können.
- **Bestand und Situation:** Recht große Gesamtbestände aller drei im östlichen Afrika lebenden Arten, nur stellenweise durch Jagd oder Lebensraumverlust selten geworden.
- **Beobachtungsmöglichkeiten:** Die drei Arten **Hartebeest** (Alcelaphus buselaphus) – in Ostafrika mit dem sehr langgesichtigen, ver-

PAARHUFER 29

hältnismäßig hellbraunen Kongoni –, **Leierantilope** *(Damaliscus lunatus)* – in Ostafrika das etwas kleinere Topi mit dunklerer Grundfärbung und schwarzen Partien im Gesicht, an Vorderbeinen und Schenkeln – und vor allem das **Streifengnu** *(Connochaetes taurinus)* mit Riesenscharen im Serengeti-Ökosystem (inkl. Masai Mara in Kenia und Ngorongoro in Tansania) sind überall dort anzutreffen, wo es großflächige Grassavannen (mit oder ohne Baum- und Buschbestand) gibt.

Pferdeböcke

Eine Unterfamilie mit einigen der stattlichsten Antilopen, von denen drei Arten stellenweise auch in Ostafrika vorkommen: **Ostafrikanische Oryxantilope** *(Oryx beisa,* engl. Oryx), **Pferdeantilope** *(Hippotragus equinus,* engl. Roan Antelope) und **Rappenantilope** *(Hippotragus niger,* engl. Sable Antelope).

- **Körpermerkmale:** Stattliche Antilopen von 230–330 cm Gesamtlänge (incl. Schwanz von 70 cm) und 110–160 cm Schulterhöhe sowie 150–300 kg Gewicht. Hörner bei beiden Geschlechtern, bei Pferdeantilopen verhältnismäßig kurz (maximal 100 cm), nach hinten gebogen, mit Ringen, bei Rappenantilopen bis 165 cm lang und halbkreisförmig nach hinten geschwungen, bei Oryxantilopen bis 120 cm lang, gerade, dünn und sehr spitz. Nur bei Rappenantilopen deutlicher Geschlechtsunterschied (Männchen schwarz mit weißem Bauch, Weibchen kastanienbraun), Pferdeantilopen graubraun mit schwarzer Gesichtsmaske, Oryx eher grau mit schwarzweißen Zeichnungen im Gesicht, am Bauch und an den Beinen sowie einem recht langen Quastenschwanz.
- **Fortpflanzung und Entwicklung:** Tragzeit 8½–10 Monate, ein Jungtier von 9–18 kg Gewicht, Geschlechtsreife mit zwei bis drei Jahren, Lebenserwartung ca. 20 Jahre.
- **Nahrung:** Gräser und Kräuter, kaum Laub. Oryx kann lange ohne Wasser auskommen.

Wasserbock (Foto: fj)

PAARHUFER

●**Lebensraum und Lebensweise:** Für gewöhnlich Haremsgruppen, manchmal auch größere gemischte Verbände von bis zu 60 Tieren. Baum- und Buschsavanne bei den Pferde- und Rappenantilopen, Kurzgrassavanne und Halbwüste, selten auch Baumsavanne bei Oryx.

●**Bestand und Beobachtungsmöglichkeiten:** Nirgends häufig, aber keine Art bedroht. Begegnungen eher selten. Beste Chancen für Oryxantilopen in den Salei Plains im Serengeti-Ngorongoro-Grenzgebiet. Rappenantilopen lassen sich in den Selous und Saadani Game Reserves beobachten.

Ried- und Wasserböcke

Von den zehn Arten dieser Unterfamilie ist nur der eigentliche Wasserbock weit verbreitet und häufig anzutreffen. Die Riedböcke sind zwar recht weit verbreitet, aber nur gelegentlich zu sehen. Die Gras- und Moorantilope gibt es nur an bestimmten Stellen, dort aber nicht selten.

●**Körpermerkmale:** Mittelgroße bis große Antilopen von 130–250 cm Länge (Schwanz 10–45 cm), 70–130 cm Schulterhöhe und einem Gewicht zwischen 20 (Rehbok) und 250 kg (Wasserbock). Hörner (zwischen 30 und 100 cm lang) meist leicht nach vorne gekrümmt. Geschlechtsunterschiede in den meisten Fällen nicht sehr ausgeprägt.

●**Fortpflanzung und Entwicklung:** Tragzeit 7–9½ Monate, meist ein Jungtier von 4–13 kg, Geschlechtsreife mit ein bis zwei Jahren, Lebenserwartung 10–18 Jahre.

●**Nahrung:** Vorwiegend Gräser, weniger Kräuter, Riedböcke und Moorantilopen auch Wasserpflanzen und Schilf.

●**Lebensraum und Lebensweise:** Alle Arten mehr oder weniger ans Wasser gebunden, Riedböcke am wenigsten, Moorantilopen sehr ausgeprägt. Meist in kleinen Trupps (Riedböcke) oder gemischten Gruppen (Wasserböcke), Grasantilopen aber auch in Männchengruppen bis 600 und Weibchenverbänden bis 1000 Tieren.

●**Bestand und Beobachtungsmöglichkeiten:** Sehr häufig und in fast allen Nationalparks des östlichen Afrika anzutreffen ist der **Wasserbock** (Kobus ellipsiprymnus) mit seinen beiden Unterarten Defassa- und Ellipsen-Wasserbock. Weit verbreitet, aber selten zu sehen sind der **Riedbock** (Redunca redunca), im Savannengürtel südlich der Sahara von Senegal bis Tansania, sowie der **Große Riedbock** (Redunca arundinum), von Tansania bis Südafrika. An wenigen Stellen sehr zahlreich vertreten ist die **Grasantilope,** auch Kob-Wasserbock genannt (Kobus kob), z.B. in den Nationalparks von Uganda, aber auch in Sambia. Das **Puku** (Kobus vardoni) kommt in den Überschwemmungsgebieten im Kilombero Valley in Südtansania häufig vor.

Schwarzfersenantilope

Die im östlichen und südlichen Afrika wohl häufigste Antilope wurde früher zu den Gazellen gestellt. Heute steht die Art in einer eigenen Unterfamilie.

Impala – Impala
(Melampus aepyceros)

●**Körpermerkmale:** Rehgroß (Gesamtlänge 150–200 cm, Schulterhöhe 75–95 cm, Gewicht 40–80 kg), Böcke mit einem prächtig geschwungenen und relativ großen (bis annähernd 100 cm langen) Gehörn, ansonsten beide Geschlechter ähnlich: rotbraune Grundfarbe mit hellem Bauch und schwarzen Abzeichen an Kopf, Hinterteil und Fersen („Schwarzfersenantilope"), Schwanz buschig mit weißer Unterseite.

Linkes Bild: Impala-Bock,
rechts: Grant-Gazelle (Fotos: fj)

PAARHUFER

- **Fortpflanzung und Entwicklung:** Tragzeit 6½-7 Monate, ein Jungtier von 4-5,5 kg, Geschlechtsreife mit einem Jahr, Lebenserwartung ca. 15 Jahre.
- **Nahrung:** Gräser, Laub, Blüten, Früchte.
- **Lebensraum und Lebensweise:** Vorwiegend im Buschland, sehr gesellig in Haremsstruktur: ein Bock mit bis zu 50 (selten sogar 100) Weibchen, Junggesellenverbände bis 30 Tiere.
- **Bestand und Beobachtungsmöglichkeiten:** Im ganzen Verbreitungsgebiet von Kenia bis Südafrika sehr häufig und überall dort zu beobachten, wo es reichlich Nahrung in offenem Buschland gibt.

Gazellen

Eine recht einheitliche Unterfamilie der Antilopen, von der es neben einem Dutzend Arten in Afrika und Arabien auch vier in Asien gibt.

- **Körpermerkmale:** Verhältnismäßig klein (Gesamtlänge 110-200 cm, Schulterhöhe 60-100 cm, Gewicht 15-75 kg), Hörner nur bei Männchen oder auch bei beiden Geschlechtern (dann aber die der Weibchen deutlich kleiner), der Geschlechtsunterschied ist meist nicht sehr ausgeprägt. Farbe vorwiegend hellbraun mit hellerem Bauch und mehr oder weniger stark ausgeprägten schwarzen Abzeichen an der Seite und/oder am Hinterteil.
- **Fortpflanzung und Entwicklung:** Tragzeit fünf bis sieben Monate, ein (bei einigen Arten auch zwei oder drei) Jungtiere von 2-5 kg Gewicht, Geschlechtsreife mit ein bis zwei Jahren, Lebenserwartung ca. 15 Jahre.
- **Nahrung:** Vorwiegend Gräser und Kräuter, doch einige auch auf Laub, Knospen und Blüten von Sträuchern spezialisiert.
- **Lebensraum und Lebensweise:** Von Halbwüste bis offener Grassavanne bis Buschland, jede Art mit anderen Ansprüchen, meist in kleinen Gruppen, doch auch in gemischten Herden bis zu 700 Tieren.

Tierwelt

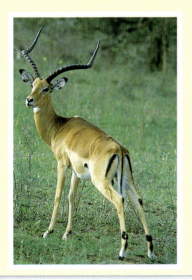

● **Bestand und Beobachtungsmöglichkeiten:** Alle Gazellen haben verhältnismäßig begrenzte Verbreitungsgebiete. Die drei vorwiegend in Ostafrika lebenden Arten sind stellenweise häufig zu sehen: die **Thomson-Gazelle** (*Gazella thomsoni*, engl. *Thomson's Gazelle*) nur östlich des Victoria-Sees in Kenia und Tansania (im Serengeti-Ökosystem sehr zahlreich), die **Grant-Gazelle** (*Gazella granti*, engl. *Grant's Gazelle*) ebenfalls in diesen beiden Ländern, mit insgesamt größerem Verbreitungsgebiet, aber nie ganz so zahlreich, die **Giraffen-Gazelle** (*Litocranius walleri*, engl. *Gerenuk*) an wenigen Stellen im nordöstlichen Ostafrika (Amboseli, Tsavo, Samburu in Kenia). Im äußersten Nordosten (Somalia) gibt es daneben noch die **Dorkasgazelle** (*Gazella dorcas*) und die **Stelzengazelle** (*Ammodorcas clarkei*).

Vögel (Binnenland)

Von weit über 1000 Vogelarten im östlichen Afrika sollen nur die auffallenden und für „normale" Safari-Touristen interessanten vorgestellt werden.

Strauß

Von diesen Laufvögeln gibt es in Afrika nur eine Art.

Afrikanischer Strauß – Ostrich (*Struthio camelus*)

Bis 2,5 m hoch (größter lebender Vogel), Männchen schwarz und weiß mit auffallender Hals- und Beinfarbe (blaugrau oder rot), Weibchen und Jungvögel graubraun. Weit verbreitet in offenem Grasland wie im Busch. Regelmäßig in fast allen Reservaten des östlichen Afrika anzutreffen. Männchen an Brut und Aufzucht der Jungen sehr aktiv beteiligt. Nahrung: Viele Teile von Pflanzen (Blätter, Früchte), aber auch Insekten, Reptilien und andere Kleintiere. Für gewöhnlich monogam, aber auch ein Hahn mit zwei oder drei Hennen. 15–20 Eier (etwa 15 cm lang, 12 cm dick) in einem Gelege, Brutdauer ungefähr 40 Tage.

Pelikane (Foto: cl)

Afrikanischer Strauß (Foto: cl)

Pelikane und Kormorane

Zu dieser Gruppe gehören drei am Wasser lebende Vogelfamilien, die sich von Fischen ernähren, beim Fischfang aber ganz unterschiedliche Methoden anwenden: „Netzfang" (Herausschöpfen mit großem Schnabel) beim Pelikan, Ergreifen einzelner Fische mit dem Hakenschnabel beim Kormoran, „Speeren" der Beute mit dem spitzen Schnabel beim Schlangenhalsvogel.

Rosa- und Rötelpelikan
(Pelecanus onocrotalus und Pelecanus rufescens)

Sehr große weiße Wasservögel (Länge 130–180 cm, Flügelspannweite annähernd 3 m) mit kurzen Beinen und Schwimmflossen, ziemlich langen Hälsen und sehr großen Schnäbeln. Weiß, in der Brutzeit schwach lachsfarbig (Rosapelikan) bzw. blassgrau (Rötelpelikan) in der Grundfärbung, recht gesellig vor allem in der Brutzeit, fangen Fische mit Hilfe ihres riesigen Schnabels und eines stark dehnbaren „Kehlsacks" als Wasser- und Fischbehälter. In ganz Afrika an Küsten und Seen anzutreffen.

Zwei Kormoran-Arten sind im östlichen Afrika regelmäßig an Gewässern anzutreffen: der **Weißbrustkormoran** *(Phalacrocorax carbo)* (Länge knapp 1 m) und die **Riedscharbe** *(Phalacrocorax africanus)* (bis 60 cm). Beide häufig an fischreichen Seen und Flüssen. Farbe schwarzbraun mit weißen Partien oder dunkelbraun. Schwanz der Riedscharbe sehr lang.

Schlangenhalsvogel
(Anhinga rufa)

Sehr langgestreckt (91 cm), dünner, langer Hals mit 24 Wirbeln. Mit dem spitzen, dünnen Schnabel werden Fische aufgespießt. Erwachsene Vögel mit kastanienbraunem Hals, Jungvögel wesentlich blasser.

REIHER

Schlangenhalsvogel (Foto: cl)

Pelikane, Kormorane und Schlangenhalsvögel brüten oft in mehr oder weniger großen Kolonien auf dem Boden oder auf trockenen Bäumen.

Reiher

Verhältnismäßig große, schlanke Stelzvögel mit langem, spitzem Schnabel, meist an flachen Gewässern, in Sümpfen, gelegentlich auch auf Grasflächen auf der Suche nach Fischen, anderen Wassertieren, Insekten und auch Mäusen und anderen Nagern. Brut meist in großen Kolonien auf Bäumen.

Grau- und Schwarzkopfreiher *(Ardea cinerea* und *Ardea melanocephala)*

90–100 cm lang, graues, stellenweise weißes Gefieder, beim etwas kleineren Schwarzkopfreiher schwarzer Kopf und Hals. Graureiher meist am Wasser, Schwarzkopfreiher häufiger auch in Grasland anzutreffen.

Goliathreiher *(Ardea goliath)*

Mit 140–155 cm der größte Reiher, Kopf, Hals und Unterseite kastanienbraun. Der ähnliche **Purpurreiher** ist viel kleiner und hat eine schwarze Kappe.

Neben dem rund 90 cm hohen **Silberreiher** *(Egretta alba)* (erkennbar an der Größe, dem gelben Schnabel und schwarzen Füßen) gibt es noch drei andere, deutlich kleinere weiße Reiherarten: **Mittelreiher** *(Egretta intermedia)* (rund 65 cm hoch, schwarze Beine, gelber Schnabel), **Seidenreiher** *(Egretta garzetta)* (55–60 cm, schwarzer Schnabel, schwarze Beine, gelbe Zehen) und **Kuhreiher** *(Ardeola ibis)* (50–55 cm, in der Brutzeit Krone,

Störche und Ibisse

Brust und Rücken leicht beige, sonst ganz weiß, Schnabel und Beine gelblich oder fleischfarben). Kuhreiher begleiten gerne große Weidetiere (Elefanten, Büffel) und fangen von deren Füßen aufgescheuchte Heuschrecken, sitzen aber auch zum Insektenfang gerne auf den Huftieren (auch Hausrindern). Die etwa gleich großen **Rallenreiher** *(Ardeola ralloides)* sind beige-braun, zeigen im Flug aber ihre völlig weißen Flügel.

Nachtreiher
(Nycticorax nycticorax)

Etwa 60 cm hoch, verhältnismäßig gedrungen, schwarzweiß, Jungvögel braun. Hauptsächlich nachtaktiv, tagsüber ruhig am Rande der Gewässer stehend.

Glockenreiher
(Egretta ardesiaca)

Bis 66 cm hoch, gedrungen, dunkelgrau mit gelben Zehen. Tagsüber am Rand von Gewässern auf Nahrungssuche, lokal verbreitet (z.B. Chobe National Park in Botswana).

Mangrovereiher
(Butorides striatus)

Mit ca. 40 cm deutlich kleiner, grünschwarzer Kopf und Rücken, Unterseite grau.

Gewöhnlich in eine eigene Vogelfamilie wird der **Hammerkopf** *(Scopus umbretta)* gestellt, der Ähnlichkeiten mit Reihern und Störchen zeigt. 55–65 cm hoch, dunkelbraun, mit auffallender Haube und relativ klobigem Schnabel. Lebt an kleinen Flüssen und Bächen und baut in großen Bäumen ein riesiges (bis über 1 m Durchmesser) Kugelnest aus Zweigen, Schilf und anderem Pflanzenmaterial. Drei bis sechs Eier, die etwa drei Wochen bebrütet werden, Jungvögel bleiben ca. sieben Wochen in ihrer Bruthöhle. Nahrung: Wasserinsekten, Krebse, Würmer, Fische, Amphibien.

Störche und Ibisse

Neben dem europäischen Weißstorch, der während des europäischen Winters im südlichen und östlichen Afrika als Zugvogel (= lokaler Sommergast) anzutreffen ist, gibt es eine Reihe von Storchenarten, die häufig (Marabu), regelmäßig (Nimmersatt, Sattelstorch) oder selten (Klaffschnabel) zu sehen sind. Scheu und zurückgezogen in den Sümpfen lebt der Schuhschnabel.

Sattelstorch
(Ephippiorhynchus senegalensis)

Mit rund 170 cm Höhe der größte und wegen seiner auffälligen Färbung (schwarzweiß mit rot-schwarz-gelbem Schnabel und roten Fersengelenken) auch der schönste und prächtigste aller Störche. Gewöhnlich paarweise in der Nähe von Gewässern anzutref-

Goliathreiher (Foto: jg)

STÖRCHE UND IBISSE

fen, auf der Suche nach Reptilien, Amphibien, Mäusen und anderen Kleintieren.

Neben dem europäischen **Schwarzstorch** (Ciconia nigra), der nur selten als Sommergast im östlichen Afrika zu sehen ist, gibt es drei andere vorwiegend schwarze oder dunkelbraune Störche, die alle etwa 80–90 cm hoch sind: **Wollhalsstorch** (Ciconia episcopus) („wolliger" weißer Hals, Schnabel dunkel mit rötlicher Spitze, Beine dunkelgrau bis fleischfarben), **Abdimstorch** (Ciconia abdimii) (auffallender weißer Bauch, Bronzeschimmer auf dem Rücken, blaues Gesicht, ähnlich dem Schwarzstorch, aber kleiner und ohne dessen rote Beine und Schnabel) und den **Klaffschnabel** (Anastomus lamelligerus) (braunschwarz, Schnabel klafft hinter der Spitze auseinander).

Marabu
(Leptoptilos crumeniferus)

Bekanntester und am häufigsten (am Aas, wo er den Geiern Konkurrenz macht, und an Müllhalden) anzutreffender Storch in Afrika, 150–160 cm hoch, schiefergrau mit weißem Bauch, weiße, flaumige Halskrause an der Basis des nackten, fleischfarbenen Halses, Erwachsene mit großem (bis 50 cm langem), luftgefüllten Kehlsack und einer rötlichen Blase im Nacken, Schnabel kräftig. Große Nester auf Bäumen (allein oder in kleinen Kolonien). Nahrung: Aas, Insekten, Reptilien, aber auch Vögel und kleine Säugetiere.

Afrikanischer Nimmersatt
(Ibis ibis)

Mittelgroß (95–105 cm) mit vorwiegend weißem Gefieder, Flügel und Schwanz schwarz, Gesicht nackt und rot, kräftiger

Bild links: Klaffschnabel (Foto: jg); rechts: Pavian vertreibt Marabu (Foto: cd)

Flamingos (Foto: jg)

FLAMINGOS

Schnabel leicht gebogen und gelb, vorwiegend an Gewässern anzutreffen.

Schuhschnabel
(Balaeniceps rex)

Einer der scheuesten und seltensten afrikanischen Störche, mit 150 cm relativ groß, aber v.a. durch den klobigen Schnabel mit Hakenspitze auffallend. Gefiederfarbe graublau, Schnabel grün-grau marmoriert, lebt nur an wenigen Stellen Afrikas tief in Papyrussümpfen vom Sudan über Uganda, Kongo, Ruanda, Tansania bis Sambia. In Tansania nur im Moyowosi-Reservat zu beobachten.

Afrikanischer Löffler
(Platalea alba)

Ca. 90 cm, ganz weiß, nacktes Gesicht und vorne löffelartig verbreiterter Schnabel, Beine rot (der Europäische Löffler, der als Wintergast in Ostafrika vorkommen kann, hat ein gefiedertes Gesicht und schwarze Beine).

Heiliger Ibis
(Threskiornis aethiopicus)

Ca. 75 cm, weißes Körpergefieder, Kopf und nackter Hals sowie Schwanz schwarz, Füße dunkel, nicht nur an Gewässern, sondern auch auf Feldern und in Parks auf Nahrungssuche (Insekten, kleine Wirbeltiere) zu beobachten, lokal häufig.

Hagedasch
(Hagedashia hagedash)

Ca. 75 cm, Gefieder graubraun mit metallisch-grünem Schimmer auf Flügeln, lauter, sehr auffallender quäkender Ruf. Relativ häufig an Sümpfen und flachen Gewässern.

Flamingos

Zwei Flamingoarten kommen zum Teil in riesigen Scharen (Nakuru-See Kenias mit bis zu 1,5 Millionen Vögeln, Zigtausende auch am Bogoria-See, vielleicht 30.000 im Ngorongo-

ro-Krater) an Seen in Ostafrika vor. Dabei ist der **Zwergflamingo** immer wesentlich zahlreicher als der etwas größere **Rosaflamingo,** der auch in Südeuropa (Spanien, Süd-Frankreich, Griechenland) zu sehen ist.

Rosaflamingo
(Phoenicopterus ruber)

140–150 cm, weißes Gefieder mit leichtem Hauch von Rosa, Schnabel rot mit schwarzer Spitze. An den Seen des ostafrikanischen Grabens einigermaßen häufig, weiter südlich seltener. Nahrung: vorwiegend kleine Krebstiere und Würmer, die mit dem Sieb am Schnabelrand aus dem Bodengrund geseiht werden.

Zwergflamingo
(Phoeniconaias minor)

Rund 100 cm hoch, Gefiederfarbe viel dunkler, Schnabel karminrot mit schwarzer Spitze. Sehr häufig an ostafrikanischen Seen, zwischen denen er aber über Hunderte von Kilometern hin und her fliegt. Brut nur an wenigen Stellen (z.B. Natron-See im Süden Kenias). Nahrung: Vorwiegend Algen und viel kleinere Nahrungspartikel, die dank des sehr feinen Schnabelsiebs auch von der Wasseroberfläche aufgenommen werden können. Riesige Zahlen am Nakuru-, Elmenteita- und Bogoria-See, seltener am Turkana- und Baringo-See (alle in Kenia), auch im tansanischen Ngorongoro-Krater und bis nach Südafrika vorkommend.

Enten und Gänse

An den Gewässern des östlichen Afrika ist nur eine Art der Entenvögel regelmäßig anzutreffen und auffallend: die Nilgans. Andere Arten sind seltener und schwerer zu identifizieren.

Nilgans
(Alopochen aegyptiaca)

60–70 cm, Gefieder braun bis graubraun mit weißen Schultern, fast immer paarweise an vielen Gewässern (Seen, Tümpeln, Bächen, Flüssen), sehr häufig im gesamten östlichen und südlichen Afrika.

Sporengans
(Plectropterus gambensis)

Bis 102 cm, Gefieder schwärzlichbraun mit weißer Bauchpartie, rosaroter Schnabel mit angrenzend rot gefärbtem Kopf, männliche Tiere mit rotem Sporn am Kopf-Schnabel-Übergang. Deutlich größer als die Nilgans. An Wasser gebunden, vor allem in Überschwemmungsgebieten sehr verbreitet (Okavango-Delta in Botswana, Kafue-Sümpfe in Sambia).

Kapente
(Anas capensis)

35 cm groß, graubraun marmoriert, mit auffallend rotem Schnabel und hellem Kopf, relativ häufig.

Gelbschnabelente
(Anas undulata)

Verhältnismäßig groß (50 cm), graubraun, auffallend gelber Schnabel, recht häufig an Seen und in Sümpfen.

Rotschnabelente
(Anas erythrorhyncha)

Etwa gleich groß wie vorige Art (48 cm), grau, auffallend roter Schnabel, streckenweise häufig an Seen und in Sümpfen.

Weißrückengeier (Foto: cl)

GREIFVÖGEL

Witwenpfeifente
(Dendrocygna viduata)

46 cm hoch, aufrecht stehend als andere Enten und Gänse, Gesicht weiß, Flanken schwarzweiß gemustert, Rücken rötlichbraun, außerhalb der Brutzeit in Scharen von 30 und mehr. Zu erkennen auch an den hellen pfeifenden Rufen.

Glanzgans
(Sarkidiornis melanotos)

Ca. 50 cm, auffallend schwarzweiß, Männchen mit schwarzem Höcker auf dem Schnabel, stellenweise häufig.

Greifvögel

Die Fülle der Greifvögel – angefangen von acht Arten von Geiern über eine große Zahl von Adlern, Bussarden, Habichten bis hin zu kleinen Falken – ist überwältigend.

Sekretar
(Sagittarius serpentarius)

Etwa 100 cm hoch, ein ans Bodenleben angepasster Greifvogel mit langen Stelzenbeinen, blassgrau, sehr langer Schwanz und auffallende Federhaube, im offenen Grasland Reptilien (insbesondere Schlangen), Nagetiere und große Insekten jagend, einzeln oder paarweise.

Die häufigsten Geier am Riss von Löwen und anderen sind der **Weißrückengeier** (Gyps africanus) (einheitlich braun, weiße Halskrause auf dem Rücken, 80–85 cm) und der **Sperbergeier** (Gyps ruppelli) (ebenfalls braun, leicht gestreift, etwas größer). Vereinzelt in Geieransammlungen zu sehen ist der **Wollkopfgeier** (Trigonoceps occipitalis) (80–85 cm, mit weißem Hals, sehr dunklem Körper und weißen Flügelspitzen, Schnabel blau und rot). Etwas häufiger,

Tierwelt

GREIFVÖGEL

aber meist etwas abseits von den größeren Geiern ist der kleine **Kappengeier** (Necrosyrtes monachus) (70 cm, einheitlich dunkelbraun, beigebraune „Haube" aus Flaum, nacktes Gesicht fleischrot) anzutreffen. Sehr selten einzeln zu sehen ist der **Schmutzgeier** (Neophron percnopterus) (ca. 70 cm, schmutzig weiß mit gelbem Gesicht und schwarzen Flügel- und Schwanzspitzen). Selten ist die größte Art: der **Ohrengeier** (Torgos tracheliotos) (über 100 cm, mit massigem Schnabel, nackter, faltiger Hals und Kopf dunkelrot). Nahrung der Geier: fast ausschließlich Aas großer Tiere, Schmutzgeier auch Straußeneier (die sie mit Steinen knacken) und in der Nähe menschlicher Ansiedlungen auch Müll. Rein vegetarisch ernährt sich der seeadlerartige **Palmengeier** (Gypohierax angolensis), der sehr sporadisch auftritt und zu beobachten ist.

Häufigster und auffallendster Adler des östlichen Afrika (Wassernähe vorausgesetzt) ist der **Schreiseeadler** (Haliaeetus vocifer) (75 cm, Kopf, Brust, Rücken und Schwanz weiß, Bauch und Schultern rotbraun, Flügel schwarz, Gesicht und Beine gelb, stets am Wasser, Nahrung: Fische und Wasserflügel). Relativ häufig sind **Raubadler** (Aquila rapax) (65–75 cm, einheitlich hell- bis dunkelbraun) und **Gaukler** (Therathopius ecaudatus) (60–65 cm, sehr kurzer Schwanz, Gesicht und Beine rot, Körpergefieder schwarz und grau, Rücken

Kappengeier (Foto: cl)

GREIFVÖGEL 41

rotbraun, häufig am Himmel kreisend zu sehen). Gelegentlich zu sehen sind **Schopfadler** (*Lophaetus occipitalis*) (50–55 cm, schwarzbraun, mit langen Schopffedern, oft auf Warte sitzend), **Kampfadler** (*Polemaetus bellicosus*) (75–85 cm, dunkel mit heller, gesprenkelter Brust, leichte Haube), **Kaffernadler** (*Aquila verreauxii*) (75–85 cm, schwarz mit weißen Abzeichen auf dem Rücken, selten in felsigem Gelände, z.B. im Matopos National Park Simbabwes), **Steppenadler** (*Aquila nipalensis*) (75 cm, schwarzdunkel mit orangegelber Schnabelpartie, in der Kalahari lokal häufig) und verschiedene **Schlangenadlerarten**.

Andere relativ häufige und auffällige Greifvögel: **Schwarzer Milan** (*Milvus migrans*) (fahlbraun mit auffallend gegabeltem Schwanz, Schnabel gelb, wohl der häufigste Greifvogel in Afrika, oft auch in Städten zu sehen), **Gleitaar** (*Elanus caeruleus*) (30–35 cm, hellgrau oben, weiß unten, weißer, leicht gegabelter Schwanz und schwarze Schultern, in recht niedriger Höhe über das Grasland fliegend auf der Suche nach Nagetieren), **Schakalbussard** (*Buteo rufofuscus*) (50–60 cm, Oberseite schiefergrau bis fast schwarz, Schwanz rotbraun, Brust fast weiß, Bauch hell, leicht gesprenkelt, häufig auf Telegrafenmasten oder ähnlichen Warten sitzend), **Heller** und **Dunkler Singhabicht** (*Melierax canorus* und *M. metabates*) (50–63 cm, hell- bzw. dunkelgrauer Habicht mit gesperberter Brust und orangeroten Zehen bzw. Schnabelansatz) und die **Afrikanische Rohrweihe** (*Circus ranivorus*) (45–50 cm, dunkel bis rötlichbraun, niedrig über Sümpfen oder Grasflächen fliegend).

Hühnervögel

Die meisten Hühnervögel (Frankoline, Perlhühner, Wachteln) sind nur kurz zu sehen und kaum zu bestimmen. Zwei Arten fallen auf und sind leicht von den anderen zu unterscheiden: das **Swainsonfrankolin** (*Francolinus swainsonii*) (knapp 39 cm, mit nackter, auffallend

Bild oben: Schreiseeadler; unten: Swainsonfrankolin (Fotos: cl)

GREIFVÖGEL

roter Kehle, die häufigste und auffälligste Art, vorwiegend in offenem Buschland) und das **Helmperlhuhn** (Numida meleagris) (45–55 cm, schiefergrau mit weißen Flecken, auffallender „Helm" auf dem Kopf, Gesicht blau, oft in kleinen Gruppen in Buschland anzutreffen). Regelmäßig kann auch die **Wachtel** (Coturnix coturnix) (18 cm, brauntarnfarben mit kleinen hellen Streifen) beobachtet werden.

Rallen, Kraniche, Trappen

Von den weltweit 14 Kranicharten ist nur eine überhaupt nicht gefährdet und als beliebter Parkvogel jedem Kind bekannt: der **Kronenkranich** (Balearica pavonina) (gut 100 cm hoch, unverkennbar durch die „Krone" aus goldgelben, borstenähnlichen Federn, die samtartig schwarze Stirn sowie weiße und rote Hautlappen im Gesicht, graues bis schwarzes Grundgefieder mit rotbraunen und weißen Partien an den Flügeln, meist paarweise auf offenen Ebenen, Feldern oder in Sümpfen). Seltener und nur lokal verbreitet ist der **Klunkerkranich** (Bugeranus carunculatus) (gut 125 cm, blassgrau mit weißem Hals, langem Schwanz und zwei weißen, gefiederten Anhängseln – „Klunkern" – am Kopf, zwei getrennte Populationen in Äthiopien und vom Süden Tansanias aus nach Sambia, Nord-Botswana, Simbabwe und in Natal in Südafrika).

Von den vielen Rallen sind zwei Arten besonders auffallend: das **Kammblässhuhn** (Fulica cristata) (40–45 cm, sehr ähnlich dem europäischen Blässhuhn, weißer Gesichtsschild sowie in der Brutzeit zwei auffallende rote „Knöpfe" darüber) und das **Purpurhuhn** (Porphy-

Waffenkiebitze (Foto: cl)

Bild oben: Riesentrappe (Foto: cl);
unten: Kronenkranich (Foto: fj)

GREIFVÖGEL

rio porphyrio) (46 cm, blauschwarz mit rotem Schnabel und roter Stirn sowie rosa Beinen).

Typische Bewohner des offenen Graslandes sind die Trappen. Besonders groß und auffallend ist die **Riesentrappe** *(Ardeotis kori)* (75–105 cm, vorwiegend grau, Rücken und Körper dunkler, kleiner Schopf, bei der Balz durch „Umdrehen" des Gefieders wie ein großer weißer Ball wirkend). Seltener sind drei 55–65 cm große Arten: **Rotschopftrappe** *(Eupodotis ruficrista)* (schwarze Unterseite, rötlich-beiger Schopf), **Gackeltrappe** *(Eupodotis afra)* (schwarzer Bauch und Hals, schwarzer Kopf mit weißem Wangenfleck, braune Flügelpartie, charakteristisch-schimpfender Ruf) und die **Schwarzbauchtrappe** *(Eupodotis melanogaster)* (Bauch des Männchens schwarz, des Weibchens blass mit schwarzen Streifen an der Brust). Nahrung aller Trappen: Sämereien, andere pflanzliche Stoffe, Insekten und Reptilien.

Watvögel

Von der großen Zahl an Watvögeln sind drei 25–30 cm große Arten besonders häufig: am Ufer von seichten Gewässern **Spornkiebitz** *(Vanellus spinosus)* (schwarz-weiß, Rücken braun, Kappe schwarz) und **Waffenkiebitz** *(Vanellus armatus)* (schwarz, weiß und hellgrau mit weißer Kappe), an trockenen, vegetationsarmen Standorten in der Savanne Paare vom **Kronenkiebitz** *(Vanellus coronatus)* (Hals und Rücken hellbraun, Bauch weiß, Kopf schwarz mit auffallendem weißen Ring). In den Gewässern sind **Stelzenläufer** *(Himantopus himantopus),* **Säbelschnäbler** *(Recurvirostra avosetta)* sowie etliche Arten der kleineren **Regenpfeifer** zu sehen. Auf Blättern von Seerosen laufen **Blaustirn-Blatthühnchen** oder **Jacanas** *(Actophilornis africanus)* (25–28 cm, rotbraun, Hals vorne weiß, hinten schwarz, Schnabel und Kopfschild hellblau, extrem lange Zehen, Charaktervogel des Okavango-Deltas, Botswana).

Tauben

Sehr häufig und ständig zu hören sind verschiedene Taubenarten. Die beiden auffallendsten sind **Gurrtaube** (*Streptopelia capicola*) (25 cm, graubraun, schwarzer Ring am Nacken) und **Kaptäubchen** (*Oena capensis*) (ca. 20 cm, dunkelgrau mit weißem Bauch, Männchen mit schwarzem Gesicht, sehr langer, dunkler Schwanz). Besonders attraktiv gefärbt ist die **Grüne Fruchttaube** (*Treron calva*) (30 cm, grün mit gelber Flügelpartie, roter Schnabelansatz und knallrote Zehen, selten).

Papageien

Selten, aber wegen ihrer Popularität zu erwähnen sind die Papageien. Zwei Arten sind noch am ehesten zu sehen: **Goldbugpapagei** (*Poicephalus meyeri*) (25 cm, graubraun, mit grünem Bauch, gelb an Kopf und Flügelbug, weit verbreitet, aber immer nur stellenweise vorhanden) und **Rosenpapagei** (*Agapornis roseicollis*) (17–18 cm, orange-roter Kopf, sonst grünlich gefärbt, selten und nur lokal in der Baumsavanne und in Galeriewäldern vorkommend).

Eulen und Nachtschwalben

Von drei Uhu-Arten ist am ehesten der **Milchuhu** (*Bubo lacteus*) (60–70 cm, braun-grau, mit heller Brust, Gesichtsfeld weißlich mit schwarzen Seitenstreifen) zu beobachten. Lokal verbreitet ist die ausschließlich nachtaktive, auf Fische spezialisierte, sehr große **Fischeule** (*Scotopelia peli*) (63–65 cm, dun-kelbraun mit heller Brust, keine Federohren). Auch tagsüber aktiv ist der **Perlkauz** (*Glaucidium perlatum*) (15–18 cm, dunkelbraun mit hellen Punkten, Brust weiß mit braunen Punkten).

Häufig bei Nachtfahrten zu sehen, aber schwer zu bestimmen sind die verschiedenen Arten von **Nachtschwalben,** die sich vorwiegend von Insekten ernähren, die sie im Flug fangen.

Rackenvögel

Zu den attraktivsten Vögeln Afrikas gehören verschiedene Gruppen der Rackenvögel: neben den eigentlichen Racken die vielen schönen Fischer (Eisvögel) sowie etliche Bienenfresser, Nashornvögel und Hopfe. Am häufigsten zu beobachten ist die **Gabelracke** (*Coracias caudata*) (40–45 cm, Oberseite braun, Rumpf und Kopf ultramarin, Kehle und Brust lila, lange Schwanzspitzen an beiden Seiten). Fast ausschließlich an Gewässern gehen der **Malachiteisvogel** (*Alcedo cristata*) (14 cm, Kopf und Oberseite dunkelblau, Bauch rotbraun, Kehle weiß, Schnabel rot; sehr ähnlich ist der **Zwergfischer,** überwiegend blau gefärbt der **Kobalteisvogel**) und der **Graufischer** (*Ceryle rudis*) (25 cm, schwarzweiß, Schwanz verhältnismäßig lang, sehr häufig an Gewässern) auf die Jagd, dagegen jagt der **Braunkopfliest** (*Halcyon albiventris*) (24 cm, Kopf braun, Rücken schwarz, Oberseite hellblau, Bauch orangebraun, Kehle hell, Schnabel rot) auch in der Savanne Insekten. Darin ähnelt er den diversen Bienenfressern wie **Schwalbenschwanzspint** (*Merops hirundineus*)

GREIFVÖGEL

(22–24 cm, sehr lange, schwalbenartig gegabelte Schwanzfedern, Oberseite grün, Schwanz blau, Kehle gelb mit blauem Streifen, Bauch grünblau), **Karminspint** *(Merops nubicoides)* (33–38 cm, sehr großer, karminfarbener, auffälliger Bienenfresser, Kehle karmin- bis pinkfarben, Kopf türkisblau), **Weißstirnspint** *(Merops bullockoides)* (22–24 cm, Stirn und obere Kehle weiß, untere Kehle rot, Oberseite grün, Schwanz grün) und **Zwergspint** *(Merops pusillus)* (15 cm, Schwanz gerade, Oberseite grün, Bauch braun, Kehle goldgelb – die kleinste Art der Bienenfresser, recht häufig). Häufigste Arten der Hornvögel sind **Rotschnabeltoko** *(Tockus erythrorhynchus)* (42–50 cm, Oberseite schwarzbraun, weiß gesprenkelt, Bauch weiß, Schnabel rot – häufig im trockenen Busch) und **Gelbschnabeltoko** *(Tockus flavirostris)* (45–55 cm, ähnlich wie Rotschnabeltoko, aber stärker gekrümmter, gelber Schnabel), seltener und nur im Wald anzutreffen ist der **Trompeterhornvogel** *(Bycanistes bucinator)* (60–70 cm, Rücken schwarz, Bauch weiß, Schnabel mit einfachem Aufsatz silbergrau – einer von mehreren großen Nashornvögeln, der vorwiegend in Wäldern vorkommt). Sehr auffallend ist der **Hornrabe** *(Bucorvus abyssinicus)* (105–110 cm, schwarz mit weißen Flügelseiten, Gesicht und Kehle unbefiedert, mit roten und blauen Blasen, auf dem Boden Nahrung suchend). Der **Baumhopf** *(Phoeniculus purpureus)* (38–45 cm, schwarz mit grün-metallischem Schimmer, Schwanz lang und abgestuft, Schnabel rot) streift meist in Familiengruppen umher, der **Wiede-**

hopf *(Upupa epops)* (25–30 cm, Grundfarbe rötlich, Oberseite schwarzweiß, aufstellbare, schwarz gerändete Federhaube) ist eher ein Einzelgänger.

Spechte und Bartvögel

Spechte sind nur selten zu sehen und genau zu bestimmen, die mit ihnen verwandten Bartvögel schon eher. Lokal

Oben: Gelbschnabeltoko (Foto: fj), unten: Rotschnabeltoko (Foto: cl)

häufig und sehr auffallend ist der **Haubenbartvogel** (Trachyphonus vaillantii) (22–24 cm, rötlich-gelber Vogel mit dunkler, weiß gefleckter Oberseite und kleiner Haube).

Sperlingsvögel

Die größten und auffallendsten aus der riesigen Schar der Singvögel sind die Raben, von denen es im östlichen Afrika verschiedene Arten gibt. Stellvertretend sei der **Schildrabe** (Corvus albus) (45–50 cm, schwarz mit weißer Brust und Rückenpartie, ähnliche Arten mit anderen Mustern von weiß) genannt.

Sehr attraktiv und auch an Besuchereinrichtungen häufig zu sehen sind diverse Arten von Glanzstaren. Am häufigsten sind der **Dreifarbenglanzstar** (Spreo superbus, 16–19 cm, Oberseite metallisch blaugrün, Unterseite rotbraun mit weißem Brustband), der **Rotschulterglanzstar** (Lamprotornis nitens) (23–25 cm, ganzer Vogel metallisch blaugrün mit rotem Schulterpunkt) und der ähnliche **Grünschwanzglanzstar** (Lamprotornis chalybaeus) (21–23 cm), hinzu kommen einige andere blaugrüne Arten mit metallischem Schimmer, von denen der **Riesenglanzstar** (Lamprotornis australis) die auffälligste ist.

Auch die **Madenhacker** (häufigste Art Rotschnabel-Madenhacker, Buphagus erythrorhynchus) ca. 18 cm, Farbe braungrau mit hellem Bauch, Auge gelb gerandet, Bauch hell – stets auf großen Huftieren nach Insekten suchend) gehören in diese Gruppe.

Auffallend im Aussehen (meist gelbschwarz, aber auch rotschwarz) sind die Webervögel, z.B. **Textor** (Ploceus cucullatus) (ca. 18 cm, gelb mit schwarzem Kopf, Nacken braun), **Maskenweber** (Ploceus vellatus) (ca. 15 cm, dem Textor sehr ähnlich) oder der eher unscheinbare **Siedelweber** (Philetairus socius) (ca. 14 cm, grau, sperlingsartig, markanter schwarzer Kehlfleck, sehr lebhaftes Gezwitscher innerhalb der großen Nester), dessen riesige, in großen Bäumen befestigten Kolonienester unzählige Weberpaare beherbergen (in Trockengebieten charakteristisch). Auffallend grell gefärbt ist der orangeschwarze **Oryxweber** (Euplectes orix) (ca. 14 cm, neon-orange mit schwarzem Kopf und schwarzem Bauch).

Nester des Siedelwebers (Foto: cl)

KROKODILE, SCHLANGEN

Überaus attraktiv, aber wegen ihrer schnellen Bewegungen bei Blütenbesuchen sehr schwer zu bestimmen sind die verschiedenen Nektarvögel, z.B. **Bindennektarvogel** *(Nectarinia mariquensis),* ca. 14 cm, Kopfbereich grün schimmernd, Rumpf und Schwanz schwarz, rötlichblaues Bauchband.

Reptilien

Krokodile

Nur eine Art ist auf dem Schwarzen Kontinent an Flüssen und Seen weit verbreitet: das **Nilkrokodil** *(Crocodylus niloticus)* (3–5 m, 500–800 kg).

Schlangen

Überall reichlich vorhanden, nur selten zu sehen, am ehesten noch der **Felsenpython** *(Python sebae)* (4–6 m, z.T. bis 9 m). Zu den gefährlichsten Giftschlangen Afrikas gehören die **Schwarze Mamba** *(Dendroaspis polylepis)* (bis 4 m, olivbraun, gilt als aggressiv, Biss endet in der Regel tödlich), **Speikobra** *(Naja melanoleuca)* (1,2–1,5 m, Grundfarbe graubraun, richtet sich hoch auf, um ihr Gift gegen potenzielle Feinde zu spritzen), **Puffotter** *(Bitis arietans)* (0,6–1,2 m, dick und gedrungen, Grundfarbe grau bis braun mit Streifenmuster, sonnt sich gern auf Wegen und Pfaden und bleibt dort auch bei menschlicher

Nilkrokodil (Foto: fj)

Annäherung liegen, daher kommt es besonders leicht beim Darauftreten zu Bissen, zeichnet für ca. 60 Prozent der afrikanischen Schlangenbisse verantwortlich) und **Boomslang** *(Dispholidus typus)* (1,5–2 m, Grundfarbe sehr variabel, in der Regel grünlich, männliche Tiere bisweilen schwarzbraun mit goldfarbenem Bauch, eine Baumschlange, die in Wäldern und Baumsavanne weit verbreitet ist, sehr giftig, aber Bisse selten).

Echsen

Angehörige verschiedener **Echsen-Familien** sind gelegentlich zu sehen: in Häusern die lokale Form des tropischen **Hausgecko** *(Hemidactylus mabouia)* (15–20 cm, hell), an Felsen die **Siedleragame** *(Agama agama)* (20–30 cm, gelblichgrün bis blau mit rotem Kopf), in der Nähe von Flüssen der **Nilwaran** *(Varanus niloticus)* (bis 2 m, grünlich-grau), in Büschen (oder in der Hand von Kindern, die sie zum Verkauf anbieten) das **Jackson-Chamäleon** *(Chamaeleo jacksoni)* (20–25 cm, Grundfarbe grünlich, aber sehr variabel).

Von den Schildkröten ist nur eine Art häufig zu sehen: die **Panther-Schildkröte** *(Geochelone pardalis)* (max. 70 cm, graubraun mit „Panther-Flecken").

Oben: Black Forest Cobra (Foto: cd), unten: Panther-Schildkröte (Foto: cl)

NATURRAUM

ten bestimmen hier das Landschaftsbild. Neben einem großen Bestand an Akazien wachsen in den Feuchtsavannen **Borassus-Palmen,** deren kerzengerader Stamm sich nach obenhin verdickt und dessen Palmblätter eine buschige Baumkrone bilden. Auch der so genannte **Leberwurstbaum** (Kigelia Africana) ist ein häufiger Vertreter der Feuchtsavanne. Der lustige Name, im Englischen „Sausage Tree", kommt von den wurstartigen Schotenfrüchten, die wie beim Metzger von der Stange (Ast) hängen. Bis zu einem halben Meter lang können die pelzigen „Leberwürste" werden. Gegessen werden sie nicht, doch die Rinde findet in der traditionellen Medizin Verwendung. Besonders dicht treten all diese Baumarten entlang der Flussläufe auf, die die Savannen durchschneiden – eine Erscheinungsform, die **Galeriewald** genannt wird und ein Habitat für zahlreiche Antilopenarten ist, aber auch das Jagdgebiet der Leoparden.

Bei den Savannen, die im Allgemeinen keine sehr hohen Niederschlagswerte verzeichnen, spricht man von **Trockensavannen** oder **Dornenbuschsavannen.** Die Region im nördlichen Rift Valley und die gesamte „Maasai-Steppe" entsprechen diesem Typ. Der Begriff der Steppe hat sich hier seit den ersten Forschungsreisenden etabliert, trifft jedoch nur für die trockenen Graslandschaften in den Außentropen zu. In den Innentropen spricht man von Trockensavannen. Die Dornenbuschsavanne beschreibt die vegetationsreichere Form der Trockensavanne und ist meist von trockenresistenten **Euphorbien-**

bäumen bewachsen, einer 6–10 m hohen Baumart der Wolfsmilchgewächse, die an große Kakteen erinnert und auch Candelaberbaum genannt wird.

Eine Erinnerung an die Zeit des Sklavenhandels, als jährlich Zehntausende von Afrikanern von arabischen Sklavenhändlern an die Küste „getrieben" wurden, sind die zahlreichen **Mangobäume** im Land. Viele von ihnen stammen von Fruchtkernen, die die Araber weggeworfen hatten. Besonders an den alten Handelsstützpunkten an der Küste, im Innern sowie am Tanganyika-See und überall dort, wo einst die Karawanen entlangzogen, prägen Mangobäume das Bild. Selbst Mangoalleen sind noch auszumachen, angelegt als Schattenspender für die langen Fußmärsche. Neben den wohlschmeckenden und Energie spendenden Früchten liefert der Mangobaum auch gutes Bau- und Brennholz.

Zwei der schönsten Bäume und in Tansania in vielen Gebieten zu bewundern sind der lila blühende **Palisanderbaum,** Jacaranda Tree (Jacaranda mimosifolia) genannt, und der leuchtend rote **Flammenbaum,** Flamboyant Tree (Delonix regia), deren Blüten an einigen Stadt- und Ortsstraßen ein leuchtendes Dach bilden und gerade dann mit ihren auffallenden Farben der Natur Schönheit schenken, wenn diese während der Trockenzeit triste und staubig wirkt.

In den Hochlandregionen des Südens und in den Usambara-Bergen dominieren **Kiefern** und **Eukalyptusbäume.** Ganze Landschaften ähneln hier eher dem Thüringer Wald oder dem Allgäu. Besonders das Gebiet von Sao Hill im

Land und Leute

Südlichen Hochland wird mit Kiefern aufgeforstet, um Holz zur Papierherstellung zu gewinnen. Die Eukalyptusbäume, mit hellgrauer Rinde und langen Blättern, wurden während der englischen Zeit zu Aufforstungszwecken in höher gelegenen Gebieten eingeführt, doch nimmt diese Baumart anderen Bäumen und Pflanzen im Umfeld sämtliche Mineralstoffe weg. Das hat dazu geführt, dass ganze Landstriche, wie im Distrikt von Njombe, von Eukalyptusbäumen übersät sind.

Mit zunehmender Küstennähe und auf den tansanischen Inseln bestimmt meist nur noch eine Baumart die Szenerie: die **Kokospalme.** Andere Bäume der Küste sind **Tamarinde.**

Die bei Meereswind angenehm rauschenden **Palmen** säumen nicht nur weiße Sandstrände und spenden Schatten für Badetouristen. Die tansanische Bevölkerung zieht vor allem wirtschaftlichen Nutzen aus den hoch wachsenden tropischen Palmen. Das Fruchtfleisch der Kokosnuss wird roh gegessen, die Milch getrunken (in Sansibar als „Dafu" bekannt und ein beliebter Durstlöscher). Oder aus dem weichen Inneren wird Kopra zur Verarbeitung von Fetten, Ölen und Seife gewonnen. Mit den Blättern der Pflanze werden Dächer gedeckt und vielfältige Flechtwerke (Körbe, Hüte, Matten) hergestellt. Und aus dem von abgeschnittenen Fruchtstielen tropfenden Saft wird Palmwein gewonnen. Dieser kann je nach Alter unterschiedlich stark sein und ist besonders im Westen Tansanias, wo entlang des nördlichen Abschnitts des Tanganyika-Sees ebenfalls viele Palmen wachsen, bei Feierlichkeiten ein sehr beliebtes Getränk.

Die Inseln Sansibar und Pemba sind noch mit großen Plantagenflächen von **Nelkenbäumen** überzogen, aber auch Vanille und andere **Gewürz- und Fruchtbäume,** die von Übersee eingeführt wurden, prägen das Bild der Inseln (vgl. Sansibar).

Zu den charakteristischsten Bäumen am Meeresufer zählen in Tansania die bis zu 5 m hoch wachsenden **Mangroven.** Diese festigen mit ihren langen und üppigen Wurzeln den Küstenrand und verhindern so, dass Schlammbänke und Stranddünen von den Wogen des Ozeans weggespült werden. Es gibt insgesamt an die dreißig verschiedenen Mangrovenarten, die vor allem bei der einheimischen Bevölkerung wegen ihres harten Holzes als Bau- und Brennmaterial sehr beliebt sind. Aus der Rinde wird eine Gerbsäure gewonnen, die zum Färben von Leder verwendet wird. Der Bestand an Mangrovenwäldern ist besonders groß in Buchten und in landeinwärts verlaufenden Meeresarmen (creeks) und an Küstenabschnitten, wo sie vor starker Brandung geschützt sind.

Eine Pflanze, die nicht gerade beliebt ist und deren Bestand am Victoria-See lange Zeit katastrophale Ausmaße angenommen hatte, ist die **Wasser-Hyazinthe.** Das Ausmaß des Wucherungspotenzials verdeutlicht die Tatsache, dass die Ausläufer einer Pflanze im Laufe weniger Monate eine Wasseroberfläche von mehreren 100 m² bedecken können.

Klima

Tansania unterliegt insgesamt **äquatorialen Klimabedingungen,** die jedoch wegen der topografisch stark variierenden Landschaftsformen sehr unterschiedliche Ausprägungen haben können. Insbesondere die Regionen an den Bruchstufen des afrikanischen Grabenbruchsystems, wo sich auf nur wenigen Kilometern Entfernung Höhenunterschiede von mehr als 2000 m auftun, weisen unterschiedlichste Klimaverhältnisse auf. Dies macht sich nicht nur durch **mildere Temperaturen bei zunehmend steigender Höhe** bemerkbar, sondern auch durch unterschiedliche Niederschlagswerte. An den steilen Hängen der Gebirgszüge und der Grabenbruchwände entstehen Steigungsregen; Wolken bilden sich, nehmen Feuchtigkeit auf und entladen sich, während sie die natürlichen Barrieren überwinden. Alle Bergregionen Tansanias unterliegen diesem Phänomen, wobei sich die Regen und Wind zugewandten Hanglagen (Luv-Seite) gegenüber den im Regenschatten liegenden Hängen (Lee-Seite) und den anschließend folgenden Trockenwäldern und Trockensavannen deutlich unterscheiden. Bis auf die Bergregionen des Gombe und Mahale Mountains National Park am Lake Tanganyika erhalten alle Gebirgszüge und tektonischen Bruchstufen Tansanias an ihren westexponierten Seiten („Wetterseite") mehr Regen. Für diesen Effekt sind die vorwiegend in westlicher Richtung wehenden Ostwinde verantwortlich, die aus den Monsunwinden über dem Indischen Ozean resultieren und das Klima besonders entlang des ostafrikanischen Küstenvorlands bestimmen. Von Oktober bis Februar herrscht der **Nordost-Monsun Kaskazi,** der die kleine Regenzeit (November, Dezember) mit sich bringt. Danach bestimmt der **Südost-Monsun Kusi** das Klima und ist verantwortlich für Tansanias große Regenzeit (Mitte März bis Juni). Diese fällt stärker aus, da die Winde große Wassermassen über dem südlichen Indischen Ozean aufnehmen. Die Unterteilung in zwei Regenzeiten verwischt jedoch im Südwesten Tansanias. Hier sind die Niederschlagswerte von November bis April insgesamt hoch.

Typisches **schwül-heißes, tropisches Klima** herrscht nur im **Küstenvorland** und auf den Inseln. Hier betragen die mittleren Lufttemperaturen zwischen 24 und 31°C, und die relative Luftfeuchtigkeit liegt zwischen 70 und 85%. Ähnliche Verhältnisse herrschen im Innern Tansanias nur an den Ufern des Tanganyika-Sees und im nördlichen Rift Valley. Ansonsten gehört das nördliche Tansania, trotz seiner größeren Nähe zum Äquator, eher zu den kühleren Regionen des Landes. Die höheren Lagen der Städte Arusha und Moshi und selbst die Savanne der Serengeti können während der **kühlsten Monate des Jahres (Juli/August)** sehr milde Temperaturen aufweisen. In dieser Zeit steht die Sonne über dem nördlichen Wendekreis, der Einfallswinkel der Sonnenstrahlen und damit auch die Intensität ist dann am geringsten. Richtig kalt und teils auch frostig wird es in diesen Sommer-

KLIMATABELLE

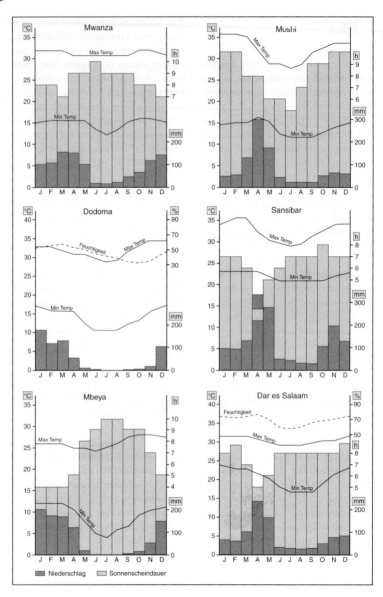

monaten im Ngorongoro-Kraterhochland, wo man sich in den Nächten nach wärmendem Kaminfeuer sehnt. Das Klima lässt sich mit dem mitteleuropäischen Herbst vergleichen und gilt insbesondere auch für die Usambara-Berge und die Southern Highlands. Im Süden auf den Hochebenen der Kipengere Range kann es in dieser Zeit sogar zu Schneeverwehungen kommen. Ansonsten fällt nur auf dem Kilimanjaro ab 5000 m Höhe regelmäßig Schnee.

Das Klima auf dem großflächigen zentraltansanischen Plateau ist trotz der durchschnittlichen Höhe von 1200 m eher warm, jedoch wesentlich trockener als an der Küste. Auch die Regenzeiten fallen hier wesentlich schwächer aus, die trockenste Region Tansanias liegt westlich der Hauptstadt Dodoma mit nicht einmal 500 mm Regen pro Jahr.

Demgegenüber sorgt nur wenige 100 km nördlich der große **Victoria-See** für **ganzjährige Niederschlagswerte,** auch außerhalb der eigentlichen Regenzeiten. Neben der westlichen Serengeti (Western Corridor) ist besonders die Westseite des Sees von viel Regen betroffen. Über der großen Wasserfläche, fast so groß wie Österreich, bewirkt die intensive Sonneneinstrahlung die Verdunstung großer Wassermengen, die sich zu Wolken formen und östlich, vor allem aber westlich des Sees wieder abregnen.

Aufgrund der regional unterschiedlichen Klimabedingungen kann für Tansania nicht von einer **„besten Reisezeit"** gesprochen werden. Die regenfreien und etwas kühleren Sommermonate sind entlang der Küste sicherlich die angenehmsten, der Großteil der Serengeti ist jedoch dann recht tierarm. Auch das Ngorongoro-Kraterhochland und die Besteigung des Kilimanjaro können extrem frostig werden! Für den Norden sind die Monate Januar bis Mitte März klimatisch, aber auch hinsichtlich der blühenden Vegetation und dem damit verbundenen Tierreichtum ideal (vgl. „Reisezeit").

Hadzabe-Buschmann

Wild- und Naturschutz

„The Survival of our wildlife is a matter of grave concern to all of us in Africa. These wild creatures, amid the wild places they inhabit, are not only important as a source of wonder and inspiration, but are an integral part of our natural resources and of our future livelihood and well-being", sprach der weitsichtige Präsident *Julius Nyerere* kurz nach der Unabhängigkeit 1961 in seinem in Arusha vorgestellten „Manifest des afrikanischen Sozialismus". Nyerere war in seiner Amtszeit einer der großen Fürsprecher und Initiatoren für die Errichtung der vielen Wild- und Naturschutzgebiete Tansanias.

Insgesamt sind fast **250.000 km² der Staatsfläche** (entspricht der Größe der

---

Tansanias Land-Nationalparks sind der Größe nach:

- Ruaha
- Serengeti
- Mikumi
- Tarangire
- Katavi Plains
- Mkomazi (Eröffnung 2008)
- Mahale Mountains
- Saadani
- Kitulo
- Mt. Kilimanjaro
- Udzungwa Mountains
- Lake Manyara
- Rubondo Island
- Arusha
- Gombe

Bundesrepublik Deutschland vor der Wiedervereinigung) dem **Natur- und Wildschutz** gewidmet. Allein die **Nationalparks und Game Reserves** (Wildreservate) nehmen knapp 20% der Landesfläche ein. Mit diesem Prozentsatz hat Tansania die Führungsrolle auf dem afrikanischen Kontinent inne.

Nationalparks

Die Nationalparks stehen unter absolutem Natur- und Wildschutz und dienen ausschließlich touristischen Belangen und der zoologischen/biologischen Forschung und sollen für künftige Generationen als ein Stück unangetasteter Natur erhalten bleiben.

Die Verwaltung der Nationalparks unterliegt der Organisation **TANAPA (Tansania National Parks Authority),** die ihren Sitz in Arusha hat und in großem Maße von Entwicklungshilfe und Geldspenden aus der westlichen Welt abhängig ist, denn die Einnahmen aus dem Tourismus decken die Verwaltungskosten nicht einmal annähernd, und auch aus der Staatskasse in Dar es Salaam fließen kaum Gelder. Vor allem Nationalparks in der Größenordnung wie der Serengeti-Park hätten ohne ausländische Unterstützung nie erhalten werden können. Sehr aktiv, nicht zuletzt wegen des Gründungsvaters der Serengeti, *Bernhard Grzimek,* ist die „Zoologische Gesellschaft Frankfurt", die in vielen Nationalparks und Game Reserves mit technischer Hilfe rund um die Uhr im Einsatz ist. Seither, vor allem aber wegen der wachsenden Besucherzahlen, können die nördlichen Parks zu-

WILD- UND NATURSCHUTZ 127

nehmend auf eigenen Füßen stehen, wobei mögliche Überschüsse sofort in die Verwaltungskassen der noch unterentwickelten Parks im Süden und Westen fließen.

Während die Besucherzahlen für die nördlichen Parks in den 1990er Jahren stark angestiegen sind, werden die südlichen Schutzgebiete aufgrund ihrer unzureichenden Infrastruktur noch nicht in gleichem Maße aufgesucht. Aus diesem Grund wurden die **Eintrittsgebühren** für alle Nationalparks weiter erhöht. Seit 1. Juli 2006 liegen die Eintrittsgebühren für die Serengeti bei 50 US-Dollar, für den Kilimanjaro bei 60 $, für die Ngorongoro Conservation Area bei 30 $ pro Tag und Person zzgl. einer Kratergebühr von 100 $ pro Fahrzeug, während bei allen übrigen Parks die Gebühren um 10 $ gestiegen sind. Mitte 2007 sollen die Gebühren im Ngorongoro-Schutzgebiet nochmals erhöht werden, auf 50 $ pro Person für den Eintritt und 200 $ pro Fahrzeug Kratergebühr. Diese Maßnahme soll Besuchern die südlichen und weniger bekannten Nationalparks schmackhafter machen, die berühmten Nationalparks im „Northern Tourist Circuit" sollen aber auch entlastet werden. Drastische Preiserhöhungen erfuhren mit 100 und 80 $ Eintritt die Nationalparks Gombe und Mahale Mountains.

Alle übrigen Details zu Tierwelt, Preisen, Anreise, Besuchszeit, Unterkünften und Camping, Pistenverhältnissen, Fotografier- und Wandermöglichkeiten sind den Kapiteln zu den einzelnen Nationalparks zu entnehmen. **Informationen** sind auch erhältlich bei:

● **TANAPA**
P.O. Box 3134, Dodoma Road, Arusha
Tel. (027) 2503471, 2504082
Internet: www.tanzaniaparks.com,
E-Mail: info@tanzaniaparks.com

Marine Parks und Reserves

Seit 1995 zählt Tansania mit dem **Mafia Island Marine Park** seinen ersten maritimen Nationalpark. Pläne für weitere Meeresparks liegen bereits vor. Vor allem die kleinen Pemba und Sansibar vorgelagerten Inseln Misali und Chumbe sind dafür vorgesehen. Bereits als Schutzgebiet deklariert ist auch der zukünftige **Mnazi Bay Marine Park** (vgl. Mtwara/Ausflüge) an der Grenze zu Mosambik.

Informationen über die weitere Entwicklung von maritimen Schutzgebieten erhält man bei der Division of Fisheries in Dar es Salaam, welche dem Ministry of Natural Resources und Tourism untersteht:

● **Division of Fisheries**
P.O. Box 2462, Ardhi House, 6. Stock
Kivukoni Front, Tel. (022) 21120117-8
Fax (022) 2110352
E-Mail: marineparks@raha.com
● **Marine Parks & Reserves**
P.O. Box 7565, Olympic Street, Plot 950
Upanga West, Dar es Salaam
Tel. (022) 2150621, 2150420
Internet: www.marineparkstz.com
E-Mail: marineparks@raha.com

Conservation Area

In Tansania gibt es seit 1959 diese Sonderform eines Nationalparks. Das Modell hat inzwischen in der ganzen Welt Schule gemacht. Es handelt sich um den Versuch, die Interessen von Menschen, im Falle der **Ngorongoro Conservation Area** die der Maasai, mit den Erfordernissen eines Nationalparks unter einen Hut zu bringen. So dürfen im Ngorongoro-Kraterhochland die Maasai (und nur diese) mit ihrem Vieh leben – inmitten der unter striktem Schutz stehenden afrikanischen Tierwelt. Die Ngorongoro Conservation Area wird wie ein Nationalpark behandelt (Gebühren und Verhaltensregeln entsprechen den Parks des „Northern Tourist Circuit") und kann für viele Parks in Afrika, die an ihren Grenzen erhöhtem Bevölkerungsdruck ausgesetzt sind, als Beispiel einer sachgerechten Lösung dienen (mehr hierzu im Exkurs „Die Entstehung der Ngorongoro Conservation Area").

Game Reserves

Die Game Reserves unterliegen ähnlichen Schutzbestimmungen wie die Nationalparks, stehen aber in beschränktem Maße der Nutzung durch Menschen zur Verfügung, wobei eine Besiedlung nicht gestattet ist. Häufig dienen die Game Reserves als Puffergebiete zwischen Nationalparks und den Siedlungsflächen der ländlichen Bevölkerung – eine Schutzfunktion, die in den letzten Jahren besonders für das Ökosystem der Serengeti enorm wichtig geworden ist.

Die Wildreservate werden, mit Ausnahme der **Game Reserves Selous, Mkomazi-Umba** und **Lukwila Lumesule** (im Süden am Ruvuma-Fluss), nicht für fototouristische Zwecke genutzt. Der Großteil der Wildreservate dient dem professionellen Jagd-Tourismus mit Devisen bringenden ausländischen Kunden, hauptsächlich von der arabischen Halbinsel, aus Nordamerika und aus einigen Staaten Nordeuropas. Viele ausländisch geführte Jagdunternehmen operieren hier abseits der Öffentlichkeit. Seit die nationale Jagdbehörde Tanzania Wildlife Cooperation (TAWICO) privatisiert wurde, bekommen die Jagdunternehmen ihre Konzessionsgebiete, die Abschussquoten und die Festlegung der Trophäenpreise über das neue **Wildlife Division (WD),** welches dem Ministry of Tourism und Natural Resources untersteht. 50% der Jagdeinnahmen bleiben bei der Wildlife Division. Doch meist fließen die Gelder in fragwürdige Töpfe und Taschen innerhalb des Ministeriums. Mit einer neuen Wildschutz-Politik will man nun diesen Missstand beheben – ein Teil des nationalen Kampfes gegen Korruption und Zweckentfremdung von Geldern.

Über die Möglichkeit, auch als nichtjagender Tourist diese Game Reserves besuchen zu können, werden Sie jeweils im Reiseteil informiert.

Derzeit (Stand 2007) hat Tansania **30 Game Reserves** in folgenden Bezirken (districts):
- Selous: Kilombero, Rufiji, Morogoro, Kisarawe, Liwale, Ulanga, Kilwa, Tunduru, Songea
- Mkomazi-Umba: Same, Lushoto
- Rungwa: Chunya, Manyoni
- Meru Forest: Arusha
- Kilimanjaro Forest: Hai, Rombo, Moshi
- Biharamulo: Biharamulo, Muleba
- Maswa: Bariadi, Meatu
- Ugalla: Mpanda, Urambo, Tabora
- Rukwa: Mpanda, Chunya
- Burigi: Muleba, Biharamulo, Ngara
- Ibanda: Karagwe
- Rumanyika: Karagwe

WILD- UND NATURSCHUTZ

- Moyowosi: Kibondo, Kasulu
- Kigosi: Kahama, Urambo
- Grumeti: Serengeti
- Ikorongo: Serengeti
- Saa Nane: Mwanza
- Muhesi: Manyoni
- Pande Forest: Kinondoni
- Kijereshi: Magu
- Kimisi: Biharamulo
- Kipengere-Mpanga: Iyayi
- Msanjesi: Masasi
- Kizigo: Manyoni
- Luafi: Sumbawanga
- Usangu: Mbeya, Madibira
- Lukwila Lumesule: Masasi
- Swagaswaga: Kondoa
- Mkungonero: Kondoa
- Lukwati: Chunya

Das Game Reserve Department der Wildlife Division hat seinen Sitz in Dar es Salaam auf einem Grundstück namens **Ivory Room** an der Pugu Road (P.O. Box 25295, Tel. (022) 2866376, 2866064).

Game Controlled Areas und Forest Reserves

Als vierte Form der Natur- und Wildschutzgebiete sind die so genannten **Game Controlled Areas (GCA)** und die Forest Reserves zu nennen. Die GCAs dürfen von Menschen genutzt werden. Für die Besiedlung, die Jagd, das Sammeln von Holz und Weidewirtschaft müssen jedoch bei den örtlichen Distriktverwaltungen Lizenzen eingeholt werden. Das findet jedoch in der Praxis kaum statt, und Kontrollen gibt es auch so gut wie keine. Auch Jagdunternehmen bekommen hier feste Abschussquoten und Jagdreviere als Konzessionsgebiete zugeschrieben, in de-

nen sie sich auch ungern von jemandem stören lassen. Grenzen jedoch sind bei den GCAs nicht abgesteckt, jeder darf diese Jagdkontrollgebiete frei durchfahren. Derzeit (2007) existieren etwa **40 Game Controlled Areas.**

Im Falle der **Forest Reserves** handelt es sich hauptsächlich um letzte Bergregenwälder, die hinsichtlich des Klimas und als ökologische Wasserspeicher bedeutsam sind. Fast jedes größere Gebirge in Tansania über 2000 m Höhe besitzt solche montanen Waldgürtel in den Gipfelregionen, die vor allem als „Wolkenfänger" höhere Niederschlagsmengen verzeichnen. Die fruchtbaren Berghänge werden von der wachsenden Bevölkerung immer intensiver genutzt, die Waldgrenze wird dabei überschritten, und ein unkontrolliertes Abholzen bleibt nicht aus. Nur in manchen Bergregionen ist es gelungen, ein Stück weit solche ökologisch empfindlichen Wälder mit ihrer inselartigen und zum Teil endemischen Flora und Fauna vor weiteren Eingriffen zu schützen. Seit längerem sind hier die ganz im Westen befindlichen Regenwälder im Gombe und Mahale Nationalpark, die naturräumlich zum großen Kongobecken gehören, unter Schutz gestellt. Doch außer den protected forestzones in den nördlichen Nationalparks Arusha, Manyara (Marang Forest) und Kilimanjaro sowie in der Ngorongoro Conservation Area wurde im östlichen Tansania bisher erst ein Bergregenwald unter nationalen Schutz gestellt, der Udzungwa Mountains National Park. Darüber hinaus bieten zunächst nur das **Amani Nature Trail Forest Reserve** in den öst-

Matriarchate im Tierreich

Matriarchate im Tierreich

Wenn von Matriarchaten die Rede ist, stellen wir uns eine Gesellschaft vor, die von Frauen beherrscht wird. Frauen und nicht Männer halten die Zügel in der Hand, und der politische und soziale Status wird von den Müttern an die Töchter weitervererbt. Ganz so einfach ist es im Tierreich nicht. Die Verhaltensforscher sind sich nicht darüber einig, wie das Wort „herrschen" zu definieren ist, und der Begriff wird nur mit Einschränkungen verwendet. In der Fachliteratur werden Matriarchate jedoch oft erwähnt und beschreiben im Allgemeinen die Dominanzverhältnisse und Sozialstruktur der Weibchengruppe. Nicht immer ist diese Art von Definition gerechtfertigt.

Das Sozialgefüge der afrikanischen **Elefanten** wird oft als klassisches Beispiel eines Matriarchats unter den Säugetieren zitiert. Adulte Weibchen und deren Nachkommen bilden eine stabile Gruppe, wobei nicht selten drei Generationen von miteinander verwandten Tieren mit einbezogen werden. Eine solche Familienherde besteht aus durchschnittlich fünf bis zehn Tieren. Gelegentlich schließen sich mehrere Familien zusammen und bilden vorübergehend große Herden von mehreren hundert Elefanten.

Die älteste Elefantenkuh, sozusagen die Großmutter, übernimmt die Führerrolle in der Familieneinheit und wird daher als Leitkuh oder Matriarch bezeichnet. Sie besitzt die längste Erfahrung und genaueste Kenntnis über die Eigenheiten des Gebiets, der Nahrungsvorkommen, Strategien der Raubtiere und Wechsel der Jahreszeiten. Die Leitkuh bestimmt das Wann und Wohin der Gruppe. Die jüngeren Tiere, Töchter und Nichten, auch subadulte Männchen, respektieren den Rang der Mutter. Das bedeutet, dass sie ihr zuweilen auch widerstandslos die eigene Futterquelle überlassen müssen. Männchen verlassen den Familienverbund bei erreichter Geschlechtsreife, etwa im Alter von 15 Jahren, und gesellen sich zeitweise zu anderen Männchen verschiedenen Alters. Dieses Verhal-

MATRIARCHATE IM TIERREICH

ten kann man auch bei vielen anderen Säugetierarten beobachten. Das adulte Männchen besucht nun regelmäßig die Herden der Weibchen und beschnüffelt diese, um festzustellen, ob sie sich in den empfängnisfähigen Tagen befinden. Der Aufenthalt des Männchens in der Gruppe der Weibchen ist gewöhnlich nur von kurzer Dauer und hat fast ausschließlich die Paarung zum Zweck. Der Elefantenbulle ist jedoch in diesem Falle dominant, d.h. er besitzt allen anderen Tieren gegenüber den höchsten Rang und verschafft sich aufgrund seiner Größe und Stärke problemlos den Zugang zu jeder Futterquelle, auch wenn diese bereits z.B. von der Leitkuh besetzt war. In der Sozialstruktur der Elefanten beschreiben also Matriarchate das Dominanzverhalten der Weibchen innerhalb ihrer eigenen Herde und nicht ihre Stellung in der Hierarchie gegenüber den Männchen.

Auch am Beispiel der **Paviane** kann man nur bedingt von Matriarchaten reden. Im Gegensatz zu den Elefanten sind die Paviangruppen gemischt. Beim gelben Pavian *(Papio cynocephalus)* setzt sich der Kern der Gruppe sowohl aus erwachsenen Männchen, die untereinander nicht verwandt sind, als auch aus erwachsenen Weibchen zusammen, die in der Regel miteinander verwandt sind (Mütter, Töchter, Schwestern usw.). Daneben gibt es noch die jungen Tiere. Pavianmännchen werden doppelt so groß wie Weibchen und sind ihnen rangmäßig übergeordnet. Auch subadulte Männchen haben keine Schwierigkeiten, ein ausgewachsenes Weibchen von der Futterquelle zu vertreiben. Pavianmännchen wechseln in ihrem Leben mehrmals die Gruppe, verbringen jedoch, anders als bei den Elefanten, mehrere Monate oder Jahre mit ein und derselben Truppe. Innerhalb der Gruppe übernehmen die Männchen eine aktive Rolle, sie befreunden sich mit bestimmten Weibchen und Männchen und treffen auch Entscheidungen bezüglich der Wahl der Schlafplätze und der Nutzung des Reviers. Weibchen verlassen nie die Gruppe, in der sie geboren wurden, und ihre Rangstellung zu anderen Weibchen und Jungtieren wird von Müttern auf Töchter weitervererbt. Dies ist wahrscheinlich der Grund, warum hier von Matriarchaten die Rede ist, obwohl die Männchen die höchsten Rangplätze der Truppe besetzen.

In Ostafrika gibt es jedoch eine Tierart, deren Sozialstruktur der klassischen Definition von Matriarchaten sehr nahe kommt. Es handelt sich hierbei um die **Tüpfelhyäne** *(Crocuta crocuta)*. Sie nimmt bezüglich ihres Verhaltens eine Sonderstellung unter den Säugetieren ein. Adulte Hyänenweibchen werden etwas größer als die Männchen. In Gebieten, wo Hyänen gesellig sind, setzen sich die Rudel aus mehreren Weibchen und Männchen zusammen. Die Weibchen sind allerdings den Männchen übergeordnet, was einem reinen Matriarchat entspricht. Auch bei dieser Tierart verlassen die Männchen bei erreichter Geschlechtsreife das Rudel, und die Weibchen verbleiben in der Gruppe, in der sie geboren wurden. Männchen bilden keine Junggesellengruppen, sondern schließen sich gleich einem neuen Rudel an und erkämpfen hier den Zugang zu empfängnisbereiten Weibchen.

Männliche und weibliche Hyänen lassen sich auf freier Wildbahn mit dem bloßen Auge nicht leicht unterscheiden. Die Klitoris des Weibchens hat sich im Laufe der Evolution verlängert und zu einem penisförmigen Organ entwickelt, das in der Literatur als „Pseudopenis" beschrieben wird. Das Präsentieren des Penis spielt im Beschwichtigungsverhalten der Hyänen eine wichtige Rolle, und man vermutet, dass das Präsentieren des Pseudopenis' im Verhalten der Weibchen eine ähnliche Funktion übernommen hat. Hyänen werden oft – fälschlicherweise – aufgrund des ähnlichen Aussehens ihrer Geschlechtsorgane als Zwitter bezeichnet. Interessant ist jedoch festzustellen, dass Hyänenweibchen das typische Dominanzverhalten von Männchen aufzeigen, und dass auch ihr Körperbau im Verlauf der Evolution das männliche Geschlecht nachgeahmt hat.

lichen Usambaras und das **Magamba Forest Reserve** bei Lushoto mit ihren ausgeschilderten Wanderwegen Besuchern die Möglichkeit, einen Eindruck von diesen kühlen Bergwäldern außerhalb der Nationalparks zu bekommen.

Weitere geschützte Forest Reserves mit Wanderwegen, die nicht in Bergen liegen, sind die letzten tropischen Wälder von **Jozani** und **Ngozi** auf Sansibar und Pemba sowie die Urwälder **Pugu** und **Pande** nahe Dar es Salaam und der **Zaraninge Forest** bei Saadani.

Für den Erhalt der Wälder setzt sich die NGO **Tanzania Forest Conservation Group (TFCG)** ein, welche zweimal jährlich die Publikation „The Arc Journal" veröffentlicht und ihre landesweiten Naturschutzprogramme schildert (TFCG, P.O. Box 23410, Dar es Salaam, Tel. (022) 2780737, Internet: www.tfcg.org, E-Mail: tfcg@tfcg.or.tz).

Abholzung und Wilderei

Wegen ausgelaugter Böden und aufgrund des Populationsanstiegs reichen vielerorts die bisherigen Ackerflächen nicht mehr zur Versorgung mit Grundnahrungsmitteln aus. Der Feldbau rückt daher immer näher an die Wälder heran, die diesem schließlich zum Opfer fallen. Es wird geschätzt, dass Tansania auf diese Weise **3000–4000 km² Waldfläche pro Jahr verliert** und nur 200 km² wieder aufgeforstet werden. Das Abholzen wird weitergehen, denn 96% des landesweiten Energiebedarfs werden mit Holz gedeckt. Auch in Städten mit Stromversorgung schätzt man, dass etwa 85% der Einwohner ihre Kü-

chen mit Holzkohle betreiben. Elektrische Kochplatten können sich die wenigsten leisten. Allein in den letzten 20 Jahren hat sich der Holzbedarf auf 62 Millionen m³ verdoppelt. Speziell Gebiete wie die Mwanza- und Shinyanga-Region leiden an flächenhafter Abholzung. Zum Problem der Oberflächen-Erosion gesellen sich aufgrund der immer länger werdenden Transportwege explodierende Holzpreise. Ein Sack Holzkohle kostet in Mwanza mittlerweile 4500 TSh, für manche Familien ein ganzer Wochenlohn. Anderswo zahlt man für die gleiche Menge ein Drittel.

In den letzten Jahrzehnten sind gerade die bis dahin verschonten **Miombo-Wälder** bevorzugte Gebiete für den Feldanbau geworden. Die wirtschaftliche Nutzung dieser Wälder, die noch über 30% der Landesfläche bedecken, gestaltet sich jedoch schwierig. Die Tsetse-Fliege (Überträgerin der Schlafkrankheit!) macht den Wald für Mensch und Vieh zu einem extrem lebensfeindlichen Umfeld und wäre nur durch großflächige, ökologisch desasträse Rodungen wirksam zu vertreiben. Daher gehen nur Honigsammler in den Wald und hängen in den Bäumen ihre Bienenkörbe auf, und Frauen schlagen das Unterholz als Brennmaterial aus den Wäldern. Hinzu kommt, dass der „Miomboboden" nicht sehr ertragreich ist und mineralienarm. Für die meisten Anbauprodukte fallen zudem die Niederschläge im Allgemeinen zu niedrig aus. Dennoch sind viele Menschen auf neue Böden angewiesen, und so entstehen immer mehr Rodungsinseln: Dabei schlagen die Bauern die Bäume in

WILD- UND NATURSCHUTZ

Malameni Rock in den Pare Mountains

Kniehöhe ab, verbrennen das Holz, und die Asche wird als Dünger über die Beete gestreut. Erste Ernten sind meist Kassava, Hirse und Mais, doch nach drei bis vier Jahren lässt die Fruchtbarkeit des Bodens nach, und die Felder müssen aufgegeben und neue Waldstücke gerodet werden. Die brachliegenden Flächen überzieht im Laufe der Jahre ein schützendes Dickicht, und nach zehn bis fünfzehn Jahren sind wieder größere Bäume herangewachsen. Doch eine komplette Regeneration der ursprünglichen Waldvegetation dauert sechzig bis einhundert Jahre. So ist an dieser Stelle festzuhalten, dass die Tsetse-Fliege – Feind der Tiere und Menschen – gleichzeitig letzter Garant für den Erhalt des Waldes ist.

Das Vorrücken der Menschen engt natürlich auch die Rückzugsgebiete der Wildtiere ein. Die Wilderei ist dabei ebenso unkontrollierbar wie das flächenhafte Abholzen und das Anlegen neuer Felder.

Zu Problemgebieten im Interessenkonflikt von Natur- und Wildschutz einerseits und dem wachsenden Bedarf der Menschen nach Acker- und Weideflächen andererseits sind in letzter Zeit verstärkt die **Randbereiche der Nationalparks und Game Reserves** geworden. Hiervon sind weniger die trockeneren Schutzgebiete des Rift Valley betroffen, etwa die Nationalparks Tarangi-

Wild- und Naturschutz

re, Ruaha und Katavi. Im Grabenbruch sind derzeit nur im Manyara-Nationalpark die natürlichen Migrationspfade der Tiere im Norden und Süden durch verstärkte Ansiedlungen bedroht – z.T. auch eine Folge des unkontrollierten Tourismusgewerbes.

Die weitaus größeren Problemzonen befinden sich derzeit jedoch an den Westgrenzen der Serengeti und auch im Süden des Selous Game Reserve. Hier kommt es verstärkt zur Wilderei: Die wachsende Bevölkerung ist auf Fleisch als Grundnahrungsmittel angewiesen, speziell im Westen der Serengeti, wo nicht zuletzt aufgrund des immer fischärmer werdenden Victoria-Sees die Menschen auf Wildbret angewiesen sind (vgl. „Lake Victoria"). Um der Wilderei entgegenzuwirken, sind Abschussquoten für die ländliche Bevölkerung festgelegt worden, eine Lösung, die bislang beide Seiten zufrieden gestellt hat. Die zunehmende Nähe der menschlichen Ansiedlungen zu den Wildtieren hat vermehrt **Schäden auf**

Links: Baumkennzeichnung; rechts: Buschbock-Weibchen im Rubondo National Park

Grzimek-Gedenkstein in der Ngorongoro Conservation Area

WILD- UND NATURSCHUTZ

den Feldern zur Folge, etwa wenn Gnuherden auf ihrem Migrationszyklus an Dörfern vorbeiziehen oder Elefanten sich im Süden des Selous auf Maisfeldern bedienen. Zudem wächst auch die Gefahr, dass sich **Krankheiten** vom Vieh der Bauern auf die Wildtiere übertragen; so hat eine Hundestaupe vor einigen Jahren 1000 Löwen in der Serengeti das Leben gekostet.

Einige hundert Menschen fallen pro Jahr Tieren zum Opfer. Ursächlich hierfür sind weniger Löwen und Giftschlangen, sondern in vielen Fällen Krokodile, Flusspferde, wütende Elefanten, Leoparden u.a. Tansania wird in den nächsten Jahrzehnten verstärkt mit der Problematik der **Koexistenz von Mensch und Tier** konfrontiert werden: Einerseits muss der Bevölkerung Sinn und Zweck der Einrichtung von Nationalparks vermittelt werden, andererseits aber muss selbstverständlich für die Lebensgrundlagen der Menschen Sorge getragen werden. Hier kann westliche Entwicklungshilfe einen wesentlichen Beitrag leisten.

● Nähere **Informationen** zu Wild- und Naturschutzmaßnahmen außerhalb von Nationalparks/Game Reserves bekommt man bei der **WCST (Wildlife Conservation Society of Tanzania)** in der Garden Avenue/Dar es Salaam (P.O. Box 70919, Tel. (022) 2112518, Fax 2124572, Internet: www.wcstarusha.org, E-Mail: wcst@africaonline.co.tz). Mehrmals jährlich erscheint bei der Organisation die kleine Publikation „Miombo".

Geschichte

Das Land Tansania existiert in seinen aktuellen Grenzen erst seit Ende des vergangenen Jahrhunderts, die Unabhängigkeit von Großbritannien wurde erst 1961 erreicht. Trotz der großen Unterschiede zwischen den einzelnen Kulturräumen und den verschiedenen Ethnien des Landes bildet Tansanias Geschichte eine Einheit, die größtenteils mit den bestehenden Grenzen übereinstimmt.

Dass gerade die Geschichte Ostafrikas, speziell die der Küste, sehr weit zurückreicht, ist kaum bekannt. Das hängt auch damit zusammen, dass es in diesem Teil Afrikas sehr viel schwieriger ist, Zeugnisse der Vor- und Frühgeschichte zu finden, da die vielen untergegangenen oder abgewanderten Völker der Nachwelt in den seltensten Fällen dauerhafte Bau- oder sonstige Werke hinterlassen haben. Die Archäologie befindet sich hier erst am Anfang ihrer Spurensuche, vieles beruht auf Spekulationen und der schwierigen Auswertung von Mythen und Legenden.

Im Rahmen des vorliegenden Kapitels soll vor allem die **Zeit Tansanias als deutsche Kolonie** eingehend dargestellt werden. Dabei geht es nicht darum, alte Zeiten zu verklären, sondern schlicht um Aufklärung: Deutsche erfreuen sich in Tansania größter Beliebtheit, was mit der seit Jahrzehnten praktizierten Entwicklungszusammenarbeit, aber insbesondere mit den im ganzen Land tätigen deutschen Missionsgesellschaften zusammenhängt. Viele loben und weisen auch auf die bautechnischen Hinterlassenschaften der Kaiserzeit hin. Hie und da wird man als Deutscher auf die Zeit zwischen 1885 und 1918 angesprochen und mit der Grausamkeit damaliger Kolonialisten konfrontiert. Hat man dann keine Ahnung über die deutsche Vergangenheit des Landes, reagieren einige Tansanier fassungslos, übrigens auch dann, wenn man Bescheid weiß, die Dinge aber nur kritisch betrachtet. Immer noch genießen die Askaris, jene afrikanischen Soldaten, die die „Ehre" hatten, ihr Leben in der kaiserlichen Schutztruppe aufs Spiel zu setzen, höchste Anerkennung, und auch der Oberbefehlshaber der deutschen Afrika-Streitkräfte im 1. Weltkrieg, *Lettow-Vorbeck*, wird für seinen Buschkrieg gegen die Engländer bewundert. Keiner scheint sich der zum Teil brutalen und Menschen verachtenden Herrschaft der deutschen Kolonialisten bewusst zu sein (vgl. hierzu „Der Maji-Maji-Aufstand 1905–1907). Vielmehr sind es positive Erinnerungen, die geblieben sind, etwa in Form der großen Kolonialgebäude, die aufgrund ihres kühlen Wohnklimas sehr beliebt sind, und – an erster Stelle – der Eisenbahn. Gerade dabei wird immer wieder die britische Zeit zum Vergleich herangezogen und festgestellt, dass diese zwar doppelt so lang war, aber längst nicht so viele technische Hinterlassenschaften hat. Viele Tansanier übersehen bei diesem Vergleich, dass die Briten im Rahmen einer UN-Treuhandschaft hauptsächlich eine Mandatsverwaltung für das Land ausübten, während die Deutschen vor allem die Ausbeutung

GESCHICHTE

der Ressourcen des Landes im Auge hatten und entsprechend den infrastrukturellen Ausbau der Kolonie forcierten.

„Wiege der Menschheit"

Für Paläoanthropologen steht seit langem fest: Das **ostafrikanische Rift Valley ist die Wiege der Menschheit.** Während die in Europa bisher ausgegrabenen Knochen gerade einmal 1,5 Millionen Jahre alt sind, reicht der Menschheitskatalog in Afrika fast 6 Millionen Jahre zurück.

Der deutsche Professor *Kattwinkel* war es, der im Jahr 1911 beim Fangen von Schmetterlingen über Knochen in der bis zu 100 m tiefen **Olduvai-Schlucht** zwischen dem Ngorongoro-Hochland und den Savannen der Serengeti im Norden Tansanias stolperte. Auch wenn sie nicht die Überreste eines frühen Vormenschen waren, löste der Fund doch Neugierde unter den Forschern in Europa aus. Nachdem ein von Kaiser *Wilhelm* entsandtes Team in den letzten Jahren der deutschen Kolonialzeit gescheitert war, machte das britische **Forscherehepaar Leakey** aus Kenia 1959 den spektakulären Fund eines 2 Millionen Jahre alten **„Nussknackermenschen"** der Gattung *Australopithecus*. Tansanias Olduvai Gorge galt damit lange Zeit als die „Wiege der Menschheit", bis schließlich ältere Funde in der Afar-Senke im Norden Äthiopiens gemacht wurden (vgl. auch Ngorongoro Conservation Area).

Andere Funde aus der Frühzeit wurden in dem saisonalen Flusstal von Isimilia gemacht, wo man neben Knochen ausgestorbener Tierarten eine beträchtliche Anzahl von Werkzeugen wie Faustkeilen fand (siehe Iringa).

Völkerwanderungen und Seehandel

Die vorkoloniale Geschichte Tansanias ist von zwei parallel verlaufenden Entwicklungen gekennzeichnet. Während im **frühen Seeverkehr** Sumerer, Phönizier, Ägypter, Perser, Araber und um das Jahr 1000 auch Chinesen und Inder die Küste Ostafrikas anliefen, um ihre Handelsbeziehungen im Indischen Ozean auszudehnen, fanden im Innern Afrikas die großen **Völkerwanderungen** statt. Jedoch sind diese Migrationsbewegungen und die damit verbundenen Reichsgründungen nur sehr lückenhaft zu rekonstruieren. Hinsichtlich der geschichtlichen Prozesse im Innern des heutigen Tansania kann nur auf mündliche Überlieferungen zurückgegriffen werden sowie auf einige Funde früheisenzeitlicher Schmiedearbeiten und Werke traditioneller Kunst, aus denen sich mögliche gemeinsame Wurzeln zwischen den Völkern aller Regionen Afrikas und der arabischen Halbinsel schließen lassen.

Es wird im Allgemeinen angenommen, dass das Gebiet des heutigen Staates Tansania von **Khoisanden** bevölkert war, einer Gesellschaft von **Jägern und Sammlern,** die aus Pygmäen und Buschmannvölkern bestand. Die ersten Einwanderungen Südkuschitisch sprechender Völker vom Horn von Afrika und aus dem Gebiet des heutigen

Land und Leute

Jemen fanden ab 2000 v.Chr. statt. Diese Zuwanderung hielt bis etwa 1000 n.Chr. an und kam in dem heutigen, Kuschitisch sprechenden Volk der Iraqw im Mbulu-Hochland zu ihrem Ende. Aus dieser Zeit stammen vermutlich die **Ruinenfelder von Engaruka** im nördlichen Rift Valley, Zeugnisse einer frühen Kultur, die zur Bewässerung ihrer Feldwirtschaft Kanäle und Dämme in Form von Steinwällen und -mauern angelegt hatte.

Um 1000 v.Chr. hatten sich im Gebiet um den Victoria-See **Bantu-Volksgruppen,** die ursprünglich aus dem Westen Afrikas kamen, angesiedelt. Schließlich sind vor rund 500 Jahren die ersten **nilotischen Völker** aus dem Norden Afrikas hinzugekommen und langsam über das heutige Staatsgebiet von Kenia in den Norden Tansanias vorgerückt, nomadische Ethnien, die heute als Maasai und Barabaig bekannt sind. Die letzten großen Zuwanderungsgruppen waren um 1850 die Ngoni, die ursprünglich aus dem Süden des afrikanischen Kontinents stammen und eine Splittergruppe der Zulu sind. Sie führten lange Zeit Territorialkämpfe, bis sie sich schließlich im Süden von Tansania niederließen.

Die Kultur der Kuschiten, Niloten und Bantunoiden brachte Techniken und Kenntnisse in Ackerbau, Viehhaltung und über neue Anbauprodukte in den ostafrikanischen Raum. Die Gruppen vermehrten sich und breiteten sich zunehmend aus, Vermischungen und Untergruppen entstanden. Auf der Suche nach den fruchtbarsten Böden und den besten Wild- und Weideflächen nahmen die neuen Völker mit der Zeit den größten Teil des heutigen Tansania ein und verdrängten zunehmend die Khoisan sprechenden Bewohner. Letzte Minoritäten sind heute die Hadzabe- und Sandawe-Buschmannvölker im nördlichen Zentraltansania.

Bantugruppen, die sich um etwa 200 n.Chr. entlang der Küste niederließen, wurden im Rahmen des Seehandels schon früh durch fremde **Kulturen und Religionen** beeinflusst. Eine zur Zeit der griechischen Ptolemäer etwa um 80 v.Chr. geschriebene Segelanweisung für das Rote Meer und die benachbarten Teile des Indischen Ozeans, der **Periplus,** beschreibt als erstes schriftliches

„Koloniale Wochenschrift"

Dokument die Lage und Bevölkerung Azanias (altgriechische Bezeichnung für die Küste Ostafrikas) und nennt als südlichsten Punkt „Rhapta" (Historiker vermuten darin das heutige Pangani).

Seit dem 8. Jahrhundert begannen **Araber** in Ostafrika eine Rolle zu spielen. Aus den Sultanaten Yemen, Hadramaut und Oman kommend, gründeten sie eine große Anzahl von **Niederlassungen an der Ostküste Afrikas.** Sie verbreiteten den Islam und dehnten ihre Handelsbeziehungen immer weiter in Richtung Süden aus und ließen Handelsposten wie Mogadischu, Malindi und Lamu entstehen. Etwa gleichzeitig mit der arabischen Einflussnahme fand eine noch größere „Invasion" von **Persern** statt. Ihnen ist die Gründung einer Reihe von Städten und Siedlungen zuzuschreiben, wie etwa Gedi in Kenia und das große **Kilwa im Jahre 975** (vgl. Kilwa). Aber auch auf den Inseln Pemba und Sansibar hinterließen sie ihre Spuren und vermischten sich mit den bantunoiden Küstenbewohnern. Es war die Geburtsstunde der heute islamisch geprägten Ethnien der Swahili und Shirazi an der Küste Ostafrikas.

Portugiesen, Araber und traditionelle Herrscherreiche

Im Jahre 1498 umschiffte der portugiesische Seefahrer *Vasco da Gama* als erster das Kap der Guten Hoffnung, womit ein neuer Abschnitt in der Geschichte der ostafrikanischen Küste eingeläutet wurde. Als die **Portugiesen** immer häufiger und zahlreicher in den Indischen Ozean kamen und Stützpunkte für ihre Fahrten nach Ostindien suchten, fanden sie bereits blühende arabische und persische Niederlassungen vor. Der Reihe nach eroberten sie Kilwa, Sansibar, Pemba, Mombasa usw. Doch die portugiesische Herrschaft war keineswegs gefestigt, und mit dem Niedergang ihrer Seemacht mussten sie einen Platz nach dem anderen räumen, bis ihnen nur noch ihre spätere Kolonie Mosambik blieb.

Es waren die Oman-Araber, die den Portugiesen vom 17. Jahrhundert an den Platz in Ostafrika streitig machten. Die **Sultane von Oman,** die als religiöse Oberhäupter zugleich den Titel „Iman von Muskat" führten, verfügten über eine überlegene Flotte und konnten sich so schließlich durchsetzen. Mit dem wirtschaftlichen Boom im Gefolge des Ostafrika-Handels kam es um 1840 sogar zur Verlegung des Sultanatssitzes von Sultan *Sayyed Said* von Oman nach Sansibar, womit die Blütezeit der berühmten ostafrikanischen Insel begann (vgl. dort).

Auf dem Festland breitete sich der arabische Einfluss mit Beginn des 19. Jahrhunderts verstärkt ins Landesinnere aus. Von Handelsorten wie Pangani, Saadani, Bagamoyo, Kilwa und Mikindani verliefen **Karawanenrouten** zu den großen Seen an der Grenze zum zentralen Afrika. Die afrikanischen Kleinreiche einiger Könige waren untereinander zerstritten und daher nicht in der Lage, den Arabern nennenswerten Widerstand entgegenzusetzen. Im Gebiet des heutigen Tansania waren die Streifzüge von Nomadenvölkern und die Abgrenzungen von kleinen Vieh-

GESCHICHTE

züchter-Aristokratien noch nicht abgeschlossen, eine Situation, die die Araber geschickt zu ihrem Vorteil auszunutzen wussten. Lediglich im Norden mieden sie das Gebiet der kriegerischen Maasai, und im Süden am Nyasa-See stießen sie bei dem geeinten Volk der Nyakusa und den gerade eingewanderten Ngoni ebenfalls auf Widerstand. Andere Völker wie die Nyamwesi im zentralen Tansania, die Yao im Süden am Ruvuma-Fluss und auch die Chagga vom Kilimanjaro nutzten die Situation im ungeeinten Land zwischen Indischem Ozean und Lake Tanganyika, um von den arabischen Handelsorten an der Küste und ab der Mitte des 19. Jahrhunderts auch zunehmend von den Rastorten („Karawanseraien") im Landesinneren zu profitieren und belieferten die islamischen Fremden mit Waren. Die Araber waren vornehmlich an **Sklaven** für den Verkauf nach Arabien und in andere Teile der Welt sowie für den Einsatz als Landarbeiter auf den Nelkenplantagen Sansibars interessiert, ein Geschäft, welches ihnen eine Gewinnspanne von mehreren hundert Prozent einbrachte. Parallel dazu erbeuteten Sie auch Elfenbein, Nasenhörner, Gold und Edelsteine.

Die Araber unternahmen aber nichts, um das Land zu kolonialisieren, und übten auch keine flächendeckende Kontrolle aus. Lediglich die Inseln und ein wenige Kilometer breiter Küstenstreifen waren der Hegemonie des Sultans von Sansibar unterworfen. Hier kontrollierten die Araber Politik und Wirtschaft. Von den Küstenorten Saadani und Bagamoyo verlief die **bedeutendste Kara-**

wanenroute über Dodoma und Tabora nach Ujiji am Tanganyika-See. Zunächst Tabora und dann Ujiji waren die wichtigsten arabischen Stützpunkte im Innern Afrikas. Von Tabora gingen noch zwei weitere wichtige Routen nach Mwanza am Victoria-See und nach Karema im Süden des Tanganyika-Sees (vgl. auch Tabora und „Die zentrale Karawanenroute der Araber"). Von Ujiji und Karema aus überquerten die Araber den längsten See Afrikas und erbeuteten Sklaven und Schätze aus dem finsteren Kongo, wo sie sich in den Gebieten von Urua und Maniema ab 1860 fest etablierten.

Doch viele der arabischen Sklaven- und Elfenbeinhändler gerieten an der Küste und auf Sansibar in wachsende finanzielle Abhängigkeit von zugewanderten indischen Geschäftsleuten. Diese neue Oberschicht war es, die die Menschenjagden mit Krediten unterstützte. Selbst berühmte und einflussreiche Araber wie *Tippu Tip* (vgl. entsprechenden Exkurs) waren Schuldner. Damit aber kamen die Briten ins Spiel, die die starke Stellung der Inder gegenüber dem Sultan zu ihren Gunsten ausnutzten. Die Briten konnten Druck auf die indischen Geldgeber ausüben (als Bürger der britischen Kolonie Indien waren sie der englischen Krone verpflichtet!), so dass diese sich langsam aus dem Sklavenhandel zurückzogen und anderen Geschäften, etwa dem Gewürzhandel, zuwandten. **1873** bewirkten die Engländer schließlich die **Aufhebung des Sklavenhandels,** nicht jedoch der Sklavenhaltung. Das Geschäft mit der Ware Mensch sollte aber noch bis zur

GESCHICHTE

Jahrhundertwende weitergehen (vgl. zur Geschichte auch das Kapitel zu Sansibar).

„Deutsch-Ostafrika" (1885–1919)

Die **heutigen Staatsgebiete Tansania** (ohne die Inseln Sansibar und Pemba), **Ruanda und Burundi** stellten ab 1890 die **vierte Kolonie Deutschlands** dar. Als „Deutsch-Ostafrika" war es das größte Schutzgebiet in Übersee und entwickelte sich bis zum Ausbruch des 1. Weltkriegs zur profitabelsten Kolonie. Wie auch die anderen deutschen Kolonien in Afrika (Togo, Kamerun und Deutsch-Südwest/Namibia), musste Deutsch-Ostafrika nach dem verlorenen Krieg an die Siegermächte abgetreten werden.

Carl Peters und die Deutsch-Ostafrikanische Gesellschaft

Das Jahr **1884** bedeutete für Ostafrika einen entscheidenden Wendepunkt. Das Deutsche Reich, das bis dahin noch keine überseeischen Kolonien besaß, zeigte plötzlich im Wettstreit um einen „Platz an der Sonne" Interesse an weiten und wertvollen Gebieten West- und Ostafrikas – sehr zum Ärger Englands und Frankreichs. Die treibende Kraft dabei war **Dr. Carl Peters**, eine schillernde Persönlichkeit, die fast im Alleingang, ohne Unterstützung staatlicher Stellen, Deutschland den Erwerb seiner größten Kolonie ermöglichte.

Carl Peters

Der Sozialwissenschaftler *Carl Peters*, 1856 geboren, gründete 1884 den Verein „Gesellschaft für deutsche Kolonisation" mit dem Zweck, eigenes Kolonialland zu erwerben. Ziel einer ersten Expedition war das im Reisebericht des amerikanischen Journalisten *Stanley* so verlockend beschriebene Gebiet westlich der Insel Sansibar. Vor seiner Abreise setzte Peters noch das Auswärtige Amt über Ziel und Zweck seiner Reise in Kenntnis, doch die Verantwortlichen dort und auch Reichskanzler *Bismarck* spendeten dem Abenteurer nicht die erhoffte Aufmerksamkeit und Unterstützung. Zusammen mit drei Begleitern reiste Peters unter falschem Namen in Sansibar ein und wurde vom hanseatischen Konsul mit der Mittei-

GESCHICHTE

lung empfangen, dass das Deutsche Reich ihnen keinen Schutz gewähre. Peters ließ sich jedoch nicht beirren und segelte am 10. November 1884 an Bord einer Dhau zum Festland, wo er von dem arabischen Verschiffungsort Saadani mit seinen Gefährten ins Hinterland aufbrach.

Binnen zwei Monate schloss Peters mit einer Reihe von lokalen Herrschern dubiose **Freundschafts- und Schutzverträge** ab. Überrumpelt und völlig ahnungslos über die rechtlichen Folgen der Verträge traten die Herrscher der „Gesellschaft für deutsche Kolonisation" diejenigen Rechte ab, die nach

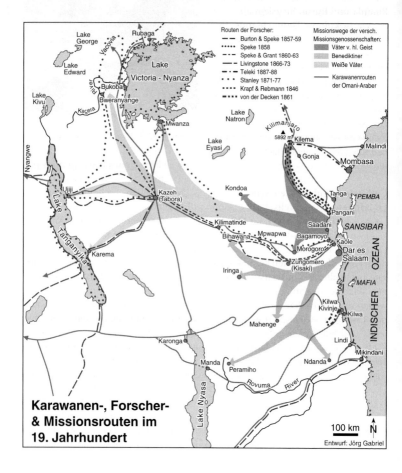

Karawanen-, Forscher- & Missionsrouten im 19. Jahrhundert

Entwurf: Jörg Gabriel

GESCHICHTE

europäischer Interpretation die Landeshoheit ausmachten. Peters verpflichtete sich den Herrschern gegenüber, ihnen in ihrem Lande den erforderlichen Schutz gegen Feinde zu gewähren und sie insbesondere gegen Sklavenhändler zu verteidigen – ein leeres Versprechen. Mit Abschluss der Verträge, als Symbol der formulierten Ansprüche, wurde die deutsche Flagge gehisst.

Nach seiner Rückkehr auf Sansibar ließ Peters seinen Kameraden *Jühlke* als Vertreter der Gesellschaft dort zurück, während er selbst über Indien nach Deutschland zurückreiste, um für neue Mittel zu werben. Von Bombay aus unterrichtete er am 8. Januar 1885 das Auswärtige Amt über seine Erfolge und bat um den Schutz des Reiches für seine Erwerbungen. Kurze Zeit später wurde Bismarck informiert, welcher fortan für das Peterssche Unternehmen eintrat und die Erteilung eines kaiserlichen Schutzbriefes für dessen Gesellschaft veranlasste, die sich von dem Augenblick an **„Deutsch-Ostafrikanische Gesellschaft"** (D.O.A.G.) nannte.

Berlin entsandte den erfahrenen Afrikareisenden *Gerhard Rohlfs* als Generalkonsul nach Sansibar. Dort hatte Sultan *Barghash bin Said,* hinter dem der britische Generalkonsul stand, vehement Einspruch gegen die deutsche Schutzherrschaft über jene Gebiete erhoben, die unmittelbar an dessen Küstenstreifen grenzten. Der Sultan kündete eigene Hoheitsansprüche über die in Rede stehenden Gebiete an. Auf Peters Vorschlag hin entsandte Bismarck einige Kriegsschiffe, die im November 1885 im Hafen von Sansibar Macht und Kampfbereitschaft des Deutschen Reiches demonstrierten. Der Sultan konnte dem nichts entgegensetzen und akzeptierte daraufhin notgedrungen die deutsche Schutzherrschaft an der ostafrikanischen Küste. Auch England verhielt sich ruhig, war man sich doch einige Monate zuvor auf der **Berliner „Kongo-Konferenz"** über die koloniale Aufteilung des äquatorialen Afrika weitestgehend einig geworden. Zur Festsetzung der östlichen Grenze des deutschen Schutzgebietes am Indischen Ozean wurde eine deutsch-englisch-französische Kommission eingesetzt, die sich auf einen 16 km breiten Küstenstreifen einigte, der von Lamu im heutigen Kenia bis zum Ruvuma-Fluss reichte und dem Sultan als Besitz zugebilligt wurde.

In den Folgejahren veranlasste Peters weitere Gebietserwerbungen. Es gelang der D.O.A.G., das Kilimanjaro-Gebiet und die Usambara-Berge sowie zahlreiche kleine Reiche im zentralen und südlichen Hinterland mit wortreichen, aber nie ernst gemeinten Versprechungen unter den Schutz des Kaiserreiches zu stellen.

Nach verschiedenen Vorschlägen wurden sich schließlich die D.O.A.G. und die britische Regierung über den Verlauf der **Nordgrenze** einig, die heute noch Tansania von Kenia bzw. Tansania und Ruanda von Uganda trennt. Diesem Abkommen folgte 1886/87 ein mit der portugiesischen Regierung abgeschlossener Vertrag, der den Ruvuma als **Südgrenze** festsetzte. Lediglich das südlich der Flussmündung liegende „Kionga-Dreieck" am Indischen Ozean sollte noch deutsch sein.

Land und Leute

GESCHICHTE

Rücksichtslos und mit aller Brutalität ging Carl Peters bei seinen Beutezügen vor, sein Umgang mit den Menschen der Region brachte ihm bald den Beinamen *Mkono wa Damu*, „der Mann mit Blut an seinen Händen", ein. Seine sadistischen Charakterzüge und in der Folge der schlechte Ruf deutscher Kolonialgesellschaften bescherten ihm schließlich die Entlassung aus dem Amt. Der willkürliche Umgang mit Afrikanern blieb jedoch: Die Prügelstrafe *hamsa ishirini*, 20 Peitschenhiebe und zum Schluss noch einen für den Kaiser, ist nur ein trauriges Beispiel für das deutsche Herrenrassegebaren in Ostafrika.

Während man bei der weiteren Ausdehnung der Kolonie im Westen und Süden auf wenig Widerstand stieß, blieb das Hauptproblem zunächst der Küstenstreifen des Sultans. Zwar kam am 28. April 1888 der Abschluss eines Zoll- und Küstenvertrages mit dem Sultan zustande, doch lieferte dieser den Anlass für einen Araberaufstand unter der Führung des einflussreichen *Bushiri* bei Bagamoyo. Viele deutsche Stationen gingen verloren, da die D.O.A.G. über keine Streitkräfte verfügte. Bismarck reagierte prompt auf die Situation und schickte den erfahrenen Reichskommissar *Wissmann* mit einer Truppe, um die deutschen Gebiete zurückzuerobern. Wissmann schlug den Araberaufstand 1889 erfolgreich nieder (vgl. „Bushiri und der Araber-Aufstand"). Bismarck war nun endgültig Kolonialpolitiker und ließ fortan weitere Soldaten entsenden, die den Grundstock für die spätere kaiserliche Schutztruppe in Ostafrika legten.

Das Sansibar-Helgoland-Abkommen

Das Abkommen, das am 1. Juli 1890 zwischen England und dem Deutschen Reich geschlossen wurde, wird gemeinhin missverstanden, nämlich als Tausch der Inseln. Sansibar war aber nie in deutschem Besitz und war auch kein Objekt deutscher kolonialer Begierde. Die Briten wollten auf Sansibar ihren Einfluss über den Sultan von Sansibar gesichert sehen und eine deutsche Verzichtserklärung bekommen. Im Rahmen ihrer imperialen Interessen war ihnen aber vor allem an einem Korridor entlang des Tanganyika-Sees gelegen, um eine Landverbindung zwischen Uganda und Rhodesien und damit von Kairo bis Kapstadt zu erlangen. Das aber wurde ihnen von den Deutschen energisch verwehrt, und so ging der Kuhhandel weiter: Nachdem Deutschland schon seine Ansprüche auf die Enklave Witu in Kenia fallen gelassen hatte, versprach man sich britische Unterstützung, um den Sultan zu bewegen, seinen Küstenbesitz an die Deutschen abzutreten. Doch die Briten interessierten sich für ein Gebiet, das Peters' D.O.A.G. kurz zuvor erworben hatte und dessen Wert in Berlin völlig verkannt wurde: Es handelte sich um das mächtige Königreich von Buganda (heute ein Teil von Uganda) im Nordwesten des Victoria-Sees. Die Briten waren sich der abschätzigen Haltung der Deutschen bewusst und boten im Tausch für Buganda und ein britisches Protektorat über Sansibar ein Inselchen in der Nordsee an – Helgoland. Zudem billigte man Deutschland den Caprivi-

DIE ENTDECKUNGSREISENDEN

Die Entdeckungsreisenden – von Burton bis Livingstone

Die Portugiesen hatten in der Zeit ihrer Vormachtstellung an der ostafrikanischen Küste kaum Forschungsreisen in das Innere Afrikas unternommen. Lediglich der Seefahrer *Gaspar Bocarro* erreichte 1666 den Nyasa-See, doch ging diese „Entdeckung" im Gedächtnis der Völker verloren, und heute gilt *David Livingstone* als erster Europäer, der bis zum drittgrößten See Afrikas vorstieß.

Die stattliche Reihe europäischer Forscher, die sich auf Sansibar ab Mitte des 19. Jahrhunderts nacheinander die Klinke in die Hand gaben, eröffneten die **Deutschen L. Krapf und Johann Rebmann,** welcher als erster 1848 den Kilimanjaro erreichte.

Der wahrscheinlich größte Forschungsreisende jener Zeit war jedoch der Engländer **Richard Burton.** Zusammen mit **John Speke** brach er 1857 von Sansibar auf; sie erreichten als erste Europäer ein Jahr später den Tanganyika-See. Beide glaubten damals, die Quellen des Nils gefunden zu haben, doch erschien ihnen die Lage des Sees als zu niedrig. Burton berichtete sehr ausführlich über die Lebensweise der Araber, denen er aufgrund seiner Sprachkenntnisse und seiner vorzüglichen literarischen Bildung sehr nahestand. Die Suche nach den Quellen des Nils konnte Burton jedoch wegen Krankheit nicht fortsetzen. Sein Partner Speke, dem Araber von einer riesigen Wasserfläche im Norden berichtet hatten, erreichte 1859 die Ufer des Nyanza-Sees und taufte ihn auf den Namen der englischen Königin Victoria. Speke war davon überzeugt, nun endlich an den Quellen des Nils zu stehen.

Im nördlichen Teil des späteren Deutsch-Ostafrika hatte im Jahre 1861 **Baron von der Decken,** der ein Jahr vorher mit dem am Nyasa-See ermordeten jungen Forscher **Roscher** eine Expedition in das Hinterland von Kilwa geführt hatte, eine erfolgreiche Reise unternommen, auf der er bis zum Kilimanjaro gelangt war. Er versuchte als erster Europäer im Jahr 1862 den Aufstieg auf das „Dach Afrikas", musste jedoch bei 4300 m Höhe aufgeben. Sein äußerst detailliertes Werk über seine Reisen und die gewonnenen Eindrücke erschien bereits 1869 in Leipzig.

Den größten Bekanntheitsgrad unter all den frühen Forschern genießt jedoch heute der 1873 verstorbene **David Livingstone.** Der 1813 geborene Schotte war bereits ab 1841 als Missionar in Südafrika tätig. Nachdem er das südliche Afrika durchwandert und hier den Victoria-Fällen den heute noch gültigen Namen gegeben hatte, erreichte er 1858 den Nyasa-See. Von der „Royal Geographical Society" bekam er schließlich 1866 die Aufgabe anvertraut, die wirklichen Quellen des Nils zu suchen. Livingstone brach auf und ließ viele Jahre nichts mehr von sich hören. Eine amerikanische Zeitung schickte schließlich den Journalisten **Henry Morton Stanley** auf die Suche nach Livingstone. Mit Hilfe arabischer Sklavenhändler fand er diesen noch langer Suche in Ujiji am Tanganyika-See, wo es am 10. November 1871 zu dem historischen Zusammentreffen der beiden Afrikareisenden kam. Mit den Worten: „Dr. Livingstone, I presume?" begrüßte Stanley den von Tropenkrankheiten gezeichneten Livingstone. An dieses Treffen erinnert heute ein eigens dafür errichtetes Museum in Ujiji. Livingstone unternahm noch eine letzte große Reise in den Süden des Tanganyika-Sees, wo er 1873 im heutigen Sambia starb.

Im Auftrag der Hamburger Geographischen Gesellschaft begann **A. Fischer** im Jahre 1882, das Kilimanjaro- und Merugebiet zu untersuchen. Diese Reise führte ihn weiter bis ins Rift Valley am Natron-See entlang und bis zum Naivasha-See im heutigen Kenia, wo im Hell's Gate National Park ein markanter, erosionsbedingter Felsturm nach ihm benannt ist. Er berichtete als erster detailliert über Entstehung und Verlauf des ostafrikanischen Grabenbruchs und das dort lebende „Furcht einflößende" Volk der Maasai.

Land und Leute

Zipfel zu (dann benannt nach *Bismarcks* Nachfolger), als Verbindung zwischen Deutsch-Südwest (Namibia) und Rhodesien. Doch schon Helgoland allein war für Berlin verlockend genug, um im Sansibar-Helgoland-Abkommen auf Buganda und Sansibar zu verzichten. Mit dem Abkommen ging auch der Küstenstreifen des Sultans von Sansibar als Pachtgebiet für 99 Jahre an Deutschland, wofür man den Sultan mit 4 Millionen Reichsmark entschädigte. Der ausgebootete Carl Peters jedoch war erbost über den Verhandlungsausgang und konnte in seiner Besessenheit nicht verstehen, warum man das wahrscheinlich reichste Königreich Ostafrikas „gegen eine Badewanne in der Nordsee" eintauschte.

Der Weg zur vollständigen Kontrolle der Kolonie

Die Grenzen waren zwar 1890 endgültig gesteckt, **Bagamoyo erste Hauptstadt** und Sitz des Reichskommissars **Wissmann,** der als späterer **dritter Gouverneur** in die Geschichte Ostafrikas einging. Doch viele Gebiete im Innern standen noch nicht unter der Kontrolle des Kaiserreichs, was Investoren und deutsche Auswanderer noch einige Jahre hemmen sollte, sich in Deutsch-Ostafrika niederzulassen.

Zuerst hatte man sich, den vorhandenen Mitteln und Möglichkeiten entsprechend, auf die Besetzung der Küste beschränkt. Tanga und **Dar es Salaam,** dem man **ab 1891** aufgrund des tieferen Hafenbeckens den Vorzug als **neue Hauptstadt** gab, wurden die wichtigsten Städte Deutsch-Ostafrikas. Aber auch die anderen Küstenorte Pangani, Bagamoyo und Kilwa Kivinje entwickelten sich zu bedeutsamen Zentren der deutschen Kolonisation. Von diesen Orten am Indischen Ozean begann man mit fortschreitender Landeserforschung die Gründung von Stationen im Innern der Kolonie. Den Karawanenrouten folgend entstanden zunächst die Militärstationen Kilosa, Mpwapua, Kilimatinde und eine weitere in der von Arabern dominierten Stadt Tabora. Es folgten Mwanza am Victoria-See, Ujiji und Usumbura am Tanganyika-See (heute die Hauptstadt Bujumbura des Staates Burundi). Den größten Anteil an der Errichtung dieser Posten und der „Befriedung" des jeweiligen Umlands hatte die Schutztruppe (vgl. dazu „Die kaiserliche Schutztruppe – eine deutsch-afrikanische Armee").

Viele Gebiete und Volksgruppen lehnten sich jedoch weiterhin gegen eine Fremdherrschaft auf. Im Süden verweigerten die Yao den Stationen Lindi und Mikindani den Gehorsam, machten die Karawanenroute für Missionare unsicher und ließen auch nicht von der Sklavenjagd ab. Erst mehrere **„Strafexpeditionen",** wie man damals die Einsätze zur Niederschlagung aufständischer Völker nannte, konnten dem Treiben der Yao Einhalt gebieten.

Schwieriger als der Süden erwies sich der Norden. Die in den Schutzverträgen der D.O.A.G. genannten **Sultane am Kilimanjaro** bekriegten sich untereinander. Der Herrscher *Sina von Kibosho* fiel in das deutschfreundliche westlich gelegene Herrschergebiet des *Sultans von Machame* ein. Auch Maasai

GESCHICHTE

nutzten die unruhige und unübersichtliche Situation und unternahmen Viehraubzüge im Gebiet der Chagga. Ende 1890 zeigte sich Häuptling *Sina von Kibosho* zudem dem damaligen Chef der deutschen Militärstation in Moshi, *von Elz* und zwei römisch katholischen Missionaren gegenüber sehr feindlich und tauschte schließlich auch die deutsche Flagge durch die Fahne von Sansibar aus, um anzudeuten, dass er sich der deutschen Herrschaft nicht beugen will. Unter der Führung Wissmanns setzten sich im Januar 1891 drei „Feldkompagnien" mit Trägerkolonnen von Pangani aus in Bewegung. Am Fuße des Kilimanjaro angekommen, stürmte Wissmann mit Verstärkung durch Krieger des Herrschers von Moshi das Reich von Kibosho. Nach anfänglich verlustreichen Kämpfen gelang es den Verbündeten, die befestigten Lager einzunehmen und sämtliches Vieh zu beschlagnahmen. Der geschlagene Sina musste zudem ein Elfenbeintribut zahlen und die deutsche Hoheit über sein Gebiet endgültig akzeptieren (vgl. auch „Die einstigen Chagga-Reiche am Kilimanjaro").

Mit dem Elfenbein konnte Wissmann die Kosten des Feldzugs finanzieren. Doch es sollte sein letzter sein. Auf dem Rückweg erfuhr er, dass er als Reichskommissar abgesetzt worden war – Bismarcks Nachfolger als Reichskanzler, *Graf von Caprivi*, war ihm nicht wohl gesonnen.

Nach Beendigung seiner militärischen Aufgabe fuhr er 1891 zurück nach Deutschland. Erster Gouverneur wurde im April 1891 **Julius Freiherr von Soden**, der zuvor in der deutschen Kolonie Kamerun Gouverneur gewesen war. Nachdem jedoch Caprivi 1892 in Berlin abgelöst wurde, kehrte Wissman zurück nach Deutsch-Ostafrika, wo er von Soden als Reichskommissar zur Seite gestellt wurde. 1895 wurde Wissmann nach *Freiherr von Schele* zum dritten Gouverneur bestellt. Er musste sein Amt aber bereits 1896 wieder aufgeben und aus gesundheitlichen Gründen nach Deutschland zurückkehren. Bis dahin setzte er sich das Ziel, nun die Westseite der Kolonie zu sichern und die dortigen Posten an ein Versorgungsnetz anzubinden. Dazu sollten **Dampfer an die großen Seen** Tanganyika und Nyasa gebracht werden. Die langen Uferlinien verglich Wissmann mit einer „westlichen Meeresküste". Er wollte mit den Schiffen die Grenzen zu den Nachbargebieten kontrollieren und den Handel ausbauen, aber auch dem illegalen Sklavengeschäft der Araber durch das „Deutsche Anti-Sklaverei-Komitee" ein Ende bereiten. Wissmanns Ideen fanden in Deutschland großen Anklang, und erhebliche Summen wurden zum Bau und Transport kleiner Dampfschiffe zur Verfügung gestellt. Bauteile eines ersten Schiffes wurden mit großen Trägerkolonnen über das portugiesische Chinde (im heutigen Mosambik), den Sambesi-Fluss aufwärts bis zum Shire River und dann über diesen zum Nyasa-See gebracht und dort zusammengesetzt – eine Expedition, die 14 Monate dauerte. Am Nordende des Sees wurde als erste Station „Langenburg" (später Alt-Langenburg, heute Lumbila) gegründet. Hier konnte der

Land und Leute

DIE KAISERLICHE SCHUTZTRUPPE

Die kaiserliche Schutztruppe – eine deutsch-afrikanische Armee

Der von Bismarck entsandte Reichskommissr *von Wissmann*, der mit seiner Truppe den Araberaufstand unter *Bushiri* 1888/89 entlang der Küste erfolgreich niedergeschlagen hatte (vgl. Exkurs „Bushiri und der Araber-Aufstand"), legte den Grundstein für die am 1. April 1891 geformte kaiserliche Schutztruppe für Deutsch-Ostafrika, eine militärisch organisierte Einheit, die an der Besitzergreifung, an der Befriedung in rebellierenden Gebieten und damit an der (wirtschaftlichen) Entwicklung der Kolonie maßgeblichen Anteil hatte. Dabei kam es in vielen Gebieten zu blutigen Auseinandersetzungen, bei denen die Schutztruppe aufgrund ihrer waffentechnischen Überlegenheit am Ende immer die Oberhand behielt.

Den Großteil der Schutztruppe machten afrikanische Krieger aus, die so genannten **Askaris** (Swahili für Wächter/Krieger). Anfangs waren es hauptsächlich Sudanesen und Ngoni-Zulus, die in der portugiesischen Kolonie Mosambik angeheuert wurden. Selbst Abessinier aus dem Hinterland von Massawa, den heutigen Gebieten von Tigray und Eritrea, wurden rekrutiert. Nachkommen dieser Männer sind heute noch hie und da in der Region Arusha-Kilimanjaro zu sehen, abessinische Sprachen, wie das bekannte Amharisch, beherrscht jedoch keiner mehr. Die späteren Askaris waren meist vom Küstenvolk der Wasuaheli. Von deutscher Seite wurde schon früh erkannt, dass eine Kolonial-Armee zum Großteil aus „Eingeborenen" bestehen musste, würde doch eine Truppe nur aus Deutschen „bei dem tropischen Klima mit seinen tückischen Krankheiten einem laufenden Lazarett gleichen".

Aus Deutschland wurden jedoch Offiziere geschickt, um die Ausbildung und Führung von Abteilungen und Kompanien zu übernehmen. Der militärische Drill war preußisch, die Befehle wurden in deutscher Sprache erteilt. Wie es damals wohl zugegangen sein mag, wird vielleicht aus folgender Anekdote deutlich: Als vor einigen Jahrzehnten in Tansania noch viele Askaris lebten, kam es bei freundlichen Begrüßungen von Deutschen mitunter vor, dass einem nicht nur ein „Guten Tag, mein Herr" entgegenflog, sondern auch Sätze wie „Hau ab, du Schwein" zum freundschaftlichen Shakehands fielen ...!

Die Uniform der Askaris wurde maßgeschneidert. Die Ausrüstung umfasste ein Karabiner-Gewehr, einen breiten Ledergürtel mit Munitionstaschen, bei Fußmärschen gehörten eine in Leder geschnürte Schlafmatte und -decke dazu, auf dem Kopf trugen die Askaris eine zylinderförmige Kappe mit lang herunterhängendem Nackenschutz und dem Emblem des kaiserlichen Adlers oder der Nummer ihrer Einheit auf der Stirnseite. Zu jedem Askari kam bei Feldzügen ein Träger hinzu. Der monatliche Sold betrug 30 Rupien, was heute etwa 70 Euro entspricht.

In den ersten Jahren der Kolonialzeit war es die Aufgabe der Schutztruppe, im Landesinnern Militärstationen aufzubauen. Diese sollten den folgenden Siedlern und Pflanzern ein gesichertes Umfeld schaffen und sie vor möglichen Aggressionen von Seiten der afrikanischen Bevölkerung schützen. Ein paar wenige deutsche Offiziere mit jeweils etwa einem Dutzend oder mehr Askaris hatten die Verantwortung für kleine Posten, die als „Nebenstellen" bezeichnet wurden und meist nur mit einem Maschinengewehrge-

Ibrahim Sol Khalil, Gefreiter in der 13. Feldkompagnie;
letzter Askari, gestorben im Sommer 2000

DIE KAISERLICHE SCHUTZTRUPPE

schütz versehen waren. An den Hauptorten der „Bezirksämter" wurden große Forts errichtet, in denen jeweils eine bis zu 150 Mann starke „Feldkompanie" untergebracht war, mit mehreren Großgeschützen und Maschinengewehren. Bei Feldzügen begleitete eine mehr als doppelt so hohe Anzahl von Lastenträgern die Soldaten der Schutztruppe.

Die höchst mobile, disziplinierte und loyale Einheit zeichnete sich im 1. Weltkrieg durch ein Versteck- und Angriffsspiel im Dickicht des afrikanischen Busches aus, das die vielfach überlegenen britischen Truppenverbände oft bis an den Rand der Verzweiflung brachte.

Während der britischen Mandatszeit traten nur wenige der ehemaligen „deutschen" Askaris dem Commonwealth-Corp bei. Die meisten unterhielten eine „shamba" (Farm) oder bekamen eine Stellung in der Verwaltung. Und keiner von ihnen rechnete damit, dass einmal im fernen und längst vergessenen Deutschland ein „Ehrensold" für sie bewilligt werden sollte. Doch 1964 veranlasste der Bundestag eine Rentenzahlung an ehemalige Schutztruppen-Askaris. Da die Aktenlage nicht die beste war und man auch nicht wusste, wie man die Männer erreichen sollte, wurde über Zeitungen und Radio ein Aufruf gestartet, wonach sich die Betroffenen an bestimmten Orten und Terminen einzufinden hatten. Nur die wenigsten der etwas mehr als 300 alten Männer hatten Entlassungsurkunden von 1919 bei sich, viele brachten als Ersatz alte Hüte, Kleidungsteile, Orden usw. mit. Einige demonstrierten auch noch kaiserlichen Drill und schlugen die Hacken zusammen, während sie deutsche Befehle murmelten – Beweise, die mehr als überzeugten! Fortan ließ die deutsche Regierung jedem ehemaligen Askari über die Botschaften in Dar es Salaam, Kigali und Bujumbura eine jährliche Rente von ungefähr 120 Euro zukommen. Die letzte „Rente" in Tansania bekam 1999 der 105-jährige ehemalige Askari *Ibrahim Sol Khalil*.

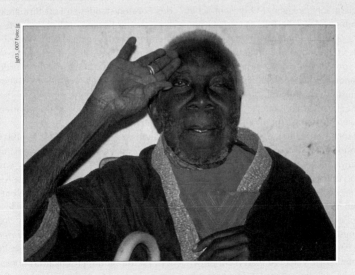

26 m lange Dampfer „Hermann von Wissmann" anlegen. Mit diesem Schiff konnten dann die Teile eines nächsten Dampfers – ebenfalls über das portugiesische Mosambik herantransportiert – vom Südende des Nyasa an das Nordende des Sees geschafft werden. Dort wurden erneut Hunderte von Trägern angeheuert, die Bauteile der „Hedwig von Wissmann" (benannt nach Wissmanns Frau) über das 2000 m hohe Konde-Land bis zu den Ufern des Tanganyika-Sees zu schleppen. Die Expedition unter Hauptmann *Schloifer* kostete einigen Afrikanern das Leben. Doch nun hatte das Deutsche Reich als erste Kolonialmacht ein Dampfschiff auf dem längsten See Afrikas. Im Jahr 1900 folgte ein zweites, die „Kingani", und ein regelmäßiger Versorgungsverkehr entwickelte sich zwischen den Hauptposten Usumbura, Ujiji und dem am Südende des Sees entstandenen Fort Bismarckburg (heute Kasanga). Wissmanns Bemühungen zur „Erschließung und Absicherung der Westfront" wurden von Berlin honoriert: Ihm zu Ehren wurde das Nordende des Nyasa-Sees „Wissmann-Bucht" genannt, ein Name, der noch heute gilt und auf den Landkarten vermerkt ist.

Auch wenn Dampfschiffe – 1903 folgte das erste von einem Privatmann betriebene Schiff „Muansa" – das Transport- und Kommunikationsproblem auf und an den Seen sowie entlang der Küste am Indischen Ozean lösten, blieb im weitläufigen Innern der Kolonie vorerst „wie seit altersher der Mensch das einzige Beförderungsmittel". Pferde- und Ochsenkarren erwiesen sich als unzumutbare Qual für die

GESCHICHTE

Tiere, denn ein einigermaßen befestigtes Wegesystem und Brücken gab es noch nicht. Auch die eigens für die Tropen entwickelten tonnenschweren Dampfautomobile mit mehreren Anhängern, die frühzeitlichen Traktoren glichen und deren überaus breite Stahlräder ein Einsinken in den weichen kalksandigen Küstenboden verhindern sollten, erwiesen sich für große Distanzen als völlig unrentabel.

Doch auch die **Trägerlöhne,** die von der Kolonialverwaltung festgelegt wurden, ließen die Transportkosten in unbezahlbare Höhen steigen. Ein Eingeborener durfte nicht mehr als 30 kg tragen und mehr als 30 km am Tag zurücklegen, vorausgesetzt das Wetter war gut und die zurückzulegende Strecke nicht bergig. Das aber bedeutete für den Transport großer Lasten immense Kosten, und so kam es, dass selbst besser gestellte Reichsbürger davon abgehalten wurden, sich in Deutsch-Ostafrika anzusiedeln. Zudem beschränkten sich die Hauptverkehrswege zunächst auf die Karawanenrouten, Gebiete mit guten Böden, in denen sich Landwirtschaft rentiert hätte, lagen abseits.

Im **Kommunikations- und Postwesen** war die Lage so, dass entlang der Küste genug Dampfschiffe verkehrten, die innerhalb von zwei Tagen Post und Waren zwischen Tanga und Dar es Salaam beförderten, im Innern aber haperte es vor allem an Telegrafenleitun-

gen. In vielen Regionen verliefen lange Zeit gar keine Leitungen, bestehende wurden bei Aufständen von Afrikanern immer wieder zerstört. Auch kam es vor – so unwahrscheinlich und lustig es auch klingen mag –, dass Giraffen die in nur wenigen Metern Höhe verlaufenden Drähte umrannten. Bis 1904 gab es in Deutsch-Ostafrika nur dreißig Poststellen, von denen sich allein ein Drittel an der Küste befand. Die Folge waren natürlich indiskutabel lange Postzustellungszeiten.

Für die Kolonialverwaltung stand daher fest, dass nur Eisenbahnen die wirtschaftliche Entwicklung Deutsch-Ostafrikas vorantreiben konnten, wobei Berlin zunächst keine kostenintensiven Bauvorhaben unterstützte, da man an die Entwicklung von Deutsch-Ostafrika noch nicht so recht glauben wollte. **1893** begann eine private Gesellschaft von Tanga aus mit dem Bau der **Usambara-Eisenbahn,** auch „Kaffeebahn" genannt. Doch die Gleisverlegung endete schon im nur 37 km entfernten Muheza. Die Kaffeepflanzen gediehen im feuchtwarmen Küstenvorland nur schlecht, der wirtschaftliche Erfolg, den sich ein paar Pflanzer versprochen hatten, blieb aus. Um die Bahn vor dem Bankrott zu retten, übernahm das Deutsche Reich die Schuldbürgschaft und sah sich angesichts des Misserfolgs in seiner Haltung bestätigt, keine Bahnprojekte zu unterstützen. Diese Haltung hemmte die Weiterentwicklung der Kolonie. Begründet wurde sie mit der nicht zufrieden stellenden Sicherheitslage in der Kolonie, die sich erst Anfang des 20. Jahrhunderts besserte,

Ansicht von Dar es Salaam (1914)

Land und Leute

GESCHICHTE

als das Gebiet am Mt. Meru gesichert und das **Fort Arusha** gegründet wurde und die ersten Missionare und Siedler sich hier niederlassen und ihrer Arbeit widmen konnten.

Im Süden in der Nähe von Iringa kam es immer wieder bei den Hehe unter der Führung des einflussreichen *Mkwawa* zu Vergeltungsschlägen gegen deutsche Einheiten. Ein mehrjähriger Buschkrieg machte das Hinterland unsicher (vgl. auch „Die Schädel des Hehe-Herrschers Mkwawa"). Zwar konnte die Situation im Iringa-Hochland ab 1898 einigermaßen unter Kontrolle gebracht werden, doch blieben Stimmung und Lage angespannt, so dass einige Militärstationen auch nicht von zivilen Bezirksämtern abgelöst, sondern im Gegenteil eher noch aufgerüstet wurden.

Erst 1904 kam der staatliche Auftrag zum Bau des ersten Streckenabschnitts der Mittelland-Eisenbahn von Dar es Salaam aus. Gleichzeitig führte man den Bau der Usambara-Bahn aufgrund der rentablen Sisal- und Kautschukgewinnung bis 1905 nach Mombo weiter. In diesen Jahren waren die Interessen in der Kolonie zweigeteilt. Eine große Siedler- und Pflanzergemeinschaft entlang der Usambara-Berge und eine neue große Gruppe von Kaffeebauern am Kilimanjaro verlangten zuerst den Ausbau der „Nordbahn" bis zum Fuß des schneebedeckten Berges. Eine zweite Lobby aus dem Siedlungsgebiet Morogoro/Kilosa unterstützte den am 9. Februar 1905 begonnenen Bau der zentralen Bahnlinie. Doch ein unvorhergesehenes Ereignis im selben Jahr unterbrach die Arbeiten: Der **Maji-Maji-Aufstand** (benannt nach einem Zauber-Trinkwasser, welches die Krieger unbesiegbar machen sollte) brach im gesamten Süden Deutsch-Ostafrikas aus (vgl. auch „Der Maji-Maji-Aufstand 1905–1907"). Die Rebellion nahm unter unzufriedenen Plantagenarbeitern im Bezirk Kilwa ihren Anfang und breitete sich in kürzester Zeit bis in die Vororte Dar es Salaams und ins Landesinnere bis nach Iringa und Songea aus. Die deutsche Herrschaft war ernsthaft gefährdet, man war sich gewiss, die Kolonie zu verlieren, sollten sich auch die anderen Stämme im Norden und Westen des Landes dem Aufstand anschließen. Die brutale Vorgehensweise der Deutschen, die mit ihren Maschinengewehren Tausende niedermetzelten, sorgte jedoch dafür, dass der Aufruhr in lokalen Grenzen gehalten werden und schließlich 1907 beendet werden konnte. Die deutsche Vorherrschaft war damit endgültig durchgesetzt, mit den nordwestlichen Territorien von Bukoba, Ruanda und Urundi (heute Burundi) schloss **Gouverneur Graf von Götzen** die letzten Friedensverträge in Form von kaiserlichen Schutzbürgschaften mit steuerlichen Gegenleistungen.

Ausbau des Verkehrsnetzes

1908 setzte in Deutsch-Ostafrika ein neuer Entwicklungsschub ein. Die großen Bahnvorhaben wurden nun mit neuer Kraft weiterverfolgt, da es keine Aufstände mehr zu befürchten gab und Berlin die finanziellen und technischen Mittel bereitstellte. Der Generalplan bestand zunächst darin, die Durchquerung der Kolonie vom Gleisende in Mo-

GESCHICHTE 153

rogoro bis zum Tanganyika-See zu schaffen, mit Kigoma als Endpunkt. Wieder protestierten die Kaffeepflanzer im Norden. Mit Erfolg: Der Anschluss nach Moshi wurde 1912 fertig gestellt, die Kigoma-Bahn sollte erst 1914 den Tanganyika-See erreichen. Unter welchen Bedingungen und mit welchem Aufwand diese 1246 km lange **Mittelland-Eisenbahn** gebaut wurde, ist dem Exkurs „Auf den (Gleis-)Spuren der Deutsch-Ostafrikanischen Mittellandbahn" zu entnehmen.

Es bestanden darüber hinaus Pläne für weitere Verbindungen, und auch die Gelder dafür waren zum Teil schon bewilligt worden: Bei Kriegsbeginn war mit dem Bau der **Ruanda-Bahn** begonnen worden, die von Tabora bis zum Kagera-Fluss führen sollte, von wo aus man mit Dampfpinassen die Amtsstellen in Ruanda und Urundi erreichen wollte. Andere Pläne sahen eine Stichbahn von Kilosa nach Iringa vor, ein Projekt, welches vor allem die Siedler im südlichen Hochland forderten. Außerdem waren bereits Vermessungen für eine Bahn von Kilwa Kivinje über Songea zum „Wiedhafen" (heute Manda) am Nyasa-See gemacht worden. Von privater Seite gab es im Süden im Bezirk Lindi eine kleine Privatbahn, die parallel zum Lukuledi-Fluss verlief. Eine Pflanzergemeinschaft nutzte die Bahn für den Transport von Baumwolle und Kautschuk bis zum schiffbaren Unterlauf des Flusses, von wo die Güter von Dampfbooten übernommen und zum Hafen der Stadt gebracht wurden. Die Bahn wurde später von den Briten demontiert.

Die genannten Bauvorhaben wurden durch den Ausbruch des 1. Weltkrieges zunichte gemacht.

Errichtung ziviler Bezirke

Unter dem siebten **Gouverneur Freiherr von Rechenberg** wurde nach dem Maji-Maji-Aufstand die Verwaltung der Kolonie vollends in zivile Hände übergeben. Die letzten drei (Kilimatinde, Iringa und Mahenge) der insgesamt 19 und anfangs von Militärstationen verwalteten Bezirke wurden zu **Zivilbezirksämtern** umgewandelt. Die Stationen der Schutztruppe blieben jedoch personell unverändert: Fast 3000 Mann taten militärischen Dienst, davon nur etwa 270 Europäer.

Die **Kolonialverwaltung** des fast eine Million km² großen Schutzgebietes war in starkem Maße von der Ergebenheit der Afrikaner abhängig. 1914 standen der Verwaltung gerade einmal 79 Deutsche vor. In abgelegenen Gebieten wurde die lokale Verwaltung an so genannte Akidas übertragen, meist ältere hoch angesehene Männer, die über mehrere Dörfer das Sagen hatten. Ihnen unterstanden die Jumben, die jeweiligen Dorfchefs. Die Akidas wiederum waren den Bezirksamtsmännern untergeben, die ihrerseits der Administration in Dar es Salaam und dem Gouverneur unterstellt waren.

Schließlich gab es noch drei **„Residenturen"**, die von zu „Sultanen" ernannten Herrschern der „Königreiche" Bukoba, Ruanda und Urundi regiert wurden. Ihnen zur Seite standen deutsche Residenten mit einer kleinen Polizeimannschaft, die keine Verwaltungs-

Land und Leute

GESCHICHTE

befugnisse hatten, aber dem Gouverneur in Dar es Salaam über die Ereignisse in den Residenturen regelmäßig berichten mussten. Der „Sultan Kahigi" von Bukoba herrschte von dem kleinen Ort Kanazi aus, wo sein Enkel noch heute in einem von Deutschen erbauten Haus lebt.

Die **Städte** Tanga und Dar es Salaam wurden immer weiter ausgebaut. Große Wohn- und Geschäftshäuser entstanden, und in Dar es Salaam bildeten die von weither sichtbaren Kirchen der evangelischen und katholischen Glaubensgemeinschaft die Wahrzeichen der Stadt. Tanga zählte 1910 ungefähr 6000 Einwohner, wovon jedoch nur knapp 200 Europäer waren. Der Hafen wurde von Dampfern der Deutsch-Ostafrika-Linie angelaufen. Verbindungen nach Dar es Salaam gab es mehrmals wöchentlich. In der südlichen Hauptstadt lebten immerhin über 500 Deutsche, vor allem Regierungsbeamte und Schutztruppenangehörige. Die Gesamteinwohnerzahl belief sich 1908 auf 24.000. Im nördlichen Bagamoyo lebten 5000 Menschen, davon gerade einmal 41 Europäer. Die meisten anderen Stationen waren kleine Ortschaften, in denen sich nur wenige Deutsche aufhielten. Heutige Städte wie Arusha, Moshi, Iringa, Dodoma, Kigoma, Bujumbura, Mbeya u.a. waren nichts als Dörfer bzw. zentrale Marktorte. Ausnahme war **Tabora:** Die bis dahin größte Stadt im Innern Ostafrikas mit ungefähr 40.000 Einwohnern blieb aufgrund ihrer Lage an der Kreuzung der wichtigen Karawanenrouten das arabische Zentrum auf dem Festland, mit einer Vielzahl von indischen Händlern und nur 75 Weißen.

Deutsch-Ostafrika als Rohstofflieferant

Der wirtschaftliche Aufschwung der Kolonie sollte erst ab 1912 einsetzen. Die Eisenbahnen hatten die wichtigen Siedlergebiete erreicht, die Häfen waren zum Teil weiter ausgebaut worden, und die Zahl der Siedler, vor allem die der profitorientierten Pflanzer, stieg enorm an. Insbesondere die Pflanzungen entlang der Moshi-Bahn und am Kilimanjaro konnten nun ihre landwirtschaftlichen Produkte schnell und günstig in die Heimat verfrachten. Gouverneur *Schnee* konnte berichten, dass 1913 bereits 106.000 Hektar unter europäischer **Plantagenwirtschaft** standen (45.000 Hektar Kautschuk, 25.000 Hektar Sisalagaven, 13.000 Hektar Baumwolle, 8000 Hektar Kokospalmen, fast 5000 Hektar Kaffee und 3000 Hektar Kapok-Baumharz). Der Gegenwert allein der Sisal-Ausfuhr betrug 1913 10,5 Millionen Reichsmark und entsprach damit fast dem Gesamtexportvolumen Deutsch-Ostafrikas im Jahre 1906. Der Handel insgesamt belief sich auf über 89 Millionen Mark, das Zweieinhalbfache des Volumens sechs Jahre zuvor. Natürlich gab es auch Rückschläge: So konnten etwa mit Kautschuk infolge der steigenden Ausfuhrmengen aus Ostasien die Gewinne nicht erhöht werden.

Besonders der Sisal entwickelte sich zum wichtigsten Rohstoff aus der Ostafrika-Kolonie. Bedeutsam für die deutsche Volkswirtschaft war auch die De-

German Bomas – große Mauern aus deutscher Zeit

Die als German Bomas bezeichneten Gebäude wurden während der deutschen Kolonialpräsenz errichtet und stehen heute noch als Sinnbild für diese Zeit in Tansania. Fast in jeder großen Stadt und in vielen Distriktorten im Land sind alte Forts, Bezirksämter, Bezirksnebenstellen, Residenzen aus den Tagen Deutsch-Ostafrikas gegenwärtig, Bauten, welche im tansanischen Volksmund Bomas genannt werden.

Der Begriff Boma wurde während der arabischen Handelszeit geprägt. Durch das Land ziehende Karawanen errichteten aus Dornenzweigen wagenburgartige Rastplätze als Nachtlager, die als siwás oder eben bomás bekannt wurden. Die deutschen Kolonialisten übernahmen schließlich den Begriff für die etwa dreißig damals entstandenen Militärstationen.

Ab 1906, als die zivile Kolonialverwaltung nahezu im ganzen Land die militärische Verwaltung ablöste, bekamen die neu entstehenden Bomas ein zivileres Erscheinungsbild. Schießscharten und Bastionen sind durch Büros und Nebenräume abgelöst worden, wenn auch alle Bezirksämter weiterhin Symbol der Macht waren.

In den meisten Städten (z.B. Arusha, Morogoro, Tabora) heißen auch heute noch die Straßen von den Ortszentren zu den Festungen Boma Road. Fast alle dieser Bomas werden nach rund 100 Jahren noch immer von Regionalregierungen, dem Militär und der Polizei genutzt. Bei vielen besteht ein Fotografier-Verbot – ein Überbleibsel aus der sozialistischen Zeit, als die wenigen Touristen im Land immer auch als potenzielle Spione galten. Welche Boma besichtigt und/oder fotografiert werden kann, entnehmen Sie den jeweiligen Stadt-Kapiteln. Sicherlich beeindruckend und für einen Besuch freigegeben sind die Bomas von Bagamoyo, Mikindani und Arusha.

Was mittlerweile als „National Heritage" angesehen wird, fällt und bröckelt jedoch vielerorts zusammen. Dem tansanischen Staat fehlt es an Geldern, die noch zu rettenden Bomas zu restaurieren. Ein Projekt in Zusammenarbeit mit dem Prime Ministers Office macht derzeit eine Bestandsaufnahme und dokumentiert die Möglichkeiten und Kosten für einen möglichen Erhalt der Bomas. Denn die Gebäude werden mehr und mehr als ein Bestandteil der tansanischen Geschichte angesehen und stehen für den Beginn der Urbanisierung in Tansania. Ein Großteil der Städte und Distriktorte haben ihre Grundsteinlegung durch den Bau einer Boma erfahren. Was zunächst nur eine Siedlung für die Versorgung der Schutztruppen war, sind heute Städte/Orte wie Morogoro, Arusha, Musoma, Dodoma, Iringa, Singida, Tukuyu usw.

GESCHICHTE

ckung des Bedarfes an **Ölrohstoffen** sowie an pflanzlichen Ölen und Fetten. Der Gesamtwert der Einfuhr von Ölfrüchten, Ölen und Pflanzenfetten betrug vor dem 1. Weltkrieg über 466 Millionen Mark, davon allein fast 10% aus Deutsch-Ostafrika. Die Verwendung der Ölrohstoffe in Deutschland reichte von der Herstellung von Viehfutter bis zur industriellen Verarbeitung zur Gewinnung von Lampenöl, Seifen und Parfümölen, Schmierölen, Speiseölen und Margarine. Auf den Plantagen kamen vor allem die schnell und pflegeleicht wachsenden Kokos- und Ölpalmen sowie Erdnusssträucher zum Einsatz.

Die **Farmwirtschaft** konnte keine großen Erfolge verzeichnen, da die erschlossenen Gebiete nicht die wertvollen Böden aufwiesen, wie sie etwa die Chagga an den Hängen des Kilimanjaro nutzen konnten. Auch in den fruchtbaren südlichen Hochländern hatte infolge der ungünstigen Absatz- und Verkehrsverhältnisse die Farmbesiedlung nur eine geringe Zunahme erfahren. Bescheiden blieb folglich der Anbau von Mais, Reis und Weizen.

Im **Bergbausektor** hatte man zwar vielerorts wertvolle Mineralien, Kohlevorkommen und Metalle ausfindig gemacht, doch waren bei Kriegsbeginn diese Gebiete kaum erschlossen. Lediglich die Steinsalzgewinnung aus der „Saline Gottorp" (heute Uvinza) am Malagarasi-Fluss erbrachte 1907 über 32.000 Zentner, musste jedoch immer wieder wegen der in diesem Gebiet verbreiteten Schlafkrankheit eingestellt werden. Außerdem wurden in den Uluguru-Bergen Glimmer und in Sekenke

nahe des Lake Kitangiri Gold in bescheidenen Mengen gefördert.

Bei Ausbruch des 1. Weltkriegs war Deutsch-Ostafrika die einzige Kolonie des Reiches, die Überschüsse produzierte und damit der Bezuschussung durch Berlin nicht bedurfte – natürlich auf Kosten der einheimischen Bevölkerung, die auf den Plantagen und Farmen für wenig Geld hart schuften musste; viele Menschen fristeten gerade mal ein besseres **Sklavenleben.** Tod durch Erschöpfung war keine Seltenheit, die Peitsche trieb zur Arbeit an, Arbeitsverweigerer wurden eingesperrt. Nur wenige Afrikaner hatten im Dienste des Kaiserreiches würdige Beschäftigungen mit gutem Gehalt oder Sold, wie die Askaris der Schutztruppe.

Der 1. Weltkrieg

Der Ausbruch des 1. Weltkriegs bzw. die **belgische und englische Kriegserklärung** an das Deutsche Reich **am 4. August 1914** machte Deutsch-Ostafrika zum Kriegsschauplatz der Kolonialmächte. Der Kampf gegen die alliierten Truppenverbände wurde von den Deutschen bis Ende 1918 nicht aufgegeben. Und als in Europa der Krieg längst beendet war, dauerten die Kämpfe und Belagerungen in Ostafrika noch ein paar Wochen an.

Von allen Seiten wurde die Kolonie bedrängt. Im Nordwesten standen belgische Truppen an der Kongogrenze, im nördlichen Kenia machten die Briten mit indischen und nigerianischen Truppen mobil, und im Süden setzten sich Verbände in Britisch-Rhodesien und Britisch-Nyasaland in Bewegung. Nur die

GESCHICHTE

Südgrenze zum portugiesischen Mosambik war nicht bedroht. Sämtliche Telegrafenleitungen waren von den Briten gekappt worden, der Nachrichtenfluss in der Kolonie und in die Heimat war unterbrochen.

Aus Deutschland wurde **General Paul von Lettow-Vorbeck** entsandt, um den Oberbefehl über die Schutztruppe zu übernehmen. Er hatte schon in Deutsch-Südwestafrika „Busch-Erfahrung" sammeln können. Er landete bereits am 17. Januar 1914 als damaliger Oberstleutnant in Dar es Salaam. Lettow-Vorbeck koordinierte zunächst die Feldkompanien und kämpfte im Norden gegen die Briten. Dabei gelang es kurzzeitig sogar, das kenianische Taveta einzunehmen.

Im Indischen Ozean stellte der **Kreuzer „Königsberg"** mit seinen 12-cm-Geschützen das einzige kriegstaugliche Schiff dar. Weitere kleine Dampfer wurden kurzfristig einsatzbereit gemacht und dienten zu Truppen- und Ausrüstungstransporten entlang der Küste. Auf dem Victoria-See trat man mit kleinen Dampfpinassen den großen britischen Schiffen entgegen und musste hier schon Anfang 1915 aufgeben. Auf dem Tanganyika-See waren die kleinen Dampfer mit denen der Belgier und Briten vergleichbar, doch wartete man in Kigoma auf die Fertigstellung des großen Schiffes **„Graf von Götzen"** (die heutige M.V. Liemba), um die Westfront der Kolonie zu sichern. Auf dem Lake Nyasa überrumpelten die Briten den Kapitän der „Hermann von Wissmann" beim Frühstück und entwendeten das Schiff.

Die allerersten Kriegshandlungen hatten mit der **Beschießung Dar es Salaams** durch den kleinen englischen Kreuzer „Pegasus" begonnen, der daraufhin von der „Königsberg" vor Sansibar versenkt worden war (zur weiteren Geschichte der „Königsberg" vgl. den Exkurs „Zur Geschichte des preußischen Kriegsdampfers Königsberg").

Den ersten Vorstoß der Briten auf dem Land hatte Lettow-Vorbeck bei Tanga mit einer 1000 Mann starken Truppe noch abwehren können, doch war es nur eine Frage der Zeit, bis die übermächtigen Alliierten über die Grenzen kommen würden. Die nördlichen Gebiete fielen als erstes, im Nordwesten standen die Belgier 1916 kurz vor Kigoma. Im Süden mussten die Deutschen ebenfalls die Stellungen räumen, und so sammelte sich die gesamte Schutztruppe allmählich entlang der Bahnlinie zwischen Tabora und Morogoro. Auf dem Tanganyika-See kam die „Graf von Götzen" nur kurz zum Einsatz, bis sie schließlich von der eigenen Besatzung versenkt wurde, damit sie nicht in die Hände der Belgier fallen konnte. An der Küste gab Gouverneur Schnee Dar es Salaam auf, Tanga, Bagamoyo und Kilwa waren ebenfalls unter britische Kontrolle geraten. Nachschub für die Schutztruppe blieb aus, und so musste schließlich die zentrale Eisenbahn aufgegeben werden, nachdem zuvor noch alle Lokomotiven und Waggons zerstört, im Hafen versenkt, von Brücken gekippt und die Gleise gesprengt worden waren, ganz so, wie es zuvor auch mit der Moshi-Eisenbahn geschehen war.

Land und Leute

GESCHICHTE

Truppen und Kampfhandlungen konzentrierten sich ab 1917 auf den Südosten der Kolonie. Geschickt setzte Lettow-Vorbeck seine Truppen in der Wildnis des heutigen Selous Game Reserve ein. Den fünffach überlegenen, vom südafrikanischen **General Jan Smuts** geführten Truppenverbänden aus Buren, Engländern, Indern und mehreren afrikanischen Regimentern gelang es nicht, die Schutztruppe einzukreisen und zur Aufgabe zu zwingen. Im Süden mischten sich auch noch die Portugiesen in das Kampfgeschehen ein.

Um den alliierten Truppen zu entkommen, marschierte Lettow-Vorbeck schließlich selbst über den Ruvuma-Fluss und drang mit seinem „zusammengeschrumpften Rest von Offizieren und Askaris" tief in das portugiesische Gebiet ein, wo er die Gegner mit einem Zick-Zack-Kurs narrte. Nach Monaten geglückten Versteckspiels kehrte Lettow-Vorbeck 1918 wieder nach Deutsch-Ostafrika zurück. Im Schutz der Livingstone Mountains umging die Schutztruppe das Nordende des Nyasa-Sees und begann erneut den **Kampf nahe Abercorn** in Rhodesien (heute Mbala in Sambia). Dort aber erhielt Lettow-Vorbeck am 14. November 1918 über einen britischen Boten den Befehl mitgeteilt, die Kriegshandlungen einzustellen – ausgerechnet „in strategisch günstiger Lage", wie der Befehlshaber bedauerte. Lettow-Vorbeck zögerte noch bis Ende November, dann aber ergaben sich schließlich die letzten 155 deutsche Offiziere, 1168 Askaris und 1522 Träger. Lettow-Vorbeck reiste mit „seinen letzten Männern" nach Dar es Salaam und schließlich mit dem Schiff zurück nach Deutschland.

Später wurde er Militärberater im Reichstag, und *Hitler* wollte ihn als Botschafter nach London senden, was Lettow-Vorbeck ablehnte. 1958 reiste er im Alter von 88 Jahren mit dem Schiff nach Dar es Salaam, wo er angeblich von vielen ehemaligen Askaris am Hafen empfangen wurde. Im Alter von 94 stirbt Lettow-Vorbeck in Berlin, doch sein Name und sein zäher Kampf, der ja nicht im Feld entschieden worden war, sind heute noch im Bewusstsein Tansanias verankert, wenn auch allzu heroisch verklärt. Sein „Buschkrieg" jedenfalls hat Schule gemacht: Amerikanische Truppen wurden in den 60er Jahren bei der Ausbildung für den Einsatz in Vietnam mit der Strategie des deutschen Generals vertraut gemacht.

Die Verwüstungen aber, die der europäische Krieg auf afrikanischem Boden hinterlassen hatte, waren enorm. Über 100.000 Menschen, in ihrer großen Mehrzahl Afrikaner, mussten den Krieg und die resultierenden Hungersnöte mit ihrem Leben bezahlen.

Spuren deutscher Kolonialzeit

Die **28 Jahre** dauernde Kolonialherrschaft der Deutschen hat in Tansania vielerorts ihre Spuren hinterlassen. Anders aber als zum Beispiel in Namibia, der ehemaligen Kolonie „Deutsch-Südwest", wo die deutsche Kolonialzeit von der Tourismusindustrie mit vermarktet wird, werden in Tansania nur von privater Seite „Kolonialerinnerungen" gepflegt, hauptsächlich in Form **restaurierter Farmhäuser** ehemaliger Pflan-

GESCHICHTE

zer, die heute in den Usambara-Bergen, am Kilimanjaro und Mt. Meru als Hotels und rustikale Lodges genutzt werden.

Viele der hinterlassenen Bauten und technischen Einrichtungen sind in den Jahren verfallen oder zerstört worden. Meistens fehlt das Geld, um die kolonialen Gebäude zu restaurieren. Nur da, wo Regierungsbüros eingerichtet sind, wird hin und wieder ein Farbstrich aufgelegt, doch das Wellblechdach stammt vielerorts noch aus der Jahrhundertwende.

Im Rahmen der technischen Entwicklungshilfe zur Wartung der Eisenbahnen wurden auch die Bahnhofsgebäude von der KfW (Kreditanstalt für den Wiederaufbau) mit Farben und anderen Materialien zur Instandhaltung versorgt. Hier sind in erster Linie die **Bahnhofsgebäude** an der Central Railway zu nennen und besonders der dreistöckige Kopfbahnhof in **Kigoma,** der zu Ehren eines angekündigten Besuches von Kaiser Wilhelm gebaut worden war.

An der Küste sind es vor allem die Städte **Tanga, Bagamoyo** und **Dar es Salaam,** wo noch große Bauten im wilhelminischen Stil an die kaiserliche Zeit erinnern.

Im Bewusstsein vieler Tansanier ist die deutsche Kolonialzeit immer noch verankert. „Unverwüstliche" Kolonialgemäuer und die vielerorts noch originalen Schienenstränge von *Krupp* und *Hoesch* sind auch in Tansania bewunderte Beispiele deutscher Wertarbeit. Bewundert wird auch die preußische Disziplin zu jener Zeit, teilweise in Vergessenheit geraten sind der Rassismus und die mitunter mit rücksichtsloser

Deutsches Kolonialerbe – die Eisenbahn

GESCHICHTE

Waffengewalt ausgeübte Herrschaft. Das verklärte Bild wurde u.a. durch Nyereres Ujamaa-Bildungskonzept im Schulunterricht gefördert. Denn der Staatsmann sah die Kolonialzeit nicht als ein Teil der Geschichte Tansanias an und ließ den Abschnitt zum Großteil aus dem Lehrplan streichen.

Die britische Mandatszeit (1921–1961)

Nach Kriegsende wurden alle **deutschen Besitztümer enteignet,** und im Rahmen des Völkerbundes kam es **1921** zur **Aufteilung** der **deutschen Kolonie in Mandatsgebiete.** Dabei wurde **Großbritannien** das heutige Festland von Tansania zugewiesen, welches fortan **Tanganyika-Territory** hieß. Die Königreiche Urundi und Ruanda gingen an Belgien. Im Südosten wurde der kleine Kionga-Zipfel, südlich der Mündung des Ruvuma, Portugals Kolonie Mosambik zugesprochen.

Die Briten führten 1925 das **System der „Indirect Rule"** ein, wie sie es schon in ihren anderen Kolonien praktizierten. Damit wurde ein Teil der politischen Selbstbestimmung regionalen „chiefs" (Herrscher) übertragen. Diese konnten lokale Entscheidungen in der Gesetzgebung, Rechtsprechung und Finanzverwaltung treffen, mussten sich jedoch an die Vorgaben der Mandatsverwaltung in Dar es Salaam halten. Der britische Gouverneur unterstand seinerseits dem „British Colonial Office", war also den Weisungen aus London verpflichtet. Mit der „indirekten Herrschaft" wollte man vor allem **kultu-**

relle Eigenheiten und herkömmliche **soziale und tradierte Strukturen der Machtausübung** erhalten. So sollte die Eigenständigkeit der afrikanischen Bevölkerung gewährleistet und eine Auflehnung gegen die neue europäische Fremdherrschaft verhindert werden. Das System funktionierte zunächst. Jedoch bauten die Briten gleichzeitig das Bildungswesen aus, so dass mit den Jahren eine politisch gebildete Schicht von Afrikanern entstand, die nach modernen staatlichen und politischen Organisationsprinzipien verlangte. Bereits 1929 formierte sich die **Tanganyika Africa Association (TAA),** eine Vereinigung von Intellektuellen, die *Julius Nyerere* in den 1950er Jahren zu einer politischen Organisation des Volkes mit nationalistischem Programm formen sollte: der TANU (s.u.).

Zur infrastrukturellen Erschließung des Landes trugen die Briten nur wenig bei. Lediglich die Bahn von Tabora nach Mwanza und die von Moshi nach Arusha wurden in den Zwischenkriegsjahren fertig gestellt. Auch der Zustrom europäischer Siedler blieb bescheiden, viele bevorzugten die sicheren Kolonien Kenia und Rhodesien.

Nach dem 2. Weltkrieg wurde Tanganyika Treuhandgebiet der neu geschaffenen Vereinten Nationen, die Mandatsverwaltung blieb jedoch in britischer Hand. Im Rahmen der alten „from-Cape-to-Cairo-Politik" (Schaffung einer Verbindung der britischen Kolonien im Norden und Süden Afrikas), der Deutsch-Ostafrika im Wege gestanden hatte, bauten die Briten das Tanganyika-Teilstück der großen Kontinentalstraße

GESCHICHTE 161

von Kenia nach Rhodesien über Arusha, Dodoma, Iringa und Mbeya aus. Politisch scheiterte der Plan einer Föderation aus Tanganyika, Uganda und Kenia vor allem auch deswegen, weil die weißen Pflanzer im fruchtbaren Hochland von Uganda und Kenia durch die Integration des von der Natur weniger begünstigten Tanganyika ihren Wohlstand gefährdet sahen.

Wirtschaftlich engagierten sich die Briten in großem Stil in der Erdnuss-Produktion. Das so genannte **Ground Nut Scheme** wurde 1946 im Südosten zwischen Nachingwea und Mtwara angelegt und verschluckte 35 Millionen Pfund. Eine kleine Eisenbahnlinie (240 km) sicherte den Abtransport über die aus der Retorte entstandene Hafenstadt Mtwara (vgl. dort). Auch in Kongwa nahe Morogoro und in Urambo zwischen Tabora und Kigoma wurden Flächen gerodet und mit der Pflanzung von Erdnüssen begonnen. Die Projekte verliefen desaströs – statt erhoffter 600.000 Tonnen konnten 1951, als der Versuch beendet wurde, nur 9000 Tonnen geerntet werden – und hinterließen ausgelaugte Felder (vgl. auch Mtwara). Die Briten wendeten sich daraufhin kleineren und einträglicheren Projekten zu: Der Hafen von Dar es Salaam wurde modernisiert, man baute Staudämme, moderne Versuchsfarmen wurden angelegt, die Anzahl der Bergwerke wuchs, und man bemühte sich, die Ausbildung von Führungskräften voranzutreiben. So schritt die soziale und wirtschaftliche Entwicklung voran, und mit ihr die politische Bewusstseinsbildung im tansanischen Volk – und die hatte die Überwindung der Fremdherrschaft zum Inhalt.

Tanganyikas Weg zur Selbstbestimmung

Nach dem 2. Weltkrieg beschleunigten sich die Auflösungserscheinungen des britischen Empire. Indien wurde 1947 unabhängig, andere Kolonien und Protektorate standen kurz davor.

In Tansania wurde **1953** der junge Lehrer **Julius Nyerere** der Vorsitzende der TAA, welche ein Jahr später unter seiner Regie zur **TANU-Unabhängigkeitspartei** (Tanganyika African National Union) umbenannt wurde und unter dem Slogan *Uhuru na Umoja* (Freiheit und Einheit) die nationale Selbständigkeit und politische Selbstbestimmung für Tanganyika forderte. Dieses Ziel wurde zunächst eher leise und vor allem friedlich formuliert, hinter dem Anliegen stand ein geeintes Volk mit der gemeinsamen Sprache Swahili, ohne Religionskonflikte und Tribalismus-Probleme.

Von Seiten der UN wurde ein allgemeiner **Dekolonialisierungsplan** vorgelegt. Die vorgeschlagene Zeitspanne von 25 Jahren erschien Nyerere als viel zu lang, doch immerhin wurde seine TANU-Partei offiziell als nationale Bewegung anerkannt und geduldet. Nach einer Ansprache vor der UN 1956 gewann er als Führungspersönlichkeit große Sympathien. Die Briten setzten der aufkommenden Unabhängigkeitsbewegung keinen grundsätzlichen Widerstand entgegen, denn sie sahen in dem Mandatsgebiet ohnehin keinen wirtschaftlichen Nutzen mehr.

Land und Leute

GESCHICHTE

1958 ließen die Briten erstmalig den **Legislativrat** – neben dem Exekutivrat als Regierung eine Art „Volksvertretung" – wählen (er bestand seit 1926, seine Mitglieder waren aber zuvor ernannt worden); die TANU erhielt auf Anhieb alle afrikanischen Sitze. Das Wahlrecht sah eine Dreiparteienvertretung vor: Jeder Wähler stimmte gleichzeitig für einen Kandidaten der drei großen Rassengruppen (Afrikaner, Hindus und Europäer). Der undemokratische Charakter dieser Repräsentation liegt auf der Hand: 20.000 Europäern, 100.000 Asiaten und 9 Millionen Afrikanern stand jeweils die gleiche Anzahl von Vertretern zu! Bei einer weiteren Wahl des Legislativrates im Jahr 1960, bei der fast 1 Million Menschen ihre Stimme abgaben, erzielte die TANU 70 der 71 afrikanischen Sitze. Die Partei hatte es verstanden, ein breites nationales Bündnis herzustellen und alle konkurrierenden Gruppen ins politische Abseits zu stellen. Mit dem Wahlergebnis war klar, dass Nyerere und die TANU das ganze Land hinter sich hatten, einzig berufener Ansprechpartner für die Briten waren und es nur noch eine Frage der Zeit war, bis England auf die Forderung nach Unabhängigkeit eingehen würde. Dies geschah auch deshalb sehr schnell, weil der 1958 ernannte britische Gouverneur *Turnbull* eine entschieden auf Autonomie ausgerichtete Politik verfolgte. Am 1. Mai 1961 war die innerstaatliche Autonomie erreicht, Nyerere wurde zum Premierminister ernannt. Am **9. Dezember 1961** schließlich entließ Großbritannien **Tanganyika** in die **Unabhängigkeit.** Nyerere wurde

kurz darauf zum Staatspräsidenten gewählt.

Tansania nach der Unabhängigkeit

Zusammenschluss mit Sansibar

Die weitere Entwicklung auf dem Festland war zunächst von der unruhigen Situation auf Sansibar überschattet. Die Inseln standen noch unter der Protektoratsverwaltung Großbritanniens. Auch hier gab es einen gesetzgeberischen Rat, in dem nach Rassen unterschieden und der von den Arabern boykottiert wurde. Trotz der instabilen politischen Lage wurden auch **Sansibar und Pemba** am **10. Dezember 1963** in die **Unabhängigkeit** entlassen. Kurz darauf kam es auf Sansibar zur blutigen Rebellion der afrikanischen Bevölkerung gegen die arabische und indische Herrscherklasse. Auf Nyereres Drängen hin willigte die Revolutionsregierung unter *Abeid Karume* ein, einen Bund mit dem Festland zu schließen. Am **26. April 1964 wurde die United Republic of Tanzania** gegründet. Der Kunstname entstand aus **Tan**ganyika + **Za**nzibar + Aza**nia.**

Am 1. Juli 1965 wurde der **Einparteienstaat** installiert: Die ohnehin schon allein regierende TANU war einzig zugelassene Partei. Zentrale Machtfigur war Parteiführer und Staatspräsident Nyerere, der auch Oberbefehlshaber der Streitkräfte wurde. Den innenpolitischen Kurs definierte 1967 die **Arusha-Deklaration,** mit der Nyerere den afrikanischen Sozialismus ausrief und seine **Dorfpolitik Ujamaa** vorstellte (s.u.).

Auch auf Sansibar war der Weg ein sozialistischer (s.a. dort), und 1977 wurden die bis dahin getrennten Parteien TANU und auf der Insel ASP zur CCM (*Chama cha Mapinduzi* = Partei der Revolution) zusammengefasst. Damit wurde die staatliche Vereinigung bekräftigt, und Nyerere gewann auf diesem Weg als Vorsitzender der neuen Partei mehr Einfluss auf Sansibar. **Ausländische Hilfe** kam in erster Linie von den sozialistischen „Bruderstaaten". Auf Sansibar waren es die DDR, Bulgarien und Yugoslawien, die Gebäude errichteten, auf dem Festland bauten die Chinesen die große Ta-Za-Ra-Eisenbahn, und für Krankenhäuser waren meist Sowjets oder auch Kubaner verantwortlich.

Krieg mit Uganda

Ohne Vorwarnung marschierte die ugandische Armee unter **Idi Amin 1978** in Tansania ein. Der Diktator erkannte den Grenzverlauf zwischen Tansania und Uganda nicht mehr an und ließ seine Truppen kurzerhand bis zum Kagera River marschieren. Tansania wurde von dieser Invasion völlig unvorbereitet getroffen, Nyerere verurteilte die völkerrechtswidrige Beschlagnahmung tansanischen Sumpflandes mit 50.000 Einwohnern als „barbarischen Akt" und erklärte den Krieg. Idi Amin ließ auch die Städte Bukoba und Musoma am Lake Victoria bombardieren, doch am schlimmsten litt der Nordwestzipfel des Landes, wo das ugandische Militär mit Plünderungen und Brandschatzung wütete. Die tansanische Armee *Tanzania People's Defence Force* (TPDF) wurde daraufhin mobil

gemacht, doch ihre Streitkraft war zu gering, und so mussten zusätzlich Freiwillige rekrutiert werden. Doch das dauerte: Schlechte Straßenverhältnisse erschwerten den Transport, auch mussten zum Teil weit aus dem Südosten Armeeinheiten herangezogen werden. Schließlich kam es zur großen **Schlacht am Kagera-Fluss,** und die ugandischen Truppen konnten weit zurückgeworfen werden. Tansanische Truppen marschierten bis in das Zentrum Ugandas ein und trugen zum Sturz Idi Amins bei. Sie blieben einige Monate im Land, um Recht und Ordnung zu gewährleisten. Der Einsatz aber bedeutete den Bankrott für die tansanische Staatskasse. Erst 1981 zogen sich die tansanischen Einheiten zurück, und mit Nyereres Unterstützung wurde der bereits vor Idi Amin regierende Präsident *Milton Obote* wieder in das Amt des ersten Staatsmannes gehoben – durch manipulierte Wahlen!

Staat und Politik

Tansania ist eine **Föderative Präsidialrepublik.** Von der Unabhängigkeit 1961 bis zum Rücktritt 1985 stand Tansania unter der Führung des Präsidenten *Julius Nyerere,* der den so genannten Ujamaa-Sozialismus propagierte (s.u.). Die Regierung stellte zunächst die TANU-Einheitspartei, von 1977 an bis heute die aus der Vereinigung mit Sansibars Revolutionspartei (ASP) hervorgegangene Einheitspartei CCM.

Als nach der Unabhängigkeit die erhofften ausländischen Investitionen ausblieben und auch angesichts wach-

Julius Nyerere

Julius Kambarage Nyerere, Staatsgründer und „Baba wa Taifa" (Vater der Nation), starb am 14. Oktober 1999 in London an Leukämie. „Er war einer der weisen Söhne des Kontinents", so Südafrikas Präsident *Thabo Mbeki.*

Als Sohn eines Dorf-chief vom Volk der Zanaki wurde er 1922 in Butiama östlich des Victoria-Sees geboren. Sein Vater gab ihm den Namen „nyerere" nach einer Raupenplage, die einst die Felder um Butiama in Mitleidenschaft gezogen hatte.

Mit 14 ging der junge, katholisch erzogene Nyerere bereits auf die Internatsschule in Musoma, später führte ihn sein Schulweg nach Tabora. Die Universität besuchte er in Uganda und Schottland. Als Lehrer begann er seine Arbeit an der St. Mary's Catholic Boys School in Tabora. Zunehmend engagierte er sich in der Politik und entwickelte sich zum Vorkämpfer der Unabhängigkeitsbewegung. 1954 wurde er zum Vorsitzenden der „Tanganyika Africa Association" (TAA) ernannt, aus der er die TANU-Partei formierte.

International bekannt wurde der erste Präsident Tanganyikas und dann Tansanias durch seine Version eines afrikanischen Sozialismus. Die von ihm vorgestellte **„Ujamaa-Politik"** löste in der westlichen Welt große Bedenken aus (zu den Inhalten vgl. die Ausführungen in diesem Kapitel). Nyerere bezog seine Ideen von Chinas Kommunistenführer *Mao Zedong,* doch hatten die goldenen Theorien in der Praxis einen schweren Stand. Sein Land ging durch den unbezahlbaren Krieg mit Uganda bankrott, Nyerere gab das Präsidentenamt 1985 an den Präsidenten *Ali Hassan Mwinyi* von Sansibar ab, auch als Zeichen seiner Unterstützung des Bündnisses mit dem islamischen Sansibar.

Doch er galt weiter als der Übervater in der tansanischen Politik, der insgeheim hie und da noch die Fäden in der Hand hielt und seine Nachfolger mit belehrenden Kommentaren begleitete, sofern er sich nicht auf seinen Landsitz in Butiama zurückzog und der Gartenarbeit widmete und dabei neue Ideen entwickelte – nicht umsonst trug Nyerere den Beinamen „mwalimu", was auf Swahili Lehrer bedeutet.

Ende der 1990er Jahre versuchte er sich als Krisenvermittler auf internationaler Ebene, besonders war ihm die Zukunft Burundis ein Anliegen. Der um Frieden, Freiheit und Gerechtigkeit bemühte Nyerere sah sich dabei zunehmend in der Rolle eines afrikanischen *Jimmy Carter* und suchte die Nähe zu dem über alles verehrten südafrikanischen Präsidenten *Nelson Mandela.*

Nyereres Beerdigung gilt als die drittgrößte in der Geschichte Afrikas. Kontinentweit hingen die Flaggen auf Halbmast, Millionen verfolgten die Trauerfeier im Nationalstadion in Dar es Salaam live vor Fernsehgeräten und Radios, und selbst in Burundi legten die Rebellen eine 48-stündige Feuerpause ein. Etwa 500.000 Menschen wohnten der Beisetzung Nyereres in seinem Heimatdorf bei. In Tansania war für dreißig Tage Staatstrauer angesagt, auch auf Sansibar.

STAAT UND POLITIK

sender sozialer Ungleichheiten, entschied sich Nyerere, den Weg der Ujamaa-Politik einzuschlagen. Ende der 1960er Jahre wurden zunächst ausländische Banken, Versicherungen, Handelsfirmen und Industriebetriebe verstaatlicht. In der neuen Politik sollte das **Prinzip der „self-reliance"** erfüllt sein, also die Fähigkeit des Staates, den Verwaltungsaufgaben ohne ausländische Hilfe und Mitarbeiter nachkommen zu können und die Rückbesinnung auf autochthone Kenntnisse und Werte.

Neben dem Anspruch, auf soziale Gerechtigkeit hinzuwirken, stand auch das Ziel im Vordergrund, das Land (im Gegensatz zur Stadt) aufzuwerten und so die Landflucht zu minimieren und die Landwirtschaft zu fördern. Mit dem 1972 vorgelegten Programm zur **Dezentralisierung** sollte auch die politische Mitwirkung der Bevölkerung intensiviert werden; den Dorfältesten z.B. wurde ein Mitspracherecht auf regionaler Ebene eingeräumt. Im Rahmen des Programms wurde 1973 auch der Beschluss zu einer neuen Hauptstadt gefasst: Dodoma (vgl. dort).

Doch **mit der Wirtschaft ging es** in den 1970er Jahren kontinuierlich **bergab:** Die ostafrikanische Wirtschaftsgemeinschaft E.A.C. wurde aufgelöst, der steigende Ölpreis trieb die Lebenshaltungskosten in die Höhe und heizte die Inflation zusätzlich an, am schlimmsten aber wirkte sich der äußerst kostenintensive Krieg mit Uganda aus. 1981 reagierte die Regierung schließlich mit dem „National Economic Survival Program"; ein Eingreifen der Weltbank und des Internationalen Währungsfonds

(IWF) wurde aber strikt abgelehnt, was wiederum zur Folge hatte, dass die Geberländer allmählich den Geldhahn zudrehten, sahen sie doch ihre Finanzhilfe im Nichts verschwinden.

Nachdem Nyerere den Druck dann zunehmend auch im eigenen Land zu spüren bekam, übergab er sein Amt 1985 an **Ali Hassan Mwinyi.** Dieser vollzog auf Druck der Weltbank, des IWF und westlicher Regierungen einen Kurswechsel in Richtung Marktwirtschaft und Demokratie; das Mehrparteiensystem wurde in der Verfassung von 1992 festgeschrieben.

Nyerere und der afrikanische Sozialismus „Ujamaa"

Ujamaa (= Gemeinschaft, Brüderlichkeit) war das von Nyerere vorgestellte Manifest eines „eigenen afrikanischen Sozialismus" im Rahmen der als **Arusha-Deklaration** von 1967 bekannt gewordenen Ansprache. Das Ujamaa-Konzept beruht auf der traditionellen afrikanischen Dorfgesellschaft, in der der einzelne Mensch seit jeher geborgen war, in der für alle gleichmäßig zu sorgen war und wo die gerechte Verteilung der geernteten Früchte angestrebt wurde. Ujamaa sollte den Aufbau einer effizienten Wirtschaft auf eigenständiger Grundlage ermöglichen und für eine Steigerung der Produktivität sorgen. Kernpunkt der Ujamaa-Idee war die Zusammenfassung der Bevölkerung in Gemeinschaftsdörfern (= *ujamaa*), in welchen sie politische Selbstverwaltung üben, sich gemeinschaftlich ernähren und Kleinhandel und Gewerbe entwickeln sollten. Ebenso sollten im Rahmen der Ujamaa-Dörfer Schulen, Krankenhäuser und eine Wasserversorgung aufgebaut werden. 8000 dieser Dörfer enstanden, Hunderttausende von Menschen wurden zwangsumgesiedelt, neun Millionen Menschen, etwa 65% der Bevölkerung, fanden Aufnahme in den Dorfgemeinschaften. Die Ujamaa-Dörfer sollten autonome, sich selbst versorgende und verwaltende Zellen werden, vergleichbar den Kommunen in China oder den Kibuzzim in Israel.

Zuerst beschäftigte man die neuen, aus unterschiedlichen Völkern zusammengewürfelten Gemeinschaften mit dem Hausbau. Jede Familie wurde verpflichtet, auf dem großen Gemeinschaftsfeld zu arbeiten, hatte aber auch die Möglichkeit, zusätzlich eigene Felder zu bestellen. Doch bereits nach wenigen Jahren begannen in fast allen neu gegründeten Dorfgemeinschaften die Ernten immer dürftiger auszufallen. Auch auf den Äckern jener Vorzeigemodelle, die vom Staat mit modernster Technik versorgt wurden, sanken die Erträge unter den allgemeinen Durchschnitt. Die Böden waren infolge der intensiven Landwirtschaft sehr schnell verbraucht, so dass Rodungen den Platz für die Anlage neuer Felder schaffen mussten. Die Folge: Bald waren auch die Wasserquellen erschöpft und die Wälder um die Dörfer abgeholzt. Die hohe Konzentration von Menschen an einem Ort führte zum ökologischen Kollaps. Heute kennzeichnen die Landschaften in der Umgebung ehemaliger Ujamaa-Dörfer ausgetrocknete Brunnen und lange Erosionsrinnen, die der Regen in die aufgegebenen, kahlen Felder gezogen hat. Angesichts der vernichteten Landschaften mussten auch alle politischen Ideologien kapitulieren, und die Regierung gestattete den Bauern, wieder auf ihre verlassenen und weit im Lande verstreuten Höfe zurückzukehren – das sozialistische Experiment in Tansania war gescheitert.

Innenpolitik

Mkapa und der Kampf gegen die Korruption

Nach den Wahlen 1995 sah es zunächst so aus, als ob frischer Wind in

Hadzabe-Buschmann

STAAT UND POLITIK

die tansanische Politik einkehren würde, galt doch der neue Präsident **Benjamin Mkapa** als „Mr. Clean", der sich der Rückendeckung der Geberländer gewiss war. Mkapa verkündete gleich nach seinem Amtsantritt, den **Kampf gegen die Korruption** aufzunehmen. Seine erste Amtshandlung war die Absetzung des gesamten Kabinetts, allerdings waren die Nachrücker ebenfalls noch vom alten System des vorigen Präsidenten *Mwinyi* geprägt, unter dem die Korruption erst so richtig zu blühen begonnen hatte. Nach dem Vorbild Südafrikas dachte auch Mkapa daran, einen Wahrheitsausschuss ins Leben zu rufen, um das öffentliche Leben zu „reinigen". Auch nach seiner Wiederwahl 2000 bemühte sich eine Anti-Korruptionsbehörde um den wohl aussichtslosen Kampf gegen ein Stück „innenpolitisches Kulturgut".

In Zusammenarbeit mit der Weltbank schaffte Mkapa ein für Investoren freundliches Klima. Mit der Gründung des **Tanzania Investors Center** (www.tic.co.tz) wurden Anreize und Transparenz für ausländische Investitionen und Finanzierungen geschaffen. Der Kampf gegen die Korruption und die Modernisierung des Steuersystems waren in der Mkapa-Ära wichtige Aufgaben. Am Ende seiner Amtszeit stand die Eröffnung der BOT (Bank of Tanzania), die wegen der damit verbundenen Staatskosten nicht nur Befürworter fand.

Der schon zur Mkapa-Regierung gehörende charismatische Außenminister **Jakaya Mrisho Kikwete** ist seit 2005 Staatspräsident Tansanias und führt die Innenpolitik Mkapas konsequent wei-

ter. Auch er heißt Investoren in der Privatwirtschaft willkommen, seine Politik soll Sicherheit und Unterstützung besonders für entwicklungs- und ausbildungsorientierte Investitionen gewährleisten. Als ehemaliger Außenminister gibt er sich auch international sehr weltmännisch und global denkend.

Trennung von Sansibar?

Nach der Union zwischen dem Festland Tanganyika und den Inseln Sansibars behielt Sansibar den Status eines Teilstaates mit eigenem Präsidenten und eigenem Parlament. Doch spätestens mit der Wahl von 1995 verstärkten sich die separatistischen Tendenzen unter den sehr islamisch orientierten Bevölkerungsgruppen auf den Inseln. Die islamistische CUF nahm erst im August 1998 ihre Sitze im Parlament ein, nachdem sie das Ergebnis der ihrer Meinung nach manipulierten Wahlen von 1995 nicht anerkannt hatte. Die CUF-Partei drängte weiterhin auf Sezession und gewann mehr und mehr Rückhalt auf den Inseln, speziell auf Pemba. Die Wahlen vom Oktober/November 2000 haben auf Sansibar allerdings eher zu einer Bekräftigung der Union geführt, weil die oppositionelle CUF aus Protest gegen die Wahlmanipulationen im ersten Wahlgang zum Wahlboykott aufrief und damit der sansibarischen CCM im zweiten Wahlgang das Feld überließ.

Langfristig wird der tansanische Staat, speziell die Regierungspartei CCM, mit seiner jetzigen doppelten Regierungsstruktur eine Lösung finden müssen, wenn nicht die Trennung der Inseln vom Festland einkehren soll.

WIRTSCHAFT

Flüchtlinge in Tansania

Erwähnt werden muss schließlich noch die **Flüchtlingswelle,** mit der sich Tansania seit Anfang der 1990er Jahre konfrontiert sieht. 1993 und 1995 flohen viele Menschen aus Burundi, wo Gewalt und bürgerkriegsähnliche Unruhen herrschten, über die Grenze, 1994 schwoll der Flüchtlingsstrom an, als im Nachbarland Ruanda die mörderischen Auseinandersetzungen zwischen Hutu und Tutsi begannen. Seit 1999 sind auch wieder vermehrt Flüchtlinge aus dem Kongo in Lagern im Westen des Landes untergebracht. Inzwischen halten sich nach Schätzungen ungefähr **500.000 Flüchtlinge** in Tansania auf. Trotz der Repatriierungspläne, die von den betroffenen Staaten beschlossen wurden, wollen viele Flüchtlinge nicht zurückkehren – eine schwierige Situation, die die tansanische Regierung vor große politische und ökonomische Probleme stellt. In diesem Zusammenhang ist auch das **UN-Kriegsverbrechertribunal** zu nennen, das seit 1996 in Arusha tagt und den Schuldigen am Genozid in Ruanda den Prozess macht.

Wirtschaft

Tansania ist eines der ärmsten Länder der Welt. Das Bruttosozialprodukt lag 2006 bei etwa 300 US$ pro Kopf (zum Vergleich: In Deutschland sind es über 25.000 US$). Die Inflationsrate ist von horrenden Zahlen in den 1990er Jahren auf unter 4% 2003 gesunken. Die Auslandsschulden betrugen im Jahr 2004 über 6,6 Milliarden US$.

Der bei weitem wichtigste Wirtschaftszweig in Tansania ist der **Agrarsektor,** in dem etwa **90% der rund 15 Millionen Erwerbstätigen beschäftigt** sind. Sein Beitrag zum Bruttosozialprodukt liegt seit vielen Jahren bei über 50%, in der Regel macht er weit über zwei Drittel des Exportvolumens aus. Den größten Anteil haben dabei die privaten Kleinbauern, die in erster Linie Cassava, Mais und Hirse für den Eigenbedarf anbauen, doch werden auch „cash-crops" wie Kaffee, Tee, Bananen, Baumwolle und Tabak für den Export produziert. In einer kleinen Anzahl von größeren Plantagen werden auch noch Sisal, Weizen und Reis angebaut. Topografie und Klima in Tansania lassen den Anbau landwirtschaftlicher Produkte nur auf 4% der Landesfläche zu. 1999 brach die Produktion von Lebensmitteln im Vergleich zum Vorjahr um 19% ein, Ursache waren die teilweise zerstörerischen Auswirkungen des Klimaphänomens El Niño und die anschließende Trockenphase.

Die marktorientierte **Viehhaltung** spielt nur eine sehr geringe Rolle, Rinder, Kühe und Ziegen werden in erster Linie zur Selbstversorgung gehalten. Man geht von etwa 18 Millionen Rindern aus, die hauptsächlich im Norden und zentralen Teil des Landes anzutreffen sind (40% der tansanischen Landesfläche sind Weideland). Etwa ein Drittel des Rinderbestands ist den Sukuma und Nyamwezi in den Verwaltungsregionen Mwanza, Shinyanga und Tabora zuzuordnen. Hier leiden in den Trockenmonaten ganze Landstriche unter den wandernden Herden, die die

Vegetation verwüsten. Reine Viehwirtschaft betreiben die Maasai und Barabaig im Norden des Landes. Hier sind Rinder gesellschaftliches Statussymbol.

Die Regierung ist natürlich um eine Diversifikation der Ökonomie des Landes bemüht. So wurde 1992 ein **Investitionsförderungsgesetz** verabschiedet, das Anreize für in- und ausländische, öffentliche und private Investoren schaffen soll. Vor allem Unternehmer aus Südafrika zeigen Interesse an einer Betätigung im rohstoffreichen und touristisch attraktiven Land.

Zudem haben Tansania, Uganda und Kenia die 1973 im Streit um *Idi Amin* gescheiterte **Ostafrikanische Gemeinschaft E.A.C.** wieder aufleben lassen. Der neue E.A.C.-Vertrag trat 2000 in Kraft. Mit der seit 1998 in Tansania eingeführten Mehrwertsteuer wurde der Anfang gemacht für eine gemeinsame Zoll- und Steuerpolitik. Zudem gibt es seit dem 1. April 1999 einen ostafrikanischen Pass, welcher bisher jedoch nur in den drei Staaten selbst gilt.

Im industriellen Sektor war in den letzten Jahren ein relativ starkes Wachstum zu verzeichnen, auch wenn der Beitrag zum Bruttosozialprodukt immer noch unter 20% liegt. Wichtig sind vor allem die Verarbeitung landwirtschaftlicher Erzeugnisse (Zucker, Bier, Zigaretten, Sisalgarn) und zunehmend der Abbau von Diamanten und Gold.

Die **Handelsbilanz** Tansanias fällt negativ aus, wichtigste Handelspartner sind England, Deutschland, Japan und Indien; der **Staatshaushalt** war in den letzten Jahren unausgeglichen, immer neue Schulden mussten gemacht werden; das durchschnittliche wirtschaftliche **Wachstum** betrug in den letzten Jahren 4–6%.

Warenumschlag im Hafen von Mwanza

WIRTSCHAFT

Staatspräsident *Jakaya Mrisho Kikwete* verfolgt zur wirtschaftlichen Entwicklung des Landes einen Kurs der **Deregulierung, Öffnung und Stärkung des Wettbewerbs.** Dazu soll auch die Bekämpfung der Korruption in der öffentlichen Verwaltung beitragen.

Tourismus

Seit den 1990er Jahren wirbt Tansania touristisch mit dem Markenzeichen **„Peace and Stability".** Immer mehr Reisende ziehen Tansania (vor allem auch Sansibar) dem einst so übermächtigen Nachbarn Kenia vor. Die Einnahmen aus dem Tourismus konnten stetig gesteigert werden und sind vor den Erlösen aus dem Export von Kaffee, Tee und Sisal der wichtigste Devisenbringer. Doch es gibt noch viel zu tun: Straßen fehlen oder sind kaputt, der Hotelstandard lässt vielerorts zu wünschen übrig, im Dienstleistungssektor müssen noch gewaltige Fortschritte gemacht werden. Um den Ausbau der touristischen Infrastruktur ist die nationale Tourismusbehörde **Tanzania Tourist Board** (TTB) bemüht. Viele Unternehmen, gerade auch ausländische, sehen im Tourismusgewerbe jedoch nur den schnellen Dollar ohne Rücksicht auf ökologische und religiöse Belange, so dass hier auch Konfliktpotenzial lauert – in den Worten eines Sprichworts: „Tourismus ist wie Feuer! Man kann seine Suppe damit kochen, aber auch sein ganzes Haus damit abbrennen".

Tanzanit – blaue Edelsteine aus dem Land der Maasai

Ende der 1960er Jahre begann in Tansania der Goldrausch nach einem bis dahin kaum bekannten Edelstein. Funde südlich vom Kilimanjaro, am Rande der Maasai-Steppe, führten schnell zu einer weltweiten Nachfrage nach dem neuen Schmuckstück.

Tanzanit ist ein **kantiger, braunfarbener Stein** und ähnelt eher einem Stückchen Kandiszucker. Erst nach dem Schleifen der Steine und der Erhitzung wird die blaue, metallisch glänzende Farbe erzielt, welche den Stein so begehrenswert macht. Auch Deutschlands Edelstein-Hochburg Idar Oberstein gehört zu den ständigen Aufkäufern von Roh-Tanzanit. Die Steine stehen hoch im Kurs, doch werden nicht genug gefunden, um der steigenden Nachfrage gerecht zu werden. Die wenigen Minen arbeiten mit konventionellen Methoden, moderne Förderanlagen gibt es nicht, eine Heerschar von Männern und Jugendlichen arbeitet im Ameisenakkord, um säckeweise Erde aus den Stollen zu fördern. Besitzer der hauptsächlich privaten „Goldgruben" sind meist Tansanier indischer/orientalischer Herkunft oder Südafrikaner, die bis zu 200 m tiefe Schächte betreiben. Von den Arbeitern sarkastisch „Kinshasa" oder „Kosovo" benannt, sind Unfälle in den Minen keine Seltenheit. Die Maasai selbst nehmen nicht an der zermürbenden Arbeit unter Tage teil. Sie finden die Steine „auch so", wenn sie mit ihren Viehherden die ausgedörrten Savannen durchstreifen. Mehr und mehr wird aber auch das stolze Nomadenvolk von dem Tanzanit-Geschäft in seinen Bann gezogen, viele sind als Zwischenhändler aktiv. Bei vielen Familien im Simanjiro-Gebiet hat sich ein Wertewandel vollzogen, ältere Maasai heißen das große Interesse einiger ihrer Volksbrüder an den blauen Glitzersteinen nicht gut. Weitere Informationen findet man unter: www.tanzanitefoundation.org.

Bildungswesen

Ein modernes Bildungswesen in Form von Schulen entwickelte sich erst langsam nach der Ankunft der ersten **Missionare.** Zuvor gab es nur „Unterricht" in den Familien, übermittelt wurden von Generation zu Generation althergebrachte Kenntnisse, Regeln und Sitten. Die Bildungsbemühungen während der deutschen Kolonialzeit reicherten die Swahili-Sprache um ein neues Wort an: *shule.* Doch erst die Briten bauten das Bildungswesen landesweit aus, weiterhin unterstützt durch die zahlreichen Missionswerke. Nach der Unabhängigkeit konzentrierte sich der junge Staat im Rahmen von Nyereres afrikanischem Sozialismus auf die Schaffung eines umfassenden Netzes von Schulen; der Schulbesuch ist kostenfrei bis zum Abschluss der 7. Klasse der „Volksschule". Bis heute sank daher auch die Analphabetenrate auf etwa 20%, ein für afrikanische Verhältnisse immer noch guter Wert.

Unterrichtssprache ist landesweit **Swahili,** Fremdsprache ab der 3. Klasse Englisch, Dialekte der Ethnien werden in den Schulen nicht gefördert und verlieren daher auch zunehmend an Bedeutung. Hochburg der höheren Bildung ist die große **Universität von Dar es Salaam,** die mehrere Fakultäten auch in anderen Städten, beispielsweise in Arusha und Morogoro, hat.

Doch das Bildungswesen steckt in der **Krise.** Zwar ist „primary education" Pflicht, doch fehlen Schulen (vor allem auf dem weiten Land), und so können mancherorts nur 50% der schulpflichtigen Kinder eingeschrieben werden. Die vergleichsweise niedrige Analphabetenrate erklärt sich nur dadurch, dass auch Erwachsene im Rahmen von Bildungskampagnen geschult werden.

Träger der Schulen sind einerseits der **Staat** (vor allem was die Grundschulen betrifft), auf der anderern Seite die **Kirchen,** die viele private Ausbildungsstätten und Sekundarschulen unterhalten. Zur Zeit sind Bemühungen im Gange, die zwei Schulstränge in ein Konzept der engeren Zusammenarbeit einzubinden, um erstens die Reichweite schulischer Bildung ins tiefe Land hinein auszubauen und zweitens die Kosten der Bildungseinrichtungen auf staatlicher und regionaler Ebene und auf gesellschaftliche Interessengruppen zu verteilen. Ihren Willen zur Kooperation im Bildungssektor haben Staat und Kirchen vertraglich festgehalten.

Gesundheitswesen

Auch im Gesundheitswesen hängt der Staat in großem Maße von der Arbeit und der finanziellen Hilfe der Kirchen ab. **Staatliche Krankenhäuser,** in denen die Behandlung weitestgehend kostenfrei ist, sind nicht nur völlig überlastet, ihnen fehlt vor allem das Geld an allen Ecken und Enden. Zu Zeiten der sozialistischen Regierung war die Gesundheitsversorgung kostenlos. Das Modell scheiterte. Zwar gab es Anfang der 1990er Jahre eine staatliche Gesundheitsreform, doch konnte diese an dem zum Teil jämmerlichen Zustand der medizinischen Einrichtungen und Ausrüstungen sowie an der oft mangelhaften Qualifikation des Personals nichts ändern. Ziel ist es nun, den Aufbau autonomer Gesundheitsdistrikte zu forcieren. Zudem konzentrieren sich die staatlichen Kliniken meist nur auf die Städte und bleiben für viele Menschen unerreichbar. Die Kirchen sind daher überwiegend im Land mit **Missionskrankenhäusern** präsent. Dieser Gesundheitsdienst ist jedoch seit jeher mit einer Kostenbeteiligung des Patienten verbunden, die immer mehr Menschen nicht mehr leisten können, da der Unterhalt der Krankenhäuser, Medikamente, Ausrüstung usw. immer mehr Geld kosten und das Einkommen der Bauern da nicht Schritt halten kann.

Der Missstand in der medizinischen Versorgung und Betreuung hat auch zur Folge, dass es in Tansania noch etwa 75.000 **traditionelle Heiler** gibt, die hohen Zulauf haben. Ein solcher Heiler kommt auf etwa 400 Menschen, während sich einen Arzt oder eine ausgebildete Krankenschwester im Schnitt 20.000 Tansanier teilen müssen. Etwa ein Viertel aller Pflanzen der Eastern Arc Mountains wird in der herbalen Behandlung eingesetzt.

Weniger als die Hälfte der Bevölkerung hat Zugang zu (verschmutztem) **Trinkwasser.**

AIDS

In Tansania wurden bereits 1983 die ersten AIDS-Fälle registriert. Inzwischen hat sich die Krankheit wie eine **Epidemie** im ganzen Land ausgebreitet. Nach der jüngsten Schätzung (2003) wird vermutet, dass 1,6 Millionen Menschen mit HIV/AIDS leben; im selben Jahr starben 160.000 Menschen an der Krankheit. In vielen Regionen Tansanias trifft man heute kaum noch Familien, die nicht ein oder mehrere Familienmitglieder durch AIDS verloren haben. Die Krankheit führt dazu, dass familiäre (und sogar dörfliche) Strukturen zerstört werden und für den Lebensunterhalt dringend benötigte Arbeitskräfte ausfallen. Die Zahl der AIDS-Waisen soll mittlerweile eine Million betragen.

Ursachen der schnellen Ausbreitung sind ungeschützter Geschlechtsverkehr, riskante Sexualpraktiken, mangelhafte Aufklärung, eine verfehlte Haltung der Kirchen, die zu Enthaltsamkeit, wenigstens aber zu Treue, auf gar keinen Fall aber zum Gebrauch von Kodomen aufrufen, und schließlich soziale Gründe: Die zunehmende Armut fördert die Prostitution, welche wiederum auf besonders fruchtbaren Boden fällt, weil viele Wanderarbeiter fern von ihren Familien und Frauen leben und ihre sexuellen Bedürfnisse bei Prostituierten ausleben.

Noch kann niemand sagen, wie sich die Situation in Tansania weiterentwickeln wird. Auch wenn es Anzeichen dafür gibt, dass sich die Verbreitung des Virus verlangsamt hat, so sind die Folgen der Seuche schon jetzt und für die Zukunft des Landes katastrophal.

Bevölkerung

Ein wesentliches Merkmal Tansanias – gerade auch mit Blick auf andere Staaten Afrikas – ist die innenpolitische Stabilität. Verantwortlich dafür ist in hohem Maße, dass keine der Volksgruppen mehr als drei Millionen Menschen zählt (nur die Sukuma und Nyamwezi bewegen sich in dieser Größenordnung), den meisten Völkern gehören 10.000 bis 100.000 Mitglieder an. Diese Konstellation verhindert, dass irgendein Volk hegemoniale Gelüste entwickelt. Und so steht Tansania hier ganz im Gegensatz zu anderen Ländern Afrikas: Im Nachbarland Kenia beispielsweise sind „Stammesfehden" zwischen den dominierenden Volksgruppen an der Tagesordnung, ein Kampf, der die Politik des Landes bestimmt und die Bildung eines Nationalbewusstseins, das über „Stammeszugehörigkeiten" stehen würde, nur schwer zulässt. Ganz anders in Tansania: Hier verstehen sich die Menschen in erster Linie als Tansanier, sind also dem übergeordneten Nationalgebilde zugetan, das ein **„Wir-Gefühl"** viel eher zum Ausdruck bringt als ethnische Zugehörigkeit. Manche tansanische Sozial- und Geschichtswissenschaftler sehen das auch als Verdienst Nyereres an: Dessen Politik eines spezifisch afrikanischen Sozialismus – obwohl ökonomisch gescheitert – habe zu einem Prozess des „nation building" durch die künstliche Schaffung der so genannten Ujamaa-Dörfer beigetragen, in denen verschiedene Völker zu einem Zusammenleben gezwungen waren.

Demografischer Überblick

Tansania hat mittlerweile (Stand: 2006) über **37 Millionen Einwohner.** Das jährliche **Bevölkerungswachstum** liegt bei ca. **2%.** Die durchschnittliche Lebenserwartung beträgt bei Frauen 49,4 und bei Männern 52,3 Jahre. 45% der Bevölkerung sind jünger als 15, 52% zwischen 15 und 64 Jahre alt, nur 3% haben ein Alter von 65 Jahren und darüber erreicht.

Mit einer Bevölkerungsdichte von durchschnittlich **38 Einwohnern pro km²** (in Deutschland: 231 Einw./km²) ist Tansania verhältnismäßig dünn besiedelt. Doch ist die **Verteilung sehr ungleichmäßig:** Über 26% der Bevölkerung lebt in Städten, etwa 10% allein in der Landesmetropole Dar es Salaam. Viele Regionen des Landes sind unbewohnt, da fehlende Niederschläge, unfruchtbare Böden und die weite Verbreitung der Tsetse-Fliege in den Miombo-Wäldern im Westen und Süden eine landwirtschaftliche Nutzung unmöglich machen. Große Flächen der Maasai-Trockensavanne und des ostafrikanischen Grabenbruchsystems sind kaum bewohnt, hier liegt der Lebensraum der Nomadenvölker, etwa der Maasai und Barabaig. Ebenfalls äußerst spärlich besiedelt ist das Dreieck zwischen Dodoma, Tabora und Lake Rukwa.

Daher kann man **vier große Bevölkerungszentren** festmachen: die Region um den Victoria-See, in der fast ein Drittel der tansanischen Population lebt, der Nordosten, von den dicht besiedelten Hängen des Kilimanjaro bis zu den Usambara-Bergen, das Makon-

BEVÖLKERUNG

de Plateau und die fruchtbaren Southern Highlands zwischen Mbeya und dem Nyasa-See. All diese Gebiete weisen jährlich durchschnittliche Regenwerte von über 1500 mm auf, vielerorts ist die mineralhaltige vulkanische Erde bestens zur Landwirtschaft geeignet. Am dichtesten bevölkert sind die Insel Ukerewe im Victoria-See und das Chagga-Gebiet am Kilimanjaro.

Völker Tansanias

Die Bevölkerung Tansanias gliedert sich in etwa **130 Völker,** die sich durch verschiedene Kulturformen, Glaubensausprägungen, Traditionen und zum Teil auch klar unterscheidbare Sprachen auszeichnen. Da viele aus dem selben Herkunftsgebiet stammen und nur zu unterschiedlichen Zeiten in neue Regionen gewandert sind, können einzelne Völker in einigen Landesteilen nicht streng voneinander getrennt werden. Oft sind parallele Entwicklungen erkennbar und lassen daher Sammelbegriffe oder die Einordnung in übergeordnete Gruppen zu.

95% der Menschen Tansanias gehören zu **Bantu-Volksgruppen,** gefolgt von Niloten und einer Minderheit von Kuschiten (vgl. zum Volk der Irakw bei Karatu) und Khoisan (Buschmannvölker).

Die **größten Bantu-Völker** des Landes sind nach der Zahl ihrer Angehörigen:
- die **Sukuma,**
- die **Nyamwezi** (beide s.u.),
- die **Makonde** (vgl. entsprechenden Exkurs),
- die **Haya** (vgl. bei Bukoba),
- die **Chagga** (vgl. bei Moshi),
- die **Gogo** (vgl. bei Dodoma),
- die **Hehe** (vgl. bei Iringa),
- die **Nyakusa** (vgl. Geschichte des Rungwe Valley),
- die **Ha** (vgl. beim Tanganyika-See),
- die **Shambaa** (vgl. Usambara-Berge),
- die **Ngoni** (vgl. Route Makumbako – Songea),
- die **Luguru** (vgl. bei Morogoro).

Mädchen vom Volk der Maasai

BEVÖLKERUNG

Nilotische bzw. semi-nomadische **Völker** sind die **Maasai** (s.u.), die **Barabaig** (vgl. „Die Barabaig – das Schicksal eines Nomadenvolkes") und noch wenige andere kleine Volksgruppen, die zur Stammesgruppe der Tatog gehören.

Hinzu kommen **Kuschiten** (vgl. unten, „Sprachen") und **Khoisan**. Letztere umfassen die Hadzabe vom Lake Eyasi und die Sandawe, die zwei letzten Buschmannvölker Tansanias (vgl. „Die Hadzabe – das letzte Buschmannvolk" und Route Dodoma – Kondoa).

Schließlich leben in Tansania noch etwa 200.000 **Asiaten,** vornehmlich indischer und pakistanischer Herkunft. Viele kamen in der Zeit zwischen den beiden Weltkriegen ins Land und sind besonders aktiv in Tansanias Wirtschaft, die sie in vielen Bereichen kontrollieren. Die allgemein als *Asians* oder *Indians* bezeichnete Gruppe lebt isoliert und stellt sich klar über die afrikanische Bevölkerung, obwohl viele von ihnen mittlerweile in der dritten Generation „Tansanier" sind.

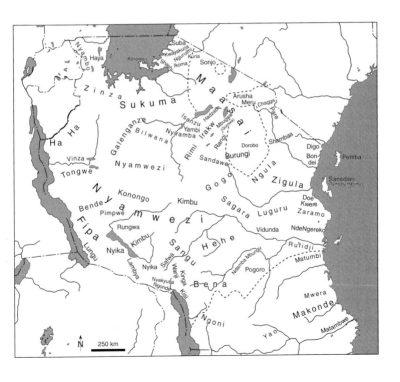

Die Sukuma

Mit mittlerweile **über 3 Millionen Menschen** bilden die Sukama aus der Region westlich vom Maswa Game Reserve bis hin zum Victoria-See, einschließlich des Gebiets um Mwanza, die **größte Volksgruppe Tansanias**. Die Sukuma betreiben überwiegend Feldwirtschaft, am Victoria-See leben sie auch von der Fischerei. Zudem halten sie große Rinderherden, eine Tätigkeit, die hauptsächlich von den Männern ausgeübt wird. Frauen machen sich in der Feldarbeit und im Handel nützlich. Kolonial bedingt wird im Land der Sukuma seit gut einem Jahrhundert Baumwolle angepflanzt, welche in keinem anderen Landesteil in diesen Mengen vorkommt und sich zum wichtigsten cash-crop für das Volk entwickelt hat. Die Sprache der Sukuma, das Kisukuma, wird noch weitgehend in den Familien gesprochen, Handels- und allgemeine Umgangssprache ist jedoch schon seit dem Sklavenhandel Swahili.

Grundstücke werden in Kisukuma *kayas* genannt, die zwiebelartig mit bis zu drei aufeinander folgenden Hecken-Umzäunungen umgeben sind, *minyaras* oder *lugutus* genannt. In der innersten Umzäunung *(ngwalida)* wird nachts das Vieh „eingeschlossen", rundherum befinden sich in dem als *lubigiri* bezeichneten Areal die Wohnhütten (traditionell in Rundbauweise, durch Fremdeinflüsse sind auch eckige Hüttenformen mittlerweile keine Seltenheit mehr).

Im Land sind die Sukuma besonders bekannt für ihre **Schlangentänze** *(bogobogobo)*, Zeremonien, die als Erntedankfest abgehalten werden. Wer das Sukuma Museum nahe Mwanza besucht, kann oft einer Vorführung mit lebenden Schlangen, die sich die Tänzer um den Körper wickeln (auch große Python-Schlangen!), beiwohnen.

Die Nyamwezi

Die **zweitgrößte Volksgruppe** Tansanias nimmt mit den Maasai das größte Gebiet im Land ein. Ihre Ausdehnung reicht vom südlichen Rukwa-See über das Moyowosi-Feuchtgebiet und Tabora bis nach Itigi in der Mitte Tansanias. Im Norden grenzt das Gebiet der Nyamwezi an das Land der Sukuma, mit denen sie eng verwandt sind. Denn die Großgruppe der Nyamwezi stellt die größte sprachliche und kulturelle Einheit des westlichen Ostafrika dar, und ihnen gehören die Kimbu, Konongo, Sumbwa und Sukuma an. Selbst das Volk der Yeke im Kongo fällt noch unter den Oberbegriff Nyamwezi. Im Dialekt der um Tabora lebenden Nyamwezi bedeutet Sukuma „die, die nach Norden (Victoria-See) gegangen sind".

Die Nyamwezi sind vor 300 bis 500 Jahren in ihr heutiges Verbreitungsgebiet gekommen. Ihr Ursprung ist nicht eindeutig geklärt, einiges deutet aber auf die Region westlich von Bukoba hin, andere sind der Meinung, dass sie vom Albert-See in Uganda stammen. Schon bevor die Araber durch ihr Land zogen, handelten sie mit Eisenwaren, Salz und Kupfer, aber auch mit Elfenbein und Sklaven. Sie unternahmen ab 1800 eigene Karawanenmärsche zur Küste, um ihre Güter abzusetzen. Ihr **Handel** mit den Arabern blühte und war im ganzen Land bekannt. Ihr Land unterstand ein-

BEVÖLKERUNG

zelnen Herrschern, von denen besonders der einflussreiche Mirambo aus dem große Sigari-Reich um den Ort Urambo hervorsticht (vgl. bei Tabora).

Die Nyamwezi leben heute vornehmlich von der Viehzucht und dem Anbau von Cassava (Maniok) und anderen Grundnahrungsmitteln. Die Miombo-Wälder werden zum Sammeln von Honig genutzt; dazu werden große Stücke ausgehöhlter Baumstämme als Bienenstöcke in den Bäumen ausgehängt.

Die Swahili

Die Swahili stellen ein **vielschichtiges Mischvolk** dar. Es sind die Bewohner der Küste und der Inseln vom Süden Somalias bis in den Norden von Mosambik. Der Begriff Swahili leitet sich vom arabischen *sahil* (= Küste) ab.

Die Wurzeln der Swahili reichen sehr weit zurück. Als ursprünglich reine Bantu-Völker am Indischen Ozean standen sie schon früh in Kontakt mit arabischen und persischen Händlern. Besonders ab dem 12. Jahrhundert, als sich vermehrt Shirazi aus Persien an der Küste niederließen und Handelsmetropolen errichteten, entwickelte sich durch allmähliche Vermischung und der **Bekehrung zum Islam** eine „eigene" Volksgruppe. Später, im Rahmen des ostafrikanischen Sklavenhandels, kamen viele Volksgruppen aus allen Regionen des Landes hinzu und vermischten sich ebenfalls nach Freilassung aus ihren Knechtschaftsverhältnissen mit dem stets wachsenden multikulturellen Volk der Küste. Generell vereint sie heute alle der moslemische Glauben und das Leben am und vom Meer. Dabei haben sich viele Untergruppen herausgebildet, die sich nach ihrer Herkunft oder ihrem Clan bezeichnen, wie eben die Shirazi nach der persischen Stadt Shiraz oder die Pemba nach der gleichnamigen Insel, und auch auf Sansibar verstehen sich die Untergruppen der Wahadimu und Watumbatu zunehmend einfach als Sansibari. Weiterhin verbindet alle die gemeinsame Sprache Swahili, die in Ostafrika nur bei den Swahili in ihrer reinsten und grammatikalisch korrektesten Form gesprochen wird.

Die Maasai

Das Volk der Maasai zählt heute ca. **120.000 Menschen.** Die wirtschaftliche Existenz des Nomadenvolkes hängt von der Viehzucht ab. **Rinder** gelten als Statussymbol und sind eines Maasai wertvollster Besitz. Die Anzahl der Rinder drückt den Reichtum aus. Als Lasttiere halten sich die Maasai Esel, gegessen wird Schafs- und Ziegenfleisch.

Vor der Einrichtung der Nationalparks und Wildschutzgebiete durchstreiften die Maasai die Savannen, in friedlicher Koexistenz mit den Wildtieren. Doch Tierschutzparks und Agrarlandschaften haben ihren Lebensraum und damit auch die Weideflächen ihres (wachsenden) Viehbestands eingeengt. Die Rinder und Ziegen der Maasai haben in den letzten Jahren weite Teile des Maasai-Landes überweidet, die Erdoberfläche leidet in manchen Gebieten stark unter Erosion durch Wind und Regen.

Mehr zu den Maasai und ihrer Gratwanderung zwischen Tradition und 21. Jahrhundert steht im entsprechenden Exkurs.

Land und Leute

Bevölkerung

Sprachen

Auf dem afrikanischen Kontinent gibt es vier verschiedene Sprachgruppen: Khoisan, Kuschitisch, Nilotisch und Bantu. Das östliche Rift Valley im Norden Tansanias ist der einzige Ort Afrikas, in dem Völker dieser vier Sprachgruppen auf engstem Raum zusammenleben.

Vor etwa 3000 Jahren, zur Zeit der Jagd- und Sammlerkultur, war ein Drittel des süd- und ostafrikanischen Kontinents die Heimat der **Khoisan** sprechenden Völker, eine Sprache, die sich durch Schnalzlaute mit der Zunge auszeichnet (auch Klicksprache genannt). Heute bilden das Volk der Sandawe und die Hadzabe im Eyasi-Gebiet im Norden des tansanischen Zentralplateaus die letzten Khoisan sprechenden Volksgruppen in Ostafrika.

Von den äthiopischen Hochplateaus sind die Völker **kuschitischer Sprache** etwa zu Beginn unserer Zeitrechnung nach Tansania eingewandert. Sie waren die ersten Bauern und Viehzüchter im Rift Valley. Ihre sprachliche Identität haben bis heute die Burungi, Gorowa und Iraqw bewahrt. Zahlreiche Eigenschaften ihrer Kultur wurden von den Völkern der nilotischen Sprache und der Bantusprache übernommen.

Die ersten **Nilotisch sprechenden Völker** waren die vor rund 1000 Jahren aus dem Norden einwandernden Tatoga, von denen sich bis heute die Stammesgruppe der Barabaig im Basotu-/Hanang-Gebiet behauptet hat. Anfang des 18. Jahrhunderts kamen noch die Maasai aus dem Norden hinzu, die heute Tansanias größte nilotische Gruppe bilden und die **Maa-Sprache** prägen.

Die mit über 90% größte Sprachgruppe Tansanias stellen jedoch die **Bantu** dar. Einst konnten über 100 Sprachen unterschieden werden, doch in den letzten 150 Jahren verdrängte das von der Küste her sich ausbreitende Swahili viele kleinere Einzelsprachen. Heute beherrschen nur die großen Volksgruppen und von den kleineren nur die in Abgeschiedenheit lebenden Ethnien ihre ursprünglichen Idiome.

Swahili (Kisuaheli)

Swahili ist die **bekannteste und am weitesten verbreitete Sprache Afrikas.** Vom Süden Somalias über Kenia, Uganda, Regionen in Ruanda, Burundi und im Osten des Kongo bis in den Norden von Sambia, Malawi, Mosambik und auf die Komoren hat sich **Tansanias Nationalsprache** verbreitet. Die einstige Handelssprache von der Küste wird heute schätzungsweise von insgesamt fast 100 Millionen Menschen gesprochen. Gleichzeitig mit der Entwicklung der Swahili-Kultur hat sich die Sprache zur **Lingua franca des östlichen Afrika** entwickelt.

Sprechführer:
● Christoph Friedrich
Kisuaheli – Wort für Wort
(Reise Know-How, Kauderwelsch)

Schule auf dem Land

Im Sprachschatz, der in der Bantu-Sprachfamilie gründet, sind Wörter aus dem Arabischen, Persischen, dem Urdu und seit dem 20. Jahrhundert vermehrt aus dem Englischen enthalten, Syntax und Grammatik stammen aus dem Bantu. Nur wenige Wörter erinnern an die 200-jährige portugiesische Hegemonie an der Küste Ostafrikas, z.B. das Swahili-Wort für Geld, „pessa", das sich von der portugiesischen Währung peso ableitet. Auch die Deutschen haben keine sprachlichen Spuren hinterlassen, mit Ausnahme des Wortes „shule" für – genau: Schule. In neuerer Zeit kommen hauptsächlich aus dem Englischen entlehnte technische Fachbegriffe hinzu. So wurde beispielsweise aus der englischen Bezeichnung für die Antriebswelle, crankshaft, „shiftikombi".

Die ursprüngliche Schrift war dem Arabischen entliehen, Missionare setzten jedoch Ende des 19. Jahrhunderts die Sprache in lateinische Buchstaben um. Da sich viele Dialekte ausgebildet hatten, wurde der Sansibar-Dialekt als einheitliche Grundlage gewählt.

Religionen

Der Glaube ist Afrikanern sehr wichtig und nicht zu nehmen, er bedeutet ihnen Schutz und Lebensinhalt. Die Angehörigkeit der tansanischen Bevölkerung zu den verschiedenen Religionsgemeinschaften gestaltet sich wie folgt: Etwa 43% der Tansanier sind **Christen** (etwa je zur Hälfte Katholiken und Protestanten), 38% **Moslems,** knapp 1% hängt dem **hinduistischen Glauben** an (auf Sansibar sogar 5%), und ca. 18% sind **Anhänger traditioneller Religionen und der Ahnenkultur.** Weitere vor-

RELIGIONEN

wiegend orientalische und indische Minderheiten bilden **Sikhs** und **Ismaeliten.** Das „Miteinander" von Moslems und Christen ist in Tansania ausgeprägter als das deutliche „Neben-" oder gar „Gegeneinander" in manch anderen Ländern mit ähnlichen Glaubensverhältnissen. Doch äußern sich in letzter Zeit auch in Tansania vermehrt fundamentalistische Tendenzen seitens islamistischer Gruppen.

Geografisch lässt sich der Küste Tansanias und den Inseln der Islam zuordnen, das Hinterland dagegen ist christlich dominiert, wobei in einigen Städten und Regionen auch Moslems vertreten sind.

Christentum

Die Missionierung der tansanischen Bevölkerung begann im 19. Jahrhundert. Die zuvor im 16. und 17. Jahrhundert an der Ostküste Afrikas herrschenden Portugiesen hatten kaum Anstrengungen unternommen, das Christentum zu verbreiten – sie wollten ausschließlich Geld verdienen.

Ab 1870 entstanden auf Sansibar und in Bagamoyo die ersten Missionen Ostafrikas. Die Küste war zwar bereits islamisch geprägt, doch mit dem Verbot des Sklavenhandels und der damit verbundenen Freilassung von Sklaven und auch durch die Aufnahme von Waisen und Schwachen erhielten die Missionen großen Zulauf.

Im Landesinnern konnte bereits 1879 die Londoner Missionsgemeinschaft bei Urambo Fuß fassen, kurze Zeit später errichteten Belgier die erste Mission am Tanganyika-See, im heutigen Karema. Während der deutschen Kolonialzeit folgten die Berliner und Leipziger Missionsgesellschaft sowie katholische Priester vom bayerischen Benediktinerorden. Kirchen nach europäischem Vorbild wurden gebaut, das Christentum gelehrt, Ziel war die Bekehrung der afrikanischen Völker. Lediglich in den arabisch-islamischen Zentren wie Ujiji, Tabora, Tanga und Kilwa hatten europäische Geistliche zunächst einen schweren Stand.

Viele der ersten Missionsstationen, etwa die in Lushoto, Matema, Peramiho und Bagamoyo, leisten noch heute regionale Entwicklungsarbeit und sind landesweit anerkannt. Für die Krankenversorgung sind die Kirchen von zentraler Bedeutung: 50% der medizinischen Einrichtungen in Tansania werden von den christlichen Kirchen getragen, davon liegt ein Viertel in der Verantwortlichkeit der evangelisch-lutherischen Kirche, für die vielerorts das Berliner Missionswerk die Arbeit leistet.

Die Zusammenarbeit der verschiedenen christlichen Glaubensgemeinschaften (Anglikaner, Lutheraner, Mennoniten usw.) im Missionsdienst soll durch das Christian Council in Tanzania (protestantisch) und die katholische Bischofskonferenz von Tansania (Tanzania Episcopal Conference) gefördert werden.

Islam

Der Islam fand schon **im 8. Jahrhundert** seinen Weg an die Ostküste Afrikas, verantwortlich waren dafür arabi-

RELIGIONEN

sche und persische Händler. Insbesondere die aus Persien stammenden Shirazis brachten den sunnitischen Islam mit, eine Glaubensrichtung, die auch heute noch mehr Anhänger in Tansania hat als die andere große Richtung im Islam, die schiitische. Die frühe Islamisierung der Küste und Inseln ist der Grund dafür, dass hier heute der überwiegende Teil der Bevölkerung islamischen Glaubens ist. Auf Sansibar und Pemba sind über 90% der Einwohner Moslems.

Der **Islam in Ostafrika** unterscheidet sich deutlich von dem Nordafrikas und der orientalischen und südasiatischen Welt. Ähnlich wie im Christentum sind auch im Islam des östlichen Afrika Einflüsse der traditionellen Glaubensvorstellungen wirksam. Die Religion stützt sich zwar in der Hauptsache auf den Koran, wird aber sehr liberal und tolerant gehandhabt. Generell ist es so, dass die Sozialstrukturen des afrikanischen Alltags mit den Lehren des Islam eine Verbindung eingehen, so dass auch die Stellung der Frau eine viel öffentlichere ist. Die Bekleidungsvorschriften sind weniger strikt: Eine Verschleierung kommt selten vor, oft tragen Frauen nicht einmal ein Kopftuch!

In der Zeit des Ramadan zeigen sich gerade Städte wie Zanzibar Town, Chake Chake oder Tanga von einer sehr ruhigen Seite, einige Restaurants sind

auch tagsüber geschlossen (vgl. auch „Feiertage und Öffnungszeiten"). Eine Pilgerfahrt nach Mekka, die Moslems einmal im Leben gemacht haben sollten, können sich die wenigsten leisten und wird hauptsächlich von gutsituierten Moslems aus Pemba und Sansibar unternommen.

Als landesweite islamische Interessenvertretung gilt seit 1968 der **Moslemrat Bakwata.** Zudem gibt es den **Balukta,** den „Rat zur Förderung des Koranlesens", Vorsitzender ist seit 1993 der fundamentalistisch denkende Scheich *Yahya Hussein.* Während die Bakwata für religiöse Toleranz zwischen Christen und Moslems eintritt, wird die Balukta zunehmend mit ausländischen islamischen Verbänden und Organisationen in Verbindung gebracht. Aus dem Orient fließt Geld für den Aufbau von Koranschulen und islamischen Kulturzentren, so soll **fundamentalistisches Gedankengut** nach Tansania transportiert werden. Hinter den in letzter Zeit häufiger stattfindenden religiös motivierten Menschenaufläufen werden ausländische Drahtzieher vermutet. Es ist die Rede von einer „islamischen Internationale". Im Februar 1998 kam es erstmals zu einer gewaltsamen Eskalation: In Dar es Salaam führte die Inhaftierung eines Muezzin zu einem Aufruhr, in dessen Verlauf es zahlreiche Tote, über 2000 Verhaftungen und beträchtlichen Sachschaden gab. In diesem Zusammenhang gehört vielleicht auch der höchstwahrscheinlich von ausländischen Fundamentalisten geplante und durchgeführte Bombenanschlag auf die amerikanische Botschaft in Dar es Salaam im

Buchtipp:
● Kirstin Kabasci
Islam erleben
(REISE KNOW-HOW Praxis)

RELIGIONEN

August 1998. Solche Vorkommnisse werden von der großen Bevölkerungsmehrheit verurteilt und machen fundamentalislamisch ausgerichteten Bestrebungen in Gesellschaft und Politik gegenüber misstrauisch. Auch die Regierung hat angekündigt, gewaltbereiten islamistischen Gruppen entschieden entgegenzutreten.

Eine zunehmende Belastung durch die religiösen Auseinandersetzungen erfährt auch das ohnehin schon schwierige Verhältnis zwischen Festland-Tansania und Sansibar. So trat der Insel-Teilstaat 1992 ohne Zustimmung der Regierung in Dar es Salaam der Islamic Conference Organization bei, die ihren Sitz in Saudi-Arabien hat und der Verbreitung des Islam das Wort redet.

Traditionelle Religionen

Wie viele Menschen traditionellen Glaubensvorstellungen anhängen, kann nicht beziffert werden. Die Grenzen zwischen den Religionen sind oft fließend, auch Christen und Moslems haben Respekt vor althergebrachten Bräuchen und sind mit den Glaubenswelten und Ritualen ihrer Völker vertraut.

Die traditionellen Religionen (kein Animismus!) gründen in der Vorstellung, alle Naturelemente seien von wirkenden **Geistern und Dämonen** sowie einem Gott (Swahili *Mungu*) mit übernatürlichen Kräften beseelt. Diese Kräfte sind lebensbestimmend, ihre Bedeutung und Beschwörung kommt in Tänzen und Musik, in Naturmedizin und Fetischen, im Ahnenglauben und Totenkult zum Ausdruck.

Die Völker Tansanias glauben an ein oder mehrere höhere Wesen, die meist alles Leben geschaffen haben, begrifflich nicht zu fassen sind und ihre Launenhaftigkeit in Form von Naturereignissen zeigen. Da der afrikanische Alltag für den Großteil der Menschen noch in sehr unmittelbarer Beziehung und Abhängigkeit zur Natur steht, ist es leicht verständlich, dass Naturkräften und -phänomenen eine hervorgehobene Stellung zukommt. Das Wissen um diese Kräfte, ihre Struktur, Bedeutung und Beeinflussbarkeit ist geheimnisvoll, es liegt keine schriftliche „Anleitung zum Gebrauch" vor. Vieles liegt im Dunkeln, dem Betrachter bleibt schon der Unterschied zwischen einer rituellen Geisterbeschwörung und einem Tanz im Rahmen „normaler" Festlichkeiten verborgen.

Oft hängen naturreligiöse Inhalte mit regionalgeografischen Bedingungen zusammen, etwa den örtlichen Regenverhältnissen, der Bodengüte oder auch mit Bergen und Gewässern. Die Menschen am Victoria-See beispielsweise sind aufgrund der hohen Populationsdichte in hohem Maße von ausreichend Niederschlag abhängig, um ihre Felder bestellen und ihrem Vieh saftige Weiden bieten zu können. Fällt also reichlich Regen, sind die Geister gut gestimmt, herrscht aber eine Dürrezeit, bedarf es eines Mittlers, einer Person, die Kontakt zum Jenseits aufnimmt, um Regen herbeizubeschwören. Der Kult der „Regenmacher" *(nfuti wa mbula)* hat daher eine lange Tradition am Victoria-See (vgl. „Die Regenmacher von Bukerebe").

RELIGIONEN

Zudem spielen am Victoria- und auch am Tanganyika-See **Seegeister,** die das Gemüt der großen Gewässer bestimmen, eine bedeutende Rolle im Fischfang sowie im Bootsverkehr. Der große Nilbarsch im Lake Victoria, der ein Gewicht von über vier Zentnern erreichen kann, gilt seit seiner Aussetzung in den See als der böse Geist aus der Tiefe des Nyanza, dem es nicht selten gelingt, ein kleines Fischerboot zum Kentern zu bringen, falls er ungewollt in ein Fangnetz gerät. Der Fisch wird verflucht, andere Mittel zu seiner Bekämpfung fehlen den Menschen. Andere verstehen ihn als Geist, den die Götter geschickt haben und der nun mit Opfergaben besänftigt werden muss. Bei beiden großen Seen werden auch Stürme und hoher Wellengang als Launen der Götter verstanden. Im Norden des Lake Tanganyika auf tansanischer Seite wird Kabogo verantwortlich gemacht, der in einer Höhle wohnt und mit Opfergaben in Form von Naturalien oder Gegenständen des alltäglichen Lebens besänftigt wird.

Die **Maasai** in Nordtansania sprechen einem Berg übernatürliche Kräfte zu. Der letzte noch aktive Vulkan **Ol Doinyo Lengai** gilt ihnen als Sitz ihres Gottes Engai, Schöpfer der Savannen und Tiere. Er hat dem stolzen Nomadenvolk „alle Kühe der Welt" zugesprochen, eine Verkündung, die den Maasai als Legitimation diente, als sie noch ihren Nachbarn das Vieh wegnahmen bzw. „zurückholten" (vgl. auch Exkurs zu den Maasai).

Ein bei vielen Völkern, besonders bei den Maasai, noch heute praktizierter Brauch ist die **Initiation,** bei der ein junger Mensch die Erwachsenenwürde erhält und bekannt gemacht wird mit dem Wissen über Leben und Tod, die Gemeinschaft und das Zusammenleben allgemein. Dazu kann auch die Aufnahme in einen Geheimbund gehören, etwa den der traditionellen Geistervertreiber, wie es sie auf Pemba und Sansibar gibt (vgl. Exkurs „Traditionelle Heiler und Geistervertreiber"). Das Ereignis ist immer an ein bestimmtes Ritual, die Beteiligten sind an eine strenge Schweigepflicht gebunden. Fragt man als Tourist nach, ob man an einer derartigen Zeremonie teilnehmen darf, erntet man entweder ahnungsloses Schulterzucken, da immer weniger Menschen Kenntnis von solchen Veranstaltungen haben, oder verneinendes Kopfschütteln, da der Respekt diesen geisterverbundenen Handlungen gegenüber sehr groß ist und Uneingeweihte nur äußerst selten teilhaben dürfen.

Die **Ahnenverehrung** hat in den Naturreligionen eine fundamentale Bedeutung. Die Generationen übergreifende Familie bildet die wichtigste soziale Einheit im ländlichen Afrika, sie gilt es zu pflegen und zu achten. Lebensgemeinschaft ist zugleich Glaubensgemeinschaft. Der Respekt vor den Familienältesten (engl. *the elder;* Swahili *mzee*) ist traditionell stark ausgeprägt. Auch nach dem Tod spielen sie eine große Rolle. So glauben viele, der Tod beförderte die Verstorbenen nicht ins Jenseits, sondern sie lebten als „geistige Kräfte der Familie" weiter. Die verstorbenen Angehörigen werden meist innerhalb eines Gehöfts oder bei den Fel-

Land und Leute

dern unter so genannten Ahnenhügeln (z.B. bei den Barabaig, siehe entsprechenden Exkurs) begraben und bleiben in sehr engem „Kontakt" zu den Lebenden. Durch Opferrituale und Tänze werden die Geister der Ahnen um Schutz gebeten und gnädig gestimmt, denn die Ahnen sind „Vermittler" zwischen den Lebenden und den Gottheiten. So bleiben die Verstorbenen weiterhin im Mittelpunkt der Familien, ein Grund, warum Begräbnisse in vielen Gebieten Afrikas Anlass zu einem Fest der Freude sind, wenn der Tote ein langes und erfülltes Leben hatte.

Kunst und Kultur

Traditionelle Kunst

Traditionelle Kunst in Tansania ist Ausdruck einer Gesellschaftsform und genießt eine wichtige soziale Stellung. Besonders in den kulturbewussten Gemeinschaften des Landes kommt jedem Kunstobjekt seine spezifische Bedeutung zu, eine Bedeutung, die jedoch nicht isoliert betrachtet werden darf, sondern immer in Zusammenhang steht mit der jeweiligen Kultur und ihren Bräuchen und oft im engen Einklang/ Nutzen mit dem traditionellen Handwerk im Alltag.

Traditionelle Schnitzkunst und Töpferei, Metallbearbeitung und Schmiedekunst haben neben ihrem funktionalen Wert auch eine enge **Verbindung mit Religion und Mythologie.** Viele der alten Kunstgegenstände finden in Riten und Festen erst ihre eigentliche Verwendung, in Kombination mit Tanz, Musik, Gesang und religiösen Festen und Opfergaben. Dabei spielt handwerkliche Vollendung, Schönheit oder die optimale Komposition keine Rolle – Kriterien, nach denen zunächst jeder Europäer afrikanische Kunst bewertet –, sondern der rein symbolische Gehalt eines Gegenstandes ist entscheidend. Fragen Sie einen Afrikaner, der einer bestimmten Kunst nahesteht, ob er auch der Meinung sei, dass das von Ihnen als sehr gelungen empfundene Kunstobjekt schön ist, wird er dies bejahen. Der Unterschied ist nur, dass Sie eher die Ästhetik schätzen werden und die befragte Person die Schönheit im hohen symbolischen Stellenwert sieht.

Doch im Allgemeinen wird in Tansania die „große" Kunst Westafrikas nicht erreicht. Außer den Zaramo und Makonde gibt es kaum andere Volksgruppen im Land, die beispielsweise für einen ureigenen Stil in der Plastik bekannt wären. Das hängt vor allem damit zusammen, dass sich aufgrund der hamitischen Wanderbewegungen in den ostafrikanischen Raum kaum große und langjährige Königreiche entwickeln konnten (mit Ausnahme des Gebietes westlich vom Victoria-See), wie sie im Westen des Kontinents zuhauf existierten und noch existieren, und wo eine „Hofkunst" gefördert wurde, die ganz im Dienste des Herrschers stand. Im Gebiet des heutigen Tansania konzentrierte man sich auf die Herstellung von

Malerei – eine junge Kunst in Tansania

KUNST UND KULTUR

Flecht- und Perlarbeiten, Kalebassen, Schmuck, Gewändern und Stoffen, Waffen und insbesondere auf die Architektur, wie sie in Sansibar eindrucksvoll zelebriert wurde.

Gerade im Küstenbereich, der jahrhundertelang auch kulturell vom Orient beeinflusst wurde, haben sich afrikanische Kunstansätze mit denen aus Arabien und Persien zu der heute als **Swahili-Kultur** bezeichneten Kunstform vermischt. Besonders im Technischen und Handwerklichen war der Einfluss groß. In der Holzbearbeitung übernahm man europäische und orientalische Praktiken, wie das Leimen und Verzapfen im Haus- und Bootsbau. Das hinzugewonnene Know-how blieb jedoch nicht auf die Küste beschränkt, sondern gelangte auf den Karawanenrouten weit ins Landesinnere, wie z.B. die arabischen Dhaus auf dem Victoria-See zeigen.

Die Araber und Inder brachten aber auch neue Textiltechniken, das Flechten von Matten, eine feinere Metallverarbeitung und in der Architektur besonders die Steinbauweise. Auch die arabische Ornamentkunst, die heute noch viele Gebäude auf Sansibar schmückt und ebenso in anderen Bereichen des Alltags Anwendung findet, hat einen festen Platz in der Swahili-Kultur eingenommen.

Holzskulpturen und -schnitzerei

Holzschnitzerei hat wenig Tradition in Ostafrika, auch über das Bestehen dieses Kunsthandweks vor der Jahrhun-

KUNST UND KULTUR

dertwende ist kaum etwas bekannt. Den wesentlichen Anstoß für die Entwicklung plastischer Kunst im heutigen Gebiet von Tansania gab das Eintreffen afrikanischer Volksgruppen aus anderen Regionen des Kontinents sowie von Arabern, Indern und auch Europäern, die verstärkt ihr Kulturgut im 19. Jahrhundert einführten. Auf dem Festland hatten nur Gruppen wie die Shambaa, Zigua und Zaramo im Nordosten und die Makonde im Südosten Kenntnisse in der Holzschnitzkunst und eigene Stilrichtungen entwickelt.

Berühmt geworden sind an der Küste die großen Holztüren der asiatischen Wohn- und Geschäftshäuser mit ornamentalen Schnitzereien. In großer Anzahl und künstlerisch hochwertig sind sie vor allem in der Altstadt „Stone Town" auf Sansibar zu bewundern, weshalb sie auch zu Recht den Namen **„Sansibar-Tür"** tragen (vgl. auch entsprechenden Exkurs).

Das Volk der Makonde gehört zu den wenigen Völkern Tansanias, die ein ausgebildetes **Maskenwesen** besaßen, wie es in Zentral- und Westafrika heute noch vielerorts gegeben ist. Beim Volk vom Makonde-Plateau kamen einst Hunderten von Masken im Rahmen von Ritualen und Festlichkeiten genau definierte Aufgaben zu. Doch Funktion und spirituelle Hintergründe haben sich bis heute nicht genau erforschen lassen, da zum einen der Brauch immer unbedeutender wird und Masken meist auch nur bei geheimen Initiationszeremonien zum Einsatz kamen, z.B. beim sindimba-Tanz, und an geheimen Plätzen hergestellt und aufbewahrt werden.

Andere Masken sind dem **Luba-Stil** des inneren Kongo nachempfunden, ein Stück Kunst, das über die Karawanenrouten der Araber aus Maniema nach Ostafrika importiert worden ist und besonders im arabisch geprägten Tabora religiöse Verwendung bei den Nyamwezi fand.

Im Norden prägte das Volk der Luo, das zum größten Teil auf kenianischem Staatsgebiet lebt, eine Maskenkultur, die von anderen Völkern wie den Kuria und den Maasai übernommen wurde. Besonders **Ledermasken** sind heute bei den Maasai Bestandteil ihrer touristischen Vermarktung. Andere große Maskenbauer waren die Haya und Ziba westlich des Victoria-Sees, die birnenförmige Masken aus einem faserigen Holz, mit viereckigem Mund, oft mit eingesetzten echten Zähnen und Haaren, aus Fellen fertigten.

Bis heute erhalten hat sich die Schnitzkunst der bekannten **Makonde-Skulpturen.** Viele Makonde sind in Großstädten wie Dar es Salaam und Nairobi zu Schnitzer-Kooperativen zusammengeschlossen und verdienen sich in der Tourismus-Branche mit begehrten Souvenirs ihr Auskommen.

Eine Holz„kunst", die heute keine Anwendung mehr findet, sind die **Lippenteller** der Makonde-Frauen. Zur vorletzten Jahrhundertwende waren die deformierten Unterlippen, die bis zu handtellergroße Holzplatten in ihre Form brachten, ein beliebtes Fotomotiv von Forschern und Siedlern. Die Frauen wollten sich mit dieser Verunstaltung den arabischen Sklaveneintreibern entziehen.

KUNST UND KULTUR

Töpferkunst

Die Töpferei wird in Tansania vorwiegend von **Frauen** praktiziert. Die Töpferscheibe ist in der traditionellen Töpferei unbekannt, die Objekte werden von Hand geformt und z.B. über Formen herausgearbeitet. Verzierungen werden eingeschnitten, modelliert oder gemalt. Das fertig gestellte Gefäß wird dann in offenem Feuer gebrannt. Bekannt für seine Töpferkunst ist im Süden des Landes am Lake Nyasa das kleine Volk der Kisi, das Tontöpfe in den unterschiedlichsten Größen und Formen herstellt. Wer nach Matema am Nordufer des Sees fährt, sollte den Kisi einen Besuch abstatten.

Malerei – „Tinga Tinga"

Die Malerei in Tansania ist eine junge Kunst, die sich allein **touristischer Nachfrage** verdankt. Sie ist im traditionellen Bewusstsein nicht verankert. Viele versuchen sich als „Maler" oder „Zeichner", um ein wenig Geld zu verdienen. Immer öfter engagieren die Besitzer einfacher Lokale talentierte Künstler, die die Kneipenwände verzieren dürfen – die Motivpalette reicht von Szenen und Figuren aus Rambo-Filmen bis zu surreal verfremdeten Szenen und Geschichten aus dem Alltag. Auch souvenirsüchtige Europäer finden an den oftmals kitschigen Bildern Gefallen und verhelfen besonders in Dar es Salaam einigen Künstlerkooperativen zu einem respektablen Einkommen.

Initiator der Malerei war der Tansanier **Eduardo Tinga Tinga.** Der 1936 geborene Maler stammt vom Volk der Makua. Als Kind war er Viehhüter, spä-

ter verdiente er sein Geld als Wanderarbeiter auf Sisalfeldern, und schließlich war er bei europäischen Familien in Dar es Salaam als „houseboy" tätig. Nach der Unabhängigkeit wurde Tinga Tinga arbeitslos. Da erinnerte er sich an die farbenprächtigen Gemälde aus dem Kongo, die hin und wieder auf den Straßen gehandelt wurden und begehrte Sammlerobjekte bei Europäern waren. Er begann, mit Fahrradfarben auf quadratischen Masonitplatten (2 x 2 Fuß) Tiere, Dorfszenen und ornamentale Pflanzen zu malen. Die Verkaufserfolge überschritten seine Erwartungen bei weitem. Tinga Tinga malte, seine Frau und dann auch die Familie und nahe Verwandte verkauften die Gemälde auf der Straße und vor Einkaufsläden, die von Europäern bevorzugt wurden. Bald entstand eine ganze Künstler-Kooperative. Skandinavische Entwicklungshelfer wurden auf die Maler aufmerksam und organisierten 1971 eine erfolgreiche Ausstellung für Tinga Tingas Leute im Nationalmuseum von Dar es Salaam – eine neue Kunstform war in Tansania geboren: die **Quadratmalerei oder „Tinga Tinga".**

Tinga Tinga kam 1972 bei einem Schusswechsel mit der Polizei um. Seine Familie führt jedoch sein Werk fort, und die Quadratmaler-Schule erfreut sich weiterhin regen Zuspruchs.

Musik – „ngoma"

Traditionelle Musik in Ostafrika bildet eine **Einheit mit Tanz, Religion und Ritualen.** In den meisten Sprachen Tansanias gibt es nicht einmal ein Wort für

Land und Leute

Der „kanga"

Kangas (auch „khanga" geschrieben) stellen das vielseitigste Kleidungsstück ostafrikanischer Frauen (vor allem an der Küste) dar und sind ein eminent wichtiges Kulturgut in deren Alltag. Wie ein Wickelkleid getragen, begleiten die Tücher die Frauen von der Geburt bis zum Tod. Bereits Babys werden in den Stoff eingewickelt, und bei Begräbnissen wird ebenfalls ein kanga um den Verstorbenen gebunden. Im Alltag werden die Tücher auch als Tragetaschen für Obst, Gemüse und Fisch zusammengeknotet oder dienen als Bauchgurt („mkaja"), in dem Geld und andere persönliche Dinge Platz finden.

Die Geschichte des Stoffes geht auf das 13. Jahrhundert zurück. Zu jener Zeit gelangten Baumwollstoffe über portugiesische, arabische und persische Seefahrer aus Asien an die Küste Ostafrikas. Auch damals wurden die Stoffe schon als Wickelkleider getragen und waren als „Leso" bekannt, was übersetzt „ein Stück Kleidung" bedeutet und etymologisch wahrscheinlich auf das Wort „peso" (die portugiesische Währung) zurückgeht. Einst waren die Tücher ausschließlich mit dem Abbild des Federkleides des Perlhuhns bedruckt, woher auch der Name „kanga" stammt. Ende des 19. Jahrhunderts setzten sich unterschiedlich bedruckte Tücher durch, die Stoffe wurden immer individueller. Das Modebewusstsein der Frauen stieg, das Sammeln unterschiedlicher Tücher wurde zunehmend populär, sofern es die Finanzen der Familie zuließen.

Mit der Zeit gewannen kangas eine kommunikative Funktion. Heute finden sich Sprüche und Redewendungen, Aphorismen, Mahnungen und Wünsche in Swahili auf den Tüchern, es wird vor schlechten Angewohnheiten gewarnt, Ratschläge für den Umgang mit Menschen werden gegeben, Neid, Mißgunst oder Eifersucht thematisiert. Wird ein kanga als Geschenk überreicht, wird auf den passenden Spruch für den Beschenkten geachtet. Sogar politische Wahlslogans finden sich auf den Tüchern – wenn man so will, ähnelt das Kleidungsstück dem westlichen T-Shirt.

Die etwa 1,75 x 1,25 m großen kangas vereinen vier wichtige Kunstaspekte: den Rand des Stoffes („pindo"), das Leitmotiv („mji"), die Farbe („rangi") und die Umstandswörter („neno"). Manchen Käuferinnen ist das Leitmotiv am wichtigsten, andere entscheiden sich zugunsten ihrer Lieblingsfarben oder wählen den originellsten Spruch. Kommunaktiv wird der kanga auch etwa wie folgt eingesetzt: Hat eine Frau ihren Mann lange nicht gesehen, und erwartet sie ihn sehnlichst zurück, erkennt das der Gatte sofort am kanga. Denn dann würde sie den kanga in ihrer Lieblingsfarbe tragen mit dem Aufdruck „Karibu Mpenzi" – „Willkommen, mein Lieber".

Als Wickelkleid getragen, wird ein einzelner kanga oberhalb der Brust verknotet oder um die Hüfte geschlungen und seitlich verknotet. Dabei muß die Aufschrift immer gut sichtbar sein, am besten über den Rücken. Bei einem doppelten kanga wird auf jeder Schulter ein Knoten geschlungen, und die zwei kangas werden mit einem Gürtel, Band oder auch einem dritten kanga in der Taille festgehalten.

Der Status des kanga hat sich gewandelt: Früher nur von einfachen und ärmeren Frauen getragen, wird der bunte Stoff mittlerweile auch in gehobenen afrikanischen Kreisen geschätzt.

KUNST UND KULTUR

Musik. Der Swahili-Begriff *ngoma* steht für alles, was mit Musik, Tanz und jeglicher Art von musikalisch begleiteten Aufführungen zu tun hat. Ngoma bedeutet aber auch **Trommel:** Sie ist das wohl wichtigste und ursprünglichste Instrument im subsaharischen Afrika. Gerade im zentralafrikanischen Raum der „Großen Seen" sind ngomas das alles beherrschende Instrument bei Festen, Tänzen und Zeremonien. In Tansania sind es im Grenzgebiet zu Burundi die „Königstrommler von Kasulu" vom Volk der Ha, die mit gewaltigen Holztrommeln einen durchdringenden, vielseitigen und -schichtigen Sound erzeugen, der kilometerweit zu hören ist.

Andere traditionelle Instrumente sind die gelegentlich noch bei den Sukuma gebräuchliche **kita,** eine Schalenzither, die ihren Ursprung beim Volk der Kerebe von der Insel Ukerewe hat. Vor allem im früheren Butima-Reich gab es viele „Hofmusiker", die dieses Instrument beherrschten. Heute sind in Usukuma, dem Land der Sukuma, nur noch in wenigen Dörfern die hohen Töne der kita zu vernehmen. Zwischen vielen Dörfern mit ausgeprägten ngoma-Gruppen kam es zu regelmäßigen Wettbewerben *(maleba),* bei denen jeder versuchte, eine möglichst große Zuhörerschaft zu gewinnen.

Beim Küstenvolk der Zaramo spielen Trommeln **(mtondoo)** die wichtigste Rolle in der Musik. Sie werden bei Beschneidungsfesten stundenlang und immer schneller geschlagen.

Kibota ist eine polyphone Vokalmusik bei den Nyakusa, die sogar Jodel-Elemente enthält. Die jüngere Generation aber verliert zunehmend das Wissen über diese Musik.

Durchaus noch zu hören sind die tradtionellen Klänge vom Volk der Gogo. Ihre Instrumente sind das **Zeze,** das einer Plattstabzither gleicht, das **Izeze,** eine zweiseitige Fidel, die **marimba** (auch *ilimba* genannt), ein Trogxylophon, und das **sumbi,** eine Trogzither. Früher spielte man mit diesen Instrumenten zum chiganda-Tanz auf, der anlässlich einer Elefantenjagd aufgeführt wurde. Heute kann man die sehr spezielle Musikform meditativen Charakters im Raum Dodoma und während der Stopps der Central Railway in den Orten Saranda und Manyoni hören.

In den letzten dreißig Jahren war die Musikszene in Tansania starken Veränderungen unterworfen: Erstens verschwinden zunehmend lokale ngoma-Traditionen, zweitens ist eine neue **afrikanische Missionsmusik** entstanden, die an amerikanische Gospelklänge erinnert und vor allem in Kirchen dargeboten wird, drittens schließlich gibt es eine **tansanische „Popmusik",** eine Fusion westlicher und afrikanischer Stilrichtungen, insgesamt sehr jazzig und sehr beliebt. Ihr Ursprung ist die zairische **Afro-Kwasa-Musik.**

Musik in Tansania genießt noch nicht den Stellenwert, der ihr in Ländern West- und Zentralafrikas zukommt. Im Radio sind zwar die neuen Klänge zu hören, doch nur die Jugend kann damit etwas anfangen. Höhepunkte bilden Videoshows in Kneipen und Biergärten, in denen im Dauerbetrieb die Bänder mit den letzten Musikclips aus den frankophonen Nachbarländern laufen.

Land und Leute

Kunst und Kultur

Derzeit größte Popularität genießt die **Bongo Flava Szene** mit Swahili Hiphop, Rap und traditionellen Musikelementen. Große Stars und Bands wie *Mr. Nice, Unique Sisters, X Plastaz, Juma Nature, Saida Karoli* sind im ganzen Land bekannt und auch schon in Europa aufgetreten. Informationen unter: www.africanhiphop.com.

Die größte Musikszene des Landes befindet sich in Dar es Salaam, allgemein als **Muziki wa dansi** (Musik zum Tanzen) bezeichnet. Bands dieser Szene wurden während der sozialistischen Zeit vom Staat unterstützt, heute müssen sie sich mit selbst organisierten Auftritten über Wasser halten. Das größte Problem der Bands sind jedoch die illegal als Raubkopien überall flimmernden Videoclips in Bars und Tanzlokalen. Diese sind für die Besitzer der Etablissements billiger als ein Live-Act der Musiker.

Westlich beeinflusst hat sich auch eine tansanische Form des Rap entwickelt, worüber die Alten der Szene nicht glücklich sind. Stile und Melodien aus früheren Zeiten sind nur noch an wenigen Orten zu vernehmen. Das **DDC Milimani Park Orchestra,** Tansanias bekannteste Band, ist immer noch der „Tradition" verpflichtet, also der Musik, die sich ab den 1930er Jahren, von kubanischen Rumba-Platten inspiriert, für die nächsten Jahrzehnte zu einer regelrechten Jazz-Welle auswuchs. Das Milimani Park Orchestra spielt immer noch regelmäßig sonntags in Dar es Salaam (siehe dort).

Ein Tansanier, der den Durchbruch afrikaweit geschafft hat, ist **Remmy On-gala und Super Matilama.** CDs von ihm, etwa „Song of the Poor Man", sind sogar im deutschsprachigen Raum erhältlich.

Erwähnenswert ist auch das staatliche Nationalensemble von Tansania, auch **„Bagamoyo Players"** genannt, ein Zusammenschluss der besten Musiker und Tänzer des ostafrikanischen Landes. Die Mitglieder des Ensembles sind zum Großteil Dozenten an der einzigen Kunsthochschule Afrikas, dem staatlichen Bagamoyo College of Arts (siehe dort). Die Bagamoyo Players haben regelmäßig Live-Auftritte in der ganzen Welt, auch in Deutschland. Als eine von drei afrikanischen Gruppen war das Ensemble am großen Weltmusik-Projekt „One world one voice" mit *Peter Gabriel* und *Sting* beteiligt. Das Programm des Ensembles umfasst ausschließlich traditionelle Tänze (auch mit akrobatischen Einlagen) und Musikstücke sowie gelegentlich auch Theaterstücke und Musicals. Ihre Auftritte werden von Themen des tansanischen Alltags, etwa AIDS, Korruption oder die Rolle der Frau, begleitet und dienen gerade bei Veranstaltungen in ländlichen Regionen der Aufklärung der Bevölkerung. Eine CD der Bagamoyo Players sowie von anderen tansanischen Künstlern ist in Deutschland über den Freundeskreis Bagamoyo e.V. zu beziehen (Adresse siehe Bagamoyo).

Auf den Inseln **Sansibars** ist im Laufe der Jahrhunderte durch den Kontakt zu Arabien eine eigene Musikrichtung entstanden, die **„taarab"-Musik,** die sich später zum Teil mit indischer Filmmusik vermischte (siehe Sansibar).

Sport

Mit Abstand **Volkssport Nummer eins ist der Fußball.** Doch in der afrikanischen Rangliste befindet sich das größte Land Ostafrikas nur im unteren Drittel. Über die Qualifikationsspiele zu der alle zwei Jahre stattfindenden Afrikameisterschaft kommt das **Nationalteam „Taifa Stars"** nicht hinaus, ganz zu schweigen von den Qualifikationsrunden zur Weltmeisterschaft, in denen Tansania ein sicherer Punktelieferant für die großen afrikanischen Fußballnationen ist. Während des Weltturniers zeigt man sich dann natürlich solidarisch mit den qualifizierten afrikanischen Mannschaften.

Auch die Klub-Mannschaften sind international nur wenig erfolgreich. Den größten Erfolg konnten die landesweit beliebten **Simbas** (Löwen) aus Dar es Salaam 1993 erzielen, als sie als erstes und bisher einziges tansanisches Team das Finale der „afrikanischen Champions-League" erreichten. Im eigenen Stadion unterlagen sie jedoch Stella Artois Abidjan von der Elfenbeinküste mit 0:2. Auf nationaler Ebene hat Simba (hat in der Presse einen ähnlichen Stellenwert wie in Deutschland Bayern München) den langjährigen Stadtrivalen Yanga (Young Africans) zu fürchten sowie die immer stärker werdenden Teams aus Mwanza, Songea und Shinyanga. Die Wochenendspiele erfreuen sich großer Beliebtheit, der Eintritt in die Stadien kostet zwischen 500 und 1500 Shilling. Die Spiele werden über Funk landesweit übertragen, und dann hocken selbst im letzten Buschwinkel viele begeisterte Fußballfans zusammen und lauschen gebannt den mit Inbrunst vorgetragenen Berichten über ein Spiel, das fernab irgendwo in einer der großen Städte stattfindet, von denen die wenigsten überhaupt wissen, wo sie genau liegen ...

In der internationalen **Leichtathletik** werden die Mittel- und Langstreckendisziplinen seit über zwanzig Jahren von Ausnahmeläufern aus den Hochländern Ostafrikas beherrscht. Insbesondere aus Äthiopien und Kenia kommen regelmäßig neue Laufwunder, die immer neue Weltrekorde aufstellen. Auch aus Tansania sind oftmals Athleten bei den internationalen Leichtathletik-Meetings in Europa vertreten. Zu den derzeitigen Laufwundern gehören die Langstrecken- (10.000 m) und Marathonläufer *John Yuda, Martin Sulle* und *Fabian Joseph,* welche schon einige erste Plätze bei europäischen Leichtathletikmeetings errungen haben.

UNTERWEGS IN TANSANIA

Unterwegs in Tansania

Bombo-Hospital in Tanga

Am Lake Victoria

Flusspferde

Arusha und das Mt.-Meru-Gebiet

Arusha

♪ V, C3

Die **Tourismus-Hauptstadt Tansanias** liegt in 1450 m Höhe **am grünen Fuße des 4566 m hohen Mt. Meru.** Das Klima ist angenehm mild. In der Stadt lassen sich Safaris jeglicher Art und in alle Teile des Landes organisieren. Aber vor allem durch die zentrale Lage inmitten der nördlichen Nationalparks (**„Northern Tourist Circuit"**) stellt Arusha mit weit über 200 Safariveranstaltern den optimalen Ausgangsort für Besuche in die nahe gelegenen Parks und Trekking-Touren dar. Auch für die Besteigung des Kilimanjaro bietet die Stadt ebenso professionelle Bergsteiger-Unternehmen wie Moshi.

Seit 1998 macht Arusha von sich reden als das **„Genf von Afrika",** da hier das internationale UN-Tribunal tagt, dass die Verantwortlichen des Ruanda-Genozids von 1994 richten soll. Das völkerrechtlich schwierige und langwierige Verfahren wird aufgrund der langen Dauer und der horrenden Kosten immer fragwürdiger. Etwa 1000 Bedienstete der UN oder vor Ort Angestellte sind mit der gerichtlichen Aufbereitung des ruandischen Völkermordes beschäftigt. Als Besucher kann man bei einer Tribunal-Sitzung zuschauen.

Auch regional-politisch gewinnt die Stadt an Bedeutung: als **Verwaltungs-Hauptstadt der wieder gegründeten East African Community (EAC),** der ostafrikanischen Wirtschaftsgemeinschaft. Die Staatschefs aus Uganda, Kenia, Tansania und neuerdings auch Ruanda treffen sich regelmäßig im klei-

Highlights und Tipps

- Cultural Programme – die Safari-Alternative, S. 218
- Arusha National Park und Hatari, S. 227 und 235
- Die Besteigung des Mt. Meru, S. 238

nen Städtchen am Mt. Meru, um nach dem Vorbild der EU die wirtschaftliche und politische Zusammenarbeit in Ostafrika voranzutreiben.

Arusha ist nach Dar es Salaam die am schnellsten wachsende Stadt Ostafrikas und mit mittlerweile über **400.000 Einwohnern** Hauptstadt der gleichnamigen großen Verwaltungsregion. Zudem ist es das Landwirtschaftszentrum des sehr fruchtbaren Umlandes. Hauptanbauprodukte im Norden der Stadt, an den Hängen des Meru, sind vor allem Kaffee, Bananen, Mais und vereinzelt auch Tee. Im Westen der Stadt liegen große Weizen-, Mais- und auch Kaffeefelder, die z.T. noch aus der Ujamaa-Zeit stammen und heute Privatunternehmen mit westlichen Investoren unterstehen. Der Markt der Stadt bietet daher ein sehr reichhaltiges Angebot.

Die Arusha-Region, insbesondere die südlicheren Flanken des Meru, wird aufgrund der mineralisch sehr fruchtbaren Vulkanböden extensiv zur Landwirtschaft von den hier lebenden **Arusha-Maasai** und vom Volk der Meru genutzt. Bei den Arusha handelt es sich um eine Maasai-Splittergruppe, die Mitte des 19. Jahrhunderts aus den trockeneren Regionen des Rift Valley hierher zog und als Ackerbauern tätig wurde. Nach anfänglichen Kämpfen mit den Meru um Ländereien übernahmen sie deren Techniken der Feldwirtschaft. Sie fühlen sich jedoch weiterhin als Maasai, was in Kleidung und Lebensstil zum Ausdruck kommt.

Industrie und Ausbildungsstätten Arushas hinken dem touristischen Stellenwert der Stadt hinterher. Viele der Betriebe und Fabriken leiden unter altmodischen oder reparaturbedürftigen Anlagen. Joint Ventures mit ausländischen Unternehmen sind für viele die letzte Rettung, eine Möglichkeit, die in den letzten Jahren vor allem von südafrikanischen Investoren wahrgenommen wurde. Die einst verrottete Brauerei produziert heute mit moderner südafrikanischer Technik, bei den Lebensmittelbetrieben hat sich die Lage auch gebessert. In der großen KILTEX-Textilfabrik, die viele Jahre lang den Stadtfluss Themi mit ungeklärten Abwassern verpestete, wurde die Arbeit eingestellt. Eines der wichtigsten Unternehmen ist die tansanisch-amerikanische Reifenfabrik Arusha General Tyre, die knapp 1000 Arbeitsplätze sichert. Mehrere hundert Menschen finden Arbeit in den großen Blumenfarmen, die Rosen nach Holland und Deutschland exportieren.

Von den **Handwerksbetrieben** richten sich viele nach touristischen Bedürfnissen: Die Produktion einer großen Palette von Souvenirartikeln und Kfz-Betriebe, die die Unmengen von Safariwagen in der Stadt warten, ermöglichen einem Teil der Stadtbevölkerung lukrative Arbeitsplätze. Viele Menschen finden bei den unzähligen Safariunternehmen als Schreibkraft, Fahrer, Koch, Führer, Camp-Organisator, Vermittler usw. eine Anstellung.

Das einstige Vorzeigeobjekt deutscher **Entwicklungshilfe,** das Technical College, ist heute ziemlich heruntergekommen, die bei der Übergabe hinterlassenen technischen Einrichtungen sind entweder kaputt oder lassen sich irgendwo auf dem Markt wiederfinden.

Der Norden Tansanias – ein Bilderbuch-Afrika

Der Norden Tansanias – ein Bilderbuch-Afrika

Der Norden Tansanias ist das „Bilderbuch-Afrika" schlechthin. Nirgendwo sonst auf dem afrikanischen Kontinent liegen derart spektakuläre „Natur-Highlights" so dicht beieinander. Das Paradies erstreckt sich von den schier endlosen Savannen der **Serengeti**, dem „Garten Eden" eines jeden Afrika-Zoologen, über die raue **Oldupai-Schlucht,** einer Wiege der Menschheit, bis hin zum über 3000 m hohen Ngorongoro-Hochland und seinem weltberühmten, 600 m tiefen und bis zu 20 km breiten Hauptkrater, in dem eine vielfältige Tierwelt lebt – der **Ngorongoro-Krater** im Land der Maasai wurde von Prof. Grzimek als „achtes Weltwunder" betitelt.

Um das Ngorongoro-Gebiet und die sich nahtlos anschließende Serengeti in ihrer ganzen Schönheit zu erhalten, bedarf es eines intensiven Wild- und Naturschutzprogrammes, das ohne Hilfe aus dem Ausland vom Staat Tansania allein nicht zu bewerkstelligen wäre. Grzimeks Beitrag zur Schaffung des großen Serengeti-Ngorongoro-Ökosystems ermöglicht heute Menschen aus aller Welt, jenen Teil des ursprünglichen Afrika zu erleben, welcher ein Synonym ist für endlose Weiten, Bilderbuchsavannen und eine grenzenlose, faszinierende Tierwelt. **„Die Serengeti darf nicht sterben"** – das ist nicht nur Grzimeks Leitsatz im gleichnamigen Buch und Film gewesen, sondern steht heute auch als Hauptmotiv hinter der Arbeit der Tanzania National Parks Authority (TANAPA), die u.a. in großem Maße von der Zoologischen Gesellschaft Frankfurt unterstützt wird.

DER NORDEN TANSANIAS – EIN BILDERBUCH-AFRIKA

Östlich des Ngorongoro-Kraterhochlandes mit seinen märchenhaften Urwäldern und milden Temperaturen schließt sich etwa 1500 m tiefer das in Nord-Süd-Richtung verlaufende, trocken-heiße **East African Rift Valley** an, wo sich Grabenbruchseen und imposante Vulkanberge finden, wie der Mt. Hanang, Mt. Kerimasi, Mt. Gelai usw. Einer Wüstenoase gleich sticht am Fuß der Grabenbruchkante der grüne **Lake Manyara National Park** hervor, der durch seine pinkfarbenen Flamingos und die auf Bäume kletternden Löwen in ganz Ostafrika bekannt wurde. Südlich des flachen alkalischen und meist wasserarmen Manyara-Sees erstreckt sich bis weit in die Maasai-Trockensavanne hinein der große **Tarangire National Park** mit seinen gewaltigen Baobab-Bäumen.

Im Norden des Rift Valley, am Südende des ebenfalls flachen und salzhaltigen **Natron-Sees,** thront einsam der mächtige, 2878 m hohe und noch aktive Vulkankegel des **Ol Doinyo Lengai,** der „Berg Gottes" der Maasai.

Dieser nördliche Teil Tansanias ist auch die **Heimat der Maasai,** eines der wohl faszinierendsten Völker Afrikas, die bis heute ihre althergebrachte Tradition des Nomadenlebens größtenteils bewahrt haben. Seit ein paar Jahrhunderten leben sie im Einklang mit jener grandiosen Wildnis, in der ihre Viehherden seit jeher Seite an Seite mit Zebras, Gnus, Büffeln und anderen stolzen Tieren der Savanne grasen.

Doch auch bei den Maasai haben Naturschutzmaßnahmen und wachsende Touristenzahlen ihre Spuren hinterlassen. Aus den Nationalparks Serengeti, Manyara und Tarangire ausgewiesen und im Ngorongoro-Schutzgebiet auf Areale beschränkt, die ihnen zugewiesen wurden, sind mittlerweile auch viele Maasai „gezwungen", am Tourismus zu verdienen. Für Safariunternehmen sind die stolzen Krieger mit ihren Speeren ein willkommenes, attraktives „Show-Element" im Rahmen ihrer Tour-Programme in den nördlichen Parks; die Rundfahrt wird allgemein als **Northern Tourist Circuit** vermarktet.

Das „afrikanische Paradies auf Erden" lockt **jedes Jahr über 300.000 Menschen** aus aller Welt an – und alle sind aufgerufen, ihren Beitrag zu leisten, dass die (scheinbare) Idylle Bestand hat!

Viele kommen für eine „Park-zu-Park-Safari", um möglichst die **Big Five** der afrikanischen Tierwelt (Löwe, Leopard, Nashorn, Büffel und Elefant) in freier Wildbahn beobachten zu können. Doch die Zeiten sind vorbei, als noch Hunderte von Nashörnern und einige Tausend Elefanten das Serengeti-Ngorongoro-Ökosystem bevölkerten. Die Wilderei hat den Tierbestand drastisch dezimiert, das Nashorn ist bis an den Rand des Aussterbens gebracht. Das Relikt aus der Saurierzeit hat heute einen letzten Lebensraum im Ngorongoro-Krater, wo die kleine Population rund um die Uhr von Wildhütern überwacht wird.

Doch dieser spektakuläre Teil des nördlichen Tansania ist nur die eine Seite dieser traumhaften Natur-Medaille. Östlich der Stadt **Arusha,** der **Safari-Metropole Tansanias,** erhebt sich fast 5000 m aus der Ebene das sagenumwobene, schneebedeckte Bergmassiv des **Mt. Kilimanjaro.** Der **mit 5895 m höchste Berg Afrikas** stellt seinen Nachbarberg, den **Mt. Meru** mit seinen immerhin **4566 m,** den vierthöchsten Berg des Kontinents, gänzlich in den Schatten. Kilimanjaro – ein Name, der vielen aus frühester Kindheit bekannt ist und der Jahr für Jahr Tausende Bergsteiger in seinen Bann zieht, wenn diese die Kibo-Bergspitze des Fast-Sechstausenders erklimmen und sich auf den höchsten Punkt Afrikas, den Uhuru Peak, stellen – den **„Gipfel der Freiheit",** genau auf halber Strecke zwischen Kairo und Kapstadt.

Blick auf den Krater des Ol Doinyo Lengai

Die frühere österreichische Partnerstadt Mürzzuschlag baute im Westen der Stadt eine große Fleischverarbeitungsfabrik auf, die mit modernsten Anlagen arbeitet.

Das Management-Institute (ESAMI) und die forstwirtschaftliche Fakultät der Universität von Dar es Salaam sind wichtige Ausbildungsstätten im Nahbereich Arushas.

Geschichte

Für die deutschen Kolonialherren war es schwierig, diesen Teil des Landes unter Kontrolle zu bringen. Die verfeindeten Völker der Arusha und Meru verbündeten sich im Kampf gegen die weißen Eindringlinge. Mit der Ermordung lutherischer Missionare 1896 begann die deutsche Schutztruppe einen mehrere Jahre dauernden Kampf, bei dem vor allem in zwei großen Schlachten einige Hunderte Meru und Arusha den Tod fanden. Um die neue Vormachtstellung eindrucksvoll zu untermauern, baute man 1899 ein Fort, welches nach den Arusha benannt wurde.

Die **Meru,** die sich ursprünglich Varwa nannten und nicht mit den Meru in Kenia verwandt sind, wanderten im 18. Jahrhundert von den Usambara-Bergen her ein. *Varwa* bedeutet in ihrer Sprache, damals als Kirwa bekannt, „die Hinaufgestiegenen". Traditionell waren sie in Clans aufgeteilt, und die Clan-Chefs unterstanden einem Mangi (Herrscher). Die siegreichen Deutschen erhängten den Mangi in aller Öffentlichkeit und ernannten einen neuen, treu ergebenen Herrscher, den sie Sultan tauften. Das Fort etablierte sich als **Sitz der 1. Schutztruppen-Kompanie Deutsch-Ostafrikas,** und das langsam heranwachsende Örtchen Arusha wurde Bezirksamtssitz. Ab 1902 kamen vermehrt Missionare (die erste und heute noch stehende Kirche im nördlichen Stadtteil Ilboru ist aus dieser Zeit) und deutsche Siedler sowie südafrikanische Buren, die in einem großen Wagentreck ab der Südspitze Afrikas den Kontinent halb durchquerten und sich an den Hängen des Mt. Meru niederließen. Während die Buren direkt im Norden des Berges den Ort „Kampfontein" gründeten (existiert heute nicht mehr), besetzten vornehmlich Deutsch-Russen aus dem Kaukasus und Wolga-Deutsche die fruchtbareren Hänge im Süden. 1906 wurde der Militärposten von Arusha zur Bezirksnebenstelle von Moshi erhoben. Die im gleichen Jahr von Hauptmann a.D. *August Leue* am Südhang des Mt. Meru gegründete Siedlung wurde „Leudorf" bzw. Leganga genannt.

Arusha entwickelte sich in dieser Zeit nur langsam, das benachbarte Moshi zog mehr Siedler an und hatte durch seine Bahnanbindung mit Tanga einen höheren kolonialen Stellenwert. Erst 1913 erreichte Arusha den Status eines selbstständigen Bezirksamtes.

Im 1. Weltkrieg musste Arusha bereits 1916 gegen die aus Kenia anrückenden Engländer aufgegeben werden, und der Bau einer geplanten Bahnlinie von Moshi über Arusha durch die Serengeti

Arusha – das ehemalige deutsche Fort

Karten S. 200, 203, V

ARUSHA

nach Musoma am Victoria See konnte nicht realisiert werden.

Während der englischen Mandatszeit gab man dem Meru-Mangi einen Teil seiner politischen Befugnisse zurück. Arusha entwickelte sich ab 1930, als die Briten die Anbindung an die Moshi-Tanga-Eisenbahn fertig gestellt hatten, zu einem bedeutenden Handelszentrum für den Kaffee-Export der weißen Farmer und lokalen Kleinbauern. 1951 bewirkte ein Beschluss des britenfreundlichen Mangi die mit Waffengewalt durchgesetzte Vertreibung von über 3000 Meru-Bauern von den nordöstlichen Hängen des großen Berges – burische Farmer benötigten zusätzliche Anbauflächen. Der Vorfall war für die TANU-Partei bester Nährboden im Kampf um die Unabhängigkeit.

Doch die Bedeutung Arushas wuchs insbesondere Ende der 1960er Jahre durch die Ernennung zur **Verwaltungshauptstadt der East African Community** (s.o.). Aus dieser Zeit stammt das größte **Kongresszentrum** (AICC) des Landes, welches heute weiterhin für viele nationale und internationale Tagungen und Kongresse genutzt wird. Es ist auch die Tagungsstätte des UN-Ruanda-Tribunals (s.o.).

Stadteinwärts befinden sich auf der Insel im Kreisverkehr der Kaloleni/Makongoro Road das **Mwenge-Denkmal** und das **Arusha Declaration Museum**, hinter den Bäumen in Richtung Stadium Road. Beide erinnern an die 1967 von Präsident *Nyerere* verabschiedete Arusha-Deklaration, die als „Manifest des afrikanischen Sozialismus" gilt.

200 ARUSHA

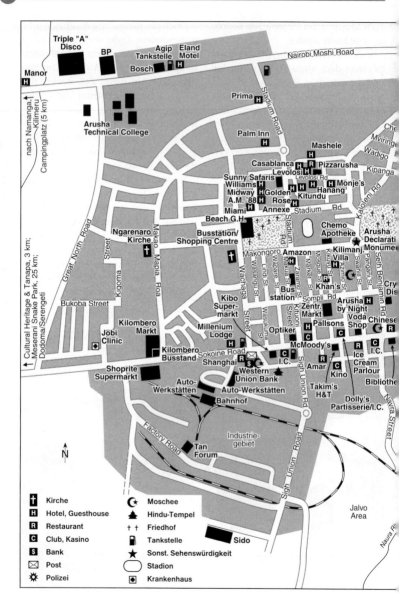

Karten S. 203, V

ARUSHA

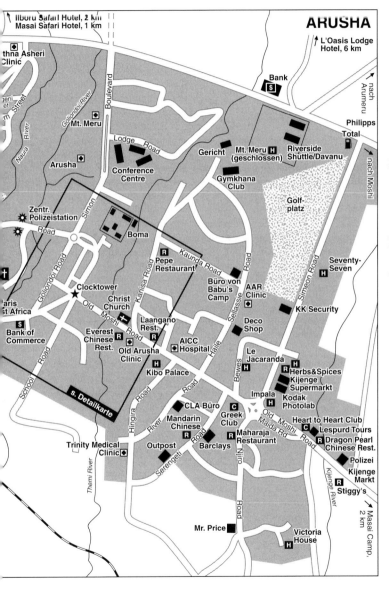

Arusha und das Mt.-Meru-Gebiet

Die heutige Stadtbevölkerung ist ein bunter Völkermix aus Maasai, Arusha, Meru, Chagga und vielen anderen, die vom aufstrebenden Arusha angezogen werden.

Stadtbesichtigung und Sicherheit

Arusha selbst hat keine besonderen Sehenswürdigkeiten aufzuweisen. Die meisten Reisenden nutzen die Stadt nur zur Organisation von Safaris und Bergwanderungen. In der Umgebung von Arusha lassen sich interessante Sehenswürdigkeiten aufsuchen, Spaziergänge und Begegnungen mit der Kultur des Meru-Volkes realisieren usw. (s.u.).

Auch sollte man es nicht versäumen, den großen **Markt** und die **Geschäftsstraßen** im westlichen Stadtteil zu besuchen (der Naura River gilt als Trennlinie zwischen der West- und der weitläufigeren und wohlhabenderen Osthälfte Arushas).

Das **ehemalige deutsche Fort** am Ende der Boma Road hatte seinen Baubeginn 1899. Genau hundert Jahre später wurde es mit EU-Geldern komplett restauriert und nahezu in den Originalzustand zurückversetzt. Was einst der erste Bau und Mittelpunkt Arushas war, soll jetzt wieder (in kultureller Hinsicht) der attraktive Nabel der Stadt werden. Ein Gebäude wird, wie auch schon zuvor, das **Naturhistorische Museum** beherbergen, der zentrale Bau mit Wachturm veranschaulicht eindrucksvoll die ersten Kolonialjahre am Mt. Meru, den Baubeginn der Boma und zeigt Bilder aus den Gründerjahren der Stadt. Mehr Information zur Boma entnimmt man im Internet dem Link: www.ntz.info/gen/n01218.html#03543.

Durch die Boma hindurch liegt rechter Hand, in Richtung Fluss, das **Via Via Café,** ein ruhiger Ort für einen Imbiss am Nachmittag bzw. für ein kühles Bier bei guter Musik in den Abendstunden.

Das Spazierengehen in Arusha kann sehr nervig werden, wenn Ihnen an jeder Straßenecke ein Schwarztausch, Souvenirs oder die angeblich preisgünstigste aller Safaris angeboten werden. Versuchen Sie, es gelassen zu nehmen (vgl. dazu auch den Exkurs über die „Flycatcher")!

Arusha ist auch nicht mehr die kleine, verschlafene Stadt, die sie noch vor zwanzig Jahren war. Der Dollar-Tourismus, die steigende Bevölkerungszahl und die sehr hohe Arbeitslosigkeit prallen in der Stadt aufeinander. Die **Kriminalität** ist hoch: Spaziergänge bei Dunkelheit sind eine potenzielle Gefahr, tagsüber sollte man sich im Bereich des Marktes und der Busstation vor Taschendieben in Acht nehmen. Im Innenstadtbereich sind Wertsachen fehl am Platz. Wer sich aber umsichtig verhält, sollte keine Probleme bekommen.

Touristeninformation

● Das Büro der **Tourist-Information** an der Boma Road hat sich zwar verbessert, doch eine richtig gute und vielseitige Beratung findet immer noch nicht statt! Dafür bekommen Sie aber sämtliche Informationen zu den Cultural-Tourism-Programmen von SNV (vgl. weiter unten).

● Zwei Türen weiter befindet sich das **Büro der NCAA** (Ngorongoro Conservation Area Authority). Hier erhält man Lektüre, eine an-

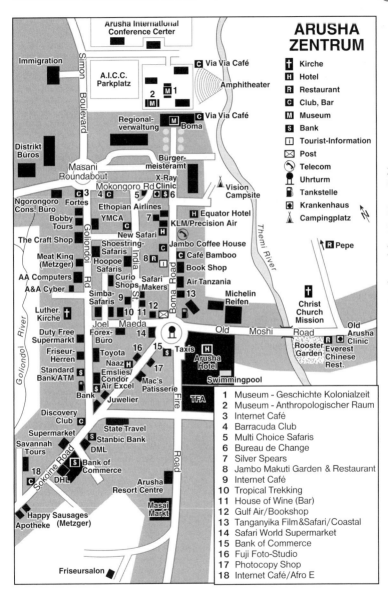

schauliche Relief-Darstellung des Ngorongoro-Hochlandes und Auskunft über das Gebiet. Ansonsten sehr dürftige Beratung.
● **Arusha Eye** ist eine kleine Informationsbroschüre zu allem Wissenswerten in Arusha. Sie gibt einen Überblick zu Restaurants, Einkaufsläden, Apotheken, Events, Veranstaltungen etc. Zu bekommen über das Infobüro, www.fizzylogic.com/wasukuma/arushaeye.
● **Links zu Arusha: www.arushanet.com, www.arushatimes.co.tz.**
● **Arusha-guide:** Seit 2006 entsteht die Webseite www.arusha-guide.com, die eine touristische Hilfestellung bieten soll.

Unterkunft

Arusha und Umgebung bieten für jeden Geschmack und Geldbeutel eine Vielzahl von Hotels, Lodges, Guesthouses und auch gute Campingplätze. Generell sind die Unterkünfte, die im ruhigeren östlichen Teil der Stadt oder außerhalb an den herrlich grünen Hängen des Mt. Meru nahe des Ortes Usa River liegen, vorzuziehen.

Hotels/Lodges außerhalb

Die folgenden Hotels/Lodges verfügen alle über Fahrzeuge für Stadtfahrten und Flughafen-Transfers.

● **Mount Meru Game Lodge**
Tel. (027) 2553643. An der Moshi-Straße, 20 km von der Stadt entfernt. Die Lodge ist eine der traditionsreichsten Unterkünfte im Norden Tansanias, sie verkörpert den Charme kolonialer Jagdvergangenheit. Hervorzuheben sind der Service mit guter Küche sowie die Ruhe und Freiheit des afrikanischen Busches. Die schöne Gartenanlage verfügt über ein großes Freilaufgehege rund um ein Wasserloch, an dem zahlreiche Antilopen, Zebras, Büffel und Vogelarten beobachtet werden können. In einem Gehege, welches sich anschließt, werden kranke Tiere gepflegt. Die Zimmer der Lodge sind in rustikal gestalteten Bungalows im Blockhausstil untergebracht und bieten zum Teil direkten Blick auf die Tiere im Garten. Ein DZ kostet 250 $ (Vollpension). Die Lodge liegt hinter dem Ort Usa River links an der Hauptstraße, man hört sie also den Verkehrslärm.
Internet: www.intimate-places.com,
E-Mail: reservations@intimate-places.com
● **Moivaro Coffee Plantation**
P.O. Box 11297, Tel. (027) 2553242, Fax (027) 2553243. Unterkunft im Stil einer alten Kaffeefarm, 7 km von Arusha entfernt. Schön in die Natur integrierte Anlage mit tollem Blick auf den Mt. Meru. Die Zimmer sind im Bungalow-Stil gehalten und liegen nett verteilt. Die Einrichtung ist geschmackvoll, Service und Freundlichkeit sind lobenswert, das Essen gut, der kleine Pool reicht zur Abkühlung. Übernachtung mit Frühstück ab 95/125 $. Internet: www.moivaro.com
● **Serena Mountain Village Lodge**
Tel. (027) 2553049. Die in afrikanischen Bungalows angelegte ehemalige Kaffeefarm befindet sich wunderschön auf einer Anhöhe am Rand des Duluti-Kratersees und wird von der Hotelkette Serena geführt. Zimmer mit Frühstück ab 160/200 $ für EZ/DZ mit Frühstück. Die Lodge liegt 1 km rechts der Arusha-Moshi-Hauptstraße (ausgeschildert), der Abzweig erfolgt 9 km hinter dem Novotel.
Internet: www.serenahotels.com,
E-Mail: mtvillage@serena.co.tz
● **Dik Dik Hotel**
Box 1499, Usa River, Tel. (027) 2553499. Unter schweizerischem Management am Fuße des Meru gelegen; hervorragende Küche, Pool und Aussichtsturm mit spektakulärem Blick auf den Kilimanjaro. Liegt von Arusha aus kommend 17 km in Richtung Moshi oberhalb des Ortes Usa River, linker Abzweig (ausgeschildert) erfolgt nach 16 km. EZ/DZ ab 140/180 $. Internet: www.dikdik.ch,
E-Mail: dikdik@atge.aotomail.com
● **Ngare Sero Mountain Lodge**
Box 425, Tel. (027) 2553638, (0713) 512138. Traumhaftes altes deutsches Farmhaus mit neun Zimmern in kolonialem Stil. Die Lage mit Sicht auf den Kilimanjaro und an einem kleinen Forellen-See mit Angelmöglichkeiten im großen Garten ist umwerfend, der Service unter der Familie *Leach* sehr familiär. Das Essen ist fürstlich und nur für Lodge-Gäste reserviert. 140 $ pro Person Vollpension.
Internet: www.ngare-sero-lodge.com,
E-Mail: reservations@ngare-sero-lodge.com

Rivertrees Country Inn
P.O. Box 235, Tel. (027) 2553894, (0713) 339873. Ehemalige Farm, welche mittlerweile ganz auf den Fremdenverkehr eingestellt ist. Rivertrees liegt an einem bewaldeten Flusslauf, wo sich Meerkatzen, Buschbabys und eine bunte Vogelwelt heimisch fühlen. Die deutsche Betreiberin und exzellente Köchin *Martina Gerken* schenkt ihren Gästen viel Aufmerksamkeit und das Gefühl, zu Hause zu sein. Die insgesamt neun Zimmer sind im alten Stil gestaltet, der Kamin im großen Wohnzimmer spendet an kühleren Abenden Wärme, bei Erzählungen über die bevorstehenden oder abgeschlossenen Safaris. Im weitläufigen Garten lässt sich schön verweilen, ob in der Sonne am Swimmingpool oder mit einem Buch am Fluss. Übernachtung mit Frühstück ab 125 $ im EZ oder 75 $ p.P. im DZ. Zu erreichen ist Rivertrees über die Moshi Road, direkt gegenüber der Meru Game Lodge erfolgt rechts die Einfahrt, nach 300 m links und am ersten Tor rechts.
Internet: www.rivertrees.com,
E-Mail: info@rivertrees.com

Karama Lodge
Old Moshi Road, Tel. (027) 2500359, (0754) 475188. Die wahrscheinlich stilvollste und ruhigste Unterkunft im Stadtrandbereich von Arusha. Die rustikale kleine Lodge liegt an dem Suye Hill, die Zeltzimmer sind auf Stelzen gebaut, Karama ist nur 4 km vom Clocktower entfernt, eingebettet in viel Grün mit herrlicher Aussicht auf den Mt. Meru. DZ mit Frühstück 115 $.
Internet: www.karama-lodge.com,
E-Mail: info@karama-lodge.com

Ilboru Safari Lodge
P.O. Box 8012, Tel. (027) 2544790. Herrliche grüne Lage am dicht besiedelten Hang des Mt. Meru, nur 3 km vom Stadtzentrum entfernt. Die kleine tansanisch geführte Unterkunft ist ein wirklich erholsamer Ort mit gutem Service für 60.000 TSh für das EZ und 70.000 TSh für das DZ mit Frühstück.
E-Mail: ilboru-lodge@yako.habari.co.tz

Arusha Coffe Lodge
Tel. (027) 2544521, 2506143. Am Westrand von Arusha gelegen in einem ehemaligen Kaffee-Estate. Hervorzuhebende Unterkunft unter indischem Management. Weitläufige Anlage zwischen Kaffeesträuchern. Übernachtet wird in Bungalows, ein zentrales Haupthaus bietet schöne Aufenthaltsatmosphäre, die Küche ist sehr gut.
Internet: www.elewana.com

Arumeru River Lodge
P.O. Box 46, Usa River, Tel. (027) 2553573, Fax (027) 2553574. Wundervoll und ruhig gelegene, neue mittelgroße Lodge (40 Betten) zwischen Usa River und Arusha; 2 km vor Usa River 700 m südlich der Hauptstraße (ausgeschildert). Pro Person mit Frühstück 95 $ – sehr zu empfehlen! Deutsche Eigentümer und Management, gemütliche Zimmer in Doppel-Bungalows. Das Interieur ist sehr geschmackvoll, die Lage des Hauptgebäudes und der Zimmer garantiert freie Ausblicke in Richtung Mt. Meru und bei schönem Wetter auf den Kilimanjaro. Der Service ist äußerst zuvorkommend, die Küche vom Feinsten: Verantwortlich für die kontinentalen und deutschen Gerichte ist der bayerische Chef und Konditor *Martin*. Die Lodge eignet sich ideal für alle, die Arusha als Drehscheibe für Safaris nutzen. Flughafen- sowie Stadt-Transfers werden selbstverständlich organisiert.
E-Mail: info@arumerulodge.com

Hotels in der Stadt

Mount Meru Hotel
Das größte und früher unter Novotel geführte Hotel der Stadt wird zur Zeit (Februar 2007) renoviert und vorraussichtlich Anfang 2008 unter südafrikanischem Management wieder eröffnet.

Impala Hotel
P.O. Box 7302, Tel. (027) 2507394, 2507197, Fax (027) 2508220. Eines der besseren Hotels mit europäischem Niveau, zentral und ruhig gelegen, eigenes Reisebüro, zwei sehr gute Restaurants (indisch und italienisch). EZ kosten 65 $, für DZ sind 80 $ zu zahlen.
Internet: www.impalahotel.com

Arusha Hotel
P.O. Box 88, Tel. (027) 2507777, Fax 2508889. Die neue In-Adresse der Stadt, sehr zentral am Uhrturm gelegen, schöne Gartenanlage am Themi River, Pool nur für Hotel-Gäste. Das älteste Hotel der Stadt ist renoviert worden, der alte Charme von frü-

her wurde mit der Modernität eines internationalen Hotels verbunden. Im Untergeschoss lädt die Hatari Bar, dekoriert mit Postern und Filmplakaten, zu einem Drink ein. Reichhaltiges und gutes Büfett über die Mittagszeit. EZ/DZ mit Frühstück ab 65/70 $.
Internet: www.arushahotel.com,
E-Mail: reservations@newarusha.com

Mittelklasse-Hotels

● Le Jacaranda
Tel. (027) 2544624. Angenehmes kleines Hotel in ruhiger grüner Lage. Das Essen ist gut, eine Minigolf-Anlage steht für Gäste zur Verfügung. Zimmer mit Frühstück ab 45/55 $.
E-Mail: jacaranda@tz2000.com

● Hotel Equator
Boma Road, Tel. (027) 2503727, 2504379, 2503127. Das Hotel wurde renoviert und ist durch seine sehr zentrale Lage eine gute Basis für Reisende. Der Service ist zuvorkommend, die Preise fair, das Essen gut. Leider besitzt das Equator keinen Pool, doch ist der Garten ein schöner Ort, um nachmittags die Füße hochzulegen. EZ/DZ 60/70 $ mit full breakfast. E-Mail: nah@tz2000.com

● Golden Rose Hotel
P.O. Box 361, Tel. (027) 2507959, 2508861, Fax 2508862. Im Norden der Stadt unweit der Busstation, typischer Kasten-Bau, doch sehr angenehme Zimmer mit Dusche und WC, Kreditkartenakzeptanz. Zimmer ab 36/48 $ die Nacht.
Internet: www.goldenrosehotel.net,
E-Mail: goldenrose@habari.co.tz

● Naaz Hotel
Sokoine Road, P.O. Box 1060, Tel. (027) 2502087, Fax 2508893. Bewährtes, sehr zentral gelegenes Hotel unter indischer Leitung nahe des Clocktower. Die 20 Zimmer im ersten Stock wurden im Jahr 2000 renoviert, sind zweckmäßig mit Bad (heiße Duschen)/WC/ Moskitonetzen. Das Essen in der großen Speisehalle ist sehr gut und preiswert (hauptsächlich indische Speisen), allerdings ist nur bis 17.30 Uhr geöffnet, die Rezeption liegt hinten rechts etwas versteckt. EZ/DZ für 16.000/20.000 TSh, zu dritt 28.000 TSh. Sicherer Parkplatz im Innenhof.
E-Mail: naazarusha@ark.eoltz.com

● Arusha Resort Hotel
P.O. Box 360, Tel. (027) 2548333. Große, zentral gelegene Hotelanlage mit großem Garten und Kinderspielplatz. Die Unterbringung reicht von DZ für 40.000 TSh bis zu Apartments mit Küchen für Selbstversorger. Kein sehr gutes Preis-/Leistungsverhältnis!

● Eland Motel
P.O. Box 7226, Tel. (027) 2506892, Fax (027) 2548468. Liegt an der Namanga-Moshi-Straße, neue Einrichtung, wirkt steril und ist mit 60 $ etwas überteuert.

● A.M. Investment '88
P.O. Box 10045, Tel. (027) 2507873, Fax 2507816. Sauber und guter Service, da noch neueren Datums, indisches Restaurant. Etwas abseits, die Zimmerpreise von 40/60 $ sind ein wenig zu hoch.

● The Outpost
P.O. Box 11520, Tel./Fax (027) 2548405, Internet: www.outposttanzania.com. Beliebte Unterkunft unter Reisenden, australische Leitung, sehr ruhige Lage mit familiärer Atmosphäre. 35/45 $ pro EZ/DZ. Die Essensauswahl ist nicht sehr groß, gut schmecken die Hamburger mit Chips. Auch Organisation von Safaris.

Preiswerte Unterkünfte

● **Pallson's Hotel**
P.O. Box 773, Tel./Fax (027) 2548123, E-Mail: pallsonshotel@yahoo.com. Angenehmes Hotel nahe am Markt. Saubere, renovierte Zimmer mit Heißwasserversorgung, gute chinesische/indische Küche. Fairer Preis: Übernachtung ab 25/30 $ mit Frühstück.

● **Catholic Hostel**
Auf dem Gelände der Sekei Secondary School in der Kanisa Road. Sehr sauber und freundlich, zentrumsnah, dennoch ruhig. 5000 TSh pro Person mit Frühstück. Abendessen (2000 TSh) muss vorbestellt werden.

● **Coyote Guesthouse**
Azimio Street. Beim Markt. Gute Zimmer (self-contained!) ab 10.000 TSh. Darauf achten kein Zimmer zu nehmen welches in Richtung Markt zeigt. Laut!

● Das **YMCA** ist trotz seiner sehr zentralen Lage nicht mehr zu empfehlen.

Eine Vielzahl der preiswertesten landestypischen Guesthouses (meist ohne eigenes Bad/WC und ohne Frühstück) befindet sich **nördlich vom Stadion (Kaloleni Area)**:

● **Hanang Guesthouse**
Levolosi Road. Gute und sichere Unterkunft, geleitet von einem sympathischen Chagga, der durchaus Statist im „Buena Vista Social Club" hätte sein können. DZ ab 5000 TSh. Schlicht und sauber, funktionierende Duschen (heißes Wasser!) und Wäscheservice.

● **Levolosi Guesthouse**
Schräg gegenüber vom Hanang, saubere Zimmer für 5000 TSh, empfehlenswert.

● **Kilimanjaro Villa Guesthouse**
Sehr sauber und angenehm, DZ ohne Bad 5500 TSh.

● **Meru House Inn**
Sokoine Road, über dem Tandoor Restaurant, es wimmelt von Flycatchern.

● **Mashele Guesthouse**
Hat nicht mehr den besten Ruf. Der gute Koch ist weg, viel Krach wird gemacht, Flycatcher hängen herum, die Zimmer sind jedoch nach wie vor gut (5000 TSh).

● Ebenfalls sauber und empfehlenswert sind die beiden **Monje's Guesthouses** und das **Minja's** (alle in der Levolossi Road für 5000 TSh), das **Palm Inn** (Tel. 2507430) mit DZ für 10.000 TSh und die **Casablanca Mini Lodge** sind ebenfalls o.k.

Camping

● **Masai Campsite**
P.O. Box 6130, Tel./Fax (027) 2548299. Einer der besten Zeltplätze in Arusha (3,5 km vom Uhrturm) ist Treffpunkt von Globetrottern und Overlandern, Restaurant und Bar sind sehr beliebt, das Essen reicht von mexikanisch über italienisch bis hin zu kräftigen Burgern. Die große, grüne Anlage besitzt saubere Wasch- und Toilettenanlagen (heiße Duschen), Kinderspielplatz, Volleyballfeld usw. Der schottische Besitzer leitet zudem das sehr gute Safariunternehmen **Tropical Trails**, spezialisiert auf Trekking-Touren (Kilimanjaro, Meru, Monduli und Ngorongoro) und Camping-Safaris in den Parks.
E-Mail: masaicamp@tropicaltrails.com

● **Arusha Vision Campsite**
Tel. (027) 2502894. Wer Kosten sparen will, ist hier genau richtig aufgehoben. Die superzentrale, aber dennoch ruhige, grüne Lage am Themi River ist optimal. Der Zeltplatz wirkt vielleicht nicht gerade sehr einladend, und die Platzverhältnisse sind zudem etwas beengt, große Fahrzeuge werden hier nicht viel Platz finden. Camping kostet 2000 TSh, die Sicherheit scheint in Ordnung zu sein.

● Die **Club Africo Campsite** in Richtung Moshi (2 km hinterm Novotel rechts) ist noch wenig bekannt. Die Lage des Zeltplatzes **am Lake Duluti** ist sehr schön und ruhig, die Wiese bietet reichlich Platz. Im **Meserani Snake-Park** ist das Zelten ebenfalls möglich, nur ist der Platz hier permanent mit halbnackt umherlaufenden Overlandern belegt.

● 5 km außerhalb in Richtung Nairobi liegt sehr schön am Hang (ausgeschildert) und mit weitem Blick in Richtung Monduli Berge die **Kilimeru Campsite**, von Holländern geführt (2000 TSh pro Person, gutes Essen).

Restaurants

In und um Arusha gibt es für jede Geschmacksrichtung etwas. Von den oben genannten Unterkünften ist besonders die internationale Küche in der Arumeru River Lodge hervorzuheben, die indische Küche im Impala Hotel, das internationale Essen im Rivertrees Country Inn und die Hotelküche im Dik Dik Hotel.

- **Stiggy's**
Thai-pazifische und internationale Küche an der Old Moshi Road, Mo geschlossen. Das wahrscheinlich beste Restaurant in Arusha (Hotel- und Lodgeküchen nicht eingeschlossen) – empfehlenswert.
- **Jambo Coffee Makuti Bar and Restaurant**
Tel. 0744-305430. Gutes und zentral gelegenes Stadtrestaurant mit guten Salaten, mexikanischen und internationalen Speisen. Beliebt bei Leuten von der UN und aus der Safari-Szene, speziell mittags.
- **Herbs & Spices**
Zufrieden stellende äthiopische Küche an der Moshi Road, serviert in traditionellen Korbschalen, gegessen wird mit der Hand, auch vegetarische Speisen.
- **Dragon Pearl Restaurant**
Hervorragendes chinesisches Restaurant an der Moshi Road, noch vor dem Kijenge Stream. Der Besitzer *Loui* ist zuvorkommend, es lässt sich schön im Garten sitzen oder im Speisesaal essen. Derzeit wohl die beste chinesische Küche in Tansania, allerdings auch recht teuer.
- **China-Restaurants**
Recht gute chinesische Speisen bekommt man auch im **Arusha Chinese Restaurant** im ARCU-Gebäude und im **Everest Restaurant** an der Old Moshi Road, unweit vom Clocktower.
- **Stiggbucks**
Gute Mittagsküche mit Salaten und Snacks im Shoprite-Komplex.
- **Ciao Celatta**
Beste Eisdiele im Norden Tansanias, ebenfalls im Shoprite-Komplex. Bietet auch gute Mittagsküche für großen und kleinen Hunger. Ciao gehört der Schweizerin *Beate* und ist ein örtlicher Treffpunkt. Empfehlenswert!
- **TANDOOR**
Tel. (027) 2502618. Sehr gutes indisches Restaurant mit Tandoori-Küche.

- Andere gute indische Restaurants sind das **Shamiara** im Pallson's Hotel und **Best Bite** (günstiger) an der Sompli Road.
- **Laangano Ethiopian Restaurant**
Im Zentrum nahe an der Old Moshi Road gelegen. Traditionelle äthiopische Küche.
- **Khan's**
Beliebtes Straßenlokal einer Werkstatt. Da, wo tagsüber auf dem Bürgersteig geölt und geschraubt wird, stehen nach einmal Wassereimer umkippen und kurzem Schrubben am Abend Tandoori Grills und ein Salat- und Soßenbuffet – empfehlenswert!
- **Safari Grill**
Steak-Restaurant mit kaltem Bier, gehört zum New Safari Hotel.
- **Pizzarusha**
In-Restaurant unter Rucksackreisenden. Das Essen ist vorzüglich und sehr preiswert, Die beste Essensadresse im Backpacker-Viertel hinter dem Stadion.
- **African Queen**
Nettes, originelles Restaurant, schräg gegenüber vom Levolosi Guesthouse. Beim Hanang Guesthouse. Billiges, einheimisches und gutes Essen.
- **Pic Nic**
Vergleichbar mit dem African Queen. Nette, zuvorkommende Bedienungen. Beim Kitundu Hotel.
- **Mc Moody's**
Modernes Fast-Food-Lokal, tagsüber beliebt unter Backpackern und bei Lonely-Planet-Publikum.
- **Chicken King**
Fast-Food-Kreationen rund ums Huhn, jeweils ein Restaurant im Conference-Center und an der Goliondoi Road.
- Eine Vielzahl von einfachen und billigen Restaurants, Imbissläden und Straßenständen befindet sich im Bereich des Marktes und bei den Guesthouses nördlich vom Stadion.

Cafés und Snacks

- **Café Bamboo**
Gemütliches Café/Restaurant an der Boma Road, mit allem, was das Herz begehrt: frisch aufgebrühter Kaffee/Cappuccino. Leckere Snacks (Samosas, Sandwiches usw.) sowie

täglich wechselnde tansanische Gerichte für 2600 TSh. Das Publikum ist gemischt. Hier treffen sich Touristen wie Tansanier, UN-Mitarbeiter und Residents. Abends geöffnet bis 23 Uhr, So geschossen.
- Ciao Celatta, s.o.
- Jambo's Coffee House
Gutes kleines Café gegenüber vom Bamboo.
- Via Via Café
Von Belgiern geführtes Café in ruhiger Lage neben der Boma. Hier bekommt man sogar Croque Monsieur.
- Hot Bread Bakery
Liegt am Clocktower und ist äußerst beliebt unter Reisenden, bietet frische Säfte, süße und vegetarische Teigtaschen (pies), Weißbrot und gute Früchtekuchen, gute Cafés, Croissants, Apfelstrudel und Vollkornbrot. Gutes Frühstück wird serviert. E-Mail-Möglichkeit.
- Dolly's Partisserie
Sauber, nett, empfehlenswerter Ort zum Einkehren, wenn man gerade downtown ist. Mit Internetcafé.
- Im Garten vom New Arusha Hotel lässt es sich tagsüber angenehm weilen, Postkarten schreiben und geruhsam Kaffee trinken (meinetwegen auch Bier).
- Rooster Garden
Drei große Bars, makuti-überdachte Sitzgelegenheiten im Garten. Beliebter Ort, um tagsüber zentral und in schattiger Lage den Durst zu löschen. Serviert einfache Gerichte (Chips, Omelettes, nyama choma usw.). Wochenends Disco.
- Barracuda Bar & Barbecue
Beliebter Innenhof für ein Nachmittagsbier, abends oft Live-Musik.
- Silver City Bar
Treffpunkt unter Reisenden, mit Anschlagtafel (beim YMCA).

Nachtleben

Bars und Casino

- Beliebte **Bars und Treffpunkte** abends unter Europäern sind an Wochenenden der **Old Greek Club** an der Ecke Old Moshi Road/Serengeti Road, das **Via Via Café** bei der Boma, das **Masai Camp** und der **Meserani Snake Park**, **Barracuda**, **Rooster** und **Silver City** sind insbesondere an Wochenendabenden gut besuchte Lokale mit überwiegend afrikanischem Publikum.
- **Spielcasino** im **New Arusha Hotel**.

Kinos, Discos und Tänze

- Die **Kinos** in Arusha sind **oft geschlossen**, einzig das Metropol cinema zeigt ältere Hollywood Filme.
- Die wahrscheinlich beste **Disco** Arushas ist das **Colobus** in der Kijenge Area. Hier gibt es Billardtische, Spielmaschinen, Fast Food. Disco Fr und Sa. Weitere Tanzlokale sind der **Club Safi** (ehemals Hakuna Matata), der **Big „Y" Club** in Arumeru und das obskure **Heart to Heart** an der Old Moshi Road. An der Moshi-Nairobi Road befindet sich außerdem das **Triple „A"**. Hier tanzt die moderne und westlich orientierte Gesellschaft Arushas. Echte Bongo Flava Musik.

Krankenhäuser/Ärzte

- **AAR Arusha Medical Cantre**
Haile Selassie Road, Tel. 2501593-4. Zufriedenstellende Adresse! Gut für Stuhl- und Blutuntersuchungen bei bakteriellen Erkrankungen oder Malaria. Wenden Sie sich an *Dr. Chamba*.
- **Trinity Medical Diagnostic Centre**
35 Engira Road, Tel. 2544401/2504392. *Dr. Alan & Meg Joyce* (E-Mail: kfg@habari.co.tz). Wahrscheinlich die beste medizinische Anlaufstelle in Arusha, leider ist *Dr. Joyce* oft verreist.
- **Isthnaasheri Hospital**
Sokoine Road, Tel. 2502320.
- **AICC Hospital & Dental Clinic**
Tel. 2508131. Wirkt relativ sauber und gilt als noch empfehlenswert (24-Stunden-Service).
- **Arusha & Meru Hospital**
Ehemals kubanisch bezuschusst, heute nicht mehr zu empfehlen.
- **X-Ray Clinic**
Die Röntgenklinik liegt schräg gegenüber der Boma.
- Ansonsten ist eine gute medizinische Versorgung im KCMC Hospital in Moshi gewährleistet (siehe dort).

ARUSHA

Apotheken

- Im ARCU-Gebäude.
- **Chemo Pharmacy,** Makongoro Road.
- Im Conference-Center (Ngorongoro Wing).
- **Moonas Pharmacy**
An der Sokoine Road (östlich des Goliondoi River). Gut ausgestattet, kompetente Beratung. Auch eine deutsche Apothekerin ist auf Wunsch zu sprechen.

Polizei/Notfall

- Die zentrale Polizei-Station hat ihren Sitz an der Makongoro Road. Tel. 999.
- Bei Notfällen wie dem Abhandenkommen von Reisedokumenten sollte der deutsche Honorarkonsul benachrichtigt werden. Adresse siehe unter Sonstiges.

Mietwagen

Die Anmietung eines Geländewagens ist sehr teuer, und es kann eigentlich nur davon abgeraten werden. Eine bessere Alternative bieten die meisten Safariveranstalter, bei denen man Geländewagen plus Fahrer mieten kann. Damit tragen Sie keine Verantwortung für evtl. auftretende technische Probleme, Diebstahl, Unfälle etc. Doch auch hier müssen Sie mit mind. 150 $ pro Tag rechnen und sind für sämtliche Buchungen und Ausrüstungsgegenstände selber zuständig. Die Gesamtkosten überschreiten meist den Preis, der für eine organisierte und sehr gute Safari bei einem Reiseveranstalter zu zahlen ist.

- Zu empfehlen sind z.B. TDI 110 Land Rover von **Fortes Safaris,** P.O. Box 1364, Tel. (027) 2503439, Fax 2508002. Ab 120 $ pro Tag ohne Fahrer und Spritkosten, 150 $ mit Fahrer und inkl. Spritkosten. Ich empfehle Ihnen – allein schon aus Sicherheits- und Verständigungsgründen – letztere Option. Fortes besitzt auch ein Büro in Mwanza (siehe dort), so dass man die Wagen nach einer Ngorongoro-/Serengeti-Tour am Viktoria-See abgeben kann.
E-Mail: arushafortes@habari.co.tz

Kommunikation

Post

- Die **Hauptpost** befindet sich **am Clocktower,** Nebenstellen sind im Conference Center und im Westteil an der Sokoine Road.
- Das **DHL-Büro** in der Uhuru Road erreicht man unter Tel. (027) 2506749.
- Fracht versenden kann man mit **Kühne & Nagel,** Tel. (027) 2509917, E-Mail: info.arusha@kuehne-nagel.com.

Telefon

Telefonieren und Faxen (international) können Sie vom Telephone House an der Boma Road. Telefonkarten sind hier erhältlich.

Internet

Internet-Zugang und damit auch die Möglichkeit, E-Mails zu verschicken, besteht mittlerweile **an fast jeder Straßenecke.** Im Stadtplan sind einige vermerkt (IC). Zu empfehlen sind die Internetcafés an der India Street und an der Sokoine Road, allesamt recht preiswert (etwa 1000 TSh pro Std., So geschlossen). Teuer ist es in den Hotels, speziell im Impala. Das Internetcafé im Conference-Center (Kilimanjaro Wing) hat bis 21 Uhr geöffnet, an Samstagen nur bis 17.30 Uhr.

Einkaufen

Lebensmittel

- **Shoprite Supermarket**
Die große südafrikanische Supermarktkette hat nun auch seit 2002 einen großen Laden in Arusha, an der Sokoine Road stadtauswärts linker Hand. Das Angebot ist mit dem in einem großen deutschen Supermarkt zu vergleichen, wenn auch nicht ganz so hochwertig und vielseitig (leider etwas teurer als in den kleinen Lebensmittelgeschäften).
- **Safari World Supermarket**
Reichhaltiges, günstiges Angebot direkt am Clocktower. Zu empfehlen.
- **Kijenge Supermarket**
Zwischen Impala und Mezza Luna, hauptsächlich importierte Waren aus Kenia, Südafrika etc.

Karten S. 200, 203, V

ARUSHA

- **Modern Supermarket**
Neben dem Naaz Hotel, gute Auswahl an Konservenprodukten. Ideal, um sich für die anstehende Safari einzudecken.
- **Meat King**
Südafrikanischer Metzger an der Goliondoi Road mit guten Fleischprodukten (diverse Wurstsorten, Aufschnitte, Steaks, Filets usw.).
- **Happy Sausages**
Gute Metzgerei an der Sokoine Road, nahe des Goliondoi River.
- Für frisches Gemüse und Obst ist in jedem Fall der **zentrale Markt** zu empfehlen. Hier befinden sich auch noch kleinere Lebensmittelläden.

Souvenirs und Bücher

- Bücher (Bildbände, Infohefte zu den Nationalparks, Karten usw.) und Souvenirs werden Ihnen auf der Straße zwischen Boma Road/Clocktower und Goliondoi Road ständig von Straßenverkäufern angeboten. Die Auswahl ist riesig: Schnitzereien, Batiken, Speere, Messer, Maasai-Schmuck, Tiertrophäen, Keramikwaren usw. sind zu kaufen. Handeln Sie um den Preis! Ein guter Souvenir-Laden ist **Arusha Gallery** in der India Street.
- Zwischen dem Büro von Wildersun und Simba-Tours befindet sich eine kleine **Curio-Gasse**, in der vor allem Maasai-Souvenirs, Anhänger, Ketten, Schmuck, Schnitzereien, Bilder usw. angeboten werden.
- Der Souvenir- und Buchladen **Kase Book Shop** an der Boma Road verfügt über die umfangreichste Auswahl an Literatur.
- Auch werden Sie die Möglichkeit haben, **Trophäen** zu ersteigern, für die Sie jedoch ein offizielles Ausfuhrdokument benötigen. Auch sollten Sie abwägen, ob Sie z.B. wirklich ein Straußenei brauchen – ihr Kauf führt nur dazu, dass Maasai weitere Nester plündern und neues Leben verhindern.
- Sehr zu empfehlen ist das **Cultural Heritage,** 4 km Richtung Ngorongoro. Hier bietet sich eine sehr große Auswahl an Souvenirs; zusätzlich kann man im Garten die verschiedenen traditionellen Hüttenformen einiger tansanischer Volksgruppen bewundern. Eine Besichtigung ist in jedem Fall empfehlenswert, man hat hier wesentlich mehr Ruhe als an den Ständen der Innenstadt (Taxi erforderlich). Das Cultural Heritage bietet ebenfalls gute Qualität im Bereich **Schmuck.** Die Auswahl aus mit Tanzanit-Edelsteinen gefertigten Schmuckgegenständen ist hier gut. Auch Bücher und eine große Auswahl an Bildbänden sind hier zu finden.
- Andere **Juweliere** befinden sich entlang der großen Sokoine Road, u.a. empfehlenswert ist **Isle of Gems** (Tel. (027) 2500566, (0713) 210633, E-Mail: isleofgems@yahoo.com) in der Seith Benjamin Road.

Geldwechsel

- **Banken** befinden sich am Clocktower (NBC), entlang der Sokoine Road (Stanbic), an der Goliondoi Road (Standard Chartered Bank) sowie etwas abseits vom Stadtkern in der Serengeti Road (Barclays Bank). Die beiden erstgenannten sollte man meiden, die beiden letzteren verfügen über **ATM-Geldautomaten,** die Visa- und Mastercard annehmen. Oft funktioniert aber nur VISA. Einzig bei Barclays lässt sich auch am Automaten mit der **EC-Karte** abheben. Der Kurs in den vielen **Forex-Büros** im Zentrum sowie im Bereich des Golden Rose Hotels ist nur geringfügig besser. Der Kurs für Traveller-Schecks ist etwas niedriger als beim Cash-Tausch.
- Gewechselt wird auch **in den meisten Hotels,** der Kurs ist jedoch lausig, warten Sie lieber bis zum nächsten Morgen, und wechseln Sie in der Stadt.
- **Geld auf Kreditkarte** (Visa und Master) bekommen Sie im Impala Hotel oder bei Grenada Cash Advandes, einem Souvenirladen in der Goliondoi Road (beide bieten einen lausigen Kurs, im Souvenirladen ist er etwas besser).
- Eine **Tanzania Postal Bank** (Western Union) befindet sich in der Sokoine Road neben dem Shanghai Restaurant (P.O. Box 15100, Tel. (027) 2544528, 2503193, E-Mail: tpb.arusha@africaonline.co.tz).

Veranstalter von Safaris

Die meisten Safari-Veranstalter haben ihre Büros im Conference-Center oder im Zentrum zwischen Boma und Goliondoi Road.

Die richtige Organisation einer Safari

Wer vor Ort eine seriöse Safari buchen möchte, sollte sich hierfür mindestens zwei bis drei Tage Zeit nehmen und die einem interessant erscheinenden Anbieter persönlich aufsuchen. Die Gestaltungsmöglichkeiten sind, was Art, Dauer und Kostenaufwand betrifft, sehr vielseitig, ein Vergleich der unterschiedlichen Safari-Veranstalter ist nur empfehlenswert.

Die meisten Unternehmen bieten so genannte **Package-Tours im Northern Tourist Circuit** an. Hierzu gehören die **National Parks Arusha, Manyara, Tarangire, Serengeti sowie das Ngorongoro-Gebiet.** Viele der Safaris dauern zwischen drei und sieben Tagen und beschränken sich hauptsächlich auf die westlich von Arusha liegenden Parks. Eine typische Drei- bis Vier-Tages-Tour ist z.B. Tarangire/Manyara/Ngorongoro. Wer die Serengeti mit im Paket haben möchte, sollte allein hierfür mindestens zwei Tage veranschlagen, da der Anfahrtsweg länger und der Park natürlich wesentlich größer ist. Wer in die Serengeti will und aus Kostengründen nur drei Tage unterwegs sein möchte, sollte nur eine der anderen Parks dazunehmen, da sonst sehr viel Zeit mit Herumfahren verbracht wird und man nur selten längere Zeit an einem Ort bleiben kann, um Landschaft und Tierwelt zu genießen. Gängige Eintages-Touren sind Tarangire oder Arusha National Park.

Setzen Sie sich Präferenzen! Wer möglichst viele Tierarten auf einmal sehen möchte, wird im Ngorongoro-Krater fündig. Doch die Ökologie des Kraters ist aufgrund des hohen Besucherandrangs sehr belastet. Wem daher der grandiose Blick vom Kraterrand in die riesige „Schüssel" ausreicht, und wer mehr auf unberührte Wildnis setzt, mit einer ebenso artenreichen, wenn auch nicht immer ganz so nah erfahrbaren Tierwelt, wird **je nach Jahreszeit** in der Serengeti oder im Tarangire auf seine Kosten kommen. Während in der Serengeti, die im wesentlichen durch ihre endlosen Weiten und malerischen „Kopjes" (Granit-Felshügel) besticht, von Mitte Juni bis Mitte November der Großteil der Tiere sich weit im Norden des Parks sammelt, lockt der Tarangire ab Juli mit einer reichhaltigen Tierwelt. Von November bis April weisen in der Regel alle Parks gute Tierbestände auf.

Außerhalb der Parks gelegene Sehenswürdigkeiten, wie der Vulkanberg Ol Doinyo Lengai, die Seen Eyasi und Natron und die Kolo-Felsmalereien, können ebenso Bestandteil einer Safari sein. Informieren Sie sich jedoch über die aktuelle Sicherheitslage im Bereich Lengai/Natron.

Schließlich bieten einige Unternehmen auch **kombinierte Wander- und Fahrzeugtouren** an, bei denen man z.B. ein paar Tage durch die Monduli Mountains oder das Ngorongoro-Hochland wandert und anschließend noch den ein oder anderen Park mit dem Fahrzeug besucht.

Welche Art von Safari?/Kosten

Eine Safari kann entweder als **Lodge- oder** als **Camping-Safari** durchgeführt werden. Dies hängt zum einen vom Geldbeutel ab (ein Lodge-DZ in den Parks liegt bei ca. 150 $) und andererseits vom Anspruch an Komfort und Qualität der Übernachtung.

Die Lodges bieten natürlich jeglichen wünschenswerten Hotel-Komfort, ihre Lage in den Parks verspricht grandiose Aussichten. Am oberen Ende der Preisskala steht „Conscorp", eine Luxus-Hotelkette mit südafrikanischem Management, die Vollpension-Preise

ab 300 $ verlangt. Die zwei anderen Hotelfirmen, die preislich etwa bei der Hälfte liegen, sind „Serena" und „Sopa" mit ihren eindrucksvollen Baustilen. Besonders die Sopa Lodge am Ngorongoro-Krater liegt einsam schön, die Sonnenuntergänge über dem Kraterrand sind ein Genuss.

Zelten spart nicht nur Geld (über 100 $ pro Tag), es ist vor allem auch eine einmalige Erfahrung: „allein" in der afrikanischen Wildnis, den Blick auf das Lagerfeuer gerichtet, die Ohren weit offen und wachsam der grandiosen Geräuschkulisse der afrikanischen Nacht lauschend ...!

Ausrüstung benötigt man nicht, bei einer Zelt-Safari wird alles einschließlich Schlafsack gestellt, sogar ein Koch ist mit von der Partie, um Sie mit leckeren Gerichten unter freiem Sternenhimmel zu verwöhnen. Bei den Billig-Unternehmen kann es dabei schon mal vorkommen, dass das Zelt nicht gerade der Renner ist (Moskitonetz und/oder Reißverschluss kaputt) und das Essen aus Plastiktellern auch nicht immer das Gelbe vom Ei.

Beim Camping bieten sich aber auch **Alternativen**. Die „Campsites" in den Parks liegen bei 20 $ pro Person; wer auch hier Kosten sparen möchte, findet unmittelbar vor den jeweiligen Parks (außer Serengeti) Zeltplätze, die etwa 5 $ pro Nacht kosten. Von der Ausstattung her sind diese meist recht gut, doch der nächtliche Nervenkitzel eines brüllenden Löwen oder einer kichernden Hyäne bleibt aus. Die außerhalb liegenden Zeltplätze werden hauptsächlich von den Billig-Safariveranstaltern genutzt.

Am anderen Ende der Preisskala liegen die **Special Campsites** und die **Tented Camps,** ein Kompromiss aus Lodge-Komfort und „authentischem" Zelten. Diese Orte werden hauptsächlich von den gehobeneren Unternehmen genutzt. Bei den Special Campsites in den Parks (40 $ pro Person) wird Ihnen auch ein Zelt aufgestellt, doch in der Regel ist dies größer und bietet mit richtigen Matratzen/Liegen einen besseren Komfort. Die Tented Camps liegen preislich beim Zwei- bis Vierfachen und befinden sich nicht alle in den Parks, aber dennoch in sehr schöner Lage.

Die richtige Organisation einer Safari

Die insgesamt anfallenden Kosten richten sich jedoch nicht nur nach Art der Unterkunft, sondern auch nach der **Größe der Gruppe.** Allein oder zu zweit muss man mehr zahlen, als wenn man sich einer Gruppe anschließt. In einigen populären Unterkünften Arushas gibt es regelmäßig Aushänge unter Reisenden, die noch jemanden suchen, meist erfahren Sie aber bei den Safariveranstaltern, wo man sich welcher Gruppe anschließen kann. Bei Geländewagen ist eine Vierer-Gruppe ein guter Kompromiss zwischen Kostenreduzierung und noch ausreichendem Sitzkomfort. Etwas günstiger wird es bei Mini-Bussen, die Platz für sieben oder mehr Fahrgäste haben. Eine größere Gruppe bedeutet aber auch mehr Stress: Nicht jeder kann gleichzeitig zur Dachluke herausschauen, und das Land-Rover-Safari-Feeling ist auch nicht gegeben.

Die billigsten **Tagespreise** liegen bei Camping-Safaris mit Parkaufenthalten zwischen 75 und 100 $ pro Person bei einer Gruppe von ca. vier Leuten; wer mehr Professionalität und Komfort wünscht, zahlt bis zu 300 $ am Tag. Die Preise enthalten Fahrzeugkosten, Benzinkosten, Verpflegung, Parkgebühren usw. Am Ende der Reise sind je nach Zufriedenheit Trinkgelder für Fahrer und Koch selbstverständlich. Cash-Zahlung erfolgt vor Antritt der Reise, Kreditkarten werden nur bei den renommierten und teuren Unternehmen akzeptiert, doch sind die Zahlungsbedingungen wesentlich schlechter, Kommissionen von 7–15% sind die Regel.

DIE RICHTIGE ORGANISATION EINER SAFARI

Welches Unternehmen?/Worauf man achten muss

Bei der Vielzahl von Safariveranstaltern in Arusha ist die Auswahl groß, und die Chance, dass man in ein bis zwei Tagen in einem Geländewagen in Richtung Parks unterwegs ist, ist sehr hoch. Doch **Vorsicht!** Wer möglichst preiswert und ohne großen Aufwand eine Safari organisiert, läuft Gefahr, in einer Rostlaube von Auto zu enden, mit einem Fahrer, der ein Nashorn nicht von einem Flusspferd unterscheiden kann. Viele der Billig-Safariveranstalter sind zudem aus den Parks verbannt; welche dies aktuell sind, erfahren Sie im TTC-Büro (Tanzania Tourist Cooperation) an der Boma Road. Hier sind in einer „Black List" die zu meidenden Unternehmen aufgeführt, wobei diese Liste längst nicht alle enthält bzw. aufgrund irgendwelcher Machenschaften Unternehmen aufführt, die eigentlich eine gute Arbeit machen. Zudem ändern einige Veranstalter mit schlechtem Ruf ständig ihren Namen und geben sich als völlig neues, innovatives Unternehmen aus. Auch sind die Empfehlungen, die man im TTC-Büro erfährt, selbst mit Vorsicht zu genießen, denn auch hier bekommt der ein oder andere Mitarbeiter Vermittlungsprovision ...

Von den „Flycatchern" auf den Straßen (vgl. entsprechenden Exkurs weiter unten) werden Sie mit Billigangeboten und allerlei Versprechen zugeschüttet. Trauen Sie nicht nur der Visitenkarte, suchen Sie das jeweilige Büro auf, um sich einen Eindruck von der Professionalität und Seriosität zu verschaffen. Eine Reihe von täuschend solide auftretenden Anbietern sind nämlich nur Briefkastenfirmen, die Sie zu einer Anzahlung überreden mit dem (falschen) Versprechen, dass am nächsten Morgen die Safari beginnt. Haben Sie eine gesunde Portion Misstrauen: Das Ihnen gezeigte (schöne) Büro hat manchmal mit dem Unternehmen gar nichts zu tun, oder im Falle einer sehr schäbigen Adresse bekommt man gesagt, dass gerade renoviert werde oder dass es im Büro einen fürchterlichen Brand gegeben habe – vielleicht stimmt der Tourist ja aus Mitleid dem Angebot zu!

Stellen Sie in den Büros möglichst viele Fragen zur Organisation, der geplanten Route, Kilometerbegrenzung, evtl. Extrakosten, und machen Sie sich ein Bild über die „Outdoor-Kenntnis" des Unternehmens. Viele unseriöse Büros sind nämlich aufgrund mangelnder Safari-Erfahrung gar nicht auf beratende Kundengespräche eingestellt! Erkundigen Sie sich vorher, welche Besuchszeiten in den jeweiligen Parks die besten sind: So können Sie die Versprechungen vieler Tour-Operators beurteilen, dass Sie garantiert Tiere sehen werden, „da gerade in dieser Saison und weil ... und im übrigen ..." usw. Lassen Sie sich auch Bilder, Karten, Prospekte zeigen, kurz: **Nehmen Sie sich Zeit, bevor Sie einen Entschluss fassen!**

Wie auch immer Sie sich entscheiden, leisten Sie keine Vorauszahlung, bevor Sie nicht am Morgen der Abfahrt das Auto gesehen, sich vom Zustand überzeugt haben und die festgelegte Anzahl der Mitfahrenden Ihnen auch sympathisch erscheint. Achten Sie darauf, dass nicht kurz vor Abfahrt noch Personen dazugesteckt werden, die die Safari zu einem Konserventrip der beengten Art machen!

Um möglichen Unannehmlichkeiten und dem Verlust von Reisezeit vor Ort aus dem Weg zu gehen (insbesondere bei Regressansprüchen), empfehle ich, eine Safari eher in Europa über einen Veranstalter zu buchen. Dieser unterscheidet sich preislich kaum von Veranstaltern in Tansania (aufgrund von Veranstalter-Netto-Preisen). Zudem sind Sie über das heimische Reiserecht abgesichert.

Ich wünsche Ihnen viel Erfolg und „Safari Njema" („Gute Reise")!

● **Buchtipp:** Jörg Gabriel, **Safari-Handbuch Afrika,** REISE KNOW-HOW Praxis

ARUSHA

●**Abercrombie & Kent**
P.O. Box 427, Tel. (027) 2508347, Fax (027) 2508273, www.abercrombiekent.com. Hochwertige Safaris, eines der renommiertesten und mittlerweile preislich attraktiven Unternehmen, das hauptsächlich mit Lodges und noblen Zeltcamps arbeitet. A & K fliegt Kunden auch direkt in die Parks zu den Camps des Tochterunternehmens Sanctuary Lodges. Büro am Njiro Hill, Plot 11/1. In Deutschland Informationen und Buchungen bei TCC in Büdingen (Tel. 06048-950505, Fax 06048-950464, www.tcc-network.de)

●**Leopard Tours**
P.O. Box 1638, Tel. (027) 2508441-3, Fax 2504131, www.leopard-tours.com. Sehr professionelle Firma, Safaris aller Art, Service und Komfort sind vom Feinsten. Das Büro befindet sich beim Impala Hotel.

●**Ranger Safaris**
P.O. Box 9, Tel. (027) Tel. 2503023, Fax (027) 2508205. Ebenfalls etwas gehobeneres Unternehmen mit sehr großem Angebot. Das Büro befindet sich im Conference-Center (Ngorongoro Wing).

●**Simba Safaris**
P.O. Box 1207, Tel. (027) 2503509, 503600, Fax (027) 2508207. Standard-Safaris im Northern Circuit, kleines, aber sehr effizientes und bewährtes Unternehmen. Führt nur Lodge-Safaris (Serena-Hotelkette) durch, Drei-Tages-Tour ab 540 $ pro Person, egal ob zwei oder sechs Leute im Auto sitzen. Auch lange Kilimanjaro-Touren sind im Angebot.
E-Mail: simbatours@hotmail.com

●**Hoopoe Adventure Tours**
P.O. Box 2047, Tel. (027) 2507011, 2507541, Fax (027) 2508226, www.hoopoe.com. Erfahrenes Unternehmen; gehört zu den besseren in Arusha. Angeboten wird alles, von einfachen Zelt-Safaris über noble, mobile Luxury-Camps bis zu teuren Lodge-Aufenthalten. Die Kilimanjaro- und Meru-Besteigungen sowie Wander-Safaris im Ngorongoro-Hochland gehören ebenfalls zum Programm. Hoopoe besitzt hier langjährige Erfahrung und Expertise. Empfehlenswert!

●**Wildersun Safaris & Tours**
P.O. Box 930, Tel. (027) 2503880, Fax (027) 2507834, 2508223. Renommiertes Unternehmen, das hauptsächlich die Standard-Safaris im Northern Circuit anbietet. Etwas teurer, aber dafür sehr empfehlenswert.

●**Shidolya Tours & Safaris**
Tel. (027) 2508506, Fax (027) 2504160. Zelt-Safaris in den Nationalparks, Kilimanjaro-Besteigung (Machame-Route), engagiert, preiswert und zuverlässig, Büro im Conference-Center (Serengeti Wing).
Internet: www.shidolya-safaris.com,
E-Mail: shidolya@yako.habari.co.tz.

●**Dorobo Safaris**
P.O. Box 2534, Tel. (027) 2503255, E-Mail: dorobo@habari.co.tz. Amerikanisches, umweltengagiertes Unternehmen, welches anspruchsvolle Zelt-Safaris und Trekking-Touren organisiert. Auch weniger besuchte Regionen wie das Yaida Valley und der Lake Eyasi sind im Programm. Pro Person und Tag ist allerdings mit 180–240 $ zu rechnen.

●**Bobby Safaris**
Tel. (027) 2500020-1, 2503490, Fax 2508176, www.bobbytours.com. Bewährtes Unternehmen, das schon länger auf deutschsprachige Safari-Touristen eingestellt ist. Angeboten werden kombinierte Camp- und Lodge-Safaris im Northern Circuit. Gute Fahrzeuge und Camping-Ausrüstung. Eine 5-Nächte/6-Tage-Camping-Safari für 2 Personen kostet 630 $ pro Person.

●**Roy Safaris**
P.O. Box 50, Tel. (027) 2502115, 2508010, Fax (027) 2508892, www.roysafaris.com. Eines der besten Budget-Safari-Unternehmen in Arusha, gutes, seriöses Management, gute Wagen mit Funkverbindung und freundlichen, kompetenten Fahrern, ab 145 $ pro Person und Tag. Die Semi-Luxury-Camping-Version liegt bei etwa 200 $ pro Person bei zwei Personen.

●**Safari Makers**
P.O. Box 12902, India Street, Tel. (0754) 300817/318520. Tansanisch-amerikanisches Management, gute Budget-Safaris ab 90 $ pro Tag, Trekking-Touren usw. Scheinen ihre Sache gut zu machen.
E-mail: safarimakers@habari.co.tz,
www.safarimakers.com

●**Sunny Safaris**
Tel. (027) 2507145, Fax (027) 2548037, www.sunnysafaris.com. Vielfältiges Angebot aller in Nord-Tansania möglichen Lodge-Safa-

Flycatcher –
Tricks und Machenschaften der Safari-Vermittler

Ein Problem, mit dem viele unabhängig Reisende in Arusha konfrontiert werden, sind die so genannten Flycatcher: Jugendliche und junge Männer, die sich Touristen als Vermittler/Organisator von Hotels/Safaris anbieten und dafür von vielen Reiseunternehmen/Unterkünften Provisionsgelder bekommen. Manche von ihnen nennen sich „Marchinger", da sie ständig in Bewegung sind, auf der Suche nach „Kunden" (nicht zu verwechseln mit den „Wamachinga", Jugendliche und Männer, die mit Bauchläden und Tafeln, bestückt mit den kleinen Dingen des täglichen Bedarfs, an Straßen und Plätzen stehen). Flycatcher arbeiten mit allen Mitteln und Tricks und das oft mit äußerster Penetranz. Wer am Busbahnhof von Arusha oder am Kilimanjaro Airport ankommt, wird regelrecht „überfallen". Von allen Seiten wird probiert, Ihnen irgendeine Visitenkarte zuzustecken, sofort sollen Sie für ein Hotel/Safariunternehmen gewonnen werden. Wenn Sie noch keine konkrete Planung getroffen haben und Ihnen die Belagerung nicht auf die Nerven geht, kann dieser „Service" auch nützlich sein, speziell wenn man abends ankommt, sich nicht auskennt und nicht lange nach einer Unterkunft suchen möchte. Oft einigen sich die Flycatcher untereinander, wer Sie zum Hotel abschleppen darf (vgl. zu der Thematik auch „Die richtige Organisation einer Safari").

Wenn Sie aber schon genau wissen, wo Sie unterkommen, bzw. sich selber die Lokalitäten aussuchen möchten, rate ich Ihnen, dies nicht groß preiszugeben, und auch nicht, den Weg zu erfragen, da man Ihnen sonst die abenteuerlichsten Geschichten aufbinden wird: „Das ist belegt/restlos ausgebucht", „das existiert nicht mehr", „das heißt jetzt so und so, ich werde es Ihnen zeigen", „zufällig arbeite ich da", „ich weiß was viel besseres/billigeres" usw. usf. – das Repertoire ist wirklich fast unbegrenzt, und das meiste entspricht nicht der Wahrheit!

Für viele Reisende, die aus Freundlichkeit und/oder Unerfahrenheit nachgeben, wird die Sache oft zum Alptraum! Sind die vermittelten Unterkünfte oft noch einigermaßen akzeptabel, so entpuppen sich die Safari-Operators sehr oft als eine einzige Katastrophe, denn gerade die amateurhaften „Low-budget-Unternehmen" sind in ihrem Existenzkampf auf Flycatcher und deren Kundenfang angewiesen.

Das Phänomen der Flycatcher ist genauso einfach zu verurteilen wie zu erklären: Die landesweite Arbeitslosenrate in der Altersgruppe, aus der sich die Flycatcher rekrutieren, liegt weit über 30%. Die Tourismusindustrie in der Stadt verheißt einen Job. Viele aber gehen leer aus und versuchen als Flycatcher ihr Glück auf der Straße. Die Bezahlung und damit die Lebensgrundlage ergibt sich aus der Zahl der geköderten Touristen, und so ist der Kampf um den fremden Besucher zu einer Art Plage für die Stadt und ihre Besucher geworden. Man muss die Situation der Flycatcher verstehen, darf sich aber auch nicht ausnutzen lassen! Geben Sie also deutlich zu erkennen – sachlich und mit dem gebotenen Nachdruck, nicht aber wutentbrannt und mit Gewaltandrohung –, wenn Ihnen die Sache zu sehr auf den Wecker geht!

ARUSHA

ris. Keine speziellen Programme, aber gut durchgeführter Safari-Standard, unteres bis mittleres Preissegment.
- **Savannah Tours**
P.O. Box 1277, Tel. (027) 2503038, 2507729, Sokoine Road. Mittlere Preisklasse, verliert langsam an Profil, bietet aber vom unternehmenseigenen Safari Junction-Zeltplatz in Karatu Tagestouren in den Ngorongoro-Krater für 120 $ Land-Rover-Miete mit Fahrer (Platz für 5 Personen) an.
- **Laitolya Tours & Safaris**
P.O. Box 7319, Tel. (027) 2502984, Fax (027) 2508439, E-Mail: laitolya@habari.co.tz. Park-Safaris und Besteigung des Kilimanjaro. Manager *Joachim Minde* gibt sich große Mühe. Das Preis-/Leistungsverhältnis ist o.k., Büro im Victoria House.

Weitere Safariveranstalter, die billige bis preiswerte Touren anbieten und einen relativ guten Ruf genießen, sind:
- **Sunny Safaris**
Col. Middleton Road, Tel. 2508184, www. sunnysafaris.com.
- **Arumeru Tours**
Seth Benjamin Road, Tel. 2507637, Fax 2502885.
- **Easy Travel**
Joel Maeda Road, Tel. 2503929, Fax 2507322.
- **African Nature Safari**
Conference-Center, Tel./Fax 2504176.
- **Silver Spear Safaris**
Boma Road, Tel./Fax 2508885, ab 85 $ am Tag, E-Mail: gmaeda@habari.co.tz.
- **East African Journeys**
www.eastafricanjourneys.com
- **Kilimanjaro Crown Bird Safari**
India-Street, Tel. (0744) 281316, E-Mail: Jalala1@Yahoo.com. Bietet sowohl Safaris als auch alle gängigen Bergbesteigungen an.

„SNV Cultural Tourism Programme" – die Safari-Alternative

Die niederländische Organisation SNV mit Sitz in Arusha hat den Aufbau eines kulturbe-

zogenen Tourismuskonzepts gefördert und begleitet. Im Rahmen des Programms werden lokale, des Englischen mächtige Führer auserkoren, die in ihren Heimatdörfern für Touristen Wanderungen von einem halben bis zu mehreren Tagen mit verschiedenen Schwerpunkten anbieten. Das Hauptinteresse gilt dabei natur- und kulturbezogenen Themen, Besuchern soll ein **Einblick in den unverfälschten Alltag in Tansania** vermittelt werden. Hier bewegt man sich hinter der Kulisse des üblichen Safari-Geschehens, getrennt von luxuriös reisenden Nationalpark-Touristen.

Beginnend im nördlichen Tansania, hat die Organisation anfangs eine überschaubare Zahl von Örtlichkeiten angeboten und die Entwicklung vor Ort selbst mitbetreut und teilfinanziert. In Zusammenarbeit mit lokalen Gemeinden in der Randlage von Nationalparks und abseits der gängigen Touristenrouten wurden Aufenthaltsprogramme für Besucher erarbeitet, welche selbst bzw. mit öffentlichen Verkehrsmitteln anreisen. **Gemeinden oder Familien** soll auf diese Weise ein **Nebenverdienst** durch den Tourismus ermöglicht werden (für Bildung, Infrastruktur usw.). Leider stehen dann doch hie und da Einzelinteressen im Vordergrund, und zu geplanten Zukunftsinvestitionen kommt es nicht immer. Hinzu kommt, dass die SNV-Projekte ständig mehr werden, eine Betreuung und die damit verbundene „Überwachung" ist kaum noch möglich. Mittlerweile gibt es auch entlang der Küste und im südlichen Hochland Tansanias Programme. Dennoch: Fast alle Ausflugsziele sind zu empfehlen, egal ob in einem Maasai-Dorf Kultur und Traditionen zu erfahren sind oder ob man durch Wälder am Mt. Meru, Kilimanjaro, in den Pare oder Usambara-Bergen stiefelt – erlebnisreich und authentisch sind die Touren in jedem Fall. Und nicht zuletzt liegen die Kosten in einem normalen Rahmen, so dass die SNV-Programme eine gute Alternative bilden zu den teils sehr kostspieligen Park-Safaris.

Kaffernbüffel

Die von SNV angebotenen Programme werden hauptsächlich von **Rucksackreisenden** wahrgenommen, denn mancherorts wird einfach und lokal übernachtet, z.T. mit Familien in entlegenen Dörfern gekocht und gegessen – eben so, wie Tansania sich hinter dem Vorhang seiner Touristen-Attraktionen präsentiert.

Nachfolgend eine **Liste der** im Januar 2007 angebotenen **Ausflugsziele,** welche zum Teil auch in den entsprechenden Kapiteln kurz oder auch näher beschrieben sind. Die SNV-Verwaltung hat ihren Sitz in Arusha (Tel. (027) 2507515, E-Mail: tourinfo@habari.co.tz, www.info.jep.com/culturaltours), Infobroschüren bekommt man im Tourist-Informations-Büro an der Boma Road.

Vorsicht! In letzter Zeit haben einige selbst ernannte Cultural Tourism Guides unehrliche Geschäfte mit Touristen gemacht. Bei Interesse für eines der Ausflugsziele wenden Sie sich nur an das Informationsbüro oder an einen Safari-Veranstalter bzw. an die jeweiligen Personen vor Ort, welche in diesem Buch genannt werden.

Im Nahbereich Arusha/Mt. Meru:

● **Ng'iresi** oder **Ilkiding'a**
Geführte Wanderungen am Fuße des Mt. Meru mit Einblick in die Kultur der Arusha-Maasai und des Volkes der Meru (Besuch eines traditionellen Heilers). Halber bis ganzer Tag. Sehr empfehlenswerte Ausflugsziele, die einen mit der Kultur von Arusha vertraut machen. Für Ilkiding'a (7 km nördlich von der Ilboru Junction gelegen) wende man sich an *Mr. Eliakimu Laizer,* Tel. 0713-520264, E-Mail: enmasarie@yahoo.com; für Ng'iresi ist *Mr. Loti Sareyo* der Ansprechpartner, Tel. 0754-476903, 0754-476079.

● **Mkuru**
Dieser Ausflug geht in den Nordosten des Meru-Gebietes, wo von einer Maasai-Kooperative Kamele gehalten werden. Neben der Besichtigung von traditionellen Dörfern und dem Besuch der Kamele besticht vor allem die schöne Savannenlandschaft mit herrlichem Blick auf den Kilimanjaro. Ein bis zwei Tage. Ansprechpartner ist *Mr. Pello* in Ngare Nanyuki, Tel. (027) 2506423 oder E-Mail: lions_safari@ safaristal.com.

ARUSHA

● Mulala

Das für einen Arusha-Ausflug wohl am meisten zu empfehlende Programm. Beim Dorf Mulala lassen sich eine lokale Käse-Produktionsstätte und Felder der Meru besichtigen. Wanderungen auf den Lemeka Hill, zu Quellen und zu der Agabe Women Group, einer Bauern-Kooperative der Frauen, wo man Einblick in die Arbeitsweise und den Alltag des Meru-Volkes bekommt. Essen und Getränke können gekauft werden, auch campen lässt sich hier, ein einfacher Toiletten-/Waschraum steht zur Verfügung. Telefonische Vorbuchung (Frau *Anna Palangyo*) unter 0754-372566.

Im Nord-Maasailand/Rift Valley:

● Monduli Juu

1- bis 4-tägige Wanderungen in Bergregenwäldern und Hochsavannen im Nahbereich von Arusha, grandiose Aussichten auf das Rift Valley, Einblick in das Leben des sesshaften Volks der Arusha-Maasai. Zu erreichen über den Distriktort Monduli (eine Stunde Fahrzeit mit dem Dalla Dalla), von dort weiter zu dem Bergort Monduli Juu. Vor Ort wende man sich an *Mr. Duni* (0744-473035) oder *Mr. Morani* (0744-407945; E-Mail: mpoyoni@yahoo.com), sehr empfehlenswerte Wanderungen. Schöner Ausflug!

● Longido

Wanderungen in Maasai-Begleitung auf den 2647 m hohen Mt. Longido, 80 km nördlich von Arusha. Dieser Berg lässt sich an einem Tag besteigen. Zunächst reist man nach Longido, dem gleichnamigen Dorf am Fuße des Berges. Beim Longido Cultural Office wird man vorstellig und einem der kleinen Guesthouses zugewiesen, bevor es dann am Morgen des nächsten Tages sehr früh auf den Gipfel geht (knapp 1000 Höhenmeter sind zu bewältigen). Wer auf eigene und gute Bergkost für unterwegs Wert legt, sollte diese von Arusha mitbringen, in Longido gibt es nur Wasser, Cola und Kekse zu kaufen. Wer fit ist, schafft den Berg an einem Tag, so dass man abends wieder in Longido übernachtet. Grandiose Aussicht auf das Nord-Maasailand und bei klarem Himmel auf den gewaltigen Kilimanjaro. Ansprechpartner: *Ahmadou Mwako*, Tel. (027) 2539209.

● Mto wa Mbu

Ein Aufenthalt in Mto wa Mbu bietet viele Möglichkeiten. Im Ort wendet man sich an das Red Banana Café an der Hauptstraße, Tel. (027) 9539115, 2539258. Die Aktivitäten beinhalten Wanderungen (in Begleitung) zu einem kleinen See mit Wasserfall, die Besteigung des Balaa Hill oder den Besuch von Farmern, Maasai-Frauen-Kooperativen und landwirtschaftlichen Entwicklungsprojekten.

● Engaruka

Ausflug zu den Ruinen von Engaruka Juu (siehe das Kapitel Rift Valley) und Wanderungen in den Grabenbruchhängen im Rift Valley. Ansprechpartner: *Mr. Benjamin*, Tel. (027) 2539115 und 2539103 oder über E-Mail: engaruka@yahoo.com.

● Mt. Hanang/Babati

Aufenthalt im südlichen Rift Valley nahe des Ortes Babati. Interessanter Kulturkreis, Berge und Kraterlöcher, traditionelle Heiler und Einbaum-Touren mit Fischern auf dem Lake Babati. Für Aktive gibt's die Besteigung des Mt. Hanang (s.a. dort). In Babati wendet man sich an das Kahembe's Guesthouse bzw. den Eigentümer *Mr. Joas Kahembe*, Tel. (027) 2531088, 2531377, 0784-397477 oder über E-Mail: isobabati@habari.co.tz.

Am Kilimanjaro:

● Marangu und Mamba

Im Bergort Marangu werden über die dort ansässigen Hotels geführte Wanderungen angeboten. Am besten ist die Organisation über das Capricorn Hotel, Tel. 0754-301142, E-Mail: capricorn@africaonline.co.tz, Kostenpunkt 25 $ pro Person. Empfehlenswerte Einblicke in die Kultur des Chagga-Volkes werden vermittelt.

● Machame

Machame ist ein Ort in den Berghängen am Kilimanjaro und Ausgangsbasis für die Machame-Route zur Besteigung des Berges. Im Ort und im Nahbereich werden geführte Spaziergänge unternommen. Interessante Begegnungen mit der Kultur und Geschichte der Chagga stehen dabei im Mittelpunkt. Man wende sich an *Mr. Meena* oder *Mr. John Nkya*, Tel. (027) 2757049, 2757033, oder über E-Mail: fodamachame@yahoo.com.

In den Pare- und Usambara-Bergen:
● **Northern** oder **Southern Pare Mountains**
Die Pare-Berge bieten wunderschöne Wandermöglichkeiten im Norden bei Usangi und in den südlichen Bergen ab dem Ort Manka (siehe dort).
● **West** oder **East Usambara Mountains**
Siehe dort.

Entlang der Küste:
● **Pangani**
Über die Hotels in Pangani können Führer für eine Ortsbegehung und Besuche in der Umgebung organisiert werden.
● **Gezaulole**
Typisches Swahili-Dorf an der Südküste von Dar es Salaam. Leider kümmert sich kaum noch ein Mensch um dieses Projekt (vgl. Dar es Salaam/Ausflüge).

Im Süden:
● Von der Stadt Mbeya aus lassen sich zahlreiche sehr interessante Ausflüge tätigen (mehr dazu dort).

Die nördlichen Destinationen können auch über Safari-Unternehmen der mittleren Preisklasse unternommen werden (siehe Angebot oben), welche in dem Fall Wagen mit Fahrer (Zelte und Koch bei Bedarf) stellen, vor allem aber als Transporteur und Organisator vor Ort zur Verfügung stehen.

Weitere Ausflüge

Ferner sind im Nahbereich folgende Ausflugsziele lohnenswert. Diese werden nicht über SNV koordiniert.

Meserani Snake Park
P.O. Box 13669, Tel. 0742-400458. Wer sich für **Schlangen und Reptilien in professioneller Haltung** interessiert und einen schönen Nachmittag in freundlicher Atmosphäre verbringen möchte, ist bei diesem von der südafrikanischen Familie Bole geleiteten Anwesen genau richtig. Der Eintritt beträgt 5000 TSh, das Essen und die Drinks sind gut, die große rustikale Bar ist ein **beliebter Treffpunkt von Globetrottern** und in der Region Arusha lebenden Experten/Farmern/Jägern usw. Die Besitzer organisieren ein- und mehrtägige **Kamel-Safaris in die nahen Monduli Berge.**

Der Park liegt hinter dem kleinen Ort Kisongo an der Starße nach Dodoma, 25 km von Arusha entfernt, und hat täglich geöffnet.

Duluti Crater Lake
Der herrliche, kleine **grüne Kratersee** liegt nur 13 km vom Zentrum Arushas entfernt, umgeben von dichtem Wald. Baden ist aufgrund von Bilharziose nicht möglich. Am See befindet sich der hauptsächlich von Indern besuchte Lake Duluti Club mit schönem **Zeltplatz** (2000 TSh pro Person), akzeptablen Duschen/WCs und einfachem Essen. Paddelboote für 3000 TSh stehen zur Verfügung. Die Umrundung des Sees kostet jedoch 7000 TSh.

Anfahrt: Fahren Sie vom Mt. Meru Hotel in Richtung Moshi, nach 9 km zweigt rechts eine Piste ab, auf der Sie nach 1,5 km den See erreichen.

Reiten
● **Equestrian Safaris**
Nördlich von Arusha auf der Straße in Richtung Kenia befindet sich bei Ol Donyo Sambu die **Uto Farm.** Hier lassen sich zum Teil mehrtägige Reit-Safaris in die Savannenlandschaften unternehmen. Internet: www.safari-riding.com.
● **Makoa Farm –
Adventure Horseback Holidays**
P.O. Box 203, Moshi, Tel. (075) 312896/7, E-Mail: info@makoa-farm.com, Internet: www.makoa-farm.com. Herrlich gelegene Reitfarm am Fuße des Kilimanjaro, auf halbem Weg zwischen Arusha und Moshi. Das Unternehmen gehört den zwei Deutschen *Elisabeth* und *Laslo*. Die Makoa Farm ist ein ehemaliges Landhaus aus der Kolonialzeit und liegt erhaben schön mit toller Aussicht auf die südlichen Masai-Ebenen sowie auf den Gipfel des Kilimanjaro. Mit schönen Zeltbungalows dient Makoa als Basis für Tages-Reitsafaris oder auch für Ausflüge anderer Art wie Besuche bei den Chagga-Bauern, eine

Fahrt zu heißen Quellen (hier kann auch hingeritten werden). Zu den Besonderheiten von Makoa zählen jedoch die mehrtägigen Reit-Safaris mit Begleitteam und Zelten. Diese Touren werden vor allem im Masailand zwischen Kilimanjaro, Mt. Meru und der Grenze zu Kenia angeboten.

Arusha National Park

Lohnenswerter Tagesausflug, nur 30 km von Arusha entfernt (s.u.).

Sonstiges

Honorarkonsul der Bundesrepublik Deutschland

●**Ulf Kusserow**, Msumbi Estate Ltd., P.O. Box 15066, Arusha, Tel./Fax (027) 2508022, (0754) 789603, E-Mail: kusserow@habari.co.tz. Öffnungszeiten: Mi 10-12 Uhr sowie Do 16-18 Uhr. Bei Notfällen telefonisch kontaktieren. Das Büro des deutschen Honorarkonsuls befindet sich nicht mehr bei Shoprite, sondern außerhalb von Arusha in Richtung Tarangire. Auf der großen Asphaltstraße in Richtung Westen, nach dem Arusha-Flugfeld erscheint nach etwa 1 km rechts die International School of Moshi – Arusha Campus. Ab da noch 10 km weiter, bis direkt hinter einer Brücke der Abzweig rechts zum Msumbi Estate führt. Nicht sehr einfach zu finden.

Naturschutzbehörden

● Das neue Büro von **TANAPA** (Tansania National Parks Authority) befindet sich an der Sokoine Road am Stadtausgang rechter Hand (nach dem Cultural Heritage). Hier bekommt man aktuelle Infos zu den Parks (Statistiken, Park-Broschüren usw.). Infos auch unter Tel. (027) 251930 und
E-Mail: tanapa@yako.habari.co.tz.
● In Arusha befindet sich auch der Sitz der **Tanzania Wildlife Corporation (TaWiCo)**, deren Leitlinien „Protection, Conservation & Preservation of Wildlife" nur auf dem Papier gut klingen. P.O. Box 1144, Tel. (027) 2508830, Fax 2508239. Die Organisation besitzt an der Boma Road ein Geschäft, in dem Trophäen, Felle und andere „tierische" Souvenirs erstanden werden können.

● Die **Einwanderungsbehörde** (Immigration-Office) zur Verlängerung von Visa befindet sich in einem Hinterhof am Simon Boulevard.
● **KFZ-Werkstätten:** Eine Bosch-Vertretung (Tel. (027) 2508825, 2503660) für Diesel & Autoelectric Services befindet sich an der Nairobi Road neben dem Eland Hotel. Für Service und Autoreparaturen ist die Werkstatt TFSC von *Manfred Lieke* gegenüber dem Cultural Heritage zu nennen. Hier ist man in erster Linie spezialisiert auf Land Rover, Land Cruiser sowie Mercedes-Geländewagen. Schräg gegenüber von TFSC, also neben Cultural Heritage, ist eine weitere gute Service Station für Diesel-Einspritzpumpen. Toyota-Land-Cruiser-Ersatzteile sind bei Denso am Station erhältlich, Land Rover bei CMC und Sameer, Mercedes bei TFSC oder Adson Motors an der Nairobi Road, 500 m hinter der Triple A Disco. **Reifen** sind bei Manjis Bp Service Station in der Stadt zu bekommen, an der Agip-Tankstelle am Clocktower sowie bei der Michelin-Vertretung an der Old Moshi Road schräg hinter der Agip Tankstelle. Seriöse **Kfz-Versicherungen** bekommt man bei Jubilee Insurance im AICC Gebäude (im Ngorongoro Wing) oder bei Alliance Insurance im 1. Stock der Standard Chartered Bank.

Verkehrsverbindungen

Innerhalb der Stadt/ Flughafen-Transfer

Taxi-Stände befinden sich **im Zentrum** beim Clocktower (New Arusha Hotel), bei Philips, beim Impala Hotel sowie in vielen anderen Stadtgebieten (Golden Rose Hotel, Cultural Heritage, Joel Maeda Street). Taxis im Stadtbereich kosten 2000-5000 TSh. Taxis sind ebenfalls **am Kilimanjaro Airport** bei der Ankunft internationaler Flüge vorzufinden. Ein Taxi bis Arusha kostet 50-80 $, je nach Fahrziel. Bei Ankunft mit KLM stehen fast immer Shuttle-Busse (Impala Shuttle Bus) nach Arusha bereit. Eine Mitfahrt kostet 10 $, Ziel ist das Impala Hotel, von wo Taxis zu den jeweiligen Hotels/Guesthouses zu bekommen sind. Bei Ankunft mit nationalen oder innerostafrikanischen Fluggesellschaften wie

ARUSHA

Air Tanzania und Precision Air stehen Airport-Busse kostenfrei für Arusha Transfers zur Verfügung, auch für Fahrten zum Flughafen bieten diese Fluggesellschaften Transfers von den jeweiligen Stadtbüros aus an.

Mit dem Flugzeug

International ist Arusha schnell über den 50 km entfernten **Kilimanjaro International Airport (KIA)** erreichbar. Von **Europa** fliegen **Condor** (wöchentlich), **KLM** (täglich) und **Ethiopian Airlines** (umsteigen in Addis Abeba); die Büros der Gesellschaften liegen an der Boma Road. Condor wird über Emslies Travel in Arusha betreut. Andere internationale Flüge von KIA sind mit Precision Air nach Entebbe/Uganda, mit Rwanda Air nach Kigali, mit Air Kenya nach Nairobi, mit Air Tanzania nach Johannesburg.

● **Air Tanzania,** Büro an der Boma Road, Tel. (027) 2503201, KIA (027) 2554319, Internet: www.airtanzania.com, E-Mail: mwaijumba@kilionline.com, bedient seine Destinationen (nach Entebbe, Mwanza und Dar es Salaam) vom Kilimanjaro Airport.

Die **privaten Fluggesellschaften** nutzen fast ausschließlich den kleinen Arusha-Flugplatz im Westen der Stadt an der Dodoma Road.

● **Precision Air**
Büro in der Boma Road, Tel. (027) 2506903/7635/7319, Fax (027) 2508209, Internet: www.precisionairtz.com, E-Mail: information@precisionairtz.com; zuverlässiger als Air Tanzania, fliegt folgende Orte an: Dar es Salaam, Seronera (Serengeti), Nairobi, Mwanza, Mombasa, Bukoba, Sansibar, Kigoma und Tabora (die letzten nur saisonal ab Dar es Salaam).

● **Regional Air Services**
Büro im CMC Building an der Sokoine Road, Tel. (027) 2502541/4477/8536-8, (0784) 285753, (0754) 285754, Fax (027) 2504164, Internet: www.regional.co.tz, E-Mail: info@regional.co.tz; fliegt hauptsächlich von Arusha Airport/Kilimanjaro Airport in Richtung Serengeti (Manyara, Seronera, Grumeti), Klein's Airstrip, feste Flüge an allen Wochentagen. Im Verbund mit Air Kenya besteht Verbindung von Kilimanjaro nach Nairobi. Charterflüge möglich!

● **Coastal Travel**
Büro an der Boma Road und am Arusha Flughafen, Tel. (027) 2500343, 2500087, (0741) 530730, (0754) 317808, E-Mail: aviation@coastal.cc, www.coastal.cc. Die in Dar es Salaam ansässige Fluggesellschaft bietet ein weitreichendes Netz von Flugverbindungen. Tägliche Flüge zwischen Arusha und Dar es Salaam bzw Sansibar. Ebenfalls täglich Aursha–Ruaha und Arusha–Seronera–Mwanza–Kigali. Arbeitet im Verbund mit Regional Air, was folgende Verbindungen an einem Tag zulässt: Serengeti – Arusha, dann weiter nach Dar es Salaam und schließlich noch Transfer in den Selous oder nach Mafia.

● **Air Excel**
Büro in der Goliondoi Road, über der Exim Bank, Tel. (027) 2548429, 2501595-7, (0754) 211227, E-Mail: reservations@airexcelonline.com, Internet: www.airexcelonline.com. Kleines, aber effizientes Unternehmen, das den nahezu täglichen Pendel zwischen Arusha, Tarangire, Manyara, Kusini (Süd-Serengeti) und wieder zurück nach Arusha macht. Charterflüge möglich.

● **Northern Air**
Tel. (027) 2208059, (027) 2208060, (0744) 288857, E-Mail: northernair@habari.co.tz.

Zu den ungefähren Preisen siehe im Kapitel „Reisen in Tansania".

Mit der Eisenbahn

Auf der Eisenbahnlinie von Arusha nach Moshi sowie von Moshi nach Kenia oder nach Tanga/Dar es Salaam verkehren **keine Personenzüge.**

Busse/Shuttles

● Arusha ist mit **Nairobi, Moshi** und **Marangu** durch tägliche **Shuttle-Busse** verbunden. Die täglichen Abfahrtszeiten sind um 8 und 14 Uhr. Bei Vorreservierungen/Zahlungen holen die Busse Sie an Ihrem Hotel ab und bringen Sie zum Hotel ihrer Wahl. Seriöse Anbieter sind Davanu (Büro an der Goliondoi Road, www.davanu.com), die für 25 $ nach Nairobi und 10 $ nach Moshi fahren, oder Riverside-Shuttle (Büro an der Sokoine

Road, Tel. (027) 2502639, 2503916, E-Mail: riverside_shuttle@hotmail.com). Abfahrtszeiten nach Nairobi sind um 8 und 14 Uhr vom Parkplatz des Hotel 77 an der Simeon Road. Anreise von Nairobi siehe Kap. „Anreise".

● **Vom zentralen Busbahnhof** fahren Busse zu fast allen Zielen im ostafrikanischen Raum. Ins nahe gelegene Moshi verkehren fast stündlich Mini- und mehrmals am Tag Großbusse ab 1000 TSh. Vom Kilombero Busbahnhof (schräg gegenüber von Shoprite) fahren ebenfalls Coaster-Busse nach Moshi sowie zu den umliegenden Ortschaften im Meru-Gebiet (Monduli, Usa River, Momella, Kingori).

● **Nach Dar es Salaam** verkehrt täglich morgens der **Scandinavia Bus Service** (vgl. im Kapitel „Reisen in Tansania"). Fahrkarten kosten zwischen 18.000 und 26.000 TSh. Das Büro von Scandinavia (Tel. (027) 2500153, (0744) 323133) und die Abfahrtsstelle der Busse befinden sich nicht am zentralen Busbahnhof, sondern am Kilombero Busstand. Ein sehr guter Bus ist auch der so genannte **Royal Coach** (Tüv-gerechtere klimatisierte Busse, rasen nicht ganz so schnell!), welcher für etwa 20.000 TSh täglich nach Dar fährt. Vorteil gegenüber Scandinavia ist, dass man nicht zum Busbahnhof muss, weil sich die Haltestelle und der Ticketverkauf beim Golden Rose Hotel befinden. Ideal wenn man in einem der dahinter liegenden Backpacker-Hotels wohnt. Um 6 Uhr verkehrt als erster der Master City Bus, mit dem man die letzte Fähre nach Sansibar noch erreicht. Weitere tägliche Busse ab 8 Uhr zur großen Küstenstadt sind Hood, Takwa und Takrim. Selbst wer den ers-ten Bus morgens nimmt, kann nicht sicher sein, dass er die letzte Fähre (16 Uhr) nach Sansibar erwischt!

● Mehrmals wöchentlich verkehren Tawfiq und Scandinavia nach **Mwanza,** ab dem Nachmittag über **Nairobi,** Nakuru, Kisii und **Musoma;** Nachtfahrt auf Asphalt mit Ankunft am nächsten Morgen, 16.000 TSh. Die zweite Alternative, nach Mwanza zu gelangen, ist die südliche Umfahrung über **Singida** und **Nzega.** Diese Route fahren NBS Coach und Born City ab 8.30 Uhr für 20.000 TSh, Fahrzeit 30 Stunden!!! Eine ziemliche Strapaze und nur Hartgesottenen zu empfeh-

len; übernachtet wird in Igunga. Durch die Serengeti fahren täglich Busse nach Mwanza und Musoma. Abfahrt morgens um 4.30 Uhr.

● **Nach Tanga** verkehren Kizota Special Coach und Takwa täglich zwischen 9 und 11 Uhr (5000 TSh).

● Für Ziele ins südliche Tansania (**Morogoro, Iringa** und **Mbeya,** alle über Korogwe/Chalinze) kommt Hood in Frage. Abfahrtszeiten sind morgens zwischen 5 und 6 Uhr. Sicherer ist es jedoch, erst bis Dar es Salaam zu fahren und dann am Folgetag mit einem Scandinavia-Bus die Fahrt in Richtung Süden anzutreten.

● Andere Ziele, die von Arusha aus erreicht werden können, sind **Karatu**, **Babati**, **Lushoto**, **Dodoma**, **Mombasa** und sogar **Bukoba** (über **Kampala**).

Für die Frühbusse sollten Sie am Vortag die Fahrkarten besorgen, die Verkaufsbüros an der Busstation schließen zwischen 19 und 20 Uhr.

Routenbeschreibungen ab/nach Arusha

Namanga – Arusha (125 km)

● Anfangs gute Asphaltstraße, ab Oldonyo Sambu vereinzelt Schlaglöcher. Fahrzeit 1,5 Stunden. Busverbindungen sind von der Grenze aus tagsüber ständig möglich. Siehe auch Anreise von Kenia mit Shuttle-Bussen im Kapitel „Grenzverkehr".

Namanga   ⌐ V,C2

Der lebhafte, kleine Ort am Fuße des 2526 m hohen kenianischen Bergmassivs Oldonyo Orok ist der meistfrequentierte **Grenzübergang** zwischen Tansania und seinem nördlichen Nachbarn. Außerhalb der Regenzeiten überqueren hier ein paar hundert Touristen in der Woche die Grenze auf ihrem

Weg zwischen Nairobi und Arusha. Die Abwicklung der Formalitäten klappt relativ problemlos.

Namanga erstreckt sich entlang der großen Asphaltstraße zu beiden Seiten der Grenze. Derzeit gibt es nur auf kenianischer Seite eine Tankstelle und eine Bank (der Kauf von tansanischen Shillingen ist nicht möglich).

●Als Unterkunft ist auf kenianischer Seite das **Namanga River Hotel** zu nennen; schöne Anlage mit Bungalows, Zimmer mit Bad/WC, pro Person 20 $ mit ordentlichem Frühstück. Auf tansanischer Seite bieten die westlich der Hauptstraße liegenden Hotels **7 Stars** (ausgeschildert) und **Mountain View** ab 5000 TSh die Nacht einfache, aber saubere Unterkünfte mit einfachem Essen.

Die Fahrt nach Arusha führt durch die eindrucksvolle Trockenbuschsavanne des **Nord-Maasailandes.** Imposant ragt der felsige Gipfel des **2637 m hohen Mt. Longido** aus der kargen und fast menschenleeren Ebene. Eine Besteigung des ehemaligen Vulkanberges, an dem sich im 1. Weltkrieg deutsche und britische Soldaten heftige Kämpfe lieferten, kann über SNV in Arusha organisiert werden.

Bei **km 19,** ziemlich genau am Fuße des Longido, zweigt rechts eine wenig benutzte Piste ins Rift Valley ab, die über Kitumbeine, Gelai Bomba zur Engaruka-Lake-Natron-Piste führt (siehe beim Lake Natron).

5 km weiter, kurz vor der sichtbaren Ortsdurchfahrt von **Longido,** zweigt rechts die bessere Piste in Richtung Natron-See ab. Im Ort Longido ist eine Polizeikontrolle.

Vorsicht auf dem folgenden Teil der Strecke, Giraffen überqueren hier gelegentlich die Straße. Bei klarer Sicht werden Sie einen tollen Blick auf den näher kommenden **Mt. Meru** haben, und mit ein bisschen Glück tut sich auch der Gipfel des Kilimanjaro in der Ferne auf.

Die vor Oldonyo Sambu abzweigende Piste in Richtung Ngare Nanyuki/Hatari Lodge (38 km) ist seit 2004 wieder gut zu befahren. Die starken Regenfälle im November 2006 haben die Schluchtdurchfahrten ausgewaschen, weswegen es hie und da Umfahrungen gibt. Ab Oldonyo Sambu steigt die Straße zunehmend an und führt über die spürbar kühlere Pass-Ebene, welche die Monduli Mountains mit dem Meru-Massiv verbindet.

Arusha – Makuyuni – (Kwa Kuchinia) Tarangire National Park (111 km)

●Größtenteils guter Asphalt, dann kurz Piste bis zum Parkgate, Fahrzeit 1,5 Std. bis zum Tarangire National Park.

Man verlässt Arusha über die Sokoine Road westwärts, vorbei am Cultural Heritage, der alten Greek Orthodox Church, an den Kaffeeplantagen des Burka Estate und dem Arusha Airfield. Die sehr gute Asphaltstrecke A 104 führt durch die Ardai Plains, die im Norden von den **über 2600 m hohen Monduli Mountains** begrenzt werden und südlich in die **Maasai-Trockensavanne** („Maasai-Steppe") übergehen.

Die **Ardai Plains** waren einst wesentlich wildreicher – wer früher hier nachts langfuhr, musste aufpassen, kein Tier vor die Räder zu bekommen. Doch Hobbyjäger, die sich in den 1980er Jahren bei Scheinwerferlicht austobten, haben den Bestand an Antilopen, Zebras und anderen Tieren nahezu ausgelöscht. Heute lassen sich nur noch selten Tiere aus dem Tarangire Park in diesem Gebiet blicken.

Nach 25 km erreichen Sie den rechter Hand liegenden **Meserani Snake Park** und den gegenüberliegenden Souvenir-Komplex Oldonyo Orok Arts & Gallery.

Bei guter Sicht ist im Süden der Maasai-Trockensavanne der schroffe Inselberg des 2132 m hohen Lolkisale sichtbar, während man rechts die einstigen Vulkanberge Lepurko (2136 m) und Losimingur (2300 m) sieht.

Bei **km 78,** im staubigen **Makuyuni** („Ort des Feigenbaums"), folgt der nicht zu verfehlende Abzweig in Richtung Manyara/Serengeti. Bei der gegenüberliegenden BP-Tankstelle befinden sich ein Curio-Shop und ein gut sortierter Lebensmittelladen mit kühlen Sodas, wo man sich nochmal für die Safari eindecken kann.

Nach weiteren 26 km ist **Kwa Kuchinia** erreicht, ein Abzweig links führt zum Tarangire National Park (7 km).

Arusha – (Arusha National-park 26 km) – Moshi (70 km)

●Neue Asphaltstraße, Fahrzeit 1 Std., ständige Busverbindung (s.o.).

Entlang der Ausläufer des Mt. Meru folgt nach 22 km kurz hinter dem Ort Usa River links der **Abzweig zum Arusha National Park** (7 km) und weiter zum Momella Gate (20 km), zur Hatari Lodge (21 km) sowie nach Ngare Nanyuki (26 km), einem kleinen Distrikt-Ort an den nördlichen Ausläufern des Mt. Meru. Der Piste durch den Ort folgend, erreichen Sie nach 5,5 km eine Gabelung. Der Weg links führt um den Mt. Meru bis zur Namanga-Arusha-Straße. Rechts, in Richtung Kilimanjaro, führt eine Piste zur Sanya Juu-Ol Molog-Straße (siehe Abstecher unten).

Weiter auf der neuen Asphaltstraße von Arusha nach Moshi fahren Sie durch die Sanya Plains, die nördlichen Ausläufer der großen Maasai-Trockensavanne („Maasai-Steppe"). Mit etwas Glück und je nach Jahreszeit ist der Blick auf den Kilimanjaro frei. Ich rate Ihnen, die Strecke frühmorgens zurückzulegen, wenn der Gipfel meist noch nicht von Wolken umhüllt ist. Bei km 44 kommt man in die Ortschaft Boma ya N'gombe, wo links die Straße zum 55 km entfernten Londorossi Gate des Kilimanjaro National Park abzweigt.

Abstecher West-Kilimanjaro

Die ersten 20 km von Hai bis **Sanya Juu** sind noch geteert. Hier befinden sich einige private und auch staatliche Farmen, die v.a. Kaffee, Mais und Weizen anbauen. Die Fahrt führt durch die Plantagen Kilingi und Molomo, und 0,5 km ab Asphaltende folgt links der Abzweig ins 22 km entfernte Ngare Nanyuki.

Geradeaus weiter geht es nun leicht bergauf ins West Kilimanjaro-Gebiet; bei der gleichnamigen Häusersiedlung wird der Engare Nairobi River überquert. 4 km hinter dem Fluss biegt rechts die Piste zum **Londorossi Gate auf 2225 m Höhe** ab (ausgeschildert). Vom Gate führt eine ziemlich schlechte Waldpiste in den Kilimanjaro National Park, die bei 3600 m Höhe auf dem Shira Plateau endet. Leider darf man diese Strecke mit dem eigenen Fahrzeug nicht mehr befahren, dies ist nur über ein Safariunternehmen möglich und dann auch nur mit Sondergenehmigung. Allerdings sind Tageswanderungen mit Ranger möglich (mehr dazu im Kilimanjaro-Kapitel).

Weiter auf der Moshi-Road befindet sich 12 km hinter Boma ya N'gombe der Abzweig zu dem kühlen Bergort **Machame** auf 1530 m Höhe, dem Ausgangsort der Machame-Aufstiegsroute zum Kibo-Gipfel des Kilimanjaro (siehe bei Moshi, „Ausflüge").

Bei km 70 erreichen Sie schließlich in Moshi den Kreisverkehr mit dem Soldaten-Denkmal des Uganda-Krieges. Rechts geht es ins Zentrum der Stadt.

Arusha National Park
⚲ V,C/D3

Der Park

Der, seit 2006 um das Doppelte vergrößerte, Nationalpark liegt einmalig schön **zwischen den Gipfeln des Mt. Meru und Kilimanjaro.** Mit nunmehr ca. 300 km² bietet dieser bislang verkannte Park eine sehr große Vielseitigkeit. Wie ein **Nordtansania en minia-**

ture lockt der Park mit spektakulären Landschaftsformen und einer artenreichen Flora. Das im Vergleich zum Umland nahezu ganzjährig grüne Gebiet bietet trotz seiner geringen Ausmaße drei voneinander unterscheidbare markante Naturräume:

Den **Ngurdoto-Krater,** auch als **„kleiner Ngorongoro"** betitelt, die riesige und permanent wildreiche Waldlichtung **„Little Sereneti",** eine Seenplatte, wie sie für den bekannten ostafrikanischen Graben typisch ist und auch der gigantisch in den Himmel ragende Mt. Meru, der seinem großen Gegenüber Kilimanjaro fast ebenbürtig ist, wenn jahreszeitlich Schnee sein Haupt bedeckt.

So ist der erloschene Vulkan **Mt. Meru** die allgegenwärtige Haupterscheinung des Parks und mit **4565 m** der **zweithöchste Berg des Landes** und vierthöchste des Kontinents. Von Süden aus gesehen hat der Meru die typische Erscheinungsform eines Vulkankegels. Vom Osten bietet sich jedoch ein völlig anderer Anblick. Die hier eingestürzte Bergflanke und der im Inneren des Kraters aufragende Eruptionskegel bezeugen die intensive Vulkantätigkeit, die dem Bergmassiv seine gegenwärtige Form verliehen hat. Wanderungen im Bergregenwald oder gar die 3–4 tägige Besteigung des Meru sind besonders lohnenswert. Für viele ist der Meru eine gute Vorbereitung auf den Kilimanjaro.

Die zweite Region bildet der bewaldetere Südost-Teil vom Lokie Swamp und seinem Gegenüber dem Frischwassersee Longil über die Waldlichtung Ngongongare Springs bis zum ein-

Arusha National Park

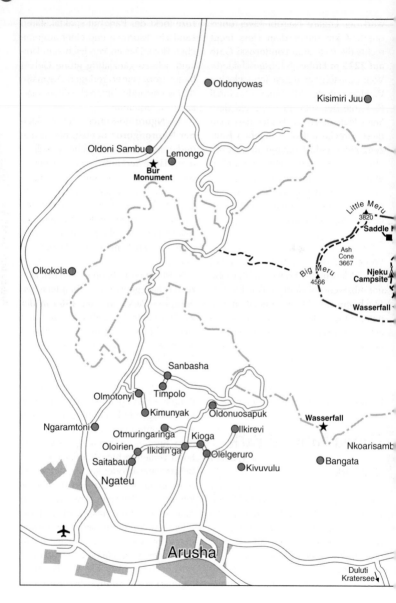

Karten S. 230, V

ARUSHA NATIONAL PARK

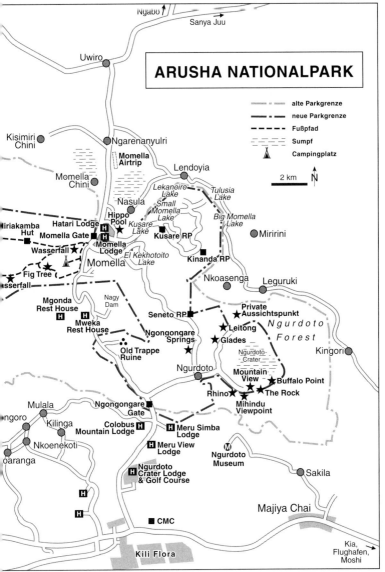

230 MT. MERU/MOMELLA

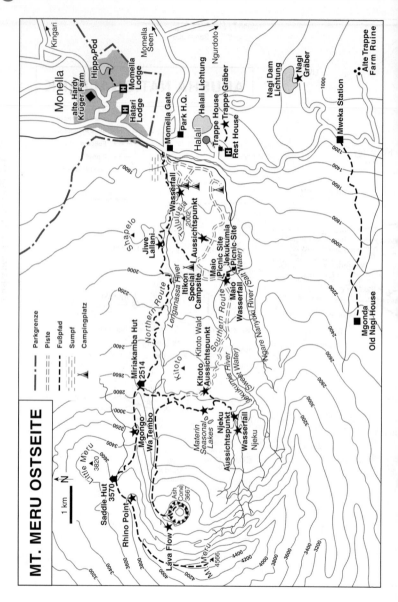

drucksvollen Ngurdoto-Krater mit seiner tierreichen, sumpfigen Caldera und seinen steilen Kraterwänden. Heimat von Waldelefanten, bunten Turaco Vögeln und verspielten Affenarten in den Baumwipfeln des immergrünen Regenwaldes.

Östlich der Hauptstraße, die den Park vom Ngongongare Gate bis zum Momella Gate durchläuft, erstreckt sich die zunächst hügelige und von meist niedrigem Baumbestand gekennzeichnete Landschaft mit vereinzelten Freiflächen, auf denen sich ständig zahlreiche Tiere aufhalten. Daran anschließend und in großen Tälern und Mulden gelegen beginnt das sumpfige, vogelreiche Gebiet der sieben **Momella-Seen.** Die meiste Zeit des Jahres hält sich hier eine Heerschar von Flamingos und Zugvögeln auf. Ein besonderes Erlebnis ist es, die Seen mit dem Kanu zu erkunden (s.u.).

Doch haben die Momella-Seen auch eine historische Anziehungskraft. Momella war, bevor es 1967 in den Arusha National Park einverleibt wurde, bekannt als **Momella Farm,** welche sich bis zum Ngare Nanyuki River erstreckte und **Heimat der legendären Margarete Trappe** (1885–1957) und ihrer Familie war – eine resolute und von den Einheimischen sehr verehrte Frau, deren Leben und heldenhafte Geschichte 50 Jahre nach ihrem Tod in Form von Romanen, Fernsehbeiträgen und auch als Spielfilm gewürdigt wurde. 1959 drehte in Momella bereits Hollywood mit **Hardy Krüger** und **John Wayne** den Ever-Klassiker „Hatari". *Hardy Krüger* verliebte sich schließlich in Momella und kaufte von den *Trappes* die Farm, die er dann über zehn Jahre besaß (siehe unten).

Landschaftsentstehung und Geschichte

Die Landschaftsformen im Bereich des Parks sind ein **Ergebnis der Grabenbruchaktivitäten** im östlichen Zweig des Rift Valley. In der Hauptentstehungsphase des großen Erdrisses vor 20 Millionen Jahren verschafften sich im Bereich des heutigen Mt. Meru und Ngurdoto-Kraters die inneren Erdenergien „Luft" und stießen heiße Magma an die Erdoberfläche. Während der Ngurdoto-Vulkan bei seiner Entstehung nur wenig Festmaterial ausstieß und schließlich in sich zusammenfiel (er war wahrscheinlich einst 3000 m hoch), formte sich der Meru zu einem imposanten Vulkankegel, der in seiner größten Form über 5000 m hoch war. Durch eine natürlich entstandene Blockade im Mittelschlot (vermutlich war der Krater mit Wasser gefüllt) **explodierte vor etwa 250.000 Jahren** die gesamte Westflanke des Vulkanberges – eine Eruption, die zur heutigen Gestalt des Mt. Meru geführt hat. Das weggesprengte Material und die auslaufende Lava formten den Ostteil des Parks bis zu den Momella-Seen, die in den abgekühlten Mulden der neuen vulkanischen Bodenschicht entstanden. Weitere, schwächere Ausbrüche folgten und ließen den in der Mitte des großen Kraterrandes wachsenden Aschekegel entstehen. Die letzte Eruption fand etwa 1879 statt, der kleine Lava-Strom an der Nordwest-Flanke des inneren Kegels zeugt noch von dieser letzten Aktivität. Heute ist der Meru – von ein paar Dampflöchern abgesehen – ein toter Vulkanberg mit einer einmaligen Szenerie für Natur- und Bergsteigerfreunde.

Hervorgegangen ist der Park aus einer Rinderfarm, die 1907 von der Siedlerfamilie *Trappe* (s.u.) als Ngongongare gegründet worden war. 1960 entstand auf *Bernhard Grzimeks* Initiative hin der Ngurdoto Crater National Park, der sieben Jahre später, um der unkontrollierten Abholzung entgegenzuwirken, mit der Einbeziehung des Mt. Meru, der Momella-Seen und damit auch der zweiten *Trappe*-Farm, Momella, zum Arusha National Park umgetauft wurde.

Als Besucher des Parks lässt sich heute auf diesen **historischen Spuren wandeln.** Tief im Ngongongare Urwald steht die Ruine des ersten *Trappe*-Farmhauses, das zweite *Trappe*-Haus aus den 1920er Jahren ist heute, gut erhalten, das Resthouse der Nationalparkverwaltung. Hier sind auch **Margarete Trappes Grab** sowie die Gräber ihrer Kinder *Rolf* und *Ursula*. In der Momella Lodge, von *Hardy Krüger* erbaut, befindet sich das Original des Kamins, an dem *John Wayne* in „Hatari" einen doppelten Whisky trank. Ein Kinoplakat von 1960 zeugt noch heute davon. Von *Hardy Krügers* Ausbau seiner Momella Farm sind heute noch der alte, halb zusammengefallene Schlachthof und die Fleischverarbeitungsanlagen zu bewundern. Seine ehemaligen Wohnhäuser bilden heute die Hatari Lodge.

2006 sind die **Forest Reserves** von Ngaramtoni, North Meru, Mweka und Ngurdoto dem Nationalpark zugeteilt worden. Seither sind die gesamte Westflanke des Mt. Meru, Teile der Süd- und Nordflanke sowie der Waldgürtel am Außenrand des Ngurdoto-Kraters Nationalpark-Gebiet. Eine längst überfällige Maßnahme, da die örtlichen Verwaltungen der Forstreservate nicht die Stärke hatten, gegen die illegale Abholzung anzukämpfen.

Durch Park und Tierwelt

Seit Mai 2003 befindet sich ein Eintritts-Gate bei Ngongongare, 7 km vom Momella-Abzweig entfernt, entlang der Straße zwischen Arusha und Moshi. Eintrittskosten für den Nationalpark sind jetzt hier zu entrichten. Diese Maßnahme wurde getroffen, um die entlang der ehemals öffentlichen Durchfahrtsstraße liegende winzige Savanne **Serengeti Ndogo** („kleine Serengeti"), auf der sich regelmäßig Büffel, Warzenschweine, Giraffen und Zebras aufhalten, vor zu großem inoffiziellen Besucherandrang zu bewahren.

Beim ehemaligen **Ngurdoto Gate** informiert das kleine Ngurdoto Museum (Toiletten- und Waschräume) mit einer Vielzahl von ausgestopften Vögeln über die interessante Vogelwelt des Naturschutzgebietes.

Am Museum rechts, erreichen Sie nach 1,5 km Fahrt durch dichten Wald – Heimat der akrobatischen Colobusaffen und der olivfarbenen Paviane – den Rand des **Ngurdoto-Kraters.** Die Straße, die nicht mehr ganz herumführt, bietet eine Reihe schöner Aussichtspunkte, bei denen man das Fahrzeug verlassen darf, um von kleinen Lichtungen herrliche Blicke in den Krater zu bekommen. Empfehlenswerte **Aussichtspunkte** sind **Mikindu, Mountain View** und **Buffalo Point,** von denen bei klarer Sicht auch der Kilimanjaro in der Ferne zu bewundern ist, und der **Leitong Viewpoint** an der mit 1853 m höchsten Erhebung des Kraterrandes. Hier fällt die steile Wand knapp 400 m tief bis zum Kraterboden ab. Das letzte Stück (etwa 100 m den Berg hinauf) muss jedoch gelaufen werden. Das Wasserloch und die große Sumpffläche im Innern sind die Heimat von Büffeln und gelegentlich auch Elefanten und Giraffen. Die Elefanten werden im ganzen Park allgemein seltener, sie reagieren sehr empfindlich auf zu nahe Siedlungen, wie sie zunehmend dichter an der östlichen Parkgrenze entstehen. In den Wäldern am und im Ngurdoto Krater gibt es daher nur noch eine sich permanent aufhaltende Gruppe von etwa 45 Elefanten, welche allerdings nicht immer zu sehen ist.

Deutlich zu erkennen sind die zahlreichen Wildpfade an den Kraterwänden, die selbst von den eleganten Giraffen genutzt werden können. Ein Abstieg zum Kraterboden ist nicht erlaubt, ein Fernglas ist daher für die 3 km große „Caldera" erforderlich. Die Umrundung mit dem Geländewagen ist nicht mehr möglich.

Zu den typischen **Baumarten** des Ngurdoto-Gebietes gehören der Würge-Feigenbaum (Swahili: *mfumu*) mit seinen wild wachsenden Luftwurzeln, der Wilde Mango (*mwowosa*), Dattelpalmen (*mikindu*) und Ostafrikanischer Olivenbaum. Letzterer (*Olea hochstetteri*) wird bis zu 20 m groß, seine ovale, ca. 1 cm lange Frucht ist im Wachstum grün und reif lila. Ihr Geschmack ist dann süß-säuerlich. Aus der Frucht lässt sich kein Olivenöl pressen.

Nordwestlich schließen sich die **Senato Pools,** die kleinen **Seen Longil** und **Ngongongare Springs** und die **Lokie Swamps** an. Dieses Gebiet lockt bei genügend Wasser zahlreiche Tiere zur Tränke. Wasserböcke, Büffel und Warzenschweine sind häufig zu beobachten. Beim Viewpoint am grün schimmernden Longil, der auch in der Trockenzeit mit Wasser gefüllt ist, zeigen sich hin und wieder auch Flusspferde. Aussteigen verboten.

Die offenere Ebene von **kambi ya fisi** („Ort der Hyänen") ist nur selten ein Gebiet, in dem sich auch tatsächlich Hyänen beobachten lassen. Anders als in den übrigen Nationalparks müssen die Hyänen im Arusha selber jagen, Löwen gibt es keine im Park, und die selten zu sehenden Leoparden bringen ihre Beute auf Bäume in Sicherheit, unerreichbar für Hyänen. Löwen bevorzugen offenere Savannen-Areale, die Landschaft des Parks entspricht nicht ihrem natürlichen Habitat. Zwar wandern ab und zu Löwen in der Trockenzeit von Norden her ein, doch bleiben sie in der Regel nur für kurze Zeit.

Die Landschaft der **sieben Momella-Seen** lässt sich besonders gut vom erhöhten **Aussichtspunkt Boma la megi** bewundern. Die typischen Schirm-Akazien und die hier häufig weilenden Giraffen geben ein schönes Bild. Bei wolkenlosem Himmel ragt hinter den Seen

ARUSHA NATIONAL PARK

der majestätische Kilimanjaro aus der flimmernden Ebene.

Die nicht besonders tiefen **Momella-Seen** (Big Momella, Little Momella, Rishateni, Tulusia, Lekandiro, Kusare und Kekhotoito) sind sehr salzhaltig und daher als Tränke für die Tiere ungeeignet. Fische kommen in den Gewässern kaum vor. Die Seen werden von unterirdischen Quellen gespeist, deren Mineralgehalt von See zu See variiert, weswegen jede Wasseroberfläche in einem anderen Farbton schimmert. Der unterschiedliche Mineraliengehalt wird auch von den **zahlreichen** hier vorkommenden **Vogelarten** registriert. So bevorzugen die Zwergflamingos mit ihren gänzlich dunkelroten Schnäbeln eher die algenreicheren Gewässer, während in unmittelbarer Nachbarschaft die Großen **Flamingos** Gewässer mit reichlich Krustentieren aufsuchen. Die Momella-Seen sind besonders **zwischen Oktober und April,** wenn **Zugvögel** aus den europäischen Breiten sich zu den heimischen Artgenossen gesellen, ein sehr lebhafter und farbenfroher Ort. Insgesamt verzeichnet der Arusha Park **über 400 Vogelarten.** Weitere Wasservögel im Bereich Momella sind Pelikane, Reiher, Störche, Nilgänse, Schreiseeadler, Kronenkraniche, Hammerköpfe, Hornschnabel u.v.m.

Einige Viewpoints ermöglichen auch hier das Aussteigen, fahren Sie aber im Uhrzeigersinn um die Seen.

Ehemaliges Wohnhaus von *Hardy Krüger* – heute Teil der Lodge Hatari und Wohnort des Autors

Karten S. 228, 230, V

„Hatari" – Hardy Krügers ehemalige Farm in Afrika

1959/60 wurde im damaligen Tanganyika der Hollywood-Klassiker „Hatari" gedreht. Neben *John Wayne* in der Hauptrolle spielte der junge deutsche Blondschopf *Hardy Krüger* einen professionellen Tierfänger. Mit Willis-Jeeps und abenteuerlich umgebauten Dodge-LKWs rasten die beiden über die offenen Savannen am Lake Manyara und im Ngorongoro-Krater, um Nashörner, Giraffen und andere Großsäugetiere mit Lassos und Schlingen für die Zoos in aller Welt einzufangen. Der Film steht für eine Zeit, als die heute tabuisierte Tierfängerei noch ein großes Geschäft für raubeinige Helden war.

Für *Hardy Krüger* war der mehrmonatige Aufenthalt für die Dreharbeiten Anlass, seine gerade beginnende und viel versprechende Hollywood-Karriere vorübergehend an den Nagel zu hängen und sich eine Existenz in Afrika aufzubauen. Gepackt vom „Afrika-Bazillus", verwendete er jeden freien Tag zwischen den Dreharbeiten für die Suche nach einer Farm. Er klapperte sämtliche zum Verkauf stehende Farmen zwischen Kilimanjaro und Serengeti ab, doch Momella hatte längst sein Herz erobert: „Ich habe den Garten Eden gesehen. (...) Das Bild, das ich sah, wird mich mein Leben lang begleiten. Hellgrüne Seen, von sanften, saftgrünen Hügeln umrahmt. Dahinter die unendlich scheinende gelbe Massai-Steppe, über der sich in majestätischer Breite die waldbedeckten Flanken des Kilimanjaro erheben. Und über allem der ewige Schnee, das Eis des Kibo." (aus: „Meine Farm in Afrika" von *Hardy Krüger*, Lübbe Verlag.) Mit dem Kauf der Momella Farm verwirklichte er sich einen Kindheitstraum – den Besitz eines Bauernhofes, nur eben in Afrika. Über 12 Jahre lang war Momella sein Zuhause, seine Kinder sind hier aufgewachsen.

Auf Vorschlag des damaligen Premierministers und späteren Präsidenten *Nyerere* wurde auf dem Farmgelände 1960 *Hardys* „Buschhotel" Momella Lodge gegründet. Anfangs klein und beschaulich, erwies sich die Investition schon bald als erfolgreich. Mit dem Bau des internationalen Flughafens Kilimanjaro nahmen auch größere Flieger aus Europa Kurs auf Tansania. Besonders aus Deutschland kamen Gäste für einen Besuch in den Arusha National Park. Die deutsche Chartergesellschaft Air Atlantis schickte *Krüger* nicht nur viele Gäste, sondern investierte auch in den Ausbau der Lodge. Momella war zu einer festen Größe in jedem Safari-Programm in Tansania geworden.

Parallel zur Lodge konzentrierte sich *Hardy Krüger* auf den Ausbau seiner Farm. Er errichtete die bis dato modernste Fleischverarbeitungsfabrik in Tansania, importierte sämtliche Anlagen und Geräte zur Herstellung von Wurstwaren aus Deutschland, selbst einen deutschen Schlachtermeister hatte er angestellt.

Frustriert von den sozialistischen Reformen *Nyereres* und dem rapiden Rückgang an Touristen gab *Krüger* Anfang der 1970er Jahre schweren Herzens seinen Traum von einer Farm in Afrika auf und zog sich nach Deutschland und später in die USA zurück. Die Fleischfabrik wurde dem Zerfall überlassen, die von *Krüger* eingeführten technischen Geräte aus Deutschland verrotteten mangels Wartung. Heute vermittelt die Anlage die beklemmende Stimmung eines Geisterschlosses. Im Dunkeln quietschen die in Saarbrücken gefertigten Kühlraumtüren, Kinder der in den Räumen und Hallen wohnenden Ranger-Familien des Arusha National Park spielen mit Hebeln und Schaltern. Von „Mr. Hardy" weiß keiner mehr was.

Seit 2004 verbinden die neuen Pächter der Hatari-Lodge, *Marlies* und *Jörg Gabriel*, den Zauber der alten Zeiten mit modernem Komfort, Service und touristischen Angeboten. Von der Lodge aus können Gäste in Begleitung auch die alte Fleischfabrik besichtigen. Mehr zur Lodge steht unter dem Punkt „Lodges und Berghütten" (s.u.). Der Spielfilm „Hatari" ist als DVD erhältlich.

In den **Westteil des Parks** führt vom Momella Gate eine Piste (Southern Route) südlich um den Tululusia Hill (2002 m) herum und hinauf auf 2600 m in die offene, hufeisenförmige Kraterschüssel des **Mt. Meru** hinein. Für die Piste ist ein 4WD-Auto erforderlich, besonders das letzte Drittel der Strecke ist extrem steinig, teils matschig und sehr steil. Der Abschnitt vom Kitoto Viewpoint bis zur Miriakamba Hut ist nur mit Sondergenehmigung der Parkverwaltung befahrbar.

Vom Gate beginnend erfolgt nach 500 m der Abzweig zu den kleinen **Tululusia Waterfalls,** die Piste führt jedoch nicht ganz heran, ein paar hundert Meter muss man zu Fuß und nur in Begleitung eines Rangers zurücklegen. Büffel halten sich auch in diesem Teil des Parks auf, ein Ranger kann Ihnen am Gate zur Verfügung gestellt werden (Kostenpunkt 20 $).

Ein beeindruckendes Wunder der Natur ist der **Fig Tree Arch,** ein großer Würge-Feigenbaum, der in seinem Stamm ein Loch aufweist, durch das man mit dem Auto hindurchfahren kann. Nach ca. 5 km, kurz vor der Wasserfurte durch den Jekukumia-Bach, gelangt man zu zwei Picnic-Points in der Nähe der eindrucksvollen **Mayo Waterfalls.** Die Weiterfahrt ist sehr beschwerlich und verlangt fahrerisches Können. Besser und umweltfreundlicher ist es, diesen Teil des Parks zu Fuß zu erkunden, die artenreiche Bergvegetation mit Feigen, afrikanischen Olivenbäumen und der wacholderverwandten Zeder African Pencil lässt sich so auch intensiver genießen.

Lodges und Berghütten

● **Hatari Lodge & Hemingway Camp**
Tel. (027) 2553456/7, (075) 2553456, Fax (027) 2553458, reservation@theafricanembassy.com, www.hatarilodge.com. 2004 ist ein lang gehegter Wunsch unter Afrika-Kennern in Erfüllung gegangen. Die einst privaten Wohnhäuser von *Hardy Krüger* und dessen Farmverwalter bilden wieder das Herz einer liebevollen Lodge am Rande des Arusha National Parks vor der Kulisse des Kilimanjaro. Unter dem Namen „Hatari" begrüßt das deutsch-namibische Pächterpaar *Marlies* und *Jörg Gabriel* (Autor des vorliegenden Reiseführers) nicht nur Nostalgiker aus der Filmszene und Safari-Romantiker auf dem Anwesen. Hatari verfügt über neun Zimmer, alle mit eigenem Kamin und großem Bad. Das älteste Farmhaus bildet den zentralen Aufenthaltsbereich. Hier befinden sich der große Wohn- und Essraum, wo die Gäste mit schmackhaften Gerichten verwöhnt werden und *Jörg* Unterhaltung und Insidertipps vor dem Kaminfeuer bietet. Einen ergreifenden Ausblick auf den Kilimanjaro hat man von der Frühstücksterrasse, eingerahmt von wohl duftenden Akazienbäumen. Direkt an die Terrasse anschließend breitet sich die Momella-Lichtung aus, eine Feuchtsavanne mit Wasserlöchern. Hier weiden fast täglich Büffel und Wasserböcke, wühlen Warzenschweine nach Knollen, promenieren zahlreiche Giraffen bis vor die Türschwellen der Lodge. Jahreszeitlich lassen sich Elefanten blicken, bei nächtlichen Flughafentransfers nach der Ankunft mit KLM werden oft Leoparden, Ginster- und Zibetkatzen gesehen. Hatari, 1 km von der alten Momella Lodge entfernt, offeriert eigene Tierbeobachtungsfahrten. Mit offenen Geländewagen werden halbtägige und ganztägige Pirschfahrten zum Ngurdoto-Krater, zum Meru-Krater auf über 2500 m Höhe – jeweils mit kombinierter Wanderung – sowie Touren zu den Momella-Seen angeboten. Kanutouren und geführte Wanderungen stehen ebenfalls auf dem Programm. Hatari ist auch eine ideale Basis für Kilimanjaro- und Meru-Bergsteiger. Der Preis für eine Übernachtung mit Vollpension liegt bei 250 $. Für längere Aufenthalte gibt es ermäßigte Paket-

preise, so z.B. in Verbindung mit der Condor als komplettes Wochenprogramm.

Hatari betreibt auch das rustikale **Hemingway Camp** in der privaten Süd-Amboseli-Konzession. Hier stehen 7 große Safarizelte auf tansanischer Seite des bekannten Wildgebietes entlang eines kleinen Hügels, ab dem greifbar nahen Kilimanjaro zugewandt. Im Land der Masai geht es hier mit offenen Wagen durch die Baum-Savanne und endlose Pfannenlandschaften (hier wurden viele Szenen für den Film „Hatari" gedreht), werden entlegene und noch traditionelle Masai-Dörfer besucht, Fuß-Safaris und Nacht-Pirschfahrten angeboten. Die Tierwelt ist gewaltig: riesige Elefantenbullen, Herden von Zebras, Gnus, Kudus und Elan, die seltenen Gerenuks (Giraffen-Antilopen) sowie Löwen, Geparden und anderes Raubwild. Hemingway wird nur in Kombination mit Hatari angeboten. Die Fahrt von Hatari zum Hemingway Camp auf unberührten Wegen ist bereits eine Safari „within a Safari".

Preise wie Hatari, zu buchen über Hatari Lodge.

● **Momella Wildlife Lodge**

Tel. (027) 2553480, Fax (027) 2508264, E-Mail: lions-safari@safariestal.com. Drehort des Kino-Klassikers „Hatari" (Gefahr), später bekannte Lodge von *Hardy Krüger*. Die herrliche Lage am grünen Nordrand des Parks und unweit vom Hippo Pool entfernt sowie der traumhafte Ausblick auf den Kilimanjaro die schönsten Attribute der in die Jahre gekommene Lodge. Die Unterbringung erfolgt in einfachen Bungalows; Momella kann 140 Personen aufnehmen, doch steht das Anwesen die meiste Zeit über leer. EZ ab 50 $, DZ ab 65 $, jeweils mit Frühstück. Dreierzimmer und Suiten ab 80 $.

● **Meru View Lodge**

Tel. (027) 2553876, E-Mail: meru.view.lodge@habari.co.tz, Internet: www.meru-viewlodge. Schön gelegene Unterkunft; deutsches Management, außerhalb der Parkgrenze, herzliche und familiäre Atmosphäre. Im schön angelegten Garten verteilt gemütliche Bungalows mit kleinen Terrassen. Leider ist aufgrund des wachsenden Dorfes rundherum der Blick auf den Meru nicht mehr ganz so frei. Das Essen ist lecker und reichhaltig. Meru View hat viel Bergsteigerpublikum und arbeitet sehr eng mit Diamir Reisen zusammen. Zur Entspannung steht auch ein Pool bereit. Nach Absprache sind Fahrten in die Stadt möglich. Gutes Preis-/Leistungsverhältnis.

● **Meru Simba Lodge**

Tel. (0784) 344004, Internet: www.meru-simba-lodge.com. Seit August 2004 ist die Meru Simba Lodge der sympathischen Schweizerin *Bea Erb* in Betrieb. Meru Simba verfügt über 8 einzeln stehende Doppelbungalows und liegt direkt an der Südgrenze des Arusha Nationalparks. Als Gast schaut man direkt in den Busch des hügeligen Bergvorlandes. Oft kommen Giraffen und sogar Elefanten vorbei. Der Blick auf den Meru besonders am frühen Morgen ist eine Augenweide. *Bea* kümmert sich bestens um das Wohl aller Gäste. Auch können über *Bea* Bergbesteigungen sehr gut organisiert werden, sie arbeitet mit einem erfahrenen Team und bietet einen fairen Preis. Für alle Meru-Bergsteiger eine empfehlenswerte Adresse!

Die Zimmer mit Bad und Dusche sind schön und gemütlich eingerichtet. Übernachtungen liegen bei 80 $ p.P. bei Einzelzimmerbelegung und 110 $ für das Doppelzimmer, jeweils mit Frühstück. Vollpension kostet 110/170 $ EZ/DZ. *Bea* kann auch Gäste in Arusha, Usa River oder am Kilimanjaro-Flughafen abholen. Hervorzuhebende Adresse im Mittelklassebereich der Nationalpark-Unterkünfte.

● **Colobus Mountain Lodge**

Tel. (027) 2553632, Internet: www.colobusmountainlodge.com. Mit einem großen und imposanten Schild wird direkt vor dem Nationalpark auf diese Lodge hingewiesen. Leider reichen der Service, die Lage und die Atmosphäre nicht an die Erwartungen heran, welche man vielleicht bei Anblick des Schildes haben könnte. Aufgrund einer christlichen Ausbildungsstädte, die direkt vor der Nase der Lodge drei Stockwerke hoch errichtet wurde, ist die Sicht auf den Kilimanjaro verstellt. Schön liegen dagegen die Doppelbungalows im Garten mit Blick auf den Meru. Hie und da wird auch noch gebaut (seit Jahren!). Colobus ist jedoch für Camper eine empfehlenswerte Adresse, da die einzige au-

ARUSHA NATIONAL PARK

ßerhalb und im Vergleich zu den hohen Kosten im Park eine gute Preisalternative. Zelten kostet 5 $ p.P., ein DZ ab 120 $ Vollpension; Einzelbelegung liegt bei 80 $.

● **Park Resthouse**

Das ehemalige *Trappe*-Wohnhaus ist heute eine einfache Unterkunft der Parkverwaltung, nur für Selbstversorger (Kochstelle vorhanden). Die Übernachtung kostet pro Person 30 $ + 35 $ Parkgebühr (Anmelden am Main Parkgate).

● **Mt. Meru-Mountainhuts**

Der Mt. Meru bietet zwei Berghütten für Bergsteiger (s.u.).

Camping

Im Park befinden sich **vier campsites** (siehe Karte), bei denen man auf Anfrage Feuerholz bekommt. Wasserversorgung und einfache Toiletten sind auf allen Plätzen vorhanden; Kosten **pro Person 30 $**. Auf Anfrage lässt sich auch am kleinen Lake Longil zelten (keine sanitären Anlagen). Die Nächte im Arusha National Park können recht kühl werden, ein Thermo-Schlafsack ist daher ratsam.

Anreise und Besuchszeit

Der Park ist mit einem Fahrzeug von Arusha und Moshi denkbar einfach zu erreichen, mit öffentlichen Verkehrsmitteln besteht Verbindung täglich mit dem Urio Bus um 14 Uhr von der Kilombero Busstation über Momella nach Ngare Nanyuki. Die Straße entlang der Nordseite des Mt. Meru zum Park ist in einem gutem Zustand, der Abschnitt Momella bis zur Namanga-Arusha-Straße lässt sich in einer knappen Stunde Fahrzeit bewältigen. Regelmäßigen Bus-/Dalla Dalla-Verkehr gibt es auf dieser Strecke nicht.

Beste Besuchszeit für den Arusha National Park sind die Monate **Juni bis Oktober** (dann kann es auch tagsüber recht kühl werden) und von Ende November bis Anfang April. Die Pisten im Arusha-Park sind bis auf die Bergstraße am Meru ganzjährig passierbar.

Besteigung des Mt. Meru

Der Aufstieg zum **Gipfel Meru Summit** (4566 m) ist nur durch den Park möglich. Der Verlauf der Parkgrenze am Höhenrücken der schroffen Caldera entlang lässt vermuten, dass man auch ohne Parkgebühren vom Süden oder Westen den Berg erklimmen könnte. Diese Alternativ-Routen sind aber strikt verboten, auch wenn sie in anderen Reiseführern oder von angeblich seriösen Safariveranstaltern angepriesen werden. Die Parkverwaltung reagiert hier sehr empfindlich, und deftige Geldstrafen sind das Mindeste, mit dem man rechnen muss.

Die Meru-Besteigung ist wegen Wildtieren in der unteren und mittleren Waldzone nur in Begleitung eines bewaffneten Park Rangers möglich. Eine Wanderung zum Gipfel und wieder zurück zum Momella Gate dauert im Schnitt vier Tage. Wer zusätzlich den Wasserfall beim Njeku Viewpoint besichtigen möchte, sollte vier Tage einkalkulieren. Erfahrene Bergsteiger, denen es nur um die Bezwingung des höchsten Gipfels geht, schaffen die gesamte Tour auch in drei Tagen. Doch sollte man den Meru nicht unterschätzen, bei zu schnellem Aufstieg besteht auch hier die Gefahr einer Höhenkrankheit (vgl. beim Kilimanjaro), und in der Zeit von April bis August kann der Abschnitt zwischen Saddle Hut und Meru

Summit aufgrund von Eis und Schnee relativ gefährlich werden. Eine gute Zeit ist daher von Ende September bis März, wobei im November und Dezember mit Regen zu rechnen ist. In der großen Regenzeit von April bis Mitte Juni ist von einem Aufstieg ganz abzuraten.

Der Weg bis zum Gipfel verlangt eine gute körperliche Verfassung und Kondition, die letzten 1000 m sind recht steil, und durch die dünnere Luft sind Lungen und Beinmuskeln sehr beansprucht. Kletterkünste sind nicht erforderlich.

Organisation, Ausrüstung und Kosten

Im Gegensatz zum Kilimanjaro ist die Besteigung des Meru noch selbst organisierbar. Am **Momella Gate** bekommen Sie einen bewaffneten Park Ranger zugeteilt und wenn nötig auch Träger, die jedoch nicht zum Parkpersonal gehören. Die Porters kommen aus den an den Park angrenzenden Dörfern, um so auch die lokale Bevölkerung vom Park profitieren zu lassen. Die Tragelast eines Trägers liegt zwischen 15 und 20 kg, inklusive dessen eigenem Essen und Kleidung. Die Eintrittsgebühren von 1500 TSh pro Porter und die Kosten für deren und des Rangers Verpflegung müssen Sie übernehmen (je nach Aufwand abzusprechen). Weitere **Kosten,** die direkt und noch vor Aufstieg am Gate gezahlt werden müssen, sind:

- 35 $ pro Tag Parkgebühren
  (5 $ bei 5- bis 16-Jährigen)
- 20 $ Rescue Fee (evtl. schon 40 $)
- 20 $ pro Nacht Hüttengebühr
- 15 $ pro Tag Ranger-/Führerkosten
- Etwa 6000 TSh pro Tag für einen Porter
- Park Commision Fee 5 $ pro Gruppe.
- Am Ende der Tour sind **Trinkgelder** von etwa 5–10 $ pro Tag für den Ranger üblich, für die Träger 3000 TSh.

An **Ausrüstung** benötigen Sie einen Rucksack, Wanderschuhe, warme Kleidung (wetterfeste Hose, Windjacke, dicke Socken, Handschuhe etc.), Kochgeschirr, Wasserflasche (besser zwei), Sonnenschutz und Taschenlampe.

Trinkwasser ist das ganze Jahr über am Lenganassa-Bachlauf nahe der Miriakamba Hut erhältlich, die Quelle an der Saddle Hut führt in den Trockenmonaten kein Wasser.

Ein Zelt werden Sie kaum brauchen, die **72 Betten in der Miriakamba Hut** und die **48 Betten in der Saddle Hut** sind selten alle belegt. Die meisten verfügen über einfache Matratzen, eine Iso-Matte ist aber empfehlenswert. Sehr wichtig ist ein guter Thermo-Schlafsack. Auf den Hütten bekommen Sie kein Essen, das müssen Sie vorher in Arusha besorgen. Insgesamt sollte man für die Organisation ein bis zwei Tage Zeit einplanen, ein Ranger ist selten sofort abkömmlich, und die Träger sowie deren Ausrüstung müssen auch erst arrangiert werden. Eine **Vorausbuchung** am Tag zuvor am Momella Gate ist sinnvoll.

Wesentlich bequemer ist die gesamte Organisation über einen **Safari-Veranstalter** in Arusha, Moshi oder Europa: Man verliert weniger Zeit und muss sich um nichts zu kümmern. Führer und Träger, gutes Essen auf den Hütten, Schlafsäcke und warme Kleidung sowie Hin- und Rücktransport sind in einem „Meru-Paket" enthalten.

ARUSHA NATIONAL PARK

Preislich muss man bei zwei Personen und einer Drei-Tages-Tour mit 400–500 $ rechnen, bei vier Tagen mit über 570 $ (siehe bei den Hotels/ Lodges am Süd- und Nordrand des Arusha-Nationalparks oder bei Safariveranstaltern in Arusha).

Der Aufstieg

Vom Momella Gate bis zur 2514 m hohen Miriakamba Hut, dem Ort der ersten Übernachtung, führen **zwei Routen.** Die direkte **Northern Momella Route** parallel zum Lenganassa River ist kürzer und etwas steiler. Diese Route ist für den Abstieg zu empfehlen, da hier die Landschaft offener und beim Heruntergehen eine freie Sicht zum Kilimanjaro gegeben ist.

Die **Southern Route,** die auch mit Geländewagen gefahren werden kann, ist interessanter. Die herrliche Waldvegetation bietet zudem kühlen Schatten.

Momella Gate – Miriakamba Hut (Southern Route)

● **Ca. 11 km, 4–5 Std. Fußmarsch, 1000 Höhenmeter**

Der Weg führt zuerst über den und dann parallel zum Ngare Nanyuki River (bedeutet „braunes Wasser" in der Sprache der Maasai). Man passiert die Ausläufer der 2002 m hohen Tulusia Hills, was in der Sprache der Meru „Wachtposten" bedeudet. Nach etwa einer Stunde durch waldreiches Gebiet erreicht man den bizarren Fig Tree Arch: Zwei Bäume sind hier von den Luftwurzeln einer Würgefeige umschlungen worden. Eine Viertelstunde

später kommt man zur Lichtung Itikoni, wo hin und wieder Büffel oder Buschböcke zu sehen sind. Schließlich taucht man wieder in den Wald ein und nähert sich den kleinen Mayo Falls, die auf einem kurzen Seitenweg zu erreichen sind. Den Jekukumia River (letzte Wasserquelle vor der Miriakamba-Hütte) hinter sich gelassen, wandert man weiter bergauf durch den Kitoto Forest, einen montanen Waldgürtel mit großen Bäumen, deren Äste märchenhaft von Epiphyten, Orchideen, Flechten, Moose und Farne eingekleidet sind.

Am **Kitoto Viewpoint** in über 2500 m Höhe angekommen, offenbart sich ein weiter Blick zurück bis auf die Momella-Seen und den Kilimanjaro. Je nach verfügbarer Zeit kann man von hier zum südlichen Njeku Viewpoint laufen, wo sich ein hervorragender Blick auf die gleichnamigen Wasserfälle und die ca. 1400 m senkrecht abfallende Kraterwand (eine der höchsten Calderawände der Welt!) sowie auf den Aschekegel in der Mitte bietet. Für den Abstecher sind zwei Stunden nötig. Von **Kitoto** geht es noch ein Stück bergauf, und Sie erreichen den Meru-Kraterboden, wo der Wald durch Strauchwerk abgelöst wird und die Miriakamba Hut nur noch 45 Minuten erntfernt ist. Noch vor der Überquerung des saisonal fließenden Lenganassa River zweigt links ein Weg zur **Ash Cone** ab. Für diesen Abstecher benötigen Sie eine Sondergenehmigung des Direktors der tansanischen Parkverwaltung.

An der Miriakamba Hut angekommen, zeigt Ihnen der Caretaker die Schlafräume, Kochstelle und Toiletten.

Mirlakamba – Saddle Hut – Little Meru

● Ca. 4 km, 3–5 Stunden Aufstieg, 1300 Höhenmeter

Von Miriakamba führt der Weg durch einen dichten Wald mit Moosen und Bartflechten – ein Gebiet, das Topela Mbogo („Büffelsümpfe") genannt wird – zum 2–3 Stunden entfernten Viewpoint Mgongo wa Tembo („Elefantenrücken") auf etwa 3200 m Höhe. Von dort bietet sich ein herrlicher Blick in den großen, aufgesprengten Krater. Mit etwas Glück sind hier auch die flinken Klippspringer-Antilopen zu sehen, die sich gerne in diesem alpinen Vegetationsgürtel aus Riesenheidebüschen aufhalten.

Zur **3570 m hohen Saddle Hut** sind es dann noch 1–2 Stunden, und wer noch Lust, aber vor allem Kraft verspürt, sollte noch den einstündigen Abstecher zum **3820 m hohen Gipfel des Little Meru** machen. Besonders am späten Nachmittag, wenn die Sonne über dem Rift Valley im Westen zu sinken beginnt und die Vulkanberge nur dunkle Silhouetten sind, ist der Ausblick vom Little Meru ein Genuss.

Saddle Hut – Meru Summit – Miriakamba Hut/Momella Gate

● 4–6 Stunden, 1000 Höhenmeter

Die letzten 1000 m bis zum Gipfel sind die anstrengendsten, aber wer auf dem Gipfel des vierthöchsten Berges Afrikas ankommt, erlebt einen sagenhaften Ausblick. Wichtig ist nur, dass der **Aufstieg** schon **nachts** begonnen wird, um mit dem Sonnenaufgang den Meru Summit zu erreichen, da diese frühe Morgenzeit meist nebel- und wolkenfrei ist und gute Aussichten garantiert. Besonders der Moment, wenn die Sonne hinter dem Kilimanjaro-Massiv aufsteigt und die große Ebene dazwischen langsam orange-rot zu leuchten beginnt, lässt alle Anstrengungen in Vergessenheit geraten. Um dieses Szenario vom Gipfel bewundern zu können, muss man schon gegen 2 Uhr morgens mit Taschenlampe losmarschieren. Wer jedoch länger schlafen will und trotzdem einen spektakulären Sonnenaufgang erleben möchte, kann dies auch am 45 Minuten entfernten **Rhino Point,** muss aber in Kauf nehmen, dass der Rest des Aufstiegs wärmer wird und die Sicht eventuell nachlässt. In jedem Fall ist genug Wasser mitzunehmen.

Vom Meru Summit können Sie entweder direkt bis zum Momella Gate zurücklaufen (6–8 Stunden) oder bei der Miriakamba Hut (4–5 Stunden) noch einmal Station einlegen und den Berg langsam „ausklingen" lassen. Ich empfehle Ihnen letzteres, allein um Ihren stark belasteten Knien eine Pause zu gönnen!

Das Rift Valley – Tarangire und Manyara National Parks

Zwischen der Bergregion von Arusha und dem Ngorongoro-Kraterhochland mit seinen märchenhaften Urwäldern und milden Temperaturen verläuft in Nord-Süd-Richtung das jahreszeitlich trocken-heiße **East African Rift Valley,** ein zwischen 600 und 1000 m hoch gelegener Talboden. Der auch als Gregory-Graben bezeichnete Zweig des ostafrikanischen Grabenbruchsystems beeindruckt mit einer faszinierenden Landschaft: große, saisonal halb ausgetrocknete Seen, imposante, größtenteils erloschene Vulkanberge und mondartig wirkende Kratergebiete sowie tierreiche Savannen- und Buschlandschaften.

Einer immergrünen Oase gleich sticht am Fuß der Grabenbruchkante der vegetationsreiche **Lake Manyara National Park** hervor, der durch seine pinkfarbenen Flamingos und die auf Bäume kletternden Löwen in ganz Ostafrika bekannt wurde und ein idealer Ort ist, um eine Kanu-Safari durchzuführen. An den Park angrenzend liegt der geschäftige Ort **Mto Wa Mbu,** Basis für eine Vielzahl von Landschafts- und Kultur-Ausflügen im Rift Valley.

Südöstlich des flachen alkalischen und meist wasserarmen Manyara-Sees erstreckt sich bis weit in die Maasai-Trockensavanne hinein der große **Tarangire National Park** mit seinen gewaltigen, surreal wirkenden Baobab-Bäumen. Der Tarangire ist im nördlichen Tansania der „Elefantenpark" schlechthin und sollte während der Trockenmonate in keiner Safari fehlen.

In südlicher Richtung setzt sich der Gregory-Graben bis in das zentrale Tansania fort. Hier locken Ziele wie der

Highlights und Tipps

- Auf Elefanten- und Löwenpirsch im Tarangire National Park, S. 243
- Felsmalereien von Kolo, S. 254
- Lake Natron und die Besteigung des Ol Doinyo Lengai, S. 269 und 282

kleine Babati-See mit einer Fahrt im Einbaum, ein Besuch der in Tansania interessantesten Felsmalereien, der **Kolo Rock Paintings**, und für Trekkingfreunde die einsame Besteigung des **3417 m** hohen **Mt. Hanang.**

Der nördliche Teil des tansanischen Gregory-Grabens – auch **Nord-Maasailand** genannt – gehört zu den eindrucksvollsten Landschaften Tansanias. Das von den halbnomadischen Maasai nur wenig in Anspruch genommene Gebiet präsentiert sich als eine riesige, staubige und je nach Jahreszeit tierreiche Trockensavanne, aus der imposante, **nahezu 3000 m hohe Vulkanberge** ragen. Zu den größten gehören der 2621 m hohe **Mt. Kerimasi,** der sich als „Eckpfeiler" aus dem Ngorongoro-Hochland erhebt, der **Mt. Kitumbeine** (2858 m) mit einem bewaldeten und schon sehr erodierten Krater, und der **Mt. Gelai** – mit 2942 m der höchste Berg, in dessen Urwald im Gipfelbereich Großtiere wie Elefanten, Leoparden und Büffel leben. Doch der bekannteste und eindrucksvollste dieser Berge ist der 2878 m hohe **Ol Doinyo Lengai,** der noch **letzte teilaktive Vulkan** im Grabenbruch und **„Berg Gottes"** der Maasai. Tierreich ist diese nördliche Region besonders in und nach den Regenzeiten zwischen Januar und Juni. Dann halten sich Zebras, Kongonis, Gerenuks, Gazellen und Strauße in der Savanne auf, durch die auch Maasai ihr Vieh treiben. Am Ende der großen Trockenzeit wirkt jedoch das gesamte Gebiet wie eine Halbwüste.

Im Westen wird das Rift Valley von der steil aufragenden Grabenwand begrenzt, auf der sich oberhalb die hügelige, fruchtbare und dicht besiedelte **Mbulu-Region** erhebt sowie das Ngorongoro-Schutzgebiet und die Hochsavannen-Landschaft von Loliondo. Eine gegenüberliegende Grabenbruchwand auf der Ostseite des Rift Valley fehlt, hier steigt die Talsohle des Grabenbruchs gleichmäßig an und bildet einen nahtlosen Übergang mit der Maasai-Steppe und dem Ökosystem des Tarangire National Park.

Tarangire National Park ⇗ IX,D1

Der Park

Der Tarangire National Park, 1970 aus ehemaligen Kolonial-Jagdrevieren hervorgegangen, hat sich zu einem beliebten Besucherziel entwickelt und ist besonders in den Sommermonaten ein Park, der Erlebnisse garantiert. Die Tierwelt in dem rauen und streckenweise einsam wirkenden Park ist sehr artenreich, nicht zuletzt wegen der gewaltigen Größe des Parks, die in etwa der Fläche Luxemburgs entspricht.

Von den nördlichen Parks lassen sich hauptsächlich hier und in der angrenzenden Maasai-Trockensavanne **Lesser-Kudus** und die in Tansania seltenen **Beisa-Oryx-Antilopen** (Spießböcke) beobachten. Zudem ist im Tarangire die **größte Elefantenpopulation des Nordens** zu finden (2006: etwa 4000 Tiere). Auch ist die Wilderei seit den 1990er Jahren etwas zurückgegangen,

TARANGIRE NATIONAL PARK

Tiere reagieren nicht mehr ganz so scheu wie früher. Speziell an Elefanten lässt sich nah heranfahren.

Auch die **Landschaft** des Tarangire unterscheidet sich von den anderen Parks durch große, saisonale **Sumpf- und** endlose **Baumsavannen.**

Die durchschnittliche Höhenlage des Parks beträgt 1150 m, die östliche Grenze markieren der Boundary Hill und die Ngahari Hills, im Nordosten bilden der **Burungi-See** und die knapp 1400 m hohen Sangaiwe Hills einen Teil der Parkgrenze. Die Niederschläge sind im Tarangire nicht so ergiebig wie im Ngorongoro-Gebiet, der Park unterliegt mehr den trockeneren, zentraltansanischen Klimabedingungen. In der Dry Season sinkt die Luftfeuchtigkeit auf nur 30% und bringt die weiten Ebenen zum Flimmern. Doch nicht nur klimatisch, sondern auch landschaftlich verschafft der Park einen guten Eindruck von den endlosen Weiten der sich anschließenden Maasai-Trockensavanne.

Das **Herz des Parks** bildet der **Tarangire River,** dessen Quellen in den Mkonga Hills bei Kondoa liegen und der den Park von Süden nach Norden durchläuft und westlich in den abflusslosen, saisonalen Burungi-See mündet.

Diese Lebensader bestimmt die unterschiedlichen Landschaftsformen des Parks, und die Wassermenge des Gewässers ist ausschlaggebend für die **Migrationsbewegungen** der Tiere innerhalb des **Tarangire-Ökosystems** (hierzu gehören die östlich angrenzenden Game Controlled Areas Lolkisale, Simanjiro und die private **Tarangire Conservation Area** sowie die südlich angrenzende Mkungonero Game Controlled Area, welche in den nächsten Jahren den Status eines Game Reserve bekommen soll.

In einem bis zu 5 km breiten Band zieht sich am Tarangire-Fluss eine flache und teils sumpfige Savanne mit Borassus-Palmen und verschiedenen Akazienarten entlang. Schwillt der Fluss in den Regenzeiten an, tritt er an einigen Stellen über seine Ufer und setzt großflächige Graslandschaften unter Wasser. Diese **sumpfigen Flächen** mit ihren klebrigen Black Cotton Soils (schwarztonige Erde) werden **„mbuga"** genannt. Um den Vegetationsgürtel in den Flussniederungen besser zu schützen, hat man die Zeltplätze von den Ufern weg an andere schöne Orte verlegt.

Sehr große Sumpfflächen, die nicht vom Tarangire gespeist werden, liegen im Südwesten des Parks und sind selbst bei Trockenheit nur mit Vorsicht zu überqueren. Die großen Sumpfflächen von **Silale, Larmakau** und **Nguselororobi** werden von Bachläufen aus den angrenzenden Ngahari Hills und von dem **Gosuwa River** aus den Sambu- und Lolkisale-Bergen gespeist. Besucher des Tarangire sind meist in den Trockenmonaten unterwegs, wenn vielerorts das Wasser bereits versickert ist und die Tiere am besten entlang der Wasserstellen zu beobachten sind.

Das übrige Landschaftsbild beherrschen die Baumsavanne und die markanten, inselartigen Erhebungen der Tarangire, Kitibong und Haidadunga Hills. Dominierend sind auch hier Schirm- und Flötenakazien sowie die besonders in den Regionen **Matete** und **Lemiyon**

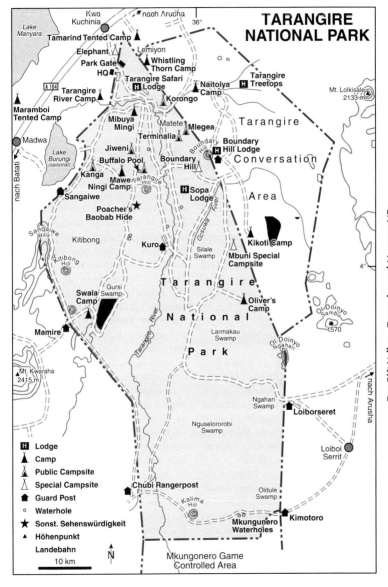

TARANGIRE NATIONAL PARK

– dem Nordost-Sektor des Parks – dicht beieinander stehenden **Baobabs** (Affenbrotbäume). Dieses Gebiet gehört zu den landschaftlich schönsten, eine Vielzahl von Tieren lässt sich hier häufig beobachten.

Auf der Westseite des Tarangire, verbunden durch die Engelhard-Brücke, liegen die als **Burungi** und **Kitibong** bekannten Zonen, wo herrliche Schirmakazien stehen und die beliebte Aufenthaltsgebiete von Büffeln und Spießböcken sind – eine vom großen Besucherstrom meist verschonte Ecke des Parks, wo auch das schöne Swala Camp eingerichtet ist. Die am Südende des Parks liegende Region **Mkungonero** wird nur selten besucht, die Pisten sind hier teilweise sehr schlecht, und das Wild ist auch noch nicht so sehr an Fahrzeuge gewöhnt.

Tierwelt/ Migrationsbewegungen

Zusätzlich zu den oben genannten Tierarten leben im Tarangire auch Elenantilopen, Gnus, Zebras, Impalas, Strauße, Giraffen, Grant-Gazellen, Wasserböcke, Dik Diks, Löwen, Leoparden, Geparden, Hyänen, Flusspferde (Lamarkau Swamp), Warzenschweine, Paviane, Mangusten und Klippschliefer.

Eine Besonderheit des Parks ist die auf Bäume kletternde **Pythonschlange,** die aufgrund ihrer „Baumrinden-Tarnung" selten zu erkennen ist (schon oft gesehen worden in den Akazien entlang des Silale Swamp).

Nashörner sind schon länger nicht mehr gesehen worden, man geht davon aus, dass die Hörner der letzten Tiere Dolchgriffe in arabischen Ländern zieren ...

Dagegen ist der Nashornvogel ein weit verbreiteter Vertreter der **Tarangire-Vogelwelt,** zu der auch Reiherarten, Frankoline, Purpurhühner, Ibise, Pelikane, Milane, Adler, Geier und Graukopfliese zählen.

Der Tarangire ist jedoch kein klassischer ganzjähriger Tierpark, sondern aufgrund des das ganze Jahr über Wasser führenden Tarangire-Flusses ein Wild-Sammelgebiet in den Trockenmonaten. Wenn die Bachläufe und Wasserlöcher in der Maasai-Trockensavanne versanden und auch im Rift Valley im Bereich des Manyara National Park die Grassavannen austrocknen, zieht der Tarangire die Tierherden an. In der Regel beginnt diese **Migrationsbewegung** im Juli und erreicht im Oktober/ November ihren Höhepunkt. Ab Dezember, wenn die kleine Regenzeit einsetzt, bringen Gnus und Zebras ihre Jungen zur Welt, ein Erlebnis, dem oft beizuwohnen ist.

Zu Beginn des Jahres verlassen dann wieder einige Tiere den Park hauptsächlich gen Osten und Süden, nur noch wenige Tiere wandern auch ins nördliche Rift Valley (Mto Wa Mbu und Lake Natron Game Controlled Areas). Im April/Mai, wenn die große Regenzeit das Gras der Savannen wieder zum Wachsen bringt, verteilt sich das Wild noch weiter im südlichen Maasailand. Die einzigen Tiere, die fast immer zu-

Elefanten vor dem Swala Camp
im Tarangire National Park

TARANGIRE NATIONAL PARK

rückbleiben, sind Kudus, Impalas, Oryx, Grants und Giraffen.

Die Tarangire-Migration ist somit – im Gegensatz zur Serengeti-Migration, die größtenteils innerhalb des eigenen Ökosystems bleibt und mehr einem kreisrunden Zyklus gleicht – eine **Zu- und Abwanderungsbewegung.**

Anreise und im Park unterwegs

Routenbeschreibung von Arusha aus siehe „Routenbeschreibungen ab/nach Arusha".

Wer die Absicht hat, bei einem der Ranger Posts den Park zu verlassen, muss dies zuvor beim Main Gate anmelden. Der Park ist auch mit dem **Flugzeug** über fünf Landepisten zu erreichen, meist wird jedoch die Landepiste beim Kuro-Rangerposten angeflogen. Die **Parkgebühren betrugen 2006 35 $** pro Tag und 40 $ pro Fahrzeug (bei nicht-tansanischem Kennzeichen).

Der Tarangire wird mit dem **Auto** erkundet. Nur die exklusiven Camps wie Swala oder Oliver's dürfen in Begleitung eines Rangers **Fuß-Safaris** durchführen (nur für Camp-Gäste). Die Camps außerhalb an der östlichen Parkgrenze bieten ebenfalls die Pirsch zu Fuß an sowie Exkursionen mit dem **Mountain-Bike.** Das beste Wegenetz befindet sich in der nördlichen Hälfte und lässt sich auch nach Regen gut befahren, ein Allradwagen ist dennoch empfehlenswert. Die südlichen Tracks

Der Baobab (Affenbrotbaum)

Der Baobab (Affenbrotbaum)

Ein typischer und oft bestaunter Baum der Trockensavanne ist der tonnenförmige, auch als Affenbrotbaum bezeichnete Baobab *(Adansonia digitata)* mit seinen länglichen Schotenfrüchten. Im Swahili heißt er „Mbuyu". Viele Ortschaften in Ostafrika nennen sich daher auch „Mbuyuni", was soviel wie „beim Baobab" bedeutet.

Die getrockneten Blätter sind für Menschen essbar und enthalten viel Provitamin A (Beta-Carotin), die fasrigen Rinden werden von manchen Volksgruppen in langen Streifen herausgeschnitten und zur traditionellen Web- und Seilherstellung verwendet. Aus den Schalen der Kerne im Innern der länglichen Schotenfrüchte (sehr reich an Vitamin C) wird vereinzelt auch eine Art Paste gestampft, die zum Kochen dient. Schon 2500 v.Chr. war die Frucht in Ägypten als „bu hobab" bekannt.

Einige Baobabs haben auch ausgehöhlte Stämme, die gerne von Fledermäusen bewohnt werden, welche nachts die Blüten der Bäume bestäuben.

Einer alten afrikanischen Geschichte zufolge wird die dickbauchige Form des Baumes folgendermaßen erklärt: Als Gott die Welt erschaffen hatte, glich der Baobab jedem anderen Baum. Doch damit war der Baobab nicht zufrieden und verlangte ständig von seinem Schöpfer Veränderungen, die ihn aus der Menge seiner Artgenossen herausheben würden. Er wollte unbedingt der größte und schönste aller Bäume sein. Zornig über die Unzufriedenheit des Baobabs und dessen ständige Nörgelei riss Gott daraufhin den Stänker aus der Erde, und um ihn ruhig zu stellen, steckte er ihn umgekehrt wieder hinein. Seitdem ragen, wie es scheint, nicht seine Äste, sondern seine Wurzeln in den Himmel.

Baobab-Bäume werden oft als heilig angesehen: „Kila shetani na mbuyu wake" (Swahili für: „Jeder Geist hat seinen Baobab").

An der ostafrikanischen Küste stehen einige der ältesten Baobabbäume des Kontinents mit einem Alter von fast 2000 Jahren. Diese alten Exemplare erreichen leicht einen Stammdurchmesser von 7–10 m und über 20 m Höhe. Das sehr weiche, gewebeartige Holz kann wie ein Schwamm Unmengen von Wasser speichern. Bei besonders großen Exemplaren wurden schon Mengen von ca. 20 m^3 festgestellt.

(Wege) sind dagegen sehr schlecht und werden hauptsächlich von Rangern genutzt, zudem werden Sie hier nicht viel mehr sehen als im Norden.

Beste Besuchszeit

Beste Besuchszeit sind die Monate **Juli bis November,** wenn die meisten Tiere entlang des Tarangire River verteilt und die Pisten zudem trocken und gut befahrbar sind. Zwischen den Regenzeiten (Februar und März) ist die südlichere Hälfte des Parks oft von Tsetse-Fliegen befallen, die einen Game Drive ganz schön vermiesen können.

Unterkunft

Lodges und Camps im Park

● **Tarangire Safari Lodge**
Herrliche, leicht erhöhte Lage am Tarangire River mit schönem Ausblick auf das Flusstal. Die älteste Lodge im Park liegt inmitten eines von Elefanten viel besuchten Gebiets. Mitunter kommt es vor, dass die großen Dickhäuter durch das Camp marschieren. Die Unterbringung erfolgt in großen Safarizelten, die leider sehr nah beieinander stehen, und in Bungalows jeweils mit eigenem Bad/WC (solar beheizte Duschen). Gutes Restaurant mit Bar, Terrasse, kleiner Pool und Generatorstrom. Zu buchen über Serengeti Select Safaris in Arusha, Tel. (027) 2544752, (0784) 202777, Internet: www.tarangiresafarilodge.com, E-Mail: sss@habari.co.tz, Tel. der Lodge (027) 2531447. Die Übernachtung in einem Zeltzimmer liegt bei 55/65 $ für EZ/DZ mit Frühstück. Die Bungalows sind etwa 10% teurer. Tagesgäste/Camper für Drinks und Mittag-/Abendessen willkommen (12.000 TSh p.P.). Ein Fahrzeug mit Fahrer kann bei Aufenthalt in der Lodge gemietet werden.

● **Tarangire Sopa Lodge**
Tel. (027) 2500630, 2506886, Fax 2508245, www.sopalodges.com. Größte Lodge im Park. Wirkt aufgrund der Architektur nicht so urig wie die Safari Lodge, bietet aber angenehmen Komfort und gutes Essen mit sagenhaftem Ausblick auf eine saisonale Überschwemmungsebene eines Zulaufs des Tarangire River. EZ/DZ liegen in den Sommermonaten bei 175/270 $ Vollpension, in der Nebensaison halbieren sich die Preise.

● **Swala Camp**
Zu buchen über Arusha, Tel. (027) 2509816/7, www.sanctuarylodges.com, E-Mail: tanzania@sanctuarylodges.com. Ein Camp wie aus einem Hemingway-Roman. Swala liegt abseits des üblichen Besucherverkehrs und bietet mit neun absolut luxuriösen Safarizelten (auf Holzplattformen errichtet, mit Bad und Toilette stilvoll integriert) wahres Busch-Feeling. Am Rande der saisonalen Gursi Swamps inmitten von Schirmakazien und gewaltigen Baobabs ist die große Attraktion von Swala ein kleines Wasserloch, welches von jedem Zelt und dem Restaurant- und Aufenthaltsbereich gut eingesehen werden kann. Regelmäßige Tränke für große Elefantenbullen, aber auch Löwen und Leoparden statten Swala in den Abendstunden ihren Besuch ab. Die Umgebung von Swala ist auch der beste Ort um die seltenen Beisa-Spießböcke zu beobachten. Swala verfügt über eigene offene Fahrzeuge mit professionellen Guides und ist das einzige Camp im Park, welches Fuß-Safaris unter bewaffneter Leitung durchführen darf. Allabendlich sitzt man unter grandiosem Sternenhimmel um ein rustikales Lagerfeuer und lauscht den Klängen der Nacht, bevor im Speisezelt das 3- bis 5-Gänge-Menü serviert wird. Empfehlenswert. Der Komfort und das Erlebnis haben allerdings auch ihren Preis: 405/340 $ p.P. (VP) in der Hauptsaison/Nebensaison inklusive sämtlicher Aktivitäten und Tierbeobachtungsfahrten.

● **Mawe Ninga Camp**
Tel. (027) 2502460, (075) 4305383, zu buchen über: www.tanganyika.com, E-Mail: tanzanie@tanganyika.com. Neues Tented Camp, 2004 eröffnet, liegt im nordwestlichen Teil des Tarangire-Nationalparks auf einem kleinen Felsenhügel und befindet sich etwa 9 km vom Haupttor entfernt. Der Stil ist recht natürlich, so dass Sie keinen überragenden

TARANGIRE NATIONAL PARK

Luxus, aber ein richtiges Buschgefühl in einem Camp mit persönlichem Service erwarten dürfen. Etwas überteuert, ab 325 $ p.P.

Lodges und Camps außerhalb

● **Oliver's Camp**
Wird über die Asilia Lodges vermarktet, Tel. (027) 2502799, (075) 5763338, Internet: www.oliverscamp.com, www.asilialodges.com, E-Mail: info@oliverscamp.com. Rustikales und naturnahes Luxus-Zeltcamp mit Platz für nur 12 Personen außerhalb des Parks südlich des Boundary Hill. Entlang des Camps ziehen sich herrliche Kopjes (Granit-Felshügel), die von den Maasai „Kikoti" genannt werden. Durch die Lage jenseits der Parkgrenze werden Wanderungen mit bewaffneten Rangern angeboten. An den Abenden wird mit Videofilmen und Erzählungen die afrikanische Tierwelt erklärt. Jahreszeitlich zieht das Camp auch um. Der gesamte Service mit Vollpension liegt bei 550 $. Empfehlenswert, safari-guiding auf hohem Niveau.

● **Tarangire Treetops**
Tel. (027) 2500630, 2506886, Fax 2508245, www.elewana.com. Innovative und beeindruckende Lodge in der Tarangire Conservation Area. Insgesamt 20 Zimmer als Baumhäuser, teils in Baobab-Bäume integriert, stehen zur Verfügung. In luftiger Höhe und mit herrlichem Blick über das Dach der Baumsavanne nächtigt der Gast unter Baumkronen, nach außen hin abgetrennt durch Zeltjalousien und Moskitonetze über den Doppelbetten. Aufgrund der Lage außerhalb des Parks inmitten von Maasailand sind zahlreiche Aktivitäten wie Pirschfahrten und Fuß-Safaris möglich. Übernachtung ab 290/390 $ EZ/DZ mit VP. Empfehlenswert, allerdings müssen für Pirschfahrten im Park größere Anfahrtswege in Kauf genommen werden.

● **Tarangire River Camp**
Gehört zur neuen Kette von Chimpanzee Safaris, Tel. (028) 2804435/6, Internet: www.chimpanzeesafaris.com, E-Mail: info@chimpanzeesafaris.com. Das Camp liegt in einer sehr schönen Region am Nordwestrand des Parks, unmittelbar am Tarangire-Fluss und unweit vom Lake Burungi. Das rustikale, aber sehr komfortable Zeltcamp hat ein schönes Flair und ist in seiner Umgebung reichlich wild. Jedes Zelt hat en-suite-Badezimmer mit Toilette.

● **Naitolya Camp**
Tel. (075) 4470447. Kleines Camp im Norden der Tarangire Conservation Area mit halb ausgemauerten Bungalows und viel Zeltleinen – stil- und geschmackvoll. Im Vordergrund steht die Zusammenarbeit mit den Maasai-Kommunen. Es werden Besuche in traditionellen Maasai-Dörfern angeboten sowie Fuß-Safaris. Pirschfahrten im Park werden ebenfalls unternommen. Service und Verpflegung sind gut, erreichen aber nicht das Niveau der oben beschriebenen Camps.
E-Mail: eastafricansafaris@habari.co.tz, www.tarangireconservation.com

● **Boundary Hill Lodge**
Diese Lodge wird ebenfalls von East African Safaris (Naitolya Camp) verwaltet und vermarktet. Die Lage und die Aussicht sind traumhaft. Nach Westen hin erstreckt sich der Park, im Osten breitet sich die Tarangire Conservation Area aus. Die Anfahrtswege zu den interessanten Gebieten im Ökosystem bleiben daher in einem erträglichen Rahmen.

● **Whistling Thorn Camp**
Einfaches Tented Camp für bis zu 20 Gäste an der Nordostecke des Tarangire-Parks, ca. 15 Min. vom Parkeingang entfernt. Liegt in einem privaten Wildschutzgebiet der Olasiti Maasai Community und wird geführt von Destination Africa, einem Tour-Unternehmen der Maasai. Zu buchen über: www.destinationafricasafari.com. Mehr Infos unter: www.whistlingthorncamp.org. Übernachtungspreise von 50–135 $ p.P./VP.

● **Maramboi Tented Lodge**
Das neueste Camp von Tanganyika Wilderness Camps liegt westlich der Hauptstraße nach Dodoma. Die Lage ist wunderbar mit vielen Borassus-Palmen. Mitte 2006 waren die Bauarbeiten noch nicht ganz abgeschlossen. Aktuelle Informationen und Preise unter: www.africanwilderness.com.

Camping

● **Außerhalb** des Parks, zwischen dem Ort Kwa Kuchinia und dem Main Gate, befindet

sich die **Campsite Kingongoni** (wenig Schatten/eingezäunt/Bar/kleine Zimmer ab 12 $). Das Zelten kostet 10 $ p.P.
- **Im Park** befinden sich – je nach Saison – mehrere Zeltplätze für Selbstversorger, die als **public campsites** bezeichnet werden und 30 $ p.P. kosten (auf Wunsch auch mit Brennholz). Schön gelegen ist der Platz beim Boundary Hill.
- Der Tarangire bietet zudem zahlreiche **special campsites** für 50 $ p.P. Diese liegen wunderschön, meist nah an Wasserläufen und sind exklusiv nur für eine Gruppe. Die Plätze sind jedoch oft von Safariveranstaltern belegt, die im Voraus ihre Lieblingsstellen buchen. Fragen Sie jedoch am Gate, oft ist noch ein Platz frei. Oder zu buchen über das TANAPA-Büro in Arusha (siehe dort).

Babati ⌁ IX,D1

Zwischen **Lake Babati** und dem Fuße des **2415 m hohen,** erloschenen Vulkanbergs **Mt. Kwaraha** liegt die grüne Kleinstadt Babati, ein zentraler Marktplatz und Verkehrsknotenpunkt zwischen dem Norden und dem zentralen Tansania. Seit 2002 ist Babati die Verwaltungshauptstadt der Manyara-Region. In den 1970er Jahren, als die „Great North Road" (A 104) von Arusha über Dodoma nach Iringa noch eine wichtige Verkehrsachse des Landes war, wuchs Babati zu einem bedeutsamen Ort des Umlandes. Zwar ist die A 104 nur eine ausgefahrene Piste, doch der Ort profitiert vom Handel und auch von den fruchtbaren vulkanischen Böden. Vor allem entlang der Hänge des Mt. Kwaraha sind viele Felder angelegt.

Die Südflanke des Bergs wurde beim letzten Ausbruch weggesprengt, in seinem Umfeld liegen noch kleinere Kraterlöcher. Südlich von Babati offenbart sich ein herrlicher Blick auf die bewaldeten Flanken des Mt. Kwaraha, und stellenweise ist auch der **Lake Babati** zu sehen, der von großen Wiesen und eleganten Schirmakazien umgeben ist. Die hier lebenden Volksgruppen der Fiome und Rangi fischen in dem kleinen **Rift Valley-See,** in dem auch einige Flusspferde leben. Mit dem Fahrzeug ist der Lake Babati nur über schlechte Kuhwege entlang der Wiesen zu erreichen. An seinen Ufern wird derzeit eine Lodge gebaut.

Sehenswürdigkeiten/ Ausflüge

Die freundliche Kleinstadt mit angenehm milden Temperaturen hat keine großen Sehenswürdigkeiten zu bieten. Eindrucksvolle Ausflüge von Babati aus sind eine **Einbaum-Tour** mit Fischern **auf dem Lake Babati,** Besuche beim Volk der Gorowa, die Erkundung der **Kolo Rock Paintings,** die **Besteigung des Mt. Hanang** oder des **Mt. Kwaraha,** Einblicke in die Kultur der Sandawe und Barabaig. Alles kann organisiert werden über das **Cultural Tourism Programme** und *Mr. Joas Kahembe,* einen sehr sympathischen und ehrlichen Tansanier mit viel Wissen über die Region (siehe bei Arusha). Hierfür wendet man sich an das Kahembe's Guesthouse bzw. den Eigentümer *Mr. Kahembe* (Kahembe's Trekking and Cultural Safaris). Vorausbuchung bzw. Terminvereinbarung sind empfehlenswert: Tel. (027) 2531088, 2531377, 0784-397477 oder über E-Mail: kahembeculture@hotmail.com, Internet: www.authenticculture.org. Wer ein paar dieser schönen Ausflüge abseits von den üblichen Touristengebieten vorhat, sollte mindestens drei Tage dafür einplanen.

Unterkunft

Von Arusha aus kommend, befinden sich rechts hinter einem großen Fußballfeld die Busstation und Babatis beste Unterkunft, das **Motel Paa Paa** für 2500 TSh die Nacht mit Frühstück. Das Restaurant ist einfach, es werden gute tansanische Speisen geboten, ein Biergarten mit Musikvideos ist zentraler Treffpunkt, im abgeschlossenen Hof kann das Auto sicher abgestellt werden. Eine andere gute, aber sehr bescheidene Unterkunft ist das **Grenn Mingi View** auf der Ostseite des Ortes oder eben das **Kahembe Guesthouse** in einer Seitenstraße, die zwischen Aggarwal Star und der Total-Tankstelle von der Hauptstraße abgeht; nach knapp 100 m ist das Guesthouse erreicht.

Routenbeschreibungen ab/nach Babati

Kwa Kuchinia (Tarangire) – Babati (174 km)

● Wellblechpiste, 1,5–2 Std. bis Babati. Busverbindungen täglich von Arusha.

Der Asphalt der A 104 ab Kwa Kuchinia (hier Abzweig zum Tarangire-Nationalpark) in Richtung Dodoma endet nach 3 km und geht in eine breite, sehr schlechte Wellblechpiste über. Die südlichen Ausläufer des Manyara-Sees entlang fährt man parallel zur mächtigen Grabenbruchwand des Rift Valley. Über die Dörfer Madwa (25 km) und **Magugu** führt die Straße durch typische Baumsavanne mit herrlichen Baobabs, rechter Hand zieht sich scheinbar endlos die Grabenbruchwand des Rift Valley bis weit ins südliche Tansania, linker Hand werden die Sangaiwe Hills passiert, und die Strecke steigt langsam an in das höher gelegene Babati. Die Piste von Magugu das Escarpment hinauf nach Mbulu ist in schlechtem Zustand, Vierradantrieb ist unerlässlich.

Babati – Kolo (Kolo Rock Paintings) – Kondoa (105 km) – Dodoma (261 km)

● Akzeptable Piste, später teils sandig oder wellblechartig. Fahrzeit 7–9 Std. (3–4 Std. bis Kondoa). Busse täglich ab Arusha/Babati (Aus- und Zusteigen in Kolo möglich).

Die A 104 führt am rechter Hand liegenden Babati See vorbei und windet sich über zahlreiche Kurven das waldreiche **Ufiome-Uassi-Hochland** (auch Irangi Hills genannt) hinauf. Siedlungen werden weniger, die Straße schlängelt sich auf dem Rücken des über 1800 m hohen Gebirgszuges entlang, und man bekommt hin und wieder einen Blick in die östlich liegenden Tiefen der Maasai-Trockensavanne oder auf den westlich markant aus dem Rift Valley ragenden **3417 m hohen Mt. Hanang.**

Bei **km 80** erreicht man am Fuße vom Bergland das Dorf **Kolo,** Ausgangsort für einen Besuch der **Kolo Rock Paintings.** Nach weiteren 23 km wird eine kleine Kreuzung erreicht mit Hinweisschild zum 2 km entfernten Distriktort **Kondoa,** dem nächstliegenden Ort mit einfachen Unterkünften für einen Besuch der Felsmalereien.

Auf der Straße weiter in Richtung Dodoma ist bei **km 173** der Ort **Haneti** erreicht, in dem Busse oft halten, um Passagieren die Möglichkeit zu geben, Tee mit Chapati zu sich zu nehmen.

Nach der Durchquerung der fast 2000 m hohen Maminzi Hills führt die Strecke in die niederen Ebenen Zentraltansanias und erreicht bei **km 216** das saisonal aride und sandigere Gebiet von Meia Meia, einst der alleinige Lebensraum des **Sandawe-Buschvolkes.** Nach weiteren 25 km werden die **Weinanbaugebiete bei Makutapora** passiert, bis schließlich Dodoma erreicht wird.

Babati – Ndareda – Katesh (Mt. Hanang) – Singida (178 km)

● Breite Piste, teils sandig, teils wellblechartig. Fahrzeit 4–5 Std., Busse täglich morgens.

In Babati befindet sich nach der Tankstelle und der Post der Abzweig nach Singida.

Die B 143 verläuft zunächst durch die hügeligen Ausläufer von Babati, bis man den Ort Ndareda am Fuße des Dabil Escarpment erreicht. Im Ort geradeaus führt die Piste über Bashanet nach Mbulu, dem **Hochland des Iraqw-Volkes** (siehe bei Karatu).

Das nun folgende Gebiet rechts in Richtung **Mt. Hanang** und die oberhalb der Grabenwand liegenden Flächen waren noch vor wenigen Jahrzehnten der alleinige **Lebensraum der Barabaig** (vgl. entsprechenden Exkurs).

24 km hinter Ndareda durchfährt man den Landwirtschaftsort Endasak, 1 km außerhalb erfolgt rechts der Abzweig ins 7 km entfernte Giting an der Nordostseite des Mt. Hanang. Dort befindet sich das Forest Office des Berges, wo Sie evtl. einen Führer für die Besteigung organisieren können.

Weiter auf der B 143 folgt ziemlich genau 10 km nach Endasak ein scharf links abgehender Weg, der zu dem 5 km entfernten kleinen **Kratersee Basotuquang** in den Mangati Plains führt. Das dunkelblau schimmernde Wasser dient den Viehherden der Barabaig als Tränke.

Nach dem Dorf Nangwe folgt **bei km 76 Katesh** (Tankstelle) an der Südseite des Mt. Hanang und ebenfalls Ausgangspunkt für die Besteigung des Berges.

13 km hinter Katesh gabelt sich die Piste, rechts geht es über das Malbadow Escarpment auf die Basotu-Ebenen mit ihren gigantischen Weizenfeldern. Weiter führt die B 143 durch trockenes Buschland mit vereinzelten Kratern, deren Böden landwirtschaftlich genutzt werden. Ab und zu türmen sich gewaltige Granitfelsen auf, und im Osten zeigen sich die südlichen Ausläufer des Rift Valley und der flimmernde Sodasee Balangida Lelu.

Die Strecke bis Singida wird zunehmend besser.

Kolo Rock Paintings

↗ IX,D2

Die Felsmalereien im nördlichen Zentral-Tansania sind seit 2006 Teil des **UNESCO-Weltkulturerbes** und gehören zu den **am wenigsten erforschten und besuchten Afrikas.** Dabei übersteigt ihre Zahl und die Art der Darstellungsweisen bei weitem die bekannten und gut erschlossenen Felsmalereien im Süden des Kontinents. Allein in den Bereichen Kolo, Singida und bei den Kidero Mountains am Lake Eyasi sind **„186 sites of Rock Paintings"** bekannt – geschützt von gewaltigen Felsvorsprüngen –, und noch viele weitere werden vermutet.

Dass sich gerade im Gebiet von Kolo eine so dichte Ansammlung von Felsbildern findet, liegt zum einen in der geologischen Entstehung des Rift Valley begründet, welche die natürlichen Voraussetzungen schuf. Durch die gewaltigen Erdbewegungen während der Entstehungsphase des afrikanischen Kontinentalrisses gelangten große Felsblöcke an die Oberfläche. Besonders in den Grabenbruchwänden sind heute mächtige Granit- und Gneisblöcke zu finden, die je nach ihrer Lage im Laufe der Jahrtausende von Winden und Erderosion freigelegt wurden. Dabei stechen nicht selten Felsen in der Größe eines Einfamilienhauses weit aus dem Landschaftsbild und schaffen unter sich regelrechte Halbhöhlen. Derart geschützte Felsvorsprünge lassen sich zuhauf entlang der stark abfallenden östlichen Bergwand des **Ufiome-Uassi-Hochlandes** bei Kolo besichtigen, von denen viele mit faszinierenden Felsbildern bemalt sind.

Zum zweiten ist diese Art der Kunst im Afrika südlich der Sahara im Allgemeinen **Buschmann-Völkern** zuzuschreiben, die meist in wildreichen Gebieten und klar getrennt von Vieh haltenden und Feld bewirtschaftenden Bantu-Völkern ihren Lebensraum hatten. Die natürliche Grenze zwischen den Jägern und Sammlern einerseits und den sich zunehmend ausbreitenden Vieh- und Agrarvölkern andererseits folgte der Bodenfruchtbarkeit und vor allem der Verbreitung der Tsetse-Fliegen. Die von der Fliegenart auf Rinder übertragene Nagana-Seuche machte das Ansiedeln von Vieh haltenden

Kolo Rock Paintings

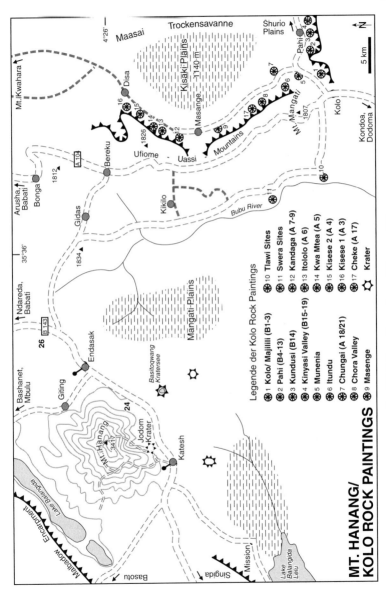

Karte IX — MT. HANANG/KOLO ROCK PAINTINGS 255

Das Rift Valley – Tarangire und Manyara NPs

DIE BARABAIG, DAS SANDAWE-BUSCHMANNVOLK

Die Barabaig – das Schicksal eines Nomadenvolkes

„Die Barabaig sind ein isoliertes und noch wenig erforschtes Volk, das zur Stammesgruppe der Tatog gehört (...) die Barabaig wanderten vor etwas mehr als hundert Jahren in eine Region ein, die heute den Hanang-Distrikt bildet. Sie erkannten, dass sie am besten gedeihen konnten, wenn sie ihre Tiere abwechselnd in acht ökologisch verschiedene Regionen trieben. Damit konnten sie sich den schwierigen klimatischen und vegetativen Veränderungen sehr gut anpassen, und ihr Vieh wurde bald in ganz Tansania hochgeschätzt. Sie bauten kleine Dämme und Teiche, damit ihr Vieh das ganze Jahr über Wasser hatte. Sie machten ihr Land bewohnbar, indem sie es mit den Geistern ihrer Ahnen bevölkerten, sie bauten die „Bung'eding" (Erdhügel), in denen die Seelen ihrer verstorbenen Väter leben und über sie wachen (...)

Die Basotu-Ebenen waren für das Überleben der Barabaig unentbehrlich, sie bildeten die fruchtbarste und ertragreichste Region von Hanang, und genau aus diesem Grund wurden sie auch für das tansanisch-kanadische Weizenprojekt ausgesucht.

Die Basotu-Ebenen, von der Regierung als ungenützt bezeichnet, wurden zum Staatseigentum erklärt (...) mit kanadischem Geld kaufte man in Kanada Traktoren, Saatgut und Pestizide und begann mit dem Umpflügen der Savannen. Als die Barabaig ihren üblichen Wanderungen folgend auf ihre Weiden zurückkehren wollten, wurden sie des Landfriedensbruchs beschuldigt und gewaltsam vertrieben. Als sie es erneut versuchten, wurden sie zusammengeschlagen, verurteilt und ins Gefängnis gesteckt. Viele ihrer Hütten wurden niedergebrannt, Dämme wurden zerstört und die Hügel der Ahnengeister kamen unter den Pflug. (...) Als zusätzliche Bestrafung wurde ihr Vieh „konfisziert".(...)

Mit Unterstützung von Menschenrechtsanwälten haben die Barabaig beim Hohen Gericht in Arusha eine Klage eingereicht (...)."

aus: *George Monbiot* – Nomadenland,
mit freundlicher Genehmigung des Marino Verlages

Das Sandawe-Buschmannvolk

Zusammen mit dem Volk der Hadzabe (vgl. entsprechenden Exkurs) gehören auch die Sandawe in die afrikanische Großgruppe der Khoisan, der so genannte Klicklaute sprechenden Völker Afrikas, zu denen auch die San-Buschleute im südlichen Afrika gezählt werden. Die Sandawe sind diesen sogar durch ihr Aussehen noch näher als die in Tansania bekannteren Hadzabe. Wie die San-Buschleute haben auch sie eine kleine Körpergröße, eine helle Hautfarbe und das typische „Popcorn-Haar". Ihre Sprache beinhaltet ebenfalls vier Klicklaute, doch unterscheidet sie sich gänzlich von der Buschmannsprache im Süden Afrikas. Auch mit den Hadzabe können sie nicht kommunizieren.

Während man Ende der 1950er Jahre noch etwa 20.000 Sandawe zählte, ist ihre Existenz heute von der Integration in das Leben der um sie siedelnden Bantu-Afrikaner bedroht. Ihre traditionelle Lebensform als Sammler und Jäger mit geringem Feldanbau hat besonders während der Ujamaa-Zeit gelitten, als sie als niedere „Wesen" angesehen wurden und durch Landnahme ihren natürlichen Lebensraum weitgehend verloren. Über die Zahl der Sandawe und ihr Leben ist heute nicht viel bekannt, nur noch vereinzelte Gruppen leben in der Abgeschiedenheit der Wildnis im Rift Valley zwischen den Mangati Plains und der Central Railway und werden auch weiterhin von der Regierung ignoriert. Viele Sandawe sind zum Ackerbau übergegangen und haben sich mit ihren Bantu-Nachbarvölkern durch Mischehen vermischt.

Bantu-Völkern unmöglich. Die unmittelbar östlich der Kolo-Felsmalereien liegenden Kisaki Plains sind ein solches Verbreitungsgebiet der Tsetse-Fliege.

Diese natürlichen „Schutzmechanismen" sicherten den Buschmann-Völkern, etwa den **Hadzabe** und den **Sandawe** (vgl. entsprechende Exkurse), bis heute den Fortbestand. Ob nun die Felsmalereien von Kolo genau diesen beiden Buschmanngruppen zuzuordnen sind, ist nicht geklärt, vieles spricht jedoch dafür. Von den Hadzabe und Sandawe selbst sind Überlieferungen nicht bekannt.

Die meisten Abbildungen – auf ein Alter **zwischen 500 und 3800 Jahren** geschätzt – zeigen **Wildtiere** wie Giraffen, Eland- Antilopen, Elefanten, Kudus, Strauße, Impalas und Zebras, alles begehrte Tiere der Buschmann-Jäger. Bezeichnenderweise fehlen sämtliche Raubtierarten, die von Buschmännern respektiert und gemieden werden. Rinder- oder ziegenähnliche Abbildungen sind nur an zwei Stellen zu finden; ihre weißlichen Farbtöne lassen den Schluss zu, dass sie nur wenige hundert Jahre alt sind und wohl auf die ersten Angehörigen von Bantu-Völkern in dieser Region hinweisen.

Außerdem zeigt ein Teil der Menschen-Darstellungen auch Jäger mit Pfeil und Bogen. So deuten die Zeichnungen bei **Masenge** auf jagende Hadzabe-Buschmänner hin, da die dargestellten mannshohen Bogen nur bei diesem Volk bekannt sind.

Für die heute südlich lebenden Sandawe spricht u.a. die Abbildung bei **Swera**. Hier wird ein sitzender Mensch dargestellt, der eine riesige Honigwabe in den Händen hält und von Bienen umschwirrt wird. Tatsächlich ist das Sammeln von Honig eine charakteristische Lebensgrundlage der Sandawe-Buschmänner.

Die bekanntesten und am einfachsten zu erreichenden Stellen sind jedoch die **Mungumi wa Kolo (Kolo B 1–3)**, die „caves of spirit". Diese drei nah beieinander liegenden sites werden auch als **„maji-lili"** bezeichnet, da hier heute noch geheime Regenrituale abgehalten werden. Nicht selten findet man Opfergaben bei dem größten Felsen B 1. Die Darstellungen sind hier jedoch nicht so vielseitig und präzise, wie z.B. bei der sehr großen **Cheke-site (A 17)**. Die Menschenbilder ähneln eher Strichmännchen-Zeichnungen, sind aber bewegende Motive, die einen über Sinn und Inhalt rätseln lassen.

Weitere beeindruckende, aber auch schwieriger zu erreichende Stellen sind das präzise gezeichnete Nashorn am **Tlawi-Felsen** und die etwas merkwürdigen Zeichnungen bei der **Kandaga-Site (A 7–9)**, die wohl geometrische Formen sowie sonnen- und blumenartige Darstellungen wiedergeben sollen.

Besichtigung

Von den Rock Paintings bei Kolo sind **insgesamt 14 sites** von dem Department of Antiquities (untersteht dem Ministry of Education & Culture) unter Schutz gestellt, jedoch sind nicht alle zugänglich. Beim nicht zu verfehlenden Büro an der Hauptstraße muss man sich **anmelden** und die **Besichtigungs-**

gebühr von **3000 TSh** zahlen. Sämtliche Felsmalereien dürfen **nur in Begleitung eines Führers** vom „Office for Antiquities" besucht werden.

Wer kein eigenes Fahrzeug hat, muss viel **zu Fuß** gehen, die am nächsten gelegenen Kolo-sites sind ca. 6 km entfernt (insgesamt 3 Stunden).

Mit dem Auto kann man außen herum 8 km fahren (sehr schlechte Piste, nur mit 4WD), bis es nur noch wenige hundert Meter zu Fuß den Berg hinauf sind.

Mit dem Bus kommen Sie nur bis Kolo, von dort müssen Sie mit dem Führer etwa 6 km bis zu den nächstgelegenen Stellen mit Felsmalereien laufen.

Wer mehrere Felsmalereien besichtigen will, wird 2–3 Tage benötigen, viele Stellen liegen weit im Busch verstreut, und man muss viele Wege zu Fuß durch dichten Busch zurücklegen. Von vielen Stellen ergeben sich aber auch herrliche Blicke in die Weiten der Maasai-Trockensavanne. Denken Sie an genügend Wasser.

Unterkunft

- Kolo ist lediglich ein kleines Dorf, in dem es noch kein landestypisches Guesthouse gibt. Für Selbstversorger besteht die Möglichkeit, **nahe der Kolo-site** an einem kleinen Bachlauf zu **campen**. Der rechte Abzweig zu dem Platz erfolgt nach 3,3 km auf der Piste in Richtung Shuriro Swamps. Nach etwa 1 km erreichen Sie den Bach. In jedem Fall müssen Sie aber Ihre Camping-Absicht mit dem Caretaker in Kolo absprechen.
- Die einzigen anderen Übernachtungsalternativen bieten die einfachen Unterkünfte in **Babati** oder **Kondoa.**

Kondoa ⌕ IX,D2

Kondoa ist nach dem gleichnamigen, saisonal ausgetrockneten Fluss benannt. In dem wenig interessanten Distriktort erinnern noch der alte Bau der Polizeistation und die große **Boma mit Wachturm** (jetzt District Office, Besuch möglich) an die deutsche Kolonialzeit, als Kondoa wichtiges Bezirksamt war und Stützpunkt der 13. Schutztruppen-Kompanie. Oberhalb der Brücke über den Fluss spannt sich noch eine alte, nicht mehr passierbare **Hängebrücke aus Feldbahngleisen,** ebenfalls ein Relikt aus kaiserlichen Zeiten (Vorsicht: Fotografierverbot, da die Brücke auf dem Gelände des District-Gefängnisses ist!).

Unterkunft

Im Ort befinden sich eine Tankstelle und ein paar landestypische Guesthouses. Da es im 27 km nördlich gelegenen Dorf Kolo, dem Ausgangsort für einen Besuch der Felsmalereien, keine öffentliche Unterkunft gibt, ist es ratsam, in Kondoa zu übernachten und die **Besichtigung der Kolo Rock Paintings** von hier aus als Tagesausflug zu unternehmen.

- Die beste Unterkunft in Kondoa ist das kleine und etwas unscheinbare **New Planet Hotel** am Ortsende (P.O. Box 415, Tel. 180) für 3500 TSh das EZ und 4500 TSh das DZ.
- Weitere Unterkünfte sind das **Savanna Inn Guest House** für ca. 3000 TSh die Nacht oder das **New Splendid Hotel**, alle mit getrenntem Bad/WC und beide in der Nähe der Tankstelle und Busstation.

Restaurant

- Kondoas bestes Restaurant ist das **L.A. Kimambo Florida Restaurant** an der Hauptstraße im Ort (Chemichem Street, 200 m nach der Brücke rechter Hand), wo gute tansanische Gerichte und kühle Getränke gereicht werden.

Mt. Hanang   ⤴ IX,C1

Der **vierthöchste Berg Tansanias (3417 m)** ist der südlichste Vulkankegel im East African Rift Valley. Der längst erloschene Berg – zuletzt vor über 4 Millionen Jahren ausgebrochen – besitzt nur noch an seiner Nordwestseite, wo er vom **Lake Balangida** 2000 m aus der Ebene ragt, die klassische Kegelform. Die dem Ort Katesh zugewandte Seite ist aufgebrochen, ähnlich wie am Mt. Meru haben die Ausbrüche eine Flanke des Kegels weggerissen.

Da der Mt. Hanang (auch „Gurui" genannt) abseits der üblichen Touristenrouten des Nordens liegt, wird er nur wenig bestiegen. Kaum ein Safariunternehmen hat den Berg im Programm, eine Übernachtungshütte in Gipfelnähe gibt es auch nicht, wer den Berg besteigen möchte, muss dies komplett auf eigene Faust angehen. Gute Fitness und etwas Bergsteigererfahrung sollte man mitbringen. Für einen bequemen **Auf- und Abstieg** ist mit zwei Tagen zu kalkulieren, Geübte schaffen den Hanang auch an einem Tag, vorausgesetzt man geht früh los. Einen Führer bekommen Sie entweder in Giting oder in Katesh.

Mit dem Auto kann man noch etwa 5 km bis an den Fuß des Hanang heranfahren. 1,5 km in Richtung Babati führt links (grünes TANESCO-Schild) eine Piste zum Berg. Nach 4,5 km an einer Gabelung wieder links halten, bis der

Berg erreicht ist, geradeaus folgt nach 3 km das tiefe **Jodom-Kraterloch**.

Der Hanang besitzt **zwei Gipfel**. Der **Southern Summit** liegt nur knapp unter 3400 m und ist über den Westaufstieg gut zu begehen (4–6 Stunden). Der schmale Grad zum **Main Summit** ist ein wenig mit Klettern verbunden, eine Bergsteigerausrüstung oder ein Seil ist jedoch nicht erforderlich. Der östliche Aufstieg führt durch waldreicheres Gebiet. Für diese Route sollten 6–8 Stunden eingerechnet werden. Wer von Katesh losläuft, muss noch eine Stunde hinzurechnen. Am Berg bekommen Sie kein Wasser, nehmen Sie daher mindestens 2 Liter pro Person mit.

Blick auf den Mt. Hanang (mit dem Kratersee Basitoqwang im Vordergrund)

Mto Wa Mbu

In dem dichten Waldgürtel auf mittlerer Höhe soll es angeblich keine Büffel mehr geben, seien Sie dennoch vorsichtig. Die Aussicht von den Gipfeln auf den weit unten liegenden Balangida-See, den Malbadow Escarpment, über die Basotu-Ebenen und auf den Jodom-Krater in den Mangati Plains ist atemberaubend.

Unterkunft

Katesh bietet nur einfache Unterkünfte wie das **Tip Top Guesthouse, das Hanang View** und das **Colt Guesthouse** für 4000–6000 TSh für saubere Zimmer mit eigenem Bad. Besteigungen des Mt. Hanang über die Südostflanke oder über Giting lassen sich spontan von Katesh aus organisieren. Besser ist jedoch der Service über das Cultural Tourism Programme in Babati.

Mto Wa Mbu   ⌕ V, C3

Der Ort zieht sich die viel befahrene Asphaltstraße entlang und wirkt besonders in der Trockenzeit wie eine Oase. Aus dem Ngorongoro-Hochland fließen über mehrere Kaskaden die ganzjährig Wasser führenden Flüße Kirurumu und Simba das Escarpment hinunter und verwandeln hier das sonst karge Rift Valley in eine fruchtbare Landschaft. Südlich der Ansiedlung, im angrenzenden Nationalpark, vereinen sich die lebensspendenden Adern zum **Mto Wa Mbu River** („Fluss der Mücken"), welcher im Manyara-See sein Ende findet. Dass der Ort daher auch als „Mückenoase" bekannt ist, merkt man spätestens beim Zelten auf den Campingplätzen.

Für die meisten Reisenden ist Mto Wa Mbu nur ein kurzer Stopp auf dem Weg in den Manyara-Park oder in Richtung Serengeti. Doch zahlreiche **interessante Ausflüge** in die Umgebung lassen sich von hier über das **Cultural Tourism Programme** realisieren: **kulturelle Besuche** bei verschiedenen Volksgruppen, Trips zu Wasserfällen und die Erkundung des Urwalds. Im Ort wendet man sich an das **Red Banana Café** an der Hauptstraße, Tel. (027) 9539115, 2539258. Weitere Aktivitäten beinhalten Wanderungen (in Begleitung) zu einem kleinen See mit Wasserfall, die Besteigung des Balaa Hill oder den Besuch von Farmern, Maasai-Frauen-Kooperativen und landwirtschaftlichen Entwicklungsprojekten.

Im Zentrum bei der Post und Tankstelle befindet sich der große **Souvenir-Markt Masai Cultural Center** mit seinem umfassenden Angebot. Eine Besonderheit, die Sie sich nicht entgehen lassen sollten, sind die von Straßenverkäufern angebotenen **Roten Bananen.** Diese eher seltenen Bananen sind dicker und kürzer als herkömmliche und fruchtig-süß im Geschmack.

Unterkunft/Camping

Im Ort befinden sich im Wesentlichen nur einfache Guesthouses, vorzuziehen sind die Zimmer der unten genannten Zeltplätze.

In Mto Wa Mbu bieten folgende Unterkünfte gehobeneren Standard:
● **Eunoto Retreat**
Tel. 075-4360908, www.maasaivillage.com.
Luxus-Lodge, welche in Kooperation mit einem Maasai-Dorf ins Leben gerufen wurde. Die Architektur ist den Rundhäusern der

Arusha-Maasai nachempfunden. Die Einrichtung der großräumigen Bungalows hat viel afrikanische Atmosphäre, die Lage direkt unterhalb der Grabenbruchwand, in der Nähe eines Wasserfalls, einer Fledermaushöhle und eines kleinen Sees, garantiert Erholung und Erlebnis pur in traditioneller Maasai-Gesellschaft. E Unoto liegt in Richtung Selela, etwa 6 km nördlich von Mto Wa Mbu.

● **Lake Manyara Tented Camp**
Das Camp gehört zur Moivaro Lodges und Tented Camps Kette. Internet: www.moivaro.com. Ausgeschilderter Abzweig (1,6 km) zu einem herrlichen Akazien-Waldgebiet. Das rustikale Camp ist umzäunt und bietet acht Safarizelte auf Plattformen. Übernachtung ab 100 $ p.P. Das Essen ist gut.

Von Arusha aus kommend, befinden sich folgende **Campingplätze/Unterkünfte** links an der Hauptstraße:

● **Jambo Campsite & Lodge**
600 m weiter, einfache Campsite mit afrikanischem Ambiente für 4 $ pro Person, kleine Zimmer ab 10 $, Bar & Restaurant (Essen muss vorbestellt werden).

● **Twiga Campsite & Hotel**
250 m weiter, sehr schöne Gartenanlage, beliebter Treffpunkt für Overlander, Zelten ab 5 $, große Halle mit Bar und gutem Restaurant, saubere Zimmer mit Moskitonetz/Dusche/WC ab 15 $, Kochstellen für Camper, eingezäunt und sicher. Seit neuestem gibt es einen Swimmingpool. Autovermietung für Tagesausflüge möglich.

Fährt man das Escarpment hoch in Richtung Karatu, kommt direkt nach Erreichen der oberen Grabenbruchkante rechts der Abzweig zum:

● **Panorama Campsite**
Tel. (027) 2539286-7. 500 m von der Hauptstraße entfernt, macht der Platz seinem Namen alle Ehre, die Aussicht ist genial; zudem ist das Klima milder und auch weniger Moskitos fliegen herum. Das Zelten kostet 5000 TSh p.P., schön sind auch die mit Betten versehenen Zeltzimmer, die 30.000 TSh kosten.

Routenbeschreibungen ab/nach Mto Wa Mbu

Makuyuni – Mto Wa Mbu (Manyara National Park) – Karatu (62 km)

● Bis zum Ngorongoro-Eingangstor neuer Asphalt. Fahrzeit etwa eine Stunde. Busverbindung ab Arusha, Dalla Dallas ab Makuyuni.

Nach den hügeligen Ausläufern des 2300 m hohen Losimingur, eines früheren Vulkanbergs, fährt man durch die flache Ebene des staubigen **Rift Valley** und erreicht bei **km 37** den grünen Ort Mto Wa Mbu am Fuße der Rift Valley-Grabenbruchwand. Am Ortsende, direkt vor dem Beginn der Serpentinen-Strecke auf das Mbulu-Hochland hinauf, ist links der Abzweig zum 200 m entfernten **Entrance Gate des Manyara National Park.**

Nach dem Anstieg erfolgt bei **km 42** der Abzweig zur neuen Lake Manyara Serena Lodge, 200 m weiter zweigt rechts die Piste zum 5 km entfernten Kirurumu Camp ab.

Bei **km 43** erreichen Sie den Weg zum 4 km südlich liegenden Manyara Hotel (siehe im Abschnitt zum Manyara National Park).

Die neue Asphaltstraße führt durch Täler und Hügellandschaften und erklimmt weitere Höhenmeter im Mbulu-Hochland.

Kurz bevor Sie nach Karatu hineinfahren, befindet sich rechts die Zufahrtsstraße zur 5 km entfernten Gibb's Farm (siehe bei Karatu).

Mto Wa Mbu – Engaruka Jini (Engaruka Ruins) – Lake Natron (114 km)

● Anfangs gute Piste, nach Salela schlechter und dann staubig. Am Ende nur langsames Vorankommen wegen Bodenwellen. Dalla Dallas mehrmals die Woche. Eigenes Fahrzeug oder über Safari-Unternehmen vorteilhafter.

Die **Hauptroute** (Fahrzeit 4–6 Std.) und wohl zugleich interessanteste Strecke zum Lake Natron führt von Mto Wa Mbu über die Ansiedlung Selela und parallel zur großen Grabenbruchwand, auf der sich oberhalb das kühle, bewaldete Ngorongoro-Hochland erstreckt.

Von Mto Wa Mbu fährt man 3 km zurück in Richtung Arusha, bis zwischen einer Häusergruppe die anfangs gut zu befahrende Piste ins 55 km entfernte **Engaruka Jini** (kleiner Kiosk mit Keksen und Sodas, Diesel aus Fässern) abzweigt. In dem staubigen Nest befindet sich ein Schlagbaum. Hier müssen für die Weiterfahrt (auch wenn nur Transit) 5000 TSh pro Person entrichtet werden (angeblich Gebühren für ein Engaruka Community Project ...).

Abstecher Engaruka Ruins

In Engaruka Jini führt links eine Piste 4 km durch fruchtbares Siedlungsgebiet bis zum Fuße der Grabenwand in den Nebenort **Engaruka Juu.** Der Ort ist durch den vom Hochland ganzjährig abfließenden Engaruka River stets grün. In den Feldern und an den Hängen befinden sich die so genannten **Engaruka Ruins**, eine **Ansammlung von Steinwällen und Bewässerungsdämmen** aus dem **15. bis 17. Jahrhundert.** Sorgfältig hat ein hier lebendes Volk große Vulkanbrocken gesammelt, um Felder voneinander abzugrenzen, Terrassenbau an den Hängen zu betreiben und um Hütten-Fundamente zu errichten.

Am Ende der Piste liegt linker Hand eine Schule, hinter der sich die Spuren dieser früheren Kultur im Gelände besichtigen lassen. Insgesamt bestand das über 2000 ha große Siedlungsgebiet wohl aus sieben Dörfern. Deutlich zu erkennen sind die „Ruinen" im weitläufigen Gelände nicht, erst ein paar Schritte die Grabenwand hinauf geben einen etwas besseren Überblick über die schachbrettartigen Muster der ehemaligen Felder. Der Ort wurde wahrscheinlich um 1800 aufgegeben, zu einer Zeit also, als von Norden her Maasai in das Land einwanderten und von der man annimmt, dass allgemein die Bodenfruchtbarkeit südlich des Äquators von einer großen Trockenperiode beeinträchtigt wurde. Welches Volk jedoch hinter diesem für die damalige Zeit höchst modernen Feldbau stand, konnte nicht geklärt werden. Vielleicht besiedelten die Vorfahren der heutigen Iraqw einst diesen Teil des Rift Valley.

Ab Engaruka Jini wird die Piste in Richtung Natron-See sehr sandig, große Fesh-Fesh-Passagen verlangen kraftvollen Vierradantrieb. Der zunehmende Touristenverkehr in den letzten Jahren hat die Piste in einen miserablen Zustand gebracht.

Die Strecke führt östlich um die kleine Bruchstufe des Ol Keri Escarpment herum und tritt auf die alte Monduli-Straße. Durch endlose, ausgedörrte Trockensavanne fährt man geradewegs auf den Ol Doinyo Lengai zu. Entlang der Ausläufer des Berges sind einige Schluchten zu durchqueren, und man kommt unmittelbar an dem kleinen „Schmarotzer"-Vulkankegel Lafarasi vorbei, bis man langsam in die heiße und von grauer Asche bedeckte Senke des Natron-Sees gelangt.

Direkt nach dem Entrance Gate des **Natron Nature Reserve** zweigt rechts die Piste zum 5 km entfernten Südufer des Lake Natron ab, wo regelmäßig große Scharen von Flamingos zu beobachten sind, sowie zum Ngare Sero Lake Natron Camp.

Linkerhand folgt der Abzweig zum Waterfall Campsite und 1 km geradeaus liegt **am Fuße des Mbalelu-Kraters** (Aufstieg 1 Stunde) der Ort **Engare Sero** (56 km von Engaruka Jini entfernt). In nördlicher Richtung führt die Piste noch einige Kilometer parallel zu den großen, weißen Salzflächen des Natron-Sees, bis sie das Escarpment erklimmt und sich nach etwa 30 km gabelt. Nördlich geht es über den großen Maasai-Ort Sale in das über 2000 m hohe Bergland von Loliondo bis nach Wasso und weiter in Richtung Klein's Gate in die Serengeti. Am Abzweig südlich führt die Piste über den Ort Malambo in die **Ngorongoro Conservation Area** zur Oldupai Gorge.

Manyara National Park
↗ IV, B3

Der Park

Der 1960 gegründete Manyara ist der **einzige Rift Valley-Nationalpark im Norden Tansanias.** Wo in früheren Zeiten die Jeeps von *Hardy Krüger* und *John Wayne* über die Ebenen rund um den See rasten, um für den Dreh des Hollywood-Klassikers „Hatari" Tiere einzufangen, erinnert heute eine Tafel am Eingang des Parks an die raubeinigen Filmhelden aus vergangenen Tagen. Eingekeilt zwischen der ca. 400 m hohen und an einigen Stellen senkrecht abfallenden Grabenwand und dem sodahaltigen Lake Manyara erstreckt sich das Schutzgebiet über ca. 35 km und ist durchschnittlich nur 4 km breit. Mehr als zwei Drittel des Parks werden von dem 950 m hoch gelegenen, abflusslosen See eingenommen, der saisonal für Heerscharen von pink schimmernden **Flamingos** Heimat ist. Nur das Südende vom Lake Manyara liegt außerhalb der Parkgrenze und wird von großen Sumpfflächen bestimmt, an deren Rändern das Volk der Mbugwe Feldbau betreibt. Im Norden trennt ein Elektrozaun die Tiere des Parks von den Bewohnern des Ortes Mto Wa Mbu. In den Monaten August bis November ist der Lake Manyara meist zu zwei Dritteln ausgetrocknet, die Uferlinie ist dann weit zurückgewichen und die Zahl der Flamingos gering. Große Migrationsbewegungen bei den anderen Tierarten des Manyara sind jedoch selten. Die großen Flüsse führen ganzjährig genug

MANYARA NATIONAL PARK

Wasser an die Trinkstellen, und die Vegetation entlang der Flussläufe (z.T. auch Galeriewälder) spendet reichlich Schatten und Futter. Zudem schränken das Farmland im Süden und der Ort Mto Wa Mbu Wanderbewegungen zunehmend ein.

Der **Name des Parks** stammt von dem Maasai-Wort *Emanyara,* das eine Euphorbienart beschreibt, die von dem Nomadenvolk als Zaun oder Schutzwall für ihr Vieh genutzt wird. Der klebrige Saft aus den Zweigen ist giftig und auf keinen Fall mit den Augen in Kontakt zu bringen.

Von den **zahlreichen Flüssen und Bächen,** die vom Mbulu- und Ngorongoro-Hochland das Escarpment in tief eingeschnittenen Schluchten hinunterfließen und -fallen, um sich im See zu vereinen, sind besonders der Mto Wa Mbu River (auch Simba genannt) im Norden und die Flüsse Msasa, Ndala und Endabash im Westen für die äußerst artenreiche Flora und Fauna des Parks verantwortlich. Hinzu kommt, dass Wolken, die sich über dem Rift Valley bilden, sich beim Aufstieg an der Grabenwand abregnen. Diese höheren Niederschlagswerte als die im nur wenige Kilometer entfernten Tarangire-Gebiet und die stark anschwellenden Flüsse tragen besonders in der Regenzeit dazu bei, den Manyara in eine sumpfige und regenwaldmäßige Oase im sonst überwiegend trockenen und staubigen Rift Valley zu verwandeln. Fällt die Regenzeit besonders heftig aus, tritt der See über seine Ufer und überschwemmt stellenweise die zentrale Parkstraße. Auch die Flussdurchfahrten

sind dann mit dem Auto nicht mehr möglich, in dieser Zeit kann der Park oft nur bis zum Ndala River ausgekundschaftet werden. In der Trockenzeit speichert der Grundwasserwald zwischen Parkeingang und Mikundu River das Wasser in seinem dichten Wurzelwerk und verhindert den vollständigen Abfluss in den flachen See und die damit verbundene großflächige Verdunstung. Zudem wird das Waldgebiet von kristallklaren Quellen gespeist, deren Ursprung im Ngorongoro-Hochland liegt. Durch poröse, vulkanische Gesteinsschichten fließt das Wasser unterirdisch über mehrere Kilometer, bis es schließlich am Fuße der Manyara-Grabenwand wieder aufsprudelt.

Während der **Grundwasserwald** mit seinen über 30 verschiedenen Baumarten (z.B. Sykomorenfeigen, Mahagoni, gewaltige Tamarindbäume, Akazien, Leberwurstbäume) und Bodengewächsen wie Zyperngras, Bodenkresse und buschigen Hibiskuspflanzen die Atmosphäre eines feuchtheißen und von betörenden Grillengeräuschen durchdrungenen tropischen Urwaldes hat, bestimmt im übrigen Parkgebiet die **Baumsavanne** das Landschaftsbild. Verstreut wachsen große Baobab-Bäume, und am Lauf des Endabash River mischen sich Feigen und Palmen unter die sonst vorherrschenden Akazien.

Zu Beginn der 1980er Jahre war jedoch der Bestand vieler Bäume stark gefährdet. Die über der ökologischen Verträglichkeit liegende **Elefantenpopulation** (etwa 500) im Park führte zur Zerstörung vieler Akazien und anderer begehrter Bäume durch die Dickhäuter.

Der Manyara wies in dieser Zeit die höchste Elefantendichte Afrikas auf. Als Gegenmaßnahme umzäunte man zahlreiche bedrohte Bäume. Doch Wilderer „lösten" das Problem; ihre Tötungen ließen die Elefantenzahl auf ca. 200 Tiere sinken. Experten sind sich einig, dass sich die Parkverwaltung nicht sonderlich gegen das illegale Abschlachten zur Wehr setzte, doch zumindest hat sich die Vegetation seitdem wieder regenerieren können.

Tierwelt und Sehenswertes

Bekannt ist der Park für seine **Löwen, die auf Baumästen dösen.** Lange Zeit war der Manyara zusammen mit dem Queen Elizabeth National Park in Uganda der einzige Ort Afrikas, wo dieses atypische Verhalten beobachtet werden konnte. Mittlerweile jedoch lässt sich diesem Verhalten etwa ebenso oft in der Serengeti oder im Ngorongoro-Krater beiwohnen.

Wissenschaftler haben für dieses Verhalten verschiedene Theorien. Im Manyara scheint wohl die Flucht vor den bodennahen Tsetse-Fliegen den König der Tiere auf die Bäume zu treiben (v.a. das südliche Parkgebiet ist von Tsetse-Fliegen verseucht). Als Thron bevorzugt er große Akazien mit weit ausladenden und möglichst waagerecht zum Boden verlaufenden Ästen. Ranger und Safariwagen-Fahrer kennen die etwa 20 bis 30 beliebten Bäume des Parks. Mit ein bisschen Geduld lässt sich sehr oft ein Baum mit Löwen finden, vor allem im zentraleren und offeneren Teil des Manyaras.

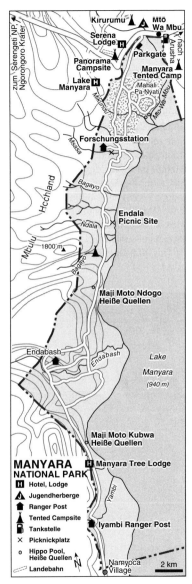

MANYARA NATIONAL PARK

Die **Elefantenpopulation** des Manyara ist weiterhin mit die dichteste in Afrika; beliebter Aufenthaltsort ist der dichte Grundwasserwald, in dem auch häufig Wasserböcke, Buschböcke, Anubis-Paviane, Grüne Meerkatzen und die schwarzarmigen **Diadem-Meerkatzen** beobachtet werden können. Leoparden und Zibetkatzen sind im dunklen Unterholz seltener auszumachen. Zwischen Wald und See führt eine Schleife zu **Mahali pa Nyati,** dem „Platz der Büffel", einer herrlichen Graslichtung, wo jedoch nicht immer Büffel vorzufinden sind. Weiter in Richtung See erreicht man die **Hippo Pools** am Mto Wa Mbu River. Hier suhlen und kühlen sich große **Flusspferdfamilien** in der Hitze des Tages, bevor sie in der Abenddämmerung „Landgang" haben und die Nacht mit Grasen verbringen. Viele Wasservögel gesellen sich zu den schnaufenden und prustenden Kolossen. Das Aussteigen aus dem Auto ist hier erlaubt, zu weit sollte man sich jedoch nicht an das Spektakel heranwagen. Um näher an den See zu gelangen, bieten sich weiter südlich bessere Stellen, um die riesigen Schwärme der Groß- und Zwergflamingos, Pelikane, Reiherarten, Kormorane, Störche und Nilgänse im ufernahen Bereich beim Picken von Nahrung und bei der Flügelsäuberung vom klebrigen Soda zu beobachten. Einige Zufahrtswege zum Wasser sind jedoch je nach Jahreszeit gesperrt.

Die reichhaltige **Vogelwelt** zählt **knapp 400 Arten.** Ein kleines Museum beim Eingang vermittelt einen Eindruck von der immensen Vielfalt der Farben, Größen und Formen. Kennzeichnend für den Park sind insbesondere Nashornvögel, die fast überall anzutreffen sind. Allein 12 verschiedene Arten von Fledermäusen sollen im Manyara beheimatet sein. Doch auch größere Vertreter wie Strauße, Geier und Fischadler lassen sich mitunter sehen.

In den offeneren Baumsavannen südlich des Msasa River zeigen sich häufig Impalas, Giraffen, Dik Diks, Zebras, Warzenschweine, Schakale, Klippspringer, Mungos, aber auch alle anderen Tiere, die sonst vornehmlich im Grundwasserwald leben. Dem Park fremd sind Geparden, Grants- und Thompsongazellen. Die letzten Nashörner sind Wilderern zum Opfer gefallen.

Südlich des Bagayo River führt die Piste über eine leichte Anhöhe am Fuße des Escarpment entlang, von wo sich ein guter Rundumblick auf die Weiten des Manyaras öffnet.

Sehenswert sind die **heißen Quellen Maji Moto Kubwa.** Diese befinden sich ganz am Südende des Parks und sind je nach thermaler Aktivität im Erdinnern 60–80°C heiß – ideal, um Eier zu kochen ... Der schwefelhaltige Dampf enthält auch das Edelgas Helium. Die kleinen heißen Quellen Maji Moto Ndogo liegen im mittleren Teil des Parks, sie sind aber recht unscheinbar. Ihre Tempreatur liegt bei etwa 40°C.

Löwin (links) und Löwe (rechts) im Manyara National Park

Anreise und beste Besuchszeit

Der Manyara National Park ist nur über die Piste von Mto Wa Mbu zu erreichen, beim südlichen Rangerposten Iyambi ist die Einfahrt in den Park nicht möglich, es sei denn, Sie haben dies vorher beim Main Entrance Gate im Norden angemeldet. Zudem ist die Piste entlang der Grabenwand in Richtung Manyoca bzw. Magara kaum noch zu befahren. Für kleine Flugzeuge gibt es bei der Serena Lodge eine Landebahn.

Manyara National Park

Am Gate sind für den **Eintritt 35 $** pro Person und Tag zu entrichten, 40 $ bei Fahrzeugen mit nicht-tansanischem Kennzeichen.

Der Manyara kann das ganze Jahr über besucht werden, **ideal** ist es **in der Zeit zwischen den Regenzeiten** (Dezember bis März) und im Juni/Juli, wenn die Savanne und die Blüten der Bäume in vollem Saft stehen. In den Regenmonaten sind die Flussdurchfahrten über den Ndala und Endabash River für Fahrzeuge so gut wie gar nicht möglich, auch viele der kleinen Nebenpisten, die von der zentralen Parkstraße wegführen, sind dann unbefahrbar. Dafür zieht der Park in dieser Zeit viele **Flamingos** an. In der Trockenzeit teilen sich die Schwärme oft und fliegen zu den Seen Natron, Eyasi oder Balangida. Außerdem ist dann die Uferlinie des Sees um einige hundert Meter zurückgewichen, und die Flamingos weit draußen im teilweise nur knöcheltiefen See sind über der flimmernden Fläche kaum auszumachen.

Lodges und Tented Camps

Aufgrund der manchmal nervenden Tsetse-Fliegen, aber mehr noch wegen der grandiosen Aussicht liegen fast alle der gehobeneren Unterkünfte außerhalb des Parks oben auf der Grabenwand, wo oft angenehme Hangwinde Kühlung spenden. Im Park selbst befindet sich derzeit nur die luxuriöse Baumhaus-Lodge von Conservation Corporation Africa (CCA).

● **Manyara Tree Lodge**
Einzige exklusive Unterkunft im Park selbst (früher Maji Moto Camp), liegt herrlich am Südende nahe des Aray River, wo Grabenwand und Seeufer nur wenige Dutzend Meter auseinander liegen. Die am Hang und in Baumwipfeln integrierten Baumhäuser stehen hauptsächlich auf Stelzen und bieten alle eine tolle Aussicht auf den See. Die Einrichtung, das Essen und der gesamte Safariservice inkl. Gamedrives und Wanderungen mit professionellen Guides sind äußerst exklusiv (450 $ in der Nebensaison bis 650 $ p.P. in der Hauptsaison). E-Mail: res@ccafrica.co.tz, www.ccafrica.com

● **Manyara Serena Lodge**
P.O. Box 2551, Tel. (027) 2504058, Fax 2508282, E-Mail: reservations@serena.co.tz, www.serena.com. Luxuriöse Lodge neueren Datums mit herrlichem Ausblick über das Rift Valley. 67 Zimmer mit Moskitonetzen in verteilt angelegten Bungalows, Service und Essen sind vom Feinsten, die Architektur orientiert sich an afrikanischen Bauformen und gibt der eigentlich großen Lodge einen privaten Charakter. Gute Lodge am Grabenbruchrand. Vollpension ab 255/345 $.

● **Lake Manyara Hotel**
P.O. Box 877, Tel. (027) 2502711-2, Fax (027) 2508221. Etwas älteres Hotel mit dem typischen Safari-Flair, schöne Gartenanlage und Swimmingpool. Die Aussicht ist gigantisch, von der Terrasse können Sie mit dem Fernglas im etwa 700 m tiefer gelegenen Park einzelne Tiere ausmachen. Das hervorragende Restaurant tischt frische Farmprodukte auf. Die Zimmer sind im afrikanischen Stil eingerichtet. Übernachtung mit Frühstück ab 90 $.

● **Kirurumu Tented Lodge**
www.hoopoe.com. Weiter im Norden, oberhalb des Escarpment liegende Luxus-Zelt-Lodge, die zu Hoopoe Adventure Tours (siehe bei Arusha) gehört. Die rustikale und naturverbundene Atmosphäre, die schön gelegene Bar mit Ausblick in die Weiten des Grabenbruchs und die großen, grünen Safarizelte mit dem gewohnten Hotel-Service tragen zu dem „Jenseits-von-Afrika-Flair" bei. Kein Massenbetrieb, viel Ruhe und Freundlichkeit erwarten den Besucher, in der Nähe befinden sich Höhlen. Kostenpunkt: 135 $ das EZ, 175 $ das DZ (mit Frühstück).

● Weitere gute und oft genutzte Unterkünfte sind das **Eunuto Retreat** und das **Manyara Tented Camp** (beide s.u. Mto Wa Mbu).

Camping

- **Kurz nach dem Parkeingang** befinden sich linker Hand im schattigen Wald **Bandas** und ein **Campingplatz.** Die Bandas bieten lediglich Betten mit Matratzen, einen Leinenschlafsack und ein Moskitonetz (wichtig!) sollte man dabeihaben. Die Anlage mit WCs, Grillplatz und Wasserversorgung gehört zum Park, die Übernachtung kostet daher in den Hütten und für das **Zelten 30 $** + 35 $ Parkgebühren.
- **Im Park** befinden sich unweit des Bagayo River die **Special Campsites Bagayo A** und **B**, die jeweils 50 $ pro Person kosten. Feuerholz, sanitäre Anlagen und Wasser sind hier nicht vorhanden. Auch ist eine Vorausbuchung über das Nationalparkbüro TANAPA in Arusha nötig.
- Ansonsten bieten die Campsites **bei Mto Wa Mbu** (s.o.) wesentlich preiswertere Alternativen.

Lake Natron   ♪ V,C2

Der abflusslose See befindet sich weit im unzugänglichen Norden des osttansanischen Rift Valley und ist, nicht zuletzt wegen seiner vergleichsweise niedrigen Lage (über 300 m tiefer als der Manyara-See), der **„Glutkessel"** im Innern Tansanias. Die drückende Hitze und die flimmernde Oberfläche des flachen, stickigen Salzsees erinnern ans Tote Meer. Das flache Becken zieht sich über eine Länge von etwa 60 km hin und ist ca. 20 km breit. Nur äußerst selten ist die gesamte Fläche mit Wasser bedeckt, meist präsentiert sich der See zweigeteilt, mit einer etwa dreimal größeren Nordhälfte. Doch kommt es auch vor, dass der Lake Natron fast gänzlich austrocknet und wie die weiße Wüste von Arizona wirkt.

Der Nordzipfel des Lake Natron reicht nach Kenia hinein, wo auch einer seiner Hauptzuflüsse, der ganzjährig Wasser führende Ewaso Ngiro River, in den See mündet. Im Süden ist der **Ngare Sero River** („süßes Wasser" in der Sprache der Maasai) aus dem Ngorongoro-Hochland für die zweite große Wasserzufuhr verantwortlich. Die gesamte Westflanke des Sees entlang zieht sich das Loliondo Escarpment mit den spitz herausragenden 1700 m hohen Mosonik-Bergen, dem riesigen **Mbalelu-Kraterloch** und dem ganz im Norden befindlichen Vulkanberg Ol Doinjo Sambu (2042 m). Aus dieser Hochebene rauscht der Ngare Sero River durch den gleichnamigen, tief eingeschnittenen **Canyon,** fällt über zwei große **Wasserfälle** ins Rift Valley hinunter und speist das Südende des Lake Natron.

Die Ostseite des Sees nimmt das riesige, über 2300 m aus der Ebene aufragende Massiv des **Mt. Gelai** ein, dessen Gipfelregion von einem dichten und angenehm kühlen Urwald (Gelai Forest Reserve) bedeckt ist und in dem wie auf einer Arche Noah Elefanten, Büffel, Buschböcke, Leoparden und andere kleinere Tierarten leben. Auch der Gelai speist mit kleinen Bachläufen in den niederschlagsreichen Monaten den weit unten gelegenen Lake Natron.

Doch bei der fast unerträglichen Hitze auf Seehöhe verdunstet viel Wasser, und das **sodahaltige Mineral,** welches das Regenwasser aus den Flanken der Vulkankegel herauswäscht – besonders vom Ol Doinyo Lengai –, bleibt zurück und lagert sich Schicht für Schicht auf

Die Maasai – Afrikas bekanntes Volk zwischen Tradition und Moderne

von *Thomas Schrör*, Ethnologe, Freiburg

„From the farm, the tragic fate of these disappearing Masai tribe on the other side of the river could be followed from year to year. They were fighters who had been stopped fighting, a dying lion with his claws clipped, a castrated nation. Their spears had been taken from them, their big dashing shields even, and in the Game Reserves the lions followed their herds of cattle." Isak Dinesen, „Out of Africa"

Die Maasai (Massai gesprochen) sind weit über die Grenzen Afrikas hinaus bekannt und berühmt für ihre nomadische Lebensweise als Viehhüter in der Savanne und für ihre Krieger mit ihren roten Umhängen, denen Stolz und Selbstverherrlichung oft mit einem Hauch von Romantik zugeschrieben werden. Filme und Bücher transportieren dabei oft das Bild eines vom Untergang bedrohten Stammes, der vergangenen Zeiten angehört. In der Tat mehren sich in den letzten Dekaden die Stimmen auch von den Maasai selbst, dass ihre Kultur in der jetzigen Form nicht überleben kann. Die Einschränkung ihres Lebensraumes durch Nationalparks und durch Landnahmen von Agrarkonzernen und ackerbauenden Nachbargruppen werden dabei als Hauptursache angeführt. Bis zum heutigen Zeitpunkt haben die Maasai allerdings entgegen allen Prognosen an ihren zentralen kulturellen Werten und Normen festhalten können, auch wenn sich ihre Lebensform in verschiedenen Bereichen veränderte.

Ihre **halbnomadische Lebens- und Wirtschaftsweise** ist geprägt von täglichen Wanderungen mit ihren Viehherden auf der Suche nach Wasser und guten Weidegründen im Umkreis ihrer langjährigen Siedlungen. Das Maasailand weist in seiner naturräumlichen Erscheinung eine bemerkenswerte Vielfalt auf. Von semi-ariden Savannen bis zu tropischen Höhenstufen mit immergrünen Bergwäldern existieren kleinräumlich große ökologische Unterschiede, die das Wanderverhalten bestimmen.

Alle Lebensbereiche sind im Wesentlichen von den Rindern als dem dominierenden Kulturelement geprägt. Es ist nicht übertrieben, dass sich bei vielen Maasai alles ums Vieh dreht. Vieh stellt für sie nicht nur einen ökonomischen Wert dar. Auch im religiösen Bereich, in den sozialen Beziehungen, in der materiellen Kultur, in der mündlichen Überlieferung, in der Medizin und Hygiene sowie allgemein im täglichen Leben manifestiert sich **die enge Beziehung der Maasai zum Vieh.** Milch ist das Hauptnahrungsmittel der Maasai. Gegrilltes Fleisch, früher nur zu bestimmten Anlässen auf dem Speiseplan, wird heute in Dorfzentren und auf Märkten angeboten und ist das beliebteste Essen bei Jung und Alt. Auch andere Änderungen sind zu konstatieren: Ackerbau, Handelsaktivitäten, Migration in die Städte, um beispielsweise Nachtwächter (askari) zu werden, Arbeit in einer christlichen Gemeinde oder in der Verwaltung sind keine Seltenheit mehr für die Maasai.

Die Maasai wanderten von Norden her ein und erreichten Anfang des 18. Jahrhunderts den Raum des heutigen Tansania. Ihr mythisches Ursprungsland „Engirr ee Kerio" scheint mit einer steil abfallenden Hügelkette im Süden des Lake Turkana im heutigen Nordkenia identisch. Ihre größte Verbreitung um 1850 erstreckte sich vom jenem See bis zum Kiteto-Gebiet im heutigen Tansania, 1100 km in Nord-Süd- und 300 km in Ost-West-Richtung.

In Tansania leben gegenwärtig ca. 120.000 pastorale Maasai, die sich in sieben territoriale Gruppen unterteilen. Die Zuordnung zu einer Gruppe wird durch den Geburtsort festgelegt und mit der Initiation und der Eingliederung in das Altersklassensystem be-

stätigt. Die verschiedenen Clans verteilen sich auf das gesamte Maasai-Gebiet und besitzen heute nur noch geringe Bedeutung. Jede Gruppe unterteilt sich wiederum in lokale Einheiten. Sie verfügen sowohl über Trocken- als auch Regenzeitweiden, permanente und temporäre Wasserstellen, so dass sie bei ihren saisonalen Wanderungen in normalen Zeiten nicht auf die Ressourcen anderer Lokaleinheiten angewiesen sind. Als kleinste und für die alltäglichen Belange bedeutendste politische Einheit werden sie von einem Ältestenrat, „engigwana", geleitet, der durch die parallel existierende nationale Administration zunehmend an Entscheidungsgewalt verliert.

Das **Altersklassensystem der Männer** ist zentraler Bestandteil des sozialen Lebens der Maasai. Geschlechterbeziehungen werden durch die Zugehörigkeit zu einer Altersklasse geregelt. Kein Maasai kann ohne Mitgliedschaft in einer Altersgruppe ein soziales Leben führen. Von der Jugendzeit bis zum hohen Alter werden aufeinanderfolgende Altersklassen von allen Mitgliedern durchlaufen. Jungen werden durch die Initiation und der damit verbundenen Beschneidung zum Krieger, „moran" (wörtlich: Beschnittener). Die „e-unoto-Zeremonie" markiert den Übergang von der jüngeren zur älteren Kriegerzeit. Endgültig mit der „olngesher-Zeremonie" steigt man auf in die Altersklasse der „junior elders", und ohne weitere Zeremonie geht man einige Jahre später in den Status des „senior elder" über. Die Beschneidung findet nicht für alle an einem bestimmten Tag statt, sondern sie wird in der „offenen" Beschneidungsperiode, die mehrere Jahre dauert, einzeln vollzogen. In der darauf folgenden „geschlossenen" Beschneidungsperiode darf keine Beschneidung durchgeführt werden. In der offenen Beschneidungsperiode vergrößert sich die Zahl der Krieger kontinuierlich. In der geschlossenen Periode warten dagegen die unbeschnittenen Jungen ungeduldig auf den Beginn der Beschneidungsperiode. Sie werden die Krieger herausfordern, Verbote, die für sie als unbeschnittene Jungen bestehen, überschreiten, um so den elders klarzumachen, dass sie bereit sind, die Aufga-

DIE MAASAI

ben der Kriegerklasse, die bis zu Beginn der Kolonialzeit auch die Verteidigung umfassten, in der Maasai-Gesellschaft zu erfüllen.

Als unbeschnittene Knaben wird den Jungen früh die Aufgabe des Viehhütens übertragen. Sie dürfen mit den Mädchen keine gemeinsamen Treffen organisieren und unterstehen dem Vater in all ihren Aktivitäten. Mit der Kriegerzeit verändert sich ihr Leben. Sie dürfen sich mit unbeschnittenen Mädchen treffen und Beziehungen mit ihnen eingehen. Viele Krieger leben zumindest für einige Monate in dem eigens für sie errichteten Kral, der „emanyata", und können sich so der Autorität des Vaters entziehen. Maasai-Krieger haben die Möglichkeit, zu den verschiedenen Festen zu wandern – sie sind ständig unterwegs: „Enkong'u naipang'a eng'en" – „It is the eye which has travelled that is clever". Krieger dürfen kein Fleisch essen, welches von einer Frau oder von Mädchen gesehen wurde. Die relative Autonomie der Krieger und ihre Aktivitäten, die des öfteren Konflikte mit den Behörden provozieren – Auseinandersetzungen mit Nachbargruppen, die verbotene Löwen- oder Büffeljagd – werden hauptsächlich durch die Autorität der „junior elder" in Grenzen gehalten. Die so genannten „olpiron", die eine Art Patenschaft mit den neuen Kriegern eingehen, unterweisen die unbeschnittenen Jungen, ihre zukünftigen Krieger, in ihre Rechte und Pflichten und sind für verschiedene Zeremonien verantwortlich. Sie sind die Übermittler von traditionellem Wissen; sie lehren den Maasai die Werte und Normen ihrer Gesellschaft. Auch die Religion der Maasai mit dem Glauben an einen Gott, „engai" – mit dem heiligen Berg „Oldoinyo l'Engai" als Sitz Gottes im Herzen des Maasailandes –, wird ihnen in dieser Zeit nahegebracht.

Die „elders" haben ein Interesse an dem Erhalt der Kriegerklasse, nicht nur weil sie eine erzieherische Komponente besitzt und die Maasai in allen Bereichen auf das Leben in der Maasai-Gesellschaft vorbereitet. „Elders" sind es, die die politische Führung innehaben – nur derjenige, der sich über Jahre im Sinne der Maasai-Kultur bewährt, kann eine Machtposition erlangen –, und sie sind es auch, die als einzige heiraten dürfen. Mit der Verkürzung der „moran-Zeit" wären die Krieger potentielle Konkurrenten in ihren angestammten politischen und sozialen Sphären. In den letzten Jahren heiraten allerdings schon ältere Maasai-Krieger, wenn sie die finanziellen Erwartungen der Brauteltern erfüllen können. Dies ist ein erstes auffälliges Zeichen für die nachlassende Autorität der älteren Maasai und für den schleichenden Verlust einer Kultur bewahrenden sozialen Institution.

In den letzten Jahren wurden die Krieger mehr und mehr als Viehhüter, insbesondere bei den saisonalen Wanderungen, für die Übermittlung von Nachrichten und andere Dienste eingespannt, ohne dass sich die Attraktivität dieses Lebensabschnittes dadurch verringert hätte. Die meisten Krieger leben gegenwärtig in dem Gehöft ihres Vaters. Der Kriegerkral, „emanyata", der noch vor hundert Jahren für viele Jahre Bestand hatte und den Kriegern eine gemeinsame Heimat bot, war und ist massivem Druck von der Kolonial- bzw. nationalen Regierung ausgesetzt, die in ihm eine militärische, unkontrollierbare Gefahr sah bzw. sieht. Die Abhängigkeit vom Vater ist groß. Er überträgt seinen Söhnen Vieh zunächst zum Hüten und später für ihre eigene Herde. Ohne Vieh kann keine Heirat geschlossen werden, da ein Brautpreis verlangt wird.

Das Altersklassensystem regelt auch die Geschlechterbeziehungen der Maasai-Gesellschaft. Ein Maasai-Mann kann mehrere Frauen heiraten. Die Männer- und **Frauenwelt** lassen sich – abgesehen von Liebesbeziehungen und Heirat – als zwei voneinander getrennte Welten beschreiben. In frühen Jahren wird das Mädchen auf ihr Leben als Mutter und Ehefrau vorbereitet. Nach ihrer Beschneidung im Alter von 11–15 findet die schon Jahre im voraus geplante Heirat statt. Die Arbeitsbelastung der Frauen hat durch die Aufnahme von Ackerbau und den vermehrten Konsum der Nahrungsmittel Mais und Gemü-

DIE MAASAI

se enorm zugenommen. Die Suche nach Feuerholz, das Melken der Kühe, die Herstellung von Perlenschmuck und die Verzierung von Kalebassen für den Verkauf an Touristen, Handelsaktivitäten, um Mais und Gemüse einzukaufen und Arbeiten auf dem Feld werden in der Regel von der Frau geleistet. Sie ist traditionell auch für den Bau ihrer Hütte aus Lehm und Kuhdung zuständig. Einige Selbsthilfeorganisationen der Maasai versuchen daher in den letzten Jahren, insbesondere Arbeitserleichterungen für die Maasai-Frauen zu schaffen.

Schätzungsweise 22.000 **Maasai** lebten zur Zeit der vorletzten Jahrhundertwende **in Deutsch-Ostafrika.** Die Kolonialregierung erwartete von ihnen erheblichen Widerstand bei der militärischen und administrativen Formierung der Kolonie. Ihre Vorstellungen schwankten zwischen den Vieh raubenden, gefürchteten Kriegern, dem „Schrecken der ostafrikanischen Steppe", und offener Bewunderung für die stolzen, militärisch organisierten „edlen Wilden". Schon 1885 schrieb der Forschungsreisende *Joseph Thomson*: „Es waren prächtige Vertreter ihrer Rasse, weit über 2 m hoch, und von einer wilden aristokratischen Würde in ihrem Benehmen, die mich mit Bewunderung erfüllte."

Als die Deutschen die nördliche Region ihrer Kolonie in Besitz nahmen, dezimierte eine grassierende Pockenepidemie und Rinderpest Anfang der 1890er Jahre die Maasai-Bevölkerung und die Zahl ihrer Rinder. Hinzu kam eine lang anhaltende Dürre, so dass ganze Landstriche sich in menschenleere Einöden verwandelten. Nach kleineren Kämpfen 1894 und 1897–99, in denen die Maasai den deutschen und den Chagga-Truppen unterlagen, wurde 1906 ein **Reservat** südlich der Arusha-Moshi-Linie eingerichtet. Die fruchtbareren nördlich gelegenen Regionen Monduli, Loliondo und Ngorongoro sollten für Siedler freigegeben werden. Mit mindestens 4000 km² war dies der bedeutendste Weidelandverlust in historischer Zeit. Mit Ausnahme des deutschen Farmers *Siedentopf*, der im Ngorongoro-Krater siedeln durfte, wurden allerdings Siedlungsgenehmigungen nur in stadtnahen Bereichen vergeben. Dass es die Regierung mit der Etablierung eines Reservates ernst meinte, beweisen die Deportationen von Maasai aus dem Moshi-Bezirk in das Reservat und die brieflichen Auseinandersetzungen zwischen der Behörde und Siedentopf, der Maasai für die Arbeit auf seiner Plantage einsetzen wollte. Die Maasai stellten für die deutsche Regierung in erster Linie ein Sicherheitsproblem und kein mögliches Wirtschaftspotenzial dar. So konzentrierte man sich auf die für Plantagen geeigneten, klimatisch verträglicheren Regionen und war einzig darauf bedacht, dass die Maasai nicht die Siedleraktivitäten beeinträchtigen. Eine Politik der Isolation nahm hier ihren Beginn, der von Seiten der Maasai auch nicht entgegengewirkt wurde. Plantagenarbeit, Straßenbau, Kopf- und Hüttensteuer, die in Bargeld beglichen werden mussten, luden nicht dazu ein, an den „Segnungen der Zivilisation" teilhaben zu wollen. Die Missionare, die den Hauptteil der Bildungsarbeit leisteten, bevorzugten dicht besiedelte Regionen wie das Kilimanjaro-Gebiet als Standorte und konnten keine Kontakte zu der Maasai-Bevölkerung aufbauen.

Nach dem 1. Weltkrieg und der Übertragung der deutschen Kolonie an die Briten wurde 1926 ein – dieses Mal britisches – „Masai-Reservat" eingerichtet, das im Gegensatz zum deutschen Gebiet nahezu den gesamten nördlichen Lebensraum der Zeit kurz vor der Kolonisierung einschloss. Damit war aber keineswegs eine Garantie für den Schutz vor Landnahmen verbunden. Weiße Siedler und die Regierung bedienten sich: Die Sanya Plains und das Umland von Monduli gingen den Maasai verloren.

Von einer anderen Seite sahen sich die Maasai einer weitaus größeren Gefahr der Landnahme und damit einer Bedrohung ihrer für die pastorale Wirtschaftsweise lebensnotwendigen Mobilität ausgesetzt: dem **Wild- und Naturschutz.** Das Jahr 1951 markiert den Beginn einer Wildschutzpolitik, die mit ihren Restriktionen für die ansässige Bevölkerung spürbare Konsequenzen hatte. Bis dahin war das Nebeneinander von Wildschutz und menschlichen Aktivitäten akzeptiert worden und funktionierte auch, besonders weil die Maasai kein Wild essen. Das Verbot von 1954, Ackerbau in der Region Serengeti-Ngorongoro zu betreiben, führte zu massiven Protesten.

In der sozialistischen Ära Tansanias wurde von staatlicher Seite versucht, die nationale Einheit, politische Kontrolle und ökonomische Anbindung aller Gruppen an die nationale Wirtschaft herzustellen. Daten über die Maasai zu erhalten, ist seitdem mit großen Schwierigkeiten verbunden. In tansanischen Statistiken dürfen ethnische Unterscheidungen seit 1967 nicht mehr vorgenommen werden. Mit einer offenen Erklärung, dass ihre traditionelle Kleidung eine Schande für den modernen Staat Tansania sei, wurden die Weichen für das Verhältnis zwischen Maasai und Regierung gestellt. Alle sozialen Dienstleistungen, auch die Busbenutzung, wurden bis auf weiteres traditionell Gekleideten verweigert. „Elders" durften während des Tages keine Tücher als Umhang tragen; ocker gefärbte Kleidung war für jedermann verboten. Die 100-Shilling-Note mit der Abbildung eines Maasai-Kriegers wurde abgeschafft. In bezug auf ihr Weideland konnten die Maasai nicht mit Unterstützung durch die Regierung rechnen. Ihre oft nur saisonal genutzten Weiden mit bis dahin gültigen traditionellen Landrechten waren einer Landbesetzung ausgesetzt. Großfarmen drängten die exportorientierten und großflächigen Agrofarmen ins Maasailand. National Agriculture and Food Corporation (NAFCO), Tanzania Breweries Ltd. (TBL) etc. okkupierten riesige Flächen Land, ohne teilweise eine Eintragung ins Grundbuch vorgenommen zu haben: Das Land gehöre ja dem Staat. Das „Villagization-Programme" im Maasailand, „operation imparnati", sollte die Maasai zur Sesshaftwerdung und zum Ackerbau bringen. Mit dem Programm sollten auch soziale Dienstleistungen und Schulen in das Maasailand hineingetragen werden. In zwei Jahren sollten alle Maasai in den sozialistischen Ujamaa-Dörfer untergebracht werden. Gewaltsame Umsiedlungen, verbunden mit dem Abbrennen heimatlicher Krale, konnten auch nach ei-

DIE MAASAI 275

nem Jahr nur 2000 Maasai in ihre neuen Dörfer zwingen. Auf wirtschaftlicher Ebene wurde mit dem von den USA mit 23 Millionen Dollar unterstützten „Masai Livestock and Range Management Project" von 1970–1980 der Versuch gestartet, das Maasailand an die nationale Ökonomie anzubinden. Es war das bisher finanziell größte Entwicklungsprojekt im Maasailand. Zu Beginn waren die Erwartungen groß: „Range" wurde zu einem magischen Wort für die Maasai – eine Kriegerklasse nannte sich sogar danach –, und anfangs waren sie durchaus bereit, mit den Entwicklungshelfern zusammenzuarbeiten. Als ein klassisches Beispiel für ein misslungenes Entwicklungsprojekt für Nomaden endete es 1980.

Die fehlende Akzeptanz von lokalem Wissen auf Seiten der Regierung und die mangelhafte Kooperation mit den Maasai ist ohne Zweifel auch übertragbar auf andere erfolglose Projekte der Regierung, z.B. in der Bildungspolitik. Das Curriculum passte sich in keinster Weise den lokalen Bedingungen an – der pastoralen Lebensweise sollte ja gerade durch die Schule ein Ende bereitet werden. Die im Vergleich zu anderen Regionen niedrige Zahl an Schulen und das katastrophale Unterrichtsniveau waren für die fehlende Attraktivität der Schulbildung im Maasailand verantwortlich. Gleichzeitig setzte sich Bildung als das Hauptkriterium für sozialen Aufstieg in ganz Tansania durch. Weder in der Einheitspartei bzw. in Verwaltung und Politik noch in der Wirtschaft konnten einflussreiche Stellungen ohne Bildungsqualifikationen erworben werden. Die Schulsituation im Maasailand machte die Maasai somit zu Außenseitern im nationalen Wettbewerb.

Die Vergabe von privaten Landtiteln fällt in die Zeit des Strukturanpassungsprogrammes von 1986. 200 bis 2500 Acre große Farmen wurden hauptsächlich an Privatpersonen und Agarkonzerne vergeben. Eine noch größere Anzahl von Anträgen liegt bereits vor. Korrupte Maasai-„elders", die sich durch Landverkäufe bereichern, unterstützen die ohnehin schon dramatische Entwicklung der Verringerung der Landflächen. Nur einer von vielen Skandalen war der „Kauf" eines riesigen Jagdgebietes durch die Königsfamilie Saudi-Arabiens im Norden des Maasailandes. Proteste der Maasai blieben ungehört. Mit der Strukturanpassung war auch der Versuch einer Steigerung der Agrarexporte verbunden: Cash-crop-orientierte Betriebe, insbesondere mit dem Anbau von Bohnen, drängen neben ackerbauenden Nachbarethnien verstärkt ins Maasailand.

Der Teufelskreis von eingeschränkten Weideflächen und wenigen Wasserresourcen nimmt seinen Lauf: Kühe mit kleineren Flächen mit quantitativ und qualitativ sich verringerndem Futterpotenzial produzieren eine bedeutend geringere Menge an Milch und können sich weniger gut regenerieren. Die Folge ist eine höhere Anfälligkeit für Krankheiten. Kühe müssen zusätzlich gekauft werden, um die Familie mit Milch zu versorgen. Zusätzlich wird der Kleinviehbestand aufgestockt, um bei einem Verkauf der Schafe und Ziegen andere Nahrungsmittel auf dem Markt zu erwerben. Die vermehrte Anzahl der Kühe sowie des Kleinviehbestandes verringert wiederum die Weidefläche pro Tier, was wiederum zur flächenhaften Zerstörung der Grasflur führt.

Auch der **Tourismus** wird als eine ökonomische Alternative in Betracht gezogen. Die Herstellung von Souvenirs von Maasai-Frauen in Heimarbeit wird als Erwerbsquelle immer mehr genutzt. Der für sie bekannte bunte Perlenschmuck ersetzte in den letzten Jahrzehnten des 19. Jahrhunderts die traditionellen Metallringe und -spiralen; einzelne Maasai-Sektionen entwickelten jeweils typische Farbkombinationen, die sie voneinander unterschieden. Heute werden die Perlen auch bei der Anfertigung von Gürteln, Handtaschen etc. verwendet. Die Schwierigkeit der Vermarktung durch Zwischenhändler, die zu Niedrigstpreisen einkaufen, wird teilweise durch Direktverkauf an den Touristenrouten oder in den dafür vorgesehenen Maasai-Siedlungen umgangen. Maasai-Krieger stehen an den Touristenstraßen und können gegen Bezahlung abgelichtet werden. Um mög-

Das Rift Valley – Tarangire und Manyara NPs

DIE MAASAI

lichst exotisch zu wirken, ist es gleichgültig, ob Frauenhalsschmuck als Kopfschmuck von den Kriegern getragen wird. Verkaufsfördernd werden Maasai-Krieger in Souvenirgeschäften engagiert. Mit Körperbemalung und nacktem Oberkörper stehen sie als Lockvögel vor den Eingängen. Maasai-Masken, die es in der Maasai-Kultur nie gegeben hat, werden in allen Größen angeboten. Maasai-Figuren mit Zebra-Musterung, handliche Speere, die für den Transport im Flugzeug geeignet sind („airport art") und auch die Vorführung traditionellen Lebens mit Tanzveranstaltung in Maasai-Kralen sind kein Garant für den Erhalt der Maasai-Kultur. Sie stehen vielmehr für den Versuch, an den Einnahmen durch den Fremdenverkehr, der ohne die „Vermarktung" der Maasai in Ostafrika nicht denkbar wäre, zu partizipieren. Die ambivalente Haltung der Regierung gegenüber den Maasai manifestiert sich dabei in dem Druck zur Anpassung an die nationale Entwicklung und gleichzeitig in dem Versuch, die traditionelle Kultur für die Touristen zu konservieren. In den Nationalparkbehörden oder in der Ngorongoro Conservation Area sind nur 10% der Arbeiter Maasai. Ohne adäquate Bildung scheinen sich für die Maasai keine Chancen im Wettbewerb um Arbeitsplätze und Marktvorteile mit anderen Tansaniern zu ergeben. Inwiefern die Maasai-Krieger an den Straßen oder in den Städten entwurzelt werden oder sich ihnen neue Wege für ihre Zukunft eröffnen, muss – allerdings ohne größere Hoffnungen – noch abgewartet werden.

Die Zulassung von Oppositionsparteien, von kritischen Medien und von lokalen Organisationen sind Merkmale pluralistischer Tendenzen in Tansania, die auch den Maasai neue Möglichkeiten des Engagements eröffnen. **Nichtstaatliche, lokale Initiativen** (NGO), die bis in die 1980er Jahre von der Regierung verboten waren, wurden als offiziell registrierte Organisationen anerkannt. Ausländische Geldgeber, die bisher hauptsächlich mit dem Staat kooperierten, sahen in den NGOs Partner für basisorientierte Entwicklungsprojekte und unterstützten ihre Aktivitäten. 1998 existieren sieben größere NGOs. Ihre Mitglieder sind in der Mehrheit akademisch gebildete Maasai und in geringerem Maße Maasai-„elders". Sie fordern Landrechte, Wasserversorgung, Naturschutz, eine Verbesserung der Situation der Frauen, Schulbildung und „politische Selbstbestimmung". Zwei Punkte sind in diesem Zusammenhang von Bedeutung. Erstens waren die Maasai-NGOs bisher nicht in der Lage, aus eigener Kraft – mit der Unterstützung der Bevölkerung – Projekte durchzuführen: Solange kein Kapitalfluss vom Norden stattfindet, konnten keine Aktivitäten erfolgreich sein. Das bedeutet für die NGOs, dass sie Ziele und Ideen mit den derzeitigen Kriterien der Geldgeber abstimmen müssen. Naturschutz und Rechte der Frauen müssen deshalb besonders hervorgehoben werden. Zweitens können sich in den 1990er Jahren Allianzen zusammenfinden, die es vor der Zeit der NGOs nicht gegeben hat. Innerhalb der Maasai brachte die „Maa-Conference" 1991 verschiedene historisch verfeindete Untergruppen der Maasai zusammen. Gerade Ende der 80er Jahre waren NGOs, die nur eine ethnische Gruppe repräsentierten, erheblichem politischem Druck ausgesetzt.

Auf internationaler Ebene partizipieren die Maasai-NGOs von Kenia und Tansania an den jährlich stattfindenden Konferenzen der Vereinten Nationen in Genf. Die Teilnahme ist insofern von Bedeutung, als sie dort auf Probleme ihres Volkes aufmerksam machen können und möglicherweise die externen Geldgeber dazu bringen können, Druck auf die tansanische Regierung auszuüben. Die Maasai sind weit über die Grenzen Ostafrikas hinaus auch durch den internationalen Tourismus bekannt und berühmt geworden für ihre nomadische Lebensweise als Viehhüter der ostafrikanischen Savanne. Vielleicht ist es eine Chance, dem Ziel einer von den Maasai selbst bestimmten Entwicklung näher zu kommen. Die Maasai kämpfen dafür und sagen: „Meitore tung'ani Engai" – Gott bestimmt das Schicksal der Menschen.

dem See ab. Diese grell-weiße Oberfläche kristallisiert, zieht Risse, und große, aus der Luft wie Wabenmuster aussehende **Salz-Schollen** entstehen. In diesem Muster tauchen noch kreisförmige Geysire auf, die zusätzlich stickiges Soda an die Oberfläche transportieren, ein Nachweis dafür, dass hier die Rissbildung des Rift Valley um ein paar Millimeter pro Jahr andauert.

Ähnlich wie die Briten eine Eisenbahn in Kenia zum nördlich gelegenen Magadi-Sodasee bauten, hegte auch die deutsche Kolonialverwaltung den **Plan einer Eisenbahn** zum Südende des Lake Natron, um Natriumcarbonat zu fördern. Untersuchungen ergaben jedoch, dass dieses Projekt nicht rentabel genug gewesen wäre. Die tansanische Regierung bedauert heute diese Fehleinschätzung, denn die Vorräte an Sodaasche (zur Herstellung von Glas, Chemikalien usw.) übersteigen weit über 100 Mio. Tonnen. Doch Tansania fehlen die Mittel, um eine Eisenbahn und ein Förderwerk zu bauen.

Weiter draußen im See, wo das Wasser tiefer ist und nicht so leicht verdunstet, bewirken **einzellige Algen und Purpurbakterien** eine **flächenhafte Rotbraun- bis Purpur-violett-Färbung** der Oberfläche. Dieses Algenmeer ist die **Nahrungsgrundlage der Flamingos,** die sich im ätzenden Soda-Schlamm scheinbar wohlfühlen und aus dem sie auch ihre Nisthügel auf der flachen Wasseroberfläche bauen. Auch das fast 40°C heiße Wasser scheint ihnen nichts auszumachen. Aus noch nicht ganz geklärten Gründen bedingen diese Umstände – die an den anderen Alkali-

Seen des Rift Valley nicht viel anders sind –, dass der Lake Natron das **einzige Fortpflanzungsgebiet** dieser Vogelart im Rift Valley ist. Selbst die an den Ufern der kenianischen Seen Bogoria, Elementaita und Nakuru lebenden Flamingos migrieren zur Brutzeit (meist im Frühjahr, oft auch im August) zum Lake Natron. In dieser Zeit kann man bei klarer Sicht mit dem Fernglas Hunderte von Flamingonestern auf der flimmernden Wasseroberfläche ausmachen.

An den Flussmündungen, wo das Wasser noch kühler und wenig alkalisch ist, zeigen sich auch andere Vogelarten wie Reiher und Störche.

Allgemeines/ Kosten/Sicherheit

Für die Erkundung der flamingogesäumten Südufer des Natron-Sees, für den Besuch der Wasserfälle in der Ngare Sero Gorge und für den Aufstieg zum Mbalelu- und zum Lengai-Krater ist das **Maasai-Dorf Engare Sero Ausgangsort.** Dort bekommt man an einem kleinen Kiosk ein paar Lebensmittel (Kekse, Spaghetti und Ketchup) und Sodas. Ein Guesthouse gibt es nicht, südlich des Ortes befinden sich zwei Campingplätze.

Safariunternehmen haben das Gebiet Anfang der 1990 Jahre in ihre Tour-Programme aufgenommen, dabei aber nur wenig Respekt gegenüber den bis dahin sehr abgeschieden lebenden Maasai gezeigt. Inzwischen „verkaufen" viele **Maasai,** nicht anders wie am Manyara und im Ngorongoro-Gebiet, ihre Tradition an fotohungrige Touristen. Ein

278 NGORONGORO CONSERVATION AREA

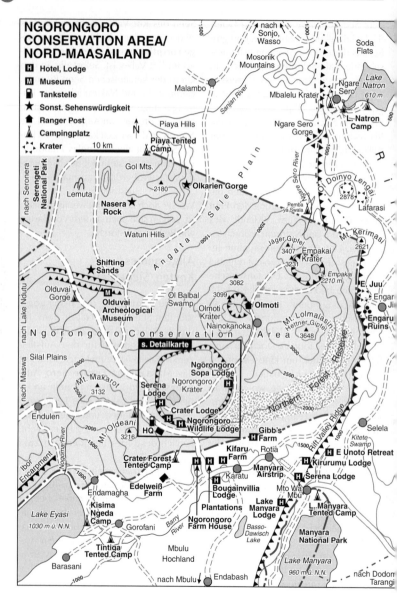

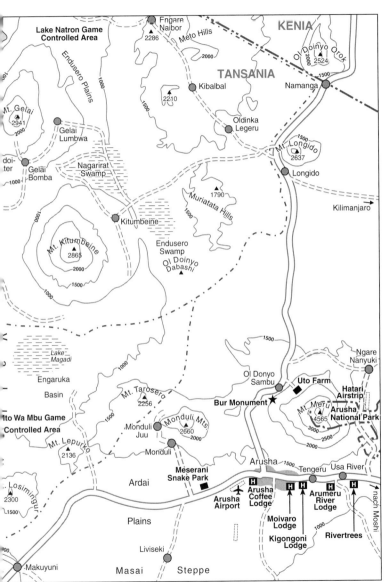

LAKE NATRON

Kommunalrat der Maasai hat darauf reagiert und verlangt nun Eintritt für das als **Natron Nature Reserve** ausgewiesene Gebiet zwischen Ol Doinyo Lengai und dem Lake Natron. Mit den Einnahmen werden Häuser, Brunnen, Schulen usw. gebaut, vor allem Bildung soll helfen, die Veränderungen in der Maasai-Gesellschaft zu bewältigen.

Die **einmaligen Eintrittskosten** betragen **10 $ pro Person** und **15 $ pro Fahrzeug** mit ausländischem Kennzeichen (LKWs 100 $).

Eine Fahrt zum Natron-See und weiter in Richtung Loliondo ist mittlerweile wieder als sicher einzustufen. Das tansanische Militär hat die hier ihr Unwesen treibenden Banden festgenommen bzw. verjagt. Auch befindet sich seit 2000 ein **Polizeiposten** in Engare Sero. Seither haben die Besucherzahlen deutlich zugenommen, Vorfälle unangenehmer Art sind nicht mehr vorgekommen (Stand Herbst 2006).

Unterkunft

- **Lake Natron Tented Camp**
Zu buchen über Moivaro in Arusha; Internet: www.moivaro.com. Kleines, einfaches Buschcamp am Rande des Galeriewaldes mit Blick auf die heißen, flimmernden Ebenen aus Vulkanasche und den Mt. Gelai. Das Camp besteht aus Safarizelten auf Stelzen gebaut mit Rieddachüberdeckung, einem Swimmingpool und einer freundlichen Bedienung. Das Essen ist zufrieden stellend. Über das Camp können zahlreiche Ausflüge organisiert werden, auch die Besteigung des Ol Doinyo Lengai. Kosten: ab 100 $ pro Person Vollpension.
- **Ngare Sero Lake Natron Camp**
Camp direkt am Südende des Sees, offen gelegen mit riesigen Tarn- und Schattennetz-Konstruktionen, welche es tatsächlich schaffen, das Camp völlig in die offene Natur zu integrieren und dem Aufenthaltszelt sowie den einzelnen Gästezelten sehr viel Schatten und zum Teil annehmbare Kühle zu spenden. Eine zunächst gewöhnungsbedürftige Konstruktion. Jedes Zelt-Drom hat einen eigenen Zugang zu einem kleinen Wasserlauf, welcher auf dem Gebiet des Camps seine Quelle hat und in nördlicher Richtung direkt in den flachen Teil des Sees mündet, wo sich eine Vielzahl von Flamingos aufhält. Die Zelte selbst sind einfach aber zweckmäßig, Toiletten- und Waschbereich sind offen unter den Netzdächern integriert, ebenso eine eigene Terrasse. Buchung und Infos unter: www.ngare-sero-lodge.com/Natron_camp.htm.

Camping

- Von Süden aus kommend, zweigt direkt links am Entrance Gate die Piste zum Ol Doinyo Lengai ab, auf der nach 2 km der Abzweig zur **Kamakia Waterfall Campsite** rechts wegführt. Der Zeltplatz liegt geschützt direkt am Ende der großen Schlucht am Ngare Sero River. Von dort führt ein Pfad flussaufwärts in das tief eingeschnittene Tal zu den Wasserfällen (20 Min.). Zelten kostet 5000 TSh (Plumpsklo, Dusche vorhanden).
- Vom Entrance Gate 1 km weiter in Richtung Engaresero zweigt links ein Weg zur **Lake Natron Sengo Campsite** ab, die ebenfalls nahe am Fluss liegt und durch ihre wesentlich grüneren Wiesen und die Schatten spendenden Akazien ein besserer Zeltplatz ist (Kosten wie oben).
- Weiter entlang der Piste kommt nach etwa einem weiteren Kilometer ein neuer Campingplatz auf der linken Seite, kurz vor der Überquerung eines Seitenarmes des Ngare Sero-Flusses. Überquert man diesen, ist nach 100 m der Ort selbst erreicht, welcher mit seinen kleinen Dukas und Wellblech-Bretterbuden links und rechts der Straße wie die Kulisse eines Westernfilms wirkt.

Routenbeschreibungen zum Natron-See

- **Für Rucksackreisende:** Es fahren keine öffentlichen Verkehrsmittel auch nur in die

Nähe des Sees. Nur selten verkehren Land Rover-Dalla Dallas von Mto Wa Mbu nach Wasso/Loliondo. Reisende, die über kein eigenes Transportmittel verfügen, müssen sich an ein Safariunternehmen in Arusha wenden.

● **Für Selbstfahrer:** Obwohl unweit der Touristenmetropole und der nördlichen Parks gelegen, hat das Gebiet echten Abenteuercharakter. Sämtliche Pisten, die in diese rauhe Wildnis führen, stellen höchste Ansprüche an Fahrer und Fahrzeug – professionelle Ausrüstung und off-road-Erfahrung sind unerlässlich. Eine Fahrt zum Lake Natron setzt in jedem Fall ein geländegängiges Fahrzeug voraus. Wer mehrere Tage in diesem Gebiet unterwegs sein möchte, muss sich in Mto Wa Mbu, Arusha oder Namanga ausreichend mit Lebensmitteln, Wasser und Kraftstoff eindecken.

Route 1

Die direkte Route von Arusha führt(e) **über die Monduli Mountains,** durch das Engaruka Basin und südlich am Mt. Kitumbeine vorbei, bis sie schließlich etwa 15 km nordöstlich vom Ort Engaruka Jini auf die Mto Wa Mbu-Engaresero-Piste trifft. Nach den heftigen Regenfällen von El Niño ist die Strecke derzeit jedoch nicht zu befahren. Tiefe Erosionsschluchten *(Korongos* genannt) haben die Piste stellenweise weggerissen (teilweise 2006 noch nicht wiederhergestellt).

Route 2

Die **Longido-Kitumbeine-Route,** die 19 km südlich von Namanga vom Highway A 104 in westlicher Richtung entlang der bizarren Muriatata-Hügel und durch die Engusero Swamps führt, ist derzeit noch einigermaßen gut zu befahren. Der Abzweig von der Hauptstraße ist leicht zu verfehlen; nach 5 km auf der Piste muss man sich an einer Gabelung (hier ist ein Schild) links halten. Von der Maasai-Ansiedlung Kitumbeine (keine Versorgungsmöglichkeit) geht es nördlich um den gleichnamigen Berg herum (die südliche Route durch das wildreiche Engaruka Basin kann aufgrund metertiefen korongos nicht mehr befahren werden). Von Kitumbeine bis zum somalisch angehauchten Ort Gelai Bomba (auch Meru-Goi genannt) am Fuße des **Mt. Gelai** sind es 35 km über eine sehr einsame und staubige Piste. Von Bomba führt eine Piste westwärts in die offene Trockensavanne, bis sie auf die Engaruka-Natron-Piste trifft, von wo es noch 27 km bis Ngare Sero sind. Diese Route wird selten befahren, man ist ganz auf sich allein gestellt.

Route 3

Die Anfahrt über Mto Wa Mbu und Engaruka ist die meistbefahrene Strecke ins Natron-Gebiet. Beschreibung s.o.

Vom Natron-See zur Serengeti

Keine öffentlichen Verkehrsmittel. Die Strecke von Ngare Sero in Richtung Serengeti führt zunächst entlang des See in nördlicher Richtung und passiert die großen Salzkrustenflächen am unteren Ende des Lake Natron. **17 km hinter Engare Sero** zweigt rechts in einer engen Linkskurve die schlechte Piste in Richtung **Penin** (33 km) und Kenia ab. Diese nur selten gefahrene Strecke führt zu **heißen Quellen** im Norden am Fuße der Sambu Mountains und zu den rosa gefärbten Schollen-Gebieten des Sees in der Nähe des schon auf kenianischer Seite befindlichen Shompole Mountain. In Richtung Kenia wird die Piste immer schlechter und schlechter. Es befindet sich hier kein Grenzübergang. Von einer Weiterreise ist aus Sicherheitsgründen abzuraten.

Bleibt man bei km 17 auf der Hauptpiste, erklimmt man langsam und über zahlreiche Serpentinen die Grabenbruchwand, bis oben nach weiteren 12 km ein Viewpoint erreicht ist, von dem ein letzter Blick ins Rift Valley möglich ist. Die Strecke führt weiter durch eine flache Ebene, passiert bei **km 48** den schlecht zu sehenden **Abzweig nach Malambo,** passiert bei km 56 linker Hand ein Maasaidorf und klettert danach durch die Berglandschaft von Loliondo in Richtung Wasso. Bei km 66 links halten und weitere Höhenmeter erklimmen. Bei **km 88** ist die große Piste zwischen dem Ngorongoro-Gebiet und Wasso erreicht, von hier sind es noch weitere 16 km bis nach Wasso (Guest-

OL DOINYO LENGAI

houses, schöner Campingplatz, Treibstoffversorgung). Nach der Durchfahrung des Ortes folgt eine Kreuzung, bei der es rechts nach Loliondo geht und links in Richtung Klein's Camp/Serengeti (48 km).

Ol Doinyo Lengai ⤴ V,C2

„Engai" ist das Maasai-Wort für Gott, den Schöpfer der Savannen, ihrer selbst und der Viehbestände, die nur den Maasai gehören dürfen, „Ol Doinyo" steht für Berg. Der fast 2000 m aus der Ebene ragende **„Berg Gottes"** ist der einzige noch aktive Vulkan im ostafrikanischen Grabenbruch. In den letzten einhundert Jahren hatte der Ol Doinyo Lengai über 15 Ausbrüche, von denen die meisten jedoch nur aus schwarzem Rauch bestanden. Der größte Ausbruch fand 1917 statt und zerstörte in einem Umkreis von mehreren Kilometern die Vegetation völlig. Sämtliche Weideflächen und Wasserressourcen wurden von den Ascheablagerungen verseucht. Ein starker Schwefelgeruch verpestete zudem die Luft. In dieser Zeit starb viel Vieh, und Tausende von Maasai waren gezwungen, in Richtung Serengeti zu ziehen. Der letzte große Ausbruch dauerte von August bis Dezember 1966, damals schleuderte der grollende und tosende Berg Gottes über 1500 m hoch Asche in die Luft. Ein kleinerer Rauch-Ausbruch erfolgte im Juni 1993.

Diese Aktivitäten haben den Berg auch schwer gezeichnet. An seinen tief zerfurchten Flanken findet sich kaum

Vegetation, der ganze Berg ist von einer Schicht grauer sodahaltiger Asche bedeckt. Nur die südliche Gipfelregion, wo sich ein schon lang erloschener Nebenkrater befindet, ist von montanen Savannengräsern überzogen.

Für die Maasai ist der mystische Berg so etwas wie ein Altar. Im Krater wohnt ihr Engai, dem regelmäßig Opfergaben gemacht werden. Sind z.B. von einer Krankheit befallene Viehherden nicht zu heilen, oder wird schleunigst Regen herbeigesehnt, steigt eine Gruppe älterer Maasai bis zum Kraterrand hinauf und lässt eine Ziege frei. Ihr Gott scheint sich diese dann zu holen, denn ein Skelett wird selten gefunden. Dieser schon ältere Brauch wird jedoch nicht mehr so oft praktiziert. Heute hat sich eine „touristische Form" der Opfergabe entwickelt: Im Rahmen regelmäßig abgehaltener Prozessionen marschieren Gruppen von Frauen und Männern zum Fuße des Berges und verspeisen eine Ziege zu Ehren ihres hoch oben wohnenden Gottes.

Der **Hauptkrater** mit einem Durchmesser von etwa 250 m ist fast kreisrund. Er ist ohne jegliches Leben, der Boden ist völlig ausgetrocknet und von der zersetzten Gesteinskruste mit hell reflektierender weißer Asche überzogen. Auf dem Kraterboden steigt aus kegelförmigen Schloten (Hornitos) heiße und sehr kohlendioxidhaltige Luft empor, im Innern brodelt die knapp 550°C heiße schwarze Lava, im Vergleich zu der sonst rot glühenden und etwa doppelt so heißen Lava bekannter Vulkane geradezu „kühl". Der Ol Doinyo Lengai ist der einzige aktive Feuerspeier der Erde, der eine solche „kalte", tiefschwarze Lava ausstößt, die bei Kontakt mit der Atmosphäre nur kurze Zeit im Fließzustand ist, bis sie sich zu einem porösen Gestein (Karbonatit) verfestigt und schließlich zu weißem Kalkstaub zerfällt.

Die Erstbesteigung des Vulkans erfolgte 1904 durch die deutsche Otto-Winter-Stiftung.

Besteigung des Ol Doinyo Lengai

Wer diesen steil aufragenden Vulkanberg besteigen möchte, sollte wirklich fit sein! Ein **Maasai-Führer** lässt sich im Ort organisieren, wobei nicht jeder Maasai vom Kommunalrat die Erlaubnis hat, Touristen auf den „Berg Gottes" zu führen. Bei Bedarf lassen sich auch Träger organisieren, die Kosten sind Verhandlungssache, beginnen aber bei 30.000 TSh pro Guide.

Mit dem Geländewagen fährt man noch etwa 11 km bis zum westlichen Fuße des Berges, von wo der Aufstieg nachts gegen 1 Uhr begonnen wird – in der glutheißen Tageshitze wäre man zu schnell erschöpft. Nehmen Sie dennoch reichlich Trinkwasser mit, am Berg bekommen sie keines. Nach 5–7 Stunden Fußmarsch ist der Kraterrand erreicht. Übernachtungen sind dort möglich, gute Ausrüstung vorausgesetzt!

Einfacher und sicherer ist die Organisation der Besteigung über ein Safariunternehmen (siehe bei Arusha).

Aufstieg auf den Ol Doinyo Lengai

Das Ngorongoro-Schutzgebiet und der Serengeti National Park

Kaum eine andere Landschaft in ganz Afrika ist derart ergreifend und schön wie das Ngorongoro-Serengeti-Ökosystem. Selbst die bekanntesten Landschaftsarchitekten dieser Welt würden sich schwer tun, eine so abwechslungsreiche Landschaft und Vegetationsvielfalt zu gestalten. Diese Region des ostafrikanischen Hochlandes wird gerne als ein „Stück Eden Afrikas" bezeichnet, einst ausschließlicher Lebensraum der Maasai.

Die hohen, aber sanften Hügel, die **erloschenen Vulkanberge** mit ihren riesigen Kratern und märchenhaften Urwäldern bilden im Osten dieser Region die Kulisse der Ngorongoro Conservation Area. Hier befindet sich der weltbekannte **Ngorongoro-Krater** mit seiner vielfältigen Tierwelt, von **Prof. Grzimek** als „achtes Weltwunder" bezeichnet. In westlicher Richtung gleitet dieses Hochland hinab in die scheinbar endlosen Savannen der Serengeti. Kurz unterbrochen von der rauen **Oldupai-Schlucht,** einer Wiege der Menschheit, und dem Lake Ndutu, zieht sich diese Landschaft bis zum Horizont hin und verschmilzt mit den Ufern des Lake Victoria.

Serengeti! Die wahrscheinlich beeindruckendste Savannenlandschaft der Welt zieht den Besucher wie kaum ein Ökosystem sonst in Afrika vom ersten bis zum letzten Tag in ihren Bann! Grund ist natürlich der enorme Tierreichtum, besonders die **jährliche Migration von über 1,5 Millionen Gnus** ist Sinnbild für eine Naturwelt, wie sie vor einigen tausend Jahren noch in vielen Gebieten der Erde anzutreffen war.

Highlights und Tipps

- Der Ngorongoro-Krater, S. 294
- Erlebnis für die Sinne – die Gnu-Migration in der Serengeti, S. 318
- Die Hadzabe-Buschleute am Lake Eyasi, S. 290
- Wandern im Hochland und in den Savannen des Ngorongoro-Schutzgebietes, S. 305
- Mit dem Heißluft-Ballon über Schirmakazien, S. 325

Natur und Tierwelt sind in der Serengeti kaum Grenzen gesetzt. Diese Region Tansanias bewahrt sich bis zuletzt das Attribut des Unbegreiflichen und lässt ihre Besucher völlig verzaubert in ihre (moderne) Welt zurückkehren.

Um das Ngorongoro-Gebiet und die sich nahtlos anschließende Serengeti in ihrer ganzen Schönheit zu erhalten, bedarf es eines intensiven Wild- und Naturschutzprogrammes, das ohne Hilfe aus dem Ausland vom Staat Tansania allein nicht zu bewerkstelligen wäre. *Grzimeks* Beitrag zur Schaffung des großen Serengeti-Ngorongoro-Ökosystems ermöglicht heute Menschen aus aller Welt, jenen Teil des ursprünglichen Afrika zu erleben, welcher ein Synonym ist für endlose Weiten, Bilderbuchsavannen und eine grenzenlose, faszinierende Tierwelt. **„Die Serengeti darf nicht sterben"** – das ist nicht nur *Grzimeks* Leitsatz im gleichnamigen Buch und Film gewesen, sondern steht heute auch als Hauptmotiv hinter der Arbeit der Tanzania National Parks Authority (TANAPA), die u.a. in großem Maße von der Zoologischen Gesellschaft Frankfurt unterstützt wird.

Karatu und Oldeani
⟋ **IV,B3**

Karatu liegt am Außenrand des Ngorongoro-Kraters und ist ein bedeutender, **landwirtschaftlich ertragreicher Marktort** im Übergang vom Ngorongoro- zum Mbulu-Hochland. Das Einzugsgebiet zählt etwa **45.000 Einwohner,** von denen der Großteil zum **Volk der Iraqw** gehört, einer **kuschitischen**

Ethnic, die vor über 1000 Jahren aus dem Gebiet des heutigen Jemen und äthiopischen Hochlandes hierher wanderte. Nach kriegerischen Auseinandersetzungen mit den im 19. Jahrhundert einwandernden Maasai festigten sie ihre Stellung in diesem für sie charakteristischen Hochland, welches sich südlich bis zum Malbadow Escarpment am Balangida-See erstreckt. Von ihren Bantu-Nachbarn werden sie und ihr Lebensraum „Mbulu" genannt, was auf ihre konsonantisch klingende Sprache Erokh anspielt und im Swahili in etwa „Murmler" bedeutet. Einige unter ihnen fallen noch durch ihre hellere Hautfarbe, die feineren Gesichtszüge und durch einen großen und schlanken Körperbau auf, ähnlich wie die Menschen am Horn von Afrika.

Viele Iraqw sind heute in der **Landwirtschaft** tätig, ihr Gebiet gehört zu einer der großen Kornkammern des Landes. Hauptanbauprodukte sind Weizen, Mais und Kaffee; ausgerüstet sind die Iraqw mit modernen landwirtschaftlichen Geräten und speziellem Saatgut. Früher, während der deutschen Kolonialzeit, besaßen sie nur wenig Land und mussten ihren Lebensunterhalt auf deutschen Farmen verdienen. Über 50 Wolgadeutsche und deutschstämmige Buren ließen sich nach dem 1. Weltkrieg an den regenexponierten Hängen des Ngorongoro-Massivs nieder.

Oldeani, eine **Ansammlung von Farmen und Bauernhöfen** im Westen von Karatu, wurde einst von Schlesiern und Wolga-Deutschen gegründet. Auch heute ist die Region ein bevorzugtes Farmgebiet mit noch einigen deutschen

Ngorongoro-Schutzgebiet und Serengeti NP

KARATU UND OLDEANI

Betreibern, welche in erster Linie Kaffee anbauen. Hinweisschilder wie „Sylt Estate" oder „Edelweiß" erinnern an die damalige Zeit.

Zwischen Oldeani und Karatu, entlang der Grenze zum Ngorongoro-Schutzgebiet, befinden sich einige **gehobene Lodges und auf Fremdenverkehr eingestellte Farmen,** welche eine gute Alternative zu den teuren Lodges am Ngorongoro-Krater selbst bieten.

Karatu und seine Umgebung bieten neben einem reichhaltigen **Markt** für Gemüse, Obst und Stoffe ein paar **Tankstellen,** eine **Post,** ein paar **kleinen Supermärkte,** ein **Internet- und Telefon-Servicebüro** und auf dem Grundstück des Ngorongoro Safari Center preiswerte, aber auch sehr exklusive Unterkünfte außerhalb der Ngorongoro Conservation Area.

Unterkunft

● **Gibb's Farm (Ngorongoro Safari Lodge)**
Tel. (027) 2508930, Fax (027) 2508310. Ehemaliges deutsch-koloniales Farmhaus direkt an der Grenze zum Ngorongoro-Waldgebiet mit herrlichem Blick auf die hügeligen Kaffeefelder von Karatu. Heute unter englischer Leitung, bietet die kleine Gäste-Lodge im Stil von *Karen Blixens* „Out-of-Africa-Farm" dem Besucher eine ungewöhnlich herzliche Atmosphäre in kolonialem Ambiente. Ob genießerisch im Garten mit frischem Kaffee aus eigenem Anbau ruhend, auf Elefantenpfaden im Urwald zu einem Wasserfall unterwegs oder abends bei knisterndem Kaminfeuer wilden Abenteuern lauschend – ein Aufenthalt auf der Gibb's Farm bleibt unvergeßlich. EZ/DZ in Bunaglows mit Frühstück ab 128/156 $. Die Farm befindet sich 6 km von Karatu entfernt.
Internet: www.gibbsfarm.net,
E-Mail: ndutugibbs@habari.co.tz.

● **Plantations Lodge**
Tel. (027) 2534364-5. Herrlich zwischen Kaffee- und Maisfeldern auf einer Anhöhe gelegene Lodge. Das Anwesen des deutschen Paares *Mahrarens* wird im Stil einer Gästefarm geleitet. Die Unterbringung erfolgt in getrennten Häusern mit jeweils mehreren Schlafzimmern (ideal für Gruppen) und einem großen Aufenthaltsraum mit Kamin und Terrasse. Die Einrichtung der Zimmer könnte schöner nicht sein, Service und Freundlichkeit werden groß geschrieben, das Essen ist überwältigend. Die Preise für Vollpension betragen 122/179 $ für EZ/DZ.
E-Mail: casa@cybernet.co.tz

● **Kifaru Lodge**
Tel. (027) 2508790. Deutsche Großfarm mit feinem Gästehaus (8 Zimmer), Swimmingpool, Tennisplatz und Reitmöglichkeiten in lieblicher Lage an der Waldgrenze des Ngorongoro-Kraters. Das sehr deutsch wirkende Anwesen gehört zu dem Farm-Komplex Shangri-La und Pratima und ist 14 km von Karatu in Richtung Ngorongoro entfernt (Abzweig 3 km hinter Karatu rechts, ausgeschildert). Preis bei Halbpension 102/147 $.
E-Mail: tzphotosafaris@habari.co.tz

● **Bougainvillea Safari Lodge**
Tel. (027) 2534083. Neuere Lodge der Mittelklasse mit viel Charme, aber etwas afrikanisch-modern. Angenehme Zimmer mit kontinental wirkenden sauberen Bädern. Von Arusha kommend am Ortseingang von Karatu in den grünen Kaffeehängen mit toller Aussicht. Preis auf Anfrage.
Internet: www.bougainvillealodge.com,
E-Mail: bougainvillea@habari.co.tz.

● **Ngorongoro Farm House**
Infos unter: www.africanwilderness.com. Von allen Lodges dem Ngorongoro-Eingangstor am nächsten gelegen. Schöne Unterkunft mit grandiosem Ausblick, sehr große und äußerst schick eingerichtete Zimmer mit eigener Terrasse. Der Service ist effizient, das Essen durchschnittlich. Hauptsächlich spanische und US-Kundschaft. Preise auf Anfrage.

● **Octagon Safari Lodge**
Tel. (027) 2548311. Am Ende des Ortes linker Hand in einem grünen Garten gelegen. Nichts Besonderes in Anbetracht des Preis-Leistungsverhältnisses.

Karten S. 278, IV **KARATU – MBULU – DONGOBESH – NDAREDA** 287

Internet: www.octagonlodge.com,
E-Mail: reservations@octagonlodge.com.

● **Crater Forest Lodge**
Tel. (0786) 115894. Ein wunderschön in den Waldgürtel des Ngorongoro-Kraters integriertes Camp. Es liegt direkt an der Parkgrenze, nur 7 km vom Eingangstor entfernt. 15 großräumige, auf Stelzen gebaute Doppelzelte mit Heizofen für kühle Nächte machen diesen Ort zu einem sehr authentischen Erlebnis. Liebevoller Service und gutes Essen, Preise ab 170 US $ das Zelt.
Internet: www.craterforesttentedlodge.com,
E-Mail: info@craterforesttentedlodge.com.

● **Lutheran Guest House**
Tel. (027) 2534230. Neue Einrichtung am Ortsende rechts (ausgeschildert). Sehr saubere Zimmer, freundlicher Service, EZ/DZ ab 15.000/20.000 TSh.

● **Ngorongoro Safari Resort & Camping**
Tel. (027) 2534287-90, 2534059. Das neuere Anwesen im Ort an der Hauptstraße hat sich zu einem beliebten Stop-over entwickelt. Neben einer Tankstelle, einer Bar mit Satelliten-TV, Mail- und Telefon-Service und einem guten Restaurant steht für die letzten Safari-Einkäufe ein sehr gut sortierter Supermarkt zur Verfügung. Vom Camping für 3000 TSh p.P. ist hier abzuraten (zu eng und zu viele Overlander). Die Zimmer sind in 12 Rund-Bungalows gebaut und bieten neben kitschigen Farben und Formen einfache Übernachtungsmöglichkeiten (einigermaßen sauber). E-Mail: safariresort@yahoo.com

● **Safari Junction Lodge & Camping**
Die heruntergekommene Anlage nahe der Straße nach Mbulu kann nicht mehr empfohlen werden.

● **Doffa Campsite**
Tel. (027) 2534305. In Richtung Ngorongoro-Krater gelegene Campsite in schöner Umgebung, ca. 9 km hinter Karatu (ausgeschildert). Von manchen Reisenden empfohlen.

● **Kudu Lodge & Campsite**
Tel. (027) 2534055, 2534268, (0744) 474792, Fax 2534268, E-Mail: saleskudu@iwayafrica.com. Neuere Lodge mit Bungalows, schön auf einem Hügel gelegen. Das Zelten kostet 6000 TSh pro Person, die Zimmer beginnen bei 25 $. Gutes und üppiges Essen. Dazu gibt es Picknicks für Tagesbesuche zum Krater,

Geländewagen zur Tagesmiete für Ngorongoro-Safaris. Im Haus sind zudem ein Internet-Café sowie ein Billardtisch.

● Als einfache landestypische **Guesthouses** lassen sich im Ortskern das **Elephant** und das **Iraqw** empfehlen. Beide haben sehr einfache Restaurants mit den üblichen Huhn-/Reis- und Chips-/Omelette-Gerichten.

Routenbeschreibungen ab/nach Karatu

Karatu – Mbulu – Dongobesh – Ndareda (158 km)

● Gute Piste, Fahrzeit 4–5 Std. Busse bis Mbulu, von dort weiter nach Singida/Babati.

1 km hinter Karatu in Richtung Ngorongoro erfolgt links der Abzweig nach Mbulu. Die Piste ist gut zu fahren, nach 1,5 km führt links der Weg zu Safari Junction und Kudu Lodge.

Die nun folgende **Mbulu-Hochebene** kennzeichnen große Weizenfelder, die in der Trockenzeit sehr trostlos aussehen. Ab Aicho wird die Landschaft hügeliger, und die Straße windet sich die Hänge entlang, an denen die Iraqw ihren charakteristischen Terrassenfeldbau betreiben. Diese Form der Landwirtschaft und das kühle Klima des durchschnittlich 2000 m hohen Hochlandes – stellenweise mit großen Eukalyptusbäumen – erinnert an Regionen in Äthiopien.

Bei **km 76** erreicht man den schönen **Distriktort Mbulu,** dessen Überreste eines alten Forts (Boma) aus der Zeit stammen, als dieser Marktflecken kaiserliche Bezirksnebenstelle von Arusha

Ngorongoro-Schutzgebiet und Serengeti NP

war. Mbulu ist das **Zentrum des Iraqw-Volkes,** der Markt ist reich an Produkten aus dem Umland. Im Ort kann man große, kreisrund geflochtene Matten kaufen, die von den Iraqw als Teppiche oder zur Ernte-Trocknung hergestellt werden. Eine vorzügliche Unterkunft mit europäischem Standard ist das **DRDP-Rest House** einer holländischen Entwicklungshilfeorganisation (Zimmer ab 10.000 TSh).

Die Serpentinenstrecke von Mbulu das Escarpment hinunter zum Südende des Manyara-Sees ist eine landschaftlich wunderschöne Fahrt.

Um **nach Dongobesh** (43 km) zu gelangen, muss man sich im Ortskern beim alten Shell-Schild rechts halten, fährt am Fußballfeld vorbei und über eine Brücke, hinter der nach 100 m rechts eine kleine Straße zum DRDP-Rest House abzweigt.

10 km hinter Mbulu passiert man den kleinen **Lake Tlawi.** Die Bevölkerung in der Nähe nutzt das Gewässer zum Fischen. Im dichten Schilf soll eine kleine Hippo-Familie leben.

Bei **km 107** erreicht man eine Gabelung; man hält sich links und folgt der stärker befahrenen Piste. Rechts führt eine schlechte Piste nach Haidom ins **Yaida Valley.** 12 km weiter folgt Dongobesh, ein kleiner Ort, in dem rechts die Straße weiter über das Hochland in Richtung Basotu führt.

Hinter Bashanet, einer kleinen Häuseransiedlung, beginnt die Piste sich das Dabil Escarpment hinunter zu winden. In der ersten Haarnadelkurve offenbart sich ein atemberaubender Blick auf den Lake Balangida und den mächtig aus dem Rift Valley ragenden **Mt. Hanang.**

Nach weiteren 4 km am Fuße der Grabenwand macht die Straße eine scharfe Linkskurve. In dieser zweigt bei dem Schild Babati Shule eine selten befahrene Piste über Giting (14 km) nach Endasak ab, über die man aber auch auf die Ebene des **Lake Balangida** kommt. Bereits nach 1 km geht vor einer betonierten Flussdurchfahrt rechts ein Weg ab zum 1 km entfernten See.

Auf der Hauptstraße weiter sind nach etwa 13 km Ndareda und die Hauptverkehrsachse zwischen Babati und Singida erreicht.

Karatu – Oldeani – Lake Eyasi (54 km)

●Anfangs gute Piste, zwischendurch viele Schlaglöcher und von Transport-Lkws ausgefahrene Passagen (Fahrzeit knapp 2 Std.), Busverbindung mehrmals täglich.

Von Karatu fährt man zunächst auf der Asphaltstraße in Richtung Ngorongoro. Nach 8 km zweigt links in einer Rechtskurve am Hang die Piste nach Oldeani ab. Dieser folgt man ein paar Kilometer, bis ein kleines Tal mit Kaffeesträuchern durchquert wird und 200 m weiter oberhalb eine Piste links weg führt, auf der man geradewegs nach Gorofani (insgesamt 45 km) gelangt. Dies ist die Alternativroute zum See. Bleibt man nach dem Kaffeetal auf der Hauptpiste, ist der Weg über Oldeani zum Lake Eyasi knapp 3 km kürzer, aber von Lkws zum Teil sehr ausgefahren. Ein Geländewagen ist für beide Strecken mit teils steinigen Passagen erforderlich.

An Gorofani vorbei erfolgt nach 3,5 km rechts der Abzweig ins 15 km entfernte Endamagha, geradeaus weiter liegt nach 4 km Barasani, von wo ein Blick auf den See möglich ist und wo sich einfache landestypische Guesthouses befinden. Folgen Sie der Endamagha-Piste, geht nach 1,5 km links der sandige Weg zur Farm und zum gleichnamigen Tented Camp Kisima Ngeda (4 km) ab. Nach Passierung des Farmtors links abzweigen und den Weg wenige hundert Meter durch einen Palmenwald nehmen, bis Sie direkt zum komfortablen **Kisima Ngeda Tented Camp** am See gelangen. Der Weg zu den Campingplätzen am See ist der Abzweig gleich rechts hinter dem Farm-Gate. Ein Caretaker wird sich um Sie kümmern.

Von einer Fahrt zum Südende des Sees nach Mtala/Bukundi ist abzuraten: Die Piste ist wegen tiefer Kuhpfade und Erosionsgräben (*korongos*) nicht mehr befahrbar. Die Piste durch die Kidero Mountains nach Mbulu (64 km) ist kaum noch als solche zu erkennen und erfordert gute Off-road-Kenntnisse.

Lake Eyasi   ⟋ IV,B3

Der **1030 m hoch** gelegene und 80 km lange Lake Eyasi ist der **größte See im nördlichen Rift Valley-Gebiet.** Er liegt im südwestlichen Ausläufer der osttansanischen Grabenbruchgabel. Der flache See ist wesentlich weniger salzhaltig als der Lake Natron, und sein Wasserstand ist maßgeblich von Niederschlägen abhängig. Zahlreiche Bäche stürzen in den Regenzeiten die im Westen des Sees steil aufragende, bis zu **900 m hohe Escarpment-Wand** vom Ngorongoro-Gebiet hinunter und füllen den nur wenige Meter tiefen See, der saisonal eine Vielzahl von Flamingos anlockt. Seine Wasseroberfläche kann weit über 1000 km² ausmachen oder aber nach einer größeren Trockenzeit auf nur ein paar Dutzend Quadratkilometer schrumpfen. Dann zeigt sich der Eyasi als eine brettflache staubige Ebene. Die Austrocknung wird zusätzlich von den hier herrschenden kräftigen Nordostwinden beschleunigt.

Auf den fruchtbaren Böden im Nordosten des Sees werden großflächig Zwiebeln angebaut, die nach Arusha und auf andere Märkte im Land geliefert werden. Noch vor der Eisenbahnverbindung der südlichen Victoria-See-Region mit der Küste des Landes organisierte das **Volk der Sukuma** (vgl. „Land und Leute/Bevölkerung") im alljährlichen Pendel **Salzkarawanen** zwischen dem Südwestende des Eyasi und dem Shinyanga- bzw. Mwanza-Gebiet. Die Sukuma nennen den See auch Nyaraja. Salzschollen wurden in jener Zeit aus der am Ende der Trockenzeit völlig ausgetrockneten Seeoberfläche herausgebrochen und mit Eseln zurück ins Sukuma-Land transportiert. Mit der Eisenbahn kam jedoch bald Meersalz von der Küste zu den Sukuma, und die beschwerlichen Salzkarawanen wurden überflüssig. Doch noch bis in die 40er Jahre des 20. Jahrhunderts waren am Salztransport etwa 30.000 Menschen für schätzungsweise 1000 Tonnen jährlich beteiligt.

Die Hadzabe – das letzte Buschmannvolk

Die Hadzabe – das letzte Buschmannvolk

von Dipl. Fotografin *Nana Große*

Die Hadzabe (von ihren Nachbarn auch Tindiga, Kindiga, Ashi oder Kangeju genannt) sind das letzte Jäger- und Sammlervolk Tansanias, eine ethnische Minderheit mit ungefähr 800 Stammesangehörigen, die auf einem Gebiet von etwa 1500 km² verstreut leben. Das Gebiet besteht aus trockenem, schwer zugänglichem und wenig fruchtbarem Buschland rund um den Lake Eyasi. Wegen der Menschenfeindlichkeit ihres Lebensraumes – unzureichende Wasserversorgung und Verseuchung durch die Tsetse-Fliege (Überträgerin der Schlafkrankheit) – konnte sich die Lebensweise des Buschmannvolkes bis heute weitgehend erhalten; auch schützte der unwirtliche Lebensraum sie bisher vor siedelnden Bantu-Völkern.

Ethnologen sind sich bis heute nicht über eine mögliche Verwandtschaft der Hadzabe mit den San-Buschmännern in der Kalahari-Wüste (Botswana) einig. Ihre kleine Körpergröße, die teilweise etwas hellere Hautfarbe und das typische „Popcorn-Haar" verleihen ihnen eine verblüffende Ähnlichkeit mit ihren südafrikanischen Nachbarn. Ihre Sprache enthält ebenfalls Klicklaute, die sich jedoch von denen der Buschmänner und der Sandawe unterscheiden. Dennoch gilt es als erwiesen, dass auch südafrikanische Buschmänner vor ein paar Jahrhunderten in Ostafrika angesiedelt waren; auch mit den Felsmalereien von Kolo werden sie in Verbindung gebracht.

Die Hadzabe leben in kleinen Gruppen von 15 bis 20 Erwachsenen mit einer etwa ebenso großen Zahl von Kindern. Die Gruppen haben keine erkennbare soziale Hierar-

DIE HADZABE – DAS LETZTE BUSCHMANNVOLK

chie, keine Führer, keine Häuptlinge, kein politisches oder gesellschaftliches System. Der Stamm lebt in und von der Natur und in absolutem Einklang mit ihr. Jede Veränderung, jedes Geräusch wird pausenlos registriert. „... die Hadzabe kennen auf ihrer Wanderung nur eine Arbeit, nämlich die, fortgesetzt ihre Umwelt mit den Augen abzusuchen und sich auch vor ihr zu sichern. Stetig ändern ihre Köpfe in kleinen abgesetzten Bewegungen ihre Richtung. Alles suchen sie ab, jeden Winkel, der sich vor ihnen auftut. Auf jeden Laut achten sie und verstehen ihn zu deuten, keine Fährte im Sande kann ihnen entgehen ..." (Kohl-Larsen, 1958).

Die Hadzabe betreiben keine Landwirtschaft und halten auch kein Vieh. Alle Lebensutensilien wie Hausrat, Pfeil und Bogen für die Jagd und auch die Behausungen werden ausschließlich aus Materialien gefertigt, die das natürliche Umfeld liefert. Auch für die Ernährung sorgt einzig die Natur: Wilde Früchte, Beeren, Wurzeln, Knollen und Honig werden gesammelt, Fleischlieferanten, wie Gazelle, Elenantilope, Perlhuhn, Dik Dik und Büffel, werden mit Pfeil und Bogen erlegt. Ihre Bögen sind zum Teil mannsgroß und haben eine enorme Spannkraft, dennoch müssen sich die Hadzabe-Jäger bis auf wenige Meter an ihre Beute heranpirschen, um einen sicheren und tödlichen Schuss platzieren zu können.

Die Dörfer der Hadzabe – eine Ansammlung von aus trockenem Gras gebauten Hütten – sind immer zwischen Bäumen und Felsen angesiedelt, nie in der offenen Ebene und so fast unsichtbar, kaum von der Umgebung zu unterscheiden. Man findet auch sonst so gut wie keine Spuren von ihnen, durch die man auf ihre Anwesenheit schließen könnte. So können sie entscheiden, ob sie mit „Eindringlingen" in Kontakt treten wollen oder nicht.

Die Hadzabe sind bekannt als zufriedenes und sehr fröhliches Volk. Im Umgang miteinander sind sie zärtlich, ihnen ist das Sein wichtiger als Besitz. Die geschlechtliche Rollenverteilung ist klar definiert, der Mann geht jagen und sammeln, sorgt für Nahrung, die Frau bleibt im Dorf, kocht und kümmert sich um die Kinder. Tierhäute werden gegerbt und als Umhänge genutzt, Feldfrüchte werden zermahlen.

Bis heute haben sich die Hadzabe der so genannten Zivilisation konsequent und bewusst verweigert. Versuche unter *Nyerere,* sie in Ujamaa-Dörfern im Mbulu-Hochland anzusiedeln, sind fehlgeschlagen. Trotzdem ist es nur noch eine Frage der Zeit, bis sie zur Aufgabe ihrer traditionellen Lebensweise gezwungen werden, um überleben zu können. Durch die Zuwanderung anderer Volksstämme in das Eyasi-Gebiet – Nomaden mit Viehherden und Ackerbauern, die flächenhaft Felder in Anspruch nehmen – werden die wilden Tiere, die Ernährungsgrundlage der Hadzabe, vertrieben. Zudem hat die tansanische Regierung die offene Jagd verboten, ein Verbot, das auch von der kleinsten ethnischen Minderheit eingehalten werden soll, aber nicht verhindert, dass zahlungskräftige ausländische Jagdunternehmen Lizenzen erhalten, die es ihnen erlauben, im Eyasi-Gebiet schonungslos ihrer Trophäenjagd nachzugehen. Die Folge: Das Wild wird scheu gemacht und zunehmend vertrieben.

Experten sind sich über die große Gefahr einig, dass diese letzten Buschmänner Ostafrikas als verarmte, landlose Tagelöhner, Bettler und Prostituierte enden werden, sollte die derzeitige Politik ihnen gegenüber unverändert bleiben. Nur eine Art Reservat könnte dem Volk der Hadzabe eine dauerhafte Existenz sichern.

Hadzabe-Buschmann mit Pfeil und Bogen

LAKE EYASI

Am Nordostufer, wo sich auch der Rangerposten Endamagha der Ngorongoro Conservation Area befindet, erhebt sich **3216 m** hoch der hufeisenförmige, erloschene Vulkanberg **Mt. Oldeani.** Am Fuße dieses gewaltigen Massivs liegen die Ortschaften **Gorofani** und **Barasani** in der als **Mangola** bezeichneten Region. Hier fließt auch fast ganzjährig der **Ngabora River** (auch Barai genannt) vom Hochland bei Karatu in den Eyasi. Entlang seines Unterlaufs speisen ihn zusätzlich die als **Chem Chem** bezeichneten Quellen und bringen eine kleine Oase zum Grünen – erstaunlich, mit welcher Artenvielfalt die Vegetation hier dem ansonsten trockenen Umland einen blühenden Garten entgegensetzt. An den Ufern des Eyasi entschädigen dann die drei herrlichen Kisima Ngeda-Campingplätze für Selbstversorger oder das rustikale Kisima Ngeda Tented Camp die strapaziöse Anfahrt in ein wenig besuchtes und kaum bekanntes Gebiet.

Weiter südlich vom Ort Barasani (kleine Krämerläden, Treibstoff, akzeptables Krankenhaus), wo sich die **Kidero Mountains** auf etwa 1500 m Höhe erheben und die Südostflanke des Eyasi bilden, liegt die schwierig zu erreichende **Mumba-Höhle.** Safariunternehmen in Arusha führen nur selten Gruppen zum Eyasi, meist kommen sie nur für ein, zwei Tage, um **die letzten Buschmänner Tansanias,** die **Hadzabe** (siehe entsprechenden Exkurs), zu besuchen. Bei Gorofani sowie in der Nähe des Dorfes und des Rangerpostens Endamagha befinden sich jeweils kleine

Ansiedlungen von **Hadzabe,** die schon länger auf Touristenbesuch eingestellt sind. Besteht Interesse, sollten Sie **nur mit** kundigem **Führer** dorthin gehen.

Verkehrsverbindungen

Täglich mehrere Dalla-Dallas sowie ein Bus von Karatu aus nach Gorofani/Barasani. Die letzte Möglichkeit ab Karatu ist um 15.30 Uhr. Rückfahrten sind ebenfalls täglich.

Unterkunft/Camping

- **Kisima Ngeda Tented Camp**
Tel. (027) 2534128. Herrlich gelegenes Zeltcamp der deutsch-argentinischen Familie *Schmeling* (Inhaber der Farm Kisima Ngeda). Unterhalb eines Felsberges direkt am Lake Eyasi befinden sich sieben rustikale Safarizelte mit jeweils anschließendem Badezimmer/Toilette, errichtet auf erhöhten Fundamenten und eingebettet in einen Hain von Doum-Palmen, alle mit eigener Terrasse und Ausblick auf die Weiten des Sees. Auf Kisima Ngeda herrscht kein Massenbetrieb, Gäste werden zuvorkommend bewirtet. Das Essen ist großartig, aus den nebenan gelegenen Teichen der gleichnamigen Farm kann es auf Wunsch täglich frischen Barsch geben oder – selbst hergestellten – Räucherschinken. Ein auf der Farm angestellter Hadzabe-Buschmann kann – wenn abkömmlich – Gäste mit zu Verwandten seines Volkes führen. Übernachtung p.P. mit Vollpension ca. 120 $.
Internet: www.kisimangeda.com,
E-Mail: kisima@habari.co.tz.
- **Kisima Ngeda Campsites**
Auf dem großen Grundstück der Farm Kisima Ngeda befinden sich drei voneinander getrennte Campingplätze zwischen Schatten spendenden Palmen und mit wunderbarem Blick über den Eyasi-See. Die Plätze besitzen funktionierende Duschen und Toiletten. Der Preis von 5000 TSh pro Person schließt Nachtwächter und Feuerholz ein. Frische Milch, Fisch und Räucherschinken aus eigener Zucht/Produktion lassen sich über die Farm beziehen.
- **Tindiga Tented Lodge**
Tel. (0786) 115894. Neueres Camp von Karibu Africa Safaris, das nicht so schön liegt wie Kisima Ngeda und auch sonst nicht an das Nachbarcamp herankommt.
Internet: www.tindigatentedlodge.com,
E-Mail: info@tindigatentedlodge.com.
- Ansonsten im Ort Gorofani links der Ausschilderung zum **Lake Eyasi Campsite** folgen, das jedoch irreführender Weise gar nicht am See liegt und auch sonst nicht besonders zu empfehlen ist.

Die Ngorongoro Conservation Area
↗ IV,B2/3

Die Ngorongoro Conservation Area **(N.C.A.)** ist ein Wild-Schutzgebiet mit Nationalpark-Status, in dem ca. **38.000 Maasai** im Einklang mit der ostafrikanischen Tierwelt leben. Die Viehherden des Nomadenvolkes wandern in den Savannen durch Tausende von grasenden Gnus, Zebras und Büffeln. Das respektvolle Miteinander von Mensch und Wild ist einmalig auf der Welt, noch dazu in einer grandiosen Landschaft, die von den östlichen Savannen der Serengeti über Wanderdünen, tiefe Schluchten, Sümpfe, Wasserfälle bis hin zu Riesenkratern, Vulkanbergen, montanen Urwäldern und einer grünen Hochsavanne reicht, welche an die frostigen Highlands von Schottland erinnert. Der Eindruck drängt sich auf, diese weltweit unvergleichliche Naturvielfalt habe für das biblische Paradies

Die Ngorongoro Conservation Area

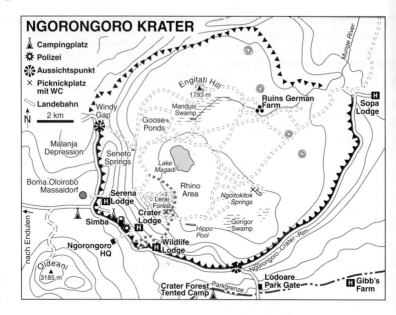

Modell gestanden. Die über 8200 km² messende N.C.A., die von der 1050 m hohen Uferlinie des Lake Eyasi bis zum 3648 m hohen Mt. Lolmalasin reicht, ist daher auch bereits seit 1978 ein Teil des **UNESCO-Weltnaturerbes.**

Ngorongoro-Krater

Das unumstrittene Juwel dieser Landschaft ist der 16 x 20 km große Ngorongoro-Krater, die **größte nicht mit Wasser gefüllte Caldera der Welt,** die in etwa **halb so groß wie der Bodensee** ist. Im Mittelpunkt des Hochlandes gelegen, ist der fast 600 m tiefe Krater (der Kraterrand liegt durchschnittlich auf 2300 m Höhe) Heimat einer großartigen Tierwelt. Alles was Rang und Namen hat unter den Wildtieren Ostafrikas – mit Ausnahme von Maasai-Giraffen, Topis und Impalas (sie können die steilen Kraterwände nicht bezwingen) –, ist im Ngorongoro versammelt, auch die **Big Five** der afrikanischen Tierwelt: **Löwe, Nashorn, Elefant, Büffel und Leopard.** Je nach Jahreszeit zählt man 15.000 bis 25.000 Tiere, davon allein über zwei Drittel Gnus, Zebras, Büffel und Gazellen. Die große Anzahl von Grasfressern auf verhältnismäßig kleinem Raum bedingt die große Population der **Ngorongoro-Löwen.** Mehrere Rudel, die zusammen über einhundert *Simbas* (Swahili für Löwen) zählen, machen den Krater zu einem der dichtest

DIE NGORONGORO CONSERVATION AREA

besiedelten Löwengebiete Afrikas. Fast jeder Besucher wird den König der Tiere zu Gesicht bekommen, oft hat man sogar das Glück, eine ganze Pirschjagd in freier Wildbahn mit zu verfolgen – die absolute Krönung einer Safari!

Durch die kesselartig „eingeschlossene" Tierwelt wirkt der Ngorongoro wie **ein gigantischer Zoo,** jedoch mit dem besonderen Unterschied, dass hier nicht die Tiere, sondern die Besucher (fast 200.000 im Jahr) in ihren Fahrzeugen hinter „Gittern" sitzen.

Den ersten europäischen Forschern und Siedlern, die um die vorletzte Jahrhundertwende vom Rand in die gewaltige Schüssel blickten, verschlug es die Sprache, wie auch fünfzig Jahre später Prof. *Grzimek* keine Worte fand; sicher war er sich nur, dem achten Weltwunder gegenüberzustehen. Was für ein überwältigendes Gefühl mussten die deutschen Brüder *Siedentopf* verspürt haben, wenn sie morgens bei einer Tasse Kaffee von der Terrasse ihrer 1907 erbauten Farm aus das Farmland – den gesamten Ngorongoro-Krater – überblickten. Heute noch zeugen Mauerreste am Kraterboden von jenem kolonialen Privatbesitz. Heute wohnt niemand mehr auf dem Kraterboden, auch die Maasai nicht, die allerdings, je nach Saison, ihre Viehherden die steilen Kraterwände rauf und runter treiben, wenn im Umland das Wasser knapp wird und der Großteil der Ngorongoro-Tiere jenseits der Kraterwände auf Nahrungssuche ist. Dann tummeln sich ihre Kühe zwischen den anderen grasenden Tieren um die Wasserstellen entlang der Quellen der **Seneto Springs.**

Die Landschaft auf dem Boden des Kraters ist ein eigener Mikrokosmos. Das Herz bildet der je nach Regenzeit gefüllte **Lake Magadi** (auch Makat genannt, bedeutet Soda) der mit 1722 m die tiefste Stelle ausmacht. Der flache, nur etwa ein Meter tiefe See schrumpft in der Trockenzeit oft so weit zusammen, dass eine wüstenartige Fläche entsteht, aus der die Winde den Staub mehrere hundert Meter weit aufwirbeln und die Sicht trüben. Ist genügend Wasser da, grünt die umliegende Savanne, in der regelmäßig große Gnu-Herden grasen. Das sodahaltige Wasser des Sees wird dann zur Nahrungsquelle einer Vielzahl von Flamingos. Gespeist wird der kleine Magadi über den im Olmoti-Krater entspringenden **Munge River,** der im Nordosten die Kraterwand hinunter fließt und an seinem Unterlauf die großflächigen **Mandusi Swamps** entstehen lässt. Das immer wasserreiche Sumpfgebiet zieht regelmäßig viele Tierarten an, der große Pool in seiner Mitte wird von Flusspferden eingenommen. Vor allem aber Wasservögel, wie Nilgänse, Kormorane, Rosapelikane, Ibisse und Reiherarten, halten sich in den sumpfigen Gräsern auf; von November an werden sie auch von eurasischen Zugvögeln, insbesondere von Schwalben und Störchen, angeflogen. Insgesamt zählt die Ngorongoro Conservation Area dann knapp 400 Vogelarten. Einen herrlichen Überblick über dieses moorige Gebiet und den gesamten Nordteil des Kraters verschafft der nahe gelegene, etwa 70 m hohe **Engitati Hill,** der in Begleitung eines Rangers bestiegen werden kann.

Im Süden des Kraters erstreckt sich das große Waldgebiet des **Lerai Forest**, welcher in weitere **Hippo Pools** übergeht. Der Wald mit seinen weit ausladenden Fieberakazien (erkenntlich an der gelben Rinde), an dessen Rand oft Marabus, Büffel und Löwen zu beobachten sind, ist der Lieblingsort von Elefanten, Elenantilopen und Leoparden. Die Fieberakazie verdankt ihren Namen der Malaria, da der Baum hauptsächlich in sumpfigen Gebieten wächst, wo die Anopheles-Mücke, Überträgerin der Krankheit, am häufigsten vertreten ist.

Bei einer Waldlichtung befindet sich ein schattiger **Picknick-Platz** (mit WC), ein schöner Ort zum Ausspannen.

Aus dem Wald heraus führt die nur zur Auffahrt vorgesehene Kraterpiste den Hang hinauf und trifft auf die Arusha-Serengeti-Hauptstraße.

Die **Ngoitokitok Springs** im östlichen Kraterteil bieten den zweiten schönen Picknick-Ort, wo das Fahrzeug ebenfalls verlassen werden darf – doch Vorsicht: Achten Sie auf Ihr Butterbrot, pfeilschnelle Milane (Greifvögel) stürzen ohne Ankündigung wie ein Blitz vom Himmel und reißen Ihnen den Bissen aus der Hand! Der kleine See wird von einer unterirdischen Quelle gespeist. Die Vogelwelt ist dieselbe wie an den Mandusi Swamps. Gen Norden erstreckt sich dann eine weite Savanne, in der oft Riesentrappen, Strauße, Nashörner und auch Geparden anzufinden sind. Schließlich gelangt man wieder an den Munge River, wo die Ruinen der ehemaligen deutschen Farm liegen. Hier schließt sich der Kreis, und in Richtung Osten schlängelt sich die Sopa-

Road (in beide Richtungen befahrbar) die Kraterwand empor.

Zum Ausklang des Tages und der Fahrt durch den Ngorongoro bietet es sich an, auf der Terrasse einer der auf dem Kraterrand liegenden Lodges einen „Sundowner" zu schlürfen und nochmals den Blick über den Krater schweifen zu lassen.

Die Northern Highlands – die Krater Olmoti und Empakai

Das nordöstliche Ngorongoro-Gebiet wird von der großen Hochland-Savanne der **Balbal Depression** eingenommen. Im Westen und Norden dieser von Maasai besiedelten Hochebene ragen die **Kratermassive Olmoti** und **Empakai** sowie die **3407 m hohe Erhebung des Jäger Summit** aus der Landschaft, während sich östlich zum Rift Valley hin abgrenzend der große Waldgürtel des **Northern Forest Reserve** an der Oberkante des Escarpment erstreckt. Hier ragen der „Uhlig-Gipfel" (3572 m) und der **3648 m hohe „Hettner-Gipfel" des Mt. Lolmalasin** in die Höhe, **Tansanias dritthöchster Berg.** Am Massiv selbst liegen zahlreiche Maasai-Bomas (permanente Hüttensiedlungen).

Im äußersten Nordosten markieren der **2621 m hohe Vulkanberg Kerimasi** und die Maasai-Siedlungen Kapenjiro und Naiyobi die Grenze des N.C.A. zur Loliondo Game Controlled Area.

Das in den Sommermonaten **in den frühen Morgenstunden frostig-kalte Gebiet** (um 0°C) wird von den Maasai als *o'lhoirobi* bezeichnet („kaltes Hoch-

Wenn Nashörner Namen haben

Wenn Nashörner Namen wie *Vicky, Bahati, Amina, Maggy* oder *Fausta* tragen, dann klingt das zunächst drollig, doch steckt dahinter die traurige Bilanz einer hemmungslosen Wilderei, die dazu geführt hat, dass das Nashorn eine vom Aussterben bedrohte Tierart ist. Noch vor etwa dreißig Jahren zählte das Serengeti-Ngorongoro-Ökosystem über 1000 Spitzmaul-Nashörner („Diceros bicornis michaeli"). Heute (2006), wo 17 Tiere der ostafrikanischen Unterart des Schwarzen Nashorns im Ngorongoro-Krater leben – der Bestand in der Serengeti liegt bei sieben –, können Ranger und Tierforscher mit geschultem Auge die verbliebenen Kolosse namentlich unterscheiden.

Da wäre zum Beispiel *John,* der mit über 20 Jahren älteste und mächtigste Bulle des Ngorongoro. Er gewinnt in der Paarungszeit jeden Machtkampf und kann sich sein „Objekt der Begierde" frei aussuchen. Da es jedoch einen großen Überschuss an männlichen Tieren gab und der erschreckend niedrige Bestand zum Überleben der Art zu gering war, wurden 1997 für *John, Richard, Mikidadi* und *Papagena* die zwei Weibchen *Phantom* und *Tandy* aus Südafrika eingeflogen, die jedoch erst einmal stiften gingen, bevor sie sich ihrer Aufgabe der Fortpflanzung widmeten.

Von den fünf Nashornarten unserer Erde sind in diesem Jahrhundert die drei asiatischen und das Schwarze Nashorn fast völlig ausgerottet worden. Nur das in Südafrika lebende Weiße Nashorn (Breitmaul-Nashorn) ist mit einem Bestand von rund 6000 Tieren dem allgemeinen Genozid entgangen.

Das Nasenhorn steht auf dem Schwarzmarkt (offiziell ist der Handel längst verboten) mit bis zu 20.000 $ pro kg nach wie vor hoch im Kurs. Ob als prestigeträchtige Dolchscheide eines Yemeniten oder als Potenz steigerndes Mittel in Ostasien – das Horn, das aus dem gleichen Material besteht, das Haare und Fingernägel bildet, bleibt ein begehrter „Rohstoff". Wilderer lassen sich selbst durch hohe Gefängnisstrafen nicht von ihrem schändlichen Tun abhalten.

Ähnlich wie man im kenianischen Nairobi National Park viele der letzten frei lebenden Nashörner Kenias zusammengebracht hat, um Sie intensiv vor der weiteren Ausrottung zu schützen, bildet heute der überschaubare Ngorongoro-Krater die letzte „Arche Noah" der Black Rhinos im Norden Tansanias.

Mittels Sender verfolgen Zoologen, Tierärzte und Ranger die Wanderungen der Tiere. Nur so lassen sie sich ständig bewachen, bei Dunkelheit eskortieren sogar häufig Nachtpatrouillen die grauen Kolosse.

So bleibt zu hoffen, dass die Nachkommen von *John* und *Phantom* oder von *Mikidadi* und *Tandy* in eine sichere Zukunft schauen können und dass ihre Nachfolger eines Tages keine Namen mehr benötigen, wenn möglicherweise auch wieder außerhalb des Ngorongoro-Kraters eine sichere Heimat zu finden ist.

Die Ngorongoro Conservation Area

land"). Auch die deutschen Kolonialisten konnten dem nur zustimmen und nannten das Gebiet „Winter-Hochland der Riesenkrater". Zudem fallen im Ngorongoro-Hochland etwa 1500 mm Niederschlag pro Jahr, doppelt so viel Regen wie die gerade mal 30 km westlich liegenden Salei Plains.

Direkt nördlich vom Ngorongoro steigen die dicht bewaldeten Hänge bis zum über 3000 m hohen Rand des **Olmoti-Kraters** empor. Seine höchste Erhebung liegt im Süden der Caldera und beträgt 3099 m. Sein Durchmesser liegt bei ca. 5 km, der 100–200 m tiefer liegende Kraterboden ist beliebtes Weideland der Maasai, die sich hier harmonisch mit Elenantilopen und Büffeln arrangieren. Der Olmoti ist aber vor allem ein großes Auffangbecken, in welchem der **Munge River** entspringt, durch die im Osten aufgerissene Kraterwand als **Munge Waterfall** gut 70 m in ein Tal fällt und schließlich 12 km südlich die Kraterwand des Ngorongoro hinunterfließt. An seinem Oberlauf liegt der Maasai-Ort **Nainokanoka,** in dem ein paar Shops das Notwendigste (Batterien, Kekse, Sodas usw.) verkaufen. Ein paar Kilometer nördlich liegt linker Hand der Olmoti-Rangerposten, von wo man mit einem Führer (10 $) auf den Kraterrand steigen oder zur Schlucht mit den Wasserfällen laufen kann (1–2 Stunden). Auch das Innere des Kraters kann mit einem Ranger erkundet werden. Wer bis zum westlichen Kraterrand marschiert und den Blick in die trocken-heißen **Mamen Plains** schweifen lässt, bekommt einen guten Eindruck von den völlig konträren Vegetations- und Klimaverhältnissen innerhalb der Ngorongoro Conservation Area. Die kühlen Kraterhänge des Olmoti sind von einem märchenhaften, tiefgrünen Urwald umgeben, während die etwa 1800 m tiefer gelegenen sandigen Mamen Plains sich fast völlig im Regenschatten befinden und den größten Teil des Jahres wie eine trostlose Halbwüste wirken.

Der etwas größere **Empakai-Krater,** dessen höchster Punkt bei **3231 m** liegt, unterscheidet sich durch einen dichten Wald auf dem 1000 m tiefer gelegenen Kraterboden. Im Innern liegt ein ganzjährig gefüllter, im Durchmesser etwa 3 km großer See. Dieser ist im Gegensatz zu den anderen flachen Sodaseen im Norden Tansanias 85 m tief. Sein giftgrünes, alkalisches Wasser zieht permanent große Scharen von Zwergflamingos an.

Es besteht die Möglichkeit, über einen tunnelförmigen Waldpfad zum Kratersee zu laufen (vom Kraterrand hin und zurück 5–7 Stunden). Ein bewaffneter Ranger (in Nainokanoka zu organisieren) ist wegen der Büffel im Wald Pflicht. Für die Umrundung des Kraterrandes (32 km; mit dem Fahrzeug nicht mehr möglich) ist ein voller Tag zu veranschlagen. Vom Nordrand bietet sich ein weiter Blick auf die Vulkanberge Kerimasi und Ol Doinyo Lengai.

Das Gebiet der Northern Highlands liegt abseits des großen Touristenstroms, der Wildbestand ist durch die vielen Maasai-Bomas und ihre Viehher-

Flamingos im Ngorongoro-Krater

den gering. Dieser Teil der N.C.A. besticht in erster Linie durch klassische afrikanische Hochlandschaft, die dank einer kontrollierten Agrarnutzung bis heute ihre Ursprünglichkeit bewahrt hat. Eine Fahrt hierher muss am Entrance Gate oder beim Park Headquarter angemeldet werden.

Entstehung des Krater-Hochlandes

Die riesigen Krater und die teilweise über 3000 m hohen Vulkanberge des Ngorongoro-Hochlandes gehen in ihrer Entstehungsgeschichte **über 15 Mio. Jahre** zurück. Während der Bildung des heutigen Rift Valley, als der große Riss im Kontinent entstand, türmten sich riesige Vulkane auf, die bei ihren Ausbrüchen das Umland mit mächtigen Lavaschichten bedeckten. Die in dieser Zeit aktiven Feuerspeier waren der **Makarot, Sadiman** und **Oldeani.** Ihre Kraterkegel sind heute kaum noch erkennbar, Erosion hat sie in den letzten 3 Mio. Jahren zu flach ansteigenden, gerundeten Bergen geformt.

Die ganz großen Eruptionen fanden jedoch wesentlich später statt. Vor 2,5 Mio. Jahren ragte der massive **Ngorongoro-Vulkan** über die Ebene und füllte sie mit Lava. Doch sein großer Kegel, von dem vermutet wird, dass er einst so groß wie der Kilimanjaro war, brach schließlich in sich zusammen und formte die zweitgrößte Caldera der Welt (nur der Mono Lake/USA ist noch größer). An seinem Rand und im Kraterboden stießen schließlich noch kleinere

Die Ngorongoro Conservation Area

Kegel empor, die stark erodierten Hügel im Innern des Ngorongoro zeugen noch von dieser letzten Aktivität. Die **Calderen Olmoti** und **Empakai** entstanden kurze Zeit später nach dem gleichen Prinzip.

Doch die inneren Erdaktivitäten gingen weiter. Die Bruchstufe vom Lake Natron über den Lake Manyara bis zum Malbadow Escarpment sank weiter ab und der **Kerimasi** entstand an dieser Grabenbruchkante. Man nimmt an, dass sein letzter Ausbruch die ganze Region unter Asche begrub und alles menschliche Leben auslöschte. Der mittlerweile erloschene Kerimasi ist jedoch nicht zu einer Caldera zusammengesackt.

Damals entstand auch der **Ol Doinyo Lengai,** der als einziger noch aktiver Vulkan der Beweis für die fortdauernde Rissbildung in der afrikanischen Kontinentalplatte ist.

Oldupai Gorge/Laetoli Footprints – Wiege der Menschheit

Das **ostafrikanische Rift Valley** ist für Wissenschaftler schon seit langem der **„Katalog" der Menschheitsgeschichte**: In der Afar-Senke im Norden Äthiopiens wurden „Lucy" (3,5 Mio. Jahre) und der 4,4 Mio. Jahre alte Arditipicus Ramides („die Schöne") ausgegraben; weiter südlich sind das Turkana-Becken in Kenia und eben die Ngorongoro Conservation Area bedeutende prähistorische Fundstätten. Die letzten Fossilfunde aus Afar vom Februar 1998 sollen sogar bis zu 6 Mio. Jahre alt sein.

Die Ngorongoro Conservation Area

Die im Westen der N.C.A. gelegene 55 km lange **Schlucht von Oldupai** markiert das südliche Ende dieser prähistorischen Linie und gilt dabei als „**Grand Canyon der Evolution**". In Tausenden von Jahren hat der saisonal fließende Oldupai River (der Name kommt von dem Maasai-Wort für eine hier wild wachsende Sisalpflanze) einen bis zu 100 m tiefen Graben geschaffen, der insgesamt sechs Ablagerungsschichten verschiedener Erdzeitalter freigelegt hat.

Noch während der deutschen Kolonialzeit fand der nach Schmetterlingen suchende *Prof. Kattwinkel* in einer der untersten Ablagerungen ein Skelett, das in Europa für Diskussionen sorgte, wollte man doch nicht glauben, dass unsere Ahnen „dunkle" Afrikaner waren. Kaiser *Wilhelm* ließ daraufhin eine Expedition unter dem Berliner Professor *Reck* entsenden, der jedoch nur Faustkeile und Knochen früherer Tierarten fand und die Frage nach der Herkunft des Menschen nicht klären konnte. Weitere deutsche Suchaktionen verhinderte der 1. Weltkrieg. Erst in den 30er Jahren führte das britische Anthropologen-Ehepaar **Mary und Louis Leakey** eine erneute Untersuchung in der Oldupai Gorge durch. Bei einer Safari fanden sie eine Fülle von Steinwerkzeugen, die von der Erosion freigelegt worden waren. Über 25 Jahre forschten sie nach den Spuren der Menschen, die einst diese Faustkeile und steinernen Speerspitzen hergestellt und benutzt hatten. Erst am 17. Juli 1959 fand Mary Leakey einen halben Schädel eines über 2 Mio. Jahre alten „Nussknackermenschen" der Gattung *Australopithecus*. Sie tauften diesen **Boisei**, nach dem britischen Geschäftsmann *Charles Boisei*, der die *Leakeys* finanziell unterstützt hatte. *A. Boisei* und der zwei Jahre später gemachte Fund eines *Homo Habilis* („geschickter Mensch") mit anderthalbfach größerem Gehirnvolumen entflammten im gesamten ostafrikanischen Grabenbruch einen neuen Run auf der Suche nach der Wiege der Menschheit.

1978 schließlich machte *Mary Leakey* einen weiteren spektakulären Fund, etwa 40 km südlich von Oldupai. Mit der Entdeckung der **Laetoli Footprints** bekam die Wissenschaft eine bisher einzigartige Momentaufnahme aus der Evolutionsgeschichte. Die **Fußabdrücke dreier Vormenschen** der Gattung *Australopithecus afarensis* (wahrscheinlich Vater, Mutter und Kind) wurden auf **3,7 Mio. Jahre** datiert. Die Körpergröße der Erwachsenen wird auf 1,20–1,50 m geschätzt. Dass sich die Fußabdrücke bis heute haben erhalten können, ist eine Folge von Zufällen zu verdanken. Nach dem Ausbruch des heute erloschenen Makarot-Vulkans gingen die drei Vormenschen über eine noch nicht ganz abgekühlte Ascheschicht. Die Sonne brannte ihre Abdrücke fest, bevor kurze Zeit später ein weiterer Ausbruch erneut die Landschaft mit vulkanischer Asche bedeckte und die Fußspuren dadurch bis in die heutige Zeit konserviert wurden.

Ngorongoro-Krater

Die Entstehung der Ngorongoro Conservation Area

Die Einzigartigkeit des Serengeti-Ngorongoro-Ökosystems wurde schon früh erkannt; bereits von 1921 an war das Gebiet als „Game Preservation Reserve" ausgewiesen. Jahrhundertelang war diese riesige Wildnis unbesiedelt, die Maasai zogen mit ihren Viehherden erst vor gut 150 Jahren in das üppige Weidegebiet, bevor schließlich die Europäer folgten. Das erste Auto durchquerte 1920 die Savanne. Sein Besitzer, ein *Mr. Simpson* aus den USA, erlegte auf seiner ersten Auto-Safari fast 100 Löwen. Sie galten damals als gefährliches Ungeziefer, mehr nicht.

Der Gedanke eines effektiv geschützten Nationalparks kam erst 1940 auf, doch dauerte es noch bis 1951, bis die Serengeti als erster Nationalpark Tansanias eröffnet werden konnte.

Den semi-pastoralen Maasai wurde bis 1954 Zeit gegeben, ihr Gebiet, welches von der östlichen Serengeti über das gesamte Ngorongoro-Hochland reichte, zu verlassen. Die stolzen Nomaden reagierten heftig und gewannen zudem die Sympathien lokaler Distriktverwaltungen. Die britische Mandatsregierung bemühte sich, den Konflikt schnell und ohne weiteres Aufsehen zu beenden, um nicht noch die nationale Unabhängigkeitsbewegung unnötig zu stärken. Ein „White Paper" von 1956 schlug die Aufsplitterung in drei kleine Nationalparks vor, den heutigen „Western Corridor" der Serengeti, den Ngorongoro-Krater sowie den Empakai. Der Rest sollte zur Besiedlung und für den Ackerbau freigegeben werden.

Doch diesmal reagierte das Ausland. Europäische und amerikanische Natur- und Wildschützer (u.a. *Grzimek*) protestierten, und ein internationales Team von Experten reiste ein, um sich der Angelegenheit anzunehmen.

1959 wurde der große Park in zwei Gebiete aufgeteilt. Der bis dahin als „Western Serengeti" bekannte Teil blieb als Serengeti National Park erhalten, für die östliche Hälfte sah man das Modell „Conservation Area" vor, eine Art Nationalpark mit beschränkter Landnutzung nebst bedingungslosem Schutz von Tierwelt und Natur. Die Maasai akzeptierten den Beschluss, obwohl viele von ihnen die Serengeti verlassen mussten.

Die versprochenen Gegenleistungen blieben nur von kurzer Dauer. Man bohrte Wasserlöcher und baute zusätzliche Dämme, doch versandeten diese mangels Wartung nur kurze Zeit später. Auch einige Weideflächen wurden nacheinander für Maasai geschlossen, und schließlich mussten Ende der 1970er Jahre auch die Bomas (Maasai-Siedlungen) im Ngorongoro-Krater geräumt werden. Selbst die Viehherden durften nicht mehr zum Kraterboden hinunter getrieben werden. Sämtliche ackerbauliche Landnutzung wurde ebenso verboten. Nyereres Ujamaa-Politik machte auch vor dem Ngorongoro nicht Halt: Auf dem westlichen Kraterrand entstand ein großes Dorf – die heutige Touristen-Boma Oloirobi. Diese schlechten Bedingungen für die Massai verbesserten sich erst wieder im Laufe der 1980er Jahre, als erstmals ein einflussreicher Maasai in der Verwaltung der Conservation Area mitwirkte.

Heute dürfen wieder in kontrolliertem Maße Viehherden in den Ngorongoro und in den Olmoti getrieben werden, und der Ackerbau ist für einige permanent siedelnde Maasai auch wieder genehmigt worden. Doch schon ist das ökologische Gleichgewicht wieder gefährdet, denn der zunehmende Viehbestand beginnt gebietsweise die Vegetation stark zu beanspruchen.

DIE NGORONGORO CONSERVATION AREA

Die 23 m lange Strecke bestätigte die Vermutung der zwar aufrechten, aber leicht gebeugten Haltung unserer Vorfahren. Ähnlich wie beim Fußabdruck des heutigen Menschen ist deutlich ein großer Zeh in einer Linie mit den anderen zu erkennen sowie eine diagonale Spanne zwischen Ferse und Ballen. Auffallend, so Wissenschaftler, ist der etwas tiefere Eindruck entlang der Fuß-Außenkante, ähnlich wie bei Fußspuren von aufrecht, leicht gebeugt und o-beinig laufenden Schimpansen.

Leider ist ein Besuch der Laetoli Footprints derzeit nicht möglich, man musste sie wieder zudecken, da Winde sie zu erodieren begannen. Für ein Museumshaus mit luftdichtem Glaskasten fehlen noch die Mittel.

Gipsabdrücke der Laetoli Footprints sind jedoch **im Museum an der Oldupai Gorge** zu begutachten, zusammen mit Steinwerkzeugen aus den unterschiedlichen Erdzeitaltern und Fossilfunden tierischer Skelette (Riesengiraffe mit Hörnern, Vorläufer der heutigen Fleischfresser mit gewaltigen Reißzähnen, Wildschweine von der Größe eines Nashorns etc.). Die Schädelknochen von *Boisei* sind dagegen im National Museum von Dar es Salaam ausgestellt, im Oldupai Museum befindet sich nur eine Kopie. Der Eintritt kostet 3000 TSh, kundige Mitarbeiter des Museums halten auf Wunsch Vorträge, interessant sind die großen Schautafeln und Ausstellungskästen in den kleinen Museumsräumen.

Der **Besuch der Schlucht** selbst gestaltet sich weniger interessant. Diese kann zu Fuß oder mit dem Fahrzeug erkundet werden, in jedem Fall müssen Sie in Begleitung eines Museumsangestellten sein. In der Schlucht sind die jeweiligen Fundstätten für Besucher nicht markiert. Nur an der Stelle, wo der Schädel des *Australopithecus boisei* gefunden wurde, erinnert ein Sockel mit Messingtafel an die *Leakeys*.

Der Boden besteht aus Lava/Basalt und ist über 2 Mio. Jahre alt. Die darauf liegende unterste Asche/Ton-Schicht („Bed I") lässt einen See wie den heutigen Manyara vermuten, dessen Wasserspiegel ständig schwankte und die alkalische Tonart formte, die sich ideal für die Konservierung des *Australopithecus* und des *Homo habilis* erwies.

Während „Bed II" (1,7–1,1 Mio. Jahre) mehr sandigen Ton beinhaltet, deutet die dritte rote Schicht auf ein extremes Klima vor knapp 1 Mio. Jahre hin. Es sind Ablagerungen von den Ausbrüchen des Makarot-Vulkans, in denen Fossilien des *Homo erectus* und die ersten präzise gearbeiteten Faustkeile gefunden wurden. Die obersten Schichten („Bed IV", „Masek" und „Ndutu Beds") sind einige hunderttausend Jahre alt und gaben Knochen und Zähne von über 150 Tierarten frei, selbst Reste von Mahlzeiten, Siedlungsformen und Zeugnisse von Behausungen wurden hier gefunden. In dieser Zeit wurde die Schlucht geformt.

Die Forschung und Suche in der Schlucht gehen weiter. Letzter spektakulärer Fund, Anfang 2003, war ein 1,8 Millionen Jahre alter Oberkieferknochen eines Nussknackermenschen am bislang weniger erforschten Westhang der Schlucht.

DIE NGORONGORO CONSERVATION AREA

Wanderdüne Shifting Sands

Die etwa 50 m lange und ca. 5 m hohe Düne ist ein **Produkt der Aufhäufung vulkanischen Aschestaubs,** die nach den Ausbrüchen des 60 km entfernten Ol Doinyo Lengai hierher geweht wurde. Die Sicheldüne wandert durch konstante Ostwinde durchschnittlich 17 m pro Jahr gen Westen. Bei leichtem Windgang lässt sich beobachten, wie Sandkorn für Sandkorn von der windzugewandten Seite über den Kamm „hüpft" und sich am Dünenrücken wieder ablagert. Ein Prozess, der sich millionenfach wiederholt und so die ganze Düne zum „Wandern" bringt. In der Regenzeit ist sie jedoch „festgepappt" und steht still. Viel Niederschlag fällt in dieser Region jedoch nicht, so dass eine Vegetationsschicht die Düne noch nicht überwachsen konnte, um sie endgültig zu verankern. Betonmarkierungen mit Jahreszahlen, im östlichen Umfeld in unterschiedlichen Abständen gesetzt, geben Aufschluss darüber, wie schnell die Düne wandert.

Unterkunft

Lodges am Ngorongoro-Krater

Aufgrund der beschränkten Zahl verfügbarer Zimmer in den Lodges am Kraterrand werden in der Hochsaison von vielen Veranstaltern die **Unterkünfte außerhalb der NCAA** verwendet. Auch können damit die hohen Eintrittsgebühren für die NCAA gespart oder zumindest auf nur einen Tag reduziert werden. Mehr zu diesen z.T. sehr schönen Unterkünften im Abschnitt zu Karatu.

● **Crater Lodge**
Tel. (027) 2548549/8038. Die seit den 1930er Jahren bestehende Lodge mit kolonialem Charme wurde 1997/98 modernisiert. Von außen betrachtet erinnert die Anlage an Schlumpfhausen, die Einrichtung ist ein Stilmix aus allen Epochen des Abendlandes. „Versailles meets Maasai", treffender hätte es ein guter Freund nicht beschreiben können. Das Management und damit auch der exklusive Service liegen in südafrikanischer Hand (CCA). Die Terrassen bieten eine tolle Aussicht auf den Krater. Übernachtung mit Vollpension ab 955 $ das DZ inkl. aller Getränke und Fahrten im Ngorongoro-Gebiet (Low Season 690 $). Immerhin gibt es da noch eine Badewanne mit Rosensträuchern und direktem Blick in den Krater ...
Internet: www.ccafrica.com,
E-Mail: res@ccafrica.co.tz.

● **Ngorongoro Sopa Lodge**
Zu buchen über P.O. Box 2551 Arusha, Tel. (027) 2506886, Fax (027) 2508245. Liegt abseits der Haupttouristenroute an der Ostseite des Kraters, der über eine eigene Piste erreicht werden kann. Die fast 2400 m hoch gelegene Unterkunft bietet angenehmen Komfort. Spektakuläre Sonnenuntergänge über dem Ngorongoro sind zu sehen. Die etwas betagten DZ bieten Heizung, ein riesiges Bad mit Warmwasserversorgung und ein wandgroßes Fenster mit Panorama-Blick in den Krater. Eine Bar mit Swimmingpool liegt direkt am Kraterrand in einem märchenhaften Urwald. Vollpension ab 225 $ pro Person. Internet: www.sopalodges.com.

● **Ngorongoro Wildlife Lodge**
Zu buchen über P.O. Box 887 Arusha, Tel. (027) 2502711-2, Fax (027) 2508221. Die staatliche Lodge liegt wunderbar am Kraterrand mit grandioser Aussicht. Der vom sozialistischen „Charme" noch nicht ganz befreite Betonbau bietet 75 einfache, zweckmäßige und geheizte Zimmer. In der Lounge mit Kaminfeuer werden in der Hochsaison regelmäßige kulturelle Vorführungen abgehalten, die Aussichtsplattform (mit Fernrohr) erhebt sich unmittelbar über dem Kraterrand. Das Buffet-Essen ist genießbar und vielseitig, der Service gut. Umgeben von dichtem Wald mit Vogelgezwitscher kostet die Übernachtung 140/195 $ das EZ/DZ mit Vollpension, während der Low Season (März bis Juni) bis zu 40% weniger.

Wandern im Ngorongoro-Hochland – Fuß-Safaris mit Buschleuten und Maasai

Durch den besonderen Status als Conservation Area bietet das Ngorongoro-Hochland eine Vielzahl von Wandermöglichkeiten und für Trekking-Ambitionierte Gipfelbesteigungen auf die großen Vulkanberge. Einzige Ausnahme bildet der Ngorongoro-Krater selbst, dieser darf nur mit einem 4WD-Wagen besucht werden. In Begleitung eines Rangers, einiger Maasai und bei manchen Wanderungen auch mit Hadzabe-Buschleuten bieten die ein- bis mehrtägigen Wanderungen die Möglichkeit, nicht nur eine der grandiosesten Landschaften Afrikas zu Fuß zu erkunden, sondern auch „Bestandteil" ihrer Tierwelt zu werden. Dies wird besonders dann zu einem gewaltigen Erlebnis, wenn man im Frühjahr in den westlichen Savannen mitten durch die Migration läuft. Die gängigste Route beginnt am Nordrand des Ngorongoro-Kraters, führt über die Krater Olmoti und Empakai durch die Akazienlandschaft von Pembe ya Swala bis ins Rift Valley zum Fuße des Ol Doinyo Lengai und dauert mindestens drei Tage. Für die Umrundung/Begehung der jeweiligen Krater sind nochmal ein bis drei Tage hinzuzurechnen. Gezeltet wird auf Special Campsites nahe Maasai-Bomas.

Der ganz große Trek dauert neun bis zwölf Tage und führt vom Rangerposten Endamagha am Eyasi-See den Mt. Oldeani hinauf, über das gesamte Hochland und bis nach Ngaresero am Lake Natron.

Spezialisiert auf kombinierte Wander- und Geländewagen-Safaris im Ngorongoro-Serengeti-Gebiet sind die in Deutschland ansässigen Unternehmen Karawane Reisen, DAV Summit Club, Globetrotter Select und Hauser Exkursionen. Auch in Arusha bieten ein paar Safari-Operators diese Form des „sanften Tourismus" an. Wanderungen können aber auch auf eigene Faust arrangiert werden, verlangen jedoch je nach Dauer einen großen Organisationsaufwand. Wer mit dem eigenen Fahrzeug unterwegs ist, kann entweder am Park Headquarter oder in Nainokanoka einen Ranger und je nach Bedarf Maasai mit Eseln anheuern. Ein- bis zweitägige Fußmärsche (über den Sadiman-Höhenrücken und evtl. bis auf den Gipfel des Makarot, die westliche Umrundung des Ngorongoro-Kraters oder der Abstieg in den Olmoti-Krater) können in der Regel sofort unternommen werden. In jedem Fall müssen Sie sich erst eine Genehmigung beim Lodoare Entrance Gate oder sogar im Headquarter einholen. Das gilt vor allem auch dann, wenn ihre Wanderung außerhalb des N.C.A. beginnt. Wer vom Ol Doinyo Lengai mit Maasai in die N.C.A. wandert, muss sich zunächst mit seinem Permit am Empakai Rangerpost melden. Eventuell erteilt Ihnen auch das Ngorongoro-Büro in Arusha an der Boma Road eine Genehmigung, so dass nicht extra deswegen zum Headquarter in der N.C.A. gefahren werden muss.

Die **Kosten** im Falle einer Selbstorganisation belaufen sich pro Tag auf 30 $ N.C.A.-Gebühren, 20 $ Rangerbegleitung, 20 $ pro Maasai und Esel sowie 40 $ für Special bzw. Walking Campsites.

Denken Sie bei der Ausrüstung (Kleidung/Schlafsack) an die extremen Temperaturschwankungen zwischen dem heißen Rift Valley und dem nachts sehr kalten Hochland.

Die von der Ngorongoro-Verwaltung herausgegebene Broschüre mit Karte und Routen verschafft einen guten Überblick über die vielzähligen Möglichkeiten. Leider ist die kleine Karte ungenau und einige der eingezeichneten Routen existieren gar nicht. Einzige präzise Karte und GPS-geeignet (leider keine Routen eingezeichnet) ist derzeit nur die Ngorongoro-Conservation-Area-Karte des Harms-IC-Verlages.

DIE NGORONGORO CONSERVATION AREA

●Ngorongoro Serena Lodge
Zu buchen über P.O. Box 2551 Arusha, Tel. (027) 2504058, Fax 2508282. Schöne Lodge der Agha-Khan-Hotelkette. Rustikaler Safaribau aus Naturstein und Holzmaterialien. Unterkunft für große Pauschalgruppen aus Italien, Deutschland usw. Das Buffet-Essen im Panorama-Restaurant für 15 $ ist für die Mittagspause bei einer Kraterbesichtigung ideal. Die Doppelzimmer sind geräumig und im afrikanischem Stil. Übernachtung mit Frühstück liegt während der Hochsaison bei bis 195/295 $ für EZ/DZ, von Mitte März bis Mai bis zu 50% weniger.
Internet: www.serena.com,
E-Mail: reservations@serena.co.tz.

Lodge am Ndutu-See

●Ndutu Safari Lodge
Tel. (027) 2537014, Fax (027) 2537015. Herrliche Lodge inmitten der Serengeti Plains am Lake Ndutu. Zwischen malerischen Schirmakazien bieten große Bungalows (insgesamt 80 Betten) eine ruhige Atmosphäre weitab der Haupttouristenroute. Generatoren liefern Strom, das Essen ist frisch und wird von der Gibb's Farm geliefert, die diese Lodge mitten auf der Migrationsroute leitet. Die Übernachtung mit Frühstück kostet für EZ/DZ 155/250 $. Internet: www.ndutu.com,
E-Mail: ndutugibbs@habari.co.tz.

Camping

Das Campen im Krater ist nicht mehr gestattet. Jedes Zelten ist **beim Lodoare Gate anzumelden**. Wer exklusiv (= alleine auf einem Platz) campen möchte (die so genannten Special Campsites), sollte dies in Arusha zuvor gebucht haben (Informationsbüro an der Boma Road), da eine Special Campsite am Loduare Gate nicht immer garantiert werden kann. Die Public Campsites, für alle und ohne Voranmeldung zugänglich, kosten **30 $**, die Special Campsites **50 $** pro Person. Wasserversorgung ist meist nicht vorhanden, die Plätze bieten lediglich Plumpsklos.

●Am südlichen Kraterrand befinden sich **nur drei Campsites:** eine Public und zwei Special. Unweit der Ngorongoro Crater Lodge liegt die **Nyati Campsite** In einem schonen Waldgebiet (leider kein Ausblick in den Krater selbst), die zweite Public ist als **Simba A Campsite** bekannt (Toiletten und Duschen haben nicht immer Wasser und sind sehr heruntergekommen!) und bietet einen herrlichen Blick in den Krater. **Nördlich der Sopa Lodge** liegen drei Special Campsites (Tembo A & B und Lemala) in einem Akazienwald nahe des Munge River.

●Alle weiteren Zeltplätze in der N.C.A. sind Special Campsites. Eine liegt im nördlichen Hochland **am Fuße des Olmoti-Kraters** (Nainokanaka genannt), eine bei der Maasai-Boma **Bulati** in der Balbal Depression, eine auf dem **Nordrand des Empakai-Kraters** und eine direkt an der Grenze zu Loliondo bei der Maasai-Boma **Naiyobi**. Weitere neun Special Campsites befinden sich am **Lake Ndutu,** im Umkreis der Ndutu Lodge.

Anreise und Gebühren

Die N.C.A. kann über **zwei Landepisten** (am Südrand des Ngorongoro-Kraters sowie nahe der Ndutu Safari Lodge) mit dem Flugzeug erreicht werden. Die Hauptanfahrtsstraße verläuft von Arusha über Mto Wa Mbu (s.o.). Wer mit dem Fahrzeug von Loliondo einreisen möchte, muss sich beim Naabi Hill Gate melden und die **Eintrittsgebühr von 30 $ pro Tag** entrichten. Für Fahrzeuge mit nichttansanischem Nummernschild müssen 30 $ pro Tag gezahlt werden. Jede Fahrt in den Ngorongoro-Krater kostet **100 $ Crater Fee** pro Fahrzeug. Es werden seit 2006 **nur noch halbtägige Kraterfahrten** zugelassen, also entweder vormittags oder nachmittags. Ab 16 Uhr werden bei Windy Gap keine Fahrzeuge mehr in den Krater gelassen. Fahrzeuge müssen um 17 Uhr den Kraterboden verlassen und sich auf den Weg nach oben machen. Wer es nicht rechtzeitig schafft, steht vor runtergelassenem Schlagbaum und muss eine deftige Strafe zahlen.

Beste Besuchszeit

Die N.C.A. kann das ganze Jahr über besucht werden, in der großen Regenzeit sind jedoch viele Pisten im Hochland sehr schlammig und kaum zu befahren, dann können schon mal die Straßen in den Krater gesperrt sein.

Ideal ist sicherlich die Zeit von **Dezember bis Mitte März,** dann hat die kleine Regenzeit der Savanne wieder Leben eingehaucht, und die Migration der Tiere befindet sich im Westen der N.C.A. auf ihrem Höhepunkt. Auch im Ngorongoro-Krater ist der See gefüllt und viele Tiere sind zurückgekehrt.

Die Monate Juni bis Oktober sind ebenfalls eine gute Zeit, am Kraterrand und im Hochland ist es dann jedoch wesentlich kühler und ein dicker Pullover kann auch tagsüber nötig sein.

Sonstiges

● In allen Lodges befinden sich kleine **Souvenirläden** für Postkarten, Lektüre und Andenken. Auch **Geld** lässt sich **tauschen,** jedoch zu einem schlechteren Kurs als in Arusha.

● **Telefonieren** ist mittlerweile von allen Lodges möglich. Mobil-Telefon-Empfang ist nur am Ngorongoro-Krater gegeben, im Westen in Richtung Ndutu besteht ebenfalls Empfang. Internet ist in allen Lodges möglich.

Routenbeschreibungen zum/im Ngorongoro-Schutzgebiet

Karatu – Ngorongoro-Krater – Oldupai Gorge – Naabi Hill Gate (114 km)

● Zunächst Asphalt bis zum Eingangstor der NCAA, danach gute Piste, bei Regen schmierig. Fahrzeit 3–4 Stunden. Motorräder nicht erlaubt. Busverbindung nur mit Arusha-Musoma/Mwanza-Coach ab Arusha oder Karatu möglich.

Von Karatu führt die Straße durch das extensiv genutzte Farmland. Je nach Jahreszeit zeigen sich die Hänge zum Ngorongoro-Gebiet von ihrer saftig grünen Seite, oder die Landschaft ist trocken-braun und die Piste staubig. **Nach 8 km** auf Asphalt führt links der Weg über das Kaffee-Anbaugebiet bei Oldeani zum Eyasi-See, der Rechtskurve folgend windet sich die Strecke allmählich in den spürbar kühleren und märchenhaft wirkenden Waldgürtel der Außenwand des Ngorongoro-Kraters hinauf.

Bei **km 15** folgt das **Lodoare Park Gate.** Ein **Visitor's Center** gibt einen guten Überblick über die geologische Entstehung der Kraterregion und über Flora und Fauna des gesamten Gebietes. Ein anschauliches Plastik-Relief verdeutlicht die bizarren, vulkanisch bedingten Landschaftsformen.

Die Fahrt geht weiter bergauf durch dichten Urwald mit bärtigen Farnen – auch die Spannung steigt, endlich zum Rand des weltberühmten Ngorongoro-Kraters zu kommen und einen Blick in die gigantische „Schüssel" werfen zu können. 6 km noch und der Crater-Viewpoint (2286 m) ist erreicht: Man steigt aus und überlässt sich einfach der Faszination dieses einmaligen Naturwunders.

Abstecher in die Northern Highlands

Dieser Ausflug muss beim Entrance Gate angemeldet werden. Für Wandervorhaben muss entweder gleich ein Ranger mitgenommen werden oder nach Absprache bei Nainokanoka.

Rechts vom Viewpoint führt am dicht bewaldeten Kraterrand – dem **Nor-**

noka verläuft die Piste entlang des **Olmoti-Kraters** (3099 m) und bis auf den östlichen Rand des 3231 m hohen **Empakai-Kraters** (53 km ab Sopa Lodge, etwa 2 Stunden Fahrzeit). Um diesen zu erreichen, muss man sich etwa 8 km hinter Nainokanoka im Maasai-Siedlungsgebiet **Alailelai** rechts halten (S 2°58'47", E 35°42'21"). Links bleibend, führt eine schlechtere Piste auf die Passhöhe zwischen dem **Jäger-Summit** (benannt nach dem deutschen Geografen, der Anfang des 20. Jahrhunderts als erster Europäer die nördlichen Gipfel des Ngororongo-Lengai-Gebietes bezwang) und dem westlichen Kraterrand des Empakai hinauf (S 2°52'57", E 35°47'33"). Die Piste lässt sich noch weiterfahren bis zum Rand des Kraters.

thern **Highlands Forest Reserve** – eine Piste, die Fosbrooke Road (benannt nach dem ersten Konservator der NCA), zur 22 km entfernten **Sopa Lodge,** die direkt an der steil abfallenden östlichen Kraterwand liegt. Von der Sopa Lodge geht eine Piste zum Kraterboden, die für beide Fahrtrichtungen geöffnet ist. 3 km hinter dem Abzweig zur Sopa Lodge (Tankstelle, jedoch teuer) erfolgt eine Gabelung (S 3°7'54", E 35°40'28"), bei der es rechts ins nördliche Ngorongoro-Hochland geht. Links weg folgen die Schranke und die Piste in den Krater und zu den **Special Campsites Tembo** und **Lemala.** Durch die große Maasai-Ortschaft **Nainoka-**

Oldupai Gorge

Am Ngorongoro-Crater-Viewpoint links fährt man weiter durch das dichte Waldgebiet, in dem oft Wild, wie Elefanten und gelegentlich sogar Leoparden, die Straße kreuzt. Kurze Zeit später folgt der **Gedenkstein für Michael Grzimek,** der 1959 bei den Dreharbeiten zu „Die Serengeti darf nicht sterben" mit dem Flugzeug beim Ngorongoro tödlich verunglückte, und dessen Vater **Prof. Bernhard Grzimek** (1987 in Deutschland verstorben). Danach kommen die Abzweige zur Rhino Lodge (km 28), zur Crater Lodge (km 33,5), zur Tankstelle/Polizei (km 35) und zur Simba A Campsite (km 36), bis nach 18 km ab dem Viewpoint der links wegführende Weg zur 2 km entfernten **Massai Cultural Village** „Boma Oloirobl⁰ erreicht ist. Hier kann für **10 $** ein traditionelles Maasai-Volk/-Dorf besichtigt und fotografiert werden.

In nördlicher Richtung lockert nach der rechts liegenden Serena Lodge das Waldgebiet auf, und man fährt, etwas abseits vom Kraterrand, entlang der sich linker Hand erstreckenden Talsenke der **Malanja Depression.** Hier sind oft Maasai mit ihren durchziehenden Viehherden zu beobachten. Nach Westen hin begrenzen die sanft ansteigenden ehemaligen **Vulkanberge Sadiman und Makarot** (3132 m) das Ngorongoro-Hochland von den sich im Westen erstreckenden Mamen Plains. Meist stehen an dieser Strecke und bei dem 9 km entfernten Abzweig der **Seneto Descent Road** zum Kraterboden „aufgeputzte" Maasai, die sich gegen ein paar Dollar für Touristen vor die Kamera stellen. Die Verwaltung des Ngorongoro-Schutzgebietes hat etwas gegen diese privaten „Foto-Sessions", da sie soziale Unterschiede in der Gesellschaft der Maasai schüren. Wer Maasai und ihre *Bomas* (permanente Hüttensiedlung) fotografieren möchte, sollte dies nur in den eigens dafür vorgesehenen Dörfern machen.

Die Piste in den Krater ist nur für herunterfahrende Fahrzeuge (keine Lkws!) vorgesehen, am Rangerposten ist eine Straßengebühr von 100 $ zu entrichten. Wer ohne Fahrer und nicht mit offiziellem Wagen eines Safari-Unternehmens unterwegs ist, wird ohne **Ranger als Begleitperson** in den Krater nicht hineingelassen. Hierfür muss man beim Headquarter vorstellig werden, wo Ihnen ein Ranger zugewiesen wird.

Der Serengeti-Piste weiter folgend, zweigt nach 12 km rechts ein Weg zu der nahe gelegenen **Longooku Cultural Boma** ab, einem weiteren Maasai-Dorf, das für Touristen zugänglich ist.

Abstecher Nasera Rock/ Olkarien Gorge

Kurz hinter dem Abzweig zur Boma und der Durchquerung eines *korongos* (saisonaler Flussgraben) verläuft in Richtung Norden die Piste entlang des **Olbalbal Swamp & Forest,** eine Senke, in welcher saisonale Bachläufe enden, die am Ende der Regenzeit einen See entstehen lassen (beliebtes Giraffen-Gebiet), und klettert am Ende der Oldupai-Schlucht auf eine Bruchstufe hinauf. Kurz nach der Auffahrt gabelt sich die Strecke. Rechts führt der Weg, der sich nach etwa 3 km ebenfalls gabelt, einmal östlich um die eindrucksvollen **Gol Mountains** herum, zur großen **Olkarien Gorge** mit Brutplätzen von Lämmergeiern und weiter ins Loliondo-Gebiet nach Wasso und zum Lake Natron (rechter Abzweig), auf dem anderen linken Abzweig erreichen Sie nach ca. 23 km den 100 m hohen Granitfelsen **Nasera Rock** in der als **Ang'ata Kiti** bekannten Savannenlandschaft. Der gigantische Monolith bietet Tieren seit Jahrtausenden Schutz vor den trockenstaubigen Winden, die von den heißen steppenartigen **Salei Plains** hierher geweht werden. Am Fuße von Nasera wurden auch Spuren menschlicher Siedlungen aus der Steinzeit gefunden. Kletterer können sich an der Ostwand probieren, ein Seil ist nicht erforderlich, der Ausblick von oben ist grandios. Für

Ngorongoro-Schutzgebiet und Serengeti NP

eine Fahrt zum Nasera Rock und zur Olkarien Gorge muss ein Ranger mitgenommen werden, die Anmeldung hat beim Headquarter am Ngorongoro-Krater zu erfolgen.

Die Hauptpiste führt weiter in Richtung Westen und auf die Ebene der Silal Plains, eine Kurzgras-Savanne, die bereits zum Ökosystem der Serengeti zählt. Tiere lassen sich in diesem Gebiet nur von Dezember bis April beobachten, vor den Regenzeiten hat das Gebiet eher trockenen Steppencharakter. 8 km hinter der Loongoku Cultural Boma zweigt rechts die Piste zur 6 km entfernten **Oldupai Archaeological Site & Museum** ab. In die Schlucht selbst kann man nur in Begleitung eines Rangers, welcher vom Museum gestellt wird. Dies kann mit dem Wagen, aber auch zu Fuß geschehen. Von der Oldupai-Schlucht besteht die Möglichkeit, auf einer anderen Piste weiter in Richtung Serengeti zu fahren. Diese beginnt beim Museum in westlicher Richtung und trifft bei der Kiloki Cultural Boma auf die Hauptstraße zwischen Seronera und Ngorongoro. Es besteht auch die Möglichkeit, die Schlucht zu durchfahren und am Naiporosuet Hill vorbei zur 3 km entfernten **Wanderdüne Shifting Sands** (s.o.) zu fahren (S 2°56'47'', E 35°18'43''). Von dieser aus führt eine alte Piste westwärts und trifft ebenfalls auf die Hauptstraße.

Diese zieht sich durch endlose Savanne, durch die Weiten der **Serengeti Plains,** in den gleichnamigen Nationalpark, bis zum Park Entrance Gate Naabi Hill. Auf dem Weg liegen die jeweils ausgeschilderten Abzweige zur Ndutu Lodge am Ndutu See (21 km).

Abstecher Lake Ndutu und Lake Masek

Entlang dieser Strecke erreicht die Migration vor allem von Dezember bis April ihren Höhepunkt. Im Oberlauf der Oldupai Gorge breiten sich der **Lake Ndutu** (auch Lagaja genannt) und der kleinere **Lake Masek** aus. Während der Migration werden die knietiefen Seen von langen Gnu-Reihen durchquert, aber auch für viele andere Tiere der Süd-Serengeti ist das leicht sodahaltige Wasser wichtige Trinkquelle. Um den Wildtieren diese Tränken nicht streitig zu machen, hat man den Lake Ndutu ausgegrenzt und dem Serengeti National Park zugeteilt. Die Maasai müssen daher mit ihren Viehherden vom See fernbleiben und sie zum 3 km östlich gelegenen Lake Masek treiben. Beide Seen sind am Ende der Trockenzeit oft nur noch weiße Salzpfannen.

Nachdem Sie das Tal vom Ndutu erreicht haben, zweigt rechts (S 2°58'45'', E 35°00'25'') die Piste durch die Serengeti Richtung Naabi Hill Gate (34 km) weg. Auf der Hauptpiste bleibend, verläuft die Strecke südlich um den See und durchquert nach 4 km die Senke zwischen dem Ndutu- und Masek-See. Die Piste verläuft weiter durch Buschsavanne, bis nach weiteren 2 km die rechter Hand liegende Ndutu Lodge erreicht wird. An der Lodge vorbei folgen die Abzweige zum Rangerposten und zu den ausgeschilderten Special Campsites 1–6. Die Special Campsites 7–9

Karten S. 312, IV

SERENGETI NATIONAL PARK

liegen verteilt am Westende des Sees. Camper sollten genügend Wasser mitführen (zur Not auch über den Rangerposten bei Ndutu zu beziehen).

Serengeti National Park ↗ IV

Der Park

Serengeti – unzählige Tierreportagen, nicht zuletzt Vater und Sohn *Grzimek* mit ihrem Film/Buch „Die Serengeti darf nicht sterben", haben dafür gesorgt, dass der Name zum Inbegriff für die endlosen Tiersavannen Afrikas wurde. Außerhalb der Grabenbruchzone im Osten des Victoria-Sees gelegen, ist die Serengeti der **zweitgrößte Nationalpark des Kontinents.** Die grenzenlose Schönheit des **14.763 km²** großen Schutzgebietes (entspricht in etwa der Fläche von Schleßwig-Holstein) ist kaum in Worte zu fassen. Der bereits 1951 gegründete und damit älteste Nationalpark Tansanias ist das Herz eines gewaltigen Ökosystems, dessen artenreiche Tierwelt nirgends auf der Welt ihresgleichen hat. Die Serengeti bietet z.B. die höchste Konzentration an frei lebenden Raubtieren. Daher zieht der Park der Superlative auch **weit über 150.000 Touristen pro Jahr** an.

Nach der Abtrennung des Ngorongoro-Gebiets zu einer eigenen Schutzzone kam 1959 auf Drängen *Prof. Grzimeks* der Nord-Sektor bis zur kenianischen Grenze hinzu, wodurch eine Verbindung zum Masai Mara National Park

geschaffen wurde. Dadurch konnte das charakteristischste Element der Serengeti bewahrt werden – die **jährliche Wanderung** (Migration) **von etwa 1,5 Mio. Tieren** (vgl. entsprechenden Exkurs weiter unten). Dieser Einzigartigkeit verdankt der Park auch seinen Status als **UNESCO-Weltnaturerbe.**

Zusammen mit den im Osten angrenzenden Schutzgebieten Loliondo Game Controlled Area und Ngorongoro Conservation Area sowie mit dem Maswa Game Reserve im Südwesten und den Grumeti und Ikorongo Game Reserves im Nordwesten umschließt das **Serengeti-Ökosystem** eine **Fläche von der Größe Hollands.** Für das Überleben der Serengeti sind diese Schutzgebiete entlang der Parkgrenze besonders wichtig, da die Tiere auf ihren natürlichen Wanderungen das eigentliche Parkgebiet verlassen. Ohne diese Pufferzonen wären die Tierrouten von Siedlungen und Feldern unterbrochen und das gesamte ökologische Gleichgewicht gefährdet. Die touristisch nur teilweise zugänglichen Game Reserves sind jedoch bei der angrenzenden Bevölkerung umstritten (s.u.).

Bevor der erste Europäer *Oscar Baumann* 1882 die Serengeti durchwanderte, lebten nur vereinzelte Gruppen wie die Ikoma, Dorobo und Maasai in dem riesigen Gebiet. Von dem Maasai-Wort *siringet* („große Weite, endlose Ebene") leitet sich der Name der Serengeti ab.

Die Landschaften des Parks

Die Serengeti erstreckt sich von etwa **1150 m** Höhe nahe der **Ufer des Victo-**

Ngorongoro-Schutzgebiet und Serengeti NP

Serengeti National Park

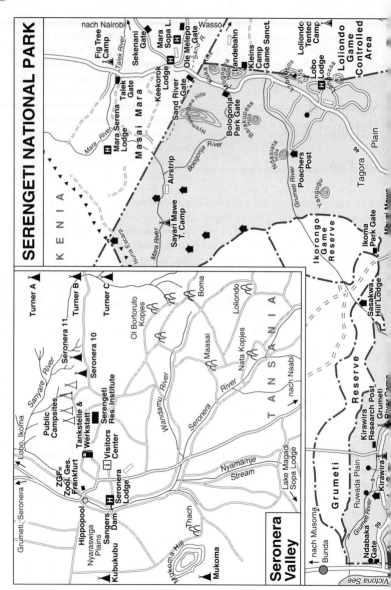

SERENGETI NATIONAL PARK

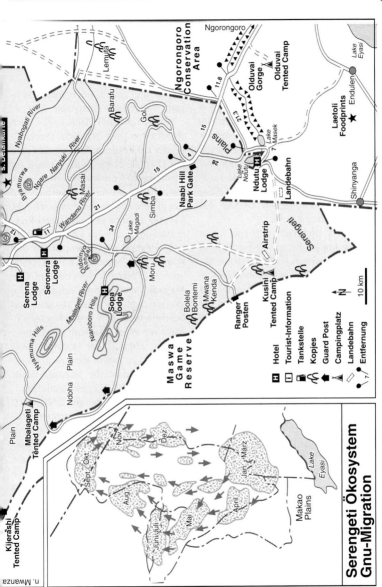

Ngorongoro-Schutzgebiet und Serengeti NP

SERENGETI NATIONAL PARK

ria-Sees bis zu den **2155 m hohen Lobo Hills** im Nordosten des Parks. Viele kleine Hügel und Bergketten durchziehen die Serengeti, die bekannten endlosen Savannen beschränken sich auf einige Gebiete, die dem Lake Victoria zugewandt sind, und auf den weiten Südosten, die **Serengeti Plains.** In dieser fast baumlosen Savanne, die mit der westlichen Ngorongoro Conservation Area einen zusammenhängenden Naturraum bildet, herrschen weite Kurzgrasflächen vor. Für Geparden ist diese Ebene mit den flachen Gräsern ein ideales Jagdterritorium.

Aus der brettflachen Ebene ragen bizarre **Kopjes** heraus. Diese gigantischen Granitfelsen sind Urgesteine, die einst unter der Erdoberfläche lagen. Die sie umgebenden Böden sind im Verlauf von Jahrmillionen durch Wind und Regen abgetragen worden, so dass die großen Felsen allmählich zum Vorschein kamen. Viele dieser Findlinge werden durch Temperaturschwankungen zwischen Mittagshitze und nächtlicher Kälte gespalten und vom Wind zusätzlich blank und rund geschliffen. In den Kopjes und um sie herum wachsen meist Büsche und Bäume, ein idealer Platz für Klein- und Kriechtiere wie Klippschliefer, Dik Diks, Mangusten und Giftschlangen (Speikobra, Puffotter). Aber auch Löwen dösen mit Vorliebe auf den Felsen oder liegen an ihren schattigen Seiten. Der Name „Kopjes" wurde von burischen Siedlern eingeführt und ist das Afrikaans-Wort für „kleine Köpfe". Zu den landschaftlich schönsten Felsinseln in den Serengeti Plains gehören die **Simba, Barafu, Gol**

und **Moru Kopjes.** Bei letzteren befinden sich etwa 100 Jahre alte **Felsmalereien von Maasai.** Die Zeichnungen zeigen die typischen Maasai-Schutzschilde und jagende Figuren. Die Moru Kopjes sind zudem ein beliebter Nistplatz der großen Kaffernadler.

In den Serengeti Plains liegen auch die einzigen Seen des Parks. Der größte, der **Lake Ndutu,** liegt im Oberlauf der Oldupai Gorge an der Grenze zur Ngorongoro Conservation Area (s.o.). Etwa 20 km weiter nordwestlich, auf der anderen Seite der Wasserscheide, lässt die Savanne den **Mbalageti River** entstehen. In seinem Oberlauf bilden sich während der Regenzeit die drei kleinen **Seen Ngorono, Kaslya** (beide auch als „Hidden Valley" bekannt) und **Magadi.** Dann tummeln sich zahlreiche Wasservögel an ihren baum- und buschreichen Ufern. In den Trockenmonaten versickert jedoch oft das gesamte Wasser, und auch der Mbalageti River schrumpft zu einem Rinnsal. In dieser Zeit wirken dann die Serengeti Plains wie eine trostlose Steppenlandschaft.

Das **Herz der Serengeti** ist das etwa 1500 m hoch gelegene **Seronera Valley.** Hier herrschen hauptsächlich mittellange Gräser und Langgrassavannen vor, in denen viele Akazienbäume die Vegetation prägen. Zahlreiche Hügelketten wie die **Banagi, Nyaraswiga** und **Ngare Nanyuki Hills** und auch bizarre Kopjes ragen zudem aus der nach Regenfällen saftig tiefgrünen Landschaft heraus. Durch die im Norden

Löwen im Schatten eines Safari-Jeeps

SERENGETI NATIONAL PARK

dieses Gebietes zusammen fließenden **Flüsse Orangi, Nyabogati, Ngare Nanyuki** (diese entspringen in der Loliondo Area) und **Seronera** entsteht ein dichtes Netz von herrlichen Galeriewäldern. Mächtige Feigen, Akazien, Palmen und *Sausage Trees* (Leberwurstbäume) säumen die Flussufer. Regelmäßig sind hier Wasser- und Riedböcke, Impalas, Paviane und oft auch Leoparden zu beobachten. Grunzende und planschende Flusspferde kommen dagegen weiter nördlich in den **Retima Hippo Pools** am Zusammenfluss des Seronera River mit dem Orangi River besonders häufig vor. Zudem ist das Seronera Valley für seine **großen Löwenbestände** berühmt. Auch auf Bäumen dösend (wie im Manyara National Park), sind die Tiere hier fast immer zu Gesicht zu bekommen.

Der **Norden** der Serengeti besticht durch **hügelige Baumsavanne** mit einer Vielzahl von saisonalen Bach- und Flussläufen. Hier sind besonders der **Grumeti,** der **Bologonja** und der **Mara River** Lebensadern, die Landschaft und Tierzahl bestimmen. Alle drei Flüsse führen das ganze Jahr über Wasser und sind von dichten Galeriewäldern gesäumt, die zahlreiche Tiere anlocken. An der Nordostgrenze erstrecken sich die großen Hügelketten Mogogwa, Lobo und Longossa, die höchsten Erhebungen des Parks. Zwischen ihnen befinden sich die **Ngare Naronja**

SERENGETI NATIONAL PARK

Springs, das Quellgebiet des tierreichen **Gaboti River.**

Das Flusssystem der gesamten Serengeti gehört bereits zum großen Auffangbecken des Victoria-Sees. Der Park erstreckt sich daher auch bis zum großen Binnenmeer Afrikas in dem als **Western Corridor** bezeichneten Gebiet. Hier fließen durch großflächige und ebene Langgras-Savannen die Flüsse Grumeti und Mbalageti in den Speke Gulf des Victoria-Sees. Zwischen diesen galeriebewaldeten Lebensadern der westlichen Serengeti erheben sich markant die Nyamuma, Varicho und Simiti Hills sowie mehrere kleine Inselberge. Das Gebiet liegt in der klimatischen Einflusszone des Vikroria-Sees und verzeichnet daher auch außerhalb der Regenzeiten regelmäßig Gewittereinbrüche. Die jährlichen Niederschlagsmengen sind hier doppelt so hoch wie im Osten des Parks. Auch der Boden ist im Western Corridor anderer Natur. Die hier vorkommende schwarztonige Erde, die sich bei Regen in ein sumpfiges Moor verwandelt, ist allgemein als **Black Cotton Soil** bekannt; ein Vorwärtskommen mit dem Auto ist oft unmöglich. Aus diesem Grund sind im Western Corridor auch nur wenige Pisten angelegt, und die Besucherzahl ist eher gering. Der Grumeti River ist vor allem wegen seiner großen Nilkrokodile bekannt, die sich hier auf den Sandbänken sonnen. Entlang seiner Galeriewälder sind oft Roan- und Elenantilopen anzutreffen. Besonders lohnend ist der Besuch des Western Corridor in den Monaten Juni/Juli, wenn der Boden trocken und befahrbar ist und die Migration uber den Grumeti River übersetzt.

Tierwelt

Mit ungefähr **3 Mio. größeren Säugetieren** ist die Serengeti der **wildreichste Nationalpark der Welt.** Davon sind allein etwa zwei Drittel Gnus, Zebras und Thomson-Gazellen, die an der jährlichen Großwanderung teilnehmen (vgl. den folgenden Exkurs). Doch auch die Populationen der über 50 weiterer Tierarten sind umfangreich.

Die große Attraktion aber sind die Raubkatzen. Für etwa **3000 Löwen,** ca. **300 Geparden** und schätzungsweise **400–700 Leoparden** ist die Serengeti ein Jagd-Dorado. Ebenfalls zahlreich vertreten sind Grant's Gazellen, Impalas, Leierantilopen, Kuhantilopen, Büffel, Warzenschweine, Hyänen, Elenantilopen, Giraffen, Nilkrokodile, Strauße und – vor allem im Norden des Parks – Elefanten. Die Dickhäuter waren nie so richtig heimisch in der Serengeti, die angrenzende Bevölkerung drückte sie jedoch in den Park. Ihr Bestand schrumpfte aufgrund der Wilderei in den 1980er Jahren auf ein Fünftel, heute sind es wieder über 2000 Tiere. Fast ausgerottet sind das Schwarze Nashorn (vgl. „Wenn Nashörner Namen haben") und der Afrikanische Wildhund, der wahrscheinlich von der Hundestaupe befallen wurde.

Zudem sind in der Serengeti zu sehen: Oryx (Spiesbock), Oribis (Bleichböckchen), Buschböcke, Wasser- und Riedböcke, Erdwölfe, Pferde- und Rappenantilopen, Kudus, Klippspringer, Dik

Diks, Flusspferde, Gerenuk, Ducker, Serval- und Genetkatzen, Schakale, Paviane, Honigdachse, Mungos etc.

Mit rund **500 Vogelarten** bietet die Serengeti auch für Ornithologen viel Sehenswertes. Besonders Greif- und Aßvögel sind an den Standorten der Gnus und Gazellen zu beobachten: Raubadler, Gaukler, Kampfadler, Schreiseeadler, Lämmergeier, Kappengeier, Ohrengeier usw. Auch viele Flamingos (je nach Saison am Lake Magadi) bekommt man zu Gesicht sowie Trappen, Falken, Bussarde, Reiherarten u.v.m. Wer für die Vogelwelt größeres Interesse verspürt, sollte auf jeden Fall ein passendes Handbuch dabeihaben.

Wilderei und Bevölkerungsdruck

Trotz der verbesserten Schutzmaßnahmen (etwa Verdoppelung des Ranger-Personals, paramilitärische Ausrüstung mit russischen Kalashnikovs und ausgedienten Bundeswehranzügen) bleibt die Wilderei ein großes Problem im Serengeti-Ökosystem. Immerhin ist die schonungslose Trophäenwilderei seit Ende der 1980er Jahre durch das Verbot des Elfenbein- und Nasenhornhandels und den Verkaufsstopp von gefleckten Katzenfellen stark zurückgegangen. Der **Anstieg der Bevölkerung** im Umkreis des Parks hat jedoch die **Fleischwilderei** zunehmen lassen.

Im Westen der Serengeti wohnen etwa 5 Mio. Menschen, die für einen Problemdruck hinsichtlich der Grenzgebiete zum Park sorgen. Unzureichende Grenzmarkierungen in den Game Reserves Ikorongo, Grumeti und Maswa haben zur Folge, dass die Bevölkerung zum Fallenstellen und Jagen, zum Sammeln von Honig und Holz in die Reserves eindringt und auch ihre Viehherden in den Trockenmonaten zu den Wasser führenden Flüssen treibt. Sogar neue Dörfer und Felder entstehen. Aus diesem Grund musste das Maswa Game Reserve bereits viermal verkleinert werden. Um den Bedürfnissen der Bevölkerung entgegenzukommen, wurde das so genannte „Pufferzonen-Konzept" erarbeitet, das den Dörfern offizielle Jagdquoten genehmigt, zudem wird ein Teil der Einnahmen aus dem Tourismus den Dörfern zugeführt. Damit werden Projekte unterstützt, etwa der Bau von Schulen, kleinen Kliniken, Wasserdämmen, Brunnen, Straßen etc.

„Steep" nennt sich das **Naturschutzerziehungsprogramm** (mit finanziert von der EU), das insbesondere Kinder und Jugendliche ansprechen soll und diesen kostenlose Serengeti-Lernaufenthalte ermöglicht. Ziel ist es, neue Generationen dauerhaft an den Naturschutzgedanken heranzuführen.

25% der Einnahmen aus den in den Game Reserves stattfindenden Jagdsafaris gehen an die umliegenden Dörfer.

Man verspricht sich von den Maßnahmen ein besseres Verständnis für die Notwendigkeit der Erhaltung der Wildtierbestände und eine Einbindung der Bevölkerung in den Naturschutz. Wie lang das Modell Bestand haben wird, ist ungewiss. Der demografische Druck lässt nicht nach, der Bedarf an Acker- und Weideflächen wird also weiter steigen.

Die Migration – der grosse Trek der Gnus

Die Migration – der große Trek der Gnus

Jedes Jahr findet in der Serengeti ein gigantischer **Wanderzyklus von etwa 2 Mio. Tieren** statt, der als „Migration" bezeichnet wird. Während den nordamerikanischen Bison-Wanderungen im 19. Jahrhundert der Garaus gemacht wurde, ist die Serengeti-Migration die letzte intakte und vor allem natürliche Massenwanderung von Wildtieren auf der Erde.

Über 1,4 Mio. Gnus, fast 300.000 Thomson-Gazellen, über 200.000 Zebras sowie einige zehntausend Topis nehmen an dem in Phasen verlaufenden, weit über 1000 km langen Trek teil. Riesige Herden bewegen sich langsam grasend in mehreren Kilometer langen, schlangenförmigen Reihen. Eine Wanderung, die in wechselseitiger Beziehung zur Natur und in Abhängigkeit zu den Regenzeiten steht – ein in sich harmonierendes Ökosystem.

Am Anfang des Jahres, nach der kleinen Regenzeit, versammeln sich zunächst die großen Gnu- und Zebraherden in den Serengeti Plains. Das Gras der großen Savanne steht dann in saftigem Grün, und der Lake Ndutu und die Oldupai Gorge bieten reichlich Wasser. Tausende Gnukälber und Zebrafohlen werden jetzt geboren, und die Savanne wird zu einem flimmernden Meer von über 1 Mio. Grasfressern – ein phänomenales Naturschauspiel, das von ohrenbetäubendem Geblöke begleitet wird.

Die Jungtiere können bereits drei bis fünf Minuten nach der Geburt auf eigenen Beinen stehen, dann sind sie bevorzugte Beute von Hyänen, Raubadlern und Schakalen. Die etwa 100 km/h schnellen Geparden bevorzugen die kleinen Thomson-Gazellen oder Gnu- bzw. Zebrafohlen.

Die Migration – der grosse Trek der Gnus

Bis in den April hinein bewegen sich die Herden nur langsam und grasen systematisch die südöstliche Savanne ab.

Der Beginn des großen Marsches setzt dann meist im Mai nach den langen Regenfällen ein, wenn die Serengeti Plains sich nicht mehr schnell genug regenerieren können und der Nachwuchs zur Wanderung kräftig genug ist. Allen voran trotten die Gnus in Richtung Western Corridor zu neuen, grünen Grasflächen und frischen Wasserstellen. In nur 4–6 Tagen findet ein Massenexodus statt, der eine leere Ebene hinterlässt. Nur alte und kranke Tiere können bei der „Main-Migration" nicht mithalten und werden zur leichten Beute von Raubkatzen und Hyänen.

Der Trek erreicht oftmals eine Länge von über 40 km und verläuft zweigeteilt südlich und nördlich entlang der Mbalageti River und durch die Seronera Area.

Während der Wanderung entstehen Gruppierungen, es ist die Zeit, in der sich die ersten Gnu-Böcke ihren Harem zusammensuchen. Zusätzlich wird Staub aufgewirbelt, wenn die Männchen mit ihren Hörnern beim Abstecken ihrer Territorien zusammenknallen.

Im Mai/Juni sammeln sich dann einige Hunderttausend Gnus südlich des Grumeti River, bevor das erste große Spektakel des „River-Crossing" stattfindet. In dieser Zeit setzen die Topis ihren Nachwuchs in die Welt und trennen sich etwas von der Migration ab. Im Juni/Juli, wenn die nahrhaften Gräser für die Gnus im Western Corridor knapp werden, ist das Wasser des Grumeti River zur Überquerung flach genug, um die Wanderung gen Norden fortzusetzen. Dies ist die Stunde der Nilkrokodile. Im seichten Wasser lauernd, schnappen sich die gewaltigen, teils über 5 m langen Reptilien ein Gnu nach dem anderen. Für die „Drachen der Serengeti" ist es das alljährliche, so ein Wissenschaftler, „Thanksgiving-Dinner" …

Bis September ziehen nun die Herden langsam Richtung Norden durch die Grumeti und Ikorongo Game Reserves sowie durch die Seronera und westliche Lobo Area und überqueren den Mara River. Auch hier stehen wieder einige Gnus und Zebras auf dem Speiseplan der bereits wartenden Krokodile. Schließlich sammeln sich Hunderttausende von Gnus im kenianischen Masai Mara National Park, wo sie sich bis zum Einsetzen der kleinen Regenzeit Anfang November aufhalten.

Innerhalb von einem Monat wandern dann die Herden in zügigem Tempo über zahlreiche, durch die ersten Regenfälle angeschwollene Flüsse etwa 300 km zurück nach Süden. Diesmal werden ihnen die Oberläufe des Mara River und des Grumeti River zum Verhängnis. Nicht nur die Krokodile bringen den Tod, sondern auch das tiefere Wasser lässt einige panisch reagierende Tiere ertrinken und flussabwärts treiben. Manche verstauchen oder brechen sich auch die Beine an den steilen Uferböschungen, schleppen sich dann noch über eine kurze Distanz hin und werden schnell zur einfachen Beute für Raubkatzen und Aßfresser.

Verlaufen die Regenzeiten wie gewohnt, endet die im Uhrzeigersinn stattfindende Migration zur Jahreswende wieder in den südöstlichen Serengeti Plains.

Serengeti – Gnu-Herden auf großer Wanderung

SERENGETI NATIONAL PARK

Touristeninformation

- Ein **Tourist Center** bei Seronera ist in Zusammenarbeit mit der Zoologischen Gesellschaft Frankfurt entstanden. Ausstellungsräume, Schautafeln und Tierfilme geben Einblick in die Flora und Fauna und Informationen über das Serengeti-Ökosystem. Ein **Shop** führt kühle Getränke und Chips, aber auch Souvenirs, T-Shirts und Filme für den leeren Fotoapparat.
- Informative Schautafeln und kleine Shops befinden sich auch bei den Park Gates Naabi Hill und Bologonja.
- Detaillierte **Parkkarten** zur Orientierung gibt es nicht. Einen guten Überblick verschafft die gemalte Serengeti-Karte von *Giovanni Tombazzo*. Die Eintragungen sind jedoch nicht exakt. Genau und GPS-geeignet ist derzeit nur die Karte zur Ngorongoro Conservation Area aus dem Harms-IC-Verlag. Diese deckt jedoch nur den südöstlichen Teil der Serengeti ab.

Sicherheit

Die nördliche Serengeti und das östlich angrenzende Loliondo-Gebiet wurden in den 1990er Jahren von **Wilderern und Banditen** heimgesucht, es kam auch vereinzelt zu Überfällen auf Touristenbusse. Das tansanische Militär hat den Schmugglerbanden und Wilderern (viele aus Kenia) den Garaus gemacht. Die Region ist seit einiger Zeit wieder als sicher einzustufen und wird auch vom Fremdenverkehr uneingeschränkt genutzt. Einige neue Luxuscamps sind hier seit 2005 entstanden.

Unterkunft

Lodges und Exclusive Camps
Süd-Serengeti:
- **Kusini Camp**
Zu buchen über Arusha, Tel. (027) 2508346, www.sanctuarylodges.com. Kusini liegt abseits des Besucherverkehrs im Süden der Serengeti, eingebettet in die Mambi ya Miwa kinyeba Kopjes und ist mit neun absolut luxuriösen Safarizelten (auf Holzplattformen errichtet, mit Bad und Toilette stilvoll integriert) eine herausragende Unterkunft. In Kusini verschmelzen Komfort und echtes Busch-Camping-Gefühl miteinander. Durch die Abgeschiedenheit ist man als Gast hier viel allein im Park unterwegs, fern von den Hauptbesucherströmen in der zentralen Serengeti. Auf einem großen Kopje hinter dem Restaurant- und Aufenthaltszelt lassen sich romantische Sundowner in Kissen genießen, während die oftmals im nahen Umfeld des Camps befindlichen Löwen mit ihrem Brüllen den Beginn der Nacht ankündigen. Übernachtung mit Vollpension und allen Tierbeobachtungsfahrten ab 350 $ pro Person.
- **Olakira Camp**
Ein semi-permanentes Camp der Luxusklasse, welches seinen Standort je nach Saison zwischen Ndutu (Dezember bis März) und zentraler Serengeti (Juni bis November) verlagert. Gut geführte Touren und erstklassiger Service sind in diesem nur acht Zelte großen Camp zu erwarten. Empfehlenswert, wenn auch teuer! Mehr Informationen unter: www.asilialodges.com.
- **Ndutu Safari Lodge,** siehe N.C.A.

Zentral-Serengeti:
- **Seronera Wildlife Lodge**
P.O. Box 877, Tel. (027) 2502711-2, Fax (027) 2508221, E-Mail: tahifin@habari.yako.co.tz. Die schöne Parklodge liegt etwas erhöht und ist mitten in eine Gruppe von Felsen gebaut (Kopjes). Dem israelischen Architekten ist mit Hilfe vieler Holzmaterialien eine bemerkenswerte Einbindung in die Natur geglückt. Die Felsen sind das Zuhause der bizarren Agama-Eidechsen und vieler Klippschliefer (engl. *Hyrax*). Die Bar zwischen Felswänden mit dekorativen Malereien vermittelt pures Safari-Feeling, der Ausblick von der Terrasse ist phänomenal – ein idealer Ort, um bei einem kühlen Getränk der vorbeiziehenden Gnu-Migration beizuwohnen. Service und Essen sind gut, die 75 Zimmer mit Bad/WC haben große Fenster mit Blick in die Ebene. Die Preise für die Zimmer variieren, in der Hauptsaison kosten Einzel-/Doppel- oder Dreierzimmer bei Vollpension 140/190/280 $.

Der Einsatz der Zoologischen Gesellschaft Frankfurt

Seit den ersten Tierzählungen und Erkenntnissen über Wanderbewegungen in den 1950er Jahren durch *Prof. Bernhard Grzimek* und seinen Sohn *Michael* setzt sich die Zoologische Gesellschaft Frankfurt („Hilfe für die bedrohte Tierwelt") für die Erhaltung der Serengeti ein. Ohne ihre langjährige Hilfe hätte das empfindliche Ökosystem der Serengeti bis heute nicht überleben können. Der ZGF gebührt daher ein besonderer Dank für ihr Bemühen, nachfolgenden Generationen die Einzigartigkeit der Serengeti zu erhalten.

Geländewagen, Radios, Nachtsichtgeräte und Flugzeuge wurden TANAPA (Tanzania National Parks Authority) zur Verfügung gestellt; Forschungs- und Ausbildungsprojekte werden durchgeführt, Tierzählungen unterstützt, Management-Pläne erstellt. Wie erfolgreich die Unterstützung letztendlich ist, lässt sich nur schwer bemessen. Die Bedrohung durch Wilderei und Tierepidemien ist weiterhin groß, mühevoll erreichte Ergebnisse konsequenter Naturschutzhilfe werden oft in nur kürzester Zeit zunichte gemacht. Nicht selten muss ein Ranger sogar mit seinem Leben bezahlen, wenn Wilderer nachts ihre Posten überfallen. Dann ist viel Feingefühl seitens der ZGF nötig, um das Parkpersonal wieder aufzubauen, vom Sinn ihrer Arbeit zu überzeugen und ihnen Mut zu machen. Einige Rangerposten sind inzwischen mit großen Mauern wie zu einem Fort ausgebaut worden.

Am wichtigsten in der Arbeit der ZGF ist die Sorge um stets funktionierende und ausreichende Ausrüstung. Ohne sie lässt sich bei einem Gebiet von der Größe der Serengeti kein Naturschutz betreiben. Dabei verschlingen nicht nur die Anschaffungs-, sondern vor allem die Wartungskosten hohe Geldträge und erfordern einen erheblichen organisatorischen Aufwand. Wilderer realisieren sehr schnell, wenn (wegen nicht einsatzbereiter Fahrzeuge oder fehlenden Treibstoffes) keine Kontrollflüge oder -fahrten mehr stattfinden.

Doch auch die im Park arbeitenden Wissenschaftler sind stets vom einsatzbereiten Fuhrpark abhängig. So müssen sie z.B. ständig die Büffelherden aufsuchen, um regelmäßig Gesundheitsuntersuchungen durchzuführen. Eine Rinderpest, die sich durch die stark anwachsenden Viehherden an den Parkgrenzen auf die Tiere überträgt, bedrohte bereits einmal den gesamten Büffelbestand. Ebenso intensiv ist die Überwachung der Löwen, wozu auch ständig Flugzeuge, Autos, Funkgeräte usw. benötigt werden. Über 1000 Löwen starben in den 1980er Jahren an einer grasierenden Hundestaupe, weswegen heute über 20 Löwenfamilien im ganzen Park mittels Senderhalsbänder ständig kontrolliert werden. Eine Überwachung, die sich ohne die praktische Hilfe der ZGF nicht realisieren ließe.

Die Arbeit der ZGF, die auch sieben weitere National Parks/Game Reserves in Tansania unterstützt, ist auch in großem Maße von Spendengeldern abhängig. Die ZGF möchte sich an dieser Stelle für alle bisherigen Hilfsgelder sowie für zukünftige Spenden recht herzlich bedanken.

●**Konten** für die Aktion „Hilfe für die bedrohte Tierwelt":
- Frankfurt/M.: Konto-Nr. 47-601, BLZ 500 100 60
- Wien: Konto-Nr. 697589406, BLZ 201 51
- Basel: Konto-Nr. 40-290-6 Postscheckamt

SERENGETI NATIONAL PARK

● **Serengeti Sopa Lodge**
Zu buchen über P.O. Box 2551 Arusha, Tel. (027) 2506886, Fax (027) 2508245. Lodge im Betonburg-Baustil. Die großen DZ wirken etwas betagt, jedes verfügt über ein riesiges Panoramafenster und eigenen Balkon. Die Aussichten speziell während der vorbeiziehenden Migration sind spektakulär, Service und Essen sind gut. Ein Swimmingpool ist ebenfalls vorhanden. Die Lodge ist ein guter Ausgangsort zur Erkundung der Galeriewälder des Mbalegeti River, zum Besuch der Moru Kopjes und des Magadi-Sees. Übernachtung mit Vollpension für 225/395 $. www.sopalodges.com

● **Serengeti Serena Lodge**
Zu buchen über P.O. Box 2551 Arusha, Tel. (027) 2504058, Fax 2508282. Die neueste Lodge im Park in gemauertem Bungalow-Stil ist ebenfalls um Integration in die Landschaft bemüht. Der angeblich afrikanische Stil ist aber eher imaginärer Natur und ähnelt Bauten der Maja-Kultur in Südamerika. Von der hervorragenden, leicht erhöhten Lage in der zentralen Serengeti bieten sich schöne Ausblicke auf Savannen und Berge. Service und Komfort besser als Seronera. Vollpension für 230/340 $ in der Hochsaison, bis zu 40% billiger in der Nebensaison.
E-Mail: reservations@serena.co.tz,
Internet: www.serena.com

● **Mbuzi ya Mawe Camp**
Wunderschön in den Tagora Plains gelegen. Für Wildbeobachtungsfahrten sind alle Regionen des Parks gut zu erreichen. Von Mbuzi lässt sich das Seronera-Gebiet genauso wie das Lobo-Gebiet gut im Rahmen von Game Drives erkunden. Das Camp bietet 25 Luxuszelte auf Holzplattformen mit hervorragendem Blick über die Weiten der Serengeti. Preis VP ab 400 $. Das Camp gehört zur Serena-Gruppe. Infos unter: www.serena.com.

Nord-Serengeti:
● **Lobo Wildlife Lodge**
P.O. Box 877, Tel. (027) 2502711-2, Fax (027) 2508221, E-Mail: tahifin@habari.yako.co.tz. Die zweite Traditionslodge in der Serengeti liegt wunderschön zwischen großen Felsbergen und ist wie die Seronera mit viel Beton und Holz gebaut. Die über vier Stockwerke

elegant in die Natur integrierte Lodge dürfte eine der schönsten des Landes sein. Die Unterkunft wird ebenfalls von TAHI gemanaged. Durch die Lage im Norden der Serengeti sind herrliche Ausblicke auf vorbeiziehende Elefanten- und Büffelherden möglich, zudem ist das in den Fels am Hang gebaute Schwimmbad ein herrlicher Ort zum Faulenzen. Wer sich weniger Touristenrummel wünscht, ist hier genau richtig. Preislich wie Seronera.

● **Klein's Camp**
Tel. (027) 2548549/8038. Im Nordosten außerhalb des Parks gelegen. Großes Private Sanctuary der südafrikanischen Conscorp-Gruppe. Acht luxuriös ausgestattete Rundhütten in wunderschöner Lage an den Kuka Hills. Die Zimmer wirken einladend. Das private Ambiente mit halb offener Bar und einer echten Safari-Feuerstelle machen diesen Ort zu einem Geheimtip. Eleganz und „money doesn't matter" werden groß geschrieben und stets zelebriert. Zur Abkühlung steht ein kleiner Swimmingpool bereit, zudem sind Fuß-Safaris und Nachtfahrten mit professioneller Begleitung möglich. Das Camp ist am besten mit dem Flugzeug zu erreichen. Kostenpunkt: ab 450/550 $ für EZ bzw. DZ, mit Vollpension, versteht sich ...
E-Mail: res@ccafrica.co.tz,
www.ccafrica.com

● **Loliondo Camp**
Einfaches Safari-Camp am Pololeti River, jedoch außerhalb des eigentlichen Parks und nur saisonal. Große Zelte mit angegliederten Dusch- und WC-Zelten sind in die schöne Felslandschaft der Pololeti Kopjes integriert. In Zusammenarbeit mit den örtlichen Maasai-Kommunen werden ausgedehnte Fuß-Safaris in traumhafter Landschaft unternommen. Übernachtung mit Vollpension ab 250/500 $. Internet: www.hoopoe.com

● **Migration Camp**
Das luxuriöseste Camp der Elewana-Campkette. Idyllische, ruhige Lage am Fuß der Ndasiata Hills am Oberlauf des Grumeti River. Die riesigen Luxuszelte mit großen seitlichen Öffnungen sind stilvoll in die raue Umgebung integriert. Vom Swimmingpool hat man Ausblick in die Ebene, der kulinarische Service ist hervorragend. Eine gut sortierte Bücherei beantwortet jede Frage zu Flora

und Fauna Ostafrikas. Alle Game Drives werden von erfahrenen Guides durchgeführt. Der Luxus hat jedoch ab 350/550 $ Vollpension auch einen stolzen Preis. Info unter: www.elewana.com

● **Sayari Camp**
Dieses Camp liegt von allen am nördlichsten und sollte besucht werden, wenn die Gnu-Migration am Mara-Fluss stattfindet. Sayari ist das Pendant zum Olakira Camp (s.o.). Eleganter Luxus mit dem Charme der frühen Safarizeit und exquisiter Küche in einem der landschaftlich schönsten und vom Massentourismus noch verschonten Gebiete. Exklusivität, die ihren Preis hat. Als Gast erreicht man das Camp meist mit dem Flugzeug. Es wird betrieben von Asilia Lodge und Camps, Infos unter: www.asilialodges.com.

West-Serengeti:
● **Grumeti River Camp**
Tel. (027) 2548549/8038. Sehr schöne Lage an einem Seitenarm des Grumeti River im Western Corridor. Die Unterbringung erfolgt in zehn Safarizelten, jedes ausgestattet wie König Salomons Schlafzimmer. Fürstlich ist auch die Bedienung. Die großflächige Anlage mit Schatten spendenden Akazien und Feigenbäumen mitsamt Pool bietet viel Ruhe und ist ein idealer Ort, um dem River-Crossing der Tiere bei der Migration beizuwohnen. Preislich wie Klein's Camp.
E-Mail: res@ccafrica.co.tz, www.ccafrica.com

● **Kirawira Serena Camp**
Zu buchen über P.O. Box 2551 Arusha, Tel. (027) 2504058, Fax 2508282. Absolutes Luxus-Camp der Serena-Gruppe im Holzstil an einem Hügel unweit des Grumeti River im Western Corridor. 25 „Out of Africa"-Zelte mit privatem, angemauertem Bad/WC. Essen und Service sind geradezu majestätisch – der Preis für Vollpension mit 435/660 $ ebenfalls (beinhaltet jedoch Schuheputzen, Wäsche, Pirschfahrten usw.). Hervorragender Ort, um die Juni/Juli-Migration zu beobachten.
E-Mail: reservations@serena.co.tz

● **Mbalageti Luxury Lodge**
Mbalageti befindet sich in den gleichnamigen Plains ganz im Westen der Serengeti und ist besonders während der Sommermonate empfehlenswert, wenn sich die Gnu-Migration im Western Corridor aufhält und die Flussüberquerung angeht. Die Lage auf der Anhöhe sowie die Unterbringung in den sehr angenehmen Chalets ist berauschend. Infos unter: www.mbalageti.com.

Mittelklasse-Unterkünfte außerhalb

● **Kijereshi Tented Camp**
Preiswerteste Tented-Camp-Unterkunft im Bereich der Serengeti. Liegt am Western Corridor außerhalb des Handajega Park Gate. Die Anlage wurde zwar renoviert, Swimmingpool und Tennisplatz werden jedoch immer noch von der örtlichen Pavian-Population verwaltet ... Die Unterbringung erfolgt in Safarizelten und Bungalows. Aufgrund der Abgeschiedenheit ist man hier fast immer allein. Zimmer mit Frühstück ab 75 $. **Zu buchen über** das Tilapia Hotel in Mwanza (siehe dort).

● **Speke Bay Lodge**
Tel. (028) 2621236, Fax 2621237. Außerhalb der Serengeti an den Ufern des Lake Victoria 15 km vom Ndabaka Gate, 125 km von Mwanza entfernt. Ruhige, liebevolle Unterkunft mit Einblick in die traditionelle Fischerei der Sukuma; Zeltübernachtungen (Bad/WC getrennt) 25 $ (single), 35 $ (double), Bandas (mit Bad/WC) für 75/90 $ und 105 $ bei Dreierbelegung. Über das sympathische holländische Management lassen sich Mountain-Bike-Touren und Ritte in den nahen Masambi Hills und Kanufahrten mit lokalen Einbäumen auf dem Victoria-See organisieren.
E-Mail: spekebay@raha.com, Internet: www.spekebay.com

● **Serengeti Stop Over**
Tel. (027) 2537095. Smarte, einfache Unterkunft mit Bandas und einem Zeltplatz, 1 km südlich vom Ndababa Gate. Die Unterbringung in einer Banda liegt bei 30 $ p.P. mit Frühstück, Zelten kosten 7 $. Schöne Anlage. Wild ist jahreszeitlich auch zu sehen.
E-Mail: serengetiso@yahoo.com

● **Serengeti Tented Camp**
Rustikales, einfaches Buschcamp nahe des Fort Ikoma. Das Camp besteht aus großen, komfortablen Safarizelten, die Bedienung ist freundlich, das Essen zufrieden stellend. Über das Camp können zahlreiche Ausflüge orga-

SERENGETI NATIONAL PARK

nisiert werden, auch Nacht-Tierbeobachtungsfahrten und interessante Fuß-Safaris. Kosten: ab 150 $ p.P. Vollpension. Infos unter: www.moivaro.com.

Camping

In der Serengeti gibt es reichlich Plätze zum Campen. Dabei wird zwischen Public und Special Campsites unterschieden.

- Die **Special Campsites** kosten 50 $ pro Person, sind exklusiv nur für eine Personengruppe nutzbar und bieten weder Wasser noch sanitäre Anlagen. Zudem muss man sich für diese Art der Zeltplätze vorher bei der Parkverwaltung in Arusha anmelden. Special Campsites finden Sie bei Seronera, Naabi Hill (zwei), Rongai, Lobo und Kirawira (jeweils zwei). Beim Lake Ndutu und am Orangi River sind noch weitere exklusive Plätze vorhanden.
- Die **Public Campsites,** von denen es sechs bei Seronera, zwei bei Kirawira, eine zwischen Ndabaka Gate und Lake Victoria und eine bei Lobo gibt, kosten 30 $ pro Person.
- **Günstige** und sehr schöne **Campsites** befinden sich außerhalb des Western Corridor beim Kijereshi Tented Camp sowie bei der Unterkunft Serengeti Stop Over; Kosten pro Person 5 bzw. 7 $ (mit Dusche/WC).

Essen und Trinken

- Beim Naabi Hill Gate und in Seronera gibt es zwei **kleine Läden,** wo jedoch nicht sonderlich viel an Lebensmitteln erstanden werden kann (zudem teuer). Wer also mehrere Tage in der Serengeti campen möchte, sollte sich in Arusha oder in Mwanza Vorräte anschaffen.
- Für **Camper** besteht die Möglichkeit, bei den Lodges (nicht bei den Camps) für 10.000–15.000 TSh an Mittagsbuffets und Abendessen teilzunehmen.

Kusini Camp in der Süd-Serengeti

Sonstiges

- **Tankstellen** befinden sich beim Tourist Center in Seronera, bei der Lobo Lodge (beide hohe Preise) und in Bunda (21 km nördlich vom Ndabaka Gate). Eine weitere Tankstelle gibt es in Ikoma. Bei den anderen Lodges/Camps wird Ihnen bei Spritproblemen nur ungern weitergeholfen, da hier die Versorgung ebenfalls knapp ist.
- Zudem befinden sich in Seronera eine **Post,** eine **Kfz-Werkstatt** und eine **Notfallklinik** (Dispensary).
- In allen Lodges führen kleine **Souvenirläden** Postkarten, Lektüre und Andenken. Auch Geld lässt sich tauschen, jedoch zu einem schlechteren Kurs als in Arusha.
- **Telefonieren** ist mittlerweile von allen Lodges möglich, nur die Camps sind weiter über Funk mit der Außenwelt verbunden. Mobil-Telefon-Empfang besteht in der Serengeti noch nicht.
- **Filme und Batterien für Fotoapparate** gibt es in den Souvenir-Shops der Lodges, am Naabi Hill Gate oder im Visitor's Center.

Anreise und Parkgebühren

- Die Serengeti kann mit dem **Flugzeug** über Landepisten bei Seronera, Kusini, Lobo, Migration von Klein's Camp, Grumeti und Kijereshi erreicht werden (Fluggesellschaften siehe bei Arusha). Es bestehen Verbindungen von Arusha, Mwanza und seit neuestem auch von Ruaha. Die Verbindungen sind so aufgebaut, dass Anschlussflüge nach Dar es Salaam oder Sansibar möglich sind.
- Die Einreise über den kenianischen Masai Mara National Park ist nur für Residents mit tansanischem Nummernschild am Auto möglich. Die Einfahrt vom Loliondo-Gebiet über das Klein's Gate ist möglich, wegen der Abgeschiedenheit sind zwei Fahrzeuge empfehlenswert.
- Die **Hauptanreiseroute** erfolgt über die Ngorongoro Conservation Area und über den Western Corridor/Lake Victoria (s.u.).
- Der Aufenthalt in der Serengeti kostet **pro Tag 50 $**, ein **Geländewagen 30 $**, ein Unimog/Lkw 100 $ (jeweils bei nicht-tansanischem Kennzeichen). Für Fahrzeuge mit tansanischem Kennzeichen sind 5000 TSh zu entrichten.

Beste Besuchszeit

Die Serengeti lässt sich **das ganze Jahr über** besuchen. Stattliche Mengen an Wildtieren lassen sich eigentlich jederzeit im Seronera Valley beobachten. Dennoch ist die Zeit von August bis November im Allgemeinen nicht ergiebig, der Park wirkt stellenweise wie leergefegt – eine Folge der Migration. Am besten

Ballon-Safari über der Serengeti

Ein Höhepunkt im Rahmen eines Serengeti-Besuchs ist im wahrsten Sinne des Wortes eine Ballonfahrt in **Höhen bis zu 1000 m.** Der Blick aus der Vogelperspektive am frühen Morgen auf die erwachende Savanne ist ein ultimatives und in Tansania einzigartiges Erlebnis. Bis zu 14 Personen finden in dem von einem Briten geführten Heißluftballon Platz (einem der größten der Welt). 395 $ p.P. kostet das Vergnügen inkl. anschließendem Sektfrühstück „à la Out of Africa" mitten in der Savanne.

Anfangs gab es sehr viel Kritik am Ballon-Tourismus, da einige Tiere zunächst verstört auf den fauchenden Schatten am Himmel reagierten. Mittlerweile scheint das nicht mehr der Fall zu sein, dennoch gibt es einige Kritiker, die von „View-Pollution" sprechen.

Zu buchen sind die Flüge bei den Rezeptionen der Seronera, Lobo und Sopa Lodge oder über Serengeti Balloon Safaris (siehe bei Arusha). Das Team holt Sie morgens um 6.15 Uhr bei den Lodges ab, der Flug dauert etwa eine Stunde, nach dem abschließenden Sektfrühstück wird man gegen 9.30 Uhr wieder zurückgebracht.

- **E-Mail:** balloons@habari.co.tz.

für einen Aufenthalt eignen sich dann der Norden und Westen des Parks sowie die zentrale Serengeti.

Richten Sie Ihre **Safariplanung nach der großen Wanderung!** Die Serengeti Plains sind von November/Dezember bis März/April am interessantesten, der Western Corridor/Grumeti River erst ab Mai/Juni. Während der großen Regenzeit (Mitte März bis Mitte Mai) sind die Ebenen zum Teil völlig durchnässt, nur die Hauptrouten des Parks sind dann einigermaßen befahrbar, die Black Cotton Soil im Western Corridor bekommt „Camel-Trophy-Charakter". Dort helfen dann nur noch starke Nerven und eine taugliche Off-road-Ausrüstung.

Routenbeschreibungen durch die und in der Serengeti

Allgemeines

Die Serengeti ist **kein Park für einen schnellen Tagesausflug.** Viele meinen, direkt hinter dem Parkgate einen jagenden Geparden beobachten zu können – und werden enttäuscht sein. Nur wer sich mehrere Tage Zeit lässt, kann die ganze Vielfalt und Schönheit der Serengeti aufnehmen und mit etwas Glück einer Wildkatze beim Reißen ihrer Beute beiwohnen.

Für die Erkundung der Serengeti ist ein **Geländewagen** sehr empfehlenswert (für die Hauptrouten ist während der Trockenzeit auch ein normaler Pkw brauchbar).

Der Park besitzt nur im Seronera Valley und in der Lobo Area ein umfangreiches **Wegesystem,** welches jeweils in einem Umkreis von 16 km nicht verlas-

sen werden darf. Auch bei den Moru Kopjes im Südosten des Parks muss man sich strikt an das Wegenetz halten. Einige Granitfels-Formationen dürfen nur in Begleitung eines Rangers aufgesucht werden, z.B. Gol oder Barafu Kopjes. In vielen anderen Parkregionen ist zwar das Off-road-Fahren quer durch die Savannen nicht verboten, gesehen wird es allerdings nicht gern (Vorsicht vor Warzenschweinlöchern!).

Im Seronera- und Lobo-Gebiet darf man sich mit dem Fahrzeug bis 22 Uhr zwischen Lodges und Campingplätzen bewegen, ansonsten gilt strengstes **Nachtfahrverbot!**

Naabi Hill – Seronera – Western Corridor – Ndabaka Gate (Lake Victoria) (179 km)

● Anfangs gut zu fahrende Piste, im Western Corridor teilweise ausgefahren, bei Regen nur mit gutem 4WD passierbar. Tankstelle bei Seronera, Fahrzeit 4–7 Std.

Wenige Kilometer hinter den Felshügeln beim **Naabi Hill Park Gate** (kleiner Laden mit Dingen des täglichen Bedarfs, Toiletten, Ausstellungsraum, zwei Special Campsites) zweigt nordwärts eine Piste zu den **Gol** und **Barafu Kopjes** (siehe „Landschaften des Parks") ab. Für diesen Abstecher müssen Sie einen Ranger mitnehmen (Kostenpunkt 10 $ pro Person). Von den Gol Kopjes führt eine akzeptable Piste in westlicher Richtung zurück auf die Hauptpiste. Die Piste von den Barafu Kopjes in die zentrale Serengeti ist dagegen schlechter und bei Regen schlammig.

NAABI HILL – NDABAKA GATE (LAKE VICTORIA)

Bleiben Sie bei Naabi Hill auf der Seronera-Straße, ist zu beobachten, wie das Gras der Savanne allmählich höher wird. Es ist die Übergangszone von der brettebenen und flachen Kurzgras-Savanne zur etwas hügeligeren Langgras-Savanne der zentralen Serengeti. Die Landschaft ist von zahlreichen **Termitenhügeln** gekennzeichnet, die beliebte Aussichtshügel von Topis, aber auch von Geparden sind, wenn hier im Frühjahr die Migration stattfindet.

Bei **km 16** wird das Gebiet der bizarren **Simba Kopjes** durchquert. Von der Hauptstrecke führen zwei Schleifen jeweils links und rechts um die Gruppe der Felshügel. 3 km hinter den Simba Kopjes zweigt links die Piste zur 34 km entfernten Sopa Lodge ab, von wo man auch zu den Felszeichnungen der südlich gelegenen **Moru Kopjes** (siehe „Landschaften des Parks") gelangt.

Bei **km 41** durchfahren Sie bei den kleinen Betonbrücken über den Seronera und den Wandamu River erstmals Galeriewald, dann geht es am Flugfeld vorbei, bis Sie schließlich das Zentrum des **Seronera Valley** erreichen. An einer Kreuzung geht es links zur Seronera Lodge, rechts erfolgt der ausgeschilderte Abzweig zum **Serengeti Visitors Centre**, 1 km geradeaus weiter folgt eine weitere Kreuzung, bei der es links in Richtung Mkoma Hill, Ikoma und Lobo geht, geradeaus zu den Public und Special Campsites und rechts zur Werkstatt, Tankstelle und der Seronera-Parkverwaltung.

In Richtung West-Serengeti fahren Sie zunächst die Hügelketten Nyaraswiga und Kemarishe entlang, bis Sie schließlich den dichten Galeriewald des **Grumeti River** erreichen. Besonders in den Monaten Juni und Juli, wenn hier die Migration aus der südlichen Savanne der Musabi und Datwa Plains ihren Kurs über den Fluss nimmt, ist die Fahrt durch diesen Teil der Serengeti, der als **Western Corridor** bezeichnet wird, sehr erlebnisreich.

Die ausgefahrene Piste verläuft weiter parallel zum Grumeti River und entlang der Varicho und Simiti Hills. Nach Regenfällen macht die für den Western Corridor typische **Black Cotton Soil** (schwarztoniger, bei Regen mooriger Schlamm) jedem 4WD-Wagen arg zu schaffen. Viele Wasserläufe müssen überquert werden, die Wahrscheinlichkeit, stecken zu bleiben, schieben und schaufeln zu müssen, ist recht hoch. Fragen Sie lieber in Seronera hinsichtlich der Befahrbarkeit der Strecke nach. Alternativ müssten Sie über die nördliche Ikoma-Route zum Victoria-See fahren (s.u.).

Bei **km 94** ab Seronera erreicht man einen Abzweig über den Grumeti-Fluss (nur in der Trockenzeit möglich), der zur biologischen **Research Station Kitawija** führt und weiter durch die Grumeti Game Controlled Area über das Dorf Hunyari nach **Bunda** (siehe Route Musoma – Mwanza).

Geradeaus weiter folgen linker Hand das exklusive Grumeti River Camp (s.o.) und nach 2 km rechts die Abzweige zu drei **Campsites** direkt am Ufer des großen Flusses. Gegenüber vom ersten Abzweig führt links die Piste entlang der Nyakoromo Hills über den **Mbalageti River** zum **Handajega** Ranger Post &

Park Gate. Von dort sind es noch 3 km bis zum außerhalb der Serengeti liegenden Kijereshi Tented Camp (weiter siehe Route Musoma – Mwanza).

Bei den Campingplätzen am Grumeti River vorbei folgt nach 2 km der Rangerposten Kirawira, von wo es noch 39 km durch die **Ndabaka Plains** und am Galeriewald des Mbalageti River entlang bis zum **Ndabaka Park Gate** (Public Campsite) sind. Direkt nach dem Gate stoßen Sie nahe des Victoria-Sees auf die Asphaltstraße Musoma – Mwanza (B 6).

Seronera – Ikoma – Nyamuswa/Lobo – Bologonja (139/75 km)

● Gute Pisten, bei starken Regenfällen Betondurchfahrt beim Orangi River nicht passierbar. Öffentliche Verkehrsmittel nur bis Ikoma und weiter zum Victoria-See.

Nimmt man den linken Abzweig über den Seronera River, erfolgt nach 5 km eine Wegegabelung. Links geht es in Richtung **Lobo Area** und nach **Ikoma/Bunda** ab. Die Ikoma/Bunda-Route ist für eine Fahrt zum Victoria-See während der Regenzeit der südlicheren Piste den Grumeti River entlang vorzuziehen. Rechts geht die Piste zur Serena Lodge und in den Western Corridor/Grumeti.

Die Piste führt durch die mächtigen Banagi und Ngare Nanyuki Hills hindurch und überquert den bewaldeten Nyabogati River. Kurz vor dem Fluss führt links ein Weg zu den **Retima Hippo Pools** ab (ausgeschildert, ca. 6 km). Auf der anderen Flussseite erfolgt der Abzweig in westlicher Richtung zum **Ikoma Park Gate.** Von dort sind es noch weitere 19 km bis nach Ikoma und dem ehemaligen deutschen **Fort Ikoma.** Die Piste führt dann weiter über die Dörfer Sabora und Mugeta bis ins ca. 104 km entfernte Nyamuswa (weiter siehe Route Musoma – Mwanza).

Bleiben Sie auf der Hauptstrecke (hier sind oft große Büffelherden und Giraffen zu sehen), überqueren Sie nach weiteren 10 km den in den Bergen von Loliondo entspringenden Rangi River. Die Landschaft zeichnet sich nun durch dichtere Busch- und Baumgebiete aus und ist ein beliebter Aufenthaltsort von Elefanten. Dieses Gebiet wird als **Kilimafeza** bezeichnet, was in etwa „Hügel des Wohlbefindens" bedeutet und auf die großen Felshügel hinweist, die sich entlang der Pombofu und Kimasi Hills ausbreiten. Ihr Granitanteil zählt mit über 2000 Mio. Jahren zu den ältesten Gesteinsformationen der Welt. An einigen Felsen wurden bis 1966 große Mengen Gold gefördert.

Die Route führt weiter in Richtung Norden durch eine große Savanne, die als **Tagora Plains** bezeichnet wird, bis wieder hügeliges Buschland das Landschaftsbild bestimmt.

Bei **km 58** zweigt rechts die Piste zur Lobo Wildlife Lodge ab. Diese führt in die Kopjes. Der erste Abzweig links ist die Piste zur **Tankstelle** und weiter zur schön gelegenen Public Campsite, ein Abzweig weiter klettert links der Weg zwischen Granitfelsen zum Eingang der Lodge hinauf. In der als **Lobo Area** bezeichneten Region können zwei Routen zur Tierbeobachtung unternommen

werden, die besonders von Oktober bis Dezember und von Juni bis August viel Wild aufweisen: der südliche **Ngare Naronja Circuit** (3–4 Std. Fahrzeit) und der zum Oberlauf des Grumeti River führende **Grumeti Circuit** (4–6 Stunden). Beide Strecken sind ausgeschildert, letztere führt auch zum Migration Camp (s.o.).

Die Hauptpiste nach Norden durchquert den Grumeti River und erreicht das **Klein's Gate,** wo die Serengeti verlassen werden kann und man über das Klein's Camp Private Sanctuary (s.o.) in die Loliondo Game Controlled Area und zum Lake Natron gelangt (siehe Routenbeschreibung: Lake Natron).

Bleibt man im Park auf der Hauptstraße in Richtung Norden, folgt nach 17 km das **Bologonja Park Gate,** hinter dem das „Niemandsland" zur kenianischen **Masai Mara** beginnt. Eine Weiterreise mit eigenem Fahrzeug nach Kenia ist für Touristen nicht erlaubt, nur Residents ist diese Möglichkeit gegeben. Ausreisestempel sind in Seronera beim Visitors Center erhältlich.

Bernhard Grzimek und Sohn *Michael* Ende der 1950er Jahre

Moshi und Mt. Kilimanjaro National Park

Die **Kleinstadt Moshi** ist für viele **Ausgangsbasis, um den 5892 m hohen Mt. Kilimanjaro zu besteigen.** Der wohl bekannteste Berg Afrikas liegt gänzlich auf tansanischem Staatsgebiet und gehört nicht – wie oftmals angenommen – zu Kenia. Das Kilimanjaro-Gebiet bildet einen kontrastreichen Gegensatz zu den westlich gelegenen Nationalparks. Die sehr bevölkerungsreiche Region bietet neben einer faszinierenden Berglandschaft mitsamt ihrer üppigen Flora viele Einblicke in das Leben des **Chagga-Volkes** und deren Alltag. Ortschaften und Waldgebiete am Fuße des großen Bergmassivs geben viel Gelegenheit, mehr über Tradition und Kultur der Chagga zu erfahren, Wasserfälle und Seen zu besuchen oder eintägige Wanderungen im Nationalpark zu unternehmen.

Moshi selbst bietet zwar nicht gerade viel Sehenswertes und ist im Vergleich zu Arusha auch nicht die beste Adresse für gut organisierte Safaris zu den namhaften Nationalparks, doch wartet die Umgebung mit vielen interessanten Sehenswürdigkeiten auf.

Highlights und Tipps

- Die Besteigung des Kilimanjaro, S. 357
- Erlebnis Geschichte und Kultur – beim Bergvolk der Chagga, S. 332
- Der Lake Chala und seine Legenden, S. 344
- Wasserfälle und Bergregenwald, S. 347
- Rundflug über den Kilimanjaro, S. 356

Moshi ⤢ V,D3

Moshi, eine Stadt mit ungefähr **150.000 Einwohnern,** ist ein Industrie- und Dienstleistungszentrum am Fuße des höchsten Berges Afrikas und Hauptstadt der Verwaltungsregion Kilimanjaro. Doch trotz der unmittelbaren Nähe zum Kilimanjaro ist die Stadt weniger vom Tourismus betroffen als Arusha. Seriöse Bergsteigerunternehmen mit

Karten S. 335, V

MOSHI

langjähriger Erfahrung sind ebenso in der Nachbarstadt oder im höher gelegenen Marangu ansässig.

Moshi ist ein **attraktiver und freundlicher Ort.** Dass vieles renovierungsbedürftig wirkt, macht gerade den Charme dieser typischen ostafrikanischen Kleinstadt aus.

Bei klarem Himmel bilden die weit in denselben ragenden Gipfel Kibo und Mawensi eine gigantische Kulisse, an der man sich stundenlang von einer der Hotel-/Restaurantterrassen aus ergötzen kann. Leider ist der Kilimanjaro viele Tage im Jahr von Wolken verhangen. Mit einer Höhe von durchschnittlich **900 m ü.NN** ist Moshi keine kühle Bergstadt, im Gegenteil: Tagsüber kann es sehr **heiß und schwül** werden.

Moshi ist zusammen mit dem 39 km entfernten Bergort Marangu Ausgangsbasis für die Besteigung des Kilimanjaro. Beide Orte bieten gute Unterkünfte zu verschiedenen Preisklassen, die besten Hotels liegen jedoch in Moshi. Zur besseren Akklimatisierung ist allerdings Marangu wegen seiner Höhenlage von durchschnittlich 1700 m vorzuziehen. Die Auswahl an Ausflügen im Rahmen des Tourism Cultural Programme (siehe bei Arusha) ist in Moshi größer.

Geschichte und Sehenswertes

Moshi ist eine der jüngsten Städte Tansanias. Ihren Aufstieg verdankt die Stadt dem Bau der **Usambara-Eisenbahn,** die 1912 das damalige Dorf erreichte, das als Marktort des Umlandes für die Chagga und deutschen Siedler von Bedeutung war. Sitz der Bezirksverwaltung und der Schutztruppe war allerdings in jenen Tagen das am Berg gelegene Moshi im Reich eines Chagga-Herrschers. Da jedoch die Bahn aus technischen Gründen nicht den Berg hinauf gebaut werden konnte, beließ man den Endpunkt der Gleise in der Ebene und baute einen großen Bahnhof. Der entstehende Ort hieß zunächst „Neu-Moshi", in britischer Zeit aber wurde die schnell heranwachsende Kleinstadt zu einem bedeutenden Umschlagplatz für den Kaffeeexport, und

Markt in Moshi

Die Chagga – das Volk am Kilimanjaro

Die Chagga bewohnen schon seit einigen Jahrhunderten die grünen Hänge des Kilimanjaro und gehören mit etwa einer halben Million Menschen zu den größten Volksgruppen des Landes. Wann sie sich hier niederließen, ist nicht genau geklärt, sie verdrängten jedenfalls das einst hier jagende Pygmäenvolk der Wakonyingo. Auch die im Westen des Kilimanjaro gefundenen 2000 Jahre alten Fragmente von Steinschalen und Tongeschirr können nicht einer bestimmten Gruppe zugeordnet werden. Die Chagga-Bauern haben sich die Fruchtbarkeit der Vulkanböden und das feuchte Klima zunutze gemacht und eine Agrarwirtschaft entwickelt, die Viehzucht und Bodenkulturen vereinigt. Auf dem großen Berg werden Rinder und Ziegen gezüchtet. Früher weidete das Vieh sogar im Innern der Strohhütten, um vor den Raubzügen der Maasai in Sicherheit zu sein. Kriege bei Sanya Juu mit dem Nomadenvolk aus der Ebene waren an der Tagesordnung, erst die deutschen Kolonialherren setzten den Streitigkeiten mit scharfen Gesetzen ein Ende.

Die Bananenpflanzungen und Kaffeefelder an den Berghängen werden durch ein sehr komplexes Kanalsystem bewässert. Sämtliche Gebirgsbäche werden angezapft, stellenweise wird das Wasser durch ausgehöhlte Baumstämme über Täler geleitet, kreuzt Fußpfade und Straßen. Die Bananenstauden stammen ursprünglich aus dem Südosten, wobei zwischen zwei Kultursorten unterschieden wird: den aromatischen Obstbananen, die reif gegessen werden, und den unreif geernteten, großen Mehl- oder Kochbananen, die zur Essenszubereitung verwendet oder zu dem regionalen Bier „mbege" vergoren werden, dass vor allem anlässlich von Festen getrunken wird. Bananen sind das Grundnahrungsmittel der ländlichen Chagga und können das ganze Jahr über geerntet werden. Als Ragout mit Fleisch zubereitet werden sie zu „ntori", einem sehr beliebten Gericht.

Auch Getreide wird von den Chagga angepflanzt, wie die zu Beginn des 20. Jahrhunderts eingeführte Maispflanze und Eleusine, eine aus Äthiopien stammende Kamingrasart. Maniok, Süßkartoffeln und rote Bohnen vervollständigen die Palette an landwirtschaftlichen Produkten.

Die fruchtbaren Süd- und Ostflanken des Kilimanjaro haben viele Menschen angezogen und zu einem enormen Anstieg der Bevölkerung geführt. Einzelne, deutlich voneinander getrennte Dörfer und ungenutzte Freiflächen gibt es schon seit langem nicht mehr. Zwischen den Bananenstauden und den Kaffeesträuchern stehen dicht an dicht Tausende kleiner Wohnhäuser – shambas genannt, die meisten inzwischen gemauert oder aus Brettern zusammengenagelt – und reihen sich bis an die Grenze zum Nationalpark. Die Wohndichte mit stellenweise über 1000 Menschen pro Quadratkilometer hat urbanen Charakter.

Die Chagga genießen gemischtes Ansehen. Bei den einen als skrupellose „Businessmen" verschrien, nur mit den geschäftstüchtigen Indern zu vergleichen, sind sie bei anderen Volksgruppen für ihren hohen Bildungsstand und ihren Beitrag zur nationalen Wirtschaft hoch angesehen. Die Chagga sind sich ihrer Position bewusst. Sie führen ihren wachen (Lebens-)Geist auf die Aura des Kilimanjaro zurück; diese lasse sie auch sehr alt werden. Tatsache ist, dass viele Chagga, vornehmlich Männer, ein Alter von über 100 Jahren erreichen. Mir selber sind 107 und 104 Jahre alte wazees (Swahili für ältere/weise Männer) begegnet – sie hatten sogar noch Taufscheine deutscher Missionare aus der Jahrhundertwende!

so wurde aus dem ursprünglichen Moshi „Old Moshi" (siehe „Ausflüge").

Die Stadt hat durchaus **britischen Charakter.** Die typische Dreiteilung in das Villenviertel der Weißen, ein Handelszentrum der indischen Minderheit und die angrenzenden Townships der afrikanischen Bevölkerung ist in Moshi deutlich zu erkennen.

An die **deutsche Zeit** erinnern nur ein kleines Bankgebäude (heute Kilimanjaro Bank) und das große, gut erhaltene Bahnhofsgebäude im maurisch-wilhelminischen Stil im Osten der Stadt.

Außer einem großen **Tempel,** einer weißen **Moschee** und zwei älteren **Kathedralen** bietet Moshi kaum Sehenswertes. Die lebhafte **Innenstadt** rund um den Markt und in den Händlergassen ist jedoch einen Spaziergang wert.

Unterkunft

Hotels

● **Key's Hotel**
P.O. Box 933, Tel. (027) 2752250, Fax 2750073. Moshis vermutlich bestes Hotel in ruhiger Lage in einem alten Kolonialgebäude mit Blick auf den Mawensi-Gipfel des Kilimanjaro. Freundliche Atmosphäre, Zimmer in Bungalow-Form mit Bad/WC und heißem Wasser, schöner Garten mit Swimmingpool, rustikale Bar, Tanzabende. Über das Management können Kilimanjaro-Besteigungen gebucht werden. Übernachtung mit Frühstück 60 $ für „single" und „double".
Internet: www.keys-hotels.com.

● **Impala Hotel**
Tel. (027) 2753443-4, Fax 2753440, E-Mail: impala@africaonline.co.tz. Das Schwester-Hotel des guten Impala Hotel in Arusha, allerdings kleiner und (noch) weniger besucht. Die Lage am Rande des Residents-Viertels bietet wenig Aussicht. Die Zimmer sind sehr geschmackvoll und mit viel Holz eingerichtet, mit schönen Bädern und garantiert heißem Wasser. Wer bei der Unterbringung auf höchsten Komfort Wert legt, ist hier an der richtigen Adresse. Ein Doppelzimmer kostet etwa 95 $ mit Frühstück.

● **Sal-Salinero Hotel**
Tel. (027) 2752240, Fax (027) 275074, Lema Road/Shanty Town.

● **Horombo Lodge**
Old Moshi Road, Tel. (027) 2750134. Saubere und sichere Zimmer (self contained), ab 25.000 TSh das DZ mit Frühstück. Von Reisenden empfohlen.
E-Mail: horombolodge@kilionline.com.

● **Kilemakyaro Mountain Lodge**
Tel. (027) 2751224, 0744-264845. Neuere, herrlich gelegene Lodge im Norden von Moshi an der Mweka Road auf einer ehemaligen Tee-Plantage. Das alte Hauptgebäude stammt noch aus der Kolonialzeit. Leider fehlt den Zimmern in Bungalow-Form eine entsprechende Atmosphäre, sie sind aber zweckmäßig eingerichtet und bieten genügend Platz. Das Essen ist international und gut, der Service bemüht sich. Kilemakyaro ist im Nahbereich von Moshi wahrscheinlich die lohnenswerteste Unterkunft für Anspruchsvolle. Übernachtung ab 70/90 $ für EZ/DZ mit Frühstück. E-Mail: kyaro@habari.co.tz.

● **Lutheran Uhuru Youth Hostel**
Tel. (027) 2754084, Fax 2753518. Etwas außerhalb, ruhig in einem schönen Park gelegen, sauber, freundlich, empfehlenswert! Deutscher Geschäftsführer (Diakon *Martin Fajardo*), 60 Zimmer in diversen Preisgruppen, EZ mit Frühstück 30.000–45.000 TSh, DZ 45.000–55.000 TSh. Dafür kosten manche Mahlzeiten nur 2000 TSh; kein Alkohol!
E-Mail: uhuruh@africaonline.co.tz.

● **Bristol Cottages Kilimanjaro**
Rindi Lane, P.O. Box 104, Tel. (027) 2755083, Tel./Fax (027) 2753745. Der Slogan „Country Comfort In The Middle Of The Town" passt zu dem Anwesen. Angenehme Cottages mit Klimagerät und heißen Duschen in Gartenlage, freundlicher Service und gutes Essen (international). Bristol liegt sehr zentral, nur wenige Meter von der Busstation entfernt. Das Preis-/Leistungsverhältnis ist fair, EZ/DZ für 40/50 $ mit Frühstück.
Internet: www.bristolkilimanjaro.com

MOSHI

- **Philip Hotel**
P.O. Box 1775, Tel. (027) 275746-8, Fax 2750456. Gesichtsloses Hotel im Zentrum. Macht einen freundlichen und sauberen Eindruck, hat eine nette Terrasse. Die Zimmer sind zweckmäßig und haben Bad/WC/TV/ Moskitonetze. EZ/DZ 30/40 $.
E-Mail: philipht@africaonline.co.tz.

- **Kilimanjaro Tourist Inn**
Tel. (027) 2733252, Fax 2752748. Nettes Hotel in angenehmer Lage an der Kilimanjaro Road, 3 km vom Zentrum. EZ/DZ mit Bad/ WC für 30 $, was etwas übertrieben ist.
E-Mail: kkkmarealle@yahoo.com

Preiswerte Unterkünfte

- **Buffalo Hotel**
P.O. Box 8834, Tel. (027) 2750270, Fax (027) 2752775. Sehr sauber, relativ freundlich, Zimmer (alle mit Moskitonetz) mit Gemeinschaftsbalkonen rundum und gutem Kilimanjaro-Ausblick. Übernachtung mit Frühstück: DZ ab 8000 TSh ohne eigenes Bad/WC oder für 15.000 TSh mit Bad/WC. Für Moshi gutes und preiswertes Essen, Bar mit Sat-TV.

- **Hill Street Accomodation**
Hill Street, neben dem „Coffee Shop". Nur fünf Zimmer (drei Doppelzimmer mit Balkon und Blick auf den Kilimanjaro), DZ 6000 TSh. Essen kann man in der Unterkunft nicht.

- **Royal Crown**
Direkt an der Hauptstraße nach Osten. Zimmer haben Moskitonetze, WC/Dusche (warmes Wasser ist zu bestellen). Das Restaurant bietet recht passable indische und internationale Speisen. DZ ab 12.000 TSh.

- **YMCA**
P.O. Box 85, Tel. (027) 2751754. Etwas überteuert und nicht mehr sehr beliebt. Zimmer mit oder ohne Dusche/WC. Über die Rezeption können Kilimanjaro-Besteigungen organisiert werden (Transkibo Travel Ltd, P.O. Box 558, Tel./Fax 52017/51241).

- **Coffee Tree Hotel**
P.O. Box 814, Tel. (027) 2755040. Das Hotel liegt äußerst zentral (KNCU-Building) und bietet große, schon etwas in die Jahre gekommene Zimmer mit Moskitonetz – manche Gäste ziehen bereits nach einer Nacht wieder aus. Dennoch: Das Restaurant in der 4. Etage serviert eine Vielzahl von Gerichten

(indische, chinesische, kontinentale Küche). Zimmer liegen bei 4000/6000 TSh.

- **Hotel New Castle**
Tel. (027) 2753203, Mawenzi Road. Gutes Hotel, direkt in der Stadt gelegen. 47 saubere und freundlich eingerichtete Zimmer jeweils mit Bad/WC/Moskitonetz. Das Restaurant bietet internationale Küche, jedoch nichts besonderes, die Terrassenbar verspricht eine herrliche Aussicht. EZ/DZ mit Frühstück ab 8000/10.000 TSh.

- **New Kinderoko Hotel**
Tel. (027) 2754054, 2752988, Fax (027) 2754062. Hotel mit gutem Service. Nicht alle Zimmer verfügen über Bad/WC, sie sind jedoch sehr sauber, der Service ist zudem freundlich. Das Essen gehört zu den besten der Stadt, die Aussicht von der abends geöffneten Roof-Bar auf den Kilimanjaro ist wunderschön. Zimmer ab 7000/11.000 TSh. Das im Haus befindliche Bergsteigerunternehmen (Kilimanjaro Crown Birds, E-Mail: kili. crown@eoltz. com) hat seinen Ruf stark verbessert und ist für Budget-Leute durchaus empfehlenswert. Für E-Mail-Süchtige bietet das Hotel Internet-Zugang, jedoch teuer!
E-Mail: kindoroko@raha.com.

- **Climbers Inn**
Akzeptables Guesthouse an der Kilima Street nahe des Busbahnhofes. DZ mit Bad/WC liegen bei 4000 TSh.

- **Grenado Hotel**
Tel. (027) 2752698. Einfaches, gegenüber vom Markt liegendes Hotel mit DZ (Dusche/ WC) und Restaurant mit landestypischer Küche. Übernachtung ab 6000 TSh.

- **Green Hostel**
Tel. (027) 2752229. Etwas außerhalb in ruhiger und grüner Lage mit bewachtem Parkplatz. Die Zimmer sind einfach, WC/Bad auf dem Flur. Pro Person mit Frühstück 20.000 TSh. Leckeres Essen nach Voranmeldung, freundlicher, familiärer Service. Überteuert!

- **Rombo Cottage Hotel**
Tel. (027) 2752112. Etwa 1 km Fußmarsch vom Zentrum entfernt (ausgeschildert), liegt dafür sehr schön. Kleine Zimmer. Restaurant und Bar sind vorhanden, ebenso ein bewachter Parkplatz. DZ mit Bad/WC/Moskitonetz/ Deckenventilator ab 8000 TSh, kann schon mal laut sein.

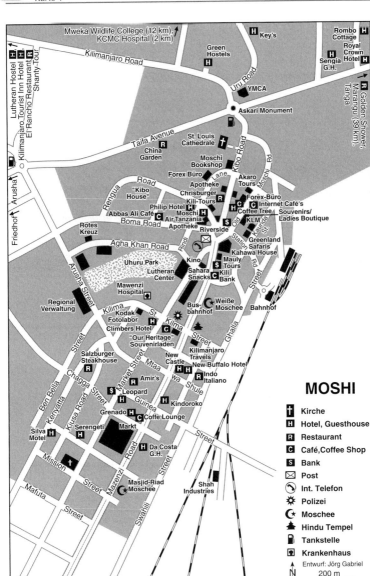

Der Bahnhof von Moshi
vor der Kulisse des Kilimanjaro

- Die **Guesthouses im südlichen Stadtteil,** wie das Silva und Serengeti, sind nicht unbedingt zu empfehlen.

Camping

- Zelten lässt sich **beim Golden Shower Restaurant** für 2000 TSh, doch da wird es wochenends und an Feiertagen wegen Discobetrieb sehr laut, oder **auf dem Gelände des Key's Hotel** (5000 TSh p.P.)
- **Honey Badger Lodge and Campsite** Zu empfehlen, einer der gepflegtesten Campingplätze. Schöne Aussicht auf den Kilimanjaro. Infos unter: www.hbcc-campsites.com.
- Ansonsten muss man zum Zelten nach **Marangu** ausweichen (siehe dort) oder **The Farm House** aufsuchen, etwa 25 km westlich in Richtung Arusha. Am Abzweig zum Bergort Machame rechts, dann nach 200 m links in eine Piste einbiegen, bis man nach weiteren 600 m das Grundstück linker Hand erreicht. Sehr schöne Lage, heiße Duschen, Bar, Swimmingpool.

Restaurants

- **El Rancho**
Hervorragendes indisches Restaurant mit Gartenanlage außerhalb vom Stadtkern. Folgen Sie der Kilimanjaro Road Richtung International School Moshi, vorher rechts (Schild!). Abends ist ein Taxi ratsam.
- **Panda Chinese Restaurant**
Lema Road, gute traditionelle Sichuanküche.
- **Indotaliano**
Sehr gutes indisches Essen, und das reichlich. Liegt direkt gegenüber vom Buffalo Hotel.
- **Salzburger Café/Steak House**
Café/Restaurant an der Kenyatta Street. Gehört einem Tansanier, der einmal in Österreich studiert hat und absoluter VW-Käfer-Fan ist. Die Speisen sind international, sehr gut und besonders preiswert, nur die Salzburger Sahnetorte reißt einem die Zähne aus

– hingehen und ausprobieren ... Schräge Atmosphäre – empfehlenswert!
- **Chrisburger/Pub Alberto**
Kleines, sehr einfaches Restaurant an der Kibo Road mit guten indischen Snacks (Samosas, Veg-Burgers usw.) und Kleingerichten. Allein schon die frischen Fruchtsäfte sind einen Besuch wert. Guter Ort für mittags oder zwischendurch.

Cafés und Bars

- **The Coffee Shop**
Von der anglikanischen Kirche betriebenes Café mit Kuchen und Gebäcken. Serviert wird vor allem frischer Kilimanjaro-Kaffee, der auch abgepackt gekauft werden kann. Die Snacks und warmen Gerichte sind gut und preiswert, bis 20 Uhr geöffnet.
- **Coffee Lounge**
Die neue In-Adresse in Moshi. Der Deutsche *Tom Kunkler* hat hier eine Basis für Reisende und in Moshi Residierende geschaffen. Die Coffee Lounge bietet vorzüglichen Kaffee mit Gebäck und andere leichte Snacks, dient aber auch als Nachrichtenbörse für Traveller. Ein kleiner Shop für Souvenirs und Postkarten/Landkarten ist zu nennen, genauso wie die Möglichkeit, Ausrüstungsgegenstände für die bevorstehende Kilimanjaro-Besteigung zu erwerben. Vorbeischauen lohnt sich!
- **Glacier Inn**
Schön im Villengebiet von Moshi am Anfang der Lema Road gelegen. Altes Hauptgebäude aus kolonialen Tagen mit einem großen Biergarten.
- **Abbas Ali**
Kleine Patisserie an der Boma Road mit Gebäck, Brot, Kuchen, Säften usw. – nur leider kein Kaffee!
- **Gentleman's Club**
An der Straße nach Arusha am Ortsausgang. Gleicher Besitzer wie Salzburger Café, beliebter Wochenendtreffpunkt der betuchten Tansanier, gute Küche, es kann etwas lauter werden.
- **New Bamboo Bar**
Typische afrikanische Kneipe mit unterhaltsamem Publikum gegenüber dem KNCU-Gebäude.

- **Kibo House Coffee Shop**
Etwas heruntergekommener Laden, welcher einst im Kaffee-Boom die erste Adresse für eine frisch gebrühte Kilimanjaro-Tasse war. Ältere Chagga erzählen sich hier gerne Geschichten von jener Zeit.

Nachtleben

- An Wochenenden ist das **Golden Shower Restaurant** die In-Adresse unter **Disco**-Gängern.
- Der **Club Alberto** an der Kibo Road liegt zentraler und ist einen Besuch wert.

Krankenhäuser

- Das schon betagte **KCMC (Kilimanjaro Christian Medical Center,** Tel. 2754377) im Nordwesten von Moshi an der Mweka Road bietet gute Fachkompetenz, wenngleich kompliziertere oder weiterführende Untersuchungen hier teilweise nicht durchgeführt werden können. Beim KCMC sind seit Jahren immer wieder deutsche Ärzte in unterschiedlichen Bereichen beschäftigt. Als Tourist bzw. Non-Resident besteht jedoch eine administrative Hürde für eine Untersuchung. Zum einen müssen zunächst 50 $ für die Eröffnung einer *file* (Akte) bezahlt werden, dann kann es vorkommen, dass man lange auf eine Sprechstunde/Behandlung warten muss – speziell, wenn man nach einem der deutschen Ärzte im Krankenhaus verlangt.
- Alternativen sind das **Mawenzi Hospital** im Zentrum, das jedoch keinen guten Ruf genießt. Das **Hospital von Kibosho** (etwa eine halbe Stunde Fahrt) ist eher zu empfehlen.

Apotheken

- Eine Apotheke *(duka la madawa)* befindet sich im KNCU-Gebäude, eine weitere, gut sortierte an der Kibo Road.

Polizei

- Die zentrale Polizeistation liegt hinter dem Busstand.

Verkehrsverbindungen

Innerhalb der Stadt/Taxis

Für die Innenstadt werden Sie kaum ein Taxi benötigen. Für Ausflüge zu den Bergorten des Kilimanjaro stehen gern Taxi-Fahrer zur Verfügung – handeln Sie jedoch vorher einen Preis aus. Der **Flughafen-Transfer** kostet je nach Tageszeit 20–30 $ (TSh). Taxis befinden sich ständig im Bereich des Clock Tower.

Mit dem Flugzeug

- International wie national kann Moshi über den 35 km entfernten **Kilimanjaro International Airport** erreicht werden (mehr siehe bei Arusha).
- Vom **Moshi Airport** aus ist die Fluggesellschaft Kili Air tätig. Mitdirektor der Firma ist *Michael Braatsch*. Angeboten werden Rundflüge um den Kilimanjaro sowie Skydiving im Tandem-Fallschirm. Auch Charterflüge im Norden Tansanias und zur Küste können organisiert werden. Zu erreichen unter: Tel./Fax (027) 2750523, (0787) 710710, E-Mail: info@kiliair.com, Internet: www.kiliair.com.

Mit der Eisenbahn

Die T.R.C.-Züge nach Arusha, Tanga und Dar es Salaam haben ihren Dienst eingestellt.

Busse

Wie von Arusha kann man auch von Moshi in fast alle Landesteile mit dem Bus fahren. Fast stündlich starten Busse von der großen Busstation im Zentrum **nach Arusha** (mit Dalla-Dalla 1000 TSh). **Nairobi, Marangu, Mombo** und **Tanga** werden mehrmals am Tag angefahren. Zu empfehlen sind die Bus-Unternehmen Fresh ya Shamba sowie Scandinavia, zwar etwas teurer als die anderen, sie fahren aber mit neueren Scania-Luxusbussen. Die Fahrt nach Dar es Salaam kostet je nach Unternehmen 8000–15.000 TSh pro Person. Der klimatisierte Scandinavia-Bus (Tel. (027) 2751387, (0754) 301172, (0713) 409007) ist am teuersten, aber wohl auch der beste. Anmerkung: Flycatcher versuchen Sie auf andere, weniger gut bremsende Busse zu setzen ... Auch nach **Manka,** **Lushoto** und Mlao in den **Usambara-Bergen** gibt es fast täglich Busverbindungen.

Busse **nach Mombasa** (zweimal die Woche Harambee-Bus nachmittags über Tanga), **Dar es Salaam** (7 Std.), **Morogoro, Iringa** und **Mbeya** fahren von 7–11 Uhr morgens im Stundentakt. Ungefähre Preise siehe Arusha. Komfortablere **Shuttle-Busse** (Riverside/Davanu) fahren täglich morgens und am frühen Nachmittag **nach Arusha/Nairobi** und **Marangu.** Das Riverside-Büro (Tel. (027) 2750093) befindet sich an der Boma Road, das von Davanu (Tel. (027) 2753416) im Kahawa-Gebäude, beide nahe des großen Kreisverkehrs. Abfahrt vom Kahawa House.

Sonstiges

- Der **zentrale Markt** von Moshi bietet ein sehr reichhaltiges Angebot an Obst und Gemüse.
- Am Clocktower befindet sich die **National Bank of Commerce,** an der Mawenzi Road die **Kilimanjaro Bank,** in der Rindi Lane eine **Standard Chartered Bank** mit einem Geldautomaten, der Visa akzeptiert. **Forex-Büros** an der Old Moshi Road und Rindi Lane. **Tanzania Postal Bank,** Tel. (027) 2753232, E-Mail: tpb.moshi@africaonline.co.tz.
- Am Clocktower sind zudem noch die **Post** (ein **International Telephone House** ist angegliedert), eine Tankstelle und das **Immigration Office** (Einwanderungsbehörde zur Verlängerung des Visums) im Kibo-House.
- Das **DHL-Büro** erreicht man unter Tel. (027) 2754030.
- An der Rengua Road liegt ein Büro von **Air Tanzania,** und gegenüber dem KNCU-Gebäude sitzt **KLM.**
- Ein **Damen-Friseur** befindet sich im alten Liberty Hotel an der Station Road.
- **Kfz-Werkstätten** für Toyota und Nissan sind in der Rindi Lane.
- Eine **gute Karte** findet man online unter: www.ismoshi.org/MapMoshi.htm.

Internet

Mailen und Internet-Zugang ist in Moshi im Stadtzentrum und über manche Hotels mög-

„Kilimanjaro-Kaffee" aus Südtansania

von *Ulf Kusserow*

Tansania produziert einen der besten Kaffees der Welt. Mit Kolumbien und Kenia gehört Tansania zur Gruppe der „Colombian Mild Arabicas". Die ersten Arabica-Pflanzen wurden in der Provinz von Morogoro, im Uluguru-Gebirge westlich von Dar es Salaam, angebaut und sollen von Jesuiten im Jahr 1890 über die Insel Reunion eingeführt worden sein. Kommerziell wurde der Kaffeeanbau an den Berghängen des Kilimanjaro und Mt. Meru um 1900 von deutschen Siedlern begonnen. Erst während der englischen Mandatszeit begannen tansanische Kleinbauern mit dem Anbau von Kaffee. Die Sträucher wurden zwischen Viehställen, Bananenstauden und im unwegsamen Unterholz gepflanzt, ein Bild, welches bis heute die Hänge des Kilimanjaro prägt.

Heute wird etwa 95% des tansanischen Kaffees von Kleinbauern in Mischkultur auf kleinen Parzellen von 1 ha angebaut. Nur 5% der Produktion wird auf größeren Farmen erzeugt. Mittlerweile jedoch produziert das fruchtbare Hochland im Südwesten von Tansania, östlich der Livingstone-Berge, den mit Abstand größten Anteil des gewaschenen Arabica-Kaffees in Tansania. Sehr gute Anbaulagen finden sich südlich des Rukwa-Sees in der Provinz von Mbozi in der Nähe des mehrere tausend Jahre alten, 12 Tonnen schweren Mbozi-Meteorits. Auf einer Höhe von 1550 m gedeihen dort unter idealen Bedingungen die edelsten Kaffeesorten des Landes. Gekennzeichnet durch spitze Säure und volles Aroma finden diese Spezialitäten-Kaffees begeisterte Nachfrage vor allem in Japan und Amerika.

Bevor der Kaffee als „grüner gewaschener Arabica-Kaffee" vom Produzenten in der wöchentlich stattfindenden Auktion in Moshi angeboten wird, hat dieser besondere Kaffee viele Bearbeitungsschritte und Qualitätskontrollen durchlaufen.

Exporteure bekommen schon zwei Wochen vor der Auktion Muster der zu versteigernden Partien und haben somit genügend Zeit für Verkostung, Klassifizierung und Marktwertprüfung. Die ersteigerten Partien werden dann von den Exporteuren gegebenenfalls noch einmal von Hand verlesen, mit anderen Partien gemischt und in Sisalsäcken zu 60 kg exportfertig verpackt. Auf der Straße oder der Schiene gelangt der Kaffee zu den beiden Exporthäfen Tanga und Dar es Salaam.

Ein weiteres großes Anbaugebiet von Kaffee in Tansania liegt westlich vom Lake Victoria in der Region Kagera. Dort werden Robusta und ungewaschener Arabica-Kaffee erzeugt. Der Robusta-Kaffee wurde zuerst in der Gegend von Bukoba im 17. Jahrhundert eingeführt. Schon frühzeitig erkannte man seine anregende Wirkung, Krieger und Reisende benutzten ihn als eiserne Ration, allerdings nicht als Getränk, sondern mit Tierfett zu Kugeln gedreht und dann gekaut. International gehandelt erzielt Robusta-Kaffee nur rund ein Drittel des Preises eines guten gewaschenen Arabica-Kaffees.

Der Konsum von Kaffee in der tansanischen Bevölkerung liegt bei unbedeutenden 5% der durchschnittlichen 50.000-Tonnen-Gesamtproduktion des Landes. Im Land zu erwerben und in vielen Hotels angeboten wird der lokal in Kagera hergestellte lösliche Robusta-Kaffee, bekannt als Africafé.

lich. Zu empfehlen sind die Internet-Cafés in der Old Moshi Road sowie beim Coffee Tree Hotel und in der Boma Road (THB Building).

Geschäfte und Souvenirs

● Der **Aleem's Supermarket** an der Boma Road hat eine sehr gute Auswahl an Lebensmitteln (auch Wurst und Käse). Ebenfalls zu empfehlen sind der etwas abseits vom Zentrum gelegene Shop **Mr. Price** an der Kilimanjaro Road oder der kleine Einkaufsladen **Hole in the Wall** gegenüber vom Buffalo Hotel. Hier können Sie sich bestens für Ihre Safari eindecken (Konserven, Käse, Nudeln, Soßen, Rotweine etc.). Ebenso gut, aber etwas teurer ist ein weiterer Inder-Laden neben The Coffee Shop.
● Als **Bäckerei** ist **Abbas Ali** an der Boma Road ein guter Tipp (Schwarzbrot!).
● Ein **Foto-Geschäft** ist in der Kilima Street.
● Ein guter **Buchladen** befindet sich im Kindoroko Hotel.
● Ein guter **Souvenirladen** ist **Our Heritage** neben The Coffee Shop. Das Geschäft gehört Shah Industries, die zu den professionellsten Souvenirherstellern des Landes gehören. Wunderschön verarbeitete Lederartikel, Korbwaren, Makonde-Schnitzereien, Möbel, Schmuck usw. werden hauptsächlich von Körper- und Sehbehinderten hergestellt. Eine Besichtigung der Werkstatt ist möglich (fragen Sie im Laden nach einem Termin).
● Moderner gibt sich die **Africadabra Souvenirs Shop & Ladies Boutique** an der Old Moshi Road.

Safari- und Bergsteigerunternehmen

Die Auswahl an guten Bergsteigerunternehmen ist in Moshi klein. Eine sechstägige Kilimanjaro-Tour kann zum Erlebnis, aber auch ein einziges Fiasko werden. Meiden sie daher die kleinen Büros hinter der Kilimanjaro Bank, die sie haben nicht den allerbesten Ruf. Auch das Unternehmen Kilimanjaro Travel Service ist für eine Bergbesteigung nicht unbedingt empfehlenswert.

Vorsicht vor den vielen Flycatchern auf der Straße! Viele haben keine Lizenz und vom professionellen Bergsteigen erst recht keine Ahnung. Wer auf Nummer Sicher gehen will, sollte sich für ein paar Dollar mehr in die Hände eines erfahrenen Unternehmens begeben, die auch in Arusha oder in Marangu am Fuße des Kilimanjaro sitzen (vgl. Exkurs „Die richtige Organisation einer Safari"). Insgesamt wird man in Moshi weniger belästigt (noch!), so dass Reisende hier mehr Ruhe zur Organisation einer Safari bzw. Bergbesteigung finden.

Folgende Unternehmen sind für Safaris in die Nationalparks, Ausflüge in die Berghänge oder für die Besteigung des Kilimanjaro nennenswert:

● **ZARA International**
Tel. (027) 2754240, Fax (027) 2753105. Einer der größten Veranstalter für Kili-Besteigungen in allen Preis- und Ausstattungssegmenten. ZARA ist Ausstatter für Globetrotter Select bei München (siehe „Reiseveranstalter") und gewährt diesem auch einen reibungslosen Service. Empfehlenswert – bei Buchung über Globetrotter Select.
E-Mail: zara@form-net.com.
● **Afromaxx**
Tel. (075) 5879915. Neues, dynamisches und sehr gutes deutsches Bergsteiger-Unternehmen, jetzt direkt vor Ort am Fuße des Kilimanjaro. Es werden individuell und in kleinen Gruppen Bergtouren auf den Kilimanjaro angeboten. Ein trainierter Bergführer und ein eigens für Bergküche ausgebildeter Koch sind ebenso selbstverständlich wie die gute Vorbereitung im Vorfeld. Afromaxx besitzt im Herzen von Moshi ein Basecamp. Hier übernachtet man vor und nach der Besteigung auf einem privaten Wohngelände in Bungalows im Garten. Zur Erholung der müden Beine steht ein Pool zur Verfügung. Preise auf Anfrage. Internet: www.afromaxx.com,
E-Mail: mail@afromaxx.com.
● **Mauly Tours & Safaris**
Mawenzi Road, P.O. Box 1315, Tel. (027) 2750730, Fax (027) 2753330. Omanisch-tansanisch geführtes Unternehmen, gute Standard-Safaris (Camping oder Lodge) in die Nationalparks ab 95 $ pro Person sowie Kili-

manJaro-Bestelgungen (Marangu- und Machame-Route).
Internet: www.glcom.com/mauly.

● **Akaro Tours (T)**
Tel. (027) 2752986, 0744-272124, Fax (027) 2752249. Büro im NSSF House, Ground Floor, Old Moshi Road. Junges, sehr engagiertes Unternehmen. Der Besitzer *Ally Ibrahim* führt in Tagesausflügen kleine Gruppen in die Berghänge des Kilimanjaro, vermittelt Einblick in das traditionelle Leben der Chagga, unternimmt Spaziergänge entlang der Parkgrenze im montanen Waldgürtel (Msinge Forest) und zeigt Ihnen die schönsten Wasserfälle (z.B. Kuringe Waterfalls, 70 m) mit herrlichen Pools zum Picknicken. Je nach Gruppengröße/Ausflugsdauer kostet das Vergnügen 30–80 $. Bei eigenem Fahrzeug ist der Preis niedriger. Wer einen Tag Zeit hat, sollte sich diesen Ausflug nicht entgehen lassen! Ebenfalls zu empfehlen sind die Kilimanjaro-Besteigungen über die Marangu- (5 Tage ab 570 $ p.P.) oder Machame-Route (ab 600 $). Zudem werden viertägige Touren in die nördlichen Pare-Berge, zum Mt. Meru sowie in die Nationalparks angeboten (Camping-Safari ab 85 $ p.P. und Tag, 180 $ bei Übernachtungen in Serena Lodges).
Internet: www.akarotours.com.

● **Kilimanjaro Guides Tours & Safaris**
P.O. Box 210, Tel. (027) 2750120, Fax (027) 2751220, Rengua Road. Vielseitiges und bewährtes Unternehmen, welches Bergbesteigungen, Park-Safaris und Sansibar-Touren organisiert. Zu empfehlen ist der angebotene Tagesausflug zum Lake Chala (s.u.) für 25 $ bei mindestens drei Personen. Die Kilimanjaro-Besteigung verläuft über die Marangu-Route und dauert fünf Tage. Kostenpunkt ca. 700 $ inkl. aller Serviceleistungen.

● **MEM Tours and Safari Ltd.**
Kaunda Street (bei Kinabo Engineering), P.O. Box 146, Moshi, Tel. (255) 272754574, Fax (255) 272754788. Akzeptable Agentur mit Kili-Besteigungen, Park-Safaris und Trekking-Touren mit Lasteseln („Masai-Steppe").

● **MJ Safaris, AfriGalaxy Tours** und **Kilimanjaro Travel Services** (E-Mail: kilitravel@eoltz.com) sind weitere Unternehmen, welche Kili-Besteigungen anbieten sowie Nationalpark-Camping-Safaris.

Austlüge

Wanderung im Kilimanjaro-Wald

Einen Ausflug mit Führer in die traditionelle Heimat der Chagga-Bauern können Sie über Akaro Tours unternehmen (s.o.).

Machame

Der **Bergort** Machame (1500 m) war einst Sitz des Herrschers („Mangi") des Chagga-Reiches Machame. Der letzte Mangi *Gilead Abdieli Mushi* (1946–1962) behielt seinen Einfluss bis zur Unabhängigkeit 1961. Im Ort ist 1893 die erste Missionsstation der lutherischen Leipziger Missionsgesellschaft gegründet worden. Nach der Deportation der deutschen Missionare im Jahr 1940 wurde Machame Sitz der einheimischen Kirchenleitung.

Heute ist Machame ein ruhiger Erholungsfleck mit **Luftkurort-Charakter** inmitten großer Eukalyptusbäume und erstreckt sich entlang einer steilen Flanke des Kilimanjaro. Ehemalige britische Wohnhäuser, eine alte Post und die herrliche **Ngwarungo-Kathedrale** geben Machame einen verblassten **kolonialen Flair.** Als gehobene Unterkunft bietet sich das neue und sehr moderne **Aisha Protea Hotel** für 75 $ die Nacht an, auf halber Strecke zwischen der Moshi-Arusha-Landstraße und Machame gelegen.

Sie erreichen Machame über die Arusha-Moshi-Landstraße (siehe Routenbeschreibungen nach Arusha). Vom Abzweig sind es 15 km Asphalt zunächst durch eine große Ebene und dann den Berg hinauf durch Kaffeebü-

Die einstigen Chagga-Reiche am Kilimanjaro

Entlang der Ost- und Südflanke des Kilimanjaro-Massivs bildete sich ab dem 18. Jahrhundert eine Vielzahl von rivalisierenden Herrscherbereichen im Volk der Chagga. Ein in dieser Zeit sehr einflussreicher Herrscher war *Orombo* vom Keni-Reich, der mehrere kleine Dorfgemeinschaften entlang der gesamten Südostflanke des Kilimanjaro unter seine Kontrolle brachte, ein Gebiet, das in jener Zeit als „Rombo" und „Vunjo" bekannt war. Sein Erzrivale *Rengua* vom Machame-Reich kontrollierte dagegen die südliche Flanke des Kilimanjaro-Massivs bis zum Nanga River, inklusive des heutigen Old Moshi. Insgesamt waren ihnen etwa 100 lokale Führer unterstellt, die Handel mit dem Volk der Pare aus den Pare Mountains betrieben. Von dort erhielten sie im Tausch Eisenerze zur Herstellung von Speeren und metallischen Werkzeugen.

Rombos Macht gründete vor allem auf dem Handel mit den Kamba aus dem heutigen Kenia. Diese kontrollierten den Handel zwischen Küste und Hinterland. Sie organisierten Karawanen zur Hafenstadt Mombasa, die der vom Oman unabhängigen Mazrui-Herrschaft unterstand. Die Kamba lieferten Sklaven und Elfenbein, beides „Rohstoffe", mit denen Rombo dienen konnte. Vor allem der Elefantenbestand, der in dieser Zeit im Waldgürtel des Kilimanjaro sehr groß gewesen sein soll, litt an der Profitgier *Orombos*. Im Tausch gab es Waffen, Stoffe usw.

DIE EINSTIGEN CHAGGA-REICHE AM KILIMANJARO

Doch *Orombo* konnte seine Macht nicht lange halten, da er sich zu sehr auf den Handel mit den Kamba konzentrierte, während sein Einfluss auf die südlichere Karawanenroute vom Süd-Kilimanjaro nach Tanga und Pangani gering war. Als mit dem Fall der Mazrui-Herrschaft 1837 die nördlichere Kamba-Karawanenroute ihre Bedeutung verlor und der Sultan von Oman Sansibar als seinen neuen Hauptsitz bevorzugte und den Karawanenhandel mit dem heutigen Zentral- und Westtansania forcierte, war *Orombos* Zeit zu Ende. Die einzelnen Herrscher am südlichen Kilimanjaro profitierten zunehmend von den swahili-arabischen Händlern Sansibars, die von hier weiter Richtung Nyamwezi-Land (Tabora) zogen.

Rengua vom südwestlichen Machame-Reich hatte dabei die besten Karten, da er als einziger den Handel mit den benachbarten Maasai pflegte, durch deren Gebiet die 500–1000 Mann zählenden Karawanen schließlich weiterziehen mussten.

Die swahili-arabischen Händler profitierten vor allem vom frischen Bergwasser und den ganzjährig ertragreichen Hängen, die die Lebensmittelversorgung stets gewährleisteten. Die Chagga nahmen zunehmend die Kultur und Güter der Swahili an. Einige Herrscher kamen auch in den Besitz von Schusswaffen und waren dadurch höher gestellt als andere.

Von 1870 an entwickelte sich *Sina* vom Kibosho-Reich zum einflussreichsten „chief". Der Handel mit Elfenbein und die Sicherheit, die er den Karawanen auf deren Märschen bieten konnte, machten ihn zum reichsten Mann. Wie einst *Orombo* annektierte auch er andere Reiche, eignete sich das Vieh an und nahm Männer und Frauen als Sklaven.

Nur sein östlicher Nachbar *Rindi*, der Herrscher von Moshi, konnte sich weiterhin behaupten. Ihn zeichnete *Sina* gegenüber die Fähigkeit aus, perfekt Swahili zu sprechen; er stand sogar mit Sansibar brieflich in Kontakt. Aus diesem Grund kamen auch die ersten europäischen Besucher, wie *Rebmann* und *von der Decken*), an seinen und nicht an *Sinas* Hof.

Schließlich entschied sich 1887 auch die Deutsch-Ostafrikanische Gesellschaft dazu, in Moshi eine Station zu errichten. *Sina* reagierte mit Empörung auf die wehende deutsche Flagge und hisste demonstrativ die Fahne Sansibars und inszenierte gelegentlich kleine Überfälle. 1891 jedoch marschierte Major *von Wissmann* mit 3000 sudanesischen Soldaten von der Küste heran und bezwang mit *Rindis* Hilfe das Reich von *Sina*. Die Schutztruppe errichtete ein Fort in Moshi (heute Old Moshi-Mahoma) und regierte über das Chagga-Land mit aller Härte. Nur diejenigen Chagga-Herrscher wurden in ihren Ämtern belassen, die sich unterzuordnen wussten. Man verlieh ihnen die Würde eines imaginären Sultans. Ihre Zahl schrumpfte auf 37. Missionare und Siedler führten schließlich das Christentum, die Schulbildung, den Kaffeeanbau und die Plantagenarbeit ein. Viele Chagga mussten in jenen Tagen in entfernten Siedlergebieten ihre Arbeit verrichten, einige davon sogar in Ketten.

Auch während der englischen Mandatszeit wurde das koloniale Herrschaftssystem der „Indirect Rule" beibehalten. Die Chagga hatten eine gewisse Selbstverwaltungskompetenz und wurden zu einer der bedeutendsten Gruppen in der Unabhängigkeitsbewegung. 1962, bei der Abschaffung der traditionellen Herrscherwürde, waren nur noch 15 Chagga-„chiefs" übrig geblieben.

Historiker der Chagga

sche und Bananenstauden. Folgt man am Ende der Teerdecke der weiterführenden Piste, ist nach 3 km das **Machame Gate** vom Kilimanjaro National Park erreicht. Die Straße endet hier, das Gate ist Ausgangspunkt für die Machame-Aufstiegsroute.

Bei den Geschäften am Ende der Asphaltdecke liegt rechter Hand das örtliche Büro des **Cultural Tourism Programme** (siehe bei Arusha) von Machame. Hier werden geführte halbtägige oder ganztägige Touren (Spaziergänge) im Hochland der Chagga angeboten. Es werden Frauen-Kooperativen aufgesucht, eindrucksvoll über die Geschichte und Kultur der Chagga informiert, ein traditioneller Heiler konsultiert und landschaftliche Ausblicke gegeben. Je nach Dauer sind etwa 10.000 TSh pro Person zu berechnen. Bei einer größeren Gruppe halbiert sich der Preis. In Machame wendet man sich an *Mr. Meena* oder *Mrs. John Nkya,* Tel. (027) 2757049 und 2757033 oder über E-Mail: fodamachame@yahoo.com.

Old Moshi

Old Moshi war ab 1894 **Sitz der Schutztruppe,** in deren Schutz die ersten Missionare der Leipziger Mission sich hier niederließen. Sie bauten 1900 eine kleine **Kirche,** die heute noch unter dem Namen **Kidia** existiert. Alte Fenster aus einer Nürnberger Glasbläserei und ein Gemälde aus Erfurt zieren den längst verlassenen und ziemlich heruntergekommenen Bau. Er war der Sitz von **Bruno Gutmann,** dessen Bücher über das Volk der Chagga heute noch Standardwerke eines jeden Ostafrika-

Ethnologen sind. Bei den älteren Chagga heißt der 1965 gestorbene Mann immer noch ehrwürdig „Grandfather of the Chagga".

Sie erreichen Old Moshi, wenn Sie vom großen Kreisverkehr beim YMCA in Richtung Tanga fahren und nach 3,5 km links in eine Piste abbiegen, die sich bereits nach 100 m gabelt. Folgen Sie dem rechten Abzweig, erreichen Sie nach 3,5 km links das Schild zur Schule und nach weiteren 3 km rechts die alte deutsche Kirche mit ihrem Zwiebelhutturm. Touren hierher können von Akaro Tours organisiert werden (siehe bei Moshi).

Marangu

Siehe nächste Routenbeschreibung.

Lake Chala

Der fast kreisrunde, 87 m tiefe Chala-See füllt eine 2 km große Caldera (eingestürzter Krater) aus und liegt direkt auf der Grenze zu Kenia. Er wird durch eine unterirdische Quelle gespeist, die vom Kilimanjaro kommt. Umgeben ist der tiefblau schimmernde Chala von einem bis zu 100 m hohen Kraterrand, den man direkt mit dem Auto anfahren kann. Einige Legenden ranken sich um den See. Es wird von unterirdischen Flüssen berichtet, die bis nach Mombasa fließen und Schwimmende sogartig nach unten ziehen können, auch die Sage von einem kleinen Ungeheuer kursiert ...

Ein kleiner Pfad führt die steile Abbruchkante hinunter, wo gelegentlich Fischer mit kleinen Einbäumen ihr Glück versuchen. Es gibt einige, die hier regelmäßig baden gehen, andere wollen schon Krokodile gesehen haben, und einer wurde wohl auch mal ins Bein gezwickt – ob es ein Krokodil war, weiß man nicht! Vorsicht ist geboten! Am Kraterrand wird derzeit (Stand Mai 2003) die **Lake Chala Lodge** gebaut. Diese verfügt schon jetzt über einen sehr schön angelegten **Campingplatz** (Waschräume, WC, Grillplatz, gut bewacht), wo sich für 5000 TSh p.P. campen lässt. Routenbeschreibung s.u.

Northern Pare Mountains

Im Rahmen des Cultural Tourism Programme von SNV (vgl. bei Arusha) werden in **Usangi**, dem Hauptort der nördlichen Pare-Berge, Aufenthalte angeboten, die Besuchern Wandermöglichkeiten und einen Einblick in die Volkskultur der Pare bieten.

Southern Pare Mountains

Ebenfalls in Zusammenarbeit mit SNV sind mehrtägige Aufenthalte in **Manka,** einem herrlichen Bergort, möglich.

Lake Jipe

Tagesausflug (siehe Route Moshi – Mkomazi-Umba Game Reserve).

Nyumba ya Mungu-Stausee

Der Stausee im Süden Moshis heißt übersetzt „Haus Gottes" und wird von Flüssen aus dem Kilimanjaro und den Pare-Bergen gespeist. Im Süden des Sees, wo sich das 8 Megawatt starke Kraftwerk und die Staumauer befinden, beginnt der **Pangani River,** einer der längsten Flüsse Tansanias. Das Volk der Pare nutzt den See zum Fischen, die Maasai treiben ihre Viehherden hier zur Tränke. Schwimmen ist wegen der Krokodile nicht möglich.

Sie erreichen den etwa 25 km langen See über die Verlängerung der Mawenzi Road in Richtung Süden. Nach 30 km kommt man zu dem kleinen Ort Samanga am Nordufer (keine Übernachtungsmöglichkeit).

Routenbeschreibung östlich von Moshi

Moshi – Marangu – Lake Chala/Holili (Kenia-Grenze) (51/36 km)

● Asphaltstraße, Piste bis zum Lake Chala, täglich Busse bis zur Grenze.

Auf der Straße in Richung Kenia erfolgt nach 24 km der Abzweig der Dar es Salaam-Road in Richtung Küste. Geradeaus folgt nach 3 km der Ort Himo. Hier zweigt eine gut ausgebaute Asphaltstraße ins 12 km entfernte Marangu am Kilimanjaro ab.

Bleiben Sie auf der Hauptstraße, erreichen Sie nach 7 km (2 km vor der Grenze) eine links wegführende Piste zum **Lake Chala** (Schild: „Diozese Holili"). Nach 9,5 km folgt eine Kreuzung, an der Sie rechts abbiegen müssen. 5 km geht es in die Ebene hinab, bis man links zum 2 km entfernten See abzweigen muss.

Der Grenzposten von **Holili** (keine Unterkunft) ist wenig beschäftigt, die

Mreho/Mregho – ein Stock fürs Leben

Eine wichtige Rolle im Leben eines Chagga-Mannes spielte einst der Mreho bzw. Mregho (so in Marangu genannt) ein etwa 1 m langer Stock mit sorgfältig eingeschnitzten Symbolen, eingekerbten Kreisen und dekorativen Verzierungen. Der Mreho, im Englischen als „tally stick" oder „notch" bezeichnet, enthielt die Lebensweisheiten und **die zu beachtenden Gebote der Chagga-Tradition.** Der Stock war auf den Charakter und die Eigenschaften eines jeden jungen Mannes zugeschnitten, der diesen „hölzernen Führer" mit der Erlangung der Erwachsenenwürde mit auf den zukünftigen Weg bekam. Kein Mreho war wie der andere, alle hatten sie unterschiedliche Eingravierungen – doch die Philosophie, die sie verkörperten, war immer dieselbe: Der Stock sollte einen Mann **sicher durchs Leben begleiten.**

Der Schritt ins eigene Leben, ins heiratsfähige Alter begann mit der Fähigkeit, einen großen Felsen zu stemmen. Gelang dies, lehrte eine Gruppe von Älteren dem jungen Mann in einer Lehrnacht von Sonnenuntergang bis Sonnenaufgang mit vorgetragenen Liedern die Weisheiten des Lebens. In dieser Zeit, die manchmal mehrere Monate dauerte, konnte sich der Rat der weisen Männer ein Bild von seinem Schüler machen. Daraufhin fertigte er ihm – sozusagen passend auf den Leib geschnitten – einen Mreho an. Mit Beendigung der Lehrzeit wurde dem nun eigenständigen Mann der Stock übergeben, den dieser fortan unter seine Schlafmatte legte. Die eingravierten Richtlinien gaben ihm Orientierung fürs Leben.

Was einst im Bewusstsein der Individuen und in der Struktur der Gesellschaft so wesentlich war, spielt heute – wie so viele andere Traditionen – kaum noch eine Rolle.

MOSHI – MARANGU – LAKE CHALA/HOLILI

Abwicklung der Formalitäten geht sehr schnell. Die kenianischen Grenzbeamten sitzen im 2 km entfernten Taveta (Einreise unproblematisch, Unterkunft: Chala Hotel).

Marangu V,D3

Der herrlich grüne Bergort inmitten von Bananenstauden und Kaffeesträuchern ist **zentraler Ausgangspunkt für die Kilimanjaro-Besteigung** über die populäre **Marangu-Route.** Das einstige Dorf ist mit der Errichtung des Berg-Nationalparks zum „Marangu Gate" gewachsen. Für die Tausenden von Touristen, die hier jährlich durchkommen, bieten einige Hotels mit eigenen Bergsteigerunternehmen eine **optimale Basis in 1400–1600 m Höhe,** um sich für den Aufstieg vorzubereiten und zu akklimatisieren. Doch außer einem Markt, einer Post und ein paar gut sortierten Einkaufsläden bietet Marangu nicht viel.

In Zusammenarbeit mit dem **Cultural Tourism Programme** (siehe Arusha) werden Führer über die Hotels vermittelt, speziell über das Capricorn Hotel.

In Marangu und dem Nachbarort Mamba gab es **vereinzelt Überfälle** auf Reisende ohne örtliche Begleitung – gehen Sie daher nicht allein!

Die Angebote des Cultural Tourism Programme beinhalten Tagestouren in den **Berg-Regenwald** nördlich von Marangu bzw. des Nachbarorts Mamba. Die interessanten Spaziergänge geben viel Einblick in die Kultur und Tradition der Chagga-Bauern. Alte Kirchen und Gehöfte sind zu bewundern. In der Nähe befinden sich die **Kinukamari** und **Moonjo Waterfalls,** die mit Führer aufgesucht werden können. Hier besteht auch die Möglichkeit zum Baden.

Hotels
Mit Transfer vom/zum Kilimanjaro International Airport.

● Kibo Hotel
P.O. Box 102, Tel./Fax (027) 2751308. Das Kibo Hotel ist über 100 Jahre alt und gehört zu den legendärsten in Tansania. Während der deutschen Kolonialzeit diente es als Erholungsort für die Offiziere der Schutztruppe, die in den heißen Ebenen stationiert waren. Heute noch erinnert vieles an vergangene Tage (z.B. die deutschen Wandkarten aus jener Zeit). *Hans Meyer,* der Erstbesteiger des Kibo-Gipfels, startete seine Touren von hier. Der Service ist bemüht. Eine Renovierung wäre hie und da nötig. Zimmer ab 35/55 $.
E-Mail: kibohotel@yahoo.com
oder info@kibohotel.com.

● Marangu Hotel
P.O. Box 40, Tel. (027) 2756591, 2756594. Schönes und sehr persönliches Hotel im Stil eines Gutshofes mit großem Garten und Swimmingpool. Die 25 Zimmer sind im Garten untergebracht und bieten Komfort, das

eine oder andere wirkt renovierungsbedürftig. Das Essen ist zufrieden stellend. Im **Trekking-Programm** sind die Marangu- und die Machame-Route (kompetente Organisation). EZ/DZ liegen bei 70/100 $.
Internet: www.maranguhotel.com,
E-Mail: marangu@africaonline.co.ke.

●**Capricorn Hotel & Tours**
P.O. Box 938, Tel. (0754) 301142, Tel./Fax (027) 2751309. Schönes Hotel mit angenehmen Flair, großem Garten, Restaurant mit gutem Menü-/Buffet-Essen, die Zimmer sind klein, aber gemütlich. Übernachtung mit Frühstück ab 60 $ p.P. Die besten Zimmer liegen im separaten Kisera-House (teurer). Das Hotel organisiert eine Besteigung über die Marangu-Route.
E-Mail: capricorn@africaonline.co.tz

●**Nakara Hotel**
Tel./Fax (027) 2756571, 2756642. Nur 2 km vom Marangu Gate entfernt ist dieses Mittelklasse-Hotel ein idealer Ort, um sich zu akklimatisieren. Bar und Restaurant/Lounge wirken einladend (gutes Essen), die 17 Zimmer dagegen sind etwas klein, aber durchaus sauber. Die vielen ausgestopften Jagdtrophäen sind allerdings nicht jedermanns Geschmack. Ab 70 $ p.P. mit Frühstück.
Internet: www.nakara-hotel.com.

●**Babylon Lodge**
P.O. Box 227, Tel./Fax (027) 2751315, E-Mail: Babylon@africaonline.co.tz. Bewährtes Bergsteigerhotel mit freundlicher Hütten-Atmosphäre. Der Manager *Mr. Lyamuya* ist um das Wohlbefinden seiner Gäste bemüht und bietet professionelle Besteigungen über Marangu und Machame an. Zimmer mit warmen Decken und Frühstück 35/50 $ EZ/DZ.

Preiswerte Unterkünfte
●**Ashanti Lodge**
Tel. (027) 2754510. Einfache, aber empfehlenswerte Lodge mit zweckmäßigen Zimmern und freundlichem Service. EZ/DZ kosten 25/40 $ inkl. Frühstück. 2,5 km vom Marangu-Ortskern.
E-Mail: ashantilodge@habari.co.tz

●**Midland Lodge**
Liegt etwas abseits und wirkt ein wenig verlassen, ist dafür aber ruhig und mit 20 $ pro Person und Frühstück eine gute Alternative.

●**Winner's Guest House**
Einfache Unterkunft für 20 $ neben der Babylon Lodge.

Camping
●**Coffee Tree Village Campsite**
Tel. (027) 2754818. 2 km in Richtung Berg liegt rechts im Tal dieser einfache, aber sichere Zeltplatz für 10.000 TSh die Nacht. Die Zimmer in kleinen Chalets sind in Ordnung und kosten 15.000 TSh p.P.; Essen nach Vorbestellung. E-Mail: alpinetrekking@eoltz.com

●Eine gute Camping-Möglichkeit findet sich auch beim **Marangu Hotel.**

Mt. Kilimanjaro National Park ⤢ XXII/XXIII

Seit 1973 steht der Mount Kilimanjaro unter nationalem Schutz. Der **höchste Berg Afrikas** präsentiert sich als die Krone der imposanten Naturlandschaften Tansanias. Das sagenumwobene, an seiner Basis **60 km mächtige Massiv** ragt fast 6000 m aus der Ebene und ist bei gutem Wetter sogar vom 250 km entfernten Nairobi sichtbar. Der Riese mit drei Gipfeln, seit 1989 **UNESCO-Weltnaturerbe,** ist der größte freistehende Berg der Erde. An seiner westlichen Flanke erhebt sich spitz die **Shira Ridge,** mit dem **3962 m** hohen **Johnsell Point.** Fast 30 km entfernt ragt im Osten der zerklüftete Felsberg **Mawenzi (5149 m)** in die Höhe. Zwischen ihnen thront der mächtige, von unendlich vielen Bildern bekannte **schneebedeckte Kibo,** ein breiter und flacher Kratergipfel, in dessen Mitte sich der kreisrunde **Reusch-Krater** befindet. Die höchste Spitze des Kibo markiert der **Uhuru Peak** („Freiheitsspitze", **5892 m**) auf dem Südwest-Grat des äußeren Kraterrandes, so benannt seit der Nacht zur Unabhängigkeit Tansanias. Noch bis 1961 hieß dieser höchste Punkt im Himmel Afrikas, genau auf halber Distanz zwischen Kairo und Kapstadt, „Kaiser-Wilhelm-Spitze".

Die Herkunft des Namens „Kilimanjaro" ist nicht geklärt. *Milima* bedeutet im Swahili Berg. *Njaro* könnte vom Chagga-Wort *jyaro* (Karawane) stammen, da auch während der arabischen Sklaven- und Elfenbeinzeit das Massiv als „Berg der Karawanen" bekannt war. Auch das frühere Maasai-Wort „Wasserberg" hat seine Erklärung. *Njoro* ist die Maasai-Bezeichnung für Quelle bzw. Wasser, was auf die zahllosen Wildbäche anspielt, die ganzjährig vom Berg herunterfließen.

Geologische Entstehung

Der Ursprung des Kilimanjaro hängt mit der Entstehung des Rift Valley zusammen. Auf der Schnittstelle wichtiger tektonischer Linien nordwestlich des Pare-Gebirges und östlich der Vulkane des Rift Valley – Ngorongoro, Ol Doinyo Lengai, Kitumbeine, Monduli-Berge, Mt. Meru – begann sich vor 1,5 Millionen Jahren ein mächtiges, vulkanisch aktives Gebirge zu formen, welches im Laufe der Entwicklung drei unterschiedliche Kegel entstehen ließ: Shira, Kibo und Mawenzi. Als erster erlosch der **Shira** vor etwa 500.000 Jahren. Er fiel bei seinem letzten Ausbruch in sich zusammen und hinterließ zunächst eine große Caldera („Krater"), ähnlich dem heutigen Ngurdoto-Krater im Arusha National Park. Der weiterhin ausbrechende Kibo füllte den Shira mit Lava aus, zerstörte seinen Nordrand und überdeckte ihn bei seinem letzten großen Ausbruch vor rund 350.000 Jahren fast gänzlich. Von der einstigen Kraterschüssel, die wahrscheinlich einen Durchmesser von ca. 6 km hatte, zeugt heute nur noch die Shira Ridge als ehemalige Kraterwand. Von der Wand breitet sich das große **Shira Plateau** bis zum Kibo aus, aus dem noch der letzte Eruptionskegel **Cone Place (3840 m)** herausragt und wo Bachläufe den Engare Nairobi River bilden.

Der **Mawenzi** erlosch etwa zur gleichen Zeit wie der Shira. Erosion hat die Erscheinung des Gipfels seitdem stark verändert. Sein klassischer Vulkankegel ist längst abgetragen, nur noch der stark zerklüftete Lavaschlot ist zu erkennen. Mit dem Kibo verbindet ihn heute die als **The Saddle** bezeichnete **4300 m hohe Hochebene,** eine alpine Wüste mit wahllos herumliegenden Lavabrocken – eine „Mondlandschaft", die in Afrika einzigartig ist.

Vor 100.000 Jahren erreichte der **Kibo-Gipfel** eine Höhe von fast 6000 m. Mehrere heftige Eruptionen, gefolgt von Eiszeiten, haben ihm seine heutige Form gegeben. Der Kibo ist ein **schlummernder Vulkan,** über dessen 2,3 km breiten und stellenweise fast 200 m tiefen Krater sich bisweilen ein starker Schwefelgeruch ausbreitet. Noch 1889 berichtete der **Erstbesteiger Hans Meyer,** dass riesige Schollen Gletschereis den Krater bedeckten, heute ist er nur noch eine große Lavawüste mit kleinen, übrig gebliebenen

MT. KILIMANJARO NATIONAL PARK

Eisschichten. In der Mitte der Caldera liegt der flach ansteigende, 150 m hohe **Eruptionskegel Reusch-Krater,** dessen Durchmesser rund 800 m beträgt. Aus seinem Inneren entweichen noch Fumarole („Gasaushauchung"), und wie von einem Zirkel gezogen, öffnet sich in seiner Mitte das kreisrunde, über **100 m tiefe Kraterloch Ash Pit,** in das jedoch nicht abgestiegen werden kann.

Auf dem Kibo-Gipfel übernachtet nur, wer über große Bergsteigererfahrung verfügt.

Geschichte und Park-Maßnahmen

Dass der wuchtige Berg einen festen Platz in der Geschichte Afrikas einnimmt, ist angesichts der Mythen, die ihn umgeben, und der Erzählungen von Forschungsreisenden nicht verwunderlich. Die erste schriftliche Erwähnung stammt von dem Spanier *de Encisco*, der 1519 vom portugiesisch besetzten Mombasa berichtete: „Westlich dieser Hafenstadt befindet sich der äthiopische Berg „Olympus", der außergewöhnlich hoch ist und hinter dem sich die Mondberge, die Quellen des Nils, befinden."

Als der deutsche Missionar **Johannes Rebmann am 11. Mai 1848 als erster Europäer** das schneebedeckte Haupt Afrikas erblickte, sorgte dies in Europa für endlosen Diskussionsstoff. Renommierte Geografen protestierten vehement gegen die Behauptung, dass es unter der sengenden Sonne des Äquators einen Berg mit Schneekuppe geben könne. Sie verspotteten die Berichte der Reisenden, die wohl unter „Halluzinationen" leiden müssten, zudem, ausgeplündert und von Malaria befallen, nicht einmal den Hauch eines Beweises erbringen konnten. Auch die Karte, die der Reisende *von der Decken* (der immerhin eine Höhe von 4200 m erreichte) 1862 der Fachwelt präsentierte, vermochte nicht zu überzeugen.

Mit über siebzig Trägern setzte der Leipziger Geograf **Hans Meyer** nach mehreren Fehlversuchen in Begleitung des österreichischen Alpinisten **Ludwig von Purtscheller** schließlich von Sansibar aus zum entscheidenden Vorstoß an. Am 6. Oktober 1889 war es endlich soweit: Sie standen auf dem höchsten Punkt Afrikas, dem „Dach" des Kontinents, den Meyer „Kaiser-Wilhelm-Spitze" nannte. „Kein König hat je Königsgewänder königlicher getragen als dieser König der afrikanischen Berge", schilderte Meyer seinen Eindruck einige Jahre später.

Doch der Berg blieb weiterhin ein Magnet für europäische Reisende, die mit Erzählungen und Bildern den Mythos Kilimanjaro erst richtig schufen. *Ernest Hemingways* bekannte Erzählung „Schnee am Kilimanjaro", Filme, Volkslieder und Geschichten der Chagga und Maasai haben den Berg weltweit berühmt gemacht und eine grenzenlose Faszination ausgelöst. Ob Drachenflieger, Mountainbike-Fahrer oder sogar ein spanischer Motorradfahrer – der Gipfel lockte viele Abenteurer an. 1979 beging *Reinhold Messner* die bisher schwierigste Route an der Breach Wall über die Eisdecke des Diamond-Gletschers.

Wie Kibo und Mawenzi voneinander getrennt wurden

Einer alten Chagga-Geschichte zufolge lebte einst ein Mann namens „Mlai" am Fuße des Berges. Mlai gab eines Tages sein Land auf und beschloss über den Berg zu wandern und sich auf der anderen Seite niederzulassen.

Auf dem Weg entdeckte er am Hang eine Kuhherde, doch gelang es ihm nicht, das Vieh einzutreiben, um es mit auf den Weg zu nehmen. Er suchte Rat bei einer alten Frau, die ihm einen Stab gab, mit dem er eine der Kühe führen sollte, die anderen würden dann ohne weiteres folgen.

Das funktionierte tatsächlich, und so wanderte er samt Vieh bis zu den zusammenliegenden Gipfeln des Kibo und Mawenzi. Doch die wollten ihn nicht durchlassen! Mlai ging mit seiner Herde zurück zu der Frau und klagte: „Der Kibo lässt mich nicht durch!" Das alte Weib wickelte Zauberpulver in große Bananenblätter ein und sagte ihm: „Wenn Du bei dem Kibo angelangt bist, dann werfe dieses Pulver an seine Felsen, und er wird sich in zwei Teile spalten und Dich und Deine Herde durchlassen. Blick' Dich nicht nach dem Kibo um, sonst wird der Felsen wieder zusammengehen".

Mlai nahm das Zauberpulver und führte die Viehherde mit seinem Stab zum Kibo, der ihn abermals nicht durchließ. Er nahm das Bananenblatt und blies das Zauberpulver auf den Felsen. Der Kibo und der Mawenzi begannen zu zittern und wurden getrennt! Mlai überquerte den Berg, drehte sich nicht um und stieg mit seiner Herde hinab. So wurden der Kibo und der Mawenzi zu den beiden Gipfeln, die wir heute sehen.

Mawenzis verbeulter Kopf

Einem Chagga-Märchen zufolge begab sich eines Tages Mawenzi, als diesem die Feuerstelle ausgegangen war, zu Kibo und bat ihn um Feuer. Kibo gab ihm Feuer und auch von seinem leckeren Essen. Mawenzi genoss die Gastfreundschaft und warf auf seinem Heimweg das Feuer weg und kehrte zu Kibo und dessen Delikatessen zurück. Das Feuer wäre ihm ausgegangen, berichtete er. Der gutmütige Kibo bewirtete ihn wieder und schickte ihn erneut mit Feuer auf den Weg. Mawenzi, immer noch gierig, warf erneut die Fackel weg und kehrte abermals zu Kibo zurück, um Feuer zu erbitten. Doch diesmal wurde Kibo zornig, nahm seinen Knüppel und schlug Mawenzi mit aller Wucht auf den Kopf. Seit diesem Tag – so die Legende – hat der Mawenzi-Gipfel seine zerbeulte und zerklüftete Form.

MT. KILIMANJARO NATIONAL PARK

Mt. Kilimanjaro –
Blick auf den Reusch-Krater

Viele denken übrigens, der „Kili" liege in Kenia. Vielleicht auch deswegen, weil eine Geschichte, ausgelöst durch *Karen Blixens* Out-of-Africa-Roman, viele Artikel- und Reiseführerschreiber annehmen ließ, dass der große Riese ursprünglich in Kenia lag und dass ihn Königin *Victoria* Kaiser *Wilhelm* zum Geburtstag schenkte, da auch er einen schneebedeckten Gipfel in seiner Kolonie haben wollte – eine romantische Geschichte, die jedoch falsch ist. Bei der deutsch-britischen Grenzziehung in Ostafrika ging es um handfestere Gebietsansprüche. Beide Nationen wollten Mombasa als wichtigen Handelshafen gewinnen, den vor allem die Briten nicht aufgeben wollten, da sie schon zahlreiche Handelsniederlassungen in der damaligen Küstenmetropole errichtet hatten. Ihr Grenzvorschlag sah daher Mombasa in ihrem Territorium, eine „Halbierung" des Kilimanjaro vor und beinhaltete einen großen Teil des Viktoria-Sees bis zum Speke Gulf. Beim endgültigen Grenzbeschluss ließ Deutschland seinen Anspruch auf Mombasa fallen, gewann dafür den größeren Teil des großen Binnenmeeres bis zum 1° südlicher Breite und bekam schließlich den Kilimanjaro in seiner vollen Größe zugesprochen. Die Grenzziehung hat heute noch ihre Gültigkeit.

Die ersten Bemühungen, die obere Bergregion vor dem bedingungslosen Abholzen der Chagga zu schützen und die verbleibende Tierwelt vor dem Aussterben zu bewahren, begannen unter den Briten, die **bereits 1921 ein Forest Game Reserve** ausriefen. 1993 musste jedoch das mittlerweile in ein Nationalpark umbenannte Schutzgebiet von 2700 Höhenmetern auf die 1820-m-Linie erweitert werden, um dem massiven Bevölkerungsdruck der Chagga entgegenzuwirken.

Zudem ist der Berg **in Aktivitätszonen untergliedert** worden. Eine „Verwaltungszone" umfasst die Hauptquartiere und Wachposten des Parks. Die Hauptaufstiegsroute Marangu gilt bis zum Gipfel als „Obere Wanderzone", und der Zugang zu dieser Route wird auf 10.500 Bergsteiger pro Jahr begrenzt. Die Bergsteigerrouten Machame, Shira, Lemosho, Umbwe, Mweka und Rongai sind die „Untere Wanderzone" und für eine Höchstzahl von 3000 Bergsteigern pro Jahr ausgebaut. So zumindest die Vorgaben, halten tut sich daran keiner.

Zudem gibt es „eintägige Wanderzonen" auf dem Shira Plateau und im Bereich Marangu. Alle Gebiete des Kibo und des Mawenzi, die über 4500 m Höhe liegen, sind als „Bergsportzone" ausgewiesen. Neben einer „Kulturschutzzone" für die Chagga sind alle anderen Teile des Parks als „Wildniszone" eingestuft und für Wanderer gedacht, die die Nähe zur Natur und nicht so sehr den Erfolg einer Gipfelbesteigung suchen.

Abenteuersportler (Mountainbiker, Paraglider usw.) sind seit der Parkvergrößerung von 1993 auch nicht mehr zugelassen.

Klima und Besteigungszeit

Das Klima des Kilimanjaro unterliegt einem ganz eigenen Rhythmus. Das **extreme Tageszeitenklima** lässt Tage zu Sommer und Nächte zu frostigen Wintern werden. Wie der gesamte Norden Tansanias profitiert auch der Kilimanjaro von zwei Regenzeiten.

Die Temperaturen am Berg umfassen **tropische** (am Fuß) **bis arktische Dimensionen** (in Gipfelhöhe). Generell gilt, dass pro 200 m die Durchschnittstemperatur um 1°C abnimmt.

Im unteren Waldgürtel herrscht äquatoriales, feuchtes Klima mit hohen Niederschlagswerten von über 2000 mm im Jahr. Dieser Wert nimmt mit zunehmender Höhe rapide ab, und Regen wird von Schneefall abgelöst.

Januar bis März gelten als die wärmsten Monate, im April, Mai regnet es sehr heftig, und die Sicht ist nicht allzu gut. Erst ab Juni wird es in der unteren Zone etwas kühler, und die Zeit bis September ist vor allem beim Marsch durch den feuchten Regenwald sehr angenehm. Zudem ist es die Zeit, wenn der Himmel ab 3000 m absolut klar ist und man schöne Blicke auf den Kibo bekommt. Ab Ende September wird es zunehmend wärmer, und leichte Wolken ziehen in den oberen Regionen auf. Die November-Dezember-Regen haben den Vorteil, dass sie meist nur kurz und heftig auftreten und somit die staubige Luft reinigen und immer wieder glasklare Aussichten auf den oft mit viel Schnee bedeckten Kibo freigeben.

Bestiegen werden kann der Kibo das ganze Jahr über, wobei die heißen und

MT. KILIMANJARO NATIONAL PARK

regenreichen Monate von Mitte März bis Mai sich nicht empfehlen.

Die fünf Vegetationsstufen des Kilimanjaro

Das Ökosystem des Kilimanjaro ist einzigartig auf der Welt. Von den drei 5000ern des Kontinents umfasst der Berg die **größte Alpinstufe Afrikas.** Aufgrund der sehr extremen klimatischen Bedingungen hat sich die Flora im Laufe des Evolutionsprozesses auf spektakuläre Weise angepasst und nur hier vorkommende Pflanzenarten herausgebildet.

Der Berg wird **in fünf Vegetationsgürtel unterteilt:** Jeder ist im Durchschnitt etwa 1000 m mächtig, und jeder für sich bildet eine eigene kleine Welt. Jede Zone unterliegt dem jeweiligen Zusammenspiel der Faktoren Temperatur (Frost), Höhe, Niederschlag, Sonnenintensität, Bodengüte.

Gerade dort, wo der Boden jede Nacht gefriert, ist es für die Pflanzen nicht einfach, Wurzeln auszubilden. Nur den widerstandsfähigen Gräsern, Moosen und Flechten kann das extreme Klima wenig anhaben.

Kolline Stufe (800–1800 m)

Die unteren, außerhalb des Parks liegenden hügeligen Flanken mit ihren vulkanisch fruchtbaren Böden, die von zahlreichen Gebirgsbächen gespeist werden, sind heute intensive landwirtschaftliche Anbauflächen für Plantagen und Kleingrundbesitzer und dienen auch noch als Weideland (siehe eingangs bei Moshi). Lediglich die Nord- und Westhange, die etwas im Niederschlagsschatten liegen, haben bisher ihre ursprüngliche Vegetation von Wildsträuchern und Tiefland-Waldflächen beibehalten.

Montane Stufe (1800–2800 m)

Die auch als **Bergwaldstufe** bezeichnete Vegetationszone besteht aus einer üppigen und dichten Waldformation, die einem tropischen Regenwald (Steineiben, Feigenbäume) gleicht. Viele der über 2000 Pflanzen- und Baumarten sind nur hier heimisch, wie auch ihre Namen (etwa *Macaranga kilimandscharica*) verraten. Moose, metergroße Farne und lang herunterhängende Bartflechten vermitteln das Bild eines typischen, stellenweise dunklen Märchenwaldes. Weit verbreitet ist hier zudem das Springkraut, genannt *Impatiens kilimanjari*. Ab einer Höhe von 2500 m erscheint auch die *Scenecio johnstonii*, eine der drei heimischen Riesenkreuzkrautarten des Kilimanjaro.

Heidelandstufe (2800–4000 m)

In dieser Zone beginnt die **Steppenheidevegetation mit Riesensenecien** (Kreuzkraute), die zum Teil mit Flechten umwickelt sind. Die hier am häufigsten anzutreffenden Pflanzenarten sind *Erica arborea* und *Philipia excelsa*, die eine Höhe von 3 m erreichen können. Die eigentliche Heidelandschaft (Moorland) beginnt bei ungefähr 3200 m und ist von Lobelien und Senecien (auch Schopfbäume genannt) durchsetzt. Sie sind die einzigen Blütenpflanzen in dieser Höhe, die dank eines Tricks der Evolution den klimatischen Bedingungen standhalten. Die bis zu 3 m hohe Lobelie ist eine Fettpflanze aus der Gattung der Glockenblumengewächse und heißt am Kilimanjaro *Lobelia deckenii*. Sie ist die erste Pflanze, die morgens ihr Blätterkleid öffnet, wenn die Sonnenstrahlen den angefrorenen Boden erwärmen. Der Kälte trotzt die Pflanze durch einen Stoff, den sie produziert und der wie ein Frostschutzmittel wirkt. Da es in dieser Höhe keine Insekten zur Bestäubung gibt, erledigen die kleinen metallic-grünen, langschnäbligen Nektarvögel diese Aufgabe.

Neben den sehr kleinen Kreuzkrautarten dieser Höhe beginnen um die 4000-m-Marke die Riesenkreuzkraute die Heide zu dominieren, von denen sich zwei Arten unterscheiden lassen: die bis zu 5 m hohe *Scenecio kilimanjari* mit ihren grellgelben Blättern und die etwas dunklere *Scenecio cottonii*. Mit ihren schalenförmigen Blättern können die Pflanzen Regen- und Tauwasser lange halten, was für ihr Gedeihen wichtig ist, denn ab 3500 m Höhe fällt bereits deutlich weniger Niederschlag.

Alpine Stufe (4000–5000 m)

Die klimatischen Bedingungen in der als Hochland-Steinwüste bezeichneten Zone – das Knappwerden von Wasser und fruchtbarem Boden, eine hohe Verdunstungsrate durch intensive Bestrahlung, vor allem aber die hohen Temperaturschwankungen von tagsüber bis zu 40°C und nachts unter 0°C – stehen einer vielfältigen Flora im Wege. Hauptsächlich Moose, Flechten und Grasbüschel sind anzutreffen. Vereinzelt wachsen auch kleine Kreuzkrautpflanzen

und Strohblumen. Eine Besonderheit ist die *Arabis alpina,* eine Art afrikanisches Edelweiß, die unserer geschützten Bergblume ähnlich sieht.

Ab der Höhe des Saddle kommt pflanzliches Leben nur noch selten vor. Obwohl diese alpine Wüstenlandschaft viele Tage im Jahr in dichtem Wolkennebel liegt, fällt hier mit ca. 250 mm der geringste Niederschlag Tansanias.

Nivale Stufe (über 5000 m)

In der **Gipfelzone** sind die Kälte so intensiv (um die -10°C) und der Sauerstoffgehalt so gering, dass nur noch die **Flechten** und die widerstandsfähigste **Strohblumenart** *Helichrysym newii* überleben können. Zudem fällt hier fast nur noch Schnee und kein Regen mehr.

Der Gipfel des Mawenzi hat schon lange keinen Gletscher mehr, sondern ist nur von gelegentlichen Schneeverwehungen bedeckt, und auch die großen Eisflächen am Kibo schrumpfen unaufhaltsam. Vor allem die kleinen **Gletscher,** wie der Ratzel, Rebmann und Decken, verlieren zunehmend an Größe. Auch die letzten großen Gletscher, wie die Eastern, Northern und Southern Icefields, sind stark bedroht. Klimatologen befürchten, dass die zunehmende Brandrodung in den Baum-Savannen Ostafrikas, die Belastung durch hohe Emissionen von Kraftfahrzeugen und Industrien die ohnehin schon belastete Atmosphäre weiter aufheizen. Zudem bewirkt der immer stärker aufgewirbelte Staub der Ebenen – Folge großflächiger Erosionen –, dass die Luft nachts nicht mehr so schnell abkühlen kann und somit die Froststun-

MT. KILIMANJARO NATIONAL PARK

den weniger werden. Schließlich wirken Millionen von Staubpartikeln wie Vergrößerungsgläser und reflektieren brennende Sonnenstrahlen auf die Gletscheroberflächen und das schwarze, sich aufheizende Lavagestein. Man geht davon aus, dass das arktische Eis am Äquator zur Mitte des 21. Jahrhunderts verschwunden sein wird.

Rundflug über den Kilimanjaro

Für alle, die nicht zu Fuß in die luftigen Höhen des Kilimanjaro steigen wollen, bietet die Fluggesellschaft Kili Air um den Deutschen *Michael Braatsch* Rundflüge an – ein wirklich herrliches, wenn auch bei kleiner Personenzahl kostspieliges Erlebnis!

Gestartet werden kann in Moshi, am Kilimanjaro-Flughafen oder am West Kili Airstrip bzw. vor Momella aus. Frühmorgens um 7 Uhr ist die beste Zeit, um den gewaltigen Riesen zu umrunden. Auch können die Rundflüge mit einem Flug über den Mt. Meru und den Arusha-Nationalpark verbunden werden. Kostenpunkt für den Kilimanjaro-Rundflug (je nach verwendetem Flugfeld): ab 450 $ für das Flugzeug.

Über das gleiche Unternehmen werden auch **Tandem-Fallschirmsprünge** in unmittelbarer Nähe zum Berg angeboten, dabei geht es bis auf 13.000 Fuß hinauf; Preis: 390 $ (mehr online unter: www.skydivekilimanjaro.com).

● Zu erreichen ist **Kili Air** unter Tel./Fax (027) 2750523, (0787) 710710, E-Mail: info@kiliair.com, Internet: www.kiliair. com oder über die Hatari Lodge (siehe Arusha National Park).

Tierwelt

Der Kilimanjaro birgt, fast vollkommen abgeschnitten von der Außenwelt, eine inselartige Tierwelt. Es finden kaum Ab- und Zuwanderungen statt, lediglich die Giraffen, Löwen und die kleine Population von **Elefanten** (etwa 150) verlassen hin und wieder die östlichen und nördlichen Waldhänge in Richtung Amboseli. Der Großteil der Tierwelt des Kilimanjaro lebt im Waldgürtel, doch wurden auch schon Löwen und sogar Elefanten auf dem Shira Plateau gesichtet, wo sich fast das ganze Jahr über **Elenantilopen** aufhalten. Aber auch in noch höhere Lagen haben sich schon größere Säugetiere gewagt. *Reusch* fand 1926 bei seiner Besteigung des Kibo einen am Gletscher erfrorenen Leoparden (heute Leopard Point genannt), am Gipfel des Mawenzi wurde sogar einmal ein Büffelskelett entdeckt. 1962 begleiteten fünf **Hyänen** über mehrere Stunden eine Gruppe von Bergsteigern bis zu den Gletschern auf über 5000 m Höhe.

Leoparden sind heute rar und werden nur noch äußerst selten gesehen. Die Chance, Affenarten wie Meerkatzen und Babuine zu Gesicht zu bekommen, ist dagegen größer. Am Kilimanjaro lebt eine eigene **Unterart der Sykes-Meerkatze.** Ihr fehlt der sonst so typische weiße Kehlfleck. Der Kilimanjaro-Guereza ist eine Unterart der Schwarzweißen **Stummelaffen,** deren Bestand sich nach hemmungsloser Fellwilderei wieder erholt hat.

Weitere Säugetiere sind das Waldschwein, Nagetierarten wie Mäuse und Hochland-Ratten und die folgenden **An-**

tilopenarten: Buschbock, Klippspringer, Busch-, Abbot's- und Roter Ducker und Suni-Zwergböcke. Da der Wald aber meist sehr dicht ist, bekommt man kaum eines der Tiere zu Gesicht.

Unter den **Vögeln** sind vor allem Hartlaub's Turracos, Bussarde, Adler und Raben gelegentliche Begleiter beim Wandern durch die unteren Zonen.

Die Besteigung des Kilimanjaro

Die Besteigung kann **nur in Begleitung eines ausgewiesenen Führers** und mit offiziellen Trägern erfolgen. Zudem ist seit den neuen Bestimmungen aus dem Jahr 1993 auch die selbst organisierte Tour nicht mehr möglich, **jede Besteigung muss über ein Bergsteiger-/Safari-Unternehmen arrangiert werden.**

Der Kilimanjaro ist einer der wenigen Berge dieser Größenordnung, der auch von Nicht-Bergsteigern erklommen werden kann. Fast alle Routen erfordern nicht Seil-Kletterei, sondern nur eine gute Fitness/Vorbereitung und eine gesunde Portion Optimismus. Ob jung (Kinder unter 10 dürfen nur bis zur Mandara Hut) oder alt, der Fast-Sechstausender kann von allen in Angriff genommen werden, die keine gesundheitlichen Probleme haben (s.u.). Ausnahmen sind der Mawenzi, dessen Felswände nur für professionelle Alpinisten zugänglich sind, und die Gletscherrouten am Kibo.

Letzte Wasserstelle
auf dem Weg zum Gipfel

Der Erfolg versprechendste Faktor ist Zeit – Zeit, die jeder benötigt, um sich in Höhen zwischen 3000 und 4000 m zu akklimatisieren. Meine persönliche Einschätzung und die vieler anderer Kilimanjaro-erfahrenen Bergsteiger ist, dass man mindestens eine 6-Tage-Tour buchen sollte, am besten noch länger. Eine 5-Tage-Tour ist zwar kostengünstiger, aber eine Qual für den Körper, den Kopf und das Gemüt – auch Todesfälle kommen vor ...

Egal, welche Route man nimmt, eine **Urkunde** für das Erreichen des Uhuru-Gipfels oder des Gilman's Point bekommt man nach dem Abstieg am Mweka oder Marangu Gate.

Wer sich den Kilimanjaro nicht zutraut, aber dennoch einmal Kili-Luft atmen möchte, kann in den so genannten One Day Walking Zones **Tageswanderungen** unternehmen. Diese sind am Marangu und Londorossi Gate (West-Kilimanjaro) möglich und kosten **pro Person 60 $**. Man wandert in den unteren Berghängen und begeht die ersten Teilstücke der Routen auf den Berg. Vor 17 Uhr sollte man wieder zurück am Gate sein. Ein Führer, der bei der Parkverwaltung akkreditiert ist, muss mit von der Partie sein. Wer fit ist, kommt leicht bis zur Mandara-Hütte und zum Maundi-Krater.

Bergführer und Träger

Offiziell gibt es derzeit über 150 Führer, die nicht Parkangestellte sind. Ihre Ausbildung bzgl. Flora und Fauna lässt jedoch oft zu wünschen übrig. Wer auf diesem Sektor und allgemein zum Berg und dem Volk der Chagga mehr erfahren möchte, sollte seine Tour über ein renommiertes Unternehmen buchen.

Neben der Wegweisung hat ein Führer auch die Aufgabe (in Verbindung mit seinem Unternehmen), die je nach Ausrüstung benötigte Anzahl von Trägern zu organisieren und die Verteilung und Verpackung der Ausrüstung zu überwachen; ggfs. übernimmt er auch das Kochen. Auch wenn ein Führer auf der Marangu-Route nicht unbedingt nötig ist (aufgrund des starken „Gegenverkehrs" auf dem 2- bis 4-spurigen Pfad kann man sich gar nicht verlau-

Träger am Kilimanjaro

fen!), so werden Sie auf den anderen Routen auf ihn angewiesen sein, da hier nicht immer ersichtlich ist, wo genau der Pfad langführt. Sind Sie in einer größeren Gruppe (maximal 16), sollten zusätzlich ein oder auch zwei **„Assistance Guides"** (Zweitführer) mit von der Partie sein, damit im Falle einer Höhenkrankheit nicht die gesamte Gruppe umkehren muss, sondern nur der/die Betroffene(n) mit einem der Führer.

Ein Führer ist nicht gleichzeitig Träger, er trägt nur seine eigenen Sachen.

Oft kann ein Führer nicht frei ausgewählt werden, es sei denn, man besteht darauf, was aber Zeit kostet, will man in Marangu, Moshi oder auch anderswo die vom Tour-Operator „angebotenen" Führer kennen lernen. Meist muss man dem Veranstalter vertrauen, dass man einen sympathischen Begleiter bekommt. Doch auch hier gilt die Regel, dass ein Führer dem Ruf des Veranstalters alle Ehre macht – vermeiden Sie also die Billig-Organisation über eines der oftmals schlechten Low-Budget-Unternehmen in Moshi oder Arusha (s.a. „Die richtige Organisation einer Safari"). Sollten Sie auf der einfachen Marangu-Route unterwegs sein, wird dies nicht weiter ins Gewicht fallen, doch bei allen anderen Routen kann ein schlechter Begleiter die Tour vermiesen. Die ausgefalleneren Routen sollten daher auch nur über ein erfahrenes Unternehmen gebucht werden.

Die **Kosten** für einen Führer werden über das Unternehmen, mit dem man bucht, abgewickelt. Sehr gute und renommierte Führer, wie z.B. die vom DAV Summit Club, African Environment, Wilderness Travel oder Afromaxx (alle Arusha/Moshi), kosten ihr Geld, was die Gesamtkosten der Tour entsprechend steigen lässt. Zusätzlich sind Trinkgelder nach gelungenem Aufstieg von über 100 $ für den Begleiter selbstverständlich.

Träger benötigen eine Arbeitslizenz und einen jährlichen Fitnesstest. Die aus dem Chagga-Volk rekrutierten jungen Männer haben sich mittlerweile zu einer Art Genossenschaft zusammengeschlossen. Die Höchstlast pro Träger beschränkt sich seitdem auf 15 kg zusätzlich seiner eigenen Verpflegung/Kleidung. Je nach Ausrüstung werden ein bis zwei Träger pro Person benötigt. Wer abseits zeltet, muss wegen des zusätzlichen Schleppens von Zelten, Feuerholz und Wasser mit mindestens zwei Trägern rechnen. Einige Unternehmen sparen hier Kosten und führen ihre Billigtouren mit so wenigen Porters wie nur möglich durch. Zudem wird beim Marsch zum Gipfel oft auf die Trennung zwischen Kunden und Trägerkolonne verzichtet. Sie sollten darauf achten, nicht mit dem ganzen Pulk marschieren zu müssen. Gute Unternehmen teilen eine „Expedition" in Kunden, Führer und den jeweils persönlich zugeteilten Trägern einerseits und den vorausgehenden Lastenträgern und Köchen andererseits. So wird gewährleistet, dass Sie – Sie zahlen ja dafür – am Ende Ihrer Tagesetappe in ein fertiges Camp mit vorbereitetem Essen kommen, dass Sie in einer kleinen Gruppe gehen, um mehr vom Berg zu haben, und dass Sie vor allem nicht ständig von den Trägern hinsichtlich irgendwelcher

MT. KILIMANJARO NATIONAL PARK

Trinkgeldvereinbarungen, Geschenkvorbestellungen usw. genervt werden – alles Voraussetzungen für das Gelingen einer Kilimanjaro-Besteigung, und die liegen nicht immer vor, wie einige Bergsteiger in letzter Zeit bemängelt haben.

Am Ende der Tour wird ein stattliches **Trinkgeld** erwartet (Führer ab 20 $ pro Tag, Träger ca. 5 $ pro Tag) und/oder das Überlassen von Kleidungs- und Ausrüstungsgegenständen (Schuhe, Handschuhe, Stirnlampen usw.). Auch hier kann es zu Problemen kommen, gute Unternehmen regeln dies vorab oder intern.

In jedem Fall sollte man mit den Verhandlungen bis zum Ende warten, Träger fangen gern schon während des Abstiegs damit an. Das kann mitunter nervenaufreibend sein, denn was Ihnen als angemessen erscheint, ist selten genug und Grund für Diskussionen ...

Kosten und Organisation

Die Kosten hängen ab von der Dauer, der Route und vor allem vom gewählten Tour-Unternehmen. Eine **5-Tagestour über die Marangu-Route** mit einem durchschnittlichen Safariveranstalter in Arusha oder Moshi beginnt inkl. aller Nebenkosten bei **ca. 700 $**, eine stolze Summe, die nicht unbedingt für Reibungslosigkeit und perfekte Organisation steht. Mittelmäßiges Essen, Verzögerung der Träger und, damit verbunden, langes Warten auf Ausrüstungsgegenstände und/oder Essen und/oder trockene Kleidung und/oder Schlafsäcke kommen nicht selten vor. Wer ca. 300 $ mehr drauflegt und sich den Adressen in Marangu oder den empfohlenen Veranstaltern in Moshi anvertraut, geht ein geringeres Risiko ein. Zudem ist darauf zu achten, dass bei den Hütten und Camps am Berg das Wasser abgekocht bzw. desinfiziert wird oder sogar Trinkwasserflaschen im Gepäck der Träger sind. Die Gebirgsbäche sind aufgrund des großen Besucherandrangs mittlerweile alle nicht mehr ganz sauber, Ausnahmen sind die oberen und letzten Wasserstellen.

Sechs Tage über die Machame-Route liegen **zwischen 750 und 1200 $,** je nach Unternehmen. Die Preise gelten auch für andere Routen wie z.B. Rongai oder Shira.

Zu empfehlende **Adressen in Marangu** sind das Kibo Hotel, das Marangu Hotel und die Babylon Lodge. Von den im Moshi- und im Arusha-Kapitel erwähnten Veranstaltern sind u.a. A & K/Active Africa (Organisator für den Deutschen Alpenverein Summit Club), Afromaxx, Zara Tours (arbeitet mit Globetrotter Select in München und Diamir in Dresden zusammen) und Hoopoe Adventure Tours zu empfehlen. Diese gehen auch über die weniger benutzten Routen.

Schutzhütten und Camps

Die **Schutzhütten** am Kilimanjaro sind entlang der Marangu-Route sehr **modern und entsprechen internationalem Bergsteiger-Standard.** Sie sind allesamt bewacht, und die wichtigen, wie Kibo und Horombo, stehen mit dem Tal in Funkverbindung (Mobiltelefon funktioniert auch). Stromversorgung, sogar auf den Toiletten, ist durch Solarenergie gewährleistet. Touristen werden getrennt von Führern und Trägern untergebracht und verfügen auch über eigene sanitäre Anlagen. Die stationären Hüttenaufseher verkaufen Sodas, Bier, Kekse, Schokolade usw. Ein Restaurant jedoch gibt es nicht.

Auf einer Höhe von 2700 m befindet sich die **Mandara-Hütte,** eine Gruppe von Holzhäusern in einem Waldgebiet direkt an der Nationalpark-Grenze. Der Komplex mit Wasserstelle, von Norwegern erbaut, hat eine Kapazität von 80 Betten, je vier Personen teilen sich ein Zimmer.

Die **Horombo-Hütte** befindet sich auf 3700 m Höhe und weist die gleiche Ausstattung wie die Mandara auf, jedoch mit Platz für 120 Personen.

Die **Kibo-Hütte,** in 4700 m Höhe gelegen, ist eine Steinkonstruktion mit Schlafsälen für etwa 60 Personen und einem großen Speiseraum. Bei diesem Ausgangspunkt zum Gipfel gibt es kein Wasser mehr.

Die anderen **Hütten,** wie **Barafu, Barranco, Arrows, Lava Tower, Moir, Outward Bound, Mawenzi** und **Mawenzi Tarn,** sind nur noch heruntergekommene Wellblechhäuser, die meistens von den Trägern und Köchen genutzt werden. Bei diesen Hütten wird daher im Zelt geschlafen. Wasser- und Feuerholzvorrat muss mit dem Bergsteigerunternehmen abgesprochen werden. Das **gesamte Brennholz muss von außerhalb des Parks mitgebracht werden.**

Die als **Camps** ausgewiesenen Stellen verfügen fast alle über einen Wasserzugang nahebei. Es sind Zeltplätze, die an ausgewählten Stellen errichtet worden sind, von denen die meisten nur einfache Plumpsklos und Waschstellen haben. Zusätzlich wird auch auf einigen Routen bei **Caves** (Höhlen) bzw. geschützten Felsvorspüngen übernachtet, von denen die meisten nicht weit von einer Wasserquelle entfernt liegen. Das Schlafen in den Höhlen selber ist nicht mehr gestattet.

Camps und Caves werden hauptsächlich auf den weniger begangenen Routen genutzt (s.u.).

Vorbereitung und Ausrüstung

Auch wenn der Berg ohne Kletterei bestiegen werden kann, sollte man dennoch eine **gute Kondition** haben. Einige Wochen vorher sollten Sie sich mit Laufen, Joggen oder Fahrradfahren für den Aufstieg vorbereiten. Eine gute Übung besteht auch darin, sich an das Wandern mit einem Rucksack zu gewöhnen. Eine gute Ausdauer ist wichtig, und die „dünne" Höhenluft setzt trainierte Lungen voraus, die mit dem geringeren Anteil von Sauerstoff in der Luft klarkommen.

Wer Asthma-, Herz- oder Lungenprobleme hat, sollte von einer Besteigung bis zum Gipfel absehen und sich auf die ebenso schönen unteren Bergbereiche beschränken. In jedem Fall sollte der Gipfel nicht „mit Gewalt" erzwungen werden, die **Grenzen der eigenen körperlichen Belastbarkeit** sind zu **respektieren.**

Bei der **Ausrüstung** muss man nicht unbedingt in kompletter alpiner Beklei-

MT. KILIMANJARO NATIONAL PARK

Die Ausrüstung sollte folgende Dinge umfassen:
- bequeme Wanderhose
- wasser- und winddichte Überhose (Sympatex o.Ä.)
- evtl. lange Unterhose, langärmliges Unterhemd (Thermo!)
- Fleece-Pullover
- wasser- und winddichte Jacke mit Kapuze (mit Innenfutter)
- Handschuhe
- mehrere Paare dicke Socken
- Thermoschlafsack (Komfortbereich mind. bis -5°C)
- Wasserflasche
- evtl. eine Thermoskanne
- Bergsteigergamaschen für die Unterbeine
- zwei Wasserflaschen
- guter Rucksack für persönlichen Bedarf
- Thermotasche für Kamera und Filmmaterial
- evtl. Zelt und Isomatte
- Stirnlampe
- Sturmstreichhölzer
- Taschentücher
- Erste-Hilfe-Kit (s.a. unter Höhenkrankheit und Notfall)
- Hut, Kopftuch
- Sonnencreme (Blocker für Nase und Lippen)
- Sonnenbrille
- Stirnband zum Ohrenschutz
- Toilettenpapier
- Wanderstock (oft bekommt man einen guten Bambusstock)

Buchtipps:
- Gunter Schramm
Trekking-Handbuch
- Rainer Höh
Wildnis-Ausrüstung
- Rainer Höh
Wildnis-Backpacking
REISE KNOW-HOW Praxis

dung erscheinen, was vor allem dann, wenn man nur mit Rucksack im Land unterwegs ist, auch gar nicht möglich ist. Die Safari-Unternehmen stellen die gesamte Ausrüstung (Kochgeschirr mitsamt Essen, gewaschene Thermoschlafsäcke, Zelte, Wanderstöcke usw.).

In jedem Fall anzuraten ist die Mitnahme der **eigenen, eingelaufenen Trekkingstiefel,** denn nichts ist schlimmer, als sich in einem geliehenen Schuh die Füße wund zu laufen. Nützlich ist auch ein **zweites Paar Schuhe** (z.B. Turnschuhe, leichte Wanderschuhe o.Ä.) für den ersten Tag der Besteigung. Gerade wer die Machame-Route angeht, wird auf dem ersten Teil durch den Urwald – je nach vorherigen Regenverhältnissen – mit viel Wasser und Matsch zu kämpfen haben, so dass selbst gute Trekking-Stiefel nicht nur völlig eingesaut werden, sondern womöglich auch voll Wasser laufen – und dann am kühlen Abend in 3000 m Höhe nur schwer trocken zu kriegen sind! Nassklamme Schuhe können einem dann am nächsten Tag die Tour gründlich vermiesen!

Höhenkrankheit und Notfall

Bei Bergtouren muss der abnehmende Luftdruck bedacht werden, da mit diesem auch das **Sauerstoffangebot** für den Organismus **sinkt.** Näherungsweise verringert sich der Luftdruck pro 1000 Höhenmeter um 10%. Gedankenlosigkeit und Selbstüberschätzung können hierbei große Gefahren heraufbeschwören, auch körperliche Fitness und Klettererfahrung schützen nicht vor der

Höhenkrankheit. Daher sollte man sich **langsam an die atmosphärischen Verhältnisse gewöhnen:** für den Aufstieg von Meereshöhe auf 2500 m zwei Tage einplanen, danach für je 500 m Höhenunterschied einen Tag, Höhen über 5000 m sollte der Untrainierte nicht überschreiten.

Zeichen der Höhenkrankheit können bereits ab 2000 m auftreten, ab 3000 m sind sie häufig: Kopfschmerz, Müdigkeit, Übelkeit, Atemnot, Schlafstörung, schneller Pulsschlag. Diese Warnzeichen können fälschlich auf Anstrengung und Erschöpfung beim Aufstieg zurückgeführt und deshalb nicht beachtet werden. Dann drohen eine schwere Lungenstörung, die mit Husten und Atemnot bis zum Ersticken führen kann, sowie eine Hirnschwellung, die sich anfangs mit Bewegungsstörungen (z.B. unsicheres Gangbild) und Verwirrtheit äußert, dann bis zur Bewusstlosigkeit führt. Grundsätzlich gilt: Jedes Symptom, das vorher nicht bestand, ist als Anzeichen der Höhenkrankheit zu werten.

Vorbeugende Maßnahmen

- **Behutsame Anpassung an die Höhe:** keine Gewalttouren. Gruppen müssen sich nach ihrem schwächsten Glied richten. Ausreichender Schlaf, Ruhephasen einlegen.
- **Schlafplatz** 200 bis 500 m unterhalb der größten erreichten Höhe wählen.
- **Ausgleich des Flüssigkeitsverlustes** (hervorgerufen durch trockene Luft und vermehrte Abatmung): ausreichend trinken, d.h. pro 1000 m Höhe mind. 1,5 Liter zusätzliche Trinkmenge.
- **Alkohol unbedingt meiden.**
- **Kleine, häufige Mahlzeiten aus leicht verwertbaren Kohlenhydraten** wie Obst, Marmelade, Haferflocken.
- Vor der Einnahme von Medikamenten, die der Vorbeugung dienen sollen, muss gewarnt werden, da sie die Anfangssymptome verdecken und damit zu einem weiteren Anstieg mit größeren Risiken verleiten.

Behandlung

Bei den ersten Anzeichen: ausruhen, evtl. hinlegen, zusätzlich trinken, leichtes Schmerzmittel (z.B. *Aspirin*®).

Wenn nach einer Stunde keine Besserung eintritt, ist Abstieg um einige hundert Meter erforderlich. Wer das aus eigener Kraft nicht mehr schafft, wird entweder getragen oder mit einer einrädrigen Bahre ins Tal geschafft. Für diesen Notfall muss jeder Bergsteiger vor Beginn einer Tour die obligatorischen **40 $ Rescue Fee** für ein eigens vorgesehenes **Bergrettungs-Team** zahlen (die Kosten hierfür sind bei den Bergsteiger-Agenturen schon mit einberechnet). Liegt ein ernsthafter Notfall vor, wird man in das KCMC-Krankenhaus nach Moshi eingeliefert, mit dem über Funk/Mobiltelefon Verbindung besteht.

- **Knight Support**
E-Mail: firstarusha@knightsupport.com, Tel. (075) 4510197. Das Konzept beruht auf **First Air Responder** und ist eine sehr empfehlenswerte neue Erste-Hilfe-Leistung in Tansania, besonders für den Norden. Wo die Flying Doctors oft eine wertvolle Stunde oder mehr zu spät sind, sorgt Knight Support für die erste Notfallevakuierung auf modernstem Standard. Auch Hubschrauber werden eingesetzt und können selbst in großen Höhen am Kilimanjaro und in entlegensten Gebieten, wo es keine Landepisten mehr gibt, fliegen bzw. landen. Diese Zusatzversicherung lässt sich direkt oder über Ihren örtlichen Veranstalter buchen und ist eigentlich Pflicht für alle, die auf den Kilimanjaro klettern. Knight Support hat seine variable Basis zwischen Arusha und Moshi.

MT. KILIMANJARO NATIONAL PARK

Die Routen zum Gipfel

Insgesamt spricht man von **acht Auf- und Abstiegsrouten,** von denen derzeit sieben zugänglich sind. Auf den Kibo selbst führen drei Routen, von denen die Arrow Glacier Route seit einem Steinschlag Anfang 2006 geschlossen ist (Stand Januar 2007). Zudem gibt es eine **Summit-Route,** die um den Kibo herumläuft und in einen Northern Circuit und Southern Circuit unterteilt ist. Weitere einzelne **Kletterrouten** für Professionelle, die sich über Gletscher oder über die Wände des Mawenzi zu den Gipfeln wagen wollen, müssen vorher schriftlich beim Headquarter beantragt und genehmigt werden.

Marangu-, Tourist- oder „Coca-Cola"-Route

Diese Route gilt als die **einfachste und am besten ausgestattete,** daher auch die Beinamen (in den Hütten gibt es tatsächlich Cola!). Pro Tag ist eine Höchstzahl von 50 Personen zugelassen. Es ist deshalb ratsam, lange Zeit im Voraus zu reservieren! Mehr als zwei Drittel aller Besucher besteigen den Kibo über diesen Weg.

Erster Tag

Vom **Marangu Gate (1800 m)**, wo oft schon die erste Nacht in modernen Hütten oder in Zelten verbracht werden kann, geht es früh am Morgen langsam hoch, ohne allzu große Schwierigkeiten. Der breite Trampelpfad durch den herrlichen Wald mit seinen uralten Bäumen, gurgelnden Bächen und zwitschernden Vögeln führt in 3–5 Stunden zur **Mandara-Hütte auf 2700 m Höhe.** Wenn Sie gut zu Fuß sind und noch Lust verspüren, können Sie am Nachmittag zum nahe liegenden, dicht bewachsenen **Maundi-Krater** wandern oder ihn sogar umrunden (15 Minuten). Von seinem Rand werden in der Ferne der Lake Jipe und die Pare Mountains sichtbar.

Zweiter Tag

Von Mandara bis **zur Horombo-Hütte (3720 m)** sind es 5–7 Stunden Fußmarsch durch den Waldausläufer und in die erste Zone der Moor- und Heidelandschaft. Ideal ist eine **Tagespause** in Horombo, um sich langsam an die Höhe zu gewöhnen. Ausflüge zum 1 Stunde entfernten **Zebra Rock** (3980 m hohe Klippen) oder zum East Lava Hill am Fuße des Mawenzi können von hier unternommen werden.

Dritter/Vierter Tag

Von Horombo **bis zur Schutzhütte des Kibo** (4703 m) hat man die Auswahl zwischen **zwei Routen:** der oberen Route, die am Fuße des Mawenzi vorbeiführt, und der unteren Route, die direkt über den Saddle und durch kleine Lavakegel führt.

Bei der gängigeren unteren Route wird empfohlen, an der letzten Wasserstelle, auf einer Höhe von 4300 m, die Wasserflaschen aufzufüllen. Das Wasser gilt hier als noch trinkbar, schmeißen sie dennoch Wasserentkeimungsmittel dazu – für alle Fälle! Bis Kibo ist mit **5–7 Stunden Fußmarsch** zu rechnen, wer oben entlanggeht, benötigt etwas länger.

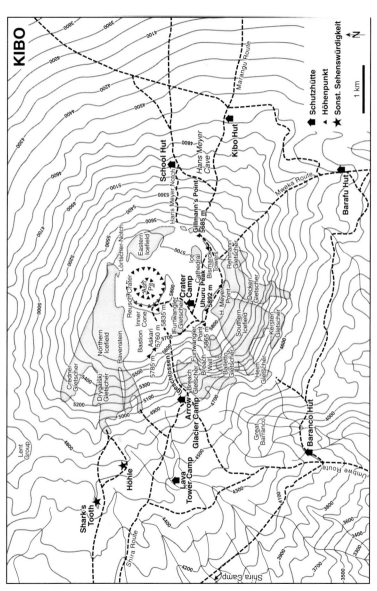

Moshi und Mt. Kilimanjaro NP

Vierter/Fünfter Tag

Die **letzte Etappe** der Bergbesteigung erfolgt nachts. Der Abmarsch von der Kibo-Hütte **beginnt ab Mitternacht,** da man so den Sonnenaufgang über dem Mawenzi erleben kann. Vor allem aber sind in der Nacht die sonst lose Asche und der Lava-Schotter noch gefroren und lassen sich besser begehen. Der Hang verläuft steil, aber der Pfad ist fest und mit Stirn- oder Taschenlampe gut zu sehen.

Vorbei an der **Hans Meyer Cave,** einem Ort für eine kurze Rast, sind nach etwa 5 Stunden Fußmarsch der Kraterrand des Kibo und der erste Gipfel, der 5685 m hohe **Gillman's Point,** erreicht. Viele begnügen sich mit dem herrlichen Blick in das Innere der Caldera und auf die letzten großen Eisschollen am Rand. Wer noch Kraft verspürt, müht sich noch weitere 1½ Stunden den Grat des äußeren Kraters entlang, vorbei am mittlerweile winzigen Ratzel-Gletscher und den Bismarck Towers bis zum **Uhuru Peak.**

Der **Abstieg** zur Kibo-Hütte dauert etwa 1 Stunde, weitere 4–5 Stunden benötigt man **bis Horombo.**

Letzter Tag

Am fünften bzw. sechsten Tag werden die letzten 28 km bis Marangu in etwa 6–7 Stunden zurückgelegt. Sie können aber auch über eine der Südrouten den Berg verlassen.

Machame-Route

Diese Route führt durch wilde, unberührte Natur und bietet mehr Ruhe als die Marangu-Route. Viele sehen diesen Weg als den schönsten an, was jedoch mittlerweile auch dazu geführt hat, dass mehr und mehr Unternehmen ihre Kunden über diese Route schicken. Machame weist keinen besonderen Schwierigkeitsgrad auf, vorausgesetzt Sie nehmen sich sechs Tage Zeit und der letzte Teil des Aufstieges erfolgt über Barafu Hut und nicht über den **Arrow Glacier.** Einige Unternehmen/Führer bevorzugen nämlich letztere Variante, die es jedoch in sich hat. Sofern Sie nicht über gute bergsteigerische Kenntnisse und Praxis verfügen, rate ich von der Route aus folgenden Gründen ab: Die Arrow Glacier Hut auf 4850 m wird relativ schnell erreicht, so dass wenig Zeit auf der für die Höhenanpassung extrem wichtigen Höhe zwischen 3500 und 4500 m verbracht wird. Schließlich ist der finale Anstieg nahe der fast 1000 m hohen Felswand **Western Breach** steinig und sehr steil, teils auch vereist und glatt. Wer oben auf dem Kraterrand ankommt, darf nicht über den gleichen Weg zurück, sondern muss nach dem Uhuru Peak (wer das nicht schafft, läuft über den Kraterboden zur Ostseite) über die Barafu Hut absteigen. Falls man nun zu zweit oder in einer Gruppe unterwegs ist und jemand den Aufstieg bei Arrows nicht schafft (was durchaus vorkommt), die andere(n) Person(en) aber schon oben ist/sind, wird die Gruppe geteilt, und man sieht sich frühestens nach einem Tag am Mweka Camp wieder. Zu emp-

Mt. Kilimanjaro – Furtwangler-Gletscher

MT. KILIMANJARO NATIONAL PARK

fehlen, besonders wegen der wichtigen Höhenanpassung, aber auch aufgrund der einmaligen Vegetation im Baranco Valley (Senecien, Lobelien), ist daher die **Route über die Barafu Hut,** die wie folgt aussieht:

Die **erste Etappe** beginnt am Park Gate, 3 km nördlich vom Ort Machame, und führt durch einen sagenhaften Waldabschnitt und endet nach einem fünf- bis sechsstündigen Fußmarsch im **Machame Camp (2990 m).** Vom Camp hat man den optimalen Blick auf die Shiraspitzen und den Kibo.

Die **zweite,** 7 Stunden lange **Etappe zum Shira Camp (3840 m)** ist besonders schön. Das dichte Unterholz des Regenwaldes weicht den Heide- und Moorlandschaften, und der rechter Hand aufragende Kibo wirkt gewaltig groß. Zudem hat man eine wunderschöne Sicht nach Westen, zu den spitzen Zacken der Shira Ridge und zum weit entfernten Mt. Meru. Am Camp ist es ratsam, einen Tag Akklimatisierungspause einzulegen.

Die **dritte Etappe** verläuft durch Geröllwüste und steigt in Richtung der alten **Lava Tower Hut** auf etwa 4000 m an, bevor man dann unterhalb des großen „Lavahügels" (dort ist auch eine kleine Höhle, Abstecher von etwa 45 Minuten) wieder leicht absteigt und nach etwa 2 Stunden die Baranco Hut im gleichnamigen Tal erreicht.

Am vierten Tag wird der große Kibo-Gipfel auf seiner Südseite umgangen (Southern circuit), man bewegt sich zwischen 3800 und 4100 m. An der Kreuzung mit der Umbwe-Route be-

Moshi und Mt. Kilimanjaro NP

MT. KILIMANJARO NATIONAL PARK

ginnt dann der leichte Anstieg über einen Höhenrücken, bis nach etwa einer weiteren Stunde die Barafu Hut in ca. 4600 m Höhe erreicht ist.

Hier wird ein paar Stunden geschlafen, bevor es nachts (ca. 2 Uhr) mit Lampen auf sandigem Untergrund dem Stella Point am Kraterrand oder dem Gipfel selbst entgegen geht.

Der anderthalbtägige Abstieg erfolgt wieder zurück über Barafu Hut und dann die Mweka-Route hinunter.

Umbwe-Route

Diese sehr steil angehende Route beginnt entweder im Dorf Umbwe auf 1450 m Höhe oder am Ende einer Parallelroute, die bis 1850 m mit dem Auto befahren werden kann. Entlang des

Die Legende des Menelik I.

Menelik I., König von Tigre in Abessinien (heute Provinz in Äthiopien), eroberte während seiner Herrschaft im 16. Jahrhundert das Gebiet von Somalia, Kenia und den Norden Tansanias. Am Ende seiner Feldzüge kletterte der angeschlagene Ehrenmann auf den Kibo, da er sein Ende vorausahnte. Er wollte, dass sein Tod dem Tod des Königs der Könige würdig sei. Auf dem Gipfel angekommen, schickte er seine Träger zurück ins Tal. Zuvor prophezeite er ihnen, dass eines Tages einer seiner Nachfolger seinen Siegelring des Königs von Salomon im Krater finden werde. Doch seine Nachfolger, darunter der spätere Kaiser *Haile Selassie* und der Diktator *Mengistu*, kamen nie bis zum Kibo, und ein Ring wurde bisher auch nicht gefunden.

Umbwe Stream geht der Weg mehrere Kilometer durch den sehr eindrucksvollen Regenwald. Da hier nur selten Gruppen entlanggehen, ist der Pfad an manchen Stellen eng und von der Vegetation und Wurzeln überwuchert. Das erste Lager wird bei den **Forest Caves (2850 m)** aufgeschlagen, wo das Wasser sehr trüb ist. Von den Höhlen geht es weiter entlang des „Großen Barranco", eines lang gezogenen Bergrückens, durch Heidelandschaft hindurch und vorbei an zwei weiteren Höhlen, bis man auf das **Barranco Camp (3950 m)** an der Route des Southern Circuit trifft. Das Camp gilt als Basis für Alpinisten, die über die Gletscher des Southern Icefields zum Gipfel klettern. Normal-Wanderer sollten hier jedoch einen Tag Pause einlegen, bevor sie über Barafu Hut den Aufstieg machen. Der Aufstieg über Arrow Glacier ist nur für erfahrene und physisch fitte Bergsteiger ratsam.

Für die Normal-Wanderer geht es weiter über das **Lava Tower Camp** der Shira- und Lemosho-Route und schließlich entlang des Arrow-Gletschers zum Uhuru Peak (siehe Anmerkung zum Arrow Glacier oben).

Mweka-Route

Die Mweka-Route ist nur noch für den Abstieg der Machame-, Shira- oder Umbwe-Routen vorgesehen.

Shira- und Lemosho-Route

Beide Routen beginnen beim **Londorossi Gate (2250 m)** an der Westflanke des Berges und vereinen sich auf dem 3600 m hohen Shira Plateau. Die

Ausblicke in die weite Ebene in Richtung des kenianischen Amboseli National Park und zu den schroff aufragenden Bergen des Meru und des Longido sind überwältigend.

Während die ursprünglich für Autos angelegte Piste über die Shira-Route einen schnellen Aufstieg zum Plateau ermöglicht, führt die neue Lemosho-Route anfangs noch durch dichten Wald und dann geradewegs auf die steil aufragende Shira Ridge zu, die man dann nördlich umgeht. Kurz zuvor befindet sich am Fuß der ehemaligen Kraterwand das **Shira One Camp (3610 m)**, von dem aus für Kletterer die Möglichkeit besteht, den Johnsell Point oder den Klute Peak zu erklimmen.

Weiter geht ein ganzer Tagesmarsch nur über das weitläufige Plateau bis zum **Shira Two Camp.** Von hier kann der Trek entweder über die **Moir-Hütte (4200 m)** und den Northern Circuit fortgesetzt werden, oder man geht durch ein riesiges Feld von großen schwarzen Lavablöcken über den Shark's Tooth bis zum 4600 m hoch gelegenen Lava Tower Camp. Ab hier verläuft die Route wie die Machame (siehe Beschreibung oben).

Rongai-/Naremolu-Route

Vom Ort Rongai an der kenianischen Grenze im Nordosten des Berges beginnt eine der interessantesten Routen, wobei die Eingangsformalitäten zuerst in Marangu erledigt werden sollten. Der Nordhang ist allgemein spärlicher bewachsen als die Südhänge, dafür hat man aber stets freie Sicht in die Weiten der kenianischen Ebene bis hin zu der eindrucksvollen Chyulu Range, einer Kette von Vulkanhügeln am Rande des Tsavo National Park. Auch den langsam näherkommenden Kibo hat man ständig vor Augen. Übernachtet wird auch hier in Zelten nahe der ehemaligen Schlafhöhlen am Climbing und Bread Rock. Auf dem Saddle angekommen, kann man erst eine Schleife entlang der Ausläufer des Mawenzi einbauen, bevor man entweder über das Biwak Camp der **Outward-Bound-Hütte (4750 m)** bzw. School Hut oder über die Kibo-Hütte den Aufstieg zum Gipfel beginnt. Der Abstieg darf nicht zurück über Rongai erfolgen.

Moshi und Mt. Kilimanjaro NP

Pare- und Usambara-Berge

Die Pare- und Usambara-Berge bilden einen **Teil der Eastern Arc Mountains** (s.u.) und ziehen sich von den Ausläufern des Kilimanjaro parallel zur kenianischen Grenze bis ins Küstenvorland von Tanga. Die Nordwest-Südost-Ausdehnung beträgt über 200 km.

Unterteilt in die vier Gebirgsmassive **North und South Pare Mountains** sowie **West und East Usambara Mountains** erheben sich die Berge im Durchschnitt **2000 m hoch.** Mit ihren **angenehm kühlen Bergwäldern** und phänomenalen Aussichtspunkten stellen die Berge einen deutlichen Kontrast dar zu den jahreszeitlich heißen und staubigen Ebenen in der „Masai-Steppe" sowie zum Mkomazi-Umba National Park. Herrliche mehrtägige Wanderungen in Wäldern, zu Wasserfällen sowie Besuche und Übernachtungen in entlegenen Dörfern bieten eine faszinierende Innenansicht von einer der bemerkenswertesten Regionen Tansanias. Ein Besuch der Berge ist auch aus geschichtlichen und kulturellen Gründen lohnenswert. Die **Volksgruppen der Pare und Shambaa** erlauben einen tiefen Einblick in Tradition und Familienstrukturen. Ihr Leben unterscheidet sich von den übrigen Bantu-Völkern des Landes, steht charakteristisch für eine Berglandkultur. Besonders bei den Pare und Shambaa sind althergebrachte Strukturen noch tief verwurzelt, werden die jeweiligen Sprachen Kipare und Kisambaa vielerorts noch gesprochen. Aufgrund der schon frühen Christianisierung durch deutsche Missionare bis weit in die letzten Bergregionen hinein besteht auch ein engeres Verhältnis zu westlichen

Highlights und Tipps
- Beim Volk der Pare – die Pare Mountains, S. 372
- Wandern in den West Usambaras, S. 392
- Lushoto und „Jägertal" – Spuren deutscher Vergangenheit, S. 385
- Heiler und Wahrsager – Tradition beim Volk der Shambaa, S. 384
- Amani Nature Reserve und das Sigi-Tal, S. 396

(wenn auch mancherorts sehr religiösen) Lebensanschauungen und Wertevorstellungen. Besonders in den Usambara-Bergen sind die Spuren aus der Zeit von Deutsch-Ostafrika noch sehr gegenwärtig.

Größter Ort und zugleich **Herz der Usambara-Berge** ist das freundliche **Lushoto**, das einst als Luftkurort „Wilhelmstal" den deutschen Kolonisten als Erholungsgebiet diente. Das mit der Ebene über eine kurvenreiche Teerstraße verbundene Lushoto ist heute ein idealer Ausgangsort für Wanderungen.

In den North und South Pare Mountains bilden die kleinen Ortschaften **Usangi** und **Manka** die Ausgangsbasis für eindringliche Erlebnisse in den Bergen der Pare-Kultur. Das Volk der Pare ist für seinen Fleiß und seine Eigeninitiative bekannt. Der erste Präsident des Landes, *Julius Nyerere,* nannte sie mit Blick auf ihr arbeitsames Verhalten „the Chinese of Tanzania".

Wer von Moshi in Richtung Süden unterwegs ist, fährt an dieser imposanten Region, an den schönsten Gebirgszügen Tansanias, entlang. Über 200 km Länge verläuft die Strecke parallel zu den North und South Pare Mountains. Ab Mkomazi erheben sich dann die gewaltigen Usambara-Berge aus der Ebene. Rechter Hand begleitet Sie die schier endlose Weite der Maasai-Trockensavanne („Masai Steppe"). In der Ferne sind der Stausee Nyumba ya Mungu und die spitz aufragenden Lelatema Mountains sichtbar.

Die Straße folgt zum größten Teil der alten Eisenbahnlinie aus deutscher Kolonialzeit, deren Gleise wiederum auf einer alten Karawanenroute liegen, welche im 19. Jahrhundert von Pangani zum Kilimanjaro führte. Orte wie Mwanga, Mkomazi, Mombo oder Korogwe stammen aus jener Zeit.

Wasserfall in den Usambara-Bergen

Usangi/ North Pare Mountains

Der knapp 8000 Einwohner zählende Ort **Usangi** ist der **Hauptort in den North Pare-Bergen** und liegt **1350 m hoch.** Ein schöner Platz, der Besuchern Wandermöglichkeiten und einen Einblick in die Volkskultur der Pare bietet (lokale Zuckerrohr-Brauerei, Töpferkunst usw.). Besonders schön sind die Gebiete des **Kindoroko Mountain Forest** und der **Mangatu** und **Chegho Moorlands.** Das im Vergleich zu den South Pare Mountains kleinere Gebirge lockt mit tollen Wandermöglichkeiten und faszinierenden Ausblicken, besonders in Richtung Kilimanjaro.

Praktische Informationen

●**Usangi:** Es bestehen sehr einfache **Unterkunftsmöglichkeiten** bei Pare-Familien oder in der Lomwe Secondary School vor Ort (3000 TSh p.P.). Verpflegung wird von den Familien gestellt, die traditionelle Gerichte zubereiten.
●Ein Trip nach Usangi und die dort möglichen Aufenthalte und Ausflüge sollten über die im Ort ansässigen verantwortlichen Mitarbeiter des **Cultural Tourism Programme** (siehe Arusha) durchgeführt werden. Man wende sich an *Mr. Nelson Kangero,* Tel. (027) 2757927, 2757924, E-Mail: nelsonkangero@yahoo.com – empfehlenswert!
●Von Moshi aus fährt täglich ein **Bus** direkt nach Usangi (von Arusha bis Mwanga und dann mit dem Dalla Dalla weiter).
●**Selbstfahrer:** siehe nachfolgende Routenbeschreibungen.

Routenbeschreibungen in/um die North Pare Mountains

Moshi – Mwanga – Same/Mkomazi-Umba National Park (109/116 km)

●Gute Asphaltstraße, Fahrzeit 2 Std., täglich mehrmals Busse.

Der neu ausgebauten A23 nach Osten folgend, zweigt nach 24 km die große Asphaltstraße B1 in Richtung Dar es Salaam ab.

Abstecher zum Lake Jipe

Bei **km 38** (ab Moshi), nach der Überquerung des kleinen Ruvu River (auch Kifaru genannt) im Dorf Kifaru (Swahili für Nashorn), zweigt direkt links eine Piste zum Lake Jipe ab und weiter um den ersten Teil der **nördlichen Pare Mountains,** bis man wieder zurück auf die Asphaltstraße kommt. Diese Schleife beträgt etwa 74 km und ist ein landschaftlich lohnenswerter Abstecher.

Die Piste führt parallel zum saisonalen Ruvu River, der hier einen Teil der Grenze zu Kenia markiert. Nach den Dörfern Masiwa und Unyasa erreicht man nach ca. 25 km die schilfigen Ufer des flachen Lake Jipe. Mitten durch den 18 km langen See verläuft die Grenze zu Kenia. Schwimmen oder andere Wasseraktivitäten sind hier nicht möglich, da Krokodile, Flusspferde und Schnecken, die Bilharziose übertragen, das Gewässer „besetzt halten". An einigen Uferstellen sind Schneisen im Schilf zu erkennen. Diese werden von Fischern vom Volk der Taita geschlagen, die mit ihren Einbäumen zum Angeln auf den See hinaus paddeln. Die tansanische Seeseite ist touristisch nicht erschlossen, lediglich auf kenianischer Seite befinden sich die Lake Jipe Lodge und ein Zeltplatz.

Vom Lake Jipe geht es über eine kurvenreiche Strecke am Fuß der Pare Mountains entlang. Die auffallend grünen Osthänge bekommen mehr Niederschlag und werden in den höheren Gebieten für den Anbau von Kaffee und Kardamom genutzt. Über Kwakoa und Gitingeni wird schließlich wieder die Asphaltstraße erreicht: 29 km sind es noch bis Same.

Auf der B1 weiter in Richtung Süden folgt 16 km nach Kifaru der geschäftige Ort **Mwanga,** in dem es bei einem Schilderwald links in die North Pare Mountains geht, zum 1350 m hoch gelegenen Ort **Usangi** (siehe nächste Route).

109 km südlich von Moshi liegt der Distriktort Same am Fuße des schroff aus der Ebene ragenden Mt. Umari (1740 m), der hier das südliche Ende der North Pare Mountains markiert.

Um zum Mkomazi-Umba National Park zu gelangen, muss man im Ort Same vom großen Busbahnhof einer Erdstraße zwischen den beiden Bergketten hindurch folgen. Im hinteren Teil des Ortes muss man sich rechts halten. Nach 6 km folgt der Abzweig zum 1 km entfernten **Zange Gate** vom Mkomazi-Umba National Park.

Mwanga – Kikweni – Usangi (27 km)

Der guten Piste durch Mwanga folgend, hält man sich nach 1,7 km bei einer Wegegabelung rechts. Die Strecke windet sich über Kurven in die Berge zum 13,5 km von Mwanga entfernten Dorf **Kikweni** (kleines Lokal linker Hand am Berg). Hier fährt man rechts an einer herrlichen Berglandschaft entlang, mit Blick auf viele Gehöfte des **Volkes der Pare** und die Weiten des kenianischen Tsavo, die sich östlich der Berge in der Ferne auftun. Von Kikweni sind es 10 km, bis der lang gestreckte Ort **Usangi** beginnt. Nach einer kleinen Total-Tankstelle rechts, der Überquerung eines Baches und weiteren 1,5 km durch den Ort folgt eine Wegegabelung, mit der rechts im Tal liegenden Lomwe Secondary School. Die Piste links führt(e) die Berge hinunter in Richtung Butu und Kwakoa, ist jedoch nach etwa 4 km nicht mehr zu befahren: Abgerissene Hänge haben die Strecke unpassierbar gemacht. Von Usangi muss man wieder zurück nach Mwanga fahren, um in die Ebene zu gelangen.

Same

Same ist Distrikt-Hauptstadt und Ausgangsort für einen Besuch des Mkomazi-Umba National Park (s.u.) und für eine Fahrt zum Bergort Manka in den South Pare Mountains.

Manka/South Pare Mountains, Routenbeschreibungen

Unterkunft

Same bietet nur einfache landestypische Übernachtungsmöglichkeiten, etwa das einfache, aber durchaus zu empfehlende **Kambeni Guesthouse** mit self-contained-Zimmern ab 4000 TSh; bedingt empfehlenswert ist das **Elephant Motel** 1 km südlich an der Hauptstraße. Die ältere Anlage verfügt über eine Bar und ein einfaches Restaurant. Zimmer mit WC/Dusche und Frühstück liegen bei 12.000 TSh. Im Ort selbst befinden sich einfache landestypische **Guesthouses** für 4000–6000 TSh die Übernachtung.

Manka/ South Pare Mountains

Der Ort **Manka** auf einer Höhe von **1350 m** verblüfft durch seine steil am Hang gebauten, teils zweistöckigen Häuser und eine fast himmlische Ruhe. Linker Hand wird eine kleine Kirche sichtbar, die den Grundstein der Christianisierung von Mbaga symbolisiert. Deutsche Geistliche begannen hier und im weiter südlich gelegenen Bombo vor mehr als hundert Jahren das Volk der Pare zu missionieren. Das milde Klima, frei von Malaria, lockte sie nach Mbaga, wo etwa drei Viertel der Bevölkerung heute aus Christen besteht, während in der nur wenige Kilometer entfernten Ebene der Islam seit den ersten Karawanen der Araber Einzug hielt. An die lutherische Zeit erinnert heute noch die alte Kirche am Ortsende links.

Unterkunft/Ausflüge

●Am Ortsende von Manka befindet sich links die einfache, aber sehr freundliche **Hill Top Tona Lodge,** Tel. (022) 2600158, (0277) 2758176, E-Mail: tona_lodge@hotmail.com. Der Besitzer *Elly Kimbwereza* engagiert sich für die Entwicklung eines alternativen Tourismus in der Region und organisiert in Zusammenarbeit mit dem Cultural Tourism Programme/Arusha (vgl. dort) Wanderungen in die Umgebung (zum Felsturm Milimani Rock, zum Lake Rangi in 1800 m Höhe, Chome Forest, Besuche bei Pare-Familien usw.). Die Unterkunft besteht aus mehreren auseinander liegenden Häusern mit jeweils drei bis vier Zimmern. Bed & Breakfast 10 $ pro Person. Zelten ist ebenfalls für 3000 TSh möglich, Mittag oder Abendessen auf Vorbestellung für 3500 Tsh.

Verkehrsverbindungen

●Manka kann zweimal täglich ab 14 Uhr mit einem **Dalla Dalla** von Same aus erreicht werden.

Routenbeschreibungen in/um die South Pare Mountains

Same – Manka/Bombo – Gonja Maore (35/71 km)

Um in die South Pare Mountains zu gelangen, folgt man der Asphaltstrecke von Same noch 4,5 km weiter südwärts. Eine Piste führt hier links in die Mwembe-Region, eine Ebene zwischen den Bergen. Nach 10,5 km gabelt sich die Piste, rechts führt sie über Bangalala/Vudee Nyika nach Makanja. Links folgt nach 1½ km das Dorf Mwembe, danach beginnt die Piste in die Berge hinauf zu klettern, in eine Region, die als **Mbaga** bezeichnet wird. Die Straße erreicht beim Kwizu Forest den Mpepera Pass, kurz danach ergeben sich die ersten Blicke auf die weit unten liegenden, schier endlosen Ebenen des Mkomazi-Umba National Park. Der kleine Ort **Marindi** wird durchfahren, rechts am Berg steht eine alte Kirche aus der lutherischen Missionszeit (die Glocke datiert aus dem Jahr 1911). Unterhalb, direkt rechts neben der Straße, befindet sich das erste und kaum noch genutzte Schulgebäude jener Tage. In der Rechtskurve unmittelbar danach führt ein Fußweg geradeaus weiter zum **Mtii Viewpoint** (10 Minuten), wo sich ein herrlicher Ausblick in Richtung Osten ergibt.

Weiter über zahlreiche Kurven, vorbei an dicht bewachsenen Hängen, folgt nach weiteren 5,5 km **Manka.**

Von Manka lässt sich noch ein Stück entlang der Berghänge in Richtung **Bombo** (23 km) weiter fahren. Dort bietet das einfache Vuje Guesthouse eine preiswerte Übernachtung und ist Ausgangspunkt für einen eintägigen Aufstieg zum **Shengena Peak,** dem mit **2462 m** höchsten Gipfel der gesamten Pare-Berge. 2 km vor Bombo führt in einer Rechtskurve links (Schild: „Maore") eine schmale und sehr schlechte Piste in die Ebene hinunter nach Gonja-Maore (15 km) an der Kisiwani-Kihurio-Straße (siehe nächste Route).

Same – Zange Gate (Mkomazi National Park) – Gonja – Mkomazi – B1 (Buiko) (102 km)

Bleibt man auf der Piste, kommen bei km 29 der Ort Kisiwani und 8 km weiter der Abzweig zum Njiro Gate des Mkomazi-Umba National Park. Die Landschaft präsentiert sich hier als raue Buschsavanne. Von Kisiwani führt eine schmale, ziemlich schlecht zu fahrende Piste hinauf in die South Pare Mountains nach Manka (s.o.). Die Strecke sollte nur bei Trockenheit angegangen werden. Die herrlich grünen Hänge und die Aussicht auf den riesigen Mkomazi-Umba National Park entschädigen jedoch für die holprige Anfahrt.

In der Ebene weiterfahrend, folgt 16 km hinter Kisiwani der lang gezogene Ort **Gonja** (Polizeistation, Tankstelle). Das Gebiet ist sehr fruchtbar, von Bananen, Kokospalmen, Mais bis hin zu Maniok und Mangos scheint hier einfach alles zu gedeihen. Gonja wirkt wie eine Oase in dem schon merklich schwüleren Klima des Küstenvorlandes. Der Ort war während des 19. Jahrhunderts ein wichtiger Rastpunkt der Sklaven- und Elfenbeinkarawanen, welche von Mombasa, Moa und Tanga hier durchführten, auf dem Weg von und zum Kilimanjaro. Ein Teil dieser Vergangenheit ist durch kleine Moscheen und die hauptsächlich islamische Bevölkerung noch gegenwärtig. Einfache Guesthouses bieten Unterkunft.

Weiter auf der Piste durchfährt man nach Gonja einen märchenhaften **Urwald,** der einen für kurze Zeit in den Kongo versetzt. 9,5 km hinter Gonja folgt rechts ein kaum auszumachender Abzweig zu den **Thornton Falls** (in der Trockenzeit nur ein Rinnsal!), die sich hoch in den Osthängen befinden.

Der Hauptstrecke weiter folgend, wird Ndundu durchfahren, ein Zentrum

MKOMAZI-UMBA NATIONAL PARK

South Pare Mountains –
Tona Lake und Moorlands

großer Sisalplantagen, 6,5 km hinter dem Ort zweigt links eine gut zu fahrende Piste zu einem etwa 3 km entfernten Fischerdorf am **Lake Kalimawe** ab. Im Schatten von ein paar Akazien lässt sich hier schön picknicken.

Der Hauptstrecke weiter in Richtung Süden folgend, wird nach 8 km der Ort **Kihurio** durchfahren, 3,5 km dahinter folgen die Brücke über den Mkomazi River und das Dorf Kihurio-Mugandu. Links zweigt die Piste nach Mnazi und zur östlichen Umfahrung der Usambara-Berge ab. Geradeaus sind es noch 16 km bis zum alten Handelsort **Mkomazi**, wo die Eisenbahn überquert wird. Ab da sind es dann noch 4 km bis zur Asphaltstraße B1 südlich von Buiko.

Mkomazi-Umba National Park ⇗ XI,C1

Der Mkomazi-Umba National Park mit einer Fläche von 2500 km² ist seit 2006 Tansanias neuester Nationalpark. Hervorgegangen aus dem bereits 1951 gegründeten Game Reserve, dient das Wildreservat als **Pufferzone für den kenianischen Nationalpark Tsavo West.** Die ursprünglich getrennt voneinander verwalteten Mkomazi und Umba Game Reserves haben nun eine gemeinsame Verwaltung mit Headquarter am Zange Gate, nahe des Ortes Same. Mkomazi ist der Name des in den nördlichen, saisonalen Sumpfebenen entspringenden Flusses, welcher weiter südlich in den Pangani fließt. Mkomazi bedeutet in der Sprache der Pare „Wasserquelle". Der Umba River entspringt in den

Usambara-Bergen, bildet einen Teil der Südostgrenze des Reserve und mündet in Kenia in den Indischen Ozean.

Das Reservat erstreckt sich im Norden von den Pare Mountains bis zur „Umba-Steppe" im Küstenvorland. Die höchste Erhebung ist der **Kimonodo Hill** mit knapp 1600 m im Nordwesten von Mkomazi, im Südosten dagegen geht es bis auf etwa 300 m hinunter. Das wenig besuchte Gebiet bietet eine faszinierende, raue Landschaft, die einen Teil der riesigen **Busch-Savannen** des Tsavo-Ökosystems umfasst. Daher profitiert auch das Reservat von einer artenreichen, grenzüberschreitenden **Tierwelt,** darunter Löwen, Geparden, Elefanten, Büffel, Giraffen, Zebras, Grant's- und vor allem Gerenuk-Antilopen (größter Bestand in Tansania).

Die Schönheit dieser Wildnis resultiert aber auch aus den wechselnden Vegetationsformen, die einen deutlichen Übergang von Akazien- und Feigenbäumen der nördlichen Savannen zu den niederen und feuchten Buschwerken des Küstenvorlandes zeigen. Diese vielseitige Flora zieht auch viele **Vögel** an, etwa 400 verschiedene Arten sind bisher registriert worden.

Lange Zeit war Mkomazi nur die vernachlässigte Pufferzone von Tsavo, in der Wilderer und ambitionierte Jäger die wandernden Tiere ins Visier nahmen. Die Maasai nutzten in Trockenzeiten die künstlich angelegten Wasserstellen für ihre Viehherden. Mittlerweile sind jedoch mehr Wildhüter im Einsatz, die Jagd ist reglementiert, und die Maasai dürfen trotz großer Proteste die Weideflächen auch nicht mehr nutzen.

Die Besucherzahlen waren bisher kaum der Rede wert, mit einem neuen Masterplan soll der Tourismus auch hier gefördert werden. Seit 2006 gibt es eine komfortable Unterkunft, das herrlich bei den Gulela Hills gelegene **Babu's Tented Camp** (s.u.).

Einige Projekte, wie die Einführung des Afrikanischen Wildhundes, und der weitere Ausbau der Infrastruktur werden zur Zeit in Erwägung gezogen. Zur Überwindung der finanziellen Probleme des Reserve hat sich der britisch-kenianische George Adamson Memorial Fund engagiert. Ein privates **Nashorn-Sanctuary** mit aus Südafrika eingeflogenen Tieren wurde mit den Geldern errichtet und kann möglicherweise demnächst besichtigt werden.

Beste Besuchszeit/ Im Reserve unterwegs

Der Mkomazi-Umba National Park lässt sich das ganze Jahr über besuchen, mit Einschränkung während der großen Regenzeit von März bis Mai.

Der **Eintritt** erfolgt über das **Zange Main Gate** und über das **Njiro Gate.** Bei den Rangerposts im Umba-Bereich darf der Park lediglich verlassen werden, jedoch nur nach vorheriger Anmeldung am Zange Gate.

Die Pisten setzen **Vierradantrieb** voraus, Treibstoff ist nur in den Orten Same, Kisiwani und Gonja erhältlich.

Von Babus's Camp aus lässt sich das Gebiet auch **zu Fuß erkunden.** Dies darf nur in Begleitung eines bewaffneten Rangers erfolgen und setzt ein eigenes Fahrzeug voraus. Die Verwaltung

MKOMAZI-UMBA NATIONAL PARK

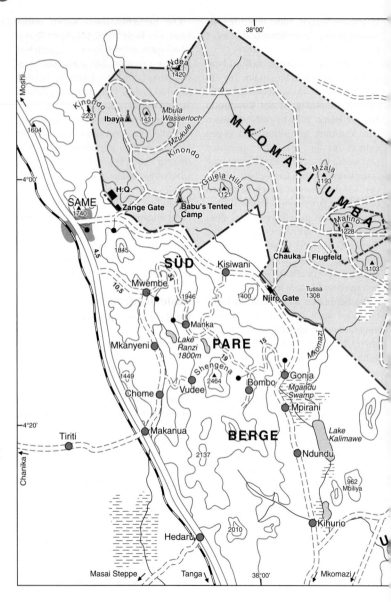

Karten S. 382, X/XI **MKOMAZI-UMBA NATIONAL PARK** 379

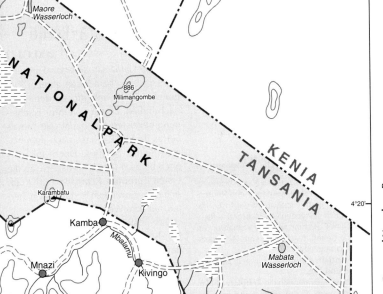

am Main Gate vermietet keine Wagen. Im Nordwest-Sektor (Ibaya genannt) befinden sich einige hoch aufsteigende Hügelketten, von denen sich sagenhafte Ausblicke über viele Kilometer bieten. Bisher (2007) bieten nur wenige Safari-Unternehmen eine größere Tour im Mkomazi an. Das Safarierlebnis **„Hatari Experience"** beinhaltet eine Safari quer durch unberührtes Maasailand zum Mkomazi National Park (mehr unter: www.hatarilodge.com).

Der **Tierbestand** von Mkomazi-Umba kann sich mit den Parks im Norden sicherlich nicht messen. Auch sind die Tiere nicht so an Besucher gewöhnt. Dafür ist man im Park (noch) nahezu allein unterwegs, in einer Landschaft, die mit endlosen Savannen und bizarren Bergen besticht.

In Moshi bietet u.a. MEM Tours Camping-Safaris im Mkomazi-Umba National Park an.

Anreise, Unterkunft und Kosten

● Mkomazi-Umba kann von Moshi/Same relativ schnell erreicht werden (siehe Routenbeschreibungen oben), auch die Piste, die vom südlich gelegenen Ort Mkomazi in Richtung Njiro Gate führt, ist gut zu befahren. Im Reserve befindet sich auch eine Landepiste für Motorflugzeuge.

● Die **Eintrittsgebühren** betragen **20 $ pro Person und Tag.**

● Bei Ibaya befindet sich ein **Zeltplatz** (12 km nördlich vom Gate). Die wahrscheinlich schönste Campingmöglichkeit bietet die Höhe bei **Vitewini,** wo sich herrliche Ausblicke öffnen. Die dritte Campsite heißt **Kambi ya chauka** und liegt etwa 5 km hinter dem Njiro Gate. Die Plätze bieten weder fließendes Wasser noch Toiletten, **Camping kostet**

20 $ p.P. Ansonsten befinden sich einfache Guesthouses in Same und Kisiwani (s.o.).

● **Babu's Camp,** Tel. (027) 2548840, Internet: www.gmsafaris.com. Das von GM Safaris 2006 errichtete Camp verfügt über 5 luxuriöse Zelte, die wunderschön unter Baobab-Bäumen entlang der Gulela Hills liegen und einen herrlichen Ausblick auf den Nord-Mkomazi haben. Alle Zelte verfügen über ein im Zelt integriertes Badezimmer mit einer Außendusche und Toilette unter Sternenhimmel, geschützt durch Palisaden aus Zweigen und Ästen. Die bequemen, großen Betten unterstreichen den gelungenen Stil dieses Camps mit einem sehr serviceorientierten Team.

● Die **Rangerbegleitung** bei Fußmärschen schlägt mit **10 $** zu Buche.

Die Usambara-Berge

↗ **XI,C1/2**

Vasco da Gama sah als erster Europäer 1498 die Usambara-Berge, als er in Tongoni bei Tanga anlegte, auf dem Weg nach Indien. Er war von ihrer Erscheinung begeistert und nannte sie damals Serras de Sao Raphael, nach dem Namen seines Schiffes. Doch sollte es noch bis zum Jahr 1848 dauern, als die ersten Europäer *Rebmann* und *Krapf* sich dem gewaltigen Bergmassiv näherten, auf dem Weg zum Kilimanjaro.

Das küstennahe Gebirge, von der Nordspitze Sansibars gut sichtbar, bildet einen Teil der **Eastern Arc Mountains** (vgl. entsprechenden Exkurs). Die Usambara-Berge werden durch den Lwengera River in die waldreichen **East Usambara** und die etwa viermal so großen **West Usambara Mountains** geteilt, wo sich auch die höchsten Erhebungen, wie der 2219 m hohe Shagein, der 2230 m hohe **Magamba** und der

2301 m hohe **Chambolo,** befinden und wo sich an den Osthängen bei **Bumbuli Teeplantagen** erstrecken. Viele Flanken des Gebirges fallen fast senkrecht in die Ebene ab und bieten vielerorts sagenhafte Ausblicke.

Etwa 50 km landeinwärts wirken die Berge wie eine Wand, welche die wassergefüllten Wolken, die sich über dem Ozean bilden, „festhält" und dazu führt, dass durchschnittliche Niederschlagsmengen von über 2000 mm im Jahr die Regel sind. Die Temperatur schwankt zwischen 13° und 22°C, zwischen August und Oktober sind Fröste keine Seltenheit. Wegen des angenehmen und malariafreien Klimas sind die Berge schon seit langem bevorzugtes Siedlungsgebiet.

In den letzten Jahrzehnten machten den Usambara-Bergen der Anstieg der Bevölkerungszahl und die damit verbundenen, flächenhaften Abholzungen zu schaffen. Die natürliche Urwaldvegetation wurde von der Landwirtschaft mehr und mehr zurückgedrängt, was bei Regen auch den Abrutsch fruchtbarer Hangerde verursacht(e). Mit langjähriger Hilfe der GtZ und anderer Entwicklungsgesellschaften konnte den Erosionsproblemen und dem unkontrollierten Abholzen Einhalt geboten werden. Dennoch: Heute sind nur noch etwa 30% des einstigen Urwaldes vorhanden, beschränkt in den West-Usambaras auf die Waldinseln **Shagayu Forest, Magamba Mkuzu Forest** und **Bumbuli Baga Forest** (insgesamt nur 340 km²). In den Ost-Usambaras steht nur noch der **Magoroto Forest** im **Amani Nature Reserve** unter Schutz.

Auttorstungsflächen zählen mittlerweile immerhin 80 km².

Im Vergleich zu den eher trockenen Ebenen im Umland ist die Vegetationsvielfalt in und um die oft von Wolkenschleiern verhangenen Waldregionen geradezu berauschend. **Über 2800 verschiedene Pflanzenarten** sind in den Usambara-Bergen heimisch, und etwa ein Viertel davon wächst an keinem anderen Ort der Welt! Wie wichtig der Bestand der Wälder ist, zeigt schon die hohe Biodiversität am Beispiel des Magoroto Forest. Auf gerade mal 2,3 km² Fläche finden sich 109 verschiedene Baum- und Pflanzenarten, 27 Säugetierarten, 82 Vogelarten und jeweils 29 Reptilien- und Amphibienarten.

Das bekannte **Usambara-Veilchen** (engl. *African Violet*) wurde um die vorletzte Jahrhundertwende vom damaligen Bezirksamtmann von Tanga, *Baron Hofmarschal Walter von Saint Paul-Illaire* (1893–1900), in den östlichen Usambaras entdeckt; daher auch der lateinische Name *Saintpaulia ionantha*. Oftmals viel gegenwärtiger sind jedoch das **Obst und Gemüse,** welche zum Teil das ganze Jahr über in den Bergen gedeihen. Es verblüfft einen angesichts der tropischen Sonne und des schwülheißen Klimas schon, wenn man in Dar es Salaam an Straßenständen voll beladen mit Äpfeln, Birnen, Kirschen, Pflaumen, Aprikosen, Weintrauben, Erdbeeren usw. vorbeischlendert. Eine Bauern-Kooperative beliefert ein paar namhafte Hotels sowie Gemüse- und Obstläden in der Hauptstadt regelmäßig mit Gemüse und Früchten (selbst Spargel ist im Angebot – wenn auch selten!).

382 Die Usambara-Berge

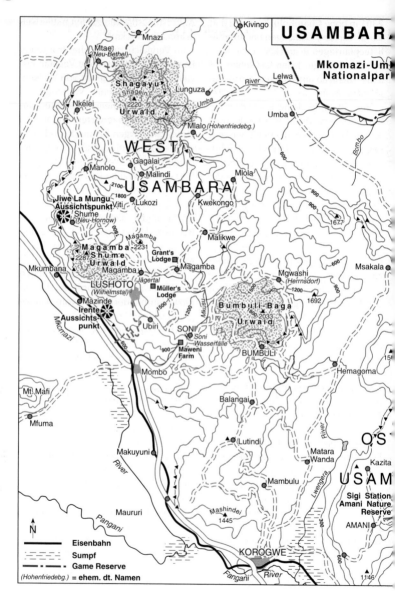

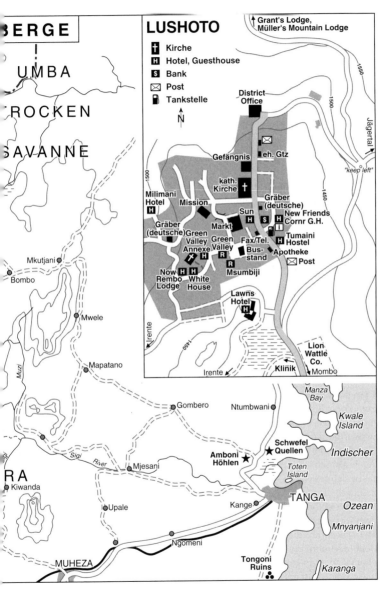

DIE USAMBARA-BERGE

Für Besucher der Usambara-Berge bietet sich eine Fülle von Besichtigungs- und Wandermöglichkeiten mit den Orten **Lushoto** in den West- und **Sigi/Amani** in den East-Usambara Mountains als **optimalen Ausgangsorten**.

Geschichte

Zu Beginn des 15. Jahrhunderts bildete das **Volk der Galla** in den nordwestlichen Usambara-Bergen das Königreich Ugweno. Die Bauern und Eisenschmiede litten aber ab dem 19. Jahrhundert stark unter den arabischen Sklavenhändlern aus Tanga und wanderten ab.

Im Süden der westlichen Usambaras entwickelte sich bereits im 18. Jahrhundert beim **Volk der Shambaa** (auch Shambala genannt), das heute das gesamte Berggebiet besiedelt, ein Reich, dessen Grundlage eine intensive Landwirtschaft und ein effektives Bewässerungssystem waren, Entwicklungen, die heute noch die Shambaa kennzeichnen. Den Erzählungen nach wurde um 1740 der mächtige Jäger *Mbega* vom **Clan der Kilindi** von den Ackerbauern zum König/Chief ernannt, da dieser es fertig brachte, Wildschweine, die Felder verwüstet hatten, zu töten und das Fleisch an die Menschen zu verteilen. Auch als Schlichter von Streitigkeiten tat er sich hervor, so dass es nicht verwundert, dass er von den Shambaa mit (Ehe-)frauen beglückt wurde. Nach seinem Tod wechselte sich eine Reihe von Herrschern ab, die Kilindi blieben jedoch der führende Clan. Der Sitz des ehemaligen Königtums war **Vuga**, heute ein kleiner Ort mit lutherischer Mission 24 km südlich von Lushoto an der Mombo-Road. Vuga etablierte sich als Zentrum magischer und religiöser Bräuche, welche den Respekt der Shambaa vor den Wakilindi nur noch stärkten. Etwa vom Anfang des 19. Jahrhunderts an entwickelte sich jedoch in der Ebene, am Fuße der Berge, mit dem Ort **Mazinde** ein Gegenpol des Handels. Denn hier verlief die Karawanenroute der Araber, auf welcher mit Elfenbein, Gewehren und auch Sklaven gute Geschäfte gemacht wurden.

Den deutschen Kolonialisten, die sich ab 1895 in der Region aufhielten, wurde (trotz Waffenbesitz) nur wenig Widerstand entgegengebracht. Durch zwei (nicht von Menschenhand verursachte) Brände 1898 und 1902 wurde Vuga zudem fast vollständig zerstört. Die Shambaa fügten sich den neuen ausländischen Herrschern in ihrem Land. **Lutherische Missionen** entstanden um die Wende vom 19. zum 20. Jahrhundert, kleine deutsche Kirchen prägen heute noch im Osten der Berge Ortschaften wie Mtae und Mlalo. Die bekanntesten Missionen damals wie heute sind Sakarani und Bumbuli.

Doch auch Nichtgeistliche wurden von den Bergen angezogen. Die erstaunliche Vielfalt anbaufähiger Pflanzen, von typischen Tropenpflanzen wie Banane und Kaffee bis zur Möglichkeit, auch mitteleuropäische Gemüse- und Obstsorten zu kultivieren, zog „Pflanzer" aus dem fernen Deutschland an. In den östlichen Usambara-Bergen entstand mit **Amani** ein medizinisches Forschungsinstitut mit botanischen Versuchsgärten, und das zentrale **Lushoto**

Karten S. 378, 382, XI

DIE USAMBARA-BERGE 385

(früher „Wilhelmstal") in den West-Usambaras wuchs zu einem stattlichen Örtchen heran und diente als „Bezirkshauptstadt" der kaiserlichen Regierung.

Mit der Fertigstellung der Usambara-Eisenbahn bis Mombo entstanden Stichbahnen zu Sisalplantagen am Fuße der Berge sowie in die Berge selbst. Die private Sigi-Holzexport-Gesellschaft baute eine Schmalspurbahn in die Ost-Usambaras. Ein Sägewerk entstand in „Neu-Hornow" (heute Shume), von wo eine **Drahtseilbahn** der Firma Bleichert & Co. bis zu 14 m lange Holzstämme über teilweise 900 m breite Täler in die Ebene nach Mazinde transportierte. Etwa 1200 m³ Zedernholz pro Jahr gelangten auf diese Weise zum Hafen von Tanga. Heute ist nur noch eine kleinere Seilbahn in Betrieb, hauptsächlich werden Körbe mit Agrarerzeugnissen transportiert. Von der ursprünglichen Bleichert-&-Co.-Drahtseilbahn sind heute nur noch gewaltige Fundamente am Berghang zu bestaunen.

Während der britschen Zeit wurde den Kilindi im Rahmen der Politik des „indirect rule" (vgl. Land und Leute/Geschichte) wieder begrenzt lokale Macht zugesprochen. Der letzte Chief lebt heute (2007) noch in Vuga.

Lushoto   ⚐ XI,C2

Das etwa 15.000 Einwohner zählende Lushoto in den westlichen Usambara-Bergen ist **Verwaltungssitz** des District of Lushoto. In 1400 m Höhe gelegen, war der frühere Bezirksamtssitz **„Wilhelmstal"** ein bedeutender Erholungsort für deutsche Siedler und Pflanzer

aus den umliegenden Ebenen. „In den Bergen herrscht ein Klima wie in Leipzig im Oktober", so die Ergebnisse damaliger Temperaturmessungen durch Kolonialbeamte. Um Krankheiten zu kurieren oder sich bei Spaziergängen in der kühlen Bergluft im angrenzenden **„Jägertal"** zu regenerieren, errichteten die Deutschen nach dem Vorbild der englischen Hillstations in Kenia und Indien einen **Luftkurort,** der zudem den Vorteil hatte, frei von Malaria zu sein. Die Kirchen wählten Wilhelmstal zu ihrem zentralen Sitz, um von hier ihrer Missionsarbeit in den heißen Ebenen nachzugehen. Zum Ende der Kolonialzeit überlegte man sogar, dem Ort einen Eisenbahnanschluss zu verschaffen und zur Hauptstadt von Deutsch-Ostafrika zu ernennen.

Das Bild Lushotos hat sich seit jener Zeit kaum verändert. **Schöne Kirchenhäuser** sind zu sehen, die **vielen alten Steinhäuser** mit roten Ziegeldächern und rauchenden Kaminen erinnern an europäische Gefilde. Am Ende der asphaltierten Hauptstraße, der Boma Road, steht noch das unverkennbar deutsch aussehende ehemalige Bezirksamt, heute Distict Office. Kurz davor rechter Hand befindet sich die Post im Stil alter Reichsbahngebäude, oben am Berg in Richtung Jägertal ruht am Hang das leer stehende ehemalige „Eisenbahnerheim" mit kleinem Eckturm. Im Jägertal selbst und auf dem Weg in Richtung Magamba zieren hie und da alte Bauernhöfe deutscher Siedler die herrliche Berglandschaft.

Lushoto ist eine gute Basis für erlebnisreiche **Wanderungen** in Bergwäl-

Pare- und Usambara-Berge

Die Eastern Arc Mountains

Die Eastern Arc Mountains

Nur wenig bekannt und erst in Ansätzen erforscht reiht sich eine mehr als 1000 km lange Kette von Gebirgszügen durch das östliche Tansania. Ihre biologische Bedeutung wurde erst Ende des 20. Jahrhunderts richtig erfasst. Ein Blick auf die Tansania-Karte zeigt einen halbmondförmigen Bogen von Bergen, der im Norden mit den **North** und **South Pare Mountains** beginnend (manche Wissenschaftler zählen auch die Taita Hills in Kenia dazu) sich über die **Usambara, Nguu, Nguru, Kaguru, Rubeho & Uluguru** bis hin zu den **Udzungwa Mountains** und den **Highlands bei Mufindi** erstreckt. Es handelt sich um eine kristalline Bergkette, die sich vor 25 Millionen Jahren aufgrund tektonischer Blockfaltung bildete und damit 30-mal so alt ist wie die ersten zaghaften Erhebungsversuche des Kilimanjaro. Die Berge erreichen allesamt Höhen um die 2500 m, ihr präkambrisches Gestein gehört zu den ältesten der Welt. Ihre oft von Wolken verhangenen Bergwälder zählen zu den ältesten Afrikas, ihre Entstehung reicht aller Wahrscheinlichkeit nach 135 Millionen Jahre zurück, in eine Zeit, als sie mit dem großen Kongo-Urwald und den Wäldern Westafrikas einen flächendeckenden „Teppich" bildeten.

Während der Eroberung und Erforschung Afrikas stellte diese Bergkette zunächst eine große Barriere dar, hinter der sich das weitläufige, unbekannte Afrika erstreckte. Sklaven- und Elfenbeinkarawanen der Araber, Forscher und Missionare überquerten im 19. Jahrhundert Gebirgspässe, doch wurden die oberen Waldregionen gemieden, und in Tagebucheintragungen jener Zeit wurden die Berge, mit Ausnahme der Schönheit der märchenhaft anmutenden Waldhänge, kaum erwähnt. Auch der damals noch kleinen Bevölkerung reichten die Ressourcen, welche das Land zwischen den Bergen bot, so dass die Notwendigkeit nicht bestand, in die Wälder zwecks Rodung und Rohstoffen vorzudringen. Auch ein echtes Bergvolk hat es im heutigen Tansania nicht gegeben. Sicherlich leben mittlerweile viele Chagga in den unteren Waldhängen des Kilimanjaro oder Sambaa in den Usambara-Bergen. Diese Entwicklung ist jedoch jüngerer Natur und liegt eher in der rasant ansteigenden Bevölkerungszahl sowie der Knappheit an fruchtbarem Land bzw. Brennholz begründet. Zusätzlich bewirkte vereinzelt die Gründung von Missionen,

DIE EASTERN ARC MOUNTAINS

die vor rund hundert Jahren das angenehm milde Klima in den Bergen favorisierten, dass heute Bergorte mit ökologisch schwer verträglichen Einwohnerzahlen existieren, die ohne den „weißen Mann" vielleicht nicht entstanden wären.

Zwar wurde schon in der deutschen Kolonialzeit die biologische Vielfalt der Berge erkannt, doch sah man damals die Bergwälder hauptsächlich als Holzlieferanten. Lediglich bei Amani in den östlichen Usambara-Bergen entstand ein medizinisches Forschungsinstitut, in dem erstmals die hohe Biodiversität der Berge erkannt wurde.

Erst seit jüngster Zeit ist die gesamte Bergkette eingehend erforscht worden. Die bisherigen Ergebnisse haben Biologen in aller Welt verblüfft. Unter den internationalen Naturschutzvereinigungen gelten die „Eastern Arcs," wie sie in Fachkreisen genannt werden, als einer der „Hotspots" der Erde. Die Organisation Conservation International zählt die Eastern Arc Mountains zu den 25 wichtigsten Biodiversitäts-Gebieten der Welt. Zusammen bedecken die voneinander isolierten und nur noch in Fragmenten existierenden **letzten Bergregenwälder** etwa 1500 km². Umso beeindruckender ist das sehr hohe Vorkommen endemischer Pflanzen- und Tierarten. Bekannt ist sicherlich seit längerer Zeit das Usambara-Veilchen (African Violet), welches als Topfpflanze viele deutsche Wohnzimmer schmückt. Doch Neuentdeckungen hören nicht auf. Jeder Biologe, der sich in letzter Zeit mit den Bergwäldern befasst hat, kommt mit Erkenntnissen zu neuen Arten wieder zurück. Als endemisch gelten bisher 24 Reptilien, zehn Kleinsäugetiere, dreißig amphibische Tiere, 123 Schmetterlinge und wahrscheinlich Dutzende von Vogelarten. Die Anzahl an endemischen Pflanzen- und Baumarten ist enorm. Allein in den östlichen Usambara-Bergen sind fünfzig endemische Baumarten registriert worden.

Um mit symbolischem Nachdruck für die Notwendigkeit von Schutzmaßnahmen und Schutzzonen zu werben, werden die letzten Waldinseln der Eastern Arcs auch als ein **„afrikanisches Galápagos in den Wolken"** bezeichnet.

● **Informationen** im Internet unter www.easternarc.org

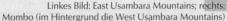

Linkes Bild: East Usambara Mountains; rechts: Mombo (im Hintergrund die West Usambara Mountains)

Pare- und Usambara-Berge

DIE USAMBARA-BERGE (LUSHOTO)

dern, zu Dörfern der Shambaa und zu umwerfenden Aussichtspunkten wie dem **Irente** und **World Viewpoint**, abseits der üblichen Touristenrouten.

Lodges außerhalb

- **Müller's Mountain Lodge**
P.O. Box 34, Tel. (027) 2640204, (0784) 315661/415040. Der Bauernhof der Familie *Müller* aus den 1930er Jahren liegt unweit des Magambo Forest Reserve in einem Tal. Heute lebt in dem alten Haus, das an Gutshöfe im Allgäu erinnert, der Tansanier *Rudi Müller*, dessen Vater Deutscher war. Deutsch sprechen die *Müllers* nicht mehr, doch nehmen sie gerne Gäste (maximal 19) auf ihrem Hof auf und vermitteln Führer für Wanderungen entlang der Nature Trails im nahen Wald. Die Übernachtung mit Frühstück im Haupthaus kostet 20.000/36.000 TSh das EZ/DZ – empfehlenswert. Anfahrt: Ab Lushoto vom kleinen „keep left"-Kreisverkehr 4,5 km in Richtung Grant's Lodge, dann rechts auf eine kleinere Piste über zwei Brücken, danach erste Piste wieder rechts. Insgesamt 10 km. E-Mail: mullersmountainlodge@yahoo.com.

- **Grant's Lodge**
Tel./Fax (027) 2642491. 8 km nördlich bei Mkuzi gelegen. Das ehemalige Kolonialhaus aus den 50er Jahren bietet seit 1991 eine sehr stilvolle Unterbringung in familiärer Atmosphäre an. Die 4 Zimmer für maximal 11 Personen sind sehr gemütlich, die Lage und das Essen sind vom Feinsten. Die Lodge bietet Wandermöglichkeiten im angrenzenden Magambo Forest Reserve. Ein Tag mit Vollpension kostet 50.000 TSh pro Person. www.grantslodge.com

- **Swiss Farm Cottage**
P.O. Box 70, Tel. (027) 2640161. Nette kleine Gästefarm versteckt am Berg vor einer grandiosen Naturkulisse, geleitet von der Tansanierin *Carolina Mauchle*. Platz für 8 Personen, Übernachtung mit Frühstück für 20.000 TSh, Kinder nur die Hälfte. Eine warme Mahlzeit wird mit 5000 TSh berechnet.

- **Irente View Point Hotel**
Direkt am View Point in spektakulärer Lage gelegen. Modern und sauber. Die Aussicht ist unvergleichlich, leider ist man hier jedoch etwas abseits von Lushoto. DZ ab 50 $ pro Person. Der Besitzer spricht deutsch.

- **Mkuyu Lodge on Irente Farm**
Tel. (0784) 502935, (0784) 674046. Mkuyu ist ein Gebäude auf der Irente Farm mit 2 großen Zimmern mit jeweils 3 Betten. Angegliedert ist eine eigene Küche für Selbstversorger (mit Kühlschrank und Herd). Mahlzeiten werden nicht angeboten. Auf der Farm lassen sich jedoch gutes Graubrot sowie leckere selbst produzierte Marmeladen, Müslis, Butter, Käse, Quark und Säfte kaufen. Ein Zimmer kostet 60.000 TSh.

- Nebenan gibt es noch das **Tambwe Flat** ab 15.000 TSh pro Person mit Frühstück. In Richtung Irente Viewpoint, tolle Aussicht!

- Weitere neuere Unterkünfte außerhalb von Lushoto sind das **St. Eugene's Hostel** (Tel. (0784) 523710, Zimmer ab 20 $), 3 km vor Lushoto von Soni aus kommend, sowie die **Lushoto Executive Lodge** (DZ ab 45 $).

Hotels in Lushoto

- **Lushoto Sun Hotel**
P.O. Box 104, Tel. (027) 2640083. Zentral gelegenes, gutes tansanisches Hotel. Das Doppelzimmer mit Bad kostet 12.000. Freundlich.

- **Lawn's Hotel**
P.O. Box 33, Tel. (027) 2640005, 2640066, Fax 2642311, E-Mail: lawns@habari.co.tz. Sehr schön, etwas erhöht am Ortseingang gelegenes ehemaliges Kolonialhaus eines deutschen Pflanzers; wirkt etwas heruntergekommen, doch der knisternde Kamin bei der Bar und die Veranda mit bequemen Stühlen und Blick auf eine Wiese haben Charme. Einfache, saubere Zimmer. Der griechische Besitzer *Tony* ist eine Institution. Übernachtung mit sehr gutem Frühstück im DZ ohne Bad 18.000 TSh, mit 30.000 TSh, etwas zu teuer!

Preiswerte Unterkünfte

- **Green Valley Annexe**
Unweit vom Busstand. Die Zimmer sind etwas klein und kosten mit Bad/WC 5000 TSh die Nacht. Nur bedingt empfehlenswert (schlechte sanitäre Anlagen).

- **Tumaini Pension**
Tel. (027) 2640092. Kirchliches Gästehaus, nahe am Busbahnhof in der Boma Road.

Karten S. 378, 382, XI **DIE USAMBARA-EISENBAHN**

Die Usambara-Eisenbahn

Die Usambara-Bahn, später auch „Nordbahn" und heute „Moshi Line" genannt, war die **erste Eisenbahn im gesamten Ostafrika.** Eine private Pflanzergesellschaft begann 1893 mit der Verlegung der Gleise in der damals wichtigen Hafenstadt Tanga. Die für den Abtransport von Kaffee gedachte Bahn erreichte 1895 Muheza.

Hier steht heute noch das mittlerweile älteste Bahnhofsgebäude ganz Ostafrikas mit einem großen Holzbalkon (siehe Abb. unten). Die Kaffeeplantagen der Region wurden jedoch ein Misserfolg, und der Weiterbau der Bahnstrecke wurde zunächst gestoppt. Erst als die deutsche Reichsregierung Mittel zur Verfügung stellte und die Siedler erfolgreiche Baumwoll- und Kautschukernten melden konnten, wurde die Gleisstrecke über Korogwe (1902) nach Mombo (1905) am Fuße der Usambara-Berge verlängert. Anders als in Kenia, wo indische Arbeiter bei der Schienenverlegung maßgeblich beteiligt waren, kamen für das deutsche Projekt Hilfsarbeiter aus Griechenland, die später selber als Farmer tätig wurden und während der englischen Zeit in Tanganyika blieben und die Landwirtschaft in der Tanga-Region kontrollierten.

Durch die Einführung der Sisal-Agave (und den damit verbundenen Transportbedarf) erwirtschaftete die Usambara-Bahn ab 1906 schwarze Zahlen. Auf Druck der Kaffee- und Baumwollpflanzer am Kilimanjaro bewilligte die Regierung in Berlin schließlich weitere Gelder, um die Bahn nach Moshi zu bauen; der Ort wurde 1912 erreicht. Auch die Mittel für den Anschluss nach Arusha waren bereits bewilligt, und der Plan, die Gleise durch die Serengeti zum Viktoria-See zu verlegen, war ebenfalls schon gefasst – was für ein Glück für die heutige Serengeti, dass der 1. Weltkrieg dazwischen kam! Heute fährt kein Personenzug mehr auf dieser Strecke.

Die Usambara-Berge (Lushoto)

Sehr saubere Zimmer, hübscher Garten, Restaurant. DZ (self contained) mit Frühstück ab 17.000 TSh. E-Mail: tumaini@elct-ned.org.

● **View Point Guesthouse**
In der Nähe des White Annex Guesthouse (andere Straßenseite), sauber und freundlich. EZ und DZ jeweils 3000 TSh, EZ mit Bad 4000 TSh, DZ mit Bad 6000 TSh.

● **New Friends Corner**
Nettes Guesthouse mit akzeptablen Zimmern für 3000/6000 TSh. Das Essen ist einfach und gut.

● **White House Annex**
Tel. (027) 2640177. Sehr freundliches Guesthouse am Berg mit ordentlichen Zimmern, Internet-Anschluss, Bar und Restaurant mit TV, keine gute Küche, ab 6000 Tsh im DZ ink. Frühstück, E-Mail: whitehouse@raha.com.

● **Weitere einfache Guesthouses: Lushoto Teachers Club Hotel** und **Mtumbi**. Das **Cool Breeze** ist inzwischen ziemlich heruntergekommen und laut.

Camping

Schön zelten lässt sich auf dem Rasen des **Lawns Hotel**, am Irente Viewpoint auf der **Bella Vista Campsite**, 5 km vom Ortskern entfernt (2500 TSh) und auf der **Irente Farm** (3000 TSh).

Essen und Trinken

● **Action Safari Café**
Essen ab 1500 TSh, direkt am Busbahnhof, hauptsächlich tansanisches Essen. Nicht unbedingt günstig, aber nett.

● **Msumbji Restaurant**
Einfaches, preiswertes Essen. Direkt am Busstand.

● **Manyara Restaurant**
Einfaches, günstiges tansanisches Essen. Nahe am Busstand.

● Gut essen kann man im **ELCT-Restaurant** an der Boma Road (ab 1500 TSh, leckere Milchshakes!).

Verkehrsverbindungen

Täglich fahren mehrere Busse nach **Mlao** (1 Stunde) und bis **Mtae,** am Nordrand der Berge. Tagsüber fahren mehrmals Kleinbusse nach **Soni** (von da aus weiter nach Bumbuli) und **Mombo**. In umgekehrter Richtung verkehren selbst am späten Nachmittag von

Karten S. 378, 382, XI

DIE USAMBARA-BERGE

Mombo aus noch Dalla Dallas in die Berge. Die Fahrt dauert je nach Anzahl der Stopps 1–2 Stunden und kostet 1000 TSh. Ebenfalls täglich verkehren Direktbusse nach **Moshi/Arusha** (Fasaha für 4000 TSh), **Tanga** (Tashirif für 3000 TSh) und **Dar es Salaam** (Shambalai für 5000 TSh).

Krankenhaus

- Als Klinik ist die **Mabwaweni Dispensary** *(Dr. Mtunguja)* im Süden von Lushoto zu empfehlen.
- Sehr gut ist auch die medizinische Versorgung im **Bumbuli Hospital** der lutherischen Kirche (auch deutsche Ärzte).

Apotheke

- Eine gut sortierte Apotheke befindet sich am Anfang der Boma Road.

Fahrradverleih

- *Jeromy Mwamboneke*, der Leiter der Usambara Tourist Information, vermietet sehr gute amerikanische **Mountainbikes** für 3500 TSh am Tag.

Internet

Internet-Zugang besteht im White House Annex Hotel, bei S & S Computer Services nahe dem Busstand sowie im ELCT-NED Insurance Office an der Hauptstraße.

Sonstiges

- In Lushoto befinden sich eine **Microfinance Bank** (Geldtausch möglich), eine **Post** und ein **Touristen-Büro** für Wanderungen (s.u.). Der **Markt** (Kirschen, Pflaumen, Äpfel!) ist besonders an Sonntagen sehr farbenfroh. Eine Möglichkeit zum **Telefonieren/Faxen** gibt es gegenüber der Bank.
- **Vorsicht beim Fotografieren** entlang der Boma Road, hier befindet sich ein Gefängnis! Gleiches gilt für das etwas abseits im Wald versteckte State House, 2 km außerhalb von Lushoto in Richtung Magamba.

Lushoto

Wandern und Ausflüge in den West Usambara Mountains

In der Umgebung von Lushoto können zahlreiche Ausflüge in Form von halbtägigen oder sogar mehrtägigen Wanderungen unternommen werden.

7 km in Richtung Südwesten führt ein Fahrweg vom Distrikt-Verwaltungsbüro entlang der Bergflanke bis zur Irente Farm und Schule „Msingi Mhela", wo sich der **Irente Viewpoint** befindet: Der Ausblick auf die weit unten liegende Maasai-Trockensavanne ist grandios. Zurück in südlicher Richtung ragt die Spitze des **Miziyagembe Peak** aus dem Berghang, wo ein Fußpfad hinführt.

Im Norden bei Shume befindet sich der noch spektakulärere Aussichtspunkt Jiwe la Mungu, auch **„World Viewpoint"** genannt. Das Gebirge fällt hier wie eine Grabenbruchwand (Escarpment) fast 1500 m in die Tiefe. Weit in der Ferne lässt sich der Nabi-Inselberg erkennen. Um zum Aussichtspunkt zu gelangen, müssen Sie Lushoto in Richtung Mlao verlassen, auf dem Bergrücken führt links ein Weg in Richtung Shume Forest.

In der Vergangenheit ist es zu Überfällen auf Touristen gekommen, so dass es sich empfiehlt, für Ausflüge einen Führer anzuheuern. Zu diesem Zweck sollte man sich an das **Usambara Tourist Information Centre** wenden, das sich neben dem New Friends Corner Guesthouse befindet. Die sehr sympathischen jungen Männer und Frauen (in Zusammenarbeit mit dem Cultural Tourism Programme/Arusha, siehe dort) organisieren eine Vielzahl von Ausflugsmöglichkeiten in nahezu alle Regionen

Pare- und Usambara-Berge

der Berge. **Ab 10.000 TSh p.P./Tag** (bei mehreren Personen reduzieren sich die Kosten) bekommt man einen zuverlässigen und ortskundigen Führer, der einem diverse Sehenswürdigkeiten zeigen kann. Ein Teil der Summe kommt so genannten „village development"-Projekten zugute. Bei Wanderungen in Forest Reserves werden mancherorts noch 5 $ Forest Reserve Fee fällig.

Auch mehrtägige Wandertouren zu den Gipfeln können gegen einen Aufpreis organisiert werden; geben Sie jedoch der Vorbereitung mindestens einen Tag Zeit. Ausrüstung und Verpflegung müssen Sie stellen. Das Büro hat bereits feste Touren im Programm, die beliebig miteinander verbunden werden können. Neben dem Irente Viewpoint können auch traditionelle Heiler und lokale Shambaa-Bauern besucht sowie die **Teeplantagen bei Bumbuli** besichtigt werden. Zudem befindet sich ein ausgeschildertes Wandergebiet im **Magambo Forest Reserve** beim Grant's Hotel (s.o.).

Sehr engagiert und hilfreich ist auch die **Friends of Usambara Society.** Umfangreiche Sachkenntnis und verschiedenste Programm-Möglichkeiten lassen sich hier kompetent arrangieren. Die Society arbeitet ebenfalls mit dem Cultural Tourism Programme zusammen und ist zu kontaktieren über Tel. (027) 2640060, 2640159, 2640132 oder über usambaras2000@yahoo.com bzw. www.usambara.com. Ansprechpartner ist *Mr. Shegubhe.*

Der Erfahrung vieler Reisender nach ist das **Cultural Tourism Program** der seriöseste Anbieter von Touren. Andere Anbieter wie Usambara Active Safaris Comp. oder Tayodea Tour Care kopieren in erster Linie das Angebot des Cultural Tourism Program und locken mit niedrigeren Preisen. Wie gut (oder schlecht) dann der Führer ist, ist reine Glückssache. Was mit den anteilig vorgeschriebenen Community-Geldern geschieht, ist ebenfalls umstritten.

Soni: Soni ist ein kleiner Verkehrsknotenpunkt. Im Tal rauscht der Mkuzu River und bildet direkt unterhalb der Straße die **Soni Waterfalls.**

● **Maweni Farm**
Tel. (027) 2640426, www.maneno.net. Die Maweni Farm hat leider sehr nachgelassen. Auf den ersten Blick sieht die Lodge schön aus, aber die Zimmer wirken vernachlässigt, und der Service hat auch schon bessere Tage gehabt. 4 Zimmer mit eigenem Bad/WC und 7 DZ, bei welchen sich Bad/WC geteilt werden muss. Das Essen ist reichlich, vieles kommt direkt frisch aus dem eigenen Garten. Es gibt Gerichte der Pare- und Shambaa-Kultur sowie internationale bzw. asiatische Küche. Maweni bietet eine 4-Tage-Wander-/ Trekking Tour für 160 $ p.P. an: 2 Nächte in Maweni, eine in einem lokalen Guesthouse und eine Nacht in der Mazumbai Forest Lodge. Die Übernachtung in Maweni liegt bei 45 $ p.P. VP in Zimmern mit Bad/WC. Maweni ist 2 km von Soni entfernt. In Soni nimmt man den Abzweig gleich rechts, wenn man von Mombo aus kommt.

● **Benediktiner-Mission Sakarani**
Unter der Leitung eines deutschen Benediktinermönchs werden Makadamia-Nussbäume, Kaffee und Wein angebaut. Aus den Nüssen wird u.a. Öl gepresst, welches sich hervorragend für Salatsoßen eignet. Ein Besuch der Mission ist möglich, ebenso der Kauf von Rot- und Weißwein und Makadamia-Öl. Zu erreichen mit einem Bus, welcher morgens die Strecke nach Bumbuli fährt – an der Abzweigung absetzen lassen.

Bumbuli: Bumbuli ist das Zentrum für den Teeanbau an den Osthängen der Western Usambaras. Neben dem Anbau in großflächigen Plantagen betreibt auch das Volk der Shambaa in großem Maße den Anbau der saftig grünen Büsche. Bumbuli selber bietet nicht viel, es gibt keine Unterkünfte, in der Nähe befindet sich nur ein lutherisches Krankenhaus. Täglich fahren Busse von Lushoto bzw. Soni nach Bumbuli. Kurz hinter Bumbuli am Berg liegt das **Lutheran Hospital Guesthouse,** ein altes Haus mit viel Charme. Hier gibt es Zimmer ab 2500 TSh pro Person (gemeinnütziges Bad mit heißem Duschwasser!).

Mlalo: Der größte Ort am Ostrand der Berge liegt wie eine Insel in einem Tal. Die bizarren zweistöckigen Häuser mit hölzernen Balkons erinnern an die swahili-arabische Vergangenheit. Es gibt keinen Strom, im einfachen, akzeptablen **Silver Dollar Guesthouse** kann ab 3000 TSh übernachtet werden.

Mlao ist über eine Piste mit den Ebenen verbunden.

Mtae: In Mtae gibt es keinen Strom, nur vereinzelt rattern kleine Generatoren. Die ansonsten überall flackernden Öllampen verbreiten eine bizarre Atmosphäre hier am Ende der Usambaras. Im Ort gibt es einfache Restaurants. Die Idylle wird nachts ab 3 Uhr durch das rhythmische Gehupe losfahrender Busse für eine Weile unterbrochen, nach Abfahrt versinkt Mtae wieder in seinen einsamen Bergdorf-Alltag. Der atemberaubend schön gelegene Ort ist am weitesten von Lushoto entfernt. Die Szenerie und der Ausblick lohnen die zweistündige Busfahrt (mehrmals täglich von Lushoto) hierher. Mtae wurde um die vorletzte Jahrhundertwende von lutherischen Missionaren gegründet und hieß seinerzeit „Neu-Bethel". Die alte, kleine Kirche steht noch und ist das Wahrzeichen des Ortes.

● Eine gute Übernachtungsoption bietet sich 5 km vor Mtae an der Hauptstraße: Das **Limbe Travellers Rest Camp** mit DZ für 3000 TSh (geduscht wird aus Eimern).
● **Mwivano Guest House**
Dorfmitte, Übernachtung ab 1000/1500 TSh im EZ/DZ. Der Empfang ist sehr herzlich, das Essen ist gut, und es wird warmes Wasser für eine Bucket Shower bereitgestellt.

Routenbeschreibungen in/um die Usambara-Berge

Same – Buiko – Mombo (107 km)

● Asphaltstraße. Fahrzeit 1,5 Std. Busverbindungen siehe Moshi.

Von Same führt die Asphaltstrecke B1 entlang der steil aufragenden South Pare Mountains. Bei **km 69** steht rechts das Hinweisschild zur **Pangani River Campsite** (neueren Datums, geführt von einem Engländer); hier lässt sich direkt am Pangani-Fluss schön zelten.

5 km weiter südlich führt die Hauptstraße durch den kleinen Ort **Buiko.** Man fährt 4 km westlich am Ort Mkomazi vorbei und dann entlang der steil aufragenden Usambara-Berge und er-

reicht bei **km 107** den früheren Karawanenort **Mombo**. Heute profitiert der geschäftige Marktflecken vom Durchgangsverkehr auf der B1 und der links bei der Tankstelle abzweigenden Asphaltstraße in die westlichen Usambara-Berge nach Lushoto.

Mombo – Soni – Lushoto (65 km)

● Asphaltstraße. Fahrzeit 2 Std. Busse ab Arusha/Moshi/stündlich ab Mombo.

Die seit 1987 gut ausgebaute Straße führt von Mombo direkt die Berghänge hinauf, und man bekommt schnell einen endlosen Blick zurück in die Maasai-Trockensavanne, wo in der Ferne der mythenumwobene Mt. Mafi (1480 m) markant aus der Ebene ragt. Über zahlreiche Kurven und entlang senkrecht abfallender Straßenböschungen (eine heißt heute noch „Kaisersturz") folgt die Straße dem Mzimui-Flusstal, bis das 16 km entfernte **Soni** oberhalb der Soni-Wasserfälle erreicht ist. Die Asphaltstraße führt weiter durch Täler und über Hügel. Bei **km 65** ist schließlich **Lushoto** erreicht.

Buiko – Mkomazi (Ort) – Kivingo – Mlao – Lushoto (209 km)

● Größtenteils gute Piste, stellenweise Schlaglöcher/Wellblech, nur örtlicher Dalla-Dalla-Verkehr von Ort zu Ort.

5 km südlich von Buiko kann man links (Schild: „Mnazi Sisal Estate/Tam Medical Clinic") von der großen Moshi-Tanga-Asphaltstraße ins 4 km entfernte Mkomazi abbiegen und **bei Trockenheit die Usambara-Berge nördlich umfahren** und im Osten über eine gute Erdstraße erklimmen – eine landschaftlich sehr schöne Strecke, die erst durch das gesamte Gebirge führt und nach insgesamt 209 km Lushoto erreicht.

In Mkomazi fährt man zunächst über die Gleise und dann bei einer Gabelung rechts in Richtung Mnazi Sisal Estate (40 km). Nach etwa 17 km mündet links die Piste vom Mkomazi Game Reserve in die Straße, 7 km weiter erreichen Sie den verlassenen Ort Mkunda, wo Sie durch eine sehr tiefe Furt einen Fluss überqueren müssen (nur in der Trockenzeit möglich!). 15 km weiter folgt Mnazi, ein ehemaliges Zentrum großer Sisalplantagen. Nach 26 km fahren Sie durch den kleinen **Marktflecken Kivingo** und erreichen nach weiteren 21 km hinter einer großen Brücke den rechten Abzweig nach Mlalo in die Usambara-Berge. Diese Piste wurde 1995 neu befestigt und dürfte noch gut zu befahren sein. Zuerst fahren Sie noch 8 km durch die Ebene, bevor der Aufstieg über zahlreiche Serpentinen beginnt. Nach 26 km (vom Abzweig) kommen Sie nach **Mlao.**

Von Mlao führt die Staubstraße weiter hoch in die Berge, windet sich entlang zahlreicher Hügel und überquert eine Passhöhe, bis das 14 km entfernte, hoch gelegene Malindi (auch Mbangala genannt) durchfahren wird. In dem angenehm kühlen Klima wird viel Ackerbau betrieben. Die Piste führt weiter über Lukozi, eine Gegend mit dichtem **Regenwald,** hauptsächlich alte

Farnbäume. 23 km hinter Malındı zweigt rechts im Dorf Mayamba der Fahrweg zur 5 km entfernten Grant's Lodge ab. Geradeaus weiter sind es noch 8 km bis Lushoto.

Lushoto – Bumbuli – Korogwe – Segera (93 km)

●Piste, bei Regen schmierig. Fahrzeit 3–4 Std., Busse nur über Mombo.

Neben dem üblichen Weg auf der Asphaltstraße zurück nach Mombo und von dort weiter auf der B1 entlang der Bahnlinie und dem Pangani River bis ins 76 km entfernte Korogwe kann man auch diese landschaftlich wunderschöne Route durch die Berge nehmen (nicht während der Regenzeit!).

Von Lushoto fährt man zunächst talabwärts bis ins 16 km entfernte Soni, wo links eine große Piste durch den Ort ostwärts führt. Die Strecke windet sich wieder bergauf, man erreicht die Passhöhe Mbelei und rechts den Weg zur **Benedektiner-Mission Sakarani.**

18 km nach der Passhöhe Mbelei folgt der Ort **Bumbuli.** Die kurvige Piste von hier zur Ebene hinunter ist sehr schlecht, nach den Teeplantagen fährt man durch einen dichten Wald, bis man schließlich an verlassenen Sisalfabriken und heruntergekommenen und ausgeschlachteten Gebäuden vorbeikommt. Bei **km 107** ist **Korogwe** erreicht.

Von Korogwe führt die Hauptstraße weiter in Richtung Süden. Nach 17 km folgt das Kreuzungsdorf **Segera,** wo rechts die Asphaltstraße nach **Chalinze** abzweigt (176 km). In Richtung Süden folgt unmittelbar hinter dem Abzweig das akzeptable **Segera Highway Motel** (12.000/17.000 TSh für das EZ/DZ) mit Tankstelle und sehr gutem Restaurant – für Selbstfahrer ein idealer Stopp zwischen Arusha und Dar es Salaam.

Von Korogwe besteht auch die Möglichkeit, über Handeni und Kibaya durch die südlichen Ausläufer der Maasai-Trockensavanne (Kitwei Plains) ins 394 km entfernte **Kondoa** im zentralen Tansania zu fahren. Die Strecke ist landschaftlich sehr reizvoll, zwei Tage sind einzukalkulieren. Auch ein Bus fährt von Korogwe aus einmal die Woche diese Mammut-Etappe.

Korogwe

Korogwe ist ein Verkehrsknotenpunkt an der Asphaltstraße B1. Früher, als der Sisal-Handel noch blühte, war der 50.000 Einwohner große Ort am Pangani River wichtiger Umschlagplatz für den Abtransport jener Rohfaser, die von hier über den Hafen Tangas in alle Welt exportiert wurde. Heute wirkt Korogwe am Fuße des 1573 m hohen Mt. Nielo nicht besonders einladend. Immerhin finden sich in dem wichtigen Lkw-Rastort **zahlreiche Guesthouses** entlang der Hauptstraße.

●**Korogwe Transit Hotel**
10.000 TSh/DZ. Die etwas betagte Unterkunft (ausgeschildert) bietet einfache, ältere Zimmer mit Bad/WC und besitzt eine Bar/Restaurant. Das Essen ist o.k.
●Günstiger übernachten kann man im **Hotel Miami** bei der National Bank in der Helmut Kraft Road. DZ mit Moskitonetz, Dusche/Plumpsklo für 5000 TSh. Die derzeit beste Übernachtungsoption bietet sich jedoch im 17 km entfernten Segera (s.o.).

East Usambara Mountains – Amani und Sigi

Amani ⌕ XI,C2

Amani ist ein wunderschöner kühler Bergort mit herrlichen Wäldern, rauschenden Bächen und wohltuenden Tee-Plantagen. Der 950 m hoch gelegene Ort ist nicht sehr groß und ohne große Versorgungsmöglichkeit, hat aber den Charme eines alten englischen Upcountry-Landsitzes. Seit 1997 schützt hier das **Amani Nature Reserve** den letzten küstennahen tropischen Regenwald an den Osthängen der bis zu **1640 m hohen East Usambara Mountains.** Das 126 km² große Naturschutzgebiet umfasst eine der artenreichsten Pflanzenwelten Afrikas, eine sehr große Vogelwelt und Heimat einiger Affenarten wie die Schwarzweiß-Guerezas. Ein gut ausgeschildertes Wegesystem ermöglicht Wanderungen.

Im Jahr 1898 wurde in Amani unter der Leitung von *Prof. Stuhlmann* (siehe bei Dar es Salaam) ein medizinisches Forschungsinstitut errichtet, dass sich mit der Malaria-Bekämpfung befasste. Es wurde Chinin hergestellt, was besonders den deutschen und griechischen Pflanzern in der Ebene für die Behandlung der „Sumpfkrankheit" diente. 1902 wurden zudem noch eine „biologische und landwirtschaftliche Versuchsanstalt" und ein botanischer Garten errichtet. Die Institute werden heute noch von der tansanischen Regierung weitergeführt, die herrliche Gartenanlage beim Resthouse verwöhnt noch immer das Auge der Besucher. Wer bis nach Amani fährt, passiert bei Sigi das Entrance Gate zum Amani Nature Reserve (Eintritt: 30 US$ pro Person. Der Preis bezieht sich auf den gesamten Aufenthalt, ungeachtet seiner Dauer).

Unterkunft

- Als Übernachtungs-Basis dient das freundliche **Rest House** (mit Restaurant) in Amani, wo für 30 US$ pro Person ein gutes Zimmer bereitsteht oder für 5000 TSh gezeltet werden kann.
- **Forest Reserve Guesthouse**
Amani Nature Reserve, P.O. Box 1, Amani, Tel. (027) 2640313. Charme einer alten Jugendherberge mit Aufstockbetten, viel Platz, Gemeinschafts- und Speiseraum. Die Herbergsmutter *Lea* ist sehr freundlich und hilfsbereit. Übernachtung p.P. und eine Mahlzeit jeweils 5 US$.
Internet: www.usabara.com,
E-Mail: usambara@twiga.com.
- Im Hauptort des Reserve befindet sich das **Medical Research Centre.** Dort gibt es ein Guesthouse, Studenten schlafen hier für 20 US$, andere für 30 US$, allerdings inklusive Essen.
- **Zelten** ist für 4000 TSh pro Zelt möglich, Frühstück kostet 1000 TSh, Lunch oder Dinner 1500 TSh. Andere Übernachtungsmöglichkeiten bieten sich am Sigi Gate.

Sigi ⌕ XI,C2

Im grünen Bergtal des Soni River, auf etwa halber Höhe zwischen dem Küstenvorland und Amani, befindet sich das Museums-Büro des Amani-Schutzgebietes, das durch das finnische East Usambara Catchment Project ins Leben gerufen wurde. Das restaurierte Gebäude im Blockhausstil war einst der **Bahnhof der Sigi-Bergbahn,** einer 23 km langen Privatbahn deutscher Holzkonzessionäre aus dem Jahre 1910, die eine Höhe von über 250 m überwand. Die gefällten Bäume wurden in einem kleinen Sägewerk für den Abtransport vorgeschnitten und dann mit der kleinen Bahn über eine kurvenreiche Strecke ins Tal gebracht, wo bei Tengene, 5 km westlich von Muheza, Anschluss an die Usambara-Bahn bestand. Die Gleise sind fast alle verschwunden bzw. vom Urwald verschlungen worden, doch der aus Holz gebaute und stark überwucherte Bahnhof in über 500 m Höhe blieb lange ein Wahrzeichen der östlichen Usambaras.

Heute meldet man sich als Besucher beim **Sigi Gate** unterhalb des alten Bahnhofs (heute Informationszentrum), wo man je nach Bedarf einen Führer zugewiesen bekommt (20 US$ pro Tag). **Einmalige Entrance Fees** liegen bei **5 $ (TSh) pro Person,** wer mit dem Fahrzeug bis Amani fahren möchte, zahlt weitere 2 $ (TSh), das **Zelten am Sigi Gate** kostet 5 US$ pro Person. Zimmer im Guesthouse liegen bei 20 US$ pro Person und Tag. Auf Vorbestellung sind Mahlzeiten erhältlich: Frühstück 1500 TSh, Mittag-/Abendessen 3000 TSh. Plant man hier nicht nur zu übernachten, sollte man gut versorgt sein, da es keine Versorgungsmöglichkeiten gibt.

Anfahrt: Mehrfach täglich Verbindungen von Muheza, am zuverlässigsten um die Mittagszeit.

Ausflüge/Wanderungen

● **Kwamkoro Forest Trail**
Hierzu fährt man weiter in die Berge auf der atemberaubenden Serpentinenstrecke bis ins 10 km entfernte Amani. Die Straße wird etwas schlechter, versöhnt aber mit herrlichen Aussichten, die bei gutem Wetter bis zum Indischen Ozean reichen. In einigen Hangkurven ist noch Kopfsteinpflaster aus deutscher Zeit zu erkennen. Vom Resthouse in Amani beginnt dann der halbtägige Rundgang durch eindrucksvolle Waldgebiete.

● **Derema Trail**
Führt vom Resthouse weiter hoch in die Berge zu entlegenen Dörfern und entlang saftig grüner Teeplantagen.

● **Sigi Spice Garden Trail**
Beim alten Bahnhof können Sie das urige Sigi-Flusstal erkunden.

● **Weitere Rundwege** können bei der Verwaltung erfragt werden, bei mehrtägigen Wanderungen müssen Sie komplett selbstversorgt sein.

Verkehrsverbindungen

● Amani und Sigi können in der Trockenzeit **mit Dalla Dallas** erreicht werden, welche täglich außer So gegen 14 Uhr im Zentrum von Muheza abfahren.

● **Selbstfahrer** zweigen in Muheza (siehe Routenbeschreibung bei Tanga) links in Richtung Amani ab (ausgeschildert), überqueren die Gleise, halten sich im Ortskern rechts und fahren auf einer Piste durch hügeliges und zunehmend bewaldetes Gebiet, bis nach 23 km die Grenze des Amani Nature Reserve hinter dem Dorf Kisiwani erreicht ist. 1 km weiter folgen das alte Bahnhofsgebäude sowie der Eingang zum Reserve bei Sigi. Von hier sind es noch weitere 9 km auf einer steil die Berghänge hinaufführenden Piste bis Amani.

Die nördliche Swahili-Küste

Die nördliche Swahili-Küste und das angrenzende Hinterland liegen in den **Verwaltungsregionen Tanga und Pwani** und umfassen im Wesentlichen den Abschnitt **vom Umba River an der kenianischen Grenze bis nach Dar es Salaam.** Jahrzehntelang ein wenig besuchtes Küstengebiet am Indischen Ozean, entwickelt sich die Region mehr und mehr zu einem beliebten **Reiseziel für Strandurlauber, Safari-Begeisterte und auch für Geschichts- und Kulturinteressierte.** Die Angebotsvielfalt an der nördlichen Swahili-Küste macht diese Region zu einem *Afrique en miniature* innerhalb Tansanias, egal ob Sie sich für orientalische oder deutsche Geschichte begeistern – in Form von Ruinen oder imposanten Bauten aus Kaisers Zeiten in den Orten **Tanga, Pangani** oder **Bagamoyo** –, ob Sie an kaum besuchten, makellosen Palmenstränden in einfachen oder luxuriösen Lodges und Camps einen erholsamen Aufenthalt verbringen wollen, ob auf Tierbeobachtungsfahrt im neuen Nationalpark Saadani oder als Teilnehmer bei Trommel- und Tanzkursen in Bagamoyo. Auch für diejenigen, die hoch hinaus möchten, bieten die nicht weit gelegenen Usambara Mountains im Hinterland eindrucksvolle Trekking- und Wander-Erlebnisse (siehe Kapitel Usambara- und Pare-Berge).

Highlights und Tipps
- Pangani und der Strand von Ushongo, S. 416
- Spaziergang durch Tanga und ein Besuch der Amboni Caves, S. 404 und 413
- Mit Eisenbahn und Rucksack durch das Hinterland, S. 410
- Tiere im Saadani National Park, S. 423
- Auf deutschen Spuren in Bagamoyo, S. 426

Geografie und Geschichte

Von der Küste erstreckt sich bis etwa 150 km landeinwärts ein überwiegend flaches, von dichter Buschsavanne und stellenweise tropischen Urwäldern be-

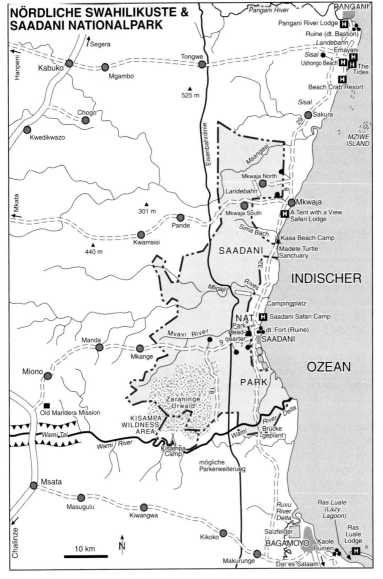

standenes Gebiet (50–300 m ü.N.N.), durch welches die großen **Flüsse Pangani, Wami** und **Ruvu** fließen, um an der von Mangroven und Palmenstränden gesäumten Küste in den Indischen Ozean zu münden. Besonders das Umland entlang dieser Flussläufe und an den zahlreichen Zuläufen ist in den Regenmonaten sehr sumpfig und oft unpassierbar. Daher sind auch viele Orte und Fischerdörfer in der Region noch sehr ländlich und nur wenig entwickelt. Erst die Fertigstellung der großen Asphaltstraße von Chalinze nach Segera durchs Hinterland hat die ersten Impulse für die Region gebracht und zudem eine ganzjährige Verbindung zwischen dem zentralen Küstenabschnitt und dem Norden des Landes geschaffen.

Während der deutschen Kolonialzeit gab es durch dieses unwegsame Gebiet kaum Verbindungen, der Handel und Reisende waren zwischen Dar es Salaam und Tanga auf das Schiff angewiesen. In englischer Zeit wurden dann 1960 die zwei hinterlassenen Eisenbahnlinien der Deutschen, die „Nordbahn" und die „Mittellandbahn", miteinander verbunden – eine Strecke, die heute in miserablem Zustand und für den Güterverkehr kaum noch relevant ist. Auch der Passagierzug zwischen Dar es Salaam und Moshi verkehrt nicht mehr, der dreimal so schnelle und preiswertere Busverkehr hat seine Stelle eingenommen. Nur noch einmal in der Woche rattert ein kleiner Zug von Tanga nach Ruvu (mehr bei Tanga).

Als neue Attraktion lockt seit 2003 der **an den Indischen Ozean grenzende Saadani-Nationalpark,** der als einziges Natur- und Wildschutzgebiet an der Ostküste Afrikas das unverfälschte Erlebnis einer tierreichen Wildnis verbunden mit einem erholsamen Aufenthalt an endlosen Stränden bietet – ein Park, dessen Potenzial bisher verkannt wurde und wo sich Jahr für Jahr die Tierbestände vermehren.

Wie auch andere Abschnitte der Swahili-Küste war die Region in vorkolonialer Zeit Interessensgebiet persischer und arabischer Händler. Einst bedeutsame **Küstenorte aus der frühen Handelszeit,** wie Tongoni, Saadani, Kaole und Kunduchi, sind heute nur noch kleine Fischerdörfer mit Ruinen aus längst vergessenen Tagen. Ortschaften von weitaus größerem Interesse, deren Blütezeit **im 19. Jahrhundert** der **arabische Sklaven- und Elfenbeinhandel** war und die später den Beginn der deutschen Kolonialzeit markierten, sind **Pangani** mit seinen alten arabischen Handelshäusern und **Bagamoyo,** die „verlassene" erste Hauptstadt Deutsch-Ostafrikas. Beide Orte waren **Ausgangspunkte für die Entdeckung und Missionierung** des festländischen Ostafrika. Von ihnen starteten die ersten Forscher und Missionare, wie *Rebmann* und *Krapf,* in Richtung Kilimanjaro sowie *Burton* und *Speke* auf der Suche nach den Quellen des Nils. Ab 1868 entstanden an diesem Küstenabschnitt die ersten kirchlichen Missionen im östlichen Afrika, in Orten wie Bagamoyo, Mhonda und Mandera. Später war die Region umkämpftes Gebiet zwischen deutschen Kolonialisten und arabischen Aufständischen (vgl. „Bushiri und der Araber-Aufstand 1888–1890").

Sisal – eine deutsche Hinterlassenschaft

Im Jahr 1893 führte der Botaniker *Richard Hindorf* 1000 Setzlinge Sisalagaven aus Florida ein. Nur 62 überlebten, doch diese bildeten den Grundstock für die Entwicklung einer großflächigen Region.

Die Pflanze ist äußerst anspruchslos und gedeiht auf dem trockenen Boden im Hinterland von Tanga wie von selbst. Aus den langen, dickfleischigen und sehr harten Blättern wird Sisal (Swahili: *mkonge*), eine kräftige und harte Faser, gewonnen. Die Blätter werden durch Pressen und Auswaschen von ihrem Saft und Fruchtfleisch getrennt, das übrig gebliebene „Blattskelett" der Fasern wird zum Trocknen aufgehängt. Nach dem Aussortieren von nicht-länglichen Fasern erfolgt die Weiterverarbeitung in Spinnereien zu Garnen, Fäden, Seilen und schweren Schiffstauen.

Der Export der Sisalfasern brachte Tanga und dem Hinterland einen immensen wirtschaftlichen Aufschwung. Die Stadt, deren Hafen ausgebaut wurde, blühte auf, genoss internationalen Ruf und lockte sogar Urlauber aus aller Welt an. Sisal wurde zum Hauptexporterzeugnis des jungen unabhängigen Staates, Tansania war der zweitgrößte Exporteur weltweit hinter Brasilien. Die von Griechen und Briten verwalteten Sisalplantagen – „Estates" genannt – waren „einseitig modern". Zitat NZZ: „Jeder größere Estate hatte seine Schule, sein Kino, seinen Klub und seine Huren, säuberlich getrennt nach Rassen und sozialer Hierarchie. Die afrikanischen Sisalschneider bewohnten Lehmhütten, die indischen Buchhalter Backsteinhäuser und die europäischen Kader Villen".

Heute stehen viele Sisalfabriken, Farmhäuser und wild wuchernde Felder verlassen da. Auch Tanga wirkt am Anfang des 3. Jahrtausends eher lethargisch. Zwar wird Sisal noch angepflanzt, doch der Einbruch auf dem Weltmarkt infolge der Produktion billiger Kunstfasern (Nylon aus Asien) und der schlechte Preis seit Ende der 1960er Jahre haben die Produktion auf ein Zehntel des ursprünglichen Volumens gedrückt. Zwar scheint zurzeit der Trend wieder leicht nach oben zu weisen, doch viele der ehemals über 100.000 Plantagen- und Fabrikarbeiter gehen schon seit langem einer subsistenzorientierten Beschäftigung nach.

Tanga ♪ XI,D2

Die **Hauptstadt der gleichnamigen Verwaltungsregion** zählt mit etwa 180.000 Einwohnern zu den großen Städten des Landes und verfügt über den **drittgrößten Hafen an der ostafrikanischen Küste.** An der von Korallen und Mangroven gesäumten Bay of Tanga gelegen, lockt die Stadt nur wenige Touristen an. Wer jedoch ohne lange Strände auskommt und sich für das Flair einer ehemaligen deutschen Kolonialstadt begeistern kann, sollte sich Tanga nicht entgehen lassen. Vielleicht vergleichbar mit Swakopmund in Namibia, erinnert auch hier noch das Stadtbild an deutsche Tage, obwohl schon seit langem keine Deutschen oder deutschsprachigen Afrikaner mehr zu den Einwohnern gerechnet werden können.

Tanga ist mit seinen alten, aber sympathischen Mittelklasse-Hotels eine gute Basis für eine Reihe von Ausflugszielen und für die Einschiffung zur gegenüberliegenden Insel Pemba oder sogar nach Sansibar. Das Klima ist erträglich, das Zentrum an der Bucht kommt gelegentlich in den Genuss von kühlenden Meereswinden.

Geschichte

Die frühe Geschichte Tangas lässt sich nur schwer rekonstruieren. Während das südliche Pangani wahrscheinlich schon ab dem 1. Jahrhundert besiedelt war und auch Mombasa auf eine über 2000 Jahre alte Geschichte zurückblicken kann, stand der kleine Handelsort Tanga vom 17. Jahrhundert an unter dem Einfluss der *Shirazis* (vgl. bei Kilwa). 1728 gelang es den Portugiesen, die aus Mombasa fliehen mussten, für kurze Zeit in Tanga Fuß zu fassen. Doch hatten sie keinen Einfluss mehr auf die ostafrikanische Küste und verließen die Region ohne nennenswerte Hinterlassenschaft. Tanga wurde erst wieder Anfang des 19. Jahrhunderts Spielball der Interessen. Die vom Sultanat Oman sich abspaltende Mazrui-Herrschaft in Mombasa und ihre Machtansprüche kollidierten mit Sansibars Vorhaben, sich die südlichere Küste zu sichern. 1839 überfielen die Mazrui Tanga, brannten es nieder und nahmen ganze Bevölkerungsteile als Sklaven mit nach Mombasa. Ziel dieser Vernichtungsstrategie war es, den Ort für den Sultan von Sansibar weitgehend zu entwerten, doch der reagierte erst recht und baute Tanga zu einem kleinen Handelsort aus, von dem fortan zweimal im Jahr eine große Karawane in Richtung Kilimanjaro aufbrach, um Elfenbein, Edelsteine und Sklaven vom Volk der Chagga zu erwerben (vgl. Exkurs „Die einstigen Chagga-Reiche am Kilimanjaro"). In dieser Zeit litt vor allem die lokale Bevölkerung der Digo, Bondei und Segeju in der Region Tanga, Gruppen, die heute ihren Lebensraum mit den Shambaa teilen (vgl. Usambara-Berge).

Während der arabischen Zeit waren das südliche Pangani und später Bagamoyo weitaus wichtigere Handelsstützpunkte an der Festlandsküste. Dies änderte sich mit der **deutschen Inbesitznahme** des Küstenstreifens im Jahr 1887. Tanga wurde zum nordöstlichen

Außenposten, und von 1891 an war der Ort mit seiner tiefen und geschützten Bucht als „Nordhafen" wichtig, da der Meeresabschnitt vor Pangani zu flach und sandig für Dampfschiffe war. Der von manchen Kolonialisten vorgeschlagene Name „Neu-Kiel" konnte sich allerdings nicht durchsetzen.

Tanga entwickelte sich schnell zu einem bedeutsamen Städtchen, vor allem durch den Bau der Usambara-Eisenbahn (vgl. entsprechenden Exkurs). Bis zum Ausbruch des 1. Weltkrieges war Tanga zusammen mit Dar es Salaam die größte und wirtschaftlich wertvollste Stadt Deutsch-Ostafrikas. Der **Export der kolonialen Rohstoffe**, wie Sisal, Kautschuk, Baumwolle, Kaffee, Tee, Kokosöle und tropische Hölzer, lief zum Großteil über den Hafen Tangas.

Im **1. Weltkrieg** war die Stadt Schauplatz eines Gefechts zwischen Deutschen und Briten: Dabei konnte die Schutztruppe unter General *von Lettow-Vorbeck* am 3. November 1914 in deutlicher Unterzahl ein 8000 Mann starkes britisches Kontingent mit acht indischen Regimentern *(Kashmir-Rifles)* in die Mangrovensümpfe zurückjagen, wo Schwärme von Bienen den Deutschen zu Hilfe kamen und die Briten zurück auf ihre Schiffe trieben. Es sollte noch bis zum 7. Juli 1916 dauern, bis sich die Stadt den Briten ergab.

Die exportorientierte **Landwirtschaft** wurde bis zur Unabhängigkeit konsequent weiterverfolgt. Der Bedeutungsverlust des Sisals (s.o.) hat die einst florierende Stadt jedoch etwas ins Abseits gestellt; **Industrie und Kleinbetriebe,**

Koloniale Apartheid – „Kiboko ishirini na moja"

Bei der Errichtung der Straßen und Wohneinheiten Tangas drittelten die deutschen Kolonialisten das Stadtgebiet: Im Verwaltungs- und Geschäftszentrum lebten hauptsächlich die indischen Händler, klar getrennt durch die Eisenbahnlinie schloss sich südlich das dichte, schachbrettmusterartig angelegte Afrikanerviertel „Ngamiani" an, und im Nordosten lagen großzügig die Villen der Deutschen und später anderer Europäer auf der „Ras Kazone Peninsula". Diese Teilung hat sich bis heute kaum verändert, mit der Ausnahme, dass der Anteil an Europäern verschwindend gering geworden ist und dass sich alle in jedem Sektor frei bewegen.

Während der deutschen Zeit herrschte strikte Apartheid. Während sonntags die Parks und Alleen im Stadtzentrum „negerfrei" bleiben mussten, ertönte wochentags um 16 Uhr die Trompete eines treu ergebenen Askaris – das Signal für alle Afrikaner jenseits der Bahngleise zu „verschwinden". Wer nach dieser Uhrzeit noch in den Straßen erwischt wurde, bekam drei Tage Gefängnis aufgebrummt oder ihn erwarteten zwanzig Peitschenhiebe. Im Volksmund – und auch heute noch bekannt – hießen diese Peitschenhiebe „kiboko ishirini na moja", was direkt übersetzt „einundzwanzig Nilpferd" bedeutet. Die Peitschen wurden damals aus Nilpferdleder angefertigt, und 21 Hiebe waren es deswegen, weil ein letzter Schlag im Namen des Kaisers erfolgte – „na moja kwa kaisa"!

Fast hundert Jahre später scheint diese Zeit völlig vergessen zu sein, Deutsche werden verehrt, denn sie haben ja große, robuste und angenehm kühle Häuser hinterlassen! Wenn Mauern reden könnten ...

wie eine Getränkeabfüllung, eine Molkerei, Stahlwalzanlagen, ein nahes Zementwerk, Textil-, Plastik- und Seifenfabrik, gehören heute zu den wichtigen Arbeitgebern der Stadt.

Die dörfliche Bevölkerung rund um Tanga lebt vor allem vom **Fischfang,** doch die Fischerei mit Harpune und das illegale Fischen mit zu engmaschigen Netzen lassen den Fischbestand zurückgehen. Bedrohlich künden sich auch die Folgen der massenhaften **Abholzung von Mangrovenwäldern** an: Wo zuvor das Wurzelwerk der „Wasserwälder" die Küstenabschnitte schützte, gräbt sich jetzt der Ozean Meter für Meter ins Land hinein und bedroht ufernahe Dorfhäuser. Kinder erhalten daher „Baumschulunterricht" und pflanzen junge Mangrovenstöcke an, um ihr Zuhause von morgen vor dem Zugriff des Meerwassers zu schützen.

Stadtbesichtigung

Das ruhige Zentrum von Tanga ist einen Spaziergang wert. Die alten Gebäude, mit ihren Giebeln und Arkaden, sowie die großzügig angelegten Straßen – stellenweise noch mit preußischen Laternenpfählen – versetzen einen in die koloniale Vergangenheit. Beim alten **wilhelminischen Uhrturm** aus dem Jahr 1901 geht man in Richtung Westen entlang der ehemaligen „Wissmann-Uferpromenade" (heute Independence Avenue) durch den **Jamhuri Park** zum Meer hin, mit schöner Aussicht auf die Bucht, Fischerboote (Dhaus) und den rechter Hand liegenden Hafen. Eingezäunt von Ketten befindet sich im Jamhuri Park ein Denkmal für die gefallenen Matrosen der Marine- und Transportschiffe „Leipzig" und „Sophie", Soldaten, welche im Ara-

ber-Aufstand 1889 (vgl. „Bushiri und der Araber-Aufstand 1888–1890") entlang der Küste gefallen sind. Vom Denkmal stadtwärts blickend, ist das alte Bandarini Hotel zu sehen, einst das Haus des deutschen Geschäftsmannes *Pfitzer*. Folgt man dem Weg vom Denkmal entlang der Bucht und der alten gemauerten Parkbänke (ebenfalls deutschen Ursprungs), erreicht man die **„Alte Boma"**, deren Bastionen von Busch und Doum-Palmen überwuchert sind. Der Bau war das erste Fort der Schutztruppe in Tanga und behauste seinerzeit die militärische Bezirksverwaltung. Erst ab 1901, als Tanga eine zivile Verwaltung bekam, erbaute man das große **kaiserliche Bezirksamt** links daneben (im Volksmund „Boma"). Die Nutzung blieb seither unverändert. 1999 jedoch ist die Regionalverwaltung von Tanga ausgezogen, der imposante Bau ist baufällig. Nur wenige Räume werden heute noch genutzt, vom örtlichen Gerichtshof und der Gefängnisverwaltung. Doch ist es nur eine Frage der Zeit, bis auch dieses Gebäude gänzlich geräumt werden muss. Der Stadt fehlen einfach die Gelder für Renovierungsmaßnahmen (Fotografieren nur mit Genehmigung!).

Geht man von dem alten Bezirksamt vor zur Independence Avenue und ein Stück zurück in Richtung Uhrturm, wird linker Hand die Library of Tanga sichtbar. Von dort gelangt man über eine Querverbindung zum Jamhuri Park (ehemals „Bismarckplatz") und weiter in die **Market Street** (früher Markt-Straße). Dieser in Richtung Zentrum folgend, kommt man rechts am ehemaligen „Pflanzer-" und heute **Planters Hotel** (wegen Renovierung geschlossen) vorbei, wo sich früher Deutsche und später Griechen am Wochenende zu nächtelangen Karten- und Glücksspielen trafen, bei denen schon mal ganze Farmen den Besitzer wechselten. Am Markt angekommen (frühmorgens, wenn die Fischer mit ihrem nächtlichen Fang zurückkommen, ist Fischmarkt) kann man vorgehen zur **Eckernförde Avenue**, die nach der deutschen Partnerstadt an der Ostsee benannt ist. Hier befindet sich rechter Hand, an der Straßenecke beim Kreisverkehr und gegenüber vom Stadion, das alte Gebäude der **„Tanga Schule".** Die 1892 eröffnete Ausbildungsstätte war die erste ihrer Art in der jungen Kolonie. In der Schule wurde die deutsche Sprache gelehrt, es gab Unterricht in Buchhaltung, Rechenwesen und Rechtslehre, um qualifiziertes Personal für Verwaltungsposten und polizeiliche Aufgaben zu gewinnen. Der Ruf der Schule war gut, viele der Absolventen bekamen Stellen in der ganzen Kolonie, etwa bei der Bahngesellschaft als Bahnhofsvorsteher oder als Buchhalter auf einer der Pflanzungen.

Folgt man der Market Street weiter in Richtung Osten, mit ihren indischen und ehemaligen griechischen Geschäftshäusern, stößt man am Ende auf die Swahili Street und den **deutschen Gedenkfriedhof.** Hier erinnern zu Ehren der „16 deutschen Helden, die am 4. November 1914 für die Größe des Vaterlands fielen, und der 48 Askaris, die ihren deutschen Führern in treuer Erfüllung ihrer Soldatenpflicht in den

Tod folgten", eine Gedenktafel und vereinzelte Gräber an einen deutsch-britischen Krieg auf afrikanischem Boden.

Vom Friedhof kann man der Hospital Street folgen, vorbei am hübschen **Karimjee-Gebäude** mit seinem Uhrturm, dem Sitz der Sisal-Behörde. Dahinter folgt eine Kreuzung, an der man rechts auf einer Piste zum 400 m entfernten **Stadtfriedhof** mit zahlreichen deutschen Gräbern gelangt. Auf der großen Hospital Road weiter in Richtung des Wohnviertels Ras Kazone und des New Mkonge Hotel, folgt linker Hand das **Bombo Hospital.** Am Ende der Anlage, zum Meer hin gewandt, steht das große und wahrscheinlich eindrucksvollste Gebäude von Tanga, der so genannte **Sea Cliff Block,** das alte deutsche Krankenhaus! Auch hier fehlen die Gelder für Renovierungsmaßnahmen, viele Räume können aufgrund der maroden Decken nicht mehr genutzt werden.

In deutlichem Kontrast zum kolonialen Teil der Stadt steht der turbulente **Stadtteil Ngamiani,** zu erreichen über die Bahngleise (nicht nachts!). Hier erwarten einen eine Vielzahl kleiner, freundlicher Geschäfte, handwerkliche Kleinbetriebe, Kleidermärkte, Moscheen und Nebenstraßen, die ganz in indischer und suahelischer Hand liegen. Frauen huschen in schwarzen Bui-Buis, den langen küstentypischen Gewändern, durch die Gassen, bei den Männern dominieren die luftigen Kanzu-Hemden. Dieser Stadtteil ist sehr islamisch geprägt, denken Sie daher an angemessene Kleidung!

Unterkunft

Hotels

Im Zentrum befinden sich die preiswerten Hotels mit einfachem Standard, während die gehobeneren Unterkünfte von Tanga fast alle im 2–3 km entfernten nordöstlichen Villenviertel von Ras Kazone liegen.

●**Hotel Kola Prieto**
India Street, Tel. (027) 2644206, Fax (027) 2647425, E-Mail: kolaprieto@tanga.net. Das derzeit neueste und wohl beste Hotel im Stadtkern. Saubere Zimmer mit Ventilator oder Klimagerät, en-suite Bad/WC und einer funktionierenden Wasserversorgung! EZ beginnen bei 16.000 TSh, DZ liegen bei 21.000 TSh. Das Restaurant ist in Ordnung, hauptsächlich indische Speisen werden serviert.

●**Mkonge Hotel**
P.O. Box 1544, Tel./Fax (027) 2643440. Das ehemalige Clubgebäude „Sir William Lead Memorial Hal" und der Amboni Park waren einst die erste Adresse der reichen Sisalpflanzer. Erbaut als „Sisal Kontor" in deutscher Zeit (mit Büros für die deutschen Pflanzer), ist der koloniale Charme bis heute erhalten geblieben. Nettes, hilfsbereites deutschsprachiges Management. Die DZ mit Moskitonetz/Bad/WC sind groß und haben meist Blick auf die Bucht. Der große Garten mit Pool eignet sich ideal zum Faulsenzen, an Abenden, speziell an Wochenenden, wenn Disco ist, trifft sich hier die gehobenere Mittelschicht Tangas. Wer keine zu großen Ansprüche stellt, bekommt im Restaurant gute internationale Küche geboten. Übernachtung für 55 US$ im DZ inkl. Frühstücksbuffet. 2 km vom Zentrum.

●**Silverado Hotel**
Das Hotel an der Amboni Street im ruhigen Westteil von Tanga ist neueren Datums und hat 9 Zimmer, die mit Air Condition, Dusche/WC und massiven Holzmöbeln ausgestattet sind und 28.000 TSh kosten.

●**Hotel Panori**
P.O. Box 672, Tel. (027) 2644806, Fax (027) 2647425. Etwas abseits gelegen, dafür ruhige Atmosphäre mit liebevollem Service. Das Restaurant bietet gute indische und interna-

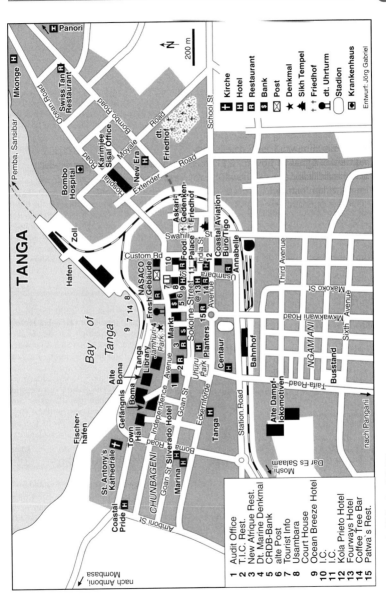

tionale Küche (an Wochenenden mit Büffet im Gartenhaus), gute Zimmer mit Moskitonetzen/Bad/WC/Klimagerät im alten Bau für 18.000 TSh, im modernen Anbau für 23.000 TSh. Internationale Telefonverbindungen!

Preiswerte Unterkünfte

● **Inn by the Sea**
P.O. Box 2188, Tel. (027) 2644613. 200 m vom Mkonge Hotel entfernt liegt diese Unterkunft mit herrlichem Blick auf die Toten-Insel (s.u.). Leider ist das Hotel nach einem Besitzerwechsel heruntergekommen. Zimmer mit Bad/WC und Deckenventilator kosten 10.000 TSh inkl. Frühstück; wer mit Klimaanlage schlafen möchte, muss 12.000 TSh zahlen. Essen gibt es auf Bestellung, auf Alkohol muss jedoch verzichtet werden.

● **Malindi Hotel**
Tel. (027) 2642791, (075) 3249982. Ca. 2 km vom Busbahnhof entfernt, bietet Zimmer (self contained) mit TV und Air Condition für 12.000 TSh, self-contained ohne TV, aber mit Air Condition für 8000 TSh und Zimmer mit WC/Bad am Gang und Ventilator für 6000 TSh. Auf Bestellung kann man auch gutes Essen bekommen.

● **Razkonite**
P.O. Box 5101, Tel. (53) 43897. Neueres Hotel im Stadtteil Bombo mit schöner Gartenbar, aber ohne Meeresblick, das Essen ist o.k., die Zimmer mit Deckenventilator/Bad/WC akzeptabel. Kosten: 8000/12.000 TSh mit Frühstück.

● **Ozean Breeze Hotel**
Tel. (027) 2643441. Sehr zentral, große DZ mit Deckenventilator, WC/Dusche inkl. Frühstück für 10.000 TSh. Empfehlenswert.

● **Centaur Hotel**
P.O. Box 5448, Tel. (027) 2643801, Taifa Road. Etwas düsteres, profilloses Hotel nahe des Bahnhofs mit stets wenig Belegung; hat einen abgeschlossenen Innenhof für Fahrzeuge. Das Restaurant bietet nur mittelmäßiges Frühstück, Alkohol wird nicht ausgeschenkt. DZ mit Deckenventilator 10.000 TSh, mit Klimagerät 15.000 TSh.

● **New Era Hotel**
P.O. Box 1430, Tel. (027) 2643466. Altes Gebäude in ruhiger Lage mit üppiger Vegetation und einer urtümlichen Atmosphäre, Treffpunkt der Overlander. Die Zimmer sind einfach und kosten 6000 TSh mit Ventilator für 2 Personen.

● **MK INN**
P.O. Box 2246, Tel. (027) 2645881. Dieses fünfstöckige Hotel liegt in der Street No. 10 im Stadtteil Ngamiani; ggfs. auch noch zu Fuß vom Busbahnhof zu erreichen. Es ist ein einfaches Hotel ohne besonderen Service, aber die Zimmer sind sehr sauber. Die Preise, inkl. Frühstück, sind angemessen: EZ ohne AC 5000 TSh, mit AC 8000 TSh; DZ mit AC 10.000 TSh; es gibt auch billigere Zimmer mit Gemeinschaftsbad/WC.

● Im Zentrum befindet sich noch das **Fourways Hotel** mit kleinen Zimmern für 6000 TSh im zweiten Stock und einer beliebten Bar für Afrikaner, in der täglich ab den frühen Abendstunden gute Stimmung herrscht – es kann also laut werden. Das alte Tanga Hotel scheint endgültig geschlossen zu haben.

Camping

● Eine Zeltmöglichkeit für 2000 TSh bietet sich im kleinen Garten vom **New Era Hotel**; Fahrzeuge müssen jedoch auf der Straße bleiben. Bei Nachfrage lässt sich aber auch gut auf dem Grundstück des Inn by the Sea campieren.

● Ansonsten außerhalb, 30 km südlich in Richtung Pangani. Hier bietet das **Peponi Holiday Resort** (siehe bei Pangani) am Strand und unter Palmen eine herrliche Bleibe. Kostenpunkt 6 $ p.P. oder für 25 $ in einer Doppel-banda; englisches Management.

Restaurants/Snack-Bars

Die Restaurants in den erwähnten Unterkünften sind zufrieden stellend, erwarten darf man aber nicht zu viel. In Tangas einzigem neuzeitlichen Gebäudekomplex (NASACO) am Hafen serviert das **Meridian Restaurant** einfache Snacks. Hervorzuheben sind aber insbesondere der **Food Palace** an der Sokoine Street und das **Patwa's Restaurant** gegenüber vom Markt. Alkohol gibt's hier nicht, dafür exzellente indische und internationale

Karten S. 399, 407, XI

TANGA

Gerichte bzw. Snacks. Patwa's Mango-Milchshakes, Passion-Juices und Samosas sind umwerfend, das Restaurant schließt allerdings schon um 20 Uhr.

Nachtleben

Beliebte **Bars** sind im Mkonge und im Fourways Hotel, und wenn Sie ein „Member" mitnimmt, auch im Yacht Club der gehobeneren Stadtschicht. Getanzt wird hauptsächlich im Mkonge Hotel an Wochenenden und in lokalen Bars im Ngamiani-Stadtteil, der nachts jedoch nur in einheimischer Begleitung aufgesucht werden sollte.

Ansonsten werden in Tanga abends ab 8 Uhr, wenn auch Patwa's seine Küche zumacht, die Bürgersteige hochgeklappt, und die Zeit wird damit verbracht, auf den nächsten Tag zu warten.

Gesundheit/Notfall

- **Tanga Bombo-Hospital,** Ocean Drive.
- **Fazal Memorial Hospital,** in der Independence Avenue, schräg gegenüber der Post. Empfehlenswerte Adresse z.B. bei Malaria.
- **Tanga Medicare Center,** Independence Avenue an der Hafenfront (hat einen guten Ruf!).
- **Apotheken** (Duka la madawa) finden sich an der Sokoine Road und in der Swahili St.
- Die **Polizeistation** befindet sich **neben der Bibliothek** an der Independence Avenue.

Kommunikation

Internet-Cafés gibt es in der Market Street, gegenüber vom Ocean Breeze und an der Mkwakwani Road, eine **Post** findet sich beim NASACO-Gebäude.

URITHI – Stiftung zur Denkmalpflege in Tanga

Eine private Initiative für den Erhalt historischer Gebäude Tangas ist 1999 – durch Zufall – ins Leben gerufen worden. Die Stadt plante seinerzeit den Abriss des „Usambara Courthouse" (es nicht geklärt, ob schon während der deutschen Zeit hier das Amtsgericht untergebracht war). Ein paar Einwohner Tangas, indischstämmige Tansanier in 3. und 4. Generation, wollten nicht zusehen, wie ein weiteres historisches Denkmal der Stadt aus Gründertagen dem Erdboden gleichgemacht werden sollte. Sie überzeugten die Stadtverwaltung, das Gebäude stehen zu lassen, und boten an, sich um die Renovierung selbst zu kümmern. Damit war ein unverhofftes Projekt geboren: **URITHI – The Tanga Heritage Site!** Eine Stiftung (Trust Fund) musste gegründet, Gelder für eine erste Restaurierungsphase locker gemacht werden. Über eine Vielzahl von Kontakten und Aufrufen ist es der Gruppe um *Tamim Amijee* gelungen, nicht nur das alte Courthouse zu restaurieren. Mittlerweile hat sich ein bescheidener Freundes- und Geldgeberkreis auch anderen Aufgaben in der Stadt angenommen. Das deutsche Marine-Denkmal ist vom Sicherheitsunternehmen Security Group restauriert worden, der Rotary Club of Tanga hat sich dem Uhrturm angenommen, und derzeit werden Pläne hinsichtlich der Boma, der alten Schule von Tanga und für den Sea Cliff Block im Bombo Hospital geschmiedet.

Aktuelle **Informationen** über Projekte und Möglichkeiten für Spendenaktionen sind zu erfahren über:
- Internet: www.geocities.com/urithitanga oder vor Ort über
- E-Mail: urithitanga@yahoo.com und
- Fax (027) 2646582

Für Eisenbahn-Backpacker

Einmal in der Woche rattert ein kleiner Zug der TRC-Verwaltung (Tanzania Railways Cooperation) **von Tanga nach Ruvu**, einer kleinen Bahnstation etwa 500 m nördlich von der Stelle, wo die Bahnlinie den großen Highway zwischen Morogoro und Dar es Salaam überquert. Der Zug transportiert ein wenig Cargo und zieht ein oder zwei Waggons der 3. Klasse (einfache Sitzbänke) und ist eigentlich für Angestellte der TRC gedacht. Jedoch kann jeder eine Fahrkarte am Bahnhof lösen (2500 TSh). Wer gerne einen Einblick in das wenig besiedelte Küstenvorland haben möchte, für den bietet dieser geruhsame Tagestrip (Abfahrt Fr 8 Uhr morgens, Ankunft in Ruvu etwa 16 Uhr) eine erlebnisreiche Alternative zu den schnellen Überlandbussen nach Dar es Salaam. Der langsam dahinrollende Zug verschafft zudem die Möglichkeit, mit etwas Glück Tiere im Saadani National Park vom Fenster aus beobachten und im Busch weit abgelegene Dörfer sehen zu können. Man kann sich auch an der „Njia kwa Bagamoyo" absetzen lassen (das Dorf Kikoko ist nur 200 m entfernt) und auf das allnachmittägliche Dalla Dalla von Msata nach Bagamoyo hoffen! Diese Variante ist jedoch nur Abenteurern zu empfehlen, denn ein nahtloses Weiterkommen nach Bagamoyo ist nicht garantiert! Wer bis Ruvu fährt, kann am Tan-Zam-Highway in einen der hier viel verkehrenden Dalla Dallas (mit etwas Glück und Geschick auch in einen großen Überlandbus) nach Dar es Salaam steigen.

Informationen und Veranstalter

● Für Ausflüge (Amboni, Tongoni, Pangani) sowie die Vermittlung von Dhau-Fahrten und Fahrrad-Verleihern stehen Ihnen die hilfsbereiten Mitarbeiter von **Tourcare Tanzania** zur Verfügung. Im Wesentlichen wird hier zur Durchführung der unten beschriebenen Ausflüge Hilfestellung gegeben. Ein Guide wird zur Verfügung gestellt, Transportarten organisiert, auch Fahrräder können gemietet werden. Versuchen Sie zu handeln, die Preise sind z.T. höher als bei den SNV-Programmen.
● Ein weniger kommerzielles **Infobüro** ist der kleine, einem Kiosk ähnelnde Bau gegenüber der Post an der Ecke zur Usambara Street. Von URITHI ins Leben gerufen, versucht es, den Besuchern Tangas den Aufenthalt so angenehm wie möglich zu machen.

Sonstiges

● In Tanga gibt es zwei **Banken**: die Tanzania Postal Bank, Tel. (027) 2643039, E-Mail: tpb.tanga@africaonline.co.tz, an der Sokoine Road und die National Bank of Commerce, gegenüber vom Markt an der Market Street. Hier ist der Kurs am besten, Traveller-Schecks werden auch getauscht.
● Das **DHL-Büro** erreicht man unter Tel. (027) 2646523. Fracht kann mit **Kühne & Nagel** versendet werden, Tel. (027) 2644396, E-Mail: info.tanga@kuehne-nagel.com.
● Dann gibt es noch einen **Lebensmittelladen** gegenüber vom Food Palace Restaurant und einen reichhaltigen **Obst- und Gemüsemarkt** (auch frischer Fisch) im Zentrum.
● Der **Souvenirladen Tanga Ivory Carvers** nahe der Post verkauft Holzschnitzereien (auch Makonde), aber kein Elfenbein, wie der Name vermuten lassen würde. Der Kauf von Meeressouvenirs sollte unterbleiben!

Verkehrsverbindungen

Stadt und Umgebung

Ein Taxi werden Sie im übersichtlichen Tanga kaum benötigen, es sei denn Sie wohnen in einem Hotel auf der Ras Kazone Peninsula. Kostenpunkt etwa 2000 TSh (verhandeln!).

Die unten beschriebenen Ausflüge können mit Taxis unternommen werden. Richtung Amboni-Höhlen oder Südküste fahren auch Dalla Dallas für ein paar hundert Shillinge.

Mit dem Flugzeug

●**Air Tanzania** hat seine Flüge eingestellt, nach Tanga fliegen nur sporadisch private Chartergesellschaften wie ZanAir oder Coastal Travel. Nähere Informationen bekommen Sie in Dar es Salaam und Zanzibar Town.
●**Coastal Travel** fliegt für 80 US$ pro Person von Tanga nach Sansibar, mit Zwischenstopp auf Pemba. Das Coastal Travel Office ist bei Tigo in der Eckernförde Avenue.

Mit der Eisenbahn

Der Passagierverkehr mit Moshi und Dar es Salaam ist eingestellt.

Mit dem Schiff/Dhau-Fahrt

●Die **M.V. Sepideh** hat ihren Schiffsverkehr über Mkoani/Pemba nach Sansibar eingestellt.
●**Fährverbindung Tanga – Pemba** einmal wöchentlich dienstags.
●**Dhaus** verkehren nur unregelmäßig nach Pemba, Genaues erfahren Sie am Hafen. Die einzige Dhau mit Rettungswesten und Ersatzmotor ist die „Baracuda", doch fährt diese nicht nach einem regelmäßigen Plan. Bei einer Vermittlung kann Ihnen auch der Besitzer von Patwa's Restaurant behilflich sein. Vgl. auch „Reisen in Tansania".

Mit dem Bus

Von der großen **Busstation an der Taifa Road** verkehren täglich Busse in alle Landesteile.
●Nachtbus nach **Mombasa:** 6000 TSh, Abfahrt um 17 Uhr.
●Nach **Pangani** (bis zu fünfmal tägl., 2 Std.), **Moshi/Arusha** (ab 5500 TSh, 5 Std.) und **Dar es Salaam** (ab 5500 TSh, 6–7 Std. Fahrzeit) fahren vormittags Busse. Zu empfehlen sind auch hier die technisch besseren Busse von **Scandinavia**, die beim Stadion abfahren (schräg gegenüber vom Bahnhof). Hier sind auch die Fahrkarten erhältlich. Scandinavia fährt die Strecke Dar es Salaam – Tanga – Mombasa täglich in beiden Richtungen.
●Täglich bestehen Verbindungen nach **Lushoto** mit Umba River Bus oder Tashirif für 3000 TSh (4 Std.).
●**Bagamoyo** ist nur über Dar es Salaam zu erreichen und wer nach **Amani** fahren möchte, muss sich in Muheza absetzen lassen und dort den täglichen 14-Uhr-Bus in die Berge nehmen.

Strände und Schwimmen

Tanga selbst hat nur im Süden beim möglicherweise wieder geöffneten **Baobab Beach Hotel** einen Strand (siehe Route Tanga – Pangani). Der Strand in der Bucht an der Raskazone Peninsula ist nur für Mitglieder des Yacht Clubs.

Ein akzeptables **Schwimmbad** bieten das Mkonge Hotel und der Swimming-Club beim Inn by the Sea, wo auch ein Weg zum Strand führt. Doch **wirklich schöne Strände** gibt es erst **nördlich und südlich von Pangani**. Da wäre das **Peponi Holiday Resort** nördlich von Pangani mit einem dunklen Sandstrand und netten, einfachen Bungalow-Unterkünften (auch für Camper) zu nennen, ein mittlerweile beliebter Flecken unter Backpackern, u.a. weil es relativ einfach ist hinzukommen. Einen noch besseren Strand mit noch mehr Ruhe und sympathischem Management bietet das **Beach Crab Resort,** ein sich zur In-Adresse entwickelndes Paradies unter Backpackern. Zwar weiter weg und schwieriger zu erreichen, doch der Weg lohnt. Empfehlenswert! Beide Plätze siehe unter Pangani.

Ausflüge

Toten Island

Um die in der Bucht von Tanga gelegene Insel ranken sich mysteriöse Geschichten. Der Name stammt noch aus der deutschen Zeit, als man angeblich Aufständische dorthin brachte, um sie zu exekutieren. Vielmehr war die Insel

Lettow-Vorbecks letzter Askari aus Tanga

Seine Augen funkelten bei der Erwähnung des Namens *Paul von Lettow-Vorbeck*, oberster General der deutschen Streitkräfte während des 1. Weltkriegs auf ostafrikanischem Boden. **Saidi Musa** war der letzte Überlebende einer stolzen Schutztruppe von Askaris, die im Dienste von Kaiser und Reich einen Kampf gegen britische Truppen führten, den sie nur schwer nachvollziehen konnten. Das Gesicht des 1,90 m großen Mannes war von tiefen Furchen durchzogen, Haar und Bartstoppeln leuchteten weiß in der Sonne. Saidi Musa wirkte müde und traurig, als ich ihn auf die deutschen Tage ansprach. Seine Kameraden waren alle gestorben, als letzter sein dicker Kumpel *Malonde Maseru*, der nach schwerer Krankheit am zweiten Weihnachtsfeiertag 1996 im Alter von 102 Jahren von ihm ging. Saidi hatte 1998 die gleiche Anzahl an Lebensjahren erreicht und erzählte immer noch in einem kaum verständlichen Swahili von damals, auch wenn er vieles völlig durcheinander brachte und einen Großteil der Geschehnisse komplett vergessen hatte. Direkt unter dem Kommando Lettow-Vorbecks kämpfte er wohl nicht, sein erster Einsatz war 1916 in der Abteilung von General *Wahle* in der Schlacht von Kipata nahe des südlichen Städtchens Lindi – an mehr konnte er sich nicht erinnern.

Ab den 1970er Jahren kam das gute Dutzend Askaris am 4. November eines jeden Jahres beim Ehrenmal für Lettow-Vorbeck und dessen Askaris zusammen. Stolz legten sie dort einen Kranz für die am 4. November 1914 in der Schlacht von Tanga gefallenen Kameraden nieder und ließen eine Hymne aus jenen fernen Tagen ertönen. Mit der größten Selbstverständlichkeit besangen sie mit rauer Stimme inbrünstig die Glorie des Kaiserreiches: „Heil dir im Siegerkranz, Herrscher des Vaterlands, Heil Kaiser dir!"

Beim letzten Trauertag im Jahr 1995 hatte an Saidis Seite nur noch Malonde gestanden. Allein ging er dann nicht mehr zum Gedenkplatz, auch das Lied hatte er längst vergessen, genauso wie die Tatsache, dass ihm das Auswärtige Amt in Bonn über seine liebevolle Betreuerin *Jane Tamé* einen jährlichen Ehrensold zukommen ließ.

Mein Abschied von Saidi war bewegend und deprimierend zugleich. Ich bekam eine Gänsehaut und war sprachlos, als sich aus dem greisen, altersschwachen Mann völlig unvermittelt die kalte Stimme des deutschen Soldatendrills aus seiner Jugend vernehmen ließ und er wie auf ein inneres Kommando hin plötzlich Haltung annahm und mit soldatischem Gruß und deutlichen Worten entgegnete: „Jawohl, mein Herr!"

Saidi Musa ist im Mai 1999 verstorben.

in jener Zeit jedoch ein Quarantaneort, auch deutsche Gräber sind dort zu finden. Aus vorkolonialer Zeit befinden sich auf der schroff wirkenden Insel Grabmäler und die Ruinen zweier Moscheen aus dem 18. Jahrhundert. Bei der größeren ist noch der Rumpf des Gebetsturmes mit seinen Stufen zu erkennen.

Die Inselgeschichte geht – wie Funde chinesischen Porzellans nahelegen – bis ins 15. Jahrhundert zurück. Wahrscheinlich verließen die letzten Bewohner wegen Wassermangels die Insel Mitte des 19. Jahrhunderts.

Die Deutschen errichteten eine Quarantänestation und einen Leuchtturm, der heute nur noch eine Ruine ist.

Besucher müssen sich eine **Genehmigung bei der Stadtverwaltung** (Town Hall) an der Independence Avenue einholen und mit Fischern eine Bootsfahrt aushandeln.

Amboni Caves

8 km nördlich von Tanga liegt das **größte Höhlensystem Ostafrikas.** Die Kalksteinhöhlen mit Hunderten von Verästelungen in einem massiven und großflächigen Kalksteinschild dehnen sich über 234 km² aus. Der Großteil dieses unterirdischen Tunnelsystems, welches sich auch noch jenseits der kenianischen Grenze fortziehen soll, einer alten Erzählung zufolge sogar bis nach Mombasa, ist kaum erforscht. Es wird vermutet, dass die Höhlen einst durch das Meer, dessen Wasserspiegel damals höher lag, ausgespült wurden. Dies geschah wahrscheinlich nach der letzten großen Eiszeit im Pleistozän, als

die Eismassen schmolzen und das Meer anstiegen ließen. In den letzten Jahrtausenden hat dann schließlich noch der Mkulumizi River die Höhlengänge weiter erodiert. Von den acht Haupthöhlen sind nur drei für Besucher zugänglich.

Einheimische Legenden und Mythen schreiben den Höhlen, die als **Mzimu wa Mabavu** bezeichnet werden, außerirdische Kräfte zu, wobei Mabavu der große Geist ist, der über Zauberkräfte verfügt und der, bei entsprechenden Opfergaben, für das Wohlbefinden der regionalen Bevölkerung verantwortlich ist. Die Höhlen werden daher als eine Art Altar verstanden, wo an einem speziellen Platz Opfergaben, wie Flaschen mit Ölen, Räucherstäbchen, Geld, Stoffstücke usw., ausgelegt werden.

Opfergaben in den Amboni Caves

Die Innenräume erreichen Höhen von bis zu 13 m und Tiefen von über 40 m. Faszinierend geformte Säulen, Türme und kleine Röhren zum Durchkriechen machen die Höhlen, deren Luftfeuchtigkeit bei 100% liegt, zu einem besonderen Erlebnis. Stellenweise ist die obere Erddecke eingebrochen, und feine Sonnenstrahlen bringen die runden, weißen Kalksteinräume zum Leuchten.

Die Gruppe der Amboni Caves besteht aus der Amboni-Haupthöhle und den **Guano** und **High Caves.** Die auf der anderen Seite des glasklaren Flusses liegenden Höhlen sind schwerer zugänglich, beherbergen große Fledermauspopulationen und dürfen nur mit Genehmigung vom Department of Antiquities, unter dessen Schutz die Höhlen stehen, besucht werden. Das Department untersteht dem Ministerium für Bildung und Kultur, welches sich seit neuestem in Dodoma befindet.

Ein **Caretaker,** bei dem Sie sich ins Besucherbuch eintragen und 2000 TSh zahlen, wird Sie mit einer starken Taschenlampe durch ein Labyrinth führen, aus dem Sie auf sich gestellt nicht mehr herausfinden würden. Nehmen Sie sich für diesen Ausflug reichlich zu trinken mit, denn der Führer wird nur warme Fanta haben, und die Höhlen sind eine veritable Sauna, die man nass geschwitzt verlässt.

Zu erreichen sind die Höhlen über die Straße nach Kenia (s.u., Tanga – Lunga Lunga). Sie können sich ein Fahrrad mieten, mit dem Taxi fahren (8000 TSh) oder sich von einem Dalla Dalla (200 TSh) am Abzweig der Hauptstraße

absetzen lassen und die restlichen 2 km zu Fuß gehen.

Eine professionelle Begleitung mit guter Ausrüstung bietet die in südafrikanischer Kooperation arbeitende Tourcare Company in Dar es Salaam (Tel. 022-2112752-4, E-Mail: tourcare@coctech. gn.apc.org).

Galanos Schwefel-Heilbäder

Von 1956–1992 lockte dieses Heilbad im Norden Tangas Leute aus aller Welt an, die sich Heilung ihrer Leiden durch ein Bad in stark schwefelhaltigem Wasser erhofften. Die Quellen wurden 1950 von dem griechischen Sisalpflanzer *Christos Galanos* entdeckt, der auch das Heilbad gründete. Nach seinem Tod haben Vandale die einst schöne Anlage am Berg zerstört und die Wasserpumpe gestohlen. Derzeit sind Privatinvestoren bemüht, das Bad zu renovieren. Das Quellgebiet ist sehr interessant und liegt abseits der Hauptstraße nach Kenia (s.u. die Strecke Tanga – Lunga Lunga).

Tongoni Ruins

Diese Ruinen gehören mit Kilwa zu den besterhaltenen des festländischen Tansania. Nahe des Dorfes Tongoni, 20 km südlich von Tanga, sind spärliche Reste von Brunnen und einer Stadtmauer, Fundamente von Wohnhäusern und Grabmäler aus einer allem Anschein nach wohlhabenden Sharazi-Periode aus dem 15. bis 17. Jahrhundert zu besichtigen. Eine der Moscheen weist noch gut erhaltene Säulen und den deutlich zu erkennenden Gebetsplatz (*Musalla*) auf, das Ganze getrennt von

Mauerresten und Gängen *(ribatis)*, die in alle vier Himmelsrichtungen weisen. Die Mauerreste bestehen aus feinem Korallengestein, einst von einem Gitter aus Mangrovenholz überdacht und mit Ton abgedichtet. Zu sehen sind auch vierzig gut erhaltene Grabtafeln/-pfeiler. Sie stellen die größte Ansammlung vorkolonialer Gräber in Tansania dar.

Es hat hier schon **Überfälle** auf Alleinreisende gegeben, besuchen Sie die Ruinen daher nur in Begleitung (Taxi ca. 10.000 TSh). Anfahrt siehe Route Tanga – Pangani.

Routenbeschreibungen ab/nach Tanga

Korogwe – Tanga (88 km)

● Gute Asphaltstraße, Fahrzeit 2 Std., Busse mehrmals am Tag.

Von Korogwe führt die Hauptstraße weiter südwärts, bis nach 17 km das Kreuzungsdorf Segera erreicht ist, wo rechts die neue Asphaltstraße nach **Chalinze** abzweigt (176 km). In Richtung Süden folgt unmittelbar hinter dem Abzweig das **Segera Highway Motel** mit Tankstelle und sehr gutem Restaurant.

Bleibt man auf der Tanga-Straße, fährt man entlang verfallener Farmhäuser aus der deutschen Kolonialzeit und verwilderter Sisalfelder, bis nach 5 km der Ort Hale erreicht ist. Auf Straßenkarten ist von hier ein Weg zu den Pangani-Wasserfällen vermerkt, die aber seit der Errichtung eines Staudammes nur noch

mit Genehmigung der TANESCO-Behörde in Tanga (Independence Avenue) besucht werden können.

Das Landschaftsbild wechselt nun; Palmen, die zunehmende Hitze und die weißen, islamischen Kanzu-Gewänder der Männer in den Dörfern entlang der Straße kündigen die Küste an.

Bei **Km 34** ist **Muheza** erreicht. Links hinter dem Ambassador Hotel (einfache Unterkunft für 6000 TSh die Nacht mit Frühstück) steht ein über 100 Jahre altes deutsches Bahnhofshäuschen. Das Büro von Scandinavia Bus Service erreicht man unter Tel. (027) 2641214.

Von Muheza kann man über eine gute Staubpiste ins 45 km entfernte Pangani an der Küste fahren (Abzweig ausgeschildert) oder der Hauptstraße noch 37 km an zahlreichen Sisalplantagen vorbei bis Tanga folgen.

Tanga – Horo Horo/Lunga Lunga (Kenia-Grenze) (73 km)

● Anfangs asphaltiert, danach mäßige Piste. Fahrzeit 2,5 Std.

Verlassen Sie Tanga über die Amboni Road, und fahren Sie auf der neu asphaltierten Straße am **Sigi River** entlang, der für die Wasserversorgung Tangas wichtig ist. Nach ein paar Kilometern erreichen Sie rechts den Abzweig über die Brücke nach Norden. Von hier sind es noch etwa 2 km, bis links die Piste zu den **Amboni-Höhlen** abgeht (ausgeschildert, Eintritt 3 US$). Dieser Straße folgend, müssen Sie nach 500 m wieder links abbiegen, wo Sie nach weiteren 500 m das kleine Dorf Kiomoni erreichen. Hier wird meist schon der

Die nördliche Swahili-Küste

Caretaker der Höhlen auf Sie aufmerksam, sofern er nicht gerade bei den Höhlen ist. Im Dorf hält man sich links, bis man nach etwa 1 km das Tal der Höhlen erreicht (mehr s.o.).

Weiter auf der Hauptstraße in Richtung Kenia kommen Sie nach 1,5 km zur rechterhand liegenden Amboni Sisal- und Plastikfabrik, die Sie durchfahren können, um zu den **Schwefelwasserquellen** zu gelangen. Mit dem Auto kommt man 1 km weit, die restlichen 500 m muss man laufen; fragen Sie beim Workshop nach jemandem, der sie begleiten kann.

Um das **Galanos Schwefel-Heilbad** zu erreichen, bleiben Sie auf der Asphaltstraße und fahren noch 500 m den Berg hinauf, um dann rechts einer alten Erdstraße noch 400 m zu folgen. **Weiter in Richtung Norden** endet bald darauf der Asphalt, und die breite, teils schlechte Piste führt durch dünn besiedeltes Küstenland, das dichte Mangrovensümpfe durchziehen.

Bei **Km 67** ist **Horo Horo** erreicht, die **tansanische Grenzstation**. Es gibt keine Versorgungs- und Übernachtungsmöglichkeiten, auch im 6 km entfernten **Lunga Lunga,** der **Grenzstation auf kenianischer Seite,** fehlen Tankstelle und Schlafplätze. Geld tauscht man schwarz am besten in Horo Horo. Wer die Grenze am Wochenende oder nach 17 Uhr passiert, muss eine so genannte „Overtime-Fee" von 100 KSh entrichten (etwa 1,50 Euro). Von Lunga Lunga ist die Strecke in Richtung Mombasa asphaltiert. Nach 70 km folgt der Ort Ukunda mit Tankstelle und Geschäften und dem Abzweig zur Diani Beach.

Tanga – Pangani

● Gute, teils etwas sandige Piste, Fahrzeit ca. 2 Std., letzter Bus um 16 Uhr, 1000 TSh p.P.

Verlassen Sie Tanga über die Ring Road. Der Abzweig nach Pangani ist ausgeschildert. Nach 8 km erreicht man links den Abzweig zum alten Baobab Hotel. 9,5 km danach folgt links die Piste ins 1 km entfernte Fischerdorf Tongoni, wo kurz vorher links ein Weg zu den wenige hundert Metern entfernten **Tongoni Ruins** führt. Auf der Piste geradeaus fährt man dann westlich um die Mündungsbucht des Mgombeni River, der schließlich überquert wird.

Bei **Km 28** erfolgt links die Zufahrt zum Peponi Holiday Resort Camping (s.u.), 1,2 km weiter wird links die geschlossene Kingfisher Lodge passiert (auf dem Hof steht eine alte Dampfmühle aus deutschen Pflanzertagen). Bei **Km 36** liegt linker Hand das YMCA, 300 m später erfolgt die Zufahrt zum Tinga Tinga Beach Resort und kurz danach zum Pangani Beach Resort. Nach weiteren 2 km ist Pangani erreicht.

Pangani   ↗ XI,C2

Das geschichtsträchtige Pangani liegt malerisch schön **an der Mündung des Pangani River** in den Indischen Ozean. Der sehr islamisch geprägte Fischerort wirkt verschlafen, die Kulisse bilden heruntergekommene ehemalige **arabische Geschäftshäuser** und **deutsche Kolonialbauten.** Pangani hat sein Verfallsdatum schon lange überschritten. Als Hauptstadt des gleichnamigen Distrikts bietet neben dem nicht mehr sehr lukrativen Anbau von Sisal heute nur noch der Handel mit Kokosnüssen eine beständige Einnahmequelle für die trotzdem leere Stadtkasse.

Bisher haben nicht viele Besucher im Ort selbst verweilt. In Zusammenarbeit mit dem **Cultural Tourism Programme – SNV** (s.u.) sind jedoch seit Neuerem geführte Besichtigungstouren auf sandigen Straßen in einem touristisch noch sehr unberührten Swahili-Ort möglich. Das Angebot, das auch Flussfahrten beinhaltet, ist vor allem für Backpacker von Interesse. Das gilt auch für die bescheidenen Unterkünfte im Ort.

Die eigentliche Attraktion sind jedoch die Strände nördlich und südlich von Pangani. Hier ist in den vergangenen Jahren eine Reihe von Hotels und Beach-Lodges erbaut worden, und es scheint, als wenn sich die Region Pangani zur attraktivsten Küstendestination auf dem Festland von Tansania entwickelt. Die **Strände gehören zu den schönsten des Landes,** besonders bei den Fischerdörfern von **Ushongo**, etwa 20 km südlich von Pangani – national und wohl bald auch für den internationalen Markt. Professionelle Tauchbasen werden erst in nächster Zeit entstehen. Riffe und vorgelagerte Inseln können schon jetzt „erschnorchelt" werden, zudem lockt die Tierwelt im nicht weit südlich gelegenen **Saadani National Park**.

Geschichte

Historiker vermuten in Pangani den Handelsort **Rhapta** aus dem 1. Jahrhundert. Funde aus jener Zeit konnten jedoch nicht gemacht werden. Die ersten Spuren einer Siedlung gehen auf das 10. Jahrhundert zurück, als es wohl 4 km landeinwärts einen Ort namens *Muhembo* gab, der mit den Shirazis (siehe bei Kilwa) in Verbindung gebracht wird. Eine noch existierende Kokospalmen-Plantage namens El Harth stammt von einer reichen Familie aus jener Zeit.

Das nicht besonders einflussreiche Muhembo wurde 1635 von den **Portugiesen** zerstört und fiel danach dem Dschungel zum „Opfer". Spuren bzw. Überreste sind heute nicht mehr zu erkennen. Die Fundamente einer kleinen portugiesischen Bastion sind nur noch an der Südseite der Flussmündung zu erkennen. Während des **Araber-Aufstands** ließ Hauptmann *von Wissmann* eine kleine Wehrfestung auf den Ruinen errichten, deren Reste heute noch zu sehen sind.

Das eigentliche **Pangani** entstand erst während der omanischen Zeit. Die ersten Händler errichteten ab den 20er Jahren des 19. Jahrhunderts eine Handelsbasis, die zum bedeutsamsten **Endpunkt der nördlichen Karawanenroute** wurde und später in enger Beziehung zum Sultanat Sansibar stand. Der Reichtum Panganis verdankte sich dem **Handel mit Elfenbein und Sklaven**, der hier noch lange nach der Abschaffung der Sklaverei 1873 florierte. Während sich in den anderen arabischen Handelsorten die deutsche Vormachtstellung ab 1886 zunehmend festigte und der Widerstand gegen das Verbot der Sklaverei nachließ, ging der Handel

PANGANI

in Pangani illegal weiter. Zum Konflikt kam es schließlich, als die Deutsch-Ostafrikanische Gesellschaft hohe Zölle für Ein- und Ausfuhrgüter erhob. Die Folge war der **Araber-Aufstand** angeführt von dem Omani-Araber *Bushiri* (vgl. entsprechenden Exkurs).

Da große Dampfschiffe nicht über die Sandbank in die Flussmündung hineinfahren konnten, beließen die Deutschen lediglich einen Außenposten in Pangani und wählten das nördliche Tanga mit seiner geschützten Bucht als neue Basis zum Bau einer kolonialen Hafenstadt. Nachdem die Araber in Pangani ihrem lukrativen Sklaven- und Elfenbeinhandel nicht mehr nachgehen konnten, zog es viele in andere Orte. Einen kurzen Aufschwung erlebte der Ort noch einmal durch den Sisal-Boom (vgl. entsprechenden Exkurs). Zahlreiche Plantagen im Norden und Süden sowie ein paar Häuser und Hotels stammen aus dieser Zeit, als noch regelmäßig kleine Frachtkähne mit Sisal den Fluss entlang schipperten und die Rohfaser nach Tanga brachten.

Sehenswertes

Die **Strände, Korallenbänke** und **Tauchgebiete** an Panganis Küste gehören zu den besten des tansanischen Festlands. Auf dem Pangani River bieten sich interessante **Flusstouren** zu Krokodilen und Flusspferden an. In seiner Mündung können schon mal Delfine gesichtet werden.

Weiter draußen bieten Sandbänke einen isolierten Strand und die 11 km entfernte **Maziwe Island** ein wunderschönes Riff zum Schnorcheln.

In Pangani selbst ist die alte Häuserfront an der früheren Bismarck-Allee, heute Harbour Road, sehenswert. Hier stehen noch das deutsche Zollhaus mit solider Holztür sowie alte arabische Handels- und Wohnhäuser. Im ehemaligen **kaiserlichen Bezirksamt,** einem ursprünglich arabischen Geschäftshaus aus der Mitte des 19. Jahrhunderts, mit Eisenträgern und Vordächern den wilhelminischen Vorstellungen von Statik und Funktionalität angepasst, ist heute das District Office mitsamt Einwanderungsbehörde untergebracht. Das Gebäude mit seiner massiven alten Swahili-Tür und den einen halben Meter breiten Grundmauern ist die **älteste noch stehende deutsche Boma** in Tansania (vgl. hierzu den Exkurs „German Bomas – große Mauern aus deutscher Zeit"). Zwecks einer Foto-Erlaubnis beim District Administrative Secretary (DAS) um Erlaubnis fragen.

An der südlichen Uferseite des Pangani, der mit einer Autofähre (Tragkraft 8 t, bis 18 Uhr) überquert werden kann, befinden sich östlich vom Fischerdorf **Bwemi** Ruinen einer portugiesischen Festungsanlage, die auch von der Schutztruppe genutzt wurde, und eine Stelle mit islamischen Grabmälern aus dem 15. Jahrhundert. Die Kokosnussplantagen am Pangani sind endlos und tragen zu über 50% der landesweiten Erträge bei. Das gewonnene Kopra wird mit Dhaus entlang der Küste verschifft. Etwa 6 km südlich von Pangani, bei Mwera, sind großflächige Sisalplantagen der Amboni-Gesellschaft angelegt.

In Zusammenarbeit mit SNV/Arusha (siehe dort) ist auch in Pangani ein interessantes Cultural Tourism Programme auf die Beine gestellt worden (s.u.).

Kolonialbauten in Pangani

Unterkunft

Preiswerte Unterkünfte im Ort

●**Pangdeco Beach Hotel**
Heruntergekommen, immerhin schöne Lage nahe der Mündung des Pangani. Düstere Zimmer ohne Moskitonetz, geduscht wird aus Wassereimern, das Essen muss vorbestellt werden. Nur bedingt zu empfehlen.

●**Safari Lodge**
Neueres Guesthouse zwischen dem alten Ortskern und der Boma. Die Zimmer sind o.k., aber etwas teuer (7500 TSh, mit Deckenventilator).

●**New River View Inn**
Einfaches Guesthouse für 2000/4000 TSh an der Harbour Road, nur 300 m vom Busstand. Zu empfehlen.

●Das **YMCA** ist mittlerweile ziemlich heruntergekommen und nur noch bedingt zu empfehlen. Die Lage allerdings ist schön, bis zur Ortsmitte sind es 2 km.

Lodges im Süden – Ushongo

Die folgenden vier Unterkünfte liegen etwa 20 km südlich von Pangani am Ushongo Beach, einem der schönsten Strände in der Region Pangani. Ushongo hat den Vorteil, dass man auch bei Ebbe gut schwimmen kann. Über die Unterkünfte werden verschieden Aktivitäten angeboten: Fischen, Schnorcheln, Surfen, im Kanu paddeln u.a.; Wegbeschreibung s.u., Route Pangani – Saadani.

●**The Tides**
Tel./Fax 0784-225812. Traumhaft schön gelegene Beach-Unterkunft. Besitzer/Manager ist der sympathische *James* mit seiner Frau *Alex*.

Die 7 geräumigen Bungalows direkt am Strand mit Bad, Ankleideraum und eigener Terrasse sind mit Ideen und Liebe eingerichtet. Eine gemütliche Bar mit klasse Musik unter Palmen lädt zum Durstlöschen ein, die hervorragende Küche sorgt fürs leibliche Wohl. The Tides bietet die Möglichkeit, mit einem Schlauchboot Ausflüge zu machen (Tauchbasis wird noch errichtet). Ferner gibt es Fahrten auf dem Pangani River sowie zur Maziwe Island und natürlich die Möglichkeit zu surfen und schnorcheln. 90/150 US$ für EZ/DZ Halbpension. Sehr empfehlenswert! Internet: www.thetideslodge.com, E-Mail: info@thetideslodge.com.

●**Emayani Beach Lodge – „kwa joni"**
P.O. Box 111, Pangani, Tel. (027) 2501741, 0754-476699, Tel./Fax (027) 7182. Weitläufig zwischen Palmen angelegte Beach Lodge. Emayani bietet 12 schöne und geräumige, aus Holz und Matten gefertigte Bungalows mit gemauertem Bad/WC. Sehr einfach, aber hygienisch, mit Flair. Ein großes Vordach spendet genug Schatten gegen die Mittagshitze. Der zum Meer hin offen gestaltete Aufenthaltsbereich umschließt Restaurant (viel Seafood!), eine Bar und eine Sitzgelegenheit. Gleiche Besitzer wie Tarangire Safari Lodge (siehe beim Tarangire National Park). Internet: www.emayanilodge.com, E-Mail: emayani@habari.co.tz.

●**Beach Crab Resort**
P.O. Box 157, Pangani, Tel. (0784) 253311, (0784) 253312. Die am südlichsten gelegene Unterkunft ist auch die stimmungsvollste. Nicht nur weil man hier den überaus sympathischen Besitzern Alex und Sonja begegnen wird, sondern das Resort ist auch der Teil von Ushongo Beach, der sehr einsam an einem Palmenstrand liegt. Beach Crab ist rund um ein Wassersport-Center erbaut. Ein Beach-Volleyballplatz, eine Sports-Bar, ein professionelles Tauch-Center und eine lockere Atmosphäre laden dazu ein, die Seele baumeln zu lassen. Einfache Bungalow-Unterkunft und schönes Zelten direkt am Strand. Alex organisiert auch das Abholen bei der 15 km entfernten Pangani-Fähre. Preise und Aktivitäten nach Anfrage. Empfehlenswert! Internet: www.thebeachcrab.com, E-Mail: info@thebeachcrab.com.

●**Ushongo Reef Resort**
Tel./Fax 0741-333449. Einfache, gemauerte Bungalow-Unterkunft (schweizer Besitzer), die Zimmer liegen allerdings nicht weit auseinander. Direkt am Strand befindet sich der große Aufenthaltsbereich mit Strandtischen und Bänken. Alles wirkt eher zweckmäßig, ohne viel Flair. Der Preis für einen Doppelbungalow liegt bei 45 $. In Bungalows mit gemeinnützigen Bädern/WCs kostet die Übernachtung 20 $ pro Person.

Unterkünfte im Norden

Anfahrt/Entfernungen zu den Unterkünften siehe Routenbeschreibung oben.

●**Argovia Tented Camp**
Tel. (027) 253531, Fax (027) 251186, E-Mail: frey@eoltz.com. Neues Tented Camp, 4 km nördlich von Pangani mit Pool und schön an der Mkoma Bay gelegen. Die Anlage ist mit Phantasie gestaltet, Service und Essen sind gut. Die schön eingerichteten Zeltzimmer besitzen Deckenventilatoren und Moskitonetze. Kostenpunkt: 50.000 TSh für 2 Personen, mit Frühstück. Wer es preiswerter möchte, kann auf einfache Bandas zurückgreifen, diese liegen bei 15.000 TSh p.P. oder zu zweit für 25.000 TSh. Camping schlägt mit 5000 TSh zu Buche.

●**Peponi Holiday Resort**
Tel. 0741-540139. „Peponi" bedeutet Paradies und das trifft auch in gewisser Weise auf die schön unter Palmen verteilten Cottage-Bandas und Überdachungen für Camper zu. Die englisch-kenianischen Betreiber und die extreme Backpacker-Atmosphäre machen den Ort aber nicht zur ersten Wahl aller Reisenden. Der Service ist jedoch gut, der Strand wunderschön, die Preise sind fair. Große Doppelbandas für 40 US$ (EZ/DZ) mit Frühstück, während der Nebensaison auch billiger. Backpacker können es etwas einfacher haben (12.000 TSh mit Frühstück), Camper zahlen 4 US$ pro Person. Gutes Essen, viel Seafood. Internet: www.peponiresort.com, E-Mail: info@peponiresort.com.

●**Pangani Beach Resort**
P.O. Box 118, Tel. (027) 269031-3. Schöne, kleine Anlage mit großem Garten direkt an

der Klippe, 3 km nördlich gelegen. Die Lodge bietet 10 einfache, aber leider etwas pflegebedürftige Zimmer mit Bad/WC/Moskitonetz. Die Übernachtung liegt bei dem fairen Preis von 15.000 TSh in einem DZ.

● **Tinga Tinga Beach Resort**
Etwas lieblose Anlage, jedoch mit feinem Sandstrand, zweckmäßigen Zimmern mit Bad/WC, Moskitonetzen und Deckenventilatoren, durchschnittliche internationale Küche. Übernachtung ab 20.000 TSh im DZ.

Camping

Sehr schön zelten lässt es sich auf dem Grundstück vom YMCA und bei Argovia. **Peponi Holiday Resort** bietet die besten Campingmöglichkeiten.

Informationen und Veranstalter

Für Backpacker bietet das **Cultural Tourism Programme (SNV)** in Pangani geführte Touren im Ort und durchs Umland. Auch besteht die Möglichkeit, Fahrräder zu mieten, auf einer Dhau mitzufahren oder eine Flusstour mit Motorboot zu organisieren. Die Gebühren sind fair, die Guides motiviert, die verborgenen Ecken von Pangani mitsamt der Swahili-Kultur werden einem auf diese Weise nähergebracht. Ansprechpartner ist ein gewisser *Mr. Sekibaha*. Zu erfragen über das New River View Hotel.

Sonstiges

Im schnell überschaubaren Pangani befinden sich ein einfaches **Krankenhaus**, eine **Bank**, eine **Post**, eine **Polizeistation** und eine **Tankstelle**. Internetcafés gab es im Frühjahr 2003 noch nicht!

Routenbeschreibungen ab/nach Pangani

Pangani – Segera – (Saadani) – Bagamoyo/ Chalinze – Dar es Salaam

● Piste/Asphalt, Fahrzeit und Kilometer je nach Route; Busse über Tanga.

Der bequemste Weg nach Bagamoyo oder Dar es Salaam erfolgt über das 43 km entfernte **Muheza** am Fuße der östlichen Usambara-Berge (hierzu folgen Sie der Tanga-Straße 3 km zurück und biegen dann links auf eine gute Piste). Über **Segera** (siehe Korogwe – Tanga) fahren Sie dann auf der guten Asphaltstraße A14 durchs Küstenhinterland in Richtung Süden.

Abstecher Saadani (58 km) XI,C3

121 km hinter Segera erfolgt im Straßendorf Mandera der ausgeschilderte Abzweig zum Saadani National Park. Die Piste ist in gutem Zustand und führt vorbei an der sich rechter Hand auf einem Hügel erhebenden **katholischen Mission von Mandera** aus dem Jahre 1881. Das eindrucksvolle Fathers House wurde 1935 erbaut. 11 km nach Mandera durchfährt man das Dorf Miono und hält sich bei der Gabelung am Ortsausgang links. Danach folgen weitere 30 km durch *coastal bushland*, bis rechts in Richtung Wami River der ausgeschilderte Abzweig zum Zaraninge Forest Reserve (18 km) erfolgt (vgl. hierzu Saadani National Park). Auf der Hauptpiste weiter in Richtung Osten

werden nach 9 km die Gleise der Eisenbahn überquert und das alte Entrance Gate vom ehemaligen Saadani Game Reserve erreicht. Die Strecke bis zum Ort Saadani beträgt noch weitere 7 km.

Die Asphaltstraße A14 bei Mandera folgt weiter Richtung Süden und windet sich nach wenigen Kilometern die Schlucht ins Wami-Flusstal hinunter. Über eine einspurige Brücke wird der von einer herrlichen Vegetation umgebene Strom überquert (Vorsicht beim Fotografieren, ein Wasserpumpenwerk wird hier betrieben!). Das Tal wieder hinauffahrend, folgen nach weiteren 15 km der Ort **Msata** (riesiges Coca-Cola-Hinweisschild „Badeco Beach Hotel") und der Abzweig ins 66 km entfernte Bagamoyo. Es ist aber auch möglich, auf der Asphaltstrecke zu bleiben, wo nach 37 km der zentrale Verkehrsknotenpunkt **Chalinze** am Tan-Zam-Highway (vgl. Kapitel „Zentrales Tansania") erreicht ist, wo Sie links auf neuer Asphaltstraße ins 106 km entfernte Dar es Salaam gelangen. Von der Küstenmetropole lässt sich ein Ausflug nach Bagamoyo unternehmen (Asphalt).

Die Piste **von Msata direkt nach Bagamoyo** ist während der Trockenzeit mit einem Geländewagen gut zu bewältigen, nur stellenweise ist sie etwas sandig. Sie führt durch das küstentypische Buschland mit Kokos- und Borassuspalmen und entlang großer, saisonaler Sumpfflächen. Beim Dorf Kikoko werden die Gleise der Bahnverbindung Dar es Salaam – Moshi überquert, später der **Ruvu River** über eine Brücke.

11 km weiter ist wieder der Indische Ozean bei Bagamoyo erreicht.

Pangani – Mkwaja – Saadani (76 km) – Bagamoyo – Dar es Salaam (211 km)

●Piste; anfangs gut, teils sandig, bei Regen Wasserdurchfahrten. Keine Dalla-Dallas und Busse.

Die Straßenkarten Tansanias legen es nahe, der Küstenstraße weiter in Richtung Süden zu folgen. Diese Strecke existiert jedoch nur bedingt, denn die Flussfähre über den Wami River ist noch nicht im Einsatz und somit fehlt noch eine Direktverbindung nach Bagamoyo. Vom Sommer 2003 an sollte die Fähre den Betrieb jedoch aufgenommen haben. Die Pisten zum Wami sind bereits wieder in Schuss.

Von Pangani in Richtung Süden: Hierzu überqueren Sie den Pangani-Fluss mit der Fähre und erreichen nach 13 km einen Abzweig nach rechts, dem Sie über Tongwe bis zur großen Asphaltstraße im Westen folgen können (68 km; nur bei Trockenheit!). Halten Sie sich geradeaus, führt die Piste leicht bergab durch Sisalfelder, bis nach 1 km links die Hinweisschilder zu den **Beach-Hotels von Ushongo** erreicht werden. Der Hauptpiste weiter in Richtung Süden folgend, werden weitere großflächige Sisalplantagen der Firma Amboni durchfahren, bis schließlich Sakura erreicht wird, eine ausschließlich aus Plantagenarbeitern bestehende Ortschaft. Danach wird es zunehmend einsamer.

Mkwaja, bei **Km 41,** ist ein verschlafenes Fischerdorf (kein Treibstoff/keine Versorgung). Kleine Reste von Ruinen aus der frühen Shirazi-Zeit zeugen jedoch von einer langen Geschichte. Auch während der deutschen Kolonialzeit stand hier eine kleine Militärstation.

2 km nach Mkwaja erfolgt eine Gabelung, an der es rechts in Richtung Mkata geht und links zur 32 km entfernten Ortschaft **Saadani.** Auf beiden Strecken ist es einsam, es verkehren kaum Fahrzeuge, Sie sind völlig auf sich allein gestellt (gute Ausrüstung erforderlich!). Der Abschnitt bis Saadani erfordert nach Regen einige Wasserdurchfahrten und Geschicklichkeit bei Black Cotton Soil. Im Ort Saadani sollten Sie sich vergewissern, ob die Fähre über den Wami River schon im Einsatz ist.

Saadani National Park
↗ XI, C3

Der Park

Das seit Anfang 2000 zum Nationalpark ausgerufene Saadani-Wildschutzgebiet (zuvor Game Reserve) ist eine **Besonderheit an der Ostküste des afrikanischen Kontinents.** Nur hier kann man beobachten (allerdings selten), wie Elefanten, Büffel und auch Löwen bis ans Ufer des Indischen Ozeans treten. Zudem ist hier die nördlichste Population der seltenen **Roosevelt-Rappen-Antilope** in Tansania beheimatet (ca. 200 Tiere). Außerdem besitzt Saadani große Bestände an Giraffen, Büffeln, Gnus, Kuhantilopen (Topi), Elenantilopen, Duckern, Riedböcken, Wasserböcken, Warzenschweinen und Zebras; Leoparden sind hier ebenfalls heimisch, wenn auch seltener zu sehen. Die Galeriewälder entlang der Flüsse bilden den Lebensraum einer Unterart von **Angola-Stummelaffen,** der *Palliatus Schwarzweiß Guerezas.* Wie groß die Tierpopulation wirklich ist, lässt sich bis jetzt noch nicht sagen. Erst wenn der Nationalpark vollends abgesteckt worden ist und effektive Schutzmaßnahmen greifen (mehr Rangerpersonal, ausreichendes Wegenetz, Errichtung weiterer Rangerposten), wird es möglich sein, das Schutzgebiet und seinen Tierbestand zu erfassen. Das Potenzial von Saadani, da sind sich Tierschützer und Verantwortliche von TANAPA (Tanzania National Parks Authority) einig, ist groß. Nicht zuletzt ist Saadani der einzige Tierpark, wo sich eine Tierbeobachtungsfahrt bzw. eine Fuß-Safari mit einem Bad im Indischen Ozean und einem Seafood-Barbeque an einem der vielen herrlichen Sandstrände abschließen lässt.

Der neue, **1148 km² große** Nationalpark reicht im Norden von der **Msangazi-Flusslandschaft** (auch Mkwaja North genannt) bis zum Mittellauf des **Wami River** im gleichnamigen, von Mangroven bestandenen Flussdelta; die Nord-Süd-Ausdehnung beträgt etwa 70 km und ist damit mehr als viermal so groß wie im Fall des früheren Game Reserve. Ein mittlerweile umfangreiches Wegenetz, von Wildtieren regelmäßig aufgesuchte Wasserlöcher sowie zahlreiche Sumpf- und Savannengebiete bieten gute Bedingungen für Tierbeobachtungen. In den Flüssen lassen sich

SAADANI NATIONAL PARK

erlebnisreiche Boot-Safaris zwischen Krokodilen, Flusspferden und einer für Ornithologen verblüffenden Vogelwelt unternehmen, im letzten intakten **Urwald Zaraninge Forest** können ausgedehnte Spaziergänge unternommen werden.

Seit der Vergrößerung von Saadani verläuft jetzt die Eisenbahnlinie mitten durch den Park.

Der Großteil der **Küstenlinie** liegt nicht innerhalb des Parks, die hier verstreut und einsam gelegenen, kleinen Dörfer leben vom Fischfang und bescheidenem Ackerbau (Reis, Maniok, Bananen usw.). Ausgenommen sind das Wami-Flussdelta – hier reicht die Parkgrenze bis an den Indischen Ozean –, und bei Madete stehen noch etwa 30 km² Küstengewässer unter Sonderschutz. Hier befindet sich eines der letzten Fortpflanzungsgebiete der vom Aussterben bedrohten Grünen Seeschildkröte. Doch an vielen Stellen die Küste entlang breiten sich traumhafte, nahezu menschenleere Strände aus, biegen sich Palmen gen Horizont, da wo die Sonne frühmorgens aus dem Meer taucht. Die vorgelagerten Riffe und bei Ebbe auftauchende Sandbänke laden zu Schnorchel- und Tauchgängen ein. In den Gewässern tummeln sich hin und wieder auch Delphine.

Der Saadani National Park steht in deutlichem Kontrast zu den Parks im Norden. Mit der Fülle an Tieren, wie man Sie im Ngorongoro oder in der Serengeti vorfindet, kann der Park nicht konkurrieren. Landschaftlich hat Saadani jedoch seine Reize. Küstentypische Akazien (Acacia zanzibarica), Doum-

und Borassuspalmen, Mangroven und Sumpfsavannen stehen für echtes Buscherlebnis. Das noch ursprüngliche Küstenvorland präsentiert sich hauptsächlich flach, mit einigen bis zu 300 m hohen Erhebungen im Westen des Parks.

Obwohl unweit von Dar es Salaam und direkt gegenüber von Sansibar gelegen, kommen bisher nur wenige Besucher nach Saadani.

Als Enklave im Park liegt das **Küstendorf Saadani** direkt gegenüber von Zanzibar Town. Der Ort war vom Beginn des 19. Jahrhunderts an, zusammen mit Bagamoyo, Anfang der zentralen Karawanenroute nach Tabora. Burton besuchte den Ort, bevor er mit Speke seine Entdeckungsreise zum Tanganyika-See startete. Die wenigen hier stationierten Araber lagen jedoch in ständigem Kampf mit dem einheimischen Volk der Doe und konnten daher Saadani nicht so beherrschen, wie dies für Pangani und Bagamoyo der Fall war. Saadani wurde schließlich ganz aufgegeben, und auch während der deutschen Kolonialzeit gab es hier zunächst nur einen Wachtposten. Nach dem Araber-Aufstand (siehe bei Bagamoyo) errichtete die kaiserliche Schutztruppe auch hier ein Fort, das heute als Ruine im Norden des Dorfes zu besichtigen ist. In Richtung Parkverwaltung erinnern Grabtafeln an die einstige deutsche Präsenz. Hinter dem kleinen Markt stehen Mauerreste aus der frühen Araberzeit. Saadani ist heute ein kleines Dorf, das jahrzehntelang von der Teilhabe am Fortschritt ausgeklammert war.

Anreise und Parkgebühren

Im Saadani-Park befinden sich mehrere Landepisten für **Motorflugzeuge.**

Mit der bald wieder eingesetzten **Fähre über den Wami River** ist der Saadani-Nationalpark von Dar es Salaam auf dem Straßenwege schnell zu erreichen (3 Std.). Die Piste, die vom Norden (Pangani) nach Saadani führt, ist nur bei Trockenheit zu befahren und verlangt auch dann einen guten Geländewagen mit ausreichender Ausrüstung/Verpflegung (vgl. oben die Route Pangani – Mkwaja – Saadani).

Die **ganzjährige Anfahrt** erfolgt am besten **über Mandera** (siehe Route Pangani – Dar es Salaam) und Bagamoyo. Die Anreise mit der Eisenbahn ist nicht möglich.

Die Parkgebühren betragen **25 $ pro Person und Tag.**

Beste Besuchszeit

Der Saadani lässt sich außer in den Regenmonaten April bis Mitte Juni **das ganze Jahr über** besuchen. Gut ist die etwas kühlere Zeit zwischen Juni und Oktober, aber auch die anderen Monate eignen sich; nachts lässt es sich gut ohne Klimagerät auskommen, da die Meeresbrise leichte Kühlung gewährt.

Im Park unterwegs

Ein bereits **ausreichendes Wegenetz** macht mit dem Geländewagen die Erkundung fast des gesamten Gebietes möglich (Allrad-Antrieb ist ein Muss!). Neben den erwähnten **Bootstouren** im Wami-Flussdelta (über das Saadani Safari Camp) können auch **Fuß-Safaris mit Rangern** unternommen werden (20 $ pro halbtägiger Tour).

Informationen

Für weitere Informationen zur Entwicklung im Saadani-Park kann man sich an das **Saadani Conservation and Development Programm** wenden, ein Projekt der GtZ (www.wildlife-programme.gtz.de/wildlife/download/nr_40.pdf).

Unterkunft

Tented Camps

●**Saadani Safari Camp**
P.O. Box 40525, Tel./Fax (022) 2151106. Gemütliches Tented Camp unter englischer Leitung 1 km nördlich vom Fischerort Saadani. 9 Zeltbandas und ein im Makuti-Stil errichtetes Restaurant mit durchschnittlicher Küche (frische prawns, also Garnelen, direkt aus dem Meer!) liegen am Strand. Der Sand ist allerdings aufgrund der Nähe zur Mündung des Wami River nicht besonders hell, das Meerwasser ist trüb. Das Camp bietet Touren mit offenen Jeeps im Park oder mit Booten im Wami-Flussdelta an. Die bloße Übernachtung mit Frühstück beginnt bei 60 $, eine Übernachtung mit Vollpension und Flug von Dar es Salaam aus inkl. Fuß-/Auto-Safari und Bootsfahrt entlang des Küstenufers kostet etwa 300 $ pro Person für zwei Tage.
E-Mail: tentview@intafrica.com,
www.saadani.com

●**Tent with a View Safari Camp**
P.O. Box 40525, Dar es Salaam, Tel. (022) 2110507, (713) 323318, Fax (022) 2151106. Acht auf etwa 2 m hohen Stelzen gebaute Zeltbungalows liegen schön verteilt unter großen Palmen. Alle haben eine Terrasse mit Hängematte. Ein offener zentraler Aufenthaltsbereich komplett aus Holz in 3 m Höhe verschafft nicht nur einen tollen Ausblick über das Meer, es bläst auch die Brise vom

Ozean durch das ansonsten sehr dichte Buschwerk auf dem Gelände des Camps. Tent with a View bietet eigene Pirschfahrten und Walking-Safaris im Saadani an und holt Gäste direkt am Mkwaja Airstrip ab. Um den Service und das leibliche Wohl kümmert sich die sehr sympathische Managerin *Jaky*. Das Camp liegt 4 km südlich des Ortes Mkwaja. Der Preis für Übernachtung (Vollpension) mit allen Aktivitäten und Parkgebühren liegt bei 355/550 US$ für EZ/DZ.
Internet: www.saadani.com,
E-Mail: tentview@cats-net.com.

● **Kisampa Camp**
P.O. Box 23000, Oysterbay, Dar es Salaam, Tel. (075) 4927694, (075) 6316815. Kisampa ist ein einfaches, aber stilvolles Buschcamp in dem gleichnamigen privaten Wildpark, der im Süden des Saadani zwischen dem Zaraninge Forest und dem Wami River liegt, also etwa 10 km Luftlinie vom Ozean entfernt. Kisampa kann mit dem Fahrzeug oder über einen privaten Airstrip erreicht werden. Weitere Informationen auf Anfrage.
Internet: www.sanctuary.com,
E-Mail: info@sanctuary-tz.com.

● Die **Foxes Safaris Kette** plant ein weiteres Beach Camp südlich von Tent with a View. Mehr Infos hierzu über die Homepage von Foxes Safari: www.tanzaniasafaris.info.

Camping

● **Zelten** kostet jetzt **30 US$** p.P. und Nacht. Campingplätze sind über die Parkverwaltung bei Mkwaja ausgewiesen.

Bagamoyo ♫ XI,C3

Bagamoyo ist im ganzen Land bekannt! Der Ort steht symbolhaft für **Schicksale und Legenden,** er erzählt von der Geschichte von Gewalt und Folter während der Sklaverei, markiert den Beginn der kaiserlichen Kolonialzeit und hat von der Hoffnung des Christentums profitiert, welches hier seinen Anfang in Ostafrika nahm.

Die in eine Swahili-eigene **Lethargie und Melancholie** versunkene Kleinstadt lockt viele Besucher an. Dabei kann der Ort gar nicht mit den zu erwartenden Attributen eines Urlaubszieles an der Küste Ostafrikas punkten: Die Strände sind nicht gerade perlweiß, das Meerwasser trübt sich bisweilen und erlaubt wenig Beinfreiheit beim Schwimmen, wenn Ebbe herrscht. Ein richtiges Fünf-Sterne-Hotel für den gehobenen internationalen Tourismus fehlt – es wäre eh fehl am Platze! Bagamoyo ist mehr als eine bloße Stranddestination, auch wenn es die Lage am Meer ist, die dem heruntergekommenen Ort Leben einhaucht und einen ganz besonderen Flair verleiht.

Bagamoyo gleicht einem riesigen **„Freilichtmuseum",** in dem man auf den Spuren deutscher und arabischer Vergangenheit durch die Gassen, vorbei an verlassenen und zusammengefallenen Kolonialbauten, wandeln kann. Eine Zeitreise, die aber auch den typischen Alltag der Swahili-Bevölkerung veranschaulicht. Doch besonders beim Anblick der zum Großteil leer stehenden alten Bauten bekommen die Ge-

schichte und das verschlossene Gesicht Bagamoyos Konturen. Derzeit (Juni 2003) wird von der UNESCO erwogen, ob der östliche Ortskern dem **Weltkulturerbe** hinzugefügt werden soll.

Seit 2001 ist Bagamoyo durch eine Asphaltstraße mit Dar es Salaam (70 km) verbunden und somit erst recht als Zeit- und Kulturreise einen Besuch wert.

Geschichte

Die **erste Hauptstadt Deutsch-Ostafrikas** (von 1888-1891) liegt 70 km nordwestlich von Dar es Salaam an einer lang gezogenen, mit Kokospalmen bestandenen Strandbucht. Die ruhige und nostalgische Kleinstadt mit etwa 30.000 Einwohnern war der **bedeutendste Handels- und Verschiffungsort des 19. Jahrhunderts** an der heutigen tansanischen Festlandsküste. Hier begann und endete die große, zentrale Karawanenroute in das Innere Ostafrikas (vgl. Exkurs „Die zentrale Karawanenroute der Araber"). Vor allem der Handel mit Salz, Kopra, Sklaven, Nasenhorn und Elfenbein, vorangetrieben und unterstützt vom Sultan von Sansibar, ließ Bagamoyo zu einem reichen und strategischen Zentrum werden. Eine Bootswerft für Dhaus entstand, und große Rast- und Umladeplätze für die ständig aufbrechenden Karawanen reihten sich um den Ort. Stets hielten sich Tausende von Trägern aus dem Volk der Nyamwezi und Sukuma an der Küste auf, die mit den nächsten Karawanen wieder landeinwärts zogen und

Morgenstimmung vor Bagamoyo

BAGAMOYO

Stoffe, Kupfer- und Messingwaren, Waffen und Schießpulver schulterten. In der Bucht wurden ständig Dhaus mit Hunderten von Sklaven für die Gewürzplantagen auf Sansibar beladen.

Die wirtschaftliche Attraktivität lockte Hindus aus Indien an, die sich der Verwaltung und Organisation von Karawanen annahmen, Kokospalmenplantagen anlegten und mit ihrem Know-How zum Bau der Dhaus beitrugen. Moslemische Baluchen (aus Baluchistan im heutigen Pakistan) kamen als Söldner zur Eskorte der Karawanen. Sansibar-Händler und Parsen errichteten Geschäfte zum Bedarf der Karawanen-Ausrüstung und vergaben Kredite oder finanzierten auch ganze Karawanen-Unternehmungen. Zudem ließ sich eine Minderheit katholischer Goanesen nieder (aus Indien), die als Schneider, Schuster usw. ihr Einkommen hatten. Bagamoyo war in jenen Tagen ein Mosaik der unterschiedlichsten Kulturen und Religionen.

Der Ortsname verweist auf die Zeit des Sklavenhandels: „Bagamoyo" heißt auf Swahili so viel wie **„Leg dein Herz nieder!"** Denn hatten die Sklaven den anstrengenden Treck aus dem Hinterland überlebt, war auch ihre letzte Hoffnung auf Flucht dahin. Ihrer Menschenwürde beraubt, konnten sie beim Besteigen der Dhaus nach Sansibar und Arabien nichts als ihr Herz in Afrika zurücklassen.

Auch für **Entdeckungsreisende** wie *Burton, Speke, Grant* und *Stanley* war Bagamoyo Aufbruchsort. Ihnen folgten die ersten europäischen Missionare. 1868 errichteten elsässische Katholiken vom Orden der Spiritaner unter Pater *Horner,* mit der Genehmigung des Sultans, eine Missionsstation für die Waisenkinder von Sklaven. 1872 erbauten sie dann die erste Kirche auf ost- und zentralafrikanischem Boden.

Zwei Jahre später wurde der einbalsamierte **Leichnam von David Livingstone** von seinen Dienern aus dem 1600 km entfernten Chilambo im heutigen Sambia in einer zehnmonatigen Reise nach Bagamoyo gebracht. Sein Herz war ihm vorher, auf seine Bitte hin, herausgeschnitten und an seinem Sterbeort begraben worden. In der Kirche legte man seinen Körper zur Trauerfeier aus, der über 700 freigelassene Sklaven beiwohnten (an Livingstone erinnert heute die kleine Gebetskapelle Livingstone Church). Mit dem Schiff wurde er nach England gebracht und schließlich im Westminster Abbey beigesetzt. Livingstone hatte großen Anteil an der Abschaffung der Sklaverei.

Auch die **deutschen Kolonialisten** erkannten die Bedeutung Bagamoyos für den landesweiten Handel. Nachdem sie vom Sultan von Sansibar einen 16 km breiten Küstenstreifen für fünfzig Jahre „gepachtet" hatten und den aufständischen Araber-Führer *Bushiri* (vgl. entsprechenden Exkurs) nach langen Kämpfen bezwingen konnten, ernannten sie 1888 Bagamoyo zur Hauptstadt ihrer gerade entstehenden Kolonie.

Bagamoyo blieb es jedoch verwehrt, zu einer großen Stadt zu wachsen: Die zunehmend größeren Dampfschiffe konnten nur schwer in die flache Sandbucht einfahren, woraufhin die Hauptstadt an die Tiefseebucht von Dar es Salaam verlegt wurde.

Zunächst beließ man zwar noch den kaiserlichen Verwaltungssitz der Kolonie im Ort, am Ende des 19. Jahrhunderts blieben jedoch nur eine Bezirksverwaltung und eine Zolleinheit zurück, denn auch die Siedler bevorzugten die neue Stadt im Süden. Zudem wanderten auch viele der Araber und Inder mit der Zeit ab und ließen sich an anderen Orten der Kolonie nieder. Bagamoyo fiel in Lethargie, die Entwicklung der Stadt kam zum Erliegen.

Stadtbesichtigung

Eine Besichtigungstour durch Bagamoyo sollten Sie sich nicht entgehen lassen. Gehen Sie jedoch nicht allein durch die Gassen spazieren, es sind schon vereinzelt **Überfälle** vorgekommen, gerade an abgelegenen Strandabschnitten. **Taxis** stehen im westlichen Ortsteil bereit.

Beginnend im Süden des Ortes, liegt am Strand der **deutsche Friedhof** mit gut erhaltenen, massiven Grabsteinen aus der Zeit, als Matrosen die Stadt erstürmten und im Kampf gegen *Bushiri* ihr Leben ließen (vgl. entsprechenden Exkurs).

Als „Kaiserliches Gouvernementsgebäude Deutsch-Ostafrikas" geplant, später das Bezirksamt von Bagamoyo

430 BAGAMOYO

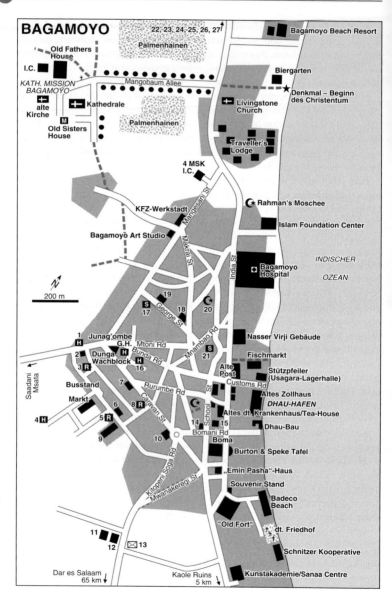

1. Pop Juice Guesthouse
2. Jang'ombe
3. Alpha Bar
4. Annex Guesthouse
5. MOAZB Rest.
6. Mbungu Sculpture Showroom
7. Apotheke
8. Top Life Bar & Rest.
9. Karawanserai
10. Tankstelle
11. Microfinance Bank
12. Tankstelle
13. Post
14. Distrikt-Büro
15. Altes Jumbe-Gericht
16. Vatican Guesthouse
17. Islam Schule
18. CUF-Partei
19. Old Swahili House
20. Shia Ithna Asheri Moschee
21. Alte dt. Schule
22. Oceanic Bay Hotel (500 m)
23. Paradise Holiday Resort (1 km)
24. Livingstone Club (1,5 km)
25. Palm Tree Village (2 km)
26. Salzfelder (2,5 km)
27. Ruvu River Delta (6 km)

- Kirche
- Hotel, Guesthouse
- Restaurant
- Museum
- Schule
- Post
- Moschee
- Friedhof
- Kreuz
- Baumallee
- Krankenhaus

Ortseinwärts kommen Sie an der gewaltigen Mauer vorbei, die das dreistöckige **„Alte Fort"** umgibt. Der gut erhaltene Bau, auch *Old Prison* genannt, ist mit etwa 140 Jahren das älteste Gebäude in Bagamoyo. In Angriff genommen von dem reichen arabischen Geschäftsmann *Abdallah Marhabi* und gedacht als Sklavenkerker, ließ *Sultan Bagash* von Sansibar es um 1870 weiter zu einer Festung ausbauen. Er stationierte hier eine Truppe von Baluchi-Soldaten. Die Deutschen mieteten den Bau später und nutzten ihn als Polizeistation mit Gefängnis.

Auf dem Grundstück des unterhalb vom Fort gelegenen Hotels Badeco steht ein kleiner Baum mit dem Hinweisschild, dass hier die kaiserlichen Beamten Aufständische erhängten. Eigentlich aber stand der damalige **Galgenbaum** 100 m davon entfernt, brach jedoch wegen seines hohen Alters zusammen.

Folgt man vom Old Fort der alten Piste, die einmal die „Kaiserstraße" darstellte, 200 m weiter, stößt man auf die weithin sichtbare **Boma.** Einst geplant als „Kaiserliches Gouvernementsgebäude Deutsch-Ostafrikas", war hier nach der Verlegung der Hauptstadt die Bezirksamtsverwaltung untergebracht. Der monströse zweistöckige Bau entstand 1897 und steht vor dem totalen Verfall. Pläne zur Renovierung seitens der deutschen Regierung wurden aus Kostengründen verworfen. Seit einigen Jahrzehnten fehlt die komplette Wellblechbedachung (Teile davon zieren die ein oder anderen Häuser im Ortskern ...), stehendes Regenwasser ließ

BAGAMOYO

die flache Oberdecke mürbe werden, bis sie schließlich an manchen Stellen zusammenbrach. Deswegen ist auch die lokale Distriktverwaltung schon vor langer Zeit ausgezogen. Seien Sie beim Betreten der Innenräume vorsichtig, es ist nur eine Frage der Zeit, bis weitere Decken und Mauern einstürzen. Vor dem Gebäude auf der Ozeanseite befindet sich der ehemalige **Appellplatz,** der von einer halbrunden Mauer abgegrenzt wird und auf dem einst ein großes Denkmal zu Ehren des Reichskommissars *Wissmann* stand. Unten am Fuß der Mauer hingen fünf große **Gedenktafeln** aus Bronze, versehen mit den Namen von Offizieren und ihren Heldentaten.

Links von der Boma steht ein Haus, das ursprünglich ein Handelsgebäude aus der Araberzeit war, dann als Übergangssitz der Kolonialverwaltung diente, bis die Boma fertig gestellt war. Unter Insidern wird es auch als **„Emin-Pasha-Haus"** bezeichnet. **Eduard Schnitzer,** von Geburt Schlesier und später bekannt als *Emin Pasha,* war Ende des 19. Jahrhunderts im Dienste Englands Gouverneur von Equatoria (Süd-Sudan). Nach der Rückkehr von einer langen Reise zusammen mit *Stanley* im Jahre 1889 gab der damalige Gouverneur *Wissmann* einen Empfang. Dabei trank Pasha wohl zu viel Sekt, und so passierte es, dass er – ohnehin halb blind – aus dem Fenster des 1. Stocks stürzte und sich schwer verletzte.

Weiter der alten Kaiserstraße folgend, kommt man links am **ehemaligen deutschen Krankenhaus** vorbei, mit seinem über 100 Jahre alten Balkon, gestützt

von sechs gemauerten Säulen. Vor dem Aufkauf durch die deutsche Kolonialverwaltung war es ein Geschäfts- und Teehaus arabischer/indischer Händler.

An der Kreuzung mit der ehemaligen „Zollstraße" treffen Sie jeweils links und rechts auf zwei alte Geschäftshäuser, von denen das rechte einst die Post war. Rechts führt der Weg (ehemals „Zollstraße") zum Strand und dem Anlegeplatz der Dhaus und Ngalawas, wo die **alten Stützpfeiler der Usagara-Lagerhalle** aus dem Jahre 1888 stehen. Die Schalen um die Stützpfeiler waren einst mit Öl gefüllt, um Ratten und Ameisen daran zu hindern, sich an den Lebensmittelvorräten zu vergreifen. Die einst zweistöckige Halle war im Wesentlichen aus Holz errichtet und fiel schon früh zusammen bzw. ihr Bauteile wurden entwendet. Hinter den Stützpfeilern ist jedoch noch deutlich der gemauerte Turm mit Treppenaufgang zu erkennen, völlig von den Wurzeln und Ästen eines großen Baumes umrankt.

Rechts am Strand steht das renovierte **Zollhaus von 1895,** bei dem Fischer Muscheln, Schneckenhäuser, Seesterne usw. verkaufen. Dhaus liegen im flachen Meerwasser, werden be- oder entladen und für die nächste Fahrt seetüchtig gemacht.

Der alten Kaiserstraße in Richtung Norden folgend, steht rechts die ismailitische **Jama'at-Khana-Moschee** aus dem Jahr 1880 mit großen Holztüren, die Schnitzereien im Sansibar-Stil aufweisen. 200 m weiter folgt das **alte Krankenhaus** von 1895, benannt nach *Sewa Hadji,* dem damals reichsten Geschäftsmann von Bagamoyo. Hadji be-

Der Araber-Aufstand 1888–1890

Bushiri und der Araber-Aufstand (1888–1890)

Von 1888–1890 kam es zwischen den arabischen Händlern und den deutschen Kolonialherren zu kriegerischen Auseinandersetzungen. Gründe waren die Einführung von Zöllen, die Konfiszierung von Land von arabischen Besitzern, die keine Besitzurkunde nachweisen konnten, und die strikte Reglementierung des Dhau-Verkehrs (Nachtfahrverbot). Unzufriedenheit machte sich unter den Arabern breit, und nach der willkürlichen Erschießung eines Arabers durch einen Deutschen brach eine Rebellion aus.

Unter dem einflussreichen *Bushiri bin Salim al-Harthi* formierte sich 6 km nördlich von Bagamoyo eine Truppe von Arabern, die den Ort überfiel und die Deutschen verjagte. Kurz darauf brach auch der Widerstand in Tanga, Pangani, Dar es Salaam und Kilwa aus. Bushiri, der Sohn eines Arabers und einer nordafrikanischen Hamitin, stellte die Forderung, als bezahlter Gouverneur der Küste wirken und seine eigenen Zölle erheben zu können. Deutsche dürften nur ohne Militär in den jeweiligen Orten ihren Interessen nachgehen. Die Reaktion des von Berlin gesandten Reichskommissars *Wissmann* ließ nicht lange auf sich warten: Mit einer fast 800 Mann starken Truppe, die sich überwiegend aus Sudanesen und Zulus sowie 200 deutschen Matrosen zusammensetzte, wurde Bagamoyo gestürmt, wo sich aber kaum Widerstand zeigte, da Bushiri und seine Truppen im buschreichen Hinterland warteten. Dort kam es dann zur großen Schlacht, bei der über 100 Araber und zwölf Matrosen fielen – letztere liegen auf dem örtlichen Friedhof begraben. Bushiri konnte mit einigen Kriegern entkommen und setzte sich bei Pangani fest. Inzwischen waren die Orte der Nordküste auch wieder unter deutscher Kontrolle, und Wissmann ließ zur Einschüchterung Bushiris von den deutschen Dampfern „Leipzig", „Möwe" und „Schwalbe" aus den kleinen Araberort Saadani bombardieren, der daraufhin völlig niederbrannte. Fortan wurde die Flussmündung des Pangani belagert, und am 8. Juli 1889 stürmten die Deutschen von mehreren Seiten den Ort und bezwangen die arabischen Stellungen.

Bushiri konnte jedoch erneut entkommen und floh ins Land der Hehe. Hier formierte er eine starke Armee und marschierte wieder gen Küste. Eine deutsche Abteilung, ausgerüstet mit Maschinengewehren, empfing ihn und zerstörte seine Hoffnungen. In der Folge machte er das Hinterland unsicher, plünderte und mordete die einheimische Küstenbevölkerung. Die Deutschen schrieben ein hohes Kopfgeld aus, und Bushiri wurde schließlich von den eigenen Leuten ausgeliefert. Man erhängte ihn in aller Öffentlichkeit am 15. Dezember 1889 in Pangani.

Der Rest an arabischen Widerstandsbestrebungen in Kilwa wurde von Wissmann mit einer 1200 Mann zählenden Truppe im Mai 1890 endgültig zunichte gemacht – das Deutsche Reich kontrollierte nun ohne Einschränkungen den Küstenstreifen.

saß viele Häuser, die er an Deutsche verkaufte oder übergab, und er war einer der Hauptfinanziers von Karawanen. Ihm ist auch die dreistöckige deutsch-suaheliarabische Schule von 1896 im Ortskern zu verdanken.

Im Südwesten des Ortes liegt der überdachte **Hauptmarkt,** der früher ein reiner Sklavenmarkt war. Nicht weit davon, parallel zur Caravan Street, befindet sich die renovierte Karawanserei, in deren Mauern Esel und Sklaven gehalten wurden.

Folgen Sie der Caravan Street zum Ortsausgang in Richtung Msata, erreichen Sie den kleinen **Festungsturm Dunda Block,** den Wissmann 1889 errichten ließ. Am Fuße des Wachturmes befindet sich das Grab der wahrscheinlich letzten von der Mission freigekauften Sklavin von Bagamoyo, *Maria Ernestina*, die als Kind aus dem Kongo an die Küste verschleppt wurde. Sie starb im Jahr 1974.

Keinesfalls entgehen lassen sollten Sie sich einen Besuch der **Mission der „Brüder zum Heiligen Geist"** im Norden Bagamoyos (vgl. oben). An der kleinen **Livingstone Church** (s.o.) vorbei, folgt linker Hand eine schöne Allee, die direkt auf das ehrwürdige Missionsgebäude und das anschließende Mädchen-Internat zuführt. Hinter der großen Kathedrale befindet sich ein altes zweistöckiges Haus, in dem die Mission ein **Museum** eingerichtet hat, das die bewegte Geschichte Bagamoyos eindrucksvoll veranschaulicht. Gezeigt werden u.a. Freiheitsbriefe der Sklaven, Ketten und Folterinstrumente, Ausrüstungsgegenstände deutscher Schutztruppen-Offiziere. Gegenüber vom Museum steht die **erste Kirche des östlichen und zentralen Afrika.** Über einen Feldweg gelangt man zu den Gräbern früherer Missionsmitarbeiter.

Weniger von historischem als von kulturellem Interesse ist das **Bagamoyo College of Arts** am Ortsausgang in Richtung Kaole. Die Musik- und Kunst-Hochschule wurde 1980 gegründet, um den künstlerischen Nachwuchs auszubilden, Forschung zu betreiben und Veranstaltungen abzuhalten. Anfang der 1990er Jahre kam ein bemerkenswertes Theatergebäude hinzu, mit Platz für ca. 1500 Besucher, finanziert jeweils zur Hälfte von der schwedischen und der norwegischen Regierung. Bedauerlicherweise ist die Halle 2002 komplett abgebrannt, doch haben die Skandinavier ihre Mithilfe beim Wiederaufbau schon in Aussicht gestellt.

Das „Alte Fort" (Old Prison)

Karten S. 399, 430, XI BAGAMOYO

Seit 1998 existieren Pläne, das College zu einem künstlerischen Ausbildungszentrum für den gesamten süd- und zentralafrikanischen Raum auszubauen (ebenfalls mit skandinavischer Unterstützung). Jährlich bewerben sich für etwa 15 Plätze ungefähr 500 Tansanier um eine Aufnahme am College. Die Ausbildung dauert drei Jahre und umfasst u.a. die Bereiche Musik, Theater, Tanz, Akrobatik, Kunstgeschichte, politische Bildung, Englisch, Swahili, Dramaturgie und Regie.

Da der Staat die Absolventen aufgrund mangelnder Gelder nicht in nationale kulturpolitische Programme einspannen kann, schließen sich viele zu selbstständigen Kulturgruppen zusammen, um sich mit Auftritten über Wasser zu halten. Nur wenigen Studenten gelingt der Sprung in das **Ensemble der Bagamoyo Players.**

Auf dem College-Gelände finden an Wochenenden oft Musik-, Tanz- und Theateraufführungen der Studenten statt. Als Höhepunkt wird einmal im Jahr, jeweils in der letzten Septemberwoche, das **Bagamoyo Arts Festival** veranstaltet, ein **internationales Musik- und Tanzfestival.** In dieser Zeit erwacht Bagamoyo aus seiner Lethargie und wird zum musikalischen Nabel Ostafrikas. Die genauen Daten, Events und Liste der Beteiligten erfahren Sie über den **Freundeskreis Bagamoyo e.V.** (Bussardstr. 1, 59269 Beckum, www.bagamoyo.com). Weitere Infos gibt es auch über das ortsansässige Bagamoyo Cultural Heritage & Cammunity Media Project (Tel. 0748/265315, www.bagamoyo.wilayani.com).

Unterkunft und Verpflegung

Die Auswahl an Hotels in und außerhalb von Bagamoyo hat zugenommen, eine Fünf-Sterne-Unterkunft fehlt allerdings noch. Die meisten Hotels liegen am nördlichen Ortsende. Auch für Rucksackreisende haben sich preiswerte und saubere Alternativen entwickelt.

Gehobene Hotels
●**Livingstone Club**
Tel. (023) 2440059/80, Fax (023) 2440104.
Eindrucksvolles Hotel etwa 1 km vom Zentrum gelegen, dessen Eingangshalle im Stil eines Sansibar-Palastes erbaut wurde. Das zum Meer hin geöffnete Hotel umschließt einen dekorativen und schön integrierten Swimmingpool. Die 40 großen Zimmer bieten jeden Komfort – auch hier im Swahili-Stil eingerichtet –, verfügen über eine Terrasse (die oberen mit Balkon), gute Matratzen, Klimagerät, Deckenventilator, Kühlschrank etc. Das Essen hat internationalen Standard (italienische Küche herrscht vor), gereicht werden auch viele Früchte und Fisch-/Seafood-Gerichte. Der Strand ist sauber und bietet viel Platz und Ruhe zum Sonnen, Lesen etc. Über das Livingstone können verschiedene Ausflüge organisiert (Schnorcheln, Ruvu-Flusstour) oder Fahrräder geliehen werden.
Internet: www.livingstone-club.com,
E-Mail: info@livingstone-club.com.

●**Paradise Holiday Resort**
Tel. (023) 2440136/40, Fax (023) 2440142.
Ebenso große Anlage, noch vor dem Livingstone gelegen. Etwas weniger Atmosphäre. Paradise ist auf Massen eingestellt; mit den 68 Zimmern, die auf den Parkplatz gerichtet sind, verkörpert es nicht gerade zeitgenössische Vorstellungen von einem Strandhotel. Die Zimmer selbst können über ihre Zweckmäßigkeit und die akzeptable Hygiene hinaus keine weitere Euphorie bewirken. Dagegen sind der große Swimmingpool, das gute Restaurant und der breite Strand hervorzuheben. Als Aktivitäten werden Volleyball, Tauchen, Schnorcheln und Fischen angeboten. Die Übernachtungskosten beginnen bei

Die nördliche Swahili-Küste

60/85 US$ für Zimmer mit Klimagerät, Doppelbett, Satelliten-TV und kleinem Balkon. Internet: www.paradiseresort.net, E-Mail: paradise@raha.com.

● **Traveller's Lodge**
P.O. Box 275, Tel. (023) 2440077, 0754-855485. Zentral, großflächig, liebevoll angelegt, von zwei Deutschen geleitet. Die Zimmer liegen in Bungalows schön verteilt zwischen Palmen und bieten einen herrlichen Blick aufs Meer, bei guter Sicht sogar hinüber bis nach Sansibar. Der schöne Badestrand ist bewacht, die beliebte, rustikale Bar mit faszinierenden Makonde-Schnitzereien ist ein idealer Ort, um ein kühles Bier zu den alten Songs von Grateful Dead zu genießen. Das Essen ist köstlich, viele Zutaten kommen täglich frisch aus dem Meer. Übernachtet wird in netten Zimmern mit Gemeinschafts-Bad/WC für 25 US$/DZ inkl. reichhaltigem Frühstücksbuffet, oder in modernem DZ am Strand (je zwei in einem Bungalow) mit Bad/WC/Moskitonetz/Klimagerät für 35/45 US$. Von vielen Reisenden als sehr empfehlenswert eingestuft. Internet: www.bagamoyo.com/travellerslodge, E-Mail: travellers@baganet.com.

● **Lazy Lagoon Island Lodge**
Tel. 0754-237422, 0748-237422, Fax 0741-327706. Auf der Ras Luale Peninsula gelegen, etwa 7 km südlich von Bagamoyo – die exklusivste Unterkunft im Nahbereich zu Bagamoyo. Hier erlebt man den Traum von einer Südseeinsel. Das zur Fox-Familie (siehe „Unterkünfte und Zelten") gehörende Anwesen prahlt mit einem 9 km langen Strand, den sich nur 12 Bungalows teilen, alle direkt am Strand und weit auseinander gelegen. Nur hin und wieder legen Fischer mit ihren Booten an, ansonsten herrschen hier die Einsamkeit und das rauschende Meer. Die Halbinsel Ras Luale schiebt sich parallel zum Festland in den Ozean, halb umschließt sie dabei eine Bucht mit Korallen und Mangroven. Für Gäste erfolgt der Transfer mit einem motorgetriebenen Mashua (kleine Dhau). Die Zimmer sind luftig gebaut, die Einrichtung ist einfach und gut, selbst ein Telefon steht zur Verfügung. An der Spitze der Landzunge bietet das gute Restaurant einen herrlichen Ausblick, ein Swimmingpool lässt Süßwasserrat-

ten aufatmen. Tagesausflüge nach Bagamoyo, Schnorcheltrips, Windsurfen u.a. können organisiert werden. Die Übernachtung kostet 160/240 US$ das EZ/DZ. Intetnet: www.ruahariverlodge.com, E-Mail: fox@twiga.com, fox@bushlink.co.tz.

Mittelklasse Hotels

● **Bagamoyo Beach Resort**
P.O. Box 250, Tel. (023) 2440083, Fax (023) 2440154, E-Mail: bbr@bagd.com. Gemütliche, etwas leger geführte Lodge direkt am Strand, die von Franzosen geleitet wird. Bietet allerlei Wassersportmöglichkeiten, verfügt über einen Tennisplatz, und am Strand lässt sich Beach-Volleyball spielen. Das Essen ist gut, zu empfehlen sind Seafood-Gerichte. EZ/DZ haben Moskitonetze und Klimagerät und kosten 32/42 US$, jeweils mit Frühstück, 26/32 US$ ohne Klimaanlage.

● **Badeco Beach Hotel**
P.O. Box 261, Tel. (052) 440018. Deutsches Mangement. Liegt sehr schön beim alten Fort direkt am Strand. Der Standard ist einfach, aber gemütlich, das Essen gut, die Getränke sind kühl und die 15 Zimmer in Bungalow-Form sauber (verfügen jedoch nicht alle über ein Moskitonetz). Einfache Übernachtung ab 22.000 TSh/DZ bzw. 27.000 TSh/EZ, Zimmer mit Klimagerät, eigenem Bad ab 32.000 TSh (mit Frühstück).

● **Kasiki Marine Camp**
Tel. 0741-324707, Fax 0754-278590, E-Mail: kasiki@africaonline.co.tz. Liegt ca. 10 km südlich von Bagamoyo an der Mbegani-Lagune (ausgeschildert). Familienbetrieb, einfaches italienisches Essen, etwas überteuert. Wird im Wesentlichen von in Dar es Salaam lebenden Europäern besucht. Der Strand ist von Mangroven bestanden – keine guten Badebedingungen! Aber der Ort bietet viel Ruhe und Einsamkeit. Der Preis von 28 US$ pro Person mit Frühstück ist überhöht.

● **Palm Tree Village**
Tel. (023) 2440245-6, 0744-801041, Fax (023) 2440247. Die ruhig gelegene Unterkunft bietet mittelmäßigen Standard, ist aber

Im Dhau-Hafen von Bagamoyo

nett gelegen. Die Zimmer in Bungalows mit Klimagerät, Moskitonetzen und TV sind einfach und erfüllen ihren Zweck. Die Preise beginnen bei 65/85 US$ für EZ/DZ mit Frühstück. Das Essen ist o.k. Ausweich-Alternative, falls die anderen Unterkünfte belegt sein sollten. E-Mail: palmtreebeach@cats-net.com.

Preiswerte Unterkünfte

● Preiswert übernachten lässt sich in der **Traveller's Lodge,** im **Badeco Beach Hotel** und im **Bagamoyo Beach Resort.** Hier gibt es für Rucksackreisende Zimmer mit gemeinnützigem Bad ab 10.000 TSh pro Person. Darüber hinaus befinden sich keine preiswerten Unterkünfte in Strandnähe.

● Die **Guesthouses** von Bagamoyo liegen alle im hinteren, westlicheren Teil des Ortes. Hier zu empfehlen sind das **Vatican,** das **Double M,** das **Azania** und das **Annex.** Das **Alpha** und das **Jang'ombe** liegen im lauteren Teil des Ortes.

● **Moyo Mmoja Guesthouse**
Das Guesthouse hat vier Zimmer, wovon eines mit eigenem Badezimmer ausgestattet ist. Es liegt etwa 10 Minuten Fußweg vom Markt entfernt, 5 Minuten vom Strand und dem College of Arts. Es ist sauber, hat eine Küche (mit Kühlschrank) zur Mitbenutzung und einen großen, gemütlichen Aufenthaltsraum. Vom Dach der Terrasse hat man einen tollen Ausblick. Die Preise liegen zwischen 6000 und 10.000 TSh. Das Guesthouse ist zu empfehlen, wenn man längere Zeit in Bagamoyo bleiben möchte.

Camping

● Auf der Anlage der **Traveller's Lodge** für 5 US$ pro Person.
● Das **Badeco Beach Hotel** bietet eine Campingmöglichkeit auf einem mäßigen Hinterhofstellplatz (5000 TSh).

Restaurants und Bars

● Die besten Restaurants Bagamoyos befinden sich **in den Hotels.**
● Im Ort selbst ist unter Backpackern das kleine Eck-Restaurant **Moazb** beliebt. Hier gibt es Säfte, Samosas und andere gute Snacks.

Ngalawa – das Fischerboot der Swahili-Küste

Weniger bekannt als die großen und oftmals scheinbar schwebend dahinsegelnden Dhaus sind die kleinen Ngalawa-Boote. Dabei sind die seetüchtigen Kanus mit ihren abenteuerlich konstruierten hölzernen Auslegern das unabdingbare Arbeitsgerät der Fischer an der Swahili-Küste. Besonders in Bagamoyo kann man zahlreiche Boote dieser Art beobachten. Frühmorgens stechen, zusammen mit Segel-Dhaus, ganze Flotten in See, um am Abend, so Gott will, mit ergiebigen Fängen wieder zurückzukehren. Die Fischer bevorzugen jedoch meist die Nächte, um ihre Netze auszulegen, und kehren erst mit der aufgehenden Sonne zurück. Dann wird der Fang direkt am Strand an die Frauen vom Dorf versteigert, anschließend legen sich die Fischer zur Ruhe. Am Nachmittag, wenn die Siesta vorbei ist, wird die Wartung der Boote und Netze in Angriff genommen, bevor es am Abend oder nächsten Morgen wieder hinaus aufs Meer geht. Zu welcher Tageszeit genau gefahren wird, richtet sich zum Teil nach dem Stand des Mondes. Sicher ist nur, dass man wieder und wieder rausfahren wird, so wie schon die Väter und deren Väter. Die Netze und Seile sind moderner geworden, doch die Ngalawa-Boote muten wie ein Relikt aus der Entstehungszeit der Swahili-Kultur an.

Die Ngalawa ist eine Weiterentwicklung des afrikanischen Einbaumes, des Mtumbwi. Zwar wird auch diese einfachste Form des Bootes in Küstengewässern genutzt, hauptsächlich in Mangrovengebieten wie dem Rufiji-Delta, doch ist der wackelige Einbaum nur bedingt seetüchtig. Mit den arabischen Dhaus kamen Kenntnis und Verwendung des Segels an die ostafrikanische Küste. Um den kleinen Einbäumen bei stärkerem Wind ausreichend Stabilität zu verleihen, wurden schließlich Ausleger *(mrengu)* mit Kufen *(ndubi)* nach indischem Vorbild konstruiert. Aber auch der Rumpf einer Dhau selbst bildete bald das Vorbild für Großkanus, die aus Planken gefertigt wurden. Eine Entwicklung, die heute einige Mischformen erkennen lässt, aus denen nicht immer ersichtlich ist, ob es sich denn nun um eine Dhau mit Auslegern oder um eine Ngalawa mit Dhau-ähnlichem Rumpf handelt. In die Familie der verschiedenen Dhau-Typen wird jedoch häufig die Ngalawa als kleinstes Mitglied miteinbezogen.

- Ebenfalls einfaches Essen wird in der **Weekend Bar & Restaurant** und in der **Top Life Bar & Restaurant** gereicht.

Internet

Online-Service wird Gästen der **Hotels** geboten. Preiswerter sind die kleinen **Internet-Cafés** 4MSK an der Mangesani Street unweit der Traveller's Lodge und das IC auf dem Gelände der Mission (beim Fathers House).

Sonstiges

- Ein **Krankenhaus** (Bagamoyo District Hospital) befindet sich an der India Street.
- Bei der **Microfinance-Bank** im Süden an der Dar es Salaam Road lässt sich Geld tauschen. Ein Forex-Büro gibt es nicht, Sie können aber auch problemlos in der Traveller's Lodge oder im Badeco Hotel Geld tauschen (schlechterer Kurs).
- **Souvenirs, Bilder und Artcraft** sind im Mbungu Sculpture Room, gegenüber von Moazb Restaurant, im Bagamoyo Art Studio an der Mangesani Street oder bei der Schnitzer-Kooperative neben dem deutschen Friedhof zu bekommen.
- Ansonsten befinden sich im Ortskern eine **Polizeistation** und ein paar einfache Geschäfte.
- Die **Post** liegt am Ortsausgang in Richtung Dar es Salaam.

Verkehrsverbindungen

- Ein **Taxi vom Flughafen in Dar es Salaam** direkt nach Bagamoyo kostet ca. 25.000 TSh.
- Mehrmals täglich verkehren **Busse nach Dar es Salaam** (Fahrzeit 2 Std., 1500 TSh) und täglich ein bis zwei **Land Rover-Pickups nach Msata.**
- Nach Pangani besteht keine Verbindung. Über das Badeco Hotel lassen sich von Zeit zu Zeit **Dhau-Reisen nach Sansibar** organisieren.

Ausflug: Kaole Ruins

5 km südlich von Bagamoyo liegen diese Ruinen, die auf die Zeit der Shirazis im 14. Jahrhundert zurückgehen. Es wird angenommen, dass die westlichere der beiden Moschee-Ruinen zu den eindrucksvollsten Gebetsstätten jener Zeit gehörte. Die Siedlung selbst spielte eine wichtige Rolle im Handel mit Kilwa (siehe auch dort), der Ort wurde schließlich von Portugiesen zerstört.

Ein Caretaker wird Sie für 1500 TSh durch die alten Fundamente führen und dabei mit alten Jahreszahlen berieseln.

Nach Kaole sollten Sie nicht zu Fuß gehen, die **Überfallgefahr** ist zu groß. Folgen Sie der Piste am Kunst-College vorbei. Nach 4½ km kommt eine Rechtskurve hinter dem Dorf Kaole. Geradeaus zweigt der Weg zu den Ruinen ab. Es verkehren keine Dalla Dallas; die Alternative ist ein Taxi oder die Miete eines Fahrrads.

Folgt man der Straße in Kaole rechts weiter, sind es noch 9 km über Piste und ein Stück Asphalt, bis man auf die Straße von Bagamoyo nach Dar es Salaam trifft. Von hier sind es noch 30 km bis Kunduchi, dem nördlichsten Vorort der Landesmetropole.

Dar es Salaam – „Hafen des Friedens"

↗ XVII,D1

Karten zu Dar es Salaam
- Großraum Dar es Salaam, S. 441
- Dar es Salaam, S. 452
- Dar es Salaam Zentrum, S. 454
- Msasani Peninsula, S. 456

Highlights und Tipps
- Stadtrundgang zwischen Kirchen und deutschen Kolonialbauten, S. 448
- Einsame Strände – die South Beaches, S. 479
- Tauchen und Schnorcheln – Bongoyo und Mbudya Islands, S. 478

Der Großraum Dar es Salaam, also die Stadt selbst und die weit außerhalb liegenden Randbereiche, zählt etwa **drei Millionen Einwohner** – Experten sprechen sogar von 3,5–4 Millionen. Mit einer jährlichen demografischen Wachstumsrate von 10% gehört die Stadt zu den am schnellsten wachsenden Städten Afrikas. Zur Zeit lebt etwa ein Zehntel der Gesamtbevölkerung Tansanias im **Großraum Dar es Salaam,** davon aber nur rund ein Sechstel im eigentlichen Stadtgebiet, die Masse an Landflüchtigen konzentriert sich auf angrenzende Ansiedlungen, die ohne jegliche Planung entstanden sind.

Dar es Salaam, kurz „Dar", ist die **inoffizielle Hauptstadt Tansanias.** Obwohl 1973 Dodoma neue Hauptstadt wurde, hat dies nur auf dem Papier seine Gültigkeit. Von der Küstenmetropole aus werden bis heute die Geschicke des Landes gelenkt, und de facto wird Dar es Salaam auch weiterhin die Funktion als Hauptstadt ausüben. Zudem haben bisher auch sämtliche diplomatische Vertretungen, internationale Organisationen sowie wichtige ausländische Wirtschaftsunternehmen ihren Sitz in der Stadt.

Die Landesmetropole präsentiert sich zeitweilig **heiß und schwül** mit gleich bleibenden Tagestemperaturen um die 28°C und einer Luftfeuchtigkeit von etwa 75%. Nur unmittelbar an der Küste bringen milde Winde vom Ozean ein wenig Kühlung. Nächte, in denen man ohne Air Condition schlafen kann, beschränken sich auf die Monate von Mai bis September, wenn die nächtlichen Temperaturen auf durchschnittlich

Karten S. 452, 454, 455, XVII **DAR ES SALAAM UND NORDKÜSTE** 441

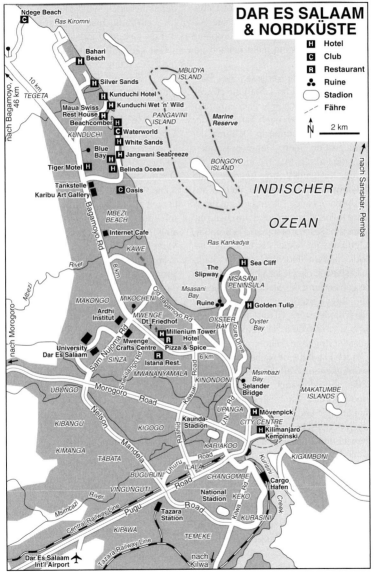

DIE STADTENTWICKLUNG

18°C absinken. Die meiste Zeit aber herrscht in Dar es Salaam ein heißes Klima, und neu ankommenden Europäern wird die Anpassung nicht einfach gemacht.

Viele Reisende verlassen die Stadt schnell wieder oder fahren gleich weiter an die nördlichen Strände von Kunduchi und Mbezi, nach Sansibar oder mit den Eisenbahnen in Richtung der drei großen Seen. Dabei präsentiert sich die turbulente und vom Handel geprägte Küstenmetropole freundlich und **kosmopolitisch.** Ein paar Ruinen aus arabischer, einige Alleen und gut erhaltene Kolonialbauten aus deutscher Zeit, indische Geschäftsstraßen à la Bombay, Gebäude im sozialistischen Einheitslook, moderne Hochhäuser – das Stadtbild spiegelt die Geschichte und schnelle Entwicklung der Stadt wider, ebenso die Bevölkerung, ein buntes Mosaik verschiedenster Glaubensrichtungen und unterschiedlicher ethnischer und sozialer Zugehörigkeiten.

Auch Dar hat eine Reihe von Sehenswürdigkeiten! Wer der Stadt und sich Zeit gibt, wird auch hier viel erleben und Eindrücke sammeln können. Nicht nur Strände und Beach-Hotels, sondern auch der geschäftige Stadtkern mit seinen netten Bars und Restaurants verschiedenster Art verleihen dem „Hafen des Friedens" eine interessante Note.

Die Stadtentwicklung

Im Jahr **1862** begab sich **Sultan Seyyid Majid bin Said** von Sansibar auf die Suche nach einem Stück Land an der Küste, das ihm im Falle eines Aufstandes der einheimischen Bevölkerung auf der Insel ein Zufluchtsort sein sollte. Dies war die Geburtsstunde Dar es Salaams.

Fast genau 100 Jahre später wurde die Befürchtung Realität: Der letzte Sultan Sansibars, *Seyyid bin Abdullah,* musste 1963 wegen der Unabhängigkeitsrevolution in aller Eile fliehen. Der zu der Zeit bereits unabhängige Staat Tanganyika gewährte dem Sultan Asyl in jenem Ort, welcher ein Jahrhundert zuvor dafür auserkoren worden war – Dar es Salaam.

Die Wahl des Zufluchtsortes war seinerzeit auf **Mzimzima** gefallen, ein Fischerdorf an einer Bucht gelegen, mit einer nur sehr schmalen Öffnung zum Meer hin. Mit den dort ansässigen Familien der Stämme der Zaramo und Shomvi wurde man sich schnell einig, da man ihnen Schutz vor den arabischen Sklaveneintreibern zusicherte. Der Name „Dar es Salaam" lässt sich vom arabischen „Bandr-ul-Salaam" ableiten, was **„Hafen des Friedens"** bedeutet und ursprünglich im Swahili „Ban-dari ya Salama" ausgesprochen wurde.

Die **Sklaven,** die bei der Rodung des Geländes, dem Bau der ersten Häuser und der Anlage erster Straßen und einer Kokospalmenplantage eingesetzt waren, wurden an Ort und Stelle freigelassen und zählen somit zur Urbevölkerung der Stadt. Mit der Zeit kamen, animiert durch den Sultan, arabische und indische Händler aus Sansibar hinzu,

Die Bucht von Dar es Salaam

die ein bescheidenes Geschäftsleben entwickelten.

Der Nachfolger von *Sultan Seyyid Majid bin Said, Sultan Seyyid Bargash bin Said* (1870), unterstützte das Projekt nicht weiter, was dazu führte, dass einige Händler wieder wegzogen und sich in den nördlichen, lukrativeren Orten wie Bagamoyo und Pangani niederließen. Von *Majids* Traum einer neuen Stadt zeugt heute nur noch das große Gebäude Old Boma am Sokoine Drive gegenüber vom Hafenzoll. Auf den Grundmauern seines damaligen Palastes steht heute die zentrale Polizeistation.

Richtig in Gang kam die städtische Entwicklung Dar es Salaams erst, als die kaiserliche Kolonialverwaltung im Jahr **1891** den **Sitz der deutsch-ostafrikanischen Hauptstadt** von Bagamoyo nach Dar es Salaam verlegte, da die ungeschützte Bucht von Bagamoyo häufig versandete und ein Anlegen größerer Dampfschiffe aus der fernen Heimat zunehmend schwieriger machte. Dagegen bot die geschlossenere Korallen-Bucht (Kurasini Creek) von Dar es Salaam mit Tiefen bis zu 20 m und einem Durchmesser von etwa 500 m ein hervorragendes natürliches Hafenbecken und lag zudem auch gut geschützt. Obwohl in jener Zeit das gesamte Küstengebiet unter deutscher Herrschaft stand und damit auch ein Sultan von Sansibar keinerlei Ansprüche auf einen Zufluchtsort an der Küste (s.o.) hatte, wurde der Name der Stadt vom deutschen Kolonialamt nicht durch einen „kaiserlichen Denkmaltitel" ersetzt.

DIE STADTENTWICKLUNG

Unter dem ersten Gouverneur *Freiherr von Soden* erlebte Dar es Salaam eine schnelle städtebauliche Entwicklung. Die **Stadtplanung** reflektierte das rasche Wachstum von Bevölkerung und Wirtschaft. Quer-, Ring- und Ausfallstraßen am westlichen und nordöstlichen Rand der Bucht wurden angelegt, feste Bauten wurden errichtet, zunächst in Seenähe. Das Stadtgebiet wurde in funktionale Einheiten gegliedert, deren Ausbau systematisch, je nach Wichtigkeit, vorangetrieben wurde. An der Uferpromenade (später auch „Wilhelmsufer", heute Kivukoni Front) und ihrer Verlängerung, der Kaiserstraße (heute Sokoine bzw. City Drive), entstanden Regierungsbauten und öffentliche Gebäude, Hotels und das Schutztruppenkasino in Verbindung mit den evangelischen und katholischen Missionen, deren Kirchtürme bald die Wahrzeichen der Stadt wurden. Viele der alten Häuser an dieser Hafenfront dienen noch heute der Stadt- und Staatsverwaltung. Der südwestliche Teil an der Bucht wurde für die Hafenanlage reserviert. Nördlich des Wilhelmsufers entstanden die Residenzen der Kolonialbeamten, meist zweistöckige Villen mit Terrassen und großen Gärten. Hier lebten fast ausschließlich Europäer.

Dennoch vollzog sich der Ausbau der Stadt ab 1900 nur langsam, dabei konzentrierte man sich fast nur auf den nördlicheren Teil der Bucht. Auch die Niederlassungen deutscher Unternehmer und Kleinfirmen gaben der neuen Küstenstadt kaum wirtschaftliche Impulse. Es fehlte eine Eisenbahn zu den Siedlergebieten im Landesinneren.

1905 schließlich wurde mit dem Bau einer **Bahnstrecke** von Dar es Salaam quer durch die gesamte Kolonie bis zum 1250 km entfernten Tanganyika-See begonnen. Doch der wirtschaftliche Aufschwung stellte sich erst zum Ende der Kolonialzeit ein, als der 1. Weltkrieg schon vor der Tür stand.

1916 kapitulierte der damalige Gouverneur *Schnee* in Anbetracht der britischen Bombardements von der Seeseite und aus der Luft. Dar es Salaam wurde **von britischen Marineeinheiten eingenommen.**

Nach dem 1. Weltkrieg kam es zunächst zu einem starken Rückgang der deutschen und anderer europäischer Bevölkerungsteile, gleichzeitig wanderten vermehrt **Inder** aus den benachbarten britischen Kolonien oder direkt aus Indien ein. Von **1921 bis 1948** stieg der indische Bevölkerungsanteil Dar es Salaams um mehr als das Vierfache. Grund für die indische Zuwanderung auch im übrigen Tanganyika war die „ethnische Einordnung" der Inder, die nach dem Mandatsstatus der weißen Bevölkerungsschicht annähernd gleichgestellt wurden. Dies stärkte das Selbstvertrauen der indischen Zuwanderer: Sie erwarben aus dem deutschen Nachlass Grund und Boden, indische Kaufleute zogen in die Geschäftshäuser der Innenstadt und ließen sich am Hafen und an den großen Ausfallstraßen ins Hinterland nieder.

Bis zum 2. Weltkrieg entstand im Zentrum von Dar es Salaam ein dichtes und in die Höhe gebautes indisches Geschäfts- und Wohnviertel. Die beiden Afrikaner-Wohnsiedlungen **Karia-**

koo und **Ilala** und die meeresnahen Europäervillen im Viertel **Sea View** bildeten die Vororte. Der schon in deutscher Zeit entworfene „afrikanische Stadtteil" Kariakoo (von „carrier corps", dem Trägerkorps im 1. Weltkrieg) wurde Heimat weiterer afrikanischer Familien aus dem Umland oder von Afrikanern, die von den Indern aus der Innenstadt herausgedrängt wurden.

Mit der Unabhängigkeit Indiens 1947 und dem Tod von **Mahatma Ghandi** ging jedoch die Zahl der indischen Einwanderer langsam zurück. *Ghandi* war einer der großen Fürsprecher für die indische Auswanderung ins damalige Tanganyika Territory gewesen und hatte den Gedanken gehegt, hier ein „Amerika" für Inder zu schaffen – Dar es Salaam quasi als Einfallstor in der Rolle New Yorks!

Wirtschaftlich und sozial schwache Inder zogen mit der Zeit vermehrt in die Randgebiete von Dar es Salaam, nach **Upanga, Changombe** und auch ins Kariakoo-Viertel, heute ein Schmelztiegel verschiedener soziokultureller und ethnischer Gruppen, in dem geschäftiges Treiben herrscht. Insgesamt vermischten sich in Dar es Salaam die Wohngebiete von Europäern und Indern sowie Afrikanern und Indern mehr und mehr, und es entstand eine bemerkenswerte Toleranz zwischen den Volksgruppen, ein Phänomen, das in Nairobi und Durban, zwei ebenfalls sehr stark indisch geprägten Städten in Afrika, in der Form bis heute nicht zu beobachten ist.

Dennoch blieb das koloniale Grundmuster der Separation der verschiedenen ethnischen Gruppen weiterhin bestehen, was jedoch wirtschaftliche Gründe hatte. Auch heute konzentriert sich der mittelständische indische bzw. asiatische Bevölkerungsanteil vornehmlich in den Innenstadtbereichen zwischen Azikiwe und Bibi Titi Mohammed Street. Ausländische Botschaften und Residenzen sowie die Häuser der gehobeneren Afrikaner- und Inderschichten sind zum Großteil in den klimatisch begünstigten Wohngebieten entlang der Seefront (**Oyster Bay, Msasani Peninsula** und östliches **Kinondoni**) angesiedelt. Afrikaner aus dem Hinterland fanden hauptsächlich in den Stadtgebieten Ilala, **Temeke** und **Keko,** den heute stark wachsenden Industriegebieten mit Anbindung an den Hafen, Arbeit und Wohnung.

Mit der Unabhängigkeit Tanganyikas 1961 und dem Zusammenschluss des Festlandes mit den Inseln Sansibars 1964 zum Staat Tansania wuchs die Rolle Dar es Salaams als verbindende Hauptstadt der vereinten Gebiete.

Im folgenden Jahrzehnt verdreifachte sich die Einwohnerzahl aufgrund einer **enormen Zuwanderung** vom Land auf 400.000 Menschen. Ausbaumaßnahmen in der Innenstadt wurden während *Nyereres* Sozialismus kaum vorgenommen, die Zahl der illegalen Wohngebiete stieg enorm, ein Trend, der auch heute noch fortdauert, so dass mittlerweile etwa zwei Millionen Menschen die ausgefransten Stadtränder bewohnen. Ehemalige Randdörfer mit dazwischenliegenden Freiflächen sind nicht mehr zu erkennen, da sich das Netz dieser Ansiedlungen so dicht verwoben hat, dass

WIRTSCHAFT UND STADTSTRUKTUR

ein riesiger Gürtel von meist illegalen Wohneinheiten die Metropole von Norden bis Süden und an den Ausfallstraßen nach Morogoro und Bagamoyo umschließt. Auch die Msasani Peninsula, auf der einst Sisalplantagen angelegt waren, ist dem Stadtausbau zum Opfer gefallen. Heute residieren hier Hotels, Klubs, weitere Botschaften und deren Mitarbeiter. Der Großteil der agrarischen Freiflächen ist verschwunden. Nur noch auf 2% des Stadtgebietes wird Landwirtschaft betrieben. Dar es Salaam ist daher auf Getreide-, Fleisch-, Gemüse- und Obstlieferungen aus dem Hinterland, etwa der fruchtbaren Morogoro-Region, angewiesen.

Wirtschaft und stadtstrukturelle Probleme

Dar es Salaam ist das **Industrie-, Handels-, Bildungs- und Verwaltungszentrum des Landes.** Fast die Hälfte der gesamten tansanischen Industrie ist in der Küstenstadt angesiedelt. Zudem ist der **Hafen** nach Mombasa der zweitgrößte an der ostafrikanischen Küste und ein wichtiger Devisenbringer des Landes. Vor allem auch die von Importen abhängigen Binnenländer Malawi, Sambia, Ost-Kongo, Burundi, Ruanda und zunehmend auch Uganda haben die ruhige Küstenstadt der 1960er und 1970er Jahre zu einer internationalen Handelsmetropole werden lassen. Damit einhergehend wächst natürlich auch der Zustrom von Händlern und Geschäftsunternehmern aus den Nachbarländern. Dar es Salaam lockt nicht nur die Menschen aus dem eigenen Hinterland, zunehmend werden auch südafrikanische und frankophone Einflüsse aus der Region der großen Seen spürbar. Die Landesgrenzen sind löchrig, so dass in der Stadt auch illegal Geschäfte gemacht werden, was der Korruption, einem der größten innenpolitischen Probleme des Landes, zusätzlich Nahrung gibt.

Zu den großen industriellen Anlagen der Stadt gehören die Ölraffinerie am südlichen Hafenbecken, die Zementfabrik im Norden, Fahrzeug- und Galvanisierungsbetriebe, Papier-, Kunstdünger- und Plastikfabriken. Andere Betriebe verarbeiten die Landesprodukte, wie Edelhölzer, Zuckerrohr, Reis, Früchte, Häute und Felle, in Fabriken werden Konserven und Lederprodukte hergestellt, die Vielfalt im industriellen Sektor der Stadt nimmt zu.

Trotz des wirtschaftlichen Potenzials wächst die **Zahl der Arbeitslosen.** Nach offiziellen Schätzungen liegt sie bei **über 30%.** Dies hängt zum einen mit der enormen Zuwanderung zusammen, zum anderen ist es aber auch ein Ergebnis des Übergangs vom Sozialismus zur freien Marktwirtschaft.

Die Betroffenen suchen sich eine Einnahmequelle auf der Straße. Über 200.000 Kleinbetriebe werden heute in der Stadt gezählt, von den Behörden „smallscale enterprises of the informal sector" genannt und von der Stadtverwaltung nicht als legale Beschäftigung anerkannt. Vielen Menschen sichert dieser Sektor jedoch ein Leben wenigstens am Rande des Existenzminimums.

Grundsätzlich ist zu konstatieren, dass die **desolate** und **korrupte Stadt-**

verwaltung von Dar es Salaam den Problemen und Herausforderungen der Großstadt nur ansatzweise gerecht wird, und derer gibt es viele: ein hohes Verkehrsaufkommen, verfallene Gebäude, kaputte Straßen, eine mangelhafte Abwasserbeseitigung, die unzureichende Stromversorgung, Trinkwasserknappheit, eine fehlende Kanalisation, die in der Regenzeit dazu führt, dass viele Straßen unter Wasser stehen und einfache Wohnbehausungen überflutet werden. Nur im Innenstadtbereich ist Besserung eingetreten. Heerscharen von Putz- und Kehrkolonnen halten das attraktive Zentrum sauber.

Die **Vernachlässigung des infrastrukturellen Ausbaus** der Stadt hängt mit der Finanzierung der neuen Hauptstadt Dodoma zusammen. In den 1970er und 1980er Jahren des sozialistischen Tansania zweigte man von der Stadtkasse Gelder für den Bau Dodomas ab, eine Maßnahme, unter der Dar es Salaam lange Zeit leiden musste. Mit ausländischer Finanzhilfe werden derzeit wichtige stadtstrukturelle Veränderungen vorgenommen.

Weiterhin ein großes Problem ist die **Müllentsorgung.** Es wird davon ausgegangen, dass in Dar es Salaam täglich weit über 100 Tonnen Abfall auf den Straßen liegen bleiben, ein Seuchen- und Krankheitsherd, der insbesondere die einfachen Afrikanerviertel betrifft.

Der hohe **Populationsdruck** lässt immer mehr Menschen in fabriknahe Uferbereiche ausweichen, wo Fabriken die Flüsse mit ungeklärten Abwässern verseuchen, so dass sie als Trinkwassergrundlage für die „Squattersiedlungen" nicht mehr in Frage kommen; zudem dienen die Flusstäler als öffentliche Toiletten und Mülldeponien.

Doch trotz dieser menschenunwürdigen Bedingungen versuchen immer mehr Tansanier, insbesondere Männer, dem Landleben zu entfliehen, um in der Stadt eine bessere Einkommensquelle zu finden. Die Folge ist ein erheblicher **Männerüberschuss,** der das Prostitutionsgewerbe fördert. Das Ergebnis sind erschreckend hohe Zahlen an AIDS-Kranken und HIV-Infizierten.

Viele der Männer versuchen sich in der Innenstadt und an Verkehrsampeln als **Straßenverkäufer** mit Bauchladen (meist *wamachinga* genannt), die vom Kamm über Zigaretten und Sonnenbrillen bis hin zu Postkarten und Socken alles mögliche an den Kunden bringen wollen. Andere haben feste Straßenstände mit Zeitungen, westlichen Illustrierten, Fahrradketten oder auch Souvenirs.

Die **Aussichten Dar es Salaams** für das dritte Jahrtausend sind **ungewiss.** Die UN ist zwar bemüht, eine moderne und effiziente Stadtverwaltung aufzubauen, doch geht die Entwicklung nur langsam voran. Als hemmend erweisen sich vor allem Einzelinteressen und korrupte Behörden, Gelder werden zweckentfremdet. Die Bevölkerungszahl von Dar liegt schon jetzt weit über der Verträglichkeitsgrenze und wird auch in Zukunft zunehmen, so dass infrastrukturelle Maßnahmen dringend erforderlich sind. Der Verkehr ist schon jetzt kaum noch zu bewältigen, das Straßennetz kann die Flut an Fahrzeugen während der Hauptverkehrszeiten nicht

STADTBESICHTIGUNG

mehr aufnehmen. Stromrationierungen blockieren die städtische und landesweite Wirtschaft.

Stadtbesichtigung

Zu Fuß in der Innenstadt

Das Stadtzentrum lässt sich gut zu Fuß erkunden, da vieles nur wenige hundert Meter auseinanderliegt. Von Spaziergängen bei Nacht ist abzuraten. Tagsüber sollten Sie sich in dichtem Gedränge vor Taschendieben in Acht nehmen.

Ehem. Gouverneurs-Büro in Dar es Salaam (heute President's Office)

Das Flair einer freundlichen, tropischen Urbanität beschränkt sich auf das Gebiet zwischen Zentrum und der Ostspitze der Stadt, etwa dort, wo im Schatten von Mangobäumen und Akazien die alten Verwaltungsgebäude und Residenzen aus der Zeit Deutsch-Ostafrikas liegen. Dass entlang der **Kivukoni Front** noch verhältnismäßig viele **deutsche Kolonialbauten** stehen, liegt auch an der damaligen Bauweise, einer Mischung aus swahili-arabischer und preußisch-wilhelminischer Architektur. Mit Mauerstärken bis zu 1 m sollte die feuchte Hitze draußen gehalten werden, auch sah die tropische Kolonialarchitektur erhöhte, mit großen Fenstern und Luftschächten versehene Räume vor, die Deckenhöhen von bis zu 5 m haben. Die Häuser wurden zum Meer

Karten S. 441, 452, 454, 456, XVII   **STADTBESICHTIGUNG**

hin ausgerichtet, um in den Genuss der erfrischenden Brise zu kommen. Der leichte Wind wurde durch weit überstehende Vordächer und Luftschächte unter den Wellblech- und Ziegeldächern „eingefangen" und in die einzelnen Räume geleitet. Zusätzlich wurden zur Schattengewinnung um die Häuser große Palmen und Akazien gepflanzt. Die meisten dieser Bauten dienen noch heute der Staats- und Stadtverwaltung und sind bei den Beamten aufgrund ihres angenehm kühlen Wohnklimas – das ohne Air Condition auskommt – sehr beliebt.

Im Süden des Stadtzentrums beginnt die **„koloniale Hafenmeile"** mit dem 1906 erbauten **Bahnhof,** der seinerzeit auch Sitz der Deutsch-Ostafrikanischen Eisenbahngesellschaft war und in dem heute das zentrale Büro der T.R.C. (Tanzania Railway Cooperation) untergebracht ist. Die Revonierungsmaßnahmen haben den Bau jedoch stark entstellt.

Dem Sokoine Drive (auch bekannt als City Drive, früher die „Kaiserstraße") folgend, liegt einen Block weiter auf der linken Seite das alte Gebäude der Benediktinermission (ursprünglich aus arabischer Zeit) und daneben die restaurierte City Hall (Stadtverwaltung), einst „Kaiserliches Bezirksamt". Nach dem Abzweig der Morogoro Road erhebt sich der große Bau der **„Old Boma",** eine noch aus der Sultanatszeit stammende Residenz des Liwali, des Repräsentanten des Sultans von Sansibar in der Stadt. Mit UN-Geldern stilvoll restauriert, ist im ältesten Gebäude der Stadt heute die UNESCO untergebracht.

Gegenüber vom Passagierhafen steht die imposante, neugotische katholische **St. Joseph's-Kathedrale,** mit deren Bau 1898 begonnen und die am 6. Februar 1903 eingeweiht wurde. Eine Besichtigung ist möglich; klopfen Sie an der Tür hinten links.

Weiter stadteinwärts gabelt sich der Sokoine Drive und lässt eine kleine Grünanlage entstehen, an der sich das zweistöckige Postgebäude von 1893 befindet, das allerdings durch Renovierungsmaßnahmen sein altes Gesicht verloren hat. Anschließend folgt das große **Toyota House** mit alten Dachziegeln, zu Kaisers Zeiten von dem einflussreichen Geschäftsmann *Paul Devers* errichtet.

Auf der anderen Straßenseite thront die **Azania Lutherische Kirche,** deren Grundstein 1899 gelegt wurde und die 1902 fertig gestellt war. Eine Besichtigung und ein Gang in den Turm sind möglich – der Caretaker freut sich über ein Trinkgeld (500 TSh).

Folgt man der Bucht die Kivukoni Front entlang, kommt man am alten **Gebäude des ehemaligen Deutschen Clubs** vorbei, das bis 2002 eine Catering School für Kellnerpersonal war und eine beliebte Barterasse mit Blick auf die Bucht hatte. Angeblich soll es abgerissen werden.

Daneben steht das hohe und neuzeitlichere Gebäude des alten **Kilimanjaro Hotel;** es ist bis auf weiteres geschlossen.

Weiter die Kivukoni Front entlang stehen einige **alte kaiserliche Regierungsbauten.** Massiv gebaut, haben die Häuser ein Jahrhundert problemlos

STADTBESICHTIGUNG

überstanden und scheinen auch weitere Jahrzehnte einen ruhigen Gegenpol zum hektischen Zentrum bilden zu können. Die Belegung der Häuser hat sich bis heute nur wenig geändert. Die ersten Gebäude waren einst das Offizierscasino und die „Hauptkasse". Mittlerweile sind im Casino die Gefängnisadministration und das nationale Map Department untergebracht. Nach der Luthuli Road folgt das 1999 abgebrannte und wiederaufgebaute frühere „Kaiserliche Gerichtsamt", heute der High Court of Tanzania. Im Anschluss sind die alte „Hauptkasse" sowie der damalige Amtssitz des Gouverneurs von Deutsch-Ostafrika zu sehen; heute sind hier Rechnungsprüfer der Regierung und das President's Office (Planungsbehörde des Präsidenten) untergebracht.

Hinter dem letzten Gebäude links und dann wieder rechts die Magogoni Street hinunter, stößt man auf den großen **Mzizima-Fischmarkt,** wo täglich reges Treiben herrscht; im Angebot ist alles, was das Meer hergibt. Dahinter liegt schließlich die neue Anlegestelle der **Magogoni-Fähre,** mit der man zur anderen Seite der Bucht gelangt.

Vom Fischmarkt aus in Richtung Meer beginnt die Ocean Road, die, teils von Kasuarinen flankiert, 2 km am Indischen Ozean entlangführt. Man passiert den großen Garten des 1922 erbauten **State House** – die Residenz des Präsidenten darf nicht fotografiert werden! Es folgt eines der interessantesten Gebäude der Stadt: das 1886 im deutsch-arabischen Stil erbaute **Ocean Road Hospital.** Hier führte *Dr. Robert Koch* die ersten Malaria-Forschungen durch, heute konzentriert man sich v.a. (mit deutscher Hilfe) auf die Krebsforschung/-behandlung. Von der deutschen Regierung finanziert, wurden 1999 die Gebäude nach den Original-Bauplänen restauriert.

Gehen Sie um das Krankenhaus herum und an dessen Frontseite entlang, kommen Sie an dem sehr schönen Gebäude der UNHCR vorbei, in der Zeit Deutsch-Ostafrikas das **„Kulturhaus".** Rechts von der herrlichen Akazienallee Sokoine Drive (früher „Unter den Akazien") stadteinwärts folgend, stehen noch **alte deutsche Straßenlaternen** aus dem Jahr 1907. Heute nicht mehr in Gebrauch, wurden sie damals von der Werkstatt der Eisenbahn mit Strom versorgt.

An der Kreuzung zur Shaaban Robert Street befindet sich rechts nach wenigen Metern das etwas unscheinbare **National Museum.** Es gibt eine Sammlung archäologischer Funde aus der Oldupai-Schlucht zu sehen (darunter der Schädel des „Nussknackermenschen"), die Geschichte Tansanias wird anschaulich dargestellt, und verschiedene kulturelle Objekte der Völker Tansanias sind ausgestellt. Viele Bilder, schöne Schnitzereien der Makonde, kleine und größere Gegenstände (u.a. ein deutsches Geschütz auf Rädern) und Infomaterial lohnen den Besuch (täglich von 9.30–18 Uhr geöffnet, Eintritt: 3000 TSh, Kontakt: Tel. (022) 2117508, E-Mail: natmus@ud.co.tz).

Am Museum vorbei folgt die Kreuzung mit der Samora Machel Avenue (früher „Beckerstraße"). Hier befinden sich schräg gegenüber (rechter Hand) die **Botanical Gardens.** Die Grünanlage wurde von *Prof. Stuhlmann* 1893 angelegt, der damals „kaiserlicher Landwirtschaftsbeauftragter" war und später die Forschungsstation bei Amani in den Usambara-Bergen gründete. Mit Glück sieht man einige große Pfaue in den Gärten; die Tiere marschieren aber auch über Häuserdächer, Straßen und Kreuzungen und stehen unter dem Schutz des Präsidenten.

An der Gartenanlage vorbei wird die **Garden Avenue** erreicht. Bei der Kreuzung geradeaus steht rechts ein altes Haus aus deutschen Tagen, in dem früher das Forstreferat und die „Hauptwetterwarte" untergebracht waren. Die Garden Avenue stadteinwärts gehend, folgt rechts das wohl modernste Gebäude in Dar es Salaam, wo seit 2002 der holländische, der britische und der deutsche Botschafter residieren.

Folgt man von hier der Mirambo Street in Richtung Samora Machel Avenue, erreicht man den Kreisverkehr mit dem **Askari-Denkmal.** Die große Statue wurde 1927 zu Ehren der etwa 100.000 im 1. Weltkrieg gefallenen afrikanischen Soldaten errichtet. Die Inschrift auf dem Sockel stammt von *Rudyard Kipling*. Vorher stand an dieser Stelle ein Denkmal des zweiten deutschen Gouverneurs *Hermann von Wissmann* – der Mann mit Pickelhaube wurde von den Briten beseitigt.

Westlich von dem Askari-Monument schließt sich das **asiatische Geschäftszentrum der Stadt** bis zur Bibi Titi Mohammed Street an (auch als UWT Street bekannt). Die Hauptgeschäftsadern bilden hier die beiden Straßen **Samora Avenue und India Street,** die sich am **Clocktower** im Süden zur Nkrumah Street vereinen. An ihnen und den vielen Nebenstraßen und Seitengassen liegen dicht an dicht viele zwei- bis vierstöckige Häuser, in deren Erdgeschossen eine bunte Palette an Läden und Büros (Haushalts- und Kfz-Läden, Internet-Cafés, Reisebüros u.v.m.) zu finden ist. Die oberen Etagen sind bewohnt, meist von den (indischen) Ladenbesitzern selbst.

Askari Monument

DAR ES SALAAM

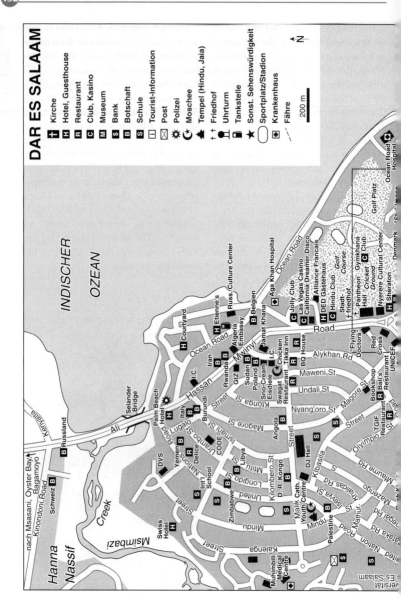

DAR ES SALAAM 453

Karten S. 441, 454, 456, XVII

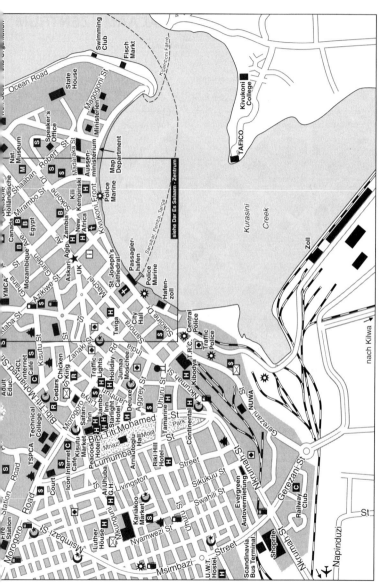

DAR ES SALAAM – ZENTRUM

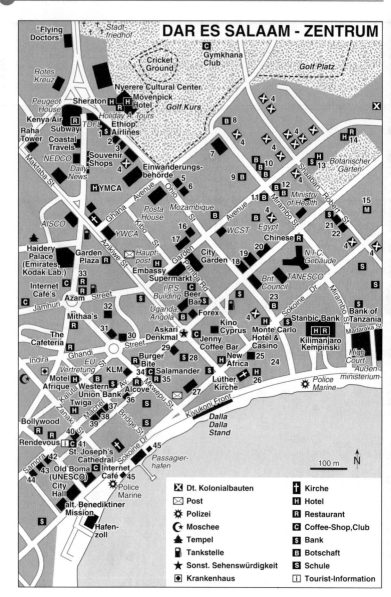

Karten S. 441, 452, 456, XVII

1. Barclays Bank/ATM
2. Yemen Air
3. Ethiopian Airlines
4. Alte dt. Wohn-/Kolonialbauten
5. Mobitel
6. Vodacom
7. Mirambo Building
8. Botschaft Dänemark
9. Botschaft Norwegen
10. Botschaft Deutschland/ Großbritannien/Holland
11. Botschaft Canada
12. Botschaft Finnland/Schweden
13. Int. House/Standart Chart Bank
14. Holiday Inn/Baraza Grill
15. Nat. Museum
16. PPF Tower
17. Woolworth
18. Steers
19. Debonaire's
20. Safari Jet Airways
21. Wechselstube
22. UPS
23. Botschaft Malawi/Sambia
24. N.D.C. House/Eurafrica Bank
25. Swiss-Büro
26. Luther Guesthouse
27. Toyota House
28. Delphis Bank
29. Celtel
30. Much More Disco
31. Hard Rock Cafe
32. Bilicanas Disco
33. Storm Restaurant
34. Vodacom
35. Mac's Partisserie
36. I.C.
37. Kosmetik-Shop
38. Epid'or French Bakery
39. I.C.
40. U.N./Egypt Air
41. Florida-Pub
42. PPF-House
43. J.M. Mall-Score Supermarkt/ Oman Air/Juwelier
44. Fast Food-Pizza
45. Fahrkarten-Verkaufsbüros

Dazwischen befinden sich **Moscheen** und eine Reihe von **Tempeln,** und an vielen Ecken (z.B. Jamhuri und Zanaki Street) gibt es kleine Imbiss-Restaurants, Obststände, Souvenirhändler usw. Seien Sie in diesem Stadtviertel auf der Hut vor Taschendieben!

Zwischen der Bibi Titi Mohammed Street und der Lumumba Street liegt der **Grünstreifen Mnazi Moja** mit dem **Uhuru Monument.** Das Denkmal symbolisiert die Fackel der Freiheit, die am Unabhängigkeitstag (9. Dez. 1961) auf dem Uhuru-Gipfel des Kilimanjaro angezündet wurde.

Westlich von der Lumumba Street schließt sich der große, dicht besiedelte **Afrikaner-Stadtteil Kariakoo** an, in dem die Straßen in einem Schachbrettmuster verlaufen und wo noch viele Häuser Lehmbauten mit einfachen Wellblechdächern im Swahili-Stil sind. Schön ist der riesige überdachte **Markt** an der Tandamuti Street. Die Auswahl an Obst, Gemüse und anderen Lebensmitteln ist äußerst reichhaltig, auch Stoffe, Schuhe und alles, was für den täglichen Bedarf benötigt wird, können hier erstanden werden. Doch seien Sie vorsichtig, auch hier treiben sich eine Menge Taschendiebe herum – besuchen Sie Kariakoo am besten in Begleitung eines Einheimischen!

Schließlich sollten Sie sich nicht den Besuch des **Nyerere Cultural Centre** am Anfang der Ali Hassan Mwinyi Road entgehen lassen. Die Kunst-Handwerksschule neben dem Royal Palm Hotel beschäftigt hauptsächlich Frauen und Behinderte, die Schnitzereien, Batiken, Topfwaren, Kohle- und Farbmalereien,

456 Msasani Peninsula

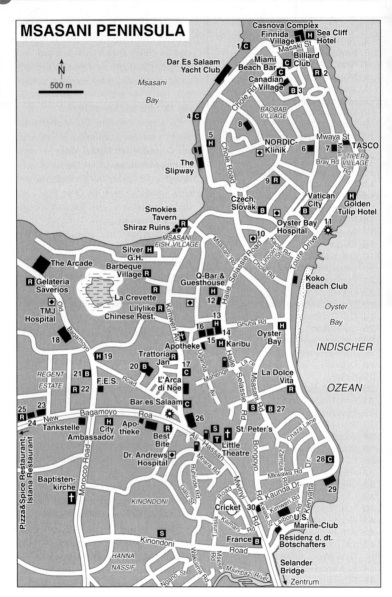

1	Coral Beach Club
2	420 Bar & Restaurant
3	Botschaft Indien
4	Konsul von Österreich
5	Ocean View App.
6	Score Supermarkt
7	Botschaft Südafrika
8	Transit Supermarkt
9	China Restaurant
10	IST Clinic
11	Oyster Bay Police
12	Töpfermarkt
13	Q-Bar & Guesthouse
14	Shrijee's Supermarkt
15	Post
16	Mom's Kitchen
17	Studio Baker Disco
18	Shopper's Plaza
19	Royal Plaza
20	Botschaft USA
21	Botschaft Kenia
22	Addis in Dar
23	AAR
24	Zahnarzt
25	Anghiti Restaurant
26	Namanga Shops
27	Botschaft Uganda
28	Amerik. Klub
29	Agha Khan Foundation
30	Korbmarkt

- Kirche
- Hotel, Guesthouse
- Restaurant
- Club, Bar
- Theater
- Botschaft
- Schule
- Polizei
- Ruine
- Tankstelle
- Krankenhaus
- Strand

Stickereien, Drucke usw. herstellen. Der Einblick in die Arbeit ist faszinierend, die Auswahl an Souvenirs riesig, die Preise sind moderat, im Innenhof gibt es ein kleines Restaurant. Öffnungszeiten: wochentags von 9.30–17 Uhr, Sa bis 13 Uhr.

Sehenswertes außerhalb

Mit eigenem Fahrzeug oder Taxi lassen sich nördlich der lang gezogenen Mangrovenbucht Msimbizi Creek, die den Stadtkern von den großen Wohngebieten Kinondoni und Msasani Peninsula trennt, weitere Sehenswürdigkeiten besuchen. Busse/Dalla Dallas (Aufschrift „Mwenge/Kunduchi") fahren von der Hafenfront am Sokoine Drive ständig in Richtung Norden. Geben Sie einfach dem Schaffner Bescheid, wo Sie aussteigen wollen.

Auf der Ali Hassan Mwinyi Road gelangt man hinter der Selander Bridge über den Msimbizi Creek rechts zum Villengebiet von Oyster Bay, wo sich zahlreiche Botschaften und diplomatische Residenzen befinden. Außer großen Gartenanlagen, dem schönen **Toure Drive am Meer,** ist hier nicht viel zu besichtigen. Die **Shiraz-Ruinen** neben dem **Msasani-Fischerdorf** an der Msasani Bay sind nicht unbedingt einen Besuch wert. Das Dorf selbst ist im Wesentlichen eine Anlegestelle mit Fischverkaufsständen der örtlichen Bevölkerung. Am Ufer sind Fischer mit ihren kleinen Segelbooten zu beobachten, *ngalawas* genannt.

Bleibt man auf der Hauptstraße, die schließlich zur New Bagamoyo Road wird, erreicht man 5 km hinter der Se-

STADTBESICHTIGUNG

lander Bridge rechts den Abzweig zum **deutschen Friedhof.** Eine Vielzahl von Grabtafeln zeugt von den unterschiedlichen Schicksalen (Tropenkrankheiten) und den verschiedenen Berufen im Dienste des deutschen Kaiserreichs.

● Village Museum Makumbusho

Unmittelbar vor dem Friedhof, links an der Hauptstraße, liegt dieses sehr interessante Museumsdorf aus dem Jahr 1966. Die Anlage vermittelt einen kompakten Überblick über die großen Ethnien des Landes. Gelungene Nachbauten zeigen die verschiedenen Hüttenformen, Makonde-Schnitzer demonstrieren ihre Kunstfertigkeit. An Wochenenden werden oft ab 16 Uhr traditionelle Tänze aufgeführt, genaue Termine stehen in den Tageszeitungen.

Das Museum hat täglich von 9.30–19 Uhr geöffnet, der Eintritt liegt bei 2 $, Foto- und Filmgenehmigung kosten 5 und 10 $. Ein einfacher Biergarten mit Restaurant sorgt fürs leibliche Wohl.

● Mwenge Handicraft Center

Nach weiteren 2½ km auf der New Bagamoyo Road folgt die Kreuzung mit der Sam Njuma Road. Dieser links folgend, liegt nach einigen hundert Metern rechts der **Kunsthandwerksmarkt einer großen Makonde-Schnitzerkooperative.** Dieser Ort ist in jedem Fall einen Besuch wert. Eine ganze Reihe von Verkaufsläden offeriert die unterschiedlichsten Makonde-Souvenirs (s.a. Exkurs „Die Makonde"), die hier teilweise günstiger sind als in der Stadt. Mwenge hat sich in den letzten Jahren zu der wohl bedeutsamsten Holzschnitzer-Kooperative des Landes entwicklet. Neben vielen Makonde sind in dem von Männern dominierten Geschäft auch Schnitzer aus anderen Teilen des Landes (Nyamwezi, Chagga, Haya, Zaramo) tätig. Die Nachfrage ist groß, die Anschaffungskosten des beliebten Hartholzes (z.B. Mpingo, Mninga, Mkongo und Muhengwe) werden immer höher. Daher werden teilweise astronomische Preise für Souvenirs verlangt – Zeit zum Handeln ist deshalb oberstes Gebot! Bei größeren Gegenständen ist man auch mit der Verpackung und dem Versenden an die Heimatadresse behilflich.

● Karibu Arts Gallery

15 km nördlich der Selander Bridge liegt auf der rechten Straßenseite diese Kunstgalerie. Neben mannshohen Makonde-Schnitzereien, geflochtenen Körben, Batiken, Skulpturen und Gemälden werden hier an Sonntagen um 15 Uhr „Cultural Dances" aufgeführt. Souvenirs sind hier teurer, die Bereitschaft zum Handeln ist nur gering.

Touristeninformation

● **Büro** an der Samora Machel Avenue, nahe der Zanaki Street. Wenig brauchbares Material, Informationen sind sehr spärlich, wenden Sie sich lieber an ein Reisebüro.
● Monatlich erscheinen die **Broschüren „What's happening in Dar es Salaam"** und **„Dar Guide",** die kostenlos in allen größeren Hotels und Einkaufszentren ausliegen. Die kleinen Hefte geben einen guten Überblick über die kulturellen und kulinarischen Ereignisse der Stadt (Veranstaltungen, Flug-, Fähr-, Bus- und Zugpläne, Gezeitentabelle, Restaurants etc.).

Die Entwicklung der deutschen Kolonialarchitektur am Beispiel von Dar es Salaam

von *Rolf Hasse*

Bemerkenswert, wie viele Bauten aus der deutschen Kolonialzeit nach beinahe 100 Jahren in Tansania noch heute in Benutzung stehen. Dabei dauerte die Bautätigkeit von kaum mehr als 2500 (1906) Europäern gerade einmal 28 Jahre, auf einer Fläche fast zweimal so groß wie das Mutterland, bei einer kaum vorhandenen Verkehrsinfrastruktur.

Die von den Deutschen vorgefundenen Bauten waren im lokalen Stil der einzelnen Volksgruppen errichtete Gebäude und die Bauten der arabischen-indischen Händlerschicht. Für die Nutzung durch Europäer waren beide nur bedingt und nur vorübergehend geeignet. Vor allem in der Anfangszeit wurde aber von der Möglichkeit der Anmietung arabischer Bauten Gebrauch gemacht. Die Deutsch-Ostafrikanische Gesellschaft ließ gleichzeitig **Montagebauten in Fachwerkbauweise** in Deutschland vorfertigen und mit allem Baumaterial nach Ostafrika verschiffen. Hier wurden sie unter Anleitung eines deutschen Zimmermanns zumeist von italienischen und griechischen Handwerkern errichtet. Konstruktionsfehler und falsche Materialwahl sind der Grund, weshalb aus der allerersten Phase der Bauten der D.O.A.G. keine Gebäude überlebt haben. Vor allem die Unerfahrenheit auf dem Gebiet des Termitenschutzes dürfte hierzu beigetragen haben.

Nach dem Ende des so genannten „Araber-Aufstandes" und der Übernahme der Verwaltung durch das Deutsche Reich 1889 stieg der Bedarf an Bausubstanz schlagartig. Sansibars *Sultan Bargasch* verkaufte dem Gouvernement mehrere Bauten in Dar es Salaam (die so genannte „Deutsche Boma" am Sokoine Drive in Dar es Salaam ist das letzte dieser Gebäude), doch reichte das nicht einmal für den nötigsten Bedarf. Im Jahre 1891 wurde der erste Fachmann, Baurat *August Wisskoff*, mit der Organisation des Bauwesens beauftragt. Schon im August legte er für Dar es Salaam die erste Bauordnung mit Baulinienplan vor. Der große Bedarf an Bausubstanz führte dazu, dass der Montagebau erheblich gefördert wurde. Die auf diesem Sektor führende Baufirma J.A. Schmidt aus Altona wurde beauftragt, mehrere zweigeschossige Verwaltungsbauten mit Einliegerwohnungen zu liefern. Beispiele hierfür sind das 1999 teilabgebrannte **Gerichtsgebäude** Ecke Luthuli Road/Kivukoni Front und das ehemalige deutsche **Offizierscasino,** heute **Department of Geography.** Die tragenden Konstruktionen dieser Gebäude sind ausschließlich aus Stahl, die Zwischenglieder in Holzfachwerk. Die Decken wurden aus Stahlträgern mit Betonausfachung und Baustahlmattenbewehrung erstellt, eine Ende des 19. Jahrhunderts beachtliche technische Leistung. In dem Gerichtsgebäude fanden sich noch 1999 Innenwände aus Gipsdielen mit Schilfrohrarmierung. Die weit austragenden umlaufenden Balkone im Obergeschoss wurden von ornamentierten Stahlkonsolen getragen, welche an die aufgehenden Stützen geschweißt bzw. verbolzt waren. Die Dachkonstruktion bestand aus hölzernen Bindekonstruktionen mit Wellblecheindeckung über Holzschalung. Die Bodenbeläge waren aus Muschelkalkplatten hergestellt und kamen aus Solnhofen. Die ursprüngliche Konstruktion der Außenwände bestand aus Gipsdielen, die das Fachwerk teilweise bekleideten. Das Material bewährte sich aber an Außenwänden nicht, weshalb es im Laufe der Zeit durch Ziegelausfachung ersetzt wurde.

In der Folgezeit ging man immer mehr dazu über, Afrikaner im Maurerhandwerk auszubilden und selber die lokale **arabisch-indische Technik** zu erlernen. Diese bestand darin, **Korallenstein,** der an vielen Plätzen der Küste nur von einer dünnen Erdschicht überdeckt ist, zu brechen und dann teilweise als Mauerstein, teilweise als Rohmaterial für die Kalkbrennung zu verwerten. Diese Technik führte vor allem bei den Wänden zu respektablen Ergebnissen, wie noch heute an verschiedenen Bauten im Küstengebiet zu sehen ist. Die arabische Bauweise hatte im Wesentlichen nur zwei konstruktive Nachteile. Einmal mussten die Decken aus dicht verlegten Rundhölzern mit Korallenbruch belegt und mit Kalkmörtel egalisiert werden. Das Hauptproblem aber bestand darin, dass das Bauholz von Mangrovenstämmen stammte und damit naturbedingt auf Längen von ca. 2,60 Meter begrenzt war. Dies führte zu Grundrissen mit Räumen von 2,20 Meter Breite, was die Nutzung erheblich einschränkte. Da dieselbe Konstruktion auch für Flachdächer verwendet wurde, mussten diese ständig nachgedichtet werden, weil ihre Oberfläche den Witterungseinflüssen nicht standhielt, was selbst bei regelmäßiger Pflege noch zu undichten Dächern während der großen Regenzeit führte.

Wo immer möglich, ging die Kolonialverwaltung dazu über, arabische Bauten nicht nur zu pachten, sondern zu kaufen und anschließend umzubauen. Dabei überstiegen die Umbaukosten den Kaufpreis gelegentlich um das Mehrfache. Dies war nur zu rechtfertigen durch den Zeitgewinn, da die Beschaffung des Rohmaterials, Korallenstein brechen und vor allem Kalk brennen und löschen eine sehr langwierige Angelegenheit war. Auf allen Bauten arabischen Ursprungs wurden flach geneigte Satteldächer mit Wellblechdeckung errichtet. Die inneren Trennwände, die wegen der geringen Stützweite der Deckenhölzer notwendig waren, wurden ausgebaut und durch Stahlträger ersetzt. Typische Beispiele dafür finden sich noch heute (z.B. ehem. Arabisches Teehaus, dann Deutsches Krankenhaus in Bagamoyo).

Der wesentliche Vorteil der arabischen Bauweise bestand in dem angenehmen Klima, dass sich durch die dicken, massiven Wände ergab. Dies war auch der Grund dafür, dass man gleichzeitig mit der Errichtung von Montagebauten auch mit dem Bau massiver Häuser begann. Beispiele dafür sind in Dar es Salaam noch zahlreich vorhanden (z.B. City Council, ehem. Rathaus).

Der zweite Referent für Bauwesen wurde ab 1895 Baudirektor *Friedrich Gurlitt*. Seine Studienreise nach Indien hatte Einfluss auf die deutsche Architektur des Gouvernements in Ostafrika. Vor allem an den zum Teil noch genutzten Wohnbauten an der Luthuli Road in Dar lässt sich dies ablesen. Konsequente **Klimabauweise** zur Erlangung des höchstmöglichen körperlichen Komforts war das Ziel, das auch erreicht wurde. An seinem eigenen Haus, das Ende der 1970er Jahre abgerissen wurde, verwendete er erstmalig gebrannte Dachziegel anstelle der bis dahin üblichen verzinkten Wellblechplatten und verbesserte damit das Raumklima erheblich. Dies führte dazu, dass von da an Dachziegel in großem Umfang aus Indien importiert wurden, was zunächst ökonomischer war, als eine eigene Dachziegelindustrie aufzubauen.

Betrachtet man die architektonische Gestaltung der Massivbauten, von Gebäuden, deren Formgebung nicht durch Vorfertigung mitbestimmt wurde, sondern die in konventioneller Bauweise nach architektonischem Entwurf entstanden sind, so handelt es sich überwiegend um Beispiele des **Eklektizismus.** Dieser Baustil gestattete die Verwendung von Stilelementen anderer Kulturen. Dabei war es möglich, an einem Gebäude gleichzeitig Elemente verschiedener Kulturen zu verwenden, deutlich z.B. am **Ocean Road Hospital** zu sehen: Während das Hauptgebäude sich arabisch gibt, zeigt der Kuppelbau der Einsegnungshalle griechisch-byzantinischen Einfluss. Keine hundert Meter davon entfernt befindet sich das ehemalige Kulturgebäude, das heute das Büro der Weltgesundheitsorganisation (UNHCR) beherbergt. Hier wird es romantisch: Die Türme und Erker finden sich genauso bei Fabrikantenvillen aus derselben Zeit in Deutschland.

● Von *Rolf Hasse* 2005 im Eigenverlag erschienen ist das bebilderte Architektur- und Geschichtsbuch **„Tansania – Das koloniale Erbe"** (Anfang 2007 vergriffen).

UNTERKUNFT

Straßenszene in der Hauptstadt „Dar"

- **Geführte Stadtbesichtigungen** mit Anspruch und Sachverstand **werden** leider **nicht durchgeführt.**
- Ein SNV-Cultural Programme (vgl. Arusha) gibt es in der Stadt selbst nicht, nur an der Südküste (siehe „Ausflüge").
- Wer des Kisuaheli kundig ist: Aktuelle Geschehnisse in und um Dar es Salaam erfährt man über **www.darhotwire.com**.

Unterkunft

Das Angebot an Hotels ist in Dar es Salaam mehr als reichlich, gehobenere Unterkünfte im Stadtzentrum finden sich immer mehr. Zahlreiche gute Hotels liegen außerhalb des Zentrums an den nördlich anschließenden Stränden. Fast alle dieser Unterkünfte verfügen über eigene Shuttle-Busse für Stadtfahrten und Flughafen-Transfers.

Gehobene Hotels auf der Msasani Peninsula (4 km)

- **Sea Cliff Hotel**
Toure Drive, Tel. (022) 2600380-7, Fax (022) 2600476. Luxus-Hotel an der Nordspitze der Msasani Peninsula unter südafrikanischer Leitung. Die erhöhte Lage lässt den Blick endlos über den Ozean schweifen. Sea Cliff bietet allen Komfort, 86 stilvolle Zimmer und einen herrlichen Pool. Das Dhow Restaurant mit dem Karambezi Café und der Coral Cliff Bar gewährleistet vorzügliche kulinarische Versorgung. Einziger Nachteil: kein Strand! Die Zimmerpreise beginnen bei 120 $.
E-Mail: reservations@hotelseacliff.com,
Internet: www.hotelseacliff.com
- **Golden Tulip Hotel**
Toure Drive, Tel. (022) 2600288, Fax (022) 2601443, www.goldentuliptanzania.com. Das neueste Hotel auf der Msasani Peninsula im gehobenen Preissegment ist ein Produkt der gleichnamigen internationalen Hotelkette. Das oberhalb der Klippen im omanisch-arabischen Stil gebaute Anwesen bietet viel Komfort und guten Service. Verschiedene Restaurants servieren empfehlenswerte inter-

Karten S. 441, 452, 454, 456, XVII

UNTERKUNFT

nationale Gerichte, die Seeseite der Anlage bietet neben einem 30-m-Schwimmbad viel Platz und gemütliches Flair sowie einen schönen Blick über den Ozean bis zur Skyline des Stadtzentrums. Alle Zimmer (mit Balkon, Sat-TV) haben Blick aufs Meer. Standard-Zimmer kosten 180/195 $ (EZ/DZ).

●**Oyster Bay Hotel**
Toure Drive, Tel. (022) 2600352-4, Fax (022) 2600347, E-Mail: obhotel@acexnet.com. Voll klimatisiertes Hotel an der Korallenstein und Holzmaterialien an der Oyster Bay. Zimmer mit Blick aufs Meer kosten 120/150 $. Über das Hotel können auch Safaris zu den eigenen Camp-Lodges im Mikumi und Selous Game Reserve organisiert werden (siehe dort). Der Zugang zum Strand erfolgt in Begleitung einer Wachperson. Leider erfolgen am Hotel kontinuierlich Umbaumaßnahmen.

●**Hotel Karibu**
Haile Selassie Road, Tel. (022) 2601769. Etwas unscheinbares Hotel, das zentral auf der Msasani Peninsula liegt, unweit vieler diplomatischer Vertretungen. Die voll klimatisierte Anlage bietet von Einzelzimmern (95 $) bis hin zu großräumigen Suites ab 120 $ jeden wünschenswerten Komfort. Zudem: Konferenzraum, Lobby Bar, Biergarten und ein schöner Swimmingpool (auch für Nichtgäste, 1 $). Als Strand wird die Oyster Bay genutzt.
E-Mail: karibusvn@hotmail.com.

●**Smokies's Tavern & Guesthouse**
Siehe „Preiswerte Unterkünfte in der Stadt".

●**Q-Bar Guesthouse**
Ecke Haile Selassie Road/Morogoro Stores, Tel. (022) 2602150, 0744-282474, Fax (022) 2112667, E-Mail: qbar@cats-net.com. Die Q-Bar selbst ist in erster Linie eine der beliebtesten Bars (mit Live-Musik und Billardtischen, Grill-Küche) unter Europäern in Dar es Salaam, besonders am Wochenende. Die Q-Bar ist für alle zugänglich, auch für Tansanierinnen, die käufliche Liebe anbieten. Es kann also abends schon mal länger gehen und auch laut sein. Wen das alles jedoch nicht stört und wer den Puls des Nachtlebens fühlen möchte, bekommt hier Zimmer zu einem – für Dar-es-Salaam-Verhältnisse – fairen Preis. Gemütliche Zimmer ab 45/55–70 $, mit Frühstück. Das Restaurant ist einfach, aber gut (Steaks & Chips).

●**Protea Hotel Apartments**
Ecke Haile Selassie/Ali Hassan Mwinyi Road. Tel. (022) 2666160/5, Fax (022) 2667760. 48 stadtnahe (2 km) Appartements der südafrikanischen Hotelkette für längere Aufenthalte in Dar, inkl. Aufenthaltsraum, kleiner Küche. Auf dem Grundstück befinden sich ein Restaurant mit internationaler Protea-Küche sowie ein Schwimmbad. Je nach Größe der Räume Preise zwischen 135 und 230 $.
E-Mail: proteadar@africaonline.co.tz

●**Coral Beach Club**
Slipway Road, Tel. (022) 2601928, Fax (022) 2601547. Neueres Hotel unweit vom Slipway und dem Yacht Club mit herrlicher Aussicht auf die Msasani Bay. Helle Zimmer mit Blick aufs Meer, gute italienische und internationale Küche.
E-Mail: info@coralbeach-tz.com,
Internet: www.coralbeach-tz.com

Gehobene Hotels in Mbezi / Jangwani Beach (18 km)

●**Jangwani Seabreeze Lodge**
Tel. (022) 2647215, 2647068, Fax (022) 2647069. Eines der besten Hotels im Nahbereich Dar es Salaams (4 km abseits der New Bagamoyo Road) steht unter deutscher Leitung und ist an Wochenenden ein beliebter Treffpunkt von Europäern aus der Stadt. Das Essen ist gut, speziell die Seafood-Küche. In der rustikalen Bar wird eiskaltes Fassbier serviert, der Aufenthalt der Swiss-Crew sagt eigentlich alles über den gebotenen Komfort aus. Der Biergarten unter Palmen direkt am schönen Strand ist bewacht, das Schwimmbad ist stilvoll. Klimatisierte Zimmer zwischen 85 und 135 $ mit Frühstück (Kreditkarten werden akzeptiert).
E-Mail: info@jangwani.com,
Internet: www.jangwani.com

●**White Sands Hotel**
Tel. (022) 2647621, Fax (022) 2118483. Großflächig angelegtes Beach Hotel für den Strandurlauber. Ein Schwimmbad und zahlreiche Wassersportaktivitäten garantieren Bräune unter der Äquatorsonne. 88 Zimmer in zweistöckigen, modernen Bungalows und eine internationale Küche bieten einen erholsamen Aufenthalt ab 80 $ die Nacht.

E-Mail: info@hotelwhitesands.com, Internet: www.hotelwhitesands.com

● **Beach Comber**
Tel. (022) 2647772-4, Fax (022) 2647050, Internet: www.beachcomber.co.tz. Neueres Hotel mit buntem Flair, effektivem Management und viel Komfort. Die hufeisenförmige Anlage ist in Strandnähe, besitzt einen schönen Hofgarten mit Swimmingpool. Die Zimmer sind stilvoll und lebhaft gestaltet, jeweils mit Blick auf das Meer inkl. Balkon, TV und Kühlschrank. Die Küche ist international, auch mit feinen indischen Speisen. Die Übernachtung beginnt bei 105/125 $ mit Frühstück das EZ/DZ.

● **Belinda Ocean Resort**
Tel. (022) 2647551, Fax (022) 264552. Ebenfalls an der Jangwani Beach gelegen, jedoch ohne Strandzugang. Belinda ist ein großes Haus mit verspielter Gartenanlage und kleinem Pool. Das Management ist tansanisch, der Service zuvorkommend. Doch irgendwie stellt man sich was anderes vor, wenn man in Dar es Salaam eine strandnahe Unterkunft sucht ... Weniger zu empfehlen. EZ kosten 52 $, DZ 78 $.
E-Mail: belinda@africaonline.co.tz

Hotels an der Kunduchi Beach (25 km)

● **Silver Sands Hotel**
Tel. (022) 2650231, Fax (022) 265428. 5 km von der New Bagamoyo Road entfernt. Das gemütliche und legere Hotel ist zentraler Treffpunkt für Afrika-Reisende, da es einen guten und bewachten Campingplatz direkt am Strand bietet. Gemanagt von Südafrikanern. Für Schnorchler gibt es Bootsausflüge zur gegenüberliegenden Mbudya Island. Ansonsten bieten ein Volleyballplatz, eine rustikale Castle-Bar und eine Wochenend-Disco Unterhaltung. Einfache, aber bequeme EZ/DZ mit Bad, Ventilator und Frühstück liegen bei 45/60 $, mit Klimagerät bei 70/90 $.
E-Mail: silversands@africaonline.co.tz

● **Bahari Beach Hotel**
Tel. (022) 265052, 2650475, Fax (022) 2650351, E-Mail: bbhbuz@inafrica.com. Großes Strandhotel an der Bahari Beach, 6 km von der New Bagamoyo Road entfernt. Die Anlage ist riesig, mit schönen Bungalows aus Naturstein und Strohdächern im tansanischen Stil, der große Swimmingpool liegt direkt am Meer, der Palmenstrand ist herrlich, die Buffet-Küche umfangreich. Klimatisierte DZ mit Frühstück kosten 95 $.

● **Maua Beach Swiss Rest House**
Tel. (022) 2650229, 0784-306904. Die Gastwirtin *Brigitte Grob* hat sich mit ihrem Mann hier zur Ruhe gesetzt und betreibt diese kleine Pension. Maua hat zwar keinen direkten Strandzugang, dafür lässt sich in der großen Lagune zwischen einsamen Sandbänken und Mangroven viel erleben und entdecken. Die Zimmer sind einfach, aber sauber, die Bewirtung im Haupthaus ist familiär, die Gartenbar und Küche sind beliebt. Zimmerpreise ab 50.000 TSh. Internet: www.maua-beach.ch

● **Ndege Beach Resort**
... oder das, was davon übrig geblieben ist. Dem Besitzer ist irgendwann das Geld ausgegangen, seitdem läuft die völlig heruntergekommene Restanlage unter lokalem Management. Wer den Ort besuchen möchte, auch wenn es nur darum geht, eine Cola zu trinken, muss am dubiosen Schlagbaum beim Eingang 500 TSh zahlen – Nepp vom Feinsten, aber schöner, einsamer Strand!

Gehobene Hotels an der Südküste (Ras Kutani)

● **Ras Kutani**
Tel. (022) 2134802, Fax (022) 2112794, Internet: www.selous.com. Die Unterkunft gehört zur luxuriösen Safaricamps-Kette „Selous Safari Comp." und könnte schöner nicht liegen. Ein einsamer, herrlich weißer Sandstrand schiebt sich zwischen den Indischen Ozean und eine Süßwasserlagune mit dichter tropischer Vegetation. Ras Kutani ist mit viel Holz gebaut, der Boden ist mit feinen Strohmatten ausgelegt. Der sich barfuß bewegende Gast fühlt sich wie Robinson Crusoe auf einer fernen Insel. Sie können faulenzen in der Hängematte, surfen, schnorcheln am Riff und auch am Strand reiten. Die 25 gemütlichen Holzbungalows liegen entweder mit Blick auf den Strand oder auf die Lagune schön in die Natur integriert. Die Übernachtung liegt bei 168 $ p.P. mit Vollpension. Gäste werden

über eine private Landebahn eingeflogen, die auch einen schnellen Transfer zum eigenen Selous Safari Camp im Selous Game Reserve garantiert (siehe dort).

● **Amani Protea Beach Hotel**
Tel. 0754-410033, Fax (022) 2667760, E-Mail: proteadar@africaonline.co.tz. Amani liegt an einer einsamen Strandbucht und bietet echten 5-Sterne-Komfort. 10 luxuriöse Doppel-Suiten mit Klimagerät und stilvollem Interieur in Verbindung mit einer großen Grünanlage, einem herrlichen Pool direkt am Meer und gutem Essen versprechen perfekte Erholung. Aktive Naturen können surfen, schnorcheln und reiten. 120 $ p.P. mit Vollpension.

Gehobene Hotels in der Innenstadt

● **Kilimanjaro Hotel Kempinski**
Tel. (022) 2131111, Fax (022) 2120777. Der ehrwürdige und lange Zeit geschlossene Betonbau des Kilimanjaro-Hotels aus den 1960er Jahren hat mehr als ein Facelift bekommen. Verhüllt in Glas und mit Bauhaus- und Retro-Design bietet das Kilimanjaro eine luxuriöse 5-Sterne-Welt mit Kempinski-Management. Von der Lobby über die Restaurants und Konferenzsäle – alles ist groß und schick. Die zentrale Lage mit herrlichem Blick auf den Hafen macht das „Kili", wie es oft kurz genannt wird, zur ersten Adresse, besonders für Business-Reisende oder für alle, die viel in der Stadt zu tun haben. Die Zimmerpreise beginnen bei 175 $ (mit fulminantem Frühstück!). Erhaben auf einem Dach des 2. Stockwerks befindet sich ein Spa mit Schwimmbad. Noch besser ist es dann ganz oben auf dem Dach in der Roof-Top-Bar. Hier streift der Blick über die ganze Stadt. Empfehlenswert! E-Mail: reservations.kilimanjaro@kempinski.com, Internet: www.kempinski-daressalaam.com

● **Möwenpick Hotel**
Ohio Street, Tel. (022) 2112416, Fax (022) 2113981. Das ehemalige Royal Palm Hotel ist voll klimatisiert. Alle Zimmer mit Minibar und Sat-TV; Konferenzraum, Bäckerei, Wäscherei, 24-Stunden-Business-Center, Fitnessraum, Souvenirläden, Schwimmbad, Sauna, gute Restaurants usw. Zimmer ab 220 $.
E-Mail: hotel.daressalaam@moevenpick.com,
Internet: www.moevenpick-daressalaam.com

● **Holiday Inn**
Garden Avenue, Tel. (022) 2137575, Fax (022) 2139070, www.holiday-inn.com. Das neueste Komfort-Hotel von Dar, voll klimatisiert. Die bekannte Hotelkette macht auch in Dar ihrem Namen alle Ehre. Obwohl 150 Zimmer groß, integriert sich der Bau gut in das Stadtbild (im Anschluss an die Botanical Gardens). Gute Restaurants, ein Schwimmbad, kleine Geschäfte in der Lobby. Flair und Service stimmen, noch mehr das Preis-Leistungsverhältnis. EZ/DZ mit Frühstück liegen bei 145/175 $ die Nacht – für den Hotelstandard absolut empfehlenswert!

● **New Africa Hotel**
Azikiwe Street, P.O. Box 9314, Tel. (022) 2117136-39, 2117050-1, Fax (022) 2116731. Modernes Hotel direkt im Zentrum. Zur Kolonialzeit stand hier das Kaiserhof Hotel. Das renommierte New Africa aus britischen Tagen war lange Zeit wegen Renovierung geschlossen. Heute gehört es mit seinen guten Restaurants (speziell der Thailänder) und dem Casino wieder zum Nabel der Stadt. Das Hotel verfügt über 126 Zimmer und ein Schwimmbad für Hotelgäste. Ein DZ inkl. Frühstück kostet 130 $.
E-Mail: nah@newafricahotel.com,
Internet: www.newafricahotel.com

● **The Courtyard Hotel**
Ocean Drive, Tel. (022) 2130130, Fax (022) 2130100, E-Mail: courtyard@raha.com. Hotel im alten Kolonialstil im Sea View-Stadtteil (nicht weit von der Selander Bridge). Die Zimmer im dreistöckigen Bau sind gemütlich, besitzen kostenlose Internet-Verbindung, TV und Mini-Bar. Im Garten ist ein Swimmingpool. EZ/DZ mit Frühstück 120/140 $.

Mittelklasse-Hotels in der Stadt

● **Swiss Garden Hotel**
Mindu Street 512, Tel. (022) 2153219. Ruhig gelegene Pension mit schweizerischem Management (Ehepaar *Pfister*), beliebt unter Entwicklungsexperten. Zimmer mit Bad, Moskitonetzen und Air Condition, gutes und reichhaltiges Abendessen für 8000 TSh nach Vorbestellung. Zimmer mit Frühstück für 50 $.
E-Mail: swissgarden@bluewin.ch

UNTERKUNFT

● Pope John Paul II. Hostel/ Laurean Cardinal Rugambwa Hostel

Mandela Road, Kurasini, P.O. Box 3350, Tel. 2851075 und 2850047-8, Fax 2851133 und 2850295, E-Mail: tec@cats-net.com. Diese Unterkünfte befinden sich auf dem bewachten TEC Kurasini Training Centre, gekoppelt mit dem Bischofssitz von Dar. Alle Räume sind self-contained, EZ/DZ/ Dreierzimmer ab 8000/13.000/20.000 TSh inkl. Frühstück. Lunch/Dinner kostet 2000 TSh (reichhaltig und schmackhaft).

● Peacock Hotel

Bibi Titi Mohammed Street, Tel. (022) 2120334, Fax (022) 2117962. Beliebtes Hotel unter Geschäftsleuten, zentrale Lage mit guter Anbindung an den Flughafen, große, modern eingerichtete Zimmer für 75/85–125 $ die Nacht (klimatisiert, Sat-TV, Mini-Bar). Die internationalen Gerichte in den hoteleigenen Restaurants Tausi und Peacock sind gut. Das Preis-/Leistungsverhältnis ist fair! Internet: www.peacock-hotel.co.tz

● Starlight Hotel

Bibi Titi Mohammed Road, P.O. Box 3199, Tel. (022) 2119388, Fax (022) 237182, E-Mail: starlight@cats-net.com. Liegt zentral gegenüber vom Mnazi Moja Park (etwas laut wegen der Hauptverkehrsstraße). Zweckmäßige Zimmer mit Bad/WC und Klimagerät, passables Restaurant. Übernachtung im EZ 30.000 TSh, im DZ 36.000 TSh.

● Palm Beach Hotel

Ali Hassan Mwinyi Road, P.O. Box 704, Tel. (022) 2122931, 2132938, 0713-222299/ 922222, Fax (022) 2119272. Liegt unweit der Selander Bridge in einem Botschaftsgebiet. Frisch renovierte Zimmer mit Bad/WC und Air Condition. Der Barbecue-Grill im Garten ist beliebt, Afrikaner wie Europäer treffen sich hier abends auf ein Bier. Übernachtung mit Frühstück ab 55 $. Gutes Preis-/Leistungsverhältnis. E-Mail: info@pbhtz.com, Internet: www.pbhtz.com

Preiswerte Unterkünfte in der Stadt

● Safari Inn

Band Street, P.O. Box 21113, Tel. (022) 2116550, Fax (022) 2116550. Freundliches, renoviertes Hotel und Anlaufstelle für Reisende. Anschlagtafel für Nachrichten, saubere Zimmer, Alkohol ist jedoch im Hotel verboten. EZ 7500 TSh, DZ mit Klimagerät 15.000 TSh. E-Mail: safari-inn@mailcitiy.com

● Smokies Tavern & Guesthouse

Tel. (022) 2600130, Fax (022) 2600343. Britisch geleitetes Hotel/Restaurant auf der Msasani Peninsula mit einfachen, bequemen Zimmern. Herrliches Restaurant mit Dach-Bar, ideal für den Sonnenuntergang über der Msasani Bay. Spezialitäten des Hauses sind geräucherte Seafood-Gerichte. Zimmer mit Frühstück ab 60.000/80.000 TSh. E-Mail: smokies@twiga.com

● Holiday Hotel

Jamhuri Street, Tel. (022) 2120675. 3. Stock, angenehme Zimmer mit hoher Decke in einem alten Bau; Moskitonetze/Ventilator und Bad/WC auf dem Flur. EZ 8000 TSh, DZ 10.000 TSh.

● YMCA

Upanga Road, Tel. (022) 2110833. Kleine einfache Zimmer mit Einzelbetten und Moskitonetz. Selten voll, Essen in der Kantine, Übernachtung für Männer und Frauen mit Frühstück für 10.000 TSh das DZ.

● YMCA

Ghana Avenue, Tel. (022) 21222439. Etwas schlechter als das YMCA, bietet dafür aber Deckenventilatoren und läßt auch Paare hier übernachten. Ebenfalls mit Kantine (nichts Besonderes!), die Nacht kostet 7000 TSh das EZ und 10.000 TSh das DZ inkl. Frühstück, mit Bad (self-contained) 15.000 TSh.

● Luther House

Sokoine Drive, Tel. (022) 2120734. Christliche Jugendherberge bei der Lutherischen Kirche. Zimmer haben Moskitonetz, sind jedoch nicht gerade preiswert. EZ/DZ 13.000/ 15.000 TSh mit gemeinnützigem WC/Bad, DZ mit Bad und Air Condition liegen bei 30.000 TSh.

● Jambo Inn

Libya Street, Tel. (022) 2114293, Fax (022) 2113149. Hotel mit gutem Preis-/Leistungsverhältnis. Zimmer mit Bad/WC/Deckenventilator/Moskitonetz für 14.000 TSh inkl. Frühstück. Einige Zimmer haben auch Klimagerät und kosten 16.000 TSh. Das Restaurant (etwas überteuert, kein Alkohol) serviert gute

indische nicht-vegetarische Speisen und frische Fruchtsäfte. Beliebt bei Reisenden.
- **Econo Lodge**
Tel. (022) 2116048-50. Um die Ecke vom Jambo Inn (Band Street), vergleichsweise sauberer, aber auch teurer. EZ/DZ 13.000/18.000 TSh, mit Air Condition 28.000 TSh. E-Mail: econolodge@raha.com
- **Kibodya Hotel**
Nkrumah Street, Tel. (022) 2131312. Populäres Hotel mit guten DZ (Bad/WC/Deckenventilator/Moskitonetz) für 15.000 TSh. Empfehlenswert und oft voll!
- **Hotel Continental**
Nkrumah Street, P.O. Box 2040, Tel. (022) 22481. Leicht heruntergekommenes Hotel nahe des T.R.C.-Bahnhofs, mit Restaurant. DZ 20.000 TSh; mit Ventilator und Moskitonetz – gerade noch brauchbar.
- Weitere sehr preiswerte und eher weniger zu empfehlende Unterkünfte sind: **Zanzibar Guesthouse** (Bierbar für Prostituierte und Inder an der Chagga Street), **Shirin's Inn** (ebenfalls heruntergekommen), **Etiennes Hotel** (liegt bei Sea View, nicht zentral und hat seine Tage gesehen), das **Tamarine** und das **Traffic Light Motel** (beide dreckig).

Camping

In der Stadt selbst bieten sich **keine Campingmöglichkeiten**.

Camping an der Nordküste

Bekannt unter Reisenden und Overlandern ist der bewachte Zeltplatz am Kunduchi-Strand beim **Silver Sands Hotel**. Camping kostet 3 $ p.P. und 2 $ für ein Fahrzeug (mit sauberen WCs und Waschstellen sowie Zugang zum gesamten Hotel). Wer nach Sansibar aufbricht, kann sein Auto hier für 2 $ pro Tag stehen lassen.

Camping an der Südküste

Die Campingmöglichkeiten an den Südstränden sind vorzuziehen: schönere Strände, internationaleres Publikum, bessere und schnellere Stadtanbindung. Generell gilt: Wer soziale Anbindung und kulinarisch auch versorgt werden will, geht zu den nur wenige Kilometer hinter der Fähre befindlichen Zeltplätzen. Je weiter südlich man kommt, umso einsamer wird es, hier sollte man autark sein, denn Restaurants werden rar. Einzelheiten und Wegbeschreibung s.u. unter „Baden und Strände".

Essen und Trinken

Die gehobeneren Hotels in der Stadt und an den Nordständen gehören mit Sicherheit zu den besten Adressen für gutes Essen (Jangwani Sea Breeze, Sea Cliff, Sheraton, New Africa). Auch als Nicht-Hotelgast können Sie in den Beach Hotels dinieren bzw. an den reichhaltigen Buffets für 15–20 $ teilnehmen. Auch die Restaurants der Mittelklasse-Hotels können empfohlen werden.

Gute Restaurants auf der Msasani Peninsula

- **Smokies Tavern**
Tel. 0713-780567. Bietet ein sehr gutes Buffet-Abendessen (9500 TSh pro Person) auf herrlicher Dachterrasse, Do mit Live-Band.
- **Euro Pub**
Beliebte Restaurant-Bar unter Europäern. Das Essen ist gut, speziell die mexikanischen Gerichte sind empfehlenswert. Schöne Pub-Atmosphäre, europäische Preise, ist abends schnell voll, Tischreservierung unter Tel. 0713-785005.
- **Simona's**
Kimweri Av. Exzellente kroatische Küche.
- **Anghiti**
Hervorragendes indisches Restaurant mit gemütlicher Atmosphäre, sicheren Parkplätzen und zuvorkommendem Service.
- **Silvester Mashua Pizzeria**
Beliebte Adresse, speziell an Wochenenden. Liegt offen beim Slipway direkt an der Msasani Bay (schöne Sonnenuntergänge!). Die Küche ist italienisch, Holzofen-Pizzas!
- **The Terrace**
Gutes italienisches Restaurant mit hervorragenden Gerichten und Weinen.
- **Captain Al's Pub**
Zum draußen und drinnen sitzen, schöne Atmosphäre, gute kleine und große Gerichte, Fassbier.

ESSEN UND TRINKEN

●**Japanese Restaurant**
Gute japanische Küche.
●**Barbeque Village**
Tel. (022) 2667927. Großes Restaurant mit hervorragenden Barbecues, exzellenten Cocktails, kaltem Bier und einer Kinder-Krabbelstube. Gegenüber vom La Crevette.
●**Addis in Dar Ethiopian Restaurant**
Tel. 0742-781743. Nahe der Old Bagamoyo Road. Gut gewürzte äthiopische Küche, gegessen wird mit den Fingern! Empfehlenswert!
●**Jan Pizzeria**
Tel. 0741-325420. Sehr gutes italienisches Restaurant nahe der Msasani Village. Auch take-away und house delivery service.
●**Steak & Ale**
Tel. 0742-784747. Beim Arcade, Old Bagamoyo Road. Gutes, europäisches Pub-Restaurant mit Steak-&-Chips-Gerichten.

Gute Restaurants in der Stadt

●**The Raj**
Tel. (022) 2112416. Feinste indische Mughlai-Küche im Royal Palm Hotel.
●**The Serengeti**
Tel. (022) 2112416. Ebenfalls im Royal Palm. Jeden Abend verschiedene Küchenrichtung. Buffet ab 18 $ (TSh)!
●**The Sewasadee**
Tel. (022) 2117050/2117132. Hervorragendes Thai-Restaurant im New Africa Hotel. Das Essen à la carte ist dem Buffet vorzuziehen.
●**Bandari Grill**
Tel. (022) 2117050. Internationales Restaurant mit Steak-Gerichten im New Africa Hotel, reichhaltiges Buffet ab 12.000 TSh.
●**Dar Shanghai Restaurant**
Im Erdgeschoss des Lutheran Hostel nach der Bucht. Das Restaurant von *Cheng ni* und *Lida* ist einfach gestaltet, das Essen sehr gut.
●**Alcove**
Bewährtes indisches Restaurant mit umfangreicher Menu-Karte, spezialisiert sich auf die nordindische Mughlai-Küche.
●**Retreat**
Ecke Jamhuri/Mrima Street. Beste Adresse der Stadt für südindische Küche (Tipp: Massala Dosa).

●**Hard Rock Café**
Im Zentrum an der Indira Gandhi Street, gute Küche mit internationaler Musik – wenn es denn mal offen ist!
●Andere zu empfehlende Restaurants sind das **Rendezvous** (Steaks) an der Samora Avenue, das chinesische **Canton Restaurant** an der Ecke Nkrumah/Libya Street, das **Pizza Villa** an der Sewa Street, das **Garden Plaza** an der Azikiwe Street mit Seafood-Küche und das **Chicken Tikka Inn** an der Alykhan Road nahe dem GTZ-Büro.

Snack-Lokale und Garküchen

Im Zentrum und im indischen Stadtteil entlang der India Street werden Sie eine ganze Reihe von „Fast-Food-Restaurants" und vereinzelte Straßen-Garküchen (oft erst in den Abendstunden) finden.

●**Subway Sandwich Restaurant**
Amerikanische Fast-Food-Küche (labbrige Baguettes!) – nun auch in Dar ...
●**Steers & Debonairs**
Gute Fast-Food-Theken und Restarant im Zentrum. Zu empfehlen sind Pizzas und Salate mit Baguette.
●**Planet Bollywood**
Morogoro Road nahe der Bucht. Kleine Pizzas, gute Eiscreme, Shakes und Säfte. Little Bombay in Dar es Salaam – skurril, sauber und gut!
●**Azam Takeaway**
Ecke Jamhuri/India Street; Kebabs, Samosas und Kuchengebäcke.
●**Jamaa Fast Foods**
Zwei Schnellrestaurants an der Ecke Samora/Azikiwe Street sowie an der Mansfield Street. Serviert werden frische Säfte, gute Huhn- und Fischgerichte (auch zum Mitnehmen). So geschlossen.
●**Food World**
Azikiwe Street. Burger, Pommes, Fruchtsäfte, Ice-Creme, Hot Dogs usw.
●**Chicken King**
Ölige Pommes und nochmals Pommes, dazu alles, was vom Huhn verwertbar ist – mit Pommes ...

Cafés

Gute Cafés finden sich in den **Hotels Holiday Inn** und **Sea Cliff**. Im **Royal Palm** bietet der Pastry Shop Kuchen und Gebäck. In der Stadt selbst ist **Mac's Patisserie** in der Mkwepu Street beliebt oder:

●épid'or

Tel. (022) 2136006-7. Der neueste und wohl zugleich beste Coffee-Shop (klimatisiert!) im Zentrum der Stadt an der Samora Machel Avenue (im Casanova-Komplex beim Sea Cliff Hotel). Die Betreiber sind französisch-libanesischen Ursprungs, serviert werden frische Säfte, Gebäck und Kuchen, hervorragende Küche für den kleinen Hunger zwischendurch. Ideal für einen Zwischenstopp bei einem Stadtspaziergang. So geschlossen, ansonsten geöffnet von 7–19.30 Uhr. Empfehlenswert!

Bars, Nachtclubs und Discos

Die Bars der gehobeneren Hotels im Zentrum lassen etwas an Atmosphäre vermissen. Bessere Unterhaltung bieten die Pubs und Bars auf der Msasani Peninsula, **The Pub** und der Bier-/Pizzagarten **Waterfront Bar** an der Bucht am Slipway, **Smokies Tavern** (Do Live-Band), **420 Bar** am Toure Drive, **Q-Bar** bei den Morogoro Stores sowie der Biergarten **The Tilt** (wochenends mit Disco oder Live-Band) im Arcade und das **Euro Pub** im Stadtteil Kawe zu nennen.

Wer es etwas einfacher und afrikanischer möchte, sollte die **Bar beim Namanga Shopping Centre** aufsuchen oder sich in die zahlreichen tansanischen Kneipen entlang der Kimweri Avenue setzen. Beliebt sind auch die **Container-Bars** an der Kreuzung Haile Selassie/Chole Road, hier trinken sich des öfteren die Entwicklungshelfer ihren Kummer von der Seele ...

In dieser Richtung ist auch das **Bahama Mama** zu empfehlen, das in Kimara an der Morogoro Road liegt und wo die Stimmung „tansanisch pur" ist.

Weitere gute Nightlife-Adressen sind das **Blue Palms** in der Mikocheni B. Area (Fr und Sa Live-Jazz), der tansanische **New Silent Club** in Mwenge an der Sam Numoja Road, die **Q-Bar** mit Live-Musik an Wochenenden, der **Mambo Club** neben dem Karibu Hotel, die Samstags-Disco am **Slipway**, die Freitags-Disco beim **Casanova-Komplex**, der laute **Club Bilicanas** hinter dem Hard Rock Café und die ab und an geöffnete Disco **Much More** für Europäer/Betuchte. Schon etwas heruntergekommen, aber dennoch von Prostituierten bevölkert ist der **California Dreamer Night Club** an der Ali Hassan Mwinyi Road.

In die Afrikaner-Viertel wie Kariakoo sollte man nur mit einheimischer Begleitung losziehen!

Lassen Sie die Finger von Gongo! So heißt in Dar der selbst gebrannte Hirseschnaps, oft auch „African Vodka" genannt, der jedem noch so Standfesten die Schuhe auszieht.

Casinos

● **Las Vegas Casino**
In Upanga an der Ali Hassan Mwinyi Rd.
● **New Africa Casino**
Im New Africa Hotel (sehr modern, europäischer Standard)
● **Monte Carlo Casino**
Ecke Ohio/ Sokoine Drive
● **Casino J.M. Mall**
Samora Machel Avenue
● **Sea Cliff Casino**
Masaki Street, Msasani Peninsula

Tänze und Theater

Das **Village Museum** und die verschiedenen traditionellen Handwerkszentren (siehe Stadtbesichtigung) zeigen regelmäßig Vorführungen. Termine und Inhalte sind den Tageszeitungen (Daily News) zu entnehmen. Zudem finden auch in den Kultur-Instituten (**British Council, Alliance Francaise, Russian Cultural Institute** usw.) die unterschiedlichsten Aufführungen statt (Termine auch hier in den Zeitungen).

Kinos, Krankenhäuser, Apotheken, Polizei

Echte **tansanische Musik,** gespielt etwa vom Mlimani Park Orchestra, können Sie fast jeden Sonntag zwischen 19 und 21 Uhr in der **DDC Social Hall** (Dar es Salaam Development Cooperation) live erleben.

Kinos und Videoshows

- **Millenium Towers Cinema**
Modernes Kino mit aktuellen Filmen an der Bagamoyo Road. Aktuelles Programm über www.darhotwire.com oder Tageszeitungen.
- **U.S. Marine Club**
Gute und teils aktuelle Kinofilme unter US-Botschafts-Schutz, Laibon Road/Msasani Peninsula; nur Do um 19 Uhr, der Eintritt beträgt 1500 TSh.
- **The Slipway**
Großbild-Videoprojektionen und Kleinraum-Kino, Di 19.30 Uhr.
- **Sugar Rays**
Bar mit Videoshows im Palm Beach Hotel, Mo und Di 19.30 Uhr, 2000 TSh.
- **Avalon Cinema**
Zanaki Street, nicht ganz aktuelle westliche und indische Filme.
- **British Council**
Gute englische Filme Mi um 18.30 Uhr.
- **Empire Cinema**
Azikiwe Street, wie das Avalon, nur etwas dreckiger.

Das Programm entnehmen Sie dem monatlich erscheinenden Informationsheftchen „What's happening in Dar".

Krankenhäuser

- **Ambulanz-Notruf: Tel. 112.**

Krankenhäuser gibt es in Dar reichlich, doch nur folgende sind wirklich zu empfehlen:
- **I.S.T. Clinic**
Bei Malaria-Notfällen kompetente Adresse; *Dr. Ype Smit;* Tel. (022) 2668258 und 2601307, 0744-783393.
- **Muhimbili Medical Centre**
United Nations Road, Tel. (022) 2151351. Bei Frakturen beste Adresse (Schweizer Orthopädin Frau *Dr. Uma Grob*).

- **Nordic Dental Clinic**
Zahnärztin *Dr. Marianne Korduner,* Patel House, 1. Etage, Tel. (022) 2136664, 0741-327425.
- **Aga Khan Hospital**
Ecke Ufokoni/Ocean Road, Krankenhaus neueren Datums, Tel. (022) 2114096 und 2115151-3. Hat sich zu einer der besten Adressen in der Stadt entwickelt.
- **TMJ Hospital**
Old Bagamoyo Road, Tel. (022) 2700007, 2700008.
- **Regency Medical Centre**
Aly Khan Road, Upanga, Tel. (022) 2150500, gute Klinik für Diagnostik (Röntgen/CT).

Apotheken

Zu erwähnen sind die Apotheken am Askari Monument, in der UWT Street, entlang der Samora Avenue. Außerhalb vom Zentrum sind die sehr gut sortierete Apotheke im Oyster Bay Hotel zu empfehlen sowie die Hoots Pharmacy bei den Namanga Shops.

Polizei

- **Zwei große Polizeistationen** befinden sich am Sokoine Drive und an der Ali Hassan Mwinyi Road nahe der Selander Bridge (Tel. 2120818).
- **Notruf** der Polizei allgemein ist 112 oder 0713-322112, der Feuerwehr ebenfalls 112.

Verkehrsverbindungen

Stadt- und Vorortverkehr

- Im Zentrum ist fast alles bequem zu Fuß erreichbar, nur nachts sollte man sicherheitshalber mit dem **Taxi** fahren. Die Mindestgebühr beträgt 1500–2000 TSh. Eine Fahrt zur Msasani Peninsula kostet 3000 TSh, ein Flughafen-Transfer von der Stadt liegt bei 10.000 TSh (15.000–20.000 TSh von einem Hotel an der Nordküste). Bei allen größeren Hotels befinden sich Taxi-Stände. Gebührenzähler gibt es nicht, der Preis muss vorher ausgehandelt werden, die Regel sind 1000 TSh pro Kilometer.

Karten S. 441, 452, 454, 456, XVII

VERKEHRSVERBINDUNGEN

Dar es Salaam

●Wer die Enge nicht scheut, kann sich im ganzen Stadtgebiet und bis Kunduchi auch mit **Dalla Dalla-Bussen** bewegen (in Dar auch *Kipanyas* genannt). Die Fahrtziele in den einzelnen Stadtteilen sind meist angeschrieben oder werden vom Bus-Schaffner ausgerufen. Am Sokoine Drive gegenüber der Hauptpost und am TRC-Bahnhof bekommen Sie ständig Anschluss. Losgefahren wird, wenn keiner mehr reinpasst. Die meisten Fahrten kosten 100–300 TSh.

Mit dem Flugzeug

Der **Dar es Salaam International Airport**, 13 km vom Zentrum entfernt (ein Taxi kostet ab Zentrum 15.000–20.000 TSh), wird von vielen internationalen Fluggesellschaften angeflogen.

In Afrika Verbindungen nach **Nairobi** (täglich), **Entebbe, Addis Abeba, Johannesburg** (täglich), **Kigali, Lilongwe, Blantyre, Lusaka, Kairo** und **Harare.**

In den Orient und nach Indien gibt es Direktflüge nach **Muskat, Aden, Jeddah, Dubai** und **Mumbai.**

Europäische Destinationen sind **Zürich, Amsterdam** und **London.**

Ausländische Fluggesellschaften:
●**Swiss**
Luther House, Sokoine Drive,
Tel. (022) 2118870-3
●**KLM**
Peugeot House, Bibi Titi Street,
Tel. (022) 2115012, 2113336-7
●**Kenya Airways**
Peugeot House, Bibi Titi Street,
Tel. (022) 2119376-7
●**British Airways**
Royal Palm Hotel, Ohio Street,
Tel. (022) 2113820-2, 2114160
●**Gulf Air**
Raha Towers, Tel. (022) 2137851-2, 2137854-6
●**Air India**
Bibi Titi Street, gegenüber vom
Peugeot House, Tel. (022) 2152642-4
●**Ethiopian Airlines**
TDFL-Building, Ohio Street/
A.H. Mwinyi Road, Tel. (022) 2117063-5

●**Emirates Airline**
Haidery Palace, Mwinyi Road,
Tel. (022) 2116100-3
●**Oman Air**
J.M. Mall, Samora Machel Avenue,
Tel. (022) 2135660
●**African One,** Tel. (022) 2135226
●**South African Airways**
Tel. (022) 2117044-7

Inlandsflüge:

Das Angebot an Inlandsflügen ist von Dar es Salaam aus sehr gut, zahlreiche Fluggesellschaften bieten zuverlässige Verbindungen in alle Landesteile. Sansibar wird täglich von einer der diversen Chartergesellschaften angeflogen, an vielen Tagen sogar mehrmals (Flugdauer 20 Min). Wer wohin fliegt und wieviel ein Inlandsflug kostet, entnehmen Sie dem Kapitel „Reisen in Tansania". Genaue Abflugszeiten und Tarife erfahren Sie bei den Büros der **Fluggesellschaften** in Arusha, Dar es Salaam oder in Zanzibar Town bzw. bei den jeweiligen Flughafenbüros. Am Flughafen in Dar es Salaam sind das:

VERKEHRSVERBINDUNGEN

● **Coastal Travel**
U.a. Sansibar, Selous, Ruaha, Tanga/Pangani, Arusha, Mafia; Tel. (022) 31216/37479-80, Upanga Road und am Terminal 1/domestic (siehe auch gleichnamiges Reisebüro)

● **Zanair**
U.a. Pemba, Sansibar, Selous, Arusha; Tel. 0713-605230 (Büro Terminal 1)

● **Precision Air**
U.a. Sansibar, Arusha; Büro Haidery Palace Ecke Mwinyi/Kisutu Street; Tel. (022) 2130800, www.precisionairtz.com.

● **Air Tanzania**
Fliegt im Wesentlichen nach Arusha, Kilimanjaro sowie in den Westen und Süden; Tel. (022) 2110245-8.

● **Air Express**
U.a. Sansibar, Mwanza, Mtwara, Arusha; Tel. (022) 2135672, 0754-786262, Fax (022) 2135682, E-Mail: zpd@cats-net.com.

● **Air Excel**
U.a. Serengeti, Tarangire, Manyara, Sansibar; Büro nur in Arusha, Tel. (027) 2501595-7, www.airexcelonline.com.

Mit der Eisenbahn

Vom TRC-Bahnhof (Railway Street):
● **Central Line** Di, Fr und So um 17 Uhr über Dodoma und Tabora **nach Mwanza und Kigoma.** Eine Fahrt 1. Klasse bis zum Tanganyika- bzw. Victoria-See kostete im Februar 2007 63.000 TSh, in der 2. Klasse 48.000 TSh. Ankunft in Tabora am nächsten Tag um 18.25 Uhr, in Kigoma/Mwanza jeweils am übernächsten Tag um 7.30 Uhr, meist jedoch mit mehrstündiger Verspätung.

Anschlüsse von Tabora nach Mpanda und von Dodoma nach Singida siehe dort.

Für eine Fahrkarten-Reservierung kann man sich an das Customer's Information Centre am Bahnhof wenden (beim Haupteingang erste große Holztür links), Tel. (022) 2117833.

Vom Ta-Za-Ra-Bahnhof (Pugu Road, etwa 7 km vom Stadtkern entfernt):
● **Tanzania-Zambia-Railways nach Mbeya** und **we**iter nach Kapiri Mposhi in Sambia. Die Ta-Za-Ra ist dafür bekannt, ihre Abfahrtszeiten oft zu ändern. Diese lassen sich aber über die Ta-Za-Ra-Station leicht herausfinden

(Tel. (022) 2860381-2). 1.-Klasse-Fahrkarte bis Mbeya 58.000 TSh (Ankunft 10 Uhr am nächsten Morgen). Der langsamere **Ordinary Train** verlässt Dar zwei- bis dreimal in der Woche am späten Vormittag; der Vorteil: Man fährt bei Tageslicht durch das Selous Game Reserve. Preislich wie Express. Ankunft in Mbeya ebenfalls 10 Uhr morgens.

Details zu den Abteilen, Schlafwagen und sonstigen Tipps entnehmen Sie dem Kapitel „Reisen in Tansania".

Mit dem Bus

Von der Landesmetropole fahren täglich große Überlandbusse in alle Landesteile. Die Busbahnhöfe Mnazi Moja und Kisutu sind vom Zentrum ausgelagert worden. Ein neuer großer **Busbahnhof in Ubungo** an der Kreuzung Morogoro Road/Nelson Mandela Road (siehe Karte Dar es Salaam), ca. 6 km außerhalb, wird von den Überlandbussen angefahren. Leider macht dies jetzt die Benutzung von Dalla Dallas (z.B. ab Bibi Titi Mohammed Road aus der Stadt kommend) oder von Taxis notwendig (4000–5000 TSh).

Die für viele Ziele in Richtung Norden und Süden zu empfehlenden **Busse von Scandinavia Express Services** fahren von ihrem eigenen Bushof ab, der sich nahe des Stadtzentrums befindet: Ecke Msimbazi/Nkrumah Street, Tel. 2850847-9. Hier können ohne Gedränge und Abzockerei Fahrkarten bequem reserviert bzw. gekauft werden. Klimatisierte Busse mit bequemen Sitzen (mehr Beinfreiheit) und Bord-WC fahren nur auf der Arusha-Strecke und bedürfen einer Vorausbuchung von mehreren Tagen (Fahrkarte 26.000 TSh). Die Scandinavia-Busse halten auch in Ushongo, bevor sie die Hauptstadt verlassen.

Ebenso zu empfehlen ist die Linie **Royal Coach:** gute Busse, angenehmer Fahrstil und ebenfalls eigenes Ticket-Büro Ecke Morogoro/Libya Street nur 200 m von den beliebten Backpacker-Hotels Safari, Jambo, Econo usw. entfernt.

Die Busgesellschaften **Hood** und **Buffalo** sollte man aufgrund des unverantwortlichen Fahrstils ihrer Fahrer meiden.

In Richtung Süden:
- Täglich morgens ab 7.30 Uhr fahren die ersten Busse in **Richtung Iringa, Songea, Mbeya** (für alle Destinationen ist u.a. Scandinavian zu empfehlen, s.o.), **Kyela** und **Lilongwe/Malawi**.
- Während der Trockenmonate auch mehrmals wöchentlich Busse in Richtung **Mloka** (Selous), **Kilwa** und **Lindi**; nicht immer fahren alle Busse von Ushongo ab, sondern von der Kilwa Road in Kurasini/Süd-Dar es Salaam.

In Richtung Westen:
- Der Bus nach **Mwanza** (Tawfiq) fährt über Nairobi, die Fahrkarte kostet 25.000 TSh.
- Täglich Busse nach **Dodoma, Singida, Nzega/Tabora**.

In Richtung Norden:
- Ständig Verbindungen in **Richtung Moshi/Arusha** (je nach Komfort 14.000–16.000 TSh) sowie **Lushoto, Tanga, Mombasa**.
- Mehrmals in der Woche frühmorgens Busse nach **Nairobi, Musoma** (über Kenia) und sogar bis **Kampala** (Uganda).
- Täglich morgens ab 8 Uhr **Dalla Dallas nach Bagamoyo** (1500 TSh).

Kariakoo Terminal
(Msimbazi Street am Kariakoo-Markt)
- Saddiq Line (als riskant bekannt) und Abood (als sicherer eingeschätzt) verkehren nach **Morogoro** (2½ Std.) für 1500 TSh.

Mehr zu Busfahrten siehe im Kapitel „Reisen in Tansania".

Mit Schiff/Fährboot

Vom Fährhafen und den Fahrkartenverkaufsbuden am Sokoine Drive verkehren **täglich Passagierschiffe zwischen Dar es Salaam und Sansibar**.

- Die schnellste Verbindung besteht mit den **Sea Ferries** (90 Min). Tägliche Abfahrtszeiten sind hier mit Sea Bus I um 7.30 Uhr, mit Seastar (Tel. 0713-789393/781500) um 10.30 Uhr, mit dem etwas langsameren Flying Horse (Tel. (022) 2124507) um 12.30 Uhr und mit dem Sea Bus III um 16 Uhr. Das Azam-Marine-Büro, zuständig für die Sea Bus-Fähren, ist zu kontaktieren über Tel. (022) 2133024, 0713-334347. Fahrkarten kosten jeweils 35 $. Genaue Abfahrtszeiten sollten telefonisch oder bei den Fahrkarten-Verkaufsständen am Hafen erfragt werden.

Die Flying Horse tritt ihre Rückfahrt von Sansibar erst um 21 Uhr an (die Fähre wird daher auch „Nightferry" genannt), die Nacht über haut man sich auf den Gang, da der Zoll erst morgens wieder aufmacht. Touristen bekommen in der Regel eine Matratze gestellt.

In allen Fahrpreisen sind **5 $ Hafengebühr** eingerechnet.

Mietwagen

- **Evergreen Car Rentals**
Nkrumah Street, P.O. Box 1476, Tel. (022) 2182107, Fax (022) 2183348. Zu mieten sind normale Pkws bis hin zu Toyota Landcruisern. Seriöses Unternehmen.
E-Mail: evergreen@raha.com
- **Avis**
Ghana Avenue, Tel. (022) 2130505, Fax (022) 2137426
- **Hima Tours & Travel**
Büro in der Simu Street, gegenüber von TTCL, Tel. (022) 2126987, 2129085, 0713-323143, Fax (022) 2111083, E-Mail: hima@raha.com. Hima bietet für 55 Euro pro Tag Pkws und für 70 Euro Geländewagen an, jeweils mit Fahrer; ohne Fahrer ist Verhandlungssache. Die Tarife beinhalten 100 km pro Tag. Weitere Kilometer werden mit 40 bzw. 50 Cents berechnet. Zum Endpreis kommen noch 20% Mehrwertsteuer (VAT)! Hima hat auch ein Büro direkt am Flughafen, Tel. (022) 2842073, 0754-481446.
- **Skylink Car Rental**
Ohio Street, TDFL-Building, Tel. (022) 2115381, 0713-780639. Zu mieten sind Suzuki Vitara (Vierradantrieb) und Land Cruiser Prado. Gepflegte Fahrzeuge.
E-Mail: operations@skylinktanzania.com

Preise und weitere Informationen zur Automiete entnehmen Sie dem Kapitel „Reisen in Tansania".

Botschaften, Konsulate, Organisationen

Botschaften, Konsulate, internat. Organisationen

- **Deutsche Botschaft**
Umoja House, Mirambo Street/Garden Ave., Mo bis Fr 8–12 Uhr, Tel. (022) 2117409-15, Fax (022) 2112944, Embassy-Notfall-Nr. (0713) 455209,
Internet: www.daressalam.diplo.de
- **Schweizer Botschaft**
Kinondoni Road 79, Mo bis Fr 8–12 Uhr, Tel. (022) 2666008-9, Fax (022) 2666736, E-Mail: vertretung@dar.rep.admin.ch
- **Österreicher** können sich an den Honorarkonsul *Helmut Sutner* in der Yacht Club Road wenden, Msasani Peninsula, Plot No. 1684/2, Tel. (022) 2601492
- **Uganda High Commission**
Msasani Road, Msasani Peninsula, Tel. (022) 2117391, Fax (022) 2667224
- **Zambia High Commission**
Ecke Ohio Street/Sokoine Drive, Tel. (022) 2118481-2, Fax (022) 2112977
- **Malawi High Commission**
Ecke Ohio Street/Sokoine Drive, Tel. (022) 211323840, Fax (022) 2113360
- **Mozambique Embassy**
25, Garden Avenue, Tel. (022) 2116502
- **Rwanda Embassy**
32, A.H. Mwinyi Road, Tel. (022) 2130119, Fax (022) 2115888
- **Burundi Embassy**
Plot Nr. 1007, Lugalo Road/Upanga, Tel. 0713-341777, (022) 2121499
- **Embassy of the Democratic Kongo**
438, Malik Road, Tel. (022) 2150282
- **Vertretung der EU**
50, Mirambo Street, Tel. (022) 2117473-6, Fax (022) 2113277
- **GTZ**
Bibi Titi Mohammed Road, Tel. (022) 2115901 und 2115930 (GTZ, Ivory Room, Tel. (022) 2866065), Internet: www.gtz.de/Tansania
- **UNESCO**
Comtech Building, Old Bagamoyo Road, Tel. (022) 2775706, Fax (022) 2775705

- **UNICEF**
Bibi Titi Mohammed Rd,
Tel. (022) 2150741-5, Fax (022) 2151593,
E-Mail: dar-es-salaam@unicef.org
- **UNHCR**
18, Kalenga Road (nahe MMC),
Tel. (022) 2150075, Fax (022) 2152817
- **World Bank**
50, Mirambo Street, Tel. (022) 2114575-7,
Fax (022) 2113039
- **WWF**
Plot No. 350, Regent Estate, Mikocheni
- **IMF**
International House, Garden Avenue/
Shaaban Robert Street, Tel. (022) 2112383,
2113971, 2115880

Banken und Geldwechsel

Öffnungszeiten: Mo bis Fr 8.30–12.30 Uhr, 14–16.30 Uhr.

- **National Bank of Commerce**
Azikiwe Street, Tel. (022) 2112082, 2112888
- **Barclays Bank**
Ohio Street, TDFL-Building oder am Slipway, Msasani Peninsula, Tel. (022) 2129381
- **Stanbic Bank**
Ecke Ohio Street, Sokoine Drive,
Tel. (022) 2122195-200
- **Standard Chartered**
Sukari House, Sokoine Drive,
Tel. (022) 2122160
- **Tanzania Postal Bank**
Extelcoms Building (Ground Floor),
Samora Avenue, Tel. (022) 2115258-9
- **Eurafrican Bank**
NDL Dev. House Kivukoni, Ohio Street,
Tel. (022) 2111229
- **Delphis Bank**
Samora Machel Avenue, Tel. (022) 2117609

Mehrere **Forex-Büros** zum Geldumtausch befinden sich im Zentrum an der Samora Avenue, an der Jamhuri Street sowie an der India Street. Mit Visa-Card und Mastercard können Sie bei Coastal Travel in der Upanga Road Bargeld abheben (bis 500 $). Die Gebühren betragen 7%.

Bargeldversorgung über ATM-Automaten

Mit VISA-Karte und Mastercard können bis zu 400.000 TSh an folgenden bewachten Automaten abgehoben werden:
- **Flughafen, NBC Bank**
- **Barclays Bank**
Im TDFL-Gebäude an der Ohio Street gegenüber dem Royal Palm Hotel.
- **Barclays Bank** im Slipway.
- **Standard Chartered Bank**
Ecke Garden Avenue/Shaban Robert Street.
- **Standard Chartered Bank**
Im Shopper's Plaza, Old Bagamoyo Road.
- Mit Sparcard bei der **Tanzania Postal Bank.**
- Mit der **Maestro-/EC-Karte** lässt sich Geld an den ATM-Automaten der **Barclays Bank** ziehen.

Postamt/Telefon

- Das **Main Post Office** ist an der Azikiwe Street und hat Mo bis Fr von 8–16.30 und Sa von 8–12 Uhr geöffnet. Weitere Postämter finden sich am Sokoine Drive, an der Libya Street und am Kariakoo-Markt.
- Ein **DHL-Expressbüro** befindet sich im T.M. Building an der Upanga Road. Ein **UPS-Servicebüro** ist in der Shaaban Robert Street, gegenüber vom Museum.
- Es besteht eine **internationale Telefon-/Faxmöglichkeit** vom Extelcoms Building (Erdgeschoss) an der Samora Machel Avenue. An der gleichen Straße sowie entlang der Morogoro Road bieten verschiedene private Telephone-Offices Gespräche ins Ausland an (beispielsweise Deutschland für 3000 TSh die Minute).

Offiziell eigentlich verboten, bieten dennoch einige Internet-Cafés Ferngespräche über das Internet an (500 TSh pro Minute).

Internet-Cafés

Diese Einrichtungen schießen wie Pilze aus dem Boden. In der Innenstadt hat besonders die geschäftstüchtige indische Jugend die

Ehem. Kaiserliches Gerichtsamt

Gunst der Stunde genutzt und bietet Reisenden den **"communication with home-service"**. Für guten Service und schnelle Kommunikation stehen das **Cybernet Café** in der Jamhuri Street, Raha Towers (2. Stock), Ecke Maktaba/Bibi Titi Street, **RCL** an der Kisutu Street und das **Web Centre** an der Zanaki Street. Sie müssen wahrscheinlich nicht lange suchen, da ständig in jeder Straße ein neues Internet-Café aufmacht ... Das große Angebot drückt auch den Preis, eine Stunde im Netz ist schon für 500 TSh zu haben.

Visum-Verlängerung

Eine Visum-Verlängerung wird im **Immigration-Building** (Eingang rechts um die Ecke) an der Ghana Avenue (zu Visa-Bestimmungen/-Verlängerungen vgl. „An-, Ein- und Weiterreise") ausgestellt.

Reisebüros/ Safari-Unternehmen

In Dar es Salaam lassen sich Safaris zu den südlicheren Nationalparks organisieren. Die Unternehmen sind jedoch kaum mit denen in Arusha vergleichbar, die Safari-Betreuung vor Ort übernehmen meist die jeweiligen Lodges und Camps im Selous Game Reserve und im Ruaha National Park. Problemlos zu organisieren, da relativ schnell zu erreichen (3 Std. Fahrzeit) und ohne großen Ausrüstungsaufwand durchzuführen, ist der Ausflug in den Mikumi National Park. Weitere Ausflugsziele sind Bagamoyo, Mafia Island, Saadani usw. Viele der Reisebüros in Dar es Salaam bieten guten Service, Flüge und Hotels werden zuverlässig gebucht. Im Falle von Safaris sollten Sie jedoch nachfragen, mit welchem Unternehmen jeweils vor Ort zusammengearbeitet wird und ggfs. Preise und Leistungen miteinander vergleichen.

● **Selous Safari Company (SSC)**
Tel. (022) 2134802, Fax (022) 2112794, Internet: www.selous.com, Büro im D.T.-Dobie-Gebäude an der Nkrumah Street. Das Unternehmen für den upmarket-Kunden. Die Firma SSC betreibt die drei luxuriösen Camps Ras Kutani (Südküste von Dar), Jongumeru (Ruaha National Park) und das Selous Safari Camp im Selous Game Reserve. Alle Unterkünfte sind sehr empfehlenswert, jeweils komplett mit Programmen/Safaris (siehe Einzelheiten bei den jeweiligen Camps). SSC arrangiert alle Verbindungen mit dem Flugzeug und kombiniert seine Produkte mit weiteren Sehenswürdigkeiten/Reisezielen. Wer wert auf exzellenten und reibungslosen Service legt, bekommt hier Gutes geboten, allerdings zu hohen Preisen.

● **Coastal Travel**
Upanga Road, P.O. Box 3052, Tel. (022) 2117959, Fax (022) 2118647. Das gut organisierte Reisebüro tätigt Buchungen aller Art und im ganzen Land. Safaris im Norden werden mit der eher durchschnittlichen, aber effektiv arbeitenden Firma Bobby Tours veranstaltet. Coastal Travel ist ein Teilprodukt der gleichnamigen privaten nationalen Fluggesellschaft, welche vor allem sämtliche Destinationen entlang der Küste anfliegt (in Verbindung mit Arusha, dem Selous oder Ruaha). E-Mail: Coastal@twiga.com

● **Walji Travels**
Indira Gandhi/Zanaki Street, Tel. (022) 2110321. Reisebüro für Buchungen von Hotels, Flügen, Fähren usw.
E-Mail: waljis@raha.com,
Internet: www.waljistravel.com

● **Hakuna Matata Travels**
Tel. (022) 2700230-1, Fax (022) 2700229. The Arcade, Old Bagamoyo Road. Ebenfalls Buchungen aller Art.
E-Mail: hakunamatata@raha.com

● **Eurotan Safaris Ltd.**
City House, 1. Stock, Mansfield Street (neben dem Café Mac's Patisserie); Tel./Fax (022) 2132976, E-Mail: safarimaniacs@yahoo.com. Kleines Unternehmen mit sehr freundschaftlicher Verbindung zu Deutschland. Organisiert Touren in die Parks Mikumi, Udzungwa; Kilimanjaro-Besteigungen (werden weitergeleitet) und andere Safaris im Norden können ebenfalls durch die sehr hilfsbereiten Mitarbeiter von Eurotan organisiert werden.

● **Savannah Tours**
Sheraton/Kilimanjaro Hotel, Tel. (022) 2114339, Fax (022) 2113748. Verfügt über

gute Land Rover; die Touren zu den Parks sind je nach Wunsch zusammenstellbar, jedoch nicht ganz preiswert.
E-Mail: savtour@twiga.com
●**Afri Roots**
Internet: www.afriroots.co.tz. Junges Unternehmen (seit 2004), geleitet von *Mejah* und *Tende*, die vielfältige Touren (Safaris, Jeep-, Wander-, Mountainbike-Touren usw.) sehr gut planen, organisieren und durchführen.

Einkaufen

●**Bücher- und Zeitschriftenstände** befinden sich in der Samora Avenue, die beste Buchhandlung mit Reiselektüre und Bildbänden im Slipway-Komplex (Msasani Peninsula).
●**Topografische Karten** von ganz Tansania im Maßstab 1:50.000 bekommen Sie im Map Department an der Ecke Luthuli Road/Kivukoni Front. Sie sind jedoch zum Großteil ziemlich veraltet.
●Die bekannten **Einkaufszentren** Dar es Salaams sind das Arcade und das Shopper's Plaza, beide an der Old Bagamoyo Road. Im Shopper's Plaza befinden sich der gut sortierte, jedoch teure Shopper's Supermarket, das professionelle Fotolabor Q-Lab, ein Optiker, eine Bäckerei, ein Sportgeschäft, eine Standard Chartered Bank mit ATM-Automaten.
●Eine andere gute Shopping-Adresse ist das **Slipway.** Hier liegen der bestsortierte Buchladen der Stadt, ein guter T-Shirt-Shop mit tansanischen Themen, ein Score-Supermarkt, ein guter Metzger (auch Leberkäse!), eine hervorragende Eisdiele sowie eine Reihe von Restaurants.
●Die Einkaufsläden bei den **Morogoro Stores** sind nicht ganz so modern, bieten aber auch eine gute Auswahl. Zu empfehlen ist hier der kleine Laden Mum's Kitchen, in dem Produkte aus den Usambara-Bergen verkauft werden (Kaffee, Marmelade, Brot und Müsli von der Irente Farm, Macadamia-Öl und Wein von der Benedektiner-Mission Sakarani, Käse von den Montessori-Bauern und der edle Mzinga-Honig aus dem fernen Kasulu an der Burundi-Grenze).
●Die einfachen Verkaufsläden am **Msasani Shopping Centre** (bekannter unter dem Namen „Namanga-Shops") führen alle denkbaren importierten Lebensmittel aus der westlichen Konsumwelt. Die Waren sind jedoch sehr teuer!
●**Duka la Melela Bustani**
Wer Appetit auf heimische Kost hat, ist hier genau richtig. Auf einer von Deutschen geleiteten Großfarm westlich von Morogoro bietet diese Metzgerei Produkte aus farmeigener Herstellung. Eine deutschsprachige Bedienung serviert von Frankfurtern und Leberkäse bis hin zu Käsesorten alles, was so manch deutsches Herz immer und überall begehrt. Zudem kann man sich für die Safari mit Feta, Tilsitter, Papaya-Marmelade und vielem mehr eindecken – Kühlbox vorausgesetzt! Mo bis Fr 10–18 Uhr, Sa bis 14.30 Uhr, So geschlossen.
●**épid'or**
Samora Avenue (neben dem Twiga House). Französische Bäckerei; Baguettes und diverse Brotsorten täglich frisch. So geschlossen, sonst geöffnet zwischen 7 und 19.30 Uhr. Empfehlenswert!
●Große **Shoprite-Supermärkte** gibt es an der Nyerere Road (nahe Scandinavia-Busstand) sowie im Stadtzentrum an der Samora Avenue.

Souvenirs

●**Makonde-Souvenirs** und **Tinga-Tinga-Malereien** können Sie am besten beim Mwenge Crafts Village erstehen, in der Karibu Arts Gallery, bei der Handwerksschule Nyumba ya Sanaa und bei den Morogoro Stores (s.a. Stadtbesichtigung). Tinga-Tinga-Malereien sowie Ebenholzfiguren sind auch in Msasani zwischen dem Karibu Hotel und der Q-Bar erhältlich, Korbwaren an der Ecke Selassie/New Bagamoyo Road.
●**Souvenirs aus der Zeit Deutsch-Ostafrikas** bekommen Sie im Foyer des Kilimanjaro Hotel. Alte kaiserliche Geldnoten, Heller-Münzen, Postkarten, Briefmarken usw. verkauft dort seit Jahren ein Mann namens *Lalji Ramji*.
●**Stoffe und Tücher,** wie Kangas, Kitenges und Batiken, können in verschiedenen kleinen Läden im Bereich der India Street erworben werden.

Bibliothek

●**Tanganyika Library**
Bibi Titi Mohammed Road, Öffnungszeiten: Mo bis Fr 9–18 Uhr.
●Zu erwähnen ist die große **Zentralbibliothek der University of Dar es Salaam,** mit unschätzbaren Erst- und Früheditionen von Forscher- und Kolonialliteratur, in englischer und auch deutscher Sprache.

Kirche

In der **Azania Lutheran Church** und in der **St. Joseph's Church,** beides Gotteshäuser aus deutscher Kolonialzeit, werden an Sonntagen englischsprachige Gottesdienste abgehalten: morgens in der Kathedrale und um 17.30 in der Azania Church. Einmal im Monat hält Pastor *Neumann* einen **deutschsprachigen Gottesdienst** in einem Anbau hinter der evangelischen Kirche ab.

Baden

Schwimmbäder/Vergnügungsbäder

Bei temporären Mitgliedschaften besteht die Möglichkeit, in den Schwimmbecken der Stadthotels Golden Tulip, Holiday Inn und Royal Palm seine Runden zu drehen.

Water World

An der Jangwani Beach befindet sich dieser **Wasser-Vergnügungspark,** der besonders unter Indern beliebt ist. Für Kinder mit Lust auf große Wasserrutschen ideal, an Wochenenden sehr voll!

Kunduchi Wet 'n' Wild

Ebenfalls große, verspielte Wasseranlage, beliebt am Wochenende, dann tobt hier Klein-Bombay. Viele lustige Wasserspiele und Rutschen.

Die Strände von Dar es Salaam und Umgebung

Eine **Tidenhub-Tabelle,** die Überblick verschafft, an welchen Tagen zu welcher Uhrzeit Ebbe und Flut herrschen, ist im monatlich erscheinenden **Informationsheft „Dar Guide"** abgedruckt. Das Heftchen liegt in Hotels und allen größeren Shops aus.

Nordstrände und Inseln

Der dem Stadtzentrum am nächsten gelegene Strand ist die **Oyster Bay,** leider ziemlich vermüllt. Dennoch rauschen hier die Palmen im Wind, und bei Flut lässt sich gut schwimmen. Die Coco Beach Bar sorgt für kalte Getränke.

Weitere schöne Strände bieten die **Hotels Silversands, Bahari Beach** und **Jangwani Seabreeze.** Hier kann man für eine geringe Tagesmitgliedschaft die bewachten Hotel-Beaches nutzen. Um nach Jangwani und Whitesands zu gelangen, fahren Sie über die New Bagamoyo Road stadtauswärts und biegen 14 km hinter der Selander Bridge rechts in eine Asphaltstraße (Schild „Club Oasis"). Bis zu den Stränden sind es dann noch 4 km.

Um nach Silversands und Bahari zu gelangen, bleibt man noch 2 km auf der Hauptstraße und folgt dann rechts den Ausschilderungen.

Einsame, sehr schöne und vor allem stadtnahe Strände befinden sich auf den Inseln Bongoyo und Mbudya, die als Marine Reserve unter Naturschutz stehen. Zur **Bongoyo Island** fährt täglich um 9, 11.30, 13.30 und 15.30 Uhr vom Slipway-Komplex das Dhau-Boot

M.V. Kusi ab. Zurück fährt das letzte Boot um 17 Uhr. Nehmen Sie sich etwas zu trinken und Schnorchel und Tauchermaske mit. Eine Eintrittsgebühr von 3000 TSh muss entrichtet werden. An der Nordwestseite der Insel, da wo auch angelegt wird, besteht auch die Möglichkeit, Getränke und einfache Fish & Chips-Mahlzeiten zu erwerben.

Die Strände der unbewohnten **Mbudya-Insel** werden von den Hotels White Sands und Jangwani je nach Anfrage angefahren.

Südstrände und Inseln

Zu den Südsträndern gelangt man am schnellsten mit der **Kivukoni-Fähre** (auch für Lkws), welche ständig den Pendel macht (ab 5 Uhr morgens bis 23 Uhr). Die Straße bis Ras Kimbiji ist in gutem Zustand, die ersten 7 km sind asphaltiert. Dalla Dallas verkehren im ständigen Pendel bis Gezaulole.

● **Mikadi Beach**

Tel. 0754-431090. 2 km hinter der Fähre folgt links der Abzweig zur Mikadi Beach. Die Anlage ist schön aufgebaut, zwischen Palmen und Mangroven. Auch sind Privat-Camper getrennt von den großen Overlander-Lkws untergebracht. Dennoch kann es hier laut werden, und am Wochenende strömen Tagesbesucher aus Dar herein. Die Küche mit Bush & Beach Bar ist rustikal und gemütlich, das Essen (Huhn mit Chips) einfach. Eine Cottage mit Toilette und Bad für 2 Personen kostet 20.000 TSh.

Knapp 7 km hinter der Fähre folgen die 100 m nacheinander liegenden Abzweige zum Barakuda Beach Resort (hier kann man getrost vorbeifahren) und zum **Bounty Beach Resort.** Dieses liegt sehr schön und ist idyllisch! Campen ist im Garten möglich, der Strand ist von Mangroven eingerahmt, eine zentrale Bar reicht einfache Fisch-und-Reis-Gerichte. Der Ort wird nur von wenigen aufgesucht.

Die schräg gegenüber liegende kleine Insel Kendwa kann mit Fischerbooten von Mikadi oder Kipepeo (s.u.) aus besucht werden. Eine kleine Sandbucht und dichte Vegetation mit majestätischen Baobab-Bäumen laden zu Erkundungen ein.

● **Mjimwema Beach**

7,5 km hinter der Fähre zweigt links eine Piste ab zur **Kipepeo Campsite** (Internet: www.kipepeocamp.com, Tel. 0754-276178/326000) an der Mjimwema Beach, die uneingeschränkt empfohlen werden kann: gemischtes Publikum, nette Bar, einfaches, gutes Essen, gute Musik und – toller Strand! Campen kostet 3000 TSh p.P., eine Banda 12.000 TSh.

Ein paar hundert Meter hinter Kipepeo liegt **Gendayeka Beach Village** mit überdachten Zeltbandas und Campingmöglichkeiten – nicht ganz so gut organisiert wie Kipepeo.

Für unabhängige Camper folgt noch ein Stück weiter in südlicher Richtung der lange **Strandabschnitt von Mohammed Enterprises.** Hier befinden sich einfache Konstruktionen aus Palmenholz und -blättern als Schattenspender.

STRÄNDE

Auf der Hauptstraße folgt direkt hinter dem Kipepeo-Abzweig (in einer Rechtskurve), die geradeaus weiterführende Piste zu den Stränden von **Ras Bamba** und **Ras Kutani.** Hier ist nach 9 km das ausgeschilderte, auf der rechten Straßenseite befindliche, Büro des Gezaulole Swahili Tourism Programme erreicht (mehr s.u.). Kurz danach geht in einer Rechtskurve geradeaus ein Weg ab in Richtung Akidas Garden (nichts Besonderes) und zu dem Fischerort Gezaulole (s.u.). Ausflüge mit Fischern auf ihren Dhaus zu den schönen Sinda Islands lassen sich über das Gezaulole Swahili Tourism Programme unternehmen.

Weiter auf der Hauptstraße geht es 1,6 km hinter dem Abzweig auf einem Weg (3 km) zur herrlich gelegenen **Kim Beach & Campsite:** tolle Campingwiesen mit Kasuarinen-Bäumen und Baobabs, sehr gepflegt; ruhig, nur für Selbstversorger, 1000 TSh p.P. und Tag).

Wer auf der Hauptstraße bleibt, erreicht nach weiteren 2,4 km den Weg zur **Ras Bamba Dege Beach,** welche an Einsamkeit kaum noch zu übertreffen ist.

Die Hauptstraße südwärts folgen nach 9,4 bzw. 11 km die Abzweige zum Ras Kutani Horse Club bzw. zu den luxuriösen Strandunterkünften Ras Kutani und Amani (s.o. „Unterkunft").

Neue Frisur gefällig ...?

Tauchen ist über das Unternehmen Indian Ocean Divers möglich, dessen Sitz beim Bahari Beach Hotel ist. Ein weiteres sehr professionelles Tauch-Unternehmen ist im Silversands Hotel.

Ausflüge und Aktivitäten

Bagamoyo und Kaole Ruins

Das klassische Ausflugsziel von Dar ist 1 Stunde Autofahrt entfernt. Bagamoyo, ehemals Hauptstadt Deutsch-Ostafrikas und Umschlagplatz für Sklaven aus dem Innern Afrikas auf dem Weg nach Sansibar, kann wunderbar an einem Tag besichtigt werden.

Von der Selander Bridge fährt man die New Bagamoyo Road stadtauswärts. Bis Bagamoyo sind es 62 km auf Asphalt. Busse fahren mehrmals täglich von Kariakoo für 1000 TSh.

Von Bagamoyo können Sie noch den Abstecher zu den Kaole-Ruinen machen (siehe bei Bagamoyo).

Pugu Hills, Kazimzumbwi und Ruvu South Forest Reserves

Südwestlich von Dar es Salaam liegt bei Kisarawe ein letzter **Rest eines küstennahen Urwaldes.** Die aneinander grenzenden Forstreservate Pugu (auch Pugu Hills) und Kazimzumbwi sind etwa 70 km² groß und beherbergen noch letzte saisonale Bestände von Elefanten, Büffeln und sogar Löwen und Leoparden. Noch wildreicher wird es im Ruvu South Reserve, hier sind Elefanten des öfteren zu sehen. Allerdings gibt es nur ein spärliches Wegenetz für Fahrzeuge, und zu Fuß sollte man nur in sachkundiger Begleitung gehen.

Die Wälder gehören zum kümmerlichen Rest eines großen Urwaldes entlang der gesamten Ostküste Afrikas. Ihre Biodiversität mit über 120 Baumarten und mindestens ebenso vielen Vogelarten ist bemerkenswert. Der Schutzstatus der Wälder als nationale Forstreservate täuscht nicht darüber hinweg, dass die illegale Abholzung für Baumaterial und Holzkohlegewinnung kaum zu kontrollieren ist.

Für Besucher der Wälder, besonders für residents aus Dar, bieten die Pugu Hills eine kleines Wegenetz für Spaziergänge in schattigen Urwäldern und das bescheidene **Pugu Hills Resort** (www.puguhills.com) an Wochenenden und Feiertagen Campingmöglichkeiten und Verpflegung. Tagesbesucher zahlen 1000 TSh, dann lässt sich auch der Pool mitbenutzen. Über die Betreiber des Resort können Guides für Urwald-Spaziergänge organisiert werden.

Anfahrt: Kurz vor dem Ort Kisarawe (13,5 km ab Flughafen) zweigt man rechts bei einer Tankstelle ab und folgt der Ausschilderung. Die Eintrittsgebühr für das Reservat beträgt 3000 TSh. Auch mit dem Dalla Dalla von Kariakoo aus zu erreichen. Die letzten 2 km müssen jedoch zu Fuß gegangen werden.

Gezaulole
(Swahili Cultural Tourism)

In Verbindung mit dem Cultural Tourism Programme (SNV, vgl. bei Arusha) kann dieses 15 km südlich von Dar gelegene Dorf besucht werden, das auch als Mboamaji bekannt ist, aus der Zeit, als hier im 19. Jh. Araber mit Sklaven und Elfenbein handelten. Besucher erle-

AUSFLÜGE UND AKTIVITÄTEN

ben den Alltag eines typischen Küstendorfes. Aus dem Dorf ausgesuchte Führer zeigen Ihnen das Leben der Zaramo sowie historische Sehenswürdigkeiten (Gräber, eine kleine, 400 Jahre alte Moschee usw.).

Überqueren Sie mit der Kigamboni-Fähre die Bucht von Dar es Salaam, folgen Sie der Asphaltstraße 15 km, bis in einem Dorf vor einer Rechtskurve eine Piste geradeaus weiterführt. 500 m weiter folgt ein Schild „Akida's Garden", hier werden Sie von einem Besuchs-Koordinator empfangen. Dalla Dallas fahren ständig die Strecke. Eine Village development fee und eine Guiding fee sind zu entrichten (5000 TSh p.P.). Für geringe Beträge können traditionelle Gerichte bei Dorffamilien gekostet werden. Wichtig: Den Weg nach Gezaulole nur nach bestätigter Voranmeldung machen, sonst kann es passieren, dass Sie hier niemanden antreffen!

●Tel. (022) 2112518, E-Mail:
west@africaonline.co.tz, akida@yahoo.com

Reiten – Ras Kutani Horse Club

Etwa 30 km südlich von Dar es Salaam, an der **Amani Gomvu Beach**, lassen sich Reitausflüge unternehmen. Der von der sympathischen Deutschen *Josephine Siarra* geleitete Horse Club bietet Individualisten und Gruppen diverse Möglichkeiten, z.B. den herrlichen Strand entlanggaloppieren oder durch das flache, grüne Küstenvorland auf Erkundung gehen. Auch Anfänger können an Reitkursen mit individueller Betreuung teilnehmen. Der Horse Club bietet derzeit keine festen Unterkunfts-

und Verpflegungsmöglichkeiten, am Strand lässt sich jedoch wunderbar campen. Zelte können gemietet werden. Auch längere Aufenthalte sind möglich, für Selbstversorger jederzeit (Duschen vorhanden). Unterkunft und vorzügliche Verpflegung können nach einer Vorlaufzeit von 1–2 Tagen bereitgestellt werden. Große Zelte mit separaten Schlafkabinen werden dann errichtet, das Essen wird von *Josephine* auf der Terrasse serviert. Der Preis liegt bei 100 $ p.P./Tag (Vollpension, inkl. aller Reitaktivitäten); ab Vierergruppen Discount. Wer nur Reiten in Anspruch nehmen möchte, zahlt pro halber Stunde 10.000 TSh.

Anfahrt: Selbstfahrer nehmen die Kigamboni-Fähre in Richtung Südstrand und folgen der Asphaltstraße gen Süden. Nach 7 km kommt in einer Rechtskurve ein geradeaus weiterführender Abzweig (Piste); den nehmen. 22,4 km weiter auf akzeptabler Straße in Richtung Ras Kimbiji folgt linker Hand der Abzweig zum Horse Club (ausgeschildert). Auf einem Sandweg sind es dann noch 5 km. Auf dem letzten Stück verkehren keine Dalla Dallas.

●Wer kein eigenes Transportmittel hat, wendet sich an das Büro in der Stadt (nur telefonisch oder über E-Mail). Zu kontaktieren ist **Mr. Alphons Siarra:** Tel. (022) 2668678/ 2667161, E-Mail: josiarra@africaonline.co.tz.

Wami River im Saadani National Park

Stone Town von Sansibar

An einem Wochenende gut zu besuchen ist die Stone Town von Sansibar (durch die Gassen schlendern, nette Restaurants aufsuchen, Kleinigkeiten bei den abendlichen Garküchen probieren und evtl. an einer Spice Tour teilnehmen). Die Strände an der Südküste von Dar es Salaam sind übrigens ebenso gut wie auf den Inseln Sansibars. Morgens ab 8 Uhr starten die ersten Flüge zur Insel, gegen 17 Uhr geht es wieder zurück (z.B mit Precision Air).

Saadani National Park

Das von Dar es Salaam am schnellsten zu erreichende Wildschutzgebiet ist der Saadani-Park 110 km im Nordwesten. Anfang 2007 war vom Bau einer Brücke die Rede, um den Wami River, die Südgrenze des Parks, zu überqueren. Die Strecke von Dar führt über Bagamoyo (70 km, asphaltiert) in Richtung Msata. Die Überquerung des Ruvu erfolgt bereits auf einer Brücke. Von Bagamoyo sind es 14 km bis zum Abzweig nach Norden, von da weitere 26 km bis zum Wami River.

Mikumi und Udzungwa National Parks

Über das Wochenende sind diese beiden sehr unterschiedlichen Nationalparks gut über den Tan-Zam-Highway zu erreichen. Bei Trockenheit reicht auch ein normaler Pkw (mehr siehe bei den entsprechenden Parks).

Südliche Swahili-Küste und Selous Game Reserve

Highlights und Tipps

- Unterwegs im
  Selous Game Reserve, S. 495
- Kilwa – arabisches Sultanat
  und kaiserliche
  Erinnerungen in Ruinen, S. 503
- Mikindani – ein Swahili-Ort
  ohne Hektik, S. 519
- Einsame Strände im
  Ruvuma Estuary Marine Park, S. 529
- The Old Boma – ein Hotel
  im Glanz vergangener Zeiten, S. 520

Südlich von Dar es Salaam erstreckt sich bis zum großen **Ruvuma-Strom,** der die Grenze zu Mosambik markiert, ein Gebiet etwa so groß wie die ehemalige DDR, das zu den unwegsamsten und am wenigsten besuchten in Tansania zählt. Mit einer **durchschnittlichen Höhe von 100–500 m** liegt dieser Teil Tansanias deutlich tiefer als der Rest des Landes. Lediglich im Süden ragen das **Makonde-Plateau** und zahlreiche imposante Inselberge bis zu 1000 m aus der überwiegend flachen Ebene, die größtenteils mit Miombo-Wald bestanden ist.

Während im gesamten Küstenvorland und im Bereich des Makonde-Plateaus noch zahlreiche **Volksgruppen** wie die Ndereko, Mwera, Machinga, Makonde und Yao ihren Lebensraum haben, stellt die sich landeinwärts anschließende Region eine riesige, unberührte Wildnis dar. Hier befindet sich **Afrikas größtes Wildschutzgebiet,** das **Selous Game Reserve.** Mit einer maximalen Nord-Süd- und West-Ost-Ausdehnung von etwa 300 km bildet der größtenteils bewaldete Selous ein gewaltiges Ökosystem mit einer bemerkenswerten Tierwelt, deren Vielfalt und Größe mit der der Serengeti vergleichbar ist. Für Besucher ist nur der Zipfel nördlich des insel- und seenreichen **Rufiji River** zugänglich, eine raue und wasserreiche Wildnis, vergleichbar dem Okavango-Delta in Botswana.

Die **Mündung des Rufiji River** in den Indischen Ozean gegenüber der Insel Mafia bildet das **größte Flussdelta an der gesamten Küste Ostafrikas.** Im 1. Weltkrieg fand hier der deutsche Kreuzer „Königsberg" Schutz vor der britischen Flotte, bis diese schließlich das Schiff entdeckte und versenkte. Es kam auf einer Sandbank zu liegen, und noch bis vor wenigen Jahren ragte bei Ebbe ein Teil der Königsberg aus dem Wasser und war das Wahrzeichen des riesigen Rufiji-Deltas. Diese Gegend ist äußerst schwierig zu erreichen, derzeit bietet noch kein Safariveranstalter Touren in das von Sümpfen, Mangroven und Mücken gekennzeichnete Gebiet an.

Weiter südlich an der Küste befindet sich die **geschichtsträchtige Halbinsel Kilwa** mit ihren **vorgelagerten Inseln Kilwa Kisiwani** und **Songo Mnara,** welche zwischen dem 12. und 15. Jahrhundert den bedeutendsten Handelsort an der gesamten Südostküste des Kontinents bildeten. Von dem einst prachtvoll angelegten Stadtstaat, der mit einem frühmittelalterlichen Venedig Ostafrikas verglichen wird, sind heute nur noch große Ruinen und Grabstätten übrig. Der auf der Halbinsel gelegene Ort **Kilwa Kivinje** ist ebenfalls von historischer Bedeutung. Hier endeten und starteten Sklaven- und Karawanenzüge ins Innere Afrikas, viele Swahili-Bauten und Gassen geben noch Hinweis auf diese arabisch-omanische Handelszeit. Später diente der Ort als eine Bezirkshauptstadt von Deutsch-Ostafrika. Einige heruntergekommene Bauten sind letzte Zeugen der kaiserlichen Zeit in Tansania.

Kilwa ist für Gechichtsinteressierte in jedem Fall einen Besuch wert und bietet zudem eine schöne Küstenlandschaft, die sich durch viele kleine Buchten und Inseln mit dichten Mangroven und einigen Sandstränden auszeichnet. Die schlechte Piste hierher verlangt jedoch gutes Sitzfleisch, eine Busfahrt von Dar es Salaam dauert ungefähr neun Stunden.

Nahe der Grenze zu Mosambik liegen die wenig besuchten **Küstenstädte Lindi** und **Mtwara.** Während das nördlichere Lindi an einer lang gezogenen Bucht mit schönen Sandstränden liegt und das Stadtbild durch heruntergekommene Gebäude aus deutscher Kolonialzeit und indische Kleingeschäfte geprägt ist, bietet das weitläufige, künstlich angelegte Mtwara nur wenig Sehenswertes für den Besucher. Dafür ist das unweit gelegene **Mikindani,** ein ehemaliger Sklavenverschiffungsort, hervorzuheben: Die Lage an einer Mangroven-Bucht, Bauten aus kaiserlicher Kolonialzeit und der Charme eines alten Swahili-Handelsortes sorgen für ein reizvolles Flair.

Landeinwärts von Lindi und Mtwara erhebt sich das **dicht besiedelte Makonde-Plateau,** Lebensraum des gleichnamigen und für seine einzigartigen Holzschnitzereien bekannten Volkes. Nördlich des Plateaus liegt die **Tunduguru-Ausgrabungsstätte** – hier wurde eines der größten Dinosaurierskelette überhaupt gefunden.

Der **längste Strom Ostafrikas,** der **Ruvuma River,** der nahe des Nyasa-Sees bei Songea entspringt, bildet fast über seine gesamte Länge die Grenze zu Mosambik. Nachdem der Bürgerkrieg dort sein Ende gefunden hat, ist es wieder möglich, bis zum Ruvuma zu reisen, ohne als möglicher Spion festgehalten zu werden. Dennoch herrscht hier kein geregelter Grenzverkehr, Brücken oder Autofähren sind erst in der Planung.

Der äußerste Süden ist eine der ärmsten Regionen des Landes, mit einer noch wenig entwickelten Infrastruktur. Die weit abgelegenen Orte Liwale, Newala und Tunduru werden nur wenig von der Regierung gefördert und sind auch für den Reisenden von geringem Interesse.

Der derzeitige tansanische Präsident *Mkapa,* dessen Heimatort Masasi am Fuße des Makonde-Plateaus liegt, hat sich für seine Amtszeit vorgenommen, den entlegenen Südosten an den Rest der Nation durch eine über 500 km lange Asphaltstraße anzubinden. Einige Abschnitte haben bereits eine Asphaltdecke, und auch ist es dem Präsidenten gelungen, die Brücke über den Rufiji fertig stellen zu lassen.

Eine Busreise nach Kilwa oder noch weiter südlich ist beschwerlich, die Qualität der Unterkünfte ist vielerorts auch eher bescheiden. Die Alternative zu den langen Fahrstrecken ist, in das Selous Game Reserve oder nach Kilwa und Lindi zu fliegen oder mit einem der unregelmäßig verkehrenden Schiffe über den Seeweg von Dar es Salaam nach Mtwara zu reisen (siehe bei Dar es Salaam).

Selous Game Reserve
⇗ **XVI/XVII**

Das Reservat

Das Selous Game Reserve (französisch ausgesprochen), 1982 von der **UNESCO** zu einem Teil des **Weltnaturerbes** erklärt, ist mit etwa **52.000 km²** das **größte Wildschutzgebiet Afrikas.** Zusammen mit dem nördlich der Ta-Za-Ra-Eisenbahn angrenzenden Mikumi National Park, dem westlichen Udzungwa National Park und der Game Controlled Area der Kilombero-Ebene bildet der Selous ein gigantisches zusammenhängendes Ökosystem, dass eine Fläche so groß wie Österreich einnimmt.

Dass so ein riesiges Gebiet vom Menschen verschont geblieben ist und sich hier eine Insel natürlichen Afrikas bewahrt hat, ist u.a. der **Tsetse-Fliege** zu „verdanken". Die insbesondere im südlichen Selous vorkommende Fliegenart überträgt auf den Menschen die Schlafkrankheit und auf Rinder die tödliche Nagana-Seuche. Die Wahrscheinlichkeit, im Foto-Sektor (s.u.) eine **Schlafkrankheit** zu bekommen, ist äußerst gering; für Besucher besteht **kein Grund zur Besorgnis.**

Lange Zeit war der Selous nur ein Ziel für Besucher mit gut gefülltem Geldbeutel. Einfache Unterkünfte außerhalb der Reservatsgrenzen machen nun auch kostengünstigere Aufenthalte im Selous möglich.

Ausgangsort für einen Besuch des Selous ist Dar es Salaam. Das Reserve kann **mit dem Geländewagen,** auf Fußmärschen **in Begleitung bewaffneter**

Ranger (**Walking-Safaris**) oder mit dem **Motorboot** erkundet werden. Besonders die Möglichkeit, den Selous auf **Wanderungen** zu erkunden, lässt einen „eins werden" mit der heißen, rauen afrikanischen Natur und deren Tierwelt. Die **Bootsfahrten in dem Labyrinth von Flussarmen und Seen** garantieren abenteuerliche Erlebnisse zwischen Flusspferden und Krokodilen. Der Selous bietet diesbezüglich **keine vorgegaukelte Safari-Atmosphäre:** Keine künstlichen Wasserlöcher an Lodgeterrassen und auch keine Flut von Minibussen, wie etwa in kenianischen Nationalparks, verfälschen hier den Eindruck einer wahrhaft unberührten afrikanischen Natur. Nichts hat sich verändert, seit *Burton* und *Speke* 1857 den Norden des heutigen Selous durchwanderten, auf der Suche nach den mysteriösen Nilquellen im Herzen Ostafrikas – zeit- und endlos präsentiert sich der Selous, Afrikas größte geschützte Wildnis als Teil des Weltnaturerbes.

Der Foto-Sektor

Da der Selous den Status eines Game Reserve hat, ist hier im Gegensatz zu den nördlichen Nationalparks auch die **professionelle Großwildjagd** erlaubt. Für Besucher mit fotografischen Ambitionen ist daher nur das **jagdfreie Gebiet nördlich des Great Ruaha und Rufiji River** zugänglich. Dieser Teil wird meist **Northern** oder **Photographic Sector** genannt. Geplant ist, auch einen Teil, der südlich an den Rufiji angrenzt, zur Nicht-Jagd-Zone zu erklären und für den Tourismus freizugeben.

Das **Herz des Selous Game Reserve** bildet – ab dem Zusammenfluss des Ulanga- und Luwegu-Flusses – **der große Rufiji-Strom.** Nach der Einmündung des Great Ruaha River aus dem gleichnamigen Nationalpark zwängt sich der wasserreiche Rufiji durch eine etwa 8 km lange Schlucht, die **Stieglers Gorge** genannt wird. Hier hat sich der mächtige Strom in Tausenden von Jahren einen 100 m breiten und tiefen Weg durch Granit-Gestein gefräßt. In diesem markantesten Teil des Selous stürzt der Rujiji über die drei großen **Stromschnellen Pangani Rapids, Conman's Foil** und **Ropeway Rapids** einige Meter hinunter, bevor er die flachen Ebenen des Küstenvorlandes durchfließt und in der Regenzeit großflächig überschwemmt. Die Schlucht wurde nach dem deutschen Forscher *Stiegler* benannt, der in diesem Gebiet Anfang des letzten Jahrhunderts von einem Elefanten zu Tode getrampelt wurde.

Während das Gebiet entlang des Rufiji zwischen der Stieglers Gorge und dem östlichen Mtemere Entrance Gate auf ungefähr 70 m Höhe liegt, ragen im nördlicheren Teil der Reserve ein paar **Berge** aus der sonst nur leicht hügeligen Landschaft auf, etwa der 670 m hohe Mt. Beho Beho und der 754 m messende Mt. Nyamambi. Im fernen Süden des Selous erreichen kleinere Bergketten Höhen bis 1000 m.

Auf dem Fluss selber verkehren keine Schiffe, da der Rufiji in den letzten Jahrzehnten stellenweise sehr versandet ist und daher nur wenig Tiefgang aufweist. Die letzten Dampfschiffe, mit Längen bis zu 50 m, fuhren in den 1930er Jahren die Strecke zwischen Utete und dem Indischen Ozean.

Das Binnendelta der Rufiji-Seen

Der ab der Stieglers Gorge östliche Teil des Rufiji ist die **zentrale Attraktion des Selous,** hier befinden sich auch die noblen Safari-Camps. Nach der Schlucht verbreitert sich der Fluss zu einem **großen Binnendelta,** das aus zahlreichen Inseln, Sandbänken, Seen und Nebenflüssen besteht. Der Grund für diese scheinbar uferlose Ausdehnung ist eine Aufstauung der abfließenden Wassermassen aufgrund sehr geringem Fließgefälle und reichlich Akkumulation und Sedimentation von Erdmaterial, welches der Strom Jahr für Jahr tonnenweise anschwemmt. Bei einem Landeanflug lassen sich zahlreiche Sandflächen und -bänke aus der Luft betrachten. Hinzu kommt, dass der Rufiji-Strom im El-Niño-Jahr seinen Verlauf geändert hat. Diese Verlaufsänderung hat dem Binnendelta des Selous sein vorerst endgültiges Aussehen verliehen. Denn der nun in einem Bogen fließende **Rufiji verbindet die Seen Tagalala, Manze, Nzelakela, Siwandu und Mzizimia miteinander.** Verstärkt durch die dichte Ufervegetation und die Borassus-Palmen stellt dieses riesige Wasserlabyrinth eine undurchdringliche, ungezähmte und geheimnisvolle Wildnis dar. Landschaftlich ist dieser Teil des Selous ein in Ostafrika einzigartiges Gebiet, **vergleichbar mit dem Okavango-Delta in Botswana,** aber mit wesentlich geringeren Besucherzahlen und ei-

nem viel spärlicheren Wegenetz, so dass die Atmosphäre des Gebiets noch ursprünglicher ist – für mich persönlich ein letztes Stück „wildes Afrika".

Geschichte und Wildschutz

Das Selous Game Reserve ist eines der ältesten Wildschutzgebiete Afrikas. Hervorgegangen aus mehreren von der deutschen Kolonialverwaltung 1905 gegründeten Tierreservaten, wurde der Selous 1922 von der britischen Mandatsverwaltung errichtet. Bis zu dem Zeitpunkt (und unter älteren Menschen auch noch lange danach) war das Gebiet bei der einheimischen Bevölkerung als *Shamba la bibi* (Grundstück der Frau) bekannt: Es wird gesagt, dass Kaiser *Wilhelm* die hier entstandenen Tierreservate seiner Frau 1910 zum Hochzeitstag schenkte.

Während des 1. Weltkriegs war der nördliche Selous **Schauplatz von Gefechten** zwischen den alliierten Truppen des englischen Königreiches und dem letzten Rest der kaiserlichen Schutztruppe unter dem Kommando von General *von Lettow-Vorbeck.* Unterhalb der Beho Beho Lodge fand einer der tagelangen Stellungskriege statt. Noch heute sind hier die Schützengräben der Schutztruppe zu sehen, mit etwas Glück lässt sich sogar noch eine Patronenhülse finden. Am unteren Ende des so genannten Beho Beho Battlefield befindet sich das Grabmal von *Frederick C. Selous* (siehe Exkurs).

Anfang der **1980er Jahre** baute man Pisten in den Selous, denn es ging die Hoffnung um, im Park Ölfunde zu ma-

SELOUS GAME RESERVE

chen. Eingeleitet wurde damit auch das **Jahrzehnt der hemmungslosen Wilderei.** Rohöl wurde keines gefunden, doch das Wegenetz sorgte dafür, dass über 75.000 Elefanten und über 2500 Nashörner abgeschlachtet und abtransportiert werden konnten. 30.000 Elefanten und wahrscheinlich nur 40 Nashörner überlebten die langjährigen Massaker. Der Großteil des Elfenbein- und Nashorn-Schmuggels ging über den Norden Mosambiks, aber auch über tansanische Kanäle. Die Regierung reagierte erst spät und startete Ende der 1980er Jahre die **Offensive Uhai,** in deren Rahmen ganze Militäreinheiten im Süden des Selous stationiert wurden. Auf Initiative der GTZ (Gesellschaft für technische Zusammenarbeit), bezuschusst mit Millionenbeträgen aus Deutschland, wurde das langfristige Projekt der **Wildbewirtschaftung im Selous** ins Leben gerufen. Ziel war es, 41 Dorfgemeinden, die

Frederick Courteny Selous

Um die Jahrhundertwende war Frederick C. Selous ein unter Europäern gut bekannter und beliebter Engländer, der zwischen Ostafrika und Kapstadt Großwildjagden veranstaltete. 1908 hatte er sogar die Ehre, eine Trophäenjagd für den amerikanischen Präsidenten *Roosevelt* zu organisieren, da keiner den afrikanischen Busch und seine Gefahren besser kannte als der schon zu Lebzeiten Legendenstatus genießende Selous – ein britischer *Buffalo Bill* in Afrika. Selous diente dem Schriftsteller *Rider Haggard* als Vorbild für seinen Helden „Allan Quatermain" und dessen Abenteuer im Land König Salomons. Im rhodesischen Unabhängigkeitskampf wurde die Anti-Terroristen-Spezialeinheit der kolonialen Regierung „Selous Scouts" genannt.

Nach Ausbruch des 1. Weltkriegs meldete sich Selous im Alter von 63 Jahren bei den „British East African Forces" und kämpfte gegen die deutschen Truppen, bis er am 4. Januar 1917 am Beho Beho River in einem Gefecht mit *Lettow-Vorbeck* und seinen Truppen von einer Gewehrkugel tödlich getroffen wurde. So starb er in der rauen Wildnis, die immer sein Zuhause gewesen war. Sein Grab, zu dem auch eine Piste führt, liegt nahe des Beho Beho. Mit der Errichtung des großen Wildschutzgebietes nach dem Krieg lag nichts näher, als das Game Reserve nach dem beliebten Gentleman und Großwildjäger Frederick C. Selous zu benennen. Ein Name, den auch die junge tansanische Regierung nach der Unabhängigkeit nicht ändern wollte.

Selous Game Reserve

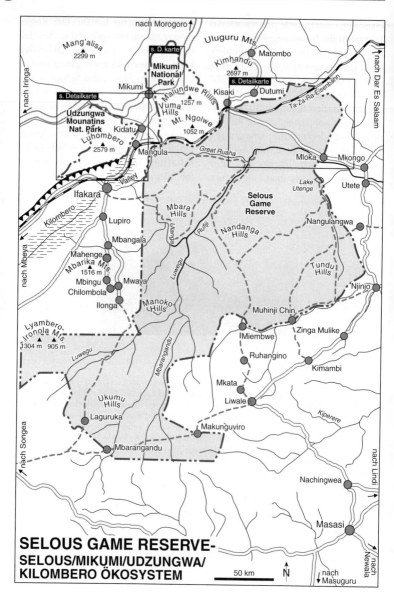

entlang der Reservatsgrenze liegen, mit in den Natur- bzw. Wildschutz einzubinden – eine unabdingbare Notwendigkeit, denn die überwiegend am Existenzminimum lebenden Bewohner waren und sind auf Fleisch als Nahrungsmittel angewiesen. Man gestand ihnen pro Jahr und je nach Tier feste Abschussquoten zu, mit der Auflage, das erlegte Wild – dessen Fleisch in Afrika mit Vorliebe verzehrt wird – nicht zu verkaufen. So sollte der Fleisch- und Fellhandel unterbunden und (Groß-) Händlern von außerhalb die Geschäftsbasis genommen werden. Die Vermittlung der handwerklichen und technischen Fähigkeiten zum Gerben der Felle sollte gefördert werden und allen Beteiligten in und um den Selous beruflichen und ökonomischen Nutzen bringen. Die Wilderei konnte mit diesem Programm zwar nicht vollständig beseitigt werden – dafür ist das Gebiet auch viel zu groß und unüberschaubar –, doch werden heute wieder positive Wachstumsraten bei verschiedenen Tierarten beobachtet und das Projekt insgesamt als erfolgreich bewertet.

Der südliche Teil des Selous ist in **hunting-blocks (Jagdblöcke)** aufgeteilt, in denen Jagdunternehmen mit ausländischer Kundschaft auf Trophäensuche gehen. Davon profitiert auch die Regierung, denn manch ausländischer Jäger zahlt bis zu 80.000 US$ für eine Jagdsafari. Im Durchschnitt schießen etwa 200 Jäger 2000 Tiere pro Jagdsaison (1. Juli bis 31. Dezember), was angesichts der Größe des Selous keinen nachhaltigen negativen Effekt auf die Tierbestände hat. Mit einem Teil

der Erlöse werden im unerschlossenen Süden des Landes Schulen und Kliniken gebaut und ausgerüstet sowie technische Hilfe finanziert. Die Einnahmen aus dem Trophäen-Tourismus übertreffen um das Fünffache die des Foto-Tourismus, weshalb die Jagd für die Unterhaltung des Selous Game Reserve und den Schutz seiner Tierwelt äußerst wichtig ist, da nur etwa 5000 Foto-Touristen das Reserve pro Jahr besuchen.

Pflanzenwelt

Etwa **drei Viertel des Selous** und weite Teile bis zu den südlichen Orten Songea, Tunduru und Liwale sind von dichten **Miombo-Trockenwäldern** bedeckt. Der Laub abwerfende Miombo-Baum wird durchschnittlich nur 15 m hoch, das Unterholz in den Wäldern besteht aus Gräsern und Buschwerk, in den wasserreichen Gebieten entlang des Rufiji River wächst auch vereinzelt Papyrus. Der Miombo-Wald ist an lange Trockenzeiten und nährstoffarme Böden angepasst und wird von der einheimischen Bevölkerung bzw. von Rangern innerhalb des Selous gebietsweise abgebrannt, bevor dies am Ende der Trockenzeit oft auf natürliche Weise durch die Sonneneinstrahlung passiert. Dieser Eingriff in den natürlichen Zyklus verhindert, dass nicht die gesamte Vegetationsdecke abbrennt und somit die Regenerationszeit der Pflanzen nicht zu lang wird. Bei vorherigem Abbrennen, wenn viele Pflanzen noch grünen, halten die Brände nicht so lange an, und Klein- und Großtiere bleiben größtenteils verschont und kehren nach kurzer

SELOUS GAME RESERVE

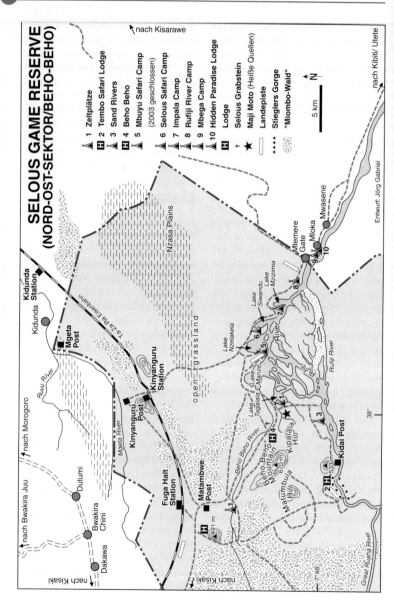

Zeit zurück. Dies ist vor allem für die Honigsammler aus den umliegenden Dörfern wichtig, da die Bienen auf diese Weise nicht für längere Zeit verscheucht werden.

Zu den vorherrschenden **Miombo-Baumarten** gehören der *Brachystegia* und der *Isoberlinia*. Nach der Regenzeit, von Juni bis August, zeigen sich die Miombobäume in ihrer ganzen Pracht. Während die Blätter wachsen, durchlaufen sie die unterschiedlichsten Farbstadien: Braun-, Rot-, Violett- und Gelbtöne folgen aufeinander, bis am Ende ein saftiges Grün erreicht ist.

Im nördlichen Foto-Tourismus-Sektor des Selous erstrecken sich gebietsweise Sumpf- und Graslandschaften, in denen Baumarten wie Affenbrotbäume (Baobab, vgl. Tarangire National Park) Schirm- und Flötenakazien, Ebenholzbäume und die für den Selous charakteristischen **Doum- und Borassus-Palmen** gedeihen. Letztere erreichen eine Höhe von knapp 30 m, der Stamm wird nach obenhin umfangreicher und die Baumkrone sieht aus wie ein buschiger Wedel. Die Borassus-Palme benötigt sehr viel Wasser. Hin und wieder sieht man auch noch Mango-Bäume, die aus der Zeit der Araber Mitte des 19. Jahrhunderts stammen, als von Kilwa Kivinje an der Küste eine Karawanenroute über Kisaki ins Landesinnere führte und die Mangofrucht auf den langen Fußmärschen beliebtes Stärkungsmittel war. Aus den damals übrig gebliebenen Fruchtkernen haben sich riesige Schatten spendende Bäume entwickelt.

Tierwelt

Entlang und nördlich des Rufiji ist **eine der artenreichsten Tierwelten Ostafrikas** zu beobachten. Während der nahrungsreichen Regenzeit von November bis Mai leben im Selous fast eine Million Tiere, darunter heute wieder etwa **65.000 Elefanten** – die wahrscheinlich größte zusammenhängende Population des Dickhäuters auf dem Kontinent. Die **Gnu- und Büffelbestände** werden auf etwa **160.000 Tiere** geschätzt, **Zebras und Impala-Antilopen** soll es jeweils etwa **50.000** geben.

Landschaft im Selous Game Reserve

Lake Nzelakela

Der einst große Bestand an **Spitzmaul-Nashörnern** (hier die im östlichen Afrika noch einzige intakte Population der Unterart des *Diceros bicornis minor*) wird heute nur noch auf knapp 50 Tiere geschätzt, die größtenteils zurückgezogen im Busch leben und daher mit den Leoparden, die hauptsächlich nachtaktiv sind, zu den am seltensten gesehenen Tieren des Selous gehören. Im Norden, wo sich größere Areale offener Savannenlandschaft ausbreiten, sind Tiere seltener zu erblicken. Rappen und Lichtenstein-Kuh-Antilopen halten sich hauptsächlich in den (nord-)westlichen Miombo-Wäldern auf. Entlang des Rufiji River sind Elefanten, Große Kudus, Wasser- und Buschböcke, Elenantilopen, Büffel, Warzenschweine, Hyänen, Löwen, Wildhunde und natürlich auch **Flusspferde** (ca. 40.000) und unzählige **Krokodile** zu beobachten. Bei Bootsausflügen tauchen letztere panisch unter die Wasseroberfläche, kommt ihnen das Boot zu nahe.

Das stundenlange Beobachten der Tiere aus allernächster Nähe, wie man es aus den übrigen Nationalparks Ostafrikas kennt, ist im Selous aufgrund der dichten Vegetation und des eingeschränkten Straßennetzes nur bedingt möglich. Die Guides der ansässigen Lodges und Safari-Camps kennen sich jedoch bestens aus, welche Tiere man zu welcher Jahreszeit wo am wahrscheinlichsten zu Gesicht bekommt.

Die **Vogelwelt** ist im Selous besonders reich vertreten (über 400 Arten, darunter sehr seltene). Imposant ist der Afrikanische Schlangenadler, der stundenlang ohne einen einzigen Flügelschlag in gleichbleibender Höhe segeln kann. In Flussnähe sind vor allem die bunten Orixweber, Kuhreiher, Goliathreiher, Pelikane (saisonal), Malachit- und Riesen-Eisvögel zu sehen, während auf den abgestorbenen Stümpfen der Borassus-Palmen Schreiseeadler nach Fischbeute Ausschau halten.

Reisezeit und Klima

Obwohl nicht sehr hoch gelegen und auch relativ nah zur Küste, ist der Selous keinen Extremtemperaturen ausgesetzt. Das Klima wird durch die Regenfälle reguliert, die auch das Farbkleid der Natur und die Aufenthaltsorte der Tiere beeinflussen. Während der großen **Regenzeit von März bis Mai** ist der Selous für Fahrzeuge geschlossen.

In der **trockenen Saison, von Juni bis Oktober,** zieht es die Tiere an die Seen und Flussufer. Der Himmel ist tiefblau, das Gras trocken, und Gelb ist die Farbe der Jahreszeit. Tagsüber ist es heiß und trocken, nachts kühlt es stark ab, und man muss unter Wolldecken nächtigen – eine empfehlenswerte Besuchszeit.

Von **November bis Februar** ist die Landschaft mit einem satten Grün überzogen, der Himmel hin und wieder bedeckt und manchmal regnet es ein wenig. Die Sonnenuntergänge sind malerisch. Dies ist die beste Zeit für ausgiebige Boot-Safaris, der Wasserstand ist dann höher, es lassen sich Kanäle und Überflutungsebenen erkunden, zu denen während der Trockenmonate kein Zugang besteht.

Im Reserve unterwegs

In der **Hauptregenzeit von März bis Ende Mai ist der Selous** für Selbstfahrer **geschlossen,** auch die Camps nehmen nur selten Buchungen an.

Mit dem Fahrzeug

Das eher kleine Wegesystem entlang der Seen und des Rufiji River lässt sich bei einem zweitägigen Aufenthalt im nördlichen Selous größtenteils abfahren. In jedem Fall müssen Sie ein Auto mit Allradantrieb haben, denn der Regen verschlechtert immer wieder den Zustand der Pisten, und die Ausbesserungen gehen nur langsam voran.

Die **Hauptroute** zwischen dem östlichen Mtemere und dem westlichen Matambwe Entrance Gate (85 km) ist in recht gutem Zustand, die Nebenrouten können dagegen sandig und auch steinig werden. Nördlich des Lake Nzelakela, ca. 25 km von Mtemere entfernt, zweigt rechts eine Piste bis zur Kinyanguru Station an der Ta-Za-Ra-Eisenbahn ab, wodurch sich die Alternative einer nördlichen Rundtour über Matambwe bieten würde (hierfür ist ein ganzer Tag einzurechnen). Die Kinyanguru-Piste sollte nur in der Trockenzeit gefahren werden.

Die Beschilderung ist für die Hauptstrecken gegeben, sofern nicht gerade wieder Elefanten die Schilder herausgerissen haben. Landschaftlich sehr schön ist die Schleife zwischen den Seen Nzelakela und Manze sowie weiter in Richtung Beho Beho/Grabmal von Selous. In Richtung Matambwe bzw. Kisaki können vereinzelt Tsetse-Fliegen zur Plage werden.

Von Beho Beho in Richtung Süden werden die Ufer des **Lake Tagalala** erreicht, von wo man zu den **Hot Springs,** auch *Maji Moto* (Wasser, heißes) genannt, am Fuße der Kipalala Hills gelangt.

Geothermale Aktivitäten führen dazu, dass hier fast kochend heißes, schwefelhaltiges Wasser die Erdoberfläche erreicht und über mehrere kleine, von Palmen gesäumte Pools bis zum Lake Tagalala abfließt. Im untersten Becken kühlt das trübe, aber dennoch saubere Wasser ab und lädt zum Baden ein.

Weiter in südlicher Richtung zum Rufiji River wird Kudu-Land durchquert, bis man die sehr steinige und steile Piste entlang des Kidai Hill erreicht. Die Strecke führt zum Sand River Camp, aber nach diesem nicht mehr weiter bis zur Stieglers Gorge.

Bei der Stieglers Gorge wurden 1977 mit der Hilfe Norwegens Pläne für den Bau eines Staudamms erarbeitet, die bis jetzt allerdings noch nicht realisiert worden sind; im Übrigen hätte der Bau nachhaltige Folgen für das gesamte Ökosystem. Errichtet wurde damals aber die große Unterkunft für die norwegischen Experten an der Nordseite der Schlucht. Heute befindet sich in der Nähe das Tembo Safari Camp. Ebenfalls aus norwegischer Zeit stammt die Seilbahn (cable car), die sich über die Schlucht spannt und Geländewagen mit einem Gewicht von bis zu 2 Tonnen auf die Südseite des Rufiji River transportieren konnte. Die Anlage ist heute zwar noch in Betrieb, Fahrzeuge können jedoch nicht mehr zur anderen Seite befördert werden. Eine Weiterfahrt in den Süden des Selous ist daher nicht möglich.

Von der Stieglers Gorge führt eine 40 km lange Piste durch steiniges Miombo-Gebiet bis zum Matambwe Entrance Gate.

Zu Fuß und mit Booten

Das Besondere am Selous ist das hautnahe Erleben der heißen und rauen Natur auf Fußmärschen in Begleitung von bewaffneten Rangern.

Halbtägige **Wanderungen** werden professionell über die Safari-Camps angeboten. Mehrtägige **Wander-Safaris** sollten nur in den kühlen Monaten Juli und August unternommen werden und lassen sich ebenfalls nur über die Safari Camps buchen, wobei hier auch Streckenabschnitte mit Booten und Fahrzeugen zurückgelegt werden.

Bootsfahrten werden von allen Safari-Camps innerhalb des Selous angeboten. Die außerhalb liegenden Lodges und Camps dürfen mit ihren Booten (sofern vorhanden) nicht im Selous selbst unterwegs sein. Eine halbtägige Tour für ca. 40 $ pro Person ist ein atemberaubendes Erlebnis und für jeden Individual-Besucher des Selous ein absolutes Muss.

Die früher angebotenen River-Rafting-Touren werden im Selous nicht mehr durchgeführt. Auch Kanu-Safaris sind nicht gestattet.

Der Afrikanische Wildhund

Eine der absoluten Besonderheiten des Selous ist der Afrikanische Wildhund (engl. *African Wilddog* oder „Painted Wolf", lat. *Lycaon pictus*). In vielen Regionen Afrikas ist der weitläufige Verwandte des Wolfes bereits ausgerottet. Er zählt mittlerweile zu den seltensten Säugetieren des Kontinents, mit einem geschätzten Bestand von ca. 3000 Tieren. Davon leben allein im Selous etwa 1000, der bedeutendste Bestand des Kontinents und der letzte intakte im östlichen Afrika. Die Chancen zum dauerhaften Überleben der Art stehen im Selous gut, da den Tieren hier Löwen und Hyänen keine so große Konkurrenz sind wie z.B. in der Serengeti, wo man seit ein paar Jahren kein einziges Exemplar mehr gesichtet hat. Vermutlich hat eine in den angrenzenden Siedlungsgebieten grassierende Hundestaupe die letzten Tiere dahingerafft. Hin und wieder werden im Süden des Tarangire National Park einzelne umherziehende Wildhunde gesehen, doch gibt es dort keine Hoffnung auf einen dauerhaften Bestand. Im Mkomazi-Umba Game Reserve an der Grenze zu Kenia werden Wildhunde in einem großen Schutzgehege gehalten und gezüchtet. Ziel sind neben der Forschung spätere Aussetzungsaktionen in ursprüngliche Wildhundgebiete.

Der Wildhund ist ein ausgesprochenes Rudeltier, geführt von Leithunden, ähnlich wie bei Wölfen. Rudel in der Größe von 58 Tieren wurden im Selous schon gesichtet. Mit einer bemerkenswerten Umzingelungs- und Zickzack-Strategie jagen sie ihre Beute, bis diese vor Erschöpfung kaum noch stehen kann, dann erst setzen die tödlichen Bisse ein. Die Zähne des Wildhundes sind leicht nach hinten gekrümmt und wirken wie Widerhaken. In erster Linie werden mittelgroße Antilopen, wie Gnus, Thomson Gazellen, Impalas usw., gejagt, doch wagen sich Wildhunde auch an Elen-Antilopen und sogar ausgewachsene Büffel. Sie fressen selten Aß; was gejagt wird, wird an Ort und Stelle verzehrt. Wildhunde sind auch nachtaktiv, sofern Mondlicht vorhanden ist. Ihr Jagdverhalten ist anders als bei Raubkatzen. Eine bestimmte Tageszeit zur Jagd gibt es nicht, so wie sie auch keine geräuschlose Pirsch aus der Deckung benötigen. Ihr schmaler Körperbau und ihre langen Beine machen sie zu sehr ausdauernden Läufern und bis zu 60 km/h schnell. Haben sich Wildhunde einmal ein Opfer ausgeguckt, wird es mit etwa 60%iger Wahrscheinlichkeit auch zur Strecke gebracht. Die Hetzjagd kann manchmal Stunden dauern – wie bei einem Staffelrennen wechseln sich müde werdende Anführer des Rudels mit anderen ab, die im Hintergrund warten. Ist die Beute erlegt, wird oft der Bauch zuerst aufgerissen und das Tier von innen her verspeist. Alle Hunde eines Rudels versuchen dann gleichzeitig, ihren Teil abzubekommen, ohne sich gegenseitig den Platz streitig zu machen – ein bemerkenswertes soziales Verhalten. Ein mittelgroßes Rudel von etwa 15 Wildhunden kann auf diese Weise eine Thomson Gazelle innerhalb von 10 Minuten vertilgen – übrig bleiben Schädel, Haut und Rückgrat.

Anreise

Mit dem Flugzeug

Am schnellsten erfolgt die Anreise – „garniert" mit einer spektakulären Aussicht auf die riesigen Weiten des Selous – mit **regelmäßigen Flugverbindungen ab Dar es Salaam und Sansibar.** Die einfache Strecke kostet mit Coastal Travel 120 bzw. 130 $, mit Zan Air ist es etwas günstiger, die Flugzeit beträgt knapp eine Stunde. Die fast täglich angebotenen Flüge können bei den Stadtbüros der jeweiligen Camps, die alle über eine eigene Landepiste verfügen, in Dar es Salaam gebucht werden oder über die Fluggesellschaften Coastal Travel und Zan Air.

Mit der Eisenbahn

Die preiswertere Art, den Selous zu erreichen, ist die Anfahrt mit der **Ta-Za-Ra-Eisenbahn** von Dar es Salaam bis zu den kleinen Bahnhofsstationen Kinyanguru, Fuga oder Matambwe, welche alle bereits im Selous liegen. Auf dem letzten Drittel der Strecke durchfährt der Zug das Reserve, und man sieht vom Zugfenster aus bereits einige Tiere. Bei den Bahnstationen wird man – nach vorheriger Buchung – von einem der Safari-Camps abgeholt. Sie müssen allerdings mit dem **„Ordinary Train"** reisen, da der „Express Train" an den erwähnten Stationen nicht hält. Der Ordinary Train erreicht Fuga nachmittags gegen 15.30 Uhr und kostet etwa 5000 TSh in der 1. Klasse. Der Ordinary Train der Ta-Za-Ra bedient diese Strecke aber nur einmal wöchentlich, am Montag (fährt in Dar es Salaam um 10 Uhr morgens ab) und sollte mindestens eine Woche im Voraus gebucht werden. Mehr Infos siehe unter „Reisen in Tansania" und: www.tazara.co.tz.

Eine Alternative zur Ta-Za-Ra bietet der „Special Train" von **Fox Safaris.** Mehr Infos unter: www.safariexpress.info, E-Mail: info@tanzaniasafaris.info.

Mit dem Bus

Für Besucher des Selous mit kleinem Geldbeutel und Bereitschaft zum Abenteuer besteht eine **tägliche Busverbindung zwischen Dar es Salaam und dem Dorf Mloka,** 7 km vom Eingangstor Mtemere entfernt. Busse fahren in Dar von Temeke/Kilwa Road morgens ab 7 Uhr los. Die Fahrt kostet 4500 TSh und dauert etwa 7–10 Stunden. Diese Alternative der Anreise gilt im Wesentlichen für Besucher der Safari-Camps Hidden Paradise und Mbega, wobei nur letzteres zu empfehlen ist (s.u.).

Mit dem eigenen Fahrzeug

Zum Selous führen zwei Strecken, die beide bei Regen auf dem letzten Teilstück schlecht zu befahren sind.
- **Route 1** geht von Dar es Salaam **über Kibiti** und ist die kürzeste Anfahrt (siehe Routenbeschreibung unten).
- **Route 2** erfolgt **über** die Stadt **Morogoro,** die von Dar es Salaam über eine gute Asphaltstraße in 3 Std. erreicht ist. Von Morogoro bis zum Matambwe Gate (S 7°32'05'', E 37°46'01'') benötigt man knapp 5 Std. und von dort weiter bis zu den Camps nochmals 2–3 Std. Fahrzeit.

Safari-Camps und Lodges

Innerhalb des Selous Game Reserve

- **Rufiji River Camp**

Das Mittelklasse-Safari-Camp liegt auf einer Anhöhe am Rufiji River mit schöner Aussicht. Die Unterbringung erfolgt in auf Beton errichteten Safari-Zelten mit Moskitonetzen und eigenem Bad/WC. Die Zeltzimmer sind groß und bieten genügend Platz für zwei bis drei Personen. Leider fehlt es dem Camp etwas an Atmosphäre; die Zelte liegen sehr dicht beieinander, bieten aber eine schöne Aussicht auf die Flusslandschaft, das Management ist italienisch und hält sich am liebsten an der eigenen Bar auf. Aufgrund der östlichen Lage im Reserve sind die Anfahrtswege zu den zentralen Wildgebieten und interessanten Seen-Landschaften etwas weit. Dennoch, der Service und die Verpflegung sind gut, ab 300 $ p.P. Vollpension auch inkl. aller Gebühren und Pirsch- bzw. Bootsfahrten. Zu buchen über Hippotours & Safaris in Dar es Salaam (Büro im Nyerere Cultural Center), P.O. Box 13824, Tel. (022) 2128662-3, (075) 4267706,

Internet: www.rufijirivercamp.com,
www.hippotours.com,
E-Mail: safari@rufijirivercamp.com,
booking@hippotours.com.

● **The Selous Safari Camp**

Das herrlich gelegene Luxus-Camp am Ost-ufer des Nzelakela-Sees verfügt über 12 sehr stilvolle Safarizelte, die auf Holzplattformen errichtet sind und alle über eine eigene Terrasse verfügen mit Aussicht auf den See in Richtung Sonnenuntergang. Das Interieur der großräumigen Zelte ist sehr chic (im alten Safari-Stil der Kolonialzeit), ein Bad mit Spültoilette ist jeweils integriert. Auf zwei zentral gelegenen Stelzenbauten sind jeweils Restaurant und Bar/Aufenthaltsbereich untergebracht, offen zu allen Seiten mit gutem Blick über die Seenlandschaft. Etwas getrennt von den Zeltzimmern liegt ein Swimming-pool, der in den heißen Mittagsstunden angenehme Abkühlung verschafft. Die Küche von Selous Safari ist vorzüglich, die Guides und Bootsfahrer kennen sich bestens aus. Das Camp gehört zur gleichnamigen Kette der Selous Safari Company und betreibt im Ruaha National Park das Jongomeru Camp sowie an der Südküste von Dar es Salaam das idyllische Ras Kutani. Empfehlenswert! 450 $ p.P. Zu buchen über Selous Safari Company, Tel. (022) 2128485, 2134802, Internet: www.selous.com.

● **Selous Impala Camp**

Ein Camp der Kette Adventure Camps (s.a. Old Mdonya River Camp im Ruaha NP). Luxus-Zeltcamp mit 6 komfortabel eingerichteten Zelten am Ufer des Rufiji-Flusses, mit schöner Aussicht auf den Fluss und das Tierleben; diverse Freizeitangebote. Erfahrenes südafrikanisches Management unter italienischer Führung! Übernachtung ab 350 $. Infos über Adventure Camps, P.O. Box 40569, Dar es Salaam, Tel. (022) 2452005/6, Internet: www.adventurecamps.co.tz, E-mail: reservations@adventurecamps. co.tz.

● **Mbuyu Safari Camp**

Das am schönsten gelegene Camp ist seit Dezember 2002 geschlossen. Es ist nicht absehen, ob/wann es wieder eröffnet wird.

● **Beho Beho Camp**

Das Camp, das eigentlich eine Lodge ist und nicht am Rufiji liegt, befindet sich unweit der heißen Quellen und des Grabs von *Frederick Selous* und bietet von einer Anhöhe eine gute Sicht über die Baumsavanne des Selous. Die noble Unterbringung erfolgt in 12 aus Naturstein gemauerten großen Bungalows und liegt preislich bei 570 $ pro Person (all inclusive) zzgl. Parkgebühren. Im Preis enthalten sind alle Safaris (auch mit dem Boot auf dem Lake Tagalala). Zur Abkühlung steht ein kleiner Swimmingpool bereit, von dem sich das Tal gut überschauen lässt. Das Camp verfügt über eine eigene Landepiste (s.o.). Zu buchen über das Oyster Bay Hotel in Dar es Salaam (vergl. dort), Tel. (022) 2600352-4, oder online direkt über: www.behobeho. com, E-Mail: behobeho@acexnet.com.

● **Sand Rivers Selous Lodge**

Luxus-Unterkunft für maximal 16 Personen. Der Preis inkl. vorzüglicher Verpflegung, Parkgebühren, Wanderungen usw. liegt bei 500 $ pro Pers./Tag. Geleitet wird die Lodge von dem naturerfahrenen Kenianer britischer Abstammung *Richard Bonham;* ausgedehnte Fußmärsche unter seiner Führung finden statt, dem Besucher wird auf profesionelle Weise die Wildnis des Selous näher gebracht. Sand Rivers ist bekannt und in der Safari-Szene berühmt. U.a. ziert der zentrale Aufenthaltsbereich am Fluss den vorderen Buchumschlag des Bildbandes „Safari Style – Wohnideen aus Afrika", erschienen im DuMont Verlag. Informationen unter: www. sand-rivers-selous.com. Zu buchen über Nomad Tanzania, Usa River, Arusha, Tel. (027) 2553819-20, 2553829-30,
Internet: www.nomad-tanzania.com,
E-Mail: bookings@nomad-tanzania.com.

Außerhalb des
Selous Game Reserve

● **Selous Mbega Camp**

Tel. (022) 2650251, (0784) 748888, Internet: www.selous-mbega-camp.com, E-Mail: info@ selous-mbega-camp.com, baobabvillage@raha.com, S 07 45.814', E 038 13.824'. Mbega ist im Swahili die Bezeichnung für die Affenart Schwarzweiß-Guereza (auch Stummelaffe oder Colobus genannt), regelmäßige Besucher in dem von der deutschen Familie *Heep* geleiteten Buschcamp am Rufiji River, nur 1,5 km vom Mtemere Gate entfernt. Die gemütliche, rustikale, einfache Unterkunft ist herrlich in das üppige Grün der Ufervegetation eingebettet. Die von Doumpalmblättern überdachten Zeltbauten auf Pfählen bieten Standard-Komfort in Einzelbetten; jeweils angegliedert ist ein kleines Bad mit Spültoilette. Das Essen ist gut und reichhaltig. Die Übernachtung (Vollpension) kostet 95/135 $ für EZ/DZ, Kinder im Alter zwischen 4 und 12 Jahren zahlen nur den halben Preis. Mbega organisiert alle Safaris in den Selous selbst. Bootsfahrten werden in Zusammenarbeit mit dem Rufiji River Camp durchgeführt. Jede etwa 3-stündige Safari (ob mit dem Geländewagen, zu Fuß oder mit dem Boot) dauert etwa 3 Stunden und kostet 35 $ p.P. Dazu gerechnet werden noch die Parkgebühren von 30 $. Wer mit dem Bus anreist, wird im 4 km entfernten Mloka abgeholt.

● **Hidden Paradise Lodge**
P.O. Box 106072, Dar es Salaam, Tel. (0784) 264864. Das ehemals einfache Zeltcamp mit Kuppelzelten außerhalb des Selous bei Mtemere hat sich zu einem gehobenen Tented Camp mit Übernachtungspreisen ab 260 $ aufwärts entwickelt. Die Lage am Fluss ist wunderbar. Hidden Paradise bietet 12 Zimmer, die sich entweder in großen Zelten mit schönen Holzfußböden oder in Baumhäusern in den Wipfeln der Bäume befinden. Hidden Paradise steht derzeit unter französischem Management; vorzügliche Küche und Service. Jeeps und Boote für Pirschfahrten stehen ebenso bereit wie Transfers zum Flugfeld. Internet: www.ndorobosafaris.com, E-Mail: reservations@ndorobosafaris.com.

● **Sable Mountain Lodge**
Lodge im Nordwesten, außerhalb der Reserve-Grenze nahe des Mgeta River. 9 rustikale Bungalows mit herrlichem Blick auf die Uluguru-Berge, nett gemachtes Restaurant mit Bar, Pool. Übernachtung pro Person ab 145 $, Selous-Safaris oder andere Exkursionen werden je nach Interesse organisiert. Die Anreise kann bequem mit dem Zug erfolgen, Sable befindet sich unweit der Ta-Za-Ra-Gleise. Zu buchen über: A Tent with a View Safaris, Dar es Salaam, Tel. (022) 2110507, (0713) 323318, Internet: www.selouslodge.com, E-Mail: tentview@cats-net.com.

Camping

Das Zelten kostet **20 $ pro Person** und Nacht. Die Möglichkeit dazu besteht am Lake Tagalala oder nach Absprache auch an anderen Stellen entlang der Seen und Flussarme. Ein Ranger muss als Wachperson mit von der Partie sein. Dies kostet dann noch einmal die Kleinigkeit von 20 $. Ebenso können Special Campsites für 40 $ gebucht werden. Keiner der ausgewiesenen Zeltplätze verfügt über Duschen, Toiletten oder Trinkwasser.

● Die **günstige Campsite Jukumu** (5 $ p.P.) gibt es eine 2-Stunden-Fahrt entfernt Richtung Morogoro in Kilengezi, dem Scout-Hauptquartier der an das Selous Game Reserve im Norden angrenzenden Wildlife Management Area. Aufgrund der Nähe zu den Angestellten der Station nur bedingt zu empfehlen. Dafür gibt es hier fließendes Wasser und Duschmöglichkeiten.

Sonstiges

● Die **Eintrittsgebühren** liegen derzeit bei **30 $ pro Person und Tag.** Kinder zwischen 5 und 15 zahlen 5 $, fürs Camping ebenfalls. Fahrzeuge mit ausländischem Nummernschild werden mit 30 $ pro Tag berechnet, größere Wagen wie Pinzgauer, Unimogs etc. sogar mit 150 $. Ein Ranger für eine mehrstündige Fußsafari kostet pro Gruppe 20 $. Die Tagesöffnungszeiten sind von 6–18 Uhr.

● Bei **Notfällen** stehen die Safari Camps mit Dar es Salaam in Funkverbindung. Für Camper sind **Lebensmittel** im Reserve nicht zu kaufen. Mahlzeiten bekommt man bei Vorbestellung für etwa 15 $ im Rufiji River Camp. Ausreichende **Wasservorräte** sind wichtig, denn sauberes Wasser ist im Selous rar. Flusswasser muss auf jeden Fall gefiltert und abgekocht werden.

● **Treibstoff** ist im Selous nicht erhältlich, die Camps geben nur ungern etwas von ihren Reserven ab.

In der Bucht von Kilwa

- **Angeln** ist nach Erwerb einer Lizenz am Mtemere oder Mtambwe Gate möglich.
- Für **Wanderungen** ist gutes, knöchelbedeckendes Schuhwerk empfehlenswert.
- Für **spezielle Vorhaben** im Selous, ob ausgefallene Walking-Safaris oder Unternehmungen zu Forschungszwecken, wendet man sich zwecks Genehmigung an das Selous Office im „Ivory Room", Nyerere Road (am Chang'ombe-Abzweig auf dem Weg zum Flughafen). Dort an den: **Chief Warden,** Selous Game Reserve, P.O. Box 25295, Dar es Salaam, Tel. (022) 866064, Fax (022) 861007, E-Mail: scp@africaonline.co.tz.
- **Literaturtipp:** Trotz der Größe des Selous Game Reserve existiert kaum Literatur über den Park. In Zusammenarbeit mit der GtZ ist jedoch eine detailliertere, 2002 überarbeitete Infobroschüre mit Farbfotos zum Selous entstanden. Weitere Infos beim **GTZ Wildlife Programme in Tanzania,** P.O. Box 1519, Dar es Salaam, Tel. (022) 2866065, im Internet unter: www.wildlifeprogramme.gtz.de/wildlife/tourism_selous. html.

Routenbeschreibungen nach Selous und Kilwa

Dar es Salaam – Kibiti/Selous Game Reserve (142/246 km)

- Die Strecke bis Kibiti sollte fertig asphaltiert sein, ab da Piste bis Selous. Treibstoff in Kimanze und Kibiti, Fahrzeit bis Kibiti 3, bis Selous (Mtemere) weitere 3 Stunden. Busverbindungen bis Kibiti und auch Mloka (s.o. und bei Dar es Salaam).

Man verlässt Dar es Salaam in Richtung Süden, überquert die große Eisenbahnbrücke und erreicht nach 1 km hinter einer großen Rechtskurve die Kilwa Road, welche durch den Ort Kurasini führt.

Es besteht auch die Möglichkeit, Dar es Salaam über die Kivukoni-Fähre (ab 5 Uhr morgens) zu verlassen und auf einer guten Asphaltstraße 25 km die Südküste entlangzufahren. Die dichte Vegetation, die feinen weißen Böden und die vielen Schatten spendenden Palmen verraten die Nähe zum Indischen Ozean. Im Ort Kongoe trifft man dann auf die Kilwa Road und fährt links. Nach 60 km wird Kimanze durchfahren und bei **km 142** ab Dar folgt Kibiti.

Kibiti ist nur ein kleiner Ort mit Tankstelle, Guesthouses und kleinen Geschäften mit dem Notwendigsten. Hier zweigt man von dem von Süden kommenden neuen Asphaltstück rechts in Richtung Kirimani/Selous Game Reserve ab (ausgeschildert). Ab Kibiti und im Reserve ist kein Treibstoff mehr erhältlich, decken Sie sich daher im Ort mit reichlich Vorrat ein.

Die Piste bis ins 32 km entfernte Mkongo wurde verbreitert und etwas befestigt, kann aber bei Regen trotzdem eine unangenehme Strecke sein. Beim Ortseingang muss man sich rechts halten und der Ausschilderung folgen. Das hier ansässige Volk der Ndereko lebt vom Reisanbau und der Fischerei im Rufiji River.

Die Strecke ab Mkongo entlang des Flusses ist in passablem Zustand. Für die 69 km bis Mloka und die anschließenden 8 km bis zum Mtemere Entrance Gate (S 7°45'01'', E 38°12'47'') des Selous Game Reserve benötigt man 2–3 Stunden.

Kibiti – Kilwa Kivinje – Kilwa Masoko (185 km)

● Teils neuer Asphalt, dazwischen Piste, bei Regenzeit schlecht zu fahren. Fahrzeit 4–5 Stunden. Busverbindung ab Dar es Salaam.

Von Kibiti führt eine gute Asphaltstraße bis zur neuen Brücke über den Rufiji.

3 km hinter Kibiti folgt der Abzweig zum etwa 38 km entfernten Dorf **Kikale** im **Rufiji-Delta.** Eine Fahrt dorthin ist nur etwas für Mutige, es gibt keinen direkten Weg zu einem der vielen Flussarme des Deltas. Größtenteils säumen hier undurchdringliche Mangroven die zugewachsenen Ufer. Das Gebiet ist flach und lässt sich nicht von einer erhöhten Stelle aus betrachten. Die sehr fruchtbaren Böden im Schwemmland des Deltas wurden schon vor über hundert Jahren geschätzt. Das als „Calcutta Mdogo" (Klein-Kalkutta) bekannte Gebiet versorgte Sansibar mit Bohnen, Reis und Mais.

Bei **km 28** ist der Ort **Ikwiriri** (Tankstelle) erreicht. Am Ortsanfang ist rechter Hand eine Campingmöglichkeit (Schild) gegeben, etwa 1 km weiter verlässt man nach der Post rechts die Hauptstraße (Schild Mkongo) und fährt gen Westen. Rechts folgt das einfache landestypische Jimmy Guesthouse. Die Hauptstraße von Dar es Salaam nach Mtwara wird derzeit von einem chinesischen Straßenbau-Unternehmen neu gebaut. Die Arbeiten gehen ab Ikwiriri nur langsam voran.

Bei **km 43** erreicht man die neue **Brücke über den Rufiji.** Auf der anderen Uferseite folgt man der ausgefahrenen Spur in Richtung Nyamwage. Von dort sind es 24 km auf sandiger Piste bis Mohoro, dem größten Ort am Rande des Rufiji-Delta. Ab hier sind es weitere 30 km bis zum Fischerdorf **Somanga,** in welchem rechts die Piste zum 17 km entfernten Kitope Forest Reserve abzweigt. Westlich des Waldes erstrecken sich die Matumbi Mountains, wo sich wenige Kilometer südlich vom Ort Kipatimu ein gewaltiges Höhlensystem befindet. Dieses, **Matumbi Caves** genannt, ist bisher noch kaum erforscht worden.

27 km hinter Somanga beginnt der Asphalt, nach 24 km folgt der nicht zu verfehlende **Kreisverkehr von Nangurukuru.** Geradeaus weiter führt eine gute Überlandpiste nach Lindi, links führt die alte Asphaltdecke bis ins 29 km entfernte Kilwa Masoko, zuvor ist nach 7 km der Abzweig zum 4 km entfernten Ort Kilwa Kivinje erreicht.

Kilwa Peninsula und Inseln

Kilwa Peninsula und die dazugehörigen Inseln sind eine vom Fremdenverkehr bislang vernachlässigte Region. Sie umfasst die **Festlandsorte Kilwa Kivinje** und **Kilwa Masoko** sowie die sich südlich anschließenden **Inseln Kilwa Kisiwani, Songa Mnara** und **Sanje Ya Kati** mit ihren historischen Bauten und Ruinen aus einer Zeit, als hier das große **Sultanat Kilwa** der bedeutendste frühmittelalterliche Handelsort an der gesamten Ostküste Afrikas war.

Die **Ausgrabungen auf der Hauptinsel Kilwa Kisiwani,** dem ursprünglichen Kilwa, gehören zu den wichtigsten im östlichen Afrika und zeigen die größten Bauwerke voreuropäischer Zeit im tropischen Afrika. Kilwa ist von der **UNESCO** zu einem **Teil des Weltkulturerbes** erklärt worden.

Ausgangsort für die Besichtigung der historischen Inseln ist der kleine und relativ uninteressante Ort **Kilwa Masoko.**

Geschichte

Die Geschichte Kilwas geht **bis ins 9. Jahrhundert zurück,** wobei es dazu keine genauen schriftlichen Überlieferungen gibt. Im 12. Jahrhundert gründete hier *Ali b. al-Hasan*, der Sohn eines Sultans aus Shiraz (ein Gebiet im heutigen Iran), sein eigenes Sultanat. Es entstand in einer Zeit, als im Persischen Golf eine allgemeine Aufbruchsstimmung zu anderen Ufern herrschte und Handelsorte an der Banadir-Küste (zwischen Kenia und Somalia) gegründet wurden. Im Laufe der Zeit vermischten sich die Shirazis mit einheimischen Völkern und zogen wie der spätere Sultan von Banadir weiter nach Süden.

Ali bin al-Hasan und die ihm folgenden **Shirazi-Sultane** bauten Kilwa zu einem Handelsort aus und prägten sogar eigene Münzen (die ältesten Teile der großen Moschee stammen aus dieser Zeit). Doch ihr Einfluss am Indischen Ozean ließ Ende des 13. Jahrhunderts nach, und Kilwa kam in die Hände einer neuen Dynastie, als sich die sehr einflussreiche Familie *Ahdali*, ein **Clan**

KILWA PENINSULA UND INSELN

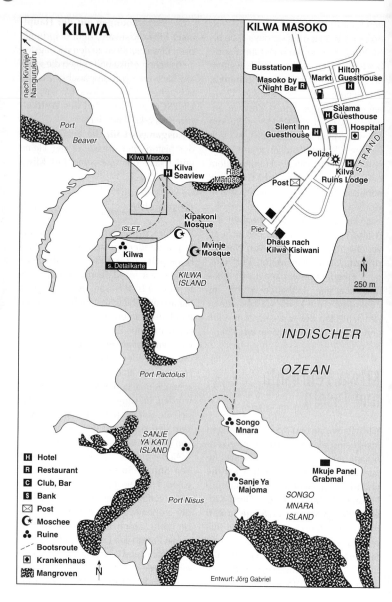

KILWA PENINSULA UND INSELN

Südliche Swahili-Küste und Selous Game Reserve

der **Sayyids** aus dem heutigen Südjemen, hier niederließ. Ihr erster Sultan nahm den unter den Shirazis bereits begonnenen Handel mit dem südlichen Hinterland (heute Mosambik) und mit dem Mwenemutapa-Reich im heutigen Simbabwe (Great Monument of Zimbabwe) wieder auf. Von dort kaufte das Sultanat billig Gold und Kupfer und bezog aus Indien und China feinste Teppiche und hochwertiges Porzellan. Dieser lukrative Handel, der Kilwa zu einem überregional einflussreichen Stadtstaat werden ließ, hielt bis zum Anfang des 16. Jahrhunderts an. Vor allem die Kontrolle über den Goldhandel machte Kilwa reich, was sich in seiner großartigen Architektur widerspiegelte (die Ruinen von Songo Mnara stammen zum größten Teil aus dieser Zeit).

Überaus beeindruckt von diesem prachtvoll angelegten Sultanat war der erste portugiesische Seefahrer *Pedro Cabral,* als er 1500 den Ort an der Ostküste Afrikas erreichte. Zwei Jahre später war auch der Kap-Umsegler **Vasco da Gama** bei seinem Besuch auf der Insel Kilwa (Kisiwani) von der Schönheit und Modernität überwältigt und beschrieb den Stadtstaat folgendermaßen: „Die Stadt ist groß und hat gute Gebäude aus Stein und Holz mit Terrassen und Balkons. Die Stadt reicht bis an die untersten Ufer und ist komplett mit einer Mauer und Türmen umgeben, hinter der etwa 12.000 Menschen leben. Das Umland ist sehr schön und hat viele Bäume und Gartenanlagen mit Gemüsen, Zitronen und Lemonen, den besten Orangen, die wir je gesehen haben, Granatapfelbäumen, Zuckerrohr,

Feigen und gut ernährte Ziegen. Die Straßen Kilwas sind sehr eng und die Häuser hoch gebaut, und man könnte auf ihren Dächern von einem zum anderen gehen. Im Hafen fahren viele Schiffe (Dhaus) ein und aus."

Vasco da Gama wurde vom damaligen Sultan fürstlich empfangen und mit grenzenloser Gastfreundschaft bewirtet. Er bekam sogar kostbare Geschenke mit auf die Reise, die er seinem König in Portugal übergab.

Getrieben von der Gier, den Reichtum Kilwas und dessen zentrale Stellung im Handel entlang der ostafrikanischen Küste an sich zu reißen, tauchte 1505 eine **portugiesische Flotte** unter *Francisco d'Almeida* vor Kilwa auf und plünderte das Sultanat mit aller Brutalität. In nur drei Wochen Bauzeit errichteten die Portugiesen ein Fort. Dann segelte der Großteil der Flotte weiter nach Mombasa, wo Portugal seinen Hauptsitz an der ostafrikanischen Küste einrichtete. Nur wenige Portugiesen hielten in dem schnell bedeutungslos gewordenen Kilwa die Stellung. Schon 1513 gaben sie das Fort ganz auf und zogen nach Sofala im heutigen Mosambik, wo sie ebenfalls ein großes Fort errichteten und den Goldhandel mit dem Mwenemutapa-Reich in Simbabwe an sich rissen.

Das Sultanat in Kilwa existierte nur noch formal, der Reichtum und die Handelsmacht waren verloren, das nördliche Mombasa entwickelte sich zur einflussreichsten Stadt an der ostafrikanischen Küste.

Im 18. Jahrhundert machten die **Omani-Araber** ihren Einfluss an der

KILWA PENINSULA UND INSELN

Küste geltend; sie konnten die Portugiesen nach langen Gefechten von ihren zentralen Stellungen vertreiben. Auch Kilwa wurde von den neuen Herrschern besetzt, die jedoch den Ort 1770 wieder in die Unabhängigkeit entließen.

Für kurze Zeit kam Kilwa noch einmal zu handelspolitischer Bedeutung, als man sich am französichen Sklavenhandel im südlichen Indischen Ozean (Komoren, Mauritius und Réunion) beteiligte. Der Sultan *Al-Kilwi* schloss einen Vertrag mit den Franzosen und lieferte ihnen 1000 Sklaven pro Jahr. Zudem ließ er ein Fort (Husuni Kubwa) für die Franzosen ausbauen, das aber nie in Anspruch genommen wurde, da der Sklavenhandel nur kurze Zeit florierte.

Schließlich nahmen die Omanis, als sie sich auf Sansibar etablierten, Kilwa wieder ein. Von da an unterstand es dem zentralen Sultanat in Muskat. Doch die beherrschende Stellung von Sansibar ließ Kilwa völlig verblassen. Der letzte Sultan verließ die Insel 1843, zurück blieb ein verlassener Ort. Auf dem Festland wuchsen etwa zeitgleich Kilwa Masoko („Kilwa der Märkte") und Kilwa Kivinje zu bedeutenden Orten der lokalen Bevölkerung heran. Kivinje sollte später End- bzw. Ausgangspunkt einer Karawanenroute werden und Sitz des kaiserlichen Bezirksamtes.

Die Hauptinsel Kilwa Kisiwani („Kilwa auf der Insel") und Songa Mnara verwandelten sich wieder zu einsamen Fischerinseln, wie sie dies bereits vor 1000 Jahren schon einmal waren – diesmal aber mit geschichtsträchtigen Ruinen übersät.

Kilwa Kivinje

Der Ort Kivinje wurde im 19. Jahrhundert von arabischen Sklaven- und Elfenbeinhändlern genutzt, die sich von hier auf einer Karawanenroute auf den Weg ins Landesinnere machten. Den Beinamen „Kilwa" erhielt Kivinje von dem 300 Jahre zuvor blühenden ostafrikanischen **Sultanat Kilwa** auf der 28 km südlich gelegenen Insel *Kisiwani* (s.u.).

Mit dem Ende der Araberzeit um die Jahrhundertwende errichtete die deutsche Kolonialverwaltung hier ein Fort und baute Teile des Ortes aus.

Heute ist Kilwa Kivinje völlig in Vergessenheit geraten, alles wirkt heruntergekommen und trostlos, doch genau das macht einen Besuch lohnenswert. Die größtenteils verfallenen Häuser mit ihren geschnitzten Holztüren im typisch arabisch-swahilischen Stil, wie man sie aus Sansibar kennt, die Gassen und die sehr ruhige, fast verschlafen wirkende Stimmung geben dem einfachen und noch sehr islamisch geprägten Ort eine besondere Note. Wäre die geplante Eisenbahnlinie von hier bis zum Nyasa-See von den Deutschen gebaut worden, würde Kivinje heute eine bedeutende Küstenstadt Ostafrikas sein. Doch so ist der Ort nur ein regional wichtiges Fischerdorf.

Aus deutscher Zeit stehen hier noch eine eindrucksvolle Markthalle, das alte kaiserliche Zollamt und Warenhaus, das heute noch als Lagerhalle dient, und das **ehemalige Bezirksamt,** an dessen Uferseite sich noch eine Kanone aus dem 1. Weltkrieg befindet. Die äußerst einfache Cool Mnazi Miwili Beach Bar

Karten S. 504, XVII **DER PREUSSISCHE KREUZER „KÖNIGSBERG"**

Zur Geschichte des preußischen Kreuzers „Königsberg"

Östlich des Ortes Kikale liegt in einem Delta-Seitenarm der aus dem 1. Weltkrieg stammende Kreuzer „Königsberg". Das 110 m lange Kriegsschiff mit seinen zehn 12-cm-Geschützen versenkte im ersten Kriegsjahr mehrere britische Schiffe, bevor das Schiff aus technischen Gründen Zuflucht im Rufiji Delta suchen musste. Die Briten belagerten daraufhin mit zahlreichen Schiffen und Booten die vielen Mündungen in den Indischen Ozean. Die „Königsberg" mit ihrer 322 Mann starken Besatzung fuhr weit in das Labyrinth der Flussarme hinein, und ihre Besatzung tarnte das Schiff mit Palmenblättern und Matsch. Schließlich konnten die Briten mit einem Flugzeug das Schiff ausfindig machen; Dampfpinassen und Fregatten nahmen die Verfolgung auf. Am 4. Juli 1915 erreichten die britischen Schiffe den deutschen Kreuzer, der durch Flugzeugbombentreffer bereits in starke Seitenlage geraten war. In aussichtsloser Lage ließ Kapitän *Loof* einen Teil der Kanonen und Mannschaft unbemerkt an Land bringen. Dem Bombardement der Briten war am Morgen des 5. Juli nicht viel entgegenzusetzen, *Loof* und der Rest der Besatzung flohen ebenfalls an Land, während die „Königsberg" durchlöchert wurde und bis zur Hälfte auf eine Sandbank sank. Die an Land geretteten Kanonen und Marinesoldaten kamen in den restlichen Kriegsjahren im „Busch-Krieg" *Lettow-Vorbecks* zum Einsatz. Während heute eine Kanone im Fort Jesus in Mombasa zu betrachten ist, ist das einstige Wahrzeichen des Rufiji-Delta nicht mehr sichtbar. Noch bis in die 1980er Jahre konnte man bei Ebbe Bug und Schornsteine der „Königsberg" aus dem Wasser ragen sehen. Damals war das Schiff an der Küste als „Manowari na bomba tatu" bekannt, als der „Krieger mit den drei Rohren".

Der Maji-Maji-Aufstand (1905–1907)

Am 31. Juli 1905 brach in den Matumbi-Bergen unweit von Kilwa ein Aufstand aus, der von den in der Kolonie lebenden Europäern als eine völlig unerwartete Katastrophe empfunden wurde. Schließlich war es in diesem Jahr endlich gelungen, die gesamte Kolonie unter Kontrolle zu bekommen und mit Schutzverträgen zu sichern. Viele der ursprünglich entstandenen Militärstationen wurden durch Bezirksverwaltungssitze abgelöst, und man sah einem wirtschaftlichen Aufschwung Deutsch-Ostafrikas entgegen.

Ausgelöst wurde die Rebellion durch die von Gouverneur *von Götzen* im Jahr 1902 eingeführten Zwangsmethoden zur Pflanzung von Baumwolle und die Erhebung einer „Hüttensteuer", welche bereits 1901 von Gouverneur *Eduard von Liebert* (1897 bis März 1901) eingeführt wurde. Der Statthalter des Kaisers hatte „Kommunalshamben" (Gemeinschaftsfarmen) in Kilosa, Dar es Salaam, Kilwa, Songea und Lindi anlegen lassen und zur Überwachung brutale „Akidas" (Aufseher arabisch-afrikanischer Herkunft) eingesetzt – so sollte dem Herrschaftsanspruch der deutschen Verwaltung zur Durchsetzung verholfen werden. Für ein Kilo Baumwolle gab es bei Ablieferung in der nächsten Boma 6 Pesa. Die Erträge waren jedoch gleich null, und die verhassten Akidas forderten ihren Anteil. So betrug das durchschnittliche Einkommen der Baumwoll-Bauern für ihre entwürdigende Arbeit nur 17 Pesa im Jahr, und ein Akida strich sich davon etwa ein Drittel selbst ein. Schließlich häuften sich Anfang des Jahres 1905 die Arbeitsverweigerungen, gegen die die Akidas mit Prügelstrafen vorgingen. Die Kolonialverwaltung war sich zwar der herablassend-willkürlichen Behandlung der afrikanischen Bauern durch die Akidas bewusst geworden (von jeher war die Haltung des Arabers dem Afrikaner gegenüber voller Hochmut und Verachtung gewesen), doch diese Einsicht kam zu spät – die Maji-Maji-Rebellion war nicht mehr aufzuhalten. Zudem waren die Akidas nur eine besonders schlimme Erscheinung, die Schuld insgesamt trug das koloniale Verwaltungssystem als solches.

Die im ganzen Südosten der Kolonie, von Dar es Salaam bis zum Nyasa-See, von Kilosa bis zum Ruvuma-Fluss, sich ausbreitende Revolte richtete sich gegen alles, was mit Steuern und Baumwolle zu tun hatte. Der Hass der ländlichen Bevölkerung gegen die Kolonialherren (auch gegen Missionare), Akidas, Askaris und gegen arabische und indische Händler und Verkaufsleute brachte etwa zwölf völlig verschiedene Stämme zusammen, die sich in der Vergangenheit gegenseitig bekriegt hatten und niemals zuvor zu irgendeinem Anlass vereint gewesen waren.

Den anfänglichen Mut, gegen die Schutztruppen zu kämpfen, gab ihnen das „maji-maji", ein **Zauber-Trinkwasser,** benannt nach einer vom Propheten *Kinjikitele* hergestellten „Medizin", die vor allem aus Wasser bestand, in das Mais- und Sorghumsamen gegeben wurden. Diese Mischung wurde den Leuten über den Kopf geschüttet, sie tranken davon und trugen es in kleinen Bambusbehältern an ihren Körpern. Ihnen wurde versprochen, dass sie vor den Maschinengewehrkugeln der europäischen Invasoren geschützt wären. Im Glauben an diese Magie schlossen sich Zehntausende der Rebellion an, und es kam schon im ersten Jahr zu verheerenden Verlusten. Allein bei der Boma in Mahenge in den Mbarika Mountains kamen 8000 Angehörige der Pogoro und Bena im Maschinengewehrfeuer um. Die Reaktion der Kolonialherren auf die Revolte gipfelte in einer „Politik der verbrannten Erde": Nicht genug damit, dass die Afrikaner brutal niedergemetzelt wurden, es wurden auch noch ihre Dörfer und die Felder dem Boden gleichgemacht. Es wird geschätzt, dass im Maji-Maji-Krieg über 150.000 Afrikaner an Hunger starben.

Dieses Kapitel der deutschen Geschichte in Ostafrika ist wohl mit Abstand das traurigste, das in dreißig Jahren Kolonialpräsenz geschrieben wurde.

ist auf den Grundmauern des einstigen deutschen Krankenhauses errichtet. Hinter den großen Lautsprecherboxen, aus denen bevorzugt *Bob Marley* erschallt, ragen die Ruinen des kaiserlichen Postamtes empor, daneben die zusammengefallene Deutsch-Ostafrikanische Bank. Im Ort stehen zudem zwei Denkmäler, die an Gefallene der Deutsch-Ostafrikanischen Gesellschaft und an die afrikanischen Opfer des Maji-Maji-Aufstandes erinnern.

Im Norden des Ortes, etwa 1 km vom Zollhaus entfernt, befinden sich noch einige **deutsche Gräber** sowie eine alte Brücke aus Kaisers Zeiten, als von hier aus die Küstenstraße nach Dar es Salaam führte.

Kilwa Kivinje ist ein **Fischer- und Handelsort.** Große Dhaus liegen im von Mangroven gesäumten Naturhafen und werden gewartet. Bei Ebbe zieht sich das Meerwasser fast einen Kilometer zurück. Ausgedehnte Wattwanderungen lassen sich dann unternehmen, den Fischern kann bei der Arbeit zugeschaut werden.

Unterkunft und Verpflegung

● Genauso bescheiden wie der Ort sind auch die Unterkünfte. Lediglich das **Sudi Guesthouse** und das **Mjaka Guesthouse** (beide einfach) an der Bombani Street nahe der alten Boma bieten akzeptable Zimmer mit Deckenventilator und Moskitonetz für 1000 TSh die Nacht. Die Zimmer im Sudi sind nichts besonderes, aber geräumig. Die kleinen Zimmer im Mjaka bieten echtes Swahili-Flair, auch wenn die Betten etwas zu kurz sind (einfach Matratze auf den Boden legen). Camping ist in Kilwa Kivinje nicht möglich. Das **Restaurant (hoteli)** gegenüber vom deutschen Denkmal ist äußerst einfach und serviert nur landestypische Bohnen- bzw. Fischgerichte. Wer sich nicht mit dem niedrigsten Backpacker-Standard in Kilwa Kivinje zufrieden geben möchte, sollte sich zwecks Unterkunft nach Kilwa Masoko begeben.

● **Treibstoff** ist aus Behältern zu bekommen, die nächste Tankstelle befindet sich in Kilwa Masoko. Nach Kilwa Kivinje verkehren keine großen Überlandbusse. Die allgemeine Anreise erfolgt über Kilwa Masoko (s.u.).

Kilwa Masoko

Kilwa Masoko liegt am südlichen Ende der Kilwa Peninsula und ist Verwaltungsort des Kilwa-Distrikts. Der weitläufige Ort ist während der britischen Mandatszeit auf dem Zeichenbrett entstanden und bietet wenig Sehenswertes. Kilwa Masoko dient Reisenden lediglich als Übernachtungsbasis, als An- und Abreiseort (Flugzeug oder Bus) und ist Ausgangspunkt für den Besuch der Ruinen von Kilwa Kisiwani und Songo Mnara.

Unterkunft und Verpflegung

● **Kilwa Ruins Lodge**
Angenehme Lodge mit verschiedenen Chalets und Bandas direkt am Oststrand von Kilwa Masoko. Gepflegte Anlage mit Swimmingpool. Boot-Charter und diverse Ausflüge. Übernachtung von 80–120 US$. Kontakt über *James Taylor* at Kilwa Lodge, Tel. (0784) 637026, Internet: www.kilwaruinslodge.com, E-Mail: kilwalodge@iwayafrica.com.

● **Kilwa Seaview Resort**
Die neue Unterkunft der deutschen Familie *Heep*, die auch das Selous Mbega Camp am Selous betreibt, liegt auf einer Klippe über der Kilwa-Masoko-Bucht. Die großen und komfortablen Bungalows kosten 80 US$ für 4 Personen, die Nacht auf der Campsite 5 US$ p.P., Vollpension (gutes Essen) wird für

Kilwa Peninsula und Inseln

zusätzliche 15 US$ angeboten. Die möglichen Aktivitäten reichen von Schnorcheln über Tauchen, Angeln, Segeln bis zu Dhaufahrten. Tel. (0784) 624664, 748888, im Hauptbüro in Dar Es Salaam: Tel. (022) 2650251, Internet: www.kilwa.de, E-Mail: info@kilwa.net, baobabvillage@raha.com.

● **Upepo Pwani Lodge**
Die neueste Lodge am Nordoststrand von Masoko. Erst kürzlich eröffnet. Aktuelle Infos im Internet unter: www.kilwa-safari.com, E-Mail: upepoinfo@kilwa-safari.com.

Alle Unterkünfte organisieren Transport und geführte Touren zu den Ruinen von Kilwa Kisiwani.

● Als landestypische Guesthouses sind das **Masoko Hilton** und das **New Mjaka** zu empfehlen, beide an der Hauptstraße nahe des Marktes. Die Zimmer sind einigermaßen sauber und verfügen über Deckenventilatoren und funktionierende Duschen (ab 4000 TSh). Das Essen ist einfach, aber gut, gegenüber bietet das Masoko by Night Bar Restaurant mishkaki und Fischgerichte an.

● **Camping** ist möglich auf dem Grundstück der Upepo Pwani Lodge, nördlich von Masoko. Infos unter: www.kilwa-safari.com.
● Eine **Beach Bar** liegt hinter dem Gebäude der Distrikt-Verwaltung (ausgeschildert).

Notfall

● In Masoko gibt es ein kleines staatliches **Krankenhaus mit Apotheke.**

Verkehrsverbindungen

● **Coastal Travel** (www.coastal.cc, siehe bei Dar es Salaam) fliegt mehrmals die Woche von Dar es Salaam über Mafia nach Kilwa Masoko (ca. 120 $). Vor Ort ist Auskunft zu erhalten über die Unterkunft Kilwa Ruins.
● **Schiffsverbindungen** von Dar es Salaam gibt es keine, weder die M.V. Santorini noch andere Passagier- bzw. Fährschiffe machen einen Stopp vor Kilwa.
● Ansonsten bleibt die **Busfahrt,** täglich ab Dar es Salaam (Ortsteil Temeke/Kilwa Road) morgens ab 7 Uhr. Fahrzeit bis Kilwa Masoko

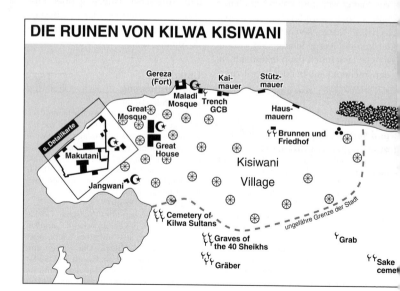

etwa 7 Stunden. Von Kilwa Masoko fahren täglich Busse nach Dar es Salaam, Lindi und Masasi. Nach Kilwa Kivinje verkehren mehrmals am Tag Dalla Dallas für 500 TSh.

Sonstiges

Bank, Post und **Tankstelle,** ein nicht besonders reichhaltiger **Markt** und ein paar einfache kleine **Einkaufsläden** befinden sich an der Hauptstraße.

Die Inseln Kilwas

Praktische Informationen

Am Ende der Hauptstraße, auf der man nach Masoko hineinfährt und die direkt bis zum Ufer führt, liegen ein paar einfache **Dhaus,** mit denen man zu den Inseln Kilwa Kisiwani, Songo Mnara und Sanje ya Kati übersetzen kann.

Zuvor muss man sich aber im Gebäude des District Cultural Office eine **Genehmigung** einholen, die den Caretakern und Guides auf den Inseln vorzuzeigen sind. Das große, nicht zu verfehlende Gebäude liegt auf der linken Seite der Hauptstraße unweit des Dhau-Hafens; es hat an Wochenenden geschlossen und ist sonst nur bis 15.30 Uhr geöffnet. Sind Ihre Personalien aufgenommen und hat man Ihnen den kostenlosen Permit erteilt, handeln Sie mit einem der Bootsführer an der Anlegestelle den Fahrpreis zu den Inseln aus. Die Fahrt zur 2 km entfernten Hauptinsel **Kilwa Kisiwani** dauert etwa eine halbe Stunde und sollte nicht viel mehr als 1500 TSh pro Person kosten.

Dann wird man bei den Caretakern auf der Insel vorstellig (meist wird man schon erwartet). Diese zeigen Ihnen gerne den Weg, ein Trinkgeld von etwa 2000 TSh für eine komplette Rundtour ist angemessen. Mittlerweile (2007) gibt es für 10 $ ein komplettes Angebot zur Besichtigung mit einem lokalen Fischer.

Die südlicheren Inseln **Songo Mnara** und **Sanje ya Kati** liegen 2–3 Stunden Fahrzeit entfernt; dorthin kostet es mindestens 15.000 TSh für das gesamte Boot, welches motorgetrieben sein sollte. Wegen der Spritkosten wird natürlich ein höherer Fahrpreis in Rechnung gestellt.

Planen Sie ausreichend Zeit für den Besuch ein, am besten einen vollen Tag: Zum einen nehmen die Prozedur der Permit-Ausstellung und das Organisieren eines Bootes zu einem fairen Preis Zeit in Anspruch, zum anderen wird Sie das Wandeln auf den Spuren des einstigen Sultanats in seinen Bann ziehen. Denken Sie an genügend Trinkwasser und evtl. an Knabberzeug.

Auf den Inseln Kilwas gibt es keine Unterkünfte, nur in Kilwa Masoko bestehen Übernachtungsmöglichkeiten (s.o.).

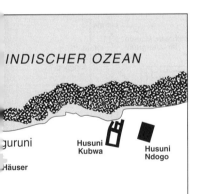

Kilwa Kisiwani

Auf Kilwa Kisiwani findet sich die **größte Ansammlung von Ruinen.** Die Stadt Kilwa hatte eine West-Ost-Ausdehnung von etwa 1 km und zog sich vom Nordufer ungefähr 600 m landeinwärts. Direkt am Nordufer steht das alte **Omani Fort,** errichtet auf den Fundamenten des früheren portugiesischen Forts Anfang des 19. Jahrhunderts; eine große Holztür ziert den Eingang. Das Fort wird *gereza* genannt, was im Swahili Gefängnis bedeutet und vom portugiesischen *fortaleza* (Fort) stammt.

Die **Große Moschee** stammt aus dem 12. Jahrhundert und wurde bis ins 15. Jahrhundert hinein immer weiter ausgebaut und galt als die größte Moschee Ostafrikas. Das direkt südlich anschließende **Great House** war einst ein komplexes Gebäude und wahrscheinlich der Palast des Sultans. Im Innern befinden sich vier Gräber; eines soll das eines Sultans sein.

Die **kleine Kuppel-Moschee** aus dem 15. Jahrhundert ist das besterhaltene Gebäude der Insel, in dem heute noch Fischer ihre Gebete abhalten. Der lange, schmale Raum an der Ostseite soll als Koran-Schule gedient haben.

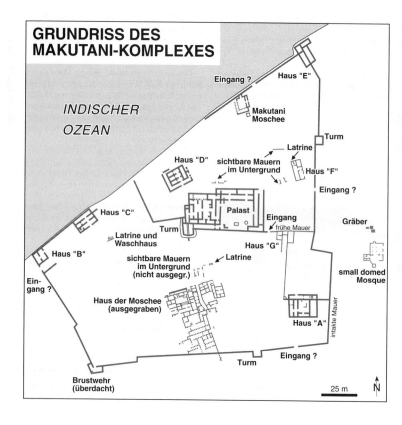

Der Komplex mit der großen Mauer ganz im Westen der Insel wird **Makutani** („in der großen Mauer") genannt. In der Mitte steht ein Palast aus dem 18. Jahrhundert, südlich davon ein weiterer Sultanspalast mit einer Moschee aus dem 15. Jahrhundert.

Ganz im Osten, etwa 1,2 km vom Fort entfernt, stehen die Grundmauern des **Husuni Kubwa,** einst das größte voreuropäische Gebäude des tropischen Afrika. Errichtet auf einer Klippe, veranschaulicht dieser monumentale Bau, welch große Bedeutung Kilwa einmal zugekommen sein muss. Über 100 Räume soll das Bauwerk gehabt haben. Deutlich zu erkennen sind noch das achteckige Schwimmbad, der Palasthof, der Audienzhof und der große Südhof. Ursprünglich Sultanspalast in der Zeit der Shirazis, sollte das Gebäude ein Fort für einen französischen Außenposten im südlichen Sklavenhandel werden; dazu kam es jedoch nicht.

Getrennt durch einen ehemaligen Kanal steht daneben das großflächige **Husuni Ndogo,** das wahrscheinlich auf das 15. Jahrhundert zurückgeht, wobei man nicht weiß, welche Funktion es einmal hatte.

Songo Mnara

10 km südlich von Kilwa Kisiwani liegt die Insel Songo Mnara (Mnara = „Minarett"). Die Insel ist dichter bewachsen, die Ufer sind von Mangroven überzogen, reichlich Kokospalmen spenden Schatten. Im Norden der Insel sind einige sehr komplexe Wohnhäuser und Moscheen aus dem 14. und 15. Jahrhundert teilweise ausgegraben worden.

Im Südwesten der Insel liegt **Sanje Majoma,** ein Gebiet, das ebenfalls für seine alten Moscheen bekannt ist, die hier noch hohe Mauern und Dachgewölbe erkennen lassen.

Sanje ya Kati

Auf der kleinsten Insel stehen ebenfalls Gebäudereste und eine Moschee, die auf das 13. Jahrhundert zurückgehen, als sich hier eine kleine Randgruppe der Shirazis von Kilwa absetzte und die Insel für sich in Anspruch nahm.

Lindi ♪ XXI,C2

Lindi ist Verwaltungssitz der großen Lindi-Region. Die Kleinstadt mit etwa **75.000 Einwohnern** ist zentraler Marktort für die dicht besiedelten Rondo- und Makonde-Plateaus, welche sich von hier landeinwärts erstrecken. Die Küstenstadt, die an der Mündung des Lukuledi River in die **Bay of Lindi** liegt, verfügt nur über einen kleinen Hafen, der jedoch während der Regenzeit, wenn Lindi auf dem Landweg von Dar es Salaam abgeschnitten ist, für die Stadt lebenswichtig ist. Auch von Lindi führte einmal eine Karawanenroute in Richtung Nyasa-See. Der Sultan von Sansibar regierte über den Ort bis Ende des 19. Jahrhunderts. Im Stadtbild erinnern daran lediglich die Reste eines arabischen Turms zwischen Stadion und Bucht.

Residenzen entlang der Bucht und alte, verfallene Gebäude aus deutschen kolonialen Tagen erinnern an die Zeit, als Lindi **Bezirksamtssitz** des Südostens der deutschen Kolonie war. Damals siedelten mehrere deutsche Pflanzer im fruchtbaren Umland, und der Lukuledi war mit kleinen Dampfschiffen bis Narunya schiffbar, von wo eine Privat-Bahn noch einige Kilometer flussaufwärts führte, von der jedoch heute nichts mehr übrig ist. Damals wurden Sisal und Kautschuk von den Plantagen zum Hafen gebracht.

In der englischen Mandatszeit kam das Aus für Lindi, als weiter südlich an der Tiefwasserbucht von Mikindani die Stadt Mtwara errichtet wurde.

Der heutige Stadtkern von Lindi wirkt sehr verfallen, wenige Straßen sind geteert. Geschäftiges Treiben wie in anderen Städten existiert kaum.

Sehenswert sind die **alten Gebäude in der Bucht.** Hier stehen aus deutscher Zeit noch die von Baumwurzeln umschlungene Boma (damals kaiserliches Bezirksamt), die Überreste einer Lagerhalle auf Stelzen (ähnlich wie die Reste in Bagamoyo), eine Schule und alte Wohnhäuser. Lindis schönstes Gebäude ist die alte Mission der Benediktiner, ebenfalls an der Bucht.

Von den westlich von Lindi gelegenen **Hügeln Mpilipili und Mtanda** bieten sich schöne Blicke über die Stadt an der Bucht. Den Mtanda erreichen Sie auf der Straße, die gegenüber dem Krankenhaus den Berg hinaufführt.

Unterkunft und Verpflegung

- Beste Unterkunft ist das **Malaika Hotel mit Restaurant,** Tel. (023) 2202880, an der Market Street. Saubere und gemütlich hergerichtete Zimmer mit eigenem Bad/WC kosten ab 7500 TSh.
- Eine einfache und einigermaßen saubere Unterkunft mit schöner Lage am Strand ist das **Coast Guest House.** Die Zimmer haben Deckenventilator und Moskitonetz, Bad/WC ist gemeinnützig; Kostenpunkt 2000 TSh. Essen gibt es keins.
- Im Zentrum sind vor allem das **Nankolwa Guesthouse** (6000 TSh) sowie das **South Honour Guest** beliebte Unterkünfte.
- **Restaurants** in Lindi sind sehr einfach und haben meist die üblichen chicken/chips- oder fish/rice-Gerichte. Das Restaurant im Malaika Hotel ist vorzuziehen. Ansonsten bietet noch der einfache **N.B.C. Club** eine schöne Atmosphäre für ein kaltes Getränk am Nachmittag.
- **Camping** ist in Lindi nicht möglich, im Mitema Beach Resort (s.u.) lässt sich gegen Absprache zelten.

Krankenhaus

- **Staatliches Krankenhaus,** an der Straße nach Norden etwa 500 m hinter dem Markt.

Verkehrsverbindungen

Schiffsverkehr nach Lindi ist nur über Mtwara möglich; von dort kann man mit dem Bus weiter nach Lindi fahren (siehe bei Dar es Salaam und Mtwara).

- **Air Tanzania** fliegt Lindi als Zwischenstopp zwischen Dar es Salaam und Mtwara an.
- Während der Trockenmonate fahren täglich morgens, meist schon um 5 Uhr, **Busse über Nagurukuru** (von hier besteht regelmäßiger Anschluss nach Kilwa) nach Dar es Salaam (Fahrzeit bis zu 12 Stunden).
- Nach Mtwara und Masasi (in Mingoyo umsteigen) verkehren mehrmals täglich **Busse und Dalla Dallas.**
- Einen **Direkt-Bus nach Songea** gibt es nur zweimal in der Woche (Fahrzeit 16 Std., oft Übernachtung in Tunduru).

Sonstiges

Im Zentrum befinden sich **Bank, Post, Tankstellen** und zahlreiche Marktstände.

Strände

- Die palmengesäumte **Lindi Bay** mit alten Bänken aus Lindis besseren Tagen hat einen

LINDI

einladenden Badestrand, auch wenn die Mündung des Lukuledi dafür sorgt, dass das Wasser nicht sehr klar ist.

• Nördlich von Lindi liegt der schönere **Sandstrand von Ras Mbura**. An Wochenenden kommen gelegentlich Indische Familien aus der Stadt zum Baden, sonst ist der Strand nahezu menschenleer. Ras Mbura ist auf der Straße in Richtung Kilwa zu erreichen; 5 km (ab Kreisverkehr) befindet sich ein Abzweig

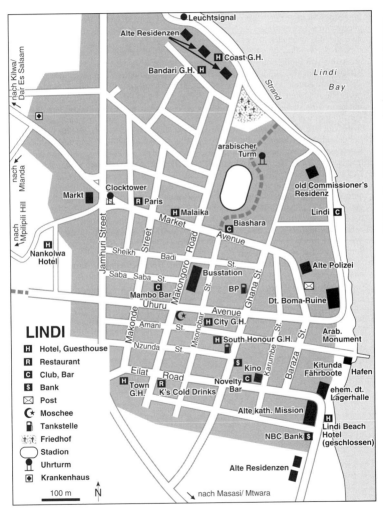

Südliche Swahili-Küste und Selous Game Reserve

Dinosaurierfunde am Tendaguru-Hügel

1907 bestritt der deutsche Ingenieur *Bernhard Sattler* eine Erkundungsexpedition im Bezirksgebiet von Lindi. Dabei stolperte er über einen Dinosaurierknochen, groß wie ein Holzstamm, den wechselnde Witterungseinflüsse im Laufe der Zeit freigelegt hatten. Seine einheimischen Begleiter erzählten ihm von einer Legende, nach der ein Menschen fressendes Monster durchs Land zog und ganze Dorfgemeinschaften tötete. Mutige Krieger stellten sich dem Riesen am Tendaguru-Hügel nahe des Mbwemburu-Flusses und bezwangen ihn schließlich in einem blutigen Kampf.

Nach *Sattlers* Bericht in die Heimat machten deutsche Expeditionen des Naturkundemuseums von Berlin unter der Leitung von *Wilhelm Branca* zwischen 1909 und 1913 Ausgrabungen von Saurierskeletten. Finanziert von namhaften Firmen, wurden in der Zeit nahezu eintausend Afrikaner rekrutiert, um beim Ausgraben, Freilegen und Abtransport Hilfe zu leisten. Mit der Zeit entstanden ganze Arbeitersiedlungen, und die Ausgrabungen erstreckten sich über Dutzende von Kilometern. Für Kolonnen von Hunderten von Trägern wurde ein Weg bis zum ca. 100 km entfernten Hafen von Lindi angelegt, wobei auch Flüsse durchwatet werden mussten. Savannengras wurde großflächig gerodet und als Verpackungsmaterial an Ort und Stelle verwendet. Für leicht zerbrechliche Funde wurden zum Transport Baumstämme der Länge nach durchtrennt und ausgehöhlt. Insgesamt wurden 250 Tonnen fossiles Knochenmaterial ausgegraben. Vieles von dem, was in Holzkisten per Dhau nach Dar es Salaam und dann weiter mit dem Dampfer nach Berlin ging, steht heute noch originalverpackt im Berliner Museumskeller. In voller Größe aufgebaut steht im Besuchergebäude an der Invalidenstraße das Skelett eines 22 m langen und 12 m hohen **Brachiosaurus brancai** in der eigens dafür gebauten Glaskuppelhalle. Benannt wurde das Tier nach dem damaligen Museumsdirektor. Das Exemplar zählt zu den größten Saurierskeletten, die jemals auf der Welt gefunden wurden und ist der größte montierte Dinosaurier der Welt. Etwa eine Tonne Grünzeug musste der Vegetarier pro Tag zu sich nehmen.

Ein zweites, ebenso beeindruckendes Skelett ist das eines **Kentrurosaurus aethiopicus** mit einer Höhe von 1.70 m und 4.80 m Länge, einst ebenfalls ein reiner Pflanzenfresser. Das Alte beider wird auf 145 Millionen Jahre geschätzt.

Derzeit bestehen wieder Kontakte zu tansanischen Behörden, und Paläontologen des Museums planen weitere Ausgrabungen am Tendaguru-Hügel. Interessierte vor Ort müssen bei der District-Verwaltung in Lindi vorstellig werden, um eine Genehmigung für den Besuch des Gebietes zu erhalten. Dort wird einem auch ein Führer mitgegeben.

zum einfachen **Mitema Beach Resort,** welches eigentlich nur auf Tagesbesucher und Wochenendkundschaft eingerichtet ist. Auf der Kilwa Road noch 1,5 km weiter liegt das **Tipuli Beach Resort.** Der Strand hier ist allerdings nicht so schön, Korallen dominieren!

Ausflug: Lake Rutamba

Ein kleiner See im Westen Lindis, am Fuße des Rondo-Plateaus, kann mit eigenem Fahrzeug besucht werden. Vom Baden ist zwar abzuraten, doch eignet sich das Umland, um einen Einblick in das ländliche Leben der Mwera zu bekommen.

Fahren Sie Richtung Masasi, und biegen Sie nach 16 km hinter Lindi beim Dorf Ngongo rechts ab. Von hier sind es 23 km bis zum Dorf **Rutambo,** bei dem man schon kurz zuvor den kleinen See rechter Hand erblickt.

Routenbeschreibungen ab/nach Lindi

Kilwa – Nangurukuru – Lindi (205 km)

● Anfangs alte Asphaltdecke, dann akzeptable Piste. Fahrzeit 5–7 Stunden. Busverbindungen ab Kilwa Kivinje und Kilwa Masoko.

Von Kilwa fährt man zunächst 29 km zurück in Richtung Norden. Am großen Kreisverkehr bei Nangurukuru hält man sich links in Richtung Lindi. Die Piste ist in gutem Zustand und führt durch wenig besiedeltes Gebiet entlang der östlichsten Ausläufer des großen Miombo-Trockenwaldes. Nach 99 km durchfährt man den Ort Mandawa, wo Palmen und Bananenstauden eine herrliche Szenerie bilden. Nach weiteren 70 km führt die Straße wieder zur Küste und man fährt die Bucht von Mchinga entlang. Bei km 205 wird Lindi erreicht.

Lindi – Mingoyo – Ndanda – Masasi (147 km)

● Anfangs alte Teerdecke, ab Mingoyo gute Asphaltstraße. Fahrzeit 2 Std. Busse s.o.

Man verlässt Lindi über die Ghana Street und fährt den ersten Teil der Strecke über eine alte, mit Schlaglöchern versehene Asphaltstraße. Bei **km 24** erreicht man das große **Kreuzungsdorf Mingoyo** (auch Mnazi Moja genannt). Viele Busse nach Mtwara halten hier, und wer weiter nach Masasi fährt, bekommt hier Anschluss. Zahlreiche Essensstände haben sich deswegen ausgebreitet und bieten ein reichhaltiges, schmackhaftes Angebot (Obst, Samosas, Kebabs etc.).

In Mingoyo hält man sich rechts und folgt der guten Asphaltstraße am Lukuledi-Flusstal entlang. Diese wichtige Verkehrsachse bis Masasi hat zahlreiche Bewohner angelockt, und so passiert man viele Dörfer. Im Norden präsentieren sich die Hänge des Rondo-Plateaus.

Bei Mtama, 43 km hinter Mingoyo, besteht die Möglichkeit, über das Makonde-Plateau nach Newala im Süden zu fahren (70 km). Die Straße zweigt mitten im Ort ab (leicht zu erkennen) und führt über ein paar Kurven auf das Plateau. Durch die dichte Vegetation

LINDI – MINGOYO – NDANDA – MASASI

sieht man wenig, was bis Newala größtenteils so bleibt und die Route nicht gerade empfehlenswert macht. Zudem ist die Piste bei Regen sehr schmierig.

Auf der Fahrt weiter nach Masasi überquert man den Lukuledi River; linker Hand wird der **bis zu 600 m hohe Abbruch des Makonde-Plateaus** immer steiler.

Bei km 109 ist **Ndanda** erreicht (s.u.). Kurz vor Masasi erheben sich nördlich die **Masasi-Inselberge** auf über 900 m Höhe und bilden das Wahrzeichen des Ortes (s.u.).

Lindi – Mingoyo – Mikindani – Mtwara (103 km)

● Anfangs Asphaltstraße mit kratertiefen Schlaglöchern, danach besser. Fahrzeit 2 Std. Busse siehe Lindi.

Ab Lindi alte Asphaltstrecke; in Mingoyo **(km 24)** links halten (ausgeschildert) und weiter auf der nun stellenweise kaputten Asphaltstraße durch dünn besiedeltes Gebiet in Richtung Süden fahren. 70 km hinter dem Abzweig erreicht man unmittelbar am Ozean den nostalgischen Ort Mikindani. 8 km weiter zweigt kurz vor Mtwara rechts die Straße in Richtung Newala, Flughafen und Mosambik ab. Beim Abzweig geradeaus weiter folgt nach 1,5 km der Kreisverkehr von Mtwara.

Straße in Lindi

Mikindani ⌕ XXI,D2

Wunderschön an der gleichnamigen, von dichten Mangroven bewachsenen Bucht gelegen, war der heute 10.000 Einwohner zählende Ort vom 17. Jahrhundert an – wie Kilwa Kivinje – ein bedeutender **Handelsort für Sklaven und Elfenbein;** hier endete eine Karawanenroute, die vom südlichen Nyasa-See den Ruvuma River entlangführte. In dieser Zeit unterstand der Ort dem Sultanat von Oman/Sansibar.

Ende des 19. Jahrhunderts ließ jedoch der Handel mit der Ware Mensch nach, und die deutsche Kolonialverwaltung baute ein erstes **Fort** (Boma genannt), das lange als Gefängnis diente, heute jedoch nur noch eine große Ruine an der Hauptstraße Richtung Mtwara ist. 1895 wurde dann das zweite Bezirksamt am Berg errichtet, das heute als **The Old Boma** die vornehmste und klassischste Hotel-Unterkunft in diesem Teil Tansanias ist (s.u.). Im Ort ist noch der alte, restaurierte Sklavenmarkt der Araber zu sehen: eine gemauerte, Schatten spendende und mit hohen Torbögen versehene Halle, die jetzt an den Seiten zugemauert ist und in welcher sich einzelne Geschäfte befinden. Einige alte Häuser mit schon halb zerfallenen Holztüren voller Schnitzereien im Sansibar-Stil zieren hier und da das Ortsbild. An der Bucht verrät eine alte Brücke aus Stahlträgern den Verlauf der Küstenstraße während der deutschen Kolonialzeit.

Mikindani ist anders als die bekannteren Swahili-Orte wie Bagamoyo, Pangani usw. Die Lage an der Bucht mit der gegenüberliegenden kleinen Insel Pemba und die Hügelkette, welche sich direkt hinter dem Ort erhebt, verleihen dem Ort eine andere **Atmosphäre,** noch **ruhiger** als an der Nordküste Tansanias scheint hier der Lebensryhthmus zu sein. Die Bevölkerung des kleinen und fast in Vergessenheit geratenen Mikindani (während der englischen Mandatszeit zogen die Verwaltung und der kommerzielle Handel nach Mtwara) gibt sich sehr freundlich, aufdringliche Beachboys oder Souvenir-Verkäufer sind hier unbekannt. Allerdings fehlt Mikindani auch ein Strand, in der Bucht lässt sich nur schlecht baden und sonnen. Über das Trade-Aid-Büro in der Old Boma (s.u.) lassen sich jedoch Transfers zu Stränden auf der anderen Seite der Bucht organisieren. Auch geführte Besichtigungs-Spaziergänge durch das alte Mikindani können unternommen werden.

Mittlerweile hat sich eine **Tauchbasis** etabliert, die mit eigenen Booten Tauch- und Schnorcheltouren zu den nahe gelegenen Riffs anbietet (Infos zu Mikindani unter: www.mikindani.com).

Unterkunft und Verpflegung

●**The Old Boma at Mikindani**
Tel. (0784) 360110, (075) 6455978, E-Mail: oldboma@mikindani.com. Das 1895 erbaute deutsche Fort, später kaiserliches Bezirksamt, wurde 1999 von einem englischen Geschäftsmann und der von ihm ins Leben gerufenen Stiftung Trade Aid komplett renoviert und in ein schmuckes Hotel mit nur sechs Zimmern verwandelt. Die Zimmer sind nicht nummeriert, sondern mit Namen wie *Livingstone, Lettow-Vorbeck* usw. gekennzeichnet. Durch die erhöhte Lage ist die Aussicht auf die Bay von Mikindani grandios, der große Swimmingpool und das sehr gute Essen gepaart mit einem engagierten Service machen The Old Boma zu einem Geheimtipp an der weit entfernten Südküste von Tansania. Wirklich empfehlenswert! Jedes Zimmer ist im Swahili-Stil eingerichtet, mit Deckenventilator, Moskitonetzen, Bädern mit Badewannen und zum Teil großen Balkons (speziell die Zimmer zur Bucht hin sind zu empfehlen). Der Preis für ein DZ liegt bei 90–110 $. Für Nicht-Hotelgäste kostet ein Abendessen 5000 TSh. Vom Hotel werden Ausflüge zum Mnazi Bay Marine Reserve und ins Lukwila Lumesule Game Reserve unternommen.

●**Ten Degrees South Lodge**
Tel. (023) 2334053. Kleine, einfache Hotel-Pension in einem alten arabischen Handelshaus des Engländers *Julian Spicer,* ideal für Backpacker. Das Wohnhaus verfügt über ein paar Zimmer, welche alle mit alten Möbeln versehen sind und große Doppelbetten und Moskitonetze haben. Ein DZ kostet 10.000 TSh. Das Restaurant vor dem Haus ist gut, es werden internationale und indische Speisen angeboten. Nur drei Minuten zu Fuß von der Old Boma und den Gassen Mikindanis.
Internet: www.tendegreessouth.com,
E-Mail: tendegreessouth@twiga.com.

Mtwara ♪ XXI,D2

Mtwara ist alles andere als eine attraktive Stadt. Die **80.000 Einwohner** zählende Hafenstadt ist Ende der 1940er Jahre auf dem Zeichenbrett der britischen Mandatsverwaltung entstanden. Grund hierfür war ein großflächiges **Erdnuss-Projekt,** dass 1946 im Hinterland von Masasi begonnen wurde. Das ursprüngliche Fischerdorf Mtwara war wegen seiner Tiefwasserbucht, die noch zusätzlich ausgebaut wurde, ein idealer Standort für einen großen Haten, da Lindi, die bis dato einzige Stadt im Südosten des Landes, nicht von großen Schiffen angelaufen werden konnte. Man baute eine Eisenbahn von Mtwara über Ruo nach Nachingwea und Masasi, um einen besseren Abtransport der Erdnüsse zu gewährleisten. Umgerechnet über 30 Millionen Euro wurden in dieses Mammut-Projekt gesteckt, denn es galt, den hohen Bedarf an Pflanzenfett, der nach dem 2. Weltkrieg in Großbritannien entstanden war, zu decken. Mtwaras Hafen wurde mit modernen Anlagen für große Schiffe ausgestattet. Die Stadt sollte als anspruchsvolle „Gartenstadt" entstehen. Ein großes Straßennetz mit Kreisverkehren wurde für die vielen zu erwartenden Wohnhäuser und Geschäftsgebäude angelegt. Dazwischen sollten prächtige Gartenanlagen nach englischem Vorbild entstehen. Ziel war es, eine Stadt für über 200.000 Einwohner zu schaffen, ja, man sprach sogar

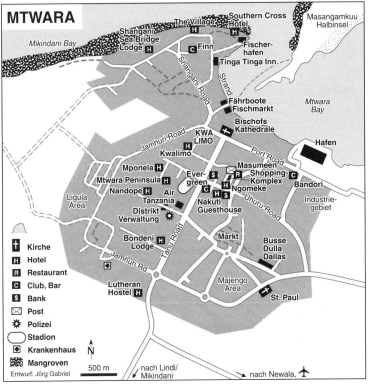

DIE MAKONDE

Die Makonde

Die Makonde bilden mit einer Bevölkerung von etwa einer halben Million Menschen eine der größten Volksgruppen Tansanias. Ein Teil von ihnen ist im 18. und 19. Jahrhundert in das Gebiet nördlich des Ruvuma River eingewandert und kam aus Ndonde, einer großen Savannenlandschaft im Herzen Nordmosambiks. In der Folgezeit beschränkte sich ihr Lebensraum zunehmend auf das heute als Makonde-Plateau bekannte Bergland. Dass die Makonde sich auf dem eigentlich wasserarmen Bergplateau ansiedelten, lag daran, dass sie von Westen her von Ngoni-Kriegern bedrängt wurden und entlang der Flüsse Lukuledi und Ruvuma Karawanenrouten der Sklaven eintreibenden Araber verliefen. Viele Makonde fielen dennoch den Sklavenhändlern zum Opfer.

Während des Bürgerkrieges in Mosambik kamen viele Flüchtlinge über die Grenze (die meisten waren vom Volk der Mosambik-Makonde) und ließen sich im ohnehin schon sehr dicht besiedelten Bergland nieder, was dazu führte, dass die Nahrungsmittelversorgung nicht mehr ausreiche und große Hungersnöte ausbrachen. Einige Makonde, vor allem diejenigen, die die Schnitzkunst beherrschten, zogen bis in den Norden des Landes und fingen an, Schnitzerkooperativen zu bilden.

Jetzt, wo der Krieg im Nachbarland sein Ende gefunden hat, kehren nur wenige Flüchtlinge zurück auf die andere Seite des Ruvuma. Sie wissen über die Gefahren der wahllos im Land verstreuten Tretminen, zudem haben sich viele eine (bescheidene) Existenz in Tansania aufgebaut, die sie verständlicherweise nicht aufgeben wollen.

Die Schnitzkunst der Makonde

Das Volk der Makonde ist für seine **unverwechselbaren surrealistischen Holzschnitzereien** in der Kunstwelt bekannt.

Schon früh wurden ihre Holzplastiken und Bildhauerarbeiten von europäischen Kunstliebhabern gesammelt, und die Makonde erkannten darin eine neue Einnahmequelle. Heute leben viele von ihnen in den Großstädten, wie Maputo, Dar es Salaam, Arusha und Nairobi, zusammengeschlossen in Holzschnitzerkooperativen.

Das zumeist verwendete Material ist **Ebenholz** (lat. *Dalbergia melanoxylan*, Swahili: *mpingo*), ein dunkles, sehr hartes Holz, das von Hand sehr schwer zu bearbeiten ist. Umso erstaunlicher, mit welch einfachen Werkzeugen die Künstler das glatte, glänzende Holz in verblüffende Formen verwandeln.

Die Themen der Künstler reichen von der Darstellung alltäglicher Szenen über die Welt ihrer Götter und Geister, der Beziehung zwischen Mensch und Tier bis hin zum Tod. Die phantasievollen Arbeiten geben Geschichte und Mentalität des Volkes wieder.

Bekannt geworden sind vor allem die „Shetani-Darstellungen" und die „Ujamaa-Kompositionen". Die Shetani-Figuren behandeln Themen der Tier-, Fabel- und Geisterwelt und werden meist sehr abstrakt bzw. surreal dargestellt. Je präziser ein Element ausfällt, desto intensiver die Wertschätzung ihm gegenüber. Identifizieren sie sich mit einem Thema nicht so sehr, kann die Ausdrucksform auch satirisch sein und wie eine Karikatur wirken. Auf diese Weise werden Missstände in ihrer Gesellschaft oder aus ihrem Umfeld verbildlicht.

Die **Ujamaa-Darstellungen** sind vielleicht die faszinierendsten. Hier werden mehrere Figuren miteinander verwoben oder übereinander aufgetürmt. Sie sind wie Familienalben, in ihnen werden die Lebenden, die Sippe und die Familie hervorgehoben. Häufig steht an der Spitze eine Mutterfigur. Von oben nach unten wird oft die traditionelle Großfamilie inklusive Ahnen präsentiert, wobei hier die Einigkeit, der „Ujamaa-Gedanke", im Vordergrund steht. Denn Ujamaa betont den Zusammenhalt der Menschen zur Lösung gemeinschaftlicher Probleme und zur Verbesserung der Lebensbedingungen.

In den Schnitzerkooperativen Dar es Salaams hat sich jedoch ein neuer Stil eingeschlichen. Makonde-untypische Figuren dominieren zunehmend die Arbeit der Künstler. Grund hierfür ist der Tourismus. Dieser hat Objekte entstehen lassen, die sich nach den Bedürfnissen und Wünschen der zahlungskräftigen Kunden aus dem Ausland richten. So kommt es, dass Kerzenständer, Aschenbecher, Massai-Krieger, Jesus-Figuren und sogar Coca-Cola-Flaschen aus Ebenholz hergestellt werden. Und die wenigsten Souvenirjäger merken es, wenn vielleicht nur „normales" Holz (Mango, Neem) verwendet und mit schwarzer Schuhcreme auf garantiert echt poliert wurde ... Den Makonde ist kein Vorwurf zu machen: Für viele landlose Makonde ist es ein Geschäft zum Überleben geworden, die Anpassung an die westliche Nachfrage ist daher um so verständlicher.

Ein gutes, allerdings nicht ganz billiges Angebot bekommen Sie im Dar es Salaam Mwenge Handicrafts Center (siehe bei Dar es Salaam, „Sehenswertes außerhalb").

● **Literaturtipp:**
Roger Fouguer, Die Makonde und ihre Kunst. Vier-Türme Verlag, München

von einem „zweiten Mombasa". Zudem sollte die neue Stadt zur Förderung des unterentwickelten Südostens beitragen.

Doch die erhofften Erträge der Erdnussfarm blieben aus, und als der weltweite Bedarf an Erdnussprodukten zurückging, verlor das Projekt Mtwara an Bedeutung. Hinzu kamen die Unabhängigkeitsbestrebungen in Tanganyika und der damit schwindende Investitionsdrang der Briten.

Heute ist Mtwara ein Paradebeispiel für ein fehlgeschlagenes europäisches Entwicklungsprojekt. Die derzeitigen wirtschaftlichen Aktivitäten in der Stadt beschränken sich auf einen weit unter Kapazität arbeitenden Hafen, ein Abfüllwerk für Getränke und eine Fabrik zur Verarbeitung von Cashew-Nüssen.

Sehenswürdigkeiten bietet die flache Stadt **keine.** Vieles liegt 2–3 km auseinander und ist am besten mit dem Taxi zu erreichen. Interessant sind die **Wandgemälde** der St. Paul's Church in der Majenge Area. Diese wurden von dem ortsbekannten deutschen Benediktiner-Priester *Polycarp Ühlein* angefertigt, um den Tansaniern die Lehren des Christentums näher zu bringen. *Ühlein* dekorierte auf diese Art eine ganze Reihe von Kirchen im Südosten Tansanias. Bei der St. Paul's Church verkaufen jeden Mittwochmorgen Makonde-Schnitzer ihre Kunstwerke. Permanente Stände befinden sich an der Straße in Richtung Mikindani, ca. 1 km aus der Stadt draußen.

Schließlich bieten Mtwaras **herrliche Sandstrände** im Süden schöne Bademöglichkeiten, und das nahe gelegene Mikindani ist ein interessanter Ausflugsort (siehe oben).

Unterkunft

Hotels

Die besseren Unterkünfte Mtwaras liegen im ehemaligen Europäerviertel auf der Shangani-Halbinsel 3 km vom Zentrum/Busstand entfernt, ein Taxi ist daher ratsam.

●**The Village**
Tel. (023) 2333670, 0744-691709. The Village ist ein Hotel direkt am Strand mit großen Zimmern (self-contained) ab 25 $ pro Person mit Frühstück. Ein gutes Restaurant mit offener Terrasse und Blick auf das Meer und die Frauen und Kinder, die bei Ebbe Muscheln sammeln, lassen einen für kurze Zeit vergessen, dass man im wenig attraktiven Mtwara verweilt. The Village setzt sich für den Erhalt der Makonde-Schnitzkultur ein und bietet auch Verkaufsmöglichkeiten für Schnitzerkooperativen. E-Mail: village_tz@yahoo.com.

●**Finn Club**
Tel. (023) 2333020. Ursprünglich nur für finnische Experten gedachter Club mit Gästehäusern, Swimmingpool und Tennisplätzen. Bei geringer Belegung auch für Touristen zugänglich. Die Unterkünfte sind sehr komfortabel, das Klub-Restaurant bietet gute Küche. In US-Dollar zu zahlen.

Preiswerte Unterkünfte

●**Shangani Club**
Direkt am Meer gelegen (kein Strand!), bieten die Zimmer eine einfache und saubere Übernachtungsmöglichkeit. Die Küche ist sehr gut, die Getränke sind kühl. Kostenpunkt: 10.000 TSh inkl. Frühstück und einer Mahlzeit.

●Im Bereich des Shopping Complex sind landestypische **Guesthouses** wie das **Ngomoke, Kusunva** und das **NBC** zu finden. Letzteres hat Deckenventilatoren, Moskitonetze und ein einfaches Restaurant. In der Nähe der Busstation liegt u.a. das akzeptable **Chirindima Guest House.** Preislich liegen alle zwischen 3000 und 5000 TSh.

MTWARA

- Von Reisenden empfohlen wurde außerdem das **Southern Cross Hotel** mit einem schönen Blick über den Hafen und das Lutheran Guest House.
E-Mail: msemo@makondenet.com.

Camping

Zelten ist **evtl. auf dem Grundstück des Finn Club** möglich.

Essen und Trinken

Am besten kann man **in den Unterkünften auf der Shangani-Halbinsel** essen (s.o.); im Zentrum bietet lediglich das **Paradise Restaurant** gute Küche.

Notfall

Krankenhaus

- Ein Krankenhaus befindet sich **in der Jamhuri Road.**

Apotheke

- Eine Apotheke (duka la madawa) ist **im Shopping Complex.**

Verkehrsverbindungen

Mit dem Flugzeug

- Mtwara wird täglich von **Air Tanzania** angeflogen. Infos unter www.airtanzania.com und in ihrem Büro an der Tanu Road, Tel. (023) 2333147.
- **Precision Air** fliegt 3x wöchentlich nach Mtwara. Infos unter: www.precision-airtz.com. Einmal wöchentlich hat Precison Air ein Flugzeug zwischen Pemba in Mosambik und Mtwara im Einsatz.

Strand bei Mtwara

MTWARA (AUSFLÜGE)

Mit dem Schiff

Derzeit (2007) besteht kein regelmäßiger Passagierschiffsverkehr zwischen Dar es Salaam und Mtwara.

- Gelegentlich verkehren Frachtschiffe der DOAL (Deutsch-Ostafrika-Linie) oder der National Shipping Agency von Mtwara nach Moroni/Komoren (von dort Anschluss nach Mahajanga/Madagaskar) oder nach Nacala und Beira in Mosambik. Auskunft erteilt das Büro der **National Shipping Agency** im Hafengebäude, Tel. (023) 2333347, Fax (023) 2333430.
- Von dem Fischerdorf Msimbati an der Ruvuma Bay (47 km östlich von Mtwara) verkehren mehrmals pro Woche motorisierte Dhaus nach Palma im Norden Mosambiks. Nach Msimbati sind jedoch nur selten Dalla-Dallas unterwegs.
- Für die oben genannten Länder müssen Sie ein **Visum** haben, welches derzeit nur in Dar es Salaam zu bekommen ist. Einen Ausreisestempel erteilt Ihnen der Zoll im Hafen.

Mit dem Bus

- Während der Trockenmonate fahren täglich Busse nach **Dar es Salaam** (Abfahrt ab 6 Uhr, manchmal mit Übernachtung in Kibiti), **Lindi** (mehrmals am Tag), **Newala** und **Masasi**.
- Eine Weiterreise mit öffentlichen Verkehrsmitteln **nach Mosambik** ist möglich. Von Mtwara fahren Dalla Dallas nach Kirambo, dem tansanischen Grenzort am Rovuma Fluss.

Sonstiges

- Eine **Bank** (Tanzania Postal Bank/Western Union, Tel. (023) 2333530, E-Mail: tpb.mtwara@africaonline.co.tz) und eine **Post** befinden sich beim Shopping Complex, außerdem ein kleiner **Supermarkt**.
- Am Markt und beim Fischerhafen gibt es frischen **Fisch** (auch Rochen und Haie).
- An der Tanu Road sowie zwischen Markt und der St. Paul's Church haben Makonde-Schnitzer ihre Stände.

Strände

- Mtwaras einziger Strand befindet sich **am ehemaligen Mtwara Beach Hotel.**
- Die **Halbinsel Msangamkuu** direkt gegenüber verfügt ebenfalls über schöne Badestrände. Die Fischer hier nehmen einen gerne mit auf die andere Seite – gegen ein kleines Entgelt, versteht sich. In der Bucht von Mtwara wurden schon Walhaie gesichtet. Sie ernähren sich von Plankton und sind für den Menschen absolut ungefährlich!

Ausflüge

Mnazi Bay – Ruvuma Estuary Marine Park

Endlose Sandstrände bietet die **Msimbati Beach,** 37 km südöstlich von Mtwara. Dalla Dallas fahren von Mtwara über Madimba direkt bis zum großen Fischerort Msimbati. In Msimbati sind 10 US$ pro Tag Parkgebühren fällig. Vorsicht beim Schwimmen in der Nähe der Flussmündung, die Strömungen dort können gefährlich sein (siehe weiter unten).

Mikindani

11 km westlich von Mtwara liegt der ehemalige arabische Sklavenhafen von Mikindani (vgl. oben). Taxis vom Markt können einen für etwa 15.000 TSh hin- und zurückbringen.

Lake Chidya

Siehe Routenbeschreibung unten.

Routenbeschreibungen ab/nach Mtwara/Tunduru

Mtwara – Newala – Masasi (218 km)

● Mittelmäßige Piste. Fahrzeit 4–6 Std. Treibstoff in Newala. Busverbindungen täglich.

Die Fahrt führt über die südlichen Ausläufer des Makonde-Plateaus, auch Umakonde genannt, „Land des Volkes der Makonde".

Man verlässt Mtwara in Richtung Flughafen, hält sich dann aber rechts. **Nach 34 km** ist das von Palmen und Mango-Bäumen gesäumte Dorf **Naguruwe** erreicht. Bei der Kreuzung kommt man rechts nach ein paar hundert Metern an einen kleinen Fischersee. Links führt eine schmale und sandige Piste zum 29 km entfernten Fischerdorf Kitaya am Ruvuma-Fluss, wo sich der flache **Lake Chidya** erstreckt. Hier leben Flusspferde und Krokodile, an den grasreichen Ufern sind ab und an Wasserböcke zu beobachten.

Die weiteren 116 km bis Newala sind überwiegend sandige Piste (mit einem alten Asphaltstück bei Nanyamba), danach erfolgen der langsame Aufstieg auf das Makonde-Plateau und eine Fahrt durch viel Ackerland und Cashew-Nussfelder bis Newala.

Von **Newala** gibt es eine neu präparierte Piste über Nambunga, Mkoma, Mnyambe nach Ndanda zur Mission der Benediktiner.

Von Newala sind es 76 km bis **Masasi**. Die Fahrt den Steilhang des Makonde-Plateaus hinunter gehört sicherlich zu den eindrucksvollsten Abschnitten in dieser Region und offenbart einen weiten Blick auf die markanten Inselberge im Westen. Nach einer Fahrt durch eine weite Ebene erreicht man den Distriktort Masasi.

Masasi – Tunduru – Songea (468 km)

● Teils ausgefahrene und sehr einsame Piste, keine regelmäßige Treibstoffversorgung in Tunduru. Fahrzeit je nach Saison 9–13 Std.

Diese Marathon-Strecke vom Südosten Tansanias in die Nähe des Nyasa-Sees sollte nur mit einem zuverlässigen Geländewagen unternommen werden, da weite Teile der Strecke durch menschenleeres Gebiet führen.

Die auf vielen Karten zwischen Tunduru und Nantumbo eingezeichneten Ortschaften existieren zum größten Teil nicht mehr. Zwar bekam auf diesem Streckenabschnitt die Piste 1999 stellenweise ein neues Fundament, doch schaffen es die Regenzeiten immer wieder, eine Straße binnen kurzer Zeit in einen Holperweg zu verwandeln.

Am Ende der Asphaltstraße in Masasi – die nicht bis zum Ruvuma führt, wie dies auf allen Straßenkarten fälschlicherweise eingezeichnet ist – folgt man der Piste geradeaus weiter. Die Strecke bis Tunduru führt anfangs noch durch besiedeltes Gebiet und vorbei an riesigen, phänomenalen **Inselbergen,** die überwiegend im Süden mehrere hun-

Mtwara – Ruvula

Inselberge

dert Meter fast senkrecht aus der ansonsten flachen Ebene ragen.

Nach der Überquerung des Muhuwesi River, einem der großen Zuflüsse des Ruvuma, erreicht man nach 196 km Tunduru.

Die Weiterfahrt in Richtung Westen führt durch nahezu menschenleeres, typisches Miombo-Trockenwaldgebiet, bis man nach 200 km den Ort Namtumbo (gutes Guesthouse und Tankstelle) erreicht hat. Bis Songea sind es dann noch 72 km.

Mtwara – Ruvula (Mnazi Marine Reserve)/Kirambo (Ruvuma-River-Fähre/Mosambik-Grenze) (42/37 km)

● Akzeptable Piste. Fahrzeit bis Ruvula 1 Std., bis zur Grenze ebenfalls. Dalla Dallas bis Msimbati, von da zu Fuß nach Ruvula, Fahrzeuge bis zur Fähre ab Kirambo.

Man verlässt Mtwara über den Kreisverkehr, zweigt nach 1,5 km links ab in Richtung Flughafen/Newala. Bei **km 5** (ab Kreisverkehr) folgt eine Gabelung, an der man links fährt und nach 16,5 km das Dorf **Madimba** erreicht. Im Ort zweigt bei großen Mango-Bäumen links die Piste ins 17 km entfernte Msimbati ab, von wo eine tiefe Sandpiste zum 5 km weiter entfernten Ruvula

Sea Safari Camp von *Jean-Marie* bei Ruvula führt (s.u.).

Fährt man in Madimba geradeaus weiter, kommt nach 8 km im Ort Tangazi eine Gabelung, an der es links weiter geht zum 4,5 km entfernten **tansanischen Grenzposten in Kirambo.** Nach Abwicklung der Formalitäten und Erkundigungen zum Fahrplan der Autofähre über den Ruvuma fährt man dann noch weitere 4,5 km, bis der Fluss und die Grenze selbst erreicht sind. Aufgrund des niedrigen Wasserstandes kann die Fähre nur bei Flut verkehren, wenn genügend Meerwasser in die Mündung des Ruvuma drückt und den Wasserstand ansteigen lässt. In Kirambo gibt es nur einfachste Guesthouses als Übernachtungsoption. Die Grenzstation von Mosambik befindet sich 5,5 km vom Fluss entfernt, die Piste ist sandig bis ins 22 km entfernte Quionga, den ersten größeren Ort in Mosambik. Rucksackreisende müssen versuchen, auf einem der Fahrzeuge mitgenommen zu werden, welche die Strecke bis Palma in Mosambik fahren.

Mnazi Bay – Ruvuma Estuary Marine Park
♪ XXI,D2

Der Meeresstreifen von der Flussmündung des Ruvuma in den Indischen Ozean bis einschließlich der Msangamkuu-Halbinsel bei Mtwara ist kürzlich der **zweite Marine National Park Tansanias** geworden. Die Region ist u.a. bekannt für das Vorkommen von Seepferdchen, von den lokalen Fischern *bahati* (Glück) genannt. Auch Wale ziehen jahreszeitlich an der Bucht vorbei. Die Strände gehören zu den besten auf tansanischem Festland, besonders im Nordwesten bei **Ruvula,** wo sich spektakuläre Sonnenuntergänge verfolgen lassen. Viele Jahrzehnte hat man hier nur selten einen Besucher gesehen, die traditionelle Swahili-Gesellschaft lebt ohne moderne Technik weit weg von Tansanias Hauptstadt. Seit ein paar Jahren zieht Ruvula nun den einen oder anderen neugierigen Reisenden an. Investoren haben auch schon ihr Auge auf dieses südliche Paradies in Tansania geworfen. Der Marine National Park wurde kürzlich eröffnet, und es wird nicht lange dauern, bis auch hier der Tourismus Fuß fasst. Einige Safari-Unternehmen haben diese Region schon in ihrem Programm. Zurzeit (2007) kostet der Eintritt pro Tag 10 US$, zu zahlen an einer Schranke in Msimbati (Informationen unter: www.marineparktz.com und www.mikindani.com).

Unterkunft

●**Ruvula Sea Safari Camp**
Tel. (0784) 367439, (0784) 484184, Internet: www.ruvula.be. Der Belgier *Jean Marie Le Clement,* verheiratet mit einer Kongolesin, bietet 5 einfache, schöne Bungalows und Zeltmöglichkeit an der Westseite von Ruvula an. Vollpension im DZ 45 $, EZ 50 $ (gutes Essen), Camping 5 $ pro Person. Der Platz ist einsam, idyllisch und die lange Anreise wert. *Jean Marie* arrangiert auch den Transport mit Auto von/nach Mtwara. Als Aktivitäten werden Tauchen, Schnorcheln, Fischen, Kayaking in den nahen Mangroven und Wanderungen angeboten. Wer mit dem Fahrzeug anreist, kann von Msimbati aus die knapp

5 km bei Ebbe am Strand entlangfahren, ansonsten im Sand durch Palmenhaine.
● Eine weitere, gehobene Lodge-Unterkunft entsteht derzeit (2007).

Newala
♪ XXI,C3

Der überschaubare Ort wird als typische „Makonde Town" beschrieben, doch trifft das auf andere Orte in dieser Region nicht weniger zu. Am Ende des Ortes (wenn Sie einer großen Mango-Baum-Allee folgen) befindet sich ein **Fort aus deutscher Zeit,** in dem heute ein Teil der Distriktverwaltung und die Polizei untergebracht sind. Die Aussicht von der Boma ist grandios, bei klarem Wetter sieht man weit in die Ebene des Ruvuma hinein und bis zu den Bergen in Mosambik. Die Boma lässt sich nach Anfrage und gegen ein kleines Trinkgeld besichtigen.

Unterkunft

Als Unterkunft stehen ein paar **einfache Guesthouses** bereit. Außerhalb des Ortes, in Richtung Masasi, ist die **Plateau Lodge** eine akzeptable Unterkunft mit self-contained-Zimmern.

Ndanda
♪ XXI,C2

Hier befindet sich die in dieser Region bekannteste **Benediktiner-Mission** deutschen Ursprungs (St. Ottilien). Ndanda ist der Geburtsort des derzeitigen Präsidenten Tansanias, *Benjamin Mkapa*. Ein großes Anliegen ist es ihm, seiner Heimatregion zu einem Entwicklungsschub zu verhelfen, indem die Asphaltstraße von Lindi nach Dar es Salaam verwirklicht wird.

Auf dem großen Missionsgelände stehen eindrucksvolle Bauten aus der

Die Yao – Volk am Ruvuma

Etwa im Bereich der Verwaltungsgrenze zwischen der Mtwara- und der Songea-Region beginnt der Lebensraum der Yao, ein Volk, das wie die Makonde zu beiden Seiten des Ruvuma lebt. Ihr Name, so heißt es, stamme von einem Berg „Yao", an dem der erste Stammesangehörige geboren worden sei. Es ist jedoch unklar, um welchen Berg es sich hierbei handelt (wahrscheinlich um einen der imposanten Inselberge). Daß es den Berg jedoch geben muß, dafür spricht die Tatsache, daß das Volk sich in verschiedene Gruppen, die auch als clans bezeichnet werden, gliedert. Jeder dieser clans benennt sich nach einem der markanten Hügel, in dessen Nähe er lebt. So heißt z. B. eine Gruppe Amalambo, nach dem über 800 m hohen und weithin sichtbaren Inselberg Malombe im Süden des Dorfes Nakopi. Die einzelnen Gruppen leben friedlich miteinander, alle fühlen sich auch als Yaos. Heute ein reines Bauernvolk – nur gelegentlich wird gejagt –, waren sie im 19. Jahrhundert auch als Zwischenhändler der Araber bekannt, an die sie Elfenbein und auch Sklaven lieferten. Sogar eigene Karawanen zur Küste rüsteten sie aus.

Gründerzeit vom Ende des 19. Jahrhunderts. Noch heute arbeiten hier Ordensbrüder aus Oberbayern. Die Mission steht für Aufklärungs- und Ausbildungsarbeit in der Region. Auch der Präsident ging hier ein paar Jahre zur Schule. Für Besucher gibt es ein **Gästehaus,** Übernachtung für 10.000 TSh, Kontakt über Tel. (023) 2510532, Fax 2510533, Internet: www.inkamana.org/ohio/ndanda.htm, E-Mail: abbey@ndanda.de.

Masasi ⇗ XXI,C2

Die mittlerweile **20.000 Einwohner zählende Kleinstadt** ist **zentraler Marktort des Umlandes,** doch außer der schönen Lage an den 930 m hohen **Inselbergen Masasi Hills** hat sie touristisch nichts zu bieten und ist für die meisten Reisenden nur Übernachtungsstation auf der langen und beschwerlichen Reise nach Songea.

Masasi ist Ausgangspunkt für einen Besuch des kleinen **Lukwila Lumesule Game Reserve** am Rovuma-Fluss. Auskunft dazu bekommen Sie bei der Distrikt-Verwaltung oder in Mikindani im Hotel The Old Boma.

Unterkunft

Eine gute Unterkunft mit Moskitonetzen und internationaler Küche ist das **Sayaki Motel** für 7500 TSh die Nacht im DZ. Es liegt etwa 200 m nach dem Beginn der Asphaltstraße in Richtung Lindi auf der rechten Seite. Ebenfalls zu nennen sind die **Guesthouses Holiday Lodge** und **Masasi.**

Tunduru ⇗ XX,A3

Der Ort wirkt wie eine **sandige Wildwest-Stadt.** In den 1980er Jahren, als im Selous Game Reserve das Massakrieren der Elefanten und Nashörner stattfand, liefen viele Aktivitäten der organisierten Wilderer-Banden über diesen trostlosen Ort. In den vergangenen Jahren sind immer wieder Löwenrudel nachts in den Ort eingefallen und haben Menschen getötet – aus Rache für die Metzeleien des Menschen im Tierreich ...? Viele Bewohner sind daher im Besitz einer Waffe, die jedoch nicht offen getragen wird, weil die wenigsten eine Lizenz dafür haben.

Tunduru ist kein Ort für einen längeren Aufenthalt. Einfache Guesthouses und landestypische Restaurants liegen entlang der durch den Ort führenden Hauptstraße nach Songea. Hier befindet sich auch die Tankstelle, wo man inzwischen zumindest immer Diesel bekommt. Es verkehren regelmäßig Busse nach Songea und Masasi. Beste Unterkunft in Tunduru ist das **Naweka Guest House.**

Mbesa ⇗ XX,A3

In Mbesa, etwa 50 km südwestlich von Tunduru, gibt es eine **deutsche Missionsstation** mit einem großen, gut funktionierenden Krankenhaus (deutsche Ärzte) und einer Werkstatt.

Die Morogoro-Region

Die **Morogoro-Region** liegt von Dar es Salaam 200 km landeinwärts entfernt und ist eine der Verwaltungsregionen des Staates, ähnlich wie ein Bundesland in Deutschland; sie zählt zu den **fruchtbarsten Gebieten Tansanias** und liegt auf einer durchschnittlichen Höhe von 500 m. Das Gebiet stellt den Übergang dar zwischen dem flachen Küstenvorland und dem über 1000 m hohen zentraltansanischen Plateau, welches sich westlich anschließt.

Die Morogoro-Region ist gekennzeichnet durch hohe Gebirgszüge, welche zu Wanderungen in märchenhaften Bergwäldern und zu kulturellen Begegnungen einladen. Am bekanntesten sind die **über 2600 m hohen Uluguru Mountains** – die wahrscheinlich interessanteste und zugleich am wenigsten besuchte Bergkette Tansanias – und der auf über 2500 m ansteigende **Udzungwa Mountains National Park**, der mit seiner **üppigen und feuchten Regenwaldvegetation** an steil aufragenden Hängen und den **imposanten, 310 m hohen Kaskaden der Sanje-Wasserfälle** Besucher in seinen Bann zieht. Der Bergpark wird zu Fuß erkundet und ist Lebensraum zweier Primatenarten, die nur hier vorkommen: des Uhehe Rotkopf Guereza und des Sanje Mangabe.

Andere Bergformationen sind die *Mbarika Mountains* im Süden der Region, die *Bismarck Mountains* nördlich des Ruaha River sowie die *Kaguru* und *Nguru* Mountains im Norden der Region. Zwischen den Erhebungen breiten sich großflächige Savannen und saisonale Überschwemmungsebenen aus, von denen die größte Attraktion der

Highlights und Tipps

- Wandern und kulturelle Begegnungen in den Uluguru-Bergen, S. 545
- Savannenlandschaft im Mikumi National Park, S. 546
- Durch den Urwald zum Sanje-Wasserfall im Udzungwa National Park, S. 558

Mikumi National Park ist, auch „Little Serengeti of the south" genannt. Der von Dar es Salaam schnell zu erreichende kleine Park in den **Savannen der Mkata Plains** lockt mit einer faszinierenden Landschaft und einer artenreichen Tierwelt.

Im Süden nimmt das **Kilombero Valley**, benannt nach dem gleichnamigen Fluss, eine große Fläche ein, Lebensraum diverser Fischervölker und Bauern der Region, aber auch Habitat für Elefanten, Flusspferde und Krokodile. Auch der westliche Teil des Selous Game Reserve fällt in die Morogoro-Region.

Morogoro ♪ XVI,B1

Die in 500 m Höhe am Fuße der über 2600 m hohen Uluguru Mountains gelegene Stadt ist neben dem Verkehrsknotenpunkt Mikumi **Ausgangsbasis für einen Besuch der Morogoro-Region** (Bergwanderungen). Auch das Selous Game Reserve und der Mikumi National Park lassen sich von hier gut erreichen.

Morogoro hat über **150.000 Einwohner** und ist die Hauptstadt der gleichnamigen Verwaltungsregion. Die Stadt ist ein überregionales Zentrum für eine landwirtschaftlich ausgerichtete Verarbeitungsindustrie und verfügt über ein gutes Schul- und Bildungssystem. Das ursprüngliche Siedlungsvolk der Luguru lebt heute zurückgezogen in kleineren Dorfgemeinschaften in den Bergen oder hat sich mit den zugezogenen Völkern vermischt. Die heutige Stadtpopulation setzt sich aus vielen Volksgruppen des Umlandes und anderer Regionen zusammen und ist durch die Nähe zur Küste größtenteils islamischen Glaubens. In den Bergen hingegen überwiegt der Anteil der Christen, da sich hier seit frühester Kolonialzeit Missionen, vor allem in den West-Ulugurus, niedergelassen haben.

Geschichte und Wirtschaft

Gegründet wurde Morogoro Mitte des 19. Jahrhunderts, als sich **befreite Sklaven** von der Küste eine neue Existenz aufbauen wollten. Da der Sklavenhandel der Araber jedoch noch nicht vollständig unterbunden war, verbarrikadierte man die neue Siedlung mit Befestigungswällen und Zäunen und gab ihr den Namen Simba Mwene, **„Löwenstadt".**

Deutsche Siedler und Pflanzer schätzten schon früh in der kolonialen Phase die **fruchtbaren Böden** entlang der Berge und in der sich westlich der Stadt ausbreitenden Mkata-Ebene. Auch heute werden hier zum Teil noch zwei Ernten pro Jahr eingefahren. Einige Deutsche ließen sich im Ort nieder. 1907 erreichten die Gleise der **„Mittelland-Eisenbahn"** Morogoro. Von da an konnten die landwirtschaftlichen Erzeugnisse, wie Sisal und Zuckerrohr, schneller über den Hafen von Dar es Salaam aus der Kolonie ins Deutsche Reich gebracht werden.

Heute ernährt das Umland zu einem großen Teil die Küstenmetropole Dar es Salaam, die kaum noch über eigene landwirtschaftliche Nutzflächen verfügt. Kartoffeln, Cassava, Obst, Mais, Hirse, Reis und Früchte werden aus der Umgebung von Morogoro in großen Mengen an die Küste geliefert. Auf dem **Markt** im Zentrum Morogoros findet sich eine reichhaltige Auswahl qualitativ hochwertiger Obst-, Gemüse- und Getreidesorten, die im gesamten Land bekannt sind.

In der Stadt gibt es mehrere Betriebe, die die anderen landwirtschaftlichen Produkte des Umlandes, wie Tabak und Zuckerrohr, verarbeiten. Allein die **Zigarettenfabrik** Tanzania Tobacco Processing Co. beschäftigt über 1000 Arbeitnehmer. Eine Textilfabrik und eine Gerberei schaffen weitere Arbeitsplätze für die Bevölkerung Morogoros. Die Zuckerrohrfabrik, die früher über ein Drittel des gesamten tansanischen Zuckers produzierte, befindet sich mittlerweile in einem desolaten Zustand und benötigt dringend eine technische Instandsetzung.

Des weiteren befinden sich in der Stadt zahlreiche Kleinbetriebe, die u.a. Möbel, Holzkohleöfen, Tonwaren, Schuhe und Seife herstellen.

Morogoro ist auch bekannt für seine **Glimmer-Vokommen,** doch wird dieses Erz heute nicht mehr gefördert. Bereits 1898 begann die deutsche Kolonialverwaltung mit dem Abbau in den westlichen Uluguru-Bergen. Im 1. Weltkrieg zerstörten die Deutschen die Gruben, die dann wieder in den 1930er Jahren von den Engländern bewirtschaftet wurden. Aufgrund des weltwei-

ten Preisverfalls wurde die Glimmerförderung 1953 eingestellt.

Zu den Ausbildungseinrichtungen in der Stadt gehören eine Hochschule für Lehrer, ein Seminar zur Ausbildung von katholischen Priestern und eine **Landwirtschafts-Universität** (Sokoine University of Agriculture).

Stadtbesichtigung

Den Flair der Stadt bestimmen Geschäfte und der lebhafte Handel entlang der Straßen, die teilweise von Mango-Bäumen und einzelnen Gebäuden aus deutschen Tagen gesäumt sind. Eine sehr eindrucksvolle Allee dieser Art ist die **Boma Road,** die von der Busstation zum 2 km entfernten Regional Office führt, der so genannten **Boma, einst kaiserliches Bezirksamt** und Quartier der Schutztruppe. Eine Besichtigung des eindrucksvollen kolonialen Gebäudes an einer Bergflanke der Uluguru Mountains ist nach Anfrage möglich, Fotografieren ist nicht gestattet, es sei denn, Sie haben die Erlaubnis des Regional Commissioner.

Halten Sie sich bei der Boma links, erreichen Sie über eine kleine Brücke die **Rock Gardens,** eine erholsame Grünanlage entlang eines Baches, der von den Bergen herunterfließt (Eintritt: 1000 TSh). In einem mager ausgestatteten Café werden Sodas serviert.

Entlang des Golfplatzes erreicht man dann wieder die zentrale Dar es Salaam Road. Stadteinwärts erinnert ein Denkmal an die gefallenen Afrikaner, die für England im 2. Weltkrieg kämpften.

Sehenswert sind zudem der lebhafte und reich bestückte **Markt im Zentrum** und das alte zweistöckige **deutsche Bahnhofsgebäude.**

Die meisten Reisenden sehen von Morogoro nur den Bahnhof und die Busstation. Doch es lohnt sich durchaus, etwas länger zu verweilen: Die Uluguru Mountains weisen herrliche Wanderwege zu Wasserfällen auf, markante Gipfel (s.u.) können bestiegen werden, und zum geruhsamen Tagesabschluss empfiehlt sich abends ein Drink auf dem Dach des Mt. Uluguru Hotel – die untergehende Sonne taucht die Stadt und das Umland in eine schöne Stimmung, der Blick geht über die Straßen und Dächer Morogoros bis zu den im Hintergrund aufragenden Bergen.

Unterkunft

Außerhalb

●**Mbuyuni (Kimango) Farm**
P.O. Box 642, Morogoro, Tel. (023) 2601220, (0755) 957587. *Simone* und *Kim Axmann* betreiben seit 1990 ca. 6 km vor Morogoro bei Kingolwira die Mbuyuni Farm (bekannt als Kimango Farm). Sie bauen dort Gewürze und Kräuter nach biologischen Richtlinien an und exportieren sie verarbeitet vorwiegend nach Deutschland. Auf der Farm befindet sich ein Gästehaus (derzeit für 4 Personen). Übernachtungskosten 60 $ pro Person. Die Küche ist sehr lobenswert, und die *Axmans* scheuen keine Mühen, Ihnen den Aufenthalt so angenehm wie möglich zu machen. Anfahrt: Von Dar kommend in Kingolwira rechts an einer kleinen Moschee abbiegen, eine Mangoallee entlang, dann einer Eukalyptusallee folgen und über eine kleine Brücke

Morogoro (im Hintergrund die Uluguru Mountains)

(Ngerengere-Fluss) auf die Farm, die ca. 4 km entfernt von der Hauptstraße liegt.
E-Mail: kimango@morogoro.net, kimone@africaonline.co.tz

Hotels in der Stadt

●**New Acropol Hotel**
P.O. Box 78, Tel. (023) 3403, (0754) 277346, Fax 3952. Ruhig am Ende der Old Dar es Salaam Road gelegen. Sehr gepflegtes kleineres Hotel eines Kanadiers mit EZ/DZ für 42.000 TSh inkl. Frühstück. Alle Zimmer verfügen über Dusche/WC, TV, Air Condition und sind sehr stilvoll möbliert. Sehr zu empfehlen, auch wenn die frühe Kolonialzeit mit Bildern und diversen Gegenständen zu sehr verehrt wird. Happy Hour Mi 17–19 Uhr, hervorragende Küche.
E-Mail: newacropolhotel@morogoro.net

●**Hotel Oasis**
P.O. Box 624, Tel. (023) 2613010, (0754) 377601-4. Moderne, zweckmäßige Anlage, die zwar einen netten Garten hat, sonst aber keinen Schönheitspreis verdient. Service und Essen sind sehr gut, insbesondere die indischen Gerichte (Tipp: Chicken Makhanwala mit Garlic Nan). Die 37 Zimmer verfügen über das Nötigste und machen einen sauberen Eindruck. Übernachtung mit Frühstück kostet 25.000 im EZ, 35.000 TSh im DZ. Dreierzimmer und Suiten sind ebenfalls vorhanden. E-Mail: hoteloasistz@morogoro.net.

●**Hilux Hotel**
Tel. (023) 2613946, (0713) 323048, E-Mail: hiluxhotel@yahoo.com. Gut eingerichtetes Hotel an der alten Dar-es-Salaam-Straße in ruhiger Lage mit gemütlicher und sauberer Unterbringung. Das DZ mit AC und TV kostet 45.000 TSh. Garten-Bar (mit Billard-Tisch) und Restaurant mit der üblichen internationalen Küche (Steak & Chips!).

●**Kola Hill Hotel**
Tel. (023) 2603707, (0754) 372005. 3 km vom Stadtkern in Richtung Selous gelegen. Das Hotel kann aber auch direkt über den Highway Morogoro – Dar es Salaam erreicht werden (ausgeschildert). Ruhige Lage, großer Compound mit Bungalows und toller Aussicht auf die Uluguru-Berge. Das Essen ist o.k., DZ (groß) mit Bad, Ventilator und Moskitonetz für 23.000 TSh, mit AC 35.000 TSh.

Internet: www.kolahill.com, E-Mail: reservations@kolahill.com

●**Morogoro Hotel**
Tel. (023) 2613270-2. Das einstige Vorzeige-Hotel Morogoros befindet sich nicht mehr im frischesten Zustand, bietet jedoch eine ruhige Lage, etwa 1 km vom Zentrum entfernt. Die Grundrisse der Zimmer gleichen der Form eines Tortenstücks und bedürfen dringend der Renovierung. Die Küche ist passabel und international, das Personal aus der sozialistischen Zeit jedoch noch nicht erwacht. Dem Swimmingpool fehlt es an Wasser. Ein neues Management ist in Aussicht. Nur bedingt zu empfehlen. Übernachtung im EZ/DZ 25.000 TSh/30 $, 40.000 TSh/45 $. E-Mail: morogorohotel@morogoro.net

●**Mt. Uluguru Hotel**
Tel. (023) 2603489. Größtes Hotel im Stadtkern mit renovierten Zimmern. Beliebt unter Einheimischen, leider gibt es keine Bar mehr auf dem Dach. Das DZ mit Frühstück kostet 12.000 TSh die Nacht, die Suite in 5. Stockwerk liegt bei 23.000 TSh. Bar und Restaurant bieten die übliche internationale Küche.

Preiswerte Unterkünfte

●**Mama Pierna's**
Tel. (023) 2604640. Eines der guten Restaurants der Stadt (griechische und italienische Küche mit Pizzas!) wird von einer Griechin geleitet und besitzt auch ein paar preiswerte DZ mit Moskitonetzen, Bad/WC und Deckenventilatoren für 7000 TSh die Nacht – für die Preisklasse eine gute Option.

●**White House Inn**
Wenige hundert Meter vom Markt in ruhigem Wohnviertel gelegen und durch Hinweisschilder leicht auffindbar. Gemütlicher Ort mit viel Grün im Garten, mit kleineren, aber sauberen Zimmern mit Ventilator/ Du/WC. DZ 5500 TSh inkl. magerem Frühstück. Der Besitzer ist Uniprofessor, daher beliebter Treff von UN-Mitarbeitern, Geschäftsleuten und anderen, die gerne mal einen über ihren Intellekt-verträglichen Durst trinken ...

●**Sofia Hotel**
Tel. 0741-334421, 0744-477719. Gemütliches Hotel mitten in der Stadt in der Mahenge Street. Die Zimmer mit Bad sind gut und

Karte XVI

MOROGORO

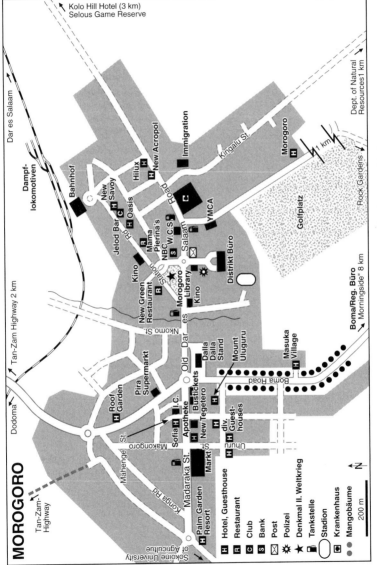

Die Morogoro-Region

recht sauber, das Personal ist freundlich. Im Restaurant werden gute Steaks serviert. Hauptgerichte kosten bescheidene 2000 TSh. EZ/DZ 12.000/20.000 TSh mit Bad/WC und Frühstück.
- **Masuka Village Hotel**
Tel. 0744-280233. An der Boma Road, umgeben von großen Mango-Bäumen und einer üppig grünen Gartenanlage, zufrieden stellende Unterbringung in Bungalows. Die Zimmer mit Bad sind nicht mehr im besten Zustand, das Essen ist einfach, aber o.k. Zimmer 7200 TSh mit Frühstück.
- **Roof Garden Hotel**
Tel. (023) 2603875. Zentrales mehrstöckiges Hotel mit günstigen DZ mit Bad/WC für 7500 TSh. Auf dem Flachdach befindet sich eine Bar (ab 18 Uhr geöffnet) mit herrlichem Ausblick auf die Stadt.
- **New Savoy Hotel**
Tel. (023) 2613041. Das einstige Bahnhofshotel ist ziemlich heruntergekommen, die Zimmer machen nicht mehr den frischesten Eindruck und sind ihren Preis kaum wert. Wer aber nachts mit der Eisenbahn in der Stadt ankommt, muss zumindest nicht weit laufen. Der Preis für eine Übernachtung mit Frühstück im DZ mit Ventilator liegt bei 12.500 TSh, mit AC/TV 15.000 TSh.
- Die günstigen, landestypischen **Guesthouses** finden Sie an der Boma Road oder im Zentrum beim Markt.
- Ein **YMCA** befindet sich hinter der Post, ist aber nicht sehr beliebt.

Camping

In Morogoro befindet sich kein Campingplatz. Die beste Gelegenheit dazu ist die **Melela Nzuri Campsite**, kurz vor dem Mikumi National Park, 55 km von Morogoro entfernt (mehr dazu beim Nationalpark).

Essen und Trinken

- **New Acropol, Hotel Oasis** und das **Mama Pierina's** (s.o.) bieten sehr gute Küche. Auch das Restaurant im **Sofia Hotel** ist gut.
- Gut **indisch** essen (preiswerter als im Oasis, aber nicht unbedingt besser) kann man im **New Green Restaurant** an der Station Road.
- Weitere **Restaurants und Essensstuben** mit einfacher, landestypischer Kost befinden sich **zwischen Busstation und Markt**.

Krankenhaus

- Empfehlenswerte Hospitäler sind das **Tumaini** im Stadtteil Mji Mpya (ab der Lutheran Church ausgeschildert) und das **Wazazi** (auch nachts geöffnet) zwischen Markt und NBC-Bank.
- Das **Hospital of Morogoro** (Dar es Salaam Road), noch aus britischer Zeit stammend, bietet eine ausreichende medizinische Versorgung.

Apotheken

Apotheken (duka la madawa) findet man **im Zentrum** Richtung Markt und Roof Garden Hotel.

Verkehrsverbindungen

Es bestehen **keine Flugverbindungen** nach Morogoro.

Taxis

Innerhalb der Stadt werden Sie kaum ein Taxi benötigen, es sei denn, Sie wollen zum Rock Garden (2,5 km) nicht zu Fuß gehen. Eine Taxifahrt von der City zum Busbahnhof kostet ca. 2000 TSh. Für Rundfahrten in die Uluguru Mountains sind Taxis nicht zu empfehlen.

Mit der Eisenbahn

- Von Morogoro fährt ein Zug **Richtung Tabora, Kigoma, Mwanza** und **Dar es Salaam**. Die Abfahrtszeit gen Westen ist dreimal in der Woche jeweils um 0.15 Uhr in der Früh. Nach Dar es Salaam fahren Züge dreimal pro Woche um 2.15 Uhr morgens. Die Haltezeit beträgt etwa eine halbe Stunde. Bis Kigoma kostet eine Fahrkarte in der 1. Klasse ca. 40.000 TSh, in der 2. Klasse ungefähr 30.000 TSh. Insbesondere in Richtung Westen ist ei-

ne Buchung der Fahrkarten mehrere Tage im Voraus wichtig.
- Von Morogoro **nach Moshi fährt kein Zug.**
- Die Bahnlinie **von Kilosa** (80 km westlich von Morogoro) zur südlichen Ta-Za-Ra-Bahnlinie nach Mbeya ist nicht an diese angeschlossen, und es verkehren ab Kilosa auch keine Personenzüge auf dieser Strecke!

Mit dem Bus

- Vom Busbahnhof fahren täglich mehrmals Busse Richtung **Dar es Salaam** (z.T. stündlich, 2000 TSh), **Dodoma** (7000 TSh, mit Scandinavia Bus täglich gegen 12 Uhr, Fahrzeit ca. 3 Stunden) und **Iringa.** Die Fahrt mit einem Mini-Bus nach Dar es Salaam ist nicht ratsam, da die kleinen Busse nicht zur großen Bushaltestelle im Zentrum der Küstenmetropole fahren, sondern höchstens bis Kariakoo, wo dann ein Taxi genommen werden müsste. Die großen Busse dagegen fahren direkt ins Zentrum.
- In den Morgenstunden verkehren die großen Überlandbusse **nach Iringa** (5000 TSh), **Mbeya** (9500 TSh), **Tanga** und **Moshi/Arusha** (5000–8000 TSh, richtet sich nach der Ferienzeit). Platzreservierungen am Vortag sind in der Regel nicht nötig.
- Nach **Mikumi** bekommt man fast stündlich Anschluss, von dort erreicht man mit dem Bus nach Ifakara den **Udzungwa Mountains National Park,** den man zu Fuß erkundet. Sagen Sie nur dem Fahrer Bescheid, dass er Sie am Park Entrance Gate von Mang'ula aussteigen lässt. Fahrkarten für die Busse sind an den zahlreichen Ticket-Ständen beim Kreisverkehr und an der Madaraka Street erhältlich.

Der Bahnhof von Morogoro

Internet-Cafés

Internet-Zugang besteht im Zentrum in der Mahenge und Madaraka Street. Im Stadtplan sind einige Internet-Cafés vermerkt (IC), allesamt recht preiswert (etwa 1000 TSh pro Stunde).

Sonstiges

Im Zentrum entlang der Dar Es Salaam Road befinden sich zwei **Banken** – kein Forex-Büro, dafür aber Tanzania Postal Bank (Tel. (023) 2603075) –, eine **Post** mit der Möglichkeit, internationale Telefongespräche zu führen, **Tankstellen** und der lebhafte, bunte und sehr reichhaltige **Markt**. Ein gut sortierter Lebensmittelladen ist der kleine **Pira Supermarket** an der Lumumba Street. Ein **Immigration Office** befindet sich in der Kingalu Street. Ein **DHL-Büro** erreicht man unter Tel. (023) 2604528.

Safariveranstalter/ Bergführungen

● Safaris in den **Mikumi National Park** können von Morogoro aus über das New Acropol Hotel (s.o.) organisiert werden.
● Über das Büro der **Wildlife Conservation Society** (W.C.S.) lassen sich Wanderungen und kulturelle Begegnungen in den **Uluguru-Bergen** organisieren. Das Büro befindet sich im Pamba House (2. Stock) schräg gegenüber der Post an der Old Dar es Salaam Road.

Routenbeschreibungen ab/nach Morogoro

Dar es Salaam – Chalinze – Morogoro (191 km)

● Gute Asphaltstraße. 2–3 Stunden Fahrzeit. Mehrmals täglich Busse von Dar es Salaam und Chalinze nach Morogoro. Eisenbahn Dar es Salaam – Morogoro (siehe bei Dar es Salaam).

Man verlässt Dar es Salaam über die Morogoro Road. Die ersten 12 km ist die Straße vierspurig. Über **Mbezi,** wo es rechts zum **Kinderwaisenhaus** Child in the Sun (ausgeschildert) geht – unter der Leitung des deutschen Bruders *Alois* –, Kibaha und Mlandizi führt die Straße durch das hügelige Hinterland von Dar es Salaam. Ab Mlandizi fährt man hinab in die Ebene des Ruvu River. Die riesige Überschwemmungsebene dient u.a. zum Reisanbau. Bei starken Regenfällen schwillt der Ruvu an, überflutet weite Teile der Ebene und lässt Sümpfe und kleine Seen entstehen. Nach der Überquerung des Ruvu und dem Passieren der Eisenbahnbrücke beginnt die Straße allmählich anzusteigen und erreicht den **Kreuzungsort Chalinze (km 106).** Die Strecke von Dar nach Chalinze ist bekannt für ihre **Radarkontrollen,** speziell ab Kibaha und zwischen Ruvu und Chalinze wird abkassiert – am liebsten ohne Beleg zum halben Preis ...! Die erlaubte Höchstgeschwindigkeit ist 80 km/h, in Ortschaften 50 km/h. Entgegenkommende Fahrzeuge warnen mit Aufblendlicht vor den Kontrollen.

Chalinze, wo sich der **Tan-Zam-Highway** (die große kontinentale Verbindung zwischen Tansania und Sambia) von Dar es Salaam nach Mbeya und die große **North Road** von Dar es Salaam nach Arusha gabeln, lebt vom Durchgangsverkehr. Im Ort befinden sich zahlreiche landestypische Guesthouses (z.B. das Twins an der Dar es Salaam Road), zwei Tankstellen am Dar-es-Salaam-Abschnitt sowie eine Vielzahl von Essens- und Getränkeständen; junge Straßenverkäufer bieten Snacks, Früchte und Souvenirs durch die Fenster der haltenden Überlandbusse an.

Richtung Westen führt die gute Asphaltstraße an großen **Sisalfeldern** bei Ubenazumozi vorbei, dann durch baum- und buschreiches Gebiet; kurz vor Morogoro folgen weitere, teils noch bewirtschaftete Sisalplantagen rechts der Straße, die zum Teil auf deutsche Siedler zurückgehen. Manche der ehemaligen Farmhäuser stehen als Ruinen in den Feldern. Linker Hand ragen nun eindrucksvoll die Uluguru Mountains auf. Der Tan-Zam-Highway führt hier nördlich an Morogoro vorbei, bis man an einen großen Kreisverkehr kommt, an dem es rechts nach Dodoma, geradeaus in Richtung Iringa und links ins Zentrum von Morogoro (2 km) geht.

Morogoro – Mikumi National Park – Mikumi (119 km)

●Gute Asphaltstraße, Fahrzeit 2 Std., ständig Busverkehr.

Vom großen Kreisverkehr am Tan-Zam-Highway führt die Straße entlang des **Mindu-Stausees** vor dem Panorama der bizarren Uluguru-Gipfel. Nach 30 km erfolgt rechts der Abzweig nach Kilosa und zur 6 km entfernten Farm und Mission von **Melela Bustani,** eine große Farm, die jahrelang von deutschen Missionaren unterstützt und betrieben wurde.

Bei **km 51** erfolgt rechts der Abzweig zur Melala Mzuri Campsite (siehe Mikumi National Park).

Bei **km 69** erreichen Sie die Parkgrenze vom **Mikumi National Park.** Sie durchfahren ihn auf öffentlicher Straße und brauchen hierfür keine Parkgebühren zu entrichten. Oft lassen sich Büffel, Giraffen und Elefanten schon direkt von der Straße aus beobachten. Nach weiteren 30 km ist rechts **Kikoboga** erreicht, das **Main Entrance Gate** des Parks. Preiswert übernachten außerhalb des Parks kann man im von hier 19 km entfernten Ort Mikumi am Tan-Zam-Highway (s.u.).

Morogoro – Mvuha – Kisaki – Matambwe Gate (Selous Game Reserve) (158 km)

●Anfangs Asphalt, dann akzeptable Piste bis Mvuha, bis Kisaki schlechter, danach wieder besser. Busverkehr bis Mvuha, von dort weiter mit täglichen Dalla Dallas nach Dakawa und Kisaki. Von hier Anschluss mit der Ta-Za-Ra-Eisenbahn.

Von Morogoro führt die Strecke zunächst entlang der nördlichen Ausläufer der Uluguru-Berge, nach etwa 20 km überquert man einen Pass und die Straße windet sich in das Tal von Msumbisi. Bei **km 34** erfolgt rechts in einer spitzen Linkskurve den Berg hinunter der Abzweig nach Kinole. Die Piste ist in einem schlechten Zustand, bis ins noch höher gelegene Tegetero, wo die Waldgrenze liegt, benötigt man einen guten Geländewagen.

Auf der Hauptpiste weiter folgt nach 4 km der **bunte Marktort Mkuyuni.** Von da geht es weiter durch einen Urwald und **über den Ruvu River** nach Mtambo und schließlich **Mvuha,** wo sich Treibstoff aus Fässern tanken lässt. Die Strecke über Dutumi, Bwakira Chini nach Kisaki verläuft durch wenig besiedeltes Gebiet. In Kisaki muss man sich links halten, 5 km weiter sind die Bahnstation und der Ort **Kisaki Stesheni** erreicht, von wo aus es zum Matambwe Gate des Selous Game Reserve geht.

Die Uluguru Mountains
⤢ XVI,B1

Die Uluguru Mountains sind das Produkt einer tektonischen Auffaltung und bilden einen **Teil der Eastern Arc Mountains.** Die Gebirgskette, benannt nach dem gleichnamigen Volk in der Region, ist etwa 50 km lang und erstreckt sich in südlicher Richtung von Morogoro bis zum Selous Game Reserve. Der höchste Gipfel ist der **Kimhandu** mit einer Höhe von **2646 m** im Süden des Gebirges. Morogoro am nächsten liegt der Lupanga (2138 m).

Die Berge wirken als Wolkenfänger und sind daher ein sehr **regenreiches Gebiet.** Insbesondere die noch waldreichen Osthänge verzeichnen durchschnittliche Niederschlagsmengen von über 2000 mm im Jahr. Die dicht bewaldeten oberen Bergregionen fungieren als Wasserspeicher und sind Quelle zahlreicher Flüsse und Bäche. Der Ruvu-Strom beginnt hier seinen Lauf, die Hauptwasserader der Küstenmetropole Dar es Salaam. Umso bedeutender ist der Schutz dieses letzten Bergregenwaldes. Die in den letzten Jahrzehnten größer gewordene Populationsdichte an den Berghängen hat die zunehmende **Abholzung** des Waldbestandes zur Gewinnung von Brennholz und weiteren Anbauflächen zur Folge. Die **Erosionsprobleme** sind an manchen Orten bereits gewaltig: In den Regenzeiten rutschen oft ganze Hangpartien ab und reißen Felder, Häuser und manchmal Menschen mit sich.

Zwar besteht noch aus britischer Zeit ein geschütztes Forstreservat, doch von halbwegs effektiven Schutz- und Kontrollmaßnahmen konnte dieses während der sozialistischen Jahre nicht profitieren, ganz im Gegenteil. Dabei gehört der **Bergwald** der Ulugurus zu den ältesten Afrikas und stellt mit mehr als 30 nur hier vorkommenden Tierarten, darunter auch zwei Vögeln (Uluguru bush shrike und Lorevidges's sunbird), und über 200 endemischen Pflanzenarten eine bemerkenswerte Insel der Natur dar, welche nur so vor biologischer Vielfalt strotzt und darauf wartet, eingehender erforscht zu werden.

Vor Ort ist seit 1999 die **Wildlife Conservation Society** (W.C.S.) tätig, in Zusammenarbeit mit den in unmittelbarer Nähe zu den Wäldern lebenden

DIE ULUGURU MOUNTAINS

Dörfern der Luguru. Zusammen soll ein Weg gefunden werden, der den Schutz der letzten 270 km² Urwald mit den Lebensnotwendigkeiten der Bevölkerung in Einklang bringt.

Bereits in den ersten Jahren der jungen Kolonie Deutsch-Ostafrika, noch bevor die Gleise Morogoro erreichten, zogen die fruchtbaren Uluguru Mountains mit ihren malariafreien, hoch gelegenen Berg-Regionen eine bescheidene Zahl deutscher Siedler und Missionare an. Kleine Kapellen und große Kirchen wurden gebaut, von denen einige heute noch zu bewundern sind, manche Kautschuk- und Sisalplantage geht ebenfalls auf diese Gründerzeit zurück. Damals hießen Orte wie Mgeta Marienfels, die Kapelle vom Bergort Tegetero wurde als Neu-Bonn gegründet, Mvuha war als Neuhaus bekannt, südlich von Dutumi nannte ein deutscher Pflanzer sein Land gar Elsass-Lothringen, und das oberhalb von Morogoro gelegene Berghaus „Morningside" war die „Station Edelweiß".

Praktische Infos für einen Besuch der Berge

Die im Süden von Morogoro aufragenden Uluguru Mountains bieten eine Reihe von Ausflugsmöglichkeiten, die zwischen einem und mehreren Tagen in Anspruch nehmen können. In jedem Fall ist es ratsam, nicht alleine loszumarschieren, da es Regionen in den Bergen gibt, die staatliches/militärisches Sperrgebiet sind (z.B. Funk- und Sendestationen). Ein professionelles Bergsteigerunternehmen ist in Morogoro nicht ansässig, Inter-

Über die Uluguru-Berge durch die Savannenlandschaft des Mikumi zu den Quellen des Nils

Ab Mitte des 19. Jahrhunderts nutzten Forscher und Entdeckungsreisende die Insel Sansibar und die Gastfreundschaft der Menschen dort, um die Erkundung des äquatorialen Afrikas in Angriff zu nehmen. Später sollten ihre Tagebücher, gespickt mit Erkenntnissen und Vermutungen über ihre „Entdeckungen", den Weg für Missionare und Kolonien-Erwerber bereiten. Doch zunächst galt es, „das größte geografische Rätsel seit der Entdeckung Amerikas" (*Harry Hamilton Johnston, 1903*) zu lösen: Wo befanden sich die Quellen des Nils?

Der Oberlauf des Nils sowie der große Zufluss bei Khartum, der Blaue Nil, waren über Ägypten und Nubien bereist worden, doch ein Weiterkommen für Forscher war aufgrund sumpfiger Landschaften und ihnen feindselig gestimmter Völker im Süden des heutigen Sudan nicht möglich.

In Sansibar indes berichteten arabische Händler von großen Seen und geheimnisvollen „Mondbergen" im Innern Afrikas. Auch wenn nur wenige Schreibtisch-Geografen der Royal National Geographic Society in diesen Seen die möglichen Quellgebiete des Nils sahen, blieb die Erforschung der fragwürdigen Region von der Küste des Indischen Ozeans aus die einzige Möglichkeit, Klarheit zu schaffen.

Die Portugiesen, die etwa 200 Jahre lang die ostafrikanische Küste und Sansibar kontrolliert hatten, hatten keine nennenswerten Expeditionen ins Hinterland der afrikanischen Küste unternommen. Als ersten Europäern gelang es 1848 zwei deutschen Missionaren, *Rebmann* und *Krapf*, von Mombasa aus den Kilimanjaro zu erreichen. Doch die Quellen des Nils lagen viel weiter von der Küste entfernt, und Sansibar wurde zum Ausgangspunkt für Forscher, die heute einen festen Platz in der Entdeckungsgeschichte Afrikas einnehmen.

Richard F. Burton und *John H. Speke* erreichten Sansibar im Jahr 1857 und verweilten zunächst einige Wochen in der Stone Town, bevor ihre Expedition von Bagamoyo aus aufbrach. Die Reise sollte drei Jahre dauern und führte über die südlichen Ausläufer der Uluguru-Berge durch die Buschsavanne des heutigen Mikumi National Park und weiter über Tabora zu den großen Seen. Burton und Speke waren die ersten Europäer, die den Tanganyika-See erreichten. Speke gelang noch ein Fußmarsch zum Nyanza-See, den er nach seiner Königin Victoria benannte.

Auf der zweiten Reise von John H. Speke – zusammen mit *Grant* –, die ihn an die Nordufer des Victoria-Sees und an den Ausfluss eines großen Flusses brachte, dessen Verlauf jedoch nicht weiter verfolgt wurde, war die Quelle des Nils „entdeckt" worden. Speke hatte in seiner rein spekulativen Annahme, der See sei der Anfang des Flusses, richtig gelegen, auch wenn der Victoria-See heute nicht als eigentliche Quelle des Nils gilt, sondern als großes Auffangbecken zahlreicher Flüsse aus der Region Ostafrikas.

essierte an der bemerkenswerten Flora und Fauna der Berge sollten sich an die **Wildlife Conservation Society** (W.C.S.) wenden (Büro in Morogoro). Die Organisation beschäftigt sich mit dem Schutz des letzten Bergregenwaldes in den Gipfelregionen der Ulugurus sowie mit der Schulung für nachhaltigen Naturschutz in den Dörfern der Berge. Die Mitarbeiter sind freundlich und helfen Besuchern gerne, z.B. bei der Einholung von Genehmigungen im **Regional Forest Catchment Office** an der Lumumba Street. Dieser Service für Besucher der Berge läuft unter dem Titel **"Morogoro Cultural Programme"**; Kontakt: Tel. (023) 2603122, E-Mail: uluguru@ morogoro.net. Vorab lohnt es sich, die regelmäßig aktualisierten Informationen über die Ulugurus im Internet nachzulesen (www.africanconservation.com/uluguru).

Wandergebiete/ Sehenswürdigkeiten

"Morningside" (Deutsches Berghaus)

In den Hängen hinter Morogoro steht in einem Tal oberhalb von Wasserkaskaden ein deutsches Haus aus dem Jahr 1911, erbaut von der Kolonialverwaltung als Wohnhaus der Missionsstation "Schlesien". Hier wurde Kolonialbeamten Swahili-Sprachunterricht erteilt. Damals führte eine befestigte Straße den Berghang hinauf; im unteren Teil ist die einst angepflanzte Allee noch zu erkennen. Heute untersteht das Anwesen, das früher "Edelweiß" hieß, der Universität von Morogoro. Mit dem Auto kommt man nicht mehr ganz bis zum Haus, die letzten 10 Minuten geht man zu Fuß.

Von der Terrasse des Hauses genießt man einen traumhaften Ausblick in die Mkata-Ebene. Der liebevoll gepflegte Garten bietet ein **gutes Basislager**, um von hier in die Berge zu steigen. Wenden Sie sich jedoch zwecks Camping-Genehmigung an das Morogoro Cultural Programme (s.o.).

Zur **Anfahrt** folgt man der Boma Road an der Boma mit dem Regional-Büro vorbei; dann kommt man rechter Hand zu einer schmalen Piste, die über zahlreiche enge Kurven 8 km in die Berge hineinführt (während der Regenzeit schlecht zu befahren). Die Straße endet bei einem Hangrutsch unmittelbar unterhalb des "Morningside"-Hauses.

Kinole und Tegetero/Ost-Ulugurus

An der Ostseite der Uluguru Mountains liegen zahlreiche kleine Dörfer, deren Bevölkerung die fruchtbaren Hänge zum Anbau von Grundnahrungsmitteln extensiv nutzt. Ein Abzweig führt südlich von Mkuyuni ein Tal hinauf nach **Kinole.** Von dem kleinen Ort kann man zusammen mit lokalen Führern, die mit der W.C.S. kooperieren, über **zahlreiche Fußwege** die Berge erkunden. Eine äußerst **einfache Guesthouse-Unterkunft** für 1500 TSh ist ebenfalls vorhanden.

Mit dem eigenen Fahrzeug erreichen Sie Kinole über die alte Dar es Salaam Road am Krankenhaus vorbei. Es folgen zwei Gabelungen, Bigwa und Pangawe, an denen man sich rechts hält. Nach 26 km folgt Msumbisi, wo man sich wiederum rechts hält, bis nach etwa 8 km (kurz vor Mkuyuni) rechts der Abzweig in Richtung Berge führt (in der Regenzeit schlecht passierbar!). Von hier sind es knapp 10 km bis zum Ende der Straße bei Kinole.

MIKUMI NATIONAL PARK

Von Kinole führt eine alte und kaum noch zu befahrende Piste weiter hinauf in die Berge nach **Tegetero,** wo eine **alte Kapelle** an den Beginn der Missionierung erinnert. Tegetero ist ein gutes Basislager, um die von hier gut zu erreichenden Bergregenwälder zu erkunden und zu den eindrucksvollen **Wasserfällen des Ruvu River** zu gelangen. Für diesen Ausflug müssen Sie komplett selbstversorgt sein, nehmen Sie sich warme Sachen mit, denn es kann hier nachts ziemlich kühl werden.

Nyandira/West-Ulugurus

Im etwa 1100 m hoch gelegenen Nyandira, an den Westhängen der Uluguru Mountains, bietet ein Resthouse der W.C.S. mit Übernachtungsmöglichkeit eine weitere **gute Basis für Wanderungen** in die Berge.

Der schön gelegene Ort, von dem sich traumhafte Sonnenuntergänge beobachten lassen, ist ca. 35 km von Morogoro entfernt. Allein schon die **Anfahrt** ist wunderschön. Folgen Sie dem Tan-Zam-Highway Richtung Mikumi. Nach 20 km steht in Kipera links ein Hinweisschild zum Msumbe College. Die Straße führt über Mlali nach Mgeta. Von dort sind es dann noch etwa 5 km bis Nyandira (in der Regenzeit schlecht befahrbar!). In Nyandira ist das bescheidene **UMADEP Guesthouse** (10.000 Tsh, mit Frühstück) eine zufrieden stellende Unterkunft.

Die W.C.S. arbeitet mit Bergdörfern in weiteren Regionen zusammen. Auch in den südlichen Ulugurus können die Wanderschuhe geschnürt werden.

Mikumi National Park
⌖ XVI,A/B1/2
Der Park

Der Mikumi National Park, auch **„Little Serengeti of the south"** genannt, ist seit seiner südlichen Erweiterung der **drittgrößte Nationalpark Tansanias.** Seine südliche Grenze bildet die Ta-Za-Ra-Eisenbahnlinie, auf deren anderer Seite das riesige Selous Game Reserve beginnt. Dadurch bilden diese beiden Wildschutzgebiete ein zusammenhängendes Ökosystem, in dem auch leichte Migrationsbewegungen stattfinden. Ein gemeinsames Wegenetz besteht jedoch noch nicht, überhaupt ist der gesamte südliche Teil des Mikumi-Nationalparks aufgrund seiner sehr hügeligen, dicht bewaldeten und mit Tsetse-Fliegen bewohnten Miombo-Landschaft noch kaum durch Straßen erschlossen. Lediglich der Hill Drive führt vom Tan-Zam-Highway nahe der Mikumi Wildlife Lodge ein Stück südlich in die Vuma Hills. Die Strecke wird zurzeit weiter ausgebaut und soll auch bis zum Matambwe Entrance Gate im Selous reichen.

Das **Herzstück des Mikumi** sind die großen Savannen in den **Mkata Plains** im Nordwesten des Parks. Diese große Überschwemmungsebene liegt auf einer Höhe von etwa 520 m und wird südöstlich von den miombobewaldeten Ausläufern der Uluguru Mountains, wo gelegentlich Kudus, Rappenantilopen und Guerezas (Schwarz-Weiße Stummelaffen) anzufinden sind, und westlich von den steil aufragenden Rubeho

Mountains eingerahmt. In diesem Teil des Parks sind viele Pisten angelegt, auf denen man zu den tierreichen Gebieten an Wasserlöchern, Flussläufen und in den Savannen der Mkata Flood Plain gelangt.

Der Name „Mikumi" wurde dem Park nach der westlich gelegenen Ortschaft am Tan-Zam-Highway gegeben. Mikumi ist das Swahili-Wort für die **Borassus-Palme,** welche an vielen Orten der Ebene wächst. Die Palmenart ist durch ihre bauchige Verdickung im Stamm und durch die buschig runde Baumkrone leicht auszumachen. Weitere typische Baumarten sind Baobabs, Schirmakazien und Tamarindbäume. Zu den pflanzlichen Besonderheiten zählt die Hibiscus-Blume, die vor allem in der Regenzeit mit schönen lilanen und gelben Blüten die Savanne bei Kikoboga zum Leuchten bringt.

Der Park wurde **1964 gegründet,** nachdem die Fertigstellung des ersten Teilabschnitts des Tan-Zam-Highways dazu geführt hatte, dass Tiere im Vorbeifahren aus dem Auto erschossen wurden. Um dem einen Riegel vorzuschieben, reagierte man mit der Einrichtung des Schutzgebietes.

Schon *Burton, Stanley* und *Livingstone* war im 19. Jahrhundert, als sie entlang der Karawanenroute die Mkata-Ebene durchquerten, der große Tierreichtum in dieser Region aufgefallen. Doch im nördlicheren Teil der Ebene verirren sich heute nur noch ein paar Gazellen, ansonsten erstreckt sich hier ein landwirtschaftlich intensiv genutztes Gebiet. Auch um der Ausweitung der agrarischen Nutzung nach Süden entgegen-

zuwirken, war die Errichtung des Parks die einzige effektive Maßnahme. Selbst die Wilderei hat man heute weitgehend unter Kontrolle.

Das derzeit **größte Problem** stellt der **Tan-Zam-Highway** dar, die große Verkehrsachse zwischen Dar es Salaam und dem Süden des Landes. Die Asphaltstraße halbiert den Park und zerschneidet damit viele natürliche Wildpfade. Durchschnittlich werden drei Tiere pro Tag von Fahrzeugen angefahren oder überfahren. Dabei kommt es zu traurigen Verstümmelungen, auch bei Großtieren wie Elefanten oder Giraffen. Oftmals – sofern Ranger zur Stelle sind – hilft nur noch der Todesschuss. Doch dazu kommt es selten, da viele Fahrer aus Angst vor Strafe die Unfälle nicht melden – die angefahrenen Tiere verenden meist elendig im Straßengraben. Beim Kikoboga Entrance Gate hängen in einem kleinen Ausstellungsraum u.a. Fotos von derartigen Unfällen aus, die einem die Sprache verschlagen.

Große Schilder, die links und rechts der Straße an beiden Enden des Parks auf die **Höchstgeschwindigkeit von 50 km/h** auf den nächsten 50 km hinweisen, werden ganz einfach nicht zur Kenntnis genommen. Große Überlandbusse, die sich untereinander mit den schnellsten Fahrzeiten ständig unterbieten wollen, rasen mit Geschwindigkeiten von über 100 km/h durch den Mikumi. Gelegentlich lauert zwar die Polizei mit Radargeräten hinter einem Baum und verlangt hohe Geldstrafen, doch wie in so vielen Regionen Afrikas sind korrupte Beamte nicht gerade da-

MIKUMI NATIONAL PARK

zu geeignet, die Überwachung effektiv zu gestalten. Seit 1999 sind einige Wildwechsel-Bereiche entlang der Strecke mit Speedbumps versehen – garantiert unbestechlich und überzeugend in der Abschreckung: Ein Achsbruch steht nun mal jeder Geschwindigkeit im Wege!

Die Tierwelt

Der Park ist bekannt für seine großen **Büffelherden** und seine vielen **Elefanten** (etwa 2000). Von den über 9000 Büffeln im Park wurden schon bis zu 1500 in einer einzigen Gruppe gezählt. Beide Tierarten lassen sich fast immer von der Hauptstraße aus beobachten.

Oft zu sehen sind ferner Gnus, Zebras, Elenantilopen, Giraffen, Paviane, Impalas, Wasserböcke, Buschböcke, Riedböcke, Hyänen, Warzenschweine, Schakale, Meerkatzen, Mangusten, Schwarzbauchtrappen und Löwen. Seltener dagegen sind Geparden, Leoparden, Afrikanische Wildhunde, Große Kudus, Rappenantilopen und Servalkatzen, da diese vornehmlich in den waldreicheren Regionen im Süden des Mikumi leben und daher schwer auszumachen sind. **Flusspferde** lassen sich jahreszeitlich bei den Hippo Pools am Mkata River beobachten, meist aber sind die Tiere beim Mwanambogo Dam im Nordosten des Parks heimisch. Entlang des kleinen Flusses sind gelegentlich **Nilwarane** (*Monitor Lizard* genannt) zu sehen. Die Echsenart erreicht Körperlängen von bis zu 1,5 m. Das letzte Nashorn wurde 1986 gesichtet, Wilderer haben den Bestand komplett ausgerottet!

Im Park unterwegs

Die Erkundung des Parks im eigenen Fahrzeug ist durch die vielen Wegweiser denkbar einfach. Fragen Sie jedoch am Gate, welche Passagen aufgrund möglicher Überflutungen/Schlammlöcher unpassierbar sind. Gerade der nordöstliche Teil bei Chamgore (bedeutet „Platz der Python") ist oft sehr matschig, Vierradantrieb ist hier in jedem Fall ratsam. Gelegentlich erfahren Sie beim Gate auch, wo sich im Augenblick welche Tiere besonders gut beobachten lassen.

Eine interessante Gegend ist der Bereich entlang der **Hippo Pools am Mkata River.** Hier kann man auf einem dichten Wegenetz in nur kurzer Zeit verschiedenste Tierarten beobachten. Die nördliche Tour zum Chamgore Waterhole und nach Choga Wale lohnt sich insbesondere in der Trockenzeit, wenn hier viele Tiere in den Morgen- und Abendstunden den Fluss als Tränke nutzen. Auf der anderen Seite des Wassers schließt sich die große Überflutungsebene nördlich des Morogoro River an, auf der häufig große Gnu- und Büffelherden zu sehen sind.

Herrliche Aussichten genießt man vom **Hilldrive** in den südlichen Vuma Hills, deren höchster Gipfel der 1257 m hohe Malundwe im Osten ist. Die ganze Ebene kann überblickt werden, die sich besonders in der späten Nachmittagssonne in leuchtenden goldbraunen Farben präsentiert.

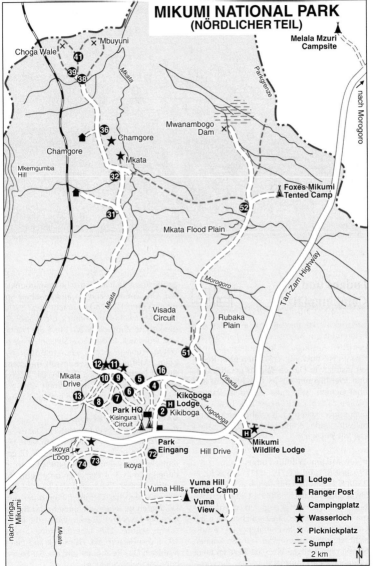

Lodges und Campingplätze

Unterkünfte können an Wochenenden und Feiertagen gut belegt sein, da der Park ein beliebtes Ausflugsziel für Leute aus Dar es Salaam ist. Buchungen können über Reiseveranstalter in Dar es Salaam getätigt werden. Wer hier nur auf der Durchfahrt ist und übernachten will, muss trotzdem Parkgebühren zahlen! Gute Unterkünfte bzw. Campingmöglichkeiten gibt es daher auch außerhalb des Parks, so beispielsweise im nahen Ort Mikumi (s.u.).

● **New Mikumi Wildlife Lodge**
P.O. Box 877, Tel. (027) 2502711-2, Fax (027) 2508221, E-Mail: tahifin@habari.yako.co.tz. Etwas ältere staatlich geführte Lodge, aus Natursteinen und Holz gebaut, am Fuße der Vuma Hills unweit des Tan-Zam-Highways, mit Gartenanlage und Swimmingpool. Die Aussicht ist großartig, von der Terrasse können Sie mit dem Fernglas einzelne Tiere im tiefer gelegenen Park ausmachen. Das hervorragende Restaurant tischt frische Farmprodukte auf. Die Zimmer sind im afrikanischen Stil eingerichtet. Die Lodge macht zwar nicht mehr den frischesten Eindruck, bietet aber 50 gemütliche Zimmer für 80/140 $ die Nacht, inkl. Frühstück. In der „Low Season" (Regenzeit im Frühjahr) gibt es schon mal 50% Discount. Mittag- und Abendessen (meistens Büfett) kostet 12 $ pro Person. Ein kleiner Shop mit Souvenirs und Filmen und ein Swimmingpool (leider selten in Betrieb) sind ebenfalls vorhanden.

● **Mikumi Kikoboga Camp**
Buchung über Oyster Bay Hotel in Dar es Salaam (siehe dort). Etwa 300 m vom Main Entrance Gate entfernt liegt dieses mit 12 gemütlichen Bungalows ausgestattete Camp, in denen jeweils 2–4 Personen untergebracht werden können. Die Lage in der Savanne vermittelt einem das Gefühl, mitten unter den Wildtieren zu leben, wenn nicht das Brummen der Lkws und Überlandbusse die Idylle stören würde. Die Übernachtung kostet 105 $ pro Person inkl. Frühstück und einer Mahlzeit. Das Restaurant und die Bar bieten internationalen Standard.

MIKUMI NATIONAL PARK

● **Foxes Safari Camp**
Tel. 0744-237422, 0748-237422, Fax 0741-327706, Internet: www.tanzaniasafaris.info, E-Mail: fox@tanzaniasafaris.info. Das neueste Fox-Safaris-Camp im Mikumi liegt etwas abseits von der Hauptstraße im Nordosten des Parks. Das Camp ist kreisförmig um einen Hügel herum gebaut und die derzeit beste Adresse, um das Erlebnis Mikumi in vollen Zügen zu genießen. Die Zeltzimmer auf Stelzen stehen in guter Distanz zueinander und bieten alle eine grandiose Aussicht auf die Weiten des Mikumi. Auf dem Hügel selbst sind das Restaurant und die Bar mitsamt Aufenthaltsbereich untergebracht. Von hier geht der Blick bis zum Horizont. Essen und Bewirtung sind sehr gut. Das Camp verfügt über Fahrzeuge, um geführte Tierbeobachtungsfahrten zu unternehmen.

● **Vuma Hill Tented Camp**
Camp in herrlicher, erhöhter Lage am Rande der südlichen Miombo-Laubwälder und mit einem weiten Blick auf die Mkata-Ebene. Die sehr stilvolle Unterbringung erfolgt in auf Stelzen gebauten Holzplattformen mit Grasbedeckung. Innen sind voll möblierte Zelte gespannt, die viel Komfort und Platz bieten. Ein kleiner Pool, integriert in die Weiten der Buschsavanne, krönt die Anlage. Die Einfahrt zur Lodge befindet sich gegenüber dem Main Entrance zum Park. Vuma Hill ist ebenfalls ein Produkt von Fox Safaris, s.o.

● **Youth Hostel**
Die heruntergekommene **Jugendherberge** beim Park Headquarter hat 48 Betten. Sie müssen hier eigenes Bettzeug/Schlafsack und Verpflegung mitbringen. Die sehr einfache Unterkunft kostet allerdings 20 $!

● **Camping:** Im Park befinden sich **drei Zeltplätze für Selbstversorger.** Die lediglich **mit Toiletten und Brennholz** ausgestatteten campsites liegen alle nahe am Main Entrance Gate und unterscheiden sich kaum voneinander. Nur selten werden Fässer mit Wasser aufgestellt. Bringen sie daher ihr eigenes Wasser mit. Weiter im Innern des Parks gibt es auch noch special campsites, die allerdings teuer sind (50 $) und keine Toiletten/Wasserversorgung besitzen – nicht unbedingt zu empfehlen.

Die beste Campingmöglichkeit bietet sich 18 km hinter der Parkgrenze in Richtung Morogoro (ausgeschildert, s.a. Karte). Hier befindet sich am Rande der Mkata-Ebene die **Melela Nzuri Campsite**, 4 km von der Hauptstraße, Abzweig bei Pos. S 6°58'353'', E 37°17'469'', wo sich jahreszeitlich auch Wild beobachten lässt. Der Zeltplatz ist mittlerweile vernachlässigt und hat zeitweise kein Wasser.

Das Zelten beim Genesis Motel in Mikumi ist nicht unbedingt zu empfehlen.

Anreise und Safariveranstalter

Der Mikumi National Park lässt sich schnell über die asphaltierte Tan-Zam-Highway erreichen (von Dar es Salaam etwa 3–4 Stunden Fahrzeit). Eine Landebahn für Kleinflugzeuge ist in der Nähe des Headquarters (zu Chartergesellschaften siehe bei Arusha und Dar es Salaam).

Fast alle **Safariveranstalter in Dar es Salaam** haben den Park in ihrem Programm und gestalten die Anreise entweder mit dem Auto oder mit kleinen Flugzeugen.

Eintrittskosten und Reisezeit

Der Mikumi National Park kann das ganze Jahr über besucht werden. In den Regenmonaten und kurz danach sind jedoch viele Pisten in der sumpfigen Mkata-Ebene unbefahrbar (auch für allradgetriebene Fahrzeuge). Knietiefe „Black Cotton Soil" macht das Durchkommen entlang der anschwellenden Flussläufe unmöglich und schränkt das Erkunden des Parks auf die wenigen Ganzjahrespisten ein. Es empfehlen sich daher die Monate von **Juni bis November als beste Besuchszeit.**

Die **Parkgebühren pro Tag und Person betragen 20 $,** für das eigene **Fahrzeug** bis 2 t müssen **40 $** gezahlt werden, bei höherem Gewicht 150 $ (im Falle eines nichttansanischen Kennzeichens). Wer im Park zeltet, muss weitere 30 $ drauflegen (s.o.).

Die Morogoro-Region

Löwenbabys

Mikumi

♪ XVI,A2

Mikumi ist ein wichtiger **Verkehrsknotenpunkt entlang des Tan-Zam-Highway.** Von hier lässt sich auf einer Allwetter-Piste das 75 km nördlich gelegene Kilosa erreichen. Nach Süden führt eine Asphaltstrecke bis zum Ruaha River, dann geht es auf Piste weiter zum Udzungwa Mountains National Park.

Die Eisenbahnlinie, welche von Kidatu im Süden über den Ort durch den Mikumi National Park führt, ist nicht für den Personenverkehr ausgelegt. Es befindet sich also – im Gegensatz zu dem, was oft vermutet wird – **kein Bahnhof in Mikumi.**

Mikumi ist vorwiegend ein **Trucker-Rastort** mit zahlreichen einfachen Guesthouses, Restaurants, ein paar Tankstellen und einem Dalla-Dalla-Busstand entlang der Hauptstraße nahe dem Abzweig zum Udzungwa Mountains National Park.

Unterkunft und Verpflegung

● Vom Park aus kommend, befindet sich direkt am Ortseingang auf der linken Seite das **Genesis Motel & Snake Park,** Tel. (023) 2620461, Fax (023) 2620466, die beste Unterkunft in Mikumi, allerdings mittlerweile etwas heruntergekommen. Das kleine Motel mit wenigen Zimmern (10.000 TSh das DZ mit Bad/WC/Frühstück und warmen Duschen) bietet auch die **Möglichkeit zum Zelten** und hat in einem Anbau mehrere Schlangenarten in Terrarien untergebracht, die für 3000 TSh zu bestaunen sind. Sogar eine kleine Apotheke ist eingerichtet. Die Küche bietet gute indische Tandooris, Speisen mit Wildfleisch und andere internationale Gerichte (zu stolzen Preisen), auf Bestellung wird auch ein Lunch-Paket für die Tagessafari geschnürt. Des Weiteren hat der Besitzer vor, seinen Fuhrpark zu vergrößern, um **günstige Safaris** in den 10 km entfernten Mikumi National Park anbieten zu können.

● Knapp 1 km nach dem Genesis Motel liegt links hinter einem Feld das sehr preiswerte **New Kilimanjaro Hotel,** eine einfache, landestypische Unterkunft mit Zimmern ab 2500 TSh pro Nacht inkl. Moskitonetz; Bad/WC sind gemeinnützig, „geduscht" wird mit der Wasserkelle. Essen gibt es hier nicht, nur eine Bar mit kalten Getränken. Abends werden entlang der Lkws an der Hauptstraße mehrere Essensstände aufgebaut, die Omelettes mit Chips und Tomaten, aber auch *mishkaki* anbieten. Von der ersten Tankstelle (nicht immer Treibstoff erhältlich!) am Ortseingang sind es noch 2 km bis zu den Abzweigen nach Kilosa und zum Udzungwa Mountains National Park. Kurz vor dem Abzweig nach Kilosa befindet sich rechter Hand eine Tankstelle.

● Noch vor dem Abzweig rechts folgt an der Hauptstraße das **Kilimanjaro Village Inn,** welches neben einem geschlossenen Grundstück mit bewachtem Parkplatz recht ordentliche Zimmer mit großen Moskitonetzen/Ventilator/Klobrillen für 4000 TSh pro Person bietet.

● Ein Stück weiter links liegt das **Halfway Superior Guesthouse,** welches mit nur vier Zimmern (6000 TSh pro Person) einen guten Eindruck macht und einen bewachten Parkplatz hat.

● **58 km hinter Mikumi** in Richtung Iringa liegt links im Tal das schöne **Baobab Valley Camp.** Hier lässt sich zelten oder in einfachen, auf Holzstelzen errichteten offenen Bungalows (Banda) übernachten. Der Platz zwischen großen Baobab-Bäumen und direkt am Ruaha River ist landschaftlich sehr reizvoll, nur die Nähe zur Straße stört ein wenig. Ansonsten aber ein zu empfehlender Platz für Camper und Wanderer, die gerne das Tal zu Fuß erkunden möchten. Gute Waschräume, Duschen, Toiletten, Getränkeversorgung. Campen kostet 5000 TSh p.P. GPS-Position: S 7°31'319", E 36°35'985".

Routenbeschreibungen ab Mikumi

Mikumi – Iringa (180 km)

● Asphaltstraße bis Iringa. Fahrzeit 3 Stunden. Gute, teils stündliche Busverbindungen bis Iringa.

Die Fahrt den Great Ruaha River und den kleineren Lukosi-Fluss entlang gehört zu den schönsten Streckenabschnitten des Tan-Zam-Highways.

Von Mikumi aus klettert die kurvenreiche Straße zunächst durch ein bergiges Gebiet, linker Hand erstrecken sich die Bismarck Mountains. Bei **km 33** wird der **Great Ruaha River** erreicht, der im Selous Game Reserve in den Rufiji mündet und mit diesem zusammen in den Indischen Ozean fließt. Die Straße folgt eine Zeit lang dem sehr eindrucksvollen Flusstal, auf dessen Südseite sich der Udzungwa Mountains National Park erstreckt. Die Hänge sind von beeindruckenden Bergwäldern, gemischt mit bizarren Baobab-Bäumen, überzogen. Bei **km 58** liegt links zwischen Straße und Ruaha River das **Baobab Valley Camp** (s.o.).

Bei **km 73** überquert man schließlich den Ruaha bei Mbuyuni (Swahili für „Platz bei den Baobabs"). Danach passiert man die sich rechter Hand eindrucksvoll erhebenden Kitonga Mountains und erreicht bei **km 116** das **Kitonga Comfort Motel** mit Tankstelle. Hier halten regelmäßig die Überlandbusse, und die Passagiere kommen in den Genuss eines Mittagessens (gute afrikanische Küche). Die Übernachtung in den ordentlichen Zimmern mit Moskitonetzen beginnt bei 4000 TSh für das DZ ohne Bad bis hin zur Suite mit WC/Dusche für 8000 TSh.

Der weitere Verlauf der Straße entlang des kleineren Lukosi-Flusses und der folgende serpentinenartige Anstieg durch das eindrucksvolle **Kitonga Valley** zur Hochebene der Southern Highlands ist eine landschaftlich herrliche Strecke.

Das nun zunehmend besiedelte Gebiet ist der **Lebensraum der Hehe,** der sich bis zum Ruaha National Park und im Süden zum Mufindi Escarpment ausdehnt. Auf dem Plateau zeigen sich linker Hand zwei markante Hügel, deren Bedeutung auf die Zeit der Hehe-Bewegung gegen die Deutschen zurückgeht. Der rechte Hügel heißt *Lundamatwe* und bedeutet in der Sprache der Hehe „Ansammlung von Schädeln". Hier wurden die abgetrennten Köpfe der besiegten Feinde hingebracht. Der andere Hügel heißt *Tagamenda* und bedeutet „das Hinwerfen von Kleidung". Zu diesem Hügel brachte man die Kleidung der Gefallenen, damit die Angehörigen sie durchsehen konnten, um festzustellen, ob von ihren Familien jemand den Tod gefunden hatte.

Nach Durchfahrt der großen Ortschaft Ilula folgt bei **km 157** in einer Linkskurve den Berg hinauf (Schild „Hruma Baptist Centre") linker Hand ein großes **Denkmal der kaiserlichen Schutztruppe.** Es erinnert an die Gefallenen der Emil-Zelewski-Expedition im Feldzug gegen die Hehe (siehe Exkurs „Die Schädel des Hehe-Herrschers Mwawa"). Das 5 m hohe Denkmal ist

Die Morogoro-Region

das größte dieser Art in Tansania, ist aber wenig bekannt und aufgrund zahlreicher Bäume leicht zu verfehlen!

Bei **km 169** zweigt links die Piste zur **Little Ruaha River Campsite** (1 km links der Hauptstraße, GPS-Position: S 7°47'884'', E 35°47'812'') in wunderschöner Lage am Little Ruaha-Fluss ab. Die weitläufige Anlage mit guten Sanitäreinrichtungen bietet auch Bungalows und einen kleinen Shop mit hervorragendem farmeigenem Grillfleisch und ist beliebt bei Overland-Trucks. Camping für 5000 TSh.

Nach 178 km erreichen Sie kurz vor der Überquerung des Little Ruaha River den rechten, ausgeschilderten Abzweig auf das Plateau, auf dem die Stadt Iringa liegt. Die kurvenreiche Strecke mit faszinierendem Ausblick zurück auf das Tal stößt nach etwa 1,5 km auf den ersten Kreisverkehr von Iringa. Rechts gelangt man ins Zentrum der Stadt, während links die Piste zum 114 km entfernten Ruaha National Park abzweigt.

Mikumi – Mang'ula (Udzungwa Mountains NP)/Ifakara – Mahenge (59/175 km)

●Anfangs Asphalt, später Piste mit Schlaglöchern. Mehrmals täglich Dalla Dallas und Busse ab Mikumi-Kreuzung bis Mang'ula und Ifakara, von dort weiter nach Mahenge.

Von dem ausgeschilderten Abzweig am Tan-Zam-Highway in Mikumi fährt man auf einer kurvenreichen Asphaltstraße in Richtung Süden. Die Strecke führt durch ein Tal und überquert einige Brücken, bis die Ausläufer der Kilombero-Ebene linker Hand sichtbar werden.

Bei **km 34** durchfährt man den großen Ort **Kilombero,** danach überquert man den **Great Ruaha River,** welcher einige Kilometer oberhalb zu einem länglichen See aufgestaut wurde. Dort produziert ein Wasserkraftwerk über die Hälfte des gesamten Strombedarfs von Morogoro und Dar es Salaam. Das Gebiet ist hermetisch abgeriegelt, Besucher sind nicht erlaubt.

Links die große Anbauebene der Kilombero Sugar Company (KSC), rechts das Gebirgsmassiv der Udzungwa Mountains, durchfährt man nach ca. 3 km den Ort **Kidatu,** ein kleines Zentrum für den Abtransport von Zuckerrohr aus den großen Anbaugebieten, welche sich von hier in Richtung Osten erstrecken. Die seit ein paar Jahren hier tätige Firma KSC erwirtschaftet in der Region 38% der nationalen Zuckerproduktion. In den Erntezeiten pflastern oft Tonnen von Zuckerrohrstücken die Straße. Voll geladene Lkws verlieren sie aufgrund der vielen Schlaglöcher, Kinder sammeln die Teile gern ein. Die Asphaltstraße endet in Kidatu.

Bei **km 51** öffnet sich zwischen vielen Bäumen und Bananenstauden ein Blick auf die unteren Kaskaden der insgesamt 310 m hohen **Sanje Waterfalls,** die bereits im Udzungwa Mountains National Park liegen. Kurz zuvor durchfährt man das Dorf Sanje, wo der Pfad zu den Wasserfällen beginnt (zuerst beim Mangula Gate Parkgebühren zahlen und Ranger anheuern). Der Abzweig zum Main Entrance Gate liegt 9 km weiter rechts neben der Hauptstraße in **Mang'ula.** Von hier sind es gerade noch 500 m zum Nationalpark.

Gegenüber vom Abzweig führt eine Piste zum ebenfalls 500 m entfernten Twiga Hotel.

Geradeaus weiter folgt nach 400 m linker Hand das Udzungwa Mountain View Hotel (s.u.). Die Strecke führt weiter entlang der Udzungwa Mountains, überquert ein paar Mal die Eisenbahngleise, bevor bei **km 107 Ifakara** erreicht wird. Die Kleinstadt ist **Verwaltungssitz des Kilombero-Distrikts** und zentraler Marktort des Umlandes. Der Hauptstraße durch den Ort folgend, ist nach 6 km die kleine **Fähre über den Kilombero River** erreicht. Diese kann maximal einen Lkw bzw. 2–3 Pkws transportieren und stellt ihren Dienst bei Dunkelheit ein.

Vom Fährplatz (Kivukoni genannt) führt eine gute Piste in Richtung Süden, auf welcher man nach 22 km zur Gabelung im Ort Lupiro kommt (hier ist eine Tankstelle). Rechts führt eine ebenso gute Piste ins 51 km entfernte **Itete am Rande der Kilombero Swamps,** wo sich eine große **Schweizer Mission des Kapuzinerordens** befindet.

Geradeaus weiter kommt nach wenigen Kilometern das Dorf **Igota** mit einer alten Mission rechter Hand, die aus den 1930er Jahren datiert. Die Strecke führt dann langsam in das vegetationsreiche **Mahenge-Hochland.** Über eine kurvenreiche Piste werden nun einige hundert Höhenmeter erklommen. 40 km hinter Lupiro ist der kühle **Distriktort Mahenge** erreicht, am Fuße der Mbarika Mountains. In Mahenge befindet sich ein ehemaliges Fort (Boma) aus der deutschen Kolonialzeit, das Schauplatz eines blutigen Massakers im Maji-Maji-Aufstand war (siehe Exkurs zum Aufstand). Die restaurierte Boma beherbergt heute das Büro der Distriktverwaltung sowie die Distrikt-Polizei und das örtliche Gefängnis (Fotografieren verboten!)

Udzungwa Mountains National Park ♪XVI,A2

Der Park

Der Nationalpark wurde 1992 von Prinz *Bernhard* von den Niederlanden eröffnet. Mit Hilfe des World Wildlife Fund, dessen Mitbegründer der Prinz ist, wurden die östlichen Udzungwa Mountains zum Natur- und Wildschutzgebiet erklärt (mit einer Fläche von 1990 km²). Es galt, einen der letzten großen Bergregenwälder in diesem Teil Afrikas zu schützen, der von zunehmendem Holzeinschlag und Wilderei bedroht war.

Im **dichten Bergregenwald,** der im Süden von 250 m ü.N.N. bis auf über 2000 m an steilen, oft nebelverhangenen Hängen aufsteigt, zeigt sich eine sehr beeindruckende, vielfältige Urwaldvegetation. Niederschlagsmengen von bis zu 2500 mm im Jahr wurden hier schon gemessen. **Viele** der hier wachsenden **Pflanzen,** darunter auch 30 m hohe **Baumarten, sind endemisch,** d.h. wachsen nirgendwo sonst auf der Welt. Aus botanischer Sicht ist der Park daher ein Paradies, in dem es noch sehr viel zu entdecken gibt.

Ab 2000 m Höhe lässt der dichte Waldbestand langsam nach, und eine

Udzungwa Mountains National Park

montane Baumsavannenlandschaft bedeckt die hügelige Hochebene, von der sich hin und wieder spektakuläre Aussichten bieten. Bei klarem Wetter reicht der Blick bis zu den eindrucksvollen Uluguru Mountains und weit über die Ebenen des Kilombero Valley.

Zahlreiche Bäche und Flüße, die von den hohen Ebenen und Gipfeln die **üppig grünen Täler** hinunterfließen, bilden an vielen Stellen Wasserkaskaden und große Wasserfälle. Die höchsten Fälle sind die **Sanje Waterfalls**, die stufenweise über Kaskaden insgesamt **310 m** ins Tal stürzen. Der oberste Wasserfall misst 70 m, der mittlere 40 m, die untersten Kaskaden 200 m. Die **höchsten Gipfel** der Udzungwa Mountains im Park sind der **Luhombero** mit **2579 m** in der zentralen Hochebene, der Karenga mit 2244 m im Nordosten und der Mwanihana mit 2150 m, der nur wenige Stunden Fußmarsch vom Mang'ula Gate entfernt liegt.

Der **Park kann nur unter Führung eines Rangers zu Fuß erkundet werden**, es gibt **keine Straßen.** Zur Zeit sind nur die östlichen Hänge und der Mwanihana Peak mit Fußwegen erschlossen. Auch die anderen Regionen, insbesondere die Hochebenen, sind über mehrtägige Wanderungen zu erreichen.

Die **Parkgebühren** liegen bei **25 $ pro Person/Tag.**

Tierwelt

Die große Attraktion der Udzungwa Mountains sind die zwei Affenarten, die nur hier heimisch sind: der **Uhehe Rotkopf Guereza** (auch Stummelaffe oder Colobus genannt), der sich nur durch eine leicht andere Zeichnung von anderen Rotkopf Guerezas unterscheidet, und der **Sanje Mangabe** mit seinem punkerartigen Haarkamm auf dem Haupt und dem goldgelben Bauchhaar. Von beiden Primatenarten werden regelmäßig Gruppen beobachtet; die Ranger wissen in der Regel, wo sich welche aufhalten und können den Besucher dort hinführen. Weitere kleine Affenarten sind Schwarze Stummelaffen und Meerkatzen. Auch die **sehr seltene Waldginsterkatze** (Forest-Genet-Cat) ist im Udzungwa heimisch.

Sanje Waterfalls

Die Udzungwa Mountains gelten als **einer der artenreichsten Lebensräume für Waldvögel in Ostafrika.** Studien über deren Vielfalt und mögliche endemische Arten sind noch nicht abgeschlossen. Eventuell hängt mittlerweile am Main Entrance Gate eine Liste der bisher wissenschaftlich untersuchten Tier- und Vogelarten.

Auf den baumsavannigen Hochebenen lassen sich gelegentlich **Büffel** und **Elefanten** beobachten. Die Dickhäuter sind jedoch nicht mit den zentralafrikanischen Waldelefanten verwandt. Weitere Tiere, die bisher in den oberen Regionen gesichtet wurden, sind Wasserböcke, Buschböcke, Elenantilopen, Löwen und auch Leoparden. Generell ist das Erspähen eines dieser Tiere aufgrund des sehr dichten Waldbestandes äußerst schwierig, und sieht man einmal eins, ist es auch schon wieder im Unterholz verschwunden.

Der Großteil der Tiere hält sich im Park nur saisonal auf und kommt in der Regel während lang anhaltender Trockenzeiten aus dem nahen Selous Game Reserve oder vom Mikumi National Park.

Zu Fuß unterwegs

Für das Erkunden der Berghänge ist ein **Ranger als Führer Pflicht.** Dieser kostet, egal wie groß die Gruppe ist, 20 $ pro Tag. Offizielle Campingplätze gibt es in den höheren Lagen noch nicht, hier sind die Ranger jedoch flexibel und richten sich nach Ihren Vorstellungen. Auch die Dienste von Trägern können in Anspruch genommen werden. Sollten Sie mehrere Tage in den Bergen verbringen wollen, ist mindestens ein halber Tag für die Organisation einzukalkulieren; die meisten Besucher führen nur ein- bis zweitägige Wanderungen durch. Die gesamte Ausrüstung und Verpflegung sind mitzubringen.

Zum sicheren Gehen empfiehlt sich Wasser abweisendes und gut profiliertes Schuhwerk. Die Wege sind zwar weitgehend befestigt, aber dennoch rutschig bei feuchter Wetterlage.

Denken Sie an lichtempfindliche Filme (400 Asa und aufwärts), da die Lichtverhältnisse, insbesondere am Nachmittag, wenn die Osthänge im Schatten liegen, im dichten Waldgebiet nicht immer optimal sind.

Wichtige Information! Zwischen den Dorfgemeinschaften an der Hauptstraße und dem Nationalpark besteht ein **Abkommen hinsichtlich begrenzter Waldnutzung.** Das heißt, neben Touristen und Wildhütern bzw. Forschern dürfen im Udzungwa – anders als in den anderen Nationalparks – auch Angehörige aus den angrenzenden Dörfern in die Waldhänge, um Kräuter und Brennholz zu sammeln (nicht hacken oder sägen!). Mit der Gründung des Nationalparks wurde dieses System mit den Gemeinden regelrecht ausgehandelt, da diese um einen Teil ihrer Existenzgrundlage fürchteten. Die Abmachung bleibt umstritten, die Genehmigung zur eingeschränkten Nutzung der Waldressourcen soll in den kommenden Jahren ablaufen. Bis dahin dürfen Frauen und Kinder an zwei Wochentagen (derzeit mittwochs und samstags) zum Sammeln in die Waldhänge. Für

UDZUNGWA MOUNTAINS NATIONAL PARK

Besucher des Parks hat dies zur Konsequenz, dass z.B. auf dem Sanje Trail bereits seit den frühen Morgenstunden Leute unterwegs sind und damit viele Tiere und Vögel aufschrecken, so dass man nicht viel zu sehen bekommt. Dafür sind die Rufe der Holzsammler zu hören, und man muss den Gruppen, die voll beladen den Berghang hinunterkommen, Platz machen. Das alles wäre nicht der Rede wert, müsste man nicht 40 $ Park- und Rangergebühren zahlen – Fazit: die **Holzsammlertage meiden!**

Nature Trails (Wanderrundwege)
Sanje/Sanje Circuit

Hierzu muss man vom Mangula Gate zum Dorf **Sanje** an der Hauptstraße in Richtung Mikumi (entweder mit einem der vorbeifahrenden Busse oder einem Park-Fahrzeug für 10.000 TSh). Die Wanderung dauert etwa 3 Stunden (bis zu den zwei unteren **Sanje-Wasserfällen**).

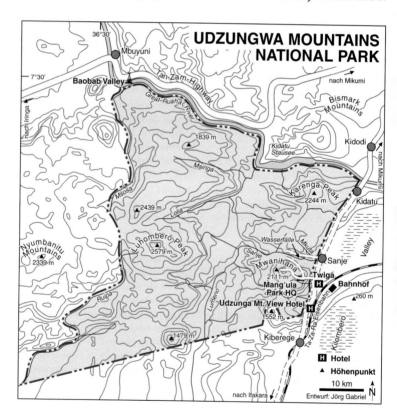

UDZUNGWA MOUNTAINS NATIONAL PARK

Der **Sanje Circuit** beginnt beim Mangula Gate und führt noch weiter in die Berghänge bis oberhalb zur höchsten Sanje-Kaskade. Der Rundweg dauert ca. 4 Stunden, Essen und genügend Trinkwasser sollten mitgeführt werden.

Campsite Three Trail Circuit

Ganztagestrip für Wanderfreunde. Start beim Mangula Gate, Distanz etwa 13 km, Dauer etwa 10 Stunden. Die Sanje-Wasserfälle werden auf diesem Trekk nicht passiert, dafür lassen sich mehr Wild und Vögel beobachten.

Prince Bernhard Trail

Schnuppertour am Mangula Gate; etwa 1 km, 40 Minuten Gehzeit. Ein **kleiner Wasserfall** wird besucht, gelegentlich lassen sich Paviane und mit etwas Glück auch Nilvarane sehen.

Mwanihana Trail

Trekking-Tour für Abenteurer. Der Gipfel des 2150 m hohen **Mwanihana Peak** wird bestiegen, mit Glück lassen sich im oberen Berg-Buschland Elefanten, Büffel und Elenantilopen sehen. Der Mwanihana Trail ist mit 38 km angegeben und dauert zwei Nächte/drei Tage. Komplette Selbstversorgung ist Voraussetzung!

Anreise/Unterkunft

- Das Main Entrance Gate des Parks bei Mang'ula ist über eine teils asphaltierte Straße von Mikumi am Tan-Zam-Highway leicht zu erreichen (siehe Routenbeschreibung oben). **Busse und Dalla Dallas** fahren regelmäßig die Strecke bis Kidatu und Ifakara. Sagen Sie einfach dem Fahrer Bescheid, dass er Sie direkt beim Abzweig zum Parkeingang herauslässt. Von da sind es dann noch 500 m zu Fuß.
- Eine andere, sehr erlebnisreiche Anreise erfolgt mit dem **„Ordinary Train" der Ta-Za-Ra-Eisenbahn** ab der Hauptstadt Dar es Salaam. Der Zug hält an der **Station Mang'ula,** die etwa 15 Minuten Gehzeit vom Park entfernt liegt. Reist man von Dar es Salaam an, kommt man hier am Abend an und ist auf die Hilfe einer ortskundigen Person angewiesen. Das ergibt sich aber in der Regel schnell.
- Zwischen dem Mang'ula Park Gate und der Bahnstation liegt das **Twiga Hotel.** Die einfache Unterkunft hat zwar kein Lodge-Niveau, müht sich aber, einen guten Service zu bieten. Zimmer mit Dusche und Frühstück liegen bei 12.000 TSh die Nacht. Für Wanderungen im 1 km entfernten Park kann man Lunchpakete bekommen.
- 400 m hinter dem Gate befindet sich das **Udzungwa Mountain View Hotel** (saubere Zimmer mit Deckenventilator, Moskitonetz, WC/Dusche; Frühstück, freundliche Bedienung, 10.000 TSh pro Pers.).
- Die nächsten Unterkünfte finden sich im 20 km entfernten **Kidatu** (landestypische Guesthouses) oder in **Mikumi** am Tan-Zam-Highway (s.o.).
- Es ist nicht vorgesehen, im Park eine moderne Lodge zu bauen. Die einzigen Übernachtungsmöglichkeiten sind zwei wunderschön an Bächen gelegene **Campingplätze** in der Nähe des Main Entrance. Eine Wasserversorgung und Toiletten sind hier installiert, Verpflegung gibt es jedoch nicht zu kaufen. Die eher kleinen Plätze liegen im Wald und können mit dem eigenen Fahrzeug angefahren werden. Camping kostet 30 $/Person.

Reisezeit

Die **beste Besuchszeit** für den Park ist **Juni bis Oktober** und **Januar bis März.** In den Regenmonaten ist auf vielen Pfaden entlang der Berghänge kein Durchkommen möglich, und der Besuch ist eher eine Tortur, als dass er Vergnügen bereiten würde. Zum Ende der Trockenzeit kann das eine oder andere Großtier gesehen werden.

Zentrales Tansania – die „Nyika"

Das zentrale Tansania setzt sich im Wesentlichen aus den **vier Verwaltungsregionen Shinyanga, Tabora, Singida** und **Dodoma** zusammen. Das sehr großflächige Gebiet wird vom durchschnittlich **1200 m hoch gelegenen zentraltansanischen Plateau** eingenommen, welches die Vegetation, das Klima und das Leben der Menschen im Herzen Tansanias weitgehend bestimmt. Das größtenteils flache Land wird westlich der Hauptstadt Dodoma von einem südlichen Ausläufer des East African Rift Valley, dem östlichen Zweig des afrikanischen Grabenbruchsystems, eingeschnitten. Im Osten grenzen die Rubeho Mts., Kiboriani Mts., Kaguru Mts. und die Nguru Mts. das zentrale Tansania vom Küstenvorland ab.

Zu Zeiten der arabischen Sklaven- und Elfenbeinhändler war das riesige zentrale Gebiet als **„Nyika"** bekannt, was so viel bedeutet wie „großes, weites Land". Durch die raue Natur voller Gefahren führte eine wichtige **Karawanenroute** von den Küstenorten Bagamoyo und Sadani über Dodoma und Tabora nach Ujiji und Karema am Tanganyika-See sowie nach Mwanza am Victoria-See. Auf wochenlange strapaziöse Fußmärsche begaben sich die Araber, um ihre Waren ans Ziel zu bringen, später folgten Forscher wie *Burton, Speke, Livingstone* oder der Journalist *Stanley* auf ihren Erkundungsreisen ins Landesinnere. Die Karawanenroute gab auch der **„Mittellandbahn"** größtenteils den Weg vor, jener Eisenbahnlinie, die in deutscher Kolonialzeit gebaut wurde. Heute noch stellt die Eisenbahn die wichtigste Verbindung durch das

Highlights und Tipps
- Fahrt mit der Central Railway, S. 572
- Die Seen von Singida, S. 580, 581
- Alte Alleen und Livingstones Tembe in Tabora, S. 584 und 592

ZENTRALES TANSANIA – DIE „NYIKA"

Hinterland der Region Tabora dar. Für das große Volk der Nyamwezi in den entlegenen Miombo-Trockenwaldgebieten des westlichen Zentraltansanias ist sie eine wichtige Lebensader.

Eine **Reise mit der Eisenbahn entlang der Central Railway Line nach Kigoma** am Tanganyika-See **oder nach Mwanza** am Victoria-See vermittelt einen guten Eindruck von den großen Distanzen auf dem weitläufigen Plateau und vom Leben der Menschen entlang der Bahnlinie.

Touristisch gesehen ist der westliche Teil des zentralen Tansania **noch absolut unerschlossen.** Der geringe Fremdenverkehr ist bis jetzt nur auf die weit auseinander liegenden Städte Dodoma, Singida und Tabora beschränkt, und auch hier meist nur als Transit-Besuch.

Die großen **Game Reserves Muhesi, Kizigo, Rungwa, Ugalla River** und **Kigosi** liegen weit ab von Hauptverkehrsstrecken und sind nur schwer erreichbare Gebiete, die zudem auch nicht auf Besucher eingestellt sind. Hinzu kommt, dass hier für die Sicherheit von Reisenden nicht garantiert werden kann, da in diesen Wildschutzgebieten rücksichtslose Wilderer ihrem Handwerk nachgehen.

Mit Niederschlagsmengen von durchschnittlich 600 mm im Jahr ist das große zentrale Plateau – ein mächtiges Granit-Schild – die **trockenste Region Tansanias** und daher auch weniger dicht besiedelt.

Der gesamte Westen Zentraltansanias ist mit unwirtlichen Miombo-Trockenwäldern überzogen und Lebensgebiet der **Tsetse-Fliege.**

Im Mai und Juni, nachdem die großen Regen niedergegangen sind, bekommt der sonst blass wirkende und blätterarme Miombo-Wald ein farbenfrohes Naturkleid, das von pastell-violetten bis zu goldgelben Tönen reicht und die „Nyika" zum Leuchten bringt.

Wer das Gebiet **westlich von Dodoma** mit eigenem Fahrzeug bereisen möchte, sollte gut ausgerüstet sein und einige Tage Zeit mitbringen. Nahezu alle Straßen sind in schlechtem Zustand und stellen höchste Ansprüche an Mensch und Material. Zudem ist das Gebiet nicht ganz ungefährlich. Gelegentlich kommen **Straßenüberfälle** auf nachts fahrende Lkws vor. Die Gefährdung in den verschiedenen Gebieten wechselt; wo gerade Vorsicht geboten ist und ob Konvois fahren, ist am besten bei der jeweiligen örtlichen Polizei und bei Lkw-Fahrern, die ständig im zentralen und westlichen Teil Tansanias unterwegs sind, zu erfahren. Das Reisen tagsüber mit Überlandbussen und Privatfahrzeugen galt und gilt als sicher.

Dodoma

↗ IX,D3

Die **offizielle Hauptstadt Tansanias** (seit 1973) zählt etwa **250.000 Einwohner** und ist Verwaltungssitz der gleichnamigen Region. Die Stadt liegt in 1130 m Höhe, die Niederschläge hier und im Umland sind spärlich (im Jahresdurchschnitt 500 mm), so dass es nur während der kurzen Regenzeit grünt und sonst eine große Trockenheit vorherrscht, die der Stadt ihren unattraktiven und staubigen Charakter verleiht. Viel lässt sich in Dodoma nicht erleben, ein längerer Aufenthalt lohnt kaum.

Die Anlage der Stadt ist zu einem Großteil **auf dem Reißbrett entstanden**. Dodoma wirkt daher **trostlos und langweilig.** Auch die in Tansania einzigartige Fußgängerzone ändert daran nur wenig.

Erwähnenswerte Bauten (aus deutscher Zeit) sind insbesondere der alte Bahnhof, die Post und das ehemalige Railway Hotel. Vom ansonsten vorherrschenden architektonischen Einerlei hebt sich auch die imposante **Jamat-Khan-Moschee** von 1954 ab.

Im ehemaligen deutschen Fort (Boma) ist heute das Büro des Premierministers untergebracht; es darf weder besichtigt noch fotografiert werden. Die **Regierungsgebäude** stehen die meiste Zeit leer, Parlamentssitzungen finden nur selten statt. Viele Regierungsbeamte können sich nicht für das leblose Dodoma erwärmen.

In der nahen Umgebung der Stadt befinden sich die **einzigen Weinanbaugebiete des Landes.** Ein spanischer Priester von der Bihawana Mission pflanzte 1957 ein paar Weinreben, die überraschenderweise sehr gut gediehen. Einmal gewann der Wein sogar einen Preis in Madrid. Doch während der sozialistischen Zeit ließ man den Wein zu Essig verkommen. Heute werden in der Umgebung große Flächen für Weinanbau genutzt. Weinreben aus Italien, Südafrika, Frankreich und auch Deutschland werden hier miteinander gekreuzt. Die Qualität des Weins ist aufgrund des hohen Chemikalienzusatzes geringer als die der zunehmend auf dem tansanischen Markt erhältlichen südafrikanischen Weine. Grundsätzlich ist Wein in Tansania nur wenig bekannt, mittlerweile jedoch ist **Dodoma-Wein** in vielen guten Restaurants und Hotels in den Städten des Landes erhältlich. Seit ein paar Jahren füllt ein deutschtansanisches Gemeinschaftsunternehmen den Wein mit neuem Etikett ab. Auf Dauer sollen jährliche Produktionsmengen von über 200.000 Flaschen realisiert werden.

Die einstige Bedeutung als zentraler Verkehrsknotenpunkt hat die Stadt verloren, da die früheren Hauptstraßen nach Arusha und Iringa heute in einem sehr schlechten Zustand sind und nur noch wenig Verkehr aufweisen. Für Reisende ist Dodoma meist nur **Durchgangsstation** bei einer Fahrt mit der Central Railway oder mit dem eigenen Fahrzeug.

Hügelmassive aus Granit sind um Dodoma zu sehen und wirken wie Inseln in der sonst kargen und flachen Landschaft. Einer dieser Hügel ist der ca. 1300 m hohe Imaga Hill im Süden der Stadt, der jedoch wegen militärischer Anlagen nicht bestiegen werden darf. Einen guten Blick auf die Stadt hat man vom Mlimwa Hill (auch „Lion Rock" genannt) nördlich des Flughafens.

Vorsicht ist im Bereich des Bahnhofs und der Busstation geboten, hier sind in letzter Zeit gehäuft Taschendiebstähle vorgekommen.

Unterkunft

Hotels

● **New Dodoma Hotel (Dodoma Rock Hotel)**
P.O. Box 239, Tel. (026) 2321641, 2321715, E-Mail: newdomhotel@do.ucc.co.tz. Das Hotel hat seinen kolonialen Charme bewahrt. Im hinteren Bereich wurde im Zuge der Hauptstadt-Bautätigkeiten ein moderner Zimmer-Komplex errichtet, um Parlamentsabgeordneten bei ihren Sitzungen in Dodoma Unterkunft und Konferenzräume zu bieten. Seit einigen Jahren steht das Dodoma unter privatem Management und zählt nach einer Generalüberholung und Renovierung zu den besseren Hotels der Stadt. Die Zimmer kosten ab 30.000 TSh mit Dusche/WC, Ventilator, Moskitonetz und warmem Wasser, die Zimmer im Original-Bahnhofshotel sind jetzt Executive Rooms mit AC und kosten 100.000 TSh. Das Personal im Restaurant trägt zwar elegante „Pinguin-Bekleidung" und die Preise sind dementsprechend überhöht, die Qualität des Essens lässt aber ein wenig zu wünschen übrig. In der Bar spielt des Öfteren eine Live-Band. Ein kleiner Souvenirladen führt das übliche Angebot.

Dodoma Hotel (in deutscher Kolonialzeit das „Bahnhofshotel")

Dodoma – die Geschichte einer fehlgeplanten Hauptstadt

Der Ort Idodomya war schon früh in der Umgebung bekannt, da er an der Karawanenroute von Sansibar zum Tanganyika-See lag. Der Name „Idodomya" bedeutet etwa „der Ort, an dem er versank", und spielt an auf das Schicksal eines Elefanten, der hier angeblich an einer Wasserstelle stecken blieb und verendete.

Das in dieser Region ansässige Volk der Gogo forderte von den Karawanen Wegezölle als Bezahlung für den Unterhalt von Wasserstellen und auch, um vom Warenangebot der Araber zu profitieren. Historiker vermuten, dass in der Zeit der Karawanenzüge bis zu 80.000 Menschen im Jahr auf ihrem Weg zwischen der Küste und dem Westen durch Dodoma kamen.

Die **Gogo,** von denen man glaubt, dass sie ein Mischvolk aus den nördlicheren Maasai und den südlicheren Hehe sind, passten sich mit ihrer Lebensform den schlechten klimatischen Bedingungen an. Ursprünglich – heute nur noch vereinzelt – betrieben sie sowohl Wanderhackbau als auch Viehzucht. Bekannt sind ihre flachen, viereckigen und sehr niedrigen Hütten, die „tembe" genannt werden. Sie liegen in der Regel sehr verstreut, eng zusammen stehende Hütten sind in den Gogo-Dorfgemeinschaften nicht beliebt. Es heißt, dass wenn ein Huhn einer Familie bei der Tembe eines Nachbarn ein Ei legen kann, dann stehen die Hütten zu nah beisammen.

Mit der Besetzung ihres Landes durch die Deutsch-Ostafrika-Gesellschaft endete die privilegierte Stellung der Gogo, die sie den Karawanen verdankten. Doch leisteten sie anfangs heftigen Widerstand gegen die deutschen Eindringlinge. Mit der Errichtung von Forts in Idodomya und bei Kilimatinde setzte sich schließlich um 1905 die deutsche Schutztruppe durch und sicherte das Gebiet um das in Dodoma umbenannte Idodomya mit rücksichtsloser Gewalt für die Ansiedlung deutscher Siedler und Pflanzer.

Die Eisenbahn erreichte Dodoma im Jahr 1910, am 10. November des gleichen Jahres wurde der Bahnhof eröffnet. Der regelmäßige Zugverkehr zwischen Dar es Salaam und später auch Kigoma und Mwanza war der wichtigste Impuls für die weitere Entwicklung der neuen Stadt. Mit den Gleisen entstand in Dodoma auch eine räumliche Trennung der Rassen. Nördlich der Bahnlinie lagen die Afrikaner- und Inderviertel mit dichter Bebauung und niedrigem Standard, südlich des Bahnhofs entstanden großzügig angelegte Europäerviertel. Durch die großen Baumaßnahmen in den 1970er und 1980er Jahren ist von dieser Trennung jedoch nicht mehr viel zu erkennen.

Ziel der Kolonialpolitik war es, Handelszentren, Märkte und eine lokale Industrie aufzubauen, um die große Zahl von angesiedelten Afrikanern in die Warenproduktion für koloniale Bedürfnisse einzubinden und die Stadt in ein wirtschaftliches Zentrum des Landes zu verwandeln. Man spielte mit dem Gedanken, die Hauptstadt Deutsch-Ostafrikas von Dar es Salaam nach Dodoma zu verlegen. Der 1. Weltkrieg vereitelte das Vorhaben.

Nach dem Krieg brachen infolge von Dürreperioden zwei große Hungerkatastrophen aus, die vielen Menschen das Leben kosteten.

Auf Schienen von Hoesch erreichte die Eisenbahn im Jahr 1910 Dodoma

DODOMA – FEHLGEPLANTE HAUPTSTADT

In der britischen Zeit, als Automobile zunehmend die Eisenbahn ersetzten, wuchs Dodomas Bedeutung als Verkehrsknotenpunkt. Mit dem Straßenbau nach Arusha und Iringa lag Dodoma an der bedeutendsten Nord-Süd-Achse durch das damalige British East Africa. In den 1930er und 1940er Jahren legten sogar die Flugzeuge der Kairo-Kapstadt-Route hier ihren Zwischenstopp ein. Bedingt durch diese neue Stellung Dodomas stieg auch die Einwohnerzahl rapide an, was zu Wasserknappheit führte. Verschärft wurde die Situation durch die wachsende Verkarstung und Erosion des Umlandes durch Abholzung (u.a. zur Deckung des Holzkohlebedarfs der Dampfloks), Überweidung und die Vernachlässigung der landwirtschaftlichen Entwicklung. Um den hohen Bedarf an Wasser zu decken, erbaute man noch vor dem 2. Weltkrieg zwei Dämme in der Nähe der Stadt. Doch konnten auch diese Reservoirs nur bedingt den Mangel an Wasser beheben.

Ende der 1960er Jahre griff Präsident *Nyerere* die Hauptstadtpläne der Deutschen wieder auf. Im Rahmen der deklarierten Dezentralisierungspolitik sollte Dodoma als zukünftige Hauptstadt zur Entwicklung der wirtschaftlich schwachen Region Zentraltansania beitragen und Symbolkraft für die eingeschlagene „Ujamaa-Politik" haben (vgl. „Staat und Politik"). Zudem versprach man sich von der neuen Hauptstadt die Verwirklichung einer eigenen „nationalen" Stadt, die nicht wie Dar es Salaam von einer kolonialen Atmosphäre geprägt war. Mit der Gründung der Stadtplanungsbehörde „Capital Development Authority" (CDA) sollte Dodoma unter der Regie von nationalen und internationalen Fachleuten zu einer repräsentativen Hauptstadt aufgebaut werden.

1973 wurde Dodoma zur offiziellen Hauptstadt Tansanias, doch das Ziel, 1986 die gesamte Regierung inklusive Verwaltung in Dodoma untergebracht zu haben, schlug aufgrund des gescheiterten „afrikanischen Sozialismus" und der schwachen Wirtschaft fehl. Heute ist etwa ein Viertel der staatlichen Verwaltungsapparate, u.a. der Sitz des Premierministers und die Zentrale der regierenden CCM-Partei, in Dodoma etabliert, doch die wichtigen Ministerien sowie die gesamten diplomatischen Vertretungen des Auslands sind weiterhin der Küstenmetropole Dar es Salaam vorbehalten, woran sich auch in Zukunft nur wenig ändern wird.

DODOMA

- **Hotel D.M.**
P.O. Box 1326, Tel. (026) 2321001, Fax 320416. Das D.M. bemüht sich, das beste Hotel der Stadt zu sein. Es liegt am Majengo Market und hat leider keinen Garten. Die Zimmer sind nicht sehr groß, aber dafür gemütlich und zweckmäßig eingerichtet (mit TV!). Die Bäder/WCs sind sauber. Das Essen in der obersten Etage ist gut, der Service hervorragend, das ummauerte Grundstück bietet sichere Stellplätze für Fahrzeuge. Ein EZ liegt bei 12.000 TSh, ein DZ bei 17.000 TSh die Nacht (inkl. gutem Frühstück).

Preiswerte Unterkünfte

- **Kilimanjaro Villa**
Die schön gelegene Pension im älteren und grünen Stadtteil an der Biringi Avenue verfügt über einfache Zimmer mit Gemeinschaftsbad/-WC für 3000–4000 TSh die Nacht. Der Besitzer, ein Chagga vom Kilimanjaro, trinkt gern ein Bier mit den Gästen (manchmal auch sieben zu viel ...) – seine kleine Bar ist bekannt und ein interessanter Treffpunkt. Tansanische Küche auf Bestellung, ansonsten in der Stadt speisen.
- **Furaha Hostel**
Askari Road, P.O. Box 15. Das ehemalige Jamboree ist nun mit neuem Namen unter dem Management der Diözese Central Tanganyika. Unweit der alten Boma gelegen, bietet die große Anlage gute, saubere und ruhige DZ mit Bad/WC/Moskitonetzen für 5000 TSh, EZ 3000 TSh. Wer mehrere Tage bleibt, bekommt eine „special rate". Essen auf Vorbestellung.
- **Christian Council of Tanzania Hostel (CCTH)**
P.O. Box 372, Tel. (023) 2501258. Die von der anglikanischen Kirche geleitete Herberge ist unter Reisenden beliebt. Die Zimmer sind einfach, verfügen jedoch über Moskitonetz und Dusche. Essen gibt es in einer Kantine, Dauerrenner scheint hier Omelette mit Chips zu sein. Alkoholische Getränke gibt es nicht und dürfen auch nicht mitgebracht werden. Eine Übernachtung mit Frühstück kostet je nach Zimmer 4000–9000 TSh. Das schon leicht in die Tage gekommene Hostel schließt um 23 Uhr die Pforten, seien Sie also rechtzeitig zurück!
- **Ujiji Guest House**
In der Nähe des Marktes. Landestypische Pension mit Moskitonetzen und Zimmern mit Bad/WC-Anschluß, 3500 TSh das EZ.
- **Morning Star Hotel**
Liegt etwas außerhalb. Zweckmäßig, akzeptable einfache Zimmer für 3000/4000 TSh. Chickenchips-Küche.
- **Mjili Guest House**
Unweit der Busstation. Einfache Zimmer mit gemeinnützigen Duschen und Toiletten, Übernachtung ab 3000 TSh.
- Weitere einfache landestypische **Guesthouses** wie das **Nureen Hotel** zwischen 3rd und 4th Street sowie das **Dawood Lodging House** (ebenfalls 4th Street) sind akzeptabel. Auch in der **Kondoa Road** gibt es mehrere einfache, aber recht neu und sauber wirkende Guesthouses.

Camping

Eine Camping-Möglichkeit gibt es in Dodoma derzeit nicht.

Essen und Trinken

- Für eine Hauptstadt ist das **Angebot** an guten Restaurants **sehr mager.** Zu den besten Adressen in der Stadt gehören die Restaurants im Dodoma Hotel und im Hotel D.M. (s.o.). Die beste und vielseitigste Küche wird außerhalb vom Stadtkern an der Dar es Salaam Road im **Dodoma Vocational Training & Service Center (VETA)** geboten. Hier gibt es auch eine schöne Bar mit einem Billardtisch. Am Kreisverkehr befindet sich ein **Wimpy Fast Food Service** und entlang der 3rd Street das überaus gute, indische **Aladin's Cave.** Hier sind zwar keine richtigen Mahlzeiten erhältlich, dafür aber leckere Eiscremes, Milchshakes etc.; auch ein kleines Internet-Café ist eingerichtet (Mo geschlossen). Für Gäste des Hotels D.M. wartet die nahe gelegene **Atlantic Bar** mit tansanischer Atmosphäre auf.
- Etwas außerhalb liegen die populären **Bars Wasanu** und **Tukuyu Open.**
- Eine **Weißbrot-Bäckerei** befindet sich an der 2nd Street.

- Eine **Disco** ist an der Ecke Market Street/Dar es Salaam Avenue.
- Das ziemlich heruntergekommene **Paradise Cinema** an der Madiwani Road zeigt nur selten anspruchsvollere Filme in englischem Originalton.

Krankenhäuser

- **Regional Hospital,** hinter dem CCT-Conference Centre an der Hospital Road.
- **Aga Khan Health Centre,** in der Tandamti Street, Tel. (026) 2321789. Empfehlenswert.
- Schräg gegenüber führt die anglikanische Diözese eine **Health Clinic** im Mackay House (mit Apotheke).
- 37 km südöstlich von Dodoma liegt das im Jahr 1900 gegründete **Missionskrankenhaus von Mvumi,** welches sich auf die Behandlung von Augenkrankheiten spezialisiert hat. Sie erreichen es über die Straße, die vom Bahnhof am Dodoma Hotel vorbei in Richtung Süden (Golfplatz) führt.

Apotheke

- Eine gut sortierte Apotheke (duka la madawa) befindet sich **am Kreisverkehr im Zentrum.**

Polizei

Eine Polizeistation befindet sich westlich der Boma **an der Amani Road.**

Verkehrsverbindungen

Innerhalb der Stadt

In Dodoma ist mit Ausnahme des Flughafens fast alles in wenigen Minuten zu Fuß erreichbar. Der **Haupt-Taxistand** befindet sich an der 5th Street gegenüber dem Eingang zur Fußgängerzone, aber auch am Busbahnhof und vor dem Dodoma Hotel bekommt man Taxis.

Mit dem Flugzeug

- Obwohl offiziell Hauptstadt, wird der Flughafen von Dodoma von internationalen Fluggesellschaften nicht angeflogen. Auch Air Tanzania fliegt Dodoma derzeit nicht an.
- **Coastal Travel** fliegt dreimal die Woche von **Arusha/Manyara** nach Dodoma und zurück. Allerdings ist dies kein regulärer Stopp, die Maschinen landen hier zum Auftanken auf dem Weg zum Ruaha National Park. Für Zusteigemöglichkeiten sollte man sich an das Coastal-Büro in Dar es Salaam wenden.
- Am Flugplatz ist der Sitz der **Mission Aviation Fellowship (MAF),** einer nicht-kommerziellen Fluggesellschaft der katholischen Mission. Hin und wieder sind Plätze in den kleinen Motorflugzeugen frei, und man kann nach Absprache einen Flug in Städte wie Arusha, Nairobi, Kigoma oder auch Mwanza bekommen. Auskunft nur am Flugfeld.

Mit dem Zug

Die beste Verbindung von Dodoma **nach Tabora** oder **Kigoma** besteht mit dem Zug, da keine direkten Straßenverbindungen existieren. Auch **Mwanza** und **Dar es Salaam** können mit der Eisenbahn erreicht werden, doch hier bestehen auch gute Busverbindungen, insbesondere aufgrund der guten Asphaltstraße nach Dar es Salaam.

Die Züge vor allem Richtung Westen sind oft schon tagelang im Voraus ausgebucht, so dass rechtzeitig gebucht werden sollte.

Abfahrtszeit **nach Westen** ist Mo, Mi und Sa ab 7 Uhr morgens, Tabora wird gegen 18 Uhr erreicht. Dort können Sie mit dem gleichen Zug weiter bis Mwanza oder um 20 Uhr nach Kigoma fahren; 1. Klasse nach Tabora 18.200 TSh, nach Mwanza 36.000 TSh (mehr siehe dort).

Die Züge in **Richtung Küste** fahren in der Nacht (Mo, Mi und Fr um 19 Uhr Abfahrt). Morogoro wird nach Mitternacht erreicht, Dar es Salaam zwischen 8 und 11 Uhr vormittags.

Seit 1999 verkehrt ein Tageszug So und Mi nach **Singida.** Die Abfahrt ist um 10 Uhr, Ankunft um 19.25 Uhr. Dieser Zug verfügt nur über Waggons der 3. Klasse.

Die Bahnlinie von Kilosa (160 km südöstlich von Dodoma) zur südlichen Ta-Za-Ra-Bahnlinie nach Mbeya ist nicht an diese angeschlossen, und es verkehren ab Kilosa auch keine Personenzüge auf dieser Strecke.

DODOMA

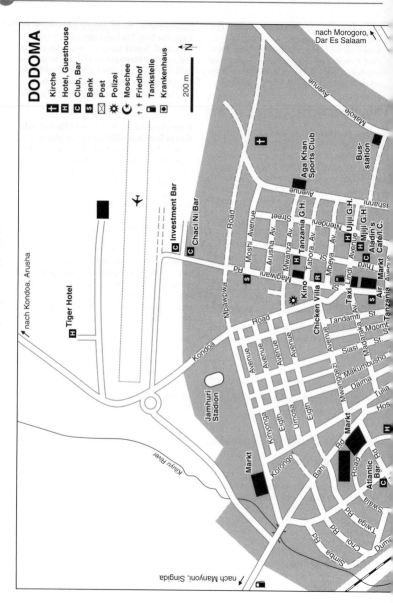

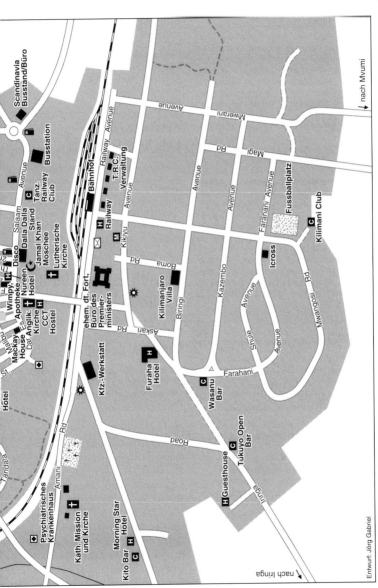

Mit dem Bus

Busse verkehren in alle Himmelsrichtungen, wobei Nachtfahrten nicht mehr erlaubt sind. Vom Busbahnhof (siehe Stadtplan) fahren täglich zwischen 7 und 11 Uhr Busse in Richtung **Morogoro** und **Dar es Salaam.**

Täglich legen Busse die strapaziöse Strecke **nach Arusha** über **Kondoa** und **Babati** zurück.

Nach Iringa direkt fahren nur selten Busse, da die Piste in einem miserablen Zustand ist und man daher die geteerte Strecke über Morogoro durch den Mikumi National Park bevorzugt.

Nach Singida, Nzega, Tabora und **Mwanza** fahren ebenfalls fast täglich Busse. Abfahrtszeit nach Mwanza und Tabora ist in der Regel gegen 7 Uhr früh, eine Fahrt kostet etwa 12.000 TSh. Von Nzega besteht Anschluss über Kahama nach Ngara nahe der Grenze zu Ruanda.

Reservieren Sie sich am Vortag einen Platz an den Fahrkartenverkaufsständen am Busbahnhof. **Scandinavia Express Services** erreicht man unter Tel. (026) 2322295, (075) 4366411.

Internet

Internet-Cafés finden sich in **Aladin's Cave,** im **Mackey House** und in der **Fifth Street.**

Sonstiges

- Autos kann man in Dodoma nicht mieten, und es gibt bisher auch **keine Safariveranstalter.**
- Zwischen Eight und Kinyonga Avenue gibt es einen sehr günstigen **Fahrradverleih.**
- Alltägliches einkaufen und **Souvenirs** erwerben (z.B. traditionelle Musikinstrumente der Gogo) können Sie in den kleinen Läden der Fußgängerzone oder auf dem Markt im Stadtzentrum.
- Geld kann am **Forex-Schalter** im Dodoma Hotel oder in den **Banken** der Stadt gewechselt werden. Die **Tanzania Postal Bank** erreicht man unter Tel. (026) 2321673, E-Mail: dodoma@postalbank.co.tz.
- Die **Post** befindet sich neben dem Dodoma Hotel.
- Am Abzweig der Iringa Road befindet sich eine **Kfz-Werkstatt,** die vornehmlich auf Land Rover eingestellt ist.
- Mehrere **Tankstellen** liegen in der Nähe des Marktes und an der Straße in Richtung Dar es Salaam.

Ausflug zu den Kolo Rock Paintings

Der 188 km nördlich von Dodoma gelegene Ort Kolo an der Hauptstraße A104 nach Arusha ist Ausgangspunkt für die Besichtigung einer Vielzahl von **Felsmalereien.** Für einen Ausflug sollten Sie mindestens zwei Tage einkalkulieren (vgl. im Kapitel zum Rift Valley).

Routenbeschreibungen ab/nach Dodoma

Morogoro – Dodoma (254 km)

- Asphaltstraße mit vereinzelten Schlaglöchern. Fahrzeit 3 Stunden. Mehrmals täglich Busse (siehe bei Morogoro auch zwecks Zugverbindungen).

Die Asphaltstraße bis Dodoma ist in relativ gutem Zustand, wenn auch anfangs mit Schlaglöchern versehen. Die Strecke führt durch schöne Baumsavannenlandschaft. Kurz vor Dakawa (km 43) wird der Wami River überquert. Bis zu dem etwa **65 km** entfernten Ort **Dumila** (Guesthouses, Tankstelle) werden die nördlichen Ausläufer der Mkata Plains durchfahren, die zum Großteil für den Anbau von Mais und Reis genutzt werden. Danach steigt die

Strecke an und führt über die Ausläufer der sich linker Hand erstreckenden Kaguru Mountains auf die großen Ebenen des zentraltansanischen Plateaus, welche sich besonders ab **Gairo (km 130,** Tankstelle), einem stark von der Landwirtschaft geprägten Ort, bis zum Horizont erstrecken.

Abstecher nach Mpwapwa ⟋ IX,D3

Bei **km 179** zweigt links eine Piste ins 46 km entfernte Mpwapwa ab ("Kongwa" und "Mpwapwa" ausgeschildert). Der Ort liegt an der Südseite der Kiboriani Mountains und war einst ein wichtiger Ort auf der Karawanenroute arabischer Sklavenhändler; Forscher und Missionare wie *Speke* und *Livingstone* machten im Ort Rast. Hier wurde auch eine der ersten britischen Missionsstationen in diesem Teil des Landes errichtet. Später war Mpwapwa ein strategisch wichtiger Ort der deutschen Kolonialisten, die ein Fort bauten (heute nicht mehr existent) und Feldzüge gegen die Gogo unternahmen. Heute ist Mpwapwa relativ unbedeutend, jedoch wegen der sehr schönen Lage am Fuß der Berge ein attraktives Ausflugsziel mit einfachen Guesthouses und noch sehr islamisch geprägten Geschäftsstraßen.

15 km südlich von Mpwapwa liegt die alte, kleine deutsche Bahnhofsstation **Gulwe** an der Central Line. Von Mpwapwa aus kommend, erinnert noch eine alte Allee an koloniale Tage.

Auf der Dodoma-Straße weiter in Richtung Westen erfolgt ein paar Kilometer weiter rechter Hand ein Abzweig (Schild: "Kinnapa Development Programme") nach **Kibaya** ins **Süd-Maasailand** (94 km, landschaftlich sehr schön und gute Piste). Kibaya ist zu einem großen Markt- und Handelsort herangewachsen, verfügt über Tankstellen und einfache Guesthouses bzw. Esslokale.

Die letzten 76 km bis Dodoma führen durch eine flache Landschaft, vorbei an zahlreichen Baobabs auf großflächigen Feldern aus der Ujamaa-Zeit.

Dodoma – Iringa (257 km)

● Akzeptable Piste, Treibstoffversorgung in New Mtera. Fahrzeit bis zu 6 Stunden, in der Regenzeit länger. Busverbindung siehe bei Dodoma.

Die Straße zwischen Dodoma und Iringa war einmal Teil der Great North Road zwischen Arusha und dem Süden des Landes, in britischer Zeit das tansanische Teilstück der Kairo-Kapstadt-Verbindung. Heute fahren auf dieser Strecke nur noch wenige Lkws und Busse. Mit dem Bau des **Mtera-Damms,** der den Great Ruaha River zwecks Stromgewinnung für die Küstenmetropole Dar es Salaam aufstaut, war die Straße lange Zeit in einem jämmerlichen Zustand. Der erste Abschnitt bis zum 87 km entfernten **Fufu Escarpment** lässt sich jedoch wieder gut befahren. Kurz vor der Staumauer wird der während der Bauphase entstandene Ort **New Mtera** durchfahren, bei einer Schranke muss die Ankunftszeit notiert werden, bevor man in die Mtera Dam Security Zone hineinfährt. Bei der

EINE FAHRT MIT DER CENTRAL RAILWAY

Auf den (Gleis-)Spuren der Deutsch-Ostafrikanischen Mittellandbahn – eine Fahrt mit der Central Railway

Die in der deutschen Kolonialzeit gebaute „Mittelland-Eisenbahn" von Dar es Salaam bis ins 1250 km entfernte Kigoma am Tanganyika-See bildet heute noch das **Rückgrat des zentralen Tansania** und ist die größte technische Hinterlassenschaft der deutschen Kolonialisten. An der alten Bahnlinie hat sich nur wenig verändert, der größte Teil der ursprünglichen Gleise und Bahnschwellen der Stahlfirmen Hoesch und Krupp ist heute noch fest verankert. Während im 1. Weltkrieg viele Bahnhöfe an der Nord- oder auch Usambara-Bahn von Tanga nach Moshi größtenteils zerstört wurden, stehen entlang der heutigen Central Railway noch viele koloniale Bahnhofsgebäude in preußisch-wilhelminischem Stil. Das eindrucksvollste Gebäude ist zweifelsohne der dreistöckige Kopfbahnhof von Kigoma, der mit seiner massiven Erscheinung die endgültige Erschließung der damaligen Kolonie symbolisieren sollte.

Die Fahrt mit der Central Railway nach Kigoma oder auch nach Mwanza gehört zu den eindrucksvollsten Erlebnissen im zentralen Tansania. Abseits der Touristenorte erfährt der Reisende auf der etwa 40-stündigen Fahrt (ein Tag, zwei Nächte) etwas vom unverfälschten Alltag in den endlosen Weiten im Innern des Landes.

Der **Bau der ein Meter breiten Bahnspur** wurde 1905 in Dar es Salaam begonnen; schon 1894 allerdings hatten Vermessungsingenieure eine mögliche Trasse ausgewählt. Doch im Innern der Kolonie rebellierten noch einige Volksgruppen gegen die deutsche Herrschaft und verhinderten somit den Baubeginn vor der Jahrhundertwende. Erst mit dem blutigen Ende des Maji-Maji-Aufstandes (vgl. entsprechenden Exkurs) wurde 1907 der Bau weiterverfolgt. Das Wettrennen mit den Briten, die bereits 1901 von Mombasa aus mit ihrer Eisenbahn Port Florence (heute Kisumu) am Victoria-See erreicht hatten, hatten die Deutschen aber verloren.

Mit der Gründung der Deutsch-Ostafrikanischen Eisenbahngesellschaft und den von Berlin zugestandenen 21 Millionen Reichsmark kam das Projekt in Gang; bis Ende 1907 war das erste Teilstück bis Morogoro fertig gestellt.

Die ersten Schwierigkeiten bei der Gleisverlegung gab es schon kurz hinter der Küste, im Überschwemmungsgebiet des Ruvu-Flusses. Der kalkige und sandsteinige Boden, der in jeder Regenzeit unter Wasser stand, verlangte den Bau von viel mehr Trägerbrücken auf wesentlich tieferen Fundamenten, als man erwartet hatte.

Hinzu kam, dass es an brauchbaren Steinmaterial zum Beschottern der Gleise fehlte. Man hatte es zwar mit Korallengestein versucht, welches von der Küste herantransportiert werden musste, doch zerfiel dieses bei zu hoher Belastung zu Pulver und eignete sich für die Fixierung der Bahnschwellen überhaupt nicht. Schließlich fand man geeignete Steine an den Hängen der Uluguru Mountains bei Morogoro.

Die **Fahrt mit der Eisenbahn** beginnt zur Zeit gegen 17 Uhr in Dar es Salaam. Die ganze Nacht hindurch geht es bis Dodoma, so dass dem Reisenden der Genuss einer der interessantesten Streckenabschnitte bei Tageslicht entgeht. Zunächst fährt der Zug – während im Restaurantwagen Huhn oder Fisch mit Reis und Gemüse serviert werden – durch das grüne Küstenvorland bis ins 200 km entfernte **Morogoro.** Die Stadt am Fuße der Uluguru-Berge wird vor Mitternacht erreicht. Der noch aus deutscher Zeit stammende Bahnhof, 1908 erbaut, ist besonders von der Stadtseite ein architektonisch sehr eindrucksvolles Gebäude, in dessen Obergeschoss heute die „Railway Police" untergebracht ist.

Eine Fahrt mit der Central Railway

Beim Bau der Strecke zwischen Morogoro und Tabora folgten die Deutschen im Wesentlichen der alten Karawanenroute zum Hinterland der Großen Seen. Von großer Bedeutung für die deutschen Siedler, die in den Mkata Plains westlich von Morogoro große Plantagen für den Anbau von Sisal, Baumwolle und Zuckerrohr errichteten, war der Tag im Jahr 1909, an dem die Gleise **Kilosa** erreichten. Kilosa, am Fuße der Rubeho Mountains gelegen, wurde in den Folgejahren bis zum Ausbruch des 1. Weltkriegs zum landwirtschaftlichen Zentrum. Die Schutztruppe errichtete hier eine Militärstation, und der Bahnhof wurde für den Abtransport der landwirtschaftlichen Erzeugnisse aus den umliegenden Plantagen mit großen Lagerhallen ausgebaut. Heute wirkt Kilosa wie ein verlassener Kolonialort mit einer Vielzahl alter Farmhäuser in der nahen Umgebung und mit einem noch gut erhaltenen Bahnhof, wo leere Hallen stehen und veraltete technische Anlagen aus deutschen Tagen. Konnte man zu Beginn des 20. Jahrhunderts auf der Strecke von Morogoro nach Kilosa noch viel Wild vom Zugfenster aus beobachten, so sind die Tiere heute im weiter südlich gelegenen Mikumi National Park anzutreffen.

Die deutschen Pläne sahen die Verlegung einer Bahnlinie von Kilosa über Iringa zum Njassa-See (Lake Malawi) vor, doch dazu kam es nicht mehr. Stattdessen wurde Kilosa Anfang der 1960er Jahre Ausgangspunkt einer Stichbahn über Mikumi bis Kidatu. Diese Linie sollte den schnelleren und kostengünstigeren Abtransport von den Zuckerrohrplantagen im Kilombero Valley verbessern. Heute ist der Absatz von Zuckerrohr bedeutungslos geworden, und nur noch wenige Güterzüge verkehren auf der Strecke. Personenzüge fahren hier gar nicht, obwohl man 1965 überlegte, die Gleise weiter in Richtung Mbeya zu verlegen, doch dies machten schließlich die Chinesen in den 1970er Jahren von Dar es Salaam aus.

EINE FAHRT MIT DER CENTRAL RAILWAY

Nach Kilosa folgt der Aufstieg auf das zentraltansanische Plateau, und auch dieser Fahrtabschnitt liegt mitten in der Nacht – bedauerlicherweise, denn der kurvige Verlauf der Gleise entlang des Gombo- und später Kinyasungwe-Flusses durch das beeindruckende Tal zwischen den Kaguru und Rubeho Mountains ist ein besonders schöner Teil der Strecke. Die Bahn erklimmt, zum Teil auf neuer Trasse, bis ins knapp 200 km entfernte Dodoma ca. 650 Höhenmeter. Die meisten der auf diesem Teilstück liegenden Bahnstationen sind aus britischen oder Ujamaa-Tagen.

Zum Sonnenaufgang fährt der Zug in **Kikombo** ein, der zweitletzten Station vor Dodoma. Der zweistöckige Bahnhof steht noch weitgehend intakt da, ein echtes Beispiel deutscher Wertarbeit. Der Anschluss dieses Gebietes an die Bahnlinie war vor allem deswegen von Bedeutung, weil die Kolonialverwaltung nun vom Volk der Gogo Rinder erwerben und diese zur Fleischversorgung in die Küstenstädte transportieren konnte.

1914 lagen fast alle der über 100 europäischen Farmen und Pflanzungen zwischen Kikombo und Dar es Salaam in unmittelbarer Nähe zur Bahnlinie und hatten großen Anteil am wirtschaftlichen Wachstum der Kolonie.

Die Bahn erreichte **Dodoma** im Jahr 1910. Heutzutage haben Sie hier über eine halbe Stunde Aufenthalt. Schließen Sie die Fenster und Türen, und achten Sie auf Ihr Gepäck – der Bahnhof ist für seine Taschendiebe berühmt-berüchtigt! Warten Sie am besten mit dem Frühstück, bis der Zug sich wieder in Bewegung gesetzt hat und alles seinen gewohnten Lauf nimmt. Übrigens: Am Bahnhof lassen sich oft Trauben kaufen.

Der Abschnitt zwischen Dodoma und Tabora ist der einzige, der am Tage befahren wird, während Tabora – Kigoma und Tabora – Mwanza Nachtfahrten sind. Die Tagesetappe vermittelt ein gutes Bild vom zentralen, noch weitgehend unerschlossenen Tansania.

Während Sie wohl beim Frühstück sitzen (ölige Eier, ein nach nichts schmeckendes Weißbrot mit einem Klecks chemischer Marmelade und einer Tasse voll heißem Wasser mit staubvermischtem Kaffeepulver ...) und den Tagesanbruch aus dem Fenster des Speisewagens verfolgen, fährt die Bahn durch eine weitläufige Fläche und verliert langsam wieder an Höhe auf ihrem Weg in die Bahi Plains, die südlichen Ausläufer des östlichen Rift Valley. Die Landschaft wirkt nun sehr rau und trocken – es ist die mit knapp 500 mm Niederschlag im Jahr trockenste Region Tansanias.

Hinter **Bahi,** einer alten deutschen Bahnstation, folgt mit 850 m die tiefste Stelle des Rift Valley zwischen Dodoma und dem 150 km entfernten Manyoni. Hier kreuzt die Bahnlinie auch die Hauptverkehrsstraße, die Dodoma mit dem Nordwesten des Landes verbindet. Auf vielen Karten ist noch der veraltete Name „Bahi Swamp" (Bahi-Sumpf) eingetragen, das Volk der Gogo nennt die Region „Nyika ya Sulungai". Tatsächlich gab es hier mal ein riesiges Feuchtgebiet und früher sogar einen alkalischen See, ähnlich dem nördlichen Lake Manyara. Heute wird diese große Ebene von gewaltigen Affenbrotbäumen (Baobabs) dominiert, die die letzte Feuchtigkeit aus dem Boden ziehen und diese in ihren mächtigen Stämmen speichern. Lediglich während der Regenzeit wird der Bahi Swamp seinem Namen gerecht.

Bei der neueren Bahnstation **Makutopora** liegen entgleiste und umgekippte Eisenbahnwaggons, Überreste eines Zugunglücks vom Dezember 1983, als bei einem Zug, der den Grabenbruch hinunterfuhr, die Bremsen versagten und es zur Entgleisung kam; über 200 Menschen sollen damals ums Leben gekommen sein. An der Station werden Matten und Körbe feilgeboten.

EINE FAHRT MIT DER CENTRAL RAILWAY

Vor Saranda klettert die Eisenbahn mit einer Steigung von bis zu 3% über die ersten beiden Bruchstufen des Lugongo Escarpment. An der alten deutschen Bahnstation in **Saranda** wird oftmals länger gehalten, um die Wasservorräte aufzufüllen und vor allem den Fahrgästen der 3. Klasse eine Essenspause zu ermöglichen. Die Gogo haben sich auf diese bis zu einstündigen Stopps schon seit langem eingestellt und bauen entlang des Zuges Essensstände auf, an denen es frisch gegrillte „mshikaki" (Fleischspießchen) mit gekochtem Reis, lecker riechende Eintöpfe und verschiedene Früchte gibt. Wegen dieser unter Reisenden viel gerühmten Essensstände wird Saranda auch „Hilton" genannt! Es spielt auch eine kleine Gruppe von Gogo auf traditionellen Musikinstrumenten, wie der geigenähnlichen „Zeze" oder der „Marimba", einem hölzernen, hohlen Kasten mit unterschiedlich vibrierenden Holzstäben, einem Trog-Xylophon vergleichbar.

Von Saranda aus wird die letzte Stufe des Rift Valley erklommen und der größere Ort **Manyoni** erreicht. Parallel zu der von hier nördlich verlaufenden Landstraße nach Singida wird seit über fünfzehn Jahren eine Eisenbahn zu den Basotu-Weizenfeldern gebaut (ca. 50 km nördlich von Singida). Momentan haben die Gleise den Ort Puma erreicht, doch ist es nicht abzusehen, wann diese Bahn jemals fertig sein wird. Grund für den Bau sind die im Rahmen eines kanadischen Entwicklungsprojekts angelegten Weizenfelder auf den Basotu-Ebenen westlich des Mt. Hanang, eigentlich Lebensraum des Volkes der Barabaig. Der hier auf riesigen Flächen angebaute Weizen soll mit dem Anschluss der Eisenbahn kostengünstiger in alle Landesteile gebracht werden können. Ob ein Personenverkehr eingeführt werden soll, ist noch unklar.

40 km hinter Manyoni passiert die Eisenbahn **Itigi.** Wie in Manyoni steht auch hier ein tadellos erhaltenes Bahnhofsgebäude aus deutschen Tagen. Vor dem Eingang hängt sogar noch eine alte Signalglocke aus dem damaligen Breslau in Schlesien (heute Polen).
Wenige Kilometer weiter folgt der höchste Punkt der Bahnlinie. Ein rechts in Fahrtrichtung gemauertes Schild zeigt die Höhe von 1325 m an.
Bis Tabora werden die schier endlosen Miombo-Trockenwälder Zentraltansanias durchquert, ein Gebiet, das zur Zeit des Bahnbaus als „Mgunda mkali" bekannt war. Lediglich im Bereich der alten Bahnstationen Kazi-Kazi und Nyahura öffnet sich das dichte Unterholz und gibt den Blick frei auf die Weiten der ostafrikanischen Savanne. Auf halber Strecke zwischen Itigi und Tabora liegt mit der Station **Malongwe** noch ein weiteres eindrucksvolles Bahnhofsgebäude aus deutschen Tagen mit dem seitlich eingemauerten Baudatum von 1912 in alten deutschen Zahlen.
Das Gebiet ist der Lebensraum der Nyamwezi. Vom Zug aus sind in den offenen Savannen ihre großen Viehherden zu sehen; in den Miombo-Wäldern hängen in regelmäßigen Abständen Bienenkörbe, für die die Nyamwezi ebenfalls bekannt sind.

Gefürchtet bei den Bauarbeiten bis zum Tanganyika-See war die von der Tsetse-Fliege übertragene Schlafkrankheit. Doch die ständige ärztliche Betreuung sorgte dafür, dass es während der dreijährigen Bauzeit von Malongwe bis Kigoma zu keiner einzigen Infektion kam.
Tabora, das 1912 an die Gleise der Mittellandbahn angeschlossen wurde, entwickelte sich zum Eisenbahnknotenpunkt, nachdem in britischer Zeit die Bahnverbindungen von Mwanza und Mpanda über Tabora hinzukamen.
Nach deutschen Plänen sollte Tabora Ausgangsort für die „Ruanda-Bahn" sein, für die der Reichstag im März 1914 50 Millionen Mark bewilligte und für die eine 481 km lange

Zentrales Tansania – die „Nyika"

Bahntrasse schon ausgemessen war. In einer Bauzeit von drei Jahren wollte man über „Mariahilf" (das heutige Ushirombo) den Kagera River nördlich der Rusumo-Wasserfälle erreichen. In den ersten beiden Kriegsjahren wurden 60 km an Gleisen verlegt, bevor 1916 das Gebiet von belgischen Truppen eingenommen wurde und diese den Bahnbau stoppten. In den 1920er Jahren knüpften dann die Briten ihre Mwanza-Bahn an das Gleisende an und schafften damit eine Zugverbindung zwischen dem Victoria-See und Dar es Salaam.

Tabora wird in der Regel – Verspätungen eingerechnet – abends erreicht. Der Aufenthalt beträgt oftmals eine Stunde, da hier die Kurswagen, welche für Kigoma bestimmt sind, vom Zug abgekoppelt und an den bereits wartenden Kigoma-Zug angehängt werden. Sie können in Ihrem Abteil bleiben und müssen nicht umsteigen.

Bis Anfang der 1990er Jahre galt der „Dampflokomotiven-Friedhof" beim Bahnhof als eines der interessantesten Besichtigungsziele in Tabora. Viele Loks sind inzwischen jedoch weg, angeblich von Kuwaitis und/oder Saudis aufgekauft, in Einzelteile zerlegt und in den Mittleren Osten abtransportiert. Dort sollen die Veteranen aus der Zeit der „East African Railway Cooperation" zur Gewinnung von Stahl ein unrühmliches Ende im Schmelzofen finden. Bis in die 1980er Jahre stand in Tabora die letzte deutsche Dampflok der Firma Orenstein & Koppel, die bis Ende der 1950er Jahre noch ihren Dienst für die Tanganyika Railways leistete.

Bahnhof von Tabora

EINE FAHRT MIT DER CENTRAL RAILWAY

Von Tabora taucht die Eisenbahn wieder in die afrikanische Nacht hinein. Entlang der Strecke bis zum Tanganyika-See dominieren weiter große Miombo-Waldflächen. Um Versorgung und Nachschub mit Lebensmitteln und Wasser auf der Baustrecke durch das sehr trockene zentrale Hochland zu gewährleisten, stellte die Bahn Sikhs und Männer aus dem Panjab (Indien) ein, die mit Eselskarawanen Lebensmittel und sogar Trinkwasser aus der fruchtbaren Region am Kilimanjaro herbeischafften.

100 km westlich von Tabora liegt der Ort **Urambo.** Hier errichtete die Londoner Missionsgesellschaft, auf Einladung des Herrschers *Mirambo,* bereits 1879 eine Station, welche auch der Grund für die Verlegung der Gleise über Urambo war und nicht weiter entlang der Karawanenroute. Der Herrscher Mirambo regierte u.a. von Urambo aus das große Sigari-Reich zwischen Tabora und Uvinza. Nach dem 2. Weltkrieg entstand in Urambo ein großes britisches Farmprojekt zur Pflanzung von Erdnüssen. Doch die Erträge konnten den Aufwand nicht decken, und nach nur wenigen Jahren wurde das Projekt eingestellt. Die Farmhäuser und Lagerhallen wurden in den 1960er Jahren für den Anbau von Tabak übernommen. Urambo wuchs zu einem relativ großen, 2500 Einwohner zählenden Ort heran.

Nachdem der Bahnhof von **Kaliua** (hier zweigt die Mpanda-Bahn ab) passiert wurde, verläuft die Bahnlinie durch das große Feuchtgebiet zwischen den Sagara- und Nyagomoma-Seen und entlang des Malagarasi River.
Eine große technische Leistung vollbrachten die Ingenieure beim Brückenbau über den Malagarasi. Um den mächtigen, 50 m langen Stahlträger der Brücke auf die breiten Steinpfeiler zu postieren, baute man den Träger erst bei Niedrigwasser auf Pontons und ließ ihn dann vom anschwellenden Fluss auf die Pfeiler zuströmen, bis er mit den Gleisen eine Linie bildete und abgesetzt wurde.

Mit der üblichen Verspätung von ein paar Stunden können Sie in den hellen Morgenstunden die Fahrt hinab zum See aus dem Fenster verfolgen. Bei der Bahnstation **Kazuramimba** wird oft ein paar Minuten länger gehalten. Frauen und Kinder reichen Früchte und Mandazis zum Frühstück (Kleingeld parat halten).
Auf den letzten Kilometern, wenn der Lake Tanganyika in der Ferne zu leuchten beginnt und bei guter Sicht sogar die Berge Kongos zu sehen sind, wird es spürbar wärmer. Mit der Einfahrt in den kolossalen Bahnhof von **Kigoma,** den die Gleise am 31. Januar 1914 erreichten, endet die Fahrt – und Sie werden sich nach über 1250 km und ca. 40 Stunden Zugfahrt wahrscheinlich nach einem guten Frühstück/Mittagessen und einer Dusche sehnen.

Die Gesamtkosten für den Bau der Mittellandbahn beliefen sich auf ungefähr 111 Millionen Reichsmark. Rechtzeitig zum 1. Weltkrieg fertig gestellt, nutzten die deutschen Soldaten und Askaris unter General *von Lettow-Vorbeck* die Bahn für strategische Truppenverschiebungen. 1916 schließlich wurde die Bahnlinie im Westen von Belgiern und vom Nordosten her von britischen Truppen eingenommen.

Überquerung des 50 m hohen Mtera-Damms ist das Anhalten zum Fotografieren strengstens verboten.

Die weiteren 84 km bis Iringa führen durch reizvolles Trockenbuschland. Ab Nyangolo erklimmt die Piste auf einer kurvenreichen Strecke das Iringa-Hochland – eine landschaftlich sehr schöne Fahrstrecke. Die auf vielen Karten eingezeichnete „Asphalt"-strecke, die 20 km vor Iringa beginnt, ist in sehr schlechtem Zustand.

Dodoma – Manyoni – Singida (251 km)

● Von Lkws viel befahrene Piste, die nun endlich asphaltiert wird. Fahrzeit je nach Fahrstil 5–8 Stunden. Nachtfahrten sind zu meiden. Überlandbusse siehe Dodoma.

Das Gebiet, das im Westen von Dodoma beginnt, ist landschaftlich rau; entsprechend sind auch die Straßen. Hinzu kommt, dass die Strecke seit einigen Jahren von **Banditen** unsicher gemacht wird. Vor allem Lkws mit Gütern für den Westen des Landes oder für Ruanda sind beliebte Überfallobjekte. Tagsüber zu fahren gilt jedoch als ungefährlich.

Verlassen Sie die Stadt nordwärts Richtung Flughafen. Am Kreisel vor der Landebahn biegen Sie Richtung Westen ab. In wenigen Kilometern Abstand verläuft die Piste nach Manyoni parallel zur Eisenbahnlinie. Nach einzelnen verstreuten Felsformationen aus Granitgestein folgt bei **km 34** rechter Hand ein kleiner See mit großen, niedrig gebauten Temben (Wohnräume und Viehställe der Gogo), danach verliert man langsam etwa 300 Höhenmeter und kreuzt

dann kurz vor dem Ort Kintinku in der Ebene des **südlichen Ausläufers des Eastern Rift Valley** die Gleise der Central Railway. Links von Ihnen erstreckt sich der **Bahi Swamp,** von den hier ansässigen Gogo „Nyika ya Sulungai" genannt.

Kurz danach wird der Ort **Bahi** erreicht, bekannt für seine penible Polizeikontrolle. 28 km hinter dem Ort folgt eine alte Brücke über den Luwila River, einen der Hauptzuflüsse des saisonalen Sulungai-Sees. 10 km weiter, nach Durchquerung der weitläufigen und oft glutheißen Ebene mit großen Baobab-Bäumen und einzeln verstreuten Felsformationen aus Granit-Gestein, windet sich die Straße das Lugongo Escarpment hinauf und erreicht 50 km hinter Bahi eine kleine Kreuzung mit Shops. Links führt eine alte Piste ins 3 km entfernte **Kilimatinde** (s.u.). Nach weiteren 17 km auf der Hauptpiste erreicht man **Manyoni,** einen größeren Ort mit einfachen Guesthouses und Treibstoffversorgung. Auf einem Abstellgleis nahe des Bahnhofs stehen ein paar alte Dampflokomotiven aus der Zeit der East African Railways. An der Hauptstraße im Ort liegt linker Hand das bescheidene, aber wohl beste Restaurant White Horse Hotel (einfache indische und tansanische Küche). Die von Manyoni nach Tabora verlaufende Straße ist nur bis ins 40 km entfernte Itigi einigermaßen befestigt, danach beginnt eine äußerst schlechte und schmale Piste, die durch dichten Miombo-Wald führt. Die nicht immer gut zu erkennende Strecke wird nur von wenigen Fahrzeugen befahren. In jedem Fall sollten Sie über ein vierradgetriebenes Fahrzeug verfügen, gut ausgerüstet sein und ... sich auf **Tsetse-Fliegen** einstellen – der Wald ist geradezu verseucht mit den Plagegeistern.

Für die **Weiterfahrt nach Singida** durchquert man, vorbei an der Tankstelle, den Ortskern. Die Straße führt über die Gleise der neuen Singida-Eisenbahn; aufgrund der Streckenführung dieser Bahnlinie nimmt die Hauptstraße nach Norden einen anderen Verlauf. Nach 30 km trifft man auf die Itigi-Singida-Strecke. Zweimal wird die Eisenbahntrasse noch überquert, dann ist, vorbei an herrlichen Felsformationen, nach 88 km Singida erreicht.

Kilimatinde ♪ IX,C3

Der Ort war schon während der Karawanenzeit ein beliebter Rastort der Araber. 1894 errichtete die Schutztruppe hier ein großes Fort (Boma), von dem heute auf dem Gelände des Krankenhauses nur noch die **Ruine eines Wachturmes** übrig ist. Kilimatinde war Bezirksamt der gleichnamigen Region. Von den Engländern wurde die Verwaltung nach Manyoni verlagert, damit brach auch der Handel zusammen und der Ort verfiel zusehends. Alte Häuser sind geblieben und Fragmente einer alten gepflasterten Straße, die eine direkte Verbindung zur 17 km entfernten Bahnstation Saranda herstellte. Am Ortseingang befindet sich noch ein großes, mit einer Mauer umgebenes Wohnhaus, ein weiteres steht direkt an der Abbruchkante des Rift Valley. Am Ende des Ortes links führt ein Weg zu Gräbern der hier einst Dienst habenden Schutztruppen-Offiziere. Aus arabischer Handelszeit sind nur hie und da Fragmente, z.B. Swahili-Holztüren, zu entdecken. Fazit: Der verschlafene Ort ist nur noch ein heruntergekommener Schatten seiner selbst. Es gibt hier weder Unterkunft noch Tankstelle.

Singida ♪ IX,C2

Die Kleinstadt Singida, in 1500 m Höhe gelegen, ist mit **etwa 100.000 Einwohnern** ein **zentraler Marktort** des weitläufigen Umlands und bedeutender Verkehrsknotenpunkt zwischen dem Victoria-See und Arusha, aber auch zwischen dem Westen (Ruanda) und Dar es Salaam.

Gegründet wurde Singida **1908 als „Bezirksnebenstelle"** des 120 km südlich gelegenen Kilimatinde (s.o.). Heute ist in der alten Boma westlich des Zentrums die örtliche Gesundheitsbehörde untergebracht (Fotografieren nur mit Erlaubnis!).

Das in dieser Gegend lebende **Volk der Turu** rebellierte gegen die Steuerbelastungen durch die Kolonialverwaltung. Dem kommandierenden Hauptmann *von Sick* gelang es mit einem für damalige Zeiten seltenen Einfühlungsvermögen, die afrikanischen Interessen zu berücksichtigen; der Konflikt wurde beendet, indem man auch die Turu von den so genannten Hüttensteuern profitieren ließ.

Ein besonderes Charakteristikum der Turu sind ihre **Grundstücke (xaya)**. Die

Hütten sind wie bei einem Fort von einer meist über 2 m hohen Buschwerkumzäunung umgeben und liegen oft mehrere hundert Meter von einer Nachbarfamilie entfernt.

Singida liegt zwar schön **inmitten von bizarren Granithügeln** und umgeben von den **Seen Kidai** und **Singida,** ist aber kein Ort, an dem sich Reisende länger aufhalten. Viele bekommen die Kleinstadt nur aus dem Busfenster zu Gesicht. Wer dennoch Pioniergeist entwickeln und die vielen interessanten Felsen am Südende des Lake Singida erkunden möchte oder den Alltag der Menschen am 2 km südlich gelegenen Lake Kindai beobachten will, sollte einen Stopp einlegen. Beide Seen sind alkalisch, besonders der Lake Singida, und stark verschmutzt, weshalb sie nicht zum Baden geeignet sind.

Der **Lake Singida** zieht **gelegentlich Flamingos** aus dem Norden an, die sich in den Trockenmonaten zu den **Pelikanen** am See gesellen.

Von der Stadt kommend, liegt rechter Hand unweit des Lake Singida das **Regional Culture Museum,** das einen Einblick in die Volksgruppen Zentraltansanias vermittelt.

Westlich von Singida liegen die **Wembere Swamps,** eine absolut flache Savannenebene, die eine der Hauptbrutstätten der **Roten Heuschrecke** *(Locust)* ist. In den vergangenen Jahren besprühte man die Ebene mit (umwelt-

Karte IX

SINGIDA

schädlichen) Pestiziden und bekam die Schreckenplage weitgehend in den Griff. Ein Schwarm dieser Wanderheuschrecken kann an einem Tag eine Anbaufläche bzw. den Ernteertrag zerstören/verzehren, der 400.000 Menschen ein Jahr lang ernähren könnte!

Unterkunft und Verpflegung

Hotels

● **J 4 Motel**
P.O. Box 141, Tel. (026) 2502526. Angenehmes Hotel mit großflächiger Gartenanlage und bewachtem Parkplatz. Passable DZ mit WC/Dusche für 15.000 TSh inkl. Frühstück. Restaurant mit einfacher Küche (die Küche im Stanley Motel ist besser!). Die einzeln überdachten Tische im Garten sind abends beliebte Treffpunkte. Das Hotel befindet sich nahe der Post, 400 m von der großen Kreuzung (Tanzania National Bank) im Zentrum entfernt.

● **Stanley Motel**
Tel. (026) 2502351. Saubere, freundliche Zimmer, sehr gutes Restaurant. Das Motel befindet sich hinter dem Busbahnhof oder von Arusha aus kommend ca. 100 m vor der großen Kreuzung im Zentrum in einer linken Seitenstraße. EZ/DZ für 7000/10.000 TSh.

Preiswerte Unterkünfte

Einfache landestypische Unterkünfte, wie das **Highway Guesthouse,** und kleine **Straßenrestaurants** finden sich im Zentrum in der Nähe der Busstation.

Blick auf Singida

Verkehrsverbindungen

Eisenbahn

Seit 1999 besteht eine Eisenbahnverbindung **nach Manyoni/Dodoma.** Der Zug (nur 3. Klasse) fährt Mo und Do um 10 Uhr morgens nach Dodoma (Ankunft 19.25 Uhr). Es ist nicht gewährleistet, dass man beim Aussteigen in Manyoni am gleichen Tag noch den Zug in Richtung Kigoma bekommt. Einfache Übernachtungsmöglichkeiten sind in Manyoni jedoch geboten.

Busse

Die **Busstation** liegt nahe der großen Hauptstraße nach Dodoma hinter der Shell-Tankstelle. Von hier fahren fast täglich **Busse** in alle Himmelsrichtungen. Morgens in Richtung **Tabora** und **Arusha** verkehrt z.B. der zu empfehlende Naamansi Bus.

Über Kwa Mtoro nach **Kondoa** (Ausgangsort für die Kolo Rock Paintings) fahren zweimal in der Woche Busse.

Sonstiges

Im Zentrum finden sich **ein Internet-Café,** ein kleines **Krankenhaus,** eine **Apotheke,** ein **Postamt,** zwei **Banken,** ein **Markt** und ein paar **Tankstellen.** Beim Internet-Café befindet sich ein Büro für kulturelle Touren in der Umgebung.

Ausflüge

Lake Mikuja

Dieser etwa halbtägige Ausflug zur Hochebene um den Ort **Basotu** führt durch eine sehr offene Landschaft, die durch faszinierende Felsformationen besticht. Der Lake Mikuja ist ein flaches Gewässer in einer großen Senke und ein schöner, ruhiger Ort, um die Natur zu genießen.

Verlassen Sie Singida in Richtung Nzega. Nach etwa 2 km führt links von der Hauptstraße eine Piste bergauf. Ein herrlicher Ausblick offenbart sich zurück auf das hinter dem See liegende Städtchen. 21 km hinter der Abzweigung müssen Sie sich im Dorf Ilongero rechts halten und erblicken nach etwa weiteren 10 km den Mikuja-See. In diesem Gebiet leben die **Barabaig,** ein ursprüngliches Nomadenvolk, deren Lebensraum durch ein gigantisches Weizenfarmprojekt in der Basotu-Region stark eingeengt wurde (vgl. „Die Barabaig – das Schicksal eines Nomadenvolkes").

Eastern Rift Valley

Nicht weit von Singida öffnet sich der Blick über den südlichen Ausläufer des Rift Valley. Die Grabenwände sind hier nicht mehr ganz so hoch wie am Lake Manyara, doch reicht der Blick weit in die äußerst trockene und heiße Ebene hinein, bis hin zum nördlich gelegenen, meist vollständig ausgetrockneten und fast weiß schimmernden **Lake Balangida Lelu.**

Von der Straße, die von Singida nach Babati führt, zweigt nach 14 km eine teils sandige Piste links den Grabenbruch hinunter zu der Ortschaft Mgori ab (12 km, ausgeschildert). Den See erreichen Sie links fahrend nach 20 km.

Mt. Hanang

Der Mt. Hanang ist mit 3417 m der **vierthöchste Berg Tansanias.** Für einen Abstecher von Singida ins 101 km entfernte Katesh, dem Ausgangsort einer möglichen Bergwanderung, sollten mindestens zwei Tage eingeplant werden (mehr im Kapitel zum Rift Valley).

Nzega

↗ VIII,A1

Der Distriktort Nzega ist ein großer **Verkehrsknotenpunkt.** Hier kreuzen sich die großen Fernstraßen des zentralen, westlichen und nordwestlichen Tansania.

Links geht es über Jomu nach Kahama bzw. West-Tansania oder in nördlicher Richtung bleibend über die Kleinstadt Shinyanga bis nach Mwanza am Victoria-See.

Geradeaus führt eine nicht sehr viel befahrene Piste ebenfalls zur Asphaltstraße kurz vor Kahama. Am Kreisel in Nzega scharf links zweigt die Straße nach Tabora ab. Gute **Unterkünfte** für etwa 6500 TSh die Nacht bieten das Annex Fourways Hotel gegenüber der Busstation an der Straße nach Tabora und das Nzega Motel nahe dem Kreisverkehr in Richtung Singida. Im Fourways gibt es gute Samosas.

Aufgrund seiner zentralen Fernstraßenanbindung starten von Nzega täglich Busse in alle Landesteile.

Routenbeschreibungen ab/nach Nzega

Singida – Igunga – Nzega (210 km)

● Große Überlandstraße, überwiegend wellblechartig mit streckenweise Schlaglöchern. Je nach Fahrstil 4–7 Stunden Fahrzeit. Busverbindungen siehe Singida.

Die Piste, die auf den ersten 72 km bis **Misigiri** (Abzweig zur Distriktstadt Kiomboi und zum Iramba-Plateau) relativ gut zu befahren ist, führt durch eine überwiegend trockene Baumsavanne mit einzelnen Baobab-Bäumen. Hinter Misigiri beginnt der Abstieg die Bruchstufe des Iramba-Plateaus hinunter in die große flache Ebene des **Wembere Swamp.** Der seit vielen Jahrzehnten überwiegend trockene Wembere Swamp bildete einst mit dem saisonalen Lake Kitangiri im Norden einen großen, flachen See.

Bei **km 130** ist der große **Durchgangsort Igunga** erreicht, hier befinden sich Tankstellen, hotelis für lokale Speisen und eine Post. Die restlichen 80 km bis Nzega verlaufen auf einer stark ausgefahrenen Wellblechpiste durch eine größtenteils offene und wenig besiedelte Landschaft.

Nzega – Shinyanga – Mwanza (228 km)

● Stellenweise etwas ausgefahrene Piste, ab Mwanza-Region Asphalt. Die Fahrzeit beträgt etwa 4 Std. Mehrmals täglich Busse.

Bis Jomu ist die Piste gut zu fahren, stellenweise gibt es tiefe Reifenspuren und sandige Passagen. Bei **km 62** ist der kleine **Verkehrsknotenpunkt Jomu** erreicht. Am Ende des Ortes muss man sich rechts halten in Richtung Shinyanga. In Shinyanga (km 99) folgt man der Straße in den Ort und hält sich kurz vor dem Shinyanga Motel links, fährt auf der asphaltierten Hauptstraße durch die Kleinstadt (Tankstellen), bis nach 14 km **Old Shinyanga** erreicht ist. Der alte Ortskern liegt linker Hand, rechts

Klippschliefer

TABORA

kommt am Ende des Ortes militärisches Sperrgebiet mit dem alten deutschen Fort (Boma) – Fotografieren ist strengstens verboten!

30 km hinter Old Shinyanga wird die Asphaltstraße erreicht. Die Fahrt zum Victoria-See führt durch offenes und sehr trockenes Land. Es ist der **Lebensraum der Sukuma,** der mit über zwei Millionen Angehörigen größten Volksgruppe Tansanias. Die Sukuma sind eng mit den südlich angrenzenden Nyamwezi verwandt (vgl. „Bevölkerung").

22 km vor Mwanza kommt links im Ort Usagara der Abzweig zur 8 km entfernten **Kigongo-Busisi-Fähre** über den Golf von Mwanza; um 18 Uhr legt die letzte Fähre ab. Von Busisi gelangt man über Geita in die Kagera-Region, den Nordwest-Zipfel Tansanias.

Nzega – Jomu – Kahama – Nyakanazi (315 km)

●Anfangs gute Piste, teils sandig, ab Isaka Asphalt. Busse nach Jomu, von dort mit Überlandbussen gen Westen.

Von Nzega bestehen zwei Routen in Richtung Westen. Die auf der Karte direkte über Itobe ist weniger zu empfehlen, die Piste ist bis zum Beginn des Asphalts bei Kagonwa in schlechtem Zustand. Der Überlandverkehr führt fast ausschließlich **über Jomu** und **Isaka,** wo die Asphaltstraße beginnt. Bis Jomu ist die Piste gut zu fahren, stellenweise gibt es tiefe Reifenspuren und sandige Passagen. Bei **km 62** ist der kleine Verkehrsknotenpunkt **Jomu** erreicht. Am Ende des Ortes muss man links abbiegen in Richtung Isaka. Die Piste ist in

Ordnung und wird viel frequentiert. Mit dem Erreichen der Bahnstrecke beginnt die Asphaltdecke. Die schnell zu fahrende Strecke führt durch teils dichten Miombo-Wald südlich an der **Kleinstadt Kahama (km 129)** vorbei, über Bukembe/Ushirombo **(km 221; Tankstelle)** und das „Truckerdorf" Runzewe **(km 266; Tankstelle),** bis 48 km hinter Runzewe **Nyakanazi** und der Abzweig in Richtung Kasulu und Kigoma erreicht sind. Mehr zu diesem Gebiet und den Routenbeschreibungen entnehmen Sie den Kapiteln zum Victoria-See und zu West-Tansania.

Nzega – Tabora (120 km)

●Akzeptable Piste, teils wellblechartig, Busse mehrmals täglich.

In Nzega am Kreisverkehr links in Richtung Süden halten; man passiert eine Tankstelle und die Busstation, dahinter befindet sich der Markt. 110 km nach Tabora sind in Wellblechzustand, die letzten 10 km asphaltiert.

Tabora ⤢ VIII,A2

Das zentrale, **1200 m hoch** gelegene Tabora im Herzen des Nyamwezi-Landes hat **ca. 120.000 Einwohner** und ist der **Eisenbahnknotenpunkt** Tansanias. Über den Bahnhof der Stadt rollen Güter für die westlich und nördlich gelegenen Nachbarstaaten. Über Straßen ist Tabora nur schlecht zu erreichen, so dass auch die meisten Reisenden die fernab im Westen liegende Stadt mit dem Zug besuchen.

Einst bekannt für seine Schmiedearbeiten, sind heute in Tabora nur noch eine Baumwollspinnerei, Holz verarbeitende Kleinbetriebe und vielerlei Kleinstgewerbe angesiedelt. Der aus der Region stammende **Honig und Tabak** wird hier konserviert bzw. verarbeitet und nach Dar es Salaam gebracht. Da das Umland eher dünn besiedelt ist, hat der Markt nicht die zentrale Bedeutung wie in anderen Städten des Landes, ist aber dennoch ein schöner Fleck, um das geschäftige Treiben in einer tansanischen Stadt zu beobachten.

Geschichte

Tabora ist ein Ort reich an Geschichte. Schon in vorkolonialer Zeit war das Gebiet des Nyamwezi-Volkes rund um das heutige Tabora bis zur Küste für seine Eisenschmiedewerkstätten und Handelsaktivitäten bekannt. Um 1820 kamen die ersten **arabischen Händler** in die Region, mit dem Ziel, aus den weiter westlich gelegenen Gebieten (insbesondere dem Kongo) Sklaven und Elfenbein an die Küste zu bringen. Sie gründeten im **Nyamwezi-Land,** im Königreich der Nyanyembe unter dem Herrscher *Kiungi I.,* den **zentralen Karawanenort Kazeh.** Später wurde aus Kazeh Tabora, ein Name, der sich vom Nyamwezi-Wort „metabolwa" ableiten lässt und „getrocknete Süßkartoffel" bedeutet.

Fort von Tabora (1912)

TABORA

Das zu großer Bedeutung herangewachsene Tabora und die Nyamwezi-Reiche um den Ort lagen im Knotenpunkt des Handels zum oberen und unteren Kongo, zu Uganda und der Küste bzw. Sansibar. Für die Araber war daher die Sicherung des Ortes sehr wichtig. Da sie keine starke Streitmacht hatten und das Hinterland nicht beherrschten, waren sie auf Bündnisse mit den Königen jener Reiche angewiesen, die ihren Stützpunkten entlang der Karawanenroute am nächsten lagen. Als Gegenleistung forderte König **Kiungi I.,** dass die Araber aus seinem Volk Träger und Versorgungsleute anstellten: eine Tätigkeit, die den Nyamwezi nicht fremd war, da sie bereits vor den Arabern zu Handelszwecken eigene Karawanen an die Küste führten und hierfür viele Männer aus dem Nyamwezi-Land als Träger eingesetzt waren.

Erzfeind *Kiungis* war **Mirambo,** der sein Sigari-Reich im Westen immer weiter ausdehnte und andere kleinere Stämme unter seine Kontrolle brachte. Nach wechselvollen Kämpfen waren *Mirambo* und seine Krieger, die sich *rugaruga* nannten, schließlich bis in die Nähe von Tabora vorgedrungen und stellten eine Gefahr für die Araber dar. Diese bekamen aus Nyanyembe keine Krieger gestellt, doch der Sultan von Sansibar schickte etwa 3000 Männer von der Küste, um den wichtigsten Karawanenort im Herzen des Landes zu sichern. Während sich der Journalist **Stanley** 1871 auf der Suche nach *Livingstone* in Tabora befand, griff *Mirambo* mit einer ebenso starken Armee den Ort an, doch verteidigten die Araber

unter *Abdallah bin Nassib,* dem Regierenden von Tabora, ihre Stellung. *Mirambo* schaffte es jedoch, den Karawanenhandel bis 1875 weitgehend zu blockieren.

Von *Stanley* bekam *Mirambo* den Beinamen „Napoleon von Afrika". Er traf ihn sogar später einmal in Uvinza, als *Mirambo* mit dem Gedanken spielte, sein Reich in Richtung Norden (Uganda) auszudehnen. Dazu benötigte er natürlich eine gut ausgerüstete Armee, und so ließ er die Karawanen der Araber wieder ungehindert passieren, da auch er von den gehandelten Waren abhängig war. Von den arabischen Sklavenhändlern bekam er dann sogar Männer, die er für seine vielen Feldzüge benötigte.

Mit dem Tod *Mirambos* 1884 zerbrach auch sein Reich und fiel den angrenzenden Herrschern zu. Von seinem Palast ist heute nichts mehr übrig, und seine Legende lebt nicht mehr. Nur das **Nyamwezi-Lied „chuma chabela mitwe"** („Wir zerschmetterten ihre Köpfe mit Eisenwaffen") seiner rugaruga-Krieger überlebte seine Zeit. *Nyerere* übernahm nach der Unabhängigkeit Tansanias die Melodie für die regierende TANU-Partei und ließ den Titel mit neuem Text, „TANU yajenga nchi" („TANU schafft eine Nation"), über das Radio im ganzen Land spielen. Selbst die kenianische Staatsführung eignete sich das Lied an und ersetzte lediglich TANU durch KANU, das Kürzel der kenianischen Einheitspartei. Seither repräsentiert die Melodie ein Stück Kulturgut aus den ersten Jahren der ostafrikanischen Unabhängigkeit.

Karte VIII   **TABORA**

Als die **deutschen Kolonialisten** nach 1890 in Tabora eintrafen, fanden sie ein unter *Mirambos* Nachfolgern zerstrittenes Nyamwezi-Land vor und konnten sich nach zahlreichen Gefechten etablieren. *Isike*, der Sohn von König *Kiungi I.*, kam 1893 ums Leben, als er sich mit der deutschen Schutztruppe bei Tabora erbitterte Kämpfe lieferte. Doch erst gegen 1898 war der Widerstand der Nyamwezi gegen die neuen Besatzer gebrochen. Die Deutschen respektierten die Herrscherreiche und regierten auch nicht mit autoritärer Gewaltpolitik, sondern festigten lediglich ihre Stellung in Tabora und führten ein Verwaltungssystem ein, in dem die einzelnen Herrscher Nyamwezis weitgehend unbeschränkt ihre bisherigen Regierungshandlungen fortsetzen konnten. Auch ließen die Deutschen die Araber weiter ihren Handel betreiben, da

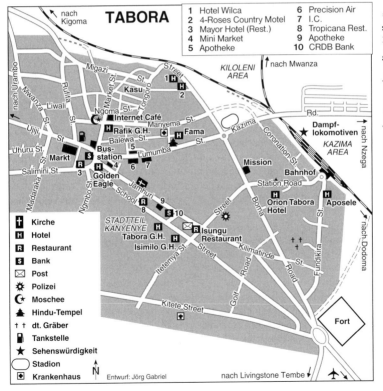

man versorgungstechnisch in hohem Maße auf ihn angewiesen war. Auch wenn im Vergleich zu anderen Gebieten sich nur wenige europäische Siedler in dem trockenen Tabora, der damals größten Stadt im Innern der Kolonie, niederließen, spielte die Kolonialverwaltung dennoch mit dem Gedanken, Tabora zur Hauptstadt von Deutsch-Ostafrika zu machen.

Tabora war **in der zweiten Hälfte des 19. Jahrhunderts** zum **wichtigsten Karawanen- und Handelsort im Innern Ostafrikas** gewachsen, auch deswegen, weil es durch das (gefährlichere) Maasai-Land des heutigen Kenia keine solchen Handelswege gab. Araber, die den Ort für allerlei Geschäfte nutzten und sich hier niederließen, vermischten sich mit dem Volk der Nyamwezi. Um die vorletzte Jahrhundertwende hatte Tabora schon 20.000 Einwohner. Doch als die Eisenbahn von Mombasa aus 1901 den Victoria-See erreichte, verlor Tabora allmählich seine zentrale Stellung. Als dann schließlich im Jahr 1912 auch die Gleise der „Mittelland-Eisenbahn" Tabora erreichten, war es mit dem Karawanenweg zur Küste endgültig vorbei. Doch die Eisenbahn sorgte auch wieder für einen gewissen Aufschwung: mit den Verbindungen nach Mwanza 1928 und Mpanda im Jahr 1950.

Während der Unabhängigkeitsbestrebungen in Tanganyika war die Stadt eine der wichtigen nationalen Hochburgen des Landes, insbesondere der TANU-Partei, die 1961 die Souveränität des heutigen Tansania erstritt (vgl. das Kapitel zur Geschichte).

Sehenswertes

Große Sehenswürdigkeiten fehlen im weitläufigen Tabora, weshalb auch viele nur den Bahnhof auf dem Weg nach Kigoma oder Mwanza zu Gesicht bekommen. Nur wer mit der Bahn direkt vom Victoria-See zum Tanganyika-See fahren möchte, hat hier zwangsläufig einen längeren Aufenthalt.

Ein Spaziergang vom 1912 erbauten Bahnhof, an dem Eisenbahnfreunde sich die letzten **Dampflokomotiven** aus der Zeit der East African Railways ansehen können, führt zum etwa 300 m entfernten **Orion Tabora Hotel.** Dieses prachtvolle Gebäude stammt noch aus deutscher Kolonialzeit und war einst das „Bahnhofs-Hotel". Es wurde eigens für den geplanten Besuch von Kaiser *Wilhelm* erbaut.

Die geradlinigen Straßen und alte Mango-Baum-Alleen prägen das Stadtbild zwischen den Gleisen und dem Zentrum. Am Tabora Hotel vorbei stößt man auf die Boma Road, die links zur höchsten Erhebung der Stadt führt. Hier steht das **größte Fort aus deutscher Kolonialzeit in Tansania.** Einst Sitz der 8. Schutztruppen-Kompanie mit vier Geschützen und zwei Maschinengewehren, wurde das imposante Fort im 1. Weltkrieg nicht zerstört und dient heute dem tansanischen Militär. Erbaut um die vorletzte Jahrhundertwende, sollte das heutige Wahrzeichen der Stadt die deutsche Macht im Land der Nyamwezi symbolisieren und vor möglichen Aufständen abschrecken. Eine Besichtigung der kolossalen Anlage ist nicht möglich. Sie müssten sich für eine

Genehmigung an das Ministry of Defence in Dar es Salaam wenden, wo Ihnen mit großer Wahrscheinlichkeit keine Besuchs-/Foto-/Filmerlaubnis erteilt wird. Auch das Fotografieren von außen ist strengstens verboten.

Vor dem Fort links erreichen Sie auf einer Nebenstraße, die wieder zurück zum Bahnhof führt, **belgische und deutsche Gräber** unter Mango-Bäumen auf einem links liegenden Feld.

Auf dem Weg ins Stadtzentrum fallen die vielen Schulen und Kirchen auf.

Unterkunft

Hotels

●**Orion Tabora Hotel**
Tel. (026) 2604369, (0784) 200904, E-Mail: ORIONtbrhotel@spidersat.net. Das restaurierte „Bahnhofs-Hotel" aus deutscher Kolonialzeit ist die derzeit beste Übernachtungsadresse in Tabora. Das Gebäude verströmt noch immer eine koloniale Atmosphäre. Abends ein kühles Getränk auf der Terrasse zu genießen, kann wie eine Zeitreise zurück wirken. Das Restaurant bietet einfache, aber gute Küche, gelegentlich gibt es frischen Fisch vom Victoria-See. Die Zimmer sind groß und noch mit alten Möbeln versehen, WC/Dusche, Moskitonetz inklusive. Eine Übernachtung kostet 13.500/17.000 TSh im EZ/DZ mit Frühstück, auf welches man aber auch verzichten kann.

●**Hotel Wilca**
P.O. Box 1328, Tel. (026) 5397. Einfache, saubere Zimmer mit WC/Dusche (Warmwasser) und Moskitonetzen für 8000 TSh die Nacht inkl. Frühstück. Das Essen ist gut, die Sitzgelegenheit im Hof gemütlich, ein Billard- und ein Tischtennistisch lassen die Stunden bis zur Zugabfahrt kürzer werden.

Preiswerte Unterkünfte

●**Rafiki Guest House**
Tel. (026) 2482. Sehr zentral, bequeme Zimmer, jedoch laut, da gegenüber der Busstation und nahe der Moschee, in der über Lautsprecher aus dem Koran gelesen wird ...

●**Fama Hotel**
Gegenüber der Klinik auf halbem Weg zum Zentrum, abgeschlossenes Grundstück. Saubere Zimmer und gute afrikanische Küche.

●**Aposele Inn**
Tel. (026) 4510. 200 m vom Bahnhof entfernt, bietet das freundliche, kleine Hotel saubere DZ mit Bad für 5500 TSh die Nacht. Mit Garten und Restaurant.

●Weitere einfache, aber gute landestypische **Guesthouses,** wie **Vatican Hotel, Matwiga, Bahati** und **Moravian,** befinden sich im Zentrum und an der School Road.

Camping

Einen Zeltplatz gibt es nicht.

Essen und Trinken

Die besten Mahlzeiten bekommt man im **Wilca Hotel.** Einfache indische Speisen und Snacks bieten das **Mayor Hotel** (gute Eiscremes) und das **Tropicana Restaurant** in der Jamhuri Street. Ansonsten verkaufen am Markt Essensstände diverse Imbisse.

Notfall

Klinik

50 m von der Lumumba Street entfernt befindet sich eine akzeptable Klinik, wo allgemeine Untersuchungen vorgenommen werden können.

Apotheken

Apotheken finden sich stadteinwärts **an der Lumumba Street.**

Verkehrsverbindungen

Innerhalb der Stadt

●Für das weitläufige Tabora bieten sich **Taxis** an. Bei der Ankunft und Abfahrt von Zügen stehen diese am Bahnhof, ansonsten im Zentrum an der Kreuzung zwischen Market und Lumumba Street.

Die zentrale Karawanenroute der Araber

Die zentrale Karawanenroute der Araber

Während des 19. Jahrhunderts führten mehrere Karawanenrouten von Handelshäfen entlang der ostafrikanischen Küste ins Innere des afrikanischen Kontinents. Während die südlichsten, weniger bedeutsamen Routen von Kilwa Kivinje und Mikindani in Richtung Nyasa-See reichten und der Norden (heute das nördliche Tansania und Kenia) wegen des geeinten und kriegerischen Volks der Maasai weitgehend gemieden wurde, entwickelte sich der zentrale **Karawanenweg von Bagamoyo über Tabora nach Ujiji am Tanganyika-See zur „ostafrikanischen Hauptstraße des 19. Jahrhunderts".**

Dass dieser Karawanenweg über Tabora führte, lag nicht nur an der südlichen Umgehung des Maasai-Territoriums, sondern auch daran, dass das heutige Land von Tabora bereits vor der ersten Arabern Ausgangsgebiet für Handelswege zur Küste war. Das hier lebende Volk der Nyamwezi, damals unterteilt in verschiedene Herrscherbereiche, war bereits im 18. Jahrhundert als Händlervolk bekannt. Die Nyamwezi organisierten regelmäßig eigene Karawanen zu den arabischen Stützpunkten an der Küste und verkauften neben Schmiedewaren und Edelmetallen auch Elfenbein und Sklaven.

Mit der Gründung eines eigenständigen Sultanats auf Sansibar durch den vorher in Oman herrschenden Sultan *Sayyed Said* stieg die Nachfrage von „Gütern" aus dem Innern des Kontinents. Sansibar wurde verstärkt von Arabern besiedelt, die arbeitsintensive Gewürznelken-Plantagen anlegten, für die sie Sklaven brauchten. Zur Kultivierung des damals begehrten Gewürzes wurden eigens Karawanen ausgerüstet, um Sklaven aus dem Hinterland herbeizuschaffen, die auch zu Zehntausenden weiter nach Arabien „exportiert" wurden.

Um das große unbekannte afrikanische Hinterland durchqueren zu können, waren die Araber auf Stützpunkte angewiesen, wo die Karawanen ausruhen, wo Waren getauscht und gekauft werden konnten. Bei der Errichtung dieser „Karawanseraien" profitierten sie von der Zersplitterung der verschiedenen afrikanischen Ethnien, deren Feindseligkeiten untereinander die Araber nutzten, um unbehelligt durchs Land marschieren zu können.

Tabora wurde um 1820, damals als „Kazeh" bekannt, als große Handelsbasis errichtet, Ujiji folgte als bedeutender Umschlagplatz ab 1840, und der obere Kongo war schließlich ab den 60er Jahren des 19. Jahrhunderts der westlichste Endpunkt des zentralen Karawanenzweiges.

Mehrere Stützpunkte wie Dodoma und Kilimatinde entstanden entlang der Strecke, die bald fest in arabischer Hand war. Die Araber konzentrierten sich auf den Handel entlang „ihrer Straßen", hegemoniale Bestrebungen ins Umland hinein kamen nicht auf. Die Macht über die Handelswege wurde so bestimmend, dass alle europäischen Reisenden, die ins Innere des unbekannten Kontinents aufbrachen, mit einem Empfehlungsschreiben des Sultans von Sansibar ausgestattet waren, welches ihnen die tatkräftige Unterstützung der Araber zusicherte, aber auch für den Respekt der einzelnen afrikanischen Herrscher sorgte.

Die Araber durchwanderten jedoch nicht nur das Land, viele von ihnen wurden auch für eine Zeitlang sesshaft, manche kehrten erst gar nicht wieder zurück an die Küste. Ihr Leben im Innern, an den Handelsstützpunkten, war luxuriös, die europäischen Reisenden waren erstaunt über die Vielzahl der Früchte und Delikatessen, mit denen sie bewirtet wurden.

Arabische Händler

DIE ZENTRALE KARAWANENROUTE DER ARABER

Doch nur wenige dieser Araber gehörten der herrschenden Schicht Sansibars an. Der Sklavenhandel war für die vornehmeren Araber der Küste etwas Anrüchiges. Das „Personal" der Sklaventrekks waren **„wangwanas"**, ehemalige Sklaven, welche die Karawanenzüge begleiteten und diesen Job skrupellos ausführten und für ihre Rücksichtslosigkeit gegenüber ihren eigenen Landsleuten bekannt waren. Der Forscher *Burton*, welcher der Karawanenroute folgte und zusammen mit *Speke* als erster Europäer den Lake Tanganyika erreichte, nannte die wangwanas „the escort of slave musketeers". Sie selber gaben sich oft als Araber aus.

Weitaus wichtiger als die wangwanas waren die Tausende bezahlter Träger, die **„pagazis"** genannt wurden. Die meisten dieser pagazis waren vom Volk der Nyamwezi; sie galten als die Elite unter den Trägern, und ohne deren Hilfe wären die Araber nie so weit ins Landesinnere vorgedrungen.

Die Organisation eines Karawanentrekks erforderte einen hohen finanziellen Aufwand. Auf den Märschen von der Küste ins Innere mussten viele teure Waren mitgenommen werden, die als eine Art Wegezoll zu entrichten waren. Doch der Preis, den man später an der Küste für Elfenbein und Sklaven verlangen konnte, war sehr hoch, und der Gewinn war – nach Abzug der Ausrüstungskosten – außerordentlich groß.

Allein zwischen 1862 und 1873, dem Jahr, als der Handel mit der „Ware Mensch" für illegal erklärt wurde, erreichten über 200.000 Sklaven die Verschiffungsorte an der Küste des Indischen Ozeans. Für Nachschub musste schon wegen der hohen Sterblichkeit unter den Sklaven gesorgt werden; auf Sansibar etwa betrug die Mortalität weit über 30%.

Der „Tod" der (Sklaven-)Karawanen nahm seinen Anfang mit dem Ende der Sklaverei und wurde besiegelt durch den Bau der deutschen „Mittelland-Eisenbahn", die im Wesentlichen der Spur der zentralen Karawanenroute folgte und mit der dann die Handelswaren transportiert wurden. Die meisten Araber waren nur noch am regionalen bzw. örtlichen Handel beteiligt und etablierten sich in den großen Orten wie Tabora und Ujiji, wo ihre Nachfahren heute einen Großteil der islamischen Bevölkerung bilden.

- Am Markt ist auch ein **Fahrradstand,** wo für eine Stadtrundfahrt ein Rad gemietet werden kann.

Mit dem Flugzeug

Ab Sommer 2003 wird **Air Tanzania** wieder Tabora anfliegen, auf der Route von **Dar es Salaam** nach **Kigoma**. Nähere Auskunft bei Air Tanzania.

Mit der Eisenbahn

- Für Fahrten in Richtung **Kigoma** und **Mwanza** (Mo, Mi und Sa) muss man oft große Verspätungen in Kauf nehmen, da die Züge aus dem fernen Dar es Salaam kommen. Offizielle Abfahrtszeiten sind 19 und 20 Uhr (Fahrzeit ca. 11 Stunden). 2. Klasse in beide Richtungen kostet etwa 18.000 TSh. Frühzeitige Buchungen sind erforderlich; wenn ausgebucht, fragen Sie höflich den Station Master nach einer möglichen Fahrkarte, da dieser oft bis kurz vor Abfahrt Plätze für Regierungsbeamte freihält.
- Abfahrtszeit für den Zug nach **Dar es Salaam** ist 7.25 Uhr an den gleichen Tagen wie oben. Die Fahrt dauert etwa 26 Stunden und kostet etwa 45.000 bzw. 33.000 TSh (1. bzw. 2. Klasse).
- Eine weitere Verbindung in Richtung Südwesten ist der zweimal wöchentlich fahrende Zug nach **Mpanda**. Hier gibt es keine 1. Klasse. Der Zug kommt aufgrund der veralteten Gleise nur sehr langsam voran; die Strecke führt durch ein Tsetse-Fliegen-Gebiet. Abfahrt ist 21 Uhr Mo und Mi, die Fahrzeit beträgt oft 14–16 Stunden für gerade einmal 333 km.

Alle Züge fahren mit Restaurantwagen.

Mit dem Bus

- Außer nach Kigoma und Mpanda starten von Tabora Busse in alle Landesteile. Busse in Richtung **Nzega** und **Shinyanga** fahren mehrmals täglich. Von Nzega aus bekommen Sie ständig Anschluss nach **Mwanza, Singida, Arusha, Moshi** und **Dar es Salaam.** Beliebte Busunternehmen sind hier Boyfriend, Movement Star und Naamansi.
- Von Tabora direkt nach **Arusha/Moshi** fährt mehrmals wöchentlich Ruttu Coach für etwa 22.000 TSh.
- Eine sehr lange und beschwerliche Fahrt ist die mit dem Sabema-Bus nach **Mbeya** (zweimal die Woche). Dazu sollten Sie sich mit Verpflegung eindecken, da es durch sehr einsame Gebiete geht und der Bus 16 und mehr Stunden unterwegs ist. Auf der Route wird in einem kleinen Dorf übernachtet.
- **Fahrkarten** bekommen Sie an den Verkaufsbuden der einzelnen Busgesellschaften. Es ist ratsam, am Vortag einen Platz zu reservieren.

Sonstiges

Im Zentrum befindet sich eine **Bank** zum Tausch von Bargeld. Ein Forex-Büro gibt es nicht, die Tanzania Postal Bank (Tel. 41149) ist in der Pamba Road. Auf dem lebhaften **Markt** gibt es neben Obst und Gemüse auch Stoffe, Ton- und Korbwaren. Kleine **Geschäfte mit Lebensmitteln** unter indischem Management bieten ein ausreichendes Angebot, wegen der langen Transportwege jedoch z.T. teurer als anderswo.

Außerdem im Zentrum: **Post, Buchgeschäfte, Kino** und eine **Disco (Honey Pot).**

Ausflüge

Livingstone's Tembe (Wohnhaus)

8 km außerhalb von Tabora befindet sich in Kwihara das **Museumshaus von Livingstone**. Es ist ein im original Tembe-Stil neu errichtetes Haus, das nicht ganz dem ursprünglichen Gebäude entspricht, in dem sich einst der Missionar zwischen seinen strapaziösen Reisen erholte, bevor er 1872 von hier zu seiner letzten Reise in das heutige Sambia aufbrach, wo er ein Jahr später starb. Auch *Stanley* verweilte hier.

Der flache Tembe-Baustil ist typisch für die zentraltansanischen Völker, wie die Nyamwezi, Turu und Gogo. Das Dach erhält keine Strohbedeckung, sondern ein Gitter aus Stämmen und

Zweigen, die mit toniger Erde verschmiert werden, um einen kühlenden Effekt zu erzielen.

Im Museumshaus stehen ein Schreibtisch und andere Gegenstände, es liegen Geldscheine, Briefe, ein Tagebuch und diverse Dokumente aus.

Man erreicht den Ort auf der Straße in Richtung Süden (Mbeya), die am Kreisverkehr vor der Boma in Richtung Süden führt. 5,3 km ab der Boma sind linker Hand die alten Residenzen des letzten Chief von Fundikara zu sehen. Direkt danach erfolgt rechts ein Abzweig (Hinweis-Schild!) zum 2,3 km entfernten Dorf Kwihara und dem Museum. Taxis bringen Sie vom Zentrum in Tabora für etwa 5000 TSh hin.

Ugalla River Game Reserve

Ca. 145 km südwestlich von Tabora liegt dieses fast 5000 km² große Wildschutzgebiet an zahlreichen Flüssen und Feuchtsavannen in einem großen Areal von Miombo-Wäldern. An Tieren sind hier vor **allem Rappen- und Pferdeantilopen, Kudus, Büffel, Topis** und noch kleine Herden von **Elefanten** zu sehen. Im Reservat gibt es **keine Unterkunft.**

Shinyanga ↗ VIII,A1

Shinyanga, **Hauptstadt der gleichnamigen Verwaltungsregion,** ist nach Mwanza der bedeutendste Marktort im Land der Sukuma (vgl. „Bevölkerung"). Mit dem Eisenbahnbau entstanden, ist die Kleinstadt mit ca. 120.000 Einwohnern heute Hauptumschlagplatz für die im Umland großflächig angebaute Baumwolle, die in der Stadt in mehreren Betrieben verarbeitet wird. Von der in der Kolonialzeit eingeführten Pflanze hängen viele Arbeitsplätze ab.

Nachdem große Gebiete westlich der Stadt abgeholzt wurden und damit der Lebensraum der Tsetse-Fliege vernichtet ist, wird auch **Reis** in großem Stil angebaut und vermehrt **Viehzucht** betrieben. Der reduzierte Baumbestand und die vielen ausgetretenen Rinderpfade haben die Region Shinyanga zu einer sehr heißen und vor allem extrem staubigen Gegend werden lassen. Nach den Regenmonaten sind insbesondere die Reisfelder riesige Moskito-Brutstätten. **Malariafälle** sind in Shinyanga besonders häufig.

Die Böden des stark gerodeten und überweideten Gebietes verlieren zunehmend ihre Ertragsfähigkeit, was auch mit den häufigen Trockenzeiten zusammenhängt. Um die Zukunft der großen Waldflächen im Westen der Region ist es schlecht bestellt: Die Bevölkerung nimmt weiter zu, und die Anbauflächen für Grundnahrungsmittel wie Mais und Cassava (Maniok) sind zu klein, so dass weiter der Miombo-Wald abgeholzt wird, um Agrarland zu ge-

Zentrales Tansania – die „Nyika"

SHINYANGA

winnen und den steigenden Brennholzbedarf zu decken.

Während der Zeit, als die Briten noch das Land verwalteten, lebten in und um Shinyanga viele Europäer, vor allem wegen der nahen **Goldminen** und der noch heute ertragreichen **Williamson Diamond Mine** (benannt nach einem kanadischen Geologen) im 35 km entfernten **Mwadui**. Die Ausländer hatten ein eigenes Krankenhaus, eine Kirche, einen großen Einkaufsmarkt, eine Schule und errichteten eigens für die Minenarbeiter einen Yacht-Club am Lake Songwa.

Viele der Häuser und auch der ehemalige Yacht-Club sind heute ziemlich heruntergekommen. Nur noch eine Hand voll Europäer und neuerdings Südafrikaner betreiben weiter den Abbau von Industriediamanten, deren Großteil direkt nach Südafrika geht. Die Wirtschaftlichkeit der Mine ist durch Schmuggel und andere illegale Aktivitäten gefährdet, die Regierung in Dar es Salaam fordert zudem immer höhere Anteile an den Gewinnen. Es ist abzusehen, dass die Mine in ein paar Jahren schließen wird. Besichtigungen der 140 ha großen Mine sind selten möglich. Auskunft dazu bekommen Sie direkt in Mwadui im Verwaltungsbüro.

Shinyanga wirkt in der Trockenzeit, in der viele Lkws den Staub auf den Straßen aufwühlen, nicht gerade einladend, zudem verleihen die zahlreichen Marabus dem Ort eine gewisse Totengräberstimmung.

In den Hauptstraßen der Stadt gehen viele Inder und arabisch-afrikanische Händler ihren Geschäften nach. Zu besichtigen gibt es nicht viel. Die meisten Reisenden sehen die Stadt nur bei der Durchfahrt.

Unterkunft und Verpflegung

- **Shinyanga Motel**
Tel. (026) 762369, 762458. Renoviertes mehrstöckiges Hotel nahe der Eisenbahnlinie. Gute, saubere DZ mit WC/Dusche, passables Restaurant und abgeschlossener Hof für Fahrzeuge. Übernachtung im DZ für 15.000 TSh mit Frühstück.
- Preiswerte landestypische **Guesthouses**, die man empfehlen kann, sind das **Butiama** nahe der Post und das **Three Stars** nahe der Gleise, wo es allerdings laut werden kann, wenn nachts die Züge halten.
- Gute Küche bietet die **Green View Bar** an der Mwanza-Straße. Die Biergarten-ähnliche Anlage mit freundlicher Atmosphäre ist ein beliebter Ort am Abend; gegrillte Hähnchen und kühle Getränke werden serviert.
- Gute afrikanische Küche bekommt man in **Mama Shita's Café** im Zentrum der Stadt.

Krankenhaus

Die medizinische Versorgung im etwa 2 km nördlich der Stadt Richtung Mwanza gelegenen **Kolondoto Hospital** ist gut; hier sind auch amerikanische Ärzte tätig.

Apotheke

Eine Apotheke *(duka la madawa)* befindet sich im Zentrum.

Internet-Cafés

Entlang der asphaltierten Hauptstraße befinden sich zwei Internet-Cafés.

Verkehrsverbindungen

Mit dem Flugzeug
- **Precision Air** fliegt Shinyanga von Dar es Salaam und Mwanza aus bei Bedarf an.

Mit der Eisenbahn
- Eine **Zugverbindung** besteht viermal wöchentlich **in Richtung Tabora/Dar es Salaam und Mwanza.** Die Abfahrtszeiten sind sehr unregelmäßig, besonders in Richtung Mwanza, meist jedoch um Mitternacht.

Mit dem Bus
- **Nach Mwanza und Nzega** (dort guter Anschluss in alle Richtungen) fahren täglich mehrere **Busse**, wie der Sinai Bus oder der Movement Star.

Old Shinyanga   III,D3

15 km nördlich von Shinyanga liegt Old Shinyanga, einst wichtiger Rastort an der Karawanenroute von Tabora nach Mwanza. Beim Bau der Eisenbahnlinie in den 1920er Jahren verlegte man jedoch die Gleise ca. 10 km weiter östlich, so dass der Ort seine Bedeutung verlor. Heute geben nur noch die Mango-Bäume Zeugnis der einstigen Funktion – die Bäume gediehen aus den Kernen der Früchte, die die Händler als Wegzehrung mitnahmen.

Dampftraktor aus der deutschen Kolonialzeit

Die Lake-Victoria-Region

Die Region um den Lake Victoria gehört zu den **fruchtbarsten und dichtbesiedelsten Gebieten Tansanias.** Der Charme dieser Region wird durch das Leben entlang und auf dem See bestimmt. Zu den besonderen Erlebnissen gehören die Fußsafaris und Bootsfahrten im **Rubondo Island National Park,** eine Fahrt über den Victoria-See mit dem aus britischer Kolonialzeit stammenden Passagierschiff „M.V. Victoria" und das Erkunden kleinerer Orte am Ufer des Sees sowie einiger Inseln mit Fährschiffen und anderen Booten. Die Game Reserves Burigi und Biharamulo sind für einen Besuch nicht empfehlenswert. Viele Wilderer und ruandische und burundische Flüchtlinge haben den Wildbestand drastisch verringert.

An den Victoria-See grenzen die drei **Verwaltungsregionen Mara, Mwanza und Kagera,** von denen insbesondere die sehr niederschlagsreiche und nahezu immergrüne Kagera-Region an der Westseite des Sees zu den fruchtbarsten Gebieten des Landes zählt. Ostwinde bringen regenreiche Wolken vom Lake Victoria in diesen nordwestlichen Zipfel des Landes. Hauptanbauprodukte in Kagera sind Kaffee, Bananen und zunehmend auch Tee.

In der vorkolonialen Zeit spielte lediglich das heutige **Mwanza** eine bedeutsamere Rolle am Südende des großen Sees. Die Bucht von Mwanza war End-

Highlights und Tipps

- Schiffsfahrten
  auf dem Lake Victoria, S. 616
- Alter Herrschersitz
  auf Ukerewe Island, S. 620
- Rubondo Island National Park, S. 623
- Kagera (Bukoba),
  ein anderer Teil Tansanias, S. 630

Fischerjunge am Lake Victoria

DIE LAKE-VICTORIA-REGION

punkt einer Karawanenroute aus dem zentral gelegenen Tabora.

Wie die meisten anderen westlichen Landesteile des damaligen Deutsch-Ostafrika kam auch die Region um den Lake Victoria erst nach der Wende vom 19. zum 20. Jahrhundert unter die vollständige Kontrolle der Kolonialherren, nachdem schließlich auch der im Gebiet um Bukoba sehr einflussreiche König *Kahigi* 1905 einen Vertrag unterschrieben hatte, mit dem die deutsche Vorherrschaft in diesem Teil des Landes besiegelt wurde.

Die Lake-Victoria-Region steht in deutlichem Kontrast zu den Hauptsehenswürdigkeiten im Nordosten des Landes. Die vielen Inseln im Victoria-See laden ein zu Besuchen bei traditionellen Fischervölkern. Der Nordwestzipfel Tansanias – **Kagera** genannt - gehört zu den am wenigsten besuchten Regionen des Landes. Kagera ist jedoch eine Reise wert, die Landschaft, die Menschen und ihre Kultur, sind geografisch und ethnografisch schon ein Teil Zentralafrikas. Geschichtlich hat dieser Teil mehr mit Uganda und Ruanda gemeinsam als mit dem Rest Tansanias (Informationen zur Region unter: www.kagera.org).

Von Mwanza und Bukoba lassen sich schöne, abwechslungsreiche Ausflüge gestalten, die auch kulturell sehr interessant sind, da man mit den Völkern der Sukuma und Haya in Kontakt tritt.

Lake Victoria – das „Meer" im Herzen Afrikas ist bedroht

Der Lake Victoria oder auch Lake Nyanza, wie er vor der britischen Namensgebung hieß und auch heute noch von vielen Bewohnern entlang des Sees genannt wird, ist der größte See Afrikas und nach den Great Lakes in Nordamerika der **zweitgrößte Süßwassersee der Welt.** Der Wasserspiegel liegt auf 1134 m Höhe, die tiefste Stelle beträgt lediglich 80 m, und mit einer Fläche von etwa 70.000 km² ist der See fast so groß wie das Land Österreich.

Über die Hälfte des Sees liegt auf tansanischem Territorium, während der nördliche Teil zwischen Uganda und Kenia aufgeteilt ist. Von den großen Seen Tansanias ist der Lake Victoria der einzige See, der kein Produkt des afrikanischen Grabenbruchsystems ist, sondern ein natürliches Auffangbecken zahlreicher Flüsse aus der ostafrikanischen Hochebene. Die großen **Flüsse**, die den See von Tansania aus ganzjährig speisen, sind der Mara River, der im Hochland von Kenia entspringt und in seinem Mittellauf durch die Masai Mara und Serengeti fließt, der Grumeti River, welcher ebenfalls seinen Weg durch die Savannen der Serengeti nimmt, und der Kagera River (in früherer Literatur auch der „Schwarze Nil" genannt) als Hauptzufluss im äußersten Nordwesten des Landes. Die ersten Forscher und Missionare vermuteten die Quelle des Nils im Lake Victoria, heute herrscht jedoch die Ansicht, dass der gesamte Raum von Ruanda und Burundi als das eigentliche Hauptquellgebiet zu betrachten ist und der Kagera River den Oberlauf des Nils bildet. Der Abfluss des Victoria-Sees erfolgt auf ugandischer Seite über den Victoria-Nil in den Weißen Nil bis hin zum Mittelmeer.

Im See selbst liegen zahlreiche faszinierende **Inseln,** die zum Teil sehr dicht besiedelt sind (Ukerewe Island, Ukara Island sowie die Insel Kome); es gibt aber auch menschenleere Inseln mit sehr großem Wildbestand (Rubondo Island und Maisome Island).

Einige Buchten des Lake Victoria tragen heute noch Namen bekannter Forscher und Abenteurer des 19. Jahrhunderts. So ist der Speke Gulf im Südosten des Sees nach dem britischen Entdecker *John H. Speke* benannt worden, welcher 1858 als erster Europäer die Ufer des großen Binnenmeeres im Herzen Afrikas erreichte und dem See den Namen der englischen Königin gab. *Speke* glaubte damals, die Quellen des Nils gefunden zu haben.

Sieht man von den drei großen Städten Musoma, Mwanza und Bukoba ab, steht (noch) das traditionelle Netzfischen für die Bewohner an den Seeufern im Mittelpunkt des Alltags. Doch der einstige Fischreichtum des Sees hat zu Beginn der 1980er Jahre stark abgenommen. Grund hierfür ist allein eine Fischart: 1959 wurde auf ugandischer und kenianischer Seite der Nilbarsch, mittlerweile auch als **Victoria-Barsch** bekannt und von der Bevölkerung Changu genannt, im See eingesetzt. Man ging davon aus, dass die kleineren Fischarten vom Nilbarsch dezimiert werden würden und sich somit größere Fische, wie die bei den Fischern sehr beliebten Tilapias und Furus, Fische aus der Familie der Buntbarsche, vermehren könnten. Doch leider steht auch der Tilapia auf der Speisekarte des Nilbarsches. Statistiken aus dem Jahr 2002 zählen nur noch acht Fischarten im See, im Vergleich zu etwa 320 vor dem Einsetzen des Nilbarsches.

Der Nilbarsch selbst wird von den einheimischen Fischern – so weit es noch geht – gemieden, da sich der bis zu 2 m große Fisch nicht auf herkömmliche Weise sonnentrocknen lässt. Doch der Rückgang beim Fang von Tilapias und die immer häufiger in den Netzen zappelnden Nilbarsche ließen der Bevölkerung keine andere Wahl, als sich an den großen und schlecht zubereiteten Fisch zu gewöhnen. Als einzige Konservierungsform hat sich das Räuchern bewährt, wobei sich dies vielerorts aus Mangel an Brennholz nicht längerfristig durchführen lässt.

Die **Fischerei** am Victoria-See hat einen grundlegenden Wandel erfahren: Während sie bis Mitte der 1970er Jahre nur von Kleinfischern und Selbstversorgern betrieben wurde und vor allem Frauen eine Beschäftigung in Verarbeitung und Verkauf der Fische auf den umliegenden Märkten fanden, ist seitdem eine exportorientierte Fisch-Industrie entstanden. Die rapide Zunahme des Nilbarsch-Bestandes eröffnete ganz neue Perspektiven. Mit der Errichtung von Fischfabriken, die den Nilbarsch exportfertig verarbeiten, wurden viele Arbeitsplätze geschaffen, und Kleinfischer konnten die ungewollt gefischten Nilbarsche an die Fabriken verkaufen. Die Kehrseite der Medaille: Ständig zerreißt der große, schwere und starke Fisch die Netze der Fischer, wodurch die Fangmengen deutlich unter das Existenzminimum gerutscht sind. Dadurch fehlt das Geld für den Kauf neuer, ausländischer Netze aus stärkerem Material. Vielen Fischern bleibt nur die Möglichkeit, sich mit ihrem „Know-how" zu Billigstlöhnen in den neuen Unternehmen anstellen zu lassen, die mit modernen und gut ausgerüsteten Booten die Fischgründe des Sees ausbeuten. So ist der ursprünglich zur Ernährung der heimischen Bevölkerung am Victoria-See eingeführte Barsch heute das Kapital eines neuen Wirtschaftszweiges, der dominiert wird von zugezogenen Neureichen, die ihre Gewinne zu allem Möglichen nutzen, nur nicht zur Reinvestition in die regionale Entwicklung. Als die EU im Jahr 1999 die Einfuhr für mehrere Monate wegen nachgewiesener Giftstoffe im Fisch stoppte, bedeutete dies einen heftigen Rückschlag für die Region, werden doch über 70% der gefangenen Viktoria-Barsche in EU-Staaten exportiert. Weitere große Abnehmer sind Japan, Israel und die USA.

LAKE VICTORIA

Nicht genug mit diesen negativen Entwicklungen, wird der Lake Victoria zudem **immer algenhaltiger,** was u.a. ebenfalls mit dem Nilbarsch zusammenhängt, da dieser den Bestand an Algen fressenden Fischen drastisch verringert hat und der dadurch in seinem Bestand selbst bedroht ist – denn zu algenreiches Wasser ist tödlich für den Nilbarsch!

Die nicht unwahrscheinliche Entwicklung hin zu einem fischarmen Gewässer würde für die Bewohner der Region bedeuten, dass sie sich zwangsläufig auf eine (noch) intensivere Agrarwirtschaft einzustellen hätten. Doch schon die bisherige Landwirtschaft (und der Anstieg der Bevölkerung) belasten das Ökosystem des Sees enorm. Der Wald wurde abgeholzt, um Platz für neue Ackerflächen zu schaffen. Die fruchtbare oberste Bodenschicht spült der Regen regelmäßig als Schlamm in das Gewässer. Städte und Ortschaften leiten ihre Abwässer ungeklärt in den See. So ist der Lake Victoria inzwischen – mit der schon erwähnten „Unterstützung" durch den Nilbarsch – extrem algenhaltig geworden, und dadurch ist das Wachstum von **Wasser-Hyazinthen** *(Eihornia crassipes)* explodiert: Die Pflanze war lange Zeit eine echte Bedrohung für die Lebensgrundlagen von 20 Millionen Menschen, die im Seegebiet leben. Vor allem in Ufernähe wucherte die Pflanze wie eine Wiese die Wasseroberfläche zu. Die Fischer beklagten sich über das ständige Grünzeug in ihren Netzen und den drastischen Rückgang der Fische. Auch verstopften die Pflanzen viele Turbinen der Wasserkraftwerke rund um den See. Die Wasserqualität leidete ebenfalls unter der Plage: Viele Bewohner, für die das große Binnenmeer Trinkwasserquelle ist, litten an Krankheiten, die hier bisher unbekannt waren. Vor allem hatte die Zahl an Malaria-Erkrankten zugenommen, da die „Hyazinthen-Wiesen" perfekte Brutstätten für Millionen von Moskitos bildeten.

Der Ursprung der eigentlich afrikafremden Pflanze geht angeblich auf belgische Siedler aus den 1940er Jahren in Ruanda zurück. Diese sollen Wasser-Hyazinthen vom Amazonas zu Dekorationszwecken importiert haben. Das milde Klima führte zu einer schnellen Vermehrung, und die Pflanze erreichte schließlich über den Kagera River den Lake Victoria.

Die Bekämpfung der Pflanze schien zunächst aussichtslos. Freigeschlagene Fahrschneisen für die Boote der Fischer waren am nächsten Tag wieder zugewuchert. Am schlimmsten waren die Ufer Ugandas betroffen, wo die Bekämpfung eine Zeit lang zu einer nationalen Aufgabe geworden war. Mit dem Einsatz von Chemikalien und Booten mit großen Abtragungsvorrichtungen wurde dem Schädling in allen drei Anrainerländern schließlich der Garaus gemacht. Über 85% der Pflanzen konnten vernichtet werden. Doch wurde versäumt, die entstehende Biomasse als Dünger, Viehfutter oder auch zur Herstellung von Textilfasern zu verwenden.

Die Menschen am Victoria-See leiden dennoch weiter, denn der See verträgt auf Dauer nicht die ökologische Belastung, die sich aus den vielen ungeklärten Abwässern ergibt, die in den See geleitet werden. Die Überpopulation des Victoria-Barsches ist mittlerweile stark zurückgegangen – ein Indiz, dass diesem eigentlich zähen Fisch die schlechte Wasserqualität und das arme Nahrungsangebot zusetzen.

Musoma

♪ III,D1

Musoma an der Mara-Bucht ist die **Hauptstadt der Region Mara** und mit **100.000 Einwohnern** die zweitgrößte Stadt im tansanischen Gebiet am Lake Victoria. Doch der Stadt fehlt jegliches Flair. Nur wenige Straßen sind geteert, das Angebot an touristischen Sehenswürdigkeiten ist mehr als bescheiden. Tourismus spielt hier praktisch keine Rolle, Reisende kommen nur zur schnellen Übernachtung auf dem Weg von oder nach Kenia vorbei. Da hier die Seeufer von **Bilharziose** verseucht sind, lässt es sich auch nirgendwo baden. Von Musoma kann jedoch Lukuba Island erreicht werden, etwa 20 km von der Stadt entfernt. Hier befindet sich das schöne, rustikale Lukoba Island Camp (s.u. „Inseln im Victoria-See").

Die Einwohner Musomas, zum Großteil vom **Volk der Kwaya,** leben vom Kleingewerbe und der Fischerei. Während der britischen Mandatszeit bot die nahe gelegene Buhemba-Goldmine noch viele Arbeitsplätze. Heute ist lediglich die Beschäftigung in einer Textilfabrik und in der öffentlichen Verwaltung eine Alternative zur Fischerei. Gelegentlich fährt noch das eine oder andere Kleinschiff mit Baumwolle beladen nach Mwanza, doch nachdem nun auch die Straße zwischen den beiden Städten neu geteert wurde, wird der Großteil der Baumwolle auf dem Landweg transportiert.

Aus deutscher Kolonialzeit steht noch ein **kleines Fort** (Boma) am Fuße des Mekendo Hill, in dem heute die Polizei untergebracht ist (Achtung, es gilt absolutes Fotografierverbot!). Traumhafte Sonnenuntergänge sind vom **Sunset Viewpoint** aus zu betrachten, am Ende der Lima Street. Hier tummeln sich viele **Klippschliefer** auf den einzelnen Felsformationen, und Fischer in Holzbooten sind mit dem Auslegen ihrer Netze beschäftigt.

Unterkunft

Hotels

●**Peninsula Hotel**
P.O. Box 440, Musoma, Tel. (028) 2642526, (0713) 676809. Neues Hotel der oberen Klasse unter privater Leitung, wenige Meter vom Seeufer gelegen. Das vollklimatisierte Hotel bietet jeden wünschenswerten Komfort. Alle Zimmer haben ein Bad/WC und kosten vom normalen DZ bis hin zur Executive Suite zwischen 25.000 und 60.000 TSh. Sat-TV ist vorhanden, das gute Restaurant bietet internationale und indische Küche. Das Hotel befindet sich in einem geschlossenen Compound und hat daher auch sichere Parkplätze für Fahrzeuge. Ein Minibus steht für Stadtfahrten und Transfers vom und zum Flugplatz bereit.

●**New Orange Tree Hotel**
Tel. (028) 2620021. Zentral, aber dennoch ruhig gelegen. DZ (ohne Moskitonetze!) mit Ventilator/Bad/WC und Frühstück ab 10.000 TSh. Improvisierte internationale und gute afrikanische Küche. Sehr zu empfehlen ist gebratener Tilapia-Fisch mit Kohlgemüse und Kochbananen. Die **Bar** ist – halb im Freien gelegen, in rustikalem Holzstil und mit vielen grünen Pflanzen versehen – ein sehr beliebter Ort, um die Sorgen und den Staub des Tages hinunterzuspülen.

●**New Tembo Beach Hotel**
Tel. (028) 2622887. Etwas hochgestochene Preise für durchschnittliche Zimmer, dafür ist die Lage kurz vor dem Sunset Point hervorzuheben. Das Essen ist nicht mehr als durchschnittlich, die Übernachtungspreise von 14.000/16.000 TSh sind nicht gerechtfertigt.

MUSOMA

- **Stigma Hotel**
Hotel an der Mukendo Road mit einfachen, sauberen Zimmern (ohne Moskitonetz!). DZ mit Bad/WC und Frühstück für 9000 TSh die Nacht. Restaurant/Bar mit Aussicht aufs Straßenleben. Eine weitere Bar mit Snackmenüs befindet sich in der ersten Etage.

- **Silversand Inn**
Tel. (028) 2622740. Das mittlerweile sehr heruntergekommene Hotel am See bietet sehr einfache und bescheidene Zimmer mit Moskitonetzen (die auf Löcher überprüft werden müssen!). DZ mit Bad/WC kostet 4000 TSh. Ein Restaurant steht nur sporadisch zur Verfügung. Frühstück sollte am Abend vorher beim Koch bestellt werden. Für Mittag- und Abendessen sollten Sie sich ebenfalls rechtzeitig mit dem Koch absprechen.

- **Afrilux Hotel**
P.O. Box 519, im Zentrum an der Karume und Mwigeboro Street, Tel. (028) 2620031, (0713) 409171, 306578, (0784) 965560, E-Mail: afriluxhoteltz@yahoo.com. Das mehrstöckige Hotel bietet große Zimmer inkl. Frühstück, z.T. mit Seeblick, ein Indoor- und ein Garten-Restaurant. Es können verschiedene Aktivitäten wie Angelausflüge, ein Trip zur nahe gelegenen Lukoba Island sowie Ausflüge in die Serengeti arrangiert werden. Das Afrilux Hotel arbeitet zusammen mit der Nyatwali Beach Lodge & Campsite am Ufer des Victoria-Sees gegenüber dem Ndabaka Gate der Serengeti (siehe dort).

Preiswerte Unterkünfte

- **Banana Bar Lodge**
Dieses schon von außen sehr gemütlich wirkende Hotel besteht in erster Linie aus einer Bar und einem Restaurant, in dem regelmäßig Videofilme der „Schlag zu"-Kategorie gezeigt werden. An der vergitterten Bar trinkt man gerne einen über den Durst. Sehr einfache Zimmer, ohne Bad/WC ab 4000 TSh.

- **Embassy Hotel**
Zentrale Lage, in der Nähe des Busbahnhofs. Einfaches, landestypisches Hotel mit Restaurant. Zimmer mit Bad ab 3000 TSh die Nacht.

- **Mujungu Inn**
Kleines, einfaches Guesthouse ohne Restaurant. Die Zimmer machen einen gepflegten Eindruck; ohne Bad/WC ab 2500 TSh.

Camping

Derzeit ist das Zelten auf dem eingezäunten Grundstück des **Silversand Inn** sowie beim **New Tembo Beach Hotel** (5000 TSh p.P!) möglich. Eine externe Wasserversorgung ist jeweils vorhanden.

Essen und Trinken

Außer den hoteleigenen Restaurants und Bars gibt es nur noch das **SK Restaurant,** wo landestypische Fisch- und Huhngerichte gereicht werden, sowie einzelne **Stände** um den Busbahnhof herum, an denen kleinere Gerichte angeboten werden.

Krankenhaus

- **Government Hospital of Musoma,** siehe Stadtplan, Tel. 111.
- Den besten Standard in der Region hat das von amerikanischen Mennoniten betriebene **Krankenhaus in Shirati** ca. 120 km nördlich von Musoma am Victoria-See.

Verkehrsverbindungen

Flugzeug

- **Air Tanzania** fliegt Musoma derzeit (2007) nicht an. Das Stadtbüro von Air Tanzania ist in der Mukendo Street, Tel. (028) 262245.
- Private Fluggesellschaften wie Air Excel fliegen Musoma von der Serengeti aus an.

Busse

Seit der Einstellung des Passagierschiffsverkehrs mit Kisumu und Mwanza verkehren nur noch Busse von und nach Mwanza. Die Verbindungen sind gut. Die empfehlenswerte Busgesellschaft **Scandinavian Express** betreibt ein Büro in Musoma, zu erreichen unter Tel. (028) 2620006, (075) 4697930.

- Ab den frühen Morgenstunden verkehren fast **stündlich Busse nach Mwanza;** Fahrpreis 6000 TSh. Umsteigemöglichkeit besteht in Bunda für Anschluss nach **Nansio/Ukerewe Island.**

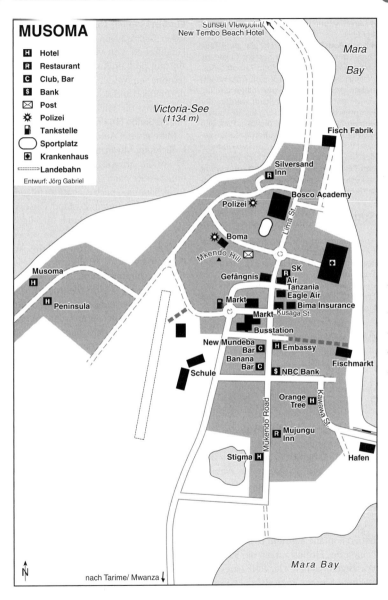

MUSOMA (AUSFLÜGE)

- Täglich fahren Busse nach Kisii und **Kisumu** in Kenia.
- Nach **Arusha** fahren i.d.R. alle zwei Tage Busse der Serengeti Bus Service Company sowie Mo, Di, Mi und Fr ein Kimotco-Bus. Abfahrt ist morgens um 5 Uhr, Ankunft am frühen Abend. Fahrscheine sollten am Tag vorher am Busbahnhof gekauft werden, der Fahrpreis beträgt 25.000 TSh plus die Parkgebühren für den Serengeti National Park und die Ngorongoro Conservation Area (insgesamt 80 $). Ein teurer, aber durchaus lohnender Trip, denn wer darauf achtet, im Bus einen Fensterplatz links zu ergattern, kommt spätestens bei der Fahrt entlang des Ngorongoro-Kraters auf seine Kosten.

Sonstiges

Autos kann man in Musoma nicht mieten. Im Ort gibt es **Bank, Tankstellen,** kleine, gut sortierte **Einkaufsläden, Versicherung** und **Postamt.** Es gibt mehrere **Internet-Cafés** an der Mukendo Road, zwischen Biashara und Embassy, gegenüber von Air Tanzania und kurz vor dem Kreisverkehr (800–1000 TSh).

Ausflüge

Lukuba Island

20 km von Musoma entfernt (mehr dazu weiter unten im Abschnitt „Inseln im Victoria-See").

Kirobo Plains und Maji Moto

Das 80 km entfernte Dorf Maji Moto ist nach den **heißen Quellen** nahe des Ortes benannt („maji moto" = Wasser, heißes). Die Quellen selber stellen keine große Attraktion dar. Die Hauptquelle wurde mit einem dicken Wasserrohr angezapft und sprudelt in einer meterhohen Fontäne aus dem Erdinnern. Die Frauen des Dorfes nutzen die Stelle als Waschgelegenheit. Der Reiz eines Abstechers hierher liegt vielmehr in der eindrucksvollen **Landschaft** von endlosen Baumsavannen und markanten Hügelketten. Von Musoma kann dieser Ausflug problemlos an einem Tag unternommen werden. Öffentliche Transportmittel (Land-Rover-Pick-ups) fahren manchmal bis Maji Moto, meist aber nur bis Simba (16 km zuvor).

Mit eigenem Auto fahren Sie die B 6 in Richtung Mwanza und nehmen nach 17 km die Abzweigung Richtung Tarime. Bereits nach 2 km ist rechts der Ausschilderung nach Kiagata zu folgen. Die Piste ist in gutem Zustand. Die ersten Kilometer führen durch hügeliges Gebiet, bis sich schließlich die schier endlose Fläche der **Kirobo Plains** im Norden erstreckt. Mitten durch diese sumpfige **Baumsavanne** (auch Masirori Swamps genannt) fließt der Mara River. Je nach Wassermenge des Maras bildet sich im Herzen der Sümpfe der **Kubigena-See** mit einer vielseitigen Vogelwelt und einer beträchtlichen Population an Flusspferden und Krokodilen (sehr schwer hinzukommen!).

Nach **km 41** (ab der Kiagata-Abzweigung) kommt man in das Dorf **Simba**, in dem man rechts nach Maji Moto (16 km) abbiegt. Geradeaus weiter geht es über Mugumu nach Ikoma (Serengeti). Diese Strecke sollte man zurzeit nicht befahren, denn das **Volk der Kuria,** das hier lebt, ist hin und wieder an bewaffneten Überfällen in der nördlichen Serengeti beteiligt.

Die Quellen erreichen Sie, wenn Sie durch Maji Moto (auf einem Pass gelegen) fahren und 2 km hinter dem Ort links ein paar Fußpfaden durch eine große Wiese folgen (500 m).

Serengeti National Park/Fort Ikoma

Von Musoma führt der schnellste Weg in die Serengeti über die Asphaltstraße in Richtung Mwanza (s.u.). In der Regenzeit jedoch ist die Piste durch den westlichen Teil der Serengeti (Western Corridor) fast unbefahrbar. Die nördlichere Alternative über Fort Ikoma kann dagegen das ganze Jahr über befahren werden.

20 km hinter Musoma biegt man von der Mwanza-Straße links auf die Erdpiste in Richtung Butiama ab. Nach 43 km erreichen Sie Nyamuswa, wo es links zum 80 km entfernten Fort Ikoma geht.

Fort Ikoma war einst eine Garnison der deutschen Schutztruppe. Die um 1900 erbaute Festung wurde im 1. Weltkrieg von den Briten zerstört und in den 1970er Jahren in eine Lodge integriert, die inzwischen auch nicht mehr existiert. Heute ist bei Ikoma das Park Headquarter der Serengeti. Die einstige deutsche Besatzung – zwei Mann stark und geführt von Major *von Haxthausen* – hatte die Aufgabe, zwischen den damals verfeindeten Stämmen der Ikoma und Gaya für Frieden zu sorgen. Im 1. Weltkrieg lieferten sich die beiden deutschen Soldaten, verstärkt durch eine kleine Abteilung von Askaris, ein kurzes Gefecht gegen eine Überzahl von Briten aus Kenia, bevor sie in einer Nacht fliehen konnten. Zuvor jedoch vergruben sie sämtliche Waffen und Munition in einem nahen Erdloch, das die Briten erst 40 Jahre später fanden und ausräumten.

Routenbeschreibungen ab/nach Musoma

Sirari – Tarime – Musoma (118 km)

● Asphaltstraße, Fahrzeit knapp 2 Stunden. Busse verkehren von Kisii und Sirari aus nach Musoma (Busverbindungen siehe bei Musoma). Die Einreise von Kenia aus ist unproblematisch. Visa sind an der Grenze erhältlich.

Wer von Kenia aus über die A 1 in **Sirari** einrollt, den erwartet lediglich ein **kleines Grenzdorf** ohne große Versorgungsmöglichkeiten. Es gibt hier weder eine offizielle Wechselstube noch Treibstoff, geschweige denn eine Unterkunft. Vor dem Versuch, die Grenze am

Fischladen am Lake Victoria

späten Abend bzw. in der Nacht zu passieren, ist abzuraten, da diese in der Regel ab 19 Uhr geschlossen ist. Auf kenianischer Seite bietet sich als letzte Übernachtungsmöglichkeit vor der Grenze der Ort Migori an.

Von Sirari fährt man auf der 1996 bis Nyakanga fertig gestellten Teerstraße in Richtung Südwesten. Kurz hinter Sirari bietet sich ein wunderschöner Blick auf das vor einem liegende Gebiet. Es geht nun allmählich in die Niederungen am Lake Victoria. **16 km** hinter Sirari befindet sich die ausgeschilderte Abzweigung nach **Tarime.** Der kleine Ort liegt am Fuße des 1683 m hohen Mt. Mwibare. Tarime selbst bietet keinerlei touristische Attraktion, doch ist es der erste Ort nach der Grenze, in dem Treibstoff erhältlich ist. Für Verpflegung und Übernachtung ist das **C.M.G. Motel** sehr zu empfehlen. Die Zimmer sind sauber, das EZ kostet 5000, das DZ 7500 TSh, jeweils mit Frühstück. Das Essen ist einfach und gut, und wer noch keine Tansania-Shillinge hat, kann auch in kenianischer Währung zahlen. Zum Motel kommen Sie, wenn Sie an der ersten großen Kreuzung im Ort (1,5 km von der Abzweigung der B 6) noch etwa 400 m geradeaus fahren und dann in eine kleine Nebenstraße rechts abbiegen. Nach weiteren 300 m liegt linker Hand das Motel.

Auf der **B 6** weiter in Richtung Musoma fahren Sie entlang steil aufragender Hügelketten mit bizarren Felsformationen. Bei **km 65** thront auf einem solchen Hügel ein obeliskenartiger Felsen. Er hat keinen Namen, und auch die entlang des Hügels lebenden Einwohner

vom Stamm der Kuria, einer kleinen Volksgruppe der Provinz Mara, geben diesem langen, senkrecht stehenden Felsen keine besondere Bedeutung.

Die Straße wird nun zunehmend kurviger, denn es geht bergab in die Ebene der Mara Bay. Nach 101 km erreichen Sie schließlich die T-Kreuzung der alten B 6, an der es links nach Mwanza (203 km) und rechts nach Musoma (17 km) geht.

Musoma – Ndabaka Gate (Serengeti) – Mwanza (220 km)

●Die Asphaltstraße nach Mwanza ist derzeit in gutem Zustand. Lediglich die letzten Kilometer ab Nyanguge sind sehr schlecht. Fahrzeit ca. 3½ Stunden. Busse siehe Musoma.

20 km hinter Musoma liegt der Ortskern von Nyakanga. Hier ist links die Abzweigung nach **Butiama,** dem **Geburtsort und gelegentlichen Wohnsitz** des ersten Staatspräsidenten **Julius Nyerere** (siehe Kap. „Geschichte").

Die Strecke nach Mwanza führt weiter durch ein bergiges Gebiet bis **Bunda.** Wer von hier nach Nansio (Ukerewe Island) weiterfährt, sollte dies am frühen Nachmittag angehen (112 km Piste), da die letzte Fähre zur Insel meist um 18 Uhr in Kisoria (sehr einfache Übernachtungsmöglichkeit) ablegt. Andererseits gibt es in Bunda bescheidene, aber saubere Guesthouses, z.B. das New Mount Everest, und zudem die Möglichkeit, auf die unmittelbar südöstlich des Ortes gelegenen **Ushashi-Berge** (höchster Punkt: 1923 m) zu klettern, von denen sich ein grandioser Ausblick (klare Sicht vorausgesetzt) auf die westliche, bis zum Horizont reichende Savannen-Ebene der Serengeti sowie über den gesamten Speke Gulf bietet.

Von Bunda geht es auf der B 6 wieder einige Höhenmeter hinunter, unweit der Ufer des Victoria-Sees entlang, während sich linker Hand die Ausläufer der Serengeti erstrecken. 4,5 km vor dem Ndabaka Park Gate zweigt rechts eine Erdstraße zur 3,8 km entfernten **Nyatwali Beach Lodge & Campsite** (E-Mail: nyatwalibeachlodge@yahoo.com) ab. Geboten werden Bungalows sowie eine große Campsite am Seeufer. Zu buchen auch über das Afrilux Hotel in Musoma (siehe dort). Bei **km 87** ist schließlich das an der Hauptstraße gelegene **Ndabaka Gate** erreicht, das **östlichste Eingangstor des Serengeti National Park.**

Am Gate gibt es einen **Campingplatz** der Parkverwaltung. Eine bessere Campingmöglichkeit bietet das 1 km südlich gelegene Serengeti Stopover, wo es einfache Bungalows und einen Campingplatz gibt (mehr dazu beim Serengeti National Park). Komfortabel ist das 22 km entfernte und noch außerhalb des Parks gelegene **Kijereshi Tented Camp** (siehe Mwanza/Safariunternehmen). Zum Camp führen zwei Wege: Durch den Park in Richtung Seronera und dann rechts über Handajega und Kidorodomo Gate oder aber 4 km weiter auf der B 6, bis schließlich die nicht zu übersehende Ausschilderung kommt. Hier fahren Sie Richtung Osten auf einer schlechten und zum Teil schwierig zu erkennenden Piste (in der Regenzeit nur mit 4WD) noch 18 km bis zum Camp. Bei dieser Route ersparen Sie sich Parkgebühren und sehen (besonders in der Trockenzeit) auch einige Tiere. Vom Camp sind es dann noch 3 km bis zum Kidorodomo Entrance Gate (ausgeschildert).

Weiter auf der B 6 zweigt nach etwa 8 km rechts ein Weg zur **Speke Bay Lodge** ab, die wundervoll direkt am Victoria-See liegt (siehe Serengeti National Park/Unterkunft).

Der restliche Abschnitt bis Mwanza führt durch ein landschaftlich flaches und wenig abwechslungsreiches Gebiet. In Kisessa, bei **km 203,** folgt rechts die Ausschilderung zum 1,5 km entfernten **Bujora Sukuma Museum** (s.u.). Die letzten 16 km nach Mwanza dürften wohl zu den schlechtesten Straßenabschnitten Tansanias gehören.

Mwanza III,C2

Mwanza ist mit etwa **450.000 Einwohnern** die **zweitgrößte Stadt Tansanias.** Durch die Anbindung an das zentrale Eisenbahnnetz und aufgrund der Bedeutung der Stadt als **größter Binnenhafen** des Landes ist Mwanza das **Wirtschaftszentrum des Nordwestens.** Die Lage der Stadt im Golf von Mwanza ist herrlich. Umgeben von zahlreichen felsigen Hügeln mit eindrucksvollen Granitformationen, liegt die Stadt an zwei Buchten. Über den Hafen von Mwanza läuft zurzeit ein Großteil der Versorgung von Bukoba am Westufer des Victoria-Sees. Sämtliche land- und forstwirtschaftlichen Erzeugnisse aus der Seeregion (Baumwolle, Nadelholz

Im Fischer- und Dhauhafen von Kirumba

von Ukerewe Island, Kaffee, Tee und Kochbananen aus Kemondo bei Bukoba) gelangen über Mwanzas Hafen in die zentraleren Regionen des Landes oder als Exportprodukte nach Dar es Salaam.

In Mwanza selbst befindet sich eine große **Textilfabrik,** einst die größte und bedeutendste im Land, doch mittlerweile hinkt die Produktion auf den veralteten Maschinen derjenigen in der neuen und modernen Textilverarbeitungsanlage in Dar es Salaam hinterher. Immer weniger wird hergestellt, und auch die Nachfrage im Land nach Stoffen aus Mwanza ist zurückgegangen.

Wirtschaftlich und infrastrukturell bedeutsam sind die **Schiffswerft,** wo Handelsschiffe, die zwischen Tansania und Uganda verkehren, gewartet werden, und der **Frachthafen** (South Port), wo Güterwaggons der Eisenbahn auf Fährschiffe verladen und nach Port Bell in Uganda verschifft werden. Zudem ist Mwanza **zentraler Marktort der umliegenden Landwirtschaft.** Baumwolle (für die Textilfabrik), Fisch, Mais, Kassava (Maniok) und zunehmend auch Reis werden in die Stadt gebracht und entweder verarbeitet oder auf dem Bahnweg in die zentraleren Landesteile bzw. an die Küste gebracht.

Seitdem in der Mwanza-Region wieder **Gold** in großen Mengen gefördert wird, ist die Stadt auch zum sozialen Zentrum europäischer und südafrikanischer Minenarbeiter geworden.

Mwanza und die südlichen Ufer am Lake Victoria sind die **Heimat der** größten **Volksgruppe Tansanias,** der **Sukuma.** Dieses fast zwei Millionen Angehörige zählende Volk ist traditionell landwirtschaftlich ausgerichtet. Anbauprodukte sind Mais, Kassava (Maniok) und Baumwolle, aber die Sukuma halten auch große Viehherden (mehr dazu siehe im Kap. „Bevölkerung").

Einzelne private Unternehmen setzen seit ein paar Jahren auch auf den **Tourismus.** Da Mwanza jedoch im Vergleich zur Touristenmetropole Arusha in seiner nahen Umgebung weniger touristische Sehenswürdigkeiten zu bieten hat – auch wenn die Stadt näher an der Serengeti liegt –, geht die touristische Entwicklung in Mwanza nur langsam vonstatten. Belästigungen von Touristen durch Safari-Vermittler kommen in der Stadt (noch) nicht vor!

Großes (touristisches) Highlight ist das jährliche **Bulabu-Fest der Sukuma,** eine Art Erntedankfest, zu dem aus der ganzen Umgebung Bauern und Hirten kommen und sich an Musik, Tanzwettbewerben, Aufführungen erfreuen oder selbst daran teilnehmen. Das Bulabu-Fest findet meist im Juni im Stadion statt. Vor allem aber ist Mwanza Ausgangspunkt für eine **Schifffahrt** nach Bukoba und zu den Inseln Ukerewe und Rubondo.

Geschichte

Bereits lange vor der deutschen Kolonialzeit war Mwanza der bedeutendste Hafen und Handelsort am gesamten Ziwa Nyanza (Lake Victoria). **Araber,** die von hier ins Königreich Buganda im heutigen Uganda aufbrachen, brachten schon früh das Know how für den Bau von Dhaus (einmastige Holzsegelboote) an die Ufer des Victoria-Sees. Mwanza war damals **Endpunkt einer der Karawanenrouten** von Bagamojo über Tabora. Die Händler aus dem Vorderen und Mittleren Orient trugen – so verwerflich ihre Sklavengeschäfte auch gewesen sein mögen – wesentlich zum Wachstum des Ortes bei.

Mit der Fertigstellung der britischen Eisenbahnlinie „Lunatic Line" auf kenianischem Gebiet – von Mombasa bis Kisumu im Nordosten des Victoria-Sees –, verlor Mwanza ab 1901 allmählich seine Bedeutung als einer der großen Karawanen-Endpunkte im innerostafrikanischen Raum. Der arabisch und indisch geprägte Ort hatte auch während der deutschen Kolonisierung nur geringe Bedeutung. Nur wenige **deutsche Siedler** ließen sich am See nieder. Der Handel blieb weiterhin den Asiaten vorbehalten, und selbst der Bürgermeister von Mwanza war bis zum Ende der deutschen Kolonialzeit ein Araber. Auch das wirtschaftliche Interesse der Kolonialverwaltung für die Region Mwanza war sehr bescheiden. Von privater Seite wurden eine Reisfabrik erbaut und mit dem Einsatz kleiner Dampfboote ein Pendelverkehr mit Ukerewe Island und anderen Inseln eingerichtet. Deutsche Pflanzer begannen mit dem Anbau von Baumwolle und sorgten damit für einen agrarwirtschaftlichen Aufschwung, der entscheidend zur heutigen zentralen Marktstellung der Stadt beigetragen hat.

Im Juli 1916 nahmen schließlich die **Engländer** Mwanza ein und stellten die

MWANZA

Stadt 1922 unter britische Mandatsverwaltung. Einige Jahre danach wurde der bereits in deutscher Zeit begonnene Bau einer Eisenbahnlinie von Tabora aus weiterverfolgt, wobei der ursprüngliche Plan der D.O.A.E.G. (Deutsch-Ostafrikanische Eisenbahngesellschaft) nicht der Bau einer Linie nach Mwanza war, sondern die Schaffung einer Verbindung über Mariahilf (Ushirombo) bis zum Kagera River an der Grenze zu Ruanda. 1928 erreichten die Gleise schließlich Mwanza, was die wirtschaftliche Stellung der Stadt gegenüber anderen Städten am Victoria-See entschieden verbesserte. Heute ist Mwanza vor allem für Uganda ein wichtiger Hafen, über den immer mehr Güter von Dar es Salaam bezogen werden.

Seit den 1990er Jahren ist die Stadt Mwanza eine **Partnerstadt von Würzburg,** nach welcher man auch eine Straße im Osten der Stadt benannte.

Die Wirtschaft von Mwanza hat in letzter Zeit einen kleinen Aufschwung verzeichnet, die Kaufkraft ist stärker geworden, besonders seitdem in der Region die Gesellschaft Ashanti Goldmines Gewinn bringend fördert.

Stadtbesichtigung

Am Ende der nördlicheren Bucht befindet sich der **Fischer- und Dhauhafen von Kirumba.** Zahlreiche Dhaus und kleine Fischerboote liegen hier zu Dutzenden nebeneinander, ständig werden Wartungs- und Reparaturarbeiten an den zum Teil sehr strapazierten und alten Holzbooten durchgeführt.

Das Zentrum der Stadt ist sehr überschaubar und ohne große Sehenswür-

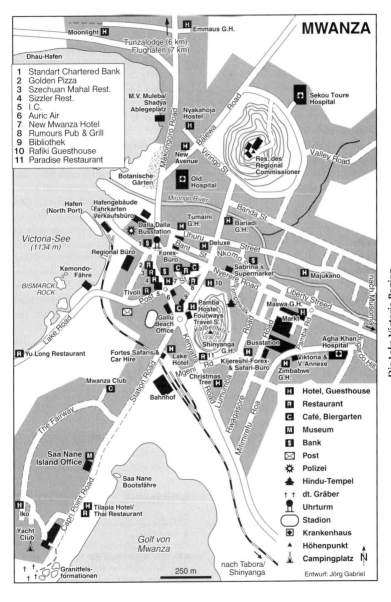

digkeiten. Zwischen dem Zentrum und der Busstation liegt der **große Markt** mit einem umfassenden Angebot an Obst und Gemüse.

Etwa 1 km vom Zentrum an der Station Road entlanggehend, gelangt man auf der Capri-Halbinsel zum Ablegeplatz für eine Fahrt zum **Saa Nane Island Wildlife Sanctuary** (vgl. „Inseln im Victoria-See"). Gegenüber vom Ablegeplatz befinden sich das Verwaltungs- und Informationsbüro sowie ein Ausstellungsraum mit einem Sortiment an Trophäen.

Gehen Sie die Station Road noch ca. 300 m weiter bis zum Ende und dann weiter über einen Fußweg am linken Ende der Straße, betreten Sie den alten **deutschen Friedhof.** Viele der Grabtafeln sind nicht mehr vorhanden, zum Teil muss man die Gräber zwischen den Bananenstauden suchen. Die meisten der hier Begrabenen sind an Tropenkrankheiten, wie dem damals stark verbreiteten Schwarzwasserfieber, gestorben. Der Besuch des Friedhofs lohnt sich, allein schon wegen der zahlreichen großen und bunten Agama-Eidechsen, die hier Grabwächter spielen. Verhalten Sie sich den am bzw. im Friedhof lebenden Menschen gegenüber freundlich, und fragen Sie gegebenenfalls um eine Genehmigung für den Besuch der Gräber.

Bei einem kühlen Getränk am heißen Nachmittag lässt sich von der kleinen Terrasse des Tivoli-Restaurants das Straßenleben beobachten. Am Wochenende kann man von der Terrasse aus auch ein Fußballspiel im Stadion auf der anderen Straßenseite anschauen.

Folgen Sie der Post Street an der Post vorbei, erreichen Sie nach ein paar hundert Metern den Anlegeplatz der Kamanga-Fähren, an dem linker Hand im Wasser das Wahrzeichen der Stadt, der **Bismarck Rock,** zu sehen ist. Dieser auf einer Gruppe von Felsen balancierende Granitblock, der an einen Hinkelstein aus Asterix & Obelix erinnert, erhielt seinen Namen während der deutschen Kolonialzeit, da den gewaltigen Stein nichts zu erschüttern vermochte – genauso wenig wie den „eisernen" Kanzler des Deutschen Kaiserreiches ... Der Blick auf den Felsen und auf die sich dahinter öffnende Bucht von Mwanza ist besonders zur Sonnenuntergangszeit herrlich – genau der richtige Ausklang für einen Rundgang durch Mwanza. Danach lässt man sich im 200 m weiter am Ufer gelegenen Rock Garden Hotel im Biergarten nieder und plant die nächsten Reisetage!

In der gesamten Umgebung von Mwanza ist das **Baden** im Lake Victoria wegen der Bilharziose-Gefahr **nicht möglich!**

Nachts sollte man wegen der wachsenden **Kriminalität** lieber nicht zu Fuß unterwegs sein!

Generelle **touristische Informationen** zu Mwanza gibt es im Internet unter: www.mwanza-guide.com.

Unterkunft

Hotels

●**Hotel Tilapia**
P.O. Box 82, Mwanza, Tel. (028) 2500517/ 617. Das beste Hotel der Stadt liegt knapp 1 km außerhalb des Stadtzentrums. Die klimatisierten Zimmer sind in Form von Bunga-

lows angelegt. Eine Unterbringung besonderer Art sind die **7 Zimmer auf einem ehemaligen Dampfboot** aus englischer Zeit, welches direkt am Ufer vor dem Hotel festbetoniert ist und den Namen „African Queen" trägt – hat aber mit dem Originalboot aus dem gleichnamigen Film nichts zu tun. Ein erhöhter Swimmingpool mit Bar und Blick auf den Victoria-See garantiert erholsame Stunden, die Hotelküche bietet kulinarische Spezialitäten vom Feinsten. Internationale Telefon- und Faxmöglichkeit ist vorhanden. DZ mit Bad/WC und Frühstück kosten 70 $, mit Klimagerät 80 $. Eine Suite in der African Queen kostet 100 $. Zum Hotel gehört auch das 160 km entfernte, leider ziemlich heruntergekommene **Kijereshi Tented Camp** am Western Corridor der Serengeti (siehe dort). „Safari-Touren" können direkt an der Rezeption gebucht werden.
Internet: www.hoteltilapia.com,
E-Mail: tilapia@mwanza-online.com.
● **Tunza Lodge**
Tel. (028) 2562215. Schöne Lodge am See, 7 km von der Stadt, 3 km vom Flughafen, Abzweig von der Flughafen-Straße (ausgeschildert!). Tunza gehört einem Kongo-Belgier und untersteht deutschem Management. Der Strand lädt zum Sonnenbaden ein, die Stimmung ist urlaubsmäßig, es kann Volleyball gespielt werden, Windsurfen ist bei gutem Wind möglich; an Wochenenden belebter wegen Stadtbesuchern. Die Zimmer sind in separaten Bungalows untergebracht und beginnen bei 45 $ das EZ, 60 $ das DZ mit full breakfast. Gute Unterkunft, um die Hektik und den Staub der Stadt zu meiden.
Internet: www.renair.com,
E-Mail: enquiries@renair.com.
● **New Mwanza Hotel**
P.O. Box 25, Tel. (028) 2500477, 2501070/1. Das im Stadtzentrum gelegene Hotel bietet guten Standard. Das Essen ist gut (besonders die indische Küche) und preiswert, die Auswahl groß. Des Weiteren verfügt das Hotel über einen Beauty Saloon, ein Reisebüro, ein Spielkasino und ein Forex-Büro. Eine Übernachtung mit Bad und Frühstück liegt bei 85 $ für das klimatisierte DZ mit Sat-TV.
Internet: www.newmwanzahotel.com,
E-Mail: nmh@newmwanzahotel.com.

● **Iku Hotel**
P.O. Box 2469. Ca. 1,5 km vom Zentrum in ruhiger Berglage in der gehobeneren Wohngegend von Mwanza. DZ mit AC, Bad/WC 80 US$. Ein abgeschlossenes Grundstück und Nachtaufseher garantieren einen sicheren Abstellplatz für Fahrzeuge.
Internet: www.eastafrican-shuttles.com.
● **Christmas Tree Hotel**
P.O. Box 2746, Tel. (028) 2502942. An der Rwagasore Street. Neueres, empfehlenswertes Mittelklasse-Hotel mit Restaurant und kleinem Garten. EZ 15.000 TSh.

Ngassa, der Naturgott vom Nyanza

In allen Regionen am Lake Victoria herrscht ein großer Glaube an Geister und Gottheiten. Die Sukuma im Südosten des Sees verehren Ngassa, den Geist vom Nyanza (Lake Victoria). Ngassa ist ein zorniger Geist, er sendet Blitze und Stürme, hält den Regen auf und belästigt und tötet den Menschen.

Vor einer Bootsfahrt rufen die Menschen den Geist an, indem sie in den See spucken oder etwas Sand verstreuen und dabei Ngassa um Hilfe bitten: „ntale ngassa nakulomba". Manchmal werden als Ehrerbietung auch Bananen in den See geworfen. Von Arabern, die Ngassa ebenfalls ihren Respekt bekunden wollten, wird berichtet, sie hätten sogar den Stoßzahn eines kleinen Elefanten zu Ehren des Geistes in den See geworfen.

Der Legende zufolge ist Ngassa ein fischartiges Monster, das im See lebt. Als Anfang der 1970er Jahre die ersten, über eineinhalb Meter großen Nilbarsche gefischt wurden, überkam die Fischer die Angst, Ngassa gefangen zu haben, da derart riesige Fische den Bewohnern am See bis dahin unbekannt gewesen waren (erst 1959 war der Nilbarsch im Norden des Lake Victoria ausgesetzt worden).

MWANZA

● **Hotel Moonlight**
P.O. Box 2118, Tel. (028) 2500365, Hotel im Norden der Stadt mit gutem Ausblick von den oberen Etagen auf den Bootshafen. Einfache EZ 18.000 TSh.

Preiswerte Unterkünfte

● **Deluxe Hotel**
P.O. Box 1471, Tel. (028) 2540543. Einigermaßen saubere Zimmer mit Ausblick über die Stadt. 4000/5000 TSh kostet das EZ/DZ mit einfachem, gutem Frühstück. Das Hotel hat eine **Disco**, die besonders an Wochenenden gut besucht ist. Im **Restaurant** gibt es zum Teil indische Küche, und an Discoabenden bereiten kleine Stände auf der Straße vor dem Hotel gegrillte Snacks wie Kebabs und Kartoffelchips zu. Empfehlenswert für preiswert reisende Backpacker!

● **Lake Hotel**
P.O. Box 910, Tel. (028) 2500658. Das in unmittelbarer Nähe des Bahnhofs gelegene Hotel ist mittlerweile sehr heruntergekommen. Die Zimmer mit Bad/WC/Ventilator/Moskitonetz sind jedoch noch einigermaßen sauber; EZ bzw. DZ kosten 10.000/15.000 TSh. Die Küche öffnet lediglich zur Frühstückszeit und serviert nur Tee mit Weißbrot. Die **Outdoor-Bar** des Hotels ist beliebt und lässt das Hotel nicht ganz so blass aussehen.

● **Emmaus Guesthouse**
Das Haus gehört zur African Inland Church und liegt an der Nakongoro Road, ca. 800 m vom Zentrum entfernt, im Grünen. Die Übernachtung in dieser freundlichen und sauberen Einrichtung kostet 3500–5500 TSh, je nach Ausstattung. Es gibt auch Zimmer mit eigenem Bad, eine Kochmöglichkeit für Kaffee und Tee sowie einen Gastraum zum Frühstücken. Alkohol ist nicht erhältlich. Einkaufsmöglichkeit und Dalla-Dalla-Stand 200 m entfernt. Zum Zentrum sollte nachts ein Taxi genommen werden.

● **New Victoria Lodge**
Direkt am Busbahnhof gelegen. DZ mit Moskitonetz 6000 TSh.

● **Victoria Hotel**
Gegenüber der Busstation liegt das betagte, aber noch gute Hotel; die Zimmer sind o.k. und mit Moskitonetzen versehen und kosten ab 2500 TSh. Im neueren Anbau, dem Victoria Annexe, bieten die geräumigeren Zimmer mit Bad/WC ab 3000 TSh pro Nacht besseren Komfort. Kein Bier!

● Ansonsten kann man in den einfachen, landestypischen **Guesthouses Virgins** (nahe der Kamanga-Fähre), **Mlangowa, Pamba, Tumaini, Bariadi** (im Zentrum) sowie **Zimbabwe, Nsimo** und **Maswa** (in der Nähe des Busbahnhofs) preiswert ab 2000 TSh unterkommen.

Camping

● **Mwanza Yacht Club,** Tel. (028) 2540245. Schöne Stellplätze direkt am Victoria-See für 10 US$. Kaltes Bier und gutes Essen. Hier kann man es für ein paar Tage gut aushalten. S 2°31'727'', E 32°53'667''.

Bismarck Rock –
Wahrzeichen von Mwanza

- **Beim Tilapia** ist eine Campingmöglichkeit von Holländern.
- **Sukuma Museum**
Auf dem Gelände des Museums kann für 2000 TSh pro Person gezeltet werden. Ein **Kiosk** mit einer kleinen Auswahl an Nahrungsmitteln ist vorhanden. Die sanitären Anlagen sind notdürftig, doch insgesamt ist die Anlage sehr angenehm. Das Museum liegt 18 km von Mwanza entfernt (s.u.).

Straßenleben verschafft. Das Essen ist einfach, aber sehr gut und preiswert. Frischer Tilapia (Barsch) ist empfehlenswert.
- **Deluxe Hotel**
Im Hotel-Restaurant werden gute Curry-/ Masala-Gerichte zu erschwinglichen Preisen serviert.
- Ansonsten gibt es noch zahlreiche **Snack-Buden** rund um den Markt und in Nähe des Hafens.

Restaurants

- **Hotel Tilapia Restaurant**
Mwanzas feinstes und teuerstes Restaurant im Hotel Tilapia bietet internationale Küche und hervorragende Thai-Gerichte auf hohem Niveau. Sämtliche Kreationen rund um den Tilapia-Fisch (Barsch) und passende Weine garantieren ein gutes Essen.
- **Yu Long Restaurant**
Liegt direkt am See unweit der Kemondo-Fähre; schöne Tische und Ausblick auf die Bucht von Mwanza. Gute chinesische Küche.
- **Sizzlers**
Das Speiselokal liegt gegenüber dem New Mwanza Hotel. Es sieht zwar aus wie eine drittklassige Pommesbude, bietet aber viel und gutes Essen zu akzeptablen Preisen. Indische und chinesische Speisen, teils sehr scharf gewürzt!
- **Sweet Corner Café**
Einfaches, leckeres und preiswertes Essen. Nettes Sitzen im Hof. In derselben Straße wie das Shinyanga Guesthouse.
- **Kuleana Pizzeria**
Beliebtes Restaurant. Das Essen ist sehr gut.
- **Sitar Restaurant**
Einst beliebtes Lokal bei Reisenden. Die Güte der hauptsächlich indischen Speisen hat leider abgenommen, doch ist die Atmosphäre weiterhin gemütlich.
- **Kidepo Grill**
Gutes internationales Restaurant im New Mwanza Hotel, in dem wochenends auch Musikgruppen spielen; angemessene Preise.
- **Tivoli Restaurant**
Das zweistöckige Restaurant ist ebenfalls populär unter Reisenden, da seine Terrasse im Obergeschoss einen schönen Ausblick aufs

Bars

- **Lake Hotel Bar**
Die überdachte Bar des Hotels in Bahnhofsnähe ist vor allem abends bei der afrikanischen Mittelschicht sehr beliebt.
- **Four Ways Inn**
Gemütlicher Biergarten im Grünen mit Grillstand und guter, nicht zu lauter afrikanischer Musik. Ideal, um nachmittags Postkarten zu schreiben.
- **Salma Cone**
Café mit guter Eiscreme, Popcorn und frischen Fruchtsäften.
- **Rumours Pub & Grill**
Das ehemals schicke Pub mit edlen Cocktails hat sich zum Prostituierten-Treffpunkt entwickelt.

Nachtleben

Mwanzas Nachtleben ist noch sehr bescheiden. Guter Treff mit Live-Musik und schöner Aussicht auf den See bei Mondnächten ist die **Bar und Disco im New Mwanza Hotel**. An Wochenenden und Feiertagen ist die Disco und Bar **im Deluxe Hotel** sehr beliebt. Die Disco vom New Blue Sky existiert nicht mehr. Das Kino ist geschlossen.

Krankenhaus

- **Bugando Hospital**
Tel. (028) 40610. Am Ende der Würzburg Road auf dem Bugando Hill. Gehört zu den größten Krankenhäusern Tansanias und wird von Deutschland unterstützt. Dort arbeiten

MWANZA

auch immer wieder deutsche und italienische Ärzte.

Apotheken

Mehrere Apotheken (duka la madawa) sind entlang der Nyerere Road, an der Lumumba Street und nahe des Marktes zu finden.

Verkehrsverbindungen

Innerhalb der Stadt

Für größere Distanzen in der Stadt lohnt sich ein **Taxi,** die zahlreich im Zentrum (New Mwanza Hotel) oder bei Ankunft am Bahnhof und Hafen zu finden sind (pro Fahrt 1000–2000 TSh).

Mit dem Flugzeug

Der **Flughafen** liegt 7 km außerhalb der Stadt (mit dem Taxi ca. 7000 TSh).

- **Air Tanzania** (Tel. (028) 2500368, 2501059, Internet: www.airtanzania.com, E-Mail: bookings@airtanzania.com) fliegt **über Kilimanjaro Airport nach Dar Es Salaam.**
- **Kenya Airways** (E-Mail: kenyaair@intaafrica.com) fliegt nach **Nairobi,** mit Anschlussflug KLM nach Amsterdam.
- Die in Mwanza ansässige private Fluggesellschaft **Auric Air** (Büro gegenüber vom New Mwanza Hotel, Tel. 2500096, Internet: www.auricar.com) fliegt Mi und Sa nach **Entebbe.** Auric Air fliegt auch **Rubondo Island** mehrmals die Woche an.
- **Precision Air** (Tel. (028) 2560027, 2501054, 2500819, 2500204, Internet: www.precisionairtz.com, E-Mail: information@precisionairtz.com) fliegt nach **Bukoba,** nach **Seronera** in der Serengeti und nach **Arusha,** über **Kilimanjaro** nach **Sansibar** sowie nach **Dar es Salaam.** Der Flug nach Arusha kostet z.Z. 160 $. Auskünfte zu Precision Air Services erteilt das Business Center im Tilapia Hotel oder Fourways Travel Service (s.u.).
- **Coastal Travels**
Tel. (028) 2560441, 2560443, Informationen unter: www.coastal.cc, E-Mail: aviation@coastal.cc, safari@coastal.cc.
- Des Weiteren fliegt auch **Air Express** über **Arusha** nach **Dar es Salaam.**

Mit der Eisenbahn

- **Über Tabora** (Fahrzeit: 11 Std.) **nach Dar es Salaam** (36–40 Std.) fahren Di, Do und So um 18 Uhr Personenzüge. Die Fahrpreise liegen derzeit bei 65.000/48.000 TSh für 1./2. Klasse bis Dar es Salaam. Die Züge sind oft ausgebucht, daher sollten Sie möglichst frühzeitig ein Ticket kaufen.
- **Nach Kigoma** verkehren keine Direktzüge, Sie können nur bis Tabora buchen und dort eine neue Fahrkarte nach Kigoma erwerben. Dieser Weg ist immer noch besser als mit dem Bus zu reisen.

Schiffe/Fähren

- Die **„M.V. Victoria"** – noch aus britischer Kolonialzeit – verkehrt derzeit regelmäßig zwischen Mwanza und Bukoba. Abfahrtszeiten sind So, Di und Do um 21.30 Uhr vom großen Kai am Hafen (North Port). Die Fahrt dauert etwa 10 Stunden und kostet pro Person in der 1. bzw. 2. Klasse Schlafkabine ca. 20.500 bzw. 16.500 TSh. 1. Klasse sind Zweier- und 2. Klasse Sechserkabinen. Sitzplatzfahrscheine gibt es von der 1. bis zur 3. Klasse. Die Option auf einen Sitzplatz 1. Klasse auf dem überdachten Oberdeck ist eine gute Alternative zu den oft völlig ausgebuchten Kabinen, zumal genug Platz zur Verfügung steht, sich mit dem Schlafsack sicher und ungestört langzulegen. Fahrscheine sind im Hauptgebäude am Hafen erhältlich.

Bar und Restaurant der „M.V. Victoria" bieten ein zufrieden stellendes Angebot. **Autos** (höchstens vier) **und Motorräder** können mitgenommen werden. Für den Transport eines Geländewagens zahlt man 48.000 TSh, für ein Motorrad 12.000 TSh. Größere Fahrzeuge können mit der **Fähre „M.V. Serengeti"** (Sa um 22 Uhr) überführt werden. Die Serengeti verfügt nur über drei Kabinen der 1. und Sitzplätze in der 2. Klasse. Der Transport eines Lkws kostet etwa 90.000 TSh. Die Serengeti ist jedoch oft „out of service" und ist eigentlich nur Ersatzfähre für die Victoria.

- Des Weiteren fährt die **„M.V. Butiama"** von Mwanza nach **Nyamirembe** jeden Mi

Karten S. 611, III

MWANZA

um 9 Uhr morgens. Die **eindrucksvolle Tagesfahrt** (nur Sitzplätze, keine Kabinen) führt entlang der Ufer und Inseln des Victoria-Sees. Meist erreicht das Schiff Nyamirembe erst in den Morgenstunden des Folgetages. Auszusteigen ist jedoch eine Station vorher, in **Chato**. Von hier fahren in den Morgenstunden Dalla Dallas nach Biharamulo, wo regelmäßig Anschluss nach Bukoba besteht. Chato wird am Abend oder je nach Ladung nachts erreicht. Das Schiff bleibt jedoch bis in die Morgenstunden am Kai liegen. Schlaf bekommt man daher nur wenig. Die Fahrkarte kostet 3500 TSh. Rückfahrt von Nyamirembe/Chato nach Mwanza ist Do um 16 Uhr.

Fahrkarten gibt es direkt am Hafen, am besten ist jedoch die Vorbuchung über das Hauptbüro des Marine Services (Tel. (028) 2502469, 2502781, E-Mail: mwanzamarine@yahoo.com). Für Non-Residents kommt für jede Fahrt eine **Hafengebühr von 5 US$** hinzu. Weitere Fährverbindungen werden weiter unten bei den Ausflügen genannt.

Busse

Vom Busbahnhof starten **viele Überlandbusse.**

● Generell ist abzuwägen, ob man sich zwischen Arusha und Mwanza mit dem Bus bewegt. Die Route führt durch die Serengeti und das Ngorongoro Schutzgebiet. Durch die erhöhten Parkgebühren (50 US$ für Serengeti und 30 US$ für Ngorongoro) ist die **Alternative mit dem Bus zu einem teuren Erlebnis geworden.** Da lässt sich schon abwägen, ob man fliegt oder mit dem Scandinavia Bus über Nairobi fährt.

● Für Fahrten **nach Arusha** spezialisieren sich u.a. KTC und Ngolika. Die KTC-Busse fahren Di und Fr morgens um 4 Uhr los, Preis: 25.000 TSh); die Route führt durch die Serengeti und das Ngorongoro, wobei Touristen insgesamt 80 $ Parkgebühren zahlen müssen. Der Bus hält jedoch kaum für Tier- und Landschaftsfotos an, da er bis spätestens 18 Uhr am Ausgangstor der Ngorongoro Conservation Area sein muss.

● Eine wesentlich preiswertere Alternative ist der **Ngolika-Bus,** der die Parks südlich auf Wellblechpisten **über Nzega, Singida** und **Babati** umfährt – allerdings: 30 Std. Fahrzeit.

● Mittlerweile fahren auch Busse von **Scandinavian** (Tel. (028) 25003315, (075) 444546, Internet: www.scandinaviagroup.com, E-Mail: info@scandinaviagroup.com), **Akamba** (Tel. (028) 2500272, 257002), Takrim und Tawfiq **über Kenia** (Kisii, Nakuru, Nairobi, Namanga) **nach Arusha;** sie fahren am Vormittag um 11 Uhr los, da es in Kenia kein Nachtfahrverbot gibt, und sind am nächsten Morgen um 7 Uhr in Arusha. Die Fahrt im Luxusbus kostet 32.000 TSh. Die Strecke ist durchgehend asphaltiert und daher der gemütlichste und preiswerteste Weg, um nach Arusha zu kommen. In die Fahrtkosten mit einkalkuliert werden muss noch das kenianische Transitvisum für 20 US$, falls man kein gültiges Kenia-Visum besitzt.

● Eine direkte Busverbindung **nach Kigoma** bietet nur die Huduma Bus Company an, jedoch unregelmäßig und oft nur einmal die Woche. Sonst bleibt nur die Fahrt über **Biharamulo** und Kibondo, welche oft 2–3 Tage dauern kann. Von Biharamulo (Unterkunftsmöglichkeiten) besteht auch Anschluss **nach Rusumu**, dem ruandischen Grenzort, von wo man bei den Rusumu-Wasserfällen die Grenze zum Nachbarland passieren kann. Auf ruandischer Seite bekommen Sie dann erneut Anschluss.

● Einen Direkt-Bus **nach Bukoba** gibt es wieder (oder in Biharamulo umsteigen). Fahrzeit 10 Stunden.

Mietwagen

● **Fortes Car Hire Ltd.**
Lumumba Street, Tel. (028) 2500582, Internet: www.fortescarhire.com, E-Mail: wendy@fortes-safaris.com. Unternehmen mit sehr guten Land Rovers, das Mr. Fortes eine Werkstatt betreibt und den Wagen einen regelmäßigen Service angedeihen lässt. In Zusammenarbeit mit dem **Fortes-Büro in Arusha** kann ab 120 $ pro Tag ein Wagen mit Fahrer gemietet werden, den man nach einer Serengeti-/Ngorongoro-Durchquerung in Arusha (oder anders herum) wieder abgibt.

● Ebenfalls zu empfehlen als Autovermieter ist **Dolphin Tours & Safaris** (s.u.).

Die Lake-Victoria-Region

Mwanza

Internet-Cafés

Internet-Cafés sind mittlerweile auch in Mwanza reich gesät. Gute Adressen sind gegenüber vom New Mwanza Hotel sowie in der Bantu Street. Die Stunde kostet um die 1000 TSh.

Sonstiges

Banken/Forex-Büros, ein **Geldautomat** der Standard Chartered Bank im CCM Building, Makongoro Road, die **Post** (Tanzania Postal Bank/Western Union, Tel. (028) 2500803/ 2502813, E-Mail: tpb.mwanza@africaonline. co.tz), **Bücherei, Polizei** und die **Einwanderungsbehörde** (Immigration) sind im Stadtplan eingetragen. Wer mit dem Bus in Mwanza ankommt und schnell Geld wechseln will, kann dies direkt beim Busbahnhof im Büro der Kijereshi Tented Camp Ltd tun. Generell sind die Tauschkurse in Mwanza schlechter als in Arusha. Einige Banken akzeptieren hier auch keine Travellerschecks.

Einen **weiteren Geldautomaten** (ATM) gibt es bei der NBC Bank, wo mit Kreditkarte Bargeld gezogen werden kann.

Das **DHL-Büro** erreicht man unter Tel. (028) 2500890.

Für die Selbstfahrer könnte ein **Bosch Diesel Autoelectric Service,** Tel. (028) 2550548, gute Dienste leisten.

Einkaufen

Entlang der Nyerere Road befinden sich zahlreiche **Lebensmittelgeschäfte.** Gut sortierte Läden sind Sabrina's Supermarket an der Ecke Uhuru/Nkrumah Street oder U-Turn, Station Road, in der Nähe der Viringo Street. **Souvenirs** erhalten Sie am Markt.

Safariunternehmen

Das Angebot an Safariveranstaltern in Mwanza ist noch nicht sehr differenziert. Günstigere und interessantere Safaris in die Serengeti bekommen Sie immer noch von Arusha aus.

● **Fourways Travel Service**
NCU Hostel Building, Pamba Roof, Kenyatta/Station Road, Tel. (028) 2502620, 2501853, (0713) 230620, Internet: www.fourwaystravel.net, E-Mail: fourways@fourwaystravel.net. Seit 1966 bewährter Veranstalter, bietet Fahrten zum Rubondo Island National Park und in die Serengeti an. Arrangiert werden auch der Transport zum Flughafen und zum Sukuma Museum (s.u.) sowie alle Flugbuchungen innerhalb Ostafrikas.

● **Dolphin Tours & Safaris**
Tel. (028) 2500096, 2500128, Internet: www.auricair.com, E-Mail: info@auricair.com. Effizientes Büro an der Straßenecke gegenüber vom New Mwanza Hotel; organisierte Safaris in die Serengeti und nach Rubondo. Nicht die preiswertesten, aber empfehlenswert!

● **Kijereshi Tented Camp Limited**
Das vom Tilapia Hotel (www.hoteltilapia.com) geleitete Unternehmen bietet durchschnittliche Safaris in den Western Corridor der Serengeti an. Unterbringung erfolgt im schon etwas betagten Kijereshi Tented Camp (siehe Serengeti). Das Unternehmen verfügt auch über eine kleine, voll ausgestattete **Yacht,** die für Fahrten auf dem Victoria-See gemietet werden kann. Das luxuriöse Boot „Rubondo" mit Schlafkabinen für maximal 4 Personen inkl. Boot- und Küchenpersonal hat allerdings einen stolzen Preis: Eine Ausfahrt für bis zu 15 Personen Personen im Golf von Mwanza kostet 100 $ pro Stunde. Mehrtägige Fahrten nur auf Anfrage!

● **Masumin Tours & Safaris**
Kenyatta Road, Igoga Area, Tel. (028) 2500192, 2503295, (075) 4550786, Internet: www.masumintours.com, E-Mail: masumin@thenet.co.tz, info@masumintours.com. Erfahrenes Unternehmen, das Geländewagen mit Fahrer vermietet oder auch komplette Safaris durchführt.

● **Mansoor Travel Tours**
Bantu Street, P.O. Box 2860, Tel. (028) 2500805, Fax (068) 50583. Mit Geländewagen können einfache Safaris in die Serengeti oder zum Rubondo National Park unternommen werden.

● **Gallu Beach Hotel**
Tel. (028) 2515094, Internet: www.gallu.net, E-Mail: gallubeachhotel@yahoo.com. Das Gal-

lu Beach Hotel in Nansio auf Ukerewe Island (siehe dort) hat viele Ausflüge auf der Insel im Programm. Motorboote/Fahrzeuge können für Trips auf der Insel gemietet werden. Buchungen sollten frühzeitig erfolgen.

●**Lake Victoria Flying Safaris**
Tel. (027) 2503094, (0784) 402266, Internet: www.imakenews.com, E-Mail: lvfs@bol.co.tz.
Das in Arusha ansässige Unternehmen bietet Scenic Flights und Ausflüge zum Lake Victoria und seinen Inseln.

Ausflug ins Bujora Sukuma Village Museum

Das Museum liegt 18 km außerhalb von Mwanza, nur wenige Minuten von dem Ort Kissesa, an der Straße nach Musoma (siehe Routenbeschreibung oben). Das von einem kanadischen Missionar gegründete Museumsdorf stellt auf eindrucksvolle Weise das Leben und den Alltag der Sukuma dar. Die Architektur der **traditionellen Häuser,** eine **Sammlung von Trommeln, Hausrat** und **kunstvollen Handarbeiten** machen den Besucher mit verschiedenen Aspekten der Lebensrealität der Sukuma bekannt. Gut geschulte Führer stehen Ihnen gerne Rede und Antwort. Der Eintritt kostet 5000 TSh. In einem Laden kann man schöne Souvenirs erstehen, ein kleiner Kiosk auf dem Gelände bietet Snacks und Sodas an. Für 2000 TSh pro Person besteht auch die Möglichkeit zu zelten (die sanitären Einrichtungen sind jedoch bescheiden). Zum Museum gehört eine Klinik, in der sowohl moderne Medizin als auch traditionelle Behandlungsmethoden zur Anwendung gelangen.

Eine Attraktion sind die oft an Wochenenden stattfindenden **Sukuma Snake Dances,** auch *Bugobogobo* genannt. Fragen Sie bei den Museumsangestellten nach, oftmals kann eine Vorstellung kurzfristig organisiert werden. Telefonisch erreicht man den Museumsdirektor *Richard Raphael* über 0742-520114. Eine Aufführung kostet zwischen 15.000 und 40.000 TSh, je nach Aufwand.

Ein wundervolles Erlebnis ist auch der traditionelle **christliche Gottesdienst** (So um 10.30 Uhr). Die liebevoll vorgetragenen Gesänge mit Unterstützung afrikanischer Instrumente erinnern an Gospel-Messen.

Um am schnellsten zum Museum zu kommen, nimmt man den mehrmals täglich fahrenden Musoma-Bus. Sagen Sie dem Fahrer nur, dass sie in Kissesa aussteigen möchten, wenn möglich direkt am linker Hand liegenden Abzweig zum Museum (ausgeschildert). Von der Hauptstraße sind es dann noch 1,5 km den Hügel hinauf.

Inseln im Victoria-See

Saa Nane Island

Diese kleine Insel (etwa 1 km Durchmesser) in der Bucht von Mwanza war einst als Game Reserve gedacht. Man brachte Antilopen und Raubtiere auf die Insel. Frei herumlaufend sehen Sie Zebras, Impalas, Elenantilopen und Gazellen. Hinter verrosteten Gittern leidet ein Schimpanse. Die einem Zoo ähnelnde Anlage hat jedoch auch ihre Reize. Viele Vögel- und bunte Echsenarten (auch große wie der *Monitor Lizard*) haben sich hier ein kleines Paradies geschaffen. Unzählige Klippschliefer *(Hyrax)* tummeln sich auf den vielen Felsen, beäugt von kreisenden Fischadlern. Einfach mal auf einen Hügel klettern und die tolle Aussicht genießen!

Boote fahren vom Saa Nane Information Office an der Station Road nahe des Hotels Tilapia in Mwanza mehrmals täglich in ca. 10 Minuten zur Insel. Abfahrtszeiten sind um 11, 13, 15 und 17 Uhr. Der Besucher kann eine Stunde bleiben oder erst mit dem letzten Boot um 18.30 Uhr zurückfahren. Eine Überfahrt einschließlich Eintritt liegt bei 1000 TSh, eine Genehmigung zum Fotografieren kostet weitere 1000 TSh.

Auf der Insel befindet sich ein **Kiosk** mit Getränken und Snacks, eine Übernachtung auf der Insel ist nicht möglich.

Kome und Maisome Island

Zwei wundervolle Tagesausflüge lassen sich mit dem „Lake Bus" – wie das kleine **Fährboot „M.V. Shadya"** genannt wird – unternehmen. So, Di und Do schippert das Boot in Ufernähe vorbei an zahlreichen Inseln bis **nach Kanyara** in der Bangwe Bay. Auf halber Strecke liegt die große und sehr waldreiche **Insel Kome,** die ohne Versorgungs- und Übernachtungsmöglichkeiten ist.

Die Shadya legt morgens um 9 Uhr von der kleinen Anlegestelle an der Nakongoro Road ab und ist in der Regel gegen 18 Uhr wieder in Mwanza. Einfache Verpflegung und Sodas gibt es an Bord. Achtung: Nur wenige Plätze sind schattig, denken Sie daher an Sonnenhut und Sonnencreme! Die Hin- und Rückfahrt kostet 4500 TSh zuzüglich 5 $ Hafengebühr für Non-Residents.

Alternativ lässt sich auch ein Trip mit der **„M.V. Butiama"** bis zur **Maisome Island** unternehmen. Im Ort Maisome gibt es ein einfaches Guesthouse. Am Folgetag besteht dann wieder Anschluss zurück nach Mwanza (siehe Schiffsverbindungen oben). Auf Maisome wird im großen Stil abgeholzt, der Ort selbst ist ein angenehmes Fischerdorf und gibt Einblick in den Alltag der Sukuma.

Ukerewe Island

Ukerewe Island verkörpert wie kaum ein anderer Ort das Leben der Einwohner Nyanzas und deren Abhängigkeit von den Gaben und Launen des Victoria-Sees. Ursprünglich hieß die Insel Bukerebe, doch angeblich hat bei der Einnahme des Eilands ein deutscher Offizier den Namen missverstanden; beim Eintrag in die Kolonialkarte ließ er dann

Die Regenmacher von „Bukerebe"

Obwohl die **Insel Ukerewe** nicht an Niederschlagsmangel leidet, spielten Zeremonien zum Herbeischwören von Regen seit den ersten Besiedlungen der Insel eine bedeutende Rolle. Ausbleibender Regen wurde mit der Verbannung des jeweiligen „ntemi" (Herrscher) geahndet, da dieser gemäß der Glaubensvorstellung in direkter Verbindung mit den Göttern stand und als oberster Regenmacher („nfuti wa mbula") des Volkes verehrt (und bestraft) wurde. Da ein König jedoch über keine „Ausbildung" als Regenmacher verfügte, musste er sich auf die wirklichen Ritualspezialisten verlassen, die die Gabe von ihren Vätern und Großvätern erlernt hatten.

Die Regenmacher mischen ihre „Regenmedizinen" aus Pflanzen, Blättern, Wurzeln und Rinden zusammen und verfügen über meteorologische Kenntnisse. Durch Beobachtung der Sonne und des Vollmondes versuchen sie, das Einsetzen von Regen vorauszusagen.

Zur Ausrüstung eines Regenmachers gehört auch eine Anzahl ritueller Objekte: „Regentöpfe" (normale Tontöpfe), „Regensteine", Hörner, Speere und kleine Pflöcke.

In einer Zeremonie wird als erstes die Medizin gemischt, in die ausgewaschenen Töpfe wird ein Stück Rinde gelegt und die mit schwarzem Pulver eingeriebenen Regensteine mit dazu. Die schwarze Farbe steht dabei für tiefdunkle (schwarze) Regenwolken. Nachdem der Regenmacher ein Teil der Medizin in die Töpfe gegeben hat, füllt er diese mit Wasser (oft bis an den Rand, weil man ja viel Regen haben will). Dann folgt der wichtigste Teil der Zeremonie: Ein schwarzer Ziegenbock wird erdrosselt, dann wird ihm die Kehle durchgeschnitten, und man lässt das Blut in die Töpfe fließen. Mit dieser Opfergabe und durch Gebete bittet der Regenmacher die Geister, ausreichend Regen zu schicken. Schließlich geht die Zeremonie in ein fröhliches Fest über, bei dem sich alle Anwesenden der Ziege und großen Mengen Bier widmen.

Die Zahl der Regenmacher ist in den letzten Jahren stark zurückgegangen, und es ist abzusehen, dass dieser Brauch völlig aussterben wird.

Inseln im Victoria-See

das „B" weg. Heute ist Ukerewe das am **dichtesten besiedelte Gebiet Tansanias.** Die Niederschlagswerte auf der Insel sind sehr hoch, das Land ist äußerst fruchtbar. Die Bewohner sind vom **Volk der Kerewe,** das mit den Sukuma eng verwandt ist. Sie leben in erster Linie von der Fischerei und fahren mit ihren Dhaus regelmäßig nach Mwanza oder zu anderen Stellen am See. Im Westen der Insel bei Bwiru liegt die schöne **Bucht von Rubya Beach,** wo das Wasser frei von Bilharziose sein soll.

In **Bukindo,** auf halbem Wege nach Buzengwe, dem ehemaligen „Neuwied", kann die einstige **Residenz des Königs von Bukerebe** besichtigt werden. Das Haus ist leider die meiste Zeit geschlossen. Alte, große Trommeln erinnern an vergangene Tage. Unweit befinden sich auch die Halwego Caves und der gemauerte Aussichtsturm bei Handebezyo. Beide wurden vom Chief und seiner Gefolgschaft genutzt.

Von Mwanza bestehen täglich mehrmals Schiffsverbindungen nach Nansio, dem größten Ort auf der Insel. Die **Autofähre „M.V. Muleba"** (auch für Lkws) verkehrt von der Anlegestelle an der Nakongoro Road täglich außer So um 14 Uhr nach Nansio. Die Fahrzeit beträgt vier Stunden, die Rückfahrt ist jeweils am nächsten Morgen um 8 Uhr. Das schnellere **Passagierschiff „M.V. Butiama"** fährt täglich um 9 Uhr morgens vom Hafen (North Port) nach Nansio. Eine Fahrkarte kostet 5000/3500 TSh (2./3. Klasse) zzgl. 5 US$ Port Tax (Auskunft bei Marine Services, Tel. (028) 2502469, 2502781, E-Mail: mwanzamarine@yahoo.com).

Auf der Insel fahren zwar Sammeltaxis (Peugeot Pick-ups), doch werden Sie auch viel zu Fuß zurücklegen müssen.

Von Ukerewe besteht die Möglichkeit, weiter Richtung Serengeti zu reisen. Im Osten trennen nur 4 km die Insel vom Festland. Tagsüber verkehrt zwischen dem Dorf Rugezi und der Anlegestelle Kisoria auf der anderen Seite eine 60-t-Autofähre.

Von Kisoria, wo nur eine äußerst einfache Übernachtungsmöglichkeit besteht, fahren mehrmals am Tag Busse bis Bunda.

Nansio

Nansio ist ein leicht überschaubarer Ort mit kaum Sehenswertem; ein gut sortierter Markt und einige Lebensmittelgeschäfte sowie eine kleine Klinik decken die nötigsten Bedürfnisse. Des Weiteren befinden sich in Nansio eine Bank, eine Post und eine Tankstelle. Lokale **Guesthouses** wie das Island Inn und das Panda Hostel bieten sehr preiswert Unterkunft.

Besser untergebracht ist man im **Gallu Beach Hotel,** wo sich auch campen lässt. Man erreicht es, wenn man vom Anlegeplatz kommend an der Ortskreuzung links geht und der Ausschilderung 1 km folgt. Das von einem Dänen geleitete Hotel mit schönem Ausblick auf die Bucht von Nansio ist einen Aufenthalt wert. Angeboten werden auch **Ausflüge ins Inselinnere** sowie die Möglichkeit, **mit dem Motorboot auf Angeltour** zu gehen – sofern Sie dies frühzeitig, am besten bereits im Mwanza-Stadtbüro, anmelden. Die Übernachtung kostet 10.000 TSh im EZ und

15.000 TSh für das DZ mit Bad/WC und Frühstück pro Person. Im Restaurant werden sehr gute Speisen serviert, von den Tischen im Garten lässt sich das Treiben der Bewohner Ukerewes am Ufer beobachten.

Lukuba Island

Die felsige Hauptinsel mit mehreren kleinen Nebeninseln liegt in der Bucht von Musoma im Osten des Sees und ist auch **nur über Musoma zu erreichen.** Auf der Insel befindet sich die wundervoll angelegte, rustikale **Lukuba Island Lodge,** die eine ideale Ergänzung einer Safari in der Serengeti ist. Lukuba wirkt aufgrund seiner Granitfelsen wie ein versunkener Teil der Serengeti. Mit dem Boot lassen sich rund um die Insel herrliche Ausflüge (auch Angeln) machen, wobei eine für Ornithologen verblüffende Vogelwelt zu entdecken ist. Die Insel kann mit dem Flugzeug über Seronera/Serengeti erreicht werden, von Musoma findet ein Boottransfer statt. Nicht ganz billig, aber empfehlenswert!

Zu buchen über Arusha: Tel./Fax (027) 2548840 und 2502283, E-Mail: lukubaisland@habari.co.tz.

Rubondo Island National Park ♪ II,B2

Der Park

Die **Inseln** des Rubondo National Park liegen **im Südwesten des Victoria-Sees.** Die größtenteils bewaldete, hügelige und an einigen Stellen sumpf-savannige Hauptinsel mit einer Länge von ca. 20 km und einer durchschnittlichen Ausdehnung von 5 km kann außer in den großen Regenmonaten das ganze Jahr über besucht werden. Ein Fahrzeug können Sie nicht mit auf die Insel nehmen, im Park wird die Tier- und Pflanzenwelt auf Fußwegen oder von einem Boot aus erkundet. Für größere Distanzen steht auch ein Geländewagen der Parkverwaltung oder vom Rubondo Island Camp zur Verfügung. Trotzdem sollten Sie knöchelhohes, festes Schuhwerk mit im Gepäck haben.

Bereits in deutscher Kolonialzeit zum Tierschutzgebiet erklärt, bekam Rubondo Island 1965 den Status eines Game Reserve, und seit 1977 ist die Insel ein Nationalpark.

Die Tierwelt

Zu den ursprünglichen Tierarten der Insel gehören Flusspferde, Krokodile, Buschböcke und die äußerst seltene **Sitatunga-Sumpfantilope.** Diese verfügt über ausgeprägte Schwimmhäute zwischen ihren weit spreizbaren Paarzehen und ist daher eine sehr gute Schwimmerin. Sie ist mittelgroß, mit langen, geschwungenen Hörnern und einem rotbraunen Fell mit leichten, hellen Zeichnungen. In Tansania ist sie nur auf Rubondo heimisch. Auf Rubondo öfters zu Gesicht zu bekommen sind **Buschbock-Antilopen**. Seltener im Park zu sehen sind Elefanten und Giraffen. Raubkatzen gibt es nicht, was womöglich das gar nicht scheue Verhalten der Antilopen erklärt. Teilweise können Sie sich den Tieren bis auf 10 m nähern, ohne das diese die Flucht ergreifen.

Kleintierarten sind Dik Diks, Meerkatzen, Mangusten, Klippschliefer (Hyrax). Auf Rubondo soll es sehr große **Pythonschlangen** geben, die auch schon mal ausgewachsene Buschböcke verschlingen können. Dies soll Sie jedoch nicht von einem Besuch abhalten, da

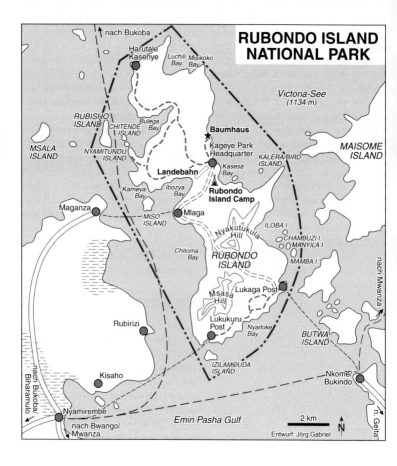

Sie in ständiger Begleitung eines Wildhüters unterwegs sein und aller Wahrscheinlichkeit nach keiner einzigen Schlange begegnen werden.

Rubondo ist ein absolutes **Paradies für Vogelliebhaber:** Annähernd 400 Arten wurden auf den Inseln registriert. Der prächtige Schreiseeadler erreicht hier seine größte Dichte überhaupt.

Ein nicht zu verpassender Höhepunkt ist die vom Rubondo Island Camp organisierte **Boot-Safari** mit Elektromotor in der Mlaga Bay.

Derzeit werden die etwa 40 **Schimpansen** der Insel durch ein Habituierungsprogramm für Besucher zugänglich gemacht.

Anreise

Der einfachste Weg, nach Rubondo zu kommen, ist mit einem kleinen **Flugzeug;** eine Landebahn befindet sich nahe des Headquarters bei Kageye (Chartergesellschaften sind Auric Air und Air Excel, siehe bei Mwanza und Arusha).

Wer auf eigene Faust in den Nationalpark reisen möchte, kann mit den Schiffen „M.V. Serengeti" oder „M.V. Butiama" (je nachdem, welches fährt) von Mwanza nach Nyamirembe gelangen (Mi um 9 Uhr; zurück nach Mwanza fährt das Schiff am Do von Nyamirembe aus). Dort befindet sich eine Station des Fishery Department, welche für Sie ein Boot zum Übersetzen auf die Insel arrangieren kann, und wo Sie auch Ihr Fahrzeug stehen lassen können. In jedem Fall sollte vorher mit einem der Ranger-Posten (Mlaga oder Lukuguru)

Blick auf den
Rubondo Island National Park

RUBONDO ISLAND NATIONAL PARK

Funkkontakt aufgenommen werden, wenn Sie den Autotransfer zu den Unterkünften beim Headquarter in Anspruch nehmen wollen. Ansonsten geht man die Strecke in Begleitung eines Rangers zu Fuß.

Die Bootsfahrt nach Lukuguru dauert etwa 80 Minuten, nach Mlaga 2 Stunden. Neuerdings besteht auch die Möglichkeit, vom nördlicheren Ort Mganza zur Insel überzusetzen. Erkundigen sie sich in Nyamirembe (Routenbeschreibung für Selbstfahrer über Bwanga s.u).

Da die Schiffe nur einmal wöchentlich zwischen Nyamirembe und Mwanza verkehren und Sie wahrscheinlich nicht acht Tage auf der Insel ausharren wollen, ist es ratsam, die **Hin- oder Rückfahrt auf dem Landweg** oder, einfacher, per Flugzeug zu machen (siehe bei Mwanza). Nach Nyamirembe fahren keine Busse, die einzige Möglichkeit besteht darin, mit dem Biharamulo-Bus (täglich Abfahrt um 8 Uhr in Mwanza) zu fahren, in Bwanga auszusteigen und auf eines der Nyamirembe/Mganza-Sammeltaxis zu warten.

Übernachtungsmöglichkeiten gibt es in Nyamirembe und auch in Mganza (nur einfache Guesthouses).

Unterkunft

- **Rubondo Island Camp**
Das einzige Tented Camp auf der Insel liegt herrlich zwischen großen Bäumen und umgeben von dichter Vegetation an einem mit Palmen versehenen Strand (Schwimmen möglich!). Ein offener und mit Makuti überdachter Speise- und Aufenthaltsraum bietet den Gästen allen Komfort. Die zehn Safari-Zelte unter Holzüberdachung sind geräumig und lieb eingerichtet. Ein Swimmingpool verschafft Kühlung nach den Spaziergängen mit Rangerbegleitung im Urwald, die Lage an der Strandbucht lässt einen fühlen wie *Robinson Crusoe* auf einer einsamen Insel. Ein Aussichtspunkt garantiert traumhafte Sonnenaufgänge vor einer Kulisse von Wasservögeln. Das Camp ist auch Heimat von Grau-Papageien, die hier ein Refugium haben, bevor sie wieder in die Freiheit entlassen werden. Das Aufwachen mit den Rufen der Papageien gehört zu den eindrucksvollsten Erfahrungen von Rubondo! Empfehlenswert. Zu buchen über Tanzania Photographic Safaris (siehe das Kapitel „Reiseveranstalter" in „Praktische Reisetipps A–Z").

- Ein paar **neue und saubere Bungalows** (Bandas) mit je zwei Betten und einer Kochstelle (30 $ p.P.) befinden sich beim Headquarter. Mitzubringen sind Kochgeschirr, Toilettenpapier, Taschenlampen mit genügend Batterien und Streichhölzer. Im Park fehlen auch Versorgungsmöglichkeiten, daher ist auch Verpflegung mitzunehmen. Buchungsmöglichkeit über den Park Warden, P.O. Box 111, Geita. Infos: www.tanzaniaparks.com.

Sonstiges

- Ein kompletter Trip mit einem der Safariunternehmen in Mwanza ist teuer, es empfiehlt sich die Direktbuchung über Flycatcher!
- Die **Parkgebühren** liegen bei **20 $ pro Tag**, die Führung durch einen Ranger kostet weitere 20 $.
- Das **Zelten** ist an von Rangern ausgewiesenen Stellen möglich (**30 $ pro Person**).
- **Fischen und Angeln** lässt sich auf Rubondo sehr gut. Über 100 kg schwere Victoria-Barsche wurden hier schon aus dem Wasser geholt. Eine Lizenz ist erhältlich, Ausrüstung stellt das Rubondo Island Camp. Kostenpunkt: 50 $ für 3 Tage.

Routenbeschreibungen westlich von Mwanza

Mwanza – Geita – Biharamulo/Runzewe – Kibondo (236/330 km)

● Bis Bwanga große, aber teils schlechte Piste. Von Bwanga nach Biharamulo/Runzewe akzeptable Piste. Ab Runzewe Asphalt und dann gute Piste. Fahrzeit 5 Stunden bis Biharamulo, 7–9 Stunden bis Kibondo. Busse siehe bei Mwanza.

Um von Mwanza westwärts zu fahren, muss zuerst der Mwanza Gulf überquert werden. Überlandbusse und andere große Fahrzeuge benutzen die große Fähre im Süden der Bucht zwischen Kikongo und Busisi. Die Fähre fährt bis zum Einbruch der Dunkelheit ständig hin und her. Kikongo erreichen Sie, wenn Sie Mwanza auf der Kenyatta Road in Richtung Shinyanga verlassen; nach 22 km muss man in Usagara rechts abbiegen, nach 8 km folgt Kikongo.

Direkt von Mwanza fährt vom kleinen Anlegeplatz am Ende der Post Street die **Fähre „M.V. Orion"** über die Bucht nach Kamanga. Abfahrt der „Kamanga-Ferry" ist täglich um 8.30, 10.30, 12.30, 16 und 18 Uhr.

Von Kamanga fährt man 35 km durch besiedeltes Gebiet bis Sengerema. Hier stoßen Sie auf die eigentliche Hauptstrecke (B 163) zwischen der südlicheren Mwanza-Fähre und dem Nordwesten des Landes. Die nächsten 56 km bis zur Ortschaft Geita-Kalangalala sind in nicht sehr gutem Zustand, doch ist die Piste so breit, dass man sich einen schlaglocharmen Weg suchen kann.

Geita gehörte in den 1950er Jahren zu den Gebieten im Land, die über die größten **Goldvorkommen** verfügten. Bereits 1897 wurde 15 km östlich des heutigen Ortes eine Goldader entdeckt, die den Namen „Bismarck-Ader" bekam. Während der deutschen Herrschaft wurde jedoch kein Abbau betrieben, erst im Jahr 1939 begann man hier, Minen anzulegen, und entdeckte zudem noch weitere Lagerstätten des begehrten Erzes. Mit den Minenarbeitern kamen auch Händler, meist Inder, die Geschäfte, kleine Hotels und Tankstellen errichteten. Einen Straßenanschluss nach Mwanza gab es erst 1960, davor war Geita nur über den Victoria-See mit Booten und Leichtern zum 22 km nördlich gelegenen Nungwe zu erreichen. 1966 wurde die letzte der unrentabel gewordenen Minen von Geita geschlossen. Während der Hafen von Nungwe kaum noch genutzt wird, sind seit Ende der 1990er Jahre die Goldminen wieder in Betrieb. Mit Investitionen in Millionenhöhe ist die Firma Ashanti Goldmining in der Region am Abbau beteiligt.

In Geita besteht die Möglichkeit, zu tanken; die nächste Tankstelle ist erst wieder in Kibondo/Biharamulo. Ab Geita wird die Landschaft grüner und hügeliger, und die Strecke wird erheblich besser. Um nach Bwanga weiterzufahren, muss der Ort südlich umfahren werden. In Bwanga (km 160), einem kleinen Dorf an der Straße, zweigt rechts (gut erkennbar) die Piste zum 63 km entfernten Nyamirembe am Victoria-See ab, Ausgangspunkt für ein Übersetzen auf den **Rubondo Island National Park** (s.o.). Die Piste ist in akzeptablem Zustand, man benötigt für die Strecke etwa zwei Stunden Fahrzeit.

Der Hauptpiste geradeaus folgend, stößt man nach 76 km auf die Überlandstraße B 8 zwischen dem 2 km entfernten Distriktort Biharamulo und Bukoba (siehe Route unten). In Biharamulo gibt es Tank- und einfache Übernachtungsmöglichkeiten. Am Ende des Ortes, oben am Berg, lässt sich auch im Government Guesthouse des ehemaligen deutschen Forts (Boma) nächtigen.

Für die Weiterfahrt in Richtung Kigoma biegt man 1 km hinter der Nyamirembe-Abzweigung links Richtung Diobahika/Runzewe ab. Der Abzweig ist leicht zu verfehlen, da er nicht beschildert ist. Dieser Weg nach Kigoma ist der kürzere, und Sie kommen zusätzlich in den Genuss von 48 km Asphalt. Der Ort **Diobahika,** der noch auf jeder Karte eingezeichnet ist, existiert eigentlich gar nicht mehr, da die Trasse der neuen „Ruanda-Tansania-Straße" weiter südlich an Diobahika vorbeigeführt wurde. Wenn Sie daher nach ca. 25 km an eine große Kreuzung inmitten eines Waldes gelangen (an der Sie geradeaus weiterfahren), seien Sie nicht verwirrt – es ist das ehemalige Diobahika. Insgesamt sind es auf der Piste vom Abzweig hinter Bwanga bis zum neuen großen Dorf Runzewe an der Asphaltstraße zwischen Zentraltansania und Ruanda 41 km.

Runzewe ist ein Fernfahrersammelpunkt. In dieser Gegend meiden Lkws Nachtfahrten wegen gelegentlicher Überfälle. Bei Tag gilt die Straße jedoch als sehr sicher. In Runzewe bietet das links am Ortsausgang Richtung Westen gelegene **Salama Hotel** eine bescheidene Unterkunft und eine warme Mahlzeit.

Die Weiterfahrt bis nach Nyakanazi führt auf der guten Teerstraße durch wenig besiedeltes Gebiet. Bei km 240 folgt links der deutlich zu erkennende Abzweig über Kibondo nach Kigoma. Geradeaus weiter verläuft die Asphaltstraße bis zur 104 km entfernten Ruanda-Grenze.

Die 90 km Piste nach Kibondo sind in gutem Zustand. Man fährt nun durch stärker besiedeltes Gebiet entlang einer rechts liegenden grünen Hügelkette, hinter der sich das Land Burundi erstreckt (Fortsetzung siehe im Kapitel zu West-Tansania).

Biharamulo – Muleba – Bukoba/Mutukula (Uganda-Grenze) (164/244 km)

●Gute Piste, Tankstelle in Muleba, Fahrzeit bis Bukoba 4 Std., bis Mutukula 5–6 Std. Busse mehrmals morgens ab Biharamulo und Bukoba. Ab Bukoba ist die Straße bis zur Grenze und weiter bis nach Kampala in Uganda durchgehend asphaltiert.

Von Biharamulo fährt man in Richtung Norden, lässt nach 2 km den Abzweig nach Mwanza und Kigoma rechts liegen. Bei **km 12** passiert man die **Grenze der Biharamulo und Burigi Game**

Lake Victoria – Siesta auf der Überfahrt

BIHARAMULO – MULEBA – BUKOBA/MUTUKULA

Reserves (hier befindet sich kein Gate, erst 6 km weiter liegt rechter Hand ein Rangerposten, der aber ebenfalls keine Gebühren verlangt). Die Fahrt führt durch hügelige Buschlandschaft, Tiere sind nur selten zu sehen. Bei **km 48** ist das kleine Kreuzungsdorf **Kasindaga** erreicht. Links führt eine Alternativroute nach Muleba. Geradeaus weiter erfolgt nach 21 km der Abzweig nach Muganza und Nyamirembe am Victoria-See. Die Fahrt geht weiter über hügeliges und hoch gelegenes Gebiet, die Aussichten auf den endlosen See sind verblüffend. Ortschaften wie Ilemaera mit vielen Bananenplantagen werden durchfahren, bis man kurz vor **Muleba (km 107)** auf die von links kommende Alternativstrecke stößt. Im **Distriktort** Muleba gibt es Tankstellen und akzeptable Guesthouses. 35 km hinter Muleba erfolgt rechts der Abzweig ins 5 km entfernte Kemondo (eine Würzburger Familie leitet hier ein Orphan Care Center), von wo aus **Kemondo Port** erreicht wird. 5 km hinter Kemondo stößt die Piste wieder auf die Hauptroute zwischen Bukoba (17 km) und Muleba. 3 km vor Bukoba trifft man auf die Straße nach Uganda. Diese führt über **Kyaka** (54 km) zum von dort 29 km weiter gelegenen **Grenzort Mutukula.** Auf tansanischer Seite besteht keine Versorgungsmöglichkeit, auf ugandischer Seite befinden sich ein einfaches Guesthouse und eine Tankstelle. Die Straße verläuft weiter über Masaka nach Kampala.

Bukoba

⌐ II,B1

Bukoba liegt am Lake Victoria im äußersten Nordwesten des Landes. Die **klimatisch angenehme Kleinstadt** mit etwa **50.000 Einwohnern,** eingerahmt von saftig grünen Hügeln und **für viele die schönste Stadt Tansanias,** ist die **Hauptstadt der Verwaltungsregion Kagera** und Bischofssitz. Die Stadt strahlt eine angenehme Ruhe und erholsame Atmosphäre aus. Ihre Bewohner, hauptsächlich vom **Volk der Haya,** vermitteln einem das Gefühl, willkommen zu sein.

Die Region um Bukoba ist bekannt für ihren **Kaffeeanbau.** In der Stadt stehen die größten Kaffee-Verarbeitungsbetriebe (TANICA und BUKOP) des Landes (können besichtigt werden). Die in Kooperation mit Nestlé betriebenen Anlagen schaffen Arbeitsplätze für die Bevölkerung Bukobas. Beim Kaffee handelt es sich in erster Linie um eine endemische, minderwärtige Sorte der Robusta-Familie. Arabica-Kaffee wird auch angebaut, hat hier aber längst nicht die Qualität, wie jener, der an den höher liegenden Hängen des Kilimanjaro geerntet wird. Großflächige Plantagen gibt es kaum, vom Anbau des Kaffees profitieren sehr viele Kleinbauern, die „small holdings" betreiben und ihre Ernten in der Stadt verkaufen.

Doch **Kaffeebohnen** werden nicht nur für den Export verpackungsfertig gemacht, sie sind auch ein **beliebtes Genussmittel** der Haya. Dazu werden die gepflückten Kaffeebohnen gekocht, um Kopfschmerzen verursachende Bitterstoffe aus ihnen zu treiben, danach werden sie leicht geröstet, bis ihre Schale brüchig wird. Der Kern der Kaffeebohne wird dann gelutscht und gekaut und hat denselben Wachhalteeffekt wie bei uns der mit heißem Wasser aufgegossene Kaffee.

Als Hauptnahrungsmittel werden Mais, Süßkartoffeln und insbesondere Bananen angebaut, wobei es sich hier um die sehr viel größeren **Kochbananen** handelt, aus denen beliebte Speisen wie Matoke, Bitoke und viele andere Variationen zubereitet werden. Selbst eine Art Bier, *pombe* genannt, wird aus der manchmal bis zu einem halben Meter langen, grünen Banane gebraut und ist bei Festen das beliebteste Getränk.

Versorgungstechnisch hängt die Stadt sehr von Mwanza ab, was der Reisende, der mit der „M.V. Victoria" kommt, an den gewaltigen Mengen von Waren erkennen kann, die in Mwanza aufs Schiff geladen werden.

Geschichte

Der Name „Bukoba" stammt von den ursprünglichen Einwohnern der Umgebung, dem kleinen Volk der Koba. Diese vermischten sich im Laufe der Zeit mit dem von Norden her eindringenden **Volk der Haya.** Das einstige Fischerdorf wurde 1890 von *Emin Pasha* zur Errichtung einer Station auserwählt. Der Schlesier, tätig für den britischen Sudan, war damals beeindruckt von den Verwaltungssystemen der einzelnen Omukamas (Könige) in Buhaya (Land der Haya). Diese **Königreiche** basierten auf einem Steuerprinzip, wie man es bis dahin in keinem anderen Teil des gerade entstehenden Deutsch-Ostafrika kannte. Als die Deutschen nach der Wende vom 19. zum 20. Jahrhundert ihre Vorherrschaft schließlich auch in diesem Teil der Kolonie vollends ausüben konnten, übernahmen Sie das Steuersystem der Omukamas, forderten jedoch ihre Abgaben. Der Großteil der Omukamas hieß die Kolonialherren willkommen, denn sie gaben ihnen auch Schutz vor ihren Feinden, den Buganda aus dem Norden (Teil Ugandas) und den arabischen Sklaveneintreibern aus dem Süden. Die **Buganda** waren ein kriegerisches Volk und drangen mehrmals in das Land der Buhaya ein. Zudem kontrollierten sie fast den gesamten Victoria-See und duldeten keine Boote anderer Königreiche. Mit der Errichtung des deutschen Forts (heute Polizeistation) in Bukoba und der Entsendung einzelner Offiziere der Schutztruppe in die „kaisertreuen" Königreiche wurden die Bugandas jedoch im Zaum gehalten. Das Interesse deutscher Geschäftsleute und Siedler am Raum Bukoba war äußerst gering, obwohl die Hayas bei den Kolonialisten den Ruf als das intelligenteste, gebildetste und viel versprechendste Volk Deutsch-Ostafrikas hatten. Doch die unzureichende Infrastruktur fernab vom entwickelteren Osten der Kolonie war einfach ein zu großes Hindernis.

Auch während der britischen Zeit verschafften sich die Hayas – u.a. auch mit der Gründung der ersten Tribal Association Ostafrikas, der **Bahaya Union** – einen guten Ruf. In den 1950er Jahren gehörten die Hayas zu den wohlhabendsten Leuten Tanganjikas. Ihre Könige kamen durch den Anbau von Kaffee zu Reichtum und leisteten sich moderne Automobile. Bukoba war eine **wohlhabende Stadt,** und das angenehm milde Klima verschaffte ihr den Ruf als Erholungsort.

Nach der Unabhängigkeit wurden die Königreiche 1964 aufgelöst und in die Bezirke Buhaya und Karagwe umbenannt. Seitdem unterliegen sie der Verwaltung des Regional Commissioner von Kagera mit Sitz in Bukoba. Doch heute noch werden die Söhne und Enkel der ehemaligen Omukamas (Haya-Könige) und deren Residenzen verehrt und respektiert. Die Wirtschaft verfiel mit dem weltweiten Fall der Kaffeepreise, und unter dem Krieg mit Uganda hatte die Region Bukoba am meisten zu leiden. Heute übrigens liegt das Geschäftsleben, das sich v.a. im Zentrum Bukobas abspielt, fast ausschließlich in indischer Hand.

Ende der 1970er Jahre machte Bukoba Schlagzeilen, als man beim Bau des zusätzlichen Hafens in der Kemondo Bay 13 etwa 2000 Jahre alte **Hochöfen für die Eisenschmelze** entdeckte. Dieser für das Jahrzehnt bedeutendste Fund im tropischen Afrika machte der herrschenden Meinung ein Ende, in diesem Teil Afrikas hätten zur Zeitenwende lediglich primitive Kulturen existiert. Die Rekonstruktion der Öfen ergab sogar, dass sie leistungsfähiger (mit Temperaturen bis über 1700°C) waren als die Öfen, die zur gleichen Zeit auf europäischem Boden arbeiteten. Diese Funde und weitere Hinweise auf ähnli-

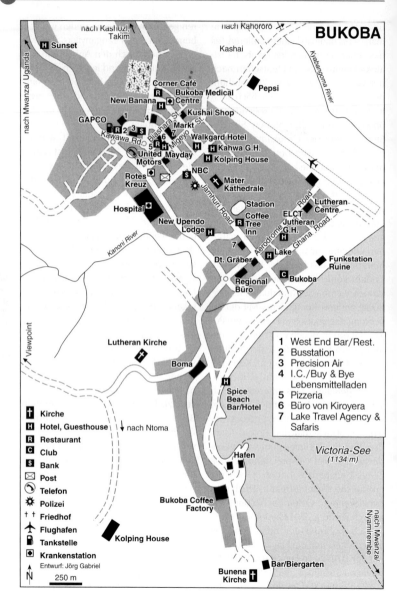

che Konstruktionen im ganzen Haya-Land lassen die Vermutung einer **Hochkultur** zu, welche zu Beginn unserer Zeitrechnung von einem der technisch fortgeschrittensten Völker der Eisenzeit getragen wurde.

Stadtbesichtigung

Bukoba ist eine leicht überschaubare Stadt mit nur wenigen Sehenswürdigkeiten, doch verleiht das satte Grün der vielen Bäume und Bananenstauden im Zusammenspiel mit den stark angekratzten Bauten aus deutscher Kolonialzeit und den indisch geprägten Gebäuden der Innenstadt Bukoba eine freundliche und erholsame Note.

Südlich vom Hafen steht die erst 1913 von der katholischen Mission fertig gestellte **Bunena Church.** Das imposante Bauwerk im neugotischen Stil ist das Wahrzeichen der Stadt; im Garten hängen riesige Spinnennetze, ein herrlicher Ausblick bietet sich über den See bis hin zur Masira Island.

Am Ufer, zwischen dem Hafen und dem Lake Hotel, stehen noch einige Häuser aus deutscher Zeit. In der ehemaligen **Boma** (deutsches Fort), in der einst die 7. Kompanie der Schutztruppe Stellung bezogen hatte, ist heute die Wasserpolizei untergebracht; unterlassen Sie das Fotografieren! Am Strand, nahe des Lake Hotel, werden Sie über drei große, kreisförmig angeordnete Steinsäulen rätseln. Es handelt sich um die ehemaligen Antennenstützpfeiler der Schutztruppen-Funkstation. Gegenüber vom Hotel befinden sich deutsche Gräber. Was im Zentrum der Stadt wie ein ehemaliges preußisches Rathaus aussieht, ist ein Tempel der Ismailiten.

In der Nähe des Flughafens gibt es ein kleines **Museum** mit vielen Fotos und Gegenständen wie Trommeln usw.

Unterkunft

Hotels
●Walkgard Hotel
Kashura Hill, Tel. (028) 2220935/42/46, (0744) 630900, (0713) 482423, (0784) 407841, Fax 2220949. Neues Hotel am Berg. Bukobas erste Adresse mit internationalem Standard und phänomenaler Aussicht. Zimmerpreise ab 30.000 TSh. Downtown in der Uganda Road wurde noch das **Walkgard Hotel Annex** (Tel. (028) 2220626, 2220032) eröffnet. Das Walkgard Hotel bietet somit eine zentrale Unterkunft in Bukoba.
Internet: www.walkgard.com,
E-Mail: walkgard@bukobaonlinecom,
info@walkgard.com.
●Bukoba Kolping Hotel
Tel. (028) 2220199. Ebenso auf dem Kashura Hill an der Bukoba-Maruku-Road gelegenes neues, modernes Hotel- und Konferenzzentrum der Kolpinggesellschaft Tansania. Die meisten der Zimmer haben Seeblick, Telefon, Sat-TV und Minibar.
Internet: www.kolping-tz.org,
E-Mail: hotel@kolpingtanzania.com.
●Lake Hotel
P.O. Box 66, Tel. (028) 2221845. Das seit den 1930er Jahren erste Hotel am Platz ist angeblich die ehemalige Residenz des letzten deutschen Bezirksamtsmannes von Bukoba, Hauptmann von Stürmer. Die alten, sehr einfachen Zimmer mit noch einigen Holzmöbeln aus kolonialen Tagen und die Atmosphäre beim Frühstück im Garten verleihen dem Lake Hotel Charme. Das DZ kostet 20.000 TSh. Die Zimmer haben Moskitonetze und entweder nur Waschgelegenheit oder auch Bad/WC, fragen Sie vorsichtshalber nach. Ansonsten sind Einrichtung, Service und Essen eher durchschnittlich, die **Bar** ist ein beliebter Treffpunkt in der Stadt.

BUKOBA

- **E.L.C.T. (Eastern Lutheran Conference and Training Center)**
Tel. (028) 2220027. Neben dem Lake Hotel an der Aerodrome Road. Schöne, ruhige Zimmer, leider häufig voll – Reservierung angeraten. Das E.L.C.T. ist eine wahre Oase und bietet Zimmer in einem Preisrahmen von 5000–28.200 TSh. Auch das Essen (festgelegte Essenszeiten) für 3000 TSh ist top. Der Service ist gut und das Personal sehr hilfsbereit. Schöne Atmosphäre!
E-Mail: elct-nwd@africaonline.com.
- **Spice Beach Hotel**
Tel. (028) 2220142. Unterhalb der Boma/Polizeistation gelegen, ist das Hotel direkt am Seeufer ein schöner Ort, um die „M.V. Victoria" ankommen oder abdampfen zu sehen. 7 sehr saubere Zimmer mit Bad/WC (heiße Duschen) für 12.000 TSh inkl. Frühstück. Essen und Service sind durchschnittlich.
- **Yaasila Top Hotel**
Tel. (028) 2221251/2. Direkt an der Bukoba Beach gelegen, mit Blick auf Musila Island. 10 der 20 Zimmer haben Seeblick, die Zimmerpreise der Budgetrooms starten bei 7000 TSh p.P. ohne Frühstück. Die Suite ist für 50.000 TSh inkl. Frühstück zu haben.
Internet: www.yaasila.com,
E-Mail: info@yaasila.com.
- **New Banana Hotel**
Das neuere Hotel im Stadtkern an der Zam-Zam Street, abgehend von Kashozi Road, bietet saubere Zimmer mit Bad/WC ab 8000 TSh. Das Essen ist schmackhaft, ein typisches Gericht ist gebratener Tilapia-Barsch mit Reis. Man kann schön draußen sitzen.
- **New Upendo Lodge**
An der Rwaijumba Street, ca. 1 km vom Flughafen entfernt, Tel. (028) 2220278, 2220620. Das eher hässliche Hotel verfügt über einladende Zimmer. Die in privater, familiärer Atmosphäre geleitete pensionsartige Anlage ist beliebt unter neureichen Afrikanern. DZ mit Bad/WC 8000–12.000 TSh inkl. Frühstück. Warme Speisen gibt es hauptsächlich abends vom Grill auf dem Hof.

Preiswerte Unterkünfte

- **Sunset Hotel**
Das knapp 1 km vom Stadtzentrum entfernte Hotel an der Uganda Road bietet einfache und saubere Zimmer mit Moskitonetzen für 2500 TSh.
- **Bishop Hirth Youth Centre**
Tel. (028) 2222363, ab 1500 TSh/p.P. Wer wenig Geld ausgeben möchte, ist hier genau richtig. Sauber und einfach.
- **CPC–Catholic Diocese Guesthouse**
Sauber, billig und gutes Essen.
- Des Weiteren liegen im Zentrum einige einfache, landestypische **Guesthouses,** von denen man das **Kahawa Guest House** oder das **Mayday Hotel** empfehlen kann.

Camping

Zelten kann man derzeit nur auf dem Grundstück des **Lake Hotel**. Die Übernachtung kostet 3000 TSh pro Zelt.

Krankenhaus

Die einzige nennenswerte medizinische Versorgung bietet das **Bukoba Medical Center.** Sauber und empfehlenswert, geleitet von *Dr. Bugimbi*, der in Deutschland studiert hat und regelmäßig Kontakt zum Tropenmedizinischen Institut der missionsärztlichen Klinik von Würzburg hat.

Internet-Café

Ein Internet-Café befindet sich an der Ecke Biashara/Jamhuri Street. Zu empfehlen ist das Internet-Café in der **Post** (auch sonntags geöffnet, gut gewartet, 1 Stunde 600 TSh).

Verkehrsverbindungen

Mit dem Flugzeug

Air Tanzania fliegt Bukoba nicht mehr an. Dafür fliegt die private Fluggesellschaft **Precision Air** (Internet: www.precisionairtz.com) täglich zwischen Mwanza und Bukoba. Auskünfte zu Flügen **nach Mwanza/Arusha** oder **Dar es Salaam** erteilt die Agentin *Ms. Rose Kajilita*, Tel. (028) 2220545, E-Mail: bk-machinery@twiga.com. Ein Flug nach Arusha kostete Anfang 2007 etwa 200 US$.

BUKOBA

Mit dem Schiff

Die **„M.V. Victoria"** verlässt Bukoba Mo, Mi und Fr um 21.30 Uhr über Kemondo Bay und erreicht **Mwanza** am nächsten Morgen gegen 8 Uhr (Preise zwischen 17.600 und 25.500 TSh). Eine neue Schnellfähre **„Fast Ferry"** verbindet Bukoba (ab 10 Uhr) täglich mit Mwanza (Ankunft ca. 14 Uhr); Preis 35.500 TSh. **Fahrkarten** gibt es am Hafenbüro, bei Kiroyera Tours (s.u.) und im Tourist Centre (Tel. (028) 2220203, (0713) 526649, E-Mail: info@kiroyeratours.com) in der Stadt, in der Nähe des Marktes. Weitere Informationen auch bei Mwanza.

Mit dem Bus

● Die Busgesellschaften **Jaguar/Gateway/Dolphin Bus Services** (Tel. (075) 4786364) fahren täglich um 7 Uhr für 10.000 TSh nach Kampala (Uganda). Die Straße von Bukoba nach Kampala ist nun durchgehend asphaltiert. Es dauert knapp 1 Stunde bis zur Grenze in Mutukula. Für den Grenzübertritt sollte man mindestens eine Stunde rechnen. Ankunft in Kampala gegen Mittag. Für Uganda benötigte sie ein Visum, das an der Grenze für 30 $ erhältlich ist.

● **Scandinavia** fährt von Kampala über Nairobi nach Arusha und Dar es Salaam (ca. 26 Stunden), zusteigen kann man von Jaguar in Kampala. Zu buchen über Kiroyera Tours.

● **Tawfiq Executive Falcon** (Bukoba-Büro: Tel. (028) 2221683) verbindet jeden Di, Do und Sa Bukoba mit Nairobi (28.000 TSh) und Dar es Salaam (45.000 TSh).

● **Tashrif** (Bukoba-Büro: Tel. (028) 2220427) fährt durch Zentral-Tansania (genannt „Central Line") jeden Di, Do und Sa über Kahama, Nzega, Singida, Dodoma und Morogoro nach Dar es Salaam (35.000 TSh).

● **Salatoga Line** fährt Di und Sa nach Kigoma (14.000 TSh).

● **Rajabar Visram and Sons** haben Busse, die täglich außer So nach Biharamulo fahren (5000 TSh); dort Anschluss nach Rusumo, Ausgangsort für eine Grenzüberquerung nach Ruanda. Die Strecke ist landschaftlich sehr schön. Außerdem bietet Rajabar jeden Fr einen Bus nach Ngara (8500 TSh) und jeden Mo und Mi nach Kigoma (12.000 TSh).

● **Buchungen und Tickets** an der Busstation im Zentrum oder im Tourist Centre, Tel. (028) 2220203, (0713) 526649, E-Mail: info@kiroyeratours.com.

Tourveranstalter

● **Kiroyera Tours**
Tel. (028) 2220203, (0713) 526649. *William und Bart* betreiben ein Büro in der Stadt, in der Sokoine Street gegenüber dem Marktplatz. Das sehr engagierte und empfehlenswerte Unternehmen betreibt auch ein Tourist Centre in der Stadt und ist generell bei allen organisatorischen Fragen behilflich. Außerdem werden begleitete Touren zur Karobela oder Kabaranda Beach, eine Boot-Safari zur Musila Island, in den Rubale Forest, zu Wasserfällen und Höhlen, zu Hochebenen wie dem Kamachumu-Plateau, zu Haya-Dörfern (mit Übernachtung und vielem mehr rund um die Kultur des sehr traditionsgeprägten Volkes) arrangiert. Die Kagera-Region birgt viel Sehenswertes! Die Betreuung und Organisation ist sehr auf sensiblen Ökotourismus bedacht. Wer mehrere Tage in Bukoba einplant, sollte sich einen Ausflug mit Kiroyera nicht entgehen lassen.
Internet: www.kiroyeratours.com,
E-Mail: info@kiroyeratours.com.

Sonstiges

● Im Zentrum befinden sich **Bank, Post** (Tanzania Postal Bank, Tel. (028) 2221335) und **Tankstelle**, eine Forex-Wechselstube ist im Lake Hotel (täglich geöffnet).

● Eine gute **Kfz-Werkstatt** ist **United Motors Ltd.,** Tel. 20257, Fax 20040. Fragen Sie nach dem indischen Besitzer *Mr. Fazal*.

● Seit 1999 rühmt sich Bukoba einer kleinen **Universität,** P.O. Box 299, Tel. (028) 20364, Fax 22341.

● Gute Informationen über die komplette Kagera Region bekommt man bei der 2004 gegründeten **Kagera Tourism Development Association** (KATODEA), P.O. Box 485, Tel. (028) 2220203, E-Mail: katodea@yahoo.com.

● Neuerdings hat Bukoba auch ein kleines **Museum.** Infos beim Tourist Centre.

Die Lake-Victoria-Region

Ausflüge

Bukoba Bay

Der vom Bukoba Club sich nordwärts erstreckende **Strand** gilt als frei von Bilharziose und ist daher zum Schwimmen geeignet. Gehen Sie ein paar Minuten den Strand entlang, bis Sie am Ende der Bucht (ca. 2 km) eine schöne Stelle sehen, die zum Baden einlädt.

Ntoma Beach

Der angeblich bilharziosefreie **weiße Sandstrand** etwa 20 km südlich von Bukoba stellt allein schon wegen der üppig grünen Landschaft ein schönes Ausflugsziel dar.

Wenn Sie vom Stadtkern in Richtung Boma fahren und etwa 200 m vorher eine asphaltierte Straße den Berg rechts hinauffahren, erreichen Sie nach 1 km die Maruku Road, auf die Sie links abbiegen. Hier haben Sie nun einen wunderbaren Blick zurück auf die halbmondförmige Bucht von Bukoba. Nach 13 km biegt man hinter dem Dorf Ntoma an einer Kreuzung links ab. Die Piste rechts führt an der Bucht von Kemondo entlang und stößt nach 3 km auf die Bukoba-Mwanza-Straße. Zum Strand sind es jetzt noch 6 km. Bei km 3,2 zweigt links ein extrem schlechter Weg zum Ufer hinunter ab. Hier erreichen Sie ein Fischerdorf, welches man umfährt; zu folgen ist dem stark zugewachsenen Weg bis zum Ende am Strand.

Öffentliche Verkehrsmittel wie Dalla Dallas verkehren fast täglich bis Ntoma; zum Strand muss man zu Fuß weitergehen.

Kamachumu-Plateau

Das südöstlich von Bukoba liegende Kamachumu-Plateau mit Höhen bis zu 1700 m bietet eine immergrüne Landschaft mit großen Bananen-, Tee- und Kaffeeanbauflächen und herrlichen Rundumblicken auf Savannenlandschaften, weite Täler und den Victoria-See in der Ferne. Sehenswert sind auch die **Ndolage Waterfalls** 4 km südlich des Ortes Kamachumu.

Sie erreichen diese Hochebene, wenn Sie Bukoba in Richtung Uganda verlassen und nach knapp 2 km der linken Straßengabelung folgen. Geradeaus geht es Richtung Kyaka und Mutukula (Grenzübergang nach Uganda).

Vom Abzweig fährt man auf einer Wellblechpiste in Richtung Kanazi und Ibwera. Nach 15 km müssen Sie sich erneut links halten und der alten Asphaltstraße, vorbei an der Kemondo Bay, folgen. 32 km hinter Bukoba erreichen Sie den Ort Muhutwe, in dem man rechts die Hügel hinauf zum Kamachumu-Plateau fährt. Die sich nun vor Ihnen erstreckende Hügellandschaft und der Panoramablick über den riesigen Victoria-See laden ein zu einem Spaziergang oder auch zu einem Picknick. Etwa 4 km hinter dem Ort Kamachumu liegen die Wasserfälle von Ndolage.

Von der Busstation in Bukoba fahren fast jeden Tag Dalla Dallas nach Kamachumu.

Rumanyika Orugundu und Ibanda Game Reserves

Die etwa 150 km entfernten Game Reserves Rumanyika Orugundu und Ibanda, 800 und 200 km² groß, bieten keine touristische Versorgung. Die Reserves sind hauptsächlich Jagdunternehmen vorbehalten. Während des Bürgerkrieges in Ruanda kamen sehr viele Flüchtlinge über die Grenze und wilderten zum Teil auch in den Naturschutzgebieten. Vereinzelt kam es zu Überfällen, und auch heute noch gilt die Gegend als nicht ganz sicher. Sollten Sie dennoch vorhaben, eine Fahrt hierher zu unternehmen, fragen Sie hinsichtlich der Sicherheitssituation am besten bei den Jagdveranstaltern in Arusha nach.

Gleiches gilt übrigens auch für das Burigi und Biharamulo Game Reserve im Süden von Bukoba.

Der Westen und der Tanganyika-See

Den westlichen Teil Tansanias, die **Verwaltungsregionen Kigoma und Rukwa,** kennzeichnet eine bergige und sehr undurchdringliche, teils sogar sumpfige Landschaft. Die großen Miombo-Trockenwaldflächen (eine etwa 15 m hohe, trockene und dicht bewachsene Baumsavanne), der vielerorts schlechte Boden und die weite Verbreitung der die Schlafkrankheit übertragenden Tsetse-Fliege prägen dieses raue, eindrucksvolle Gebiet. Vom Moyowosi Game Reserve über die Binnendeltas und Canyons der Flüsse Malagarasi und Ugalla erstreckt sich über große Flächen eine unbewohnte Region, die so etwas wie das **„Outback" des Landes** darstellt.

Zwischen den Kleinstädten Mpanda und Sumbawanga breitet sich das sehr wenig besuchte Wildschutzgebiet **Katavi National Park** aus. Der im Jahr 1997 fast um das Dreifache vergrößerte Park liegt im schlecht zu erreichenden zentralen Westen Tansanias, ist in weiten Teilen noch ziemlich unerforscht und daher der richtige Ort für Abenteurernaturen, die fernab der üblichen Touristenrouten ein Erlebnis im „Busch" suchen. Der Katavi weist große Büffel- und Flusspferdbestände auf, besticht durch weite Sumpfsavannen und viele Hügel und grenzt im Süden an den Rungwe-Wasserfall.

Südlich vom Katavi National Park liegt der abflusslose **Lake Rukwa,** ein alkalischer See in einem Zweig des zentralafrikanischen Grabenbruchsystems, der nur schwer zu erreichen ist. Große Bestände von Krokodilen und Flusspferden haben hier eine Heimat. Es ist ein

Highlights und Tipps

- Bei Schimpansen in den Nationalparks Gombe und Mahale, S. 652 und 657
- „M.V. Liemba" – Schifffahrt auf dem Lake Tanganyika, S. 646 und 670
- Flusspferde und Büffel im Katavi National Park, S. 684
- Kalambo Falls – Afrikas zweithöchste Wasserfälle, S. 675 und 678

noch sehr raues und unverfälschtes Stück Afrika, wo es weder gute Straßen noch irgendwelche touristischen Einrichtungen gibt; Besucher dringen nur selten in das Gebiet vor. Wer hierher aufbricht, sollte bereits Afrika-erfahren sein.

Wer auf der Suche nach dem Paradies ist, wird ebenfalls fündig. Die **Nationalparks Gombe** und **Mahale** – errichtet, um die letzten zentralafrikanischen Regenwälder Tansanias und deren Ureinwohner, die **Schimpansen,** zu schützen – laden ein zu einem unvergesslichen Aufenthalt in einer unberührten afrikanischen Landschaft, welche Sie garantiert nur gebrochenen Herzens wieder verlassen können.

Im Süden, am Grenzfluss zu Sambia, liegen **die zweithöchsten Wasserfälle Afrikas, die 215 m hohen Kalambo Falls.** Der Wasserfall stürzt in einen großen Canyon, an dessen Ende der blaue Tanganyika-See liegt.

Ausgangsbasis für einen Besuch des Sees und der Schimpansen-Gebiete ist **Kigoma,** die einzige Stadt Tansanias am Lake Tanganyika. Vom Hafen Kigomas verkehrt einmal die Woche die mittlerweile zur Legende gewordene **„M.V. Liemba",** das ehemalige Dampfschiff „Graf von Götzen".

Eine Reise mit diesem fast ein Jahrhundert alten Schiff von Kigoma nach Mpulungu in Sambia gehört zu den ganz besonderen Erlebnissen in diesem Teil des Landes (vgl. „Eine Fahrt mit der „M.V. Liemba""). Für die Dörfer am Ufer des Lake Tanganyika sind die Schiffe auf dem See schwimmende Marktplätze. Regelmäßig ankern die Schiffe in einigen hundert Metern Entfernung für eine kurze Zeit vor den Dörfern und geben den Bewohnern Gelegenheit, mit Kleinhändlern an Bord Geschäfte zu tätigen.

Tanganyika-See

Die **Perle und Lebensader des westlichen Tansania** ist der Lake Tanganyika, größter See des afrikanischen Grabenbruchsystems (vgl. unter „Geografie"). Mit einer Länge von fast 700 km, einer durchschnittlichen Breite von 50 km und mit seiner tiefsten Stelle im Süden von 1470 m ist er der **längste und zweittiefste See der Welt.** Nur der sibirische Baikal-See ist tiefer. Die Wasseroberfläche liegt 781 m über dem Meeresspiegel, damit befindet sich der Grund des Tanganyika-Sees knapp 700 m unter Null und bildet die **tiefste Stelle des afrikanischen Kontinents.** Dennoch ist das Klima am See feuchtheiß – ähnlich wie am Indischen Ozean. Die Durchschnittstemperatur des Wassers beträgt 24°C.

Eingerahmt von **gewaltigen Bergketten,** die auf tansanischer Seite mit den Mahale Mountains Höhen von 2500 m erreichen und im Kongo sogar **bis auf 3300 m** ansteigen, ist der **Tanganyikagraben** eine gigantische Schlucht, die von einem tiefblauen See gefüllt ist.

Der für den Kongo symbolische tropische Regenwald Afrikas zieht sich bis auf die tansanische Seite des Sees. In zwei geschützten Gebieten, dem **Gombe** und dem **Mahale Mountains National Park,** bilden diese östlichsten Re-

TANGANYIKA-SEE

Ruderer auf dem Lake Tanganyika

genwälder des Kongobeckens ein Zuhause für Tansanias Schimpansen-Population.

Die bedeutendsten **Zuflüsse** des Tanganyika-Sees sind der **Ruzizi,** der an der Nordspitze sein Wasser vom Lac Kivu in den See leitet, und der **Malagarasi** aus Zentraltansania. Der periodische Abfluss erfolgt über den Lukuga-Fluss bei Kalemie in den Kongostrom und weiter bis hin zum Atlantik. Die größten Teile des Sees, jeweils fast zur Hälfte, liegen auf tansanischem und kongolesischem Staatsgebiet. Im Norden und Süden geht jeweils noch ein kleines Stück an Burundi und Sambia.

Entdecker und Forscher, wie *Livingstone, Stanley, Burton* und *Speke,* waren von der Ausstrahlung des Binnenmeeres beeindruckt. **Burton** und **Speke,** die am 14. Februar 1858 als erste Europäer die Ufer des Sees erreichten, glaubten damals, die Quelle des Nils gefunden zu haben. Ein paar Monate später, an den Ufern des heutigen Lake Victoria, korrigierte *Speke* diese Annahme zugunsten des größeren und höher gelegenen Sees. Auf ihren Märschen zum Tanganyika folgten die Männer der Route der arabischen Sklaven- und Elfenbeinhändler nach **Ujiji,** dem damals bedeutsamsten Handelsort am Lake Tanganyika. Hier verbrachte auch *Livingstone* mehrere Jahre in seinem Bestreben, die Sklaverei abzuschaffen.

Der **bilharziosefreie Lake Tanganyika** ist sehr nährstoffreich, dennoch bemerkenswert klar. Grund ist die geringe Durchmischung des Wassers, wodurch sich die Nährstoffe auf dem Boden ablagern. Zudem hält die große Fischpopulation die Algen kurz. Der See verfügt über einen großen **Reichtum an exotischen Fischen** und anderen Wasserbewohnern. Diese leben jedoch nur in den oberen 200–300 m, die tieferen, extrem sauerstoffarmen Regionen enthalten hohe Konzentrationen an Schwefelwasserstoff, entstanden aufgrund verrotteter organischer Substanz. In diesen Tiefen ist kein tierisches oder pflanzliches Leben zu finden.

Von den etwa 300 Fischarten bildet die Familie der **Buntbarsche** *(Cichliden)* – sehr beliebt bei den Aquarianern Europas und Amerikas – mit über 200 Artgenossen den größten Teil der Fischpopulation im See. Die Buntbarsche haben in Jahrmillionen die unterschiedlichsten Größen, Farben und Lebensgewohnheiten entwickelt. Der größte Vertreter unter ihnen ist der Riesenbuntbarsch. Dieser gelbliche, mit dunklen Zeichnungen versehene Fisch erreicht eine Länge von 80 cm. Mit einer Körperlänge von gerade mal 2 cm steht der Schneckenbuntbarsch – seine Behausungen sind alte Schneckenhäuser – am unteren Ende der Messlatte. Im Zuge der Evolution haben sich einige Buntbarsche aufgrund eines ausgeprägten Konkurrenzkampfes zu Maulbrütern entwicklet. Bei Gefahr flieht der Nachwuchs instinktiv in das Maul des Mutterfisches und ist so vor Feinden geschützt (Literaturtipp: Tanganyikasee-Cichliden – Ein Ratgeber über die bunte Fischwelt des Sees; Bede Verlag).

Einer der interessantesten Fische ist der sehr breite und etwa einen halben Meter lange **Kongo-Kugelfisch.** Sein Lebensraum sind die ufernahen Bereiche von Flussmündungen. Der sich hauptsächlich von Krabben ernährende Fisch ist ein Wunder der Natur. Bei Gefahr kann er sich zu einer fußballgroßen Kugel aufpumpen, wobei sich Tausende kleiner Stacheln igelmäßig auf seiner Haut aufstellen.

Auch **Welse** sind im Tanganyika beheimatet. Besonders interessant ist der nur sehr langsam schwimmende und ständig unter ca. 400 Volt Stromspannung stehende Zitterwels. Er betäubt seine Beute bei kurzer Berührung, Angreifer bekommen einen Stromschlag. Nur Krokodilen scheint der Schock beim Zubeißen nichts auszumachen.

Krokodile leben im See ausschließlich an Flussmündungen und erreichen nur kleinere Körpergrößen. **Flusspferde** sind äußerst selten zu sehen.

Andere Bewohner des Sees sind **Weißbrustkormorane, Fischadler, Rieseneisvögel, Otter, Wasserschildkröten** und giftige **Wasserkobras.** Die Wasserkobra lebt ebenfalls nur im ufernahen, schneckenreichen Bereich und ist äußerst scheu. Nachts zieht sich die Schlange ans Ufer zurück. Menschen meidet sie soweit als möglich. Für die Einheimischen stellt die Kobra keine Bedrohung dar, sie gehen auch bedenkenlos schwimmen. Ob Sie nun gefahrlos baden können, kann ich Ihnen nicht hundertprozentig versichern. Ich bin bisher im See immer schwimmen gegangen und werde dies wohl auch weiterhin tun. Aber fragen Sie vorsichtshalber vorher nach, da es manche Stellen am See gibt, wo öfters Kobras gesehen werden, und andere Orte, an denen angeblich keine vorkommen.

Über 95% der Lebewesen des Lake Tanganyika lassen sich nur hier und nirgendwo anders auf der Welt finden. Damit ist der See das **größte Naturaquarium der Erde.**

Im Reisegepäck sollte man auf jeden Fall eine Schnorchelausrüstung oder zumindest eine **Tauchermaske** haben, insbesondere dann, wenn man in den Gombe oder Mahale National Park fahren will. Hier lassen sich bei den Mündungen von kleinen Bächen, die sauerstoffreiches und nährstoffhaltiges Wasser in den See führen, eine Vielzahl von Fischen und anderen bodennahen Tieren beobachten. Kleine gefleckte Aale und Süßwasserkrabben kommen relativ häufig vor.

Für die **Bewohner** an den Ufern des riesigen Gewässers steht der See im Mittelpunkt ihres Lebens. Es sind im Wesentlichen die Stämme der Ha in der Region Kigoma, der Tongwe südlich des Malagarasi-Flusses, der Sowa von der Region Kibwesa und der Bende, Fipa und Lungu vom südlichen Tanganyika. Für viele Uferdörfer bestehen keine Straßenverbindungen ins Hinterland. Die Menschen leben vom Fischfang und dem Handel mit vorbeifahrenden Schiffen der TMD (Tanzania Marine Division). Besonders das alte Schiff „M.V. Liemba" dient für den Transport von Waren. Diese Absatzmöglichkeit nutzen auch die Fischer zum Verkauf des **Dagaa** (Süßwassersardine) an Zwischenhändler. Die Sardinenart kommt in riesigen Mengen im Lake Tanganyika vor. Auf ihren nächtlichen Fangzügen locken die Fischer die großen, wasseroberflächennahen Schwärme mit Kerosinlampen in ihre Netze. Sonnengetrocknet und schließlich abgepackt in großen Säcken wird der Dagaa tonnenweise in Kigoma auf die Bahn verladen und in ganz Tansania gehandelt.

Kigoma ⌘ VI,A2

Tansanias einzige Stadt am Lake Tanganyika ist Endpunkt der zentraltansanischen Eisenbahn und **wichtigste Hafenstadt am gesamten See.**

Kigoma bildet eine **Schnittstelle zwischen Zentral- und Ostafrika.** In den Straßen und Bars der Stadt sind neben Swahili und Englisch auch Sprachen wie Französisch, Kiruyanda und das kongolesische Idiom Lingala zu vernehmen. Taxifahrer kommen aus Burundi, Friseure aus Kinshasa, Ladenbesitzer haben pakistanische Vorfahren.

Der Ausbau Kigomas (Errichtung eines Bahnhofsgebäudes und Bau einer Schiffswerft) begann 1912, als feststand, dass der kleine Fischerort an der strategisch günstig gelegenen Bay of Kigoma Endpunkt der „Mittellandbahn" sein sollte. Geschäftliches und kulturelles Zentrum am Tanganyika-See war in jenen Tagen das arabisch geprägte Ujiji (s.u.). Als jedoch 1914 die Bahngleise Kigoma erreichten und das große Dampfschiff „Graf von Götzen" (s.u.) seinen Stapellauf im Tanganyika-See er-

lebte, entwickelte sich die heranwachsende Kleinstadt schnell zu einem wichtigen Handelsort. Zu Ehren der Eisenbahnbauer errichtete man einen kolossalen, dreistöckigen **Bahnhof,** der auch heute noch das Wahrzeichen der Stadt ist. Wer mit der Bahn anreist und bei der Einfahrt von Kigoma diesen **„wilhelminischen Monumentalbau"** in der Ferne erblickt, fühlt sich wie in eine andere Zeit versetzt. Auch sollte die massive Architektur die endgültige Erschließung Deutsch-Ostafrikas symbolisieren, denn man erwartete einen Koloniebesuch von Kaiser *Wilhelm* und dessen Fahrt mit der Eisenbahn nach Kigoma. Ihm zu Ehren baute man die Residenz des Bezirksamtsmannes nach kaiserlichen Vorstellungen aus, doch der Ausbruch des 1. Weltkriegs verhinderte den Besuch. Heute noch wird dieser palastähnliche Bau, jetzt die Residenz des Regional Comissionar of Kigoma, von vielen älteren Bewohnern der Stadt **„the Kaiser House"** genannt. Die Residenz lässt sich nicht besichtigen, fotografiert werden darf sie auch nicht. Einer Besichtigung des Bahnhofs steht dagegen nichts im Wege, doch sollten Sie vorher den Station Master, auch im Hinblick aufs Fotografieren, um Erlaubnis fragen.

Hin und wieder wird von einem geheimnisvollen **Tunnel** erzählt, der von der Residenz zum Bahnhof führen soll. Er hätte Kaiser *Wilhelm* Schutz bieten sollen, falls der 1. Weltkrieg unerwarteterweise ausgebrochen wäre. Nun, ich weiß nicht, wer die Geschichte erfunden hat, doch nach intensiver Recherche in der Kanalisation des Bahnhofsgebäudes fand ich lediglich eine Abwasserverbindung zum Kaiser House. Die Idee, hier einen Tunnel zu vermuten, stammt wohl aus der Zeit, als der Kanal gebaut wurde. Mit deutscher Gründlichkeit legte man diesen „Abwassertunnel" über den Bahnhof zum See hin an. Da der einheimischen Bevölkerung eine unterirdische Kanalisation unbekannt war und bei den Ausgrabungen Arbeiter tief in der Erde tätig waren, vermuteten die Zuschauenden wohl, dass es sich um einen speziellen Gang der Deutschen handeln müsse. Heute wird gern von diesem verborgenen Tunnel gesprochen, doch in ihm gewesen ist noch keiner. So wird dieser Mythos wohl noch weiter in den Köpfen derjenigen fortleben, die die Hoffnung auf eine geheimnisvolle Attraktion Kigomas noch nicht aufgegeben haben.

Von den Hügeln der Umgebung ist der Ausblick auf den Lake Tanganyika und bei klarem Wetter auch auf die Berge im Kongo wundervoll. Ansonsten ist Kigoma lediglich Ausgangspunkt für eine **Schifffahrt nach Sambia** oder den **Besuch in einem der beiden Nationalparks, Gombe** und **Mahale Mountains.** Dementsprechend begegnet man hier auch in der Regel einigen Reisenden.

Auch wenn Kigoma einen eher verschlafenen Eindruck macht, so ist es doch ein regional sehr bedeutender Umschlagsort für Güter nach Kalemie und Uvira/Kalundu im Kongo und nach Bujumbura, der Hauptstadt Burundis. Die Vereinten Nationen nutzen den Hafen Kigomas zur humanitären Hilfe für das krisengeschüttelte Zentralafrika und als zentralen Versorgungs- und Verwaltungsort für die in der Kigoma-Region befindlichen Flüchtlingscamps.

Unterkunft

Aufgrund zahlreicher UNO-Aktivitäten und Konferenzen kommt es in Kigoma häufig zu Engpässen bei den Unterkünften. Eine Reservierung im Voraus ist daher ratsam.

Hotels

- **Kigoma Hilltop Hotel**
Tel. (028) 2804435-7. Kigomas bestes Hotel, 2 km außerhalb der Stadt auf einer Anhöhe am See gelegen, erfüllt alle Komfortansprüche. Die Unterbringung erfolgt in großräumigen Bungalows, die Küche ist gut, und der Blick auf den See und Hafen Kigomas bei einem „sundowner" ist ein wunderbares Erlebnis. Die Übernachtungspreise liegen bei 60/75 $ und aufwärts.
Internet: www.kigoma.com, www.chimpanzeesafaris.com/kigomahiltop.php, E-Mail: kht@raha.com
- **Zanzibar Lodge**
Tel. (028) 2803306. Das 1,5 km vom Zentrum in Richtung Ujiji gelegene Hotel bietet saubere, mit Ventilatoren versehene Zimmer mit Bad/WC für 5500 TSh die Nacht. Die Lodge hat kein Restaurant, nur kleine Snacks und alkoholfreie Getränke bekommen Sie hier serviert.

Preiswerte Unterkünfte

- **KIDEA
(Kigoma Development Association)**
Freundliche Unterkunft der katholischen Kirche. Schöne, saubere EZ und DZ mit Moskitonetz für 2500/3000 TSh.
- **Jakobsen's Beach & Guest House**
Tel. (028) 2803409, (075) 4070571, E-Mail: rwsun@mit.edu. Hervorragendes kleines Hotel mit Selbstversorgermöglichkeiten und einem genialen Campingplatz. Es gibt vier Zimmer, welche rundum gut und sauber sind und ordentliche Betten mit Moskitonetzen haben. Zusätzlich können bei Gruppen auch noch die zwei Aufenthaltsräume als Schlafplätze genutzt werden, so dass insgesamt 14 Personen im Jakobsen's unterkommen. Ein Caretaker ist für das Saubermachen, die Wäsche und einfache Kochkunst zuständig (tansanische Gerichte). Gäste können gegen einen geringen Aufpreis Kühlschrank, Generatorstrom/-licht und Ofen nutzen. Jakobsen's befindet sich etwa 5 km von der Bahnstation entfernt (Taxi erforderlich). Für Selbstfahrer geht es in Richtung Kigoma Hilltop Hotel, jedoch dort am Abzweig vorbei. Kurz danach rechts den Abzweig mit Schild „Zungu Beach/Mwamahunga" nehmen. Die Strecke verläuft bergauf, und man folgt den Schildern „Jakobsen's Beach". Unterhalb des Guest House befindet sich **einer der schönsten Campingplätze Tansanias.** Jakobsen's liegt nicht gerade zentral, dafür aber traumhaft schön und einsam auf einer Halbinsel mit einem Postkarten-Strand. Empfehlenswert.
- **New Kigoma Hotel**
Ebenfalls im Zentrum liegt dieses ältere Etablissement. EZ kosten 9500, DZ 12.500 TSh.
- **Weitere einfache Guesthouses**, z.B. das **Mapinduzi** und das **Mwanga,** liegen im Zentrum. Im höher gelegenen Teil von Kigoma (ca. 2 km vom Bahnhof entfernt) befinden sich noch weitere landestypische Pensionen nahe der Straße nach Ujiji.

Camping

Siehe Jakobsen's Beach & Guest House.

Essen und Trinken

- Das beste Restaurant der Stadt ist im **Kigoma Hilltop Hotel,** allerdings wird dort kein Alkohol ausgeschenkt. Ansonsten bietet das auch unter Reisenden beliebte **Alleys Restaurant** an der großen Mangoallee in der Stadt einfache afrikanische und indische Snacks/Gerichte.
- Tagsüber ist die Küche vom **Arif Mini Supermarket** zu empfehlen. Hier können indische Mahlzeiten am Morgen vorbestellt werden. Die übrigen Guesthouses bieten nur einfache Kost. Beliebt unter Einheimischen ist die **Bar im Kigoma Hotel,** wo es schon mal „feucht" und laut hergeht.

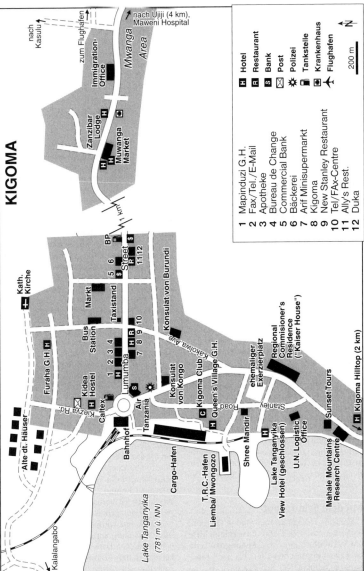

KIGOMA

Krankenhaus

- **Kigoma Government Hospital**, Tel. 533
- Im höher gelegenen Teil Kigomas, entlang der Straße nach Ujiji, befinden sich eine kleine **Klinik** und eine **Apotheke**.

Polizei

Die Polizeistation ist nahe des großen Kreisverkehrs beim Bahnhof.

Verkehrsverbindungen

Mit dem Flugzeug

Precision Air fliegt täglich von **Dar es Salaam** über Tabora nach Kigoma (210 $ einfach). Das Büro befindet sich in einer Nebenstraße, Ecke Lumumba Street neben der Commercial Bank.

Mit der Eisenbahn

Die im Augenblick einzige sichere Landreisemöglichkeit von/nach Kigoma erfolgt über die **Central Railway** (www.trctz.com). Die Züge sind daher in der Regel immer ausgebucht. Probieren Sie, sich an den Station Master zu wenden, da dieser oftmals ein paar Plätze in den Liegeabteilen bis kurz vor Abfahrt freihält. Züge fahren Di, Do und So um 17 Uhr von Kigoma in Richtung Dar es Salaam. Die Fahrt dauert 36–40 Stunden, eine Fahrkarte in der 1. Klasse kostet 45.000 TSh, bis Dodoma 31.000 TSh. Die 2. Klasse liegt bei 33.000 bzw. 21.000 TSh.

Direkte Verbindungen nach Mpanda und Mwanza gibt es nicht. Sie müssen jeweils bis Tabora fahren und dort eine neue Fahrkarte erwerben; bis Tabora 8900 TSh pro Person in der 1. Klasse (zu den Abfahrtszeiten siehe bei Tabora).

Mit dem Schiff/Boot

Von der TMD (Tanzania Marine Division) verkehren zur Zeit die **Passagierschiffe „M.V. Liemba"** und **„M.V. Mwongozo"** entlang des tansanischen Ufers bis nach Mpulungu in Sambia. Der Schiffsverkehr mit Bujumbura in Burundi und mit Kalemie im Kongo ist die meiste Zeit über eingestellt.

Mi um 16 Uhr legt die „M.V. Liemba" für ihre zweitägige Reise **nach Mpulungu** ab, wo sie Fr morgens um 8 Uhr am Kai anlegt. Die Rückfahrt erfolgt am gleichen Tag gegen 16 Uhr. Eine Fahrkarte nach Mpulungu kostet in einer 2er-Kabine der 1. Klasse auf dem Oberdeck 55 $. Die 2. Klasse sind 4er-Kabinen im Unterdeck; der Preis liegt bei 45 $ pro Person. Insgesamt verfügt das Schiff über zehn 1. Klasse- und zwei 2. Klasse-Kabinen sowie zwei Familienkabinen mit je vier Betten und einer Toilette mit Waschgelegenheit. Schließlich gibt es auf dem hinteren Oberdeck noch zwei großzügig eingerichtete V.I.P.-Kabinen mit je zwei Betten, einem gemeinsamen Wohnzimmer und Bad/WC. Sie kosten etwa das Vierfache eines 1. Klasse-Fahrscheins. Zu jedem Fahrpreis kommen zusätzlich noch **5 $ Hafengebühr** hinzu.

Das Reservieren von **Schlafkabinen** ist empfehlenswert. Dies geschieht in Kigoma über den Branch Manager der Marine Division, Tel. (028) 2802008, 2802002, oder über die Auskunft in Dar es Salaam, Tel. (022) 2110599.

An Bord der Schiffe befindet sich für Gäste der 1. und 2. Klasse ein Restaurant mit Bar. Mittags und abends serviert dieses entweder Fisch oder Huhn mit Reis; Chips (Pommes) auf Vorbestellung.

Wenn Sie an Bord gegangen sind, wenden Sie sich an den Schiffs-Stewart, dieser gibt Ihnen dann den Kabinenschlüssel und ist auch sonst während der Fahrt Ansprechperson bei evtl. auftretenden Problemen.

Die **Mitnahme von Fahrzeugen** ist auf beiden Schiffen möglich und kostet für einen Geländewagen bis Mpulungu ca. 200 $, für ein Motorrad etwa 15 $ (TSh). Der Bordkran der Liemba kann bis zu 2,5 Tonnen heben. In Kigoma wird das Fahrzeug allerdings meist über eine Rampe auf das Schiff gefahren – die Rampe ist Verhandlungssache, denn sie muss mit den Schiffsplanken gebaut werden. In Mpulungu wird der Hafenkran zur Ent- oder Verladung von Fahrzeugen eingesetzt, was etwa 30 $ kostet. Die einzige Möglichkeit, zwischen Kigoma und Mpulungu ein Fahrzeug abzuladen, besteht an der neuen

KIGOMA

Anlegerampe in Kasanga, ganz am Südende des Tanganyika-Sees. Sollten Sie Ihr Fahrzeug außer Landes führen, müssen Sie vorher beim Zoll gegenüber vom Bahnhofsgebäude, zwischen den Straßen nach Ujiji und Kigoma Hilltop, Ihr Carnet abstempeln bzw. für in Ostafrika angemeldete Fahrzeuge eine „Temporary Exportation Form" ausfüllen. Den Ausreisestempel für Ihren Pass bekommen Sie von einem Zollbeamten während der Reise auf dem Schiff. In Mpulungu erhalten sie am Hafen problemlos ein Transitvisum für Sambia (z.Z. 40 $, billiger ist jedoch ein single-entry-visa für 25 $ – geben Sie mindestens eine Woche Aufenthaltsdauer an!) sowie eine Einfuhrabwicklung Ihres Fahrzeugs.

Reisende mit Fahrzeug und dem Interesse, einen **Abstecher zu den Kalambo Falls** zu unternehmen, sollten in Mpulungu aussteigen und dort über Mbala zu den Wasserfällen fahren. Von Kasanga aus kommen Sie mit einem Fahrzeug/Motorrad nicht bis zu den Kalambo Falls (mehr s.u.).

Kleine kongolesische Cargoschiffe der Reederei SNCZ (Büro im 1. Stock des großen Hafengebäudes) verkehren zwischen Kigoma und **Kalemie** im Süden sowie zwischen Kigoma und **Kalundu bei Uvira** im Norden. Mit Essen und Getränken müssen Sie sich hier selber versorgen; die Kabinen an Bord beinhalten nur einfache Kojen. Fahrpreise sind in Dollar zu zahlen und variieren zwischen 20 und 40 $. Doch von einem touristischen Ausflug in den Kongo ist derzeit abzuraten.

Große motorisierte Holzboote fahren von Kalalangabo, 2 km nördlich von Kigoma, bis nach Kagunga, etwa 2 km vor der **Grenze zu Burundi**. Von dieser Möglichkeit, nach Burundi einzureisen, ist jedoch aus Sicherheitsgründen Abstand zu nehmen. Dennoch fahren die Boote meistens ab 8 Uhr von dem 2 km nordwestlich von Kigoma gelegenen Anlegeplatz los. Bis Kagunga müssen Sie mit einer fünfstündigen Fahrt rechnen. Auf halbem Wege legen die Boote auch in Kasekela, dem Park Headquarter von **Gombe** (s.u., Gombe National Park), an.

Bahnhof von Kigoma

„M.V. Liemba" – die Geschichte der „Graf von Götzen"

Nachdem das Ende der Gleisbauarbeiten der Deutsch-Ostafrikanischen Mittellandbahn 1913 in Sicht war, bestellte die D.O.A.E.G. (Deutsch-Ostafrikanische Eisenbahn-Gesellschaft) bei der Firma Meyer in Papenburg an der Ems ein Passagierschiff für den Einsatz auf dem Tanganyika-See. Das 67 m lange und 10 m breite Schiff kostete damals über 400.000 Reichsmark und sollte zu Ehren des ehemaligen Gouverneurs von Deutsch-Ostafrika „Graf von Götzen" (1900–1906) getauft werden. Graf *von Götzen* hatte großen Anteil daran, dass die damaligen Westgebiete von Ujiji über Urundi bis Ruanda unter deutsche Herrschaft kamen. Zusätzlich bestellte man noch ein zweites, ebenso großes Schiff, welches „Freiherr von Rechenberg" (Gouverneur von 1906–1912) heißen sollte. Doch der Ausbruch des 1. Weltkrieges ließ die Verschiffung der Rechenberg nach Dar es Salaam nicht mehr zu.

Die noch vor dem Krieg mit mehreren Schiffen nach Deutsch-Ostafrika in Fertigteilen verfrachtete „Graf von Götzen" erreichte Kigoma im Januar 1914. Damals trennten noch wenige Kilometer das Gleisende von dem gerade in Bau befindlichen Bahnhof. Die ersten Teile des Schiffes wurden daher von mehreren hundert einheimischen Trägern zur eigens für die „Graf von Götzen" gebauten Werft getragen.

Über ein Jahr dauerte der Zusammenbau des Schiffes, und nachdem in der Zwischenzeit der 1. Weltkrieg ausgebrochen war, sollte das Schiff nach Fertigstellung an die Marineeinheit der Schutztruppe übergeben werden, denn es galt, den Westteil der Kolonie gegen die Briten aus Rhodesien und gegen die Belgier aus dem gegenüberliegenden Kongo vom See aus zu verteidigen. Zu diesem Zweck wurden an Bord eine große und zwei kleinere Kanonen angebracht. Das Hauptgeschütz kam von dem im Rufiji-Delta gestrandeten Kreuzer „Königsberg".

Am 9. Juni 1915 war es dann endlich soweit: Die 800 Tonnen schwere „Graf von Götzen" machte unter Korvettenkapitän *Zimmer* ihre erste große Fahrt nach Bismarckburg, dem heutigen Kasanga. Kurz darauf, am 19. Juni, gab es dann auch schon den ersten militärischen Einsatz. Die „Graf von Götzen" versenkte den kleineren britischen Dampfer „Cecil Rhodes" in der Nähe des heutigen Mpulungu. Bis Mitte 1916 unternahm das Schiff zahlreiche Patrouillen- und Versorgungsfahrten und diente letztendlich General *von Lettow-Vorbeck* für seine strategischen Truppenverschiebungen. Im Juni 1916 bombardierten belgische Flugzeuge die „Graf von Götzen" im Hafen von Kigoma. Der Schaden war jedoch nicht groß und schnell behoben, das größere Problem war vielmehr die Frage, was mit dem Schiff passieren sollte, denn man war nach dem massiven Vormarsch der Belgier im Begriff, Kigoma aufzugeben und sich nach Tabora abzusetzen. Am 26. Juli 1916 wurden schließlich die wichtigen Maschinenteile eingefettet, der Schiffsrumpf mit Zement beladen und die „Graf von Götzen" bei Nacht vor der Mündung des Malagarasi-Flusses (das Wasser ist hier trüber als anderswo) versenkt, da man das Schiff nicht den Belgiern überlassen wollte. Man ging davon aus, dass der Krieg gewonnen werden und man nach Kigoma zurückkommen würde.

Nach dem Krieg aber unterstand Kigoma den Belgiern, die das Schiff durch die Information von Einheimischen fanden und nach Kigoma schleppten. In Kigomas Bucht sank es aufgrund eines Hebungsfehlers erneut. Nach der Mandatsaufteilung der Kolonie Deutsch-Ostafrika fiel Kigoma 1921 der britischen Verwaltung zu. Nach zwei Jahren Bergungsarbeiten und fast acht Jahren unter Wasser tauchte die „Graf von Götzen" am 16. März 1924 wieder vollständig auf und war zur Überraschung aller Anwesenden in einem sehr guten Zustand. Die Briten anglisierten erst einmal den Namen in „S.S. Götzen";

1927 wurde das Schiff dann auf den Namen „Liemba" getauft, wie der Tanganyika-See im Süden des Landes genannt wurde.

Der Schiffsaufbau, der für den Kriegseinsatz konzipiert worden war, wich einem Passagierdeck mit Schlafkabinen. Die alten Motoren, die mit deutscher Gründlichkeit in gepflegtem Zustand an Land versteckt waren, wurden wieder in das Schiff eingesetzt. Unglaublich, aber wahr: Die Dampfkessel hielten bis in die 1970er Jahre.

Da auch andere Schiffsteile stark beansprucht waren, legte man die Liemba dann eine Zeit lang auf Trockendock. 1979 rüstete man das Schiff mit zwei Diesel-Motoren der britischen Firma Caterpillar aus, welche jedoch nur ein paar Jahre liefen. Seit über zehn Jahren arbeiten nun sehr PS-starke Dieselaggregate der deutschen Firma M.A.N. im Rumpf des Schiffes. Die größte Generalüberholung bekam die „Liemba" 1993, als eine große dänische Firma den kompletten Rumpf von innen verstärkte und dem Schiff einen neuen Aufbau gab, ohne dabei den alten Charme des Schiffes zu zerstören. An die einstige „Graf von Götzen" erinnert heute lediglich noch der genietete Rumpf mit den ursprünglichen Bullaugen. Die oft wiederholte Geschichte, die „Liemba" habe im Humphrey-Bogart/Katherine-Hephurn-Klassiker „The African Queen" mitgewirkt, entspricht nicht den Tatsachen.

Gemessen an der Wasserverdrängung von über 1300 Tonnen und einem Tiefgang von 3 m, ist die „Liemba" das größte und älteste Schiff auf allen innerostafrikanischen Seen und mittlerweile sogar eines der ältesten Passagierschiffe der Welt. Die ältesten Bewohner entlang des Lake Tanganyika kennen die schwimmende Legende noch aus frühester Kindheit, und für die Menschen am See insgesamt gehört die „Liemba" so zu ihrem Leben wie die Fische zum Tanganyika-See.

Stapellauf der „Graf von Götzen"

KIGOMA

Mit dem Bus

Der Überlandbusverkehr ist seit vielen Jahren auf **nur wenige Verbindungen** beschränkt. Zwischen Kigoma und Mwanza verkehren mehrere Busse die Woche. Die Fahrt dauert ca. 12 Stunden. Ansonsten täglich Verbindung nach Biharamulo, von wo ebenfalls täglich Busse nach Bukoba und Mwanza starten. Aufgrund der miserablen Piste verkehren weder Busse noch Land-Rover-Taxis nach Mpanda bzw. Sumbawanga.

Nach Ujiji fahren mehrmals täglich Kleinbusse vom Markt aus.

Safariunternehmen

● **Sunset Tours**
Tel. (022) 2775339, (0754) 362910. Erfahrenes Büro der Vaitha-Brüder. Angeboten werden mehrtägige Fahrten mit schnellen, komfortablen Motorbooten in den Mahale und

Blick auf den Fischerhafen von Kigoma

Gombe National Park. In den Parks, meist direkt am Strand, wird ein Camp errichtet.
Internet: www.concept-reisen.de,
E-Mail: aqua@cats-net.com
● **Chimpanzee Safaris**
Tel. (028) 2804435/6, (0773) 074699. Neueres Unternehmen, das zum Kigoma Hilltop Hotel gehört und das Gombe Luxury Tented Camp (Gombe), das Nkungwe Tented Camp (Mahale) und das Katuma Katavi Camp (Katavi) betreibt.
Internet: www.chimpanzeesafaris.com,
E-Mail: info@chimpanzeesafaris.com
● Wer sich direkt und kompetent von Europa aus beraten lassen möchte, sollte sich an den Tansania-Spezialisten **Concept Reisen** in Berlin wenden (siehe „Praktische Reisetipps A–Z/Reiseveranstalter"). Besonders Reisen in den Westen Tansanias mit Besuchen in den Parks Gombe, Mahale und Katavi sowie spezielle Boottransfers bzw. eine Mitfahrt auf der „Liemba" werden fachkundig nach Ihren Wünschen zusammengestellt.
● **Lupita Island**
Tel. (027) 2508773, (0784) 266558, (0784) 278639. Firelight Expeditions betreibt eine

neue Lodge auf der Privatinsel Lupita (im südlichen Teil des Tanganyika-Sees nahe Kipili) mit 14 luxuriösen Chalets, jedes mit eigenem Wasserfall, geplant sind auch mehrtägige Tanganyika-Lake-Cruises.
Internet: www.firelightexpeditions.com,
E-Mail: info@firelightexpeditions.com

Sonstiges

- Im Ortszentrum befinden sich **Tankstellen,** eine **Post** (Tanzania Postal Bank/Western Union, Tel. (028) 2804241, E-Mail: tpb.kgm@africaonline.co.tz), ein reichhaltiger, aber teurer **Markt** und eine **Commercial Bank.** Der kleine, gut sortierte indische Einkaufsladen **Arif Mini Supermarket** liegt neben dem Kigoma Hotel.
- In Kigoma gibt es **Konsulate von Burundi und dem Kongo.** Hier erfahren Sie mehr über den aktuellen Stand der Einreisemöglichkeiten in beide Länder. In jedem Fall benötigen Sie als deutscher, Schweizer oder österreichischer Staatsangehöriger ein Visum für beide Länder.
- Das **Mahale Mountains Research Center,** unweit von der Aqua Lodge, führt keine Buchungen, Transportvermittlungen etc. für den Mahale Mountains National Park durch. Es hat mit der Verwaltung des Nationalparks nichts zu tun – hier wird ausschließlich Forschung betrieben.

Ujiji ♪ VI,A2

Ujiji war neben Tabora **bis zur Jahrhundertwende der bedeutsamste Marktort im innerostafrikanischen Raum.** Der 6 km südlich von Kigoma gelegene Ort war ab 1840 **Ausgangspunkt der arabischen Elfenbeinhändler und Sklaveneintreiber,** die von hier ihre ausbeuterischen Vorstöße auf die andere Seite des Sees unternahmen. Kräfte sammelnd nach den Strapazen im feuchtheißen Kongo, brachen sie von Ujiji mit großen Karawanen nach Bagamojo am Indischen Ozean auf. Mit der Zeit ließen sich manche Araber auch längerfristig in Ujiji nieder und prägten die Entwicklung des Ortes zu einer muslimischen Enklave mit Elementen der küstentypischen Swahili-Kultur. Ab 1895 unterstand Ujiji der deutschen Kolonialverwaltung, die hier eine Militärstation (Boma) für die 6. Feldkompanie der Schutztruppe errichtete. Ab 1906 war Ujiji **Bezirksamtssitz der Kolonialverwaltung.** Die Boma ist heute nur noch eine Ruine. Eine große, sehr imposante Mango-Baum-Allee in westlicher Richtung wurde damals als „Tabora-Straße" angelegt.

Ansonsten erinnern die Palmen, ein paar Holztüren mit Schnitzereien und die flachen, Swahili-typischen Häuser an die handelskulturelle Verbindung mit dem Sultanat Sansibar. Einige Bewohner Ujijis tragen noch weiße *kanzus* und schwarze *buibuis*, religiöse Gewänder, wie man sie von der stark muslimisch geprägten Küste des Indischen Ozeans kennt.

Im Schatten Kigomas ist Ujiji heute nur noch ein kleinerer Handelsort. Von der Pracht vergangener Tage ist nicht mehr viel übrig. Der Markt bietet auch nicht mehr als anderswo, der große Teil des Handels findet meist direkt am Fischerhafen statt. Dort liegen am Strand Dutzende von großen Holzbooten, die für ihre nächste Fahrt hergerichtet werden. Einige Boote sind erst im Bau, während bei älteren die Risse und Ritzen mit ölgetränkter Baumwolle gestopft werden. Auch Boote von der anderen Uferseite im Kongo nutzen den Ort, um

GOMBE STREAM NATIONAL PARK

Wartungsarbeiten zu erledigen, da aufgrund der schlechten wirtschaftlichen Versorgung im bürgerkriegsgeschwächten Nachbarland Materialien wie Motoren, Farben, Lampen usw. nur bedingt erhältlich sind. Für die kongolesischen Fischer ist dies ein teures Unterfangen, da sie für ein tansanisches Visum 50 $ zahlen müssen.

Viele Reisende kommen nach Ujiji, um das **Livingstone Memorial Museum** zu besuchen. Es ist der Ort, an dem der amerikanische Journalist **Henry Morton Stanley** nach langer Suche den Missionar und Forscher **David Livingstone** am 10. November 1871 unter einem Mangobaum antraf und diesen mit den legendären Worten „Dr. Livingstone, I presume" begrüßte. In einem kleinen Ausstellungsraum wurde dieser Moment mit zwei lebensgroßen Figuren aus Pappmaché nachgestellt. Dazu geben ein paar Gemälde das Bild Ujijis vor einem Jahrhundert in eindrucksvoller Weise wieder. Zu Ehren *Livingstones* (in seinem Bemühen, die Sklaverei abzuschaffen) wurde 1927 von der Royal Geographical Society ein Denkmal unter einem Mango-Baum errichtet – der Baum soll ein Ableger jenes Baumes sein, unter dem der Forscher viele Stunden während seiner Aufenthalte in Ujiji saß und sich von den langen strapaziösen Reisen erholte.

Das Livingstone Memorial erreicht man von Kigoma aus kommend, wenn man etwa in der Ortsmitte rechts in die Livingstone Street einbiegt und dieser 1 km durch ein Wohngebiet folgt, bis das letzte Haus auf der rechten Seite erscheint. Zum Eingang müssen Sie vorher rechts die Grundstücksmauer entlang, bis Sie nach etwa 50 m auf ein Tor stoßen. Den Vortrag des Museumsaufsehers über das Leben von *Livingstone* sollte man sich nicht entgehen lassen!

Folgt man der Livingstone Street bis zum Ende, kommt man nach ca. 400 m zum **Strand und Anlegeplatz vieler Fischerboote.** Das Fotografieren ist hier nicht gern gesehen, fragen Sie vorher freundlich um Erlaubnis!

Wer in Ujiji übernachten möchte, für den bietet das einfache **Matanda Hotel** am Ende der Kigoma Road eine Schlafgelegenheit.

Gombe Stream National Park ↗ VI,A2

Der Park

Der **kleinste und teuerste Nationalpark Tansanias, ca. 20 km nördlich von Kigoma,** erstreckt sich an den Hängen eines Bergzuges am Tanganyika-See. Vom Ufer breitet sich der Park etwa 3–4 km landeinwärts aus und erreicht bei den bis zu 1000 m über dem Wasserspiegel thronenden Gipfeln der feuchtsavannigen Msekela Hills seine westliche Parkgrenze. Die Nord-Süd-Ausdehnung des Parks beträgt ungefähr 15 km. Bereits 1943 wurde Gombe als ein Game Reserve **errichtet, um den tropischen Regenwald und die Schimpansen zu schützen.** Ein paar kleine Fischersiedlungen vom Volk der Jiji mussten aus dem neu gegründeten Naturschutzgebiet in eine andere Region umgesiedelt werden. Doch heute erlaubt die Parkverwaltung den Fischern, die Strände für kurze Zeiträume zu nutzen. Gelegentlich können Sie daher den Fischern bei der Arbeit zuschauen. Diese suchen sich breite, grobsandige Stellen entlang der Ufer, um ihre nächtlichen Fänge (Mgebuka- oder Dagaafische, letztere eine Süßwassersardine) hier tagsüber zu trocknen.

Die unteren Hänge des steil aufragenden Parks sind dicht bewaldet. Grundwasser ist reichlich vorhanden, und die überall an den Hängen herunterlaufenden kleinen Bergbäche sorgen für ein urwaldmäßiges Gedeihen des tropischen Pflanzen- und Baumbestandes. In den oberen Regionen dominiert der Miombo-Wald, ein lichter Trockenwald, selten höher als 15 m, wie er typisch für den südostafrikanischen Raum ist. Die Gipfelregionen bestehen aus montaner Feuchtsavanne.

Gombe kann das ganze Jahr über besucht werden, ideal ist jedoch die **regenarme Zeit von Juni bis Mitte November.**

Bekannt wurde das **Schimpansen-Reservat,** nachdem die Britin **Jane Goodall** (www.janegoodall.org.uk) ab 1960 über ihre Eindrücke von den so menschenähnlichen Affen berichtete. Es gelang der jungen Hobbyforscherin – motiviert und finanziert durch den großen Ostafrika-Paläoanthropologen *Louis Leakey* (vgl. Ngorongoro Conservation Area) –, das Verhalten der Schimpansen aus nächster Nähe zu erforschen. Durch Zufall entdeckte sie die **Vorliebe der Schimpansen für Bananen.** Durch regelmäßige Fütterungen

mit dieser Frucht nahe ihres Basislagers gelang es *Goodall,* den Schimpansen ihre Furcht vor Menschen zu nehmen; so konnte sie systematisch über einen längeren Zeitraum eine sehr enge Beziehung zu der Affenart aufbauen. Im Rahmen langwieriger Studien bekam sie einen intensiven Einblick in das Sozialverhalten der Schimpansen. Fasziniert war sie vor allem von deren Gebrauch von Werkzeugen, meist Zweigen und Stöcken, die ihnen hauptsächlich zur Nahrungsmittelsuche und zu Verteidigungszwecken dienten. Die Ergebnisse ihrer Studien publizierte *Goodall* in ihren Büchern „In the Shadow of Man" („Wilde Schimpansen") von 1971 und „Through a window" von 1990. Schließlich wurde im Jahr 1968 aus dem Gombe Reserve ein Nationalpark. Ein zu Beginn der 1990er Jahre stark anwachsender und aus wissenschaftlicher Sicht nicht verträglicher Touristenstrom führte 1994 zu einer drastischen Erhöhung der Parkgebühren auf nun 100 $ Eintritt pro Tag. Die Maßnahme war insofern wichtig, weil der Park in erster Linie der Forschung dienen soll und nur für einen begrenzten Tourismus ausgelegt ist. Noch heute verbringt *Jane Goodall* viel Zeit im Gombe National Park bei der Erforschung der Schimpansen.

Tierwelt

Neben den Schimpansen bilden die **Paviane** *(Olive Baboon)* einen weiteren großen Teil der Tierpopulation im Gombe National Park. Auch diese grau-braune Affenart ist seit vielen Jahren ein Ob-

GOMBE STREAM NATIONAL PARK

jekt der Forschung. Der *Olive Baboon* unterscheidet sich vom *Yellow baboon* (Mahale Mountains) durch seinen kräftigeren Körper und sein dunkleres und dichteres Fell. Da die Tiere zum Teil fast alles fressen, was so an Nahrung rumliegt, sollten Sie zu jeder Zeit die Tür vom Gästehaus und/oder Ihr Zelt gut verschließen. Eine leichte Unachtsamkeit kann schnell dazu führen, dass Ihre nächtliche Unterkunft aussieht wie ein ... Affenstall. Angelockt vom Geruch der Nahrungsmittel stöbern die Paviane alles durch. Hilfreich sind luftdicht verschließende Essensbehälter (Tupperware). Die völlig unscheuen, aber nicht aggressiven Paviane werden mit ihrer ansteigenden Population im Gombe National Park immer mehr zu einer Art **Plage.** Füttern Sie die Tiere unter keinen Umständen, und engen Sie auch nie ihren Fluchtraum ein! Vor allem starren Sie nie einem männlichen Pavian länger in die Augen, denn er kann dies als Herausforderung zum Kampf betrachten – bedenken Sie: Das Gebiss eines Pavians hat die Beißkraft eines Löwen! Folgen sie den Anweisungen der Park Rangers, und Sie werden kaum Probleme mit diesen Tieren haben.

Nur selten werden sich andere Tiere im Park erblicken lassen. Gelegentlich bekommt man ein **Waldschwein** oder einen **Buschbock** zu Gesicht, kleine Raubtiere wie die **Civet- und Genet-Katze** nur selten, und die früher noch häufiger vertretenen Waldbüffel scheinen sich gänzlich in andere Gebiete zurückgezogen zu haben.

Neben den Schimpansen sind vor allem die **über 250 Schmetterlingsarten** eine farbenfrohe Attraktion im Park. Wenn Sie Genaueres über diese sehr interessanten Tierchen erfahren wollen, dann bringen sie ein Schmetterling-Handbuch mit, da Sie hier eine einmalige Gelegenheit haben, die verschiedenen Exemplare aus nächster Nähe zu studieren.

Anreise und Eintrittskosten

Zum Park kommt man nur mit Booten. Es gibt keine Straße hierher, Ihr Fahrzeug müssen Sie in Kigoma stehen lassen. Öffentliche Verkehrsmittel in Form von **Lake Taxis** fahren von Zeit zu Zeit von Kigoma über mehrere Stationen bis an die Grenze Burundis. Diese fahren in der Regel gegen 10 Uhr morgens vom kleinen Anlegeplatz bei Kalalangabo 2 km nordwestlich von Kigoma ab und tuckern das Ufer entlang. Nach ein paar Stopps in Fischerdörfern legen die Boote auch in **Kasekela,** dem **Headquarter des Gombe National Park,** an. Eine Fahrt kostet ungefähr 2000 TSh, sofern mehrere Leute an Bord des Bootes sind. Speziell für Besucher des Parks haben sich ein paar findige private Anbieter spezialisiert, die bis zu 100 $ fordern. Zum Teil wird man schon auf der Straße angesprochen, informieren kann man sich aber im Lake Tanganyika View Hotel. Haben noch andere Traveller Interesse, reduziert dies die Kosten pro Person. Die Fahrt dauert etwa 2 Stunden.

Denken Sie an Sonnenmilch und an einen **Sonnenschutz** für ihren Kopf.

Die Fahrt ist wunderschön, da Sie nach etwa einer Stunde die südliche

Parkgrenze bei dem kleinen Dorf Kazinga passieren und sich nun vor Ihnen die steil aufragenden und tiefgrünen Hänge des Kitunda- und Karakihuma-Berges in ihrer ganzen Schönheit präsentieren.

In Kasekela angekommen, werden Sie erst mal zur Kasse gebeten: **100 $ Eintritt pro Tag** (für Kinder bis 16 Jahre 20 $). Ein Boot für den ganzen Tag organisieren können Sie entweder bei Sunset Tours oder Chimpanzee Safaris (siehe bei Kigoma) für etwa 165 $ oder am Lake-Taxi-Anlegeplatz für 80–120 $ (je nach Bootsgröße und Verhandlungsgeschick). Gelegentlich finden sich auch andere Reisende, mit denen man eine Gruppe bilden und so die Kosten für den Einzelnen gering halten kann. Mit dem eigenen Boot können Sie bei Sonnenaufgang losfahren und sind schneller im Park als mit den Lake Taxis, die mehrmals halten müssen.

Zu Fuß unterwegs im Park

Mit Ausnahme von Uferspaziergängen darf man den Park nur in Begleitung eines Rangers (20 US$) erkunden.

Etwa 15 Minuten Gehzeit vom Park Headquarter entfernt liegt die **Forschungsstation,** an der sich fast täglich Schimpansen aufhalten. Forscher aus allen Teilen der Welt haben hier in den letzten Jahrzehnten viel Zeit verbracht, um das Verhalten der Affenart zu studieren. Die mit Fütterungen von Obst angelockten Schimpansen sind äußerst zutraulich und nähern sich Besuchern oftmals bis auf wenige Meter. Sollten an der Station keine Schimpansen sein, weiß der Ranger, wo sich welche auf-

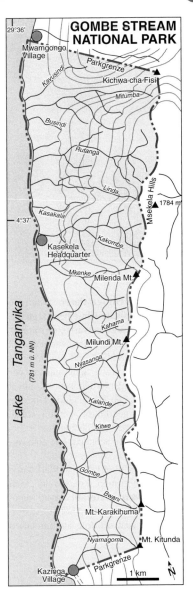

Gombe Stream National Park

Bärenpavian verspeist Chamäleon

halten. **Zum Fotografieren** sollten Sie **lichtempfindliche Filme benutzen** (etwa 400 Asa und aufwärts), da zum einen die üppige Vegetation nicht überall die Sonne durchlässt und zum anderen die fast schwarzen Schimpansen vor dem dunklen Unterholz kaum Kontrast bieten, weshalb mit leichten Überbelichtungen gearbeitet werden sollte. Das Verwenden von Blitzgeräten ist bei Aufnahmen von Schimpansen strikt verboten!

Von der Station führt ein Pfad durch den immergrünen Regenwald hoch zum **Kakombe Waterfall** (ca. 20 Minuten). An dem etwa 20 m hohen Wasserfall lassen sich oft Rote Stummelaffen und Meerkatzen in den Bäumen beobachten.

Längere Fußmärsche in andere Teile des Parks oder zu den Gipfeln der Msekela Hills sollten Sie vorher mit dem Ranger absprechen, vor allem dann, wenn Sie den ganzen Tag unterwegs sein wollen und Verpflegung brauchen.

Das **Schwimmen im Lake Tanganyika** ist nach einem anstrengenden Marsch entlang der steilen Hänge des Parks eine willkommene Erfrischung. Es gibt hier keine Bilharziose oder andere im Wasser lauernde Krankheiten. Unterwassersichtweiten um die 20 m lassen die Mitnahme einer Taucherbrille angeraten erscheinen. Die ca. 2 km nördlich von Kasekela liegende **Mitumba Beach** ist ein herrliches Gebiet zum Sonnen und Schwimmen. Nördlich vom Strand schließt sich ein wunderschönes Tauchgebiet an. Entlang der felsigen Stellen unter Wasser findet man eine hohe Konzentration von Buntbarschen, die an den algenüberzogenen Steinen nagen.

Unterkunft und Verpflegung

- Im Gombe gibt es keine typische Safari-Lodge, übernachten kann man in dem ufernahen **Hostel** (Gästehaus) beim Park Headquarter (15 Betten). Bettwäsche/Schlafsäcke, Kochgeschirr und insbesondere Verpflegung müssen mitgebracht werden. Die sehr einfache Einrichtung des Hostels weist Küche und Gemeinschaftsbad auf sowie eine gut sortierte Büchersammlung. Die Terrasse ist wegen der neugierigen Paviane vergittert. Wenn Sie Glück haben, können Sie auch schon mal Schimpansen direkt von der Terrasse aus beobachten.

- **Gombe Luxury Tented Camp**
Tel. (022) 2130501/476, (0754) 786001, Fax (022) 2130487. Camp im Nationalpark an der Mitumba Beach. Jedes Zelt ist geräumig und mit dekorativer Inneneinrichtung und angegliedertem Badezimmer ausgestattet. Die Zelte sind auf Holzplattformen gebaut und haben alle Seeblick und eine eigene Terrasse. Das Camp gehört zum Unternehmen Chimpanzee Safaris, welches auch im Mahale Mountains National Park und Katavi National Park ganzjährige Zeltcamps betreibt. Internet: www.chimpanzeesafaris.com
- **Zelten** lässt sich für 20 $ pro Person entlang des Ufers, an Stellen, die Ihnen die Rangers zeigen. Angeblich braucht man hierfür jetzt auch einen Ranger als Nachtwächter, der weitere 20 $ kosten soll.
- **Lebensmittel** können Sie im Park nicht erwerben, gelegentlich gibt es aber im Headquarter etwas Reis, Sodas oder Bier zu kaufen. Fragen sie einen Ranger.

Mahale Mountains National Park ♪ VI,A3

Der Park

Der Mahale Mountains National Park ist mit über 1500 km² ungefähr dreißig Mal so groß wie der Gombe National Park. Das Schutzgebiet liegt ca. **150 km südlich von Kigoma** und ragt wie eine Halbinsel in den Tanganyika-See. Die Abgeschiedenheit dieses paradiesisch wirkenden Gebietes und seine völlig unberührte Natur geben einem das Gefühl, in einer vergessenen Welt oder gar in einer anderen Zeit zu sein.

Über die gesamte Länge des Parks zieht sich das große **Gebirge der Mahale Mountains.** Die Berge sind ein Produkt des afrikanischen Grabenbruchs. Während die Erdoberfläche im Bereich des heutigen Tanganyika-Sees aufriss und sich spaltete, stießen aus dem Erdinneren am Rande des entstehenden Grabens heiße Magmamassen auf und formten Erhebungen, die sich schnell abkühlten. Eine solche klassische Erhebung sind heute die Mahale Mountains. Der tiefe Graben füllte sich mit Wasser und wurde zu einem See, dem Lake Tanganyika. In den über 20 Millionen Jahren seit der Entstehung der Berge haben klimatische Einflüsse wie Regen und Winde durch Erosion ihren Teil zur heutigen Erscheinung der Berge beigetragen. Die dem See zugewandten Berghänge werden von einem dichten immergrünen Regenwald überzogen, der mit reichlich Niederschlägen (2000 mm im Jahr) und Frühnebeln vom See her versorgt wird. An den mittleren Hängen gedeihen hier auch, anders als im Gombe National Park, feucht-tropischer Bergwald sowie dichter Bambusbestand. Im Park soll es über 300 Baumarten geben. Ab 2200 m bedecken dann wieder montane Savannengraslandschaften den Bereich bis zu den Gipfeln. Die im Regenschatten liegende Ostseite der Mahale Mountains wird von einer trockenen Baumsavanne, den Miombo-Wäldern, bedeckt. Die höchsten Gipfel des Gebirgszuges liegen nahe des Ufers im Nordwesten des Parks: Es sind der Mt. Muhensabantu, der Mt. Humo, der Mt. Sisaga und der **Mt. Nkungwe, mit 2516 m höchster Gipfel der Mahale Mountains.**

Einer **Legende** zufolge gab es einmal einen Streit zwischen dem Berg Nkungwe und seinem Sohn, einem niedrigeren Gipfel. Dieser machte seinem Vater

658 Mahale Mountains National Park

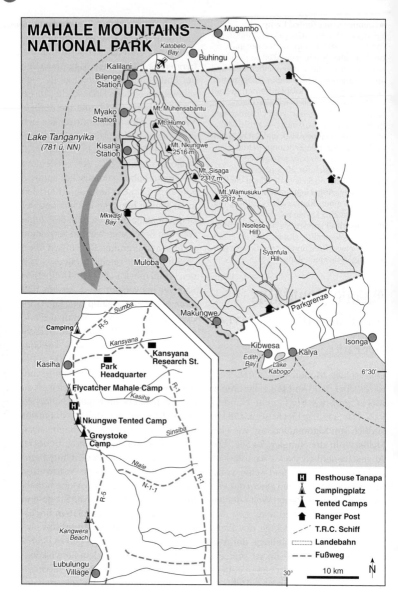

das ruhige Leben am See zur Hölle. In einem Kampf setzte sich Nkungwe gegen seinen Sohn durch und schleuderte diesen auf die andere Seite des Sees, wo er heute lädiert liegt und die kongolesischen Berge südlich von Kalemie formt. Nkungwe fiel nach dem anstrengenden Kampf ebenfalls nieder und stellt heute seitlich liegend die Mahale Mountains dar. Im Nordwesten beginnend liegt sein Kopf, der Mt. Nkungwe; der längere Bergrücken des Mt. Sisaga stellt den Teil von Schulter bis Becken dar. Der flachere Südosten des Bergzuges symbolisiert Nkungwes angewinkelte Beine, so als würde jemand zusammengekauert schlafen. Für die Bewohner war eine Besteigung des Mt. Nkungwe lange Zeit undenkbar. Jeder, der den Gipfel bezwingen würde und damit auf Nkungwes Kopf stünde, würde, so die Legende, kurze Zeit danach durch einen Unfall sterben.

Der 1980 durch Präsident *Nyerere* gegründete Nationalpark schützt im Gegensatz zum Gombe-Park auch einen etwa 2 km breiten und 63 km langen Wasserstreifen am Ufer des Tanganyika-Sees. Hier ist es Fischern verboten, ihre Fangnetze auszubreiten, Boote und Schiffe müssen das geschützte Gewässer umfahren.

Das Hauptbesuchergebiet erstreckt sich in einem etwa 10 km großen Radius um das Bilenge Park Headquarter.

Tierwelt

Die Errichtung des Parks galt hauptsächlich dem **Schutz der Schimpansen.** In den Hängen der Mahale-Berge werden fast 1000 dieser Affen vermutet. Die Population der Schimpansen ist mit der Parkerrichtung und der Umsiedlung von Fischerdörfern aus dem Park stark angestiegen. Zuvor wurden die Affen aufgrund ihres bei der Bevölkerung beliebten Fleisches gewildert. Seit 1961 sind in dieser Region japanische Primaten-Forscher tätig. Mit ihren langjährigen Studien in dieser isolierten Gegend hatten Sie einen großen Anteil an der Gründung des Nationalparks. Die von der Universität in Kyoto unterstützten Forscher haben ihre Research Station Kansyana am Fuße des Mt. Nkungwe, unweit vom ufernahen Park Headquarter bei Kasiha.

Neben Schimpansen lebt im Park auch reichlich Großwild. Östlich des Bergmassivs sind **Elefanten, Büffel, Giraffen, Zebras, Kudus, Elen-** und **Pferdeantilopen, Riesenwaldschweine** und auch **Löwen** zu finden. Doch bisher haben sich kaum Forscher und Besucher diesem Teil des Parks gewidmet. Es ist ein sehr verbuschtes Gelände, und da man zu Fuß unterwegs ist, auch nicht ganz ungefährlich. Erkundigen Sie sich bei den Rangern über die Möglichkeiten einer mehrtägigen Wanderung in den Ostteil des Parks.

Schimpansen, Paviane (*Yellow Baboons),* **Schwarzweiße** und **Rote Stummelaffen, Buschböcke, Mungos** und gelegentlich **Otter** können Sie – mit Glück – im ufernahen Gebiet der Kasoge Area sehen. Auch **Buschböcke** und **Afrikanische Wildhunde** nähern sich oftmals dem See. Gelegentlich treiben auch Löwen an den Westhängen ihr Unwesen und jagen Schimpansen.

Die Wahrscheinlichkeit, Schimpansen in freier Natur zu beobachten, ist nicht so hoch wie im Gombe National Park. Doch in der Regel tummeln diese sich auch in der Nähe der Research Station herum, wo die Forscher sich seit längerer Zeit mit zwei großen Schimpansengruppen intensiv auseinandersetzen. Insgesamt werden im Park zwanzig solcher Gruppen vermutet mit durchschnittlich fünfzig Schimpansen pro Gruppe. Die Mahale Mountains gelten als das **südlichste Verbreitungsgebiet von Schimpansen in Afrika.**

Anreise und Eintrittskosten

Zum Park führt zurzeit keine Straße, und auch im Park existieren keine Pisten für Fahrzeuge; die **Erkundung des Naturschutzgebietes erfolgt auf Fußwegen** entlang der Westhänge der Mahale Mountains.

Neben dem direkten Einfliegen mit einem privat gecharterten Flugzeug (nicht von Kigoma aus möglich; siehe „Coastal Travel", Dar es Salaam) oder im Rahmen einer Flugsafari (s.u.) ist die **Anreise nur mit dem Schiff von Kigoma aus oder mit einem von dort gemieteten Boot** möglich. Chimpanzee Safaris (siehe bei Kigoma) verfügt über große Motorboote, die von Kigoma bis Kasiha etwa 5 Std. benötigen. Durch die lange Anfahrtszeit werden Sie für eine komplette Rundtour mindestens drei Tage benötigen, da nachts ungern gefahren wird. Die momentan günstigste, jedoch anstrengendere Anfahrt kann **mit dem Passagierschiff „M.V. Liemba"** unternommen werden. Dieses verlässt mittwochs um 16 Uhr den Hafen von Kigoma und erreicht – sofern der Fahrplan zeitlich eingehalten wird – zwischen 1 und 2 Uhr in der Nacht das nördlich von den Mahale Mountains gelegene Fischerdorf **Mugambo** (in manchen Karten auch als „Lagosa" eingetragen). Das Schiff kann hier nicht anlegen, Sie müssen sich daher mit einem der Holzboote an Land bringen lassen – Sie brauchen keine Bedenken zu haben, nicht an Land zu kommen, es warten hier ständig Boote auf Passagiere! Die „Liemba" legt auf ihrem Rückweg von Sambia in der Nacht von Samstag auf Sonntag wieder einen Stopp vor

Schnappschuss auf dem Tanganyika-See

MAHALE MOUNTAINS NATIONAL PARK

Mugambo ein, bevor sie zurück nach Kigoma fährt.

Von Mugambo sind es noch 30 km am Ufer entlang bis **Bilenge,** der **Hauptstation des Parks.** Die meisten Reisenden lassen sich von einem der Fischerboote bei Sonnenaufgang zu der Station bringen (knapp 2 Std. Fahrzeit). Die andere Möglichkeit besteht darin, einem Pfad entlang des Ufers zu folgen. Sie kommen hier an weiteren kleinen Dörfern vorbei, bis Sie nach etwa 15 km hinter dem Ort Katumbi die Parkgrenze erreichen und nun in regelmäßigen Abständen Camps der Parkverwaltung und von Safariveranstaltern (s.u.) passieren. Sie müssen in jedem Fall bis Kasiha, um sich dort registrieren zu lassen und die **Parkgebühren** zu zahlen (80 $, 30 $ für Jugendliche von 10–16 Jahren, jeweils pro Tag/24 Std.). Spaziergänge und längere Wanderungen müssen stets in Begleitung eines Rangers erfolgen, der 20 $ pro Tag kostet.

Reisezeit

Bei den hohen Niederschlagsmengen in der Regenzeit von November bis in den Mai hinein empfehlen sich die übrigen **Trockenmonate als beste Besuchszeit** – vor allem auch, weil sich die Schimpansen oft zwischen Januar und März in die obere Bergregion zurückziehen und man sie nur schlecht auffinden bzw. nahe an sie herankommen kann. Zudem sind die steilen Pfade sehr matschig, weshalb ein Fußmarsch zu einer regelrechten Tortur werden kann. Auch für die **Besteigung**

Mahale Mountains

Schimpansen – unsere nächsten Verwandten

Schimpansen sind die menschenähnlichsten Menschenaffen: Wir teilen über 95% unserer Erbsubstanz mit ihnen. Sie leben in Familiengruppen in Wäldern und Baumsavannen im tropischen Afrika. Aufrecht stehend erreichen die männlichen Tiere eine Größe bis zu 1,70 m, weibliche Artgenossen werden bis zu 1,30 m groß; die Arme sind länger als die Beine. Die als Savannentyp bezeichneten Gombe- und Mahale-Schimpansen sind jedoch kleiner; sie werden 30 bis 40 Jahre alt.

Die lang währende Vermutung, diese Affenart lebe wie ihre asiatischen Verwandten, die Orang Utans, nur kletternd und hangelnd in den Baumwipfeln tropischer Regenwälder, wurde spätestens mit den Forschungsarbeiten von Jane Goodall korrigiert. Zwar leben Schimpansen in überwiegend waldreichen Gebieten, doch haben sie hier ein festgetretenes Wegesystem und klettern eigentlich nur zum Früchtepflücken, Nestbau und Schlafen auf die Bäume.

Auf dem Boden oder auf dicken Ästen gehen oder laufen die Schimpansen gewöhnlich auf allen vieren, wobei sie das Gewicht ihres Oberkörpers auf die Handknöchel stützen. Am menschlichsten wirken Schimpansen, wenn sie aufrecht gehen, was sie jedoch nicht sehr oft tun. Die wichtigsten Gründe zum Aufrechtlaufen sind das Tragen von Nahrung, aber insbesondere Gefahrensituationen, da die Tiere in dieser Haltung vor dem Feind größer wirken.

Schimpansen sind vorwiegend Pflanzenfresser, verzehren aber auch Insekten wie Termiten. Als Hauptnahrung gelten Früchte, Knospen, Blüten und Blätter. Doch gelegentlich stehen auch Kleintiere wie Rote Kolobusaffen und diverse Jungtiere auf der Speisekarte. Diese werden jedoch nur gejagt, wenn Aussicht auf Erfolg besteht. In den meisten Fällen wird dann das Fleisch zusammen mit Blättern als Beilage verzehrt.

Beim Fressen von Insekten, vor allem von Termiten, benutzen Schimpansen Stöckchen oder Zweige, mit denen sie in Termitenbauten „angeln". Durch die vielen Gänge der großen Erdhügel stecken die Schimpansen geduldig ihr „Werkzeug" ins Innere der Termitenkolonie, an dem sich die Termiten festbeißen oder auch nur dranhängen. Nach kurzem Warten werden dann die Stöckchen herausgezogen und genüßlich abgelutscht.

Bis zu 100 Schimpansen können in einer Gruppe leben, wobei diese in mehrere Familienbünde aufgeteilt ist und ein größeres Areal einnimmt (10–30 km²). Durch laute Schreie stehen die kleineren Gruppen, die in der Regel vier bis zehn Mitglieder stark sind, in Kontakt. Während die männlichen Schimpansen ihrer Gruppe treu bleiben, wechseln die Weibchen schon einmal die Gruppe und sorgen woanders für Nachwuchs. Generell jedoch bleiben die Familien auf längere Zeit zusammen.

Die Schwangerschaftsdauer beträgt acht Monate, nur äußerst selten werden Zwillinge geboren. Die Nachkommen sind etwa nach ihrem neunten Lebensjahr ausgewachsen, hängen aber in der Regel noch ein paar Jahre am Rockzipfel ihrer Mutter.

Die Gesichter der Schimpansen können sehr unterschiedlicher Prägung sein. Wissenschaftler, die sich mit einer Gruppe in einem Gebiet länger auseinandersetzen, können problemlos die einzelnen Affen auseinanderhalten. Es kommen sehr helle und sehr dunkle Gesichter vor, es gibt Tiere mit ausgeprägtem Bartwuchs, einige bekommen mit dem Alter auch graue Haare auf dem Kopf oder neigen zur Halbglatzenbildung.

Die meiste Zeit des Tages verbringen Schimpansen schlafend und bei der Körperpflege. Gerade das gegenseitige Entlausen oder Kraulen kann oft stundenlang dauern.

Am Ende des Tages richten die Affen ihre Schlafnester her; aus Zweigen und großen Blättern wird die Schlafstätte auf bequemen Ästen eingerichtet. Im Normalfall wird ein

SCHIMPANSEN – UNSERE NÄCHSTEN VERWANDTEN

Schlafplatz nur einmal benutzt, doch wenn sich eine Stelle als besonders bequem erwies, wird das Nest auch öfters benutzt.

Schimpansen ähneln uns Menschen mehr als wir denken. Nicht nur, daß sie Werkzeug benutzen und damit jagen, Schimpansen zeigen auch Ansätze lingualer Kommunikation. Ihre Verhaltensarten, etwa das Bestreben, gesellschaftliche Anerkennung zu erringen, oder in gewissen Momenten Freund oder Feind zu sein, ähneln menschlichen Verhaltensmustern. Schimpansen können aber nicht als unsere Vorfahren angesehen werden. Ihre Evolutionsgeschichte ist zwar in etwa so alt wie die unsere, doch entwickelten sie sich in einem völlig anderen Lebensraum wie unsere Vorfahren.

Die größten natürlichen Feinde des Schimpansen sind Leoparden und Löwen, doch wirklich gefährlich ist der Mensch: Die stark anwachsende Bevölkerung Afrikas hat den Lebensraum der Tiere weitgehend eingeengt, hinzu kommt, daß sie in einigen Regionen des Kontinents als kulinarische Delikatesse gehandelt werden und ihr dauerhafter Schutz nur durch Nationalparks gewährleistet werden kann. Ihre ursprüngliche Verbreitung von Westafrika bis in den Süden des Kongo ist im letzten Jahrhundert stark zurückgegangen. Heute gilt der tansanische Mahale Mountains National Park als der südlichste Lebensraum von Schimpansen in Afrika.

MAHALE MOUNTAINS NATIONAL PARK

des Mt. Nkungwe sollten die Trockenmonate vorgezogen werden. Führer und Träger von Verpflegung und Ausrüstung (die Sie komplett mitbringen müssen) kann Ihnen die Parkverwaltung stellen. Für eine Wanderung zu den höchsten Gipfeln und wieder zurück sollten Sie mindestens drei Tage einplanen.

Unterkunft und Verpflegung

- **Greystoke Camp
(The Original Mahale Tented Camp)**
Zu buchen über Nomad Safaris in Arusha, Tel. (027) 2553819-20, 2553829-30. Herrlich an einer Bucht gelegen, betreibt Nomad/Greystoke Safaris dieses exklusive und teure Camp. Gäste werden eingeflogen und im Park fürstlich betreut. Die Unterbringung erfolgt in großen Safari-Zelten mit Strohüberdachung. Exklusive und privat geführte Wanderungen zu Schimpansen werden unternommen. Mit einem traditionellen Fischerboot geht es zu romantischen Sonnenuntergang-Törns vor der Bergkulisse der Mahale Mountains. Für Safari-Urlauber mit gehobenen Ansprüchen und voller Brieftasche sehr empfehlenswert!
Internet: www.greystoke-mahale.com,
E-Mail: bookings@nomad.co.tz
- **Flycatcher Mahale Camp**
Einfaches Zeltcamp am See, das von Juni bis Oktober geöffnet ist. Zweckmäßige Einrichtung, gutes Essen, empfehlenswert! Gehört zu Flycatcher Safaris (siehe Safariunternehmen in Kigoma).
Internet: www.flycat.com,
E-Mail: flycat@flycat.com
- **Nkungwe Tented Camp**
Tel. (022) 2130501/476, (0754) 786001, Fax (022) 2130487. Permanentes, komfortables Zeltcamp im Nationalpark, das südlich von Kasiha liegt. Jedes Zelt ist geräumig und mit dekorativer Inneneinrichtung und angegliedertem Badezimmer ausgestattet. Die Zelte sind auf Holzplattformen gebaut und haben alle Seeblick und eine eigene Terrasse. Das Camp gehört zum Unternehmen Chimpanzee Safaris, das auch in den Parks Gombe und Katavi ganzjährige Zeltcamps betreibt.
Internet: www.chimpanzeesafaris.com
- Ansonsten erfolgt die Übernachtung in einem **Guesthouse bei Bilenge** oder auf dem **Zeltplatz** in der Nähe des Park Headquarter. Beide kosten **20 $ pro Person und Nacht.** Für Ihren Aufenthalt im Park müssen Sie alles, was Sie an **Verpflegung** benötigen, **von Kigoma mitbringen,** da das Guesthouse lediglich Betten und eine Kochstelle beinhaltet. Wasser zum Waschen und Kochen wird direkt dem glasklaren See entnommen.

Sonstiges

- Bringen Sie eine **Taucherbrille** mit, denn Sie können im Park im ufernahen Bereich unter Wasser Buntbarsche beobachten, die sie bisher nur aus den Aquarien Europas kannten.
- **Zum Fotografieren** sind **lichtempfindliche Filme** zu empfehlen (400 Asa), da die Schimpansen mit ihrem fast schwarzen Fell und der vielerorts dunkle Hintergrund des Waldes nur wenig Kontrast bieten.
- Das Büro des **Mahale Mountains Research Center in Kigoma** ist nicht zuständig für Buchungen, Transportvermittlungen etc. Vielmehr geht es hier um Forschungsarbeit, zu der Ihnen die Leute, die das Büro verwalten, gerne Auskunft geben.

Routenbeschreibungen in der Kigoma-Region

Kibondo – Ujiji/Kigoma (242 km)

● Die Piste ist gut, teils wellblechartig. Fahrzeit 3–5 Stunden. Busverbindungen ab Kibondo und Kigoma (zur Route Mwanza – Kibondo siehe „Die Lake-Victoria-Region").

Die Strecke von Kibondo ist anfangs noch gut, verschlechtert sich jedoch bald. Bei **km 56** wird der große **Malagarasi-Fluss** überquert. Links hinter der Brücke zweigt eine Piste zum Moyowosi Game Reserve ab.

Nach viel Waldgebiet ist bei km 94 der Missionsort Makere erreicht. Die weiteren 53 km bis **Kasulu** sind wenig abwechslungsreich. Kurz vor Erreichen des Ortskerns führt die Piste über eine mit Eukalyptus-Bäumen bestandene Anhöhe, auf der es links zum Distrikt-Büro geht und zur alten deutschen Boma, heute Residenz des District Commisioner. In Kasulu gibt es wieder Treibstoff und kleine Läden mit bescheidenem Angebot. Am Ortsausgang auf der rechten Seite liegt ein kleines, einfaches Restaurant. Als Unterkunft bietet sich das in einer Stichstraße befindliche Guesthouse California Lodge an.

Die nun folgenden 92 km bis Kigoma sind hauptsächlich gut. 8 km hinter Kasulu folgt linker Hand der nicht zu verfehlende Abzweig nach Uvinza (s.u.).

Schließlich erreichen Sie bei **km 240** die T-junction, bei der es links nach **Ujiji** geht (5 km) und rechts nach 2 km das Zentrum von Kigoma erreicht ist.

Kigoma – Uvinza/Mpanda (142/332 km)

● Gute Piste, ab Uvinza nur noch äußerst schlechter, teils gar nicht mehr existierender „Weg" mit sehr vielen Tsetse-Fliegen. Fahrzeit 3 (bis Mpanda 11–16) Stunden. Gelegentlich Kleinbusse sowie Zugverbindung nach Uvinza, ab da keine öffentlichen Verkehrsmittel bis Mpanda.

Die Strecke führt zuerst zurück Richtung Kasulu. Ab dem Ujiji-Abzweig fährt man 80 km, bis scharf rechts hinter einer losen Häuseransiedlung der gut zu erkennende Abzweig nach Uvinza erfolgt. Diese Straße wird von Zeit zu Zeit geschoben (begradigt) und führt durch ein sehr bewaldetes Gebiet. Nach 60 km ist der Abzweig rechts nach Uvinza erreicht. 2 km weiter folgt die Brücke über den Malagarasi-Fluss.

Die Strecke von Uvinza bis Mpanda (194 km) ist in katastrophalem Zustand. Die 1940 fertig gestellte Straße zwischen Uvinza und Mpanda war zum Abtransport der Erze zur Central Railway gedacht. Als 1950 die Gleise Mpanda erreichten und sämtlicher Transport fortan über die Eisenbahn ging, verbuschte die Straße allmählich. In jedem Fall benötigen Sie hier einen Allrad-Geländewagen und mindestens einen vollen Tag Zeit. Vorsichtshalber sollte man mit mindestens zwei Fahrzeugen unterwegs sein; ich habe schon von Leuten gehört, die hier aufgrund einer Panne allein auf sich gestellt mehrere Tage festhingen. Nehmen Sie genug Trinkwasser mit! Die Strecke hat einige Sandpassagen und zum Teil scharfkantige Stufen an steilen und sehr steinigen

Steigungen und führt durch einen dichten Miombo-Wald. Den größten Kampf führt man allerdings gegen die drückende Hitze und die aggressiven Tsetse-Fliegen. Die meisten der auf den Karten eingezeichneten Dörfer existieren nicht mehr, ihre Einwohner haben das Gebiet den Tsetse-Fliegen überlassen. Sie werden daher kaum einem Fahrzeug begegnen und wenn, dann sind es meist Ortsfremde, die sich unwissend in dieses Gebiet hineingewagt haben, da dieser Streckenabschnitt auf allen Straßenkarten als Hauptverkehrsstraße eingezeichnet ist.

Der Ort Mpanda und der Katavi National Park sind am besten von Süden her oder über Tabora zu erreichen (vgl. Routenbeschreibungen in der Rukwa-Region).

Kibondo   ⚲ II,A3

In dem auf einer Höhe von 1500 m in einem hügeligen Gebiet gelegenen Ort sind Busreisende oftmals gezwungen, die ein oder andere Nacht zu verbringen, da der nächste Bus in Richtung Mwanza oder Kigoma nur an wenigen Tagen der Woche fährt. Im Ort finden sich **preisgünstige Unterkünfte der einfachsten Art** (bestes Guesthouse ist das Kibondo an der Hauptstraße). Die Zeit ein wenig zu verkürzen, hilft das erholsame Wandergebiet im Westen von Kibondo, in grüner, bergiger Landschaft. Wer auf schnellerem Wege nach Kigoma kommen möchte, sollte die Anreise mit dem Zug machen. In der Mitte des Ortes befindet sich ein nicht zu übersehendes Geschäft mit dem Allernötigsten und einer kleinen Tankstelle mit sehr teurem Treibstoff, da dieser von Kigoma kommt und einen beschwerlichen und kostspieligen Weg hinter sich hat. Rechts hinter dem Laden zweigt eine Piste in Richtung Mugunzu an der Grenze zu Burundi ab. Zurzeit herrscht jedoch wegen eines Wirtschaftsembargos nur lokaler Grenzverkehr (nicht für Touristen) mit dem kleinen Nachbarland.

Moyowosi Game Reserve   ⚲ VI,B1/2

Das Reserve verfügt über **keine touristischen Einrichtungen** und wird eigentlich nur von Jagdgesellschaften genutzt. Das Feuchtgebiet entlang des Moyowosi-Flusses soll der **letzte Lebensraum des Schuhschnabelvogels** in Ostafrika sein, der durch seine graue, zottelige Erscheinung und den großen schuhförmigen Schnabel bekannt ist.

Wenn Sie Interesse haben, sich in das riesige Gebiet hineinzuwagen, sollten Sie sich vorher ein Permit bei den Game Offices in Kibondo oder in Kasulu besorgen. Im Reserve selbst gibt es zwei „Camps" des Jagdunternehmens Malagarasi Hunting Safari, Box 22567, Dar es Salaam, bei denen Sie Näheres erfragen können. Zuweilen besteht die Möglichkeit, ein solches Camp zu nutzen, sofern keine ausländischen Jagdkunden anwesend sind.

Uvinza ♪ VI,A/B2

Schon bevor die Gleise der „Mittelland-Bahn" den Ort erreichten, war Uvinza ein wichtiges Dorf auf der Karawanenroute der Araber. Die extrem salzhaltigen Quellen an der Mündung des Ruchugi River in den Malagarasi bei Uvinza waren immer wieder Grund für Konflikte zwischen den Händlern aus dem Orient und dem dort ansässigen Volk der Vinza. Im 19. Jahrhundert teilten sich hier drei Herrscher die Salzquellen untereinander auf; eine Karawanensteuer und der Verkauf des „Weißen Goldes" an die arabischen Kaufleute erbrachten reichlich Geld für Stoffe und Gewehre.

Als die „Mittelland-Bahn" hier den Malagarasi 1913 erreichte, war der Ort schon längst unter deutscher Kontrolle und hieß seit 1904 **Gottorp Salzwerke.** Gottorp versorgte die viehreichen Länder Uha, Uanda und Urundi (heute Ruanda und Burundi) mit dem begehrten Produkt. Der kleine deutsche Dampfer „Hedwig von Wissmann" brachte das Gottorp-Salz von Ujiji in den belgischen Kongo und sogar bis nach Rhodesien. Bis Kriegsbeginn war das Salzwerk der Gewinn bringendste industrielle Betrieb Deutsch-Ostafrikas.

Kochsalz wird durch Sieden in großen Verbrennungsöfen gewonnen, wobei große Mengen an Feuerholz verschlungen werden. Die heute sehr he-

Malagarasi River im Moyowosi Game Reserve

UGALLA RIVER GAME RESERVE

runtergekommene Anlage, die noch immer bescheidene Mengen an Salz produziert, das zu einem großen Teil weiterhin nach Kongo, Burundi und Ruanda exportiert wird, liegt auf der südlichen Uferseite des Flusses.

Sie erreichen das **Salzwerk,** wenn Sie auf der Hauptstraße weiter südwärts fahren, bis die große Brücke über den Malagarasi überquert ist und Sie gleich links einer Piste zu der schon sichtbaren Anlage folgen. **Besichtigungen** sind manchmal möglich (Auskunft im Büro am Ende des Compound). Da es in Uvinza keine Tankstelle gibt, sind die Zapfsäulen der Mine die einzige Treibstoffquelle dieser Region. Wollen Sie hier tanken, wenden Sie sich ebenfalls ans Büro.

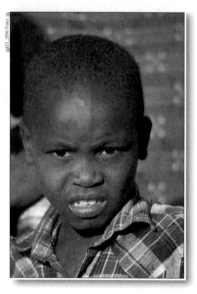

Unterkunft und Verpflegung

● Übernachten kann man in Uvinza in der einfachen **Guesthouse Uvinza City Lodge** in der Tugongo Street für 2000/2500 TSh die Nacht. Es gibt auch ein „Suite" mit Ventilator für 5000 TSh.
● Einfache Verpflegung gibt es in der **Paradise Bar.**

Ugalla River Game Reserve ♪ VII,C3

Das Ugalla River Game Reserve wird **von Touristen nicht besucht.** Das sehr unerschlossene Naturschutzgebiet liegt östlich an der Eisenbahnlinie zwischen Mpanda und Tabora. Im Reserve gibt es keinerlei Unterkunfts- und Versorgungsmöglichkeiten. In letzter Zeit wurde hier viel gewildert, was auch mit den Flüchtlingslagern von kongolesischen und burundischen Heimatlosen in Verbindung gebracht wird, die nördlich von Mpanda errichtet wurden. Es bleibt zu hoffen, dass die hier lebende letzte Population von Freiland- oder **Savannen-Schimpansen** in Tansania von der Wilderei verschont bleibt.

Aus Sicherheitsgründen sollten Sie einen Besuch des Gebietes momentan unterlassen. Wer dennoch mit dem eigenen Fahrzeug hierher aufbrechen möchte, muss über Inyonga im Südwesten und dann weiter in Richtung Ipata fahren, da man den Katumbiki-Fluss bei Isimbira im Ugalla River Game Reserve mit dem Fahrzeug nicht mehr überqueren kann.

Mpulungu (Sambia)

↗ XII,B3

Mpulungu ist **Endstation bzw. Ausgangspunkt** für die Schiffsreise mit der „M.V. Liemba" auf dem Tanganyika-See (vgl. den folgenden Exkurs).

In der britischen Mandatszeit in Tansania wurde der Hafen im damals kleinen Fischerort ausgebaut; die „Liemba" sollte hier anlegen können und damit auch die Versorgung des abgelegenen Nordens des britischen Rhodesien über den See und die Eisenbahnlinie Kigoma – Dar es Salaam gewährleisten.

Heute macht Mpulungu einen fortschrittlichen Eindruck. Ein gut sortierter Markt, ein großer Fischerhafen, an dem fast jeden Morgen große Dagaa-Fänge an Land gebracht werden, eine Bank, gemütliche Unterkünfte und gute Verkehrsanbindungen zeichnen den größten Ort am südlichen Ende des Lake Tanganyika aus. Sehenswert ist die **Ruine der Niamkolo-Kirche,** die auf einer leichten Anhöhe unweit der Nkupi Lodge (s.u.) steht. 1885 von englischen Missionaren erbaut, brannte Sie schon 13 Jahre später ab und wurde nie wieder vollständig renoviert.

Unterkunft

Hotels

● **Mpulungu Sports Club**
Der Club am Hafen macht einen sehr gepflegten Eindruck, das Essen ist eine willkommene Abwechslung zur Bordküche der „M.V. Liemba". Zelten ist auf dem Grundstück möglich.

● **Nkupi Lodge**
Die ebenfalls am See gelegene Lodge, ca. 2 km vom Hafen entfernt, ist eine Bungalowanlage mit indischem Management. Die Aussicht auf den See ist prima, die Zimmer sind sauber und gemütlich. Die Küche bietet gute indische Kost.

● **Lake Tanganyika Lodge**
Diese mehrere Kilometer außerhalb von Mpulungu gelegene Lodge bietet eine einfache Unterbringung in Chalets am Seeufer. Bootsausflüge, auch zu den Kalambo Falls (s.u.), können organisiert werden. Ca. 5 km hinter Mpulungu in Richtung Mbala zweigt die beschilderte Piste zur Lodge ab.

Preiswerte Unterkünfte

● **Bant Inn**
Gute und preiswerte Unterkunft an der Hauptstraße zwischen Hafen und Zentrum. Die Küche ist international, die Bar und die Wochenend-Disco sind beliebte Treffpunkte. Der Parkplatz ist bewacht.

● **Harbor Inn**
Wer nicht weit laufen möchte – in Mpulungu gibt es keine Taxis! – kann auf dieses einfache, saubere Hafen-„Hotelchen" zurückgreifen.

● Im Bereich des Marktes befinden sich mehrere **einfache Guesthouses** mit zum Teil kleinen Restaurants.

Camping

Camping ist auf dem Grundstück des **Mpulungu Sports Club** und bei der **Nkupi Lodge** möglich. Zu empfehlen ist die Campingmöglichkeit bei der **Lake Tanganyika Lodge** für 10.000 Zambia Kwacha.

Verkehrsverbindungen/ Weiterreise

Mit dem Schiff

Von Mpulungu fährt zurzeit einmal in der Woche das Schiff **„M.V. Liemba"** der TMD (Tansania Marine Division) **nach Kigoma.** Buchungen und Fahrkartenverkauf gehen über das Büro Cosy Enterprises Ltd, Box 2, das sich gegenüber vom Mpulungu Sports Club befindet. Fahrkarten in Schlafkabinen sind schnell vergriffen, Sie sollten daher

EINE FAHRT MIT DER „M.V. LIEMBA"

Eine Fahrt mit der „M.V. Liemba" auf dem Tanganyika-See, und die verschiedenen Stationen, um von Bord zu gehen

Eine Fahrt mit der „M.V. Liemba" gehört zu den ganz großen Erlebnissen im Westen des Landes. Während der zweitägigen, äußerst erholsamen Reise bekommen sie einen wunderbaren Einblick in das Leben der Bewohner entlang des Sees. Bereits die Stimmung am Kai, wenn die Hafenarbeiter mit zentnerschweren Säcken auf den Schultern über schmale Bretter balancierend das Schiff beladen, verspricht eine interessante Fahrt. Nutzen Sie die Zeit vor dem Ablegen, um das bunte und oftmals hektische Geschehen auf der und um die „Liemba" zu verfolgen.

Nachdem Sie Ihre Kabinen vom Stewart zugewiesen bekommen haben und das Schiff fertig beladen ist, wird abgelegt. Nach Fahrplan soll dies Punkt 16 Uhr geschehen, doch erfahrungsgemäß sind ein bis zwei Stunden Verspätung keine Ausnahme. Während sich die „Liemba" rückwärts aus dem Hafen schraubt und sich dann in der Bucht von Kigoma südwärts wendet, offenbart sich ein herrlicher Rundumblick auf Kigoma. Achten Sie auf die Residenz des Regional Commissionar (Kaiser House), die sich zwischen den Mangobäumen am Hang in ihrer ganzen Größe zeigt. Vorbei am Lake Tanganyika Beach Hotel und der Kigoma Hilltop Lodge nimmt das Schiff schnell Fahrt auf, und nach nur kurzer Zeit liegen Kigoma und Ujiji weit hinter Ihnen. Der Tag geht nun langsam dem Ende zu, und bei guter Sicht ist ein wunderbarer Sonnenuntergang über den fernen, bis zu 2760 m hohen Bergen im Kongo zu genießen.

Auf dem Weg nach Mpulungu in Sambia legt die „Liemba" **19 offizielle Stopps** ein. Bis auf Kasanga, wo es mittlerweile einen Anlegesteg gibt, geht das Schiff für diese Stopps in etwa 500 bis 1000 m Entfernung vom Ufer für kurze Zeit vor Anker und signalisiert mit seinen durchdringenden Schiffshörnern den jeweiligen Dörfern seine Ankunft.

Sobald das Abendessen, meist nur ein Menü bestehend aus Huhn oder Fisch mit Reis, gerichtet ist, geht jemand vom Küchenpersonal mit einer Klingel über Deck und eröffnet die Mahlzeit. Die Tische sind schnell besetzt, und diejenigen, die zu spät kommen, warten einfach an der Bar, bis ein neuer Platz frei wird. Das Getränkeangebot ist genauso bescheiden wie das Essen und setzt sich aus Wasser, Sodas, riesigen Mengen Bier und einigen härteren Drinks zusammen. Spätestens während des Abendessens hält die „Liemba" für ihren ersten Stopp in Kirando, südlich der Mündung des kleinen Lugufu-Flusses.

Schnell nähern sich aus der Dunkelheit geruderte oder auch motorisierte Holzboote, die sich in großer Hektik um die besten Plätze an den Ladeluken im unteren Teil des Schiffes rangeln. Die Boote bringen Waren oder Passagiere, oder sie kommen leer, in der Hoffnung, einen Aussteigenden gegen geringes Entgelt an Land bringen zu können. Trotz des vielen Geschreis und Gezerres beim Handeln von Früchten, Reis, Ölen, Fisch, Hühnern und vielen anderen Dingen sowie beim Anwerben von Passagieren verläuft alles ganz friedlich. So schnell wie die Boote gekommen sind, legen sie auch wieder ab und verschwinden immer leiser werdend in der Finsternis der Nacht. Dieses Szenario, mal kürzer, mal länger, wird sich bei allen Stationen auf der gesamten Reise bis Mpulungu abspielen.

Auch an Bord kehrt wieder die gewohnte Ruhe ein, während das Schiff seine Fahrt wieder aufnimmt und das Cape Kabogo umfährt. „Kabogo" ist ein Geist (*mzimu*), der von den einheimischen Fischern gefürchtet wird. Bei hohem Wellengang peitscht Wasser durch eine große Aushöhlung an der in den See ragenden Stelle des Kaps und erzeugt dabei ein unheimliches Dröhnen, welches über weite Entfernung zu hören ist. Wenn die

Fischer es wahrnehmen, bedeutet dies, dass der Geist „Kabogo" hungrig und durstig ist. Um ihn zu besänftigen, bringen sie Opfergaben wie Bier, Reis oder Mais an die Aushöhlung in den Felsen. Wie so vielen anderen Bräuchen und Riten Ostafrikas wird aber auch diesem Akt der Göttersbesänftigung zunehmend weniger Beachtung geschenkt.

Die nächsten Stationen bis etwa kurz vor Mitternacht sind Sigunga und Herembe. Bei ruhigem Seegang und mondlosen Nächten sind nun riesige Lichterketten auf dem Wasser im Westen zu erkennen. Es handelt sich um Fischer, die mit einer großen Flotte von Holzbooten weit auf den See hinaus fahren und ihre Netze zum Fang des Dagaa (Süßwassersardine) ausbreiten. Die Dagaa-Fischschwärme werden von den Kerosinlampen auf den Booten an die Wasseroberfläche gelockt. Meist ordnen sich die Boote kreisförmig an, und noch bevor mit den Laternen ein helles Lichtermeer geschaffen wird, lassen die Fischer ein großes Netz in die Tiefe sinken. Die Fische werden nun mit den Lampen angelockt, bis die Fischer glauben, eine große Menge unter ihren Booten versammelt zu haben. Mit kräftigen Schlägen hauen dann alle Beteiligten an die Bootswände. Die Dagaa-Fische geraten daraufhin in Panik und schließen sich im Optimalfall im Kreis der Boote zu einem Schwarm zusammen, während die Fischer mit vereinten Kräften das Netz von allen Seiten in die Boote ziehen und dabei langsam aufeinander zu rudern, um das Netz wie einen Sack zuzumachen.

Früher waren die traditionellen Fischerboote nur große Einbäume. Doch breit gewachsene Urwaldbaumstämme, die zur Aushöhlung eines solch riesigen Bootes benötigt werden, sind äußerst rar geworden bzw. stehen im Gombe und im Mahale National Park unter Naturschutz. Heute sind die Boote daher aus großen Planken zusammengenagelt und mit den buntesten Farben angestrichen, und wer es sich leisten kann, ersetzt die Paddelei durch einen kleinen Außenbordmotor.

Nach Mitternacht hält die „Liemba", meist zwischen 1 und 3 Uhr, vor **Mugambo** (auch als Lagosa bekannt). Hier steigen diejenigen aus, die den **Mahale Mountains National Park** besuchen möchten.

Den Rest der Nacht fährt das Schiff in einem großen Bogen um die Halbinsel der Mahale Mountains, um im Morgengrauen den südlich der Berge liegenden Fischerort Kibwesa anzulaufen. Sofern Sie schon wach sind, können Sie hier noch die Ausläufer des großen Gebirges bewundern. Weiter geht es dann um die Kibwesa Peninsula über das nahe liegende Kalya (in deutscher Zeit Edith-Bucht) nach Ikola an der Mündung des Msenguse-Flusses.

Ikola wird um die Mittagszeit erreicht. Von hier aus besteht die Möglichkeit, nach **Mpanda** und weiter mit der Eisenbahn nach **Tabora,** ins zentrale Tansania, zu reisen. Mehrmals wöchentlich fahren von hier Lkws nach Mpanda, die einem eine Mitfahrgelegenheit auf der Pritsche bieten können. Die Fahrt auf der ca. 150 km langen Strecke dauert 4–6 Stunden, wobei die Lkws in der Regel morgens schon losfahren. Falls Sie nun in Ikola aussteigen wollen, müssen Sie damit rechnen, dass Sie nicht gleich einen Weitertransport bekommen und sich daher auf mindestens eine Übernachtung einstellen. Guesthouses gibt es in dem Ort, soviel ich weiß, noch nicht, ein Zelt ist daher notwendig.

Weiter geht die Fahrt ins nahe gelegene **Karema,** in dessen Hinterland sich Ufipa, das Land des Volkes der Fipa, erstreckt. Der Ort hat eine unrühmliche Vergangenheit. Karema war, nach Ujiji bei Kigoma, der größte Sklavenumschlagsort am Lake Tanganyika. In der Zeit des Sklavenhandels im 19. Jahrhundert brachten Araber vom gegenüberliegenden kongolesischen Mpala gefangene Afrikaner hierher, von wo sie in großen Karawanen über Tabora nach Bagamojo am Indischen Ozean verschleppt wurden. Von 1878 an machte ein belgisches Expeditionscorps auf dem Weg ins zentrale Afrika, dem späteren

Eine Fahrt mit der „M.V. Liemba"

Belgisch-Kongo, seinen Einfluss in Karema geltend und konnte einen Teil des Sklavenhandels einschränken. Ferner benannten sie Karema in Fort Leopold um und bauten eine kleine Festung. Abgelöst wurde dann die Expedition von belgischen Missionaren, welche die erste katholische Missionsstation am Lake Tanganyika errichteten. Auch in den ersten Jahren Deutsch-Ostafrikas blieben sie hier tätig. Heute sind nur noch Reste des ehemaligen Forts zu sehen und das Grab des ehemaligen Expeditionsleiters Hauptmann *Raemacker*.

Von **Kabwe,** dem nächsten Stopp am Nachmittag, führt seit wenigen Jahren auch eine Straßenverbindung ins Hinterland an die große Haupverkehrsachse zwischen Mpanda und Sumbawanga. **Land-Rover-Taxis** fahren von hier mehrmals wöchentlich nach Lyazumbi, einem Ort bestehend aus einer Kreuzung mit kleinem Kiosk an der Mpanda-Sumbawanga-Straße. Dort bekommen Sie Anschluss in Richtung Norden und Süden.

Die „Liemba" steuert nun auf den See hinaus, um das Cape Mpimbe zu umfahren. Gelegentlich wird auf der Südseite vor Utinta gehalten, bevor es nach **Kirando,** gegenüber von **Manda Island,** weitergeht. Von den etwa ein Dutzend Inseln im Tanganyika-See ist

Manda Island, zusammen mit der Isle Kavala nördlich von Kalemie auf kongolesischer Seite, die größte Insel im See. Der Boden entlang des hier mündenden Luamfi River ist sehr fruchtbar und wird vor allem zum Reisanbau genutzt. Der hier wachsende Reis ist von besonderer Qualität und wird im ganzen Land verkauft. Aus diesem Grund gibt es von hier oder von dem nur ein paar Kilometer südlich liegenden **Kipili**, dem nächsten Stopp der „Liemba", auch fast täglich **Transportmöglichkeiten nach Namanyere und Sumbawanga.**

Kipili wird meist kurz vor Sonnenuntergang erreicht und liegt wunderschön in einer kleinen geschützten Bucht. Im Ort kann man im Gästehaus des Benediktinerklosters übernachten, da Sie wahrscheinlich um die Abendzeit keine Verbindung mehr zur Weiterreise ins Hinterland bekommen. Von allen tansanischen Orten am südlicheren Ende des Tanganyika-Sees haben **Kirando und Kipili** den **regelmäßigsten Busverkehr mit dem Hinterland.**

Die restliche Fahrt mit der „Liemba" führt aus der Bucht von Kipili, zwischen den Inseln Ulbile und Mbina hindurch, über die Stationen Ninde, Msamba, Wanpembe und Kala. Der Bereich zwischen Msamba und Kala ist für sein großes Krokodilvorkommen bekannt. Gegen 2 Uhr in der Nacht ist der letzte tansanische Ort vor der Grenze zu Sambia erreicht: **Kasanga, das ehemalige „Bismarckburg".**

Während der deutschen Kolonialzeit war die riesige Provinz Bismarckburg im Südwesten der Kolonie die rückständigste. Provinzhauptstadt dieser „trostlosen Region" war das 1899 gegründete, gleichnamige Bismarckburg am Tanganyika-See. Deutsche Verwaltungsbeamte und Offiziere der Schutztruppe, die in diesem Ort fernab von jeglicher Zivilisation ihren Dienst zu leisten hatten, mussten sich strafversetzt fühlen. Im 1. Weltkrieg jedoch hatte die strategische Lage Bismarckburgs einen großen Anteil an den Gefechtserfolgen von Lettow-Vorbecks. Das damalige Fort war eine gewaltige Festung, in der die 29. Feldkompanie der Schutztruppe unter General *Wahle* stationiert war. In den ersten Kriegsjahren wurde Bismarckburg mit dem kleinen Dampfboot „Hedwig von Wissmann" und später mit der großen „Graf von Götzen" (heute die „M.V. „Liemba") von Kigoma aus versorgt und vom Wasser aus bei Kämpfen unterstützt. Man lieferte sich hier erbitterte Gefechte mit britisch-rhodesischen und belgischen Truppen. Mit Unterstützung der 24. Feldkompanie aus Dar es Salaam gelang es General *Wahle* am 28. Juni 1915, die Briten weit in ihr Territorium zurückzudrängen und die Kriegsfront für ein Jahr zu sichern. Schließlich versenkten die Belgier die „Hedwig von Wißmann" und bombardierten das Fort vom Wasser aus. Auch die Briten, verstärkt durch südafrikanische Einheiten, griffen die deutsche Festung erneut an, und am 6. Juni 1916 gab die Schutztruppe Bismarckburg auf und zog sich nach Tabora zurück.

Die Ruine des einst gewaltigen Forts (Boma) mit seinen Schießschächten ist heute noch zu besichtigen; sie befindet sich direkt oberhalb des Hafens auf einer weit in den See ragenden Landzunge.

Wenn Sie hier am neuen Anlegeplatz aussteigen, müssen Sie zum Fortkommen bis in die Morgenstunden warten, da es bis jetzt noch keine Unterkunft in Kasanga gibt. Sie können sich aber auch gleich von einem kleinen Fischerboot ins benachbarte Muzi bringen lassen (etwa 3 km), wo sich das kleine landestypische Mwenya Guesthouse (ca. 2 $ die Nacht) und ein Lokal am Strand befinden. Nachts die Strecke von Kasanga nach Muzi zu laufen, rate ich Ihnen aus Sicherheitsgründen ab. In Muzi gibt es keinen Strom, doch bekommen sie Petroleumlampen zur Verfügung gestellt. Von Muzi fahren mehrmals wöchentlich kleine **Lkws und Kleinbusse (Dalla Dallas) nach Sumbawanga** (3500 TSh, 6 Std. Fahrzeit). **Selbstfahrer, die hier ihr Fahrzeug ausladen,** folgen der Piste durch den Ort Kasanga den Berg hinauf, wo sie nach 2 km auf die Straße zwischen Muzi und dem Hinterland treffen. Rechts geht es in Richtung Sumbawanga. Nach etwa 61 km ist in **Matai** (Santa Maria) die Straße zwischen Mbala in Sambia und dem 51 km entfernten Sumbawanga erreicht.

Von Kasanga/Muzi aus besteht die Möglichkeit, sich von einem Fischer per Motorboot zur Mündung des etwa 15 km südlich liegenden Kalambo-Flusses bringen zu lassen, welcher gleichzeitig die Grenze zu Sambia bildet. In einem zweistündigen Fußmarsch, bei einer Überwindung von 400 Höhenmetern, geht es dann von der Mündung des Flusses zu den **Kalambo Falls,** die mit 215 m die zweithöchsten Wasserfälle in Afrika sind. Die Fälle sind besonders nach der Regenzeit sehr beeindruckend. Sie liegen mitten im Busch, es gibt hier keine Unterkunft und auch keine Versorgungsmöglichkeit. Auf sambischer Seite liegt oberhalb der Wasserfälle ein Campingplatz für Selbstversorger; er kann von Mbala aus erreicht werden. Damit Sie hier nicht illegal zelten, rate ich Ihnen, den größeren Ort **Mpulungu in Sambia,** nächster und **letzter Stopp der „Liemba",** als Ausgangspunkt für einen Ausflug zu den Fällen zu wählen. Zudem ist Mpulungu ein wesentlich größerer Ort mit sehr guten Versorgungsmöglichkeiten und erheblich besseren Hotels und Zeltplätzen.

Mpulungu, an der Südspitze des Lake Tanganyika, wird erst gegen 8 Uhr morgens angelaufen, wenn der Hafen gerade aufmacht. In den Gewässern vor Mpulungu versenkte die „Liemba" vor über 80 Jahren, damals als Kriegsdampfer „Graf von Götzen", den britischen Dampfer „Cecil Rhodes".

Bevor Sie hier von Bord gehen, denken Sie daran, sich vom tansanischen Zollbeamten auf dem Schiff einen Ausreisestempel geben zu lassen. Am Hafen bekommen Sie dann problemlos ein einwöchiges Sambia-Transitvisum für 10 $.

rechtzeitg persönlich buchen, da Fernreservierungen oft übergangen werden. Fahrkarten müssen in US-Dollar bezahlt werden und liegen etwa um ein Drittel über den Fahrpreisen, die in Kigoma verlangt werden (mehr dazu siehe dort). Die Abfahrtszeit der „Liemba" ist Fr um 16 Uhr, die Ankunft in Kigoma erfolgt So gegen 8 Uhr in der Früh. Bei Cosy Enterprises sollten Sie zudem tansanische Schillinge kaufen, die für die Verpflegung an Bord des Schiffes benötigt werden. Ein Visum für Tansania bekommt man auf der „Liemba" von einem Beamten der Immigration.

Bus/Eisenbahn

Ein **Mini-Bus** fährt Sa für 12.000 Zambia Kwacha (ca. 6 Euro) in das 200 km entfernte **Kasama** (4–5 Stunden Fahrtzeit), wo Anschluss an die Ta-Za-Ra-Eisenbahn zurück nach Mbeya/Tansania (ca. 15 Euro das Ticket) besteht; auch in Richtung südliches Afrika kann man weiterfahren. Wer Richtung Tansania fährt, muss damit rechnen, bis Sonntagmorgen auf den nächsten Zug zu warten. Schwacher Trost: Im Bahnhof gibt es eine 1.-Klasse-Lounge, in der auch Videofilme gezeigt werden. Busse von Mbala nach Nakonde, dem Grenzort zu Tansania an der Great South Road in Richtung Mbeya, fahren mehrmals in der Woche.

Sonstiges

Im Ort gibt es eine **Bank** in Hafennähe. Eine **Post** und eine **Tankstelle,** die auch **frische Lebensmittel** von umliegenden Farmen verkauft, befinden sich am Ortsausgang.

Ausflug zu den Kalambo Falls

Die mit 215 m **zweithöchsten Wasserfälle Afrikas** (vgl. auch weiter unten) – die höchsten sind die Tugela-Falls in Südafrika, deren Wasserkaskaden sich insgesamt über 948 m ergießen – liegen am Kalambo-Fluss, der im Süden für einige Kilometer die Grenze zwischen Tansania und Sambia bildet. Die Wasserfälle sind per Boot zu erreichen oder mit eigenem Fahrzeug über eine Piste, die von Mbala zu den Kalambo Falls führt.

Mit dem Auto fahren Sie von Mbala zuerst in Richtung Zombe. Rechter Hand passieren Sie den kleinen Chila-See, an dem sich im 1. Weltkrieg deutsche Truppen mit britisch/belgischen Einheiten Kämpfe lieferten. Beim zweiten Abzweig nach links folgen Sie dann einer Piste, die Sie durch Miombo-Trockenwald direkt zu den ca. 34 km entfernten Kalambo Falls führt. Die letzten Kilometer sind sehr steinig. Bei einer Gabelung etwa 1 km vor den Fällen muss man sich rechts halten und einen äußerst schlechten Weg den Berg hinunterfahren, bis ein freigeschlagener Platz erreicht ist. Von hier führen Treppen zu den Wasserfällen und zu einem Aussichtspunkt. Ein Caretaker mit einem Gästebuch wird kurze Zeit später aus einem nahen Dorf auftauchen und Sie um eine Camping-Gebühr bitten.

Die wohl schönere Art der Anreise zu den Kalambo Falls erfolgt **mit einem Motorboot** direkt von Mpulungu. Organisieren lässt sich dies über die Nkupi Lodge oder die Lake Tanganyika Lodge (s.o.), die Ihnen auch ein Lunch-Parket herrichten können. Je nach Boot benötigen Sie 2–3 Stunden zu der Mündung des Kalambo-Flusses in den Tanganyika-See. Nach einem etwa zweistündigen Fußmarsch auf sambischer Seite und der Überwindung von 400 Höhenmetern erreichen Sie nach zwei kleineren Wasserfällen von oben her kommend die Kalambo Falls. Wenn Sie sich früh auf den Weg machen, lässt sich dieser Ausflug an einem Tag unternehmen.

Sumbawanga ♪ XIII,C2

Die **Hauptstadt der Verwaltungsregion Rukwa** (ca. 50.000 Einwohner) ist zentraler Marktort und Verkehrsknotenpunkt im entlegenen Südwesten Tansanias. Für den Besucher hat Sumbawanga nicht viel zu bieten, die meisten Reisenden verbringen hier lediglich eine Nacht, bevor Sie Anschluss für ihre Weiterreise bekommen. Von Interesse ist höchstens der erstaunlich gut sortierte Markt, der von Obst und Gemüse über Haushaltsgegenstände bis hin zu einer großen Auswahl an Stoffen viel zu bieten hat, gerade wenn man bedenkt, wie abgelegen die Kleinstadt vom Rest des Landes liegt.

Unterkunft

Hotel

● **MC Centre (Moravian Church)**
Tel. (025) 2802853. Gute Übernachtungsmöglichkeit der Moravian Church (im Deutschen „Herrnhuter Brüdergemeinde"). Das zweistöckige Gebäude befindet sich an der Nyerere Road und bietet unterschiedliche Zimmer, die alle uneingeschränkt empfohlen werden können. 6 Suiten mit Dusche/WC für 10.000 TSh pro Person mit Frühstück oder 6 kleinere Zimmer, ebenfalls mit Dusche/WC für 5000 TSh p.P., allerdings ohne Frühstück.
E-Mail: confcen@twiga.com
● **Forest Way Country Club**
Tel. (025) 2802117. Ruhig gelegene Hotel-Unterkunft in einem kleinen Park mit Freisitz. EZ/DZ 10.000/15.000 TSh. Die Küche ist akzeptabel.

● **Upendo View Hotel**
Etwas in die Tage gekommenes Hotel. Die DZ mit Bad/WC sind o.k. und zweckmäßig eingerichtet – erwarten Sie trotzdem nicht zu viel. Der Preis für ein DZ liegt momentan bei 6000 TSh die Nacht. Das Restaurant bietet eine einfache Auswahl an internationalen, gut abgeschmeckten Gerichten. **Zentraler Treffpunkt Sumbawangas ist die Bar des Hotels,** deren Einrichtung an die Zeit der Großwildjäger erinnert, die hier früher von ihren haarsträubenden Abenteuern erzählten und sich den Jagdstaub mit reichlich Bier und Whisky aus der Kehle spülten. Die im Hotel integrierte Disco kann einem an vielen Nächten der Woche den Schlaf rauben.

Preiswerte Hotels/Pensionen
● **Rukwa by Night Hotel**
Einfaches, nettes Hotel mit gemütlichen Zimmern für 4000 TSh die Nacht. Im Garten stehen rundüberdachte Sitzgruppen, die Namen wie „Serengeti" oder „Ngorongoro" haben. Auf der Speise- und Getränkekarte finden sich wenige einfache Gerichte und viele Biersorten …
● Die gegenüber liegenden kleinen, landestypischen **Pensionen Equator Guest House** und **Jangwani Inn Hotel** befinden sich in einem ruhigeren Teil Sumbawangas. Die sauberen, einfachen Zimmer kosten lediglich 2000 TSh die Nacht. WC und eine Waschgelegenheit sind gemeinnützig. Essen können sie hier nicht, gelegentlich gibt es Sodas.

Camping

Zelten lässt sich in Sumbawanga derzeit nicht.

Krankenhaus

Ein **Government Hospital** steht gegenüber der Post.

Apotheke

Im Bereich des Marktes nahe der Hauptstraße befindet sich eine kleine Apotheke (*duka la madawa*).

SUMBAWANGA

Verkehrsverbindungen

Mit dem Flugzeug

Air Tanzania bzw. Precision Air fliegen Sumbawanga nicht an.

Mit dem Bus/Schiff

●Von der großen Busstation neben dem Rukwa by Night Hotel fahren fast täglich **Busse nach Mpanda, Tunduma** und **Mbeya**. Busse nach Mbeya starten morgens ab 6 Uhr, es empfiehlt sich, die Fahrkarten bereits am Vortag zu kaufen (Fahrzeit 7 Stunden).
●**Kleinbusse/Land-Rover-Taxis (Dalla Dallas)** fahren von einem kleinen Platz an der Hauptstraße gegenüber vom Markt regelmäßig in die entlegeneren Gebiete. Täglich gegen 15 Uhr fahren von hier Dalla-Dallas über Namanyere **nach Kipili am Tanganyika-See,** von wo Sie Samstagmorgen (5 Uhr) mit der „M.V. Liemba" **Anschluss nach Kigoma** bekommen (1. Klasse 30.000 TSh, 2. Klasse 22.000 TSh plus jeweils 5 $ Hafengebühr). Eine telefonische Vorbuchung mindestens eine Woche im Voraus ist jedoch nötig (siehe hierzu bei Kigoma). Dalla Dallas fahren nach Namanyere (2000 TSh), von dort weiter, ebenfalls mit Dalla Dalla/Land-Rover-Pickups, bis Kipili (3000 TSh). Dalla Dallas **nach Kasanga am Südende des Tanganyika-Sees** fahren meist mittags (täglich, Fahrtzeit 5–6 Stunden, Fahrpreis 5000 TSh). Abfahrt der „Liemba" ist hier Fr gegen 17 Uhr.

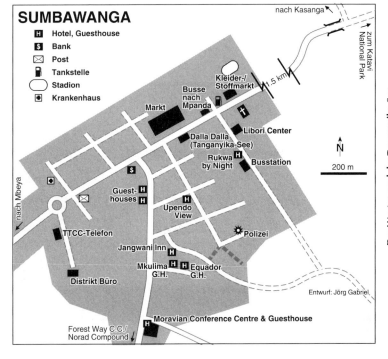

Sumbawanga (Ausflüge)

Wer eine Mitfahrt auf dem Schiff auf gut Glück erhofft, muss damit rechnen, nur einen Sitzplatz in der 2. Klasse zu bekommen!
●Auch **zum Lake Rukwa** fährt ein Kleinbus (über Ntendo nach Muze, in der Nähe des Sees).

Sonstiges

Im Ort gibt es **Tankstellen,** eine **Post** und eine **Bank** (siehe Ortsplan). Kein Safariunternehmen/Autovermietung.

Ausflüge

Kasanga und Kalambo Falls

Kasanga, das **ehemalige „Bismarckburg",** ist der südlichste Ort am tansanischen Teil des Tanganyika-Sees. Das **herrlich gelegene Fischerdorf** und der Nachbarort Muze, eingerahmt von einer bergigen Landschaft und einem Strand, an dem man schwimmen gehen kann, sind Ausgangspunkt für einen Besuch der Kalambo Falls (vgl. auch oben).

Die Ruine der alten Festung „Bismarckburg", 1 km südlich von Kasanga, ist ebenfalls ein interessantes Ausflugsziel (mehr im Exkurs „Eine Fahrt mit der M.V. Liemba").

Verlässt man Sumbawanga in Richtung Mpanda, ist nach 3 km, am Ende der Asphaltstraße hinter einer kleinen Brücke, die Abzweigung links nach Mbala in Sambia erreicht. Die mittelmäßige Piste führt zuerst leicht bergauf – der Blick zurück auf Sumbawanga und die sich dahinter erstreckenden Mbizi Mountains ist eindrucksvoll. Dann geht es weiter durch eine große Ebene auf dem Ufipa-Plateau. Die Piste ist teils sandig und ausgewaschen.

SUMBAWANGA (AUSFLÜGE)

48 km hinter dem Abzweig biegt rechts im Ort Mtai (Santa Maria) die Piste zum Tanganyika-See ab. Von hier sind es noch 62 km bis Kasanga/Muzi. Geradeaus weiter kommen Sie nach etwa 46 km zur sambischen Grenze, von wo Sie mit einem Fahrzeug bis direkt an die Kalambo Falls fahren können, nicht aber mit öffentlichen Verkehrsmitteln.

Von Mtai führt die jetzt bessere Piste vorbei an einigen kleineren Ortschaften und Hügeln, bis Sie durch eine große Savanne fahren. Der nun anschließende Miombo-Wald prägt die Landschaft des letzten Teils der Strecke. Wenige Kilometer vor Kasanga windet sich die Piste langsam zum Lake Tanganyika hinunter – Ihnen offenbart sich ein herrlicher Blick auf die große Bucht des blau schimmernden Sees. Schließlich erreichen Sie links die Abzweigung ins 2 km entfernte Kasanga und zu den Ruinen der Festung „Bismarckburg", während vor Ihnen, nach wenigen hundert Metern, die Ortschaft **Muzi** liegt. Dort gibt es ein einfaches landestypisches **Guesthouse** und ein kleines Lokal am Ende des Dorfes, kurz vor dem Strand.

Von hier lässt sich ein **Tagesausflug zu den Kalambo Falls** organisieren. Fragen Sie einen Fischer am Strand, ob er Sie mit seinem Holzboot – es sollte einen Außenbordmotor haben – zu der Mündung des Kalambo-Flusses bringt (der Preis für die Mühe des Fischers und der fürs Benzin ist auszuhandeln!). Von der Flussmündung sind es 2 Std.

Fußmarsch zu den großen Wasserfällen, die besonders nach der Regenzeit beeindrucken. Insgesamt handelt es sich bei den **Kalambo Falls** um **drei Wasserfälle** (Kaskaden); der erste (nur einige Meter hoch) ist schon nach kurzer Gehzeit zu sehen. Die zweite Kaskade ist fast 30 m hoch und stark in die Schlucht eingeschnitten. Die **vom Seeufer etwa 8 km entfernten Hauptfälle** stellen jedoch mit ihrer atemberaubenden Höhe die vorherigen in den Schatten. Die hier vom Wasserfall ausgespülte Schlucht ist fast 300 m tief.

Die Ruinen der Festung „Bismarckburg" | Kalambo Falls

SUMBAWANGA (AUSFLÜGE)

Die Kalambo Falls liegen mitten im Busch, es gibt hier keine Unterkunft und keine Möglichkeit zur Verpflegung.

Auf sambischer Seite befinden sich auch **Höhlen,** die auf die Steinzeit zurückgehen sollen, als sie von Angehörigen der Kaposwa-Kultur bewohnt waren. Man fand hier Fossilienreste und Faustkeile, die auf ein Alter von 60.000 Jahren datiert wurden. Die Höhlen dürfen allerdings nicht besichtigt werden.

Zum Lake Rukwa

Ein Ausflug zum Rukwa-See kann an einem Tag gemacht werden, sofern Sie nur mal einen Blick von den Mbizi Mountains auf den großen See werfen wollen. Will man das Gebiet um den See jedoch genauer erkunden, braucht man viel Zeit, da es sich um eine sehr unerschlossene Region handelt und die Straßen in schlechtem Zustand sind.

Am Lake Rukwa gibt es **keine Unterkünfte,** Sie sollten ein Zelt dabeihaben. Auf der Westseite des Sees ist es sehr schwierig, bis ans Ufer zu kommen. Das Wasser des Sees ist leicht alkalisch, Sie können hier nicht baden; zudem leben am See einige Flusspferde, die wohl auch etwas dagegen hätten ...

Von Sumbawanga erreichen Sie mit Dalla Dallas (Kleinbussen) den Ort **Muze,** wenige Kilometer vom See entfernt. Selbstfahrer verlassen Sumbawanga in Richtung Mpanda. 8 km nach dem Ende der Asphaltstraße zweigen Sie rechts im Ort Ntendo auf die gut zu erkennende Piste nach Muze ab. Die ersten etwa 25 km bis Kizungu in den Mbizi Mountains sind gut zu befahren, lediglich die letzte Etappe am Ufipa Escarpment hinunter gestaltet sich ein wenig „rough".

Traditionelles Geburtsritual der Fipa

Wenn bei einer schwangeren Frau vom Volke der Fipa die ersten Wehen einsetzen, muss der Ehemann die Hütte verlassen und bei Freunden oder Verwandten unterkommen. Die Betreuung seiner Frau übernehmen Hebammen. Nachdem das Kind zur Welt gekommen ist, wird die Nachgeburt in der Hütte vergraben. Die Nabelschnur wird erst nach einer Woche ganz abgetrennt und in einen Behälter mit Öl, vermischt mit einem rötlichen Farbstoff, gelegt und ebenfalls in der Hütte vergraben.

Der Vater des Kindes wird dann von den Hebammen aufgefordert, einen großen Stapel Feuerholz zu bringen. Ist das Neugeborene ein Mädchen, muss er das Holz auf dem Kopf tragen. Bei einem Jungen trägt er das Holz vor dem Oberkörper und hält dabei noch Pfeil und Bogen in der rechten Hand.

Bei der Geburtshütte angekommen, serviert seine Frau ihm eine Mahlzeit, und erst danach darf er sein Kind, die Hände mit Öl eingerieben, zum ersten Mal sehen und an sich nehmen. Vor der Hütte versammeln sich dann weitere Dorfbewohner, die dem Vater gratulieren. Handelt es sich bei dem Neugeborenen um das erste Kind des Paares, segnen nach alter Sitte die Frauen des Dorfes den Mann, indem sie seine Stirn mit Mehl betupfen. Schließlich wird ein Feuer gemacht und gefeiert.

Routenbeschreibungen in der Rukwa-Region

Tunduma – Sumbawanga (224 km)

● Gut zu befahrende breite Piste, zum Teil Wellblech, die letzten 6 km neuer Asphalt. Fahrzeit 4–6 Stunden. Busverbindung täglich, zum Teil mehrmals am Tag von Tunduma oder Mbeya.

Kurz vor dem tansanischen Zoll geht rechts hinter einer Tankstelle die Straße von Tunduma (siehe „Südliches Hochland") nach Sumbawanga. Die ersten 41 km führen durch ein wenig abwechslungsreiches Gebiet, bis man eine Wegegabelung erreicht, an welcher man sich rechts hält und den südlichen Ausläufer des **Ufipa-Plateaus** erklimmt (linker Hand erstreckt sich die Saisi-Ebene). Das Ufipa-Plateau unterbricht hier den westlichen Ast des afrikanischen Grabenbruchsystems. Mit einer Höhe zwischen 1500 und 2200 m trennt die fruchtbare und dicht besiedelte Hochebene den Tanganyika-Graben vom Rukwa Rift Valley.

Kurz hinter dem Dorf Myunga wird der Momba River überquert, einer der großen Zubringer des Lake Rukwa. Vor einem liegt nun das **Gebiet der Fipa.** Heute ein reines Bauernvolk, verfügten sie ursprünglich über ein militärisches Verwaltungssystem, die Dörfer waren mit Befestigungswällen versehen. Zudem waren die Fipa für ihre schweren und festen Baumwollstoffe bekannt, die in Handarbeit ausschließlich von Männern gewebt wurden. Ebenso be-

herrschten sie die Eisenverarbeitung in traditionellen Schmelzöfen zur Produktion von Speeren und Messern sowie für landwirtschaftliche Zwecke.

Die Strecke führt weiter über die Orte Mkutano, Tunko und Miangalua. Beim Ort **Laela (km 126)** zweigt eine nicht viel befahrene Straße über **Mwimbi** (50 km) und **Mtai** (96 km) nach Kasanga am Lake Tanganyika ab. Besser fährt man über Sumbawanga zum See.

Kurz vor Sumbawanga passiert man rechts den steil aufragenden Gipfel des Mt. Malonje, mit 2418 m zweithöchster Berg der Mbizi Mountains.

Sumbawanga – Katavi National Park – Mpanda (232 km)

● Die Piste ist in mittelmäßigem Zustand, ab Chala gut zu befahren, im Katavi National Park zunehmend schlechter und sehr sandig. Fahrzeit 5–7 Stunden. Busse siehe bei Sumbawanga.

Nach dem Ende der Asphaltstraße 3 km hinter Sumbawanga führt die Strecke über Ntendo, dem Abzweig zum Lake Rukwa, durch ein dicht besiedeltes Land mit zum Teil offenen Savannenlandschaften.

Bei **km 64** ist der kleine Ort **Chala** erreicht, ein regionaler Sitz der katholischen Mission. Im Ort hält man sich rechts, dort verläuft eine kleine Allee zu der 1912 fertig gestellten deutschen Benediktiner-Kirche. 1 km nach dem Ort folgt links der Abzweig über Namanyere nach **Kipili** am Tanganyika-See. In Kipili besteht eine Übernachtungsmöglichkeit im Gästehaus des Benedectine Monastry.

Die Vegetation wird nun langsam üppiger; 47 km hinter Chala wird **Lyazumbi** erreicht, eine kleine Kreuzung mit Kiosk inmitten des nun beginnenden Miombo-Waldes. Links zweigt eine neuere Piste ins 65 km entfernte Kabwe am Tanganyika-See ab.

6 km hinter Lyazumbi stoßen Sie auf eine weitere Abzweigung **(Kisi)**. Die Strecke geradeaus ist die alte Route durch den 26 km entfernten **Katavi National Park**. Die Strecke durch das Schutzgebiet beträgt 51 km und ist stellenweise entlang der Ilyandy Sandy Ridge sehr sandig, dafür aber wildreich.

Folgen Sie dem Abzweig bei Kisi rechts, kann man den Park auf einer östlicheren Route durchfahren. Halten Sie sich bei Kibaoni links und folgen Sie der Piste über Kapapa nach Sitalike. Dieser Weg ist nur geringfügig länger, aber weniger sandig; allerdings kommen nicht so viele Tiere vor. Beide Routen sind öffentliche Straßen und daher frei von Parkgebühren.

Die restlichen 35 km von Sitalike bis ins etwa 200 m höher gelegene Mpanda sind gut zu befahren.

Lake Rukwa Rift Valley ⚡XIII

Wie die flachen Seen des östlichen Rift Valley im Norden Tansanias (Lake Natron, Lake Manyara, Lake Eyasi u.a.), liegt auch der Lake Rukwa in einem Ast des afrikanischen Grabenbruchsystems (siehe „Geografie"). Deutlich eingerahmt zwischen dem Ufipa Escarpment im Westen und dem Mulele Escarpment im Nordosten zieht sich das Rukwa Rift Valley von den Katisunga Plains im Katavi National Park bis zum Fuße der Mbeya Range.

Der **Lake Rukwa** ist mit einer Länge von 180 km und einer durchschnittlichen Breite von 35 km der **größte See innerhalb der Grenzen Tansanias.** Geologen vermuten, dass die Sedimentschicht des Rukwa-Grabens etwa 12 km mächtig ist, während die Tiefe des Sees nur 20 bis 30 m beträgt. In sehr trockenen Perioden geht der Wasserstand des Lake Rukwa weit zurück und es kommt zu einer Teilung in der südlicheren Hälfte des Gewässers, wie sie auf vielen Land- und Straßenkarten eingezeichnet ist. Die meiste Zeit aber ist der See ein zusammenhängendes Gewässer. Der durchschnittliche Wasserspiegel liegt bei 793 m ü.N.N., also nur geringfügig höher als der des Tanganyika-Sees. Das Wasser ist nicht zum Baden geeignet, da es alkalisch ist und zudem von Bilharziose verseucht sein soll. Das Ufer rund um den See ist größtenteils flach und vielerorts unzugänglich. In der Regenzeit wird der ufernahe Bereich sehr sumpfig.

LAKE RUKWA RIFT VALLEY

Der Hauptzufluss des Lake Rukwa ist der **Rungwa River,** der im Norden des Sees ein Delta bildet. Dieses und das im Nordosten anschließende bergige Gebiet der Mlala Hills stehen seit 1997 unter dem Schutz des **Rukwa Game Reserve.** Da das Reserve sich noch in der Aufbauphase befindet, sind hier noch keine Straßen angelegt worden. Das noch auf vielen Karten eingezeichnete Uwanda Game Reserve existiert nicht mehr. Dafür grenzt nun östlich an das Rukwa Game Reserve und entlang der Seeufer das **Lukwati Game Reserve** an.

Das Gebiet im gesamten Rukwa Valley ist sehr tierreich, insbesondere in den wenig besiedelten Regionen im Norden und entlang der Ostseite des Rukwa-Sees. Zu den Besonderheiten gehören hier das **Puku,** eine Moorantilope mit leicht gewundenen Hörnern, sowie Giraffen und Zebras, die durch genetische Mutation deutlich andere Fellfarben und Zeichnungen aufweisen als gewöhnlich. Unter ihren normalen Artgenossen leben **Albinogiraffen und Zebras mit schwarzen, ovalförmigen Flecken** anstelle der gewohnten Streifen. Die Ufer des Sees sind von **Flusspferden** und Krokodilen bewohnt. Man vermutet, dass im Lake Rukwa **über 9000 Krokodile** vorkommen, die der umliegenden Bevölkerung das Leben schwermachen. Die Fischfänge gehen zunehmend zurück, wobei auch die Netze der Fischer immer wieder von Krokodilen zerrissen werden. Frauen und Kinder, die an den Ufern Wäsche waschen, fallen den Tieren gelegentlich zum Opfer. Weitere Tierarten sind Elefanten, Büffel, Löwen, Elenantilopen, Topi, Schwarzfersen- und Pferdeantilopen sowie *Greater Kudus* (Schraubenantilope).

Das sumpfige Gebiet des Rukwa Valley ist eine bekannte **Brutstelle für die Roten Wanderheuschrecken.** Diese ziehen allerdings auch eine große Zahl von Vögeln an, darunter auch Zugvögel aus europäischen Breiten – so gehören manche Stellen am Lake Rukwa zu den interessantesten Vogelbeobachtungsorten in Tansania.

Eine Fahrt ins Rukwa-Tal ist nur etwas für echte Abenteurernaturen: Zum einen gibt es keine Treibstoff- und Versorgungsmöglichkeiten, zum anderen ist das noch weitgehend unerschlossene Gelände eine echte Härteprüfung für Mensch und Material.

Derzeit gibt es nur einen **Campingplatz** am Südende des Sees, welcher über Mbeya zu erreichen ist (mehr siehe Ausflüge bei Mbeya).

Während der Regenzeit ist aufgrund des sehr sumpfigen Bodens von einem Besuch dieser Region abzuraten.

Der Westen und der Tanganyika-See

Katavi National Park

↗ **XII,B1**

Der Park

Der seit 1974 bestehende und kaum besuchte Nationalpark liegt **im nördlichen Ausläufer des Rukwa Rift Valley** und wurde auf Initiative der örtlichen Bevölkerung und mit finanzieller und technischer Hilfe der Zoologischen Gesellschaft Frankfurt errichtet. Auch heute unterstützen die Bewohner der Region um Mpanda den Schutz des Wildtierbestandes und waren mit der Vergrößerung des Parks auf 4500 km² im Jahr 1997 einverstanden. Im selben Jahr wurden auch die angrenzenden Game-Reserve-Grenzen neu gesteckt und neue Game Reserves geschaffen, womit jetzt ein geschütztes Ökosystem von über 10.000 km² besteht.

Der Katavi National Park ist hinsichtlich Verständnis und Verhalten der einheimischen Bevölkerung in den Randbereichen von Nationalparks eine von vielen Naturschützern gelobte Ausnahme. Doch gilt es in diesem Fall zu berücksichtigen, dass hier Zahl und Dichte der Anwohner des Parks bei weitem nicht so groß sind wie beispielsweise in den Randgebieten des großen Serengeti-Schutzraumes. Zudem ist das Gebiet innerhalb des Katavi National Park von der die Schlafkrankheit übertragenden **Tsetse-Fliege** bewohnt, die eine Ansiedelung von Mensch und Vieh gar nicht erlauben würde. Für Besucher des Katavi hat dies aber kaum Auswirkungen! Die vor Ort ansässigen Safari-Camps variieren ihre Aufenthalte saisonal, so dass man kaum von Tsetse-Fliegen belästigt wird.

Bereits während der deutschen Kolonialzeit war die große Sumpfebene des Lake Katavi ein Wildschutzgebiet. Bei der Errichtung des Parks kam zu der großen Feuchtsavanne um den Katavi-See auch die östlichere Sumpfebene der Katisunga Plains rund um den Lake Chada hinzu. Das nun seit 1997 angrenzende Areal dehnt sich im Süden bis zum Rungwa River und dem neuen **Rukwa Game Reserve** aus und wird im Osten durch die Grabenwand des Mulele Escarpment begrenzt.

Die vor allem während der Regenzeit morastigen Savannen (Black Cotton Soil) des Parks liegen auf einer Höhe von etwa 900 m ü.N.N. und sind von **dichten Miombo-Trockenwäldern** und einzelnen Akazienbäumen umgeben.

Tierwelt

Im Katavi National Park kommen viele der afrikanischen Großtierarten vor. Das Gebiet ist bekannt für seine **großen Büffelherden** und die **über 4000 Elefanten,** die hier leben. Nashörner gibt es keine. Zu den regelmäßig zu beobachtenden Tieren gehören Hyänen, Giraffen, Zebras, Elandantilopen, Flusspferde, Krokodile und **Defassa-Wasserböcke,** welche sich vom Gemeinen Wasserbock durch ein weißes Hinterteil unterscheiden. Seltenere Tierarten, die sonst mehr im südlichen Afrika vorkommen, sind das Puku (eine Moorantilope) sowie Rappen- und Pferdeantilopen. Zudem sind im Park bis jetzt **über 400 Vogelarten** festgestellt worden.

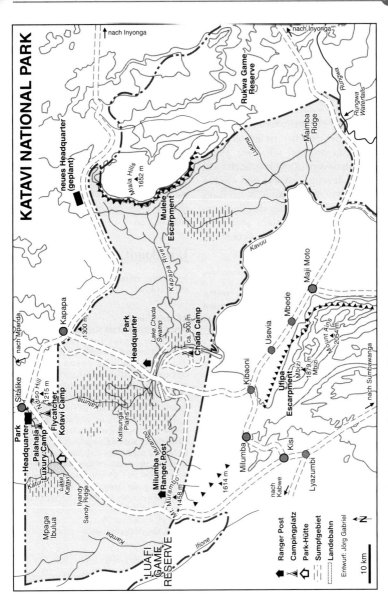

Oft lassen sich beim Lake Chada Scharen von **Rosa Pelikanen** beobachten, die zwischen hier und dem Lake Rukwa ihr **größtes Fortpflanzungsgebiet in ganz Afrika** haben.

Das **Beobachten der Tiere** ist allerdings wegen des Baumbestandes, vor allem aber infolge der hohen Sumpfgräser und des mancherorts dichten Papyrus ausgesprochen schwierig. Hinzu kommt, dass die Tiere hier noch nicht so an Fahrzeuge gewöhnt sind wie ihre Verwandten in den nördlicheren Parks und deswegen oftmals die Flucht ergreifen, wenn sich Autos und Menschen nähern – pure Wildnis eben!

Erkundung des Parks

Da die Besucherzahl noch sehr gering ist, besteht die Möglichkeit, mit einem **Geländewagen** und **Ranger der Parkverwaltung** den Katavi zu erkunden. Eine Buchung im Voraus ist ratsam, abgerechnet wird nach gefahrenen Kilometern zzgl. einer **Tagesmiete von 40 $**.

Die Katisunga Plains und der krokodilreiche Lake Chada können vom Park Headquarter über Kapapa angefahren werden. Kurz vor dem Katuma River erreichen sie ein Park Gate und die **Flugzeuglandebahn**, von wo Sie über zwei Pisten zum Lake Chada gelangen. Einen herrlichen Ausblick – mit der Gewähr, eine gute Anzahl von Tieren zu sehen – hat man vom Park-eigenen Lake Katavie Resthouse (s.u.) an der Ostseite des Lake Katavi.

Der Ausbau der Wege im neuen östlichen Parkteil wird erst in den nächsten Jahren zu einem Ende kommen.

Eintrittskosten und Anreise

Seit Juli 2006 betragen die **Parkgebühren 20 $ pro Tag;** für Fahrzeuge, die nicht in Tansania zugelassen sind, sind 40 $ pro Tag zu entrichten. Kostenfrei sind die zwei Durchgangsstraßen, die mitten durch den Park verlaufen und Mpanda mit Sumbawanga verbinden.

Die **Anreise** zum Park mit einem Fahrzeug ist derzeit nur über den Tan-Zam-Highway von Mbeya über Sumbawanga aus möglich. Ansonsten bietet sich das Einfliegen mit einer Chartergesellschaft an.

Unterkunft

Eine Lodge oder ein Hotel gibt es im Park derzeit nicht.

● **Chada Camp**
(The Original Katavi Tented Camp)
Östlich der Chada-Feuchtsavannen betreibt Nomad/Greystoke Safaris dieses exklusive und teure Camp. Gäste werden eingeflogen und im Park fürstlich betreut. Die Unterbringung erfolgt in großen Safari-Zelten mit kolonialem Ambiente. Zu buchen über Nomad Safaris in Arusha, Tel. (027) 2553819-20, 2553829-30, Internet: www.chada-katavi.com, E-Mail: bookings@nomad.co.tz.

● **Flycatcher Katavi Camp**
Einfaches, saisonales Zeltcamp in wunderschöner Lage direkt am Katuma River, geöffnet von Juni bis Oktober. Zweckmäßige Einrichtung, gutes Essen, empfehlenswert! Gehört zu Flycatcher Safaris (siehe Safariunternehmen in Kigoma).
Internet: www.flycat.com,
E-Mail: flycat@flycat.com

Flusspferde

KATAVI NATIONAL PARK

● **Palahala Luxury Camp**
Tel. (027) 2508773, (0784) 266558, (0784) 278639. Neues luxuriöses Zeltcamp in exklusiver Lage im Nordwesten des Katavi-Nationalparks, nahe dem Katuma River.
Internet: www.firelightexpeditions.com,
E-Mail: info@firelightexpeditions.com

● **Lake Katavi Resthouse**
Einfachste Behausung mit zwei Schlafräumen für Selbstversorger; optimaler Ort, um den kleinen See mit seiner großen Flusspferde-Population und die großen Büffelherden auf den sich dahinter erstreckenden Sikitiko Plains zu beobachten. Wenn Sie hier übernachten wollen, müssen Sie sich den Schlüssel zum Resthouse beim Park Headquarter beschaffen. Allerdings sind die 20 $ pro Person nicht gerechtfertigt.

Camping

Im Park sind einige Campingplätze ausgewiesen, gut sind die **Plätze beim Lake Katavi Resthouse** und beim **Lake Chada**. Alle Zeltplätze sind lediglich eine freigeschlagene Wiese. Es gibt keine Waschhäuser/Toiletten, Feuerholz wird nur auf Anfrage von den Rangern zur Verfügung gestellt. Seit Juli 2006 betragen die Campinggebühren 30 $ pro Person und Nacht.

Sonstiges

● **Im Park** lassen sich **keine Lebensmittel** kaufen, und im nahe gelegenen Dorf Sitalike ist auch nicht viel zu erwerben. Bringen Sie daher Ihre gesamte Verpflegung mit. Der Markt in Mpanda hat das Nötigste.
● Auch eine **Treibstoffversorgung** fehlt noch im Park, die nächsten Tankstellen sind in Namanyere und in Mpanda.
● Das jetzige **Park Headquarter** ist am Katuma-Fluss an der Nordgrenze des Parks, etwa 1 km von Sitalike entfernt. Man plant jedoch, dieses in naher Zukunft nach Osten an die Inyonga-Straße zu verlegen.

Mpanda

♪ VI, B3

Das am westlichen Rand des zentraltansanischen Plateaus auf einer Höhe von 1150 m gelegene Mpanda ist Ende der 1940er Jahre auf einer Rodungsinsel im von Tsetse-Fliegen verseuchten Miombo-Trockenwald gegründet worden, nachdem man 1936 große Vorkommen von **Blei, Kupfer, Silber** und **Gold** im Gebiet des **Mpanda River** entdeckte. Wegen der völlig unzureichenden Verkehrserschließung dieser abgelegenen Region konnten die Vorkommen aber nicht gleich abgebaut werden. Erst 1950, nach Fertigstellung des 210 km langen Eisenbahnabzweigs von der Central Railway bei Kaliua, begann die Förderung in den Erzlagern von Mpanda. Die Erschließung unter Tage umfasste eine Strecke von über 3 km. 1960 wurde die Produktion eingestellt und die Grube geschlossen, da die Erze zunehmend verstreuter lagen und die Förderung dadurch aufwendiger wurde und zudem andere Lagerstätten in den britischen Kolonien ergiebiger waren.

Der Ort Mpanda wuchs mit dem Ausbau der Mine und dem Anschluss an das zentrale Eisenbahnnetz zu einem großflächigen Wohn- und Versorgungszentrum der Grubenarbeiter und der umliegenden ländlichen Bevölkerung heran.

Heute ist Mpanda ein **ruhiger Ort ohne große Attraktion** und mit seiner Lage im noch sehr unerschlossenen Westen des Landes abgeschnitten von der Entwicklung in anderen Regionen. Eine Industrie hat sich hier nicht angesiedelt, im Umland wird hauptsächlich Subsistenzwirtschaft betrieben, wobei Viehzucht wegen des starken Tsetse-Fliegenbefalls nur bedingt möglich ist. Überschüsse an Mais und Bohnen werden von den Bauern in Mpanda verkauft. Auch Tabak wird zunehmend angebaut und gehandelt.

Der Bahnhof in Mpanda spielt zurzeit eine wichtige Rolle bei der Nahrungsmittelversorgung der **Flüchtlingslager** im Nordwesten Tansanias und im krisengeschüttelten Zentralafrika. Mais und Reis aus den Überschussregionen Südtansanias werden hier von Lkws auf die Bahn umgeladen und bei der Bahnstation Igululu nördlich von Tabora wieder auf Lkws verfrachtet und in die Not leidenden Gebiete gebracht.

Unterkunft und Verpflegung

Die Auswahl an Hotels ist in Mpanda sehr bescheiden.

● **Super City & Light Hotel**
Die großräumigen, mittlerweile sehr heruntergekommenen Zimmer mit Bad/WC und Moskitonetz kosten 3500 TSh die Nacht; geduscht wird mit der Kelle aus Eimern. Das Essen ist einfach, meistens wird Huhn mit Reis serviert. Ein neuer Hotelanbau soll den Standard demnächst verbessern. Die **Bar** des Hotels ist zentraler Treffpunkt, daher ist auch eine gewisse Lärmbelästigung nicht auszuschließen, aber sofern Sie ohne Fahrzeug unterwegs sind, können Sie hier Mitfahrgelegenheiten, entweder in Jeeps von Parkrangern oder bei Lkw-Fahrern, zum 35 km entfernten Katavi National Park bekommen.

● **Highway Guest House**
Von Reisenden empfohlen wird dieses kleine, ruhige und saubere Guest House, ca. 250 m vom Super City & Light Hotel an der SUMRY-

Busendstation (zweiter Halt in Mpanda). Gute Matratzen, Moskitonetze, kleiner Innenhof mit TV, sehr freundliches und bemühtes Personal; kein Restaurant. Eine Übernachtung im EZ/DZ kostet 2500–4000 TSh.
● Guesthouses sind das **Rukwa** und das **Stima**, die beide saubere und einfache Zimmer für 3000–4000 TSh die Nacht anbieten.

Verkehrsverbindungen/ Weiterreise

Mit dem Flugzeug
● Air Tanzania fliegt Mpanda nicht an.

Mit dem Bus/Schiff/Zug

Busse fahren **nach Sumbawanga** an den meisten Wochentagen morgens ab 7 Uhr. Gelegentlich verkehren Dalla Dallas und Lkws **nach Ikola und Karema am Tanganyika-See,** wo das Schiff „M.V. Liemba" Donnerstagvormittag **nach Kigoma** und Samstagvormittag **nach Mpulungu** in Sambia ablegt. Eine Landwegverbindung über Uvinza nach Kigoma gibt es nicht. Mit Land-Rover-Taxis besteht auch die Möglichkeit, **nach Inyonga** zu fahren, wo Anschluss zu Kleinbussen **nach Tabora** besteht.

Die gängigere und gemütlichere Art nach Tabora zu gelangen, ist jedoch **mit der Eisenbahn.** Züge fahren **Di und Do um 13 Uhr nach Tabora** und benötigen für die gerade mal 333 km 14–16 Stunden. Zurzeit gibt es keinen 1.-Klasse-Waggon. Eine Fahrkarte in der 2. Klasse bis Tabora kostet ca. 8500 TSh.

Im einfachen Restaurantwagen werden Huhn mit Reis sowie Sodas und Bier serviert. Das große Sumpfgebiet des Ugalla River und die gleichnamige Bahnstation werden noch vor Mitternacht erreicht. Hier bieten zahlreiche Verkaufsstände entlang des Zuges die unterschiedlichsten Gerichte für die vielen Passagiere der 3. Klasse an.

Für eine **Zugfahrt nach Kigoma** empfiehlt es sich, wegen der Liegeplatzreservierung bis Tabora zu fahren und nicht in Kaliua umzusteigen, da Sie hier lange auf einen Anschluss warten müssen und es sich lediglich um ein kleines Dorf an der Central Railway handelt.

Sonstiges

In Mpanda gibt es einen kleinen, ausreichend sortierten **Markt,** einen bescheidenen **Einkaufsladen** schräg gegenüber vom Rukwa Guesthouse, eine **Bank,** eine **Medical Clinic,** eine **Post** und eine **Tankstelle.**

Ausflug nach Karema/Ikola

Karema war, wie Ujiji bei Kigoma, ein Sklavenmarktort Mitte des 19. Jahrhunderts (siehe bei Ujiji). Die Piste von Mpanda ins etwa 158 km entfernte Karema ist in keinem besonders guten Zustand. Doch führen die ersten 50 km durch die nördlichen Ausläufer der Katavi Plains, eine wunderschöne Savannenlandschaft. Zu Busverbindungen siehe oben.

Südliches Hochland, Ruaha National Park und Lake Nyasa

Die südwestlich vom Great Ruaha River aufsteigenden **Southern Highlands** mit bis zu 3000 m hohen Gebirgszügen – von den Iringa und Mufindi Highlands im Osten bis zu den hohen Gebirgszügen der Livingstone Mountains – prägen einen ganz anderen, sehr faszinierenden Teil von Tansania. Diese fast immer grüne Region, mit durchschnittlichen **Höhen zwischen 1600 und 2000 m** und dem damit verbundenen angenehmen **milden Klima,** weist viele wundervolle Sehenswürdigkeiten auf.

Westlich der früheren deutschen Siedlerstadt **Iringa** liegen im Ruaha-Grabenbuch die Wildschutzgebiete **Ruaha National Park** und das **Usangu Flats Game Reserve,** die den großen bekannten Parks im Norden in nichts nachstehen.

Die raue **Baumsavannen-Landschaft** des Ruaha garantiert mit ihrer vielseitigen Tierwelt und mit ihrer atemberaubenden, trockenen Landschaft eine echte Abenteueratmosphäre in den Weiten des afrikanischen Busches.

Große **Waldflächen** und eine Anzahl kleiner **Seen** in den höher gelegenen Gebieten der Highlands vermitteln einem eher das Gefühl, durch nordeuropäische Landschaften zu reisen als durch das tropische Afrika.

Zwischen **Mbeya,** der einzigen großen Stadt im Südwesten des Landes, und den steil aufragenden **Livingstone Mountains** erstreckt sich eine fruchtbare, schöne Landschaft mit grandiosen Vulkanbergen, zahlreichen Kraterseen, Wasserfällen und Hochlandschaften, die an die „afrikanische Schweiz" von Süd-Uganda und Ruanda erinnert – ei-

Highlights und Tipps
- Ruaha National Park – Geheimtipp im Süden, S. 704
- Matema – Strandparadies am Lake Nyasa, S. 729
- Rungwe Valley – Nyakyusa-Kultur, Berge und Wasserfälle, S. 730
- Kühles Hochland – Kipengere- und Kitulo-Plateau, S. 710 und 725
- Schifffahrt auf dem Lake Nyasa, S. 734

ne in Tansania einzigartige Region, welche nun auch zum Teil unter Naturschutz gestellt wird. Mit dem **Kitulo National Park** (Öffnung 2005) und dem **Kipengere-Mganga Game Reserve** wird das bisher wenig besuchte südliche Hochland internationales Interesse auf sich ziehen.

Das Highlight dieser Region bildet jedoch der blaue **Lake Nyasa (Malawi-See),** der drittgrößte See Afrikas, mit seinem überaus klaren Wasser, großem Fischreichtum und weißen Sandstränden bei den Orten Matema und Mbamba Bay. Diese türkis-blau schimmernde Perle des südöstlichen Afrika, Teil des zentralafrikanischen Grabenbruchs, ist zudem von spektakulären, steil aufragenden Gebirgszügen umgeben. Auf einer Fahrt mit dem kleinen Passagierschiff „M.V. Songea" von der Nordspitze des Lake Nyasa zur Grenze von Mosambik erlebt man die ganze Schönheit dieser Seeregion.

Dieser südliche Teil Tansanias umfasst im Wesentlichen die **Verwaltungsregionen Iringa, Mbeya und Ruvuma** und ist ein sehr fruchtbares Gebiet mit teilweise sehr dichter Besiedlung. Früher waren diese Regionen zum Verwaltungsbezirk Southern Highlands zusammengefasst. Über dreißig verschiedene **Völker** leben hier harmonisch neben- und miteinander und ernähren sich vom Feldbau und der Viehhaltung: Die größten Gruppen sind die **Hehe** im Bereich Iringa, die **Bena** bei Njombe, die **Nyakusa** im Norden des Nyasa-Sees und die **Ngoni** bei Songea.

Schon deutsche Siedler und Farmer wussten die guten Böden und das angenehme Klima des Hochlandes zu schätzen. Der Ausbruch des 1. Weltkrieges verhinderte den Bau der geplanten Eisenbahn nach Iringa, und so hielt sich die koloniale Ausbeute aus dieser Region in Grenzen. Große landwirtschaftliche Siedlergebiete waren in jenen Tagen Iringa, Pommern, Mufindi und „Neu-Langenburg", heute Tukuyu. Während nach dem 1. Weltkrieg viele Deutsche die übrigen Gebiete der Kolonie für immer verließen, kamen fast alle der im südlichen Hochland tätigen „Pflanzer" nach der erneuten Erlaubnis deutscher Einwanderung 1926 zurück. Bis zum 2. Weltkrieg lag der überwiegende Teil der marktorientierten **Landwirtschaft** der Southern Highlands (hauptsächlich Tee) in den Händen von 130 deutschen Farmern. Erst nach dem 2. Weltkrieg gingen dann alle Besitztümer an Engländer und Griechen über. Der Großteil der heutigen Teeanbaugebiete, die man in einigen Regionen durchfährt, untersteht der Weltfirma Brooke Bond. Zudem liegen bei Iringa große Maisanbauflächen sowie Obst- und Gemüseplantagen. Auch ein Großteil des tansanischen Tabaks kommt aus der Region Iringa.

Von der Hauptstadt Dar es Salaam erreicht man das südliche Hochland über den **Tan-Zam-Highway,** eine 2000 km lange Asphaltstraße, die den Süden Sambias mit dem Indischen Ozean verbindet. Von dieser Verkehrsader lassen sich interessante Ausflüge unternehmen. Iringa und Mbeya empfehlen sich hierfür als Ausgangsorte.

Die gesamte Region kann auf einem guten Straßennetz erkundet werden, außer in der Regenzeit, wenn sich viele Pisten zu schmierigen Wegen verwandeln. Besonders die bergigen Regionen sind dann oft unzugänglich. Es empfehlen sich daher die Monate **Juni bis November** als **beste Reisezeit.**

Etwa parallel zum Tan-Zam-Highway verläuft die **Ta-Za-Ra-Eisenbahn,** ein Gemeinschaftsprojekt von Tansania und Sambia. Die Fahrt ist sehr eindrucksvoll und erlebnisreich, aus dem Fenster bekommt man einen guten Eindruck vom Süden Tansanias.

Iringa ♪ XV,D2

Iringa (knapp 100.000 Einwohner) ist das **Tor zum südlichen Hochland** und **Ausgangspunkt für Safaris in den Ruaha National Park.** Vom Tan-Zam-Highway aus kommend, thront die Stadt auf einem inselartigen Plateau in einer Höhe von 1600 m. Der Name „Iringa" stammt von dem in der Region dominierenden **Volk der Hehe.** In ihrer Sprache bedeutet „Lilinga" in etwa „starkes Entgegensetzen" (= Wall oder auch Fort). Die Deutschen übernahmen den Begriff, als hier um 1890 eine Einheit der Schutztruppe den strategisch gut situierten Platz zur Errichtung einer Militärstation wählte und 1896 zu einem Fort ausbaute, in dem heute das örtliche Polizeipersonal residiert.

Ethnografisch stellen die Hehe ein Mischvolk dar; Kulturgüter wurden von verschiedenen Seiten übernommen, die Ursprünge reichen bis zu den südafrikanischen Zulu-Völkern zurück. Im Umland von Iringa dominiert ein intensiver Hackbau, der größtenteils von den Männern betrieben wird, Viehhaltung ist sekundär. Gegen die deutschen Kolonialherren leistete ein Teil der Hehe unter der Führung des heutigen Nationalhelden *Mkwawa* heftigen Widerstand (vgl. Exkurs „Die Schädel des Hehe-Herrschers Mkwawa").

Iringa entwickelte sich zu einem bedeutenden Zentrum für deutsche und andere europäische Siedler, die sich im fruchtbaren Umland ab 1908 vermehrt niederließen. Noch heute prägen viele **Relikte aus deutscher Kolonialzeit** das Bild der Stadt. Alte Bauten mit verrosteten Dächern, Alleen mit herrlich blühenden Jacaranda-Bäumen und das Flair eines landwirtschaftlichen Zentrums erinnern an jene Tage.

In den 1930er Jahren begannen deutsche Farmer bei Iringa mit dem Anbau von **Virginia-Tabak.** Später kam noch der pflegeleichtere **Orient-Tabak** hinzu, der den Klima- und Bodenverhältnissen des Miombo-Waldes besser angepasst war. Wirtschaftlich hat sich der Anbau bis heute gelohnt, auch wenn er nicht ganz so ertragreich ist wie in der Region Tabora. Der **Maisanbau** spielt inzwischen eine immer größere Rolle, die Überschussproduktion anderer Grundnahrungsmittel hat in den letzten Jahren nachgelassen.

Viele der landwirtschaftlichen Produkte werden in der Stadt oder im etwa 50 km südlich gelegenen Ort Dabaga in **kleinindustriellen Betrieben** verarbeitet. Hierzu zählen insbesondere die Tabakfabrik, eine große Baumwollspinnerei und Weberei, eine Diamantenschleiferei, Ziegeleien und eine Konser-

venfabrik. In letzterer werden Obst und Säfte aus den südlichen Anbaugebieten für den landesweiten Konsum abgefüllt (leider nicht von besonderer Qualität!). Sehr bekannt ist die Region für ihre **Tomaten.** Es werden hier – mit griechischer Hilfe – die wohl besten Chili-Soßen und Ketchups Ostafrikas produziert („Dabaga Tomato Sauce"). Doch aufgrund maroder Anlagen, Misswirtschaft und wenig transparenter Investitionsbedingungen haben viele Betriebe ihre Produktion eingestellt, was die ohnehin schon hohe Arbeitslosenzahl der Region noch weiter anstiegen ließ und Jugendlichen jegliche Zukunftsperspektive nimmt.

Zu den wichtigen **Ausbildungszentren** gehören die landesweit bekannte Schule zur Ausbildung von Bankfachkräften, ein Lehrer-College und eine Schwesternschule.

Stadtbesichtigung

Die geschäftige Stadt ist ein **Mosaik verschiedenster kultureller Einflüsse.** Neben den ursprünglichen Hehe besteht ein Teil der Bevölkerung aus Moslems arabisch-afrikanischer Herkunft, aber auch Inder mit überwiegend hinduistischem Glauben prägen das bunte Stadtbild.

Interessant für einen Spaziergang sind die lebhafte **Geschäftsstraße Majumba** und der anschließende Markt. Die alte **kreuzförmige Markthalle aus deutschen Tagen** ist architektonisch dem Klima entsprechend aufgebaut. Das hohe, giebelförmige, lang heruntergezogene Ziegeldach spendet reichlich

Markt in Iringa

IRINGA

Schatten und Kühle. In der Halle sind mehrere Garküchen untergebracht, hier wird Essen zubereitet für die Marktverkäufer in der großen Halle nebenan sowie für Käufer aus dem Umland, die auf Tagesvisite sind. Bekannt ist der Markt von Iringa vor allem wegen seiner **Korbwaren und Tontöpfe.**

Gegenüber vom alten Marktgebäude steht ein **Denkmal aus deutscher Zeit**, dass an die tapferen Askari-Soldaten erinnert, die im Maji-Maji-Aufstand von 1906 umgekommen sind. Versetzt, hinter dem neuen Polizeigebäude, am Ende des ehemaligen Exerzierplatzes der Schutztruppe, erhebt sich ein Teil des alten deutschen Forts. Fotografieren ist nicht erlaubt, eine Besichtigung ist ebenso wenig möglich.

Im Nordosten der Stadt erinnern noch ein paar weitere alte Bauten an vergangene Tage. Ein sehr schöner Bau ist die ehemalige deutsche Mission aus der Zeit der vorletzten Jahrhundertwende, heute Gericht und Distriktbüro. Hier herrscht absolutes Fotografierverbot, warum und wieso, weiß keiner so genau. Auf dem Commonwealth-Friedhof sind noch einige Gräber von kaiserlichen Schutztruppen-Offizieren zu sehen, zudem ein großer Gedenkstein für Gefallene.

Unterkunft

Hotels
● **Huruma Baptist Mission Guest House**
P.O. Box 632, Tel. (026) 2700184, 2700182, Fax 2700172, E-Mail: hbcc@maf.org.tz. Etwa 3 km vom Zentrum in Richtung Ikonogo. Einladende und gemütliche Unterkunft auf dem Gelände der H.B. Language School mit guten Zimmern und Apartments mit sauberem Bad/WC ab 8000/12.500 TSh das EZ/DZ pro Nacht. Kein durchgehend geöffnetes Restaurant, Essen muss vorbestellt werden und schmeckt sehr gut. Sicherer Stellplatz für Fahrzeuge.

● **M.R. Hotel**
P.O. Box 431, Tel. (026) 2702661/2006/2779, (075) 4696056, (0784) 696056. Derzeit das wohl beste Hotel in der Stadt. Die Zimmer sind geräumig und sauber, manchmal aber etwas laut, da im Zentrum gelegen. Das Restaurant bietet einfache internationale Küche, in einem Nebenraum gibt es Sat-TV. Kostenpunkt: 18.000/25.000 TSh für EZ/DZ mit Frühstück. Internet: www.mrhotel.co.tz, E-Mail: mrhotels@hotmail.com

● **Old Farm Kisolanza**
50 km südwestlich von Iringa bietet diese Farm gemütliche Cottages in der herrlich grünen Landschaft der Southern Highlands (mehr siehe bei Camping, The Old Farm House Kisolanza).

Preiswerte Unterkünfte
● **Iringa Hotel**
Benbella Street, P.O. Box 48, Tel. (026) 2702039. Das älteste Hotel der Stadt hieß um die vorletzte Jahrhundertwende Meyers Hotel, zum Ende der deutschen Kolonialzeit Zum weißen Rößl. Der Charme der alten Tage ist im großen Saal mit der massiven Bar noch gegenwärtig. Die Zimmer mit Bad/WC/Moskitonetzen ab 10.000 TSh sind noch akzeptabel, das preiswerte Essen ist gut.

● **Isimilia Hotel**
P.O. Box 216, Tel. (026) 2702605. Großes Hotel mit kleinen, etwas mitgenommenen (durchgelegene Matratzen) DZ für 9600 TSh (mit Dusche/WC); an der Hauptstraße nach Dodoma gelegen. Gute Küche.

● Das weitere Angebot an landestypischen **Guesthouses** ist groß. In der Nähe der Busstation lassen sich auf Anhieb Unterkünfte finden. Die Gegend ist jedoch laut und nicht unbedingt die sicherste.

● **Iringa Lutheran Centre**
In der Kawawa Street, kurz hinter der Dodoma Road auf der rechten Seite. Sehr zu empfehlen. DZ mit Bad für 4000 TSh, ohne Bad 3000 TSh. Kein Telefon. Preiswerte und sau-

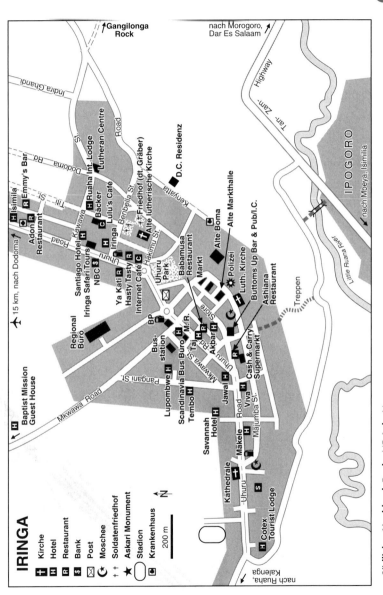

IRINGA

bere Unterkunft, beliebt bei Backpackern. Die Matratzen sind durchgelegen. Von der Busstation etwas weit entfernt, dafür in Fußgängernähe zu den einschlägigen Restaurants/Bars und Internet-Cafés.

Camping

In Iringa selbst lässt sich auf dem bewachten Grundstück der **Huruma Baptist Mission** sicher campen. Authentischer und empfehlenswerter sind jedoch folgende zwei Adressen außerhalb Iringas:

● **Little Ruaha River Campsite**
Landschaftlich sehr schöne Lage ca. 10 km vom Iringa-Abzweig am Tan-Zam-Highway (1 km links der Hauptstraße, GPS-Position S 7°47'884'', E 35°47'812'') in Richtung Mikumi. Die weitläufige Anlage mit guten Sanitäreinrichtungen und warmen Duschen bietet auch Bungalows und einen kleinen Shop mit hervorragendem, farmeigenem Grillfleisch. Beliebt bei Overland-Trucks. Camping 5000 TSh.

● **The Old Farm House Kisolanza**
P.O. Box 113, Iringa. **50 km südwestlich von Iringa** (Pos. S 8°08'752'', E 35°24'689'') befindet sich linker Hand des Tan-Zam-Highway (ausgeschildert) dieser schöne und sichere Campingplatz auf dem Weg ins südliche Tansania (mit Duschen und Toiletten), mittlerweile ein beliebter Treffpunkt von Globetrottern und Overlandern. Bei der Farm von *Nicola Ghaui* erhalten Sie frische Lebensmittel (Gemüse, Fleisch und Milchprodukte). Drei große und schön eingerichtete Cottages mit Kaminen stehen für Besucher der Farm bereit, pro Person 50.000 TSh inkl. Frühstück. Camping kostet 5000 TSh pro Person, Overlander-Trucks und Privat-Camper sind getrennt voneinander.
E-Mail: kisolanza@bushlink.co.tz,
www.kisolanza.com

Restaurants

Die Auswahl an schmackhaften Gerichten ist in Iringa beschränkt, etwas Exquisites sucht man vergebens. Von den aufgeführten Ho-

tels bietet das **M.R. Hotel** eine ganz akzeptable Küche.

● **Hasty Tasty**
Gute indische und afrikanische Snacks und Gerichte sowie leckere Säfte und Milk Shakes. Beliebt unter Reisenden. Der Besitzer kennt sich in der Region gut aus und übernimmt auch Buchungen für die Ruaha River Lodge.

● **Lulu's Café**
P.O. Box 234, Tel. (061) 700293. Das von *Hashim Omar*, Tansanier persischer Abstammung, geführte Lokal ist beliebt unter Reisenden. Serviert werden leckere Imbisse und Gerichte – die griechischen Speisen sind allesamt zu empfehlen. Selbst gemachte Eiscreme, gute Betreuung und faire Preise. Lulu's hat morgens bis mittags und dann wieder ab 19 Uhr geöffnet, So geschlossen.

● **Addon's Restaurant**
Einfache, gute internationale Küche (Indisch und Chinesisch), sehr preiswert. Empfehlenswert und nicht weit vom Lutheran Centre.

Bars

● **Emmy's Café**
Einst gutes Restaurant, heute nur noch heruntergekommene Bierbar.

● **Im Iringa Hotel** wird in der alten Bar kaltes Bier in kolonialem Ambiente ausgeschenkt, ansonsten trifft man sich abends bei **Omar im Lulu's** oder im **Hasty Tasty**.

Internet-Cafés

In Iringa gibt es zahlreiche Internet-Cafés. Gut und schnell sind das **Cybernet** im Zentrum unterhalb vom Markt oder das drei Geschäfte neben dem Hasty Tasty. Mehrere Cafés an der Uhuru Road bieten Internetzugang für 500 TSh pro Stunde an.

Straßenleben in Iringa

Krankenhaus/Arzt

● **Iringa Hospital,** unweit des Clock Tower am Ende der Hakimu Street.
● Empfehlenswerter ist jedoch die Dispensary an der Uhuru Road, an der der Arzt **Dr. Omar Lushino** tätig ist.

Verkehrsverbindungen

Mit dem Flugzeug

Der Airstrip liegt bei Nduli, 15 km in Richtung Dodoma. Derzeit (2007) wird Iringa **von keiner Fluggesellschaft angeflogen!**

Mit dem Taxi

In Iringa fahren Taxis, mit denen sich die unten beschriebenen Ausflüge machen lassen.

Mit dem Bus

● In Richtung **Mbeya** fahren mehrmals täglich vom Stadtteil Ipogoro am Tan-Zam-Highway Busse in 4 Stunden Fahrzeit für 5000–6000 TSh. Andere tägliche Verbindungen bestehen **nach Mikumi, Morogoro, Moshi/Arusha** und **Dar es Salaam.** Die direkte Strecke nach **Dodoma** wird mehrmals in der Woche gefahren; die Piste ist in akzeptablem Zustand, die Landschaft faszinierend. Der komfortablere Weg führt auf jeden Fall über die Asphaltstrecke nach Morogoro und von da weiter in die zentrale Hauptstadt.
● Mehrmals in der Woche fahren auch Direktbusse **nach Songea, Sumbawanga, Tanga, Lilongwe** (Malawi), **Nairobi** (Kenia).
● Das Buchungsbüro von **Scandinavia Express Services** (Tel. (026) 2702308) befindet sich in der Seitenstraße unterhalb des M.R. Hotel. Nur der von Iringa aus nach Dar verkehrende Bus fährt hier los. Alle anderen Busse kommen nicht in die Stadt; sie halten unten am Tan-Zam-Highway im **Stadtteil Ipogoro.** Vom Büro aus lässt sich jedoch buchen und Transport nach Ipogoro organisieren.

Safariunternehmen

Über **Tandala Tented Camps & Safari,** Iringa, Tel. (026) 2703425, Fax 2703424, E-Mail:

Die Schädel des Hehe-Herrschers Mkwawa

Mkwawa (ca. 1855–1898) war der Sohn von *Munyigumba*, dem Gründer des Hehe-Reiches, eines Reiches, das sich nördlich bis an die Karawanenroute erstreckte und im Süden gegen die kriegerischen Ngonis behaupten konnte.

Nach dem Tod seines Vaters übernahm Mkwawa die Führung und widersetzte sich mit seinem Volk den deutschen Kolonialisten. 1891 kam es zu einer Schlacht zwischen der Schutztruppe unter der Führung von Hauptmann *Emil Zelewski* und Mkwawas Kriegern. Zelewski und ein Großteil der Truppe wurden aus einem Hinterhalt heraus getötet, Mkwawa erbeutete über 300 Gewehre und kistenweise Munition. Noch heute erinnert ein großes Denkmal an die Gefallenen der kaiserlichen Schutztruppe, 21 km östlich von Iringa am Tan-Zam-Highway. Mkwawa ließ in den Folgejahren ein beachtliches Fort in Kalenga errichten: Über 4 m hohe und insgesamt 13 km lange Palisaden und Erdwälle sollten die fremden Besatzer abwehren. Unter dem Kommando des erfahreneren Hauptmanns *von Prinz* und mit verstärkter Truppe bombardierten die Deutschen 1894 von einem Hügel aus das Fort. Mkwawa konnte mit ein paar Anhängern entkommen und versteckte sich mehrere Jahre im Busch, von wo aus er immer wieder deutsche Stellungen angriff. Über 5000 Rupien (nach heutigem Wert etwa 4000 Euro) Kopfgeld wurden auf ihn ausgesetzt, nachdem er auch die Station von Kilosa überfallen und Schutztruppenoffiziere getötet hatte. 1898 schließlich gelang es Hauptmann von Prinz, Mkwawa zu stellen: In ausweglose Lage erschoss sich der Hehe-Herrscher. Daraufhin wurde sein Kopf angeblich abgetrennt und nach Berlin geschickt, um dem Erfolg der Schutztruppe im ostafrikanischen Busch Nachdruck zu verleihen.

Nach dem 1. Weltkrieg vermerkte der Versailler Vertrag, dass der Schädel Mkwawas der britischen Regierung zu übergeben sei. Doch schien der Schädel nie in amtliche Hände gelangt zu sein und konnte daher von Deutschland auch nicht ausgehändigt werden. Auch in den Akten des Auswärtigen Amtes war keine Notiz über die Existenz eines solchen Schädels zu finden. Der kuriose Artikel im Versailler Vertrag kam dadurch zustande, weil England – gewillt, den Krieg auch auf die Kolonien auszudehnen – zu diesem Zwecke auch in Ostafrika Truppenverbände zusammenstellen wollte. Das als kriegstüchtig bekannte Volk der Hehe überredete man 1916, als die Briten bereits Iringa kontrollierten, zum gemeinsamen Kampf gegen die Deutschen. Schließlich könne man so den Tod Mkwawas rächen und das „verlorene Haupt" zurückerobern.

Da nun der Schädel nach dem Krieg nicht gefunden wurde, veranlasste der damalige deutsche Außenminister *Stresemann*, „irgendeinen Schädel" an die Briten zu schicken, um das leidige Thema aus der Welt zu schaffen. Die wiederum übergaben ihn den Hehe und kamen damit ihrem Kriegsversprechen nach. Bei den Hehe ging der Kopf dann irgendwann verloren.

Während des 2. Weltkriegs feierte die Geschichte eine fröhliche Auferstehung in der englischen Presse: *Hitler* habe, so hieß es, den echten Schädel gefunden, und würde er nun, wenn er diesen an die Hehe zurückgeben würde, sie zum Aufstand gegen die Briten im Tanganyika-Territorium bewegen können? Doch in Tanganyika interessierte diese Angelegenheit niemanden so recht.

Grabmal auf dem Deutschen Friedhof in Iringa

DIE SCHÄDEL DES HEHE-HERRSCHERS MKWAWA

1955 – nach 35 Jahren – gelang der westdeutschen Regierung plötzlich, was dem Auswärtigen Amt des Deutschen Reichs nicht gelungen war: Der Schädel Mkwawas wurde in einem Bremer Museum ausfindig gemacht. Den Journalisten, die über die feierliche Rückgabe des Schädels an die Hehe berichteten, war allerdings entgangen, dass damit schon der zweite angebliche Mkwawa-Schädel an die Hehe zurückgegeben wurde. Kurzum: Bei einer feierlichen Zeremonie übergab man also erneut, durch den britischen Gouverneur von Tanganyika, einen Schädel an die Hehe. Mkwawa wurde damit endgültig zum Nationalheld, und der (neue) Schädel fand seinen Platz im eigens dafür errichteten „Memorial Museum" in Kalenga. Dass es sich auch bei diesem Schädel nicht um den echten handelt, gilt als sehr wahrscheinlich. Denn die noch heute im Berliner Naturkundemuseum in Schränken lagernden Schädel aus Deutsch-Ostafrika – zu einer Zeit „gesammelt", als man Schädel vermaß, um Unterschiede zwischen den europäischen und afrikanischen „Rassen" zu ergründen – wurden nicht mit Namen versehen. Bei Mkwawas Schädel wusste man lediglich, dass er ein Loch in der Schädeldecke haben musste, aufgrund des Selbstmord-Schusses in den Kopf.

Bei der Übergabe war auch eine Kompanie der „Tanganyika Bataillons" anwesend, die mit den Briten gegen die „Mau-Mau-Bewegung" in Kenia kämpften. Den jungen Hehe-Männern wurde zu verstehen gegeben, wie sie sich für die britische Sorge um das Stammesglück ihres Volkes bedanken könnten: durch Freiwilligen-Meldung zum Kampf gegen die Mau-Mau in Kenia ...

Südliches Hochland, Ruaha NP, Lake Nyasa

tandalacamp@yahoo.com, tandala@iwayafrica.com, kann man das Tandala Camp im Ruaha Nationalpark (siehe dort) buchen. Im M.R. Hotel findet sich **Jungle Giraffe Safari Tours Ltd,** wo das Chapuya Camp, Migoli Village, in der Mtera Area gebucht werden kann. Ansonsten wenden Sie sich an die Besitzer von **Lulu's Café** oder von **Hasty Tasty.** Hier kann man Ihnen behilflich sein, einen Wagen zu organisieren, der sie bis zum Parkeingang oder bis zur Ruaha River Lodge bringt. Über die Lodge (nicht übertreuert und empfehlenswert) lassen sich dann Tierbeobachtungsfahrten und Fußsafaris organisieren (mehr siehe beim Ruaha National Park).

Sonstiges

In der Stadt befinden sich zwei **Banken** (kein Forex-Büro!), eine Tanzania Postal Bank/ Western Union (Tel. (026) 2702817, 2702809, E-Mail: tpb.iringa@africaonline.co.tz), zahlreiche **Apotheken,** eine **Post** mit internationalen Telefon- und Faxverbindungen und viele **Lebensmittelgeschäfte** entlang der Majumba Street. Hier findet sich auch ein Cash & Carry mit vielen importierten Lebensmitteln (auch Wein!). Das **DHL-Büro** erreicht man unter Tel. (026) 2700110. Am Markt gibt es einen **Fahrradverleih** (2000 TSh/Tag).

Ausflüge

Tosamaganga und Kalenga

14 km von Iringa entfernt liegt auf einem Hügel der **Missionsort Tosamaganga,** was in der Sprache der Hehe „Felsen werfen" bedeutet und sich auf die Kanonenkugeln der Deutschen bezieht, die diese 1894 vom Hügel auf *Mkwawas* Herrschersitz Kalenga abfeuerten (siehe Exkurs „Die Schädel des Hehe-Herrschers Mkwawa"). Heute stehen auf der Erhebung die Ende des 19. Jahrhunderts von deutschen Benediktinern gegründete und später von einem italienischen Orden übernommene Missionsstation sowie eine imposante Kathedrale mit großem Vorplatz, wie er typisch für Kirchenorte Italiens ist. Zur Mission gehören auch ein Krankenhaus und ein paar Schulen.

Im nahen Dorf **Kalenga** befindet sich das **Mkwawa Memorial Museum.** Das Museum ist in schlechtem Zustand, alles, was es zu sehen gibt, sind ein kaputter Schädel, einige alte Waffen und traditionelle Gegenstände der Hehe. Ein Caretaker wird Sie herumführen und Ihnen voller Stolz die Geschichte vom heldenhaften *Mkwawa* in der Fassung erzählen, in der sie beim Volk der Hehe fortlebt. Von der einstigen Verteidigungsanlage – Erdwälle und bis zu 4 m hohe Pallisaden – ist nichts mehr zu sehen, auch der frühere „Palast" von *Mkwawa* existiert nicht mehr.

Zu erreichen sind die Orte auf der Straße in Richtung Ruaha National Park. 9 km hinter Iringa ist der nicht zu übersehende Abzweig nach links zur 5 km entfernten Tosamaganga Mission. Auf der Ruaha-Piste 3 km weiter kommt dann rechts der Weg zum 1 km entfernten Kalenga Memorial Museum.

Dalla Dallas, die in Richtung Idodi fahren, können Sie beim Abzweig Kalenga aussteigen lassen. Mit Taxi kostet der Ausflug 10.000–15.000 TSh.

Isimilia Stone Age Site

Am Tan-Zam-Highway in Richtung Mbeya liegt 16 km vom Iringa/Tan-Zam-Abzweig entfernt **eine der bedeutendsten Steinzeitfundstätten Ostafrikas.** Nur ein kleines Schild an der Hauptstraße weist auf diesen interes-

santen Ort hin. Abzweig bei GPS-Pos.
S 7°53′291″, E 35°36′215″.

Durch Erosion wurde hier ein ganzes Tal ausgespült, **Tausende von Steinwerkzeugen** kamen zum Vorschein. Ende der 1950er Jahre begannen Experten der Universität Chicago mit Ausgrabungen. Viele Werkzeuge, wie Handäxte, Schaber, Speerspitzen, Hack- und Schneidemesser, werden auf ein Alter von mehr als 60.000 Jahren geschätzt. Zu jener Zeit soll es hier einen kleinen See gegeben haben, an den Tiere zur Tränke kamen und wo die Menschen ihnen auflauerten und sie erlegten.

Die Funde zahlreicher fossiler Knochenreste von Tieren führten 1969 zur Gründung eines kleinen „Museums" – wenn man zwei verriegelte Überdachungen von großen Fundstätten so bezeichnen kann. Für den Laien kaum zu erkennen, liegen hier **Überreste vom Vorfahren des heutigen Nilpferdes** (*Hippopotamus Gorgops*). Ein Caretaker wird Sie herumführen und Ihnen auch ein paar bemerkenswerte Faustkeile zeigen.

Für die meisten weitaus interessanter ist die **Isimilia-Schlucht** wenige hundert Meter talaufwärts. Wie durch ein Wunder „fräst" sich hier ein in der Regenzeit entstehender Bach ins weiche Erdreich und ließ mit den Jahren bis zu **15 m hohe Säulen** stehen. Dieses Phänomen lohnt in jedem Fall einen Besuch! Der Caretaker wird Ihnen den Pfad dorthin zeigen. Der Eintritt beträgt 3 $. Während der heißen Mittagszeit ist von einem Besuch abzuraten.

Sie erreichen Isimilia über die ins Tal führende Straße zum Tan-Zam-High-

way, dem Sie 15 km folgen, bis linker Hand der kleine Feldweg beim Hinweisschild zu sehen ist. Abzweig bei GPS-Pos. S 7°53′291″, E 35°36′215″. Von hier sind es noch 1,3 km bis zum Eingang. Die Übernachtung auf dem dazugehörigen Campingplatz kostet 5000 TSh pro Person.

Ein Taxi hin und zurück wird Sie etwa 10.000–15.000 TSh kosten. Mit Dalla Dallas Richtung Sao Hill und Makambako kann man nach Absprache mit dem Fahrer am Abzweig aussteigen. Den Rest legt man zu Fuß zurück.

Routenbeschreibungen ab Iringa

Iringa – Mufindi – (Usangu/ Kipengere) – Mbeya (342 km)

●Asphaltierter Highway; regelmäßig Tankstellen. Fahrzeit 4–5 Stunden. Gute Busverbindungen (siehe bei Iringa).

Vom Iringa-Abzweig am Tan-Zam-Highway führt die Strecke durch landwirtschaftlich stark genutztes Gebiet, bis man nach ungefähr 48 km den Abzweig zur links der Straße liegenden **Kisolanza Farm** erreicht (vgl. Iringa).

Die Landschaft wird immer waldreicher, es werden die großen staatlichen Forstflächen von Sao Hill durchfahren, bis bei km 73 rechts der **Abzweig nach Madibira** und zum **Usangu Game Reserve** folgt. Diese Piste führt über die Ortschaften Lugoda und Sadani; nach 57 km kommt man an eine Wegegabelung, an der man sich links hält und nach weiteren 12 km Madibira erreicht. In Madibira steht noch eine der größten Kirchen aus deutscher Kolonialzeit.

Abstecher in die Mufindi Highlands und zur Mufindi Highland Lodge

Bei **km 76** zweigt im Ort **Mafinga** (auch „John's Corner" genannt) die Straße in die Mufindi Highlands ab, wo sich über weite Strecken das saftige Grün der **Mufindi-Teeplantagen** ausbreitet. Man passiert die Mufindi Tea Company und erreicht nach 31 km eine Wegegabelung, an welcher man sich links hält. Nach weiteren 5 km passiert man das Lupeme Office und hält sich an einer Wegegabelung erneut links. Nach weiteren 4 km ist abermals eine Wegegabelung erreicht, hier rechts, dann nach 300 m wieder rechts halten und nach weiteren 300 m links bleiben. Rechter Hand breiten sich endlose Teefelder aus. In einem Dorf nach einem weiteren Kilometer an einer Kreuzung rechts abbiegen und dann immer geradeaus fahren, bis nach 4 km die Mufindi Highland Lodge erreicht ist.

● Die **Mufindi Highland Lodge** liegt unweit vom Mufindi Escarpment. Vom rustikalen Anwesen aus werden Führungen durch die Teeplantagen unternommen, Touren mit Mountain-Bike und Reit-Safaris angeboten. Informationen über Tel. 0744-237422 und 0748-237422, Fax 0741-327706, E-Mail: fox@twiga.com oder fox@bushlink.co.tz, www.tanzaniasafaris.info.

Abstecher zum Lake Nzivi

Ein weiterer Abstecher vom Tan-Zam-Highway lässt sich über den Abzweig 37 km hinter Mufindi bei **Nyororo**

(früher „James Corner") unternehmen. Wer im Ort an der Kreuzung links fährt, dem bietet sich die Möglichkeit eines **Picknick-Ausflugs** zum ca. 7 km entfernten Lake Nzivi. Dieser ist einer von drei gestauten Seen inmitten großer Waldflächen. Auf den Karten ist meist nur der größte, der Lake Ngwazi, eingezeichnet.

Den Nzivi erreicht man über die Idetero-Piste von Nyololo. Nach 5 km zweigt vor dem sichtbar werdenden See ein Feldweg links zu einem Waldgebiet ab. Kurz vor dem Waldgebiet (etwa 1,2 km) hält man sich rechts und kommt nach 1 km zum See. Hier führt die Piste ein Stück weit am Ufer entlang und bietet wunderschöne Aussichten. Vereinzelt sehen Sie Fischer, die mit einfachen Holzangeln ihr Glück probieren.

Auf dem Tan-Zam-Highway erreichen Sie bei km 181 den wichtigen Verkehrsknotenpunkt **Makambako** („Platz der Büffel"). Hier zweigt die Asphaltstraße nach Songea im Süden ab und die Ta-Za-Ra-Eisenbahn trifft erstmals auf den großen Highway. Dementsprechend ist der Bahnhof von Makambako ein wichtiger Güterumschlagsplatz. Der Ort wirkt wie eine Boomtown, und es ist offensichtlich – blickt man nur auf die vielen Baustellen und entstehenden Kleinbetriebe –, dass hier eine Stadt heranwächst. Im Ort gibt es ein paar landestypische Guesthouses mit einfachen Restaurants. Etwa 500 m hinter dem Songea-Abzweig wirkt das **Uplands Hotel** recht akzeptabel (große DZ für 8000 TSh).

Die Weiterfahrt in Richtung Mbeya ist sehr eindrucksvoll. Während sich im Süden allmählich die steilen Hänge der Kipengere Range zeigen, fällt zum Norden hin die Landschaft in die Feuchtebene der **Usangu Flats** ab. Seit Anfang 2000 ist hier das neue **Usangu Flats Game Reserve** eingerichtet, mit Headquarter in Rujewa (mehr s.u.).

30 km hinter Makambako folgt links der ausgeschilderte Abzweig zum **Kipengere-Mpanga Game Reserve** und zur 5 km entfernten Ortschaft **Ilembula**, wo sich das Büro des Naturschutzgebietes befindet (mehr dazu s.u.).

54 km hinter Makambako folgt rechts der Abzweig nach Rujewa und zum Usangu Game Reserve.

56 km hinter Makambako geht es links auf einem weiteren ausgeschilderten Zufahrtsweg zum Kipengere-Mpanga Game Reserve.

81 km hinter Makambako folgt im Ort Kimani links ebenfalls ein ausgeschilderter Zufahrtsweg zum Game Reserve und zu den großen **Kimani-Wasserfällen** (siehe beim Kipengere-Mpanga Game Reserve).

Auf dem Tan-Zam-Highway weiter ist 18 km hinter Kimani der große Ort **Chimala** (Tankstelle) erreicht. Nach Durchfahrt des Ortes folgt nach 1 km ein Abzweig links. Die hier beginnende Strecke führt über eine landschaftlich grandiose, allerdings steile und Schwindel erregende Serpentinenpiste die Kipengere Range hinauf nach **Matamba** und zum **Kitulo National Park** (siehe dort).

Weiter auf dem Tan-Zam-Highway kommt man 19 km hinter Chimala in den Ort **Igurusi**.

Vor Mbeya gewinnt der Tan-Zam-Highway wieder an Höhe, das Gebiet ist zunehmend fruchtbarer und dichter besiedelt. In **Uyole** (43 km hinter Igurusi) zweigt die sehr gute Asphaltstraße nach Mwandenga, zum Grenzübergang nach Malawi, ab (siehe Route Mbeya – Mwandenga).

Auf den verbleibenden 11 km bis Mbeya liegt eine Ortschaft nach der anderen, und bereits weit vor der Stadt beginnt ein quirliges Geschäftsleben entlang der Hauptstraße.

Der Highway führt südlich am Stadtzentrum vorbei, Sie erreichen Mbeya über den ersten großen asphaltierten Abzweig nach rechts, hinter dem deutlich zu erkennenden Taxi- und Dalla-Dalla-Platz.

Iringa – Ruaha National Park (114/120 km)

● Gute Piste, Fahrzeit etwa 2 Stunden, Dalla Dallas täglich ab Iringa bis Tungamalenga.

Die ersten Kilometer führen durch die westlichen Ausläufer der Stadt. 12 km hinter dem Kreisel kommt man zu dem historischen Ort Kalenga, in dem es rechts zum 1 km entfernten Mkwawa Museum geht (siehe bei Iringa).

Weiter geht die Fahrt durch ein hügeliges und landwirtschaftlich genutztes Gebiet, wo heute noch griechische Farmer große Mengen an Tabak anbauen. 11 km hinter Kalenga erfolgt rechter Hand der Abzweig zum Gedenkstein von *Mkwawa*, an dem Ort, wo er sich vor über 100 Jahren erschossen hat.

Etwa bei **km 69** gabelt sich die Piste, beide Wege führen 7 km vor dem Ruaha-Park wieder zusammen. Die momentan bessere Route ist die nördlichere durch ein Miombo-Gebiet und zum Teil entlang der Parkgrenze. Auf der Strecke ist oft Wild zu beobachten. Die Strecke führt nach 17 km über eine kleine Betonbrücke mit 4 Tonnen Tragkraft. Hier beginnt die Parkgrenze. Von der Brücke sind es 25 km, bis sich die Pisten wieder treffen.

Bleibt man bei km 69 links, fährt man die Strecke über die Dörfer Idodi, Mapogoro und Tungamalenga. Von letzterem sind es noch 19 km bis zum Park Gate.

Etwa 6 km vor der Brücke über den Great Ruaha fährt man bereits in den Park hinein. Das **Entrance Gate** bei **Msembe** befindet sich links vor der Brücke. Der eigentliche Park beginnt auf der anderen Flussseite.

Ruaha National Park
♪ XIV/XV
Der Park

Der seit Anfang 2007 durch die Angliederung des Usangu Game Reserve **größte Nationalpark Tansanias** hat sich in der Insider-Safari-Szene zu einem der beliebtesten Parks Tansanias entwickelt. Zuvor spielte das aus dem südlichen Teil des Rungwa Game Reserve ausgegliederte riesige Wildschutzgebiet im Süden für den Tourismus des Landes nur eine unbedeutende Rolle. Trotzdem: Weitaus weniger Besucher als in die nördlichen Parks zieht es zu der rauen und wilden Schönheit am **Great Ruaha River.**

Landschaftlich bietet dieses sehr vielseitige Gebiet einen deutlichen Kontrast zu den nördlichen Nationalparks, wenn auch der Fluss und die vielen Baobabs sehr mit dem Tarangire National Park zu vergleichen sind. Der südlichere und kleinere Teil des Parks liegt in einem durchschnittlich 900 m hohen Zweig des **Ruaha Rift Valley.** Oberhalb der bis zu 200 m aufragenden Grabenwand erstreckt sich das größere und waldreichere Gebiet. Hier ragen auch knapp 1800 m hohe Berge, wie der **Mt. Ndanyanya** und der **Mt. Kibirit,** aus der Ebene.

Die Grabenbruchstufe hinunter fallen große Bachläufe – vor allem in den Regenmonaten –, die sich in Tausenden von Jahren ihre Bahnen in das Gestein geschliffen haben. Besonders die so entstandene Schlucht **Mdonya Gorge** ist eine Attraktion des Parks.

Den gesamten Ostteil des Ruaha überzieht eine große **Miombo-Baumsavanne,** in der sich majestätisch Baobabs erheben, Akazien Schatten spenden und vereinzelt Jacaranda-Bäume stehen, die einmal im Jahr mit ihrem lilanen Blütenkleid der ansonsten trockenbraunen Natur deutliche Farbtupfer verleihen. Im Westen ist die Baumvegetation nicht ganz so dicht, doch auch hier erstrecken sich einzelne Baumsavannen. Der felsige und an vielen Stellen sandige **Ruaha-Fluss,** der in der Hehe-Sprache *Lyambangari* heißt, und seine Zuläufe **Mdonya** und **Mwagusi** bilden für die bemerkenswert vielfältige Tierwelt die Lebensadern in diesem sehr trockenen Gebiet, in dem selten mehr als 500 mm Niederschlag im Jahr fallen.

Die wachsende Anziehungskraft verdankt der Park der mittlerweile sehr **guten Straßenanbindung,** einem erweiterten **befestigten Wegenetz** und dem guten Angebot an Lodges und Camps. Dennoch halten sich die Besucherzahlen in einem ökologisch vertretbaren Rahmen. Es bleibt zu hoffen, dass der Ruaha in den nächsten Jahren nicht von unzähligen Safariunternehmen und ihren Fahrzeugkolonnen vereinnahmt wird. Dann hätte der Park sein eigentliches Herz, die Einsamkeit der rauen afrikanischen Wildnis, verloren.

Zusammen mit den nördlich angrenzenden **Game Reserves Rungwa, Kizigo** und **Muhesi** bildet der Park das **Ruaha-Ökosystem.** Die Reserves sind reine Wild- und Naturschutzgebiete, die vor allem bekannt sind für ihre großen Elefantenbestände. Mehrere Rangerposten sind hier mit Unterstützung der Zoologischen Gesellschaft Frankfurt errichtet worden. Insbesondere bereitete der illegale Holzeinschlag große Sorgen. Die **Mninga-Bäume** *(Pterocarpus angolensis)*, die mit den Miombo-Bäumen verwandt sind und hier vermehrt vorkommen, waren aufgrund ihres wertvollen Holzes sehr begehrt. Da die Game Reserves Rungwa und Kizigo keine Zäune haben, hat man die Grenzen mit breiten Schneisen durch den Wald markiert. Die sollen die Bevölkerung der umliegenden Dörfer davon abhalten, in die Reservate einzudringen. Der Einsatz hat sich gelohnt, durch die bessere Markierung und Überwa-

Zebras und Elefant
im Ruaha National Park

RUAHA NATIONAL PARK

chung ist in den letzten Jahren auch die Wilderei stark zurückgegangen.

Rungwa und Kizigo sind derzeit nicht zugänglich für Besucher, und auch der nördlich vom Escarpment liegende Teil des Ruaha, der etwa zwei Drittel des gesamten Parks ausmacht, bleibt Tier- und Naturfreunden größtenteils vorenthalten. Doch ändert das nichts an der Tatsache, dass das für Besucher uneingeschränkt zugängige Gebiet entlang des Great Ruaha River eines der schönsten und interessantesten Gebiete des gesamten Ökosystems ist. Um dieses dauerhaft und in seinem ganzen Ausmaß zu schützen, wurde im Jahr 2000 ein weiteres Gebiet am Oberlauf des Ruaha zum Usangu Flats Game Reserve erklärt: eine großflächige Schwemmebene, die seit Anfang 2007 den Ruaha-Park an seiner Westseite erweitert hat und besonders aus ornithologischer Sicht (knapp 300 Vogelarten) von Bedeutung ist. Das Gebiet war von Überweidung, Abholzung und von Menschenhand gelegten Bränden bedroht.

Entlang des großen Flusses, der sein Quellgebiet bei den Bergen Mbeyas hat und mit einer Länge von 160 km den größten Teil der südlichen Parkgrenze bildet, bieten sich mehrere Möglichkeiten zur Beobachtung von Wildtieren. Regelmäßig sind hier Elefanten, Kudus und Wasserböcke zu sehen. Gerade in den Trockenmonaten, wenn die anderen, kleineren Flüsse kaum noch Wasser führen, zieht der Great Ruaha viele Tiere an. Zu den eindrucksvollsten Stellen des Flusses gehören die **Hippo** und **Crocodile Pools** und die **Nyamakuyu-Stromschnellen** zwischen Brücke und Ruaha River Lodge.

In den vergangenen Jahren trocknete aber auch der Ruaha – bis auf wenige Wasserlöcher – immer wieder aus. Dann drängen sich Krokodile und Flusspferde um die letzten Unterwasserstellen und wühlen dabei viel Schlamm auf. Sobald jedoch die Niederschläge in den Southern Highlands einsetzen, entsteht ein reißender Strom, der in der Regel seinen Höchststand im April erreicht.

Trotz der rauen Bedingungen gedeihen hier an die **1650 verschiedene Pflanzenarten,** die gerade in der Regenzeit den Park mit ihrer Farbenpracht zum Leuchten bringen. Daher ist die Trockenzeit (ab Juni), wenn noch viele Blumen und Bäume ihr Blütenkleid tragen, aber gleichzeitig auch schon alle Wege trocken genug sind, um sie mit Fahrzeugen befahren zu können, eine ideale **Besuchszeit.** Je trockener es im Umland wird (in den Monaten Juli bis Oktober), desto mehr Wild lässt sich entlang des Ruaha sehen. Ab Mitte November setzen dann die ersten Regen wieder ein, doch kann man den Park oft bis Anfang Februar problemlos besuchen. In der Zeit danach braucht man dann in jedem Fall einen Vierradantrieb. Ein Großteil der Wege wurde befestigt und kann in der Trockenzeit **auch mit normalen zweiradgetriebenen Autos** befahren werden.

Vom Klima her kann der Ruaha das ganze Jahr über besucht werden, kühlster Monat ist in der Regel Juli, dann betragen die Temperaturen nachts durchschnittlich 14°C.

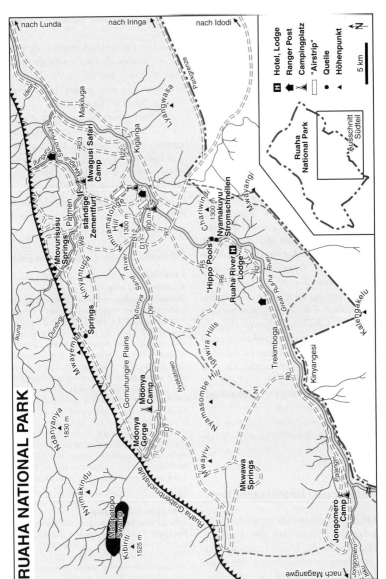

RUAHA NATIONAL PARK

Tierwelt

Hier die gesamte Tierwelt aufzuzählen, würde Seiten füllen. Bekannt ist der Ruaha-Park für seine **vielen Elefantenherden** und seinen in Ostafrika einzigartigen Bestand an **Greater und Lesser Kudus.** Diese sehr eindrucksvolle Antilopenart mit grauem Fell und dünnen, weißen, senkrecht verlaufenden Streifen, mit einer Mähne am Kehlkopf und den imposanten, bis zu zweieinhalb mal gedrehten Hörnern, die Längen von über anderthalb Metern erreichen, lässt sich vielerorts im Park beobachten. Weitere Besonderheiten sind **Rappen-** und **Pferdeantilopen,** Rudel von **Wildhunden, Elenantilopen, Defassa-Wasserböcke** und **Grants Gazellen** (südlichstes Verbreitungsgebiet). Aber auch Büffel, Löwen, Leoparden, Geparden, Mangusten, Zibetkatzen, Buschböcke, Impalas, Giraffen, Zebras, Hyänen, Warzenschweine und Schakale leben in diesem Gebiet. Am Great Ruaha River lassen sich zahlreiche Krokodile und Flusspferde beobachten, und die mit über 450 Arten vertretene **Vogelwelt** (einige Geier- und Adlerarten, Turakos, Reiher, Lerchen, Sekretäre, Gelbschnabeltockos) ist ebenfalls beachtlich. Die Nashörner sind von Wilderern ausgerottet worden.

Anreise und Eintrittsgebühren

Mit dem eigenen Fahrzeug von Dar es Salaam (620 km) über den Tan-Zam-Highway ist die Anfahrt unproblematisch, beansprucht jedoch einen vollen Tag. Von Arusha aus ist die Straße über Moshi, Korogwe und Morogoro vorzuziehen.

Coastal Travel bietet regelmäßig von Dar es Salaam und Selous **Flüge zum Park** an sowie dreimal die Woche zwischen Arusha und Ruaha. Infos über Coastal Travel in Dar es Salaam.

Die **Parkgebühren** betragen **25 $,** nicht in Tansania zugelassene **Fahrzeuge kosten 40 $, Camping 30 $** pro Person. Beim Park Gate ist ein Faltblatt mit Karte zum Park erhältlich. Die Pisten und Kreuzungen sind gut markiert.

Safaris können über Unternehmen in Iringa, Mbeya und v.a. Dar es Salaam organisiert werden.

Lodges

Luxusklasse

● **Jongomero Camp**
Das herrlich gelegene Luxus-Camp weitab im Südwestteil des Parks verfügt über 12 sehr stilvolle Safari-Zelte, die auf Holzplattformen errichtet sind und alle über eine eigene Terrasse verfügen mit Aussicht auf den saisonal versandeten Jongomeru River. Das Interieur der großräumigen Zelte ist sehr chic und im alten Safari-Stil der Kolonialzeit gehalten, ein Bad mit Spültoilette ist jeweils mit integriert. Die Küche von Jongomeru ist vorzüglich, die Guides und sehr sympathischen Manager kennen sich bestens aus. Das Camp gehört zur gleichnamigen Kette der Selous Safari Company und betreibt im Selous Game Reserve das Selous Safari Camp sowie an der Südküste von Dar es Salaam das idyllische Ras Kutani. Empfehlenswert! Zu buchen über Selous Safari Company, Tel. (022) 2128485, 2134802, Internet: www.jongomero.com.
● **Mwagusi Safari Camp**
Sehr schöne Lage mit Borassus-Palmen am Mwagusi Sand River unweit der Grabenbruch-Wand; das Camp wurde 2002 komplett umgebaut und gehört nun zu den feinsten Safari-Adressen im Süden Tansanias. Das ursprüngliche Safarizelt-Konzept wurde bei-

behalten, jedoch stehen die Zelte in einem aus Stroh und viel Holz und Natursteinerbauten Überdach mit einer weit vorgezogenen Terrasse mit Blick auf den Mwagusi Sand River. Die Bäder sind alle individuell gestaltet und bieten reichlich Platz. Der zentrale Aufenthaltsraum bietet einen schönen Überblick auf die Wildnis. Die Betreuung rund um *Chris Fox* und seine Frau *Sylvia* lässt kaum Wünsche offen. Zu buchen über Tropic Africa in England, Tel. 0044 (0)20 88469363,
Internet: www.ruaha.org,
E-Mail: tropicafrica.uk@virgin.net

Safari-Standard

● **Ruaha River Lodge**
Tel. 0744-237422, 0748-237422, Fax 0741-327706. Vom Entrance Gate 12 km flussaufwärts entfernt liegt diese sehr schön in die Natur integrierte Lodge. Entlang und in der saisonal nur wenig Wasser führenden Flussschleife stehen mehrere aus Natursteinen und Holz gebaute Bungalows. Die Lodge bietet insgesamt 28 Zimmer/Bungalows mit Platz für über 70 Personen. Da sich die Anlage jedoch über ein großes Gebiet erstreckt, ist die Lodge in drei Einheiten unterteilt. Das **Original Camp** mit einer überdachten und auf einer Anhöhe gelegenen Terrasse mit Restaurant und Bar bietet eine herrliche Sicht auf den Ruaha River und die sich dahinter erstreckende Landschaft. Das **River Camp** liegt weiter flussaufwärts und bietet große Doppelbungalows mit einem Restaurant/Aufenthaltsbereich direkt am Fluss, wo sich gerne Elefanten aufhalten. Der dritte Abschnitt der Lodge liegt auf dem zentralen Hügel hinter den beiden erstgenannten Camps und verfügt über große Familien-Bungalows mit grandiosen Aussichten auf die Ruaha-Landschaft. Geleitet von der Familie *Fox*, die seit über 40 Jahren hier ansässig ist, werden Parkfahrten mit eigenem Wagen und Fußsafaris arrangiert.
Internet: www.ruahariverlodge.com, E-Mail: fox@twiga.com oder fox@bushlink.co.tz

● **Old Mdonya River Safari Camp**
Neueres, rustikales Safari Camp mit gutem Preis-/Leistungsverhältnis unterhalb der Ruaha Grabenbruchstufe am Ausgang der Mdonya Gorge. Die Betreuung rund um den jungen, sympathischen Italiener *Malcolm* ist sehr zuvorkommend. Zu buchen über Adventure Camps, P.O. Box 40569, Dar es Salaam, Tel. (022) 2452005/6,
Internet: www.adventurecamps.co.tz,
E-Mail: reservations@adventurecamps.co.tz

● **Tandala Camp**
Ebenfalls neueres, privat geführtes Safari Camp, jedoch außerhalb des Parks bei Tungamalenga, unweit der Straße nach Iringa (10 km vom Main Parkgate entfernt). Das Camp wird von einem sympathischen französischen Pärchen geführt, *Isabelle* und *Philippe*, der ein Superkoch ist! Elefanten kommen regelmäßig ins Camp, um aus dem Pool zu trinken – ein unvergessliches Erlebnis! Zu buchen über Tandala Tented Camps & Safari, Iringa, Tel. (026) 2703425, Fax 2703424,
E-Mail: tandalacamp@yahoo.com,
tandala@iwayafrica.com

Camping

● **Msembe Bandas/Campsite**
8 einfache Doppelbandas (Bungalows) sowie 2 Familienbandas nahe des Headquarter am Ruaha. Bettzeug, Feuerholz und Wasser sind vorhanden. Etwa 500 m flussabwärts ist ein Campingplatz mit „Plumps-Klos". Beide Übernachtungsmöglichkeiten sind sehr einfach und kosten 20 $ pro Person die Nacht. Ein weiterer sehr schöner Zeltplatz liegt 2 km flussaufwärts. Bandas können über den Park Warden, Ruaha National Park, P.O. Box 369, Iringa, gebucht werden.

● 10 km vor dem Park in dem kleinen Dorf **Tungamalenga** (Idodi) besteht die Möglichkeit, für 8000 TSh pro Person in einer einfachen Herberge (mit Moskitonetzen) zu übernachten, auch Camping ist möglich und damit preiswerter als im Park.

Versorgung

● Beim Park Headquarter befindet sich eine Duka, in der man kühle Sodas und Bier bekommt, aber auch Tee, Zucker, Weißbrot und gelegentlich Marmelade.

● **Diesel** ist ebenfalls beim Headquarter zu erwerben, jedoch etwas teurer als in Iringa.

Kipengere-Mpanga Game Reserve

Das seit 2000 existierende Game Reserve liegt südlich des Tan-Zam-Highway zwischen Makambako und Mbeya. Das etwa **1500 km²** große Naturschutzgebiet schützt Flora und Fauna der **zwischen 1500 und 2500 m** hohen **Kipengere Mountains,** ein über weite Regionen dichtes Waldgebiet, das als Wasserquelle für die Usangu Flats und für den Ruaha River gilt. Darüber hinaus sind die Bergwälder und montanen Savannen während der Trockenmonate Refugium für zahlreiche Tierarten. Über den so genannten **Igando-Igawa Wildlife Corridor** wandern Elefanten, Büffel, Antilopen und Bockarten, Elan, Kudus und Leoparden sowie andere, kleine Säugetierarten aus dem Usangu-Ruaha-Ökosystem in das Kipengere-Gebiet.

Für Besucher des Gebiets fehlt noch eine vernünftige Infrastruktur. Eine der landschaftlich schönsten Sehenswürdigkeiten kann jedoch schon besucht werden: die **Kimani-Wasserfälle,** rauschende Wasserkaskaden, die auf einer Strecke von über 200 m die Berge in südlicher Richtung hinabstürzen. Die Anfahrt zu den Fällen erfolgt über den Ort Kimani vom Tan-Zam-Highway aus (siehe Routenbeschreibungen Iringa).

Mehr Infos und andere zu erkundende Gebiete im Reservat sind zu erfahren über das **Main Office in Ilembula,** 5 km vom Tan-Zam Highway entfernt. In Ilembula bieten das Green View und das Nyimbo Guesthouse einfache Übernachtungsmöglichkeiten.

- Zurzeit (2007) ist der **World Wildlife Fund** (WWF) im Game Reserve aktiv; Infos unter: www.panda.org/about_wwf/where_we_work/africa/where/tanzania/projects

Mbeya ⚐ XIV,B3

Die Stadt gehört zu den jüngsten Städten Tansanias. Sie liegt auf einer Höhe von 1700 m und hat über **160.000 Einwohner.** Mbeya wurde von einer Gruppe deutscher Siedler gegründet und hieß in der Kolonialzeit „Mbejahof". Ende der 1920er Jahre, mit dem großen Goldrausch in Chunya (s.u.), wuchs der Ort zu einem Zentrum europäischer Farmer und christlicher Missionen.

Die herrliche Lage der Stadt **am Fuße der Mbeya-Berge,** mit den weithin sichtbaren Gipfeln Nbanuea (2462 m), Loleza (2656 m) und Mbeya Peak (2818 m), lädt zu wunderbaren Ausflügen in die Umgebung ein.

Geologisch „sitzt" Mbeya auf der Gabelung zweier Grabenbruchzweige. Die Stadt thront auf einer vulkanisch entstandenen Erhebung und unterbricht den eigentlich zusammenhängenden Rukwa- und Nyasagraben. Grund hierfür ist das unmittelbar östlich beginnende, nur schwach ausgeprägte **Ruaha Rift Valley,** das zwischen Dodoma und Iringa sein vorläufiges Ende findet. Das „Auseinanderdriften" der Erdkruste begünstigte im Bereich der Gabelung starke vulkanische Eruptionen, durch die sehr viel Material aus dem Erdinnern an die Oberfläche gelangte und so die heutige Berglandschaft um Mbeya formte.

Die vulkanischen Böden eignen sich gut für ganzjährigen Feldbau. Hinzu kommt, dass die reichhaltigen Regenfälle den Anbau von Mais, Tee, Kaffee, Kartoffeln, Gemüse, Reis, Weizen und Obst begünstigen.

Die Stadt selbst verfügt über keine nennenswerten kulturellen Attraktionen bzw. Sehenswürdigkeiten, weshalb viele Reisende hier nur wenig Zeit verbringen und direkt nach Sambia oder zum Tanganyika- bzw. Nyasa-See weiterreisen. Wer mit dem eigenen Fahrzeug unterwegs ist, wird für die Erkundung der Region höchstens die guten Möglichkeiten zum Einkaufen von Lebensmitteln in der Stadt in Anspruch nehmen. Rucksackreisende sind auf die öffentlichen Verkehrsmittel angewiesen, die von Mbeya verkehren. Für Trekking-Ambitionierte bieten sich schöne Wanderungen zu den Gipfeln der Mbeya Range oder der Poroto-Berge.

Wirtschaft

Mbeya ist das wichtigste **Handels-, Dienstleistungs- und Industriezentrum** im Süden des Landes. Mit dem ersten Ausbau der damaligen Great South Road, dem heutigen Tan-Zam-Highway, und der Aufgabe des nördlich gelegenen Wirtschaftszentrums Chunya begann die Kleinstadt an Bedeutung zu gewinnen. Die Eisenbahnanbindung und die Förderung der Region im Rahmen der Dezentralisierungspolitik *Nyereres* ließen die Stadt schnell wachsen. Für das landwirtschaftlich ertragreiche Umland wurde sie zum zentralen Umschlagplatz.

Die Region ist sehr reich an **Rohstoffen** wie Kohle, Eisen, Gold und Silber. Mit chinesischer Hilfe errichtete man Ende der 1980er Jahre ein **Kohlebergwerk** im 30 km südlich gelegenen Ort **Kiwira**. Das Werk läuft erfolgreich und deckt zusammen mit einer anderen Mine bei Tukuyu, dem ehemaligen „Neu-Langenburg", den gesamten Jahresverbrauch Tansanias. Zudem besteht eine Kooperation mit China zur Errichtung einer Stahlindustrie.

Weitere **Industrien und Betriebe** sind Textil-, Zement-, Seifen- und Keramikfabriken, Betriebe für Teeverarbeitung und Kaffeetrocknung sowie eine Reihe von Ziegeleien.

Als bedeutende Ausbildungseinrichtung ist die **Technische Hochschule** außerhalb der Stadt zu erwähnen.

Unterkunft

Beim Bahnhof befindet sich keine Unterkunft, Sie müssen ein Taxi für etwa 3000 TSh in die 4 km entfernte Stadt nehmen.

Hotels

● **N'Gamba Coffee Lodge**
Auf dem Msumbi Coffee Estate, nahe beim Dorf Ibembwa, Tel. (075) 4789603, (0784) 318242, Internet: www.msumbi-coffees.com, E-Mail: msumbicoffees@habari.co.tz. Kaffeefarm in den Southern Highlands, Besitzer ist die deutsch-kolumbianische Familie *Kusserow* mit Kaffeetradition. Msumbi bietet rustikal eingerichtete Gästebungalows mit Kamin und Terrasse; Mahlzeiten im Farmhaus. Die Palette an Aktivitäten ist umfassend: Einblick in Kaffeeanbau, -aufbereitung (Ernteperiode Juli bis September) und eine kleine Farmrösterei, erholsame, ausgedehnte Spaziergänge durch die Farm mit angenehmem Klima (1600 m ü.N.N.) und angrenzend an einen Wald, Botanischer Garten, Kaffee-Varietäten-

MBEYA

Schnappschuss in Mbeya

Garten, Bananen-Varietäten-Garten, Tropische-Früchte-Garten, eigene Kaffee- und Waldhonigproduktion; Ausflüge wie der Besuch bei einem Nyiha-Kleinbauern und zu Sehenswürdigkeiten in der Region werden ebenfalls angeboten. Anreise über den Tan-Zam-Highway in Richtung Sambia, kurz vor Mbozi geht es rechts (ausgeschildert) nach Igamba. Die Lodge ist 10 km vom Highway entfernt. Die Übernachtungspreise beginnen bei 50 $.

● **Utengule Country Resort**
Tel. (025) 2560100. 20 km westlich der Stadt am Hang der Mbeya Range mit Blick ins Rukwa Rift Valley liegt diese schöne Unterkunft, gemanaged von *Joe* und *Moira Johns*. *Joe* ist Neuseeländer, *Moira* stammt aus Simbabwe. Die schönen Zimmer haben eine gute Aussicht. Neben einer fabelhaften Küche und einer gemütlichen Bar mit Billardtisch gibt es einen Swimmingpool, Tennisplatz, Minigolfanlage, Squashhalle und vieles mehr. DZ mit Frühstück ab 95 $. Safaris aller Art werden organisiert (s.u.). Man erreicht das „Buschhotel" über den Tan-Zam-Highway in Richtung Sambia. Nach 10 km ist an einer Kreuzung in dem Ort Mbalizi – nachdem man unter der Eisenbahnbrücke durchgefahren ist – rechts auf eine Staubpiste abzubiegen. Nach 8 km erfolgt rechts die Auffahrt zu dem am Hang schon sichtbaren Utengule Country Hotel.
Internet: www.riftvalley-zanzibar.com,
E-Mail: hotel@riftvalley-zanzibar.com

● **Rift Valley Hotel**
Tel. (025) 2504351, (0713) 277799. Zwischen Tan-Zam-Highway und Zentrum. Großes Hotel mit geschlossenem Grundstück und sicherem Parkplatz. Angenehme Zimmer mit Bad/WC und Frühstück für 11.500 TSh das EZ bzw. 14.500 TSh das DZ pro Nacht; indische und internationale Küche, beliebte Bar.
E-Mail: info@twiga.ch

● **Mount Livingstone Hotel**
Tel. (0713) 323906, Lumumba Street. Das vermeintlich beste Hotel in der Stadt. Rein zweckmäßig und übertreuert. Das Mobiliar passt nicht zusammen, dafür bietet das Restaurant eine sehr umfangreiche Menükarte

mit guten Speisen (auch Pasta). EZ/ DZ mit Bad/WC liegen bei 20.000/30.000 Tsh inkl. Frühstück (Continental). Internet: www.twiga.ch/TZ/mtlivingstone.htm, E-Mail: lenlevi@yahoo.com
- **Sombrero Hotel**
Tel. (025) 2500544, 2500663. Schräg gegenüber der Post. Die Küche gehört zu den besten der Stadt, denn es zaubert hier der gleiche Küchenchef wie im gegenüberliegenden Sombrero Restaurant (s.u.).
- **New Holiday Lodge**
Tel. (025) 2502831, 2503375, 2504295, 2504457. Neueres Hotel mit sauberen und großen Zimmern; oft voll; gutes Restaurant.

Preiswerte Unterkünfte

- **Karibuni Center**
Tel. (025) 2503035, Kambarage Road, etwas abseits nahe des Tan-Zam-Highway (GPS-Pos. S 8°54'559'', E 33°26'629'', hinter der CAPCO-Tankstelle rechts). Verwaltet über die schweizerische Mission bei Mbalizi, ist die Herberge sehr beliebt bei Reisenden. Ruhige Lage, gemütliche Unterbringung in Zimmern mit Bad/WC und guten Moskitonetzen (10.000 TSh für EZ/DZ), freundliche Atmosphäre und eine einfache Küche, kein Alkohol. Empfehlenswert! Internet: www.twiga.ch/TZ/karibunicenter.htm, E-Mail: mec@maf.or.tz
- **Moravian Youth Hostel**
Tel. (025) 2503263. Saubere christliche Unterkunft mit warmem Wasser, neuen Matratzen und Moskitonetzen; Restaurant mit einfachem Frühstück und Mahlzeiten auf Vorbestellung. EZ/DZ für 3600–6000 TSh.
- **New Continental Bar & Guest House**
Tel. (025) 2502511. Neueren Datums, saubere Zimmer mit Bad, sehr zentral, leider ein bisschen laut wegen der Bar im Erdgeschoss, 5000/6000 TSh für EZ/DZ.
- **Newtons Hotel**
An der Chunya Road gelegen, neue, saubere Zimmer im Apartment-Stil.
- **Mbeya Green View Inn & Campsite**
Tel. (025) 2500175, 2500278, 0744-381153. Nette Zimmer mit Bad und Kochstellen; ruhig gelegen, gutes Restaurant mit internationalen Gerichten (preiswert) und angenehmer Dachterrasse. Die Zimmer liegen bei 6000 TSh bei gemeinnützigen Bädern und 10.000 TSh bei Zimmern mit Bad/WC.
- **F & M Guesthouse**
South Street. Bietet modrige EZ und DZ, jedoch ohne Frühstück, für 1500/2000 TSh.
- Im Bereich der Busstation liegen weitere einfache, gute **Guesthouses**, wie das **Mtambo** und das **Nkwenzulu Motel 1 & 2** an der Mbalizi Rooad (Nr. 2 ist besser) oder das **Mbeya Inn Annexe** ab 2500 TSh das Zimmer. Wer jedoch zu zweit ist, dem empfehle ich eher eine der oben genannten ruhigeren Unterkünfte.

Camping

- In Mbeya besteht **im Karibuni Centre** die Möglichkeit, für 2000 TSh pro Zweier-Zelt zu campen. Das Ganze hat jedoch eher Parkplatz-Atmosphäre, vorzuziehen ist daher eher:
- **Mbeya Green Inn & Campsite** nahe der Chunya Road (s.o.).
- Ebenso bietet das **Mount Livingstone Hotel** (s.d.) eine Campingmöglichkeit an.
- Weitere Möglichkeiten außerhalb bieten sich **am Ngozi-Krater** und **im Isongole Fishing Camp** (s.u.).

Essen und Trinken

- **Gute Restaurants** mit internationaler Küche befinden sich in den oben erwähnten **Hotels.**
- Zu den derzeit besten Adressen dürfte das **Sombrero Restaurant** im Fast-Food-Design gehören. Der tansanische Chefkoch zaubert gute internationale Küche (Banana- und Avocado-Milchshakes!).
- Im Zentrum servieren die einfachen Restaurants **Eddy's** und **P.M.'s Corner** afrikanische und einfache indische Gerichte (letzteres ist vorzuziehen).
- Noch einfacher und preiswerter ist das **Mambeu Hoteli.**
- An der Lupa Way im **Babu Kubwa Bakery** bekommt man frisches Brot und gute Meatpies. Babu Kubwa hat sich zum Treffpunkt aller Reisenden und in Mbeya lebenden Europäer entwickelt. Gutes Essen!

- Im **Karibuni Center** werden sehr gute Pizzas zubereitet.
- 200 m vom Moravian Youth Hostel entfernt (Richtung Zentrum) bietet das kleine Gartenrestaurant **Best Bites** gute Salatteller.

Krankenhaus

- Das **Rufaa-Krankenhaus** von Mbeya am Hospital Hill Drive hat keinen so guten Ruf, aber immerhin ein gut ausgestattetes Labor mit GTZ-Unterstützung.
- Gut ist die **Agha Khan Health Clinic** direkt im Zentrum an der Ecke Post St.

Apotheken

Apotheken *(duka la madawa)* finden sich im Bereich des Marktes im Zentrum.

Verkehrsverbindungen/ Weiterreise

Taxis

Taxis werden in Mbeya kaum benötigt, nur für eine Fahrt zum Bahnhof (3000 TSh).

Mit der Eisenbahn

- Vom 4 km außerhalb der Stadt liegenden Bahnhof – **Iyunga Station;** ein Taxi dorthin kostet 3000 TSh – fährt die **Ta-Za-Ra-Eisenbahn** Richtung **Kapiri Mposhi in Sambia.** Abfahrtszeiten sind Mi und Sa um 12.44 Uhr, die Ankunft in Kapiri ist am nächsten Morgen gegen 9 Uhr. Dieser Zug bietet sich auch für die Fahrt nach **Mpulungu** an, Ausgangsort für eine Schiffsreise auf dem Tanganyika-See. Es ist der schnellste und bequemste Weg dorthin, und ein Transit-Visum für Sambia bekommen Sie problemlos im Zug. Aussteigen muss man am Abend in Kasama, von wo es noch zwei Stunden Busfahrt zum Tanganyika-See sind. Wer nach Sambia fährt, sollte vorher bei der Bank die sambische Landeswährung Kwacha kaufen, da im Zug nicht gewechselt werden kann und man für den Kauf von Verpflegung Kwacha benötigt.

- In **Richtung Dar es Salaam** fährt der „**Express-Train**" Mi und Fri um 13.40 Uhr und erreicht die Küste am nächsten Morgen um 10 Uhr. Fahrkarten für die 1. bzw. 2. Klasse kosten 20.000 bzw. 13.000 TSh.

Der langsamere „**Ordinary-Train**" (nur 2.-Klasse-Abteile) ist kaum preiswerter, dafür legt er aber einen Großteil der Strecke bei Tag zurück, und man hat die Möglichkeit, bei der Durchquerung des Selous Game Reserve Tiere wie Elefanten und Büffel aus dem Zugfenster zu sehen. Abfahrtszeiten sind Di und Sa um 12.05 bzw. 14.59 Uhr, Ankunft am nächsten Tag nach Mittag.

Die Züge sind selten überfüllt, eine Buchung ein paar Tage vorher ist dennoch sinnvoll. Ein Ta-Za-Ra Booking Office befindet sich im Zentrum nahe der Post, ist jedoch oft geschlossen; tel. Auskunft: (022) 2860344/7.

Mit dem Bus

- Mehrmals täglich fahren Busse nach **Tukuyu, Kyela, Iringa, Morogoro** und **Dar Es Salaam** (Scandinavian Express Services, Tel. (025) 2504305, (075) 4213630, 563778), für 12.000 TSh, ab 7 Uhr morgens, die Masia- und Safina-Busse schon ab 5.30 Uhr. Wer nach **Matema** fahren möchte, muss zunächst bis Kyela, dann mit einem Dalla Dalla weiter bis Ipinda, von dort mit einem Land-Rover-Pickup bis zum See (kann lang und beschwerlich werden). Die Fahrt mit dem Dalla Dalla von **Mbeya nach Kyela** kostet 1500 TSh. Am Busbahnhof wird aber regelmäßig mindestens das Doppelte verlangt. Erst im Auto bezahlen. Einfacher als am Busbahnhof steigt man in Mwanjelwa ein, als Dalla-Dalla-Stand auch in der Karte eingezeichnet (hier halten alle Dalla Dallas noch einmal, bis sie voll sind). Dreimal pro Woche fährt die Shengena-Linie für 14.000 TSh direkt bis **Tanga.**
- So, Di und Fr verkehren Busse nach **Arusha und Moshi,** Abfahrt 6.30 Uhr.
- Nach **Sumbawanga** fährt täglich der Usamiko-Bus für 6500 TSh, nach **Tabora** und **Singida** fahren jeweils Mo Busse, die über 20 Stunden auf schlechter Piste unterwegs sind – decken Sie sich daher mit Verpflegung ein.
- Nach **Kigoma** gibt es keine Busverbindung, Sie müssen entweder über den Tanganyika-

Karten S. 722, XIV **MBEYA** 715

MBEYA

✝	Kirche
H	Hotel, Lodge, Guesthouse
R	Restaurant
S	Bank
✉	Post
☎	Telecom
✹	Polizei
⛽	Tankstelle
⬭	Stadion
✚	Krankenhaus

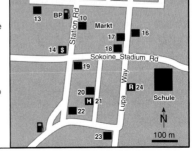

1 District Büro
2 High Court
3 Bibliothek
4 Post
5 Sombrero Restaurant
6 Sombrero Hotel
7 Agha Khan Clinic
8 New Continental Lodge
9 I.C.
10 I.C.
11 Mabeau Restaurant
12 Warsame Guesthouse
13 Eddy's Coffee Bar
14 NBC Bank
15 Mbeya Peak Hotel
16 I.C.
17 Taxi-Stand
18 Lebensmittelladen
19 Scandinavia Bus Büro
20 Coffee Bar
21 F&M Guesthouse
22 Sisi Kwa Sisi-SNV
23 African Culture
24 Apricourt Restaurant

Südliches Hochland, Ruaha NP, Lake Nyasa

Die Ta-Za-Ra-Eisenbahn

Die zwischen 1970 und 1976 gebaute Ta-Za-Ra-Eisenbahn (**Ta**nzania-**Za**mbia-**Ra**ilways), zu *Nyereres* Zeit auch „Great Uhuru Railway" genannt, verbindet den sambischen Kupfergürtel mit der Hafenstadt Dar es Salaam. Der Vorschlag zu diesem Projekt kam vom damaligen Staatspräsidenten Sambias, *Kaunda*. Das „eingeschlossene" Binnenland war vom Import großer Warenmengen und dem Export von Kupfer wirtschaftlich abhängig. Doch im Süden machte das rassistische Rhodesien (heute Simbabwe) seine Grenze zu Sambia zu, und der Gütertransport mit der Eisenbahn durch den Zaire und Angola verlief nur unregelmäßig und war auch völlig unzuverlässig.

Nyerere war von der Idee begeistert, zumal auch die Entwicklung des südlichen Tansania von einer solchen Bahn profitieren würde. Da die Weltbank und zahlreiche westliche Länder finanzielle und technische Hilfe verweigerten, reisten beide Staatspräsidenten nacheinander nach China, um dort für ihr Vorhaben zu werben. Und die Chinesen stiegen ein, gewährten sogar zinsfreie Kredite mit Laufzeiten über dreißig Jahre. Die Eisenbahn ist bis heute die größte Bauleistung, die die Chinesen außerhalb ihres eigenen Landes vollbracht haben.

Ausgestattet mit einem Kredit von fast 500 Mio. Dollar, wurde 1970 mit dem Bau der Bahn begonnen. Die Trassenführung war zuvor sorgfältig von den Chinesen auf einem neunmonatigen Fußmarsch festgelegt worden. Über 30.000 Afrikaner und 16.000 Chinesen verlegten 1900 km Gleise über 300 Brücken, durch 25 Tunnels und entlang 147 Stationen von Dar es Salaam nach Kapiri Mposhi. Die gesamten Bauteile – Schienen, Schwellen, Pfeiler, Masten, Fenster und Türen der Stationen – wurden aus China herangeschafft. Der schwierigste Teil der Strecke war der Aufstieg von der Kilombero-Ebene in die über 1200 m höher gelegenen Southern Highlands. Hier mussten die meisten Tunnels und Brücken gebaut werden, um durch das extrem zerklüftete Bergland zu kommen.

Die Spurbreite wurde der südafrikanischen „Kapspur" (1,06 m) angepasst, weshalb auch keine Verbindung zur schmaleren tansanischen „Central Railway" besteht. In Dar es Salaam gibt es daher auch zwei Bahnhöfe.

Anfang 1976 wurde die Ta-Za-Ra in Betrieb genommen. Die wirtschaftlichen Erfolge, die man sich versprochen hatte, blieben jedoch aus, die Bahn machte sogar mehrere Millionen Dollar Verlust. Ein großes Problem war der Mangel an gut ausgebildetem Personal für Wartungsarbeiten, nachdem die Chinesen weg waren. Vieles ging zu Bruch, wochenlang standen Züge still oder wurden nicht entladen, monatelang fand kein geregelter Personenverkehr statt. Schließlich kehrten chinesische Experten 1983 zurück und übernahmen die Wartung.

Doch die Bahn fährt weiterhin Verluste ein. Immer mehr Frachttransporte werden auf die verbesserte Straße verlegt, und der Personenverkehr lässt auch zunehmend nach. Die eigentlich mögliche Transportkapazität der Ta-Za-Ra wurde bisher noch gar nicht erreicht, dabei könnten auch Malawi und der Süden des Kongo von der Linie profitieren, doch zum einen erweist sich das zwischenstaatliche Management als äußerst behäbig, zum anderen ist die Umschlagkapazität des Hafens von Dar es Salaam völlig unzureichend – zudem ist alles von einer lethargischen und korrupten Verwaltung überschattet. So kommt es, dass Sambia und Malawi immer mehr Waren über Südafrika und Mosambik einführen. Ein möglicher Ausweg aus der schlechten wirtschaftlichen Lage der Ta-Za-Ra bestünde darin – so die Meinung von Experten –, die Bahn und den Hafen in Dar es Salaam ganz oder zumindest teilweise zu privatisieren. (Zu Fahrzeiten und Fahrpreisen siehe bei Dar es Salaam und Mbeya.)

See oder über Tabora fahren, da nördlich von Mpanda keine Busse mehr verkehren (vgl. bei Mpulungu und Sumbawanga).
- Nach **Songea** fährt Speedy Line täglich für 6700 TSh, nach **Dodoma** Urafiki für 12.000 TSh (nur dreimal die Woche).
- Nach **Chilumba** (Ausgangsort für die Schifffahrt entlang der Malawi-Seite), **Mzuzu** (17.500 TSh) und **Lilongwe** in Malawi fahren die Busunternehmen Twiga und Taqwa täglich außer So.
- Nach **Lusaka** in Sambia besteht ebenfalls täglich eine Verbindung, der Zug ist hier jedoch aus Sicherheitsgründen vorzuziehen.

Safariveranstalter

Safariunternehmen, wie man sie aus Arusha kennt, gibt es in Mbeya noch nicht.

- Zu empfehlen ist das mit SNV/Arusha in Verbindung stehende Touristen-Informationsbüro **Sisi kwa sisi** (Tel. 0744-463471, E-Mail: sisikwasisi@hotmail.com, P.O. Box 1562) am Kreisverkehr zwischen Station und Mbalizi Road. Zwei sehr freundliche Mitarbeiter unternehmen preiswerte Touren (für Backpacker!) zu den unten und bei Tukuyu beschriebenen Ausflugszielen. Bei mehreren Tagen wird in Orten der Nyakyusa übernachtet, so dass Einblicke in deren Kultur und Lebensweise ermöglicht werden. Ein Teil der entrichteten Gebühren geht für Development-Zwecke direkt an die Dörfer selbst.
- Ebenfalls gute Touren, jedoch mit weniger sozialem Engagement, bietet **The African Culture Tourism & Adventure Group**, P.O. Box 2487, Tel. (025) 503729, an der Ecke Lupa Way/Jacaranda Road; es werden Führer für Wandertouren und Ausflüge ins Umland organisiert. Wenden Sie sich an *Jimmy Mwasa*, er ist eine gute Betreuung und Hilfe. Ein Ausflug zum Ngozi-Kratersee liegt bei 15.000 TSh pro Person für den ganzen Tag (es lässt sich jedoch handeln, Studentenrabatt etc.). Im zugehörigen Souvenirshop werden Makonde- und andere Schnitzereien zu fairen Preisen verkauft.

Der Großteil der Reisenden, die mir begegnet sind, hat das seriösere und mit Herz betriebene *Sisi kwa sisi* bevorzugt. Allerdings gibt es auch eine Reihe von Trittbrettfahrern, die sich als Sisi kwa sisi ausgeben, um eine paar schnelle Shilling zu verdienen. Um Probleme der unangenehmen Art zu vermeiden, wenden Sie sich an die vier Hauptmitarbeiter von Sisi kwa sisi, *Nicolas Ntinda, Felix, Anselm* und *Cathbert*. Oft tragen Sie ein T-Shirt mit der Aufschrift ihrer Organisation, in jedem Fall besitzen sie einen Ausweis.

- **Utengule Safaris**

Das Utengule Country Hotel (s.o.) bietet eine Vielzahl gut organisierter Ausflüge/Safaris an. Das Angebot umfasst Touren zum Ngozi-Kratersee, zu heißen Quellen, zu einem Maasai-Dorf und zu Wasserfällen.

Sonstiges

- In Mbeya gibt es ferner **Banken** (Tanzania Postal Bank in der Posta Street, Tel. (025) 2504182, E-Mail: tpb.mbeya@africaonline.co.tz), ein **Forex-Büro** am Tan-Zam-Highway, eine **Post**, auf der auch internationale Telefongespräche geführt werden können, ein **DHL-Büro** (Tel. (025) 2500250), einen gut sortierten **Supermarkt**, einen **Souvenirladen** sowie einen schönen **Markt**. Kurz vor der Post gibt es den **Idete-Duka**, einen Laden, der auch Cashewnüsse, Käse, Nutella, Schokolade usw. führt. Ein **E-Mail-Service** steht etwas unterhalb der Post zur Verfügung. Ebenso findet man entlang des Lupa Way und rund um den Markt mehrere Internet-Cafés (500 TSh pro Stunde).
- **Die beste Kfz-Werkstatt der Region** befindet sich 10 km westlich von Mbeya in Mbalizi am Tan-Zam-Highway. Die Werkstatt wird von schweizerischen Missionaren der Mbalizi Evangelist Church geleitet und liegt zwischen Kreuzung und Eisenbahnbrücke; Tel. (025) 2560010 oder 2560021.
- Über die Werkstatt bzw. über den Schweizer Priester *Markus Lehner* können gut gewartete **Land Rover** für 60 $ pro Tag (inkl. 100 km) **gemietet** werden. Jeder weitere Kilometer wird mit 0.50 $ berechnet; Kontakt über E-Mail: mec@maf.or.tz.

Ausflüge

Besteigung der Mbeya-Berge

Von der Stadt lassen sich in Eintagesmärschen die drei höchsten Gipfel der Mbeya Range erreichen, von wo Sie herrliche Aussichten auf die gesamte Umgebung haben.

Der **Loleza Peak,** oder auch Kaluwe, steigt mit einer Höhe von 2656 m direkt hinter der Stadt auf und ist weithin sichtbar. Es gibt keinen bestimmten Pfad zum Gipfel, Sie müssen sich ein bisschen auf Ihren Instinkt verlassen.

Folgen Sie dem Hospital Hill Drive, der gegenüber der Polizeistation an der Independence Avenue in Richtung Berg führt. Bei einer Gabelung folgt man der geradeaus weiterführenden Piste und hält sich rechts in Richtung Waldgebiet. Solange Sie bergauf gehen, sind Sie richtig. Bis ganz zum Gipfel darf man jedoch nicht, da dort ein 70 m hoher Funkturm steht (militärisches Sperrgebiet, nicht fotografieren!). Der Aufstieg dauert 2–3 Stunden, runter benötigt man selten mehr als 2 Stunden.

Wer auf den **Mbeya Peak,** den höchsten Gipfel (2818 m) dieser Bergkette, möchte, sollte sehr früh losgehen, um am Abend wieder in der Stadt zu sein. Ohne Führer kommt man kaum aus. Wenden Sie sich an das Touristen-Informationsbüro Sisi kwa sisi oder an den Souvenirshop „African Culture Tourism & Adventure Group" an der Jacaranda Street. Hier kann man für Sie auch einen Mietwagen/Taxi organisieren, den/das man in jedem Fall für die ersten 14 km Anfahrt auf der Straße in Richtung Chunya braucht. Dann führt in einer Rechtskurve eine Piste geradeaus weiter in das **Kawetire Forest Reserve.** Je nach Wetterlage kann man bis zum Ende der 15 km langen Strecke fahren, die dann allmählich in einen Fußweg übergeht. Für die Überwindung der restlichen etwa 300 Höhenmeter bis zum Gipfel sind dann nur noch 1–2 Stunden Fußmarsch zurückzulegen.

Der Mbeya Peak lässt sich auch vom Utengule Country Hotel in einem Tagesmarsch erreichen. Ein Führer kann auch dort für Sie arrangiert werden.

Vom Gipfel reicht der Blick bei klarem Wetter bis zum Lake Rukwa.

Der **Nbanuea Peak,** der dritthöchste Gipfel (2462 m) der Bergkette, liegt unweit der Straße nach Chunya. Von der Spitze genießt man den spektakulärsten Blick in die über 1400 m tiefe Usangu-Ebene. Fragen Sie auch für diesen Gipfel im erwähnten Souvenirshop nach einem Führer. Der Nbanuea ist der unbekannteste der drei Gipfel, vergewissern Sie sich daher, dass der Ihnen zugeteilte Guide auch wirklich weiß, wohin er Sie führen soll.

Höhlen/Heiße Quellen/Meteorit

Fährt man den Tan-Zam-Highway in Richtung Sambia, liegen unweit der Straße die **Fledermaushöhlen Pango la popo,** die **Heißen Quellen (maji moto)** am Songwe-Bach und der angeblich **drittgrößte Meteorit,** genannt **Mbozi,** der je auf der Erde gefunden wurde.

Man erreicht die Höhlen und die Quellen, indem man 28 km hinter Mbeya nach einer großen Brücke im Tal rechts auf eine Piste abbiegt. Nach

500 m überquert man einen Bachlauf, und nach weiteren 200 m geht links eine Piste den Berg hinauf. Dieser ist etwa 9 km zu folgen, bis ein großes Arbeitercamp für Marmorabbau erreicht ist. Von hier sind es noch etwa 5 Minuten Fußweg bis zu den Höhlen und Quellen. Die Arbeiter beim Camp zeigen Ihnen gerne den Weg.

Zum Meteoriten gelangen Sie weiter auf dem Tan-Zam-Highway in Richtung Sambia. 26 km nach der großen Brücke zweigt links bei GPS-Pos. S 9°0′055″, E 33°2′176″ die Piste zum Meteoriten ab (kein Hinweisschild mehr). Nach 12,5 km muss man wieder einen kleinen Abzweig nach links nehmen und erreicht nach 100 m den großen Eisen-Nickel-Brocken (GPS-Pos. 9°06′472″, E 33°02′233″). Der Mbozi-Meteorit wird auf über 13 Tonnen Gewicht geschätzt, über sein Einschlagsdatum ist jedoch nichts bekannt, gefunden wurde er 1942. Am Stein muss man sich in ein Gästebuch eintragen und 5000 TSh zahlen, um fotografieren zu dürfen.

Mit öffentlichen Verkehrsmitteln erreicht man diese Sehenswürdigkeiten nicht. Sie müssten sich von Dalla Dallas bei den Abzweigen an der Hauptstraße absetzen lassen und dann die 9 bzw. 13 km zu Fuß zurücklegen. Ein Taxi von Mbeya wird hin und zurück etwa 30.000 TSh kosten.

Ngozi-Kratersee/Poroto Mountains

Einer der wohl schönsten Kraterseen Tansanias befindet sich in den südlich von Mbeya aufragenden Poroto Mountains. Umgeben von über 200 m hohen steilen Hängen, die mit dichtem Regenwald bewachsen sind, liegt der 2 km lange und 1 km breite See auf einer Höhe von ca. 2200 m. Die Tiefe wird auf etwa 70 m geschätzt. Schon die deutschen Kolonialisten waren von diesem Naturwunder angetan und verliehen ihm den Namen „Wentzel-Heckmann-See". Über den nördlichen Kraterrand erhebt sich die Spitze des **2622 m hohen Mount Ngozi,** der der zweithöchste Berg der **Poroto Mountains** ist und von dem die Aussicht auf den See und über das vulkanische Hochland einfach umwerfend ist. Die hier lebende kleine **Volksgruppe der Safwa** spricht dem See eine mystische Kraft zu. „Ngozi" bedeutet in ihrer Sprache „ein Älterer".

Man erreicht den etwa 40 km entfernten Kratersee über die Straße nach Tukuyu (s.u.). Der Abzweig im Dorf **Mbeye one** bei GPS-Pos. S 9°2′922″, E 33°35′616″ ist ausgeschildert. Am Anfang der Straße ist eine Schranke, wo man sich in ein Gästebuch eintragen und pro Person 2000 TSh und für das Auto 3000 TSh bezahlen muss. Hier bekommt man auch einen Führer, mit dem man den Preis (ca. 5000 TSh) aushandeln muss. Man fährt ca. 2 km und biegt dann rechts in das **Itunza Forest Reserve** ein. Für die schmale Waldpiste benötigt man einen Geländewagen.

Der Kraterrand ist etwa 1 Stunde Gehzeit von hier entfernt. Der Aufstieg zum Rand ist nicht besonders schwierig, beeindruckend ist die dichte und artenreiche Waldvegetation. Falls Sie aber auch zum See hinuntersteigen (nur für Abenteuerlustige, da steil und mit viel Buschwerk) bzw. auf den Mount Ngozi

MBEYA (AUSFLÜGE)

klettern wollen, dann benötigt man einen halben bis ganzen Tag.

Bei der Häusergruppe lässt sich auch sehr gut campen, die Bewohner sind auf Besuch eingestellt, dennoch muss man komplett selbstversorgt sein.

Isongole Trout-Fishing Camp

2 km vor dem Abzweig zum Ngozi-Kratersee führt im Dorf Isongole links ein Weg von der Hauptstraße zum 1 km entfernten **Forellen-Fluss Kiwira.** Die Camp-Einrichtung mit Bandas (einfachen Bungalows) hat schon bessere Tage gesehen, doch die Lage ist wunderschön, und es besteht die Möglichkeit, im äußerst klaren Fluss zu fischen und zu baden (das Wasser ist kalt!). Die Bandas verfügen nur über Betten ohne Bettzeug (2000 TSh pro Person). In einer großen Banda mit Esstisch werden Soft Drinks angeboten, einfache Gerichte wie Huhn oder Fisch mit Reis kann der Caretaker zubereiten.

Etwa eine halbe Stunde Gehzeit entfernt liegt der saisonale **Ndwati-Kratersee,** der Ihnen vom Caretaker gezeigt werden kann.

Mit dem Bus ist das Camp leicht zu erreichen, steigen Sie einfach in Isongole aus, und gehen Sie den verbleibenden Kilometer zu Fuß.

Lake Rukwa

Der **größte alkalische See Tansanias** liegt in einem noch sehr unerschlossenen Gebiet. Für eine Fahrt zum Rukwa sollten Sie einen Geländewagen haben und mit genügend Wasser/Verpflegung für mindestens zwei Tage ausgerüstet sein (zu Flora und Fauna des Lake Ruk-

wa siehe im Abschnitt zum Lake Rukwa Rift Valley).

Die derzeit einzige anfahrbare Stelle zu den Ufern des Lake Rukwa ist im Dorf Maleza, nahe dem Ort Mbangala. Direkt am See und unweit eines kleinen Wasserfalls befindet sich die einfache **Luika Campsite,** die von einem Norweger errichtet wurde. Leider ist nicht immer jemand hier, aber allein die Fahrt zum Lake Rukwa entlang der Mbeya Range und die grandiosen Aussichten in die Usangu Flats und über das Rukwa Rift Valley machen die Anfahrt lohnenswert. Im Camp gibt es keine Versorgungsmöglichkeiten, lediglich Wasser (kein Trinkwasser!) ist vorhanden.

Um zum See zu gelangen, fährt man von Mbeya auf guter Straße über atemberaubende Serpentinen hinauf auf die Mbeya Range, bis eine Passhöhe kommt. Ein kleines Schild weist auf den höchsten Punkt aller Tanzania-Main-Roads hin (2640 m). Rechts der Straße, von einem Aussichtspunkt, der als „World's End Viewpoint" bekannt ist, genießt man einen sagenhaften Blick entlang der Escarpment-Wand des Ruaha Rift Valley.

Die Strecke führt weiter durch hügeliges Hochland, bis man langsam wieder an Höhe verliert und nach insgesamt 72 km das 1500 m hoch gelegene **Chunya** erreicht ist. Bei Chunya wurden 1922 **Goldvorkommen** entdeckt. In den folgenden Jahren bis 1935 waren viele europäische Farmer hier als Goldwäscher aktiv; sie hatten wegen der damaligen schlechten wirtschaftlichen Lage ihre Betriebe aufgegeben. Bis in die 1940er Jahre erlebte der

Chunya-Distrikt mit einer Produktion von jährlich knapp 50.000 Unzen Gold seine Blütezeit. Chunya war das wirtschaftliche Zentrum im Südwesten des damaligen Tanganyika. Etwa 2000 Europäer lebten damals in dieser Region. Die Lebensmittelversorgung war durch Farmen weißer Siedler sichergestellt. Selbst für Europäer aus dem Raum Mbeya war Chunya das Einkaufszentrum. Anfang der 1940er Jahre wurde der Flugplatz von Chunya sogar als regelmäßiger Zwischenstopp auf der Nairobi-Johannesburg-Strecke angeflogen. Mit der weitgehenden Erschöpfung der Goldminen begannen ab 1948 die ersten Abwanderungsbewegungen. Die Schließung der letzten Mine 1962 ließ die letzten Goldsucher das Weite suchen – übrig blieb eine kleine Geisterstadt, die sich als Filmkulisse für einen Hollywood-Western eignen würde. Ein einfaches Hotel gegenüber der Tankstelle an der Hauptstraße hat Snacks und Soft Drinks im Angebot.

Nach 37 km ist Makongolosi erreicht. Hier zweigt rechts die über 600 km lange Buschpiste nach Itigi ab. Geradeaus weiter folgt nach ca. 22 km ein linker Abzweig, an dem man sich wiederum geradeaus hält. Nach weiteren 8 km biegt man dann links bei einer Gabelung ab und erreicht nach knapp 3 km den Ort **Mbangala** (auch Bungwe genannt). Im Dorf ist eine schwer zu erkennende Kreuzung, wo man sich links hält und auf einer schlechten, sehr schmalen Piste die Bruchstufe des Rukwa Rift Valley zum 6 km entfernten Dorf **Maleza** (auch Luika genannt) hinunterfährt. Nach Durchquerung des Dorfes ist der See erreicht.

Die Rückfahrt kann über Galula und das Utengule Country Hotel angetreten werden. Biegen Sie nur 11 km hinter Mbangala auf die rechte Piste ab, bis Sie nach 87 km das Hotel bei Utengule erreichen. Die Fahrt ist landschaftlich sehr schön, man fährt erneut den Grabenbruch hinunter und folgt zahlreichen Zuflüssen des Rukwa-Sees. Bei Regen jedoch ist die Strecke durch diese Feuchtsavanne zu meiden.

Weitere Ausflugsziele, die ebenfalls von Mbeya aus zu erreichen sind, werden im Abschnitt Tukuyu beschrieben.

Am Lake Rukwa

SÜDLICHES HOCHLAND

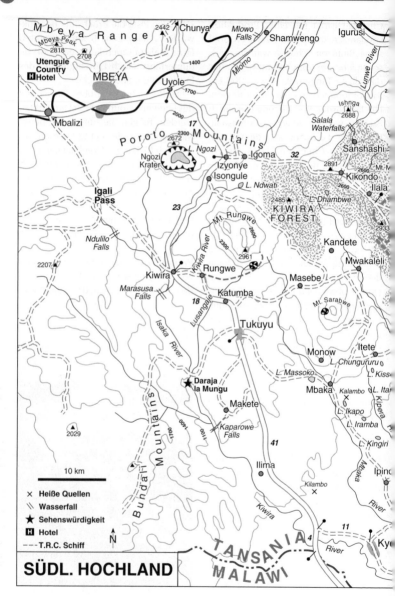

Routenbeschreibungen ab Mbeya und Tukuyu

Mbeya – Tunduma (Sambia-Grenze) (99 km)

● Gute Asphaltstraße. Fahrzeit 1½ Stunden. Busverbindungen bis Tunduma, von dort weiter nach Zentral-Sambia/Sumbawanga (siehe bei Mbeya).

Die Route führt durch die Ausläufer der Mbeya Range und der Poroto-Berge, bis sich ab Vwawa rechter Hand das Fipa-Plateau zu erstrecken beginnt. Sehenswürdigkeiten entlang der Route entnehmen Sie den oben aufgeführten Ausflügen.

In **Tunduma,** einem Trucker-Grenzübergang, gibt es einfache landestypische Guesthouses und die letzte Tankstelle vor der Grenze. Im Ort zweigt die Straße nach Sumbawanga ab. Den Scandinavian Bus Service erreicht man in Tunduma unter Tel. (075) 4596541.

Der Grenzübergang schließt in der Regel pünktlich um 19 Uhr abends und öffnet erst wieder morgens gegen 7 Uhr (mehr dazu im Kapitel „Grenzverkehr").

Mbeya – Izyonje – Tukuyu – Mwandenga (Malawi-Grenze) (117 km)

● Gute Asphaltstraße. Fahrzeit 2 Stunden. Busse siehe bei Mbeya.

11 km östlich von Mbeya zweigt in Uyole die Asphaltstraße gen Süden ab. Die Strecke windet sich langsam die **Po-**

roto Mountains hinauf und erreicht nach 18 km die Passhöhe (2263 m) im Ort Izyonje. Kurz hinter der Kuppe zweigt links die Piste in die kühlen Southern Highlands ab und zum Kitulo-Plateau (32 km). Vom Kitulo-Plateau ist eine Weiterfahrt über Bulongwa und Makete nach Njombe möglich.

Von Izyonje weiter auf kurvenreicher Strecke fährt man nun durch das imposante Rungwe Valley, vorbei an zahlreichen Vulkanhügeln, deren Hänge aufgrund ihrer sehr mineralischen Erde extensiv für den Feldbau genutzt werden.

Bei km 23 ab Uyole zweigt im Ort Isongole links der Weg zum Trout Fishing Camp ab, und nach weiteren 2 km auf der Hauptstraße folgt rechts der Abzweig zum 5 km entfernten Ngozi-Kratersee (siehe Ausflüge bei Mbeya).

Die Fahrt führt weiter durch große Bananen- und Kaffeeanbaugebiete mit herrlichem Blick auf den linker Hand aufragenden Rungwe-Vulkanberg.

23 km hinter dem Ngozi-Abzweig biegt rechts bei einem Marktort eine Straße zur „Natural Bridge" Daraja la Mungu ab (siehe bei Tukuyu). Von hier sind es noch weitere 11 km bis zum zentralen Marktort Tukuyu, dem ehemaligen Bezirksamtssitz „Neu-Langenburg".

Ab Tukuyu nimmt der Kiefernwald wieder zu, und Sie fahren an riesigen Teeanbaugebieten entlang weiter südwärts. 4 km hinter Tukuyu geht es rechts zu den Kaporogwe Waterfalls (siehe bei Tukuyu). Die Straße verliert nun zunehmend an Höhe und führt in die Niederungen des Rungwe Valley.

Bei km 116 (von Uyole aus) ist die Grenzstation Kasumulu erreicht. Die Grenze hat über Nacht geschlossen, es bestehen hier keine Unterkunftsmöglichkeiten. Auf Malawi-Seite ist die nächste Unterkunft im 50 km entfernten Karonga, wo sich auch die erste offizielle Geldwechselmöglichkeit bietet. Das letzte Guesthouse auf tansanischer Seite ist im 20 km entfernten Kyela. Ein besseres Hotel steht in Tukuyu.

Tukuyu – Kyela – Matema (Lake Nyasa) (94 km)

●Anfangs Asphalt, später teils ausgefahrene und schlechte Piste. 2–3 Stunden Fahrzeit. Busse bis Kyela, von dort täglich Dalla Dallas nach Ipinda, von da mit einem Land Rover weiter bis Matema.

Vom hochländischen Tukuyu fährt man über 1000 Höhenmeter hinunter in das wärmere Rungwe Valley am Nordufer des Lake Nyasa, dem Lebensraum der Nyakusa. Nach 4 km zweigt rechts eine Piste zu den Kaparogwe Waterfalls ab.

Bei km 40 verlässt man die Hauptstraße und biegt links auf die alte Teerstraße ins 14 km entfernte Kyela (Tankstelle) ab, Ausgangsort für eine Schifffahrt auf dem Nyasa-See (s.u.).

Zum Strand des Missionsortes Matema fährt man jedoch nicht bis Kyela, sondern biegt 3,5 km vorher (11 km ab der Abzweigung) in Richtung Osten ab. Die Piste ist sehr ausgefahren und kann bei Regen eine schwierige Angelegenheit werden. Bis zum 13 km entfernten Ort Ipinda, wo man sich rechts hält, werden große Reisanbaugebiete des Mbaka-Schwemmlandes durchquert.

Von **Kyela** fahren so gut wie täglich morgens Pickups oder auch richtige Dalla Dallas über **Ipinda** (wo man oft noch einmal umsteigen muss) nach Matema (Kyela – Ipinda 500 TSh, Ipinda – Matema 2000 TSh; wegen der schlechteren Piste entsprechend teuer). In Ipinda gibt es ein kleines Guesthouse und ein landestypisches chipsi-mayai-Restaurant, falls man dort mal hängen bleibt. Um ca. 13 Uhr fahren die Pickups weiter nach Matema, manchmal fährt auch nachmittags noch einer, aber das ist Glückssache.

Kitulo National Park
♪ XVIII,B1

Die früher als **Elton-Plateau** bekannte Hochsavannenlandschaft in den Southern Highlands von Tansania ist **seit 2005 Tansanias 14. Nationalpark.** *Fredrick Elton* war als erster Europäer während seiner Forschungsreise 1870 hier unterwegs. Das in der Sprache der Bena als *Kitulo* bezeichnete Gebiet bietet zwar nicht viel Wildreichtum, dafür jedoch eine Landschaft und ein Klima, wie man es in Schottland im Spätsommer vorfinden würde. Der Park besteht aus drei Gebieten: Zunächst ist da das **Tal des Ndumbi River,** der eigentliche Juwel des Schutzgebietes. Kleine Bachläufe fließen aus den sanften und teils klippigen Hügellandschaften herab und vereinen sich im breiten Tal zum Ndumbi River, einem der Hauptzuflüsse des Great Ruaha River. Entlang des Ndumbi wächst der über 40 m hohe ostafrikanische *Juniperus procera* (Wacholderbaum), eine Gattung aus der Familie der Zypressen. Im Anschluss an das Ndumbi-Tal erstreckt sich dann das großflächige **Kitulo-Plateau** in einem Meer von Blumen. Während der Wintermonate ein Eldorado für Vögel, auch aus Europa und Nordafrika.

Der dritte und westliche Teil des Parks wird von dichten Wäldern, tiefen Schluchten und Tälern dominiert, bis schließlich das Hochland-Schutzgebiet entlang der steil abfallenden Grabenbruchwand des Nyasa Rift Valley seine natürliche Parkgrenze findet; es ist der nördliche Teil der entlang des Ostufers verlaufenden Gebirgskette **Livingstone Mountains,** ein noch wenig besuchtes und aufgrund seiner beschränkten Zugänglichkeit auch noch wenig erforschtes Gebiet. Speziell der im Park liegende Teil der Livingstone Mountains ist noch ein dichtes, von Bergregenwald bedecktes Ökosystem. Hier wurde im Jahr 2003 eine neue Affenart identifiziert, der **Hochland-Mangabe** (*Lophocebus kipunji*) – die bis dato größte Entdeckung des 21. Jahrhunderts in der Tierwelt Afrikas. Amerikanische Forscher wurden zufällig von den örtlichen Waldbewohnern auf diese Affenart aufmerksam gemacht. Die Population scheint nur wenige Gruppen zu zählen und ist, so wie sie entdeckt wurde, auch schon wieder vom Aussterben bedroht. Die ursprüngliche Grenzziehung des Kitulo-Nationalparks war zunächst anders gedacht, mit der Entdeckung der Hochland-Mangaben konnte jedoch ein Teil ihres natürlichen Habitats im angrenzend gelegenen Kiwira Forest mit unter Schutz gestellt werden. Das Ver-

Tukuyu

breitungsgebiet der Affen reicht bis in die Bergregenwälder des Rungwe-Vulkans, westlich des neuen Nationalparks.

Unterkunft

Der Park verfügt über **wenig Infrastruktur.** Eine Lodge oder ein Camp gibt es hier noch nicht. Nur **Campingplätze** werden von der Parkverwaltung bereitgehalten, sie sind beim Headquarter zu erfragen. Neben den einfachen landestypischen **Guesthouses** in Matamba, im südlich gelegenen Distriktort Makete, sind die einzig anderen Unterkunftsmöglichkeiten in Tukuyu oder, wer noch mehr Komfort braucht, in Mbeya.

Sonstiges

- Die **Eintrittsgebühren** pro Tag liegen bei 20 US$ p.P., die **Campinggebühren** pro Person bei 30 US$. Wer zeltet, muss komplett auf Selbstversorgung eingestellt sein. Im Park kann nichts erworben werden, auch Treibstoff ist nicht erhältlich. Ein Ranger für Fuß-Safaris kostet 20 US$.
- Angedacht für die Erkundung des Nationalparks sind **Reit-Safaris.** Derzeit (Anfang 2007) ist jedoch noch kein Veranstalter in Kitulo tätig.
- Das **Head Quarter** des neuen Nationalparks wurde von Matamba in die Hochebene zur Kitulo-Farm verlegt. Dieser Ort ist entweder über die Mbeya-Malawi-Straße zu erreichen (Abzweig nach Osten in Njiapanda, südlich von Uyole) oder über den Tan-Zam-Highway zwischen Makambako und Mbeya. Hier zweigt 1 km hinter dem Ort Chimala (Tankstelle) eine steile und Schwindel erregende Serpentinenpiste die Kipengere Range hinauf über Matamba und weiter in den Kitulo-Nationalpark zum Head Quarter.

Tukuyu ⟁ XVIII,B1

Schön liegt der Ort Tukuyu umgeben von Kaffee-, Tee- und Bananenfeldern auf dem etwa 1600 m hohen Vulkanhügel Ntukuyu. Mit Niederschlagsmengen von über 2500 mm im Jahr ist die umliegende **Region** die **regenreichste in Tansania.** In Tukuyu ist das Klima angenehm mild, die Luft ist bemerkenswert klar.

Die deutsche Kolonialverwaltung gründete 1899 auf dem Hügel den neuen Sitz der Bezirksverwaltung „Neu-Langenburg": Ausschlaggebend war die gute strategische Lage inmitten des Rungwe Valley. Das ursprüngliche Langenburg am Nyasa-See (heute Lumbila) war zudem auf Dauer zu heiß. Doch auch das neue Langenburg entwickelte sich kaum zu größerer Bedeutung. Die verkehrstechnische Abgeschiedenheit vom übrigen Deutsch-Ostafrika zeigte sich in der geringen Zahl von Siedlern, die hier eine Existenzgründung versuchten. Kommunikation und Handel mit dem britischen Nyassa-Territory klappten besser als mit der eigenen Kolonie. Bezeichnend für diese Isolation ist auch die Tatsache, dass der damalige Bezirksamtsmann von seinem britischen Kollegen jenseits der Grenze vom Ausbruch des 1. Weltkriegs erfuhr. 1916 marschierten britische Truppen ohne Gegenwehr in Neu-Langenburg ein.

Heute ist Tukuyu für das Umland ein bedeutender **Marktort.** Auf dem obersten Hügel steht noch verdeckt die alte Boma, und ein paar weitere Häuser in der Nähe erinnern an die deutsche Kolonialzeit. Die Boma ist heute ein Teil der Distrikt-Verwaltung und kann besucht werden. Fotografieren ist nur bei vorheriger Genehmigung möglich.

Unterkunft und Verpflegung

● **Langboss Lodge**
Linker Hand am Ortsausgang entlang der Straße nach Masoko gelegen, bietet das saubere und geräumige Hotel preiswerte Zimmer mit Eimerduschen. Der Ausblick auf den Rungwe-Vulkanberg ist herrlich. Auf Vorbestellung gibt es gutes Essen zu allen Tageszeiten. 4000 TSh pro Person. Der Manager des Hotels ist sehr zuvorkommend und kann bei der Beschaffung eines Führers für Wanderungen in der Umgebung oder zum Besteigen des Rungwe-Berges behilflich sein.

● Landestypische **Guesthouses** wie das **Mwananchi** finden sich nahe der Hauptstraße, sind jedoch wegen des Lärms weniger zu empfehlen.

● Gegenüber der Post ist der **Babylon Tea Room** als **einfaches Restaurant** empfehlenswert.

Camping

● Campen lässt sich südlich von Tukuyu **beim Lutengano Morovian Centre,** 38 km vor der Grenze zu Malawi; Abzweig bei GPS-Pos. S 9°17'508'', E 33°39'036''. 7 km bis zur Farm auf staubiger, rumpeliger Piste. 1000 TSh pro Person, 2500 TSh pro KFZ.

Verkehrsverbindungen/ Weiterreise

Neben dem Markt an der Mbeya-Straße liegt die Bushaltestelle. Ständig bestehen Möglichkeiten, **nach Norden oder Süden** (Kyela) zu fahren. Das Scandinavia-Büro erreicht man unter Tel. (025) 2552041. Zusätzlich befindet sich beim Clocktower ein kleiner Platz, von dem private wie auch öffentliche Fahrzeuge in Richtung **Ipinda** fahren. Von dort mit Land-Rover-Pickups weiter nach Matema.

Sonstiges

In Tukuyu befinden sich ein **Internet-Café** (von Mbeya kommend im Ort links entlang der großen Asphaltstraße den Berg hinauf), eine **Bank** und eine **BP-Werkstatt,** und am Berg hinter dem Clocktower liegt ein **Markt** (ein weiterer ist an der Mbeya-Straße).

● **Rungwe Tea & Tours**
Agentur in der Nähe des Postamtes, Internet: www.rungweteatours.com, Tel. (025) 2552489, Mobil: (0784) 293042. Interessante Angebote wie Teetouren, Besteigung des Mt. Rungwe, Ausflüge in den Ngozi-Krater oder zu den Kaparogwe Falls usw. Zudem Reisedienstleistungen (Unterkunft, Transport etc.).

Ausflüge

Mount Rungwe

Der Mount Rungwe ist mit **2959 m der höchste Vulkanberg im Süden Tansanias** und seit dem 18. Jahrhundert erloschen. Der Krater unterhalb des Gipfels ist nicht ganz so spektakulär wie der der Vulkanberge im Nord-Maasailand, doch bieten die dichte Waldvegetation und die Aussicht ein faszinierendes Wandererlebnis.

Für einen Aufstieg bis zur Spitze des Berges benötigt man zwei Tage. Fragen Sie beim Langiboss Hotel den Manager zwecks Organisation eines Führers und evtl. von Trägern.

Masoko-Boma/-Craterlake

Südlich von Tukuyu liegt der kleine kreisrunde Masoko-Kratersee, angeblich mehrere hundert Meter tief und umgeben von üppig grüner Vegetation.

Hier befand sich einst ein militärischer Außenposten der 5. Kompanie der Schutztruppe. Drei große Häuser um einen Innenhof erinnern an die **ehemalige Kaserne,** in der auch Askaris ausgebildet wurden. Als der Posten im 1. Weltkrieg aufgegeben wurde, warf man Waffen und Geld in den See. Heute noch finden Kinder Ein-Heller-Münzen mit dem Aufdruck „Deutsch-Ostafrika". Heute dienen die Gebäude als Dispensary (kleine Klinik).

Im See besteht Bilharziose-Gefahr, es sollte also nicht gebadet werden.

Man erreicht den Masoko Craterlake über die Straße, an der das Longiboss Hotel liegt. Folgen Sie dieser in Richtung Süden. Nach 17 km biegt man bei einem Fußballfeld mit vielen Bananenstauden rechts in einen kleinen Weg ein und erreicht nach 1,5 km die alte Kaserne am Nordende des Kratersees.

Kiwira Natural Bridge/ Kijungu Waterfall

Über den nahen Kiwira-Fluss spannt sich eine **Naturbrücke aus vulkanischem Gestein,** Überbleibsel aus der Zeit, als die zahlreichen Vulkanberge im Rungwe-Tal noch aktiv waren. Der Kiwira, der am Fuße des Mt. Rungwe entspringt, hat hier die mächtige, harte vulkanische Gesteinsschicht durchbohrt. Bei Hochwasser in starken Regenzeiten hat dann der Fluss die unteren Schichten des vulkanischen Gesteins noch weiter abgetragen und so das brückenartige Aussehen verursacht. Von der einheimischen Bevölkerung wird die Kiwira Natural Bridge ehrfürchtig **Daraja la Mungu** („Brücke Gottes") genannt.

Anfahrt: Fahren Sie von Tukuyu 11 km zurück in Richtung Mbeya, und biegen Sie bei einem kleinen Straßenort links ab zum Prisoner's College. Nach der Abfahrt ins Kiwira-Tal muss man sich nach 10 km links halten, bis nach 700 m eine Brücke über den Fluss erreicht ist. Von der Brücke können Sie die Kiwira Natural Bridge flussabwärts sehen, zu der auch ein Pfad hinführt.

3 km flussaufwärts, hinter dem Gefängnis, rauscht der kleine **Kijungu** („kochender Kessel") **Waterfall** in ein großes Loch, bevor sich der Lauf des Flusses fortsetzt .

Kaparogwe Waterfalls

Diese Wasserfälle **zählen zu den schönsten Tansanias.** Über eine etwa 10 m mächtige Lavaschicht sürzt der Kiwira-Fluss 40 m in die Tiefe. Dabei hat er seit seiner Entstehung eine große **Höhle** unter der Lavadecke ausgespült, in die man hineingehen kann. Richtig imposant ist das Ganze jedoch nur während der Regenzeit, wenn der Kiwira auch reichlich Wasser führt.

Zu den Wasserfällen fährt man von Tukuyu auf der Hauptstraße Richtung Süden und zweigt nach 4 km bei dem Schild „Lutengano Center" rechts in ein Waldgebiet ab. Kurz darauf hält man sich an einer Gabelung links und nach 7 km wieder links (hier steht eine Kirche). Von hier sind es nochmals 4 km, bis scharf rechts bei einer Lepra-Station eine Allee abzweigt. Fahren Sie an der Station vorbei, und folgen Sie der Piste immer geradeaus, bis diese nach etwa 2 km endet. Von hier sind es noch etwa 500 m zu Fuß bis zu den Wasserfällen.

Matema

♪ XVIII,B1

Von Ipinda sind es auf schmaler Piste durch einen dichten Wald von Bananenstauden noch 27 km bis zum Lake Nyasa und dem Ort Matema. Hier errichtete die **Berliner Mission 1896** eine evangelische Kirche und begann mit der Christianisierung des Umlandes. Strom gibt es in Matema noch nicht.

Unterkunft und Verpflegung

●Die heute noch aktive, überwiegend von afrikanischen Pfarrern geleitete Mission verwaltet die öffentliche Unterkunft **Matema Beach Resort**, Tel. (025) 2504178. Die leider etwas heruntergekommene Anlage bietet Familien-Bungalows in Strandnähe, das EZ für 6000 TSh, DZ für 8500 TSh (jeweils mit Bad/WC und löchrigen Moskitonetzen), und Camping-Möglichkeiten am Strand (mit Grillplatz). In einem Speiseraum kann man einfache Mahlzeiten für 3000 TSh einige Stunden im Voraus bestellen, ansonsten verkauft ein kleiner Kiosk Sodas und Trinkwasser. Für Selbstversorger stehen Kochstellen bereit; zudem gibt es eine Apotheke. Das Wasser des Nyasa-Sees ist hier besonders klar, und es besteht keine Gefahr, sich beim Baden Bilharziose einzufangen.

●Eine weitere und neuere Unterkunft ist das **Matema Lake Shore Resort** bei der alten Berliner Mission an der Kirche vorbei nach 500 m, Tel. (025) 2560010, 2504178. Das sehr saubere Resort (verwaltet über Mbalizi Evangelistic Church; hierzu gehört auch das Karibuni Centre in Mbeya) bietet komfortable Übernachtungsmöglichkeiten. Der etwas fremd in der Landschaft wirkende Blockhausstil ist Geschmackssache. Preise: 25.000 Tsh für große Doppel- bzw. Dreierzimmer mit Bad/WC, 15.000 TSh für etwas kleinere Zimmer, 5-Pers.-Zimmer mit Bankbetten für 20.000 TSh. Ohne Strandblick und eigenes Bad gibt es noch Zimmer in einem separaten Block für 8000 TSh pro Raum (für 2 Personen). Einzelpersonen müssen den gesamten Zimmerpreis entrichten, alle Preise sind ohne Frühstück. Essen muss vorbestellt werden. Serviert werden einfache Gerichte (Reis mit Huhn oder Fisch). Campen lässt sich für 2000 TSh. Internet:
www.twiga.ch/TZ/matemaresort.htm,
E-Mail: mec@maf.or.tz

Ausflug nach Ikombe

Von Matema lässt sich ein Ausflug entlang des Seeufers zum ca. 10 km südöstlich gelegenen **Töpferdorf** Ikombe machen. Dort werden vom kleinen Volk der Kisi am Fuße der Livingstone Mountains auf traditionelle Art Tontöpfe in den unterschiedlichsten Größen und Formen hergestellt. Fischer am Strand bieten gelegentlich eine Fahrt in ihren Einbäumen zu Stellen mit hoher Buntbarschpopulation an, auch zu einer Regenmacher-Höhle oder zur nahe gelegenen Rumakali-Flussmündung mit Krokodilen und Flusspferden. Der Preis hierfür ist Verhandlungssache, erkundigen Sie sich aber vorher im Beach Resort nach einem angemessenen Betrag (in der Regel 3000 TSh).

Über das Beach Resort kann auch ein Guide organisiert werden, mit dem man auf Fußwegen die **Livingstone Mountains** hinaufwandern kann, z.B. bis zum Mambi Peak; oben eröffnen sich atemberaubende Aussichten über den Nyasa-See und das Rungwe-Tal. Auch Wasserfälle sind zu besichtigen.

Zur Geschichte des Rungwe Valley – Land der Nyakusa

Das Rungwe Valley ist heute überwiegend der Lebensraum der Nyakusa, der größten Volksgruppe im Südwesten Tansanias. Ihr Gebiet erstreckt sich vom Nyasa-See bis zu den Poroto Mountains. Dieses sehr fruchtbare Land, durch das mehrere Zuflüsse des Nyasa-Sees fließen, ist von den großen Gebirgszügen Mbali Mountains, Poroto Mountains und den eindrucksvollen Livingstone Mountains umgeben. Das Tal ist die nördliche Weiterführung des Nyasa Rift Valley.

Die ersten menschlichen Bewohner des Rungwe Valley waren Pygmäen, die aber mit der Zeit von Bantu sprechenden Völkern, die aus unterschiedlichen Richtungen einwanderten, verdrängt wurden. Die neuen Völker entwickelten mit der Zeit eigene Herrschaftssysteme, wobei sie sich kulturell und sprachlich näher kamen. Heute ist dieses Völkermosaik unter dem Sammelnamen „Nyakusa" zusammengefasst: Das Volk der Nyakusa bildete von jeher die größte Gruppe. Die Landnahme verlief jedoch nicht ganz friedlich. Kriegerische Auseinandersetzungen prägten die Besiedlung des Tales, bei der sich die ursprünglichen Nyakusa durchsetzten.

Im 19. Jahrhundert machte sich dann der Einfluss des Elfenbein- und Sklavenhandels und das Eindringen der kriegerischen Ngoni aus dem südlichen Afrika im Rungwe-Tal bemerkbar. Auch Hehe- und Sangu-Krieger drangen mehrfach vom Norden ins Tal ein. Doch die mittlerweile stark aufgerüsteten Nyakusa konnten sich den Angriffen jedes Mal widersetzen.

1875 erreichten die ersten britischen Forscher und Händler auf einem Dampfboot das Nordende des Nyasa-Sees. Angetan von der straffen Organisation der Nyakusa und ihrer militärischen Renitenz, gründeten die Briten weiter südlich im heutigen Karonga in Malawi einen Handelsposten und hielten gute Beziehungen zu ihren nördlichen Nachbarn im Runge-Tal. Doch die Anwesenheit europäischer Händler am nördlichen Nyasa-See führte immer mehr arabische Elfenbein- und Sklavenhändler ins Land.

1887 drangen bewaffnete Araber in das Land der Nyakusa, um Vieh und Sklaven zu erbeuten. Unter dem einflussreichen Nyakusa-Herrscher *Mwakyusa* versammelte sich ein Heer und schlug die Fremden zurück in den Süden, wo das Volk der Ngonde lebte (heute Malawi). Die ängstlichen Ngonde, die für die Araber einfachere Beute waren, flohen zur britischen Handelsstation Karonga. Die Araber belagerten daraufhin die Zufluchtsstätte und setzten die Briten unter Druck. Die einzige Chance der Briten waren die Nyakusa: Ohne große Hoffnung, schließlich lag Karonga weit südlich vom Nyakusa-Land, bat man den Herrscher *Mwakyusa* um Hilfe. Doch der reagierte prompt und schickte ein Heer von 5000 Kriegern nach Karonga, das die Araber endgültig aus der Region vertrieb.

Dankbar für die Hilfe, vor allem aber aus Respekt vor den starken Nyakusa ließen die Briten 1890 bei der Ziehung der Kolonialgrenze vom Gebiet der Nyakusa ab und überließen es den Deutschen, sich mit dem starken Volk auseinanderzusetzen.

Nachdem die ersten deutschen Missionare sich im Rungwe Valley niedergelassen hatten und Major *von Wissmann* 1893 am Ostufer des Nyasa-Sees die Militärstation „Langenburg" (heute Lumbila) gegründet hatte, gaben sich die Nyakusa noch gastfreundlich und kooperativ.

In den Folgejahren wurde Langenburg zum Verwaltungsmittelpunkt für das ganze Gebiet nördlich des Sees. Kolonialgesetze wurden erlassen, um Viehdiebstähle und kleinere Auseinandersetzungen zwischen einzelnen Dörfern und Herrschaftsbereichen zu unterbinden. So hatten die Nyakusa mit Strafaktionen zu rechnen, wenn sie ihre Streitsachen weiter mit Gewaltanwendung, ohne das Urteil der Kolonialverwaltung abzuwarten, regelten. Diese Strafexpeditionen liefen oft sehr blutig ab; meist konfiszierten die Deutschen auch große Rinderherden zur Bestrafung. Doch die Nyakusa akzeptierten dieses Vorgehen und die Entscheidungen des beliebten Bezirksamtmannes *von Eltz*. Nach dessen Malariatod 1897 jedoch kehrte sich die Stimmung im Rungwe-Tal um, da der Nachfolger *von Elpons* kein Einfühlungsvermögen in afrikanische Sitten und Gebräuche besaß. Die Nyakusa wurden immer unzufriedener und ließen sich die zunehmenden Strafaktionen, Folterungen und Zwangsarbeit nicht länger gefallen.

Die einzelnen Herrscher einigten sich und ließen im November 1897 ein Heer von Kriegern unter dem Führer *Mwanjabala* am Seeufer versammeln und erklärten *von Elpons* den Krieg. Dieser reagierte zunächst nicht, erst als sich von Süden Kinga-Krieger näherten, entschloss er sich zum Kampf. Mit dem Mut der Verzweiflung kämpften die Nyakusa für ihre Freiheit, doch der Feuerkraft der deutschen Gewehre hatten sie nichts entgegenzusetzen – 500 Nyakusa fanden den Tod. Die deutsche Bezirksverwaltung reagierte auf die Rebellion mit der Verordnung einer Hüttensteuer, welche auf etwa 4 Reichsmark pro „Eingeborenenhütte" festgesetzt wurde. Da nur wenig Geld in Umlauf war, durften die Nyakusa auch in Naturalien bezahlen oder die Steuer durch Arbeit für die Deutschen ableisten. War der Widerstand der Nyakusa nach der Schlacht am See auch gebrochen, so beschränkte sich ihre Kooperation mit den Besatzern doch nur auf das Notwendigste. Bei Ausbruch des 1. Weltkriegs waren denn auch keine Nyakusa-Männer gewillt, mit den Deutschen gegen die Briten zu kämpfen.

Während der englischen Zeit hatten noch einzelne Reiche Bestand, jedoch hatten sie wenig Anteil an der Unabhängigkeitsbewegung Tanganyikas.

Das Rungwe-Tal wurde sowohl in der deutschen als auch in der britischen Zeit stark missioniert, so dass viele Schulen entstanden und die Nyakusa mit der Zeit zu einem hoch gebildeten Volk wurden, das sich aber auch zusehends von seinen ursprünglichen Traditionen entfernt hat.

Livingstone Mountains

Lake Nyasa (Malawi-See) ♪ XVIII/XIX

Der **drittgrößte See Afrikas** ist allseits als Lake Malawi bekannt, nach dem gleichnamigen Land, welches weit über die Hälfte der Wasseroberfläche zu seinem Gebiet zählt. Fälschlicherweise gilt *Livingstone,* der 1859 den Nyasa-See erreichte, als dessen europäischer Entdecker. Es war jedoch der Portugiese *Gaspar Bocarro,* der bereits 1616 an der Ostseite des Sees entlangmarschierte.

Die ursprüngliche Bezeichnung des Sees ist **„Nyassa"**, erst mit der Unabhängigkeit des Staates Malawi erhielt der See seinen neuen Namen, der heute weithin gebräuchlich ist. Auf tansanischer Seite heißt der See jedoch weiterhin „Nyasa" (hier nur mit einem „s" geschrieben), und fragt man einen Tansanier nach dem Lake Malawi, erntet man oft nur ahnungsloses Kopfschütteln oder erhält die Auskunft, dass es sich dabei um den Nachbarstaat handle.

Die erste **koloniale Grenzziehung** zwischen British Nyassaland (heute Malawi) und Deutsch-Ostafrika verlief durch die Mitte des Sees. Nachdem das Deutsche Reich seine Kolonie nach dem 1. Weltkrieg an Großbritannien abgeben musste, wurde die gemeinsame Grenze an das tansanische Ufer verlegt, besaß jedoch keinen rechtswirksamen Status. Dieser Grenzverlauf, der auf den meisten Karten noch eingezeichnet ist, war endgültig überholt, als 1994 der dreißig Jahre lang herrschende Diktator *Banda* in Malawi die Macht abgab. Die Grenze zwischen beiden Staaten verläuft seitdem wieder durch die Mitte des Malawi- bzw. Nyasa-Sees.

Zu Mosambiks Hoheitsgebiet gehört etwa ein Viertel des Sees; dort übrigens heißt das Gewässer Lago Niassa.

Mit einer **Fläche von der Größe Belgiens** füllt der See auf über **500 km Länge** und durchschnittlich 50 km Breite den südlichen Teil des zentralafrikanischen Grabenbruchs aus, der in diesem Abschnitt Nyassa Rift Valley genannt wird. Der See liegt auf einer Höhe von **475 m ü.NN; die Wassertiefe** beträgt **über 700 m,** d.h. der Grund des Grabens liegt über 200 m unter dem Meeresspiegel.

Unzählige Flüsse und Bäche aus den über 2500 m hohen Bergketten, welche den See von fast allen Seiten umgeben, fließen in dieses große Becken. Der **Hauptzufluss ist der tansanische Ruhuhu** aus den Livingstone und südlich angrenzenden Matengo Mountains. Diese beiden Gebirgszüge dominieren auch den tansanischen Teil des Ufers von der Nordspitze bis zur Grenze von Mosambik. Den höchsten Gipfel markiert hier der **2565 m** hohe **Nbampunga** nahe der Uferlinie bei Lifuma in den Livingstone Mountains.

Die von Norden aus der Kipengere Range und den Poroto-Bergen kommenden Flüsse sind zwar kurz, aber aufgrund der hohen Niederschläge in diesen Gebieten für die Wasserzufuhr bedeutsam, zumal sie während der Trockenzeit für mehr als die Hälfte des Wassernachschubs sorgen.

Der **ganzjährige Abfluss** des Sees erfolgt **über den Shire River** im Süden Malawis, der in Mosambik in den Sam-

LAKE NYASA (MALAWI-SEE)

besi-Strom mündet und schließlich den Indischen Ozean erreicht.

Der große Fischreichtum des Nyasa-Sees stellt für die Bevölkerung entlang der Ufer eine wichtige Ernährungsquelle dar. Bislang wurden **über 320 Fischarten** beschrieben, man vermutet aber, dass im See weit über 400 Arten leben. Der überwiegende Teil ist endemisch, nur ein kleiner Teil allerdings wirtschaftlich nutzbar. Derzeit betreibt nur der Staat Malawi eine industrielle Fischerei mit Trawlern. Für die mit traditionellen Fangmethoden arbeitenden Fischer sind vor allem **Tilapia-Fische** (aus der Familie der Buntbarsche) wie Chambo, Kambale und Mbufu bedeutsam. Aber auch die bis zu einem Meter langen **Katzenfische,** die sich wegen ihres Fettgehaltes gut räuchern lassen und damit auch für den Transport eignen, werden gerne gefangen.

Bekannt ist der See vor allem unter europäischen und amerikanischen Aquarianern. Über ein Drittel der weltweit vermarkteten **Cichliden** (Buntbarsche) stammt aus dem Nyasa-See. Den Export dieser farbenprächtigen Kleinfische betreibt jedoch überwiegend der Staat Malawi. Von den **über 250 Arten an Buntbarschen** sind die meisten Maulbrüter, da es im Malawi-See, anders als im Lake Tanganyika, auch ein Tiefseeleben gibt und damit auch mehr Raubfische existieren. Um den kleinen Nachwuchs vor Angreifern zu schützen, haben sich hier im Laufe der Evolution maulbrütende Buntbarsche entwickelt. Bei Gefahr fliehen die Baby-Fische instinktiv in das Maul des Mutter-

Mit der „M.V. Songea"
unterwegs auf dem Lake Nyasa

Lake Nyasa (Malawi-See)

fisches, um sich so vor Feinden in Sicherheit zu bringen.

Die **bunte Fischwelt** in dem äußerst klaren See mit Sichtweiten bis zu 20 m – bei einer durchschnittlichen Wassertemperatur von 24°C – garantiert **einmalige Taucherlebnisse**. Professionelle Veranstalter zum Tauchen mit Sauerstoffflaschen gibt es zwar nicht, das ist aber auch gar nicht unbedingt nötig, da sich vieles direkt unter der Wasseroberfläche abspielt und leicht mit **Tauchermaske** und **Schnorchel** zu beobachten ist. Nehmen Sie daher bei einem Besuch des Lake Nyasa nicht nur die Badesachen mit, sondern zumindest auch eine Taucherbrille. Im See kann bedenkenlos geschwommen werden. Meiden Sie jedoch große Flussmündungen an der Ostseite, hier sind schon vereinzelt kleinere Krokodile gesichtet worden, und die Möglichkeit einer Bilharziose-Ansteckung ist ebenfalls nicht auszuschließen. Eine Wasserkobra, wie es sie im Tanganyika-See gibt, kommt hier nicht vor. **Einer der schönsten Strandorte,** der auch gut zu erreichen ist und gute Unterkünfte bietet, ist **Matema** an der Nordspitze des Sees (s.o.).

Die heutigen tansanischen Ufergebiete blieben in der vorkolonialen Zeit, anders als am Tanganyika-See, vom ausbeuterischen Treiben und Handel arabischer Sklavenjäger weitgehend verschont. Nur der Ort **Manda** war Endpunkt einer Karawanenroute aus Kilwa. Von Manda aus überquerten die Araber den See, um im Gebiet des heutigen Sambia und Südkongo Sklaven und Elfenbein zu erbeuten. Die Abwesenheit der Araber gab deutschen Missionaren schon früh die Gelegenheit, sich an den Ufern des Nyasa-Sees niederzulassen und ohne islamische Einflussnahme eine Christianisierung der Region vorzunehmen. Viele der Missionen existieren heute noch und haben in über einem Jahrhundert Arbeit die Volksgruppen der Kinga, Kisi, Pangwa und Matengo weitestgehend „bekehrt". Die bedeutendsten Missionen, damals wie heute, sind in Matema, Luilo, Manda (ehemals „Wiedhafen") und Liuli (ehemals „Sphinxhafen"). Kurz vor Ausbruch des 1. Weltkriegs wurde eine Eisenbahn von Kilwa Kivinje am Indischen Ozean zum „Wiedhafen" geplant, doch konnte diese wegen des Krieges nicht mehr realisiert werden.

Da auch heute die Pisten vom Hinterland zu den Ufern in katastrophalem Zustand sind, ist die Region an der tansanischen Ostseite des Sees nur schwer erreichbar und daher wenig entwickelt.

Mit dem kleinen Passagierschiff „M.V. Songea" lässt sich auf einer anderthalbtägigen Seereise entlang des tansanischen Ufers die ganze Schönheit des Lake Nyasa und das Leben seiner Anwohner bewundern.

Schifffahrt auf dem Lake Nyasa

Auf tansanischer Seite

Zwischen **Itungi Port** im Norden des Nyasa-Sees und **Mbamba Bay** nahe der Grenze zu Mosambik verkehrt einmal in der Woche das **kleine Passagierschiff „M.V. Songea".** Die Fahrt führt entlang der Ostküste, es wird an mehreren Fischerdörfern gehalten.

Besonders für die Bewohner am Fuße der Livingstone Mountains stellt das von der TMD (Tanzania Marine Division) verwaltete Schiff eine regelmäßige Verbindung zur Außenwelt dar. Für den Reisenden in Richtung Süden bieten nur die Destinationen Manda und Mbamba Bay öffentliche Verkehrsverbindungen in Form von Bussen und Land-Rover-Dalla-Dallas nach Rudewa/Njombe (von Manda) bzw. nach Songea (von Mbamba Bay, siehe dort).

Die „Songea" besitzt fünf 1.-Klasse-Kabinen (jeweils für 2 Personen) und ein kleines Bordrestaurant (einfache Fisch-/Huhn- und Reis-Gerichte).

Die ca. 300 km lange Fahrt von Itungi bis Mbamba Bay dauert etwa 22 Stunden und kostet 15.000 TSh pro Person in der 1. Klasse. Ansonsten gibt es nur Sitzplätze für 7500 TSh.

Abfahrtszeit ist – sofern der Plan eingehalten wird und nicht gerade wieder etwas kaputt ist – Do um 12 Uhr; die Ankunft erfolgt in den Morgenstunden des nächsten Tages (ca. 8 Uhr). Von Mbamba Bay fährt die „Songea" in der Regel jeden zweiten Sa frühmorgens nach Nkhata Bay in Malawi. Rückfahrt nach Mbamba Bay am Abend, dann So ab 13 Uhr zurück in Richtung Itungi. Fällt die Fahrt nach Nkhata Bay aus, erfolgt die Rückfahrt nach Itungi am Sa um 10 Uhr.

Für das Mitnehmen von Fahrzeugen ist das Schiff zu klein; der wohl sicherste Ort, ein Auto stehen zu lassen, ist die Mission von Matema.

Zuverlässige **Buchungen bzw. Fahrkartenkäufe** lassen sich direkt in der Hafenhalle von Itungi Port oder im TMD-Büro im 11 km entfernten Kyela tätigen (Tel. (025) 2540098). Am besten sind Auskünfte und Buchungen telefonisch über den Itungi Port Branch Manager vorzunehmen (die aktuelle Telefonnummer erfährt man über das Hauptbuchungsbüro in Mwanza, siehe dort). Fahrkarten für einen einfachen Sitzplatz bekommen Sie dagegen immer, auch kurz vor Abfahrt des Schiffes.

Itungi Port ist lediglich eine kleine Häuseransammlung ohne Unterkünfte, so dass man im nahen Kyela übernachten muss, um das gegen Mittag ablegende Schiff nicht zu versäumen. Von Kyela verkehren dann speziell Dalla Dallas in den Morgenstunden.

Kyela

Der übersichtliche Ort, der sich an der Hauptstraße „aufreiht", bietet nur mehrere einfache Guesthouses, von denen das **Kyando Hotel** links am Ortseingang ganz akzeptabel ist. Für Mahlzeiten ist das 500 m weiter in einer linken Seitenstraße gelegene **New Steak Inn** nicht schlecht. Das **Dolphin Restaurant** hat gutes einheimisches Essen. Eine weitere gute Übernachtungsmöglichkeit bietet das **Pattaya Guesthouse** im Zentrum (sehr sauber, 6000 TSh das DZ). Auch das **Oberoi**, parallel zur Asphaltstraße gelegen, bietet gute DZ für 7000 TSh. Das TMD-Büro (Tanzania Marine Division) befindet sich am Ortsende in Richtung See. Kyela hat einen großen Markt, wo es so ziemlich alles gibt, was in Matema nicht mehr erhältlich ist. Hier ist es lebendig und wuselig, und es blüht wegen der Grenznähe wohl auch der Schmuggel. Ansonsten ist Kyela kein Ort für einen längeren Aufenthalt. Wer länger auf eine Schiffsverbindung warten muss, nutzt die Zeit besser für einen Besuch von Matema.

Ein Büro von **Scandinavia Express Services** erreicht man unter Tel. (025) 2540514, (0784) 309436.

Auf malawischer Seite

Von Mbamba Bay besteht die Möglichkeit, mit der **„M.V. Songea"** oder mit dem aus britischer Kolonialzeit stammenden **Passagierschiff „Ilala"** auf die andere Seite des Sees **nach Nkhata Bay** zu fahren.

Das von der malawischen Reederei betriebene Schiff fährt vom nördlichen **Chilumba** (Kaporo und Karonga werden, anders als auf vielen Karten dargestellt, nicht mehr angefahren!) über Nkhata Bay/Mbamba Bay nach **Monkey Bay** am Südende des Malawi-Sees. Leider findet der Abstecher, den die „Ilala" von Nkhata Bay nach Mbamba Bay macht, nur unregelmäßig statt.

Njombe ⋫ XIX,C1

Die Stadt ist das **landwirtschaftliche Herz der kühlen Southern Highlands,** für die Bauern des fruchtbaren, hügeligen Umlands Verarbeitungszentrum und Absatzmarkt. Während der Ujamaa-Zeit war der Distrikt vorbildlich für seine gut organisierten Dörfer und deren wirtschaftlichen Erträge. Der hier wachsende Weizen und Mais ist von besonders hoher Qualität, die Teeplantagen im Umland von Njombe gehören zu den größten des Landes. Auch der Kartoffel-Anbau ist eine wichtige Ein-

nahmequelle. Die australischen Akazien- und **Eukalyptusbäume** wurden hier während der britischen Zeit angepflanzt. Aus der Rinde der Akazie werden im einzigen industriellen Betrieb in der Region, der Tanzania Wattle Company, Gerbstoffe für das Färben von Leder und Textilien gewonnen. Njombe ist zudem **evangelischer Verwaltungssitz**, zuständig für den gesamten Süden Tansanias. 79 Kirchengemeinden, von denen viele Partnerschaften mit deutschen Kirchengemeinden pflegen, werden von Njombe aus betreut.

Trotz des kühlen Klimas in Njombe und der vielen wolkenverhangenen und nebligen Tage im Jahr hat sich auch hier das Klima insgesamt verändert. Während in den 1960er Jahren noch durchschnittlich fünfzig Frosttage im Jahr – von Juni bis September kann es empfindlich kalt werden – verzeichnet wurden, klettert das Thermometer heutzutage nur noch äußerst selten unter die 0°C-Marke. Dagegen sind Schneeverwehungen im Juli/August auf dem über 2900 m hohen Kitulo-Plateau und in der Kipengere Range keine Seltenheit.

Unterkunft und Verpflegung

● **Chani Hotel**
Tel. (026) 2782357, 0748-367666. Njombes neuestes Hotel liegt ruhig am Südende der Kleinstadt (von Makumbako aus kommend ausgeschilderter Abzweig rechter Hand). Die Zimmer sind gemütlich, die Bäder sauber, heißes Duschwasser ist garantiert. Im Hotel-

Teeplantagen im Osten von Njombe

Restaurant wird gute lokale und auch internationale (auch indische) Küche zubereitet. EZ liegen bei 8500 TSh, DZ bei 10.500 TSh.
● **Milimani Hotel**
Tel. (026) 2782408, P.O. Box 176. An der Asphaltstraße durch den Ort liegt rechts, 200 m nach der Busstation, Njombes bestes Hotel. Die preiswerten Zimmer sind großräumig, relativ sauber und haben ein eigenes Bad/WC mit (und das ist im kalten Njombe wichtig) funktionierender Warmwasserversorgung. Die Küche serviert akzeptable internationale Kost. Die Zimmer kosten je nach Größe 5000 oder 6000 TSh, mit Full Breakfast.
● Weitere einfache und billigere **Guesthouses** finden sich entlang der Hauptstraße, von denen z.B. das **Sangamela** am Ortsausgang auf der linken Seite in Richtung Songea oder das **Shamba** in der Nähe der Busstation zu empfehlen sind.
● **Uwemba Mission**
22 km südwestlich von Njombe liegt die in der gesamten Region bekannte Benediktinerabtei Uwemba. Die in den 1920er Jahren gegründete Mission ist heute ein Ausbildungszentrum für das gesamte Umland. Es lässt sich schön im **Gästehaus der Benediktinerväter** übernachten (8000 TSh pro Person mit Vollpension, gute deutsche Küche). Zimmer im Gästehaus lassen sich telefonisch reservieren, Tel. (025) 2782274. Weitere Informationen zur Arbeit der Mission findet man unter: www.inkamana.org/ohio/uwemba.htm.
● **Essen** lässt sich preiswert und gut in den Hotels (s.o.). Auf ein Bier geht man abends auch in den **Kibena Club**, 4 km südlich von Njombe. Hier treffen sich die Expats der Region.

Busse

Der Busbahnhof liegt an der Hauptstraße. Hier befindet sich auch das Buchungsbüro von **Scandinavia Bus Service** (Tel. (026) 2782675, (0784) 940877). Täglich verkehren Busse nach **Mbeya, Iringa, Dar es Salaam, Songea** und **Mbinga** (von da mit Dalla Dallas bis Mbamba Bay). Busse nach **Rudewa** in den Livingstone Mountains und nach **Mwakete** am Fusse des Kitulo-Plateaus fahren ebenfalls mehrmals in der Woche.

NJOMBE (AUSFLÜGE)

Sonstiges

Entlang der Asphaltstraße im Ort gibt es einige **Apotheken** *(duka la madawa),* **Tankstellen, Post, Bank** und zahlreiche **Lebensmittelgeschäfte.**

Ausflüge

Zur Erkundung der wenig besuchten Southern Highlands ist Njombe ein idealer Ausgangsort für Freunde von Kirchen und Geschichte.

Mission Lupembe

Östlich von Njombe liegen herrlich in den grünen Hügeln der Southern Highlands der Ort Lupembe und die gleichnamige **alte deutsche Kirche,** erbaut 1898. Von Njombe fährt man zunächst in Richtung Makambako. Nach 5 km zweigt im Ort Kibena rechts die Piste nach Lubembe ab (ausgeschildert). Durch forstreiches und hügeliges Gebiet führt die Strecke durch die schönen Southern Highlands, bis nach insgesamt 71 km der kleine Ort Lubembe erreicht wird. Bei einer Wegegabelung hält man sich rechts, fährt durch ein Tal, und nach 1 km erhebt sich wie in einer Märchenszene die große, alte Kirche. Im Ort lässt sich im einfachen und sauberen **Lutheran Guest House** übernachten oder im Büro der Kirchengemeinde etwa 100 m hinter der Kirche.

Uwemba und Manda am Lake Nyasa

In der Trockenzeit kann der Ort Manda (ehemals „Wiedhafen") am Lake Nyasa angefahren werden. In dem einladenden Fischerort an der Mündung des Mzuzuma River in die Amelia Bay kann an **schönen Stränden** gebadet werden. Der Ort ist zudem eine gute Ausgangsbasis für Wanderungen in den Livingstone-Bergen. Sehr einfache Guesthouses bieten Übernachtungsmöglichkeiten, am Strand kann nach Absprache mit den Dorfbewohnern gezeltet werden.

Bis Rudewa (auf Karten „Ludewa") ist die Straße in gutem Zustand, danach jedoch schlecht mit mehreren **Sand- und Felspassagen** (Allrad empfehlenswert).

14 km südlich von Njombe zweigt rechts die deutlich zu erkennende Piste in Richtung **Livingstone Mountains** ab. Die 143 km bis Rudewa sind in gutem Zustand. Nach 10,5 km folgt der Ort **Uwemba,** in dem sich rechter Hand eine große Abtei Schweizer Benediktiner befindet. Die Fahrt in Richtung Manda geht anfangs durch die **südlichsten Teeplantagen Tansanias,** die Straße erklimmt mehrere Hügel und führt durch kurvenreiche Täler, bis sich die eindrucksvolle Livingstone-Bergkette vor einem präsentiert. Diese Region ist der Lebensraum der Pangwa.

Rudewa, am Fuße der Berge, ist nur ein kleiner Distriktort, in dem es aber Treibstoff gibt (links neben der Hauptstraße in einem Bretterverschlag).

Bis zum 43 km entfernten **Luilo** wird die Piste zunehmend schlechter; Vorsicht ist beim Überqueren der Brücken geboten, die in einem baufälligen Zustand sind. In Luilo steht linker Hand eine große Missionsstation aus deutschen Tagen. Wäre nicht der Kirchturm, würde man denken, vor einem Fort zu stehen.

Von Luilo folgt man dann etwa 26 km auf sehr sandiger Piste dem Tal des **Mzuzuma-Flusses** hinunter zum Seeufer nach Manda. Die Möglichkeit, enlang des Sees zum südlichen Mbamba Bay weiterzufahren, besteht zurzeit nicht, angeblich soll die Fähre über den Ruhuhu River bei Lituhi für Fahrzeuge nicht mehr tragfähig sein.

Von Njombe fahren nur etwa einmal in der Woche Land-Rover-Dalla-Dallas nach Manda, wo Anschluss an das Passagierschiff „M.V. Songea" besteht (s.o.); vom 9 km südlich gelegenen Ort Lituhi ist ab und zu eine Dalla-Dalla-Verbindung nach Songea möglich.

Routenbeschreibungen von und nach Njombe/Songea

Makumbako – Njombe – Songea (297 km)

●Gute Asphaltstraße, 4–5 Stunden Fahrzeit. Busse ab Makambako und Njombe.

1985 wurde diese Asphaltstraße mit britischer Hilfe in den Süden Tansanias gebaut. Davor war die Region von der Entwicklung des Landes weitgehend abgeschnitten, da die hier lang anhaltenden Regenfälle die damalige Piste die Hälfte des Jahres nahezu unbefahrbar machten.

Vom ausgeschilderten Abzweig am Tan-Zam-Highway in Makambako (siehe Routenbeschreibungen Iringa) führt die 58 km lange Fahrt ins kühle, über 2000 m hoch gelegene Njombe durch große Maisanbaugebiete hindurch, bis kurz vor der Stadt dichte Eukalyptuswälder und australische Akazienbäume die Landschaft prägen.

Die **239 km von Njombe nach Songea** führen zum Teil durch forstreiches Gebiet, in dem vor allem Kiefern angepflanzt werden. Die Straße verläuft auf und ab über endlose Hügellandschaften, die – nicht zuletzt wegen des kühlen Klimas – an mitteleuropäische Breiten erinnern. Nach 14 km erfolgt rechts der Abzweig nach Uwemba (siehe Ausflüge bei Njombe). Etwa 25 km südlich von Njombe folgt linker Hand der Abzweig ins 4,5 km entfernte **Yakoki,** wo sich eine alte deutsche Kirche befindet.

Mit dem Beginn der Verwaltungsregion Ruvuma verlässt man das Hochland und fährt allmählich in die etwa 1000 m tiefer liegende östliche Ruvuma-Ebene. Die Vegetation und das Klima verändern sich, stellenweise herrschen dichte Miombo-Trockenwälder vor, und die Temperaturen klettern wieder in warme „afrikanische Bereiche".

Songea – Namtumbo – Tunduru (273 km)

●Überwiegend schlechte Piste, Fahrzeit 5–8 Stunden. Busse siehe bei Songea.

Die ersten 72 km bis **Namtumbo** (auch Nanjombe genannt) sind recht ausgefahren. In Nanjombe liegen rechts am Abzweig nach Likuyu und Richtung Mbarika Mountains ein gutes und sauberes Guesthouse und die letzte Tankstelle bis Tunduru. In Tunduru bekommt man nicht immer Treibstoff, so dass man sich vorsichtshalber bis Masasi eindecken sollte (zu Tunduru und der Routenbeschreibung vgl. im Kapitel zur südlichen Swahili-Küste).

Songea – Peramiho – Mbinga – Mbamba Bay (169 km)

●Anfangs Asphalt, später gute Piste, Fahrzeit 4 Stunden. Busse täglich.

Die 169 km Piste bis Mbamba Bay sind in der Regenzeit besonders schwer zu befahren, insbesondere die letzten ca. 40 km das Matengo-Hochland hinunter können extrem matschig und gefährlich werden.

Sie verlassen Songea auf guter Asphaltstraße westwärts. Nach 19 km, am Ende der Teerdecke, zweigt rechts die ausgeschilderte Straße zum 5 km entfernten **Kloster Peramiho** ab (s.u.).

Auf der Straße weiter in Richtung Westen kommt auf guter Piste bei **km 52** im kleinen Dorf Kitai der **Abzweig** rechts **nach Lituhi am Nyasa See**. Nach weiteren 42 km ist das grüne und höher gelegene **Mbinga** erreicht.

Um nach Mbamba Bay weiterzufahren (75 km), muss man sich im Ort links halten. Auf den nächsten Kilometern durchquert man dichte Waldgebiete, bis man auf kurvenreicher Fahrt durch die Matengo-Berge allmählich in tiefere Regionen gelangt und die deutlich wärmeren Temperaturen des Nyasa Rift Valley zu spüren bekommt.

Mbinga ♪ XIX,C3

Der zentrale Markt- und Distriktort im kühleren **Matengo-Hochland** ist auch Sitz der katholischen Diözese, die von Würzburg/Münsterschwarzach unterstützt wird (eine Kirche wurde gebaut, Schul- und Ausbildungsstellen werden in nächster Zeit geschaffen).

Die Region von Mbinga ist seit jüngster Zeit ein bedeutendes Kaffee-Anbaugebiet, wovon der Ort im letzten Jahrzehnt sehr profitiert hat. Die Straße nach Songea ist jetzt eine Allwetterpiste, und von Mbinga fahren sogar Direkt-Busse nach Dar es Salaam.

Unterkunft und Verpflegung

●Im Ort gibt es einfache **Guesthouses**. Sehr zu empfehlen ist jedoch die **Unterkunft der Roman Catholic Church** mit Hostel und Restaurant; DZ (mit Bad/WC) ab 5000 TSh.
●Ein gutes **Restaurant** ist das New Sayuni, etwas oberhalb der Oilcom Tankstelle parallel zur Hauptstraße.

Songea ♪ XIX,D2

Die 1100 m hoch liegende Kleinstadt mit etwa **80.000 Einwohnern** im tiefen Süden des Landes ist Verwaltungssitz der Region Ruvuma. Die vor etwa hundert Jahren aus der Gründung eines deutschen Forts im Einflussgebiet des Herrschers *Songea* hervorgegangene Stadt wuchs erst mit der Anbindung durch die Asphaltstraße an den Tan-Zam-Highway zu größerer regionaler

Bedeutung. Das deutsche Fort wurde bei Kämpfen im 1. Weltkrieg zerstört.

Zu den landwirtschaftlichen Hauptprodukten des Umlands gehören vor allem Mais und der im westlichen **Matengo-Hochland** angebaute **Kaffee** sowie Tabak, der in Songeas einzigstem Industriebetrieb verarbeitet wird.

Für Reisende bietet die grüne und freundlich wirkende Stadt nur wenig Sehenswertes, die meisten fahren gleich in Richtung Lake Nyasa weiter oder verbringen hier eine Nacht, um mit einem Früh-Bus weiterzureisen.

Das **Maji-Maji Memorial** und das dazugehörige kleine **Museum** sollen an die Grausamkeiten während der deutschen Kolonialzeit erinnern, leider ist der Ausstellungsraum aber völlig heruntergekommen. An der Gedenkstätte befinden sich Obelisken und große Skulpturen, welche die einstigen zwölf Herrscher symbolisieren, die Opfer des Maji-Maji-Krieges waren.

Geschichte

In der deutschen Kolonialzeit kam der Süden des Landes erst spät unter vollständige Kontrolle der Besatzer, da das hier lebende Volk der Ngoni für seine kriegerischen Fähigkeiten bekannt war. Selbst die Araber, auf ihrer ständigen Suche nach neuen Sklavengebieten, machten einen Bogen um das Gebiet der Ngoni nördlich des Ruvuma-Flusses. Doch 1897 entsandte Gouverneur Liebert die 8. Kompanie in das Gebiet, die beim heutigen Songea ein Fort gründete. Entschlossen, die Region schnell unter Kontrolle zu bekommen, zitierte Leutnant Engelhardt im gleichen Jahr mehrere einflussreiche nduna (Militärbefehlshaber) zu sich. Er forderte ihre bedingungslose Unterwerfung und demonstrierte ihnen die tödliche Wirkung eines Maschinengewehrs. Fünf nduna, die dies nicht beeindruckte, ließ der Leutnant sofort erschießen, die anderen konnten fliehen, darunter auch der angeschossene nduna Songea. In den Folgejahren wurden einige Expeditionen durchgeführt, um weitere Ngoni-Befehlshaber zu inhaftieren und sie durch Verwaltungsbeamte aus dem Küstengebiet zu ersetzen.

Als 1905 der **Maji-Maji-Krieg** im Südosten der deutschen Kolonie ausbrach (vgl. entsprechenden Exkurs), war der nduna **Songea Mbano** der erste, der sich der Rebellen-Bewegung anschloss, woraufhin ihm weitere wanduna (Plural für nduna) folgten. Über 2500 Ngoni griffen am 27. November das Fort an, waren aber schutzlos dem Maschinengewehrhagel ausgesetzt. Daraufhin griffen sie die ungeschützte deutsche Missionsstation Peramiho an, töteten einige Missionare und setzten die Mission in Brand.

Mit Verstärkung durch Soldaten aus „Neu-Langenburg" (heute Tukuyu) und durch die 13. Feldkompanie aus Kilwa gelang es den Deutschen, bis Mitte 1906 den Großteil der Ngoni-Region zu unterwerfen. Die gefangen genommenen Anführer wurden öffentlich exekutiert, wobei auch der mutige Songea den Tod fand. Die Kämpfe hielten jedoch noch bis 1907 an, da sich viele Ngoni-Krieger in den Livingstone-Bergen verschanzt hatten.

Die Folgen des Krieges waren katastrophal. Die Felder waren zerstört, Dörfer niedergebrannt und das Vieh abgeschossen worden. Eine große Hungersnot brach aus, bei der Tausende den Tod fanden.

Mit dem verlorenen Maji-Maji-Krieg war für die Ngoni das Ende ihrer Identität gekommen und die Zeit des europäisch beeinflussten Kulturwandels – ihre Sprache wurde vom Swahili verdrängt, traditionelle Religionen und Riten wurden dem Christentum einverleibt, die Viehhaltung wich der Feldwirtschaft.

Unterkunft

Wer nicht unbedingt in Songea übernachten muss, sollte das Gästehaus der Abtei Peramiho (23 km von Songea) vorziehen. Songeas Hotels und Guesthouses bieten nur einfachen Standard.

● **Peramiho Gästehaus**
Die wohl empfehlenswerteste Adresse in diesem Teil Tansanias. Nicht nur sind der Standard der Unterbringung und das gute Essen (deutsche Kost, hausgemachte Wurst und Käse) der deutschen Schwestern rühmenswert, die Atmosphäre der großen Abtei und das weitläufige Gelände sind allein eine Reise wert (mehr s.u.). Ein Zimmer kostet 10.000 TSh inkl. Frühstück. Für warme Mahlzeiten muss man sich vorher anmelden. Da das Gästehaus nur über acht Zimmer verfügt, ist eine Vorausbuchung empfehlenswert. Die Zimmer werden oft von Praktikanten aus Deutschland genutzt: Tel. (025) 2602120, 2602162, Fax 2602917 oder
E-Mail: procure@pe.osbafrica.org.

● **Africa House**
P.O. Box 934, Tel. (025) 2602921, Fax (025) 2602262. Das landestypische Hotel in ruhiger Lage mit Garten bietet mittleren Komfort. Die Zimmer haben Bad/WC, das Duschwasser ist heiß, das Essen gut. Die Zimmer kosten ab 10.000 TSh.

● **Yulander Holiday Lodge**
Zentrumsnah, 5000 TSh für ein einfaches Zimmer mit Bad/WC.

● **O.K. Hotel 92**
Hotel der einfachen Art mit beliebter Bar und akzeptablem Restaurant. Zimmer ab 4500 TSh die Nacht.

● Weitere landestypische **Guesthouses**, wie das **Deluxe** oder das **New Star**, finden sich im Zentrum.

Krankenhäuser

Die medizinische Versorgung ist in Songea sehr gut, das **Missionskrankenhaus** im 20 km entfernten **Peramiho** (s.u.) ist bis in

---

Die Ngoni – Volk aus dem Süden Afrikas

Die Songea-Region ist der Lebensraum des Volkes der Ngoni, eines Volkes, dessen Wurzeln in Südafrika liegen. Aufgrund einer Migrationsbewegung im südafrikanischen Reich der Zulus erreichte in der Mitte des 19. Jahrhunderts eine Gruppe von Ngoni das Gebiet nördlich des Ruvuma-Flusses und ließ sich hier nieder. Es entstanden zwei Herrscherbereiche, an deren Spitze repräsentative Oberhäupter, die „nkosi", standen. Die eigentliche Macht teilten sich die einzelnen „nduna" (Militärbefehlshaber), die zahlreiche Kriege und Feldzüge führten, um ihr neues Territorium zu sichern. Gerade mit den nördlichen Hehe lagen sie lange Zeit im Clinch, bis sie sich schließlich mit ihnen auf eine gemeinsame Grenze einigten. Einer der einflussreichsten und erfolgreichsten nduna war *Songea*, dem das Gebiet der heutigen Kleinstadt Songea unterstand.

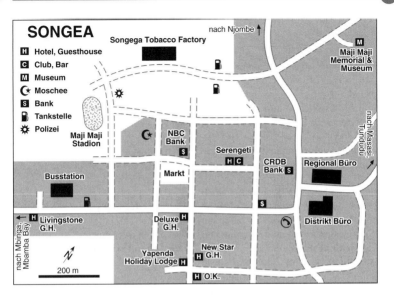

Dar es Salaam bekannt. Für dringende Notfälle steht auch noch das **Songea Hospital** bereit.

Apotheken

Apotheken befinden sich im Zentrum.

Verkehrsverbindungen

- **Air Tanzania und Precision Air fliegen Songea nicht an.**
- Täglich fahren **Direkt-Busse nach Mbeya** (7000 TSh), **Iringa** und **Dar es Salaam** (ab 7 Uhr morgens). Das Scandinavia-Büro erreicht man unter Tel. (025) 2600443, (075) 5453659.
- Zweimal wöchentlich verkehrt ein Bus nach **Lindi** am Indischen Ozean; die Fahrt ist sehr anstrengend, aber landschaftlich wunderschön. Nehmen Sie sich Verpflegung und Wasser mit, da auf der teils schlechten Piste in den menschenleeren Miombo-Wäldern bis Tunduru schon mal Pannen vorkommen.
- Tägliche Busverbindung nach **Mbamba Bay.** Alle zwei Tage fährt ein schnellerer Bus, der für die Strecke ca. 6 Stunden braucht. Sonst benötigt man oft einen ganzen Tag, da die komfortableren Busse die restlichen Tage nur bis Mbinga (103 km westlich von Songea) fahren und man dort in ein Dalla Dalla umsteigen muss, welches für die restlichen 75 km oft mehrere Stunden benötigt.

Von Mbamba Bay besteht die Möglichkeit, mit dem **Schiff** nach Malawi oder zum Nordende des Sees zu fahren.

Sonstiges

Im Zentrum befindet sich eine Reihe gut sortierter **Geschäfte** mit Lebensmitteln, Hausratsgegenständen und Fahrzeugbedarf. Eine **Bank,** eine **Post** (Tanzania Postal Bank/Western Union, Tel. (025) 2600526) und eine **Tankstelle** sind im Ort ebenfalls vorhanden.

Peramiho

↗ XIX,C2

Die Mission wurde 1898 von Benediktinern aus St. Otilien/Oberbayern gegründet und ist heute noch die größte und einflussreichste ihrer Art im südlichen Tansania. Ein großes Gelände mit herrlichen Alleen und vielen Großgebäuden in unverkennbar europäischem Baustil lädt zu einem Spaziergang und auch zu Gesprächen mit den dort arbeitenden Leuten/Mönchen ein. Noch heute sind viele deutsche Geistliche hier tätig, und die Arbeit Peramihos hat auch großen **Anteil an der regionalen Entwicklungshilfe.** Schulen, Handwerksbetriebe, eine Druckerei sowie andere Ausbildungseinrichtungen leisten einen großen Beitrag zur Selbstständigkeit der hier lebenden Menschen, die nicht wie in anderen Regionen des Landes von Hilfsmitteln der Regierung in Dar es Salaam abhängig sind.

Vor allem das große Krankenhaus ist aufgrund seiner modernen Einrichtung, die mit deutschen Hilfsgeldern bezuschusst wird, hoch angesehen in ganz Tansania. In einem **Gästehaus** sind Übernachtungen ab 5000 TSh pro Person mit Frühstück möglich (s.o.).

Peramiho ist über die Straße nach Mbinga zu erreichen. 19 km hinter Songea – am Ende der Asphaltstrecke – zweigt rechts die Piste zur Abtei ab. Nach 5,5 km kommt von rechts den Berg hinauf eine Zufahrt. Fährt man diese 1 km hinunter, stößt man auf die **Peramiho Farm.** Dort gibt es Käse und Wurst im Hinterhof (Butchery) zu erwerben. Die Hauptstraße weiter kommt nach 2 km rechts der Abzweig zum Hauptkomplex der Abtei. Es folgt rechter Hand ein Zaun, nach welchem es rechts hinunter (50 m) zum Gästehaus geht. Auf der Straße weiter Richtung Abtei folgen links die Post und ein Buchladen. Eine Allee führt zur großen Kirche, deren Vorderseite eine Replik der großen Kirche in Münsterschwarzach/Franken ist. Weitere Informationen unter: www.peramiho.org.

Mbamba Bay

↗ XIX,C3

Die „Bucht des Donners" ist ein **herrlicher Ort mit schönen Strandbuchten** und zahlreichen Granit-Felsformationen. Einzig störend an Mbamba Bay sind die abends vom Licht angezogenen **Lake Flies,** winzige Fliegen, die einen in Myriaden umschwärmen – wenigstens sind sie nicht gefährlich. Das hier lebende kleine **Volk der Likungo** hat sich auf den Fang der Fliegen spezialisiert. Mit großen Körben, die sie durch die Luft schwingen, fangen sie beträchtliche Mengen ein. Das schnelle Schleudern der Körbe bewirkt, dass die Fliegen im Korb bleiben (Fliehkraft!) und zu einem Brei zerdrückt werden. Später wird der Fang unter Zugabe von Salz zu einer Art Brot gebacken. Schmecken soll die ganze Sache dann wie Meeresfisch, selber habe ich es aber noch nicht probiert ...

MBAMBA BAY

An den nahe gelegenen Flussmündungen leben **Krokodile,** daher wird nachts vom Baden abgeraten. Tagsüber kann man aber am „Hauptstrand" problemlos schwimmen. Am besten bei den Einheimischen nachfragen, die einem übrigens gern eine Einbaumfahrt ins Kroko-Revier anbieten – ein schöner Ausflug!

Von Mbamba Bay ist die Möglichkeit gegeben, **mit dem Schiff „M.V. Songea"** nach Itungi Port oder nach Nkhata Bay in Malawi zu fahren. Die Polizei/Immigration befindet sich beim Schiffsanlegeplatz hinter der großen Piste. Die **Piste** entlang des Ufers nach Norden kann nur bis Mango/Njambe befahren werden.

Unterkunft

● Eine Unterkunft mit wundervollem Ausblick auf die halbmondförmige Bucht ist die **Nyasa View Lodge,** die 400 m geradeaus hinter dem zentralen Kreisverkehr liegt. Der Besitzer ist ausgesprochen freundlich und hilfsbereit – wenn er denn da ist. **Campen** ist ebenfalls möglich (für 1500 TSh). Die Zimmer sind eher klein, dafür aber einfallsreich in die felsige Natur eines Berghangs integriert. Die Preise liegen bei 3500/4000 TSh für EZ/DZ. Das Essen ist einfach, aber schmackhaft, Spezialitäten sind die heimischen Fische Kambale und Mbufu.

Tauchermasken und Schnorchel sind über das Management erhältlich. Bei den kleinen Inseln Ngkuyo und Lundo, die jeweils nördlich und südlich der Bucht liegen, treiben sich jedoch Krokodile herum.

● **Neema Beach Guest House**
Sauberes, freundliches und kostengünstiges Guest House mit Übernachtungspreisen von ca. 4000 TSh. Von Reisenden empfohlen!

Sansibar, Pemba, Mafia

Sansibar – Schnappschuss in der Stone Town

Pemba – Ruinen von Chwaka

Muskatnüsse werden getrocknet

Die Insel Sansibar (Unguja)

♪ XI,D3

Sansibar! Welch klangvoller Name voller Faszination und Ausstrahlung, ein geschichtsreicher Mythos, eine Insel, die nach jahrelanger sozialistischer Isolation aus ihrem Dornröschenschlaf erwacht ist und sich zum Urlaubsparadies vor der Küste Ostafrikas entwickelt.

Die Inseln Sansibars stellen eine Besonderheit des afrikanischen Kontinents dar. Eine Sonderstellung, die schon in vorkolonialer Zeit den Namen Sansibar in aller Welt bekannt werden ließ, als die Insel Sultanat und **im 19. Jahrhundert die bedeutendste Sklaven- und Elfenbeinhandelsmetropole der Welt** war. Ihre zentrale Stellung als Einfallstor in das dunkle Hinterland Ost- und Zentralafrikas war in jenen Tagen sprichwörtlich: „Pfeift man in Sansibar, so tanzen sie an den Großen Seen".

Auf der größten Insel Ostafrikas vereint sich das bantunoide Afrika mit der Welt des Orients zu einem **ethnischen und religiösen „Kaleidoskop".** Der kulturelle Schmelztiegel wird in der malerischen **Altstadt „Stone Town"** von Sansibar-Stadt sofort augenscheinlich. Beim Spaziergang durch das Labyrinth aus schmalen, verwinkelten Gassen im Schatten von eng aneinander gereihten, ehrwürdigen alten Bauten aus Korallenstein und Muschelkalk aus der Zeit des omanisch-sansibarischen Sultanats durchschleicht einen unwillkürlich die romantische Vorstellung, in die Welt der Märchen aus „Tausend und einer Nacht" geraten zu sein. Wer am späten Nachmittag vom Festland mit dem Schiff aufbricht und sich der von der untergehenden Sonne angeleuchteten Hafenfront von Stone Town nähert –

Highlights und Tipps

- Labyrinth – in den Gassen des alten Stone Town, S. 778
- Die Spice Tour – im grüne Herzen der Insel, S. 818
- Jozani Forest – Blickkontakt mit Stummelaffen, S. 819
- Strände, Palmen und azurblaues Meer – die Ostküste, S. 833
- Unter Wasser die Riffe entlang – Tauchen und Schnorcheln, S. 810

mit den Stadtmauern, Kirchentürmen, Minaretten und prachtvollen Palästen –, wird beim Anblick des Reichtums vergangener Tage ergriffen sein. Sansibar ist zweifelsohne der kulturelle Höhepunkt Ostafrikas – eine Bruchzone zwischen Vergangenheit und Gegenwart!

Wie zu *Sindbads* Zeiten kreuzen heute noch die traditionellen Segelschiffe aus Holz, die Dhaus, zwischen modernen Tragflügelbooten und Containerschiffen die Gewässer vor Stone Town.

Die alte steinerne Stadt ist eine Reise zurück in die Zeit, als Afrika von Europa „entdeckt" wurde. Nur wenig scheint sich seit dem 19. Jahrhundert verändert zu haben, als die ersten **europäischen Forscher,** wie *Burton, Speke, von der Decken, Livingstone* oder *Grant,* von hier aus aufbrachen, versehen mit der nötigen Ausrüstung, einem Geleitschutz einflussreicher arabischer Sklavenhändler und mit Empfehlungsschreiben des Sultans, um in wochenlangen Fußmärschen durchs unbekannte Festland zu schreiten, auf der Suche nach den sagenumwobenen Quellen des Nils. Die Drehscheibe Sansibar spielte in jener Zeit die Vorreiterrolle für die späteren Koloniegründungen im Osten Afrikas.

Auch der berühmte Duft, der Sansibar den exotischen Beinamen „**Gewürzinsel"** gab und eine wohlriechende Mischung aus Nelken, Zimt, Vanille und Kardamom ist, fährt heute noch jedem Reisenden auf der populären, eintägigen **„Spice Tour"** im Inselinneren in die Nase – wenn auch in geringerem Maße als früher.

Neben Stone Town bietet die Insel natürlich auch **traumhafte Strände** un-

ter afrikanischer Sonne, mit rauschenden Kokospalmen und türkisfarbenen Lagunen. Sansibar ist zudem von kleinen, meist menschenleeren Inseln und einladenden weißen Sandbänken umgeben, bunte **Korallenriffe** mit exotischen Fischarten animieren zum Tauchen und Schnorcheln, in den Inselgewässern vergnügen sich Hunderte von verspielten **Delfinen.** Je nach Jahreszeit ziehen sogar große Gruppen von Walen und Riesenmantas vorbei.

Ein Aufenthalt auf Sansibar in Verbindung mit einer Safari durch die nördlichen Nationalparks, einer Besteigung des Kilimanjaro, einer Eisenbahnfahrt durch die Weiten des zentraltansanischen Plateaus und einer Schifffahrt auf dem langen Tanganyika-See bildet wahrscheinlich eine unvergessliche und die vielseitigste Reise, die Sie in einem afrikanischen Staat erleben können! Doch allein für Sansibar sollten Sie mehrere Tage einplanen, denn es gibt viel zu entdecken, und die Strände am azurblauen Ozean lassen einen nicht mehr los!

Geografie

Der **Archipel Sansibar** nimmt eine Fläche von **4891 km²** ein. Er umschließt die Hauptinseln Sansibar (auch Unguja genannt) und Pemba sowie knapp 50 kleine Inseln und Halbinseln.

Sansibar und Pemba sind **Teil einer Korallenriffbarriere,** die sich über Hunderte Kilometer die Küste Ostafrikas entlangzieht. Beide Inseln bestehen aus einem korallenen Sockel, der sich im Zeitalter des Pleistozän vor etwa 10 bis 30 Millionen Jahren aus dem Ozean erhoben hat. Daher sind Sansibar (Unguja) und Pemba auch überwiegend flache Inseln, deren **höchste Erhebung – der Masingini-Höhenrücken** auf Sansibar – lediglich 130 m beträgt.

Die **Brandung an der Küste** ist aufgrund der vorgelagerten Riffe verhältnismäßig schwach, der Gezeitenhub beträgt rund 3 m. Dennoch gräbt sich der Ozean an einigen Stellen ins Landesinnere, und ganze Strandabschnitte verschwinden. Grund hierfür ist die Abholzung der Mangrovenwälder, die zuvor mit ihrem dichten Wurzelwerk das Watt und den vorgelagerten Strand „festhielten".

Karten Umschlag hinten, XI,D3

GESCHICHTE UND POLITIK

Unguja ist mit 3354 km² die größere der beiden Hauptinseln und liegt 37 km vom tansanischen Festland entfernt. Von Norden nach Süden misst die Insel 86 km, die durchschnittliche Breite liegt bei 28 km. Dem Journalisten und Forscher *Henry M. Stanley* erschien die Insel im 19. Jahrhundert **„wie eine grüne Schlange im Ozean".** Einzige Stadt und zugleich auch wichtigster Hafen ist die administrative Hauptstadt Zanzibar Town.

Geschichte und Politik

Am Anfang bestimmten die Winde ...

... die wechselvolle Geschichte Sansibars. Schon vor unserer Zeitrechnung brachten die **Monsunwinde** die ersten Dhaus (einmastige Holzsegelboote) über das Meer an die Küste Ostafrikas, vor allem zwischen Oktober und März, wenn die aus Nordosten wehende Brise **kazkazi** ihren zuverlässigen Druck auf die Segel ausübt(e) und die Dhaus von Arabien und Persien vorbei am Horn von Somalia bis nach Sansibar trieb. In entgegengesetzter Richtung war in den sechs Monaten danach der Südwest-Wind **kuzi** für die Rückfahrt verantwortlich. Über 2000 Jahre lang vertrauten die Händler auf das naturgegebene „Windleitsystem". Die ersten Nutznießer dieser „Trade Winds" waren

Traumstrand auf Sansibar

Sumerer, Phönizier, Assyrer, Araber, Perser, Inder und sogar Chinesen. Sie brachten Porzellan, Seide und Gewürze an die ostafrikanische Küste und fuhren mit Ambra, Elfenbein, Gold und Edelsteinen beladen wieder nach Hause.

Im **7. Jahrhundert,** nach dem Tod des Propheten Mohammed, zerbrach der Islam in die Glaubensgemeinschaften der **Sunniten** und **Schiiten.** Wanderungsbewegungen von Sunniten, speziell aus Persien, begannen in Richtung der afrikanischen Ostküste. *Hasan bin Ali,* ein Prinz aus Shiraz, ließ sich samt Hof und Söhnen an Orten wie Mombasa, Pemba und Kilwa nieder.

Bis zum **12. Jahrhundert** entwickelten sich Handelsposten von Somalia bis Mosambik und weiter über die Komoren nach Madagaskar. Die Inseln Ostafrikas waren in jener Zeit besonders attraktiv, ihre vom Festland abgesetzte Lage machte sie überschaubar und gewährte Sicherheit vor dem dunklen, unbekannten Hinterland.

Die wahrscheinlich ersten permanenten Siedlungen von **Shirazis** auf der nur von wenigen Menschen bewohnten Insel Sansibar entstanden im 7. Jahrhundert bei Unguja Ukuu und etwas später auf der Insel Tumbatu sowie im Süden bei Kizimkazi Dimbani. Die Shirazis waren **Schafiiten,** eine Glaubensgemeinschaft im sunnitischen Islam, und übertrugen ihre Religion auf die Inseln. Sie vermischten sich mit der einheimischen Bevölkerung, wie schon in den Jahrhunderten davor die verschiedenen Bantuvölker mit Arabern, Indonesiern und jemenitischen Kushiten. Die Jemeniten, vom Königreich Saba, betrieben bereits

Sansibar, Pemba, Mafia

in den ersten zwei Jahrhunderten Handel mit der ostafrikanischen Küste.

Die **Vormachtstellung der Shirazis auf Sansibar** festigte sich und hatte auch angesichts der allmählich zuziehenden Araber Bestand. Sansibar und die anderen Orte an der afrikanischen Küste, vor allem Kilwa, waren fester Bestandteil des Handelssystems im Indischen Ozean geworden. Aus Dabhol, einem Handelsort an der westindischen Küste, kamen Messing und Baumwollstoffe sowie Seide und chinesisches Porzellan über die Seidenstraße aus dem Reich der Mitte. Aus Sofala (heute in Mosambik) und Kilwa wurde Gold geliefert, das zusammen mit Elfenbein und ersten Sklaven nach Arabien exportiert wurde. Ab dem 13. Jahrhundert prägte Sansibar seine eigenen Münzen, und die einfachen Lehmhäuser wichen den ersten festen Bauten aus Korallenstein und Mangrovenholz. **Tumbatu** entwickelte sich unter *Yusuf bin Aliawi* zum Hauptort des Archipels. Der Fund einer Münze aus dem 15. Jahrhundert, die Sultan *Mansur* aus dem heutigen Ägypten zeigt, deutet auf den weitreichenden Einfluss Tumbatus hin. Sansibar wurde zu einer festen Größe zwischen Kilwa und Asien.

Der europäischen Welt berichtete **Marco Polo** wahrscheinlich als erster von dem sagenhaften Reichtum einer sehr großen Insel namens Sansibar. „Ein Königreich mit Elefanten und großen Walen in seinen Gewässern", schrieb der Asienreisende 1295. Da er selbst nie da gewesen war, könnte sich die Beschreibung allerdings auch auf Madagaskar beziehen.

Die portugiesische Zeit (1505–1699)

Vasco da Gama umsegelte 1497 das Kap der Guten Hoffnung, besuchte Mombasa und Indien, und auf seinem Rückweg zwei Jahre später ankerten seine Schiffe vor der großen Insel, welche endgültig als das eigentliche Sansibar identifiziert wurde. Die Gastfreundschaft des **Herrscherclans Mwinyi Mkuu** kam den iberischen Seefahrern entgegen, denn sie benötigten für ihre Handelsflotten Versorgungsorte. In Sansibars Hafen errichteten sie ein Warenhaus, doch ihre friedliche Präsenz war nur von kurzer Dauer. Nachdem zuvor das ruhmreiche Kilwa gewaltsam unter portugiesische Herrschaft gefallen war, überfielen die Seefahrer im Auftrag ihres Königs 1505 auch Sansibar, versenkten zahlreiche Dhaus und zwangen die Herrscherfamilie, sich in den Dienst Portugals zu stellen, dessen Schiffe mit Proviant zu versorgen und ihren Schutz zu garantieren. Die Portugiesen setzten sich endgültig mit der Annexion von Pemba und Mombasa an der gesamten Ostküste Afrikas fest und kontrollierten die Handelsaktivitäten im Westen des Indischen Ozeans. Sie gingen brutal vor, brannten kleine Handelsorte auf Sansibar nieder, plünderten den Ort Pujini auf der Insel Pemba und versenkten Dhaus, die sich den geforderten Abgaben verweigerten. Auch Tumbatu verlor seine Stellung an den nun zentralen **Handelshafen „Sansibar"** an der Westküste der Insel.

Die Portugiesen bauten den Handel mit Gold und Elfenbein aus und verfrachteten zudem Edelhölzer, Kautschuk und Kopra (getrocknetes Kokosnussmark) zurück in ihre Heimat. Auf Sansibar bauten sie um 1600 ihre erste Kirche, an der Stelle, wo sich heute das omanische Fort befindet. Doch ihre militärische Präsenz war stärker auf Pemba ausgerichtet, wo sie bei Chake Chake im Jahr 1589 ein Fort errichteten.

Portugal trug nur wenig zur Entwicklung der Region bei, es nahm sich, was es kriegen konnte, und untermauerte seine Vormachtstellung mit dem 1595 erbauten Fort Jesus in Mombasa.

1650 fiel das ebenfalls portugiesisch besetzte arabische Muskat wieder unter omanische Herrschaft, und der Imam von Oman rüstete seine Schiffe, um sich abermals in den Handel mit Ostafrika einzuklinken. Die **Omanis** griffen portugiesische Stellungen an und nahmen Sansibar sowie Pemba in Besitz. Die Portugiesen wurden nach Mombasa verjagt. 1668 hatten die Omanis die Kontrolle über die Inseln und weite Teile der ostafrikanischen Küste gewonnen, nur Mombasa blieb noch in der Hand Portugals. Erst 1698/1699 gelang es Oman mit Hilfe der Küstenbewohner, auch die letzte iberische Bastion zu nehmen und der 200-jährigen portugiesischen Hegemonie in Ostafrika ein Ende zu setzen. Nachdem die Portugiesen 1728 noch einmal versucht hatten, Sansibar und Mombasa in ihre Gewalt zu bringen, und schnell gescheitert waren, setzten sie sich schließlich im Gebiet südlich des Ruvuma-Flusses fest, aus dem die spätere Kolonie Mosambik hervorging, die bis 1972 von Lissabon aus regiert werden sollte.

Vom Oman zum Sultanat Sansibar

Mit Beginn des 18. Jahrhunderts herrschte Oman über den ostafrikanischen Küstenstreifen samt seinen Inseln. In Sansibar wurde 1701 ein Fort an der Stelle der portugiesischen Kirche errichtet, der Sklavenhandel wurde weiter ausgebaut. Versklavte Afrikaner wurden für die Dattelpalmenplantagen im omanischen Reich benötigt. Jedoch behinderten ab 1718 Machtkämpfe in Oman die weitere Entwicklung Sansibars. Mitte des Jahrhunderts kam es

Gasse in Stone Town

Der Sklavenhandel –
das grausamste Kapitel in Sansibars Geschichte

Im 19. Jahrhundert besaß Sansibar den weltgrößten Sklavenmarkt. Insgesamt sollen arabische Sklavenhändler allein in jenem Jahrhundert mehr als drei Millionen Afrikaner versklavt haben. Als Sklavenlieferant – sogar nach Brasilien stachen Dhaus in See – machte sich Sansibar weltweit einen Namen, der bald zu einem Synonym für Reichtum auf Kosten der Menschen Afrikas wurde. Hinter den nüchternen, meist nur auf Schätzungen beruhenden Statistiken von britischen Konsuln und Seeoffizieren verbirgt sich das unbeschreibliche Leid eines ganzen Kontinents. In der zweiten Hälfte des 19. Jahrhunderts erreichten jährlich 15.000–20.000 Sklaven die Insel Sansibar, wovon etwa drei Viertel weiter nach Arabien, Persien und Nordwestindien verkauft wurden. Allein *Sayyid Said* benötigte ständig 4000 Sklaven auf seinen Plantagen. Die Zahl geknechteter Menschen, die arabischen und indischen Landbesitzern zur Verfügung stand, belief sich auf über 10.000. Zudem waren noch einige Tausend als Diener und Haussklaven tätig. Da ein Teil der Sklaven kontinuierlich an Erschöpfung, Unter-/Fehlernährung, Krankheiten oder Entzündungen aufgrund von Schlägen und Folterungen starb, musste ständig für „Nachschub" vom Festland gesorgt werden. Immer tiefer ins Hinterland mussten die Karawanen vordringen, um an neues „Menschenmaterial" zu gelangen, was einen erheblichen organisatorischen und finanziellen Aufwand erforderte (vgl. hierzu „Die zentrale Karawanenroute der Araber").

Bei den Streifzügen wurden nicht selten ganze Volksstämme versklavt und Dörfer komplett entvölkert. Kranke und alte Menschen wurden umgebracht und den Geiern und Hyänen überlassen. Die Sklaven wurden in Gruppen mit Stricken gefesselt und die Hände auf dem Rücken zusammengebunden, die Kräftigeren mussten nicht selten auch noch schwere Elefantenstoßzähne tragen. Frauen waren in der Regel am Hals durch ein Seil miteinander verkettet, dicht gefolgt von ihren Kindern.

Hatten die Sklaven die wochenlangen Fußmärsche zur Küste überlebt, stand ihnen noch die Überfahrt von Bagamoyo, Kilwa oder Pangani zur Insel bevor. 200 bis 400 Sklaven wurden in einem unbeschreiblichen „Menschentreiben" in die Bäuche der bis zu 30 m langen Dhaus gezwungen. In verschiedenen Etagen, gerade mal 1 m hoch und durch ein Holzgerüst voneinander getrennt, mussten die geschundenen Menschen an- und übereinander eng zusammengekauert Platz nehmen. Viele starben aufgrund von Quetschungen und Brüchen, infolge von Atemnot oder wurden seekrank und erstickten in Erbrochenem. Diejenigen, die lebend auf Sansibar ankamen, brauchten oft einen ganzen Tag, um ihre angewinkelten, verbogenen Extremitäten wieder einigermaßen bewegen zu können.

Auf den öffentlichen Sklavenmärkten ließen schließlich die Händler ihre Ware in einer Reihe aufmarschieren, um sie meistbietend zu versteigern. Durchschnittlich kosteten in jener Zeit gesunde Männer 8 $ und Frauen 12 $. „Die Käufer prüften das Gebiß, hoben die Kleider hoch, um die Beine zu sehen, oder warfen auch dann und wann einen Stock, den der Sklave zurückholen musste, damit man seinen Gang beobachten konnte", berichtete empört der Gegner der Sklaverei *Livingstone* im Jahre 1866.

Nach dem vom Britischen Empire 1873 erteilten Verbot der Sklaverei ging der Handel jedoch illegal weiter. Vornehmlich nachts und in völlig überladenen Dhaus schleuste man weiter Sklaven vom Festland zur Insel, wo man sie in Verstecken unterbrachte, wie in den heute zu besichtigenden Mangapwani-Sklavenhöhlen im Nordwesten Sansibars. Tauchten dennoch britische Patrouillenschiffe auf, warf man die „Ladung" über Bord. Ein Großteil des illegalen Handels verlief auch durch das Küstenvorland der heutigen Staatsgebiete Kenia und Somalia, um die Verschiffung zur arabischen Halbinsel weiter nördlich vorzunehmen.

Der Sklavenhandel und die erste Phase der deutschen Kolonialzeit stellen mit Abstand die beiden dunkelsten Kapitel der tansanischen Geschichte dar. Die Gleichgültigkeit, mit der die Araber den Tod Zehntausender von Sklaven auf den Transportwegen in Kauf nahmen, beschrieb der Missionar *Waller*, ein Bekämpfer der Sklaverei, in einem treffenden Bild: „Es ist, als würden sie in der Hitze einen großen Eisblock nach London schicken. Der Großteil schmilzt auf dem Weg, aber was übrigbleibt, genügt ihren Bedürfnissen."

Tippu Tip, der berüchtigte Sklavenhändler

Der „erfolgreichste" aller arabischen Sklavenhändler des 19. Jahrhunderts war **Hamed bin Juma el Mujerbi.** Bekannt war er jedoch als „Tippu Tip", da seine zuckenden Augen dem Blinzeln eines afrikanischen Sperlingsvogels ähnelten, der „tiptip" genannt wurde.

Geboren um 1838 auf Sansibar, wuchs Tippu Tip mit der Sklaverei auf. Von seinem Vater, einem Beauftragten des Sultans in Tabora, den er als Junge auf Karawanen ins Landesinnere begleiten durfte, bekam er Einblick in die „Gesetze" des Sklavenhandels. Seine Mutter war wahrscheinlich eine Afrikanerin aus dem Volk der Nyamwezi (zentrales Tansania). Schon früh hatte Tippu Tip dadurch eine Vorstellung von der Bedeutung afrikanischer Verwandtschaftsverhältnisse, was er später zu nutzen verstand.

Es gelang ihm, den Tanganyika-See zu überqueren und sich im oberen Kongo festzusetzen, wo er sich schnell einen Ruf als gerissener Händler erwarb. Er gab sich als Enkel einer kongolesischen Prinzessin aus, die an die Küste als Sklavin gebracht wurde. Damit beanspruchte er den Status als rechtmäßiger Herrscher im Gebiet von Kassongo. Er erhielt den königlichen Tribut, bekam von jedem getöteten Elefanten in seinem Gebiet einen Stoßzahn als Abgabe, und durch Freundschaftsbündnisse mit benachbarten Häuptlingen, deren Interessen er auch gegen andere Araber vertrat, festigte er seine Ausnahmestellung.

Tippu Tip, der berüchtigte Sklavenhändler

Über zwölf Jahre hielt sich Tippu Tip im Kongo auf, wo er sich stets von den anderen Arabern fernhielt, die in Nyangwe residierten, dem damals westlichsten Endpunkt der Sklaven- und Elfenbein-Karawanen im Kongo.

Den absoluten Ruhm erlangte er mit seinem siegreichen Kampf gegen das damals reichste Herrscherreich des als unbesiegbar geltenden, despotischen Häuptlings *Samu*, der halb Kongo in seiner Gewalt hatte. Auch gegen den mächtigen Sigara-Herrscher *Mirambo*, der um 1873 den Karawanenhandel der Araber im Gebiet von Tabora für ein paar Jahre stilllegte, konnte sich Tippu Tip behaupten. Zwischen ihnen, so wurde berichtet, gab es eine interne Vereinbarung.

Tippu Tip war bald in ganz Ost- und Äquatorialafrika gefürchtet und geachtet zugleich. Forscher und Reisende waren stets von seiner weitreichenden Macht und dem Schutz, den er ihnen auf ihren Expeditionen gewährte, tief beeindruckt. Der Journalist *Stanley*, auf der Suche nach dem verschollenen *Livingstone*, schrieb nach einer Begegnung mit dem „wohlhabenden arabischen Ehrenmann": „Er war ein großer, schwarzbärtiger Mann mit sehr dunkler Hautfarbe, im besten Mannesalter und rasch in seinen Bewegungen, ein Bild von Energie und Kraft. Er hatte ein schönes, intelligentes Gesicht, seine Augen zuckten nervös, die vollendet geformten Zähne blitzten weiß ... er war der bedeutendste Mann, den ich unter Arabern angetroffen hatte. Seine Kleider waren fleckenlos weiß, sein Fes ganz neu, sein Dolch war mit prächtiger, silberner Filigranarbeit verziert ...".

Seinem Ruhm folgten verlockende Angebote: Der belgische König *Leopold II.* wollte Tippu Tip zum Gouverneur im oberen Kongo machen, nachdem seine Afrika-Gesellschaft große Gebiete errungen und die Araber zunehmend vertrieben hatte. Doch auch Sultan *Bargash* und der englische Konsul waren Tippu Tip wohl gesonnen: Der Sultan schlug ihm den Statthalterposten in Tabora vor, weil er durch Tippu Tips territoriale Ansprüche seine eigenen erweitern konnte, der Konsul war ihm dankbar für die Hilfe, die er Reisenden zukommen ließ. In Europäerkreisen hatte sich Tippu Tip, trotz seiner menschenverachtenden Arbeit, höchstes Ansehen durch sein Auftreten als Gentleman erworben.

Doch erschöpft von den kriegerischen Auseinandersetzungen und in seinen Handelsaktivitäten zunehmend eingeschränkt durch die Sanktionen im Sklavengeschäft, zog er es um 1890 vor, sich nach über dreißig Jahren im Elfenbein- und Sklavenhandel auf Sansibar zurückzuziehen und das Festland dem europäischen Treiben zu überlassen.

Er lebte bis zu seinem Tode am 13. Juni 1905 in der Stone Town, wo sein Haus noch heute an der Suicide Alley zu sehen ist. Die Lebensspanne Tippu Tips umfasste den Höhepunkt arabischer Macht in Afrika und ihren Niedergang.

schließlich im Oman zum Machtwechsel, die *Yarubi-Dynastie* wurde von der neuen und bis heute andauernden *Al-Busaidi-Familie* abgelöst, was zu Sezessionen innerhalb des Sultanats führte. Ein Umstand, der auch die Abspaltung Mombasas nach sich zog, das fortan unter der Herrscherfamilie der *Mazrui* stand. Diese nahm 1753 auch Sansibar in ihre Gewalt, doch führten Konflikte innerhalb der Familie und der Tod ihres Fürsten *Mohammed bin al Mazrui* dazu, dass man sich kurze Zeit später wieder nach Mombasa zurückzog.

Mittlerweile verdingte sich Sansibar als Lieferant für den französischen Sklavenhandel im Süden des Indischen Ozeans (Mauritius und La Réunion). Um die Insel nicht an die Franzosen oder Niederländer zu verlieren, bauten die omanischen Herrscher ihre Stellung in Sansibar weiter aus. Die Sklaverei boomte, und der Handel mit Elfenbein und Nasenhorn stieß in immer größere Dimensionen.

1804 bestieg **Sayyid Said** den omanischen Thron (bis 1821 mit seinem Bruder als Mitregent). Unter seiner Herrschaft wurden die Mazrui in Mombasa besiegt, die sich zwischenzeitlich auch auf Pemba festgesetzt hatten. Das gesamte ostafrikanische Küstengebiet stand fortan unter omanischer Herrschaft. Die friedliche Lage ermutigte weitere arabische Händler zu wirtschaftlichem Engagement auf Sansibar. In den ersten Jahrzehnten des 19. Jahrhunderts wurden die **Nelkenbäume** von Mauritius eingeführt, die Inselwälder gerodet und großflächige Plantagen angelegt. Hierfür waren billige Arbeitskräfte nötig, was den ohnehin schon blühenden Sklavenhandel zusätzlich förderte. Karawanen von den Orten an der gegenüberliegenden Festlandsküste (Pangani, Saadani, Bagamoyo usw.) zogen immer weiter landeinwärts, große Handelsposten wie Kazeh (heute Tabora) und Ujiji am Tanganyika-See entstanden, um neue Gebiete für die Eintreibung von Sklaven zu erschließen (vgl. auch „Die zentrale Karawanenroute der Araber").

Die wirtschaftliche Sonderstellung der Insel im Handelssystem des Indischen Ozeans war für *Sayyid Said* Anlass, **Sansibar** zur **neuen Hauptstadt des omanischen Sultanats** zu erklären. Er ließ sich einen Palast bauen und übergab seinem Sohn *Thuwaini* die Vollmacht, die Geschicke in Muskat zu lenken. Arabien blieb weiterhin der Hauptabnehmer für Rohstoffe und Sklaven. Die alteingesessene Herrscherfamilie *Mwinyi Mkuu* hatte auf Sansibar nur noch repräsentative Funktion für die lokale Swahili-Bevölkerung und residierte im Inselinneren bei Dunga, bis schließlich der letzte männliche Nachfolger 1873 verstarb, was das Ende dieser Königsfamilie bedeutete.

Mit Beginn des 19. Jahrhunderts mischte sich **England** ins Konzert der Mächte ein. England hatte dem Sultan einen Vertrag („Moresby Treaty") abtrotzen können, nachdem der Sklavenexport zu den französischen Inseln im Süden und an die portugiesischen Handelsposten entlang der westindischen Küste verboten worden war. *Sayyid Said* hatte in den Vertrag eingewilligt, da er zum einen den Kontakt zu England pfle-

GESCHICHTE UND POLITIK

gen wollte und weil zum anderen die militärische Präsenz der Briten in den Gewässern für Sicherheit sorgte. Der Sultan selbst hatte keine großen Streitkräfte, sein Machteinfluss konzentrierte sich vornehmlich auf die Inseln und den Handelsverkehr, welcher sich bis nach Europa und in die USA erstreckte. Sansibars **Stellung auf dem damaligen Weltmarkt** war für das östliche Afrika **einzigartig.** Die Vereinigten Staaten eröffneten 1837 als erster Staat ein Konsulat auf Sansibar, gefolgt 1841 von Britannien und drei Jahre später von Frankreich. Schließlich folgten Belgier und Holländer, und auch deutsche Handelsfirmen errichteten ihre Filialen auf der Insel. 1859 entstand das erste hanseatische Konsulat. Die bereits von großen Steingebäuden geprägte Stadt wurde weiter mit mehrstöckigen Häusern nach arabischem und später auch viktorianischem Vorbild ausgebaut.

Nach dem Tod von *Sayyid Said* 1856 folgten Erbfolgestreitigkeiten, die den Zerfall in zwei getrennte Sultanate zur Folge hatten. **Sansibar wurde eigenständiges Sultanat,** *Sayyid Saids* vierter Sohn **Majid bin Said** übernahm die Nachfolge. Getrennt von Muskat, das 1861 unter Sultan *Thuwaini* (wieder) alleinige Haupstadt des Sultanats Oman wurde, steuerte Sansibar seinem wirtschaftlichen Höhepunkt zu, besonders nachdem der Suezkanal 1869 fertig gestellt worden war.

Doch England setzte dem Sklavenhandel, den man schon 1772 im Atlantik weitgehend beenden konnte, weiter zu. Der Handel mit Menschen sollte sich nur auf das Sultanatsgebiet entlang

der Küste beschränken und damit Lieferungen nach Arabien ausschließen. Doch die Kontrolle war mehr als nur lückenhaft, die Anzahl der britischen Schiffe reichte nicht aus, um die vollgeladenen Sklaven-Dhaus auf ihrem Weg in den Orient zu stoppen.

1873 schließlich konnten die Engländer dem Sklavenhandel auf Sansibar und der Verschiffung vom Festland aus ein erstes offizielles Ende bereiten. Dies war möglich geworden, da der seit 1870 regierende **Sultan Barghash** nicht mehr die Macht seines Vorgängers besaß und die Nelkenplantagen großflächig von einem Orkansturm verwüstet und so die Nachfrage nach Sklaven stark reduziert worden war.

Viele reiche Händler der arabischen Oberschicht verloren mit dem **Sklavenverbot** ihren wichtigsten „Rohstoff" und mussten zwangsläufig umdenken. Zwar waren die Nelkenbäume auf Pemba größtenteils verschont geblieben, doch sank auch zunehmend der Preis für die duftende Blütenknospe. So begann man, sich auf die Gewinnung von Kokos- und Sesamöl für den französischen Markt zu konzentrieren, und auch Zuckerrohr- und Kautschukplantagen wurden errichtet. Zunehmend kamen bezahlte Feldarbeiter neben den noch tätigen Plantagensklaven zum Einsatz. Die Sklaverei sollte auf den Inseln aber erst 1897 endgültig zu Ende sein.

Britisches Protektorat ab 1890

Zum Ende des 19. Jahrhunderts pflegte Großbritannien eine enge Beziehung zu Sultan *Barghash*. Eine Telegrafenleitung über Aden nach Europa wurde errichtet, und *Barghash* folgte einer Einladung nach England, von wo er sehr angetan wieder zurückkehrte, mit der Folge, dass er Stone Town eine Sanierung zukommen ließ.

Zusammen mit Deutschland als neuem Akteur in der Kolonialpolitik wahrte England seinen Einfluss auf das Sultanat und erreichte durch geschickte Verhandlungen, dass Berlin dem 1890 vorgeschlagenen **Sansibar-Helgoland-Vertrag** zustimmte (vgl. „Land und Leute/Geschichte"). Zuvor hatten sich beide Nationen über die Aufteilung des Festlandes geeinigt, nachdem deutsche Kriegsschiffe ihre Kanonen im Hafen von Sansibar auf den Palast des Sultans gerichtet hatten, um ihre Gebietsansprüche am gegenüberliegenden Küstenstreifen zu untermauern. Als Entschädigung bekam der Sultan schließlich 4 Millionen Reichsmark. *Barghash* starb 1888 nach einer Seereise nach Muskat, sein Bruder *Khalifa bin Said* wurde sein Nachfolger, er starb aber schon ein Jahr später. Der letzte Bruder *Ali bin Said* übernahm das Sultanat.

Die Briten festigten ihre Stellung in Ostafrika mit Mombasa als expandierendem Zentrum ihrer Aktivitäten. Mit dem Ende der Sklaverei kam für Sansibar die Ernüchterung: Reichtum, Macht und Ansehen verblassten. Am 1. Juli 1890 wurde Sansibar zum britischen Protektorat erklärt.

Das **Sterben der Sultane** ging indes weiter. 1893 starb der letzte Sultan der Said-Linie, sein Nachfolger, *Hamad bin Thuwaini*, war der Enkel von *Sayyid Said*. Er wurde von den Briten auserwählt, starb aber nach drei Jahren unverhofft an einer Malariaerkrankung. Der seinerzeit abwesende britische Konsul gab Befehl, den Cousin *Hamud* als neuen Sultan zu ernennen. Doch bevor dieser benachrichtigt werden konnte, stürmte der andere Cousin **Khaled bin Barghash** am 25. August 1896 mit 2000 Anhängern den Palast und verbarrikadierte sämtliche Fenster und Türen. *Khaled* ernannte sich zum rechtmäßigen Nachfolger und hisste die rote Flagge des Sultans.

Die Briten mobilisierten ihre Schiffe und reihten sie im Morgengrauen des 27. August vor der Front des Palastes auf. Man stellte *Khaled* ein Ultimatum, nach dem er sich bis 9 Uhr zu ergeben hatte. Der offensichtlich eingeschüchterte *Khaled* entsandte einen Boten mit dem Angebot, einen Kompromiss auszuhandeln. Doch der durch und durch britische Vizekonsul ließ nicht mit sich reden. Als der große Zeiger der Palastuhr auf zwei Minuten nach neun stand, gab er den Befehl zum Eröffnen des Kanonenfeuers. Nach vierzigminütigem Beschuss war der Palast fast völlig zerstört. Viele von *Khaleds* Anhängern suchten das Weite, über 500 wurden unter den Trümmern begraben. *Khaled* selbst konnte in den Gassen entkommen und ging hinter dem deutschen Konsulat an Bord des Marinedampfers „Seeadler". Der deutsche Kapitän zeigte sich von dem britischen Schauspiel „amüsiert", übergab *Khaled* aber nicht den britischen Behörden, sehr zum Ärger des britischen Vize-Konsuls. *Khaled* bekam in Dar es Salaam Asyl. Die Auseinandersetzung vom Vormittag des 27.

August 1886 wird heute, aus welchem Grund auch immer, im Guiness-Buch der Rekorde als der **„kürzeste Krieg der Weltgeschichte"** gewertet.

Die letzten Jahre der Sultanatszeit

Sansibar blieb im 1. Weltkrieg von Kämpfen verschont, Deutschland und England bekriegten sich hauptsächlich auf dem Festland. Nur einmal tauchte der Kreuzer „Königsberg" (vgl. entsprechenden Exkurs) vor dem Hafen Sansibars auf und versenkte das britische Schiff „Pegasus". Die Gräber der britischen Besatzungsmitglieder sind heute noch auf Grave Island zu sehen.

Die Wirtschaft von Sansibar und Pemba geriet in eine starke **Rezession.** Die Haltung von Slaven war 1898 endgültig verboten worden, die Nelken-Monokultur auf Pemba hatte sogar zu Versorgungsengpässen geführt, so dass ein Großteil der Lebensmittel vom Festland importiert werden musste.

Die Briten investierten auf Sansibar nur wenig, das Festland war zu einem wesentlich ertragreicheren Wirtschaftsstandort geworden, mit Mombasa, Dar es Salaam und zunehmend auch Nairobi als den neuen Zentren Ostafrikas.

Auf Sansibar war die wirtschaftliche Macht in einer immer kleiner werdenden arabisch-indischen Oberschicht konzentriert, die wachsende afrikanische Inselbevölkerung wurde vom Sultanat bewusst niedergehalten.

Mit britischer Unterstützung wurde in den 1950er Jahren das politische Bewusstsein in der Bevölkerung gefördert.

Es entstanden zwei **Parteien,** die **ASP (Afro-Shirazi-Party)** und die arabische **ZNP (Zanzibar Nationalist Party).** Mit dem jungen Sultan *Abdullah bin Khalifa,* Sohn des zuvor 49 Jahre regierenden Sultan *Khalifa,* änderten die Briten 1961 die Verfassung und ließen die Wahlen zu einer Parlamentsversammlung zu, in der die ZNP knapp die Mehrheit erreichte. 1963 starb Sultan Abdullah an den Folgen einer Beinamputation, sein ältester Sohn *Jamshid* übernahm den mittlerweile einflusslosen Repräsentativposten des Sultans. Den bedeutungslosen Machtwechsel nutzten die Briten und gewährten Sansibar und Pemba am **10. Dezember 1963** die **Unabhängigkeit.** Die Inseln wurden Mitglieder des Commonwealth.

Von der Revolution 1964 bis in die Gegenwart

In der afrikanischen Bevölkerung hatte sich über die Jahre ein gefährlicher Unmut aufgestaut, der auch durch die Unabhängigkeit nicht gemildert wurde. Zudem stieß das nicht mehr zeitgemäße Feudalsystem des Sultanats bei der politisch geschulten Elite afrikanischer Intellektueller auf große Ablehnung. In der Nacht zum **12. Januar 1964** kam es dann zum **Aufstand** der unterdrückten Inselbewohner. In einem blutigen Massaker wurde ein Großteil der arabischen Oberschicht niedergemetzelt, insgesamt sollen etwa 17.000

Blick über Stone Town

Araber und Inder den Tod gefunden haben. Der Führer der ASP, **Sheik Abied Amani Karume,** wurde zum Präsidenten der „Volksrepublik Sansibar und Pemba" ausgerufen. Araber und Asiaten, die die blutige Revolution überlebt hatten, flohen zum Festland, viele gingen auch zurück in den Orient. Ihre Häuser und Landbesitze wurden „nationalisiert". Sultan *Jamshid* erhielt Asyl in Dar es Salaam und später in England, wo er heute noch lebt.

Nyerere, der Präsident des ebenfalls unabhängig gewordenen Festlands („Tanganyika"), strebte den Zusammenschluss mit Sansibar an. *Karume* willigte ein, und so entstand am **26. April 1964** der **gemeinsame Staat „Tanzania"** (**Tan**ganyika + **Zan**zibar + A**zania**; Azania war die frühe griechische Bezeichnung für die Festlandsküste). *Karume* wurde tansanischer Vizepräsident, Sansibar behielt weiterhin eine relativ unabhängige Stellung im **Staatenbündnis:** weitreichende innenpolitische Kompetenzen, eine eigene Industrie und Landwirtschaft, ein separates Bankenwesen und Gestaltungsfreiheiten im Kultur- und Tourismussektor. Bündniskompetenzen sind die Verteidigungs- und Außenpolitik, gemeinsame Zollbestimmungen und die höhere Bildung.

Unter *Karume* folgten Jahre einer **sozialistischen Diktatur.** Die Nelkenproduktion wurde angekurbelt und trug wieder in großem Maße die Wirtschaft

der Inseln. Um die Lücke der geflohenen arabischen und indischen Investoren zu füllen, stützte sich *Karume* auf die Entwicklungshilfe des Ostblocks. Die DDR legte im Osten von Stone Town ein großzügiges Straßennetz an und baute fürs Volk fragwürdige Wohnblocks, welche an Plattenbauten in Braunswerda erinnnern – die „Michenzani Flats".

Karume wurde 1972 ermordet, sein Nachfolger **Aboud Jumbe Mwinyi** stand *Nyerere* und dessen Festlandspolitik näher. Es kam zum Parteienzusammenschluss zwischen Festland und Inseln, Ergebnis war die **Einheitspartei Chama Cha Mapinduzi, CCM** („Partei der Revolution"). Doch die **sozialistische Misswirtschaft** *Nyereres* führte auch auf Sansibar in eine Sackgasse. Durch den rapiden Verfall des Nelkenpreises auf dem Weltmarkt brach die Inselwirtschaft in den 1980er Jahren völlig zusammen. Zudem führten die extrem niedrig gehaltenen Preise für landwirtschaftliche Erzeugnisse auf den Inseln dazu, dass Bauern nur noch das anpflanzten, was sie selbst brauchten.

Die Lage besserte sich erst ab 1984 unter dem dritten Präsidenten der Inseln, **Ali Hassan Mwinyi,** der ein Jahr später die Nachfolge *Nyereres* als gesamttansanischer Präsident antrat. Unter seiner Regierung wurde der Weg in die **Marktwirtschaft** eingeschlagen, wobei vor allem seit Anfang der 1990er Jahre lukrative Investitionsbedingungen für den Tourismus geschaffen wurden, der sich mittlerweile zum größten Devisenbringer entwickelt hat (zusammen mit dem Export von Nelken).

In der **Politik** ist seit 1995 ein **Mehrparteiensystem** zugelassen. Der Chama Cha Mapinduzi steht seitdem die arabisch-islamisch geprägte **CUF-Partei (Civic United Front)** gegenüber, die besonders auf Pemba die Mehrheit bildet und für mehr Selbstbestimmung plädiert, Hardliner fordern sogar die Unabhängigkeit vom Festland. Besonders auf Pemba fühlt man sich hintergangen: Der knappe Wahlsieg der CCM auf Sansibar 2000 kam nur zustande, weil die CUF-Partei wegen angeblichen Wahlbetrugs seitens der CCM den zweiten Wahlgang boykottierte, die Wahl insgesamt jedoch anerkannt wurde. Die Einheitsbefürworter der CCM-Partei kamen somit erneut an die Regierung. Seither ist der Sohn von *Karume* Präsident der Inseln. Auch bei seiner Wiederwahl im Dezember 2005 gab es erneut Demonstrationen und vereinzelt blutige Vorfälle. Die Situation eskalierte jedoch nicht wie bei den Vorwahlen, was auch mit der gestiegenen Popularität *Karumes* zusammenhängt. Dennoch ist die Union zwischen Festland und Inseln noch immer eine der großen ungelösten Fragen. Die Hoffnungen – zumindest die sansibarischen – zur Lösung des Zwists liegen beim gesamt-tansanischen Präsidenten *Kikwete,* der als bekennender Muslim von der Küste nicht nur viele Unterstützer bei der Opposition hat, sondern als charismatisches Oberhaupt das nötige Verständnis für die Sachlage mitbringt.

Bevölkerung

Der tansanische Teilstaat Sansibar hat etwa 800.000 Einwohner, davon leben auf der Insel **Unguja (Sansibar)** mittlerweile über **500.000 Menschen,** auf Pemba etwa 300.000.

Die „Sansibaris", ein Volk mit tausend Wurzeln

Die Bewohner der Küste und der Inseln vom Süden Somalias bis in den Norden von Mosambik werden als **Swahili** bezeichnet. Der Begriff leitet sich vom arabischen *sahil* (= Küste) ab. Die Swahili stellen ein vielschichtiges Mischvolk dar, sind aber nicht als eine eigene Ethnie zu sehen.

Die Wurzeln der Swahili reichen Jahrhunderte zurück. Die ursprüngliche Bevölkerung an der Küste setzt(e) sich aus **Bantu-Völkern** zusammen, eingewandert aus nordwestlicher Richtung. Diese standen schon früh in Kontakt mit Händlern aus dem Vorderen Orient. Besonders ab dem 10. Jahrhundert, als sich vermehrt **Shirazi aus Persien** an der Küste niederließen und Handelsorte errichteten, begann sich die **Kultur der Swahili** zu entwickeln – aus der Prägung durch den islamischen Glauben und aufgrund des persischen und arabischen Spracheinflusses. Sagen berichten auch von einer Gruppe namens Debuli, welche auf beiden Inseln gelebt haben und ursprünglich aus Indien gekommen sein soll. Der Name soll sich von dem alten indischen Seefahrerort Dabhol ableiten.

Besonders der wachsende Handel mit Arabien formte letztendlich die Swahili-Kultur in ihrer heutigen Form. Die Araber brachten ihre Lebensart mit, ihre Kleidung und errichteten Bauten aus Stein und Muschelkalk. Und ihr Einfluss formte die **Handelssprache Swahili,** eine von den Wurzeln her bantunoide Sprache, deren Wortschatz sich aus vielen Begriffen aus dem Arabischen zusammensetzt.

Später, im Rahmen des ostafrikanischen Sklavenhandels, kamen Menschen unterschiedlichster Völker hinzu und vermischten sich ebenfalls nach Freilassung aus ihren Knechtschaftsverhältnissen mit dem stets wachsenden multikulturellen Volk an der Küste. Dabei haben sich viele Untergruppen herausgebildet, die sich nach ihrer Herkunft oder ihrem Clan bezeichneten. Im Süden der Insel Sansibar überwiegt die Swahili-Gruppe der **Hadimu,** auch Unguja genannt, während sich die Bevölkerung im Norden von Sansibar als **Tumbatu** verstehen. Hier stand besonders der Bevölkerungsteil der Insel Tumabatu, aber auch der von Pemba stärker unter persischem Einfluss, weshalb sich viele Tumbatu und **Pemba** (die Bewohner Pembas) auch als **Shirazi** bezeichneten, nach den persischen Zuwanderern aus dem Gebiet Shiraz in Persien. Die Gruppen Sansibars, die Hadimu und Tumbatu, unterscheiden sich heute aus ethnologischer Sicht jedoch kaum noch, auch wenn ihre Vorfahren zum Teil Sklaven waren und die Wurzeln in den unterschiedlichsten Gebieten Ostafrikas liegen. Der Großteil der Bevölkerung sieht sich zunehmend

BEVÖLKERUNG

einfach als **Sansibari.** Auch sprechen alle nur noch Swahili. Eine ursprüngliche Stammessprache, wie es sie bei fast allen Völkern auf dem Festland gibt, existiert auf dem Archipel Sansibar nicht mehr. Nur einige ältere Sansibari beherrschen noch ein rudimentäres Arabisch.

Zeitgleich mit der zweiten großen Welle von Arabern, **Mitte des 19. Jahrhunderts,** kamen auch vermehrt Asiaten nach Sansibar, vornehmlich vom indischen Subkontinent, aus Bombay, Surat, dem Kutch, Goa und anderen Regionen. Doch **Inder** kamen in erster Linie, um Handel zu treiben, sie hatten zunächst wenig Ambitionen, sich fest niederzulassen. Die, die blieben, vermischten sich kaum mit den Swahili, ein Verhalten, das sich bis heute weitestgehend fortgesetzt hat, speziell auf Sansibar und in Dar es Salaam, und das zum Teil noch mit dem indischen Kastenwesen zusammenhängt. Indische Geschäftsleute beherrschten ab Ende des 19. Jahrhunderts bis zur Unabhängigkeitsrevolution die Wirtschaft auf Sansibar. Dennoch verstanden sie sich selten als Swahili, sondern als **„Zanzibari of Indian Origin".** Swahili war für sie meist gleichbedeutend – und damit als abwertend empfunden – mit *african.* Auch als Sansibar schließlich ein arabisches Sultanat war, verfügten die Araber neben der Macht meist nur über den Besitz von großflächigen Plantagen. Das **wirtschaftliche Rückgrat von Sansibar** bildeten zunehmend indische Investoren, bei welchen die nach außen hin reichen arabischen Geschäftsmänner oft hoch verschuldet waren. Zwar

blieben Inder im Hintergrund des politischen Geschehens, in Handel und Alltag führte jedoch kein Weg an ihnen vorbei. Doch eine Assimilierung mit der Mischkultur der Swahili hat bis heute kaum stattgefunden. Die etwa **5000 Inder in Zanzibar Town** sehen in Sansibar zwar ihre Heimat und besitzen einen tansanischen Pass, halten aber Distanz zu den „afrikanischen" Bewohnern der Inseln. Ein Verhalten, welches vielen Indern während der blutigen Revolution von 1964 den Kopf kostete. Doch weiterhin sind sie der Motor der sansibarischen Wirtschaft. Das erklärt auch, warum die Regierung die während der Revolution ins Exil (u.a. Oman) geflohenen Inder wieder aufforderte, an die alte Wirkungsstätte zurückzukehren.

Viele moslemische wie hinduistische Inder halten noch an alten Traditionen fest, z.B. an dem Usus, dass die Eltern die Ehepartner aussuchen. Auch die familiäre Hierarchie ist von alten Traditionen geprägt.

Kleidung

In Stone Town besonders augenfällig ist die traditionelle Kleidung der Sansibaris. Die moslemischen Frauen tragen die knöchellangen schwarzen **bui bui-Gewänder** und über Kopf und Schultern ein weißes Tuch mit feinen Stickereien. Ein anderes Kleidungsstück der Frauen sind die farbenfroh bedruckten **kanga-Tücher,** die als Wickelkleider getragen werden (siehe entsprechenden Exkurs).

Bei den Männern werden die langen, bis zu den Knien reichenden weißen

kanzu-Hemden zunehmend von europäischer Einheitskleidung abgelöst, wobei die kunstvoll verzierte **Kopfbedeckung kofia** weiterhin das islamische Glaubensbekenntnis zum Ausdruck bringt. Kofia sind mit kunstvollen Stickereien verziert und sprechen die verschiedenen Themen des Alltags an. Einige lassen sich auch namentlich unterscheiden, eine *kikuti* (Palmenblatt) beispielsweise drückt den Reichtum von Kokosnusspalmen aus, eine *kidema* weist auf den Fischerberuf ihres Trägers hin. Kofia können aber auch als kommunikatives Mittel eingesetzt werden. Sitzt die Kopfbedeckung schief und zeigt in Richtung eines Mitmenschen, wird dieser von oben herab betrachtet.

Die kofia dient jedoch nicht nur der religiösen Identität. Auch Christen an der Swahili-Küste tragen diese Hutform, als Symbol der Zugehörigkeit zur Region. Der verstorbene Landesvater und Christ *Julius Nyerere* trug in der Öffentlichkeit oft eine kofia.

Zum traditionellen Schuhwerk der Sansibaris gehören die lokalen, aus Leder gefertigten **Sandalen makubadhi.** Diese werden mit einer Paste aus Mangrovenrinde gefärbt und behaupten sich im Alltag gegen Schweiß produzierende Nike-Sportschuhe!

Religionen

Sansibar ist für seine religiöse **Toleranz** bekannt. Allein im überschaubaren Stone Town von Zanzibar Town stehen wie selbstverständlich nebeneinander insgesamt 48 Moscheen, vier hinduistische Tempel, zwei katholische Kathedralen sowie jeweils ein Tempel für Buddhisten und Anhänger des zoroastrischen Glaubens. So werden auch die verschiedenen Feiertage – die moslemischen Feste Eid el fitr und Eid el haj, das hinduistische Diwali, das christliche Oster- und Weihnachtsfest oder das ursprünglich persische Nau Rouz – von

Weder Schleier- noch Minipflicht!

In der sozialistischen Ära herrschten strenge Bekleidungsvorschriften auf Sansibar. Angemeldete und „erlaubte" Besucher wurden am Flughafen von einer Dame des Tanzania Tourist Bureau empfangen. Besucherinnen mit nur knielangen Röcken und kurzärmligen Blusen, die also nicht der islamischen „Kleiderordnung" entsprachen, mussten zunächst mit dem Taxi auf direktem Wege zum nächsten Stoffladen gefahren werden. Dort wurden dann auf Anweisung der im sozialistischen Staatsdienst tätigen Dame ein oder zwei Kanga-Tücher gekauft, die sich die Touristinnen um Beine und Schultern zu schwingen hatten, bevor die Besichtigungstour ihren Lauf nehmen konnte – auch die unter strenger Obhut des Gastlandes.

Auch wenn man heute bei der Ankunft nicht mehr vom Staatsdienst empfangen wird und strenge Bekleidungsvorschriften hinfällig sind, sehen es dennoch viele Sansibari nicht gern, insbesondere die streng islamisch geprägten Einwohner, wenn Ausländer in kurzen Röcken und Trägerhemden durch die Gassen flanieren. Man nehme also Rücksicht!

den „Zuschauern" der jeweils anderen Seite ganz selbstverständlich akzeptiert.

Die weitaus am stärksten vertretene Religion ist der **Islam** (mehr als 90%), hinzu kommen **Hinduismus** und **Christentum.** Auf Sansibar gibt sich der Islam sehr liberal und kosmopolitisch.

Für jeden Moslem haben die so genannten **„5 Säulen des Islam"** Geltung: 1. Es gibt nur einen Gott und Mohammed ist sein Gesandter; 2. das Verrichten des Gebets; 3. das Almosengeben; 4. die Pilgerfahrt nach Mekka (falls finanziell möglich); 5. das Fasten im Monat des Ramadan.

Weitere Informationen zu den Religionen stehen im entsprechenden Abschnitt des Kapitels „Land und Leute".

Flora und Fauna

Pflanzenwelt – Genuss-gewächse im Überfluss

Die Inseln Sansibars waren einst von dichten Urwäldern bedeckt, die jedoch von arabischen Landbesitzern für großflächig angelegte Nelken- und Kokospalmplantagen im 19. Jahrhundert gerodet wurden. Die letzten zusammenhängenden **Urwälder** sind die unter Naturschutz stehenden **Forstreservate Jozani Forest** (als Nationalpark geplant) und der **Kichwele Forest.** Arabische Plantagenbesitzer und einheimische Bauern rodeten und brannten weite Flächen der Wälder nieder, um die Inseln mit den von Mauritius eingeführten Nelkenbäumen und anderen Ge-

wächsen zu bepflanzen. Viele Tiere fielen der extensiven Bewirtschaftung zum Opfer.

Auch während der britischen Protektoratszeit wurden Holzkonzessionen für den Export vergeben. Mit dem Anstieg der Bevölkerung, speziell ab den 1970er Jahren, setzte sich die schonungslose **Abholzung** in der postkolonialen Zeit fort. Schätzungsweise 10 km² Waldfläche werden pro Jahr auf dem Archipel Sansibar gerodet. Die Aufforstungsbemühungen sind bisher zaghaft.

Auf Sansibar ist die gesamte westliche Inselhälfte mit **Agro-Baumbestand** bedeckt. Hier stehen – zum Teil bunt gemischt – Mango-, Papaya-, Kakao- und Nelkenbäume nebst Kokosnusspalmen und Bananenstauden. Andere Baumgewächse aus der Zeit, als Sansibar eine bedeutende Rolle im Welthandel spielte, sind Pfeffer, Chili, Kardamom, Guaven, Orangen und Granatäpfel. Auch Avocados, Litschis, Zitronen, Mandarinen, Ingwer, Zimt u.v.m. versüßen und würzen Alltag und Speisen auf der Insel, die nicht umsonst auch den Namen Unguja („Land der Fülle") trägt. Einheitliche Anbauflächen beschränken sich hauptsächlich auf den Norden, wo großflächige **Zuckerrohrplantagen und Reisfelder** angelegt sind. Des Weiteren werden von der Inselbevölkerung **Mais** und **Cassava** angebaut.

Einen deutlichen Kontrast bildet die Osthälfte der Insel, wo sich vereinzelte **Affenbrotbäume** (vgl. entsprechenden Exkurs) und Inseln von Palmen aus einem **Trockenbuschland** erheben, das von agrarisch nicht nutzbaren Korallen-kalk- und Sandböden geprägt ist.

Neben Palmen wachsen auch sehr viele **Kasuarinen-Bäume** in Strandnähe (z.B. Kendwa, Kiwengwa, Pongwe). Kasuarinen sind trotz ihres Aussehens keine Nadelbäume, denn die „Nadeln" sind kleine, miteinander verbundene schuppenförmige Blätter. Sie besitzen ein sehr hartes Holz.

Seegraswiesen kommen an reinen Sandküsten, bei Mangroven und Korallenriffen vor. Sie sind die einzigen Samenpflanzen, die vollständig untergetaucht im Meer leben und auch unter Wasser blühen. Sie sind ein wichtiger Aufwachsgrund für viele Meerestiere (Fische, Garnelen) und im Bereich von Mafia und Rufiji Heimat der bedrohten Seekühe, der Dugongs. Seegraswiesen sind reichlich an der Ostküste Sansibars zu finden (Bwejuu bis Jambiani).

Tierwelt

Die **Rodung** des natürlichen Waldbestandes und der Bevölkerungsanstieg haben Sansibars Tierwelt in Mitleidenschaft gezogen.

Großtiere, wie etwa Elefanten und Büffel, hat es wohl nie auf der Insel gegeben. Zahlreich, jedoch schwierig in freier Wildbahn zu beobachten, sind die kleinen Antilopenarten wie das **Moschusböckchen** (lat. *Nesotragus moschatus*, engl. *Suni*) und der **Blauducker** (lat. *Cephalophus monticola*, engl. *Blue Duiker*). Vom Aussterben bedroht sind die endemischen **Sansibar Rotducker** (lat. *Cephalophus adersi*, engl. *Ader's Duiker;* mehr hierzu siehe beim Chum-

be Island Coral Park), deren Lebensraum heute stark eingeengt ist.

Der kleinste Vertreter der Affenfamilie ist der **Sansibar Galago,** auch Nachtäffchen genannt (lat. *Galago zanzibaricus,* engl. *Lesser Bushbaby*). Die knapp 20 cm großen Nachtäffchen sind ausschließlich nachtaktiv und leben in Bäumen, wo sie sich u.a. von Insekten und Baumharzen ernähren. Ihren englischen Namen haben sie ihrem lauten, säuglingshaften Schreien zu verdanken. Auch der etwa doppelt so große **Große Galagos** (lat. *Otolemur garnetiti garnetiti*) ist auf den Inseln heimisch.

Eine auf Sansibar heimische Unterart der Blue Monkeys sind die **Sansibar Syke's Diademaffen** (lat. *Cercophitecus mitis albogularis*, im Deutschen oft auch Diadem-Meerkatzen genannt). Die bis zu 8 kg schweren Affen mit ihrem blaugrauen Fell und wulstigen, weißen Augenbrauen sind auf den großen Inseln weit verbreitet und bilden auf Sansibar eine eigene Unterart.

Lohnenswert ist der Besuch des Jozani Forest Reserve, wo die auf Sansibar geschützte endemische Affenart **Sansibar Rotkopf Guereza** ihren letzten Lebensraum hat (siehe Exkurs „Der Sansibar Rotkopf Guereza – eine bedrohte Affenart").

Des Weiteren zählt die Tierwelt Sansibar domestizierte Waldschweine, Mangusten und ein paar wenige **Afrikanische Zibetkatzen** (engl. *African Civet*). Auch die Javanesische Zibetkatze (lat. *Viverricula indica rasse*) ist auf Sansibar während der Nächte aktiv. Vermutlich wurden einst Vertreter dieser Art von asiatischen Seefahrern eingeführt.

FLORA UND FAUNA

Schließlich gibt es noch die Legende der so genannten **Sansibar-Leoparden.** Der Insel-Leopard, von dem man glaubt, dass er mittlerweile ausgestorben ist, soll etwas kleiner und kompakter gewesen sein als sein Verwandter auf dem Festland. Es wird erzählt, dass Leoparden noch in Gefangenschaft bei traditionellen Geistesheilern leben, wo sie bei Behandlungszeremonien in Szene gesetzt würden. Man hält dies jedoch für sehr unwahrscheinlich.

Riesen-Landschildkröten (lat. *Geochelone gigantia*), die von den Seychellen eingeführt wurden und zum Teil über 200 Jahre alt sind, sind auf Changu („Prison") Island und im Garten des Memorial Museum zu bewundern.

Was die Tierwelt an tropischen Stränden anbelangt, fallen insbesondere Krebse auf, deren Gänge unschwer an nahezu jedem Strand bis hoch in die Vegetationszone zu finden sind. Meist sind es **Geisterkrabben.** Sie kommen bevorzugt nachts oder am frühen Morgen aus ihren bis 1 m tiefen Höhlen. Mit ihrem Seitwärtsgang gehören sie zu den schnellsten wirbellosen Tieren. Ihre gestielten Augen können hervorragend sehen.

Zu den interessantesten Vertretern der Krebse gehören die sehr großen **Kokosnuss-Krabben** (lat. *Birgus latro*, engl. *Coconut crab*). Der Name der bis zu 60 cm großen und 4 kg schweren Landkrabben (die größten der Welt!) ist jedoch etwas irreführend. Lange Zeit ging man davon aus, dass die langsam und vorwärts laufenden Krabben Kokosnusspalmen hinaufklettern, um Kokosnüsse abzuzwacken. Forschungsergebnisse haben ergeben, dass die Krabben keine Palmenkletterer sind. Stattdessen sind sie nachtaktiv und suchen Nahrung in Korallen und Mangrovengebieten. Sie jagen kleinere Krabbenarten und haben eine Vorliebe für umherliegende Kokosnüsse. Ihr Bestand ist durch den Bevölkerungsanstieg an der ostafrikanischen Küste dezimiert worden. Aufgrund ihrer Nahrhaftigkeit und ihrer langsamen Gangart wurden sie lange Zeit von Fischern gefangen. Die Kokosnusskrabben stehen mittlerweile auf der Liste der bedrohten Tierarten und befinden sich unter strengem Schutz im Chumbe Island Coral Park.

Im flachen Wasser leben die meisten Tiere getarnt im Sand. Vor allem **Muscheln, Schnecken, Borstenwürmer, Krebse** und **Seesterne** bevölkern den Meeresgrund. Von den Muscheln erkennt man meist nur die Filteröffnungen, die aus der Sandoberfläche ragen.

Nur wenig ist über die **bedrohte Seekuhart Dugong** an der tansanischen Küste bekannt. Lebensraumzerstörung und der Tod in Fischernetzen dezimieren die Zahl dieser Säugetierart. Die tansanischen Behörden unternehmen nichts, um den letzten Bestand zu retten. Dugongs leben in seichten Gewässern und grasen als reine Vegetarier die Seegräser ab. Ein letzter, kaum überlebensfähiger Bestand wird im Rufiji Delta und im angrenzenden Mafia Marine Nationalpark vermutet.

Im **Natural History Museum** in Zanzibar Town können viele ausgestopfte und anderweitig konservierte Tierarten der Inselwelt betrachtet werden, von welchen viele bereits ausgestorben

Kokosnuss-Krabbe

sind. Auch gibt das Museum einen guten Überblick über die etwa **100 Vogelarten** des Archipels.

Der Indische Ozean – Sansibars Unterwasserparadies

Der westliche Indische Ozean zählt unter Tauchern und Hochseefischern zu den spektakulärsten Gewässern der Welt. Besonders Besucher der ostafrikanischen Küste und eben Sansibars können hiervon profitieren, da der Küste ein **mehrere 100 Kilometer langes Riff** vorgelagert ist. Entlang und innerhalb dieses Riffs haben sich in Abertausenden von Jahren die buntesten **Korallengärten** entwickelt, die für **über 2000 faszinierende Fischarten** ein Habitat bilden. Auch Tausende unterschiedlicher Muscheln, Schnecken und Seesterne bevölkern das Meer.

Vergleichbar mit den Migrationsbewegungen der Landtiere, sind – insbesondere im **Zanzibar** und **Pemba Channel,** den Meereskanälen zwischen den Inseln und dem Festland – je nach Jahreszeit nur bestimmte Vertreter der Meeresfauna anwesend. Der Zyklus hängt mit dem Klimasystem der Monsunwinde zusammen. Der von November bis in den März vorherrschende **Nordost-Monsun** bewirkt starke Wasserumwälzungen vor der arabischen Halbinsel. Ein großer Meeresstrom entwickelt sich und zieht mit bis zu 15 km/h an der ostafrikanischen Küste entlang. In dieser Zeit erreicht das Wasser Temperaturen um die 27°C, gute Bedingungen für Taucher, die große

Meeresbewohner, etwa die Plankton grasenden **Walhaie** (Längen bis zu 15 m!), **Delfine,** aber auch **Haie** beobachten wollen.

Von April bis in den November hinein bläst der **Südost-Monsun,** der von der südlichen Halbkugel kühlere Meeresströme an Ostafrikas Küste lenkt und das Wasser bis auf 23 °C abkühlt. Einige Fischarten werden dadurch in den nördlichen Indischen Ozean befördert.

An Sansibars Nordost-Küste ziehen dann in den Monaten August bis Oktober **Buckel- und Pottwale** vorbei. Dicht an der Oberfläche schwimmend, sind ihre gewaltigen Körper und die bis zu 3 m hohen Gischtfontänen, die sie auspusten, gut zu erkennen. In den 1950er Jahren sind sogar einmal größere Exemplare an der Ostküste gestrandet.

Von Ende November bis April sind insbesondere **Riesenmantas,** die sich langsam nordwärts bewegen, eine große Attraktion. Dann sind Tauchgänge im Nordwesten Pembas eine faszinierende Angelegenheit.

Maritime Vielfalt

In den Gewässern Sansibars tummelt sich eine Vielzahl von bunten **Korallenfischen,** besonders in den Monaten November bis April. Unterschiedlichst gestreifte oder betupfte Schwärme stellen ein **einzigartiges Spektrum an Farben und Formen** dar. Bekannte Vertreter unter ihnen sind der Feuerfisch mit seinen federartigen Flossen und Giftstacheln (nicht berühren!), der faszinierend getarnte Steinfisch, der giftige Strahlen abschießt, sowie die bunte Palette der Riffbarsche, Anemonenfische,

Perlmutt- und Zebrafische, Trompeten- und Engelsfische, Papageienfische, Süßlippen u.v.m.

In Sansibars Gewässern leben **zwei Arten von Delfinen,** der „Delfin" (lat. *Delphinus Dolphin)* und der verspielte „Tümmler" (lat. *Tursiops truncatus).* Letzterer springt oft aus dem Wasser, dreht sich und gibt typische Flipperlaute von sich.

Als bedroht gelten **Meeresschildkröten,** von deren acht Arten auf der Erde allein fünf in Sansibars Gewässern vorkommen (lat. *Chelonia mydas, Eretmochelys imbricata, Dermochelys coriacea, Lepidochelys olivacea* und *Caretta* – die ersten beiden sind häufig zu sehen). Sie werden wegen ihres Fleisches, ihrer Panzer, ihrer Eier und des Öls, welches man aus ihnen gewinnt, gnadenlos gejagt. Um einen Teil dieser Tiere und ein Riff vor weiteren Eingriffen des Menschen zu schützen, ist im Südwesten Sansibars der **Chumbe Island Coral Park & Nature Reserve** errichtet worden, der den Erhalt einer der schönsten Koralleninseln Sansibars sichern soll. Auf Pemba werden in Form einer Conservation Area die Korallengärten der Misali Island vor weiterer schonungsloser Fischerei geschützt (siehe dort).

Bedrohtes Riff

Das Paradies ist bedroht: Gefahr geht aus von der hohen Bevölkerungszahl und den Touristen, die immer mehr „Seafood" verspeisen, aber auch das Geschäft mit Muscheln, Schnecken, Korallenstücken usw. ankurbeln und so das ökologische Gleichgewicht am Riff gefährden. Das gilt auch für die Überfischung. So können sich z.B. **Dornenkronen-Seesterne** wegen der zunehmenden Dezimierung ihrer natürlichen Feinde (verschiedene Fischarten) ungestört ausbreiten. Der Seestern frisst jedoch das Riff kahl und zerstört die Lebensgrundlage vieler Rifffische. Die Folgen sind ein Rückgang des Fischbestandes und eine gefährdete Nahrungsmittelversorgung der einfachen Bevölkerung Sansibars.

Großen Schaden hat die **Dynamit-Fischerei** angerichtet, bei der Sprengladungen unter Wasser gezündet werden, die einen Wirkradius von etwa 10 m haben. Die Druckwelle tötet viele Fische, von denen aber nur ganze 10% an die Wasseroberfläche treiben und eingesammelt werden. Wenn es zu tief ist, um nach den verbliebenen Fischen zu tauchen, verfault dieser Rest am Meeresgrund. Dynamitfischen ist in Tansanias Gewässern mittlerweile verboten, doch eine vollständige Kontrolle ist nicht möglich.

Beim **Besuch von Korallenriffen** gelten folgende Regeln: Keine lebenden Korallen abbrechen, mitnehmen oder auf ihnen herumlaufen; die Korallen nicht mit Booten beschädigen oder diese an ihnen verankern; Gewässer nicht verunreinigen.

Tragen auch Sie einen Teil zum Erhalt der Riffe bei, und verzichten Sie auf den Kauf von Muscheln, Schneckenhäusern und anderem Meeresgetier, der – sollten Sie bei der Ausreise im Koffer gefunden werden – auch Probleme mit den Behörden bereiten kann. Auch bei Tauchgängen darf nichts angefasst, abgebrochen oder eingesammelt werden.

Zanzibar Town

Zanzibar Town, zunehmend **auch Zanzibar City** genannt, ist die Hauptstadt des Archipels. Mehr als 40% der Bevölkerung der Insel Sansibar (Unguja) leben in dem urbanen Zentrum, welches mit etwa **200.000 Einwohnern** die größte Stadt der Inseln ist. Verglichen mit anderen Großstädten Afrikas ist die Stadt zwar klein, historisch gesehen markierte sie jedoch den Beginn der Urbanität im östlichen Afrika. Auch auf der verhältnismäßig kleinen Insel fliehen die Menschen vor der Armut auf dem Land in die Stadt und versuchen dort, sich mit den unterschiedlichsten Jobs über Wasser zu halten. Das **ursprüngliche Stadtgebiet,** die **Altstadt Stone Town,** ist diesem Ansturm schon lange nicht mehr gewachsen, nur etwa ein Zehntel der Stadtbevölkerung lebt in dem alten Stadtteil. Der **östliche Stadtteil Ng'ambo** von Zanzibar Town wird von Touristen nur selten besucht. In dem als **New City** bezeichneten Stadtgebiet schlägt das wirtschaftliche Herz der Stadt. Durchaus einen Besuch wert ist die lange **Darajani Street** mit dem Mlandege Bazaar, wo sich ein Geschäft an das andere reiht.

Die **große Attraktion** ist die Altstadt **Stone Town,** ein **kultureller Schmelztiegel,** in dem sich das bantunoide Afrika mit der Welt des Orients zu einem ethnischen und religiösen „Kaleidoskop" vereint. Wer einmal den Fuß in die „steinerne Stadt" gesetzt hat, wird schnell von der magischen Aura ergriffen sein, welche die alten Häusermauern der Stadt ausstrahlen: eine Symbiose aus Schönheit und Verfall, das Mauerwerk bröckelt, die Farbe blättert, die Bewohner renovieren das Wichtigste für die Besucher von morgen.

Die **Gassen von Stone Town** strahlen Ruhe und Gelassenheit aus, und manchmal, so scheint es, bleibt die Zeit stehen und eine wohl zelebrierte Lethargie diktiert das (Nicht-)Geschehen des Tages. Jegliche Hektik und der Stress von zu Hause geraten für eine Zeit in Vergessenheit.

Doch hat sich die Stadt seit ihrer Befreiung aus der sozialistischen Isolation auch stark gewandelt. Viele Sansibaris suchen ihr Heil im Geschäft mit dem **Fremdenverkehr**. In den letzten zehn Jahren sind unzählige alte Bauten zu Hotels, Guesthouses und Restaurants umfunktioniert worden, hat die Stadt große und kleine Investoren locken können sowie natürlich auch ein Reihe von Trittbrettfahrern – alle in der Hoffnung, am Tourismus zu verdienen.

Für Besucher Sansibars ist Zanzibar Town Ausgangspunkt für An- und Abreise mit Fähren und Flugzeugen. Von hier lassen sich alle Inselausflüge, Tauch- und Segeltouren organisieren, Flüge und Beach-Unterkünfte buchen.

Geschichte und Stadtentwicklung

Das heutige Zanzibar Town entwickelte sich insbesondere ab dem 19. Jahrhundert zu einer **kosmopolitischen Metropole** im Indischen Ozean, mit Handelsverbindungen in die gesamte Welt. In seinem Hafen lagen Dhaus aus Arabien und Indien neben großen Drei- und Viermastern aus Boston und englischen Handelsstädten. Amerikanische Geschäftsleute aus Salem führten harte Verhandlungen mit den indischen Händlern: Elfenbein im Tausch gegen gute Baumwollstoffe. Die hanseatischen Niederlassungen verschifften Waren nach Westafrika und zurück in ihre Heimat. Britische Schiffe mühten sich um die Seehoheit im Indischen Ozean.

Die arabischen Sultane ließen die neue Handelsstadt ganz im Stil ihrer Väter erbauen. Es entstanden große **Han-**

„House of Wonders"

delshäuser mit prächtig geschnitzten Galerien, **Residenzen** reicher Kaufleute und Sklavenhändler, mit schweren Holztüren, die mit spitzen Messingdornen gespickt wurden, **Moscheen** wurden errichtet, später auch **Hindu-Tempel** und **Kirchen**. Der Glanz währte jedoch nur ein gutes halbes Jahrhundert, denn mit dem Ende des Sklaven- und Elfenbeinhandels Ende der 1890er Jahre brach das Geschäft zusammen.

Mit der **Gründung der Kolonien Kenia** (britisch) und **Deutsch-Ostafrika** (heute das tansanische Festland, Burundi und Ruanda) verlor die Stadt im 20. Jahrhundert ihre wirtschaftliche und politische Bedeutung an Mombasa, Dar es Salaam und schließlich Nairobi.

Zanzibar Town hat sich im 20. Jahrhundert sternförmig in das Inselinnere ausgebreitet. Zur Zeit des Sultanats standen östlich von Stone Town nur Lehmhütten, die meisten bewohnt von in die Freiheit entlassenen Sklaven. Das Gebiet hieß in jenen Tagen **Ng'ambo,** was in etwa „andere Seite" bedeutet und von dem Umstand herrührte, dass Stone Town fast völlig von Wasser umgeben war. Ein Creek, eine schmale Meeresbucht, trennte die steinerne Stadt der wohlhabenden arabischen und indischen Geschäftswelt vom Rest der Insel. Der Meeresarm, über den zwei große Brücken führten, wurde jedoch in den 1950er Jahren aufgefüllt und durch die kerzengerade Straße Creek Road „ersetzt", heute Benjamin Mkapa Road. Die Trennung ist aber erhalten geblieben, heute nicht so sehr zwischen Arm und Reich, sondern zwischen Alt und Neu. Während Stone Town sein charakteristisches Bild aus der Sultanatszeit wahren konnte, präsentiert sich die andere Seite, die heute **New City** oder **Michenzani** genannt wird, großflächig einheitlich, ohne architektonische Feinheiten, ganz im Gegenteil: Als absolute Fremdkörper stehen dort seit der sozialistischen Zeit Wohnblocks im Plattenbaustil, Wohnstätte für 7000 Menschen und errichtet mit DDR-Entwicklungshilfegeldern, weshalb sie auch „German houses" genannt werden.

Schutzmaßnahmen für Stone Town

Seit der blutigen Revolution von 1964 und der Abschaffung der Sultanatsherrschaft sowie der Vertreibung der arabischen Oberschicht und der reichen indischen Geschäftsleute leidet die Bausubstanz von Stone Town. Damals wurden die Häuser der steinernen Stadt enteignet und zu symbolischen Mietpreisen an Bedürftige bzw. an Verwandte und Bekannte der zuständigen Beamten vermietet. Doch kamen diese neuen Bewohner aus ärmlichen Verhältnissen und besaßen weder die Mittel noch das Know-How, die neuen alten Wohnungen zu erhalten. Die junge sozialistische Staatsführung war zudem selbst nicht in der Lage, Restaurierungsmaßnahmen durchzuführen. Das hatte auch ideologische Gründe: Stone Town repräsentierte die arabische Sultanatsherrschaft sowie die britische Protektoratspolitik. Von beidem hatte man sich befreit, die Erinnerungen an diese Zeiten sollten verblassen.

Die Insel Sansibar (Unguja)
ZANZIBAR TOWN

So passierte, was passieren musste: In den frühen 1980er Jahren kam es zum **Einsturz vieler Bauten,** besonders während und kurz nach der großen Regenzeit. Der Schutt wurde abgetragen oder zur Seite geschoben, alte Sansibar-Türen an gierige Sammler verschachert, neue Häuser im sozialistischen Einheitsstil errichtet. Grundbücher wurden aufgekauft, gefälscht bzw. waren ohnehin seit der Revolution nicht auf dem neuesten Stand. Stone Town fing an, seinen geschichtsträchtigen Charakter zu verlieren.

Die Initiative von Privatleuten brachte die Stadtverwaltung erstmals dazu, internationale Unterstützung anzufordern. Von der UN wurde eine Studie angefertigt, mit finanzieller Hilfe der Agha-Khan-Stiftung wurde ein Masterplan ausgearbeitet – das Stone Town von Sansibar sollte umfassend geschützt werden. Eine **Bauaufsicht** wurde eingerichtet, die sämtliche Bau- und Renovierungsmaßnahmen in Stone Town zu prüfen und zu koordinieren hatte, doch bewilligte Baupläne wurden oft nach privatem Gutdünken wieder

abgeändert. Die staatlichen Behörden, ohnehin nicht mit viel Sinn für architektonische Ästhetik gesegnet, waren zudem mit Geld von (fast) allem zu überzeugen. Die **Stone Town Conservation & Development Authority (STCDA)**, eine 1985 ins Leben gerufene Abteilung des Bauministeriums, hat besonders in den ersten Jahren ihrer „Überwachungsarbeit" wenig Unterstützung seitens der Regierung erhalten. Zusätzlich erschweren dunkle Machenschaften und Korruption die Arbeit. Reiche Exil-Sansibaris kommen seit einigen Jahren an ihre alte Wirkungsstätte zurück. Gegen ihre Kaufkraft und Interessen, denen mit gut gefüllten Umschlägen, die unauffällig den Besitzer wechseln, Nachdruck verliehen wird, ist jedes sansibarische Gesetz ohnmächtig.

Trotzdem scheint sich am Anfang des 21. Jahrhunderts auch bei den Einflussreichen ein **neues Bewusstsein** zu entwickeln. Die Bedeutung des nationalen Erbes, nicht zuletzt vor dem Hintergrund seiner touristischen Anziehungskraft, wird zunehmend erkannt. Knapp 40 Jahre sind vergangen, seitdem der

- 1 Zoll & Einreise
- 2 Nelkenaufbereitung
- 3 Malindi G.H.
- 4 Warere G.H.
- 5 Bwawani
- 6 Mabulu Moschee
- 7 Markt
- 8 Post
- 9 Bank
- 10 Busbahnhof
- 11 Tankstelle
- 12 Western Union Bank
- 13 Livingston House
- 14 Emirates
- 15 BP
- 16 Air Express/Ethiopian Airlines
- 17 Tourist-Information
- 18 Mwembeladu Busstation
- 19 Coconut Oil Factory
- 20 Werkstätten
- 21 Markt
- 22 Tankstelle
- 23 Post
- 24 Radio
- 25 CCM-Hauptquartier
- 26 Air Tanzania
- 27 Nationalmuseum
- 28 Krankenhaus
- 29 Konsulat Mosambik
- 30 Golf Hotel
- 31 Polizei
- 32 Zanzibar Archives
- 33 Mental Clinic

Stone Town – Spiegelbild
orientalischer Kulturen mit viktorianischer Vollendung

Der Ursprung der ersten gemauerten Wohnhäuser entlang der Küste Ostafrikas liegt in der Swahili-Kultur. Anfangs war der Baustoff Korallenstein. Ton vermischt mit Korallenkalk als Bindematerial ersetzte jahrhundertelang Zement. Mehrstöckige Häuser ließen nur wohlhabende Araber erbauen, die Zwischendecken bekamen ihren Halt durch eng aneinander liegende Mangrovenstämme.

Aus der Gründerzeit sind in Stone Town nur noch wenige einstöckige **Swahili-Häuser** erhalten geblieben. Viele Gebäude sind im Laufe der Zeit abgerissen worden oder einfach zusammengefallen. Charakteristisch für die Gebäude sind flache Wellblech-Giebel, früher mit Makuti bedeckt (ein Geflecht aus trockenen Palmenblättern), und Grundrisse mit kleinem Innenhof, in dem sich der Alltag abspielt(e): spielende Kinder, Frauen, die waschen und kochen, die Herren des Hauses und Freunde der Nachbarschaft, die den Tag mit Plaudern verbringen. Im Malindi-Stadtteil von Stone Town sowie in Chake Chake und in vielen Dörfern auf den Inseln ist dieser Häusertyp noch gegenwärtig.

In der Swahili-Baukultur finden sich Unterschiede, kennzeichnend für bestimmte Regionen entlang der Küste. Die im Lamu-Stil – Lamu ist eine Insel vor der Küste Kenias – gebauten Swahili- und Araber-Häuser weisen als Stilmerkmal nach innen versetzte Haustüren mit einem überdachten Flur als Eingang auf, in Sansibars Stone Town am Hotel Kiponda zu studieren.

Die mehrstöckigen Geschäftshäuser der wohlhabenden Omani-Araber dominieren mit unterschiedlichen Fassaden die Stadtbild von Stone Town. Typisch sind die Rundbögen-Fenster. Nachträglich wurden viele dieser Gebäude mit Balkonen in Holzbauweise versehen, nämlich dann, wenn das Besitzverhältnis von einer arabischen zu einer indischen Familie wechselte. Denn im Gegensatz zu arabischen Frauen durften sich indische Frauen der Öffentlichkeit zeigen.

Wie islamisch die Baukultur geprägt ist, zeigt allein die große Dichte an **Moscheen.** Bereits 1857 gab es 30 Gebetshäuser allein in Stone Town, bis heute sind 17 weitere dazugekommen. Gemäß islamischer Vorschrift wurden die Moscheen beim Bau gen Mekka ausgerichtet. Das führte u.a. zu den teils verwinkelten Gassen, da viele neue Moscheen nicht in einer Linie mit den schon bestehenden Wohn- und Geschäftshäusern und bereits vorhandenen Gassen errichtet wurden. Neben den Moscheen wurden kleine Friedhöfe angelegt. In den 1930er Jahren jedoch verbannte ein Gesetz die Gräber aus Stone Town, auch um weiteren Bauplatz zu gewinnen. Kleine, meist im Quadrat angelegte Friedhofsmauern sind in manchen Gassen noch erkennbar.

Als sich mit dem Anstieg des Handelsvolumens Ende des 19. Jahrhunderts mehr und mehr Geschäftsleute in Sansibar niederließen, platzte Stone Tone bald aus allen Fugen, die Häuser wurden höher, die Gassen immer enger und schmutziger. Denn so reinlich die Sansibari im eigenen Heim waren, so wenig Bedenken hatten sie, ihren Müll in die Gassen zu werfen. *David Livingstone* nannte Sansibar „Stinkibar" und fügte noch hinzu: „Der nächtliche Gestank ist so krass, dass man sich daraus ein Stück schneiden könnte, um damit den eigenen Garten zu düngen." Erst die Reform des Sultans *Bargash* zur vorletzten Jahrhundertwende, vor allem der Bau einer Kanalisation, verbesserte die Lebensverhältnisse.

Während der britischen Protektoratszeit verewigten sich Architekten und Städteplaner mit **viktorianischen Elementen** in Stone Town. Nicht in der Lage, sinnvolle und einheitliche Maßnahmen bei Restaurierungen durchzuführen, wurden die Baustile miteinander vermischt. Dachstühle, Balustraden, Fensterläden und Treppen bekamen ein europäisches Gesicht. Um den 5 o'clock tea nicht zu verpassen, zieren seither große Wanduhren einige Gebäude, etwa das „House of Wonder" und den High Court.

Heute präsentiert sich Stone Town als ein arabisch-swahili-viktorianischer Architektur-Mix. Schließlich gibt es noch Gebäude wie das erste Deutsche Konsulat (O'Swald House) und das alte Missionshaus der Heiligen Väter (heute Ministry of Finance), deren Fensterbögen durch „Preußische Kappen" gestützt werden.

Mit dem Ziel, das einmalige „Freilichtmuseum Stone Town" zu erhalten, überwacht seit 1985 die Stone Town Conservation & Development Authority (STCDA) alle Baumaßnahmen und Restaurierungsbestrebungen.

letzte Sultan im Palast an der Hafenfront residierte, und erstmals seither scheint es, dass die Bausubstanz der noch über **2000 Häuser** und somit die Eigenart des einzigartigen Stown Town erhalten werden können.

Sehenswertes in der Altstadt Stone Town

Der alte arabische Stadtkern Stone Town gleicht einem riesigen **„Freilichtmuseum",** in dem jeder Quadratmeter Teil eines Mosaiks ist, das die lange und wechselvolle Geschichte Sansibars erzählt. Wie auch immer man sich den „geheimnisvollen Orient" vorstellen mag, in Stone Town scheint er noch gegenwärtig zu sein.

Eine vorgegebene **Besichtigungsroute** ist angesichts der unzähligen verwinkelten und schmalen Gassen nur wenig sinnvoll. Lassen Sie sich einfach von dem einzigartigen Ambiente betören und leiten, schlendern Sie nach dem Motto **„Der Weg ist das Ziel"** gemütlich durch die Altstadt, vorbei an altehrwürdigen Bauten mit kunstvoll geschnitzten Holztüren und fein ziselierten Balkonen und Fensterrahmen, entlang kleiner Geschäfte und Basare, vorbei an Souvenirläden, die schöne Sansibar-Truhen, Silberschmuck, kanga-Tücher u.v.m. feilbieten. In den engen Gassen – nur wenige sind mit dem Auto befahrbar – herrscht fast ständig wohltuender Schatten. Vorsicht ist vor Fahrrad- und Mopedfahrern geboten, die in einem Affentempo um die Häuserblocks schießen und sich ihren Weg durch die Menge bahnen. Hie und da ertönt aus den oberen Fenstern der Wohnungen Musik – die ganze Bandbreite, von *Britney Spears* und Reggae über indische Hindi-Schnulzen bis zur traditionellen taarab-Musik. Das obligatorische Verlaufen in dem Labyrinth der Gassen ist halb so wild, irgendwo trifft man immer wieder auf eine der drei großen Straßen, die die Altstadt fast dreieckig einfassen.

Die zahlreichen Moscheen und Tempel sind von einer Besichtigung ausgeschlossen, es sei denn, Sie gehören dem islamischen Glauben an.

Nachts sollten Sie aus Sicherheitsgründen **nur in Begleitung eines Guide** unterwegs sein. Taschendiebe treiben in Stone Town immer wieder ihr Unwesen.

Museumspalast (19)

(Die Nummern nach den Sehenswürdigkeiten beziehen sich auf den Plan zu Stone Town.) Der **People's Palace,** der alte **Residenz-Palast der Sultane,** steht direkt **an der Hafenbucht.** Nach dem britischen Kanonenhagel von 1896 musste er neu aufgebaut werden. Schon der erste Sultan von Sansibar residierte von 1834 an in dem zuvor als Beit el Sahel bekannten Palast. Nach der Absetzung des Sultans 1964 wurde das Gebäude für Regierungsbüros genutzt. Seit 1994 ist der Palast ein **Museum,** das mit eindrucksvollen Bildern, alten Möbeln und persönlichen Gebrauchsgegenständen der arabischen Herrscher die gesamte **Geschichte der sansibarischen Sultanatszeit** dokumentiert. Ein Raum ist auch Prinzessin Salme alias *Emily Ruete* gewidmet (siedie Exkurs weiter unten). Im Garten sind die Gräber von Sultan *Said* und seiner Söhne, die nacheinander die Thronfolge antraten, zu besichtigen.

Öffnungszeiten: Di bis Sa 9–18 Uhr, So und Mo bis 15 Uhr, an Feiertagen geschlossen, Eintritt: 2500 TSh.

Arabisches Fort (25)

Bei den Forodhani Gardens befindet sich das „Old Fort" (ngome kongwe), das die omanische Al-Yarubi-Dynastie in der Zeit von 1698–1701 errichten ließ. Zuvor stand an dieser Stelle eine portugiesische Kirche.

Im 19. Jahrhundert diente das Fort als Gefängnis, an der Ostmauer fanden Exekutionen statt. In britischer Zeit wurde das Fort zu zivilen Zwecken genutzt. Vor moslemischen Blicken geschützt, legte man einen Tennisplatz für die Damen der Gesellschaft im Innenhof an. Seit 1994 dient ein Teil des Forts als großes Amphitheater, in dem das Zanzibar Cultural Centre **Tanz- und Musikaufführungen** veranstaltet (auch Jazz-Bands spielen hier). Zusammen mit einem traditionellen Zanzibar Barbecue-Dinner findet jeden Di, Do und Sa ab 19 Uhr ein abendfüllendes Programm für 10 $ pro Person statt, zuvor ist ab 18 Uhr „Happy Hour" (halbe Preise für Getränke). Eine bekannte Tanzaufführung ist der aus dem Kongo stammende **Kilua Dance,** welcher durch den Sklavenhandel seinen Weg nach Sansibar gefunden hat. Mit bunten Kleidern und dramatischen Tanzszenen wird der „böse Geist" beschworen, gute Taten zu vollbringen. Samstag ist auch Disco-Abend unter freiem Himmel, und **jedes Jahr im Juli** findet im Fort das **Festival of the Dhow Countries** statt. Filmproduktionen aus der Region des Indischen Ozeans werden präsentiert, aber auch Konzerte und Vorträge stehen auf dem Programm (siehe Exkurs zum Festival weiter unten).

Des Weiteren befinden sich im Fort ein **Informationsservice** mit Auskunft über das aktuelle Programm, eine Kunstgalerie, Souvenirläden und ein kleines Café/Restaurant. In die Westtürme kann man hinaufsteigen und die schöne Aussicht genießen!

Beit el Ajaib (27)

Das neben dem Fort aufragende Beit el Ajaib ist das **architektonische Wahrzeichen Sansibars.** Gebaut 1883 als Sultanspalast für repräsentative Zwecke und zur Abhaltung von Zeremonien, vereint das größte Gebäude von Stone Town arabische und viktorianische Baukultur. Besonders der Turm mit seiner großen Uhr erinnert an einen alten englischen Clocktower. Die Säle sind mit Marmorböden ausgelegt. Das Gebäude war das erste der Insel mit Strom, fließend Wasser und sogar einem Fahrstuhl – daher auch der Beiname **„House of Wonders"!** Von 1911 an richtete die britische Protektoratsverwaltung ihre Büros im Gebäude ein, nach der Revolution wurde es Sitz der CCM-Partei, bis es schließlich wegen Renovierungsmaßnahmen 1990 geräumt wurde.

Im Jahr 2000 wurde das Beit el Ajaib zum Weltkulturerbe erhoben und beherbergt jetzt im Erdgeschoss und im 1. Stock ein interessantes Museum (**Museum of History and Culture**) zur Ge-

780 ZANZIBAR (STONE) TOWN

- 1 Sea Express Ticket-Büro
- 2 Mega Speed Liners Ticket-Büro
- 3 Flying Horse Ticket-Büro
- 4 Sea Bus Ticket-Büro
- 5 Cine Afrique
- 6 Mitu's Island Tours
- 7 Mzuri Guesthouse
- 8 Malindi Police Station
- 9 Zan Air/Travel
- 10 Marine Hotel
- 11 Motorrad-Vermietung
- ★ 12 Bharmal Building
- 13 Malindi Mnara Moschee
- 14 Old Dispensary/Chez Marina Rest.
- 15 Mercury's
- ★ 16 "Big Tree"
- 17 Sea View Restaurant
- ★ 18 Old Customs
- 19 The Palace Museum
- ★ 20 Portugiesische Kanonen
- 21 Taxis
- ★ 22 Forodhani Gardens
- 23 Old Bandstand
- 24 Blues Restaurant
- ★ 25 Arabisches Fort
- 26 Neem Tree Café
- ★ 27 House of Wonders
- 28 Forodhani Moschee
- 29 Stone Town Conservation Society
- ★ 30 Orphanage/
  Monsoon Restaurant
- ★ 31 O'Swald House
- 32 Old British Consulate/
  Livingstone Beach Restaurant
- 33 One Ocean Divers
- 34 Bahari Divers
- 35 Zanzibar Gallery/
  Zanzibar Secrets
- 36 Radha Restaurant
- 37 Karibu Inn Guesthouse
- 38 Coco de Mer Hotel
- 39 Namaste Restaurant
- 40 Dolphins Restaurant
- 41 Zi Voucher/Zanzibar Information
- 42 Shangani Internet Café
- 43 Shangani Post/Asko Tours
- 44 Shangani Hotel
- 45 Memories of Zanzibar (Souvenirs)
- $ 46 Bureau de Change

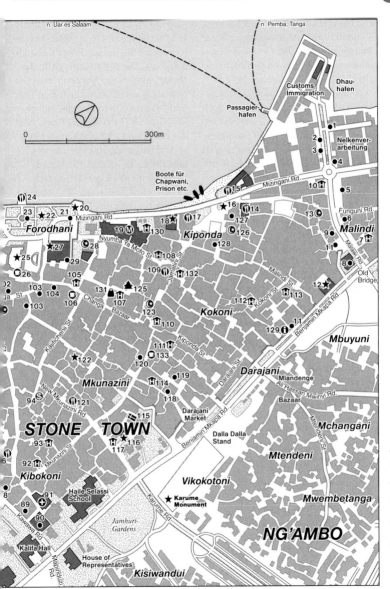

schichte und Lebensweise auf Sansibar. Es finden diverse Ausstellungen z.B. zur Dhau-Schifffahrt statt. Geöffnet ist das Museum Mo bis Sa von 9–18 Uhr (So geschlossen), der Eintritt beträgt 2 $.

Obwohl der Aufzug defekt ist, kann man in das oberste Stockwerk und auch auf den Balkon gelangen. Zum Uhrturm besteht kein Zugang. Zwei portugiesische Kanonen aus dem 17. Jahrhundert sind vor der Hausfront und der sehenswerten großen Sansibar-Holztür aufgebaut. Im Gebäude nebenan weilte einst der Harem des Sultans, heute hat die Stone Town Conservation Authority hier ihren Sitz (s.o.).

Old Ithnaasheri Dispensary (14)

Weiter in Richtung Norden, vorbei am alten Zollhaus, in dem heute Perso-nal zur Erhaltung von Stone Town ausgebildet wird, steht gegenüber den Hafenhallen eines der schönsten Gebäude Sansibars. Die restaurierte **„Alte Apotheke",** auch Nasur Nur Mohamed Dispensary genannt, wurde zwischen 1887 und 1894 nach dem Plan des indischen Ismailiten *Sir Tharia Topan* erbaut, einer der reichsten Geschäftsmänner der Insel und ein persönlicher Berater des Sultans. Bis zur Revolution 1964 wurde das Gebäude als Klinik genutzt, danach war es sich selbst überlassen. Mit Unterstützung der Aga-Khan-Stiftung hat das Gebäude mit seinen dekorativ verzierten Holzbalustraden seit 1995 wieder seinen alten Glanz erhalten. Heute dient es als **Stone Town Cultural Centre,** in dem u.a. Souvenirläden und Galerien eingerichtet sind. Im 1. Stock befindet

Festival of the Dhow Countries

Seit 1998 findet **jedes Jahr im Juli** in Zanzibar Town das Festival of the Dhow Countries statt, auch **Zanzibar International Film Festival (ZIFF)** genannt. Teilnehmende Länder sind die Anrainer am Indischen Ozean, von Indien bis Madagaskar – unterschiedliche Kulturkreise, die seit dem Beginn der großen Handelsrouten durch den Dhauverkehr miteinander verbunden sind. Doch auch zahlreiche andere Staaten Afrikas und Asiens sind bei den Festlichkeiten vertreten.

Das Festival wurde ins Leben gerufen, um Produktionen aus Kultur und Kunst der Dhau-Staaten vorzustellen und zu fördern. Im Mittelpunkt des zweiwöchigen Ereignisses stehen die Vorführung und Prämiierung internationaler Filme und Videoproduktionen. Darüber hinaus finden aus der internationalen Kunstszene Ausstellungen, Theateraufführungen, Musik- und Tanzshows statt sowie eine Reihe von anderen Events tagsüber und abends. Hinzu kommen spezielle Vorstellungen für oder von Kindern, Behinderten oder Frauengruppen.

Ein so genanntes Village Panorama Programme arbeitet mit den Dorfgemeinschaften auf den Inseln zusammen, um den Festlichkeiten auch im Inselinnern eine Bühne zu geben. In Zanzibar Town finden jedoch die großen Events statt: im Old Fort, im „House of Wonders", in den Forodhani Gardens und am Bwawani Plaza.

● **Termine** zum Festival erfährt man unter www.ziff.or.tz/ oder über Furaha Piniel, Tel. (0747) 411499, (0744) 575918, E-Mail: ziff@ziff.or.tz.

Die Insel Sansibar (Unguja)
ZANZIBAR (STONE) TOWN

Legende zu Karte S. 780

❍	47	Sunrise Bar	✚	91	Medical & Diagnostical Center/
●	48	One Way T-Shirt Shop			Zitec Internet
🏠	49	Mazon's Hotel/Precision Air	🏠	92	Flamingo Guesthouse
●	50	Tropical Tours	🏠	93	Jambo Guesthouse
●	51	Deutscher Honorarkonsul	⑤	94	Bureau de Change
🍴	52	Pagoda Chinese Restaurant	●	95	Eco Tours
★	53	Africa House	🍴	96	Chit Chat Restaurant
❍	54	Happy Night Club	🏠	97	Bhagani House
★	55	Tippu Tip House	🏠	98	Dhow Palace Hotel
🍴	56	La Fenice Restaurant	●	99	Madeira Tours
🍴	57	ETC Placa Restaurant	🏠	100	Chavda Hotel
●	58	Coastal Aviation	●	101	United Travel
○	59	Amore Mio Eisdiele	●	102	The Gallery
🏠	60	Serena Inn	●	103	Souvenirläden
🏠	61	Beit'ell Ajaib	●	104	Sama Tours
○		Msumbi Café	🏠	105	Clove Hotel
❍	62	Starehe Club	○	106	Internet Café
●	63	Air Tanzania	🏠	107	236 Hurumzi Street/
🏠	64	Stone Town Inn			Kidunda Restaurant
🍴	65	Fisherman Restaurant	🏠	108	Kiponda Hotel
🏠	66	Tembo Hotel	🍴	109	Palace Rstaurant
🍴	67	Le Paracuda Restaurant	🏠	110	Spice Inn
🍴	68	Casablanca Restaurant	🏠	111	Hotel International
🍴	69	Les-Spices-Rendezvous	🏠	112	Pyramid Guesthouse
★	70	Matthew's House	🏠	113	Narrow Street Hotel
●	71	Portugese Arch	🏠	114	Riverman Hotel
●	72	Zanzibar Library	⛪	115	Church of Christ Cathedral
●	73	Chemah Brothers	★	116	Sklavenkerker/Galerie
🏠	74	Garden Lodge	🏠	117	St. Monica Hostel
🍴	75	Two Table Restaurant	●	118	Masomo Bookshop
🍴	76	Zi Bar Restaurant	●	119	Shamshu Apotheke
🏠	77	Victoria Guesthouse	●	120	Juwelierläden
●	78	Milestone	🍴	121	Baobab Restaurant
✚	79	Dr. Metha's Clinic	★	122	Hamamni Persian Bath
🏠	80	Annex of Garden Lodge	☪	123	Agha Khan Moschee
●	81	Konsulat von Oman	☪	124	Bohra Moschee
●	82	Culture Music Club	🔺	125	Hindu Tempel
🏠	83	Florida Guesthouse	☪	126	Ijumaa Moschee
🏠	84	Manchi Lodge	●	127	Gulf Air
🏠	85	Haven Guesthouse	●	128	Kenya Airways
🍴	86	Nyumbani Restaurant	❶	129	Tourist Information
●	87	Kenya Airways	🏠	130	Old Grande Hotel (geplant)
●	88	Fernandes Tours	🔻	131	Zanzibar Curio Shop
●	89	Majestic Cinema	🏠	132	Zanzibar Palace Hotel
●	90	Institute for Kiswahili	○	133	Zanzibar Coffee House

Sansibar, Pemba, Mafia

sich ein gutes (teures) französisches Restaurant (Chez Marina). Häufig finden in den Räumlichkeiten Ausstellungen lokaler Künstler statt.

Dhau-Hafen

Am Ende der Mizingani Road liegt der Dhau-Hafen. Die Dhaus werden eingesetzt zum kommerziellen Fischfang oder für den Handelsverkehr mit der Schwesterinsel Pemba, dem tansanischen Festland oder Kenia, nur noch selten bricht eine große Dhau in Richtung Persischer Golf auf. Viele der Holzkähne sind heute mit Dieselmotoren und großen Fangnetzen ausgestattet, auf einen Mast mit Segel verzichten dennoch die wenigsten.

Andere Boote im Dhau-Hafen und am Strand vor Stone Town sind die kleinen, schmalen, Katamaranen ähnelnden **ngalawas.** Besonders die einfache Bevölkerung betreibt mit ihnen ihre traditionelle Fischerei.

Ein Besuch des Hafens ist vor allem **frühmorgens** ein Erlebnis, wenn der Fang abgeladen und auf dem **Fischmarkt** direkt hinter dem Hafen zum Verkauf angeboten wird. Tintenfische, Rochen, Haie, alle möglichen Krustentiere und sonstiges Meeresgetier finden hier binnen weniger Stunden ihre Abnehmer. Gehen Sie jedoch in Begleitung eines Ortskundigen, denn auf Kameras reagiert man hier empfindlich – fragen Sie um Erlaubnis, bevor Sie losknipsen!

Darajani-Markt

Der **zentrale Markt von Zanzibar Town** liegt im Osten von Stone Town

Emily Ruete, eine Prinzessin aus Sansibar

Emily Ruete, geboren 1844, war die Tochter von Sultan *Said.* Aufgewachsen als *Sayyida Salme* im Harem zahlreicher Halbgeschwister, verlor sie früh den Vater und ihre tscherkessische Mutter, eine Konkubine.

Sie lernte *Heinrich Ruete* kennen, einen Vertreter des Hamburger Handelshauses Hansing & Co. Salme verliebte sich in den Deutschen, von dem sie bald darauf ein Kind erwartete. Um sich und dem Sultanshaus die Schande dieses Verhältnisses zu ersparen, verließ die Schwangere im Alter von 22 Jahren heimlich mit einem britischen Schiff die Insel und heiratete Ruete. Mit diesem Schritt brach die Tochter des Sultans mit ihrer Familie, dem moslemischen Glauben und löste sich los von ihrem bisherigen Leben als verwöhnte Prinzessin in einem Sultanat. Die Stimmung im Sultanat drückte diese Flucht auf den Tiefpunkt, und um möglichen Aggressionen gegen Europäer in Sansibar vorzubeugen, schickte die britische Marine ein weiteres Kriegsschiff in den Hafen der Stadt.

Unter ihrem neuen Namen Emily Ruete lebte die Prinzessin mit ihrem Mann zunächst in Hamburg und brachte drei Kinder zur Welt. Nach vier Jahren jedoch starb Heinrich Ruete an den Folgen eines Fehltritts, der ihn unter die Räder einer Straßenbahn brachte. Das finanzielle Erbe fiel bescheiden aus, und aus Sansibar war nichts zu erwarten, denn dort galt sie als Abtrünnige, die man verachtete und der man den Anspruch auf ein Erbe verweigerte.

Schließlich wurde Emily Ruete von *Bismarck* als „Köder" eingesetzt, um dem deutschen Anspruch auf den Küstenstreifen am ostafrikanischen Festland Nachdruck zu verschaffen. Als eine kaiserliche Marineflotte 1885 im Hafen

Die Insel Sansibar (Unguja) – EMILY RUETE

von Sansibar erschien, war Emily Ruete mit ihrem Sohn *Rudolph* an Bord. Durch ihre Heirat mit einem Deutschen stand sie unter kaiserlichem Schutz, was *Bismarck* im Falle ihrer Festnahme durch ihren Halbbruder Sultan *Barghash* das Recht gegeben hätte, das Kanonenfeuer seiner Kriegsflotte zu eröffnen. Dies wäre jedoch nur dann passiert, wenn der Sultan seinen Küstenstreifen nicht an die Deutschen abgetreten hätte, was er aber tat. So verlor Emily Ruete auch ihren „diplomatischen Wert", nachdem sie schon zuvor auf Sansibar vom Sultanshaus ignoriert worden war und auch sonst keine Sympathien gewinnen konnte. Sie kehrte zurück ins Deutsche Reich. 1888 besuchte sie Sansibar erneut, doch mit gleichem Ergebnis; selbst der deutsche Konsul gewährte ihr keine Audienz, und ihre erblichen Ansprüche wurden weiterhin ignoriert.

In Deutschland fühlte sie sich zunehmend unwohl und sah sich nur wenig verstanden. Sie lebte fortan über zwanzig Jahre in Beirut und Jaffa. 1914 kehrte sie aus dem Nahen Osten zurück und starb 1924 in Jena. Unter ihren wenigen Habseligkeiten fand man eine Flasche, gefüllt mit Sand aus Sansibar. Ein Jahr vor ihrem Tod hatte ihr die Regierung in Sansibar überraschend noch eine jährliche Rente bewilligt. Ihrem Sohn Rudolph wurde schließlich von Sultan *Khalifa* 1932 der Titel eines „Sayyid" verliehen, was seine Aufnahme in die Al-Bu-Said-Dynastie bedeutete.

Bekannt geworden ist Emily Ruete jedoch hauptsächlich durch die Veröffentlichung ihrer **Memoiren: „An Arabian Princess between two Worlds"** und **„Ein Leben im Sultanspalast"** (1989 wieder in der Philosophischen Verlagsanstalt verlegt).

Schon 1886 erschien letzteres Werk in Deutschland und versetzte die kolonialinteressierte Gesellschaft in einen Rausch von Tausend und einer Nacht.

Die Memoiren schildern voller Liebe zum Detail das bis dato unbekannte Leben in einem Sultanat und verschaffen Einblick in die geheimnisvolle (Frauen-)Welt eines orientalischen Harems.

Als *Sayyida Salme* erzählt Emily Ruete mit großer Selbstverständlichkeit davon, wie die ihr zugewiesenen Sklaven sie in voller Kleidung in den Schlaf massierten und sie die ganze Nacht über mit Palmwedeln „kühlten". Auf einem weißen Maulesel aus dem Oman durfte sie auf den Plantagen ihres Vaters reiten, zur Seite folgten ihr im Laufschritt Sklaven, die ein großes Gestell mit Sonnendach über ihrem Haupt trugen.

Doch erzählt Sayyida Salme auch vom Leben als Emily Ruete, von ihrer Zeit in Deutschland mit all den gesellschaftlichen Zwängen und den preußischen „Tugenden", die ihr das Leben schwer machten. So schreibt sie: „Hier merkte ich so recht, wie weit die vielbesungene Freiheit eigentlich geht. Die Polizei nimmt sich einfach das Recht, sich ganz unberufen in Familienangelegenheiten einzumischen. Meine Unzivilisiertheit mag wohl schuld daran sein, daß ich mich innerlich gegen eine solche Bevormundung sträubte, denn die Einheimischen finden zu meinem Erstaunen in dieser Art von Maßregelung absolut nichts Besonderes ... Ganz unwillkürlich beschlich mich das Gefühl, als ob ich mich in einer streng geführten Anstalt, nicht aber in einem großen Staate befände. Alles ist so schablonenhaft geordnet und eingerichtet, daß das allergeringste Abweichen davon eine Strafe nach sich zieht. Alles, alles steht unter dem Gesetz, und die Paragraphen des letzteren sind fast so zahlreich wie der Sand am Meer."

Einen wunderschönen Einblick in die Verstrickungen der Emily Ruete in die Kolonialpolitik Bismarcks vermittelt der Roman „Die Weiße Jägerin" von *Rolf Ackerman*.

an der Creek Road. Die alte längliche Markthalle, die von einem deutschen Architekten entworfen worden ist, hat sich seit ihrem Bau im Jahre 1904 kaum verändert – noch immer bedeckt das alte Wellblech das Giebeldach des Zentralturmes. Doch nicht nur das Gebäude, sondern auch die gesamte Marktatmosphäre scheint noch dieselbe wie vor hundert Jahren zu sein. Unzählige Obst-, Gemüse- und Fischstände sind in der Halle auf einfachen Holztischen und Bänken eingerichtet, rund um die Halle haben diverse Kleinhändler ihre Stände mit den unterschiedlichsten Gebrauchsgegenständen aufgebaut, alte einachsige Holzkarren schaffen ständig neue Marktsachen heran. Auf dem Darajani-Markt ist **jeder Tag Markttag,** auch wer keine Einkaufsabsichten hat, sollte sich das bunte Treiben nicht entgehen lassen!

Linkes Bild: Tembo House Hotel;
rechts: Old Ithnaasheri Dispensary

Anglikanische Kirche (115)

Die „**Church of Christ**" liegt **unweit vom Darajani-Markt.** Englische Missionare kauften nach dem Sklavenverbot 1873 den Platz, der bis dahin ein **zentraler Sklavenmarkt** auf Sansibar war. Die Kirche war 1880 fertig gestellt, und es heißt, an der Stelle des Altars stand einst der Baum, an dem Araber ihre Sklaven anketteten. Der **erste Bischof, Edward Steere,** gilt als Initiator der Übertragung des Swahili von den arabischen in die heute verwendeten römischen Schriftzeichen. Er verfasste auch das erste Wörterbuch Englisch/Swahili.

Die große Kirche steht meist offen, eine **Besichtigung** des alten Baus ist möglich; eine Spende am Eingang gilt als selbstverständlich. Eventuell darf man auch auf den Turm hinaufsteigen, wo sich ein guter Blick über die Dächer von Stone Town bietet.

In dem Bau direkt neben der Kirche ist das **Youth Hostel St. Monica** untergebracht, eine christliche Unterkunft, welche auf einem Kellerraum erbaut wurde, wo früher Hausklaven ihre Nächte verbringen mussten. Der Keller kann besichtigt werden.

Hammamni Persian Baths (122)

Zentral in Stone Town liegen die früheren **„persischen Bäder"** der Stadt. Sultan *Bargash* (1870–1888) ließ sie für die wohlhabenden Araber anlegen. Im Arabischen bedeutet *hammam* „Haus des Bades". Seit den 1920er Jahren sind die Bäder nicht mehr in Gebrauch, sie können aber besichtigt werden. Die Anlage ist groß und etwas verwahrlost. Die Führung erfolgt durch die gegenüber lebende Aufsichtsperson für 800 TSh pro Person.

Kathedrale Sankt Joseph's (100)

Inmitten von Stone Town erhebt sich aus dem labyrinthischen Gewirr der Gassen die **katholische Kathedrale**. Erbaut wurde sie zwischen 1897 und 1900 unter der Leitung französischer Missionare. Der historische Entwurf nach romanischem Baustil beruht auf Plänen von *Léon Vaudoyer*, dem Architekten der großen Basilika von Marseille. Dachziegel und die Fensterglasmalereien wurden aus Frankreich geliefert. Für eine kleine katholische Gemeinde (insbesondere Sansibar-Inder goanesischen Ursprungs) findet jeden Sonntag um 9 Uhr eine Messe statt. Die übrige Zeit bleibt die große Kathedrale geschlossen, eine Besichtigung ist nur selten möglich. Probieren Sie es an der Hintertür, die über das angrenzende Grundstück erreicht werden kann. Oft ist hier jemand, der der Kirche dient und Ihnen Einlass gewährt!

Natural History & Memorial Museum

Das **Peace Memorial Museum,** auch **Beit El Amani** („Haus des Friedens") genannt, ist der große Kuppelbau **im Südosten von Stone Town,** der 1925 erbaut wurde und wie ein Mausoleum aussieht. Das Museum vermittelt einen guten historischen Überblick vom frühen Dhauverkehr, den einst herrschenden Sultanen über die Ausmaße des Sklavenhandels bis hin zu den bekannten Forschern und Missionaren des 19. Jahrhunderts; auch Gegenstände aus der britischen Protektoratszeit werden gezeigt. Einträchtig stehen auch große Ölgemälde von Queen *Victoria* und Kaiser *Wilhelm* nebeneinander, liegen seltene Münzen und Briefmarken aus, und Eisenbahngleise erinnern an die Bububu-Railway, die von 1905–1928 vom Norden Stone Towns 9 km die Küste entlang nach Bububu fuhr. Das ist aber noch lang nicht alles – ein Besuch lohnt sich in jedem Fall (**Öffnungszeiten:** Mo bis Sa 9–18 Uhr).

In dem Gebäude hinter dem Hauptmuseum befindet sich die Sektion für archäologische Geschichte sowie für Flora und Fauna (**Natural History Museum**). Im großen Ausstellungsraum sind unter anderem ausgestopfte Tiere, in Einmachgläsern konservierte Schlangen und Fotos von gestrandeten Walen zu sehen.

Kaunda Road

Vom Museum aus kommend, folgt die große Kaunda Road, an der sich das **Mnazi Mmoja Hospital** befindet, das 1896 zunächst als reines „Afrikanerkrankenhaus" erbaut wurde. 1924 wurde die angrenzende Kaserne des Sultans zu einem „Europäerflügel" der Klinik ausgebaut. In der 1907 aufgegebenen Kaserne waren 1400 Soldaten aus Arabien und Baluchistan (heute in Pakistan) untergebracht. Stadteinwärts folgt das **State House,** Empfangsresidenz des Präsidenten von Sansibar, früher Wohn- und Bürohaus des britischen Gouverneurs. Gegenüber befindet sich der **„Milestone",** eine Marmorsäule aus britischen Protektoratstagen mit der Inschrift verschiedener Orte der Insel und deren Entfernungen zueinander in Meilen. Natürlich durfte damals auch der Hinweis auf das 8064 Meilen entfernte London nicht fehlen ...

Auf der gleichen Straßenseite liegt im Anschluss die **Parkanlage People's Garden,** meist noch als **Victoria Gardens** bekannt, da der Park 1899 am Jubiläumstag der Thronbesteigung von Königin *Victoria* der Öffentlichkeit zugänglich gemacht wurde. Sultan *Hamud* (1896–1902) ließ ihn ursprünglich für seinen Harem anlegen. Unterschiedliche Fruchtbäume und Gewürzgewächse zieren heute noch die kleine Parkanlage. Im Pavillon in der Mitte des

Gartens tagt hin und wieder eine Parlamentsgruppe.

Nach Stone Town hin folgen schließlich noch die alten britischen Verwaltungsbauten, in denen heute Ministerien und das Hohe Gericht untergebracht sind.

Mathew's House (70)

Als Lieutenant der Royal Navy wurde *Sir Lloyd Mathews* 1878 vom Sultan eingestellt, um dessen Armee auszubilden, die er dann drei Jahre später als General selbst befehligen durfte. Schließlich gab der Sultan ihm 1891 das Amt des ersten „Staatssekretärs" und das des Schatzmeisters. *Mathews* war damit die verbindende Schlüsselfigur zwischen Sultan und britischem Gouverneur.

Sein Haus ist ein feines Beispiel für die **Verschmelzung viktorianischer und arabischer Baukunst.** Es ist das zweite Gebäude mit dem überhängenden Balkon auf der linken Seite **am Anfang der Kenyatta Road.**

Tippu Tip's House (55)

Am Africa House Hotel vorbei befindet sich in der **Suicide Alley** das alte Wohnhaus des legendären Sklavenhändlers **Tippu Tip** (siehe entsprechenden Exkurs weiter oben). Bis zur Revolution 1964 bewohnten arabische Geschäftsleute den großen Bau, danach zogen sansibarische Familien ein, und seitdem ist das Haus am Verfallen. Eine Besichtigung ist nicht möglich, doch zeugt noch die große alte, mit dekorativen Schnitzereien verzierte Holztür von Reichtum und Macht des ersten Bewohners.

Orphanage (30)

Hinter dem ehemaligen Konsulat befindet sich der große Bau des **Waisenhauses** von Sansibar (das Gebäude, das von der Einbahnstraße getunnelt wird!). Ursprünglich diente er mal als Clubhaus für Engländer, und bis 1950 war eine indische Schule darin untergebracht. Ein Besuch ist mit dem Zanzibar Tourist Information Office im Livingstone House abzuklären.

„O'Swald-Haus" (31)

Einen Gebäudekomplex weiter liegt ebenfalls zum Strand hin das „O'Swald-Haus" (inoffizielle Bezeichnung), einst Sitz der Handelsfirma O'Swald und von 1859–1885 **hanseatisches Konsulat,** danach Residenz des kaiserlichen Konsuls. Von hier aus brach im Jahr 1860 der erst 23 Jahre junge Hamburger Forscher *Dr. Albert Roscher* zu einer Expedition zum Nyasa-See auf, von der er nicht wieder zurückkehrte: Sklavenhändler ermordeten ihn.

Es ist das einzige historische Gebäude von Stone Town, welches nicht viktorianischen oder arabischen Ursprungs ist. Die Bautechnik der so genannten **„Preußischen Kappen"** in den Fensterstützen steht für die **wilhelminische Architektur.**

The British Consulate (32)

Am Ende der Kenyatta Road steht zum Strand hin ein alter dreistöckiger Bau mit roten Dachziegeln. Von 1841–1874 war hier das britische Konsulat eingerichtet, welches danach ins Mambo-Msiige-Gebäude am Westende der Halbinsel umzog. Das Haus wurde jedoch weiterhin von namhaften Afrika-Reisenden und Forschern, wie zuvor schon von *Burton, Speke, Livingstone, Grant* und *Kirk*, als Domizil genutzt, in Vorbereitung ihrer wochenlangen Fußmärsche ins Innere Afrikas. *Livingstones* mumifizierte Leiche (er starb im Mai 1873 im Norden des heutigen Sambia) wurde hier einige Zeit aufbewahrt, bis sie mit dem Dampfschiff nach England gebracht und im Westminster Abbey beigesetzt wurde.

Bis 1964 hatte die englische Handelsfirma Smith, Mackenzie & Co. ihre Büros in dem Gebäude, seither wird es von der Regierung genutzt. Eine Besichtigung ist daher nicht möglich, doch ist der große Bau auch von außen schon sehr beeindruckend. An der Hausmauer hängt eine rote Tafel, die an die frühen Forscher erinnert.

Africa House

Wenn der Sonnenuntergang naht und sich Durst und Hunger bemerkbar machen, lockt seit Generationen das imposante **Africa House Hotel** mit seiner großen Terrasse zum abendlichen Sundowner.

Forodhani Gardens

Nachdem man dem feuerroten Schauspiel des Sonnenuntergangs im Meer beigewohnt hat, sucht man die zahlreichen **Grillküchen** auf: Mishkakis, Zanzibar-Pizzas, gerösteter Maniok, Langusten, Calamari, Chapatis, Kababus (frittierter Fisch), Chipsi, Kachori (frittierte Kartoffelbällchen), Samosas und viele andere Leckerbissen stehen in den Forodhani Gardens am Meer – auch **Jamituri Gardens** genannt – zur Auswahl. An einigen Ständen zerquetschen die Verkäufer auch Zuckerrohrstangen mit großen, handgekurbelten Pressen, bis der Saft in Eimer voller Eiswürfel läuft (Vorsicht bei eisgekühlten Getränken: Gefahr von Durchfall!). Bis in die späten Stunden treffen sich in der Parkanlage zwischen Fort und Meer Touristen und Sansibaris auf einen Plausch mit Snack – der Garten ist die „Nachrichtenbörse" Stone Towns!

Touristeninformation

● **Zanzibar Tourist Corporation**
P.O. Box 216, Tel. (024) 2233417, 2238630. Sansibars staatliches Touristen-Informationsbüro (ZTC) hat seinen Sitz im Livingstone House an der Bububu Road außerhalb der Stadt. Die angebotenen Touren lassen ein wenig Engagement vermissen, wie es bei manchen privaten Unternehmen eher anzutreffen ist.

● **Zanzibar Commission for Tourism**
Amani Street, Tel. (024) 2233485/6, Fax (024) 2233448, Internet: www.zanzibartourism.net, E-Mail: secretary@zanzibartourism.net. Engagiertes Büro zur Förderung des Tourismus auf Sansibar.

● Weitere **Informationen** zu Sansibar findet man im Internet unter: www.zanzibar.org.

Hotels in Stone Town

Das Angebot an Unterkünften in Zanzibar Town ist groß. Wer Wert auf schönen Strand legt, muss ein paar Kilometer südlich und nördlich der Stadt an der Küste Quartier beziehen, die Strandabschnitte von Stone Town sind wegen Abwassereinleitungen und dem regen Schiffs- und Bootsverkehr nicht sehr einladend. Will man aber die ganz besondere nächtliche Stimmung in Stone Town erleben (z.B. das Fünf-Uhr-Morgengebet des Muezzin!), empfiehlt es sich, zuerst ein paar Tage in einem zentral gelegenen Hotel in der

Die Insel Sansibar (Unguja)
ZANZIBAR TOWN

Altstadt zu wohnen und dann erst eins der Strandhotels an der Nordspitze oder an der Ostküste der Insel aufzusuchen.

Viele Hotels/Guesthouses der Stadt und auf der gesamten Insel sind **in US-Dollar ($) zu bezahlen,** allerdings akzeptieren die meisten preisgünstigen Unterkünfte nach Verhandlung auch Tansanische Shillinge. Besonders in der Nebensaison sollte man bei den Zimmerpreisen handeln.

Infos zu verschiedenen Unterkünften findet man auf den entsprechenden Unter-Seiten von www.zanzibarhotels.net, www.zanzibarmagic.com, www.safari-portal.de und www.africatravelresource.com.

Hotels der gehobenen Preisklasse

● **Zanzibar Serena Inn**
P.O. Box 4151, Tel. (024) 2238016-20, 2231015, www.serenahotels.com, E-Mail: zserena@zanzinet.com, cro@serena.co.ke. 1997 eröffnetes Hotel der bewährten Serena-Kette des *Aga Khan*. Die Anlage liegt direkt an der Westspitze von Stone Town mit Zugang zum Strand. Die klimatisierten Zimmer sind im arabischen Stil eingerichtet, haben Telefon, Fernseher und eigenen Balkon. Der Hotelservice hat 5-Sterne-Niveau, die Küche ist sehr gut (Baharia Restaurant, Tel. (024) 2231015). Übernachtung für 225/340 $ EZ/DZ inkl. Frühstück in Jan. bis März und Juli bis Dez.; in den Monaten dazwischen 135/205 $. Das Serena betreibt auch das exklusive **Privat-Restaurant Mangapwani** (Tel. (024) 2233587, Reservierung nötig!) an der gleichnamigen Korallenbucht, 15 km nördlich von der Stone Town – Sonnenuntergangsromantik und Candlelight-Stimmung an einem einsamen Strand ...

● **Tembo House Hotel**
P.O. Box 3974, Forodhani Street, Tel. (024) 2233005, 2232069, www.tembohotel.com, E-Mail: tembo@zitec.org. Das Tembo zählte zu den besten Luxus-Hotels der Stadt, die Lage ist zentral, leider hat der Service nachgelassen. Im linken Haupthaus residierte einst ein geschäftstüchtiger Parse. Der herrliche Swimmingpool in der Mitte der hufeisenförmigen Hotelanlage lädt zu einer Erfrischung

Papaasi – Guides – Joint-Verkäufer

In Zanzibar Town wird man schnell Bekanntschaft schließen mit den unzähligen Jugendlichen, die sich einem als **Führer/Guide** anvertrauen wollen. Auf Sansibar werden sie „papaasi" genannt, was in etwa „Zecke/Parasit" bedeutet. Die Bezeichnung passt insofern, als der Ankömmling am Hafen regelrecht „befallen" wird. Meist steht hinter diesem lästigen Kundenfang ein Hotel, das den papaasi Provision zahlt, oft aber wollen die jungen Männer einen auch nur durch die Stadt führen, um am Ende des Tages ein angemessenes Trinkgeld verdient zu haben. Wer am späten Nachmittag ankommt, wird über eine zügige Hotelvermittlung in dem Labyrinth von Stone Town froh sein – man verläuft sich ansonsten garantiert! Haben Sie die Wahl ihrer Unterkunft bereits vorher getroffen, wird man Sie mit allerlei Tricks von etwas Besserem überzeugen wollen.

Zu Problemen kam es in letzter Zeit, wenn **Joints/Marihuana** den Besitzer wechselten. In Stone Town und besonders in Nungwi sind schon einige Touristen dem abgekarteten Spiel zwischen Dealern und Polizisten zum Opfer gefallen. Freizügig rauchen die Dealer ihr Gras am Strand und anderswo, ausländischen Grünzeug-Freaks wird bei Interesse ein „no problem" und „freedom in Zanzibar" vorgesäuselt, dann wird zum Kauf animiert. Verpfiffen an die Polizei oder von dieser bereits beobachtet, wird man auf frischer „Rauchtat" ertappt und mit Gefängnisaufenthalt und fiktiven Gerichtsterminen eingeschüchtert. Eine Geldzahlung tut es dann meistens auch bzw. wird sowieso erwartet. Nicht selten teilen sich Joint-Verkäufer und Beamte des Staates die „Geldbuße", während schon ein neues Opfer des Weges kommt: „Hey man, you like to go to the moon?" ...

ein, von der Terrasse sieht man die Hafenbucht und vorbeifahrende Dhaus. Die klimatisierten Zimmer sind mit hochbeinigen Himmelsbetten, Sansibar-Truhen, TV und Kühlschrank eingerichtet, die internationale Küche (Bahari Restaurant, Tel. (024) 2233005) ist schmackhaft, Alkohol kommt aber nicht zum Ausschank. EZ mit Frühstück ab 85 $, DZ je nach Größe und Aussicht zwischen 105 und 185 $. Kreditkartenakzeptanz (no commission).

● **236 Hurumzi Street**

P.O. Box 3417, Hurumzi Street, Tel. (024) 2231038, (0777) 423366, www.emersongreen.com, E-Mail: anything@emerson-green.com, emerson&green@zitec.org. Die stilechte Renovierung im Auftrag des amerikanischen Besitzers *Emerson* und die arabische Inneneinrichtung lassen den Orient lebendig werden. Es gibt 13 Zimmer, alle unterschiedlich und geschmackvoll eingerichtet, eins davon z.B. mit Badewanne auf dem Balkon. Das Hotel ist sehr beliebt und oft ausgebucht. Seit 2006 heißt es 236 Hurumzi Street und nicht mehr Emerson & Green. Die beiden Partner haben sich getrennt. Im Haus gibt es zwei gute Restaurants. Im Erdgeschoss links findet man das Kidude, benannt nach der „Queen of Taarab Music", *Bi Kidude,* die mit 93 Jahren immer noch ihr Publikum mit ihren ureigenen Taarab-Liedern (siehe Exkurs „Taarab – Sansibars traditionelle Musik") und Trommeleinlagen verzaubert. Mittag- und Abendmenü sind inspiriert von den alten Sklavenmarkt-Ländern des Indischen Ozeans und bieten arabische, afrikanische und sogar Cajun-Style Cuisine ab 15 $ p.P. Vom hervorragenden **Tower Top Restaurant** auf dem Dach (Menü ab 25 $) bietet sich ein herrlicher Blick über die Dächer von Stone Town, besonders spektakulär zum Sonnenuntergang ab 17 Uhr. Beide Restaurants erreicht man unter Tel. (0777) 423266. Empfehlenswert, rechtzeitige Zimmer- und Tisch-Reservierungen sind erforderlich.

● **Zanzibar Palace Hotel**

P.O. Box 3392, Zanzibar, Tel. (024) 2232230, (0773) 079222, (0773) 047370, E-Mail: palacehotel@zanlink.com, www.zanzibarpalacehotel.com. Ein bezauberndes 9-Zimmer-Hotel seit Juni 2006 in Kiponda, dem touristisch ruhigeren Teil von Stone Town. Geführt von dem sehr zuvorkommenden belgischen Paar *Marion* und *Sebastian* (sprechen auch deutsch), wird hier der arabische Traum von 1001 Nacht stilvoll umgesetzt. Der Empfang, die Betreuung rund um die Uhr, die kleine, aber feine Menükarte sowie die hauseigenen Cocktails verzaubern den Aufenthalt auf Sansibar. Die Zimmer sind alle unterschiedlich, jedes ist ein Kunstwerk für sich, und es fällt schwer, eine Wahl zu treffen (auf der Homepage sind alle Zimmer zu sehen). Die Zimmer verfügen über Klimagerät und Deckenventilator, Fernseher (DVD-Videothek auf Anfrage) und kleinen Zimmer-Safe. Das Besondere: Das Hotel bietet Romantik und Komfort für jeden Geldbeutel. Das beginnt bei den zwei kleineren Zimmern namens Nadia und Rosewood für 95 $ pro Zimmer mit leckerem und liebevoll zubereitetem Frühstück. Dann kommen die preislich gehobeneren (Sultana ist toll!), und am Ende bieten die Suiten Dunia und Sherali (beide jeweils 285 $) im Dachgeschoss nicht nur einen Blick auf den Ozean, sondern orientalische Genialität. Während im Sherali die Badewanne mitten im Zimmer steht, lockt Dunia mit einem original antiken Sansibar-Bett in etwa 1,50 m Höhe, und ein Open-roof-top-Badezimmer, über eine Treppe zu erreichen, lässt jedes Flitterwochen-Paar in den siebenten Himmel entschweben. Transfers vom Flughafen, Spice-Touren, Auto-Anmietung und andere Wünsche können organisiert werden. Als stilvolle Stone-Town-Unterkunft sehr empfehlenswert!

● **Dhow Palace Hotel**

P.O. Box 3974, Tel. (024) 2233012, 2230304, www.tembohotel.com/dhowpalace.html, E-Mail: dhowpalace@zanzibar.net, dhowpalace@zanlink.com. Renoviertes Wohnhaus einer einst wohlhabenden arabischen Familie. Der große Innenhof mit Swimmingpool, umgeben von innen verlaufenden Terrassen, ist typisch für den omanischen Kulturkreis. Wie einst wohlhabende Händler zur See, werden auch heute Hotelgäste wie veritable Paschas

Strandhotel

empfangen. 28 luxuriöse Zimmer mit Klimagerät und Mini-Bar. Als Restaurant und Bar wird die angrenzende Kneipe Livingstone & Stanley genutzt. Zimmer mit Frühstück liegen bei 55/85 $.

● **Africa House Hotel**
P.O. Box 3246, Shangani, Tel. (024) 2232865, (0777) 432340, www.theafricahouse-zanzibar.com, E-Mail: theafricahouse@yahoo.com, theafricahouse@zanlink.com. Dieses alte und traditionsreiche Haus wurde Mitte 2005 von Omanis restauriert. 15 elegant eingerichtete Räume mit en-suite-Badezimmern lassen nichts zu wünschen übrig. Das Haus atmet Geschichte, der Blick aufs Meer ist gigantisch. DZ mit Frühstück 125–200 $ pro Person in der Hochsaison (in der Nebensaison 65–150 $).

● **Stone Town Inn (Beyt Al Chai)**
P.O. Box 4236, Kelele Square, Tel. (0747) 444111, www.stonetowninn.com, E-Mail: reservations@stonetowninn.com. Liegt am Kelele Square gegenüber vom Serena Hotel. Das alte Korallensteinhaus mit den urigen Möbeln ist liebevoll restauriert worden und bietet sechs Zimmer mit Klimagerät und Deckenventilator. Jedes Zimmer hat seinen eigenen Charme und verzaubert den Gast mit der Historie des alten Sansibar. Übernachtung im DZ ab 250 US$ die Nacht, mit Seafood-Restaurant. Empfehlenswert!

● **Zanzibar Coffeehouse Hotel**
P.O. Box 4047, Haus-Nr. 1562/63, Mkunazini Street, Tel. (024) 2239319, (0773) 061532, www.riftvalley-zanzibar.com, E-Mail: coffeehouse@zanlink.com. Das kleine Hotel liegt über dem Zanzibar Coffee House und hat sieben im Zanzibari-Stil restaurierte Zimmer. Das Frühstück wird bei einmaligem Blick im kleinen Rooftop Teahouse serviert. Die Übernachtung im DZ mit Frühstück kostet 40–75 $ pro Person.

● **Chavda Hotel**
Baghani Street, P.O. Box 540, Tel. (024) 2232115, Fax 223193, E-Mail: chavdahotel@africatravelresource.com. Neueres Hotel inmitten der Shangani Area von Stone Town. Stilvoll eingerichtet mit schönen Zimmern

FREDDY MERCURY, TAARAB-MUSIK

Freddy Mercury – ein Rocksänger aus Sansibar

Der im November 1991 an AIDS verstorbene Sänger Freddy Mercury der bekannten englischen **Rockband „Queen"** stammte aus Sansibar. Geboren 1946 als **Faroukh Bulsara**, rannte und spielte er einst als Kind in den Gassen Stone Towns. Sein Vater, ein Parse aus Indien, arbeitete als Buchhalter bei der britischen Protektoratsverwaltung, wo er Karriere machte. Die Familie bewohnte damals das Haus, in dem sich heute das „Camlurs Restaurant" befindet, doch erinnern kann sich keiner mehr an den kleinen Jungen mit dem auffälligen Überbiss.

In seinem 10. Lebensjahr verließ Faroukh Sansibar und ging auf eine Internatsschule bei Bombay. Sein Weg sollte ihn nie wieder zurück auf seine Heimatinsel führen, denn er schaffte schließlich den Sprung nach London zum Studium. 1972 formierte er mit Kommilitonen die Gruppe „Queen", änderte seinen Namen und entwickelte sich zu einem der größten Songschreiber und Sänger der Rockgeschichte. Einige Queen-Lieder, wie **„Bohemian Rhapsody"**, enthalten moslemische Phrasen, die Mercury in Erinnerung an seine sansibarische Herkunft in die Texte einbaute.

Taarab – Sansibars traditionelle Musik

Die auf Sansibar häufig gehörte Musik Taarab ist eine **Fusion aus verschiedenen musikalischen Elementen** der in Sansibar wurzelnden Kulturen, ein einzigartiger Cocktail aus ägyptischen, arabischen, indischen, afrikanischen und sogar europäischen Stilrichtungen. Der Begriff „Taarab" stammt aus dem Arabischen und bedeutet in etwa „Freude" im Sinne von „guter Unterhaltung". Neben traditionellen Instrumenten orientalischen und afrikanischen Ursprungs, wie Trommeln („ngomas") und den hölzernen, einer Klarinette ähnelnden „zumaris" und „tandaas", werden vor allem viele Streichinstrumente und heute zunehmend Keyboards verwendet.

Alle Festlichkeiten in Sansibar, seien es formelle Regierungsempfänge oder Hochzeiten im privaten Kreis, werden von den Klängen der Taarab-Musik begleitet.

Die Texte, fast ausschließlich von Frauen in farbenprächtigen Kostümen („gowni") gesungen, spiegeln die gesamte Geschichte und Tradition Sansibars wider. Im Mittelpunkt steht immer der Glaube an die Nächstenliebe – für kurze Zeit vergessen die Menschen ihre religiöse und kulturelle Herkunft und betonen ihre einigende Zugehörigkeit zur sansibarischen Inselgemeinschaft.

und Liebe zum Detail, guter Service, schmackhafte Küche und gemütliche Roof-Top-Bar. EZ/DZ mit Frühstück 70/80–100 $.

● **Mazson's Hotel**
P.O. Box 3367, Tel. (024) 2233694, Fax (024) 2233695, E-Mail: mazsons@zanlink.com. Komfortables Hotel an der Kenyatta Road in einem der ältesten Häuser der Stone Town, in dem früher ein reicher Araber residierte. Das Ambiente will orientalisch sein, die klimatisierten Zimmer geben sich eher europäisch – irgendwie ist die Renovierung des arabischen Traumes nicht so ganz gelungen, dennoch bietet das Hotel einen makellosen Service. Die Übernachtung kostet 45/80 $ in der Low Season, sonst 60/80 $.

Hotels der Mittelklasse

● **Hotel Marine**
Malindi Street, Tel. (024) 2250024, (0777) 410776, 411102, Internet: www.zanzibar.co.tz/AccommodationMarine.htm, E-Mail: hotelmarine@africaonline.co.tz. Schönes Hotel im alten Sansibar-Stil, jedoch aufgrund der Nähe zum Hafen laut und mit trüber Aussicht. Das indische Management bietet völlig überteuerte Zimmer ab 50 $ pro Person.

● **Baghani House Hotel**
P.O. Box 609, Tel. (024) 2235654, Fax 2233030, E-Mail: baghani@africatravelresource.com. Das kleine Hotel hat insgesamt 8 große klimatisierte DZ im Sansibar-Stil (arabische Himmelbetten!), der Service ist familiär, Nachmittags-Tee inklusive. Die Übernachtung mit Frühstück kostet ab 60 $ pro DZ. Die Küche ist gut, als Bar dient das Livingstone Pub unten im Haus.

● **Zanzibar Palace Hotel**
Durch die verschiedenen Zimmerpreise ist das hervorragende Hotel der gehobeneren Klasse auch an dieser Stelle zu nennen. Wer als Paar mit 1,40 m Bettbreite auskommt, bekommt für 95 $ pro Zimmer ein tolles Preis-/Leistungsverhältnis. Mehr siehe oben.

● **Shangani Hotel**
P.O. Box 4222, Tel. (024) 2236363, 2233688, (0747) 411703, www.shanganihotel.com, E-Mail: info@shanganihotel.com, shanganihotel@hotmail.com. Nahe der Post gelegenes Hotel mit guten Zimmern (Bad/WC/Klimagerät/Kühlschrank), sehr schön ist das Restaurant im obersten Stockwerk, das Essen könnte jedoch besser sein! Die Übernachtung mit Frühstück kostet 65 $ im DZ.

● **Coco de Mer Guesthouse**
P.O. Box 2363, Shangani, Tel. (024) 2230852, (0741) 600647, E-Mail: cocodemer_znz@yahoo.com. Hotel in zentraler Lage, sehr freundlich, aber nicht sehr sauber; Zimmer mit Bad/WC/Deckenventilator. Mittelmäßiges Essen ab 3 $ (TSh). EZ/DZ mit Frühstück 30/50 $, Dreierzimmer 60 $.

● **Narrow Street Hotel**
P.O. Box 2408, Malindi, Tel. (024) 2232620, Fax 2234129. Liegt nahe der Creek Road. Modern eingerichtete Zimmer mit Klimagerät, Kühlschrank und hochbeinigen Sansibar-Betten, das Personal ist sehr freundlich. DZ mit Frühstück für 40 $, wenn das Klimagerät nicht genutzt wird, müssen nur 25 $ p.P. entrichtet werden. Das Restaurant serviert sansibarisch-indische Gerichte.

● **Hotel International**
P.O. Box 3784, Tel. (024) 2233182, Fax 2236248, E-Mail: hotelinter@zanzibar.net. Altes Araberhaus, misslungen restauriert. Alle Zimmer sind mit dem Wesentlichen eingerichtet, haben Klimagerät und Bad/WC. Im Hotel sind ein Restaurant und eine Wechselstube; wenn andere Hotels voll sind, ist dieses Hotel eine gute Alternative. DZ ab 55 $.

● **Hotel Kiponda**
P.O. Box 3446, Tel. (024) 2233052, Fax (024) 2233020, E-Mail: kiponda@africatravelresource.com, hotelkiponda@email.com. Liegt ein Häuserblock hinter dem alten Sultanspalast, ist klein und ruhig mit viel Charakter und dem typischen Sansibar-Flair. DZ (Moskitonetz) mit Frühstück beginnen bei 35 $ (EZ 18 $), mit eigenem Bad/WC, bei Meerblick 45 $. Vom Dachrestaurant mit guten Seafood-Speisen in Curry-Marinaden genießt man einen guten Ausblick. Ein herrlicher Ort zum Entspannen und Träumen.

● **Karibu Inn**
P.O. Box 3428, Forodhani, Tel./Fax (024) 2233058, E-Mail: karibuinn@zanzinet.com. Großes Haus in kleiner Gasse, in dem oft ganze Belegschaften von Overlander-Trucks absteigen, da es hier auch 3er-Zimmer und Schlafsäle gibt. Große DZ, einfach und gut

(mit Bad/WC), liegen in der 3. Etage und kosten 30 $ (mit Klimagerät 40 $).

● **Vuga Hotel**

P.O. Box 3904, Vuga, Tel. (024) 2233613, Fax 2236532, E-Mail: vugahotel@yahoo.com. Große, saubere Zimmer, gutes Frühstück, nettes Personal, ruhige Lage. Übernachtung für 30 $, von Reisenden empfohlen!

● **Beit Al Amaan – House of Peace**

Tel. (0777) 414364. Eine neue „trendy" Unterkunft ca. 15 Min. entfernt von Stone Town nahe Victoria Gardens in Vuga. Das Appartement besitzt sechs Schlafzimmer und einen großen Salon. Die Küche ist ausgestattet mit Kühlschrank und Mikrowelle. Die Zimmer können einzeln gemietet werden, das ganze Appartement von einer großen Gruppe, Preise pro Zimmer inkl. Frühstück von 30–70 $ je nach Saison. Geführt wird der Komplex von *Aunty Asha*, der Housekeeper *Mohammed* macht sauber und kümmert sich ums Frühstück. Eine Alternative für Leute, die eine angenehme, ruhige und elegante Unterkunft für ihren Stone-Town-Aufenthalt suchen und nicht in ein Hotel gehen möchten. Zu buchen über: E-Mail: beitalamaan@africatravel-resource.com oder direkt in England unter: Tel. 0044-1306 880 770.

● **Clove Hotel**

Tel. (0777) 484567, Internet: www.zanzibar-hotel.nl, E-Mail: clovehotel@zanlink.com. Das Clove Hotel ist ein nettes kleines B&B-Hotel in der Hurumzi Street, gleich hinter dem „House of Wonders". Acht Zimmer wurden 2004 komplett renoviert, die Dachterrasse, wo das Frühstück serviert wird, bietet einen wunderschönen Blick auf das Meer. Das Clove wird geleitet von *Lisette Aernaudts* aus Holland. EZ 30 $, DZ 50 $, inkl. Frühstück.

● **Mauwani Inn**

Kenyatta Road, Vuga, Tel. (024) 2238949, (0747) 475748, Internet: www.mauwaniinn. com, E-Mail: mauwaniinn@mauwaniinn.com. Elf kleine Zimmer mit Deckenventilator und Klimaanlage, die Übernachtungspreise liegen bei 45 $ inkl. Frühstück.

● **Safari Lodge**

Nahe am Hafen, Tel. (024) 2236523, (0748) 606177, Internet: www.safarilodgetz.com, E-Mail: info@safarilodgetz.com, asc@raha.com. Zimmerpreise von 20–65 $.

● Das **Bwawani Hotel** in der Malindi Area wirkt trostlos und gleicht einem staatlichen Abfertigungssanatorium. Dafür ist hier immer Platz. EZ/DZ für 38/52 $.

Preiswerte Hotels

Es gibt eine **Vielzahl einfacher Hotels,** zu denen immer mehr hinzukommen und die alle zwischen 10 und 25 $ p.P. liegen (auch saisonabhängig). Viele können auch in TSh bezahlt werden.

Der **Konkurrenzkampf ist groß,** so dass sich auch alle bemühen, möglichst sauber und freundlich zu wirken. Allgemein ist jedoch zu konstatieren, dass viele Guesthouses nicht reinvestieren: durchgelegene Matratzen, zu kurze Betten (1,80 m), nur sporadisch funktionierende Wasserversorgung usw. Das gilt besonders für ältere Guesthouses. Viele dieser Unterkünfte werden auch nur von Aufsichtspersonal betreut. Da, wo die Eigentümer auch selbst das Management bilden, wird der Service auch den Übernachtungskosten gerecht.

Nahezu alle Guesthouses in Stone Town bieten **Bed & Breakfast.** Auch hier gibt es Unterschiede. Bei den einen sind Eiergerichte inklusive, die anderen berechnen das Frühstücksei separat. Manche servieren auch Joghurts, Pancakes, echten Filterkaffee usw.

● **St. Monica's Hostel**

Tel. (024) 2230773, (0744) 297472, Internet: www.stmonicahostelzanzibar.s5.com, E-Mail: monicaszanzibar@hotmail.com. Einfache Backpacker-Unterkunft mit viel Geschichte und Atmosphäre. Das alte Missionshaus befindet sich auf dem Grundstück der Anglikanischen Kathedrale, über den ehemaligen Sklavenkerkern aus der frühen Sultanatszeit. Übernachtung ab 15 $ p.P.

● **Riverman Hotel**

Mkunazini Street, P.O. Box 1805, Tel. (024) 2233188. Beliebtes Hotel unter Reisenden. Einfache und saubere Zimmer mit Deckenventilator und Moskitonetz, Bad/WC ist gemeinnützig, Übernachtung ab 10 $ p.P. inkl. Frühstück mit Früchten und Ei. Restaurant-Mahlzeiten nur auf Vorbestellung.

Die Insel Sansibar (Unguja)
ZANZIBAR TOWN

- **Malindi Guesthouse**
P.O. Box 609, Tel. (024) 2230165, Fax (024) 2233030, E-Mail: malindi@zanzinet.com, malindiguesthouse@africatravelresource.com. Beliebtes Hotel der einfachen Art. Das alte Haus hat ein angenehmes Flair, das Personal ist sehr zuvorkommend. Zimmer mit Moskitonetz/Deckenventilator/AC liegen zwischen 15 und 40 $. Oft belegt.
- **Florida Guesthouse**
Vuga Street, Tel. (024) 2233136, E-Mail: floridaguest@hotmail.com. Klein, aber fein mit einem gewaltigen Frühstück. Ab 10 $ p.P. (Bad, TV und Moskitonetze).
- **Annex of Abdalla Guest House**
Mkunazini Street, Tel./Fax (024) 2231312. Sechs Zimmer (4 DZ, 2 EZ), 15 $ p.P. Alle Zimmer mit Klimagerät, Ventilator, Moskitonetzen und eigenem Bad, sauber! Frühstück o.k., Internet-Café im Haus. Empfehlenswert.
- **The Haven Guesthouse**
Tel. (024) 2235677-8, Fax 2250000. Nettes kleines Guesthouse im Vuga-Stadtteil, geräumige Zimmer, warme Duschen, großes Frühstück, Buchung von Mitus Spice Tour – alles für 10 $. Empfehlenswert.
- **Pyramid**
Tel. (024) 2233000. Großes, altes Araberhaus mit netten Zimmern (leider schon ältere Matratzen und Moskitonetze). Gefrühstückt wird auf dem Dach mit herrlicher Aussicht. Übernachtung 6 $ p.P. (ohne Bad), 12 $ bei größeren Zimmern mit Bad/WC.
- **Victoria Guesthouse**
Tel. (024) 2232861. Unterkunft nahe des People's Garden. Akzeptable Zimmer, aber keine Moskitonetze, die Fenster teilweise ohne Moskitoschutz, Duschen ohne Duschkopf etc. Zur Not für 10 $ p.P.
- **Flamingo Guesthouse**
Tel. (024) 2232850. Freundliches und beliebtes Hotel der ganz einfachen Art, etwas charakterlos, dafür sauber und billig: 8 $ p.P.
- **Bottoms Up Guesthouse**
Tel. (024) 2233189. Liegt etwas versteckt in einer Gasse hinter dem Spice Inn. Etwas heruntergekommen, oft weit mit Rucksackreisenden, die Zimmer haben Deckenventilator/Moskitonetz, Bad/WC ist gemeinnützig. Übernachtung für 8/12 $ mit Frühstück, Dachzimmer für 10 $ p.P. (kann laut sein).

- **Paje Ndame Transit Guesthouse**
Nahe des Spice Inn, 10 $ mit Frühstück.
- Zu den weiteren, oft aufgesuchten einfachen Hotels in Stone Town zählen u.a. noch das **Warere Guesthouse** (Tel. 2231187, große Zimmer für 10 $ p.P., gutes Frühstück), daneben das **Nzuri Africa Hotel** für 10 $ p.P., die **Manchu Lodge** ab 20 $ (durchgelegene Matratzen, Papaasi-Hangout), das **Jambo Guesthouse** (Tel. (024) 2233779, 10 $ p.P.), und die renovierte **Garden Lodge** (Tel. (024) 2233298, DZ 40 $, super Frühstück!).

Strandhotels in Stadtnähe

Gehobene Preisklasse im Süden

- **Zanzibar Beach Resort**
P.O. 2586, Mazizini, Tel. (024) 2236044, 2236033, 2230208, (0745) 226715, Internet: www.zanzibarbeachresort.net, E-Mail: bookings@zanzibarbeachresort.net. Herrlich angelegtes Beach-Hotel 5 km südlich der Stadt mit einem makellosen Strand. Zwischen Palmen verteilt stehen große Bungalows im afrikanischen Stil mit kühlenden Marmorböden. Die klimatisierten Zimmer sind mit altem Sansibarmobiliar stilvoll eingerichtet und verfügen über Sat-TV. Seit August 2005 unter dem Management von Wellworth Hotels & Resorts. Halbpension ab 125/170 $, bei Zimmer mit Blick zum Meer 10% teurer.
- **Mbweni Ruins Hotel**
P.O. Box 2542, Tel. (024) 2235478/9, Fax 2230536, Internet: www.mbweni.com, E-Mail: hotel@mbweni.com. Das Hotel steht seit neuestem unter dem Management der Adventure Camps Tanzania. Zusammen mit deren Camps im Selous und Ruaha (siehe dort) lassen sich komplette Safaris mit Sansibar Ausklang buchen. Kontakt über Adventure Camps Dar es Salaam, Tel. (022) 2452005/6, www.adventurecamps.co.tz, E-Mail: reservations@adventurecamps.co.tz. Moderne Anlage vor der Kulisse der Mbweni Ruins aus dem Jahre 1871, der ersten anglikanischen Mission Ostafrikas und späteren St. Mary's Girlsschool. Ruhige Lage, kleiner Pool in einem Garten, 13 Zimmer im Stil einer Suite, am Strand ist man meist allein, und die einzelnen Mangrovenbäume im Wasser

beherbergen eine zwitschernde Vogelwelt – eine herrliche Stimmung, v.a. bei Sonnenuntergang. Kulinarisch dominiert Seafood (Sundowner Restaurant, Tel. (024) 2235478). Neuer Anlegesteg mit Mangroven-Bar. Ein Shuttle-Bus nach Stone Town verkehrt fünfmal am Tag, Ausflüge zu allen Sehenswürdigkeiten runden das Programm ab. Die Übernachtung mit Frühstück kostet 100/180 $, Vollpension 125/230 $, Suites und Familienappartements sind ebenfalls vorhanden.

● **Fumba Beach Lodge**
P.O. Box 3705, Tel. (0777) 860504, 878025, 876298, Internet: www.fumbabeachlodge.com, E-Mail: info@fumbabeachlodge.co.tz. Kleine Luxuslodge der Moivaro Lodges & Tented Camps an der Südwestküste, rund 20 km südlich von Zanzibar Town auf der Fumba Peninsula. 26 Zimmer, großzügig verteilt auf einem wunderschönen, versteckt gelegenen Gelände zwischen drei kleinen privaten Buchten und majestätischen Baobabs. Sehr schöner Pool und auch sonst viel Ruhe, da hier keine anderen Hotels sind und am Strand wenig Belästigung durch Beach Boys herrscht. Der holländische Manager (versteht auch deutsch) ist überaus sympathisch und bietet eine der besten Küchen Sansibars. Ein modernes Tauch-Center (www.blueworlddiving.com) mit jungen, dynamischen Tauchlehrern aus Südafrika sowie ein himmlischer Spa, auf Stelzen unter dem Dach eines Baobab-Baumes gebaut, machen Fumba zu einem Geheimtipp auf Sansibar.

Unterkünfte auf den Inseln an der Westküste

● **Chumbe Island Lodge**
Siehe unter Chumbe Island Coral Park.

● **Chapwani Private Island Zanzibar**
Chapwani Island. Kleine Privat-Unterkunft auf einer 800 m langen und etwa 150 m breiten Insel vor Stone Town mit Barfuß-Luxus, zehn Zimmer, einsamer Strand, neuer Swimming-Pool, ab 130 $ pro Person (Vollpension). Die Insel beherbergt außerdem einen historischen Seefriedhof. Chapwani ist zwar eine Privatinsel, aber nicht ansässige Gäste sind willkommen (Mittagessen ca. 15 $ p.P.). Tel. direkt (0777) 433102. Zu buchen über

House of Wonders, Tel. +39 (051) 234974, E-Mail: info@houseofwonders.com, Internet: www.houseofwonders.com. www.chapwani-island.com.

● **Changuu Private Island Paradise**
Neue Lodge auf Prison Island, 27 Zimmer in freistehenden Bungalows unterschiedlicher Kategorien, Swimming-Pool. Die historischen Gebäude wurden restauriert und in den Hotelbetrieb einbezogen. Tagesgäste sind willkommen. Tel. (0773) 333241/2, E-Mail: info.changuu@privateislands-zanzibar.com. Preise auf Anfrage.

● **Bawe Tropical Island**
Neue Lodge auf dem bisher unbewohnten Bawe Island. 15 mit einheimischen Materialien gebaute Hütten direkt am Strand, großzügige Badezimmer mit Außendusche, Swimming-Pool, Robinson-Feeling. Hier ist Nichtstun angesagt. Tel. (0773) 333241/2, E-Mail: info.bawe@privateislands-zanzibar.com. Preise auf Anfrage.

Gehobenere Preisklasse im Norden

● **Mtoni Marine Centre**
P.O. Box 992, Tel. (024) 2250140, (0741) 323226, Fax (024) 2250496, Internet: www.mtoni.com, E-Mail: mtoni@zanzibar.cc. Gutes, stilvoll angelegtes Hotel nördlich der Stadt, die DZ in Bungalowform sind einem schönen Strand zugewendet, Ambiente und Küche sind italienisch. Die einfache Anlage hat eine gemütliche Bar, Satellitenfernsehen, Billardtisch, am Wochenende wird ein Discoabend veranstaltet. DZ mit Air Condition und Frühstück sind ab 80 $ zu haben, geräumigere Unterkünfte mit eigener Terrasse liegen bei über 120 $ aufwärts. Empfehlenswert!

● **Maruhubi Beach Villas**
P.O. Box 3088, Tel. (0777) 451188, www.zanzibarmaruhubi.com, E-Mail: maruhubi@zanlink.com. Gemütliche Bungalow-Anlage in Mtoni, geführt von Gilly und Patrick. Mit auf der Anlage befinden sich ein Seafront Sunset Restaurant, ein kleiner Shop und ein Internet-Café. Es können Autos und Motorräder (50/25 $ pro Tag) ausgeliehen werden. B&B zwischen 55 und 90 $ p.P.; pro Bungalow (zwei Doppelzimmer) als Selbstversorger zwischen 180 und 220 $, je nach Saison.

Sansibar-Türen – Wahrzeichen von Stone Town

Die Altstadt von Sansibar ist berühmt für ihre großen hölzernen Haustüren, die so genannten **Swahili-Doors**. Die ersten arabischen Händler, die sich niederließen und ihre Wohn- und Geschäftshäuser bauten, führten die orientalische Tradition massiver Haustüren auch auf Sansibar und an der ostafrikanischen Festlandsküste fort. Die Größe einer Tür und ihre kunstvollen Schnitzarbeiten in Verbindung mit den Messingbeschlägen kündeten von der sozialen Stellung und dem Wohlstand des Eigentümers.

Traditionell wurden diese massiven Türen beim Hausbau als erstes errichtet. Die Inskriptionen und Verzierungen reichen von Koranversen, die das Haus und seine Bewohner segnen sollen, bis hin zu naturalistischen Elementen. Häufig zieren den Türrahmen Fischformen, Schuppenmuster und Seewellen, die für Leben und Frieden stehen und auch an die Schlüsselrolle von Fisch und Meer im Leben der Küstenbewohner erinnern. Aus der Pflanzenwelt symbolisiert die Lotusblume Fruchtbarkeit, Blätter der Dattelpalme zeigen den Wohlstand des Hausherrn an, schließlich waren Dattelpalmenplantagen in Arabien einst bedeutende Besitztümer. Das Muster eines Schiffstaues über den gesamten Türrahmen weist den Inhaber als Dhau-Besitzer aus.

Die Swahili-Tür besteht aus zwei Flügeltüren, die je nach Größe in der Mitte in geschlossenem Zustand von einem großen quadratischen Mittelpfosten gestützt werden oder der als massive Zierleiste in einer der beiden Türen angebracht ist. Fällt die gesamte Türkonstruktion sehr groß aus, hat eine der Seitentüren auch schon einmal eine kleine Klapptür, durch die man gebückt gehen muss. Die wenigen noch existierenden viertürigen Türen sind typisch für Geschäftshäuser und Warenhallen und haben ihren Ursprung in Gujarat/Indien. Sultan *Bargash*, der vor seiner Regentschaft als Sultan von Sansibar in Bombay in Asyl lebte, war voller Bewunderung für die indischen Holztüren. Er ließ indische Tischler nach Sansibar kommen, um Stone Town mit indischen Türen zu verzieren. Dabei entstanden im Laufe der Zeit auch angepasste Mischformen, womit sich ein eigener Swahili-Stil entwickelte – der der Sansibar-Tür.

Generell lassen sich **Türen arabischer und indischer Herkunft** unterscheiden. Während indische Türen im Rahmen auch eine Bogenform haben können, präsentieren sich die arabischen rechteckig und sind oft mit einer arabischen Inskription aus dem Koran im oberen Rahmenbalken versehen. Indischer Herkunft sind an allen Türen die Messingdornen, die kurz oder lang wie Speerspitzen aus dem Holz ragen. Die großen Fort-Tore im indischen Rajasthan waren zur Zeit der Mogul-Reiche mit derartigen Spitzen versehen, um Kriegselefanten feindlicher Fürstentümer am Aufstoßen der Tore zu hindern. Geschlossen werden die Türen mit großen Schieberiegeln, oder sie werden mit schweren Ketten im Boden verankert.

In Stone Town ziert noch fast jedes Haus eine der beschriebenen Türen. Insgesamt soll es **noch 560 Originale** geben, die älteste Tür aus dem Jahr 1695 ist am Hintereingang des Memorial Museum zu besichtigen. Die Tür hinter dem Museum war einst Bestandteil des Palastes von Kidichi von *Sayyid Said*. In Stone Town finden sich mehr Swahili-Türen als in irgendeiner anderen Stadt an der Küste. Die älteste Tür-Inskription in ganz Ostafrika, aus dem Jahr 1107, weist eine Tür der Moschee in Kizimkazi auf.

Bevor die Stone Town Conservation Authority ihr wachsames Auge auf den Erhalt der Stone Town richtete, wurden einige der berühmten Türen demontiert und für lächerliche Summen an Touristen oder Zwischenhändler verkauft. Heute verdienen sich einige Tischler mit der Erstellung von Repliken ihren Unterhalt. Die Nachbauten werden in Souvenirläden zu Preisen ab 100 $ angeboten. Das ursprünglich verwendete Holz von Jackfruit- oder Teakbäumen kommt dabei nur noch selten zum Einsatz.

Fuji Beach im Ort Bububu liegt an der Westküste von Unguja (Zanzibar Island) und ist mit 10 km Entfernung der erste Strand nördlich von Zanzibar Town. Dort befinden sich folgende Unterkünfte:

● **Venta Club Mawimbini**
P.O. Box 4281, Tel./Fax (024) 2231163, (0777) 417329, Internet: www.ventaclubresorts.com. Luxuriöses „All Inclusive"-Strandhotel (Beach Club Village) mit italienischem Management (Ventaglio), eingebettet in eine großzügige Parkanlage. Pool, Beach-Bar, Pasta & Seafood-Restaurant, landestypisch palmstrohbedeckte Bungalows mit je zwei im arabischen Stil eingerichteten Doppelzimmern, insgesamt 67 Zimmer. Hochseeangeln, Schnorcheln, Segeln und Surfen stehen auf dem Programm, Fischerboote werden für Ausflüge zu den Inseln bereitgehalten. Auch zu buchen über Karibu Ltd, P.O. Box 4281, Tel. (0747) 411687, E-Mail: direzione.mawimbini@zanzinet.com.

● **Salome's Garden**
Das ehemalige königliche Haus wurde 1997 renoviert, liebevoll möbliert und ausgestattet. Es gibt nur vier Schlafzimmer mit Deckenventilator und eigenem Bad, umgeben von einem großen Blumengarten, der bis an einen palmenbestandenen Strand reicht. Ein morbider Charme durchweht dieses Haus, ein Swimming-Pool ist im Bau. Zu buchen als einzelne Zimmer oder das gesamte Haus für 140/510 $ über House of Wonders: www.houseofwonders.com, www.salomes-garden.com, Tel. 039 (051) 234974 oder direkt Tel. (024) 2250050.

● **Hakuna Matata Beach Lodge**
P.O. Box 4747, Tel. (0777) 454892, Internet: www.zanzibar-resort.com, E-Mail: info@zanzibar-resort.com. Auf dem Gelände eines früheren Sultanspalastes, den Chuini Ruins, haben *Rose* und *Fritz Geuen* 2005 eine kleine, feine Bungalow-Anlage eröffnet und viele Teile der alten Ruinen restauriert und in ihre Anlage integriert. Das Gelände ist sehr groß, hat eine eigene Bucht mit Strandbar, Beach-Volleyballplatz und viel Raum zum Relaxen. Die Bungalows sind komplett gefliest und haben ein großzügiges Bad, viele liebevolle Details machen sie sehr gemütlich und komfortabel. Ein kleines Restaurant direkt am und über dem Meer bietet internationale und lokale Küche von ausgezeichneter Qualität. Diverse Ausflüge und Freizeitaktivitäten wie Angeln, Tauchen, Badminton etc. werden angeboten. Transfers zur/von der Hakuna Matata Beach Lodge sind möglich! Bungalows kosten in der Hochsaison (06.01.–31.03., 16.06.–31.10.; August, Dezember und Feiertage liegen nochmals um etwa 20% höher) mit Frühstück 130–165 $ p.P. bei Einzelbelegung, bei Doppelbelegung 80–105 $ p.P.

● **Imani Beach Lodge**
Tel. (024) 2250050, Internet: www.imani.it, E-Mail: info@imani.it. Kleine Unterkunft gehobeneren Standards direkt am Strand. Das ita-

Sansibar-Tür im „House of Wonders"

lienisch geleitete Anwesen gibt sich stilvoll; vorzügliches Essen. Am Strand sind die Aktivitäten der Fischer zu verfolgen, der Blick geht bis nach Stone Town. Übernachtungspreise 35–85 $. Stadttransfer möglich.

Preiswerte Unterkünfte im Norden/Fuji Beach

●Bububu Beach Guesthouse
Tel. (024) 2231110, 2250110, (0747) 422747, Internet: www.bububu-zanzibar.com, E-Mail: kilupyomar@hotmail.com. Das Guesthouse liegt an einem schönen Strand. Die Küche ist gut. EZ/DZ 15/25 $, im 5-Bett-Zimmer 10 $ p.P., im neu erbauten Bububu House Two kostet das DZ mit Bad, AC und Frühstück 60 $. Nette, hilfreiche Leute, der Eigentümer *Omar Kilupi* ist der derzeitige Schachmeister von Sansibar und immer bereit für ein Spiel. Kostenloser Transport in die Stadt. Wem es in der Stadt an Strand fehlt, ist hier genau richtig. Ständig, bis ca. 20 Uhr, verkehren Dalla Dallas (502).

●Via Via Kalingis Garden Bungalows
Geleitet von der Belgierin *Ingrid* und ihrem tansanischen Ehemann *Makame,* ist das Anwesen nicht nur traumhaft gelegen, sondern auch sehr gepflegt. *Ingrid* liegt das Wohl ihrer Gäste sehr am Herzen, das Essen ist sehr gut, das Frühstück reichhaltig. Zweimal am Tag gibt es einen kostenlosen Shuttle nach Stone Town. Pro Person kostet ein Bungalow für 2–4 Personen 15 $ inkl. Frühstück. Bald mehr Infos unter: www.viaviakalingi.com.

●Kibweni Beach Villa
P.O. Box 1689, Tel. (024) 2233496, (0713) 610596, E-Mail: kibwenibeachvilla@zitec.org. Bietet EZ für 20 $, DZ für 35 $ und Triple für 45 $ mit Bad und AC. Das Restaurant serviert europäische, orientalische und lokale Küche.

Essen und Trinken

Restaurants
Fast alle Restaurants und Bars befinden sich in Stone Town. **Seafood** dominiert. Der hohe Anteil italienischer Touristen hat zur Folge, dass es reichlich **Pasta-Küche** gibt. Natürlich sind ebenso **sansibarische Gerichte** rund um Kokosnuss-Curry-Marinaden fast überall zu genießen. Einige der Restaurants schenken keinen **Alkohol** aus, also bei Bedarf vorher erkundigen. Außerhalb verfügen nur die Strandhotels über gute Küche und gemütliche Bars.

Viele gute Restaurants sind an ein **Hotel** gekoppelt. Zu empfehlen sind das Tembo, das Serena, das Emerson & Green (Kidude und Tower Top) und das Chavda Hotel.

●The Fisherman
Restaurant im arabischen Stil mit hervorragenden Seafood-Gerichten (dazu gute Weine), beliebt bei Touristen, daher oft voll, Tischreservierung nötig (Tel. (0777) 414254), die Preise haben europäisches Niveau.

●La Fenice
Gutes italienisches Restaurant mit großer Terrasse und Blick aufs Meer, Cocktail-Bar, Eiscreme. La Fenice hat mit die beste Küche in Stone Town und ist ein wunderbarer Ort, um abends im Freien ein Dinner am Ozean zu genießen. Tel. (0747) 411868.

●Livingstone Beach Restaurant
Großes Lokal mit hoher Decke in einem alten Warenhaus. Gute internationale Küche mit kubanischem Flair und moderaten Preisen. Mittags und abends gut, schöne Atmosphäre direkt am Strand bei den Fischer- und Transportbooten. Empfehlenswert. Reservierung unter: Tel. (0773) 164939.

●Sea View
Gutes indisches Restaurant im 1. Stock, direkt an der Bucht gelegen mit Blick aufs Meer. Neben Vegetarischem gibt es auch gute Chicken-Currys, Tel. (024) 2232132.

●Le Spice Rendevous
Ehemals Maharaja; Restaurant mit Speisen aus der indischen Mughlai-Küche und der französischen Cuisine, gehobenere Preise, sehr schmackhaft, Tel. (0777) 410707.

●Casablanca
Kleines Restaurant mit Sansibar-Küche und internationalen Speisen, Tel. (024) 2231919.

●Zi Bar
Sehr schön eingerichtetes Restaurant unter französischer Leitung an der Vuga Road. Spezialisiert auf Pasta, belegte Baguettes und Cocktails. Nicht billig, aber empfehlenswert.

Zanzibar Town

● Radha Food House
Bescheidenes indisches Restaurant mit netter Bar und rauschendem Fernseher. Mittags gibt es meist ein Büffet, die Samosas sind gut, preiswert ist alles! Empfehlenswert, Tel. (024) 2234808.

● Sambusa Two Tables
Etwas unscheinbares Restaurant an der Vuga Road. Eine Familie bietet jeden Mittag und Abend traditionelle sansibarische Gerichte in einem Raum in ihrem Wohnhaus an, in dem nur zwei Tische stehen (maximal 16 Personen). Der Besitzer, ein Antiquitätensammler, ist sehr freundlich und erklärt ganz genau die einzelnen Speisen des preiswerten 5-Gänge-Menüs. Persönliche Reservierung ist notwendig (Tel. (024) 2231979)!

● Pagoda
Chinesisches Restaurant beim Africa House Hotel. Die Auswahl ist groß, gut und reichlich vegetarisch, aber auch Seafood ist zu haben, Schweinefleisch wird selten serviert. Für jeden Hunger gibt es entsprechende Portionen zu korrekten Preisen, Tel. (024) 2234688.

● Mercury's
Nettes kleines Freiluft-Restaurant zu Ehren *Freddie Mercurys* (vgl. Exkurs weiter oben) direkt an der kleinen Strandbucht schräg gegenüber vom „Big Tree". Kühle Getränke mit frischen Holzofenpizzas in Biergartenatmosphäre. Ein herrlicher Ort in der Stone Town für einen Brunch, abends Tische mit Lagerfeuer am Strand. Beliebt und empfehlenswert! Tel. (024) 2233076, E-Mail: mercurys@ zanlink. com.

● Dolphin Restaurant
Akzeptables Restaurant an der Kenyatta Road mit üppiger Speisekarte, ideal für Snacks zwischendurch (preiswert), Tel. (024) 2239096.

● The Dhow Restaurant
Auf einer traditionellen Segel-Dhau, verankert in der Bucht vor der Stone Town, werden exzellente Dinner angeboten, meist Seafood. Die Gäste sitzen auf Kissen und werden mit Beibooten hin- und zurückgebracht. Die Atmosphäre ist sehr authentisch, eine schöne Art, dem Traum von Tausend und einer Nacht noch ein Stück näher zu kommen. Plätze reservieren über das Restaurant im Mtoni Marine Centre (s.u.) oder über den Verkaufstand neben dem Serena Hotel, Tel. unter (0713) 740336 oder (024) 2250117.

● Monsoon Restaurant
Die wahrscheinlich gelungenste Art und Weise, den Flair von Sansibar in einem Restaurant umzusetzen. Sehr stilvoll, Schuhe bleiben vor der Tür, diniert wird auf Kissen und an niedrigen Swahili-Tischen, gereicht werden leckere Cocktails und exzellente Swahili-Küche. Im Gebäude des Orphanage. Empfehlenswert! Tel. (0777) 410410.

● Archipelago
In der Kenyatta Road, gegenüber der NBC-Bank, auf der Ostseite des Gebäudekomplexes, in dem sich auch das Sweet Easy befindet, im 1. Stock, offen zum Meer hin mit einem hervorragenden Blick auf den Hafen. Betrieben wird es von einer Australierin, die mit einem sansibarischen Koch verheiratet ist. Schwerpunkte der Küche sind sansibarische Speisen und Seafood; kein Alkoholausschank, Preis-/Leistungsverhältnis sehr gut. Tel. (0777) 462311.

● Livingstone Beach Restaurant
Internationale und sansibarische Küche in einem historischen Gebäude (gegenüber der NBC-Bank) direkt am Strand in Forodhani. Live-Musik, Reservierungen unter: Tel. (0773) 164939, E-Mail: livingstonerestaurant@zanzi-net.com.

● Mtoni Restaurant
Gehört zum Mtoni Marine Center und liegt 3 km nördlich der Stone Town (Taxi für 2000 TSh). Wahrscheinlich der beste Ort, um ein romantisches Dinner am Strand mit Fackeln zu erleben. Es werden auch schöne Buffet-Abende mit Taarab-Musik veranstaltet. Der deutsch-südafrikanische Küchenchef serviert eine der besten Küchen auf der Insel. Empfehlenswert! Tischbestellung über das Mtoni Marine Centre und unter: Tel. (024) 2250117.

● Weitere Restaurants mit einfachem, preiswertem Essen sind **Namaste** (gute indische Küche), **Nyumbani Restaurant, Zanzy** sowie eine Reihe anderer, die sich hinter irgendwelchen Schildern in den Gassen der Stone Town verbergen.

● Auf keinen Fall versäumen sollten Sie die **Forodhani Gardens** (Jamituri) mit den zahlreichen abendlichen Garküchen vor dem alten omanischen Fort.

Karten S. 774, 780, Umschlag hinten, XI,D3 — **Die Insel Sansibar (Unguja) ZANZIBAR TOWN** 803

Cafés

- **Amore Mio**
Falls die Besitzerin *Elisabetta Walzl* noch vor Ort ist: Hingehen! Sagenhaft schmeckende Eiscremes, Sorbets, Kuchen, Capuccino usw. Am Meer zwischen Africa House und Serena Hotel. Tel. (024) 2233666, Internet: www.amoremio.zanzibar.it.
- **Zanzibar Coffee House**
Kleines, aber feines Café mit französischen und belgischen Spezialitäten in Stone Town/Mchambawima in der Tharia Street. Frischer Bohnenkaffee und gemütliches Ambiente.
- **Neem Tree Café**
Nettes, ruhiges und vor allem zentrales Café/Restaurant im hinteren Teil des Old Fort. Hier werden auch Swahili-Kochkurse angeboten. Tel. (024) 2237823.
- **Msumbi Coffee Shop**
Feinstes Kaffeehaus in kolumbianischem Stil. Geschmackvoll eingerichtet, herrlich duftender Röstkaffee und vor allem sehr lecker. Liegt in Shangani, in der Gasse hinter dem Beit el Ajaib Hotel.

Bars und Clubs

- Beliebte Bars gibt es im **Chavda Hotel** (Kisimani Bar), im **Mtoni Marine Centre** (Mcheza Bar) und im **Serena Inn** (Masahani Bar).
- **Buni Café**
Liegt schön und zentral beim Orphanage nahe der Forodhani Gardens.
- **Gymkhana**
In den Suburbs von Stone Town. *DJ Yusuf* spielt Hip Hop und Rap aus Tansania.
- **Africa House Hotel**
Beliebteste Bar unter Reisenden in den späten Nachmittagsstunden (s.o.).
- **Starehe Club**
Am Strand, völlig heruntergekommen, kaum Touristen, afrikanische Musik, billiges Bier.
- **Dharma Lounge & The Garage Club**
Shangani Street. Kleine Disco mit den aktuellen Funk-Hits. Für Frauen meist Eintritt frei, viele Einheimische. Täglich ab 21 Uhr.
- Weitere Clubs befinden sich im **Bwawani Hotel** (Komba Discoteque) und im **Africa House Hotel** (The Pirate Cove). Ansonsten beschränken sich Discoabende auf die Strandhotels außerhalb der Stadt.

Kinos

Die Kinos von Sansibar sind nur bei absoluter Langeweile aufzusuchen, denn mehr als „Rambo rettet Amerika" oder kitschige Hindi-Seifenopern von rauschenden Filmkopien wird in Zanzibar Town nicht geboten.

Musik

Im alten omanischen Fort ist ein **Amphitheater** eingerichtet, in dem Tanzaufführungen stattfinden und Live-Bands auftreten (s.a. „Arabisches Fort").

Krankenhäuser

- **Mnazi Mmoja Hospital**
Staatliches Krankenhaus gegenüber dem Memorial Museum, Tel. 2231071, 2231648. Nur für den absoluten Notfall!
- **Al Rahma Hospital**
In Kilimani, Tel. (024) 2236715. Einfaches Krankenhaus mit einer Apotheke.

Apotheken

Gute Apotheken sind die **Shamsu Pharmacy** hinter dem Markt (Tel. (024) 2231262, (0747) 411480), die **Fahud Pharmacy** (Tel. (024) 2235669) an der Benjamin Mkapa Road und die gut sortierte **Kerry's Pharmacy** an der Kenyatta Road.

Polizei

- **Zanzibar Police Headquarter**
Ziwani, Tel. 2230246
- **Malindi Police Station**
(Stadtzentrum) Malawi Road, Tel. 2230771

Taxis

Im Stadtbereich und auch von einem Ende von Stone Town zum anderen empfehlen sich Taxis, besonders **bei Dunkelheit.** Taxis stehen meist zahlreich vor den großen Hotels, bei den Forodhani Gardens sowie am

Sansibar-Truhen

Die Sansibar-Truhe war während der frühen Sultanatszeit der **„Seesack der Araber".** Als noch Hunderte von Dhaus im jährlichen Pendel den Indischen Ozean besegelten, wurden die Holztruhen als Transportkisten genutzt, für teure Waren, Geld und die persönlichen Dinge. Das Innere der Truhen unterteilt eine Vielzahl von Fächern, auch herausnehmbare Schachteln und doppelte Böden mit Schubladen wurden eingebaut. Wohlhabende Geschäftsmänner konnte man in jener Zeit an der Größe ihrer Truhen und vor allem an den filigran verzierten Messingbeschlägen und Schnitzereien erkennen, selbst Elfenbeinsplitter und Edelsteine wurden in das harte Teakholz eingearbeitet.

Originale existieren heute kaum noch, doch ist seit einigen Jahren die Produktion von „Sindbads Truhen" wieder gestiegen. Verwendung finden sie als Mobiliar in Hotels oder als Souvenir in Form eines Schmuckkästchens oder um die heimische Hifi-Anlage draufzustellen. Für einige Sansibaris ist die Herstellung eine willkommene Einnahmequelle.

Flughafen und Hafen. Innerhalb von Stone Town kosten Transfers 1000–2000 TSh, vom Flughafen in die Stadt etwa 4000 TSh.

Busse

In Zanzibar Town bestehen vom **zentralen Busstand** gegenüber vom Darajani Market z.T. mehrmals täglich die nach Routen festgelegten Verbindungen in alle Regionen der Insel. Eine Fahrt z.B. nach Nungwi im Norden dauert 2 Stunden und kostet 1000 TSh (s.u.).

Fahrtziele der Dalla Dallas im Stadtbereich (von Darajani)

- **A:** Amaani-Stadion
- **B:** Bububu
- **J:** Jang'ombe
- **M:** Mwana Kwerekwe
- **U:** Flughafen

Die Dalla Dallas sind nach einem **Nummernsystem** eingeteilt, welches für die verschiedenen Fahrziele steht. Dies gilt auch für die Busse. Am besten richtet man sich nach dem an der Frontscheibe angebrachten Fahrziel.

Inselbusse (von Darajani)

- **101:** Mkokotoni (700 TSh)
- **102:** Mangapwani/Bumbwini (600 TSh)
- **103:** Kizambani/Kinyanga
- **104:** Uzini/Bambi
- **105:** Fumba (500 TSh)
- **108:** Unguja Ukuu (600 TSh)
- **112:** Kitope: (500 TSh)
- **116:** Nungwi (von 6–18 Uhr, 1000 TSh)
- **117:** Kiwengwa (900 TSh)
- **118:** Matemwe (700 TSh)
- **119:** Dongemwanda (700 TSh)

Inselbusse (von Mwembeladu)

Mwembeladu befindet sich ganz im Osten der Stadt. Von Darajani verkehren in ständigem Pendel Dalla Dallas dorthin, wo mehrmals am Tag folgende Anschlüsse bestehen:

- **105:** Kiboje (600 TSh)
- **106:** Chwaka (600 TSh)
- **109:** Paje/Bwejuu/Jambiani (einmal morgens um 9 Uhr)
- **110:** (Kizimkazi)/Makunduchi (800 TSh)
- **111:** Ndijani (600 TSh)
- **113:** Bambi (600 TSh)
- **114:** Uroa (600 TSh)

Schiffe, Fähren

- **Nach Dar es Salaam** (siehe auch dort) verkehren mehrmals täglich Fähren.
- Von Sansibar **nach Mkoani/Pemba** verkehrt unregelmäßig der Passagier-Katamaran „M. V. Sepideh", insgesamt 2- bis 3mal die Woche. Nach Tanga und Mombasa bestehen keine Fährverbindungen.
- Die Reedereien bilden die Kooperation **Zanzibar Ferries.** Überfahrtspreise von 15–40 $, je nach Schnelligkeit und Zustand der Fähre. Abfahrtszeiten sind: 7, 10, 13, 15.45

und 21.30 Uhr („slow boat" oder auch „night ferry" genannt). Die zuverlässigste und sicherste Verbindung bietet Azam Marine. Aktuelle Informationen zu Fahrplänen und Tarifen bekommt man in Zanzibar Town bei:
- **Azam Marine,** Tel. (024) 2231655, 2250201, 30–40 $, 1 Std. 15 Min.
- **Sea Express Services,** Tel. (024) 2234690, 2233002, 30–35 $, 1 Std. 30 Min.
- **Sea Star Services,** Tel. (024) 2234768, (0747) 414534, 30–40 $, 1 Std. 30 Min.
- **Flying Horse,** Tel. (024) 2233031/2, 2233184, 10 $, 3–4 Std.
- **Mega Speed Liners,** Tel. (024) 2232423, 30–40 $, 1 Std. 45 Min.
- **Ports Corporation,** Tel. (024) 2232857.
● Die **Mkunazini Shipping Company,** Tel. (025) 2237554, Büro am Hafen, unterhält die schon etwas betagten Passagierschiffe „Aziza I" und „II" und „Mapinduzi". Eines davon fährt jahreszeitlich über Dar es Salaam nach Mtwara.

Inlandsflüge

Das Angebot an Inlandsflügen ist groß, besonders zwischen den Inseln und dem Festland bestehen tägliche Verbindungen. Die einschlägigen Fluggesellschaften und deren Routen sind dem Kapitel zu Dar es Salaam zu entnehmen. Die Flugkosten nach Dar es Salaam sind nur geringfügig höher als der Preis eines Fährentickets (5 $ Ausreisegebühr bei Inlandsflügen). Die **Kontaktadressen** der Büros in Zanzibar Town lauten:
● **Air Tanzania**
Büro in der Shangani Street, Tel. (024) 2230297, 2230213, www.airtanzania.com.
● **Precision Air**
Büro im Mazson's Hotel, Tel. (024) 2234520-1, www.precisionairtz.com, E-Mail: pwznz@precisionairtz.com.
● **Coastal Aviation**
Büro neben dem Serena Hotel in Shangani, fliegt auch täglich nach Pemba, Tel. (024) 2233112, 2233489, www.coastal.cc, E-Mail: safari@coastal.cc.
● **Zan Air**
Zentrales Büro in Zanzibar Town, Tel./Fax (024) 2233670, 2233768, www.zan-air.com, E-Mail: reservations@zanair.com, bzw. Büro am Flughafen. Zan Air fliegt für 70 $ nach Pemba – one way!
● **Kenya Airways** unterhält ein Büro im Sports House an der Vuga Road, Tel. (024) 2232041/2, www.kenya-airways.com, E-Mail: kenyaair@zanlink.com.
● **Charterflüge** ab Sansibar betreiben neben Zan Air und Coastal auch Eagle Aviation, Tel. (024) 2230755 und Tanzanair, Tel. (022) 2113151/2.

Mietwagen

● Einfache japanische Pkws können ab 40 $ pro Tag gemietet werden. Jedoch gibt es – wie soll es auch anders sein – Unterschiede hinsichtlich der Qualität der Fahrzeuge. Kleine Suzuki-Jeeps und kleine Enduros werden vielerorts vermietet. Nicht alle sind ihr Geld wert. Eine gute Adresse ist derzeit **Ally Key** in der Stadt, Tel. (0747) 411797, 419377, E-Mail: allykeys786@yahoo.com. Er vermietet Autos (auch mit Klimaanlage) und 250er Enduros, diese ab 20 $ pro Tag.
● Aber auch bei den meisten **Tour-Unternehmen** können Fahrzeuge zu etwa denselben Konditionen gemietet werden, gegen Aufpreis auch mit Chauffeur. Einen guten Deal bietet auch Tropical Tours an: Für 35 $ pro Tag bei mindestens vier Tagen bekommt man einen Suzuki Vitara 4WD. Ein Internationaler Führerschein hilft, ansonsten sollte man erst zur Polizei und sich ein Permit holen, was allerdings bürokratisch ist und dauert.

Post

● Die **alte Post** mit internationalem Telekommunikationsschalter **(Telefon und Fax),** der täglich bis 20 Uhr geöffnet hat, befindet sich **an der Kenyatta Road.**
● **Tanzania Postal Bank/Western Union,** P.O. Box 1931, Tel. (024) 2231798, E-Mail: zanzibar@postalbank.co.tz.
● Ein **DHL-Büro** erreicht man unter Tel. (024) 2238281.
● Wer über Poste restante Post erwartet, muss sich an das **neue Hauptpostamt in Michenzani** wenden.

Internet

Internet-Cafés gibt es **zahlreich,** so in der Bazaar Street, in der Hurumzi und in der Kenyatta Road bei der Post; eine sehr gute Einrichtung ist das **Zitec InternetCafé** nahe der Kawawa Road.

Geldwechsel

- Die **Peoples Bank of Zanzibar** befindet sich hinter dem alten Fort, Zweigstellen gibt es auch am Flughafen, am Seehafen und beim Bwawani Hotel nördlich der Stone Town. Die Bar-Wechselkurse sind hin und wieder geringfügig höher als bei den Wechselstuben. In den gehobeneren Hotels ist der Kauf von Tansanischen Shillingen möglich, die Kurse sind jedoch kaum besser.
- **Forex-Büros** bieten meist gute Kurse (v.a. für Bargeld) und sind in Stone Town zahlreich vertreten. U.a. ist das Malindi Bureau de Change zu empfehlen, Suma International Head Office, Darajani, 1. Stock (auch US-Dollar gegen Kreditkarte), Tel. (024) 2234349, E-Mail: suma@zitec.org, Öffnungszeiten 8–18 Uhr, Sa bis 14 Uhr.
- **Geldautomaten** (ATMs) gibt es bei der Barclays Bank im Zanzibar State Trading Building und der NBC Bank.

Einkaufen

- In Stone Town gibt es zahlreiche **Souvenirläden**, besonders in den Gassen Changa Bazaar, Gizenga und Soko ya Muhogogo. Das Angebot ist vielseitig und reicht von Silberschmuck, Messingwaren, Schnitzereien, Sansibar-Truhen und -Türen bis hin zu Kitenge- und Kanga-Tüchern sowie Tinga-Tinga-Malereien. Ein guter Laden für Tücher ist an der Tharia Street. Auch beim Africa House Hotel bietet das Geschäft Kanga Kabisa ein gutes Sortiment. Reichlich Auswahl an T-Shirts gibt es zudem im Maki Shop, Ecke Shangani/Kenyatta. Gegenüber bietet die Boutique Zanzibar Secrets schöne, stilvolle und orientalisch legere Bekleidung (gute Qualität, die allerdings auch ihren Preis hat). Wer Interesse an den **Gewürzen** der Insel hat, sollte den Souvenirladen Spice Shop an der Kiponda Street aufsuchen. In einigen Läden werden auch **Antiquitäten** aus der britischen und Sultanatszeit angeboten – seien Sie vorsichtig, manches ist gefälscht. Auch die alten Wanduhren, die Sie manchmal sehen werden und die vor geraumer Zeit in Sansibar hergestellt worden sein sollen, stammen alle aus Europa oder Indien und sind nachträglich mit sansibarischen Namen versehen worden.
- Ein Geschäft mit großer Auswahl (auch Postkarten, Bücher usw.) ist die klimatisierte **Zanzibar Gallery** mit zwei Filialen (Gizenga Street, Kenyatta Road/Mercury House, Tel. (024) 2232721, E-Mail: gallery@swahilicoast.com). Hier werden alle gängigen Kreditkarten akzeptiert.
- **Memories of Zanzibar** in der Kenyatta Road gegenüber dem Shangani Post Office bietet ebenfalls eine riesige Auswahl zu gehobenen Preisen. Tel. (024) 2239376/7, E-Mail: memories@zanlink.com.
- Eines der größten und bekanntesten Antiquitäten-Geschäfte ist **Zanzibar Curio Shop** an der Ecke Hurumzi Street/Changa. Sansibar-Truhen, koloniales Mobiliar, alter Schmuck und viel Kleinkram verteilen sich auf mehrere Räume und Stockwerke und lassen kaum Wünsche übrig. Handeln und viel Zeit mitbringen! Internet: www.zanzibarcurio-shop.cjb.net.
- **Juwelierläden** gibt es in der Tharia Street.
  Handeln und feilschen Sie um den Preis, der sonst zu hoch ausfällt!
- **Filmmaterial** (auch Dia-Filme, jedoch teuer) bekommen Sie im Geschäft **Majestic Quick Foto** nahe dem Flamingo Guesthouse oder in **The Gallery.**

Tourveranstalter

In Zanzibar Town hat sich eine ganze Reihe von Tourveranstaltern auf **Ausflüge aller Art** spezialisiert. Das Angebot umfasst geführte Spaziergänge durch Stone Town, Bootsausflüge zu den nahen Inseln (mit Schnorcheln) und den Besuch der Sehenswürdigkeiten im Inselinnern (Spice Tour, Jozani Forest Reserve usw.).

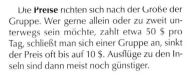

Die Preise richten sich nach der Größe der Gruppe. Wer gerne allein oder zu zweit unterwegs sein möchte, zahlt etwa 50 $ pro Tag, schließt man sich einer Gruppe an, sinkt der Preis oft bis auf 10 $. Ausflüge zu den Inseln sind dann meist noch günstiger.

● **Fernandes Tours & Safaris**
P.O. Box 647, Vuga Road, Tel. (024) 2230666, (0747) 413352, Tel./Fax (024) 2233102, E-Mail: fts@zanlink.com. Eines der besseren Unternehmen auf der Insel. Der Direktor *Fabian Fernandes* ist sehr hilfsbereit und bietet einen reibungslosen Service. Zum Standardprogramm gehören eine Spice Tour, der Besuch von Inseln, Stadtführungen usw. Nicht ganz billig, aber empfehlenswert.

● **Madeira Tours & Safari**
P.O. Box 251, Tel. (024) 2230339, (0713) 750289, Fax (024) 2230406, E-Mail: madeira@zanzinet.com. Bewährtes und verlässliches Reiseunternehmen. Hotel-Reservierungen, Auto-Vermietung, geführte Inseltouren.

● **Fisherman Tours & Travel**
P.O. Box 3537, Tel. (024) 2238791/2, Internet: www.fishermantours.com, E-Mail: reservations@fishermantours.com. Guter Veranstalter an der Vuga Road, der nahezu alles anbietet, auch Safaris auf dem Festland.

● **Sama Tours**
P.O. Box 2276, Tel. (024) 2233543, (0713) 608576, (0747) 430385, Internet: www.samatours.com, E-Mail: samatours@zitec.org. Bewährte Touren im Inselinneren (Spice Tour), die Führer sprechen z.T. deutsch, der Besitzer fährt oft selbst mit und kennt sich bestens mit Gewürzen aus. Er verschafft auch Einblick in abgelegene Dörfer. Das Büro ist in der Gizenga Street hinter dem „House of Wonder".

● **Eco & Culture Tours**
Hurumzi, gegenüber 236 Hurumzi Street Hotel, P.O. Box 1390, Tel. (024) 2230366, (0747) 413915, Internet: www.ecoculture-zanzibar.org, E-Mail: ecoculture@gmx.net. Hier wird sanfter Tourismus mit anderen Perspektiven geboten.

● **Zan Tours**
Partner-Unternehmen von Zan Air, Tel. (024) 2233116, 2233042, 2232692, Internet: www.zantours.com, E-Mail: zantoursinfo@zantours. com. Sehr zuverlässig, großes Netzwerk, organisiert so ziemlich alles. Empfehlenswert.

● **Equator Tours & Safaris**
P.O. Box 2096, Soko Muhogo Street, Tel. (024) 2233799, (0777) 428477, E-Mail: eqt@zanlink.com. Es werden alle bekannten Insel- und Stone-Town-Touren angeboten.

● **Zenith Tours & Travel**
P.O. Box 3648, Tel. (024) 2232320, 2238510, Internet: www.zenithtours.com, E-Mail: salim@zenithtours.com.

● Weitere zu empfehlende Veranstalter sind **Dolphin Tours** (Mkunazini Area), **Rainbow Tours** (Gizenga Street), **Mazsons United Tours** (beim Mazson's Hotel), **Suma Tours** (in der Nähe des alten Forts), **Chemah Brothers** (Kenyatta Road) **Giant Tours & Travel** (Forodhani Street) und noch einige andere. Ebenso findet man **Tourenangebote unter:** www.tourismzanzibar.com, www.zanzibar-exotictours. com, www.jambo-zanzibar.com, www.zanzibarmagic.com.

Sonstiges

● Die **deutsche Honorarkonsulin** auf Sansibar, Frau *Angelika Sepetu*, kann bei Notfällen kontaktiert werden; die Adresse lautet: Kiembe Samaki Kijijini, P.O. Box 1787, Zanzibar/Tanzania, Tel. (024) 2233691 (vormittags), (024) 2234062 (nachmittags), Fax (024) 2233691, Mobil (0747) 410045, E-Mail: sepetu_family@yahoo.com.

● Swahili-Interessierte können im **Institute of Kiswahili & Foreign Languages** an der Vuga Road **Sprachkurse** belegen, Tel. (024) 230724, 2233137, www.glcom.com/hassan/takiluki, E-Mail: takiluki@ zanzinet.com.

● Für geschichtlich Interessierte bieten die **Zanzibar Archives** (Nyaraka za Taifa) in Kilimani Area wochentags ab 8 Uhr Einblick in eine umfangreiche Sammlung von Büchern, Aufzeichnungen, Karten usw. Einige arabische Manuskripte gehen bis auf das 16. Jahrhundert zurück.

● Ein guter Damen- und Herren-Friseur ist der **Beautika Saloon** der Sansibari-Goanesin *Francisca Fernandes* an der Kenyatta Road gegenüber vom Shangani Hotel. Auch Henna-Hand- und Fußbemalungen, Pediküre usw.

ZANZIBAR TOWN (STRÄNDE, BOOTSAUSFLÜGE)

Strände bei Zanzibar Town

Obwohl direkt am Meer gelegen, sind die kleinen Strände von **Stone Town** nicht besonders attraktiv (am ehesten noch der Strand vom Tembo Hotel). Wer aber ein paar Tage in Zanzibar Town weilt, kann von dort schöne Tagestouren zu einsamen Inseln unternehmen (s.u.).

Die **Westküste** um Zanzibar Town ist arm an Stränden. Im Süden vereinnahmen die Strandhotels Zanzibar Beach Resort und Mbweni Ruins Hotel kleine Strandabschnitte für sich.

Der nächste öffentliche Strand ist die knapp 1 km lange **Fuji Beach** nahe des Dorfs Bububu, 6 km nördlich der Stadt. Bei der Polizeistation im Dorf führt ein kurzer Weg zum Meer hinunter, wo sich auch ein Café und das einfache Fuji Beach Guesthouse befinden (s.o.).

Die einsamen **Strandbuchten bei Mangapwani,** 18 km nördlich gelegen, sollten wegen der Gefahr von Überfällen nur im Rahmen eines organisierten Ausfluges aufgesucht werden (beispielsweise „Spice Tour").

Wer die wirklich endlosen Palmenstrände Sansibars aufsuchen möchte, muss zur Ostküste der Insel wechseln (vgl. auch „Sport und Aktivitäten").

Bootsausflüge zu den Inseln

Bootsausflüge zu den Inseln entlang der Westküste können von Zanzibar Town aus für einen halben bis ganzen Tag unternommen werden und sind entweder über die Tour-Unternehmen zu organisieren oder über einen der zahlreichen „Beach Boys" direkt am Strand vor dem Sea View Restaurant, die Sie für etwas weniger Geld zu der Insel ihrer Wahl bringen (nur für Budget-Reisende zu empfehlen!).

Tägliche Dhau-Fahrten

Tägliche Dhau-Fahrten werden vom **Mtoni Marine Centre** angeboten. Dabei stehen folgende Trips zur Auswahl:

● **Sunset Cruise** mit Abendessen am Strand: Diese Fahrt beginnt um 17 Uhr am Serena Hotel. Mit einer motorgetriebenen Dhau fährt man langsam an Stone Town vorbei, während diese von den letzen Sonnenstrahlen des Tages angeleuchtet wird, um den Hafen herum und weiter bis zum Mtoni Marine Center. Dort werden kurz die Ruinen des Mtoni-Palastes besichtigt, bevor es dann am Strand ein hervorragendes Seafood-Barbecue gibt. Die Tour kostet 55 $ p.P. und beinhaltet Abendessen, Getränke an Bord der Dhau sowie Transport-Service zurück zu Ihrem Hotel in der Stone Town.

● **Tagestour nach Prison Island:** Diese Fahrt beginnt morgens um 9.30 Uhr am Dhau-Hafen. Mit einer motorgetriebenen Dhau fährt man nach Prison Island. Die Tour kostet 45 $ p.P. und beinhaltet Mittagessen (Seafood und Salate) und Getränke an Bord der Dhau. Zusätzliche Kosten entfallen für den Eintritt zum Prison Island und für eine Schnorchelausrüstung.

Changu/Changuu („Prison") Island

Die Insel Changu ist etwa 1 km lang und 200 m breit und war einst im Privatbesitz eines reichen Arabers, der hier Sklaven „zwischenlagerte". General *Mathews* (siehe „Mathew's House") kaufte sie ihm 1893 ab und ließ aus den ehemaligen Sklavenbehausungen ein Gefängnis bauen, das jedoch ungenutzt blieb. In den 1920er Jahren diente

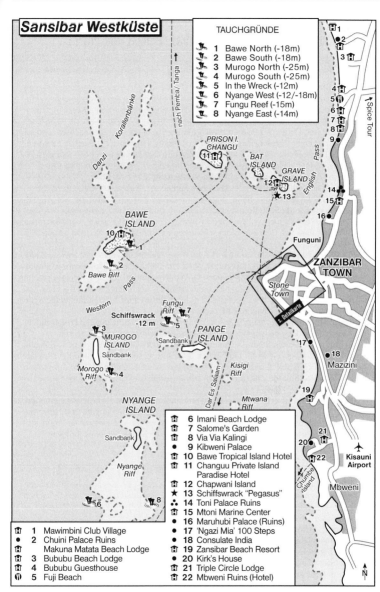

SPORT UND AKTIVITÄTEN

Sport und Aktivitäten auf Sansibar, Pemba und Mafia

Sonnen und Baden

Die Gewürzinseln haben sich zu einem der beliebtesten Badeziele im Indischen Ozean entwickelt. Besonders auf der Hauptinsel Sansibar hat sich eine Reihe von luxuriösen Hotels etabliert, die dem bisherigen Beach-Paradies von Mombasa/Kenia Konkurrenz machen. Nahezu die Hälfte der gesamten Küste der Insel präsentiert sich als makelloser Sandstrand, mit Orten, wo Palmen postkartengerecht in die Schräge wachsen. Pemba zählt nicht weniger Strandmeilen, doch die touristische Infrastruktur ist noch nicht ausgebaut: Nur unternehmungslustige Rucksack-Reisende suchen hier entlegene Strände auf.

Bei der Wahl des Hotels/Guesthouses kann lediglich überlegt werden, ob Ost- oder Westküste, sprich: ob ohne oder mit Sonnenuntergang über dem Meer.

Generell sind die Strände an der **Ostküste Sansibars** als paradiesisch zu bezeichnen: Palmenhaine, weißer, feiner Sand, angenehme Brisen und reichlich Ruhe, sofern man nicht in der Nähe der 400-Betten-Hochburgen der italienischen und spanischen Pauschaltouristen bei Mchangani/Kiwengwa nächtigt. Entlang der Ostküste, von Kiwengwa bis Jambiani, lässt sich bei Ebbe kaum schwimmen, denn das Meer ist dann bis zum Riff nur noch kniehoch.

Die **Westküste** bietet auf Sansibar (Unguja) weniger Strände, auch ist der Sand hier mancherorts nicht ganz so fein. Weniger Wind erlaubt hier aber beispielsweise ein Volleyballmatch am Strand, die Bedingungen für Windsurfen sind dagegen weniger gut. Im Norden bei Kendwa fehlen die Palmen, dafür lässt sich hier jederzeit, auch bei Ebbe, gut schwimmen und schnorcheln. Leider gibt es bei Kendwa zum Teil Sandflöhe, die manchem das Strandleben schwer machen können.

Strände in Stadtnähe, wie z.B. bei Fuji, sind nicht minder attraktiv und bieten zudem die Möglichkeit, auch mal abends ein paar Stunden nach Stone Town zu fahren.

Nicht überall, wo ein Strand ist, kann man auch bedenkenlos in die Fluten springen. Gerade auf Sansibar mit seiner islamischen Bevölkerung sollten Sitten und Religion des Gastlandes rücksichtsvoll bedacht werden. Anders ist die Situation im Falle der großen Hotels: Hier sind Strände extra fürs Baden ausgewiesen. Für Frauen gilt: „Oben ohne" ist überall auf den Inseln tabu!

Diebstähle und Überfälle an einsamen Strandabschnitten sind schon vorgekommen. Provozieren Sie solche Taten nicht, indem Sie offen Wertsachen tragen, und halten Sie sich im Bereich der Hotels und Lodges an die Anweisungen. Die meisten der Touristen-Einrichtungen haben bewachte Strände, und das Baden ist hier gefahrlos möglich.

Tauchen und Schnorcheln

Korallenbänke und steil abfallende Riffe mit einer einzigartigen, sehr artenreichen tropischen Fischwelt (siehe „Der Indische Ozean – Sansibars Unterwasserparadies") machen den Archipel Sansibar zu einem bemerkenswerten Schnorchel- und Tauch-Paradies im Indischen Ozean.

Vor allem **Schnorcheln** lässt sich praktisch überall. Wer ambitionierter Schnorchler ist, sollte seine eigene Ausrüstung mitbringen. Ansonsten bieten aber auch viele Guesthouses und Beach-Hotels Masken und Schnorchel an. Herrliche **Schnorchelgebiete** finden sich auf den Zanzibar Town vorgelagerten Inseln, wie Bawe und Chumbe. Letztere besitzt grandiose Korallenformationen und steht unter dem Schutz des **Chumbe Island**

Coral Park. Hier ist nur Schnorcheln angesagt, Flaschentauchen wird nicht praktiziert. Ebenfalls sehr gut zum Schnorcheln geeignet ist die **Misali Island Conservation Area** an der Westseite Pembas (siehe dort).

Ein berauschendes Erlebnis ist das Schwimmen/Schnorcheln **mit Delfinen**. Am Südende Sansibars im Bereich von Kizimkazi leben in größeren Gruppen ständig mehrere Familien, die mit Maske und Flossen in nur wenigen Metern Abstand begleitet werden können. Ab und zu kommen auch Gruppen in die Gewässer vor der Stone Town, und man kann bei einem Sundowner von der Terrasse des Africa House Hotels mit dem Fernglas ihr Gespiele verfolgen.

Fast jedes Reiseunternehmen auf Sansibar bietet **Halbtagestouren nach Kizimkazi** für 15–30 $ an (inkl. Transport und Verpflegung). Mit dem Boot nähert man sich den Delfinen und springt schließlich ins Wasser zu ihnen. Wer Glück hat oder schnell genug ist, kann die verspielten Flipper auch anfassen. Für internationale Tierschutzverbände und Zoologen sind diese so genannten **Dolphin Trips** ein Gräuel. Sie fordern einen überwachten und respektvollen Umgang mit den Delfinen, da sonst eine komplette Abwanderung drohe, womit Sansibar um eine Attraktion ärmer wäre!

Die Inseln **Pemba und Mafia** gehören zu den besten Tauchregionen entlang der afrikanischen Ostküste. Erkundet werden können Korallenformationen und Schiffswracks, die Fischwelt ist prächtig. Manchen passionierten Tauchern ist jedoch die Vielfalt an Großfischen nicht groß genug. Einen Höhepunkt bildet die Unterwasserbegegnung mit Riesen-Mantas vor der Nordwestküste Pembas in den Monaten Februar und März.

Wer einen Tauchschein hat oder aber diesen erwerben möchte (PADI-Kurs), wendet sich an die zahlreichen **Tauchbasen** in Zanzibar Town oder der gehobeneren Hotels auf den Inseln. Ein ungefähr zweistündiger Tauchgang kostet bei den meisten Anbietern etwa 50 $. Ohne Tauchschein kann man den Einstieg in die Tauchwelt im Rahmen eines Kurses wagen. Der „Beginners fun-dive" (PADI open water course) zur Erlangung eines Tauchscheins dauert vier bis fünf Tage und schließt mit einem international anerkannten Zertifikat ab (Kostenpunkt ca. 350–400 $). Vergleichen Sie die jeweiligen Angebote, da es auch je nach Nachfrage Low-Season-Preise geben kann! Für Nicht-Tauchschein-Besitzer werden auch Schnupperkurse angeboten.

Tauchen ist das ganze Jahr über möglich, mit Einschränkungen während der großen Regenzeit von April bis Mai. Das gilt speziell für die Ostküsten der Inseln, doch gibt es auch in diesen Monaten immer wieder Tage ohne Regen, die eine verblüffende Sicht unter Wasser erlauben. Gute Monate sind in der Regel Juli bis November, wenn die Winde aus südlicher Richtung wehen. Wenn die Nordwinde von November bis Februar das Klima beherrschen, ist das Meer noch ruhiger und die Sichtweiten unter Wasser gehen bis auf 60 m. Viele der Unternehmen tauchen nicht tiefer als 25 m.

Zu den derzeit professionellsten Unternehmen im Tauchsport gehören:

Tauchunternehmen auf Sansibar

●**One Ocean – Zanzibar Dive Centre**
P.O. Box 608, Tel. (024) 2238374, Fax 2234877, (0784) 750161 (Gary), Internet: www.zanzibaroneocean.com, E-Mail: oneocean@zanlink.com. Gut organisierte Tauchbasis in Stone Town gegenüber vom alten britischen Konsulat (Stone-Town-Karte Nr. 33). Bietet PADI-5-Star-Kurse, Unterricht auch in Deutsch (sofern der Lehrer gerade da ist!), Tauchgänge hauptsächlich an der Westküste, täglich geöffnet. One Ocean fährt mit einer Diesel-betriebenen Dhau zu den nahe gelegenen Inseln und Riffen (Bawe, Murogo, Nyange), für weitere Strecken werden schnellere Boote verwendet. Ein Tauchgang kostet 65 $, zwei 110 $ (Ganztages-Trip mit Mittagessen). Eine weitere Tauchbasis von One Ocean ist

dem Beach-Hotel Matemwe Beach Village angegliedert. Von dort werden Tauchgänge zum Mnemba-Atoll organisiert.

● Bahari-Divers
P.O. Box 204, Tel. (0784) 254786, Internet: www.zanzibar-diving.com, E-Mail: baharidivers@yahoo.com. Gutes Tauchunternehmen in Stone Town (Dive Center schräg gegenüber vom alten britischen Konsulat) gemanaged von der Deutschen *Inka Glugla* und dem Sansibari *Sufiani Makame*. Fast alle Tauchgänge finden an der Ostküste statt, 10 dives für ca. 300 $. Nacht-Tauchgänge etwa 65 $.

● Scuba Shack Diving Centre
P.O. Box 2615, Tel. (0784) 425033, (0777) 427380, Internet: www.scubashackzanzibar. com, E-Mail: info@scubashackzanzibar.com. Von dem Deutschen *Florian Grass* gegründetes Tauchunternehmen in Kendwa, angeschlossen an die Kendwa Rocks Bungalows. Padi-Tauchkurse in Deutsch, Englisch und Kisuaheli vom Schnuppertauchen bis zum Dive Master. Es stehen 30 verschiedene Tauchplätze zur Auswahl, 10 Tauchgänge etwa 225 $.

● Scuba-Do
Tel. (0784) 415179, (0777) 417157, Internet: www.scuba-do-zanzibar.com, E-Mail: do-scuba@scuba-do-zanzibar.com. Padi-Dive Center des Sansibar-Engländers *Christian* und der Amerikanerin *Tammy* zwischen Kendwa Rocks und Sunset Bungalows. Bieten ebenso alle üblichen Tauchgänge und -kurse im Rahmen des Padi-Standards an.

● Mlango Matemwe Dive Centre
Tauchbasis für Genießer an einem wahrhaft verlassenen, ruhigen Ort! Angegliedert an die makellosen Matemwe Bungalows, wird der Tauchurlaub hier zu einem unvergesslichen Erlebnis.

● Ras Nungwi Dive Centre
Professionelle Tauchbasis mit gutem Service im empfehlenswerten Ras Nungwi Beach Hotel (Internet: www.rasnungwi.com).

● East African Diving & Watersport Centres
Tel. (0777) 420588, 416425, E-Mail: eadc@zitec.org, www.sansibar-tauchen.de. Tauchbasis in Nungwi bei den Amaan Bungalows (günstig), getaucht wird beim Hunga Riff und am Mnemba-Atoll (teurer). Deutscher Betreiber und Tauchlehrer *Michael Kurz*.

● Vera Club Divers
Tauchschule im Beach Hotel Vera Club (nördlich von Kiwengwa).

● Paje East Coast Diving
Tauchstützpunkt bei Paje an der Ostküste. Für Vieltaucher wegen der schlechteren Sichtverhältnisse und der etwas „mageren" Unterwasserwelt nicht unbedingt zu empfehlen.

● Ndema Paje Diving Center
In Paje direkt neben Paje Palace. Interessante Tauchplätze (u.a. Caves).

● Blue World Diving
Tel. (0773) 125078, Internet: www.bluworlddiving.com. Neueres, junges und dynamisches Tauchunternehmen, welches der Fumba Beach Lodge im Südwesten Sansibars angegliedert ist. Ideal für Leute, die eine schöne, einsam gelegene Beach-Unterkunft mit ihrem Tauchurlaub verbinden möchten. Blue World bietet zudem Tauchgänge in kaum besuchten Gewässern und daher noch wesentlich mehr Exklusivität als z.B. Nungwi.

Tauchunternehmen auf Pemba

● Swahili Divers
P.O. Box 146, Chake Chake, Tel. (024) 2452786, Fax 2452768, Internet: www.swahilidivers.com, E-Mail: swahilidivers@zanlink.com. Empfehlenswerte Tauchbasis auf Pemba, geleitet von *Farhat Jah* („Raf" für Freunde), stationiert in der Old Quaker Mission (The

Old Mission Lodge) in Chake Chake. Swahili Divers bietet täglich Tauchgänge, auch Schnupperkurse. Die Tauchlehrer sind sympathisch und erkunden stets neue Gebiete. Hauptsächlich wird an Pembas Westküste getaucht, beliebt sind Misali Island und Njao gap. Mit einer Motor-Dhau finden die Transfers statt, für weitere Strecken kommen schnelle Schlauchboote zum Einsatz. Seit neuestem gibt es auch eine umgebaute Motor-Dhau zum „Liveaboard" für 3–7 tägige Tauchtörns. Die Preise sind moderat: Ein PADI-Kurs liegt bei etwa 250–360 $, ein ganzer Tag Tauchen bei 85–90 $. Die Unterkunft selbst bietet gute Küche und organisiert auch Ausflüge für Nicht-Taucher.

●**Emerald Ocean Divers**
P.O. Box 111, Mkoani, Tel. (024) 456042, E-Mail: pembablue@hotmail.com. Tauchbasis im Jondeni Guesthouse mit guter Ausrüstung und südafrikanischem Tauchlehrer. Getaucht wird entlang der gesamten Westküste Pembas, die Preise für Tagesausflüge variieren je nach Entfernung.

●Die Beach-Hotels **Manta Reef Lodge** (Internet: www.mantareeflodge.com) und **Fundu Lagoon** (Internet: www.fundulagoon.com) haben ebenfalls Tauchbasen. Besonders Manta Reef ist bewährt und bietet die Yacht „SY Jambo" für einen Liveaboard-Törn an.

●Als schwimmende Tauchbasis sind die kleinen **Yachten „Karibu" und „Sitra"** des Unternehmens Pemba Afloat (Internet: www.pembaisland.com) zu empfehlen. Hier verbringt man mehrere Nächte auf dem Boot, während hervorragende Tauchgründe angefahren werden. Kosten auf der „Karibu": 300 $ p.P. und Nacht, inkl. sämtlicher Verpflegung, Getränke, Tauchgänge usw.; mind. 2 Personen, max. 4. Für Rucksackreisende gibt es auf der „Sitra" eine preisgünstigere Variante: 50 $ p.P. und Nacht, inkl. Verpflegung. Schnorchelgänge schlagen dann mit 10 $ zu Buche. Meistens wird eine Übernachttour zur Misali Island unternommen. Die Boote haben ihren festen Platz in der Blue Bay bei Njao (Nordwestküste von Pemba). Zu kontaktieren über E-Mail: pembaafloat@pembaisland.com. Weitere Infos unter: www.africatravelresource.com.

●Professionelle Tauchbasen **auf Mafia Island** sind den Hotels angegliedert.

Tauchgründe

Sansibars Tauchgründe haben mittlerweile internationalen Ruf. Die Saum- und Barrierriffe, welche die Inseln fast gänzlich umgeben, bieten eine Reihe von herrlichen Tauchgebieten. Fast wöchentlich gibt es Neuentdeckungen. Die **Korallenbänke** sind vielerorts noch unbeschädigt. **Wracktauchen** ist ebenfalls möglich, sowohl in den Gewässern vor Stone Town als auch am Südende der Insel Pemba. Die obere Wassertemperatur beträgt durchschnittlich 27°C das ganze Jahr über.

Bereits die Gewässer **vor Zanzibar Town** bieten gute Korallenriffe und auslaufende Sandbänke zum Schnorcheln und Tauchen (siehe Karte zu Sansibars Westküste). Die Pange Sandbank erlaubt keine tiefen Tauchgänge (max. 18 m), hat aber schöne Korallenbänke und ist daher gut zum Schnorcheln. Bawe Island ist ebenfalls ein tolles Ausflugsziel zum Schnorcheln. Nach Nyange zieht es die erfahrenen Taucher, Haie können hier gesehen werden.

Weiter südlich liegt **Pwakuu,** wohl einer der besten Tauchgründe im Westen Sansibars, in der Regel ein Ganztagesausflug mit zwei dives. In der Nähe liegt dann noch **Tambare/Boribu,** wo allerhand Großfische, unter anderem Walhaie, aber auch Barrakudas, Thunfische, Rochen und Muränen keine Seltenheit sind.

Im Norden Sansibars bei **Nungwi** bestechen vor allem die Leven Bank am Beginn des Pemba Channel (tiefe Tauchgänge, Unterwasserströmung), das Hunga-Riff mit sehr unterschiedlichen Korallenformationen und Tiefen um die 20 m und das Mnemba-Atoll, welches mit teilweise bis zu 60 m steil abfallenden Riffwänden ein absolutes Erlebnis ist.

Die **Ostküste Sansibars** bietet besonders bei Pongwe und im Dongwe Channel erlebnisreiche Tauchgebiete. Bei **Matemwe** liegt gegenüber des Muyuni Beach der Tauch-Leckerbissen von Sansibar, das Mnemba Atoll, dessen umgebendes Riff einen der besten Tauchgründe in Ostafrika bietet.

Segeltörns

Sansibars Inselwelt im Rahmen eines Segeltörns zu erleben, ist sehr eindrucksvoll. In Nungwi, an der Nordspitze Sansibars, sind für mehrtägige Unternehmungen folgende Veranstalter zu erwähnen:

●**Zanzibar Sail**
Der deutsche Skipper *Olaf Nitschmann* und seine Partnerin *Sonja* organisieren Segeltörns an der Küste Ostafrikas. Ihr Sitz ist die meiste Zeit in Nungwi/Nord-Sansibar. Die 43 Fuß große „S.M. Wimbi Nyota" verfügt über 4 Doppelkabinen, ideal für bis zu 6 Leute, die auch aktiv mitsegeln wollen. Außerdem gibt es noch den neuen Katamaran „Julia" für die weniger erfahrenen Segler (bis zu 6 Personen), betreut von dem südafrikanischen Skipper *Gerry*. Der Rund-Törn startet normalerweise in Nord-Sansibar und umrundet 3–4 Tage lang Pemba. Getaucht wird ebenfalls, Ausrüstung ist an Bord.

Im Internet Preise und Infos unter www.sandandland.com und www.zanzibarsail.net, eine gute Beschreibung gibt es auf den Pemba-Seiten von www.africatravelresource. com, E-Mail: zanzibarsail@yahoo.de, info@zanzibarsail.net.

●**Tanzania Yacht Charters**
P.O. Box 12603, Dar es Salaam, Tel. (0787) 939604, (0784) 292781, Fax (022) 2617334, Internet: www.tanzaniayachts.com, E-Mail: tanzaniayachts@hotmail.com, sales@tanzaniayachts.com. Bietet Yachtcharter in Dar es Saalam, Zanzibar, Pemba und Mafia.

Hochseefischen

Der Archipel Sansibar ist ein Eldorado zum Hochseeangeln, gute Gebiete sind der **Zanzibar Channel** und **Lantham Island.** Noch besser scheinen die Gewässer von Pemba zu sein. Zwischen der Insel und dem Festland erstreckt sich der über 700 m tiefe **Pemba Channel,** unter Hochseefischern eines der beliebtesten Fischfanggebiete vor der gesamten Ostküste Afrikas. Auch Mafia Island gewinnt an Popularität unter den Fischern.

Begehrte Fänge sind Black Marlins, Barrakudas, Schwertfische, diverse Haiarten (z.B. Hammerhaie) und weitere Großfische, die alle schon in rekordverdächtigen Abmessungen aus dem Meer gezogen wurden.

●**Ras Nungwi Beach Resort** (Sansibar)
Tel. (024) 2233767/3615/2512, Internet: www.rasnungwi.com, E-Mail: info@rasnungwi. com. Dem Hotel angegliedert ist ein sehr gutes Unternehmen, spezialisiert auf Hochseefischen.
●**Mnemba Island Lodge** (Sansibar)
●Hochseefischen ist auch über die Hotels auf Mafia möglich (siehe dort).

die Insel indischen Einwanderern als Quarantänestation, danach blieb sie unbewohnt. Das **alte Gefängnis,** wo knorrige Äste durch verrostete Gitter wachsen, hat die Jahre überdauert und verleiht „Prison Island" eine besondere Note.

Für manchen noch weitaus interessanter als die Ruine sind die (völlig harmlosen) **Riesen-Landschildkröten** auf der Insel. Einige sollen schon über 200 Jahre „auf dem Panzer" haben, und es wird erzählt, dass ein Seefahrer eine Gruppe im 19. Jahrhundert von den Seychellen mitbrachte. Der Zustand der Schildkröten ist jedoch erbärmlich, hinzu kommt ein mannshoher Zaun, so dass man sich wie im Zoo vorkommt. Die mittlerweile 4 $ Eintrittsgebühr sind auch überzogen.

Die **Bootsfahrt zur Insel** dauert knapp 30 Minuten und kostet mindestens 10 $ pro Person. Dafür lässt sich dort ganz gut schnorcheln (Taucherbrillen und Zubehör werden auf der Insel vermietet) oder einfach am Strand faulenzen. Die historischen Gebäude wurden mittlerweile z.T. restauriert und in eine neue Lodge einbezogen, die gerade eröffnet worden ist und über 27 Bungalows verfügt (Internet: www.privateislands-zanzibar.com).

Grave Island

Zanzibar Town am nächsten liegt diese kleine Insel, auch **Chapwani Island** genannt. Ab 1879 von den Briten als Friedhof genutzt, sind die **Gräber** heute noch zu sehen; viele der hier liegenden Marinesoldaten verloren ihr Leben im Kampf gegen arabische Sklaven-Dhaus oder im 1. Weltkrieg, als der deutsche Kreuzer „Königsberg" vor Sansibar die britische Fregatte „Pegasus" versenkte. Die Leichen von 24 Matrosen konnten damals geborgen werden und wurden auf Grave Island bestattet.

Die Insel hat einen traumhaften Strand, die Unterkunft **Chapwani Private Island Sansibar** bietet Barfuß-Luxus, allerdings ab 130 $ pro Person (Internet: www.chapwaniisland.com).

Bat Island

Die Insel zwischen Changu und Chapwani wird auch **Snake Island** genannt, da sie unbewohnt und dicht be-

Schildkröte auf „Prison" Island

wachsen ist und angeblich viele Schlangen auf ihr leben. Ein Strand fehlt, so dass nur selten jemand dorthin aufbricht.

Bawe Island

Diese lange Zeit unbewohnte Insel liegt etwas weiter entfernt. Einige **Strandbuchten** eignen sich jedoch ganz fantastisch zum Sonnen, Schwimmen und Schnorcheln. Hier entstand vor kurzem ein neues Hotel, das Bawe Tropical Island mit 15 Bungalows (Internet: www.privateislands-zanzibar.com).

Murogo, Pange und Nyange

Die drei großen **Sandbankinseln** im Westen von Zanzibar Town werden hauptsächlich von Schnorchlern und Tauchern aufgesucht. Manche Unternehmen bieten so genannte „Moonlight-Cruises" mit restaurierten Dhaus an – am Strand liegend, umgeben vom Rauschen des Ozeans, können Sie sich dem Genuss des Sternenhimmels hingeben.

Chumbe Island Coral Park

Die 13 km südlich von Zanzibar Town gelegene Insel Chumbe Island und die Korallengärten an ihrer Westseite stehen unter dem Schutz des Chumbe Island Coral Park (CHICOP) – hierbei handelt es sich um das **erste private Marine-Reservat der Welt!** Neben der fabelhaften Unterwasserwelt – ein führender Professor der Meeresbiologie legte sich fest: „The world's best shallow-water coral reef, containing 90% of all coral species ever recorded in East Africa" – ist auch die etwa 750 m lange Insel zusätzlich als Naturreservat deklariert. In etwa 40-minütiger Bootsfahrt wird das von Frau **Sibylle Riedmüller** ins Leben gerufene internationale Vorzeige-Projekt erreicht. Die Deutsche entdeckte Anfang der 1990er Jahre auf einem Schnorcheltrip die faszinierenden Korallengärten von Chumbe und entschloss sich, ein Projekt zum Schutze dieses einzigartigen Reichtums ins Leben zu rufen.

Umweltfreundlich in die Natur integriert ist die bemerkenswerte **Chumbe Island Lodge.** Besucher bewegen sich barfuß auf Sandwegen, Strom und Warmwasser werden mit Sonnenenergie gewonnen, die Abwasser- und Fäkalienentsorgung geschieht ohne Belastung des Ökosystems. Die weit ausladenden Dächer der sieben bewundernswerten Bungalows (Eco-Architecture) können große Mengen Regenwasser sammeln, das dann in unterirdischen Tanks gespeichert und aufbereitet wird – die einzige Wasserquelle ist der Himmel! Auf Chumbe gibt es kein Fernsehen und kein Telefon, nur das Funkgerät sorgt für den Kontakt zur Außenwelt.

Was bei Besuchern aus aller Welt Begeisterung hervorruft und den Traum einer Robinsonade für eine Nacht wahr werden lässt, wird von den Behörden Sansibars argwöhnisch beobachtet, soll sich Sansibar doch als „fortschrittliches" Urlaubsziel präsentieren: Luxuriöse Hotelburgen mit dreistelligen Bettzahlen sind für die Autoritäten das Maß der Dinge. Nach jeder regelmäßigen Stippvisite auf Chumbe muss sich das sympathische Management denn auch

„Kritik"punkte anhören wie: Es fehle ein Swimmingpool mit Plastikliegen, die „primitiven" Bungalows hätten keine Tür und sollten durch Sichtschutzmauern unterteilt werden, und ein ratternder, Öl und Ruß ausstoßender Stromgenerator zur Kühlung des Biers in der noch anzulegenden TV-Bar sei auch wünschenswert ...! Chumbe ist nur eines von vielen Beispielen, wo die Vision eines naturfreundlichen und alternativen Tourismus mit den hochtrabenden Vorstellungen von Funktionären in Drittweltländern kollidiert.

Der Besuch von Chumbe Island ist absolut lohnenswert. Die Insel wird über kleine Pfade erkundet, entlang eines **Nature Trails** bekommt man Korallenformationen und das Mangrovenwachstum erklärt.

Der Baumbestand der Insel ist das Zuhause einer bemerkenswerten **Vogelwelt.** Seit 1999 weilt eine kleine Population von **Sansibar Rotduckern** (lat. *Cephalophus adersi,* engl. *Ader's Duiker*) auf der Insel. Die vom Aussterben bedrohte kleine Antilopenart ist auf Sansibar endemisch. Mit Hilfe des Zoos München-Hellabrunn wurde ein fortpflanzungsfähiger Bestand auf Chumbe angesiedelt. Auf Unguja sind Rotducker, trotz Schutzmechanismen, der hemmungslosen Jagd ausgesetzt. Mit Infrarot-Kameras wird ihr Verhalten derzeit in ihrem Exil-Habitat studiert.

Die große Attraktion für Besucher sind jedoch die so genannten **Coconut Crabs,** Kokosnuss-Krabben, die mehr an Land als im Wasser leben und eine Größe von bis zu 45 cm erreichen (siehe „Tierwelt"). Tagsüber sind sie selten zu sehen, abends aber besuchen sie das Restaurant der Lodge ...!

Die **Korallengärten** und ihre exotische Fischwelt an der Westseite der Insel sind faszinierend. Mit Maske, Schnorchel und begleitet von geschultem Personal wird auf „Underwater Trails" das empfindliche Ökosystem erkundet.

Zum Sonnenuntergang wird ein **Leuchtturm aus kolonialer Zeit** bestiegen; die Aussicht von dem 1904 errichteten Bauwerk ist phänomenal!

Chumbe darf **nur über** ein Tour-Unternehmen gebucht werden, ein kompletter Tagesausflug kostet etwa 70 $ p.P. und ist nicht immer möglich. Man sollte besser ein bis zwei Nächte auf Chumbe verbringen.

Die **Übernachtung** liegt je nach Saison zwischen 150 $ (März bis Anfang April, Oktober bis Anfang Dezember) und 200 $ pro Person bei Vollverpflegung, inkl. nicht-alkoholischer Getränke. Der Preis beinhaltet auch den Transfer von und nach Sansibar (Bootsfahrt ab Mbweni Ruins Hotel), Schnorcheltrips, Inselführungen usw. Zu buchen über ein Tour-Unternehmen.

Informationen direkt bei:
● **CHICOP**
P.O. Box 3203, Zanzibar, Tel./Fax (024) 2231040, Tel. (0713) 601378, 604705
E-Mail: chumbe@zitec.net,
www.chumbeisland.com

Dolphin Tour

Das berauschendste Erlebnis in Sansibars Gewässern ist das **Schwimmen mit Delfinen** (mehr dazu unter „Sport und Aktivitäten").

Ausflug ins Inselinnere:
Spice Tour – die „Gewürztour"

Der wahrscheinlich populärste Ausflug ist die so genannte Spice Tour, eine **Tagesreise zu Ruinenstätten und durch die einzigartige Gewürz- und Früchtekammer Sansibars.** Unter der Führung von erfahrenen Sansibari werden Ihnen die verlassenen Paläste Mtoni und Kibweni sowie das ehemalige persische Bad von Kidichi gezeigt. Schließlich erfolgt der Besuch von verschiedenen Pflanzungen bei lokalen Bauern im grünen Herzen der Insel. Auf engstem Raum stehen hier die unterschiedlichsten Bäume und Pflanzen; die kulturelle und kulinarische Bedeutung ihrer Früchte, Blätter, Rinden, Blüten und Knospen wird Ihnen erläutert: Erfahren Sie, wie süß die Zitrusfrucht Litschi tatsächlich ist, wenn Sie reif gepflückt wird (August bis Dezember). Staunen Sie über in Europa nahezu unbekannte Früchte, wie die zottelig aussehende Rambutan, die nach Erdbeere schmeckende Mangosteen, die große und etwas muffelnde Dorian und noch viele andere mehr. Beobachten Sie, wie die Blätter der Palmen zum Flechten von Körben oder zur Bedeckung von Hütten genutzt werden, wie die Fasern der Kokosnüsse als Brennstoff dienen können oder zur Herstellung von Seilen verwendet werden. Kosten Sie den auf Sansibar beliebten Saft der jungen Kokosnuss, einen vitamin- und nährstoffreichen Trunk, der Dafu genannt wird. Oder lutschen Sie an den äußerst sauren Kakaobohnen, die erst durch Rösten, Mahlen und den Zusatz von reichlich Zucker zur schmackhaften Schokolade werden, wie wir sie kennen.

Mittags kommen Sie dann in den Genuss einer „Speisenprobe": Im Schneidersitz auf geflochtenen Palmmatten sitzend, dürfen Sie mit bloßen Fingern zugreifen – serviert wird Salat aus rohen Papayafrüchten, Reis und Fladenbrot werden zu gewürzten Curry-Kokosnusssoßen gereicht, verfeinert mit Kardamom und Nelkenblättern – um nur ein Beispiel zu nennen aus der vielfältigen Küche Sansibars.

Zum Abschluss des Nachmittags wird an die traurige Seite der Inselgeschichte erinnert. Im Norden bekommen Sie die versteckten Sklavenhöhlen von Mangapwani gezeigt. Mit einem erfrischenden Bad an der einsamen Strandbucht wenige Meter weiter geht die Spice Tour zu Ende.

Diese Tour wird von fast allen Tour-Unternehmen angeboten, wobei einige mehr am großen Geld interessiert sind als an einer adäquaten Führung. Sehr zu empfehlen ist **Mitu's Spice Tours;** hier startet man täglich um 9 Uhr vom Cinema Afrique mit kleinen offenen Lieferwagen. *Mitu,* der als erster vor zwanzig Jahren mit seinem Taxi diese Art der Inseltour ins Leben rief, gehört zu den profundesten Kennern der Vegetation und Geschichte Sansibars. Seine jungen und sympathischen Mitarbeiter führen die Tour ebenfalls sehr gut. Preise je nach Saison ab 12–15 $. Von einigen Veranstaltern wird im Rahmen des Transfers von Stone Town zu den jeweiligen Strandhotels eine verkürzte Spice Tour angeboten, bei der nur die Gewürzplantage besucht wird.

Jozani Forest Reserve

Das Jozani Forest Reserve (25 km²) ist die **letzte große zusammenhängende Urwaldfläche Sansibars.** Es bildet das **Herzstück der Jozani-Chwaka Conservation Area,** eines 1948 gegründeten Naturschutzgebietes mit beschränkter Nutzung durch den Menschen, das sich von Pete bis in die Mangrovenbucht von Chwaka erstreckt. Das gesamte Gebiet ist als Nationalpark projektiert, die Vorlage wurde vom Parlament verabschiedet.

Jozani unterliegt saisonalen **Überflutungen während der großen Regenzeit** von April bis Juni. In dieser Zeit verwandelt sich der Wald in ein großes **Sumpfgebiet** mit teilweise bis zu 1 m tiefen Wasserstellen. Unzählige Kröten und andere kleine Wassertiere/-insekten sowie über fünfzig verschiedene Schmetterlingsarten tummeln sich dann im dichten Unterholz.

Jozani ist letztes **Rückzugsgebiet der sansibarischen Tierwelt** und veranschaulicht, wie Sansibar ausgesehen haben muss, bevor arabische Großgrundbesitzer im 19. Jahrhundert die Wälder roden ließen, um flächendeckend Nelkenplantagen anzulegen.

Die **Hauptattraktion des Waldes** ist die Unterart des **Sansibar Rotkopf Guerezas** (lat. *Procolobus badius kirkii*, engl. *Red Colobus Monkey*), im Deutschen auch Stummelaffe genannt (vgl. Exkurs weiter unten). Im Waldgebiet leben ferner die dunklen Sansibar Syke's Diademaffen, Waldschweine, Moschusböckchen, kleine Ducker-Antilopen, Galagos-Affen (die die Nächte mit ih-

Auf Spice Tour mit Elyas Sadiq

Nelken und andere Gewürze Sansibars

Sansibars Beinamen „Gewürzinsel" oder „Nelkeninsel" sind mehr als berechtigt. Schon vor dem 19. Jahrhundert kam durch den Handel mit Arabien, Indien, Südostasien und den südlichen Inseln des Indischen Ozeans eine bunte Palette an Gewürz- und Fruchtgewächsen auf die Insel. Besonders der Nelkenbaum veränderte das Landschaftsbild Sansibars.

Die Nelke

Der Nelkenbaum gehört zur Familie der Myrtengewächse und erreicht eine Wuchshöhe von 10–15 m und ein Alter von über 150 Jahren. Er gedeiht ausschließlich im feuchtwarmen Klima der Tropen. Die Gewürznelke *(Coryophyllus aromaticus)* – ursprünglich auf den Molukken beheimatet – wurden von der Insel Mauritius um das Jahr 1818 herum auf Sansibar eingeführt.

Die Nelken selbst sind die ungeöffneten Blütenknospen, die in der Regel alle fünf Monate in grünem Zustand gepflückt werden, meist in der trockenen Zeit von Januar bis Februar sowie zwischen Juli und Oktober. Mit Seilen und Leitern klettern die Pflücker auf die Bäume, um die dichten Büschel zu kappen. Von den Stengeln mit der Hand getrennt, werden die Blütenknospen zum Trocknen auf Matten und asphaltierten bzw. betonierten Flächen ausgelegt. Selbst Fußballfelder müssen bei ertragreichen Ernten herhalten. Der Trocknungsprozess dauert etwa fünf Tage und ist der Grund für den bitter-süßen Duft, der dann über der Insel liegt. Die Qualität der Nelken hängt übrigens direkt von der Intensität der Sonnenbestrahlung ab: Ist diese stark und geht die Trocknung schnell, ist das Aroma besonders gut. Plötzlicher Dauerregen kann eine ganze Ernte zunichte machen.

Die getrockneten Nelken, die einen tiefbräunlichen Farbton annehmen, finden Verwendung in Speisen – in gewürzten Reisgerichten, Fleischragouts, Süßspeisen, und selbst im Nürnberger Lebkuchen sind sie, fein zermahlen, von geschmacksentscheidender Bedeutung. Auch die Blätter des Nelkenbaumes kommen in vielen Küchen der Welt zur Verwendung.

Ein Großteil der Nelken wird zu Öl weiterverarbeitet, das bei der Herstellung von Medikamenten, Parfüms und Seife zum Einsatz kommt. Die schmerzlindernde Wirkung der Nelke ist seit langem bekannt, seit jeher ein bewährtes Hausrezept ist das Kauen einer Nelke bei Zahnschmerzen.

Der deutsche Name für die Blütenknospe leitet sich vom Wort „negelkin" ab, das im Niederländischen und in der hochdeutschen Sprache des Mittelalters die Bezeichnung für einen handgeschmiedeten Nagel war, der eine sehr ähnliche Form wie die Knospe hatte.

Die finanziellen Gewinnaussichten der Nelkenplantagen und des Exports der Knospe wurden vom Sultan und anderen reichen Arabern schnell erkannt. Große Urwaldflächen mussten auf Sansibar und Pemba im 19. Jahrhundert der neuen Baumart weichen. Die harte Arbeit auf den Plantagen verrichteten Sklaven. Die Inseln entwickelten sich zu einem bedeutenden Nelkenexporteur, nicht zuletzt weil auf Mauritius ein großflächiger Brand die dortigen Bäume fast gänzlich vernichtete. Abnehmer fanden sich auf der ganzen Welt, in Amerika, Europa, im Vorderen und Hinteren Orient, aber vor allem in Indonesien, wo die Nelkenstengel als Geschmacksveredeler in der Zigarettenindustrie gefragt waren.

NELKEN UND ANDERE GEWÜRZE SANSIBARS

Mit dem Verbot der Sklaverei auf Sansibar (und dem Einnahmenausfall) wurde der Anbau von Nelken intensiviert. Insbesondere auf Pemba wurden mit der Pflanze über 70% des gesamten Exportvolumens erwirtschaftet, auf Sansibar hatte ein Orkan im Jahr 1870 nahezu den gesamten Nelkenbaumbestand vernichtet. Das Verhältnis bzgl. der Produktionszahlen auf beiden Inseln hat sich bis heute nicht verändert, doch der ins Bodenlose gefallene Weltmarktpreis und die mittlerweile große Eigenproduktion von Ländern wie Indonesien und Brasilien haben den einstigen Devisenbringer 1. Klasse zu einem Exportgut zweiter Wahl werden lassen.

Die Muskatnuss

Der Muskatbaum ist vor langer Zeit aus Arabien eingeführt worden. Wie der Kern eines Pfirsichs wächst die Muskatnuss in einer fleischigen Außenschale heran. Die feurigrote Nuss wird zunächst zur Trocknung in die Sonne gelegt, später in Stücke zerkleinert oder zu Pulver zerrieben. Neben der Verwendung als Gewürz in Speisen wird aus den Nüssen auch Öl gepresst, das in der pharmazeutischen und kosmetischen Industrie zum Einsatz kommt. In Sansibar verwenden Frauen das Puder bei Festen und Hochzeiten für die Zubereitung eines flüssigen Breis. Die Muskatnuss wirkt dabei wie ein Aphrodisiakum und verleitet die Frauen zum Tanzen und Singen.

Vanille

Wie die Nelke fand auch Vanille im 19. Jahrhundert den Weg nach Sansibar und wurde in Plantagen angepflanzt. Das Endprodukt wird aus den kleinen runden Früchten einer Kletterpflanze gewonnen, die an Gestellen oder als Schmarotzer an Bäumen bis zu 10 m hoch wachsen kann. Die grünlich-gelbe Frucht wird vor ihrer Reife gepflückt, dann gekocht und in Behältern fermentiert. Noch bevor sie den Zustand der Fäulnis erreichen, werden die gegorenen Früchte ein paar Wochen zum Trocknen ausgelegt. Die ausgetrockneten und hart gewordenen Früchte sind schließlich zu den uns bekannten aromatischen braunen Vanillekristallen geschrumpft. Allein die aufgebrochene Hülse (ähnlich der einer Erbse) soll 35 verschiedene Aroma-Stoffe enthalten.

Pfeffer

Auch die Pfefferpflanze wächst als tropische Ranke bis zu einer Höhe von 15 m. Ihre kleinen beerenartigen Früchte durchlaufen die Farben Grün, Rot und Schwarz und werden je nach Reifegrad gepflückt, um die entsprechende Pfefferart zu ergeben. Nach der Trocknung in der Sonne ist der Pfeffer fertig zum Mahlen, oder er wird geschält, um Weißen Pfeffer zu erhalten.

Ingwer

Der Ingwer-Busch wächst bis zu einer Höhe von 1,5 m. Viele Teile des Busches sind aromatisch. Das Stammharz eignet sich bestens zur Herstellung von Holzglasuren, Fingernagellack, weihrauchartigen Duftstoffen usw. Aus den Wurzelknollen wird das uns bekannte Ingwergewürz gewonnen.

rem Geschrei erfüllen), Baumschliefer, Mangusten, Schlangen (Pythonschlangen werden hin und wieder gesehen!), und angeblich streifen auch Leoparden umher!

Mit Führern kann das Schutzgebiet auf extra angelegten **Naturpfaden** zu Fuß erkundet werden; ein ausführlicher Rundgang bedarf eines halben Tages. Die Führer können Sie zu den bevorzugten Büschen der Rotkopf Guerezas bringen, wo die rot-weißen Affen aus wenigen Metern Entfernung zu beobachten sind. Wahren Sie mindestens 3 m Abstand und unterlassen Sie jegliche Art der Fütterung! Das Immunsystem der Guerezas ist menschlichen Krankheiten wie Schnupfen oder einem einfachen Husten kaum gewachsen.

Am Eingang, der direkt links an der Straße zu dem Dorf Paje liegt, gibt eine **Infobroschüre** Einblick in die Flora von Jozani. Mit der Broschüre können die einzelnen Baumarten identifiziert werden, ihre Nutzung wird erklärt. Der **Eintritt** liegt bei **8 $,** kühle Getränke und Snacks sind erhältlich. Jozani liegt etwa eine halbe Stunde Fahrzeit von Zanzibar Town entfernt (mit dem Taxi ca. 20.000 TSh hin und zurück).

Ruinenstätten auf Sansibar

Maruhubi Palace Ruins

3 km nördlich von Zanzibar Town liegt links neben der Hauptstraße nach Selem der **ehemalige Palastkomplex von Sultan Bargash,** in dem dessen 99 Frauen zählender Harem lebte. Um 1880 erbaut, umgab einmal eine große Mauer das Gelände, von der heute nur noch Fragmente übrig sind. Ein verheerender Brand 1899 zerstörte den Palast, nur das Gebäude mit den im persischen Stil angelegten Haremsbädern blieb verschont. Die Bäder der Konkubinen waren vom großen Hauptbad des Sultans getrennt. Das Wasser wurde von der Quelle bei den noch sichtbaren, eingemauerten Teichen über ein Aquädukt zu den Bädern geleitet. Vom Palast selbst sind nur noch die massiven Säulen zu sehen sowie ein Nebengebäude im Nordosten der Anlage, das wahrscheinlich als bewachter Empfangsraum diente, ähnlich der im Oman üblichen Sabla-Rezeption.

Die Ruinen sind über eine alte Mango-Baum-Allee von der Hauptstraße aus zu erreichen.

Der Sansibar Rotkopf Guereza – eine bedrohte Affenart

Eine auf Sansibar seltene Affenart ist der zur Familie der Rotkopf Guerezas gehörende *Procolobus badius kirkii*, im Englischen **Zanzibar Red Colobus Monkey.** Der von dem britischen Gouverneur *John Kirk* als endemische Art identifizierte Guereza ist nur auf der Hauptinsel Sansibar, hauptsächlich im Gebiet des Jozani Forest, beheimatet. Der heute nur noch kleine Bestand von etwa **250 Guerezas** gilt als bedroht.

Das auffälligste Merkmal des Sansibar Rotkopf Guerezas, im Deutschen auch als **Roter Colobusaffe** bezeichnet, ist ein Punk-ähnlicher, silber-weißer Haarschopf auf dem Kopf. Mit einer Körperlänge von etwa 70 cm (ohne Schwanz) ist er etwas kleiner als der bekannte, in vielen Regionen Afrikas beheimatete Schwarz-weiße Guereza.

Seine dickbäuchige Erscheinung lässt ihn behäbig aussehen, dabei ist er äußerst flink und kann große Sprünge von Baumwipfel zu Baumwipfel machen. Sein Daumen ist nur rudimentär ausgebildet, fehlt manchmal auch ganz, weshalb der Guereza auch **Stummelaffe** genannt wird. Seinen vorzüglichen Kletterkünsten tut dieses Manko jedoch keinen Abbruch.

Der bevorzugte Lebensraum der Affen sind immerfeuchte Wälder, in Ostafrika Bergregenwälder oder Urwälder im Küstenvorland. Die Tiere leben in Gruppen, welche 10–40 Guerezas zählen können. Das Sagen in der Gruppe haben die älteren Männchen, hierarchisch festgelegt. Weibchen und junge Männchen wechseln auch die Gruppen, wobei die Männchen sich meist in blutigen Kämpfen durchsetzen müssen, um in einer neuen Gruppe aufgenommen zu werden.

Aufgrund der massiven Abholzung der natürlichen Waldflächen auf Sansibar während der Sultanatszeit beschränkt sich der letzte Lebensraum des Sansibar Rotkopf Guerezas nur noch auf das verhältnismäßig kleine Waldgebiet von Jozani. Doch auch in dem als Nationalpark geplanten Schutzgebiet sind die Guerezas dem zunehmenden Bevölkerungsdruck ausgesetzt. Der Verkehr auf der Hauptstraße, die das jetzige Forstreservat im Süden durchschneidet, fordert zusätzliche Opfer unter den Guerezas. Ohne die Implementierung effektiverer Schutzmaßnahmen wird das Überleben der Sansibar Guerezas nicht möglich sein.

Mtoni Palace Ruins

Etwa 2 km weiter folgen die Ruinen des Palastes von Mtoni, den zwischen 1828 und 1834 Sultan *Said bin Sultan* erbauen ließ. Die **älteste omanische Palastanlage Sansibars** bestand einst aus dem zweistöckigen Haupthaus und den symmetrisch angereihten Wohn- und Herrschaftshäusern. Auch dieser Palast fiel im Jahr 1914 einem Feuer zum Opfer, das nur die palasteigene Moschee verschonte. Vom Palast sind heute noch die Hauptmauern sowie ein Dach zu erkennen. Im 1. Weltkrieg diente ein Teil der Anlage als Lagerhalle, heute grenzt ein Öldepot an die Ruinen. Glaubt man den Memoiren von Prinzessin *Salme* (vgl. Exkurs „Emily Ruete, eine Prinzessin aus Sansibar") lebten um 1850 rund 1000 Menschen auf dem Gelände, in den Gärten stolzierten Flamingos, Gazellen und Strauße umher.

Die Ruinen können vom Dorf Bububu über einen Weg kurz vor dem Mtoni Oil Depot erreicht werden. Ein Schild weist auf den Abzeig nach links hin.

Kibweni Palace

Der Palast wurde 1915 für Sultan *Khalifa* als „Wochenendlandsitz" erbaut, den er bis zu seinem Tode 1960 nutzte. Heute ist er im Besitz der Regierung, wird jedoch nur selten für Gäste genutzt. Eine Besichtigung ist nur über die Zanzibar Tourist Corporation möglich, die hierfür eine Genehmigung einholen muss. Der Palast liegt nahe des Küstenufers unweit der Hauptstraße im Ortsteil Kibweni, ca. 8 km nördlich von Zanzibar Town.

Kidichi Persian Baths

3 km landeinwärts vom Fuji Beach liegen auf dem 123 m hohen Höhenrücken von Masingini die alten persischen Bäder von Kidichi, deren Besichtigung Bestandteil jeder Spice Tour ist. Neben dem Bad stand einst Sultan *Said bin Sultans* Wochenendresidenz. Das beeindruckende Bäderhaus ließ der Sultan für seine Frau *Sherazade* bauen, Tochter des persischen Schahs, die er 1847 geheiratet hatte. Den Innenraum des Hauptbades zieren persische Pflanzenornamente, aber auch Verse aus dem Koran sowie ein persisches Gedicht schmücken das weiß getünchte Mauerwerk. Das Gedicht lautet übersetzt etwa folgendermaßen: „Wohlbekommend ist der blumige Wein mit Hammelstücken vom frisch erlegten Tier aus den Händen des Dieners mit dem Gesicht einer Blume am Ufer eines blumenbewachsenen Baches".

Der gleiche Sultan ließ auch die **Bäder von Kizimbani,** 3 km weiter östlich, erbauen, die kleiner und nicht so schön waren. Der heruntergekommene Bau befindet sich rechts der Straße im Bereich der Kizimbani Farms entlang des Mwera River.

Die ebenfalls im Norden von Zanzibar Town liegenden **Palast-Ruinen von Chuini** und die **Ruinen des Chukwani-Palastes** im Süden der Stadt – nahe des Flughafens – sind Privatgelände bzw. militärisches Sperrgebiet und nicht zu besichtigen.

Mangapwani-Sklavenhöhlen

Die Höhlen befinden sich an der Nordwestküste der Insel. In einem unterirdischen Verließ wurden, weit von der Stadt entfernt und damit auch außerhalb des britischen Blickfeldes, Sklaven vom Festland „gebunkert". Nachts wurden sie unten am Strand auf Dhaus verladen und nach Arabien verschifft. Die dunklen Höhlenräume wurden aus dem Korallenboden ausgehoben und mit einem schweren Dach aus Korallenstein, von außen gut getarnt, überdeckt. Nur ein freistehender Treppensockel in der Mitte, der das Verließ in zwei Räume teilt, stellte die Verbindung zu Außenwelt dar. Frauen und Männer wurden so getrennt aufbewahrt. Wie viele Sklaven in den Räumen Platz fanden, ist nicht sicher, bedenkt man jedoch die skrupellose Vorgehensweise der Araber, dürfte man von ein paar Hundert ausgehen. Denn nicht nur auf dem Höhlenboden mussten die Sklaven darben, sondern auch auf einer etwa 1,5 m hohen Plattform aus Mangrovenstämmen, die als doppelter Boden weiteren „Stauraum" schaffte. Die Löcher in der Seitenwand, in denen die Querbalken steckten, sind noch deutlich zu erkennen. Erzählungen zufolge war auch der große *Tippu Tip* an diesem Versteck beteiligt.

Ein Bus fährt nur unregelmäßig bis zum Dorf Mangapwani, Sie benötigen daher ein eigenes Transportmittel. Besser ist es jedoch, die Sklavenhöhlen im Rahmen einer Spice Tour zu besichtigen. Dann werden Sie womöglich auch zu den etwa 2 km südlich gelegenen Korallenhöhlen geführt, die von einer unterirdischen Quelle gespeist werden, und zum Abschluss können Sie ein sicheres Bad an der traumhaften Strandbucht von Mangapwani nehmen.

Dunga Palace Ruins

Etwa 15 km östlich von Zanzibar Town befinden sich die **Palast-Ruinen des Herrscherclans Mwinyi Mkuu,** der vor der arabischen Sultanatszeit die Macht auf der Insel innehatte. Gebaut wurde der Palast mit eigener Moschee in den Jahren 1845–1856 von *Hassan el Alawi*. Der Palast wurde jedoch nach dem Tod des letzten Mwinyi-Mkuu-Herrschers 1890 vom Sultan beschlagnahmt und verfiel dann mit den Jahren mangels Renovierungsmaßnahmen. Im

Kidichi Persian Baths

20. Jahrhundert hat man die Anlage schließlich völlig verfallen lassen, Dorfbewohner nahmen sich die Steine für den eigenen Hausbau. Dennoch bieten die Ruinen für Kultur- und Geschichtsbewusste viel Sehenswertes zwischen zahlreichen Bananenstauden und Mango-Bäumen.

Dunga liegt direkt neben der Straße und ist leicht mit dem Bus nach Chwaka zu erreichen.

Bi Khole Ruins

Der zentralen Inselstraße in Richtung Süden folgend, befinden sich bei Bungi die **Ruinen eines Plantagenlandsitzes,** der einer arabischen Frau namens *Bi Khole* gehörte. Sie erbte die Nelkenplantagen von ihrem Vater, der etwa 1876 verstarb. Das große Gebäude wurde nach ihrem Tod 1920 aufgegeben und verfällt seitdem. Türen, Fensterrahmen usw. sind schon früh entwendet worden. Die Ruine gibt aber einen guten Eindruck von der Größe und Art eines früheren arabischen Landbesitzes. Beim Ort Bungi ziert eine alte Mango-Baum-Allee die Hauptstraße, die *Bi Khole* anlegen ließ. Ein Schild an der Straße weist auf die Ruinen in der Nähe der Küste hin (600 m). Suchen Sie jedoch den Ort besser mit einer größeren Gruppe auf, um einem möglichen Überfall (die hier schon vorgekommen sind) vorzubeugen.

Unguja Ukuu

Die wahrscheinlich **erste Siedlung auf Sansibar,** die aus dem 8. Jahrhundert datiert, geht auf die Zeit der Shirazis zurück. Der Ort wurde jedoch im 10. Jahrhundert aufgegeben, und viel lässt sich nicht mehr erkennen. Einige Ausgrabungen sind noch nicht abgeschlossen. Die Stätte liegt südlich des Ortes Unguja Ukuu kurz vor dem Mangrovenwald, der Uzi Island von der Hauptinsel trennt.

Mvuleni/Fukuchani/Jongowe

Die drei Ruinenstätten an der Nordspitze Sansibars werden nur selten besucht. Während die aus dem 15. Jahrhundert stammenden Shirazi-Ruinen von **Mvuleni** nur noch Fundamente zeigen, die der Wald zunehmend überwuchert, geben die westlich der Straße nach Nungwi liegenden **Fukuchani-Ruinen** mehr Aufschluss. Massive Mauerreste, wahrscheinlich ebenso aus dem 15. Jahrhundert, zeugen von einer hohen Wohnkultur der aus Shiraz eingewanderten persischen Schiiten.

Auf **Tumbatu Island,** der größten Insel, die Sansibar umgibt, befinden sich im Süden bei **Jongowe** die **Ruinen einer Moschee,** die mit Shirazis aus dem 12. Jahrhundert in Verbindung gebracht wird. Man geht davon aus, dass die Islamisierung Sansibars von Tumbatu aus erfolgte. Die Ruinen zeigen Fundamente und Mauerreste von Wohnhäusern und einer Moschee. Jongowe gilt als das erste große Handelszentrum Sansibars; es wurde Anfang des 16. Jahrhunderts aufgegeben. Von Mkokotoni fahren kleine Boote zur Insel hinüber, deren Bevölkerung sich auch heute noch als Shirazis versteht. Fremden begegnet man etwas skeptisch, eine einheimische Begleitperson ist daher empfehlenswert.

Ras Nungwi – die Nordspitze Sansibars

Nungwi, im äußersten Norden Sansibars, gehört zu den größten Fischerortschaften der Insel. Die Lage von Nungwi und dessen Strand am Riff von Ras Nungwi ist einmalig – nur hier lassen sich Sonnenauf- und untergang über dem Ozean beobachten.

Die Fischgründe in den umliegenden Gewässern sind besonders ertragreich, doch hat gerade die **Harpunierfischerei** große Schäden im ökologischen Gleichgewicht der Meeresfauna verursacht. Am Strand von Nungwi ist **jeden Tag Fischmarkt.** Die zurückkehrenden Fischer versteigern direkt nach Ankunft ihre Fänge an die Frauen der Dörfer, eine Prozedur, die oft Stunden dauert.

Nungwi ist zudem seit über 200 Jahren **Zentrum des Bootsbaus.** Bis zu zehn Dhaus im Monat werden am flachen Strand auf traditionelle Weise zusammengebaut oder gewartet. Planken werden mit bloßer Muskelkraft aus den großen Mahagoni-Stämmen gesägt, allein ein Brett beansprucht einen ganzen Tag Zeit. Im Vergleich zu den Dhaus aus dem 19. Jahrhundert hat sich kaum etwas verändert, nur die früheren Holzpflöcke sind durch große, selbst geschmiedete Nägel ersetzt worden. Die Fugen zwischen den Außenplanken werden wie auch in den Generationen zuvor mit in Kokosöl getränkter Baumwolle abgedichtet.

Die **Bauzeit einer großen Dhau** – Jahazi genannt – dauert oftmals bis zu zehn Monate, und je nach Größe kostet ein fertig gestelltes Boot an die 2 Millionen TSh. Die Auftraggeber sind meist Geschäftsmänner aus Zanzibar Town, aber auch auf dem Festland genießt die „Bootswerft" von Nungwi einen guten Ruf. Der „Stapellauf" einer Dhau wird in Nungwi traditionell mit einem Fest verbunden. In einer ganz speziellen Zeremonie mit Taarab-Musik und Tänzen wird das Boot phasenweise von Hunderten von Händen geschoben und an großen Tauen vom Strand ins Wasser gezogen.

Allgemeines

Nungwi liegt etwa **54 km von Zanzibar Town entfernt** und gehört zu den beliebtesten Inselzielen von Rucksackreisenden. Es fahren mehrere Lkw-Busse am Tag die Strecke (Abfahrt am Darajani Market), aber auch die privaten Mini-Busse verkehren bis an die Nordspitze Sansibars. Die Mitfahrt in Dalla Dallas von Stone Town nach Nungwi kostet etwa 800–1000 TSh. Ein privat organisierter Shuttle über ein Guesthouse von Stone Town nach Nungwi kostet ca. 3000–3500 TSh. Ein Transfer von einem der Luxushotels wird mit 20–30 $ berechnet.

Strände

Während der Nordstrand hauptsächlich von Fischern und Dhauarbeitern genutzt wird, sind die **Strandbuchten westlich von Nungwi** aufgrund des tieferen Meeres und der romantischen Sonnenuntergänge bei Reisenden sehr beliebt. Zwischen der Nordspitze und den westlich angrenzenden Stränden von Kwenda hat sich eine ausgeprägte Backpacker- und Overland-Szene entwickelt. Party und Nightlife werden hier großgeschrieben, die Vollmond-Sessions an der Nordküste sind legendär. Schatten spendende Palmen gibt es hier allerdings nicht so viele wie an der Ostküste. Dafür weht weniger Wind, was beispielsweise einem Volleyballspiel am Strand förderlich ist.

Versorgung

In Nungwi beschränkt sich die Versorgung ausschließlich auf **Grundnahrungsmittel.** Die Beach Guesthouses bieten jedoch alle gutes Essen und kühle Getränke zu moderaten Preisen.

Wohnen und Essen

Gehobenere Preisklasse
●**Ras Nungwi Beach Hotel**
P.O. Box 1784, Tel. (024) 2233767/3615/ 2512, Fax (024) 2233098. Unterkunft gehobenen Standards unter kenianisch-südafrikanischem Management. Schöne Anlage mit Wassersport- und Tauchmöglichkeiten (eigenes Padi-Tauch-Sportzentrum), Restaurant (für externe Gäste kostet das Abendessen ca. 20 $). Je nach Zimmer/Saison 135–235 $ p.P. im DZ, Halbpension.
Internet: www.rasnungwi.com, auf deutsch www.zanzibar-holiday.com/D/rasnungwi/ rasnungwi.asp, E-Mail: info@rasnungwi.com
●**Tanzanite Beach Resort**
P.O. Box 4036, Zanzibar, Tel. (024) 2240255, Fax (024) 5978260. Neues einfaches Hotel mit acht Zimmern direkt am Strand zwischen Mnarani und Sazani Bungalows. Macht einen sehr netten Eindruck und bietet ein günstiges Preis-/Leistungsverhältnis. Wird von einer Deutschen mit ihrem Ehemann aus Pemba betrieben. Preise auf Anfrage.

Internet: www.tanzanitebeachresort.com, E-Mail: info@tanzanitebeachresort.com
●**Nungwi Village Beach Resort**
P.O. Box 2651, Zanzibar, Tel. (024) 2240476, (0713) 606701, Fax (024) 606702. Hinter diesem etwas hochtrabenden Namen verbirgt sich ein schon etwas älteres Hotel, das gerade von einem neuen Management übernommen wurde. Der Strand östlich vom Hotel ist der zentrale Dhau-Hafen Nungwis und nicht ganz blütenweiß. Einmalig schön sind die allabendlich zu beobachtenden Ausfahrten ganzer Armadas von Booten – von der Sonne rot angeleuchtete Segel gleiten dahin, während man auf der Terrasse seinen Gin Tonic schlürft ... Große DZ ab 60 $ mit Frühstück, EZ 50 $, Zimmer mit direktem Strandblick kosten bis zu 180 $.
Internet: www. nungwivillage.com, E-Mail: info@globalresorts.cc
●**Mnarani Beach Cottages**
P.O. Box 3361, Tel. (024) 2240494, (0713) 334062, (0777) 41555. Mittlerweile erweiterte Anlage mit sechs Bungalows in afrikanischer Bauweise, vier Familien-Bungalows, einem „Zanzibar-House" mit zehn DZ und einer privaten Honeymoon-Cottage an der Ostseite von Ras Nungwi. Eine kleine Sandbucht mit Korallenfelsen bietet angenehme Ruhe und Erholung abseits des Dorfes. Zimmer mit Frühstück 84–104 $. Empfehlenswert. Internet: www.lighthousezanzibar.com, E-Mail: mnarani@zanlink.com
●**Baobab Beach Bungalows**
P.O. Box 2632, Tel. (024) 2236315, (0747) 416964. Einen Überblick über die verschiedenen Angebote und Zimmerkategorien findet man unter: www.zanzibarmagic.com. Große, weitläufige Anlage mit insgesamt 50 Zimmern. Es gibt einfache kleine Garten-Bungalows mit Ventilator, Moskitonetzen und heißem Wasser. Diese kosten ab 60 $ pro Bungalow in der Nebensaison. So genannte Lodgezimmer und Deluxe Rooms haben Meerblick (ab 140 $), ebenso wie das sehr gute Restaurant. Die Einrichtung ist noch etwas spartanisch, das Personal aber freundlich, hilfsbereit und sprachbegabt, wahrscheinlich wegen der hohen Anzahl italienischer Besucher. Eine Erweiterung mit Schwimmbad, Tennisplatz und weiteren Un-

Karten Umschlag hinten, XI,D3

Die Insel Sansibar (Unguja)
RAS NUNGWI

Nungwi

Map legend:

🏠	1	Mnarani Beach
🏠	2	Sazani Beach
🏠	3	Ras Nungwi Beach
●	4	Turtle Aquarium
🏠	5	Anex Baraka Bungalow
🏠	6	Nungwi Village Beach Resort
🏠	7	Smiles Beach Hotel
🏠	8	Rumba Guesthouse
🏠	9	Jambo Brothers
🏠	10	Choles Brothers
🏠	11	Paradise Guesthouse
🏠	12	Baraka Guesthouse
🏠	13	Amaan Bungalows
🏠	14	Kigoma Guesthouse
🏠	15	Union Bungalows
🏠	16	Langi Langi
🏠	17	Spanish Dancers Dive Base
🏠	18	Baobab Beach Bung.
🏠	19	Safina Bungalows
●	20	Moschee
🏠	21	Mnarani Beach G.H.
🏠	22	Mkadi Beach Bungalows

terkünften ist geplant. Ein großer Vorteil dieser Anlage: Der Sprung ins Wasser ist auch bei Ebbe möglich, durchaus keine Selbstverständlichkeit in Nungwi.
Internet: www.baobabbeachbungalows.com,
E-Mail: baobabnungwi@yahoo.com,
baobabnungwi@zanzinet.com

● Smiles Beach Hotel
P.O. Box 4222, Tel. (024) 2240472, (0747) 444334, 417676. 16 voll ausgestattete Bungalows mit eigenen Balkonen oder Patios in einem tropischen Garten. Sea View-Restaurant mit internationaler und lokaler Küche. DZ 100 $ B&B.
Internet: www.smilesbeachhotel.com,
E-Mail: smilesbeachhotel@zanzinet.com

● Flame Tree Cottages
P.O. Box 1752, Tel. (024) 2240100, (0713) 262151. Kleine, saubere, gepflegte und ruhige Bungalow-Anlage mit elf Zimmern. Der Besitzer *Seif* ist sehr bemüht um seine Gäste. Neben dem üppigen Frühstück auf der eigenen Terrasse werden auf Wunsch auch Mahlzeiten zubereitet. DZ beginnen bei 90 $ B&B in der Nebensaison bis zu 105 $ in der Hochsaison.
Internet: www.flametreecottages.com,
E-Mail: bookings@flametreecottages.com

● Sazani Beach Bungalows & Dive Center
Tel. (024) 2240014, (0745) 570749. Etwa 1 km hinter Mnarani am Hang in ruhiger Lage gebaut, die Bungalows mit weitem Blick aufs Meer und herrlichem Strand. Leider ist die Anlage mittlerweile im Standard weit gesunken, das Preis-/Leistungsverhältnis ist somit nicht korrekt. 80–90 $ B&B pro DZ im 2-Zimmer-Bungalow.
Internet: www.sazanibeach.com,
E-Mail: info@sazanibeach.com

Preiswerte Unterkünfte/Bars

● Jambo Brothers
Einfache, gute Bungalows. Lassen Sie sich vom Koch *Alawi Mshenga* auf drei kleinen Kohleöfen ein wirklich gutes Essen zaubern! Große Portionen für 3500 TSh.

● Mnarani Beach Guesthouse
Nahe des Leuchtturms mitten im Ort, die Zimmer sind einfach und kosten 10 $.

● Langi Langi Beach Bungalows
P.O. Box 132, Tel. (024) 2240470/1, E-Mail: langi_langi@hotmail.com. Mittlerweile erweiterte Bungalow-Anlage mit 28 Zimmern im Sansibari-Stil, direkt am Strand. Ein netter Platz mit kleinem Restaurant, allerdings kein

Sansibar, Pemba, Mafia

RAS NUNGWI – DIE NORDSPITZE SANSIBARS

Alkoholausschank. Neuer Swimmingpool. DZ ab 45 $ p.P.

● **Amaan Bungalows**
Tel. (024) 2240026, (0777) 417390, (0713) 327747. 52 Zimmer verteilt auf verschiedene Bungalowkategorien mit Bad/WC und typischen Sansibar-Betten. Ferner gibt es einige Bungalows mit mehreren Zimmern für Familien. Zur Anlage gehören ein großes Restaurant auf Stelzen direkt über dem Meer, eine gemütliche Bar, eine Padi-Tauchbasis (wo neben Tauch- auch Surfkurse angeboten werden), ein Souvenirshop sowie ein teures Internet-Café und ein Büro der Nungwi Travel Agency. DZ mit Frühstück ab 30 $ (ohne Bad), mit Bad 40–75 $, bei geringer Belegung auch schon mal 40% billiger. Der Overlander-Treffpunkt mit entsprechender Partyszene. In Nungwi links halten!
Internet: www.amaanbungalows.com,
E-Mail: amaanungwi@yahoo.com

● **Paradise Bungalows**
Tel. (0713) 326574. Einfache, sehr beliebte Übernachtungsmöglichkeit unter Overlandern. Gute Küche. Zimmer mit Strom, zum Teil mit löchrigen Moskitonetzen, Aussicht aufs Meer. Gutes Frühstück. EZ für 15 $, DZ 25 $ (handeln!). Kein Camping.

● **North Nungwi Beach Hotel**
Zwischen Mkadi Beach Bungalows und Sazani. Gleicher Besitzer wie das Vuga Hotel in Stone Town. Zimmer und Bäder sind gut, das Essen auf Bestellung ebenfalls, das Personal ist nett und bemüht, schöner Blick. Ruhig und ideal zum Entspannen. DZ 40–48 $ B&B. Empfehlenswert.

● **Baraka Bungalows**
Tel. (024) 2240412. Übernachtung in hübschen Bungalows in einer kleinen Gartenoase hinter den Paradise Beach Bungalows. DZ 28–40 $ mit B&B. Sehr gutes Essen (Pizza, Fish, Curry usw.)! Empfehlenswert.

● **Das Morning Star Guesthouse** liegt direkt im Ort Nungwi und ist sehr preiswert (5 $).

● **Chole Bar**
Stilvolle Strandbar mit kaltem Bier, Cocktails und „Bacardi-Lagerfeuer-Feeling".

● **Von Reisenden empfohlen wird das New Dhow Restaurant.** Die Zubereitung der Gerichte dauert zwar lange, aber das Warten lohnt sich.

Tourismus auf Sansibar – Ausverkauf einer Trauminsel?

Der Zauber Sansibars hat sich weltweit herumgesprochen, und jedes Jahr werden es mehr Menschen, die die Insel „entern" – alle in der Hoffnung, in einem Märchen aus 1001 Nacht zu landen oder die Geschichten Sindbads neu zu erleben. Auch *Bill Gates* und *Naomi Campbell* verfielen bereits der Versuchung.

Und wenn große Kreuzfahrtschiffe für ihren Tagesbesuch anlegen, erwacht Sansibar erst recht aus seiner Lethargie. Dann ergießen sich binnen Minuten über 500 Vergnügung suchende Landgänger in die engen Gassen der Altstadt, alle mit meist roten Erkennungsfähnchen „markiert", beleibte Körperstellen aus den Shorts quellend, gerötete Beine in kurzen Röcken, überall ein Surren von Kameras und Camcordern. Selbst das Verschließen der Augen oder der konzentrierte Blick auf die Schlagzeilen der Tageszeitung erspart einem nicht, Zeuge des Spektakels zu werden. Das Schnattern in den verschiedensten internationalen Sprachen würde sogar den Muezzin übertönen, unternehme er denn den Versuch, die Suren des Koran vorzutragen. Nach wenigen Stunden ist die Invasion überstanden, in Stone Town nimmt das Leben wieder seinen gewohnten Lauf, selbst die sonst so zahlreich scheinenden Touristen fallen kaum auf.

Erfreut zurück bleiben die zahlreichen Souvenirhändler, deren Kasse sich ordentlich gefüllt hat. Zum Handeln blieb den rasenden Reisenden schließlich keine Zeit. Sorgenvolle Mienen spiegeln sich in den Gesichtern vor allem vieler älterer Sansibaris, die dem Verfall einer jahrhundertealten Kultur und Wertetradition machtlos beiwohnen müssen. Gerade die Jugend wird von dem Bazillus der angeblich westlichen Lebensweise

Tourismus auf Sansibar

angesteckt, und – so die Sorge der Weisen auf den gemauerten Bänken vor den Häusern von Stone Town – sie ist darauf nicht vorbereitet, sie verkauft ihre Identität im Wege billiger Dienstleistungen und illegaler Geschäftemacherei.

In der Tat sehen sich viele „youngsters" lieber als Beach Boy, Rastafari oder *Chuck Norris*, was sie schon äußerlich durch Turnschuhe, Jeans, Hard-Rock-Café-T-Shirts oder eben mit langen Rastalocken signalisieren. Als Trophäe tragen sie dann auch noch die obligatorische Designer-Sonnenbrille von Porsche – muss wohl einem Touristen aus dem Hemd gefallen sein ...! Ihr oftmals unreflektiertes, penetrantes Auftreten gegenüber Touristen kann Reisende zur Weißglut bringen.

In vielen Familien zerbricht der Zusammenhalt, traditionelle und soziale Strukturen werden nur noch im swahili-arabischen und indischen Milieu aufrechterhalten. Doch auch hier dreht sich mittlerweile viel um das Geschäft mit dem Dollar-Tourismus.

In der Wirtschaftspolitik sind schon längst die Weichen gestellt. Auf der Insel Pemba werden Strände verpachtet, der geschwächte Nelkenexport ist keine alleinige Alternative mehr. Wie auf Unguja (Sansibar) werden auch hier Ausbau und Förderung der Infrastruktur auf dem Plan stehen. In Sansibar sind auf diese Weise vormals isolierte und höchstens über schlechte Pisten und Wege erreichbare Dörfer zu einer Straßenanbindung und Wasser- und Stromversorgung gekommen. Großzügige Anreize für ausländische Investoren sind bereits gegeben. Grund und Boden kann für 99 Jahre gepachtet werden. Gelockt wird mit menschenleeren Sandstränden, die nur darauf warten, den Vorgarten eines Hotels abzugeben – ganz so, als gäbe es Sansibars Küstenbewohner nicht, die vom Meer und dem Watt leben.

Mittlerweile sind die meisten Strandabschnitte rund um die Küsten vergeben. In den Verträgen, die abgeschlossen werden, ist viel vom Konzept des auch von der Regierung propagierten Öko-Tourismus die Rede, in der Realität halten sich jedoch nur wenige daran.

Die touristische Entwicklung auf Sansibar hat längst eine Eigendynamik angenommen, der kaum noch entgegenzusteuern ist. Sansibar sieht mit Sicherheit einer Zukunft mit soziokulturellen und ökologischen Problemen entgegen, wenn es nicht gelingt, in amtlichen Stellen (und frei von Korruption) die ganze Tragweite des touristischen Komplexes zu thematisieren, also sich vor allem der großen Herausforderung zu stellen, die Bedürfnisse der Tourismusbranche mit den Rechten und Bedürfnissen der einheimischen (und wachsenden) Bevölkerung in Einklang zu bringen.

Kendwa Beaches

Etwas ruhiger und weniger partymäßig ist der etwa 3 km südlich von Nungwi gelegene Strand von Kendwa. Kendwa hat den einzigen Strand auf der ganzen Insel, an dem man 24 Stunden lang **bei jeder Tide schwimmen** kann. Zwischen Nungwi und Kendwa besteht täglich ein Transport mit dem Boot. Kendwa hat zurzeit sieben Bungalow-Anlagen und ein Luxushotel. Der Strand ist sehr beliebt bei Rucksackreisenden.

● La Gemma dell'Est

P.O. Box 4700, Tel. (024) 2240087. Großes 5-Sterne-Ferienresort mit 152 Zimmern, ausgelegt für Pauschaltouristen, großer Swimmingpool, „all inclusive". Geboten werden alle üblichen Club-Aktivitäten, vornehmlich italienisches Publikum, aber auch bei deutschen Reiseveranstaltern im Programm.
Internet: www.planhotel.com,
E-Mail: info.gemma@planhotel.com

● Les Toits de palme

Tel. (0777) 418548. Fünf Bungalows (20 $) und ein paar Bandas (Strohhütten für 10 $) am Strand, kein Strom.

● Kendwa Sunset Bungalows

Tel. (0777) 411887, E-Mail: kendwasunset@africatravelresource.com. Insgesamt 20 Bungalows mit Bad und Toilette, von luxuriös bis einfach. Übernachtung mit Frühstück je nach Kategorie und Saison 10–65 $. Die Steinofenpizzas könnten sich auch in Sizilien sehen lassen ...

● Kendwa Rocks Bungalows

Tel. (0777) 415475, 415528. Insgesamt 30 Bungalows. Zimmer vom Dormitory über Bandas (Strohhütten) am Strand oder gemauerte Beach-Bungalows bis hin zum Luxus Chalet. Die Preise reichen von 8–55 $. Die Kendwa Rocks Bungalows sind sehr beliebt bei Rucksackreisenden und Rastafaris. Zum Essen gibt es Eier, Pancakes und alles, was im Meer so gefangen wird. Buchung und Transport erfolgen über Sama Tours (hinter dem Old Fort) oder mit dem Nungwi-Bus bis zum Kendwa-Busstopp, dann 1,5 km zu Fuß (ausgeschildert).
Internet: www. kendwarocks.com,
E-Mail: kendwarocks@hotmail.com

● La Rosa dei Venti

P.O. Box 1543, Tel. (0777) 411314, 414957. Acht Bungalows mit italienischem Management (erstklassige Pasta), 35–85 $, organisierte Tauchgänge über das Padi-Tauchsportcenter Scuba Do (siehe oben unter „Sport und Aktivitäten").
Internet: www.rosazanzibar.com,
E-Mail: info@rosazanzibar.com

● Amaan Kwenda Beach Resort

Nette Bungalows (40 Räume), gehört zu Amaan/Nungwi, Tel. (024) 2240026, (0747) 417390, (0713) 327747. Wurde komplett neu aufgebaut, mittlerweile erweitert und mit Klimaanlagen ausgestattet. Preise 25–80 $.
Internet: www.nungwitravel.com,
E-Mail: amaankendwa@zanlink.com

● Gleich ein Stück weiter, hinter der Bungalow-Anlage von Amaan gelegen, bietet ein kleines Restaurant am Strand eine **sansibarische Barbecue-Küche** an. Man muss sich anmelden und kann dann „all you can eat" genießen. Für ca. 6000 oder 6500 TSh pro Person wird ein gutes Preis-/Leistungsverhältnis geboten.

● Malaika Bungalows

Tel. (0777) 856167, 427609. Fünf Bungalows, kein Strom, 10–25 $, nette Leute, leckeres Frühstück, auf Bestellung auch Mittagessen.
Internet: www.malaikabungalows.com,
E-Mail: info@malaikabungalows.com

● Ansonsten bietet das **Rumba Guesthouse** Übernachtungen ab 6 $ p.P. (freundliche Leute, 100 m zum Strand).

Die Ostküstenstrände

Die Ostküste Sansibars ist etwas ruhiger als der Norden. An den Stränden geht es extrem flach ins Wasser, so dass nur bei Flut gebadet werden kann. Die gesamte Ostküste Sansibars wird bis auf ein paar Korallenklippen und Mangrovenbuchten von **weißen Palmstränden** beherrscht. Sie reichen vom kleinen Muyuni Beach im Norden über die Beaches Pwani Mchangani/Matemwe, Kiwengwa, Uroa, Dongwe, Bwejuu, Paje bis zur Jambiani Beach im Süden. Hier sind in den 1990er Jahren viele moderne Hotels entstanden, von den einige in italienischer Hand sind. Daneben gibt es zahlreiche einfache Guesthouses, die auch den preiswert Reisenden einen Platz an der Sonne ermöglichen. Ein Shuttle-Bus von Stone Town an die Ostküste kostet ca. 5 $ p.P. und fährt etwa 1,5 Stunden.

Zwischen Bwejuu und Jambiani wird seit 1989 im flachen Meereswasser **Seegras** angebaut und nach Europa exportiert. Insbesondere für die Frauen der Ostküste hat sich die Anpflanzung positiv ausgewirkt, viele erwirtschaften dadurch ihr eigenes Geld, was ihnen ein Stück Unabhängigkeit in der traditionellen Männergesellschaft verschafft. Auch ließ sich in den letzten zehn Jahren beobachten, wie sich ein bescheidener Wohlstand in den Dörfern entwickelt hat. Viele Häuser besitzen jetzt Wellblechdächer, verstärktes und verputztes Mauerwerk, und hie und da haben Fernseher, Antennen und Videorecorder Einzug gehalten. Kinder bekommen zudem eine bessere Schulausbildung, und der Viehbestand hat ebenfalls zugenommen.

Die Sicherheitslage an der Ostküste hat sich verschlechtert. **Raubüberfälle** gerade an entlegenen Strandabschnitten sind zahlreicher geworden. Führen Sie daher bei Strandspaziergängen keinerlei Wertsachen, Taschen, Rucksäcke und Kameras mit sich!

Matemwe/Mnemba/ Pwani Mchangani

Wohnen und Essen

●**Mnemba Island Lodge**
Ein Südseeparadies wie aus dem Traum. Das Hotel im afrikanischen Stil liegt auf der kleinen Insel nur wenige Kilometer gegenüber dem Muyuni Beach. In geschmackvoller Einrichtung bewegt sich der Besucher barfuß über dekorative Matten und kann sich in Kissen ruhend wie ein Pascha oder eine Prinzessin verwöhnen lassen. Ein großes Atoll mit Korallengärten umgibt die private Insel der südafrikanischen Luxuslodge-Kette CCAfrica. Geboten wird alles, was man sich nur vorstellen kann – angesichts der Preise von 950/ 1300 $ für das EZ/DZ kann man das auch erwarten! In der Saison liegt das DZ bei über 1500 $ – der Spitzenwert für Sansibar! Tagesbesucher können das abgeschirmte Anwesen nicht aufsehen. Tel. direkt: (024) 2232572. Zu buchen über CCAfrica, Arusha, Tel. (027) 2548078, Internet: www.mnemba-island.com, E-Mail: manager@ccafrica.co.tz, in Europa unter: 0049 (0)2104-831969/968, E-Mail: ccafrica@smart-partners.de.

●**Matemwe Bungalows**
Tel. (0777) 425788. Aus dem ehemaligen „Robinson-Crusoe-Paradies" ist eine Luxus-Lodge, betreut von der Asilia-Gruppe, entstanden. Die zwölf Bungalows mit Kingsize-Bett, en-suite-Bad, eigener Veranda und Hängematte sowie das Restaurant – bekannt für seine guten Seafood-Gerichte – mit großer Veranda sind über einer Lagune aus Korallen-

DIE OSTKÜSTENSTRÄNDE

stein gebaut – ein wundervoller Ort, um zwischen Kissen liegend die Brise, die vom Ozean her weht, zu genießen. Alle Wassersportaktivitäten werden ausschließlich mit lokalen Fischern und deren *ngalawas* (kleine Holzboote mit Seitenauslegern) unternommen, wer windsurfen will, muss sich an ein anderes Hotel wenden. Zusammen mit der lokalen Bevölkerung werden zudem Maßnahmen unternommen, um das Riff zu schützen. Die Lodge ist insbesondere bei Tauchern und Honeymoonern sehr beliebt. Vollpension p.P. von 210–240 $. Zu buchen über Asilia in Arusha: P.O. Box 2657, Arusha, Tel. (027) 2504118, (0784) 763338, direkt: Tel. (0747) 425788, Internet: www.asilialodges.com,
E-mail: info@asilialodges.com.

● **Matemwe Beach Village Guesthouse**
Tel. (0777) 417250. Abseits der Haupttouristen-Strände sehr schön gelegen, stilvoll, sauber und direkt am Strand. Insgesamt 23 Bungalows – gerade um mehrere komfortable „Shamba Suites" erweitert –, alle mit eigenem Bad, sieben davon in erster Reihe am Strand. Betreut wird die Anlage von *Gail* aus Südafrika und ihrem Mann *Gary*, einem Australier, der das angeschlossene Padi-Tauchunternehmen leitet, das mit dem vorgelagerten Mnemba-Atoll eines der besten Tauchreviere in Sansibar bietet. Die Atmosphäre ist „sehr easy", eine große offene Lounge, Bar und Restaurant laden zum Relaxen ein. Seit kurzem gibt es auch einen Swimmingpool. Die Preise pro Bungalow für zwei Personen mit Halbpension reichen von 110–400 $ je nach Kategorie und Saison. Da oft ausgebucht, ist es ratsam, per E-Mail vorzubuchen:
E-Mail: info@matemwebeach.com,
Internet: www.matemwebeach.com

● **Ocean Paradise Resort**
P.O. Box 106, Kijangwani, Tel. (0777) 439990-3. Das große 4-Sterne-Resort mit 100 Bungalows und deutschem Management wurde 2004 von der Bahrain Hotels Company Group eröffnet. Es bietet alle Annehmlichkeiten eines modernen, komfortablen Hotels. Preise auf Anfrage.
Internet: www.oceanparadisezanzibar.com,
E-Mail: info@oceanparadisezanzibar.com

● **Mapenzi Beach Club**
P.O. Box 100, Tel. (0777) 414268, (0713) 324985, 325985. 1995 eröffnete Hotelanlage im afrikanischen Stil, gelungen in den tropischen Palmenstrand integriert. 87 komfortable Zimmer mit sansibartypischen Möbeln, Ventilator, Moskitonetz, eigener Veranda und Klimaanlage. Gute internationale Küche mit italienischen Spezialitäten, Strandbars, Coffee-Bars usw. Neben allen möglichen Wassersportaktivitäten werden auch Volleyball, Tennis, Mountainbiking u.v.m. geboten. Dauerkunden sind Private Safaris und auch Neckermann. Zimmerpreise für die All-Inclusive-Unterbringung auf Anfrage.
Internet: www.planhotel.com,
E-Mail: mapenzi@planhotel.com

● **Zamani Zansibar Kempinski**
P.O. Box 3140, Tel. (0747) 444477. 5-Sterne-Luxushotel der bekannten Kempinski-Gruppe. Es bietet 110 Zimmer und Suiten mit jeweils eigenem Balkon bzw. Terrasse, eine Präsidentenvilla, sechs Privatvillen, zwei Restaurants, zwei Bars, ein Fitnesscenter, zwei Swimmingpools im Freien, einen Tennisplatz, ein Spielzimmer, einen eigenen Pier, eine Vielzahl von Wassersportmöglichkeiten, Radfahren, einen Konferenzraum und die größte Wellnessanlage von Tansania – Anantara Spa

Zanzibar. Übernachtungspreise pro Zimmer ab 310 $ je nach Kategorie und Saison. Wen die Größe nicht stört – empfehlenswert.
Internet: www.kempinski-zanzibar.com,
E-Mail: reservations.zanzibar@kempinski.com

● **Nyota Beach Guesthouse**
Einfaches Guesthouse mit gemäßigten Preisen und guter Küche, ebenso wie das Matemwe Beach Guesthouse beliebt bei Tauchern, zwar nicht ganz so idyllisch gelegen, aber eben eine Alternative, wenn es dort voll ist. Tauchgänge müssen allerdings über deren Tauchcenter organisiert werden. Übernachtungspreise bei 35 $ p.P. Informationen unter: www.tanzania-adventure.com/nyota-zanzibar.htm.

● **Matemwe Beach Resort**
P.O. Box 1689, Tel. (024) 2233496, (0741) 610596, E-Mail: kibwenibeachvilla@zitec.org. Einfache Anlage, Informationen unter: www.geocities.com/kibwenibeach/matemwe.htm.

● Preiswerter sind bei Matemwe-Michangani nur das **Holiday Guesthouse** in Mbupurini für 20 $ der Bungalow (nur fünf Zimmer, Bus Nr. 118) oder das völlig einsam gelegene, bescheidene **Mambo Guesthouse** (10 $ p.P.) zwischen Palmenhainen südlich von Kilima Juu.

Kiwengwa, Pongwe und Uroa Beaches

Das Dorf **Kiwengwa** liegt an einem langen Strand an der Nordostküste, südlich von Matemwe (15 km) und Pwani Mchangani (8 km). Dieser Abschnitt an Sansibars Küste bietet **einige der schönsten Strände** auf der Insel. Ein Wermutstropfen für den Individualtouristen sind einige große Clubhotels und die damit verbundenen (negativen) Einflüsse auf die Umgebung.

Wohnen und Essen

● **Bluebay Beach Resort**
P.O. Box 3276, Tel. (024) 2240240-4. 4-/5-Sterne-Strandhotel der ganz besonderen Art. Obwohl hier über 150 Personen Platz finden, herrscht eine angenehme Atmosphäre zwischen dem berauschend grünen Garten und dem azurblauen Ozean. Die Zimmer haben Charme und allen Komfort. Ein guter Koch verwöhnt den Gaumen, das Management ist britisch-französisch, eine Live-Band aus Madagaskar spielt am makellosen Strand auf. Windsurfen, Tauchen, Tennis, Katamaranfahrten usw. werden angeboten, seit neuestem gibt es auch eine Wellness-Anlage mit Spa. Übernachtung Halbpension von 180–500 $ p.P. bei zwei Personen.
Internet: www.bluebayzanzibar.com,
E-Mail: mail@bluebayzanzibar.com

● **Shooting Star Lodge**
P.O. Box 3076, Tel. (0777) 414166. Nette Bungalow-Unterkunft auf einer Klippe mit Blick auf den Ozean und einen langen Sandstrand. Britisch-tansanisches Management, angenehme Atmosphäre. Übernachtung mit Frühstück ab 55/90 $ B&B. Ein schöner Ort. Besonders beliebt sind die neuen Seaview Cottages.
Internet: www.zanzibar.org/star/,
E-Mail: star@zanzibar.org

● **Reef View**
South Kiwengwa in Kumba Urembo, P.O. Box 3215, Tel. (0777) 413294. Schöner Platz mit Banda-Unterkünften. Die Besitzer *Helen* (engl.) und *Haroub* (oman.) sind sehr freundlich und bieten schmackhafte Küche (15 $ p.P.). Bar mit Self-Service und einem schönen Blick über den Strand. Der Strand ist ein bisschen steinig.

● In **Kiwengwa** liegen sonst nur noch **große italienische Club-Hotels** wie das Venta, Tel. (0713) 325092, der Vera Club, Tel. (0777) 411988, das Bravo von Francorosso, Tel. (0713) 339961-2, und der Seaclub Kiwengwa, Tel. (0747) 414447, E-Mail: bckiwengwa.recep@renthotel.org, der auch bei Neckermann auftaucht. Südlich von Kiwengwa am Pwani-Strandabschnitt ist im Dezember 2006 unter schweizerischer Leitung das neue Neptune Pwani Beach Resort eröffnet worden, das hauptsächlich auf dem deutschsprachigen Markt vertrieben wird (z.B. über Thomas Cook). Mehr Infos unter: www.safari-portal.de/Lodging.TZ.Zanzibar.d.html#Kiwengwa.

Der ruhige Strand von **Pongwe** hat einige idyllische Buchten und liegt südlich von Kiwengwa und nördlich von Uroa an der Nordostküste von Sansibar.

DIE OSTKÜSTENSTRÄNDE

●**Pongwe Beach Hotel**
Tel. (0784) 336181, (0777) 413973. Das Pongwe Beach Hotel hat sich zu einer der besten Alternativen zum Matemwe Beach Guesthouse entwickelt (außer für Taucher, die näher am Mnemba-Atoll sein wollen). Die Anlage mit 16 Bungalows liegt auf Felsen über einer kleinen versteckten Bucht am Südende der Nordostküste. Pongwe bietet eine gute familiäre Gastfreundschaft und hat einen Ruf für gutes Essen. Die Übernachtung im DZ mit Vollpension kostet 160–200 $, je nach Saison, ein Tagesmenü 15 $.
Internet: www.pongwe.com,
E-Mail: info@pongwe.com

●**Santa Maria Coral Park**
P.O. Box 4115, Tel. (0777) 432655. Inmitten vieler Kokospalmen bietet Santa Maria Bandas (DZ/B&B 40 $) oder Bungalows (DZ/B&B 50 $) mit eigener Dusche und Toilette. Das Tagesmenü im Restaurant kostet 10 $.
Internet: www.santamaria-zanzibar.com,
E-Mail: info@ santamaria-zanzibar.com

●Es ist noch die **Nature Safari Lodge,** Tel. (024) 2230462, erwähnenswert. Sehr basic, aber freundliche Leute und einsamer Strand mit interessantem Riff zum Schnorcheln. Übernachtung mit Frühstück für 15/20 $.

Der Strand von **Uroa** liegt 38 km östlich von Zanzibar Town an der Ostküste, 6 km südlich von Pongwe und 8 km nördlich von Chakwa und der Chwaka Bay.

●**Tamarind Beach Hotel**
P.O. Box 2206, Tel. (022) 37154, (0777) 411191, 413709. Das lange Zeit geschlossene Hotel mit 14 Zimmern ist nun unter norwegischem Management. Einiges wirkt renovierungsbedürftig, dennoch ist es ein sehr schöner Ort mit einem grandiosen Strand. Hier sollte man erst nach dem neuesten Stand der Dinge fragen. Preise auf Anfrage.
Internet: www.tamarind.nu,
E-Mail: tamarind@zanzinet.com,
tamarind_uroa@hotmail.com

●**Uroa White Villa**
P.O. Box 2424, Tel. (0713) 326874, 488520. Uroa White Villa ist ein kleines deutsch-sansibarisch geführtes Guesthouse. Es gibt ein großes Haupthaus mit vier Zimmern, davon zwei mit eigenem Bad, einer großen Terrasse und einem Restaurant, dazu einen Bungalow am Strand mit zwei Doppelzimmern. Preise auf Anfrage.
Internet: www.uroawhitevilla.net,
E-Mail: mwadini@zitec.org

●**Zanzibar Safari Club**
P.O. Box 1282, Tel. (0777) 410318, 844481/2. Italienisch-spanische Clubanlage für den Pauschaltouristen mit 50 Zimmern und einer großen Disco über dem Meer. Animation nach Belieben, Preise auf Anfrage. Ist auch bei deutschen Veranstaltern im Programm.
Internet: www.zanzibarsafariclub.com,
E-Mail: reservations@zanzibarsafariclub.com

Chwaka

In Chwaka hatten einst der Sultan sein Sommerhaus und die britische Verwaltung zwei Villen, die im Norden des Dorfes noch zu sehen sind. Sie wurden in der heißesten Zeit des Jahres (März/April) aufgesucht, als es galt, dem drückend schwülen Klima der Stadt zu entkommen, um das kühlende Lüftchen des Südost-Monsuns zu genießen.

Das große Dorf Chwaka bietet nicht viel Sehenswertes, bei Ebbe wird die große wasserlose Bucht eher etwas trostlos. Eine Ausnahme ist der allmorgendliche, von der Sonne angeleuchtete große **Fischmarkt.**

Wohnen und Essen

●**Chwaka Bay Resort**
Tel. (024) 2240289, (0777) 040400, 423293. Das Chwaka Bay Resort hat 30 renovierte Zimmer, einen schönen Swimmingpool und steht unter schwedischem Management. Das Restaurant serviert hauptsächlich Seafood, es gibt eine Bar mit Billardtisch und Dartscheibe, auch Beach Volleyball wird angeboten. Das DZ kostet ab 40 $ p.P.
Internet: www.chwakaresort.com,
E-Mail: chwaka@zanlink.com

Pingwe, Dongwe und Bwejuu Beaches

Dieser populärste Abschnitt der gesamten Ostküste erstreckt sich als palmenbestandener Strand über eine Länge von 20 km bis nach Jambiani (s.u.).

Wohnen und Essen

Gehobene Unterkünfte (Michamwi Peninsula (Pingwe-Bwejuu):

● **Breezes Beach Club & Spa**
P.O. Box 1361, Tel. (024) 2240450, (0777) 415049, 415098. Wahrscheinlich das gelungenste Luxushotel an der südlichen Ostküste. Die Zimmer sind schön, die Anlage mit Pool ist paradiesisch, der Strand ohnehin „Bacardi-karibisch". Eigenes Tauchcenter, Disco, Tennisplatz usw. Preisrichtlinie 125/250 $ p.P.
Internet: www.breezes-zanzibar.com,
E-Mail: info@breezes-zanzibar.com

● **The Palms Zanzibar**
P.O. Box 1298, Tel. (0777) 440881/2, 437007. Gleich neben dem Breezes und noch luxuriöser finden sich sechs private Suiten, die mit über 140 m² Größe und eigenem Spa in jedem der Strandbungalows aufwarten. Der Traum hat allerdings seinen Preis, der bei 415/495 $ p.P. beginnt.
Internet: www.palms-zanzibar.com,
E-Mail: info@palms-zanzibar.com

● **Sultan Palace**
Tel. (024) 2240173. Fünf Imperial Suites, vier Ocean Suites und sechs Garden Suites. Gehobene Preisklasse. Eine wunderschöne Anlage, wenn man mit etwas Komfort in Ruhe relaxen will. Sehr beliebt bei Honeymoonern.
Internet: www.sultanzanzibar.com,
E-Mail: info@sultanzanzibar.com

● **Karafuu Hotel**
P.O. Box 71, Tel. (0777) 413647/8. 4-/5-Sterne-Hotel, großflächig angelegt, schönes Ambiente, Swimmingpool mit Poolbar und Meeresblick, einsamer Strand. Die Unterbringung erfolgt in Bungalows, die Zimmer sind groß und bequem, das Essen ist gut. Zum Hotel gehören ein Tennisplatz, eine Tauchbasis, ein Wassersport-Center und ein Massage-Studio. Hauptsächlich frequentiert von italienischen, belgischen und deutschen Pauschalurlaubern (Neckermann).
Internet: www.karafuuhotel.com,
E-Mail: karafuu@karafuuhotel.com

● **Dongwe Club**
Internet: www.dongwe.it. Auch das Clubhotel von Parmatour fehlt nicht an der Michamwi Peninsula. Italienisch-Kenntnisse Voraussetzung!

● **Sunrise Hotel**
P.O. Box 3967, Tel. (024) 2240270. Kleines Hotel unter sympathischer belgischer Leitung mit guten Zimmern, eigener Strandbar und leckeren Speisen. 75–90 $ p.P., Halbpension.
Internet: www.sunrise-zanzibar.com,
E-Mail: sunrise@zanlink.com

Preiswerte Unterkünfte:

● **Andy's Karibuni Bungalows**
P.O. Box 650, Tel. (0784) 430942, Kontakt in Deutschland: *Andrea Nusser*, Tel. 0049 (0)178-4795985, E-Mail: nussera@web.de. Einsam gelegene einfache Beach-Unterkunft der Deutsch-Ungarin *Andrea Malyusz*. Die ehemalige Krankenschwester serviert gutes Essen. DZ/B&B 60 $.
Internet: www.eastzanzibar.com,
E-Mail: romantic-garden@web.de

● **Palm Beach Inn**
P.O. Box 704, Tel. (024) 2240221, (0777) 411155, E-Mail: palm_beach@zanzinet.com. Einfaches kleines Hotel mit 15 netten und sauberen Zimmern mit großen Sansibar-Betten und Klimagerät/Ventilator. Herrliche Palmen, Übernachtung ab 40/50 $.

● **Sun and Sea View Resort**
P.O. Box 3881, Tel. (0784) 528208, (075) 7420774. Kleine Bungalowanlage mit Restaurant und Bar direkt am Strand bei Bwejuu unter deutsch-sansibarischem Management (*Sandra Welsing*). DZ ab 35 $.
Internet: www.kulalabar.com, E-Mail: sandra@zanlink.com, ssvresort@hotmail.com

● **Mustapha's Place**
P.O. Box 3414, Tel. (024) 2240069, Internet: www.fatflatfish.co.uk/mustaphas/index.htm, E-Mail: mustaphas@africamail.com. In Bwejuu Village, nur ein paar Schritte vom Strand entfernt, bietet *Mustapha* Unterkunft in einfa-

chen Bandas mit eigenem oder Gemeinschafts-Bad ab 10 $ p.P. Wer eine lokale laidback-Atmosphäre mit Reggae und Soul-Musik in der Hängematte genießen möchte, ist hier genau richtig.

●**Evergreen Bungalows**
P.O. Box 483, Tel. (024) 2240273, (0784) 239535. Sehr nette familiäre Bungalow-Anlage mit sechs Bungalows unter deutscher Leitung. Angeschlossenes Padi-Tauchzentrum von African Blue Divers. DZ ab 28 $.
Internet: www.evergreen-bungalows.com,
E-Mail: zanzievergreen@yahoo.com

●Direkt nebeneinander liegen: **Original Twisted Palm** (ordentliche Zimmer, nett und freundlich, 10 $ p.P.), **Twisted Palm Bungalows** (gute Bungalows für 20 $, deutsches Management, empfehlenswert!).

●**Kilimani Kwetu Restaurant & Bungalows**
Eigentümer sind u.a. Deutsche. Zwei Doppelhaus-Bungalows (insgesamt für acht Personen), einfach eingerichtet, gutes Essen, Liegestühle für den Strand. Ab 30 $ für ein DZ.
Internet: www.kilimani.de,
E-Mail: Dirk.Rabien@kilimani.de

Paje und Jambiani Beaches

Wohnen und Essen

Gehobene Unterkünfte (Jambiani):
●**Sau Inn**
P.O. Box 1656, Tel. (024) 2240205, 2240169, Fax (0713) 337440, 340039. Das Beach-Hotel bietet 32 Zimmer in etwas kleinen Bungalows und acht Zimmer in vier doppelstöckigen größeren Bungalows. Restaurant, Swimmingpool und etwas kitschiger Garten. DZ mit Frühstück ab 80 $.
E-Mail: sauinn@zanlink.com

●**Zanzibar Villas**
– **Villa Bahati:** Kleines Guesthouse mit fünf DZ und Restaurant (DZ ab 100 $).
– **Villa Kikadini:** Leben wie ein Sultan in zwei großen Schlafzimmern mit Strandblick (4 Personen ab 300 $, für bis zu 6 Personen).
– **Villa Maroc:** Der Honeymoon-Traum mit Open-Air-Badewanne (ab 225 $).
Infos unter: www.escape-zanzibar.com,
E-Mail: villakikadini@hotmail.com.

Preiswerte Unterkünfte:
●**Blue Oyster Hotel**
P.O. Box 007, Tel. (024) 2240163. Schönes, kleines Hotel (18 Zimmer) direkt am Strand, 200 m nördlich vom Sau Inn Hotel. Restaurant und Terrasse im 1. Stock mit Blick aufs Wasser. Zimmer mit Gemeinschaftsbad (zwei Du/WC für fünf Zimmer) inkl. Frühstück ab 30 $ als DZ, 20 $ als EZ und 40 $ als triple, Zimmer mit Du/WC kosten 50 $ als DZ, 45 $ als EZ und 60 $ als triple; alles in TSh zahlbar! Das Blue Oyster gehört einer deutschen Familie (Fam. *Beiser*), die meist ihre Ferien in Sansibar verbringt, und wird geführt von dem sansibarischen Manager *Peter*. Die Küche ist gut, von lokalen Gerichten bis zu Pizza und Rotwein wird alles serviert. Die Crew arbeitet zuverlässig und ist freundlich.
Internet: www.blueoysterhotel.info,
www.zanzibar.de,
E-Mail: blueoysterhotel@gmx.de

●**Casa Del Mar Hotel**
P.O. Box 4146, Tel. (024) 2220401, (0777) 455446. Neues kleines Hotel mit zwölf Zimmern im Palmenhain (besonders schön sind die Zimmer mit Schlafgalerie im 1. Stock), Open-Air-Restaurant. Manager *Salim* spricht auch deutsch. EZ ab 40 $, DZ ab 60 $, Dreibettzimmer ab 65 $.
Internet: www.casa-delmar-zanzibar.com,
E-Mail: info@casa-delmar-zanzibar.com

●**Kimpte Beach Inn**
P.O. Box 3200, Tel. (024) 2240212, (075) 7425186. Kleines, freundliches Guesthouse direkt am Strand mit Platz für bis zu 18 Personen. Restaurant, Preise auf Anfrage.
Internet: www.kimpte.com,
E-Mail: kimpte@lycos.com

●**Kipepeo Lodge**
Tel. (0777) 457733. Kleine, italienisch geführte Beach-Lodge mit fünf DZ, wiedereröffnet im Dezember 2005, DZ mit en-suite-Bad 50 $, DZ mit Gemeinschaftsbad 35 $ (B&B).
Internet: www.kipepeo.it, E-Mail:
maha@kipepeo.it, kimsamour@yahoo.com

●**Mount Zion Long Beach Lodge**
P.O. Box 2589, Tel. (075) 7439034, 7439001. Acht Zimmer mit en-suite-Bad und eigener Veranda in vier Bungalows auf einem Felsen direkt über dem Strand. 40–50 $ B&B für ein DZ, mit Klimaanlage 20 $ extra.

Internet: www.mountzion-zanzibar.com,
E-Mail: znzmountzion@hotmail.com

● **Visitor's Inn**
P.O. Box 1856, Tel. (024) 2240150. Ganz
gute Mittelklasse-Unterkunft mit angenehmen Bungalows (mit Bad/WC) in einem Palmenhain, bequeme Betten und sauber. Übernachtung mit Frühstück 30/50 $.
Internet: www.visitorsinn-zanzibar.com,
E-Mail: visitorsinn@zitec.org

● **Gomani Guest House & Bungalows**
P.O. Box 4125, Tel. (024) 2240154, Fax (024)
2240153. Saubere Bungalows mit Veranda,
Sisal-Sonnenliegen unter netten Hütten, alle
in erhöhter Lage direkt über dem Strand, etwas abseits vom Dorf, daher ruhiger. 25 $
pro Doppel-Bungalow inkl. üppigem Frühstück. Schnorcheln, Ausflüge zu den Riffen
und andere Aktivitäten möglich. EZ ab 15 $.

● Traveller zieht es auch zu folgenden Unterkünften: **Shehe Guesthouse** (Tel. (024)
2234118/9, 2240149, 2233949, E-Mail: mmc
@cctz.com, akzeptable Zimmer für 20/30 $).
Nett ist auch das **Coco Beach Café** mit sehr
gutem Essen, die Übernachtung für 15 $ p.P.
Twisted Bungalow, große Bungalows für
20 $. Das **Shiaba Resthouse** liegt nicht direkt am Strand, die Zimmer sind aber okay.

Gehobene Unterkünfte (Paje):

● **Hakuna Majiwe Lodge**
Tel. (0777) 454505. Die italienisch geführte
Bungalowanlage bietet 20 geräumige Zimmer mit Strandblick und einen großen Swimmingpool. Gutes Essen. Übernachtungspreise im DZ von 75–103 $ p.P.
Internet: www.hakunamajiwe.net,
E-Mail: booking@hakunamajiwe.net

Preiswerte Unterkünfte:

● **Paradise Beach Bungalows**
P.O. Box 2346, Tel. (024) 2231387, Fax (024)
2237894. Kleine, sehr nette Unterkunft mit
acht einfachen, sauberen Beach-Bungalows
und herrlichem Strand. Zwar ohne Strom,
aber mit viel Lokalkolorit. Die japanische Besitzerin *Saori Miura* tischt ein vorzügliches Essen auf. Übernachtung mit Frühstück pro
Bungalow ab 35 $. Schönes Flair, empfehlenswert. Internet: www.safari-portal.de,
E-Mail: saori@cats-net.com

● **Paje by Night (Hotel Bizarre)**
P.O. Box 1714, Tel. (0777) 460710. 18 kleine,
hübsche Bungalows unter italienischer Leitung (*Marco* und *Salma*). 36 Zimmer mit Bad,
Ventilator und Moskitonetzen. Bar und Restaurant (durchschnittliches Essen). Ab 20 $
pro Person mit reichhaltigem Frühstück, am
Abend beliebter Treffpunkt (Lagerfeuer), Rastas vibrate ... Internet: www.pajebynight.net,
E-Mail: info@pajebynight.net

● **Kitete Beach Bungalows**
P.O. Box 177, Tel/Fax. (024) 2240226, (0773)
074373. Schöne Lage, seit April 2006 unter
der Führung von Musafa Hotel Management.
Preise auf Anfrage.
Internet: www.kitetebeach.com,
E-Mail: reservations@kitetebeach.com

● **Paje Ndame Village**
Tel. (0777) 48097, 863421, 865501, (0784)
453232. Neuere Bungalows mit Strom und
Betten im Sansibar-Stil, Moskitonetze, gute
Küche, liebevoll geführt von *Lisbeth* und *Jan
Kastner* aus Schweden. DZ ab 30/40 $.
Internet: www.ndame.info,
E-Mail: booking@ndame.info

● **Paje Beach Bungalows**
P.O. Box 1471, Gizenga Street, Tel. (0777)
497876. In einem Palmenhain direkt am
Strand finden sich vier Beach-Bungalows (ab
45 $), 16 Garten-Bungalows (ab 35 $) und
vier Familien-Bungalows (ab 65 $ B&B).
Internet: www.pajebeachbungalows.com,
E-Mail: info@pajebeachbungalows. com

Im Süden Sansibars/ Kizimkazi

Die Südspitze Sansibars bietet kaum
Bademöglichkeiten und ist touristisch
(noch) nicht überlaufen. Die **zwei
Hauptstrände** liegen bei **Kizimkazi** im
Südwesten und bei **Makunduchi** im
Südosten (letzterer ohne touristische
Unterkunft). Zum Teil und saisonal unterschiedlich schwimmen auch reichlich Algen vor der Küste.

IM SÜDEN SANSIBARS/KIZIMKAZI

Die Gewässer südlich und südwestlich der Hauptinsel stehen seit 1998 unter dem Schutz der **Menai Bay Conservation Area (MBCA)**. Die 467 km² große Wasserfläche schließt eine Vielzahl von Riffen, Sandbänke, flache Seegras-Gewässer und Mangrovenbuchten ein. Unter Mithilfe des WWF wurde von der Universität Dar es Salaam ein Nutzungskonzept mit lokalen Fischerkommunen erarbeitet, um der hemmungslosen Überfischung und Abholzung (Mangroven) des Gebietes entgegenzusteuern. Fischernetze dürfen seither bestimmte Maschengrößen nicht mehr unterschreiten, die Dynamitfischerei ist verboten, die Boote sind registriert, und an Land gebrachte Fänge werden inspiziert.

Die Gewässer der **Menai Bay** sind bekannt für eine hohe Population an **Delfinen.** Tour-Unternehmen organisieren von Zanzibar Town aus umstrittene Bootsausflüge, die die Möglichkeit eröffnen, mit den verspielten Tieren mit zu schwimmen. Jeweils ein Dollar pro Tourist muss aus den Einnahmen der Delfin-Tour-Veranstalter an die Verwaltung der MBCA entrichtet werden. Etwa 5000 Touristen im Jahr gehen auf Delfin-Tour, eine willkommene Einnahmequelle für die Dorfgemeinschaften entlang der Schutzzone.

Auf dem Weg nach Süden passiert man hinter dem Abzweig in Kitogani den kleinen **Zala Park.** Ein enthusiastischer Schlangen- und Reptilienliebhaber hat diesen direkt an der Straße gelegenen Park mit viel Liebe angelegt. Für 3 $ Eintritt vermittelt die kleine Anlage ein Bild von der Vielfalt der Schlangen, Echsen und Chamäleons auf Sansibar. Zusammen mit dem nahe gelegenen Dorf Muungoni betreut der Zala Park auch das **Muungoni Cultural and Natural Heritage Project** zum Schutz der einheimischen Tierarten.

Auf dem Weg zum Kizimkazi Beach passiert man nach dem Dorf **Kizimkazi Dambiani** eine der ältesten Moscheen Ostafrikas, die aus dem 12. Jahrhundert, also aus der Shirazi-Zeit, stammt und heute mit Wellblech zusammengehalten wird. Die Moschee kann besichtigt werden, ein Caretaker begleitet Sie. Im Innern sind persische und arabische Inschriften zu sehen, die älteste aus dem Jahr 1107. Wer die eher unscheinbare Moschee nicht besichtigt, hat auch nichts verpasst.

Karten Umschlag hinten, XI,D3 **IM SÜDEN SANSIBARS/KIZIMKAZI** *Die Insel Sansibar (Unguja)* 841

Mwaka-Kogwa-Fest

Eine Besonderheit in Makunduchi, im Süden Sansibars, ist das Mwaka-Kogwa-Fest, an dem Dörfer aus ganz Sansibar teilnehmen und das sich zu einem gefragten touristischen „Event" entwickelt hat. Der eigentliche Name „Mwaka Nairuz" verrät den persischen Ursprung des Neujahrfestes, das seine Wurzeln in der zoroastrischen Religion hat. Mwaka Kogwa richtet sich nach dem Sonnenkalender. Inhalt des Festes ist es, sich von den Lasten und Bußen des Vorjahres zu lösen – die **„Reinigung der Seele"** –, das neue Jahr zu segnen und den Geistern durch Gaben zu gefallen.

Zu Beginn des Festes wird einer Kuh die Kehle durchgeschnitten; den durstigen Geistern muss Blut geopfert werden, um sie gutmütig zu stimmen. An den Folgetagen liefern sich Fraktionen verschiedener Dörfer mit weichen Bananenstöcken Kämpfe, um Aggressionen abzubauen, die sich über das Jahr gegenüber anderen Gruppen/Dörfern aufgestaut haben. Umkreist von Hunderten von Zuschauern finden vor allem Frauen Gefallen an dem Spektakel. Nachdem die Fetzen geflogen sind, vertragen sich alle wieder, auch wenn der eine oder andere ein blaues Auge oder eine Platzwunde davongetragen hat.

Das letzte Ritual von Mwaka Kogwa ist das symbolische Niederbrennen einer Hütte, die eigens zu diesem Anlass aus Palmenholz und Bananenstauden errichtet wird. Ziel der Handlung ist es, den „bösen Geist" der Häuser zu vernichten. Die männlichen Dorfbewohner, dann auch Frauen und Kinder, werfen Steine und Erdklumpen in den brennenden Hort – so lösen sich letzte Aggressionen auf.

Das Fest endet mit viel Taarab-Musik und Tanz und Essen bis in den späten Abend. Das Mwaka-Kogwa-Fest dauert etwa eine Woche und findet immer **im Juli** statt. Tour-Unternehmen in Zanzibar Town kennen die Termine und organisieren einen Besuch.

Die Bewohner des Nachbarorts **Makunduchi,** des größten Orts im Süden Sansibars, sprechen noch ein sehr altes Swahili in einem schwer verständlichen Dialekt. Die Frauen der Region sind bekannt für ihre **Flechtkünste;** aus Palmenblättern lassen sie Matten und Körbe aller Art entstehen. Auch Seile aus Kokosfasern werden hergestellt. Verkauft werden die Produkte in Zanzibar Town, wo sie in Hotels und auf Dhaus Verwendung finden.

Den kulturellen Höhepunkt erfährt Kizimkazi jedes Jahr im Juli. Dann findet das **Mwaka-Kogwa-Fest** in Makunduchi statt, eine sansibarische Version zur Feier des persischen Neujahrs-Festes (vgl. Exkurs oben).

Unterkunft und Verpflegung

●**Kizimkazi Beach Villa & Dolphin Tours**
Tel. (024) 2238520, (0777) 410252, 422125. Übernachtung für 10 $ an der Kizimkazi Beach, saubere Zimmer ohne eigenes Bad/WC. Wie der Name verrät, werden auch Delfin-Touren ab 15.000 TSh pro Boot angeboten. Viele Beach Boys wollen einem hier den „ganz speziellen Dolphin Trip" andrehen ...!

●**Dolphin Shadow Bungalows**
Tel. (0777) 495491. Ein Stück weiter südlich an einem schönen Strand. Übernachtung ab 10 $ p.P. in Zimmern mit Bad und Moskitonetzen (inkl. Frühstück).

●**Dolphin View Village**
Tel. (024) 2231065, 2236577, (0777) 842828. Nett und ruhig gelegen, EZ 30 $, DZ 40 $, jeweils mit üppigem Frühstück. Zimmer mit eigenem Bad und Moskitonetz.

Sansibar, Pemba, Mafia

Insel Pemba – die Nelkeninsel

Die Insel

Vereint mit der Insel Unguja (Sansibar) zum tansanischen **Teilstaat Sansibar,** wird Pemba wesentlich weniger Aufmerksamkeit geschenkt als der großen und weltbekannten Schwesterinsel. Denn die lange und wechselvolle Geschichte der Inseln ist im Wesentlichen in Zanzibar Town geschrieben worden. Auch die jüngsten Veränderungen und die Anstrengungen, den Archipel Sansibar nach über zwei Jahrzehnten sozialistischer Isolation zu entwickeln und zu modernisieren, finden fast ausschließlich auf der Hauptinsel Sansibar statt. So hat sich Pemba eine ruhige und liebenswerte Atmosphäre zwischen Gewürz- und Fruchtbäumen (hervorragende Mangos!) bewahren können. Die freundliche Bevölkerung setzt sich aus Fischern und Bauern zusammen.

Pemba ist wesentlich hügeliger und grüner als Sansibar, was auch den Beinamen **„Jazirath-Al-Khuthera"** (Das Grüne) erklärt, der aus der Zeit der arabischen Seeleute stammt. In jeweils etwa 60 km Entfernung zum Festland und zur Insel Sansibar umfasst die 68 km lange und durchschnittlich 23 km breite Insel Pemba eine Fläche von 1537 km². Auch wenn die höchste Erhebung **Mizemiumbi** (Three Tree Hill) mit 92 m im Süden Pembas nicht gerade hoch erscheint, so dominieren doch viele steile Hänge und tiefe Täler das Landschaftsbild. Auch die Küste fällt nur an wenigen Stellen flach ins Meer, die Küstenlinie ist sehr unregelmäßig geformt und vielerorts mit dichten Mangrovenwäl-

Highlights und Tipps

- Ruinenstätten, S. 849 und 858
- Misali Island – Paradiesinsel und Eldorado für Taucher, S. 856

dern zugewachsen. Durch die vielen Riffs und Sandbänke kann die Insel nur bedingt von großen Schiffen angelaufen werden, bester Hafen hierfür ist **Mkoani,** die südliche der drei kleinen Städte Pembas.

Heute ist Pemba die „Nelkeninsel" des Indischen Ozeans. Mit etwa **vier Millionen Nelkenbäumen** (einige davon über 100 Jahre alt), knapp viermal so viele wie auf Sansibar, gehört Pemba immer noch zu den größten Exporteuren von Gewürznelken weltweit. Während der Erntezeit, etwa alle fünf Monate, verleihen die gepflückten und auf geflochtenen Matten zum Trocknen ausgelegten Nelken der Inselluft einen angenehm bitter-süßlichen Duft. In dieser Zeit ist fast die gesamte Bevölkerung mit der Ernte der Blütenknospen beschäftigt, selbst Kinder bekommen schulfrei, um beim Einsammeln und Trocknen zu helfen. Doch die Zukunft des Hauptexportproduktes ist ungewiss, Pemba und Sansibar sind schon seit langem nicht mehr die einzigen Anbieter auf dem Weltmarkt. Seit Brasilien, Indonesien und auch China sich mit eigenen Nelken am Handel beteiligen, geht der Export von Pemba-Nelken zurück. Zudem ist der Weltmarktpreis in den letzten 20 Jahren um über das Zehnfache gesunken.

Die **An- und Abreise** nach/von Pemba erfolgt mit schnellen Passagierschiffen über Mkoani oder über den Flughafen bei Chake Chake.

Geschichte

Die Geschichte Pembas ist nahezu identisch mit der von Sansibar (siehe dort). Die ersten Fremdherrscher der Insel waren **persische Clans.** Die auf der Insel verstreuten Ruinenstätten lassen den Schluss zu, dass fünf lokale Fürstentümer zwischen dem 10. und 15. Jahrhundert auf Pemba herrschten. Die wohl bedeutendsten Reiche waren **Mkumbuu,** auf einer schmalen Landzunge gelegen, und **Mtambwe Mkuu,** wo 1984 Silbermünzen gefunden wurden. Vom 16. Jahrhundert an kontrollierten die **Portugiesen** mit nur einem Stützpunkt die Insel, dann übernahmen **Araber** die Herrschaft, und schließlich wurde Pemba ein Teil des omanisch-sansibarischen Sultanats. In der Protektoratszeit der **Briten** kam der Insel nur administrative Bedeutung zu, ein Umstand, der für die Bevölkerung Pembas während der Fremdherrschaft ein Mehr an Unabhängigkeit bedeutete. Weniger arabische Plantagenbesitzer als auf Sansibar machten sich auf der Insel breit, viele Bewohner konnten eigenständige Pflanzungen betreiben und den Verkaufsgewinn selber einstreichen. Hass gegenüber den Omanis war auf der Insel weniger spürbar als auf der großen Schwesterinsel, noch heute sprechen einige Bewohner Arabisch und pflegen den Kontakt zu Exil-Sansibaris in Oman.

Pemba

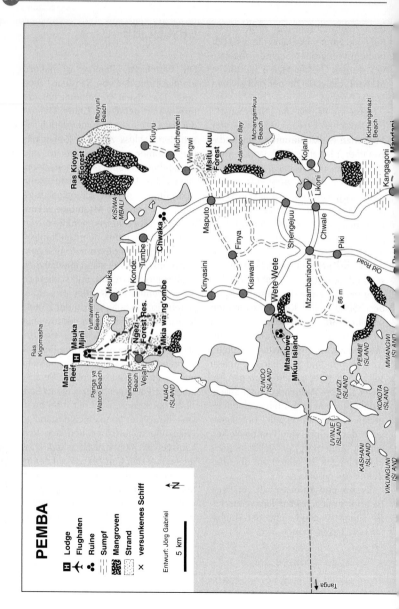

Karten S. 851, 862, XI,D2

PEMBA 845

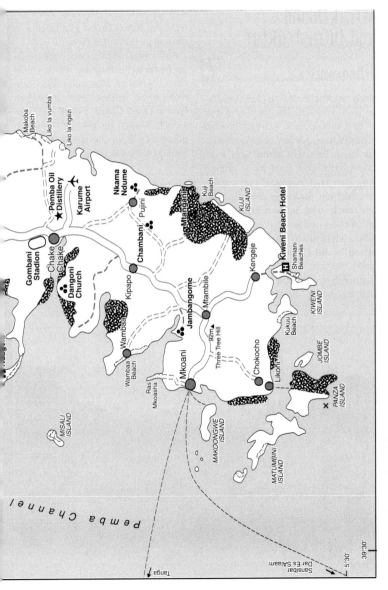

Sansibar, Pemba, Mafia

Attraktionen und Infrastruktur

Sehenswertes

Einen historischen Altstadtkern wie Stone Town von Zanzibar Town wird man in den drei kleinen Städten Pembas (Chake Chake, Mkoani und Wete) nicht vorfinden. Pembas Charme liegt in der Unberührtheit der Insel, ihrem grünen, hügeligen Inselinnern und den unzähligen Buchten, **Stränden** und sagenhaften **Tauch- und Schnorchelgebieten.** Im Westen warten die unter Naturschutz stehenden Korallengärten der **Misali Island Conservation Area** auf einen Besuch, eine Population von Flughunden – **Pemba Flying Foxes** – lässt einen über die Wunder der Tierwelt staunen, und der letzte Fleck Urwald des **Ngezi Forest** gibt Einblick in die üppige Inselvegetation.

Auf Pemba befinden sich zudem einige **historische Ruinen,** im Wesentlichen ehemalige Moscheen und Grabmäler sowie die Reste eines arabischen Forts in Chake Chake. Viele Ruinen sind jedoch ziemlich verfallen und heruntergekommen bzw. überwuchert, was allerdings seinen Reiz hat.

Unterkunft

Gute **Beach Hotels** mit luxuriösem Komfort lassen sich bisher an einer Hand abzählen. Doch auch die ruhigen Tage auf Pemba sind gezählt, Investoren u.a. aus Südafrika haben sich schon Strandabschnitte bei Tondoni und Vumawimbi gesichert.

Für Rucksackreisende gibt es keine einfachen Unterkünfte direkt am Strand (Ausnahme ist die Manta Reef Lodge). Über die einzelnen **Guesthouses** in den Städten lassen sich allerdings gut Tagesausflüge zu Stränden, Ruinen und anderen Sehenswürdigkeiten organisieren oder Fahrräder/Motorräder mieten.

Busverkehr auf Pemba

Auf der Insel verkehren **Lkw-Dalla Dallas** mit rustikalen Holzaufbauten und einfachen Sitzbänken. Zudem werden **Minibusse** eingesetzt. Eine Fahrt von Mkoani nach Chake Chake dauert etwa 45 Minuten. Eine Direktverbindung zwischen Mkoani und Wete existiert nicht, Umsteigen in Chake Chake ist erforderlich. Feste Abfahrtszeiten gibt es nicht, doch bestehen in der Regel **mehrmals am Tag Verbindungen zwischen fast allen Orten** auf der Insel. Das Fahrtziel der Busse ist an ihren Nummern zu erkennen.

- Chake Chake – Ole (Nummer 1)
- Chake Chake – Mkoani (2)
- Chake Chake – Piki – Wete (old road) (3)
- Wete – Wingwi – Micheweni (4)
- Wete – Pandani (11)
- Chake Chake – Vitongoji (16)
- Wete – Konde – Miperani/Verani (old road) (24)
- Chake Chake – Ole – Shengejuu (new road) (34)
- Chake Chake – Ole – Konde (new road) (35)

Fischerjunge in der Bay of Chake Chake

Mkoani/Süd-Pemba

Mkoani, das kleinste Städtchen auf der Insel, ist für Reisende **wichtiger Ein- und Ausschiffungshafen** nach/von Sansibar und dem Festland. Der Ort zieht sich an der landeinwärts führenden Hauptstraße entlang und wirkt bis auf den Hafen und den interessanten Fisch- und Gemüsemarkt recht verschlafen. Im höher gelegenen Stadtteil wird die mit nur wenig Sehenswertem gesegnete Stadt durch trostlose sozialistische Wohnblocks zusätzlich bestraft. Eine winzige Kapelle erinnert an den Versuch, den christlichen Glauben auf Pemba zu verbreiten. Heute ist die Tür verschlossen, das Schloss verrostet!

Für Besichtigungstouren in den **Süden Pembas** ist Mkoani jedoch eine gute Basis. Mit Booten lassen sich Touren zu den Inseln Kwata, Misali und Matumbi Makubwa unternehmen. Auf letzterer steht ein verfallener, zugänglicher Leuchtturm. Wer gut zu Fuß ist, kann auch zum etwa 5 km entfernten Strand von Ras Mkoasha im Norden von Mkoani laufen. Achtung: Man muss kurz vor dem Ras (Kap, Halbinsel) ein Camp der JKU passieren (paramilitärische Organisation, keine Fotos!).

Wohnen und Essen

Gehobenere Beach Hotels

● **Fundu Lagoon**
Tel. (0777) 438668, (0754) 789994. Luxus-Beach-Resort an der Südwestküste Pembas. Fundu Lagoon liegt einsam am Wambaa Beach auf der gleichnamigen Landzunge. Am Steg brechen die leichten, beständigen

Wellen den Zivilisationsfrust, werden Stress und Sorgen im endlosen Meer weggespült. Fundu ist eine Oase der Erholung, wo Melancholie mit der warmen Brise des Ozeans verschmilzt und die Sinne wieder erweckt werden, wo die fantastische Unterwasserwelt einem den Atem raubt. Auf Stelzen gebaute große Zelte im Safari-Stil mit Holzfußboden und herrlichen Terrassen, eine fabelhafte Küche mit gutem Service und eine eigene, sehr professionell betriebene Tauchbasis machen Fundu Lagoon zu einem empfehlenswerten Urlaubsparadies. Preis auf Anfrage.
Internet: www.fundulagoon.com,
E-Mail: info@fundulagoon.com

● **Pemba Afloat**
Stellen Sie sich vor, einer Ihrer Freunde wäre zu einer Weltumsegelung aufgebrochen, und nach langer Zeit erhalten Sie die Nachricht, er hätte das Paradies gefunden, würde dort bleiben und Sie herzlich einladen, ihn zu besuchen. Die kleinen Yachten „Karibu" und „Sitra" des Unternehmens Pemba Afloat sind schwimmende Tauchbasen und Unterkunft zugleich. Man verbringt mehrere Nächte auf dem Boot, während im gemächlichen Tempo hervorragende Tauchgründe (Delfine!) angefahren werden. Die Kosten liegen bei 100 $ p.P. und Nacht, inkl. sämtlicher Verpflegung (mind. 2 Personen, max. 4). Die Boote haben ihren festen Platz in der Blue Bay bei Njao (Nordwestküste von Pemba). Zu kontaktieren über: www.pembaisland.com, E-Mail: pembaafloat@pembaisland.com.

Preiswerte Unterkünfte

● **Jondeni Guesthouse & Diving Lodge**
Mkoani Hill Rd, P.O. Box 111, Tel. (024) 2456042. Beliebte Backpacker-Unterkunft ohne Strom auf einem kleinen Hügel 800 m nördlich vom Hafen, tolle Aussicht aufs Meer von der Terrasse des Restaurants. Große, saubere Zimmer, alle ohne eigenes Bad/WC. Übernachtung p.P. im Schlafsaal 8 $, EZ 15 $, DZ 25 $, jeweils mit Frühstück. Die Küche ist empfehlenswert, eine Mahlzeit kostet 4–5 $. Der südafrikanische Teilhaber, *Stefan*, leitet eine eigene Tauchbasis (Emerald Ocean Divers), organisiert werden auch Schnorchel- und Dhau-Fahrten, Radtouren und Wanderungen im Süden von Mkoani geben Einblick in das Inselleben.
E-Mail: Pembablue@hotmail.com

● **Mkoani Sunset Lodge**
Tel. (024) 2456102. Nette Unterkunft mit kleinem Vorgarten im Stil eines Guesthouses, 200 m vom Hafen entfernt; fünf Zimmer mit Deckenventilator und hoch gebauten Sansibar-Betten, davon zwei Zimmer mit Bad/WC für jeweils 15/30 $ oder ohne sanitäre Anlage (10/20 $). Übernachtung jeweils mit

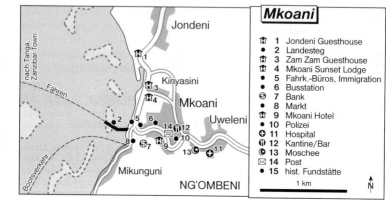

reichhaltigem Frühstück, weitere Mahlzeiten müssen vorbestellt werden; Mountainbikes für 5000 TSh; Ausflüge auf Makongwe Island und zur Wambaa Beach.
- **Zam Zam Guesthouse**
Tel. (024) 2456124. Einfaches Guesthouse unweit vom Hafen. Die Zimmer sind etwas klein und muffig, manche haben Bad/WC, manche nicht; 10 $ p.P. mit Frühstück; warme Mahlzeiten nach Absprache.
- **Mkoani Hotel**
Tel. (024) 2426271. Das Hotel liegt 350 m vom Hafen entfernt an der Hauptstraße schräg gegenüber der Post. Sozialistische Zweckbauweise, die Zimmer sind sehr heruntergekommen (16 $ p.P.). Restaurant mit einfacher Küche, Bar vorhanden.

Notfall

- **Abdulla Mzee Hospital**
Tel. 2456075/2456011. Krankenhaus südlich der Hauptstraße im Ortsteil Uweleni, 600 m vom Mkoani Hotel entfernt.
- **Polizei-Station**
Tel. 2456270/2456089. An der Hauptstraße in Richtung Krankenhaus.

Geldwechsel

- Im halboffiziellen **Forex-Schalter** am Fahrkartenverkaufsbüro von Mega Speed Liners kann man Geld wechseln.
  Direkt daneben befindet sich die Einwanderungsbehörde (Immigration).

Fahrzeugmiete

- Ein **Auto mit Fahrer** lässt sich in Mkoani bei Faizin Tours mieten.
- **Fahrräder und Motorräder** können über das Zam Zam Guesthouse und die Mkoani Sunset Lodge gemietet werden.

Schiffe, Dhaus

Schnelle Passagierfähren fahren Mkoani oder Pemba nicht mehr an. Nach Tanga verkehrt zweimal die Woche ein Kutter, der aber nicht wirklich tauglich ist und an dem mehr repariert wird, als dass er fährt.
- **Segel-Dhaus** legen am Pier in Mkoani an, eine Mitfahrt für Touristen ist jedoch nicht erlaubt. Eine Ausnahme ist die **Motordhau „Barrakuda"**, ausgestattet mit Rettungswesten und Funkgerät. Die „Barrakuda" verkehrt jedoch nicht nach Fahrplan und liegt die meiste Zeit in Tanga. Auskunft erhält man am Hafen oder bei Kunasini General Traders in Chake Chake.

Ausflüge und Sehenswürdigkeiten

Für das Arrangieren von Booten und einer Auto-Tour mit Führer/Fahrer zu den verschiedenen Ruinenstätten wenden Sie sich am besten an **Faizin Tours,** P.O. Box 70, Tel. 2456028, schräg gegenüber der Busstation, etwa 100 m vor dem Mkoani Hotel.

Ruinenstätten im Süden Pembas

- **Janbangome**

14 km von Mkoani entfernt, war Jambangome **im 19. Jahrhundert** der **Haupthafen Pembas** und konnte nur bei Flut erreicht werden. Die hier hauptsächlich lebenden indischen Händler gaben den Ort in den 1920er Jahren wegen zunehmender Versandung und der weit am Ort vorbeigelegten Trasse der Straße Mkoani – Chake Chake auf. Mittlerweile ist vieles zusammengefallen, die Wände, die noch stehen, werden von dem Wurzelwerk hoher Bäume aufrechterhalten. Entlang der ehemaligen Hauptstraße sind die Ruinen der **Bohra-Moschee** noch am besten erhalten.

Auf der Hauptstraße in Richtung Chake Chake erfolgt 2 km hinter Mtambile

CHAKE CHAKE — die Nelkeninsel

(11 km ab Mkoani) links der Abzweig zu **Wambaa Beach.** Nach 1,1 km zweigt erneut links eine Piste ab. Mit dem Auto kommt man nicht mehr sehr weit, mit Fahrrad oder Enduro (nicht mit Vespa) sind es noch 2,3 km bis Jambangome. Der Weg wird zu einem Fußpfad und ist nicht ganz eindeutig. Oft zeigen einem Kinder die Strecke durch Dörfer und Höfe, vorbei an Feldern zu den von Bananenstauden vereinnahmten Ruinen.

●Mtangani
Ruine einer Moschee aus dem 14./15. Jahrhundert, die herrlich auf einer Anhebung vor einem Strand liegt. Zwischen der Ruine, bei der auch chinesisches Porzellan gefunden wurde, und der Küste stehen Baobab-Bäume mit Eingravierungen. Gegenüber liegt **Kuji Island** mit einer Sandbucht.

●Kiwani
Ruine einer Moschee im Süden von Kuji Island, die auf das 14. Jahrhundert zurückgeht. Die Stätte ist ziemlich verfallen und nur schwer erreichbar.

●Mjini Chambani
Ruine einer Moschee südlich des Ortes **Pujini,** die aus dem 16. Jahrhundert datiert, und Grabstätte von *Sharif Hamad,* der die Moschee vermutlich gründete. Der Ort ist leicht zu erreichen, viel ist jedoch nicht mehr zu sehen.

Chake Chake

Chake Chake ist der **Verwaltungssitz der Südregion Pembas.** Die Kleinstadt mit **35.000 Einwohnern** liegt zentral, der **Inselflughafen** ist nahe. Attraktionen sind der kleine Basar und die Reste eines Forts. In der nahen Umgebung lo-

- 1 Mandani Ruins
- 2 Ndagoni
- 3 Gombani Stadion
- 4 Venus
- 5 Pattaya
- ★ 6 Pemba Oil Distellery
- 7 Dangoni Church
- 8 Fundu Lagoon
- 9 Nkama Ndume
- 10 Jambangome
- 11 Mtangani

cken schöne Strände und interessante Sehenswürdigkeiten.

Der **Basar** von Chake beschränkt sich auf eine Hand voll Gassen zwischen alten, einstöckigen, mit Blechdächern versehenen Läden, errichtet von Händlern mit indischen Vorfahren. Die wenigen ehrwürdigen zweistöckigen Häuser arabischer Geschäftsleute stammen aus der Sultanatszeit. Die Markthalle bildet das Herz des Städtchens, ansonsten schlägt in Chake der Puls des Lebens sehr langsam.

Etwa 100 m vom alten Hafen entfernt liegt auf einer Anhöhe das halb zerstörte **Nazim Fort** von Chake Chake. Die einst große Festung wurde im 18. und 19. Jahrhundert errichtet. Es ist jedoch

nicht ganz geklärt, wer am Bau beteiligt war. Neben den typischen swahili-arabischen Baustrukturen ist auch noch ein rechteckiger Turm zu sehen, der auf das portugiesische Fort von 1589 zurückgeht, da arabische Türme einen kreisförmigen Grundriss haben. Leider wurden große Teile des Forts schon früh abgetragen, um Baumaterial für das nebenan entstandene Krankenhaus zu gewinnen. Die verbliebenen Räume wurden als Gefängnis und von der Polizei genutzt, heute ist in einem Abschnitt ein Krankenhaussaal untergebracht.

Beeindruckender als die Reste des Forts ist jedoch das **alte Gericht** (*ma-gistrates court*) mit dekorativer Swahili-Tür und einem Uhrturm als viktorianischer Erinnerung an die britische Protektoratszeit.

Im Tal nahe der großen Hauptstraße ist Chakes vorerst modernstes Gebäude errichtet worden, die sehr imposante **Isticama-Moschee.**

Abends bilden kleine **Garküchen** an der Hauptstraße **im Zentrum** die einzige Möglichkeit der Abendgestaltung: Frittierter Octopus, würfelgroß geschnitten, Kartoffel-Samosas, mishkaki und andere einfache Snacks werden zubereitet. Dazu wird Ingwer-Kaffee aus winzigen Tassen gereicht.

Stierkämpfe auf Pemba – „Mchezo wa ngombe"

Eine Kuriosität Pembas sind Stierkämpfe, die mehrmals im Jahr abgehalten werden. Einige vertreten die Meinung, dass sie ein Überbleibsel aus der Zeit sind, als Portugal noch die ostafrikanische Küste kontrollierte. In Ostafrika einzigartig, hat sich dieses eventuell iberische Erbe nur auf Pemba zu einem Volksfest entwickelt. Doch die Pemba-Stierkämpfe haben mit den bekannten spanischen, portugiesischen oder lateinamerikanischen Versionen nicht viel gemein. Beim Stierkampf auf Pemba geht es nicht um die heroische Einzelleistung eines tollkühnen Toreros. Auch wird der Stier, der nicht eigens für dieses Spektakel trainiert wird, am Ende nicht getötet. Bei der Pemba-Version handelt es sich eher um ein fröhliches Fest, bei dem mehrere Beteiligte, meist Jugendliche, den Stier mit einem Tuch oder einem Stock aus der Reserve locken. Die Stiere tragen Namen wie „Bom-Bom" (Maschinengewehr) oder „Wembe" (Rasierer). Sollte es dennoch einmal gefährlich werden, flüchten die Männer auf einen Baum und warten bis sich der Stier, der oft wie eine harmlose Kuh aussieht, wieder beruhigt. Wenn ein Stier müde wird oder Zeichen von Lustlosigkeit zeigt, wird er gegen einen neuen ausgetauscht. Für die Anwesenden ist das Spektakel ein Fest zum Lachen, wie der Name „mchezo wa ngombe" auch ausdrückt – „das Spiel des Stieres". Vor und während der Kämpfe singen und klatschen Frauen, gekleidet in ihren farbenfreudigen kangas. Oft werden dazu schrille Klänge auf der „Tandaa" (auch „Zumari" genannt) gespielt, einer Art hölzernen Klarinette, ein Musikinstrument, welches in vorchristlicher Zeit von den Assyrern eingeführt worden sein soll und im Vorderen Orient ebenfalls Stierkämpfe begleitete. Das ähnlich klingende Wort „Tadaa" beschreibt ein Stockkampfritual zwischen zwei Männern, das in der Regel als Einleitungszeremonie zum Stierkampf ausgeübt wird.

Ein Ort, in dem einmal jährlich nach der Reisernte im Juni/Juli Stierkämpfe stattfinden, ist Chwale. Auskunft erhalten Sie bei Partnership Travels in Chake Chake oder in Wete.

Insel Pemba – die Nelkeninsel
Karten S. 851, XI,D2   CHAKE CHAKE

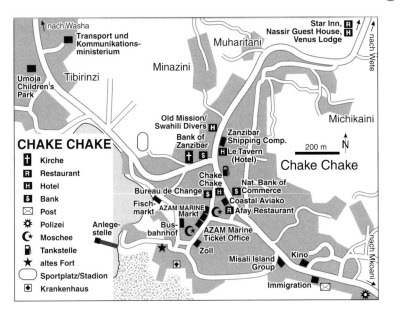

Wohnen und Essen

● The Old Mission Lodge (Swahili Divers Guesthouse)

P.O. Box 146, Tel. (024) 2452786, Fax (024) 2452768. Begehrte und zentral gelegene Unterkunft. Das alte Gebäude wurde einst von der Quäker-Mission errichtet und ist selbst schon eine Sehenswürdigkeit. Bei den Swahili Divers dreht sich alles ums Tauchen. Doch auch als Nicht-Taucher ist man willkommen, die lockere Atmosphäre verleitet manchen zu einem ersten Schnupperkurs unter Wasser! Die Zimmer sind einigermaßen sauber und zweckmäßig. Im Schlafsaal ab 10 $ p.P., das DZ für 40 $. Das Essen ist sehr gut (kaltes Bier!), E-Mail-Verkehr ist ebenfalls möglich. Über das Management können Ausflüge organisiert und Fahrräder gemietet werden.
Internet: www.theoldmissionlodge.com,
E-Mail: swahilidivers@zanlink.com,
swahilidivers@intafrica.com

● Pemba Island Hotel

P.O. Box 214, Tel. (024) 2452215, (0777) 435266. Neueres Hotel, EZ für 25 $, DZ ab 35 $ inkl. Frühstück. Alle Zimmer haben ein eigenes Bad, Klimaanlage, Sat-TV, Moskitonetze und eine kleine Frigobar. Das Haus liegt 5 Min. entfernt von den Swahili Divers und hat annehmbares Mittag- und Abendessen für ca. 5–8 $. E-Mail:
islandhotelpembaevergreen@hotmail.com

● Le Tavern Hotel

P.O. Box 144, Tel. (024) 2452660. Gegenüber der Bank of Zanzibar gelegen, kleine zweckmäßige DZ (insgesamt 6) mit Bad/WC/Moskitonetz für 20 $ bei Einzel-, 30 $ bei Doppelbelegung, mit Frühstück auf dem Dach des Hauses.

● Chake Chake Hotel

P.O. Box 2969, Tel. (024) 2452069. Staatliches Hotel mit Touristen-Informationsbüro (ZTC). Heruntergekommene Zimmer (16 $ p.P.) mit Deckenventilatoren und muffigen

Insel Pemba – die Nelkeninsel
CHAKE CHAKE

Moskitonetzen. Das Restaurant bietet einfachste Fisch- und Reisgerichte, eine Bar mit Alkoholika ist ebenfalls vorhanden.
- **GT Hotel**
Tel. (024) 2452823. Einfache Pension schräg gegenüber der Post, große Zimmer mit großen Doppelbetten, jeweils mit WC/Bad/Moskitonetz; das Ganze für 20 $.
- **Pattaya Guesthouse**
Tel. (024) 2452827, etwa 1 km nördlich vom Stadtkern. Sauber, netter Service. DZ ohne Bad kosten 10.000 TSh, mit Bad 16.000 TSh; beinhaltet jeweils full breakfast.
- **Star Inn Guesthouse**
Tel. (024) 2452190; außerhalb des Zentrums gegenüber vom Gombani Stadion. Gute Zimmer für 10–25 $ (TSh) die Nacht. Das Restaurant gibt sich Mühe, der Besitzer organisiert Touren auf und entlang der Insel.

Restaurant

- **Jazirah Local Food**
Einfaches Restaurant mit guten traditionellen Fischgerichten, Pilaus, mishkaki, dazu Chapati. Große Portionen ab 2500 TSh.

Notfall

- **Chake Hospital**
Krankenhaus am Fort, Tel. 2452036.
- Eine gut sortierte **Apotheke** (*duka la madawa*) befindet sich neben dem Chake Chake Hotel in Richtung Altstadt.
- Die zentrale **Polizei-Station** liegt an der Main Road, Tel. 2452106.

Geldwechsel

- In Chake Chake befindet sich im Zentrum die **National Bank of Commerce**, die als einzige auch Travellerschecks wechselt. Der Kurs ist jedoch schlechter als auf Sansibar.
- Ein **Forex-Büro** befindet sich gegenüber vom Chake Chake Hotel.

Sonstiges

- **E-Mails** verschicken/empfangen kann man im Büro der Swahili Divers.
- Ein **Spice Shop** befindet sich unterhalb vom Jazirah-Restaurant.

Insel Pemba – die Nelkeninsel
CHAKE CHAKE

- Einen **Überblick über Pemba** bekommt man online unter: **www.pemba.net**.

Flüge

- Derzeit fliegen **Zan Air** und **Coastal Aviation** täglich zwischen Chake Chake und Zanzibar Town hin und her. Zan-Air-Flüge lassen sich über Partnership Travel buchen (s.u.). Direktflüge von Dar es Salaam werden täglich von Coastal um 14 Uhr für knapp 100 $ (www.coastal.cc, Pemba Airport, (0777) 418343) und zweimal täglich um 8.45 und 15.15 Uhr von Zan Air (www.zanair.com, Tel. (024) 2452990, (0777) 460720) angeboten. Coastal fliegt außerdem täglich von Pemba nach Tanga und zurück.
- **Taxis/Mini-Busse** wird man am Karume-Airport nur bei planmäßigen Flügen vorfinden, ansonsten muss man anwesende Fahrer nach einem „lifti" nach Chake Chake fragen.

Schiffe, Dhaus

- Die flache und von Mangroven bestandene **Bay of Chake** kann von Passagierfähren nicht angefahren werden; dies erfolgt derzeit nur über Mkoani. Buchungen und Ticketkauf sind über Partnership Travel (Tel. (024) 2452278) möglich.
- Der **Hafen** von Chake Chake befindet sich in Wesha, 7 km vom Ortskern entfernt. Hier verkehren jedoch nur kleine Dhaus nach Tanga und Mombasa, eine Mitfahrt ist für Touristen nicht erlaubt. Eine Ausnahme macht die Motordhau „Barrakuda" (siehe bei Mkoani).

Ausflüge und Sehenswürdigkeiten

- Besichtigungen und Bootsfahrten zu Stränden und Schnorchelrevieren können in Cha-

ke Chake über **Partnership Tours & Travel** (P.O. Box 192, Tel. (024) 2452278) organisiert werden. Ansprechperson ist der sympathische *Yusuf*. Hier lassen sich Fahrräder und bei einem Tag Wartezeit auch Motorräder (XTs/ XRs 250er) mieten. Ein Ganztages-Ausflug nach Misali Island mit einem Fieberglas-Boot (25 PS) für maximal 6 Personen kostet 100 $. Das beinhaltet Benzin und Essen unterwegs (Früchte und Fischsuppe). Für den Zutritt entfallen dann noch 5 $ Entrance fee.
●**Baacha Travel & Touring** (P.O. Box 216, Tel. (024) 2454136) ist ebenfalls ein zu erwähnendes Reisebüro, dem es nur manchmal ein bisschen an Enthusiasmus fehlt.

Misali Island Conservation Area

Die unbewohnte, paradiesische Insel Misali, 17 km von Chake Chake entfernt (14 km von Mkoani), ist von einem **Korallengürtel** umgeben, an dem das Tauchen ein wahrer Traum ist. Einer Legende zufolge besuchte einst der Prophet *Hadhara* die Insel. Da ihm die Fischer nicht mit einer Gebetsmatte dienen konnten, wählte er den nach Mekka ausgerichteten Strand als Ersatz – „methali" im Arabischen.

Seit 1998 haben die Insel und das Korallenriff den Status einer **Marine Conservation Area,** welche 20 km² misst. Initiiert von der Environmental & Development Group (EDG) und der EU, stehen auf der knapp 2 km² großen Insel Flora und Fauna unter Schutz. Der **Tierbestand** zählt u.a. Grüne Meerkatzen, das Zanzibar Galago (Nachtäffchen, engl. *Bushbaby*), die Flughundart Pemba Flying Fox, die seltenen Kokosnuss-Krabben (lat. *Birgus latro*, s.a. Chumbe Island Coral Park/Sansibar), den Fischer-Turako und Graufischer, die Halbmondtaube (lat. *Treron australis pembaensis*) und die Froschweihe.

Ein besonderes Augenmerk gilt der im Westen von Misali liegenden **non-extractive usezone** (1,4 km²). Aus diesem Gebiet darf nichts entwendet werden, d.h. Fischfang und die Zerstörung des Riffs mit Stöcken, um Fische aus ihren Behausungen zu locken, sind untersagt. Der strenge Schutz gilt zwei Arten von **Meeresschildkröten,** für die Misali das wichtigste Fortpflanzungsgebiet im Archipel Sansibar ist.

Die Insel insgesamt wurde in eine Nord- und Südhälfte unterteilt. Im **Süden** dürfen weiterhin Fischer übernachten und in kontrolliertem Maße Feuerholz sammeln, der **Norden** steht unter absolutem Schutz. Hier laden die herrlichen Strände von **Mpapaini** („Ort der Papayabäume") und **Mbuyuni** („Ort der Baobab-Bäume") zum Sonnen, Baden und Schnorcheln ein. Über einen Pfad lässt sich auch die Insel erkunden.

Für **Taucher** ist besonders die **Westküste** ein Augenschmaus. Hier fällt das sehr nahe gelegene Riff 70 m in die Tiefe, Korallen wachsen noch 60 m unter der Wasseroberfläche. 42 Korallentypen sind bekannt, über 300 Fischarten wurden rund um Misali schon gesichtet.

Besucher der Insel und ihrer Tauchgewässer müssen eine **Entrance fee von 8 $** bezahlen, hinzu kommt noch eine Ankergebühr. Übernachten auf der Insel ist nicht erlaubt. 20% der Einnahmen kommen den umliegenden Fischerkommunen als Entschädigung zugute, denn bevor der strenge Schutz galt, war Misali ein beliebtes Fischgebiet der lokalen Bevölkerung. Etwa 2000 Fischer versorgten aus den Gewässern Misalis rund 15.000 Menschen.

Mangrovenwälder – ein gefährdeter Lebensraum

Auf Pemba sind (noch) große Areale mit Mangrovenwäldern bestanden. Mangroven sind an geschützten Küsten und Flussmündungen tropischer und subtropischer Breiten typisch. Die Vegetation erstreckt sich von der mittleren Niedrigwasserlinie landeinwärts bis in Bereiche, in die nur gelegentlich Salzwasser eindringt. Mangrovenbäume sind die einzigen Gehölzgewächse, die in diesem **speziellen Lebensraum** gedeihen. Instabiler Untergrund, niedriger Sauerstoff- und hoher Salzgehalt im Boden sind die wichtigsten abiotischen Umweltfaktoren, die den Lebensraum der Mangrove bestimmen. Durch flachgründige, aber weitreichende Wurzeln sind sie optimal an diese Bedingungen angepasst. Für zusätzlichen Halt sorgen bogenförmige **Stelzwurzeln.** Als zusammenhängende Wälder gedeihen sie jedoch nur an wind- und brandungsgeschützten Buchten, Flussmündungen oder Lagunen. Die idealen Temperaturen für Mangroven liegen zwischen 25°C und 30°C. Dem Sauerstoffmangel im Boden begegnen sie durch **Luftwurzeln,** große Atemporen in der Rinde und einem Luftleitungsgewebe. Die **hohe Salzkonzentration im Boden** zieht das Wasser aus den Pflanzen heraus. Um Verdunstungsverluste zu verringern, sind Mangrovenblätter wie bei Wüstenpflanzen dickwandig, mit einer fetten Wachsschicht überzogen und besitzen große Wasserspeicherzellen. Ferner wirken ihre Wurzeln wie ein Ultrafilter, der vor eindringendem Meersalz schützt. Trotzdem gelangen immer noch zu viele Salze in die Pflanzen. Sie werden im Stamm gespeichert oder in den Blättern abgelagert, die schließlich abgeworfen werden. Salzausscheidung über spezielle Drüsen in den Blättern ist ein weiterer Mechanismus zur Verringerung des Salzgehaltes in der Pflanze.

Keimlinge entwickeln sich nicht wie bei anderen Pflanzen aus am Boden liegenden Samen, sondern noch an der Mutterpflanze. Eine Pfahlwurzel treibt aus der ehemaligen Blüte aus. Erst dann fällt der Keim ab und pfählt sich in den Boden ein.

Für die Bevölkerung an der Suaheli-Küste ist das **harte Mangrovenholz** als Bau-, aber auch als Brennholz beliebt. Das hat zu flächenhaften Rodungen geführt. In der Folge kam es zu einem Rückgang von Fischen und anderen Meerestieren. Eine Nahrungsgrundlage einer Vielzahl von Inselbewohnern ist daher mehr und mehr gefährdet. Hinzu kommt: Wo zuvor das Wurzelwerk der „Wasserwälder" die Küstenabschnitte schützte, gräbt sich jetzt ungehindert der Ozean Meter für Meter ins Land hinein und bedroht ufernahe Dorfhäuser.

Schätzungsweise gibt es noch etwa 160 km² Mangrovenwald, mehr als zwei Drittel davon auf Pemba.

Die Insel, so wird erzählt, soll im 17. Jahrhundert das Versteck des **Piratenkapitäns Kidd** gewesen sein, der im Indischen Ozean sein Unwesen trieb. Der Schatz, den er angeblich versteckt haben soll, ist nie gefunden worden.

Das Tourismus- und Naturministerium von Sansibar ist derzeit bemüht, die Insel zu einem „Marine Park" zu erklären.

Eine **Bootsfahrt** zur Insel ist über die Beach-Hotels oder Ausflugsveranstalter/Guesthouses in Mkoani, Wete und Chake Chake möglich. Einen Überblick über die Projektarbeit vermittelt die Seite: www.care.org/careswork/projects/TZA036.asp.

Ndagoni Ruins

Am westlichen Ende der langen Landzunge **Ras Mkumbuu** befinden sich die **am besten erhaltenen Ruinen Pembas.** Schon im 10. Jahrhundert war der Ort ein wichtiger Handelshafen an der ostafrikanischen Küste. Die einstige Freitags-Moschee, deren Überreste heute noch zu sehen sind, war eine der größten und feinsten Gebetsstätten Ostafrikas. Das Dachgewölbe stützten 12 Säulen. Auf dem großen Gelände sind außerdem noch Reste von Häusern, Brunnen und 14 Grabmälern erkennbar. Vieles ist von Pflanzen überwuchert, was dem Ort einen ganz eigenen Charme verleiht. Die Siedlung wurde im 16. Jahrhundert aufgegeben.

Der **Strand,** den man auf dem Weg zu den Ruinen passiert, ist für ein (Sonnen-)Bad nicht zu empfehlen.

Ndagoni ist am besten mit dem **Boot** zu erreichen, die Straße führt nicht ganz bis zu den Ruinen, die letzten 5 km müssen zu Fuß zurückgelegt werden. Mit einem zweirädrigen Gefährt kann man bei Ebbe (und nur dann!) bis an die Ruinen fahren.

Dongoni/Banani

Ruinen einer katholischen Mission und Kirche aus dem Jahr 1897, als Pemba britisches Protektorat wurde und einige Missionare auf der islamisch geprägten Insel Fuß fassen wollten. Der Ort lässt sich mit einem Boot über Wesha erreichen.

Pemba Essential Oil Distillery

Auf dem Weg nach **Vitongoji** befindet sich 4 km hinter Chake Chake diese Destillerie, in der Öl aus Nelkenstämmen gepresst wird. Auch Limonengras- und Kardamom-Öle werden hier hergestellt. Früher wurde Nelkenöl hauptsächlich zum Kochen verwendet, heute dienen die Öle der Pharmazeutik- und Kosmetik-Industrie. Gegen ein Trinkgeld kann die Anlage besichtigt werden.

Mkama Ndume Ruins

Nahe des leicht zu erreichenden Orts **Pujini** befinden sich die **Ruinen eines Forts** aus dem 15. Jahrhundert, das für seine Zeit einzigartig an der ostafrikanischen Küste war. Die Festung lag geschützt und konnte nur über einen schmalen Kanal durch Mangrovenwälder vom Meer aus erreicht werden. Um das Fort zogen sich ein hoher Wall und ein Graben von ein paar Metern Tiefe. Teile dieses Walls sind noch zu erkennen, auch der Grundriss (46 x 8 m) der wohl einst zweistöckigen Audienzhalle.

Viele Steine wurden der Ruine als Baumaterial entwendet, daher ist nicht mehr viel übrig von der einstigen Residenz des Shirazi-Fürsten *Muhammed bin Abdulrahman*. Dieser, so wird vermutet, scheint einmal die ganze Insel beherrscht zu haben. Viele der Moscheen Pembas hat wohl er erbauen lassen. Bekannt war *Abdulrahman* als *Nkama Ndume* („der Hoden-Melker"), da er äußerst brutal regierte und seine Untertanen mit Folter bestrafte. Der Name wird heute noch benutzt, um Kindern Furcht einzuflößen, und die Ruinen gelten bei der Bevölkerung als verflucht. Leider ist heute nicht mehr viel zu sehen, Steine sind abgetragen worden, vieles ist überwuchert.

Wete/Nord-Pemba

Mit über **40.000 Einwohnern** ist **Wete** die **größte Stadt Pembas,** Verwaltungssitz der Nordregion Pembas und zweiter Parlamentssitz. Die uninteressante Kleinstadt erstreckt sich an der Hauptstraße, die sich vom Hafen den Hügel hinaufschlängelt. Im Hafen herrscht geschäftiges Treiben, wenn der Nelkenexport der Insel abgewickelt wird. Stadtauswärts in Richtung Chake stehen Plattenbau-ähnliche Wohnblocks – errichtet im Rahmen der DDR-Entwicklungshilfe. Im unteren Teil der Stadt ist das alte, mittlerweile restaurierte Immigration House dagegen ein schönes Beispiel für arabische Architektur. Am Markt befinden sich ein paar Kaffeestände und das Terminal für die Dalla Dallas.

Direkt 1 km südlich in der Bucht von Wete liegt die kleine **Insel Mtambwe Mkuu,** auf der zwischen dem 11. und 14. Jahrhundert ein bedeutender ostafrikanischer Handelsort existierte. Fast über die gesamte Insel ziehen sich die Reste von zahlreichen Gebäuden. Gut erkennbar ist die Ruine auf der über 20 m hohen Erhebung der Insel. Der Name Mtambwe Mkuu bedeutet „Arm in der See", was sich aus dem Umstand erklärt, dass die Insel bei Ebbe mit dem Festland verbunden ist.

Bekannt ist Mtambwe Mkuu wegen eines **Münzenfunds aus dem Jahre 1984.** Damit wird der Ort historisch bedeutsam, da vor der Zeit der Portugiesen sonst wahrscheinlich nur auf Kilwa an der tansanischen Küste Münzen im subsaharischen Afrika in Umlauf waren. Die Münzen messen gerade einmal 11 mm im Durchmesser. Die aus Gold geschmiedeten Geldstücke zeigen die Währung Dinar und haben große Ähnlichkeit mit Münzen Tunesiens und Syriens aus dem 11. Jahrhundert. Der arabische Seefahrer *Abdullah al Rumi* berichtete im 13. Jahrhundert von Mtambwe Mkuu als einem der zwei Hauptorte Pembas.

Wohnen und Essen

Beach-Hotel an Pembas Nordspitze
● **Manta Reef Lodge**
Tel. (0777) 423930. Etwas erhöht gelegene Lodge mit rustikalem Charme an einem der schönsten Strände Pembas. Manta Reef verfügt über eine voll ausgestattete Tauchbasis (One Earth Diving), die PADI-Kurse anbietet. Der Name der Unterkunft verdankt sich dem nahe gelegenen **Manta Point,** einer Stelle,

WETE/NORD-PEMBA

Insel Pemba, die Nelkeninsel

WETE

Map labels:
- nach Gando
- Sunda House
- Wete-Wete
- Raha Tours
- New 4-way
- Bureau de Change
- Super Guesthouse
- Mjini
- n. Konde
- nach Chake-Chake
- Fischmarkt
- Bus-station
- Markt
- Azam Marine, Zanzibar Sea Ferries
- Bomani Guesthouse
- Laki
- Annuwar
- "Sharook"
- Mapicha Travel Agency
- ZCS
- Government regional office
- Zoll, Visiwani Travel Agency
- Green Garden
- Immigration Office
- Hafen
- 100 m
- N
- Police Mess
- Chuo Cha Mafunzo
- Pemba Channel
- Fähre nach Nyali

Legend:
- **H** Hotel
- **R** Restaurant
- **S** Bank
- ✉ Post
- ☼ Polizei
- ☪ Moschee
- ◯ Sportplatz/Stadion
- ◉ Krankenhaus
- **ZCS** Zanzibar Shipping Comp.

an der sich jedes Frühjahr Riesen-Mantas beim Tauchen beobachten lassen. Die Lodge bietet eine gemütliche (aber zu teure) Unterbringung für bis zu 30 Personen in insgesamt 14 Bungalows mit Terrassenblick auf einen sehr feinen weißen Sandstrand, die Zimmer sind zum Meer hin offen und kosten p.P. 120 $ bei Doppelbelegung/Vollpension (bei Zahlung mit Kreditkarte 10% Kommission!). Auf der „S.Y. Jambo" wird das „Liveaboard"-Erlebnis (Segeln, Tauchen und Wohnen) angeboten. Zu buchen über One Earth Safaris & Diving, P.O. Box 82 234, Mombasa, Tel. 0254 (41) 471771, (40) 52015, oder über Reisebüros in Tansania; in Deutschland über: www.zanzibar-holiday.com/D/manta/manta.asp, www.concept-reisen.de.
Internet: www.mantareeflodge.com,
E-Mail: reservations@mantareeflodge.com

Preiswerte Unterkünfte

● **Sharook Guest House**
Tel. (024) 2454386, (0777) 431012. Der Familienbetrieb bietet fünf Doppelzimmer, nicht alle mit eigenem Bad/WC. 10 $ p.P. (ohne eigenes Bad), mit Bad 15 $ p.P., jeweils inkl. Frühstück. Abendessen muss vorbestellt werden. Sharook hat einen guten Ruf unter Rucksackreisenden und ist daher oft ausgebucht. Kein Problem für Sharook! Bei zu großer Anfrage weicht man auf das schräg gegenüberliegende **Bomani Guesthouse** (Tel. (024) 2454384) aus, das gute Essen gibt es weiterhin bei Sharook im Hause. Evtl. ist der Neubau unten am Hafen schon fertig,

Im grünen Herzen der Insel Pemba

dann sollte es keine Platzprobleme mehr geben. Über Sharook ist so ziemlich alles zu organisieren: Direkttransfer ab/nach Mkoani, Fahrräder für 3000 TSh, kleine Motorräder für ca. 25 $ am Tag, Tagesausflüge zum Kiuyu oder Vumawimbi Beach oder Fahrten mit einer Motordhau nach Fundu Island (25.000 TSh für das Boot) bzw. bis zur Misali Island Conservation Area (50.000 TSh).

● **Wete Hotel**
Tel. (024) 2454301. Staatliches Hotel der ZTC. Die acht Zimmer sind heruntergekommen. Standard, Service und Preis entsprechen denen der beiden Schwester-Hotels in Mkoani und Chake Chake.

Essen und Trinken

● Im **Green Garden** gegenüber vom Government Regional Office wird in den Abendstunden unter freiem Himmel einfaches Essen serviert.

● Der **Containershop Green Garden Refreshments** hat u.a. Saft und Schokolade im Angebot.
● Ein kühles Bier gibt es in der **Police-Mess.**

Notfall

● **Wete Hospital,** Tel. 24540 01
● **Apotheke,** neben dem Krankenhaus, gegenüber von Green Garden Refreshments.
● **Polizei-Station,** Tel. 2454211-2

Transport

● Wete ist am besten mit dem **Flugzeug** über den Karume Airport oder mit einer **Passagierfähre** über Mkoani zu erreichen. Fahrkarten für die Schiffe „Sea Bus III" und „M.V. Sepideh" sind über das Büro von Azam Marine an der Hauptstraße zu bekommen. Zan Air-Tickets stellt Bachaa Travel aus.

WETE/NORD-PEMBA

●Von Wete verkehrt hin und wieder das alte **Passagierschiff** „M.V. Mapenduzi" So um 10 Uhr nach Zanzibar Town.

Tourveranstalter

Ausflüge organisieren das verschlafen wirkende Büro von **Inter Islands Investment** sowie **Bachaa Travel & Touring,** beide an der Hauptstraße. Auch das **Sharook Guesthouse** ist ein Ansprechpartner (gilt in allen Fällen auch für die Miete eines Fahrzeugs).

Ausflüge und Sehenswürdigkeiten

Vumawimbi und Kiuyu Beach

Der **Vumawimbi Beach** an der Nordwestspitze von Pemba gehört zu den

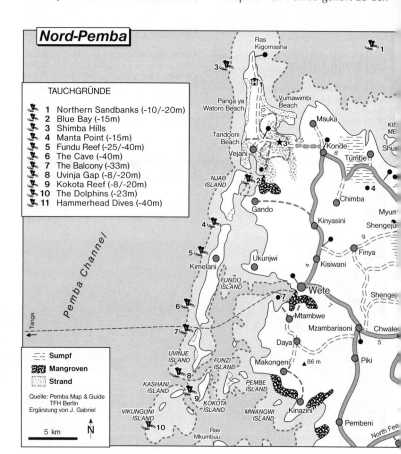

Nord-Pemba

TAUCHGRÜNDE

1 Northern Sandbanks (-10/-20m)
2 Blue Bay (-15m)
3 Shimba Hills
4 Manta Point (-15m)
5 Fundu Reef (-25/-40m)
6 The Cave (-40m)
7 The Balcony (-33m)
8 Uvinja Gap (-8/-20m)
9 Kokota Reef (-8/-20m)
10 The Dolphins (-23m)
11 Hammerhead Dives (-40m)

Sumpf
Mangroven
Strand

Quelle: Pemba Map & Guide
TFH Berlin
Ergänzung von J. Gabriel

5 km   N

längsten und schönsten Stränden auf Pemba. Der Chief des letzten Dorfes, **Verani,** freut sich über Besucher, verlangt jedoch eine Parkgebühr für Motorräder bzw. Autos (500/1000 TSh).

Der **Kiuyu Beach** (auch Mbuyuni Beach genannt) liegt ganz im Nordosten und ist einen Besuch wert. Die beste Stelle des herrlichen Strandes mit großen Felsen und Baobab-Bäumen liegt ganz im Norden, dort lässt sich auch bei Ebbe gut baden. Auf dem Weg dorthin passiert man den **Msitu Kuu Forest,** wo eine kleine Population von Flughunden zu Hause ist.

Ngezi Forest

Das Ngezi Forest Reserve (14 km² Fläche) stellt den kümmerlichen **Rest eines Urwaldes** dar, der vor Beginn des massiven Nelkenanbaus im 19. Jahrhundert noch über die Hälfte der Insel bedeckte. Wie der Jozani Forest auf Sansibar steht er heute unter Naturschutz und ist Lebensraum endemischer Pflanzen und Tiere. Die auf der Schwesterinsel heimische Affenart Rotkopf Guereza existiert hier nicht, dafür aber die endemische Flughundart **Pemba Flying Fox** (lat. *Pteropus voeltzkowi*), die kleine Wald-Zwergantilope Pemba blue duicker, Grüne Meerkatzen, Sansibar-Baumschliefer und Pemba-Zwergohreulen (lat. *Otus scops,* engl. *Pemba Scops Owl*).

An **Pflanzen** ist die sehr seltene Palmenart *Chrysalido/Carpus pembanus* hervorzuheben. Entlang der Küstenlinie geht der Wald in dichte Mangroven über (siehe auch Mkia wa Ng'ombe), im Norden führt er bis zum traumhaften Strand von Vumawimbi, einem idealen Platz zum Faulenzen.

Am Eingang zum Ngezi Forest befindet sich eine **Forststation** (geöffnet von 8–16 Uhr), ein Caretaker bietet gegen ein Entgelt einen geführten Rundgang auf einem nature trail an.

Die Mehrheit der Bevölkerung um diesen Wald (ca. 11.000 Einwohner)

Mbuyu-Mwanza Beach

Kiuyu

Micheweni

Indischer

Kwadaruweshi

Ozean

Adamson Bay

Mchangamkuu Beach

Kojani

Kichanganazi Beach

Jagoni

🏠	1	Manta Reef
●	2	Mkia wa ng'ombe
★	3	Ngezi Forest Res.
●	4	Chwaka Ruins
★	5	Ras Kiuyuy Forest
★	6	Msitu Kuu Forest
●	7	Mtambwe Mkuu Island
●	8	Mandani Ruins

Traditionelle Heiler und Geistervertreiber

Bis vor wenigen Jahrzehnten war Pemba für seine Wunderheiler und Geistervertreiber bis zu den großen Seen im Innern Afrikas bekannt. Selbst in Haiti soll man von diesen Fähigkeiten im fernen Pemba gewusst haben.

Vor Besuchern werden Zeremonien größtenteils geheim gehalten, nur selten erhält man Einblick in die traditionellen Heilmethoden. Noch immer glauben viele Insulaner an diese Art der Heilung, die nicht öffentlich praktiziert wird. Selbst Patienten vom Festland, sogar aus Kenia, zieht es zu den Wunderheilern, vor allem dann, wenn es gilt, einen Hexenmeister („mwanga") zu konsultieren, um einen bösen Geist („mashetani") austreiben zu lassen.

Bei den Einheimischen besonders gefürchtet ist der **„Rubamba",** der böse Geist von Pemba. Zur zeremoniellen Heilung eines befallenen „Patienten" lässt der Mwanga durch tanzende Bewegungen in Verbindung mit engem Körperkontakt zum Patienten den bösen Teufel auf sich übergehen. Während der Patient nun geheilt ist, versucht der Hexenmeister, den Rubamba mit seinem starken, guten Geist zu vertreiben. Bei diesem Kampf wälzt und krümmt er sich auf dem Boden, und die Beteiligten probieren, ihn festzuhalten, damit er (und damit sie) nicht vom bösen Geist besiegt wird. Schließlich wird er ihn aber doch los, und die allgemeine Freude über den guten Ausgang ist groß und gibt Anlass zum Feiern.

lebt von Land- und Forstwirtschaft sowie der Fischerei und ist besonders von den natürlichen Ressourcen dieses Waldes abhängig. Von der Organisation **CARE Tanzania** wurde deshalb ein Projekt ins Leben gerufen, um ein effektives und nachhaltiges Management der natürlichen Ressourcen zu fördern und dabei gleichzeitig den Lebensunterhalt der lokalen Gemeinden zu verbessern. Infos unter: www.care.at/de/projekte/afrika/tansania/tansania-i.html, E-Mail: tmasoud@care.or.tz.

Im Norden von Ngezi schließt eine großflächige **Kautschuk-Plantage** an, die einst von der Regierung angelegt wurde und dem Urwald weitere Quadratkilometer kostete. Für die Bewohner von Miperani und Verani sind die großen Kautschukbäume eine willkommene Einkommensquelle. Die Frauen

der Dörfer entnehmen den Stämmen die Kautschukmasse und organisieren den Transport nach Wete. Von dort geht der Rohstoff mit Dhaus nach Zanzibar Town, wo er schließlich in großen Containern nach Südafrika exportiert wird.

Leuchtturm von Ras Kigomasha

An der Nordspitze Pembas (Ras Kigomasha) steht ein alter, 1899 erbauter und etwa 35 m hoher Leuchtturm. Eine Wendeltreppe führt bis zur Plattform hinauf, von der sich ein herrlicher Blick über die Landschaft und das Meer eröffnet. Leider ist das alte **Antriebswerk** der drehbaren Linse entfernt und durch eine solarbetriebene Anlage ersetzt worden. Vorher wurde wie bei einer Standuhr ein Gewicht mit einer Kurbel etwa 30 m hochgezogen, dann senkte es sich langsam wieder, wobei das Laufwerk angetrieben und die Linse in Drehung versetzt wurde. Der Turmwächter, der Sie gegen ein kleines Entgelt die Stufen erklimmen lässt, musste vor nicht allzu langer Zeit noch nachts alle zwei Stunden die Gewichte wieder hochkurbeln.

Mkia wa Ng'ombe

Diese **Ruinen einer ehemaligen Moschee** liegen sehr attraktiv im Süden des Ngezi Forest auf einer kleinen Halbinsel in der Nähe eines Fischerdorfes. Die Ruine und die 13 Grabstätten stammen aus dem 15. Jahrhundert, viel lässt sich nicht mehr besichtigen. Wie so oft, fehlt auch hier das Dach der Moschee, zu erkennen sind nur noch die neun quadratischen Stützpfeiler. Um die Ruinen zu erreichen (und das ist das eigentlich Interessante an diesem Ausflug), muss man durch den Ngezi Forest wandern (s.o.). Mit dem Caretaker der Forststation kann man den Abstecher zu den Ruinen organisieren, man sollte jedoch gut zu Fuß sein.

Chwaka/Tumbe

Mit dem Bus gut zu erreichen, liegen diese Ruinen südlich des Dorfes Tumbe, das als einer der größten Fischmärkte der Insel bekannt ist. Die Ruinen gehen auf die Zeit zurück, als Pemba im 18. Jahrhundert von der Mazrui-Familie regiert wurde, bis der erste omanische Sultan die Insel unter seine Kontrolle brachte. Aus diesem Grund werden die Ruinen auch schlicht **Mazrui** genannt. Einem Fußpfad folgend, erreicht man die zweite Ruinenstätte, im 15. Jahrhundert die Residenz und Moschee *Harunis,* der, so wird vermutet, ein Sohn des schrecklichen *Nkama Ndume* von Pujini war (s.o.). Außer den Grundmauern, ein paar Säulen, dem Brunnen und einem Grabstein von 1807 ist hier nicht viel zu sehen, daher sollte der Ausflug mit einem Besuch des täglich stattfindenden **Fischmarktes von Tumbe** verbunden werden, vorzugsweise dann, wenn die Flut ansteigt und die zahlreichen Fischerboote mit ihren Fängen zurückkehren.

DIE INSELGRUPPE VON MAFIA

Die Inselgruppe von Mafia

Obwohl Mafia näher an der ostafrikanischen Küste liegt als Sansibar oder Pemba, war die Inselgruppe **lange Zeit** lediglich ein **Geheimtipp,** aufgesucht hauptsächlich von in Tansania wohnenden Europäern. Auch jetzt steigen die Besucherzahlen nur langsam. Doch das könnte sich ändern: Die Zahl luxuriöser Beach-Unterkünfte nimmt zu, und die inzwischen regelmäßigen Flugverbindungen von Dar es Salaam mehrmals in der Woche machen es leichter, der südlichsten Großinsel der tansanischen Küste einen Besuch abzustatten.

Die Inselgruppe von Mafia gehört nicht dem Teilstaat Sansibar an. Mafia wird **vom tansanischen Festland aus verwaltet** und bildet einen eigenen District (Bezirk) in der festländischen **Pwani-Region** von Tansania. Distrikt-Hauptstadt ist **Kilindoni,** die mit etwa 15.000 Einwohnern größte Ortschaft Mafias.

Der kleine Archipel Mafia liegt nur etwa **20 km vom Festland entfernt,** direkt gegenüber vom breiten Mangroven-Flussdelta des mächtigen Rufiji River. Die **Hauptinsel Mafia** ist ca. 50 km lang und durchschnittlich 15 km breit. Die direkt südlich angrenzenden bewohnten **Inseln Chole, Juani** und **Jibondo** sind Teil des Archipels. Das rund um Mafia laufende Riff mit seinen sensationellen Korallenbänken gehört zu den besten Tauchgebieten Ostafrikas. Eine Gruppe von Korallengärten im Süden der Insel bei den Riffen Okuto und Tutia steht seit 1997 unter dem Schutz des **Mafia Island Marine Park** (s.u.). Die Inseln sind größtenteils flach. Während im Südwesten von Mafia viele Ko-

Highlights und Tipps
- Swahili-Ruinen auf Chole, S. 870
- Mafia Island Marine Park, S. 871
- Fliegende Hunde in Bäumen, S. 871

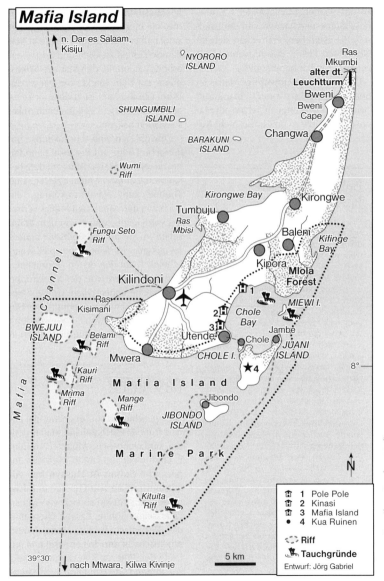

kosnusspalmen, Maniokfelder, Cashewnussbäume und Mangroven die Landschaft bestimmen, erstrecken sich im Nordosten kleine Buschsavannen mit vereinzelten Baobab-Bäumen.

Die ca. **40.000 Einwohner** Mafias leben hauptsächlich vom Fischfang und Ackerbau. Nelkenbäume fehlen auf Mafia, dafür wachsen hier umso mehr **Ko-**

kosnusspalmen und **Cashewnussbäume,** die in großen Plantagen angelegt sind. Früher wurden die Früchte in Mafia noch direkt zu Ölen und Kopra verarbeitet, heute landen fast alle Kokosnüsse auf dem Markt von Dar es Salaam. Chole Island ist zudem für seine aus Palmenblättern geflochtenen Mikeke-Matten bekannt.

Obwohl sich eine sehr luxuriöse italienische Lodge auf der Insel befindet, hat der **Name Mafia** nichts mit dem bekannten Gangstersyndikat zu tun. Eine Theorie zum Namensursprung, die auch von den Menschen Mafias vertreten wird, leitet „Mafia" von dem arabischen „ma fi" ab. Frei übersetzt bedeutet das „hier ist nichts" und spielt wahrscheinlich auf den ersten Eindruck an, den Araber einst von der Inselgruppe hatten. Eine andere, nicht weniger einleuchtende Annahme bringt den Namen mit der Swahili-Redewendung „mahali pa afya" (ein gesunder Ort) in Verbindung.

Geschichte

Erste geschichtliche Zeugnisse, die auf eine frühe Handelsaktivität Mafias deuten, sind chinesische Münzen aus dem 9. Jahrhundert. Im Jahr 975 ließ sich der persische **Sultan Al Husayn ben Ali** mitsamt Familie und Gefolge in **Kilwa** nieder, ca. 100 km südlich von Mafia. Einer seiner Söhne, *Bashat,* übernahm die Regentschaft auf Mafia, wahrscheinlich auf der kleinen Insel Kua. Im Laufe der Blütezeit Kilwas wurde Mafia zunehmend von handelsaktiven **Shira-**

Mafia – die verlorene Insel Menouthias?

Über die frühe Geschichte Mafias gibt es keine überlieferten Quellen. Der Periplus, eine altgriechische Seefahreranweisung für die Gewässer der alten Welt, erwähnt im Jahr 50 n.Chr. den Ort Rhapta an einer großen Flussmündung an der Küste von Azania (ostafrikanische Küste) sowie eine gewisse Insel Menouthias. Beide Plätze haben sich bis heute noch nicht eindeutig lokalisieren lassen. Während die bisherige Forschung das frühe Menouthias in Sansibar (wahrscheinlich Pemba) sieht, vermuten nun einige, dass Mafia die Antwort auf das historische Rätsel sein könnte. Denn die Rede ist auch von einem auf der Insel und im Hinterland lebenden Volk namens Ma'afir, das für den modernen Namen der Insel Pate gestanden haben könnte. Auch spricht der Periplus von einer flachen Insel mit dichter Vegetation und Flüssen, eine Beschreibung, die eher zu Mafia passt als zu Pemba, zumindest was die flache Erscheinung betrifft. Doch wo war einst das „300 stadia" (ca. 50 km) südlich gelegene Rhapta? Der wohl profundeste Kenner der Geschichte der ostafrikanischen Küste, *Neville Chittick,* suchte bis zu seinem Tod 1984 im Rufiji-Delta nach dem geheimnisvollen Handelsort – ohne Erfolg.

Liwalis und Kadhis mit einem britischen Kolonialbeamten

zi-Familien besetzt. Die heute kaum mehr erkennbare Ruine an der Kisimani Peninsula ist Mafias einziges Zeugnis aus dieser Zeit. Ab dem 15. Jahrhundert scheint Mafia dann ganz unter der Kontrolle des Sultanats von Kilwa gestanden zu haben. Durch die portugiesische Machtübernahme an der ostafrikanischen Küste Anfang des 16. Jahrhunderts verloren das Sultanat und damit auch Mafia ihre handelsstrategische Bedeutung. Die **Portugiesen** setzten sich in Mombasa fest und ließen die Insel nur von einem kleinen Trupp verwalten. Die Reste ihres Forts an der Kirongwe Bay sind kaum noch sichtbar.

Nach dem portugiesischen Gastspiel in Ostafrika erlangten die **Omani-Araber** die Kontrolle über die Insel, zu einer Zeit, als in diesem Teil des Indischen Ozeans rege Piratenaktivität herrschte. Auch Mafia blieb hiervon nicht verschont und wurde von den **Sakalava aus Madagaskar** überfallen. Diese kamen angeblich mit 80 Kanus und 400 Mann über die Komoren bis zu den damaligen Hauptsiedlungsgebieten der Inseln Chole und Juani gerudert. Sie plünderten und verwüsteten den Ort Kua auf der Insel Juani, nahmen Sklaven und sollen auch Menschen verspeist haben. Der Vorfall passierte in der Zeit des omanischen **Sultan Sayyid Said,** von 1804–1856 Regent über die ostafrikanische Küste bis nach Mafia. Der Sultan ließ von Sansibar aus die Piraten verfolgen und konnte diese auf einer kleinen Insel an der Küste gefangen nehmen. Kua, heute der Ort mit den meisten Ruinen auf der Inselgruppe, wurde anschließend aufgegeben. Die bis dahin für Sklaven benutzte kleine Insel Chole wurde neuer Sitz der Verwaltung des Sultans. Das Sagen auf Mafia hatten so genannte **Liwalis,** die von den späteren Sultanen Sansibars entsandt wurden. Durch die etwas isolierte Lage Mafias am südlichen Ende des großen Sansibar-Sultanats konnte die Insel nicht so sehr am Gewinn bringenden Handel zwischen Ostafrika und Vorderasien teilhaben. Der Export von Kautschuk von den neu errichteten Gummibaum-Plantagen entwickelte sich nur langsam.

Mit der Aufteilung Ostafrikas in deutsche und britische Kolonialgebiete wurde Mafia, zusammen mit Sansibar und Pemba, zunächst **britisches Protektorat.** Nachdem den Briten jedoch bei der gemeinsamen Grenzziehung ihre durch Missionare und Forscher gebaute Stephenson Road (Handelsstraße zwischen dem Nyasa- und Tanganyika-See) verloren gegangen war, d.h. plötzlich auf deutschem Gebiet lag, boten sie Mafia im Tausch gegen die Straße an. So wurde die Insel 1890 Bestandteil des Küstenstreifen-Vertrags zwischen dem Deutschen Reich und dem Sultan von Sansibar.

Erst 1913 errichtete die Kolonialverwaltung von **Deutsch-Ostafrika** eine Bezirksnebenstelle (heute als Boma bekannt), eine Post und einen Zollposten auf der Insel Chole. Investiert wurde nur wenig, lediglich drei europäische Handelsagenturen waren auf Mafia ansässig.

Im **1. Weltkrieg** wurde die Insel im Januar 1915 von den Briten eingenommen und diente ihnen als Basis für ihre Aufklärungsflüge zur Suche des deutschen Kriegsschiffes „Königsberg", welches sich im Rufiji-Delta versteckt hielt.

Nach dem 1. Weltkrieg ging die Insel zunächst wieder an das Sultanat Sansibar, nach der Mandatsaufteilung 1922 wurde Mafia jedoch dem britisch verwalteten Tanganyika-Territorium zugesprochen. Bis zur Unabhängigkeit und eigentlich auch bis in die heutige Zeit wurden kaum Entwicklungsmaßnahmen für die Insel getroffen, so dass Mafia vor sich hin schlummert, mit der übrigen Welt nur spärlich verbunden.

Sehenswürdigkeiten

Die Insel an sich ist eine einzige Sehenswürdigkeit! Hervorzuheben sind die verstreuten **Ruinen von Kua** und v.a. die **verfallene Swahili-Stadt auf Chole,** die traumhaft in der gleichnamigen Bucht liegt und von der man bei Ebbe zur Nachbarinsel Juani waten kann. Auf Chole steht noch die dem Verfall überlassene **Boma,** während der Kolonialzeit das „Kaiserliche Bezirksamt". Auch an der Nordostspitze der Insel Mafia erinnert ein über 100 Jahre alter **Leuchtturm** an deutsche Kolonialbemühungen in Afrika.

Die **Tierwelt** hat stark unter dem Zuwachs der Bevölkerung gelitten, früher gab es noch viele Antilopen, heute haben nur ein paar wenige Duiker-Zwergantilopen und Guerezas (Stummelaffen) letzte natürliche Lebensräume und Flusspferde ihre letzten Wasserlöcher im Osten der Insel.

Interessanteste Tierart der Insel ist der **Fliegende Hund,** der wie eine große Fledermaus aussieht und verwandt ist mit dem Pemba Flying Fox. Die Bewohner Mafias führen Sie zu Bäumen, an denen die Tiere tagsüber an Ästen baumeln. Das freundliche Fischervolk gewährt Ihnen auch gern einen Einblick in die tägliche Fischerarbeit und in den Bau traditioneller Holzboote.

Mafia Island Marine Park

Mit 822 km² Fläche ist der **erste maritime Nationalpark Tansanias** gleichzeitig auch der größte an der Ostküste Afrikas. Er umschließt sämtliche Inseln, durch Ebbe bedingte Sandbänke, Riffe und Korallengärten der südlichen Archipel-Hälfte. Ein Versuchsprojekt ist die Aufnahme eines 1–6 km breiten, an das Meer angrenzenden Landstreifens auf der Hauptinsel. Hier sollen besonders noch intakte Mangrovenbestände sowie ein letzter Fleck Urwald, der **Mlola Forest** an der Kafinge Bay, geschützt werden.

Die Gewässer Mafias sind in **Taucherkreisen** schon länger bekannt. Vor allem **Mange Riff** und **Kituita Riff** bieten eine prachtvolle Unterwasserwelt mit über 380 Fischarten.

Der Park ist ebenso Refugium für mehrere Arten von Wasserschildkröten, Delphinen und die vom Aussterben bedrohten **Dugongs.** Bei letzteren handelt es sich um Seekühe, Meeressäuger, die bis zu 600 kg schwer werden können und reine Vegetarier sind. Sie leben hauptsächlich im Rufiji-Delta, kommen aber auch im Mafia Marine Park vor.

Um den letzten sehr kleinen Bestand an Seekühen und bedrohten Meeresschildkröten aktiv zu schützen, wurde 2001 das **Mafia Island Turle & Dugong Conservation Programme** ins Leben gerufen. In Zusammenarbeit mit der Verwaltung des Marine Park und dem WWF sind neun Dorfgemeinschaften involviert, die über 60 Strandabschnitte überwachen, die von Suppen- und Karettschildkröten zur Eierablage bevorzugt werden – so sollen hohe Nachwuchszahlen ermöglicht werden. Das Projekt hat Erfolg: Über 1000 gesunde Schildkröten wurden von Schulklassen im Jahr 2002 wieder ins Meer gesetzt!

Besonders reizvoll für **Hochseefischer** (aber auch für Taucher) ist ein im Westen zwischen der Insel und dem äußeren Riff gelegener 200 m tiefer Graben, der eine einzigartige submarine Vielfalt aufweist. Aber auch für **Schnorchler** ist „gesorgt": Die flachen Gewässer mit ihrem reichen Korallenleben garantieren erlebnisreiche Stunden im Wasser.

Anfänglich schwierig gestaltete sich die Miteinbeziehung der im Schutzgebiet befindlichen **Küstendörfer,** deren Lebensgrundlage in den letzten Jahrzehnten die Dynamitfischerei, das (Über-)Fischen mit zu engmaschigen Netzen und die Abtragung von Korallenstein für den Häuserbau war. Die noch junge Parkverwaltung muss im Umgang mit den Fischerkommunen selbst noch viel lernen, um nachhaltige Aufklärungsarbeit leisten zu können und für die Betroffenen und mit ihnen Alternativen zu erarbeiten, die für beide Parteien annehmbar sind.

Der **Besuch des Parks** wird hauptsächlich über die gehobeneren Hotels organisiert. Der Eintritt kostet 10 $. Weitere Informationen findet man auf der Webseite der Marine Parks & Reserves Authority: www.marineparktz.com.

Wohnen und Essen

Hotels an der Chole Bay

● **Mafia Island Lodge**
Internet: www.mafialodge.com. Die renovierte Lodge, 400 m von der Chole Bay entfernt, wurde hauptsächlich aus Korallensteinen gebaut. 40 klimatisierte Zimmer, Geländewagen für Insel-Touren und natürlich professionelle Taucherausrüstungen stehen für die Besucher bereit. Weitere Wasseraktivitäten sind Schnorcheln, Wasserskifahren und Hochseefischen. Die Küche ist gut, aber nicht sehr vielseitig. Zimmer kosten 75–95 $, dazu gesellen sich noch die Kosten für Mittag-/Abendessen. Zwischen März und Mai ist Nebensaison.

● **Kinasi**
Kleine Luxus-Lodge, erbaut aus Holzmaterialien nach einheimischem Makuta-Stil, 20 Zimmer mit Deckenventilator, liebevoller Service, herrlicher Ausblick von einer Anhöhe über das von Palmen gesäumte Ufer, ein Swimmingpool bietet Abkühlung. Geboten werden Picknick-Ausflüge zu einsamen Stränden und Inseln, Segeltörns, Schnorchel- und Tauchfahrten (auch Tauchkurse) sowie Hochseefischen. Das Essen ist sehr gut, Seafood wird reichlich serviert. Mit eigenem Flugtransfer, Gäste werden direkt aus dem Selous Game Reserve abgeholt. Empfehlenswert.
Internet: www.mafiaisland.com,
www.africatravelresource.com,
E-Mail: kinasi@mafiaisland.com

● **La lua cheia**
Im Norden Mafias baut Kinasi ein neues „Robinson Crusoe"-Camp auf. La lua cheia soll eine exklusive Luxus-Unterkunft im afrikanisch-balinesischen Stil werden. Spezialangebote sollen beide Unterkünfte – Motto „Beach and Bay" – verbinden. Mehr unter: www.mafiaisland.com/kinasi/la_lua1.htm.

● **Pole Pole**
Tel. (022) 2601530, Sat-Tel. in Mafia 0873 761931865. Neuere italienische Luxus-Unterkunft, mit viel Liebe zum Detail aufgebaut. Die wenigen Bungalows sind hauptsächlich aus tropischen Hölzern gefertigt und stehen von Palmen umrahmt auf Stelzen dem Meer zugewandt. Sehr gute Seafood-Küche. Eine einheimische Dhau steht für Fahrten bereit, Pole Pole besitzt auch eine eigene Tauchbasis. Zwischen 1. April und 15. Juni geschlossen. Vollpension pro Person 200 $ in großen Luxus-Bungalows.
Internet: www.polepole.com,
E-Mail: contact@polepole.com

● **Chole Mjini Lodge**
P.O. Box 20, Mafia Island. Baumhaus-Unterkunft im „Robinson-Crusoe-Stil" in luftiger Höhe, integriert in das Astwerk von Baobab-Bäumen auf der kleinen Insel Chole Mjini im Chole Bay Marine Reserve. Es gibt keinen Strom, keinen Fernseher, und das Mobil-Telefon wird hier auch keinen Empfang bekommen. Ausflüge zu historischen Sehenswürdigkeiten werden unternommen, Baumgruppen mit Fliegenden Hunden besucht und Einsichten in das Leben der Bevölkerung Choles gegeben. Die Besitzer *Jean* und *Anne De Villiers* engagieren sich sehr für einen natur- und kulturverbundenen Tourismus. Mit ihrer Hilfe wurden eine Klinik und eine Grundschule aufgebaut, Gäste der Lodge tragen einen Teil zum Unterhalt der Projekte bei. Empfehlens-

Fischer in ihrem Ngalawa-Boot
in den Gewässern vor Mafia Island

WOHNEN UND ESSEN

Die Inselgruppe von Mafia

Karten S. 867, XVII,D2

Sansibar, Pemba, Mafia

wert, je nach Saison 125–260 $ pro Person (inkl. aller Parkgebühren und Ausflüge). Mehr Infos und Buchung über: www.zanzibar-holiday.com/d/chole/chole_mjini.asp, www.africatravelresource.com.
Internet: www.cholemjini.com
E-Mail: 2chole@bushmail.net

Preiswerte Unterkünfte in Kilindoni

Für Reisende mit geringem Anspruch stehen hier die einfachen landestypischen Unterkünfte **New Lizu Hotel** (gut, 6000 TSh mit Frühstück) und **Kijuju Guesthouse,** für Hartgesottene das **Bismillah Hotel** und das heruntergekommene **Aswan Guesthouse** für etwa 6000 TSh/DZ zur Verfügung. Das Essen im Lizu ist akzeptabel.

Preiswerte Unterkunft auf Chole Island

● Sehr einfach, aber durchaus sauber und zweckmäßig ist das **Chole Hotel,** in dem auch Fisch und Reisgerichte serviert werden.

Karten S. 867, XVII,D2

Die Inselgruppe von Mafia – TRANSPORT

Transport

Flüge

- Air Tanzania fliegt Mafia nicht an, dafür **Coastal Travel** zweimal täglich ab Dar es Salaam; Büro dort am Flughafen (www.coastal.cc). Ein One-way-Ticket kostet etwa 100 $. Bei schweren Regenfällen zwischen März und April können Flüge ausfallen, da auf Mafia die Landebahn zu nass sein kann.
- Von Flügen mit der Chartergesellschaft Dar Aviation wird hier aus Sicherheitsgründen abgeraten.

Schiffe, Dhaus

- Laut einem irgendwo aushängenden Fahrplan fährt Mi um 9 Uhr die „**M.V. Canadian Spirit**" von Dar es Salaam über Kilindoni nach Mtwara; Fahrzeit ca. 8 Stunden, Tickets über den Adecom Marine-Verkaufsschalter an der Hafenstraße in Dar es Salaam, Tel. (022) 2220856, Fax (022) 2233972. Die Weiterfahrt in Richtung Mtwara erfolgt am Do, die Rückfahrt nach Dar es Salaam Sa vormittags. Soweit die Theorie. Die Realität sieht anders aus: Die „Canadian Spirit" hat seit 2000 nicht mehr in Mafia angelegt! Auch das nach Mtwara verkehrende Passagierschiff „Santorini 3" macht keinen Stopp auf Mafia.
- Es verkehren regelmäßig **Dhaus** von Kisiju und anderen kleinen Fischerorten entlang der Festlandsküste nach Mafia. Das ist zwar nicht teuer, eine Überfahrt kann aber bis zu 16 Stunden dauern und ist auch nicht ganz ungefährlich!

Auf der Insel

- Es fährt lediglich ein **Bus zwischen Kilindoni und Kirongwe.** Zwischen Kilindoni und Utende werden über 12.000 TSh für den Transport verlangt. Ansonsten nehmen einen schon mal die wenigen Privatfahrzeuge mit, die auf der Insel verkehren.
- Wer mit dem Schiff oder mit dem Flugzeug in Kilindoni ankommt, kann für 12.000 TSh mit einem der **Lodge-Fahrzeuge bis** ins 15 km entfernte **Utende** mitfahren. Für Hotelgäste ist dieser Transfer im Preis inbegriffen.
- Zu den **Inseln Chole und Juani** kommt man für etwa 1500 TSh mit lokalen **Fischerbooten,** die von der Chole Bay bei Utende abfahren.

Sansibar, Pemba, Mafia

Anhang

In den Uluguru Mountains

Lushoto – einstiges kaiserliches Bezirksamt

Allee in Ujiji

WÖRTERLISTE SWAHILI

Wörterliste Swahili

Swahili (Kisuaheli) ist die **meistgespro-chene Sprache Ostafrikas und die of-fizielle Amtssprache Tansanias** (vgl. hierzu auch „Bevölkerung/Sprachen"). Englisch wird zwar fast überall gespro-chen und verstanden, doch gerade in den abgelegeneren Landesteilen wird man als Reisender kaum um die Kennt-nis einiger Worte in Swahili herumkom-men. Wer die wichtigsten Ausdrücke und Phrasen beherrscht, wird sich im Alltag, wie z.B. auf einem Markt, we-sentlich leichter tun. Auch ist es ein Zei-chen der Höflichkeit und des Respekts dem Gastland gegenüber, wenn man sich zumindest die üblichen Begrü-ßungsfloskeln aneignet.

●Gute **Sprachschulen** zum Erlernen von Swahili sind die ELCT – Language and Orien-tation School in Morogoro (P.O. Box 740, E-Mail: elct_language_school@yahoo.com), das MS Training Centre for Development Co-operation in Usa River (P.O. Box 245, Arusha, Tel. (0)27 2553837-9, E-Mail: mstcdc@mstcd-dc.or.tz) und das Institute for Swahili in Sansi-bar (siehe dort).
●Weitergehende Kenntnisse in Swahili ver-mittelt der kompakte und sehr praxisorien-tierte Sprechführer **„Kisuaheli – Wort für Wort"** von *Christoph Friedrich* (Kauder-welsch-Reihe, REISE KNOW-HOW, Bielefeld).

Die wichtigsten Worte/Fragen/Antworten

Begrüßung

Die Begrüßung ist in Kisuaheli etwas, wofür man sich Zeit lässt, auch wenn man gerade in Eile ist, um z.B. den nächsten Bus zu bekommen. Die Begrüßung beinhaltet im-mer einige Redefloskeln, die zuerst ausge-tauscht werden, bevor man zum eigentlichen Kern der Sache kommt. Eine direkte Frage wie: „Können Sie mir mal eben sagen, wo der Bus abfährt", gilt als unhöflich.

Jambo	Hallo
Salaam	Guten Tag/Hallo
(an der islamischen Küste)	
Habari gani	Was gibt es Neues?
Habari za kazi	
Was macht die Arbeit?	
Habari za leo	
Wie ist der heutige Tag?	
Habari za asubuhi	Guten Morgen
Habari za jioni	Guten Abend
Nzuri/Njema	gut
Nzuri sana, asante	Danke, sehr gut
Nzuri kidogo	Nicht so gut
Karibu sana	Herzlich willkommen
Lala Salama	Gute Nacht
Kwaheri	Auf Wiedersehen
Tutaonana	Bis bald
U hali gani	Wie geht es Ihnen?
Sijambo	Mir geht es gut!
Na wewe	Und Ihnen?

Wichtige/gebräuchliche Worte

ja	ndiyo
nein	hapana
bitte	tafadhali
danke (sehr)	asante (sana)
gern geschehen	vizuri
dort	pale, kule
hier	hapa, huku, humu
groß	kubwa
klein	ndogo
billig	rahisi
teuer	ghali
schnell	upesi
langsam	pole pole
nah	karibu
fern	mbali
heiß	moto
kalt	baridi
offen	fungua
geschlossen	funga
schlecht	mbaya
toll	safi

Nützliche Fragen

Sprechen Sie Englisch/Swahili?
Unasema Kiingereza/Kiswahili

WÖRTERLISTE SWAHILI 879

Könnten Sie bitte langsamer sprechen?
  Tafadhali sema pole pole
Sagen Sie das noch einmal!?
  Tafadhali sema tena
Wie heißen Sie? – Jina lako nani
Wo? – Wapi
Wo ist?
  Iko wapi (Wo sind? – Ziko wapi)
Wann? – Lini
Wie? – Vipi
Wieviel? – Kiasi gani
Wieviel kostet das?
  Shilingi ngapi
Wie heißt dies/das?
  Unaitaje hii/ile
Was bedeutet dies/das?
  Maana ya hii ni nini/Maana ya ile ni nini
Warum? – Kwa nini
Wie spät ist es?
  Ni saa ngapi
Darf ich fotografieren?
  Naweza kupiga picha
Ist das Wasser abgekocht?
  Maji yamechemshwa
Geht es hier nach ...?
  Hii ni nija kwenda ...
Wie weit ist es?
  Ni umbali gani
Kann ich ... haben?
  Naweza kupata ...
Können wir ... haben?
  Tunaweza kupata ...
Können Sie mir ... zeigen?
  Unaweze kunionyesha ...
Können Sie mich nach/zu ... bringen?
  Unaweza kunipeleka ...
Können wir hier zelten?
  Tunaweza kupiga kambi hapa
Wo können wir für eine Nacht zelten?
  Wapi tunaweza kupiga kambi kwa usiku
Dürfen wir auf Ihrem Land zelten?
  Tunaweze kupiga kambi shambani lako

Nützliche Sätze

Ich heiße ... Jina langu ni ...
Ich komme aus Deutschland
  Natoka Ujerumani
Ich verstehe nicht – Sifahamu
Ich verstehe – Nafahamu
Ich wohne im Hotel Arusha
  Ninakaa Arusha Hotel

Ich werde um ... abreisen
  Nitatoka saa ...
Hoffentlich sehen wir uns bald wieder
  Natumaini tutaonana tena mapema
Ich hätte gern ... Ningependa ...
Ich möchte ... Nataka
Das Essen war sehr gut
  Chakula hiki ni kizuri sana
Zeigen Sie mir bitte ...
  Tafadhali nionyeshe ...
Geben Sie mir bitte ... Tafadhali nipe ...
Bringen Sie mir bitte ... Tafadhali niletee ...
Ich will nach ... Nataka kwenda ...
Halten Sie bitte hier
  Simama hapa, tafadhali
Holen Sie bitte einen Arzt
  Umwite daktari

Zeitangaben

Montag – Jumatatu
Dienstag – Jumanne
Mittwoch – Jumatano
Donnerstag – Alhamisi
Freitag – Ijumaa
Samstag – Jumamosi
Sonntag – Jumapili
die Woche – wiki
der Monat – mwezi
das Jahr – mwaka
heute – leo
gestern – jana
morgen – kesho
jetzt/sofort – sasa/sasa hivi

Die Monate

Januar – Januari
Februar – Februari
März – Machi
April – Aprili
Mai – Mei
Juni – Juni
Juli – Julai
August – Agosti
September – Septemba
Oktober – Oktoba
November – Novemba
Dezember – Desemba

Zahlen

  Bei Satzbildungen werden Zahlen nach dem Subjekt/Objekt genannt.

Anhang

WÖRTERLISTE SWAHILI

1	moja
2	mbili
3	tatu
4	nne
5	tano
6	sita
7	saba
8	nane
9	tisa
10	kumi
11	kumi na moja
12	kumi na mbili
13	kumi na tatu, usw.
20	ishirini
21	ishirini na moja
22	ishirini na mbili, usw.
30	thelathini
40	arobaini
50	hamsini
60	sitini
70	sabini
80	themanini
90	tisini
100	mia oder mia moja
200	mia mbili, usw.
1000	elfu oder elfu moja
2000	elfu mbili, usw.
10.000	kumi elfu
20.000	ishirini elfu, usw.
100.000	laki moja, usw.
1.000.000	milioni moja

Obst und Gemüse

Die Namen tansanischer Speisen und Gerichte und ihre Bedeutung entnehmen Sie dem Kapitel „Essen und Trinken".

Obst	matunda
Gemüse	mboga
Ananas	nanasi
Äpfel	matofaa
Apfelsinen/Orangen	machungwa
Bananen	ndizi
Gurken	matango
Karotten	karoti
Kartoffeln	viazi
Kochbananen	ndizi
Kohl	kabeji
Kokosnuss	nazi
Kopfsalat	saladi

Mango	embe
Melone	tikiti
Papaya	papai
Rettich	figili
Tomaten	nyanya
Zitronen	malimau
Zwiebeln	vitunguu

Tiernamen

Adler	tai
Antilope	swala
Büffel	nyati
Buschbaby (Affenart)	komba
Buschbock	pongo
Dik-Dik	
(Kleinst-Antilope)	dikidiki
Eidechse	mjuzi
Esel	punda
Elefant	tembo/ndovu
Flamingo	flamingo
Fledermaus	popo
Flusspferd	kiboko
Gazelle	swala
Geier	tai
Gnu	nyumbu
Gepard	duma
Giraffe	twiga
Hyäne	fisi
Impala	swala
Krabbe	kaa
Krokodil	mamba
Kudu	tandala
Kuhantilope	kongoni
Leopard	chui
Löwe	simba
Marabu	korongo mfukoshingo
Mungo	nguchiro
Nashorn	kifaru
Papagai	dura
Pavian	nyani
Python	chatu
Schakal	mbweha
Schildkröte	kobe
Schlange	nyoka
Schmetterling	kipepeo
Warzenschwein	ngiri
Wasserbock	kuro
Wildhund	mbwa mwitu
Zebra	punda millia
Vogel	ndege

WÖRTERLISTE SWAHILI 881

Einige Wörter

Abend	jioni
aber	lakini
Abfall/Müll	takataka
abreisen	kuondoka
abwärts	chini
Adresse	anwani
ähnlich	sawa
Affenbrotbaum	mbuyu
alle	ote
allein (ich)	peke yangu
also	basi
alt (Mensch)	zee
alt (Gegenstand)	a zamani
angeln	kuvua samaki
Angst	hofu
anhalten	kusimama
Ankunft	kuwasili
anschieben	kukumba
ansehen	kuangalia
Antwort	jibu
Apotheke	duka la madawa
Arbeit	kazi
arm	maskini
Arm	mkono
Arzt	daktari
auch	hata/pia
auf	juu ya
aufhören	kumaliza
aufmachen	kufungua
aufpassen	kuangalia
Auge	jicho
aus/vorbei/zu Ende	imekwisha
Ausländer	mgeni
Auto	gari/motokaa
Bach	kijito
Bahnhof	stesheni
bald	punde
Bank (Geld)	benki
Bar	baa
Bauer	mkulima
Baum	mti
Baumwolle	pamba
Bein	mguu
benötigen	kuhitaji
benutzen	kutumia
Benzin	petroli/mafuta
Berg	mlima
bergab	kuteremka
Beruf/Arbeit	kazi

besser	afadhali
betrunken	kulewa
Bettlaken	shiti
bezahlen	kulipa
Bier	bia
Bild/Foto	picha
blau	buluu
Blitz	umeme
Boot	mashua
breit	pana
Brennholz	kuni
Brief	barua
Briefmarke	stempu
Brot	mkate
Bruder	kaka
Brücke	daraja
Büro	ofisi
Bus	basi
Chilipfeffer	pillipili
Cholera	kipindupindu
Danach/dann	halafu
Datum	tarehe
dick	nene
Diebstahl	wizi
Diesel	dizeli/mafuta
Dorf	kijiji
Dreck	uchafu
dünn	embamba
Ehefrau	mke
Ehemann	mume
Ei	yai
einverstanden	ninakubali
Eis	barafu
Eisenbahn	gari la moshi/reli
Eltern	wazazi
Entschuldigung	nisamehe
sich entschuldigen	samahani
Erlaubnis	ruhusa
etwas	kidogo
Europäer	mzungu
Fahrkarte	tikiti
Fahrrad	baiskeli
fertig	tayari
Fisch	samaki
Flasche	chupa
Flugzeug	ndege
Fluss	mto

Anhang

WÖRTERLISTE SWAHILI

Frau	mwanamke	Höhle	pango
Freiheit	uhuru	hören	kusikia
Frieden	amani	holen	leta
frisch	bichi	Holz/Baum	mti
führen	kuongoza	Honig	asali
Führer	mwongozi	Hügel	kilima
Fuß	mguu	Hütte	kibanda
		Huhn	kuku
Gabel	uma (ny)	Hund	mbwa
ganz	zima	Hunger	njaa
gebraten	a kukaanga		
Gebühr	ada	**I**mmer	siku zote
Geduld	saburi	Inder	mhindi (wa)
Gefahr	hatari	Infektion	ambukizo (ma)
gehen	enda (ku)	Ingwer	tangawizi
Geist	roho	Insekt	mdudu
gekocht	tokota		
gelb	manjano	**J**ahr	mwaka (mi)
Geld	pesa/fedha	jeder/e/es	kila
Gemüse	mboga	jetzt	sasa
genügend	a kutosha	jung	changa
Gepäck	mzigo	Junge	mvulana
geradeaus	moja kwa moja		
Geschäft/Laden	duka	**K**äse	jibini
Geschenk	zawadi	Kaffee	kahawa
Geschichte	hadithi	Kakao	kakao
geschlossen	mefungwa	Kakerlake	mende
Getränk	kinywaji	Kamera	kamera
Gipfel	kilele	kaputt	kuharibika
Glas (zum Trinken)	bilauri	kennen	jua
Gold	dhahabu	Kerze	mshumaa
Gott	Mungu	Kilometer	kilometa
Grenze	mpaka	Kind	mtoto
groß	kubwa	Kino	sinema
		Kirche	kanisa
Halb	nusu	Knochen	mfupa (mi)
Hammer	nyundo	kochen	kupika
handeln	kufanya biashara	Koffer	sanduku
Handtuch	taulo	Kokospalme	mnazi
Handwerker (allg.)	fundi	Koralle	marijani
hart	gumu	Korb	kikapu
Haus	nyumba	kräftig	kwa nguvu
heiß	joto	krank	gonjwa
helfen	kusaidia	Krankenhaus	hospitali
herein!	karibu	Küche	jiko
Herr	bwana	kühl	baridi
Himmel	mbingu	Küste	pwani
hinter	nyuma ya	Kuh	ng'ombe
Hitze	joto	kurz	fupi
hoch	refu		
Hochzeit	arusi	**L**achen	kucheka
		Laden	duka

WÖRTERLISTE SWAHILI 883

Lärm	kelele
lärmen	kupiga kelele
lampe	taa
lang	refu
laut	kwa sauti kubwa
leer	tupu
Lehrer	mwalimu
leicht	rahisi
leid (tut mir)	pole sana
leise	kimya
lernen	kujifunza
lesen	kusoma
Leute	watu
Liebe	upendo
lieben	kupenda
Lied	wimbo
Limonade	soda
links	a kushoto
Liter	lita
Loch	shimo (ma)
Löffel	kijiko (vi)
Luft	hewa
Machen	kufanya
Machete	panga (ma)
Mädchen	msichana (wa)
Malaria	malaria
manchmal	pengine
Mann	mwanamume
Markt	soko (ma)
Mechaniker	mekanika
Medizin	dawa
Meer	bahari
Mehl	unga
mehr	zaidi
Messer	kisu (vi)
Messing	shaba
Meter	meta
mieten	kukodi
Milch	maziwa
Mittag	mchana
Mond	mwezi
Moped	pikipiki
Moschee	msikiti (mi)
Moskito	mbu
Moskitonetz	chandalua
Motor	mota
Motorrad	pikipiki
müde	choka
Müll	takataka
Muschel	kombe
Musik	musiki

Nach (zeitl.)	baada ya
nachher	alafu
Nachricht	habari
Nacht	usiku
nahe	karibu
Name	jina
nass	majimaji
nein	hapana
neu	pya
neulich	juzijuzi
nicht	hapana
noch	bado
nötig	lazima
Norden	kaskazini
normal	a kawaida
Nummer	namba
nun	sasa
nur	tu
nutzlos	bure
Oben	juu ya
oder	au
öffnen	kufungua
Öl	mafuta
offen	wazi
oft	mara kwa mara
ohne	bila
okay	haya/sawasawa
Ort/Platz	mahali
Ortschaft/Dorf	kijiji
Osten	mashariki
Papier	karatasi
Pass	paspoti
Pech	bahati mbaya
Petroleum	mafuta ya taa
Pfad	njia
Pferd	farasi
Pflanze	mmea
Polizei	polisi
Postbüro	posta
Preis	bei
Problem	matata/shida
Quittung	risiti
Rad	gurudumu
Radio	redio
Räuber	mwizi
Rast	upumziko
Ratte	panya

Anhang

WÖRTERLISTE SWAHILI

Rauch	moshi	singen	kuimba
rechts	a kulia	Sitte	desturi
reden	kuzungumza	sondern	lakini
Regen	mvua	Sonne	jua
Regenschirm	mwavuli	später	baadaye
Region	mkoa	Speer	mkuki
reinigen	kusafisha	spielen	kucheza
Reise	safari	sprechen	kusema
Religion	dini	Stadt	mji
rennen	kukimbia	Staub	vumbi
Rest	baki	steil	wima
richtig	sawasawa	Stein	jiwe
Riff	mwamba	Stern	nyota
Riss	ufa	still	kimya
Rock	koti (ma)	Straße	barabara
rot	ekundu	Streichholz	kibiriti
Rucksack	shanta	Strom	umeme
ruhig	kimya	Süden	kusini
		Sumpf	bwawa la matope
Sachen	vitu	Suppe	mchuzi
Salz	chumvi		
Sand	mchanga	**T**abak	tumbako
sauber	safi	Tag	siku
Schaf	kondoo	Tal	bonde
Schaffner	kondakta	tanzen	kucheza dansi
scharf	kali	Tasche	mfuko
Schatten	kivuli	Taschenlampe	tochi
Schaufel	beleshi	tauchen	kuzama
Schiff	meli	Taxi	teksi
Schlaf	usingizi	Tee	chai
Schlamm	tope	Telefon	simu
schlecht	baya	Toilette	choo
Schloss	kitasa	Tourist	mgeni
Schlüssel	ufunguo	Touristen	wageni
schmecken	kudhuku	trinken	kunywa
schneiden	kata	Trinkgeld	bakshishi
schnell	epesi	trocken	kavu
schön	zuri	tun	kufanya
schon	bado		
schreiben	kuandika	**Ü**bermorgen	kesho kutwa
Schule	shule	überqueren	kuvuka
schwarz	eusi	Uhr	saa
Schweiz	Uswisi	und	na
schwer	zito	Unfall	ajali
schwierig	gumu	Universität	chuo kikuu
schwimmen	kuogelea	unten	chini
See	ziwa	Unterkunft	mahali pa kulala
Seife	sabuni		
Seil	kamba	**V**ater	baba
seit	tangu	verboten	marufuku
selten	mara chache	verlieren	kupoteza

GESUNDHEIT

verstehen	kuelewa
Verzeihung	samehe
vielleicht	labda
Volk	taifa
voll	pomoni
vorgestern	juzi
vorher	kabla
vorsichtig	angalifu
Wagen	gari
während	kama
wahr	yakini
Wald	msitu
warten	kusubiri
waschen	osha
Wasser	maji
weil	kwa sababu
weiß	eupe
weit	mbali
Weizen	ngano
wenig	kidogo
wenn	kama
werfen	kutupa
Westen	magharibi
Wetter	hali ya hewa
wichtig	muhimu
wieder	tena
wie viele	ngapi
Wind	upepo
wirklich	kweli
wissen	kufahamu
Wolke	wingu
Wort	neno
Zahn	jino
zeigen	kuonyesha
Zelt	hema
ziehen	kuvuta
Zigarette	sigara
Zimmer	chumba
zu Fuß	kwa miguu
Zucker	sukari
zu Ende	imekwisha
zurückbringen	rudisha
zusammen	pamoja
Zweig	tawi
zwischen	baina ya

Gesundheit

Das Risiko, während eines Aufenthalts in den Tropen schwer zu erkranken, ist geringer als das Risiko, Opfer eines Verkehrsunfalls oder von Kriminalität zu werden. **Reisestil, Reisezeit, Aufenthaltsdauer und -orte spielen bei der Beurteilung des Risikos eine wichtige Rolle.** Im Regelfall wird es notwendig sein, sich mit dem Hausarzt oder einer Reise- oder Tropenmedizinischen Ambulanz zu beraten, um die verschreibungspflichtige Malariaprophylaxe und gegebenenfalls notwendige (vorgeschriebene) Impfungen durchführen zu lassen. Bei anhaltenden Beschwerden, z.B. Fieber, vor Ort und nach der Rückkehr sollte man unbedingt einen qualifizierten (Tropen-) Arzt aufsuchen.

Die **Hauptbedrohung** geht in Tansania von **Infektionskrankheiten** aus, die sowohl durch die mangelnde Hygiene als auch klimatisch bedingt sind. Viele parasitäre Tropenerkrankungen brechen erst mit Verzögerung nach Monaten oder sogar Jahren aus. Der Verlauf wird stark vom allgemeinen Gesundheits- und Ernährungszustand beeinflusst. Die folgenden Seiten informieren nur über die wichtigsten Krankheiten und wie man sich vor ihnen schützen kann.

Vor einer Reise empfiehlt sich ein **Zahnarztbesuch,** da vor Ort eine qualifizierte zahnärztliche Versorgung problematisch sein kann, während die medizinische Hilfe in größeren Städten inzwischen (auf niedrigem Niveau) gewährleistet ist.

GESUNDHEIT

In den Tropen ist die Sonneneinstrahlung stärker als in Mitteleuropa. Ein guter **Sonnenschutz** ist dringend zu empfehlen, da jeder Sonnenbrand das Hautkrebsrisiko erhöht. Lange Sonneneinstrahlung ohne Schutz kann zu schweren Hautverbrennungen, Sonnenstich oder Hitzschlag durch Überwärmung führen. Durch Benutzen einer Sonnencreme, Tragen eines Sonnenhuts, Aufenthalt im Schatten und regelmäßiges Trinken kann man dem vorbeugen.

Die häufigste Erkrankung in den Tropen ist der sog. **Reisedurchfall.** Meistens wird er durch die relativ harmlosen (enterotoxischen = darmgiftigen) Bakterien *Escherichia coli* (ETEC) oder Viren hervorgerufen. Seltener sind die gefährlichen Erreger des Typhus, der bakteriellen Ruhr, der Cholera, Lambliasis und Amoebenruhr Ursache von Durchfall. Die Ansteckung erfolgt über verschmutztes Wasser und damit verunreinigte Lebensmittel. Auch **Wurminfektionen** (z.B. Spulwürmer, *Ascaris*) und

Hepatitis A werden über verunreinigte Lebensmittel übertragen.

Eine in Tansania typische Durchfallerkrankung sind **Lamblien** (*Giardia lamblia*), in Tansania als *giardia* bekannt. Symptome der parasitären Erkrankung sind Blähungen, Übelkeit, Mattigkeit, Bauchkrämpfe und eben Durchfall. Bei starker Erkrankung kommt auch Erbrechen vor. Giardia kann in jeder Klinik im Land, sofern ein Mikroskop zur Verfügung steht, nachgewiesen werden und ist mit entsprechender medikamentöser Behandlung gut zu kurieren.

Um Durchfallerkrankungen vorzubeugen, sollten zum Trinken und Zähneputzen nur abgepackte Getränke oder abgekochtes Wasser verwendet werden. Zum Abkochen muss das Wasser mindestens 10 Minuten sprudelnd kochen. Tabletten zur chemischen Wasserdesinfektion sollten nur im Notfall das Abkochen ersetzen.

Für das Reisen auf dem Land abseits der Haupttouristengebiete gilt: Tee und Kaffee aus nur kurz erhitztem Wasser sind nicht keimfrei; Eiswürfel sollten gemieden werden; kohlensäurehaltige Getränke sollten bevorzugt werden, da die vorhandene Kohlensäure als Beweis der intakten Originalverpackung gelten kann; Obst sollte man am besten selbst schälen. Oftmals sind Durchfallerkrankungen ein erstes Zeichen von „Austrocknung"/Dehydration, deshalb gilt als Grundsatz in allen tropischen Ländern – **viel trinken!**

Kommt es trotzdem zu Durchfall, sollte man darauf achten, dass die dadurch entstehenden **Wasser- und Elektrolytverluste ausgeglichen** werden. Dazu

---

Buchtipps:
Zum Thema Gesundheit bzw. Krankheiten auf Reisen hat REISE KNOW-HOW nützliche Ratgeber im Programm:
- Dr. Dürfeld, Dr. Rickels
Selbstdiagnose und -behandlung unterwegs
- David Werner
Wo es keinen Arzt gibt, Gesundheitshandbuch zur Hilfe und Selbsthilfe
- Armin Wirth
Erste Hilfe unterwegs effektiv und praxisnah
- Werner und Jeanette Lips
Schwanger reisen

GESUNDHEIT 887

gibt es in den Apotheken erhältliche Elektrolytpulver (z.B. *Elotrans®*), die man aber gewöhnlich nicht braucht. Als gute Erstversorgung bei auftretendem Unwohlsein haben sich die guten alten Kohle-Compretten erwiesen. Erst nach der Einnahme von ausreichend Kohletabletten (vor Ort als *Avtivated Charcoal®* erhältlich) kann zur Überbrückung kurzfristig Loperamid (z.B. *Imodium®*) eingesetzt werden. Da der Durchfall durch die Ausscheidung der Erreger auch zur Heilung führt, sollte man der Sache, sobald eine geeignete Toilette zur Verfügung steht, unbedingt freien Lauf lassen. Antibiotika sollten nicht selbstständig eingenommen werden. Ist ein Arzt nicht verfügbar, kann Cotrimoxazol (z.B. *Bactrim®* 960 mg) 2x1 oder Ofloxacin (z.B. *Tarivid®* 400 mg) 2x1, in Abhängigkeit von der Symptomatik, für 3–14 Tage eingenommen werden. Lang anhaltender Durchfall mit Fieber oder Blut im Stuhl sollte sofort zum Arztbesuch führen. Vor einigen Durchfallerregern kann man sich durch Impfung schützen.

Die Infektion mit dem **Medinawurm** (Dranunculose) erfolgt über Wasserflöhe (Krebse) im Trinkwasser, die mit dem bloßen Auge nicht sichtbar sind. Die Larven entwickeln sich in der Haut zum Wurm und können vielfältige Hauterscheinungen hervorrufen. Durch Abkochen des Trinkwassers kann man sich schützen.

Über rohes oder nicht ausreichend gegartes Fleisch kann eine Ansteckung mit **Trichinen** erfolgen. Wenige Würmer im Stuhl sind kein Grund zur Beunruhigung. Schwere Komplikationen wie Darmverschluss oder Verschluss der Gallenwege sind bei Erwachsenen selten. Da es kein Mittel gibt, das alle Wurmerkrankungen heilt, sollte vor einer Therapie eine Stuhluntersuchung stattfinden.

Medizinische Versorgung im Land

Die medizinische Versorgung im Land changiert zwischen zufrieden stellend und mangelhaft. Nur die Krankenhäuser in der Hauptstadt erreichen annähernd europäisches Niveau, gute Zahnärzte sind rar.

Für den gesamten ostafrikanischen Raum ist **Nairobi die erste Adresse in akuten Notfällen,** das gilt vor allem für Tropenkrankheiten. Empfehlenswert ist die „Section for Tropical Medicines" im Nairobi Hospital:

●**Section for Tropical Medicines**
(Leitung: *Dr. Saio*) Nairobi Hospital,
Argwings Kodhek Road, Nairobi,
Tel. 00254/2/722160

Im Reiseteil dieses Buches sind bei den Städten die Adressen von Krankenhäusern, Ärzten und Apotheken angegeben. **Apotheken** (*duka la madawa*) sind **in vielen Orten des Landes** zu finden. Die Land- und Straßenkarte zu Tansania vom Verlag Harms IC gibt einen guten Überblick über die Krankenhäuser und Kliniken im Land. Die Serena-Hotelkette hat in jedem ihrer Häuser einen Arzt angestellt (Konsultation für 5 $).

Arztrechnungen müssen sofort und meist **cash bezahlt werden.** Die Kosten lassen sich über eine Auslandskrankenversicherung zurückerstatten (vgl. „Versicherungen").

Da es **nur in Großstädten eine Not-Ambulanz** gibt, muss man bei Bedarf auf ein Taxi zurückgreifen.

Bei längeren Aufenthalten ist eine **Mitgliedschaft bei den „Flying Doctors of Africa"** empfehlenswert und evtl. auch eine Rückholversicherung von Europa aus (mehr hierzu im Kapitel „Notfall").

Anhang

REISE- GESUNDHEITSINFORMATIONEN

Reise-Gesundheitsinformationen

Stand: Februar 2007
© Inhalte: Centrum für Reisemedizin

Die nachstehenden Angaben dienen der Orientierung, was für eine geplante Reise in das Land an Gesundheitsvorsorgemaßnahmen zu berücksichtigen ist. Sie wurden nach bestem Wissen und sorgfältiger Recherche zusammengestellt. Eine Gewähr oder Haftung kann nicht übernommen werden. Die Informationen wurden uns freundlicherweise vom Centrum für Reisemedizin zur Verfügung gestellt. Auf **www.travelmed.de** werden diese Informationen stetig aktualisiert. Es lohnt sich, dort noch einmal nachzuschauen.

Einreise-Impfvorschriften

- **Bei Direktflug aus Europa sind keine Impfungen vorgeschrieben.**
- Bei einem vorherigen Zwischenaufenthalt (innerhalb der letzten 6 Tage vor Einreise) in einem der unten aufgeführten Länder (Gelbfieber-Endemiegebiete) wird bei Einreise eine gültige **Gelbfieber-Impfbescheinigung** verlangt (ausgenommen Kinder unter 1 Jahr).
  Nach Angaben des tansanischen Gesundheitsministeriums ist die bisherige generelle Impfpflicht gegen Gelbfieber bei Einreise seit dem 01.01.2001 offiziell aufgehoben. In der Praxis wird der Impfnachweis seither zumindest von Reisenden aus Europa nicht mehr verlangt.
- Der Nachweis einer **Cholera-Impfung** ist in ganz Tansania nicht erforderlich.
  Abweichungen der Grenzbeamten von den eigenen Impfvorschriften sind in Einzelfällen nicht auszuschließen. Der Deutschen Botschaft sind in letzter Zeit allerdings keine Schwierigkeiten bekannt geworden.

Eine Gelbfieber-Impfbescheinigung ist erforderlich bei der Einreise aus: Angola, Äquatorialguinea, Äthiopien, Benin, Bolivien, Brasilien, Burkina Faso, Burundi, Ecuador, Elfenbeinküste, Franz. Guayana, Gabun, Gambia, Ghana, Guinea, Guinea-Bissau, Guyana, Kamerun, Kenia, Kolumbien, Kongo (Rep.), Kongo (Dem. Rep.), Liberia, Mali, Niger, Nigeria, Panama, Peru, Ruanda, Sambia, Sao Tomé und Principe, Senegal, Sierra Leone, Somalia, Sudan, Surinam, Togo, Tschad, Uganda, Venezuela, Zentralafr. Republik.

Empfohlener Impfschutz

Generell: Standardimpfungen nach dem deutschen Impfkalender, speziell Tetanus, Diphtherie, außerdem Hepatitis A, Polio, Gelbfieber.

Bei einer Reise durch das Landesinnere unter einfachen Bedingungen (Rucksack-/Trekking-/Individualreise) mit einfachen Quartieren/Hotels, bei Camping-Reisen, Langzeitaufenthalten, praktischer Tätigkeit im Gesundheits- oder Sozialwesen und/oder engem Kontakt zur einheimischen Bevölkerung ist außerdem ein Impfschutz zu erwägen gegen **Typhus, Hepatitis B** [a], **Tollwut** [b] und **Meningitis** [c].

[a] bei Langzeitaufenthalten und engerem Kontakt mit der einheimischen Bevölkerung
[b] bei vorhersehbarem Umgang mit Tieren
[c] nur bei engerem Kontakt zur einheimischen Bevölkerung, vorw. in der Trockenzeit

REISE- GESUNDHEITSINFORMATIONEN

Wichtiger Hinweis: Welche Impfungen letztendlich vorzunehmen sind, ist abhängig vom aktuellen Infektionsrisiko vor Ort, von der Art und Dauer der geplanten Reise, vom Gesundheitszustand sowie dem eventuell noch vorhandenen Impfschutz des Reisenden.

Da im Einzelfall unterschiedlichste Aspekte zu berücksichtigen sind, empfiehlt es sich immer, rechtzeitig (etwa 4–6 Wochen) vor der Reise eine persönliche Reise-Gesundheits-Beratung bei einem reisemedizinisch erfahrenen Arzt oder Apotheker in Anspruch zu nehmen.

Malaria

Risiko: ganzjährig, verstärkt während der Regenzeit; hohes Risiko landesweit unterhalb 1800 m; geringes bzw. kein Risiko oberhalb 1800 m.

Vorbeugung: Ein konsequenter Mückenschutz in den Abend- und Nachtstunden verringert das Malariarisiko erheblich (Expositionsprophylaxe). Die wichtigsten Maßnahmen sind:

- In der Dämmerung und nachts Aufenthalt in mückengeschützten Räumen (Räume mit Aircondition, Mücken fliegen nicht vom Warmen ins Kalte).
- Beim Aufenthalt im Freien in Malariagebieten abends und nachts weitgehend den Körper bedeckende Kleidung tragen (lange Ärmel, lange Hosen).
- Anwendung von Insekten abwehrenden Mitteln an unbedeckten Hautstellen (Wade, Handgelenke, Nacken). Wirkungsdauer ca. 2–4 Std.
- Im Wohnbereich Anwendung von Insekten abtötenden Mitteln in Form von Aerosolen, Verdampfern, Kerzen, Räucherspiralen.
- Schlafen unter dem Moskitonetz (vor allem in Hochrisikogebieten).
- Ergänzend ist die Einnahme von Anti-Malaria-Medikamenten (Chemoprophylaxe) dringend zu empfehlen. Zu Art und Dauer der Chemoprophylaxe fragen Sie Ihren Arzt oder Apotheker, bzw. informieren Sie sich in einer qualifizierten reisemedizinischen Beratungsstelle. Malariamittel sind verschreibungspflichtig.
- Anmerkung von *Jörg Gabriel:* In Tansania wird zurzeit mit großem Erfolg *Coartem*® (*Riamet*®) zur Malariabehandlung eingesetzt. 16 Tabletten kosteten 2007 ca. 7500 TSh. Allerdings sollte man, um sicher zu gehen, eine Behandlung mit 24 Tabletten durchführen.

Meldungen vom Februar 2007

- **Darminfektionen:** Risiko für Durchfallerkrankungen landesweit. Cholera gab es im letzten Quartal wieder in den dicht besiedelten, hygienisch schlecht versorgten Stadtteilen von Dar es Salaam sowie im Mpanda-Distrikt, Provinz Rukwa (SW). In diesem Jahr wurden neue Ausbrüche aus der Umgebung von Arusha (NO) gemeldet. Cholera-verdächtige Ausbrüche wässriger Durchfälle werden auch aus dem Mpanda-Distrikt in der Rukwa-Provinz (SW) sowie von den vorgelagerten Inseln Sansibar und Pemba berichtet. Hygiene beachten.
- **Masern:** Der gemeldete Ausbruch vor der tansanischen Küste betrifft die Insel Pemba. Seit Mitte Dezember 2006 wurden fast 200 Erkrankungen, darunter ein Todesfall, bekannt, die meisten aus dem Micheweni-Distrikt. Es handelt sich um den ersten Wiederauftritt der Kinderkrankheit in der autonomen Region seit fünf Jahren. Eine flächendeckende Impfaktion ist mit Hilfe von UNICEF für die kommenden Wochen vorgesehen. Immunschutz (durchgemachte Erkrankung oder Impfung) prinzipiell, speziell bei Reisen, beachten.

REISE- GESUNDHEITS-INFORMATION TANSANIA

●**Schlafkrankheit:** Im Verlauf der letzten Jahre sind einzelne Besucher der Serengeti-Nationalparks nach der Rückkehr an dieser gefährlichen Parasitose erkrankt. Schutz vor Tsetse-Fliegen (Überträger, tagaktiv) beachten. Bei Verdacht (Reaktion an der Stichstelle, unklares Fieber) sofort Arzt aufsuchen.

●**HIV/AIDS:** Tansania zählt zu den Ländern mit der höchsten Durchseuchung: Die Zahl der HIV-Infizierten wird auf mehrere Millionen geschätzt. Bisher sind 130.386 AIDS-Kranke gemeldet. Sexuelle Kontakte mit unbekannten Partnern sollten gemieden werden.

Kurzbeschreibung der im Buch erwähnten Erkrankungen/Krankheiten:

●**AIDS,** die Abkürzung für Acquired Immunodeficiency Syndrome, ist das späte Stadium mit vielfachen Infektionen durch eine nahezu zusammengebrochene Körperabwehr im Rahmen einer Infektion mit einem oder mehreren der HIV-Viren (Human Immunodeficiency Virus). Die Viren werden bei Sexualkontakten, mit Blut (Bluttransfusion, Drogenkonsum) und manchmal auch während der Geburt von der Mutter auf das Kind übertragen. Bei Erwachsenen kann eine Infektion ab etwa 4 Wochen nach Kontakt nachgewiesen werden. Da es immer wieder auch länger dauert, sollten negative Befunde allerdings mindestens ½ Jahr lang überprüft werden. So genannte „Spätkonversionen" nach mehr als einem Jahr sind extrem selten. Weltweit steigen die Erkrankungszahlen nach wie vor an, insbesondere südlich der Sahara: Jede Minute infizieren sich weltweit 11 Menschen mit dem Virus – davon 10 in Afrika südlich der Sahara! Örtlich sind 40 bis über 50% der Bevölkerung infiziert, Prostituierte bis fast 100%! Prognosen zufolge wird in diesen Ländern die Hälfte der Bevölkerung innerhalb der nächsten zehn Jahre sterben! Aus reisemedizinischer Sicht ist trotz der ungeheuren globalen und individuellen Tragödie, deren Ausmaß sich derzeit allenfalls erahnen lässt, AIDS ein nachrangiges Problem. Den Reisenden muss ein entsprechend präventiv orientiertes Sexualverhalten dringend nahegelegt werden, außerdem sollte sich jeder Reisende vor Abflug über Einrichtungen im Zielgebiet informieren, die im Falle eines schweren Zwischenfalles eine medizinische Versorgung bieten können, die hiesigem Hygienestandard entspricht, insbesondere im Hinblick auf Kanülen, Operationsbesteck und Blutkonserven.

●**Bilharziose,** Synonym: Schistosomiasis: In tropischen Ländern vorkommende parasitäre Erkrankung durch Pärchenegel, die in den Venen des Unterleibes leben. Die mit Stuhl oder Urin ausgeschiedenen Eier entwickeln sich erst in bestimmten Süßwasserschnecken zu infektionstüchtigen Larven; eine Ansteckung von Mensch zu Mensch ist nicht möglich. Die Larven bohren sich bei Kontakt mit derart verseuchtem Wasser durch die unverletzte Haut und gelangen zunächst in die Leber, von dort nach einigen Wochen in den Unterleib. Die Zeit von der Infektion bis zum Beginn der Eiablage dauert 6–12 Wochen. Wenige Stunden nach der Infektion kann an der Eintrittstelle eine vorübergehende Hautreizung auftreten, 4–6 Wochen später eine fieberhafte Allgemeinerkrankung, einige Wochen danach Verdauungs- oder Blasenbeschwerden, wobei Blut im Stuhl oder Urin Leitsymptome sind. Diagnose durch Blutuntersuchung sowie durch mikroskopischen Ei-Nachweis.

●**Cholera:** Die Kontamination von Nahrungsmitteln oder Trinkwasser (Brunnen) mit Cholera-Vibrionen führt meist zu endemischen Ausbrüchen, selten zu Einzelerkrankungen. Bei mangelhafter Sanitärhygiene kann sich die Krankheit explosionsartig ausbreiten. Die Inkubationszeit ist kurz (einige Stunden bis Tage). Plötzlich einsetzende, schmerzlose und wässrige Durchfälle evtl. mit Erbrechen, meist ohne Fieber, führen rasch zu lebensbedrohlichen Flüssigkeitsverlusten. Daneben gibt es auch mildere Verlaufsformen.

●**Gelbfieber:** Durch Stechmücken übertragene tropische Viruserkrankung. Keine Ansteckung von Mensch zu Mensch. Das Hauptreservoir des Erregers sind Affen mit

REISE- GESUNDHEITS-INFORMATION TANSANIA

menschlichen Einzelerkrankungen in abgelegenen Regionen (Busch-Gelbfieber). Die Übertragung Mensch-Mücke-Mensch kann in besiedelten Gebieten zu epidemischen Ausbrüchen führen (Stadt-Gelbfieber). Die Krankheit beginnt plötzlich mit hohem Fieber und Allgemeinerscheinungen. Nach einer Woche kann eine dramatische Verschlechterung mit Gelbsucht und Blutungen eintreten, Störungen von Herz, Kreislauf, Leber, Niere und Hirn sind lebensbedrohend. Zur Sicherung der Diagnose dienen Spezialuntersuchungen. Das Gelbfieber unterliegt einer strengen internationalen Melde- und Quarantänepflicht.

●**Hepatitis A:** Diese Virusinfektion der Leber ist weltweit verbreitet, besonders in Entwicklungsländern. Die Inkubationszeit liegt zwischen 2 und 6 Wochen. Die Erkrankung beginnt mit Grippegefühl, Fieber, Appetitlosigkeit, Übelkeit und Erbrechen. Nach einigen Tagen wird der Urin dunkel und der Stuhl hell, schließlich entwickelt sich eine Gelbsucht (zuerst im Weiß der Augen bemerkbar). Der weitere Verlauf ist unterschiedlich, meist leicht, besonders bei Kindern. Gelegentlich kommt es bei Erwachsenen zu schwereren und länger anhaltenden Krankheitsbildern (bis zu einigen Monaten). Dauerschäden treten nicht auf. Die Diagnose wird durch Blutuntersuchungen auf Leberzellfermente und spezifische Antikörper gesichert. Die Übertragung erfolgt fäkal-oral. Das Virus wird v.a. über verunreinigte Nahrung und Trinkwasser aufgenommen, besonders häufig über Muscheln, Austern und Krebstiere, aber auch über Milch, kaltes Fleisch und andere Speisen.

●**Hepatitis B:** Diese Viruserkrankung der Leber ist weltweit verbreitet, besonders in tropischen Ländern. Die Inkubationszeit liegt zwischen 2 Wochen und 6 Monaten. Die Krankheit beginnt mit Grippegefühl, Fieber, Appetitlosigkeit, Übelkeit und Erbrechen. Nach einigen Tagen wird der Urin dunkel, der Stuhl hell, es kommt zur Gelbsucht (zuerst im Weiß der Augen bemerkbar). Der weitere Verlauf ist unterschiedlich. Die Krankheitsdauer liegt nicht unter 4 Wochen. In ca. 10 % der Fälle rechnet man mit Komplikationen, schweren oder chronischen Verläufen, vereinzelt mit Dauerschäden. Infektiös sind Blut und andere Körperflüssigkeiten von Erkrankten und Virusträgern (in einzelnen tropischen Ländern über 20 % der Bevölkerung). Die Übertragung erfolgt über entsprechende Kontakte: Bluttransfusionen, unsterile Spritzen, Nadeln und Instrumente (beispielsweise bei unqualifizierten medizinischen Eingriffen, Drogenabhängigen, Tätowierungen) sowie beim Geschlechtsverkehr.

●**Malaria** wird durch einzellige Parasiten (Plasmodien) verursacht und durch bestimmte Stechmücken (Anophelen) übertragen. Leitsymptom ist Fieber, begleitet von Kopf- und Gliederschmerzen mit starkem Krankheitsgefühl. Schüttelfröste und Schweißausbrüche können vorkommen. Die „bösartige" **Malaria tropica** hat eine Inkubationszeit von 7–12 Tagen. Sie kann rasch zu lebensbedrohlichen Zuständen mit Koma, Nierenversagen und Schock führen. Die „gutartige" **Malaria tertiana** kann nach 9–16 Tagen auftreten, bisweilen noch bis zu einem Jahr nach der Rückkehr. Spätere Rückfälle sowie eine dritte Art (**Malaria quartana**) sind extrem selten. Die Diagnose wird während der akuten Erkrankung durch den mikroskopischen Parasitennachweis im Blut gesichert, nachträglich kann sie noch durch spezielle Antikörperuntersuchungen geführt werden. Trotz zunehmender Resistenzprobleme ist die Malaria bei rechtzeitiger Behandlung heilbar.

●**Meningokokken-Krankheit:** Diese Bakterien können nach einer Inkubationszeit von 3–4 Tagen zu einer gefährlichen Hirnhautentzündung führen. Die Krankheit beginnt plötzlich mit hohem Fieber, starken Kopfschmerzen und Nackensteife. Bewusstseinstrübung, punktförmige Hautblutungen und Schock sind alarmierende Zeichen einer Allgemeininfektion und immer lebensbedrohlich. Die Krankheit tritt in gewissen Abständen endemisch auf. Die Übertragung erfolgt durch Tröpfcheninfektion über die Atemwege. Die Diagnose kann durch den Bakteriennachweis gesichert werden.

REISE- GESUNDHEITS-INFORMATION TANSANIA

- **Schlafkrankheit,** Synonym: Afrikanische Trypanosomiasis: Erkrankung durch Einzeller (Trypanosomen), die nur im tropischen Afrika vorkommt. Übertragung durch Tsetse-Fliegen in abgelegenen Regenwaldgebieten, Savannen, Galeriewäldern von Flüssen, Tierreservaten und Rinderfarmen. Die Krankheit tritt in Einzelfällen oder kleinen Ausbrüchen unter der einheimischen Bevölkerung auf. Touristen sind kaum gefährdet, ein gewisses Risiko besteht bei Wildtierjagden in Endemiegebieten. Der Stich der Tsetse-Fliege verursacht eine schmerzhafte Schwellung, die normalerweise nach 24 Stunden abklingt. Bleibt sie über mehrere Tage oder Wochen entzündet und vergrößern sich die örtlichen Lymphknoten, muss sofort ein Arzt aufgesucht werden. Unbehandelt verläuft die Krankheit weiter mit unregelmäßigem Fieber, Allgemeinerscheinungen und Befall innerer Organe. Nach Monaten kommt es zu einer chronischen Hirnentzündung mit Persönlichkeitsveränderungen, Verwirrtheitszuständen, Kräfteverfall und Todesfolge. Die Erreger lassen sich anfangs an der Stichstelle, später in Lymphknoten, Blut oder Liquor nachweisen.
- **Tetanus** (Wundstarrkrampf): Tetanusbakterien können bei Wunden jeder Art, auch bei Bagatellverletzungen, in die Haut gelangen. Besonders gefährdet sind mit Straßenstaub oder Erdreich verschmutzte Wunden und Tierbisse. Die Erreger sondern ein Gift ab, das nach einer Inkubationszeit von 1–2 Wochen (die Wunde ist meist schon verheilt) zu schweren, schmerzhaften Muskelkrämpfen und Lähmungen mit Todesfolge führen kann. Die Diagnose wird aus den klinischen Symptomen gestellt.
- **Tollwut:** Viruserkrankung von Tieren, die gelegentlich auf den Menschen übertragen wird und immer tödlich endet. Die Inkubationszeit liegt in der Regel zwischen 1 und 3 Monaten. Infektiös ist der Speichel eines tollwütigen Tieres, und zwar 3–5 Tage vor Ausbruch der Symptome bis zu seinem Verenden nach 7–10 Tagen. Der Mensch infiziert sich durch Bissverletzungen, meist von Hunden und Katzen, aber auch durch Einbringen von deren Speichel in verletzte Hautstellen oder unverletzte Schleimhäute (Augen). Die Krankheit beginnt beim Menschen mit Schmerzen und Kribbeln im Bereich der meist bereits verheilten Bissstelle und führt über Krämpfe, Erregungszustände und Lähmungen innerhalb von 2 Wochen zum Tod.

Lake Natron und Ol Doinyo Lengai

Literatur

Auf dem englischsprachigen Markt erscheinen regelmäßig Romane, Bildbände und wissenschaftliche Abhandlungen zu Völkern, Tieren und Naturlandschaften, welche Tansania zum Teil oder ganz beinhalten. Die meisten Publikationen sind im deutschsprachigen Raum nicht zu bekommen. In den großen Buchgeschäften in Nairobi, Arusha und Dar es Salaam ist dagegen vieles davon erhältlich. Vor allem Bildbände, aber auch Romane, Erzählungen und Geschichten ostafrikanischer Autoren lassen sich gut in Tansania kaufen. Zu den meisten Nationalparks bekommt man in den großen Städten sehr detaillierte Info-Broschüren.

Im Folgenden eine Auswahl von in Deutschland erhältlichen Büchern zur Einstimmung auf Tansania.

Sachbücher

● **Tansania**
Karl Engelhard, Justus Perthes Verlag; geografische Strukturen, Entwicklungen und Probleme werden sachkundig dargestellt. Leider im Buchhandel nicht erhältlich, dafür aber in Stadtbibliotheken zu bekommen.

● **Afrika Afrika**
David Lamb, Frederking & Thaler; politisches Sachbuch mit bestem Journalismus, geschrieben von einem der renommiertesten Afrika-Journalisten.

● **Nomadenland**
George Monbiot, Marino Verlag; packende Reportage über den drohenden Genozid an den Nomaden Ostafrikas. Leider nicht mehr erhältlich.

● **Geschichte Tansanias**
Jürgen Herzog, Deutscher Verlag der Wissenschaften; geschichtswissenschaftliches Werk zur Landesgeschichte von den Anfängen des 19. Jahrhunderts bis zur Gegenwart.

● **Eine Kopfjagd –**
Deutsche in Ostafrika
Martin Baer, Olaf Schröter, C.H. Links Verlag, Berlin 2001; schonungsloses Buch über die teils brutale und menschenverachtende Kolonialzeit in Deutsch-Ostafrika (Tansania).

● **Sansibar und die Deutschen –**
Ein besonderes Verhältnis, 1844–1966
Heinz Schneppen, LIT Verlag 2006. Ein ehemaliger deutscher Botschafter schreibt Geschichte und legt mit diesem Buch eine große historische Fleißarbeit vor, die einen wichtigen Beitrag zur Aufarbeitung der deutschen und europäischen Kolonialgeschichte leistet.

● **Tansania – Das koloniale Erbe**
Eigenverlag 2005. Dieses Buch ist ein absolutes „Muss" für alle Tansania-Freunde, die an der Geschichte des Landes und insbesondere an der deutschen Kolonialgeschichte interessiert sind. Es ist angefüllt mit unzähligen historischen Fotos, Ansichtskarten sowie Grundrissen ehemaliger deutscher Kolonialgebäude. Dabei erleichtert die Gegenüberstellung von historischen und aktuellen Aufnahmen das Entdecken und Verständnis dieser Gebäude vor Ort.

● **Erinnerungen an Ostafrika 1865–1889**
Justus Strandes, Verlag Hanseatischer Merkur 2004. In seinen Erinnerungen schildert der Kaufmann Justus Strandes die schäbigen Methoden, mit denen das Kaiserreich seine Kolonien erwarb.

● **Briefe aus Tansania 2002–2004**
Dr. Bruno Runge, IATROS Verlag 2004. Ein interessantes Buch für Mediziner oder Krankenpfleger, die entweder in Tansania arbeiten oder einen Arbeitseinsatz planen. Das Buch ist eine Sammlung von 22 Rundbriefen des Arztes Bruno Runge, der nach seiner Pensionierung gemeinsam mit seiner Frau Hanna in einem evangelischen Krankenhaus in Matema (Mbeya District) am Nyassa-See gearbeitet hat.

● **Reden und Schriften**
aus drei Jahrzehnten
Julius Nyerere, Horlemann Verlag 2001.

● **Todestanz. Sex und Aids in Afrika**
Ursula Meissner, Heinz Metlitzky, Eichborn Verlag 2003.

LITERATUR

Romane und Erzählungen

● **Die weiße Jägerin**
Rolf Ackermann, Droemer Knaur 2005; ein Stoff, aus dem Filme gemacht sind. Ein gelungener Roman, der die Lebensgeschichte der jungen Margarete Trappe erzählt, die 1907 nach Afrika auswanderte, ein Heim am Fuße des Mt. Meru aufbaute und bald von den Einheimischen als „Weiße Jägerin" verehrt wurde. Margarete und ihr Mann verloren im 1. Weltkrieg ihre Farm, bauten nach der Internierung eine neue auf, die sie im 2. Weltkrieg verlassen mussten. Margarete kam wieder und wurde zur Legende unter den Engländern und avancierte zur Jagdführerin für viele Adlige aus Deutschland. Bücher über sie und ihre Jagden gibt es schon seit den 1950er Jahren, doch dieser Roman greift weiter und bringt interessante Facetten der Kolonialpolitik Bismarcks mit ins Spiel sowie eine Liebschaft zu einem Griechen. Empfehlenswert!

● **Meine Farm in Afrika**
Hardy Krüger, Lübbe Verlag; schillernde Erzählung des bekannten deutschen Schauspielers, Autors und Moderators der Reise-Dokumentationen „Weltenbummler". Krügers persönliche Geschichte vom Film „Hatari" und seiner Farm zwischen Mt. Meru und Kilimanjaro, wo er, mit vielen Unterbrechungen, zwölf Jahre seines Lebens verbrachte.

● **Darwins Traumreise**
Tijs Goldschmidt, C.H. Beck Verlag; in einem herrlichen Erzählstil berichtet der holländische Biologe von seinen Buntbarsch-Forschungsarbeiten am Lake Victoria, genauer: in der Bucht von Mwanza. Goldschmidt berichtet aus seinem drögen Forschungsalltag, von Verhaftungen und dem Leben der Sukuma-Fischer. Für einen längeren Aufenthalt in der Region absolute Pflichtlektüre. Das Buch diente als Vorlage für den preisgekrönten Dokumentarfilm „Darwin's Alptraum". Als DVD erhältlich.

● **Der Weltensammler**
Ilija Trojanow, Verlag Hanser 2006; spannender Roman über den englischen Abenteurer Richard Burton (1821–1890). Anstatt in den Kolonien die englischen Lebensgewohnheiten fortzuführen, lernt er wie besessen die Sprachen der Länder, vertieft sich in fremde Religionen und reist zum Schrecken der Behörden anonym in den Kolonien herum. Trojanow erzählt hier jedoch nicht nur eine Biografie, sondern er webt auf inspiriende Art und Weise gesellschaftspolitische und kulturelle Rollenspiele aus der Sicht der Beobachtenden in sein tiefsinniges und sprachgewaltiges Werk. Prämiiert mit dem Leipziger und Berliner Buchpreis.

● **Kein Himmel über Afrika –**
Eine Frau kämpft um ihre Freiheit
Kerstin Cameron, List Verlag, München; bewegende Erzählung, in der die Autorin den Kampf gegen ihre einjährige Inhaftierung in Arusha schildert. Das Buch wurde unter dem gleichnamigen Titel verfilmt, mit Veronica Ferres in der Hauptrolle. Als DVD erhältlich.

● **Sansibar**
Giles Foden, Aufbau-Verlag 2003; eine literarische Auseinandersetzung mit dem fundamentalistischen Terror. Der erste Roman über Osama bin Laden und al-Qaida, verpackt als Polit-Thriller; eine furiose literarische Spurensuche, die vor dem 11. September 2001 entstand; beschäftigt sich mit den Hintergründen der Bombenattentate auf die US-Botschaften in Dar es Salaam und Nairobi.

● **Die Regenkönigin**
Katherine Scholes, Knaur Verlag 2002; Kate kann ihre Kindheit in Tansania nicht vergessen, als ihre Eltern auf grausame Weise umgebracht wurden. Als eines Tages eine fremde Frau in Kates Nachbarhaus einzieht, ahnt sie nicht, dass mit ihr die Vergangenheit erneut in bedrohliche Nähe gerückt ist …

● **Im tiefen Herzen Afrikas**
Carter Coleman, Argon Verlag; Romanerzählung eines Amerikaners über seine Zeit in den Usambara Bergen. Das Buch zeigt sehr schön, wie zwei Welten aufeinander prallen.

● **Christen in der Steppe**
Christel Kiel, Lutherische Schriften; als Missionarin arbeitete Kiel drei Jahrzehnte (mit Unterbrechungen) im Norden Tansanias. Das Werk schildert ihre Arbeit mit den Maasai und verschafft tiefe Einblicke in die Kultur des bekannten Nomadenvolks.

● **Christus wurde Maasai.**
Kirche unter den Nomaden in Ostafrika
Johannes Henschel, Matthias-Grünewald-Verlag 1991.

LITERATUR

• Auf dem Strom

Hermann Schulz, Carlsen Verlag; die Geschichte des deutschen Missionars Friedrich Ganse in den 30er Jahren des 20. Jahrhunderts in der Region Kigoma. Er verliert seine Frau und muss mit einem Boot den Fluss zum nächstliegenden Krankenhaus hinunterfahren, um seine schwer erkrankte Tochter in ärztliche Behandlung zu bringen.

• Zurück nach Kilimatinde

Herman Schulz, Carlsen Verlag 2003. Der deutsche Jugendliche Nick Geldermann besucht nach 16 Jahren zum ersten Mal seinen Vater, ein Missionar und eine schillernde Persönlichkeit, da dieser Hilfe benötigt. Er findet in Tansania einen schwerkranken und gebrochenen Mann vor, den fast alle Welt verlassen hat. Fünf Nächte lang redet und streitet Nick mit ihm und muss am Ende seine eigene Welt völlig neu ordnen.

• Leg nieder dein Herz

Hermann Schulz, Carlsen Verlag 2005; sie flieht aus der Enge des elterlichen Hofes und vor ihrem Verlobten im Wendland und schifft sich nach Afrika ein. Sie ist überzeugt, sie muss Missionarin werden. Auf der Überfahrt lernt Friederike Ganse den mondänen Engländer Joseph Pollock kennen – die beiden verbringen romantische Stunden im tansanischen Bagamoyo, der verträumten einstigen Sklavenstadt. Doch dann trennen sich ihre Wege. Sie geht in die Mission und heiratet einen anderen ...

• Wenn Dich ein Löwe nach der Uhrzeit fragt

• Dem König klaut man nicht das Affenfell

Hermann Schulz, Peter Hammer Verlag, Wuppertal 2002/2003; für die etwas Jüngeren, etwa ab zwölf, sind die beiden Geschichten gedacht. Temeo, die Hauptfigur, ist der Erzähler aus Kindersicht. Eine Beschreibung zu beiden Büchern findet man unter www.bagamoyo.com/de/index_de.html.

• Traumgänger – Spurensuche bei den Hadza in Ostafrika

James Stephenson, Frederking & Thaler Verlag, München 2001; James Stephensons Erzählung (Original in Englisch) von seinem Leben bei/mit den Hadzabe-Buschleuten am Lake Eyasi entspricht nur in einigen Kapiteln Kultur und Leben der tansanischen Buschleute. Stephenson (von Beruf Gärtner) hat es nicht verstanden, Schicksal und Traditionen der Hadzabe im 21. Jahrhundert aufzuzeigen. Der Hobby-Autor hat sich des Mythos der Buschmann-Kultur bedient und ein renommierter Verlag wie Frederking & Thaler ist darauf reingefallen.

• In Afrika

Ilija Trojanow, Frederking & Thaler Verlag; Taschenbuch-Version des gleichnamigen Bildbands (leider vergriffen). Eindrückliche Geschichten und Erlebnisse des in Ostafrika aufgewachsenen Autors und Literaturpreisträgers. Pflichtlektüre für einen tieferen Einblick in die Kultur und Gesellschaft Ostafrikas.

• Szenen eines Clowns

Hardy Krüger, Lübbe Verlag 2002; jüngstes Buch von Krüger, in dem er im ersten Kapitel erstmals seit seinem Weggang aus Tansania zurückblickt auf seine Farm in Afrika und eine sehr nachdenkliche Geschichte vom Bau der Farm wiedergibt.

• Leben im Sultanspalast

Emily Ruete, Philosophische Verlagsgesellschaft; Memoiren der Prinzessin Salme von Oman und Sansibar. Erzählt vom Leben im Sultanspalast auf Sansibar im 19. Jahrhundert und vom Leben in Deutschland als Ehefrau eines deutschen Geschäftsmannes (vgl. entsprechenden Exkurs bei Sansibar).

• Die Sklaverei der Gewürze

Shafi Adam Shafi, Marino Verlag; Roman aus und über Sansibar, eine Geschichte von den Realitäten hinter dem Insel-Mythos.

• Die Kinder der Regenmacher

(2 Bände) von *Aniceti Kitereza*, Peter Hammer Verlag; Königssohn Kitereza beschreibt in den 1940er Jahren die Region des Victoria-Sees und gibt einzigartige Einblicke in das Leben auf der Insel Ukerewe.

• Mein Leben mit den Massai

Catherine Oddie, Bastei-Lübbe; die Autorin ließ Karriere und Großstadtleben hinter sich und lebte mit den Massai im Rift Valley; die eindrucksvolle Erzählung kündet vom Versuch, eine Brücke zwischen zwei völlig fremden Kulturen zu bauen.

• Wie ich Livingstone fand

Henry M. Stanley, Edition Erdmann; der New Yorker Journalist erzählt von seinen langen Reisen und davon, wie er im Jahr 1879 den

Anhang

verschollenen Missionar Livingstone unter einem Mangobaum in Ujiji am Tanganyika-See fand.

● **Auf nach Afrika! Stanley, Livingstone und die Suche nach den Quellen des Nils**
Martin Dugard, Piper Verlag 2005. Der amerikanische Journalist Martin Dugard hat ein Buch geschrieben, das die Geschichte dieser Suche minutiös nachzeichnet. Es ist die Geschichte eines alten Afrikaforschers auf der Suche nach den Nilquellen und eines jungen Journalisten auf der Suche nach Ruhm.

● **Auf den Spuren von Livingstone**
Conrad Philipps, Nimrod Verlag 2003. Das Buch berichtet über die Planung, Vorbereitung und Umsetzung eines Nachvollzugs der historischen Suche von Henry Morton Stanley 1870/71 nach David Livingstone. Die Reiseschilderung führt den Leser von Sansibar auf das Festland nach Bagamoyo, von dort geht es über Itigi, Tabora, Mpanda bis nach Ujiji. Interessant wird die Darstellung durch den Vergleich von heute zu 1870/1871.

● **Kilimanjaro Lesebuch**
Reinhard Dippelreither, Conrad Stein Verlag 2002. Der kleine Band stellt eine Sammlung persönlicher Erlebnisse des Autors am Kilimanjaro dar, angereichert mit Hintergrundinformationen für Bergsteiger, Geschichten, historischen Anmerkungen und Legenden.

● **Hin und her gerissen –**
Kurzgeschichten aus Tansania
Godson S. Maanga, Verlag der Evangelisch-Lutherischen Mission Erlangen 2001.

● **Die Mkuju-Trommel**
Ingeborg Müller (Hrsg.), Verlag der Evangelisch-Lutherischen Mission Erlangen 1996. Märchen und Fabeln aus Tansania.

● **Habari Gani, Afrika**
Gudrun Honke & Thomas Brückner (Hrsg.), Peter Hammer Verlag 1997. „Habari gani" – wie geht's? Diese Anrede fordert in Afrika dazu auf zu berichten, von Freud und Leid, von schönen und auch von schrecklichen Dingen. Das tun in dieser Anthologie Afrikas Schriftsteller und Schriftstellerinnen, alte und junge, bekannte und weniger bekannte. Sie erzählen mit Humor und Ironie, mit Entsetzen und Wut vom alten und modernen Afrika, von den kleinen Dörfern und großen Städten, von Kindheit und Liebe, von Wärme und Gewalt in zwischenmenschlichen Beziehungen, von Afrikas Frauen und den großen gesellschaftlichen Konflikten.

● **Die Sängerin von Sansibar.**
Reiseberichte aus einer magischen Welt
Lievre Joris, Verlag Piper 2002. Lieve Joris ist eine der besten Reiseschriftstellerinnen Europas. Mit ihren vielfach preisgekrönten Berichten gelingt es ihr immer wieder, Fenster in andere Welten zu öffnen, Verständnis zu wecken für Lebensformen und Kulturen, die man vor der Lektüre gar nicht kannte.

● **Die schönsten Geschichten aus Afrika**
Ernest Hemingway, Rowohlt 2002. Dreimal in seinem Leben reiste Ernest Hemingway nach Afrika, ging dort auf Safari und überlebte zwei Flugzeugabstürze. Hemingway liebte Afrika und schrieb bis zu seinem Tod darüber. Dieser Band versammelt seine schönsten Storys vom dunklen Kontinent.

● **Juma. Ein Straßenkind aus Tansania**
Nasrin Siege, Verlag Beltz und Gelberg 2002. Der Überlebenskampf als Straßenkind in Dar es Salaam ist trostlos und gefährlich. Lange muss die Hilfsorganisation um Jumas Vertrauen ringen, bis es sich helfen lässt.

● **Hyänen im hohen Gras –**
Spuren in der Serengeti
Nasrin Siege, Verlag Brandes & Apsel 2004. Nasrin Siege nimmt uns mit auf eine Reise in die Weiten der Serengeti. Mit der jugendlichen Protagonistin Sabine betreten wir die Welt der Hyänenforscherin Stefanie. Empfehlenswert vor allem für Kinder im Alter von 6 bis 12 Jahren, aber auch für Erwachsene angenehm zu lesen.

Bestimmungsführer

● **Säugetiere Afrikas**
Jean Dorst/Pierre Dandelot, Paul Parey, Hamburg; Standardwerk.

● **Ostafrika Natur-Reiseführer**
Rainer Waterkamp/Winfried Wisniewski, Franck-Kosmos Verlag; Reise- und Bestimmungsführer, in der Praxis jedoch nur als Bestimmungsführer zu gebrauchen. Gute Gliederung und Beschreibung der ostafrikanischen Tier- und Pflanzenwelt. Gute Ergänzung auf Safari.

LITERATUR

● In Tansania erhältlich sind kleine **Begleittaschenbücher zu allen Nationalparks** und den jeweils angrenzenden touristischen Sehenswürdigkeiten, geschrieben von *David Martin* (African Publishing House).

Bildbände (deutsch)

Ein Bildband, der ein gelungenes Gesamtporträt Tansanias wäre, also eine Mischung aus den zweifelsohne wichtigen Naturparadiesen und den bekannten Sehenswürdigkeiten mit dem Alltag, der Tradition und der reichen Geschichte des Landes, ist bisher noch nicht erschienen.

● **Land am Kilimanjaro**
Steffi Kordy/G. Kürzinger, Bucher Verlag 1998; schöner Bildband zum südlichen Kenia/nördlichen Tansania.
● **Afrikanische Elefanten**
Reinhard Künkel, Frederking & Thaler Verlag. Die wohl besten Fotografien zu Elefanten von dem in der Serengeti lebenden deutschen Fotografen und Tierfilmer Künkel – Bilder, die eindringlicher die Seele und Würde der afrikanischen Dickhäuter nicht hätten einfangen können.
● **In Afrika**
Ilija Trojanow und *Michael Martin,* Marino Verlag; gelungener Bild-Text-Band (inkl. CD mit afrikanischer Musik) über die Vielfalt eines Kontinents mit dem Schwerpunkt auf Mythos und Alltag in Ostafrika; die Geschichten aus diesem Band sind auch im gleichnamigen Taschenbuch (Frederking & Thaler Verlag) zusammengefasst. Derzeit leider vergriffen.
● **Serengeti – Fenster zur Schöpfung**
Reinhard Radke, Lübbe Verlag 1999; Begleit-Bildbuch zur gleichnamigen Serie des ZDF über die Serengeti. Radke ist Autor und Kameramann zahlreicher weltweit ausgezeichneter Tierfilme. Das Buch zeigt, „dass die Serengeti weder eine isolierte Arche Noah noch ein idyllisches Paradies ist", sondern „vielmehr der Glücksfall eines Fensters zur Schöpfung" mit der „Chance zu verstehen, wie zerbrechlich unsere Welt und wie kostbar und erhaltenswert sie ist".

● **Safari**
Carlo Mari, Kuki Gallmann, Frederking & Thaler Verlag. Tagebuch-Bildband mit bewegenden Fotos zu Natur und Tierwelt und zum Erlebnis Safari in Tansania. Der Text von Kuki Gallmann passt jedoch nicht zum Thema des Fotografen.
● **Die Makonde und ihre Kunst**
Roger Fouguer, Vier-Türen-Verlag 1993. Der Bildband stellt die Schnitzereien der Makonde dar und informiert über ihre Spiritualität.
● Die Werke des Künstlers und so genannten „Gepardenmannes" *Matto Barfuß* werden hier aufgrund seiner illegalen Machenschaften während seines Aufenthaltes in der Serengeti bewusst nicht aufgeführt. Matto Barfuß ist Persona non grata in den Nationalparks Tansanias.

Bildbände (englisch)

In Buch- und Souvenirläden in Tansania oder über den internationalen Internet-Buchhandel erhältlich sind:

● **Tanzania – Portrait of a Nation**
Paul Joyson-Hicks; eindrucksvoller Band des in Ostafrika aufgewachsenen Fotografen. Anders als normale Länder-Bildbände zeigt Hicks auch die Provinz, stellt kaum bekannte Regionen vor, wohin sich allenfalls ein paar Rucksacktouristen verirren – eine gute und vor allem informative Balance zwischen dem tatsächlichen Alltag und den weltbekannten Tierparks.
● **Tansania – Africa Eden**
Javed Jafferji, Graham Mercer; Bildband über die Sehenswürdigkeiten und Nationalparks von Tansania und Sansibar. Der Text ist sehr gut, nur ein Teil der Fotos nur mittelmäßig.
● **Serengeti**
Mitsuaki Iwago, Thames & Hudson, London; die wohl atemberaubendsten Tier- und Naturaufnahmen, die je in einem Buch zu diesem einzigartigen Nationalpark Afrikas gedruckt wurden.
● **Safari Living**
Javed Jafferji, Gemma Pitcher, Gallery Publications; die Idee ist nicht neu bzw. kopiert von ähnlichen Bildbänden über Camps und Lod-

ges in Afrika. Der in Tansania ansässige Fotograf entführt den Leser auf eine Bilderreise durch die luxuriösesten Camps und Lodges in Tansania.

● **Zanzibar Living**
Wie Safari Living, jedoch nur über die Inseln Sansibars.

● **Pink Africa**
Carlo Mari, Nigel Collar, Harvill Publications; Pink Afrika bezieht sich auf die schillernde Farbwelt von Flamingos auf spiegelnden alkalischen Seen in Tansania und Kenia. Bestechende Fotos des italienischen Tierfotografen mit einem sehr informativen Text des Zoologen N. Collar.

Karten

Wer durch Tansania reist, sollte in jedem Fall – auch wenn nur öffentliche Verkehrsmittel benutzt werden – eine Karte vom Land mit sich führen. Diese sollte noch in Europa gekauft werden, da die tansanischen Übersichtskarten von schlechter Qualität sind und die in Europa hergestellten in Tansania das Doppelte kosten können.

Die beste und praktischste Karte zu Tansania ist die Straßen- und Touristikkarte zu Tansania vom **Reise Know-How Verlag.** An dieser Karte habe ich maßgeblich mitgearbeitet. Der Maßstab von 1:1.200.000 gibt viel Raum für Details. Von Vorteil ist die Abwesenheit eines Hardcovers, so dass sich die Karte gut falten und verstauen lässt. Außerdem ist sie mit einer Schutzschicht (Polyart) versehen und daher gegen Wasser resistent und reißt an den Falten nicht so schnell ein.

Der **Harms-IC Verlag** hat eine gute und sehr anschauliche Straßen- und Touristikkarte zu Tansania im Maßstab 1:1.400.000 erstellt. Die Karte weist nur geringe Mängel auf und ist über den Buchhandel zu bestellen. Vom selben Verlag ist eine sehr gute Karte zu Sansibar erschienen. Außerdem lieferbar sind Karten zum Ngorongoro-Gebiet und zum Manyara National Park. Weitere, etwa zu den Parks Arusha, Tarangire, Kilimanjaro und Serengeti, sollen folgen.

Eine ebenfalls gute Tansania-Karte (Maßstab 1:1.500.000) ist vom **Nelles Verlag** erhältlich.

Die vom österreichischen Verlag **Freytag & Berndt** produzierte Tansania- bzw. Ostafrikakarte (im Maßstab 1:2.000.000) zeigt sehr gut die großflächigen Trockenwaldgebiete (Miombo) des Westens und des Südens. Die über zehn Jahre alte Karte muss jedoch ebenfalls überarbeitet werden.

Von **Macmillan** und **Joyce Publications** gibt es nun auch Tansania-Straßenkarten, die anschaulich, aber in der Praxis nur bedingt nützlich sind. Die Joyce-Karte ist in manchen Bereichen mehr als irreführend.

Die nur in Tansania erhältliche **BP Map of Tanzania** ist am detailliertesten, was Landschaftsnamen, Dörfer und den Maßstab (1:1.250.000) betrifft. Die Klassifizierung der Straßen ist jedoch teilweise völlig willkürlich, hie und da sind Teerstraßen eingezeichnet, die bestenfalls bessere Feldwege sind, oder Straßen aufgeführt, die völlig fiktiv sind.

Das in Dar es Salaam befindliche **Map Department** (siehe Stadtplan von Dar es Salaam) verfügt über ein landesdeckendes Sortiment topografischer Karten im Maßstab 1:50.000 mit vollständigen, teilweise aber sehr veralteten Eintragungen von Straßen und sämtlicher Siedlungen bzw. Städte. Die eher einfach und in der Farbgebung mehr als dezent gehaltenen Karten können in einem Verkaufsraum des Departments für 6000 TSh das Blatt erworben werden (sofern vorrätig, ansonsten werden Fotokopien erstellt).

Andere Detailkarten, die Tansania im Maßstab 1:500.000 abdecken, sind **amerikanische Fliegerkarten (TPC)**, die Sie in vielen Kartenhäusern und Ausrüsterläden bekommen. Da hauptsächlich für die Flugnavigation erstellt, enthalten diese eher rein topografischen Karten nur unzureichende Informationen über Verkehrswege, sind aber in Verbindung mit GPS sehr präzise und auf einsamen Wegen eine gute Absicherung.

Die **sowjetischen Generalstabskarten**, die nur über Därr Expeditionsservice in München zu beziehen sind, informieren nur unzureichend über das Verkehrs- und Siedlungsnetz des Landes. Die kartografische Darstellung der Karten, die es in den Maßstäben

1·1 Mio., 1·500.000 und teilweise auch in 1:200.000, ist durch die Verwendung von Schattierungen und plastischen Farben gut gelungen. Bei Bestellung wird ein Beiblatt mit der Übersetzung der kyrillischen Buchstaben beigelegt, und nach etwas Übung lassen sich die Karten problemlos lesen. Wenn erwünschte Karten nicht vorrätig sind, kann es schon einmal mehrere Monate dauern, bis diese aus Russland geliefert werden. Erkundigen Sie sich daher rechtzeitig über den vorhandenen Bestand. Blätter im Maßstab 1:200.000 (ab dem achten südlichen Breitengrad) müssen auf jeden Fall bestellt werden. Auf Safari erwiesen sich jedoch die TPC-Karten als praktikabler.

Gute Karten der Nationalparks im Norden und von den Inseln Sansibars werden in Tansania von dem italienischen Kartografen **Giovanni Tombazzo** entworfen. Die farblich schönen Karten, die wie kunstvolle Gemälde wirken, sind sehr anschaulich, aber für kartografische Navigation unbrauchbar. Erhältlich sind die Karten für etwa 10.000 TSh in den Buchgeschäften und gehobeneren Hotels von Arusha, Moshi und Dar es Salaam oder bei Straßenverkäufern.

Buchtipps:
● Wolfram Schwieder
Richtig Kartenlesen
● Günter Schramm
Internet für die Reise
(beide Bände REISE KNOW-HOW Praxis)

Nützliche Internet-Adressen zu Tansania

Allgemeines zum Land/Tourismus

● **www.tanzania.go.tz**
Offizielle Homepage der Republik Tansania
● **www.yellowpages.co.tz**
Gelbe Seiten Tansania
● **www.tzonline.org**
Generelle Informationen zu Tansania
● **www.tazara.co.tz**
Tanzania-Zambia-Railways
● **www.trctz.com**
Tanzania Railways Corporation
● **www.tanzaniatouristboard.com**
Offizielle Homepage des tansanischen Touristboard
● **www.tatotz.org**
Tanzania Association of Tour Operators – TATO
● **www.tasota.org**
Tanzania Society of Travel Agents – TASOTA
● **www.atta.co.uk**
African Travel & Tourism Association
● **www.zanzibartourism.net**
Zanzibar Commission for Tourism – ZCT
● **www.tanserve.com**
Größte Suchmaschine Tansanias
● **www.tanza.com**
Tansania-Suchmaschine
● **www.tanzaniatourism.com**
Tansania-Suchmaschine
● **www.safari-portal.de**
Internet Travel Guide, deutschsprachige Infos zu Tansania, Unterkünften, Nationalparks, Aktivitäten etc.
● **www.africatravelresource.com, www.intotanzania.com**
Internet Travel Guide, englischsprachige Infos zu Tansania, Unterkünften, Nationalparks, Aktivitäten etc.
● **www.aktionskreis-ostafrika.de**
Humanitäre Unterstützung für Ostafrika
● **www.tanzania-network.de**
Koordination von diversen Organisationen, Projekten etc.

Nützliche Internet-Adressen zu Tansania

- www.detaf.de
  Deutsch-Tansanische Freundschaftsgesellschaft

Informationen zu Themen aus Politik, Wirtschaft, Kultur und Sport

- www.afrika-start.de/presseticker.htm
  Schlagzeilen rund um das Thema Afrika
- www.nationaudio.com/News/EastAfrican/Current/index.htm
  Ostafrikanische Nachrichten der kenianischen Zeitung Daily Nation
- www-sul.stanford.edu/depts/ssrg/africa/tanzan.html
  Databases & Articles
- www.tanzanianews.com
  Generelle News und Suchmaschine
- www.africanews.net
  Generelle News aus Afrika
- www.allafrica.com
  Generelle News aus Afrika, Basis in Mauritius
- www.newsfromafrica.org
  Generelle News aus Afrika, kenianisches Projekt
- www.africapoint.com/afrinews/EasternAfrica.htm
  Generelle News aus Ost- und Zentralafrika
- www.news.bbc.co.uk/1/hi/world/africa/default.stm
  BBC News aus Afrika
- www.ippmedia.com
  News in Englisch und Kisuaheli
- www.ded-tanzania.de
  Homepage des Deutschen Entwicklungsdienstes in Tansania

Einzelne Regionen/Orte

- www.kilwa.net
- www.kagera.org
- www.zanzibar.net
- www.allaboutzanzibar.com
  Africa Travel Resource, Seite zu Sansibar
- www.pemba.net
- www.twiga.ch
  Service for Southern Highland Development
- www.swahilicoast.com
  Webseite zur kleinen Infobroschüre „Swahili Coast" des Fotografen Javed Jafferji, die in vielen Geschäften und an Flughäfen ausliegt
- www.mikindani.com
- www.bagamoyo.com
  Freundeskreis Bagamoyo e.V.

Zu Natur- und Wildschutz

- www.tanzaniaparks.com
  Tanzania National Parks – TANAPA
- www.marineparktz.com
  Marine Parks & Reserves Authority
- www.game-reserve.com
  Informationen zu vielen Nationalparks und Game Reserves in Süd- und Ostafrika
- www.africanconservation.com
  African Conservation Foundation
- www.tnrf.com
  Tanzania Natural Resources Forum
- www.safaricamlive.com
  Referenz-Führer zu Tieren und Vögeln
- www.akglobalfoundation.org
  Abercrombie & Kent Global Foundation
- www.africafoundation.org
  Africa Foundation – AF
- www.africarainforest.org
  Africa Rainforest Conservancy, ehemals Tanzania Wildlife Fund
- www.blackwoodconservation.org
  African Blackwood Conservation Project – ABCP
- www.african-lion.org
  African Lion Working Group – ALWG
- www.africanwilddog.nl
  The African Wild Dog Foundation
- www.awf.org
  African Wildlife Foundation – AWF
- www.web.apu.ac.uk/appsci/lifesci/abru/
  Animal Behaviour Research Unit – ABRU, Mikumi National Park
- www.cullmanandhurt.org
  Cullman & Hurt Community Wildlife Project
- www.legendaryadventure.com/LAI-photo/conservation/fcfconservation.asp
  Friedkin Conservation Fund
- www.friendsofruaha.org
  The Friends of Ruaha Society – FORS

NÜTZLICHE INTERNET-ADRESSEN ZU TANSANIA

●www.mkomazi.de
George Adamson African Wildlife e.V.
●www.savingcranes.org
International Crane Foundation – ICF
●www.iucn.org
IUCN – International Union for
Conservation of Nature & Natural
Resources/Tanzania Project Office
●www.janegoodall.org
The Jane Goodall Institute – JGI
●www.kiliconservancy.org
The Kilimanjaro Conservancy
●www.kilimanjarotrust.org
Kilimanjaro Environmental
Conservation Management Trust Fund
●www.lionresearch.org
Lion Research Center
●www.maasaierc.org
Maasai Environmental
Resource Coalition – MERC
●www.mahale.web.infoseek.co.jp/en/
Mahale Wildlife Conservation Society
●www.ngorongoro-crater-africa.org
Ngorongoro Conservation
Area Authority – NCAA
●www.peaceparks.org
Peace Parks Foundation
●www.savetherhino.org
Save the Rhino International – SRI
●www.africanwildlifetrust.org
Southern Africa Wildlife Trust – SAWT
●www.southernhighlandstz.org
Southern Highlands
Conservation Programme – SHCP
●www.tazamatrust.org
●www.tawiri.org
Tanzania Wildlife
Research Institute – TAWIRI
●www.tarangireconservation.com
Tarangire Conservation Company
●www.tusk.org
●www.serengeti.ch/
Verein Freunde der Serengeti
Schweiz – FSS
●www.wcs.org
Wildlife Conservation Society – WCS
●www.wcstarusha.org
Wildlife Conservation
Society of Tanzania – WCST, Arusha Branch
●www.zgf.de
Zoologische Gesellschaft Frankfurt – ZGF

●www.fao.org
Lake Tanganyika Research
●www.ltbp.org
Lake Tanganyika Biodiversity Project
●www.deltza.cec.eu.int
The Kagera Kigoma Game Reserves
Rehabilitation Project – KKGRRP
●www.panda.org/about_wwf/where_we_
work/africa/where/tanzania/index.cfm
WWF in Tansania
●www.elephanttrust.org
Amboseli Trust for Elephants
●www.wildlife-programme.gtz.de
GTZ-Wildlife-Programme in Tansania

Die Reiseführer von Reise

Reisehandbücher
Urlaubshandbücher
Reisesachbücher
Edition RKH, Praxis

Afrika, Durch, 2 Bde.
Agadir, Marrakesch, Südmarokko
Ägypten individuell
Ägypten/Niltal
Alaska ♂ Kanada
Algerische Sahara
Argentinien, Uruguay, Paraguay
Äthiopien
Australien – Auswandern
Australien, Osten und Zentrum
Australien, Westen und Zentrum

Baikal, See u. Region
Bali und Lombok
Bali, die Trauminsel
Bangkok
Botswana
Brasilien
Brasilien kompakt

Cabo Verde
Chicago
Chile, Osterinsel
China Manual
Chinas Osten
Costa Rica
Cuba

Djerba & Zarzis
Dominikanische Republik
Dubai, Emirat

Ecuador, Galápagos
Erste Hilfe unterwegs

Fahrrad-Weltführer
Florida
Fuerteventura

Guatemala

Havanna
Hawaii
Honduras
Hongkong, Macau, Kanton

Indien, der Norden
Indien, der Süden
Iran

Japan
Jemen
Jordanien

Kalifornien und USA Südwesten
Kalifornien, Süden und Zentrum
Kambodscha
Kamerun
Kanada, USA
Kanadas Maritime Provinzen
Kanadas Osten, USA Nordosten
Kanadas Westen, Alaska
Kapstadt – Garden Route (Südafrika)
Kapverdische Inseln
Kenia
Kenia kompakt
Kerala (Indien)
Krügerpark – Kapstadt (Südafrika)

Ladakh, Zanskar
Laos
Lateinamerika BikeBuch
Libyen

Malaysia, Singapur, Brunei
Marokko
Mauritius, La Réunion
Mexiko
Mexiko kompakt
Mongolei
Motorradreisen
Myanmar

Namibia
Namibia kompakt
Neuseeland BikeBuch
New Orleans
New York City
New York im Film

Oman
Outdoor-Praxis

Panama
Peru, Bolivien
Peru kompakt
Phuket (Thailand)

Qatar
Queensland (Australien)

Rajasthan (Indien)

San Francisco
Senegal, Gambia
Singapur
Sri Lanka
St. Lucia, St. Vincent, Grenada
Südafrika
Südafrika: Kapstadt – Garden Route
Südafrika: Krügerpark – Kapstadt
Sydney, Naturparks
Syrien

Taiwan
Tansania, Sansibar
Thailand
Thailand – Tauch- und Strandführer
Thailands Süden
Tokyo, Kyoto, Yokohama
Transsib
Trinidad und Tobago
Tunesien
Türkei, Hotelführer
Türkei: Mittelmeerküste

Uganda, Ruanda
USA, als Gastschüler
USA, Kanada
USA, Canada BikeBuch
USA Nordosten, Kanada Osten
USA, der große Süden
USA Südwesten, Kalif., Baja California
USA, Südwesten, Natur u. Wandern
USA, der ganze Westen

Venezuela
Vereinigte Arabische Emirate
Vietnam

Westafrika – Sahel
Westafrika – Küste
Wo es keinen Arzt gibt

Yucatán (Mexiko)

PANORAMA

Australien
Cuba
Rajasthans Palasthotels
Südafrika
Thailands Bergvölker und Seenomaden
Tibet
Vietnam

Know-How auf einen Blick

Edition RKH

Abenteuer Anden
Auf Heiligen Spuren
Durchgedreht –
  Sieben Jahre im Sattel
Inder, Leben und Riten
Mona und Lisa
Myanmar – Land
  der Pagoden
Please wait to be seated
Rad ab!
Salzkarawane
Südwärts durch
  Lateinamerika
Suerte – 8 Monate
  durch Südamerika
Taiga Tour
USA – Unlimited Mileage

Praxis

Aktiv Marokko
All inclusive?
Australien: Outback/Bush
Australien: Reisen/Jobben
Auto durch Südamerika
Ayurveda erleben
Buddhismus erleben
Canyoning
Clever buchen/fliegen
Daoismus erleben
Drogen in Reiseländern
Dschungelwandern
Expeditionsmobil
Fernreisen auf
  eigene Faust
Fernreisen, Fahrzeug
Fliegen ohne Angst

Frau allein unterwegs
Früchte Asiens
Fun u. Sport im Schnee
Geolog. Erscheinungen
GPS f. Auto, Motorrad
GPS Outdoor-Navigation
Handy global
Hinduismus erleben
Höhlen erkunden
Hund, Verreisen mit
Indien und Nepal,
  Wohnmobil
Internet für die Reise
Islam erleben
Japan: Reisen
  und Jobben
Kanu-Handbuch
Kartenlesen
Kommunikation unterw.
Konfuzianismus erleben
Kreuzfahrt-Handbuch
Küstensegeln
Langzeitreisen
Maya-Kultur erleben
Mountainbiking
Mushing/Hundeschlitten
Neuseeland: Reisen
  und Jobben
Orientierung mit
  Kompass und GPS
Panamericana
Paragliding-Handbuch
Pferdetrekking
Radreisen
Reisefotografie
Reisefotografie digital
Reisekochbuch
Reiserecht
Respektvoll reisen
Safari-Handbuch Afrika

Schutz vor Gewalt
  und Kriminalität
Schwanger reisen
Selbstdiagnose
  unterwegs
Shopping Guide USA
Sicherheit Bärengeb.
Sicherheit am Meer
Sonne, Wind,
  Reisewetter
Sprachen lernen
Südamerika, Auto
Survival-Handbuch
  Naturkatastrophen
Tango in Buenos Aires
Tauchen Kaltwasser
Tauchen Warmwasser
Transsib – Moskau-Peking
Trekking-Handbuch
Trekking/Amerika
Trekking/Asien
  Afrika, Neuseeland
Tropenreisen
Unterkunft/Mietwagen
USA Shopping Guide
Volunteering
Vulkane besteigen
Wann wohin reisen?
Was kriecht u. krabbelt
  in den Tropen?
Wildnis-Ausrüstung
Wildnis-Backpacking
Wildnis-Küche
Winterwandern
Wohnmobil-Ausrüstung
Wohnmobil-Reisen
Wohnwagen Handbuch
Wracktauchen
Wüstenfahren

KulturSchock

Afghanistan
Ägypten
Argentinien
Australien
Brasilien
China, Taiwan
Cuba
Ecuador
Familien im Ausland
Kl. Golfstaaten, Oman
Indien
Iran
Japan
Jemen
Kambodscha
Kaukasus
Laos
Leben in fremd. Kulturen
Marokko
Mexiko
Pakistan
Peru
Russland
Thailand
Thailands Bergvölker
  und Seenomaden
Türkei
USA
Vietnam
Vorderer Orient

Wo man unsere Reiseliteratur bekommt:
Jede Buchhandlung Deutschlands, der Schweiz, Österreichs und der
Benelux-Staaten kann unsere Bücher beziehen. Wer sie dort nicht findet,
kann alle Bücher über unsere **Internet-Shops** bestellen.
Auf den Homepages gibt es **Informationen** zu allen Titeln:

www.reise-know-how.de oder www.reisebuch.de

ANZEIGE

Praxis – die handlichen Ratgeber

Wer seine Freizeit aktiv verbringt, in die Ferne schweift, moderne Abenteuer sucht, braucht spezielle Informationen und Wissen, das in keiner Schule gelehrt wird. REISE KNOW-HOW beantwortet mit über 70 Titeln die vielen Fragen rund um Freizeit, Urlaub und Reisen in einer praktischen Ratgeberreihe: „Praxis".

So vielfältig die Themen auch sind, gemeinsam sind allen Büchern die anschaulichen und allgemeinverständlichen Texte. Praxiserfahrene Autoren schöpfen ihr Wissen aus eigenem Erleben und würzen ihre Bücher mit unterhaltsamen und teilweise kuriosen Anekdoten.

Rainer Höh: **Kanu-Handbuch**

Rainer Höh: **Wildnis-Ausrüstung**

Rainer Höh: **Wildnis-Küche**

Birgit Adam: **Als Frau allein unterwegs**

Rainer Höh: **Orientierung mit Kompass und GPS**

Jens Edelmann, Thomas Till: **Wüstenfahren**

Reto Kuster: **Dschungelwandern**

Klaus Becker: **Tauchen in warmen Gewässern**

M. Faermann: **Sicherheit im und auf dem Meer**

M. Faermann: **Survival Naturkatastrophen**

M. Faermann: **Gewalt und Kriminalität unterwegs**

J. Edelmann: **Vulkane besteigen und erkunden**

Rainer Höh: **Winterwandern**

Hans-Jürgen Fründt: **Reisen und Schreiben**

Rainer Höh: **Outdoor-Navigation**

ANZEIGE

Jeder Titel:
144-160 Seiten,
handliches Ta-
schenformat
10,5 x 17 cm,
robuste Faden-
heftung,
Glossar,
Register und
Griffmarken
zur schnellen
Orientierung

**REISE KNOW-
HOW Verlag,
Bielefeld**

LANDKARTEN

Mit REISE KNOW-HOW gut orientiert nach Afrika

Die Landkarten des **world mapping project** bieten gute Orientierung – weltweit.

- Moderne Kartengrafik mit Höhenlinien, Höhenangaben und farbigen Höhenschichten.
- GPS-Tauglichkeit durch eingezeichnete Längen- und Breitengrade und ab Maßstab 1:300.000 zusätzlich durch UTM-Markierungen.
- Einheitlich klassifiziertes Straßennetz mit Entfernungsangaben.
- Wichtige Sehenswürdigkeiten, herausragende Orientierungspunkte und Badestrände werden durch einprägsame Symbole dargestellt.
- Der ausführliche Ortsindex ermöglicht das schnelle Finden des Zieles.
- Kein störender Pappumschlag, der den behindern würde, der die Karte unterwegs individuell falzen möchte oder sie einfach nur griffbereit in die Jackentasche stecken will.

Auswahl:
- **Botswana** (1:1 Mio.)
- **Cabo Verde** (1:150.000)
- **Marokko** (1:1 Mio.)
- **Namibia** (1:1,25 Mio.)
- **Senegal & Gambia** (1:550.000)
- **Tansania** (1:1,2 Mio.)

world mapping project
REISE KNOW-HOW Verlag, Bielefeld

Nach Afrika?
REISE KNOW-HOW!

Die **Reisehandbücher** von REISE KNOW-HOW helfen dem Reisenden, seine Reise gründlich vorzubereiten, sich über Land und Leute eingehend zu informieren und die einzelnen Reiseziele individuell zu erleben. Wie geht das?

- **Praktische Reisetipps A–Z:** Von der Anreise bis zu den Zollvorschriften wird alles erläutert, was zur Reisevorbereitung und für die Reise unterwegs wichtig ist.
- **Land und Leute:** Geschichte und Bevölkerung, Kultur und Traditionen, Wirtschaft und Alltag, Tier- und Pflanzenwelt, Geografie und Klima – kurz: alles Wissenswerte zum Land der Reisewahl.
- **Unterwegs** im jeweiligen Reiseland: Detailliert und mit allen nötigen Hinweisen zur touristischen Infrastruktur werden Städte, Dörfer, Landschaften, Nationalparks usw. vorgestellt.
- Die **AutorInnen** der Bücher sind Globetrotter, die „ihr" Land lieben und kennen. Ihre Informationen und Berichte stammen nicht aus zweiter Hand, sondern sind Ausdruck persönlicher Erfahrungen und selbstständigen Reisens – die beste Gewähr für Authentizität und Objektivität.
- REISE KNOW-HOW-Reisehandbücher gibt es zu **mehr als 20 afrikanischen Ländern,** z.B.:

Äthiopien, 504 Seiten
Libyen, 600 Seiten
Marokko, 1032 Seiten
Algerische Sahara, 528 Seiten
Ägypten, 692 Seiten
Westafrika 1 – Sahelländer, 792 Seiten
Westafrika 2 – Küstenländer, 768 Seiten

REISE KNOW-How Verlag, Bielefeld

KulturSchock

Diese Reihe vermittelt dem Besucher einer fremden Kultur wichtiges Hintergrundwissen. **Themen** wie Alltagsleben, Tradition, richtiges Verhalten, Religion, Tabus, das Verhältnis von Frau und Mann, Stadt und Land werden nicht in Form eines völkerkundlichen Vortrages, sondern praxisnah auf die Situation des Reisenden ausgerichtet behandelt. Der **Zweck** der Bücher ist, den Kulturschock weitgehend abzumildern oder ihm gänzlich vorzubeugen. Damit die Begegnung unterschiedlicher Kulturen zu beidseitiger Bereicherung führt und nicht Vorurteile verfestigt. Die Bücher haben jeweils ca. 240 Seiten.

Auswahl:

- Chen (Hrsg.), **KulturSchock. Leben in fremden Kulturen**
- D. Jödicke, K. Werner, **KulturSchock Ägypten**
- Carl D. Gördeler, **KulturSchock Brasilien**
- Hanne Chen, **KulturSchock China**, mit Taiwan
- K. Kabasci, **KulturSchock Kleine Golfstaaten/Oman**
- Rainer Krack, **KulturSchock Indien**
- Kirsten Winkler, **KulturSchock Iran**
- Martin Lutterjohann, **KulturSchock Japan**
- Muriel Brunswig, **KulturSchock Marokko**
- Klaus Boll, **KulturSchock Mexiko**
- Susanne Thiel, **KulturSchock Pakistan**
- Barbara Löwe, **KulturSchock Russland**
- Andreas Drouve, **KulturSchock Spanien**
- Rainer Krack, **KulturSchock Thailand**
- Manfred Ferner, **KulturSchock Türkei**
- Monika Heyder, **KulturSchock Vietnam**

REISE KNOW-HOW Verlag, Bielefeld

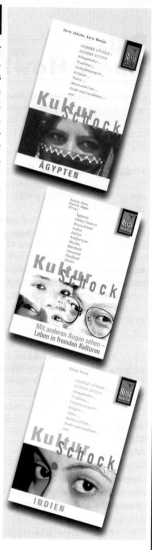

ANZEIGE

Anhang

Kauderwelsch?
Kauderwelsch!

Die **Sprachführer der Reihe Kauderwelsch**
helfen dem Reisenden, wirklich zu sprechen und
die Leute zu verstehen. Wie wird das gemacht?

● Die **Grammatik** wird in einfacher Sprache so
weit erklärt, dass es möglich wird, ohne viel Pau-
kerei mit dem Sprechen zu beginnen, wenn auch
nicht gerade druckreif.

● Alle Beispielsätze werden doppelt ins Deutsche
übertragen: zum einen **Wort-für-Wort**, zum anderen in „ordentliches" Hochdeutsch. So wird das
fremde Sprachsystem sehr gut durchschaubar.
Ohne eine Wort-für-Wort-Übersetzung ist es so
gut wie unmöglich, einzelne Wörter in einem Satz
auszutauschen.

● Die **Autorinnen und Autoren** der Reihe sind
Globetrotter, die die Sprache im Lande gelernt
haben. Sie wissen genau, wie und was die Leute
auf der Straße sprechen. Deren Ausdrucksweise
ist häufig viel einfacher und direkter als z.B. die
Sprache der Literatur. Neben der Sprache vermitteln die Autoren Verhaltenstipps und erklären
Besonderheiten des Landes.

● **Jeder Band** hat 96 bis 160 Seiten. Zu jedem
Titel ist begleitendes **Tonmaterial** erhältlich.

● **Kauderwelsch-Sprachführer** gibt es für über
90 Sprachen in **mehr als 200 Bänden**, z.B.:

Kinyarwanda – Wort für Wort
Band 130
Kisuaheli – Wort für Wort
Band 10
Englisch – Wort für Wort
Band 64

REISE KNOW-HOW Verlag, Bielefeld

HILFE

HILFE!

Dieses Reisehandbuch ist gespickt mit unzähligen Adressen, Preisen, Tipps und Infos. Nur vor Ort kann überprüft werden, was noch stimmt, was sich verändert hat, ob Preise gestiegen oder gefallen sind, ob ein Hotel, ein Restaurant immer noch empfehlenswert ist oder nicht mehr, ob ein Ziel noch oder jetzt erreichbar ist, ob es eine lohnende Alternative gibt usw.

Unsere Autoren sind zwar stetig unterwegs und versuchen, alle zwei Jahre eine komplette Aktualisierung zu erstellen, aber auf die Mithilfe von Reisenden können sie nicht verzichten.

Darum: Schreiben Sie uns, was sich geändert hat, was besser sein könnte, was gestrichen bzw. ergänzt werden soll. Nur so bleibt dieses Buch immer aktuell und zuverlässig. Wenn sich die Infos direkt auf das Buch beziehen, würde die Seitenangabe uns die Arbeit sehr erleichtern. Gut verwertbare Informationen belohnt der Verlag mit einem Sprachführer Ihrer Wahl aus der über 200 Bände umfassenden Reihe „Kauderwelsch" (Auswahl siehe unten).

Bitte schreiben Sie an:

REISE KNOW-HOW Verlag Peter Rump GmbH, Pf 14 06 66

D-33626 Bielefeld, oder per e-mail an: info@reise-know-how.de

Danke!

Kauderwelsch-Sprechführer –
sprechen und verstehen rund um den Globus

Afrikaans ● Albanisch ● Amerikanisch - *American Slang, More American Slang,* Amerikanisch oder Britisch? ● Amharisch ● Arabisch - Hocharabisch, für Ägypten, Algerien, Golfstaaten, Irak, Jemen, Marokko, ● Palästina & Syrien, Sudan, Tunesien ● Armenisch ● *Bairisch* ● Balinesisch ● Baskisch ● Bengali ● *Berlinerisch* ● Brasilianisch ● Bulgarisch ● Burmesisch ● Cebuano ● Chinesisch – Hochchinesisch, kulinarisch ● Dänisch ● Deutsch - *Allemand, Almanca, Duits, German, Nemjetzkii, Tedesco* ● *Elsässisch* ● Englisch - *British Slang, Australian Slang, Canadian Slang, Neuseeland Slang,* für Australien, für Indien ● Färöisch ● Esperanto ● Estnisch ● Finnisch ● Französisch – für Restaurant & Supermarkt, für den Senegal, für Tunesien, *Französisch Slang, Franko-Kanadisch* ● Galicisch ● Georgisch ● Griechisch ● Guarani ● Gujarati ● Hausa ● Hebräisch ● Hieroglyphisch ● Hindi ● Indonesisch ● Irisch-Gälisch ● Isländisch ● Italienisch - *Italienisch Slang,* für Opernfans, kulinarisch ● Japanisch ● Javanisch ● Jiddisch ● Kantonesisch ● Kasachisch ● Katalanisch ● Khmer ● Kirgisisch ● Kisuaheli ● Kinyarwanda ● *Kölsch* ● Koreanisch ● Kreol für Trinidad & Tobago ● Kroatisch ● Kurdisch ● Laotisch ● Lettisch ● Lëtzebuergesch ● Lingala ● Litauisch ● Madagassisch ● Mazedonisch ● Malaiisch ● Mallorquinisch ● Maltesisch ● Mandinka ● Marathi ● Mongolisch ● Nepali ● Niederländisch – *Niederländisch Slang,* Flämisch ● Norwegisch ● Paschto ● Patois ● Persisch ● Pidgin-English ● *Plattdüütsch* ● Polnisch ● Portugiesisch ● Punjabi ● Quechua ● *Ruhrdeutsch* ● Rumänisch ● Russisch ● *Sächsisch* ● *Schwäbisch* ● Schwedisch ● *Schwiizertüütsch* ● *Scots* ● Serbisch ● Singhalesisch ● Sizilianisch ● Slowakisch ● Slowenisch ● Spanisch - *Spanisch Slang,* für Lateinamerika, für Argentinien, Chile, Costa Rica, Cuba, Dominikanische Republik, Ecuador, Guatemala, Honduras, Mexiko, Nicaragua, Panama, Peru, Venezuela, kulinarisch ● Tadschikisch ● Tagalog ● Tamil ● Tatarisch ● Thai ● Tibetisch ● Tschechisch ● Türkisch ● Twi ● Ukrainisch ● Ungarisch ● Urdu ● Usbekisch ● Vietnamesisch ● Walisisch ● Weißrussisch ● *Wienerisch* ● Wolof ● Xhosa

TANZANIA / ZANZIBAR INDIVIDUELL

Das umfassende Programm vom Spezialisten

Safaris *(Serengeti, Ngorongoro, Selous, Ruaha ...)*
Bergbesteigungen *(Kilimanjaro, Meru ...)*
Badehotels *(Zanzibar, Pangani, Ras Kutani ...)*
Tauchparadiese *(Zanzibar, Mafia, Pemba ...)*
Country Hotels *(Usambara, Mbeya, Mufindi ...)*
und vieles andere mehr

Fragen Sie den langjährigen Experten Christoph Friedrich nach Ihrem individuellen Reiseangebot !

Geisbergstraße 14
10777 Berlin
Tel: 030-218 40 53
Fax: 030-211 91 30
E-Mail: info@concept-reisen.de

www.concept-reisen.de

ANZEIGEN 913

AFRIKA HAUTNAH

www.jacana.de

Wir sind ein erfahrener Spezialveranstalter für Safaris und Individualreisen ins südliche und östliche Afrika. Lassen Sie sich von unserem umfangreichen Angebot inspirieren!
Internet: www.jacana.de

AFRICAN JACANA TOURS

Jacana Tours GmbH
Willibaldstraße 27
80689 München
Tel.: 0 89/ 580 80 41
Fax: 0 89/ 580 85 04
e-mail: info@jacana.de

Ihre ganz persönliche Traumroute wird wahr.

Reisen etappenweise planen, Hotels selbst wählen, den Wunschreiseplan erstellen.

Lassen Sie sich von unserem intelligenten Navigationssystem inspirieren und profitieren Sie von unserem Know-How.

Alles was Sie dazu brauchen:

www.tourdesigner.de

Mehr nicht.

Profitieren Sie auch von unserem Know-How und bestellen Sie dazu unser REISE-MAGAZIN tourdesigner AFRIKA und Indischer Ozean [reisen leicht gemacht] im Abo-Service.

tourdesigner®
[reisen selber planen]

Anhang

Tansania
für Entdecker!

Safari – ein Wort, das uns sofort an Savanne, stampfende Elefanten, donnernde Büffelhufe und schleichende Katzen denken läßt! Erleben Sie herrlichste Safaris im Tierparadies Botswana mit dem berühmten Okavango-Delta. Entdecken Sie Afrikas Tierwelt in Etoscha und im Ost-Caprivi Namibias; in Zambia – ein absoluter Geheim-Tipp; oder in der Serengeti und im Selous in Tanzania, in Kenia, Berggorillas in Uganda...

Wir bieten Entdecker-Reisen durch Süd- und Ostafrika unter hochqualifizierter Reiseleitung, sorgfältig geplante Selbstfahrer-Touren, Fly-In-Safaris oder Sonderreisen nur für Sie, Ihre Familie oder Ihren Freundeskreis.

Moderne, gut gewartete PKW, Allrad-Fahrzeuge und Campmobile bieten wir Ihnen für Ihre geplante Selbstfahrer-Reise zu supergünstigen Preisen. Wir beraten Sie gerne.

Fragen Sie doch Karawane, wenn es um Safaris geht.

Karawane Reisen
seit 1950

Schorndorfer Straße 149
71638 Ludwigsburg
Tel. (07141) 2848-30 · Fax 2848-38
E-Mail: africa@karawane.de
www.karawane.de

GLOBETROTTER SELECT
Tours – Safaris – Expeditions

Vertrauen Sie 40-jähriger Reiseerfahrung in Afrika
und unserer eigenen Safari-Agentur in Tansania!

• KILIMANJARO/MT. MERU
Wir bieten **jede Route jeden Tag ab 1 Person** & jede Menge Infos

• WANDER- & INDIVIDUAL-SAFARIS – Serengeti/Ngorongoro
Wandern Sie mit uns durch die schönsten Landschaften Ostafrikas und erleben Sie die Wildnis hautnah. Unsere individuellen Safari-Programme bieten Ihnen auch Reit-Safaris, Baden & Tauchen auf Zanzibar, Pemba und Mafia!

• LODGE- ODER SELECT-ZELT-SAFARIS
Unsere erfahrenen Guides zeigen Ihnen Tansania auf ausschließlich individuellen Jeep-Safaris ab 1 Person! Fordern Sie Ihr persönliches Angebot an.

WIR BIETEN EIN AUSGEWÄHLTES REISEPROGRAMM

RUWENZORI – die schönsten Routen • GORILLA-SAFARI – Faszinierende Wildnis
KENYA • UGANDA • RUANDA • MALAWI • MOZAMBIQUE • ZAMBIA • BOTSWANA
ÄTHIOPIEN • NIGER • MAROKKO • TUNESIEN • LIBYEN • ÄGYPTEN • JEMEN • OMAN

☎ 08171/997272 • Fax 08171/997273 • info@globetrotter-select.com
www.globetrotter-select.com

Macho Porini Ltd.
„die Augen im Busch"

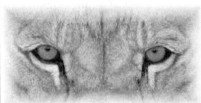

Tansania – Kenia – Uganda

Individual+Gruppenreisen
alle Preisklassen

www.macho-porini.de
www.macho-ya-tanzania.com

Safaris+Badereisen
Wandern+Bergsteigen
Camping+Reiten+Radeln
Ökotourismus
Familien+Singles+Frauen
Auto+Fahrer

Macho Porini Ltd.
Brunnthal 3
83562 Rechtmehring

Tel. +49 (0) 8076 / 9707
Fax.+49 (0) 8076 / 9709

info@macho-porini.com

ANZEIGE

BERGBESTEIGUNGEN

- Kilimanjaro (alle Routen)
- Mt. Meru
- Ol Doinyo Lengai

SAFARI

- Die schönsten Tierparadiese in Nord- & Südtansania

SANSIBAR-BADEURLAUB

- ...ewiger Sommer, Meer und Strand

TOUR-ARRANGEMENTS

- Geführte Abenteuer-Exkursionen in kleinen Gruppen
- Maßgeschneiderte individuelle Reisen ab 2 Personen

FERN AKTIV-REISEN

Abenteuer-Exkursionen · Individualtouren · Expeditionen

Neustraße 70 · D-54290 Trier · Telefon: 0651 - 912 96 90
Email: kontakt@fernaktiv-reisen.de · **www.fernaktiv-reisen.de**

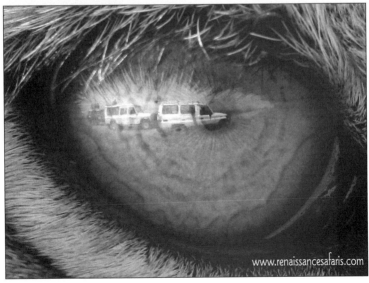

DAS IST URLAUB!

TANZANIA – DER NORDEN
Vom Kilimanjaro zur Serengeti
Auf dieser intensiven Rundreise zeigen wir Ihnen die Höhepunkte des Nordens von Tanzania wie den Arusha Nationalpark, Marangu am Fuße des Kilimanjaro, Tarangire und seine Elefanten, den Ngorongoro Krater und die ‚unendliche Weite' der Serengeti.
13 Tage ab Frankfurt ab € 2.499,-

TANZANIA – NAH DRAN
Der Süden und der Norden - Vom Ruaha bis zur Serengeti
Diese umfangreiche Tour führt Sie auch in den kaum erschlossenen Süden, wo Sie das noch urtümliche Afrika mit seinen tropischen Urwäldern und großen Nationalparks, wie den Ruaha kennen lernen.
20 Tage ab Frankfurt ab € 3.299,-

KENIA UND TANZANIA
Ein Königreich der Tiere
Die 4 schönsten Nationalparks Ostafrikas werden besucht, traumhaft schön sind die Ausblicke vom Amboseli Park auf den Kilimanjaro und auf dem Viktoriasee machen Sie eine Bootsfahrt.
15 Tage ab Frankfurt ab € 2.890,-

WEITERREISE NACH SANSIBAR
6 Tage/ 5 Nächte
ab Kilimanjaro/ an Dar es Salaam
Diese Verlängerung auf der Gewürzinsel im Indischen Ozean lässt sich anschließen an unsere Tanzania Reisen ab Kilimanjaro oder Dar-es-Salaam. Auch die Insel Mafia haben wir im Programm.
ab 2 Personen € 599,- p.P.

Rundreisen in kleinen Gruppen oder individuelle Angebote, Infos, weitere Reisen und Katalog bei:

TAKE OFF REISEN
Dorotheenstraße 65 · D-22301 Hamburg
Tel +49 (0)40 422 22 88
Mail: info@takeoffreisen.de · Homepage: www.takeoffreisen.de

tanzania & zanzibar für "anders - reisende"

Was erwartet Sie:

❖ eine Reise nach Ihren Bedürfnissen gestrickt
❖ freundlicher und verlässlicher Umgang mit erfahrenden Mitarbeitern
❖ der Versuch alles Unmögliche möglich zu gestalten
❖ Sie von Anfang bis Ende zu begleiten

Was wir bieten:

➢ alle Safaris in Tanzania (Camping /Lodge)
➢ alle Routen zum Kilimanjaro
➢ Wanderungen im Inland
➢ Tauchen
➢ Badeurlaub auf Zanzibar (einfach bis luxuriös)
➢ Inselexkursionen u.a.

Sie können uns telefonisch oder elektronisch kontaktieren.
Wir freuen uns sehr auf Ihren Besuch.

Ihr
TANTOURS-TEAM

tel.: 02835-790691   fax: 02835-790692
email: info@tantours.de
Adresse: TANTOURS, Vorster Heidweg 2, 47661 Issum
www.tantours.de

Register

Abholzung 132
Affenbrotbaum 120, 248
Afrikanischer Wildhund 497, 659
Afrikanisches Grabenbruchsystem 115
AIDS 172, 890
Air Excel 65
Air Tanzania 64
Akazie 120
Alailelai 308
Alkohol 36, 55
Amani 396
Amani Gomvu Beach 482
Amboni Caves 413
AMREF 56
Ang'ata Kiti 309
Angola-Stummelaffe 423
Anreise 18
Apartheid 403
Araber 139, 590
Araber-Aufstand 433
Ardai Plains 225
Arusha 194
Arusha-Deklaration 162, 165
Arusha National Park 227
Askaris 148, 412
Ausfuhr 30
Auslandskrankenversicherung 105
Ausreise 30
Ausrüstung 24, 362

Babati 251
Baden 91
Bagamoyo 426
Bahi 574, 578
Balbal Depression 296
Ballon-Safari 325
Banani 858
Bantu-Völker 138, 174

Baobab 120, 248
Barabaig 253, 256
Barasani 292
Bars 34, 55
Basotu 581
Bat Island 815
Bawe Island 816
Benzin 76
Bergführer 358
Bergsteigen 92, 340
Bevölkerung 173, 763
Bier 35
Big Five 294
Biharamulo Game Reserve 628
Bi Khole Ruins 826
Bildungswesen 171
Bilharziose 601, 612, 640, 890
Bismarck Rock 612
Bismarckburg 673, 678
Bomas 155
Bongoyo Island 478
Borassus-Palme 121, 493, 547
Botschaften 27, 474
Briten 160
Büffel 493, 548, 557, 684
Buganda 631
Buiko 393
Bujora Sukuma Village Museum 619
Bukerebe 621
Bukindo 622
Bukoba 630
Bukoba Bay 636
Bumbuli 392, 393, 395
Bunda 606
Buntbarsche 640, 733
Burigi Game Reserve 628
Burton, Richard 145, 544, 640
Burundi 49
Buschbock-Antilope 624
Buschmann-Völker 254
Bushiri 433

REGISTER 923

Busse 71
Butiama 606
Bwejuu 833, 837
Bwemi 419

Camping 101
Carnet de Passage 23
Central Line 66, 67, 572
Central Rift Valley 117
Chagga 332, 342
Chake Chake 850
Chala 681
Chalinze 540
Changu Island 808
Chimala 703
Chole Island 866
Cholera 890
Christentum 180
Chumbe Island Coral Park 816
Chunya 720
Chwaka 836, 865
Cichliden 640, 733
Coastal Aviation 65
Coca-Cola-Route 364
Conservation Area 127

Dalla Dalla 71, 73
Dar es Salaam 21, 440
Defassa-Wasserböcke 684
Delfine 770, 817, 840
Deutsch-Ostafrika 141, 427
Deutsch-Ostafrikanische
   Gesellschaft 141
Dhau 827
Dhau-Fahrten 808
Diadem-Meerkatzen 266
Diebstahl 58, 87
Diesel 76
Dinosaurier 516
Diobahika 628
Diplomatische Vertretungen 27, 474

Discos 55
Dodoma 562, 564
Dongobesh 288
Dongoni 858
Dongwe 837
Doum-Palme 493
Dugong 768, 871
Duluti Crater Lake 221
Dumila 570
Dunga Palace Ruins 825
Durchfall 886

East African Rift Valley 242
East Usambara
   Mountains 370, 380, 396
Eastern Arc
   Mountains 370, 380, 386, 542
Eastern Rift Valley 582
Einfuhr 31
Einreise 18, 23
Eintritt (Nationalparks) 77, 127
Eisenbahn 22, 65, 331,
   389, 410, 561, 572, 692, 716
Elefanten 130, 243, 264,
   356, 493, 548, 557, 684, 708
Elenantilopen 356
Elfenbein 417, 519, 590, 651, 748
Elton-Plateau 725
Empakai-Krater 296
Engare Sero 263, 277
Engaruka Jini 262
Engaruka Juu 262
Engaruka Ruins 262
Engitati Hill 295
Entdeckungsreisende 145
Essen 31
Eukalyptusbäume 121
Euphorbienbäume 121

Fähren 69, 616, 804
Fahrzeuge 23, 75

Anhang

Faxen 63
Feiertage 38
Fernsehen 53
Festival of the Dhow Countries 782
Fig Tree Arch 236
Filmen 39
Fipa 680, 681
Flamingos 263, 277
Flammenbaum 121
Fledermaushöhlen 718
Flugpreise 18
Flugverbindungen 18, 64, 471, 805
Flugzeug 18, 63, 223
Flusspferde 266, 494, 548
Flycatcher 217
Flying Doctors of East Africa 56
Forest Reserves 129
Forex-Büro 47
Fotografieren 39
Frauen 41
Fremdenverkehrsamt 28
Fufu Escarpment 571
Führer 43, 791
Fuji Beach 808
Fukuchani 826
Fußball 191

Gaboti River 316
Gairo 571
Galanos Schwefel-Heilbäder 414
Galeriewald 121
Galla 384
Gama, Vasco da 505
Game Controlled Areas 129
Game Reserves 128
Geburtsritual 680
Geita 627
Gelbfieber 890
Geld 45, 57
Geldbeschaffung 58
Geldwechsel 47

Geografie 113
Geparden 316
Geschichte 136, 751
Gesundheit 885, 888
Gesundheitswesen 171
Getränke 35
Gewürze 820
Gezaulole 481
Glimmer 534
Gnus 318, 493
Gogo 564
Gol Mountains 309
Gold 627, 720
Gombe Stream National Park 652
Gonja 375
Goodall, Jane 653
Gorofani 292
Götzen, Graf von (dt. Gouverneur) 152
GPS 59
Graf von Götzen (Schiff) 648
Grave Island 815
Great Ruaha River 487, 553, 704
Grenzverkehr 48
Grumeti River 315, 327
Grzimek, Michael 308
Grzimek, Prof. Bernhard 308
Guesthouses 100
Guides 43, 791
Gulwe 571

Hadzabe 290
Handy 61
Haneti 253
Hatari 235
Hatari Lodge 236
Hauptsaison 18
Haya 630
Hehe 553, 692, 698
Heiler 172, 864
Hepatitis 891
HIV 172, 890

REGISTER

Hochland-Mangabe 725
Hochseefischen 814
Höhenkrankheit 362
Holzschnitzerei 185, 523
Horo Horo 416
Hotels 95
Husuni Kubwa 513
Hüttensteuer 508

Ibanda Game Reserve 636
Id el Fitr 38
Id el Haji 38
Idi Amin 163
Ifakara 555
Igota 555
Igunga 583
Igurusi 703
Ikola 671
Ikombe 729
Ikwiriri 502
Immigration Card 29
Impala-Antilopen 493
Impfpass 29
Impfungen 888
Indirect Rule 160
Indischer Ozean 769
Ingwer 821
Inlandsflüge 63, 471, 805
Innenpolitik 166
Internet 63
Internet-Adressen 899
Ipinda 725
Iraqw 285, 288
Iringa 692
Isimilia Stone Age Site 700
Islam 180, 766
Itete 555
Itigi 575
Itungi Port 734, 735
Itunza Forest Reserve 719
Izyonje 724

Jambiani 833, 838
Janbangome 849
Jibondo Island 866
Jomu 583, 584
Jongowe 826
Jozani-Chwaka Conservation Area 819
Jozani Forest Reserve 766, 819
Juani Island 866

Kabwe 672
Kaffee 339, 630, 740
Kahama 584
Kakombe Waterfall 656
Kalambo Falls 674, 675, 679
Kalenga 700
Kaliua 577
Kamachumu-Plateau 636
Kanga 188
Kanufahren 89
Kaole Ruins 439
Kaparogwe Waterfalls 728
Kapiri Mposhi 22
Karatu 285
Karawanen 139, 588, 590, 651
Karema 671, 689
Kasanga 673, 678
Kasindaga 629
Kaskazi 123
Kasuarinen-Bäume 767
Kasulu 665
Kasumulu 724
Katavi National Park 684
Katesh 253
Katzenfische 733
Kawetire Forest Reserve 718
Kazimzumbwi 481
Kazuramimba 577
Kendwa Beaches 832
Kenia 48
Kerewe 622
Kfz-Versicherung 106

Anhang

Khoisan 256
Kibaya 571
Kibiti 502
Kibo 348, 349, 351
Kibondo 666
Kibweni Palace 824
Kichwele Forest 766
Kidatu 554
Kidero Mountains 292
Kidichi Persian Baths 824
Kigoma 577, 642
Kihurio 376
Kijungu Waterfall 728
Kikale 502
Kikombo 574
Kikweni 373
Kikwete, Jakaya 167
Kilimanjaro (Besteigung) 357
Kilimanjaro 19, 110
Kilimanjaro-Guereza 356
Kilimanjaro-Rundflüge 356
Kilimatinde 579
Kilindoni 866
Kilombero 554
Kilosa 573
Kilwa Kisiwani 511
Kilwa Kivinje 506
Kilwa Masoko 509
Kilwa Peninsula 503
Kimani-Wasserfälle 710
Kimonodo Hill 377
Kino 55
Kinole 545
Kipengere Mountains 710
Kipengere-Mpanga Game Reserve 710
Kipili 673, 681
Kirambo 529
Kirando 672
Kirobo Plains 604
Kisaki Stesheni 542
Kisuaheli 178, 878

Kitonga Valley 553
Kitulo National Park 725
Kitulo-Plateau 724, 725
Kiuyu Beach 863
Kivingo 394
Kiwani 850
Kiwengwa 835
Kiwira 711
Kiwira River 720
Kizimbani 824
Kizimkazi 839
Kizimkazi Dambiani 840
Kleidung 51, 764
Klima 123
Knight Support 363
Kokosnuss-Krabben 768, 817
Kolo 252
Kolo Rock Paintings 252, 254
Kolonialarchitektur 460
Kolonialismus 141, 403
Kome Island 620
Kondoa 252, 258
Kongo 50
Kongo-Konferenz 143
Kongo-Kugelfisch 641
Königsberg (Schiff) 507
Konsulate 27, 222, 474
Kopjes 314, 326
Korogwe 395
Krankenhäuser 171, 887
Kreditkarten 46, 57
Kriminalität 87
Krokodile 494, 683, 745
Krüger, Hardy 231, 235
Küche 31
Kudus 708
Kuji Island 850
Kunst 184
Kuria 604
Kusi 123
Kwa Kuchinia 226, 252

REGISTER 927

Kwaya 601
Kyaka 629
Kyela 724, 735

Laela 681
Laetoli Footprints 301
Lake Babati 251
Lake Balangida 259, 288
Lake Balangida Lelu 582
Lake Basotuquang 253
Lake Burungi 244
Lake Chala 344, 345
Lake Chidya 527
Lake Eyasi 289
Lake Jipe 372
Lake Kalimawe 376
Lake Kaslya 314
Lake Kidai 580
Lake Kitangiri 583
Lake Kubigena 604
Lake Magadi 295, 314
Lake Manze 488
Lake Masek 310
Lake Mikuja 581
Lake Mzizimia 488
Lake Natron 269
Lake Ndutu 310, 314
Lake Ngorono 314
Lake Nyasa 70, 732
Lake Nzelakela 488
Lake Nzivi 702
Lake Rukwa 638, 680, 682, 720
Lake Rukwa Rift Valley 682
Lake Rutamba 517
Lake Singida 580
Lake Siwandu 488
Lake Tagalala 488, 496
Lake Tanganyika 70, 117, 639, 670
Lake Tlawi 288
Lake Victoria 70, 118, 596, 598
Landweg 22

Last-Minute 19
Leakey, Louis 301
Leakey, Mary 301
Lebensmittelläden 35
Leberwurstbaum 121
Leichtathletik 191
Lemosho-Route 368
Leoparden 316
Lerai Forest 296
Lettow-Vorbeck, Paul von 157, 412
Liebert, Eduard von
   (dt. Gouverneur) 508
Likungo 744
Lindi 513
Literatur 893
Livingstone, David 145, 429, 592, 652
Livingstone Mountains 725, 729
Livingstone's Tembe 592
Lobo Area 328
Lobo Hills 314
Lodges 95
Lokie Swamps 233
Loleza Peak 718
Longido 225
Löwen 265, 294, 315, 316
Luilo 738
Lukuba Island 604, 623
Lukwati Game Reserve 683
Lukwila Lumesule Game Reserve 531
Lunga Lunga 416
Lupembe 738
Lushoto 385
Lyazumbi 682

Maasai 177, 270, 277, 282, 293, 314
Machame 227, 341
Machame-Route 366
Madimba 528
Maestro-(EC-)Karte 48
Mafia 866
Mafia Island Marine Park 871

Anhang

Mafinga 702
Magugu 252
Mahale Mountains National Park 657
Mahenge 555
Maisome Island 620
Maji Moto 604
Maji Moto Kubwa 267
Maji-Maji-Aufstand 152, 508, 741
Makambako 702
Makonde 522
Makonde-Skulpturen 186
Makunduchi 839, 841
Makutani 513
Makutopora 574
Makuyuni 226
Malagarasi River 640, 665
Malanja Depression 309
Malaria 26, 889, 891
Malawi 50
Malawi-See 22, 70, 732
Malerei 187
Maleza 721
Malongwe 575
Mamen Plains 298
Manda 734, 738
Manda Island 672
Mandatsgebiet 160
Mandera 421
Mandusi Swamps 295
Mangapwani 808
Mangapwani-Sklavenhöhlen 824
Mangobäume 121
Mangroven 122, 857
Mang'ula 554
Manka 374
Manyara National Park 263
Manyoni 575, 578
Marangu 347
Marangu-Route 364
Marindi 375
Marine Park 127

Märkte 35
Maruhubi Palace Ruins 822
Masasi 527, 531
Maskenwesen 186
Masoko Craterlake 727
Matai 674
Matema 724, 729
Matemwe 833
Matriarchat 130
Maulidi 38
Mawenzi 348, 349, 351
Mayo Waterfalls 236
Mazinde 384
Maziwe Island 419
Mazrui 865
Mbalageti River 314
Mbalelu-Krater 263
Mbamba Bay 734, 744
Mbangala 721
Mbesa 531
Mbeya 710
Mbeya Peak 718
Mbeya-Berge 718
Mbezi 540
Mbinga 740
Mbozi 718
Mbulu 287
Mbulu-Hochebene 287
Mbuyuni 856
Mdonya River 704
Medien 53
Medizinische Versorgung 887
Menai Bay 840
Menelik I. 368
Meningokokken-Krankheit 891
Menouthias 868
Mercury, Freddy 794
Meru 198
Meserani Snake Park 221, 226
Meteorit 718
Meyer, Hans 349, 350

Mietwagen 74
Migration 318
Mikadi Beach 479
Mikindani 519
Mikumi 552
Mikumi National Park 541, 546
Mingoyo 517
Miombo-Wald 119, 132, 491, 684, 704
Mirambo 586
Misali Island Conservation Area 856
Misigiri 583
Mittellandbahn 572
Mjimwema Beach 479
Mjini Chambani 850
Mkama Ndume Ruins 858
Mkapa, Benjamin 167
Mkata Plains 546
Mkata River 548
Mkia wa Ng'ombe 865
Mkoani 847
Mkomazi-Umba National Park 376
Mkuyuni 542
Mkwaja 423
Mkwawa 698
Mlalo 393
Mlao 394
Mnazi Bay 529
Mnemba 833
Mninga-Bäume 705
Mobiltelefon 61
Mombo 394
Momella-Seen 231, 233
Monduli Mountains 225
Monsun 123, 751, 769, 770
Morningside 545
Morogoro 533, 572
Morogoro-Region 532
Mosambik 50
Moshi 330
Moshi Line 66, 67
Motorrad 23, 78

Mountain-Biking 89
Moyowosi Game Reserve 666
Mpanda 688
Mpanda River 688
Mpapaini 856
Mpulungu (Sambia) 22, 669
Mpwapwa 571
Mregho/Mreho 346
Msimbati Beach 526
Msitu Kuu Forest 863
Mtae 393
Mtai 681
Mtambwe Mkuu 859
Mtangani 850
Mt. Chambolo 381
Mtera-Damm 571
Mt. Gelai 269
Mt. Hanang 259, 582
Mt. Kerimasi 296
Mt. Kibirit 704
Mt. Kilimanjaro 19, 110, 330, 348
Mt. Kilimanjaro National Park 348
Mt. Kimhandu 542
Mt. Kwaraha 251
Mt. Lolmalasin 296
Mt. Longido 225
Mt. Luhombero 556
Mt. Magamba 380
Mt. Makarot 309
Mt. Meru 194, 227, 236, 238
Mt. Nbampunga 732
Mt. Ndanyanya 704
Mt. Ngozi 719
Mt. Nkungwe 657
Mt. Oldeani 292
Mtoni Palace Ruins 824
Mto Wa Mbu 260
Mto Wa Mbu River 260
Mt. Rungwe 727
Mt. Sadiman 309
Mtwara 520

Mufindi Highlands 702
Mugambo 660, 671
Muheza 415, 421
Muleba 629
Munge River 295, 298
Munge Waterfall 298
Murogo Island 816
Musik 187
Muskatnuss 821
Musoma 601
Mutukula 629
Muze 680
Muzi 679
M.V. Liemba 648, 670
M.V. Songea 734
Mvuha 542
Mvuleni 826
Mwadui 594
Mwagusi River 704
Mwaka-Kogwa-Fest 841
Mwanga 373
Mwanza 607
Mwimbi 681
Mzungu 102
Mzuzuma River 739

Nachtleben 55
Naguruwe 527
Nahrungsmittel 31
Nainokanoka 298, 308
Nairobi 21, 56
Namanga 224
Namanyere 673
Namtumbo 739
Nangurukuru 503
Nansio 622
Nasera Rock 309
Nashörner 297, 494
Nationalparks 77, 126
Natron Nature Reserve 263, 280
Naturschutz 126, 900

Nbanuea Peak 718
Ndabaka Plains 328
Ndagoni Ruins 858
Ndanda 519, 530
Ndolage Waterfalls 636
Ndumbi River 725
Ndwati-Kratersee 720
Nelke 820, 842
Newala 527, 530
Ngabora River 292
Ngalawa 438
Ngare Sero River 269
Ngassa 613
Ngezi Forest 863
Ngoitokitok Springs 296
Ngoma 187
Ngoni 742
Ngorongoro
   Conservation Area 293, 302
Ngorongoro-Krater 294
Ngozi-Kratersee 719
Ngurdoto-Krater 227, 232
Nil 544
Nilotische Völker 138, 175
Nilwarane 548
Njombe 736
North Pare Mountains
   345, 370, 372, 386
Northern Highlands 296, 307
Notfall 56
Ntoma Beach 636
Nungwi 827
Nyakusa 730
Nyamwezi 176
Nyandira 546
Nyange Island 816
Nyanza 613
Nyerere, Julius 161, 164, 606
Nyika 560
Nyumba ya Mungu 345
Nzega 582

Öffnungszeiten 38
Ol Doinyo Lengai 282
Old Moshi 344
Old Shinyanga 583, 595
Oldeani 285
Oldupai-Schlucht 301
Olduvai-Schlucht 137
Olkarien Gorge 309
Olmoti-Krater 296
Oman 139, 753
Orientierung 58
Ostküste (Sansibar) 833
Oyster Bay 478

Pagazis 591
Paje 838
Palisanderbaum 121
Pangani 416
Pangani River 400, 416
Pange Island 816
Papaasi 791
Pare 370
Pare-Berge 370
Paviane 131, 653
Pemba 842
Pemba Channel 769
Pemba Essential Oil Distillery 858
Pemba Flying Fox 863
Peramiho 744
Peters, Dr. Carl 141
Pfeffer 821
Pingwe 837
Plantagen 154
Politik 163, 751
Pongwe 835
Poroto Mountains 719
Portugiesen 139, 505
Post 60
Precision Air 64
Preisangaben (Unterkünfte) 95
Pugu Hills 481

Pujini 850, 858
Puku 683
Pwani Mchangani 833

Radfahren 89
Radio 53
Ramadan 38
Ras Bamba 480
Ras Bamba Dege Beach 480
Ras Kigomasha 864
Ras Kutani 480
Ras Nungwi 827
Rebmann, Johannes 350
Rechenberg, Freiherr von
    (dt. Gouverneur) 153
Regenmacher 621
Regenzeit 86
Regional Air 65
Reisekosten 45
Reisen in Tansania 63
Reiseplanung 80
Reiseschecks 47, 57
Reiseveranstalter 81, 806
Reisezeit 86
Reiten 89, 482
Religionen 179, 182, 765
Restaurants 34
Reusch-Krater 348, 350
Rift Valley 117, 137, 231, 242, 289, 300
Rongai-/Naremolu-Route 369
Roosevelt-Rappen-Antilope 423
Rosa Pelikan 686
Ruaha National Park 704
Ruaha Rift Valley 704
Ruanda 49
Rubondo Island National Park 623
Rubya Beach 622
Ruete, Emily 784
Rufiji-Delta 502
Rufiji River 484, 487
Ruhuhu River 732

Rukwa Game Reserve 683
Rumanyika Orugundu
  Game Reserve 636
Rungwa River 683
Rungwe Valley 724, 730
Runzewe 628
Rutambo 517
Ruvu River 400, 422, 542
Ruvu South Forest Reserves 481
Ruvula 529
Ruvuma Estuary Marine Park 529
Ruvuma River 485
Ruzizi River 640

Saa Nane Island 620
Saadani 423, 424
Saadani National Park 423
Safari 82, 212
Safari Camps 95
Safariveranstalter
  81, 211, 340, 476, 618, 717
Safari-Vermittler 217
Safari (zu Fuß) 305
Sakarani 395
Salei Plains 309
Salz 667
Sambia 50
Same 373
Sandawe 256
Sango Mnara 511
Sanje Mangabe 556
Sanje Waterfalls 554, 556
Sanje ya Kati 511, 513
Sansibar 21, 112, 162, 167, 748
Sansibar Galago 767
Sansibar-Helgoland-Abkommen 144
Sansibar Rotducker 767, 817
Sansibar Rotkopf
  Guereza 767, 819, 823
Sansibaris 763
Sansibar Syke's Diademaffen 767

Sansibar-Truhen 804
Sansibar-Türen 799
Sanya Juu 226
Saranda 575
Savannen 120
Schiff 22, 69, 646, 734
Schildkröten 815, 856
Schimpansen 653, 659, 662
Schlafkrankheit 892
Schmetterlinge 654
Schnitzer, Eduard 432
Schnorcheln 90, 810
Schuhschnabelvogel 666
Schule 171
Schutztruppe 148
Segeln 90
Segeltörns 814
Segera 395
Selous Game Reserve 486
Selous, Frederick Courteny 489
Seneto Springs 295
Serengeti 281, 284, 326
Serengeti National Park 311
Serengeti Ndogo 232
Serengeti Plains 310, 314
Seronera Valley 314, 327
Shambaa 370, 384
Shengena Peak 375
Shifting Sands 304
Shilling 46
Shinyanga 593
Shira-Route 368
Shirazi 751, 763
Shirazi-Sultane 503
Shire River 732
Sicherheit 87
Sigi 396
Sigi River 415
Simba 604
Singida 579
Sirari 605

REGISTER 933

Sisal 401, 541
Sitatunga-Sumpfantilope 623
Sklaven 140, 417, 442,
    519, 590, 651, 748, 754
Smuts, Jan 158
SNV Cultural Tourism Programme 218
Soden, Freiherr von
    (dt. Gouverneur) 147
Somanga 503
Songea 740
Songo Mnara 513
Soni 392, 394
South Pare Mountains
    345, 370, 374, 386
Southern Highlands 115, 690
Souvenirs 88
Speke, John 145, 544, 640
Sperrnummer 57
Spice Tour 818
Sport 89, 191, 810
Sprache (Kisuaheli) 878
Sprachen 178
Staat 163
Stadtpläne 59
Stanley, Henry Morton 145, 652
Stierkämpfe 852
Stone Town 771, 773, 776, 778, 799
Strände 91
Straßen 34, 79
Strom 93
Sukuma 176, 289, 584, 609
Sumbawanga 673, 676
Swahili 177, 178, 763, 878
Swahili-Küste 398, 438, 484

Taarab 794
Tabak 692
Tabora 575, 584
Tagora Plains 328
TANAPA 126
Tanga 402

Tanganyika 112
Tanganyika Africa Association 160
Tanganyikagraben 639
Tansania National Parks Authority 126
TANU-Unabhängigkeitspartei 161
Tan-Zam-Highway 541, 547, 552, 691
Tanzanair 65
Tanzania 112, 162
Tanzania Tourist Board 28
Tanzanit 170
Tarangire National Park 243
Tarangire River 244
Tarime 606
Tauchen 90, 810
Tauchgründe 813
Taxi 74
Ta-Za-Ra-Eisenbahn 66, 67, 692, 716
Tegetero 546
Telefonieren 60
Telekommunikation 60
Temperaturen 123
Tetanus 892
Tilapia-Fische 733
Tinga Tinga 187
Tippu Tip 755, 789
Tollwut 892
Tongoni Ruins 414
Töpferkunst 187
Tosamaganga 700
Toten Island 411
Tourismus 170, 830
Tourist-Route 364
Trampen 74
Trappe, Margarete 231, 232
Tsetse-Fliege 486, 561, 579, 684, 892
Tukuyu 726
Tululusia Waterfalls 236
Tumbatu Island 826
Tumbe 865
Tunduma 723
Tunduru 531

Anhang

REGISTER

Tüpfelhyänen 131
Turu 579

Überfall 58, 87
Udzungwa Mountains 386
Udzungwa Mountains
  National Park 555
Ufiome-Uassi-Hochland 252, 254
Ufipa-Plateau 681
Ugalla River Game Reserve 668
Uganda 49, 163
Uhehe Rotkopf Guereza 556
Uhuru Peak 348
Ujamaa-Politik 164, 165
Ujiji 651
Ukerewe Island 620
Uluguru Mountains 532, 542, 544
Umba River 398
Umbwe-Route 368
Unabhängigkeit 162
Unguja 748
Unguja Ukuu 826
Unterhaltung 55
Unterkünfte 94
Urambo 577
URITHI 409
Uroa 835
Usambara-Berge 370, 380, 393
Usambara-Eisenbahn 331, 389
Usambara-Veilchen 381
Usangi 345, 372, 373
Usangu Flats 703
US-Dollar 47, 95
Ushashi-Berge 606
Ushongo 417, 422
Uvinza 667
Uwemba 738
Uyole 703

Vanille 821
Vegetarier 35

Vegetation 119
Vegetationsstufen (Kilimanjaro) 354
Verhalten 102
Verkehr 79
Versicherungen 105
Verständigung 102
Victoria-Barsch 599
Visum 29
Vitongoji 858
Völker Tansanias 174
Völkerwanderungen 137
Vuga 384
Vulkanberge 110
Vumawimbi Beach 862

Währung 46
Wälder 132
Waldginsterkatze 556
Wale 770
Wambaa Beach 850
Wami River 400, 423
Wandern 92
Wasser 37
Wasser-Hyazinthe 122, 600
Wechselkurs 46
Wein 563
Wels 641
Weltkrieg (1.) 156
Werkstätten 77
West Usambara
  Mountains 370, 380, 391
Western Corridor 316
Western Rift Valley 117
Wete 859
Wilderei 132, 317
Wildschutz 126, 900
Wilhelmstal 385
Windsurfen 90
Wirtschaft 168
Wissmann (dt. Gouverneur) 146, 148
Wunderheiler 172, 864

Kartenverzeichnis

Arusha ... 200
Arusha Zentrum ... 203
Arusha National Park ... 228
Bagamoyo ... 430
Bukoba ... 632
Chake-Chake ... 853
Dar Es Salaam & Nordküste ... 441
Dar es Salaam/
   Msasani Peninsula ... 456
Dar Es Salaam ... 452
Dar Es Salaam Zentrum ... 454
Dodoma ... 568
Gombe Stream National Park ... 655
Iringa ... 695
Jozani Nature Trail ... 822
Karawanen-, Forscher- und Missions-
   routen im 19. Jahrhundert ... 142
Katavi National Park ... 685
Kibo (Kilimanjaro-Gipfel) ... 365
Kigoma ... 645
Kilimanjaro ... XXII/XXIII
Kilwa/Kilwa Masoko ... 504
Kilwa Kisiwani (Ruinen) ... 510
Lindi ... 515
Lushoto ... 383
Mahale Mountains National Park ... 658
Mafia Island ... 867
Makutani (Grundriss) ... 512
Manyara National Park ... 265
Marangu ... 347
Mbeya ... 715
Mikumi National Park
   (nördlicher Teil) ... 549
Mkoani (Pemba) ... 848
Mkomazi-Umba
   National Park ... 378
Morogoro ... 537
Moshi ... 335
Mt. Hanang/Kolo Rock Paintings ... 255
Mt. Meru/Momella ... 230
Mtwara ... 521

Musoma ... 603
Mwanza ... 611
Ngorongoro Conservation Area/
   Nord-Maasailand ... 278
Ngorongoro-Krater ... 294
Nördliche Swahili-Küste und
   Saadani National Park ... 399
Nungwi ... 829
Pemba Island ... 844
Pemba-Nord ... 862
Pemba-Süd ... 850
Plateaulandschaften Tansanias ... 116
Ruaha National Park ... 707
Rubondo Island National Park ... 624
Sansibar Westküste ... 809
Selous Game Reserve ... 490
Selous Game Reserve
   (Nordostsektor/Beho-Beho) ... 492
Serengeti National Park ... 312
Songea ... 743
Stone Town (Sansibar) ... 780
Südliches Hochland ... 722
Sumbawanga ... 677
Tabora ... 587
Tanga ... 407
Tarangire National Park ... 245
Udzungwa Mountains
   National Park ... 558
Usambara-Berge ... 382
Völker in Tansania ... 175
Wete ... 860
Zanzibar Town ... 774

In den Kopfzeilen der Buchseiten erfolgt ein Verweis auf die jeweiligen in den Kontext passenden Karten bzw. Stadtpläne.
   Kartenatlas: Bei den jeweiligen Orten und Nationalparks steht ein Verweis auf die entsprechende Karte bzw. genaue Positionierung in der Karte, z.B. Arusha ⬦V,C3.

DER AUTOR

Yaida Valley 288
Yakoki 739
Yao 530

Zala Park 840
Zan Air 65
Zanzibar Channel 769
Zanzibar Town 771
Zaraninge Forest 424
Zebras 493
Zeit 107
Zeitschriften 53
Zeitungen 53
Zentraltansania 560
Zollbestimmungen 30
Zoologische Gesellschaft Frankfurt 321

Der Autor

Jörg Gabriel, Jahrgang 1970, ist in Indien und Ostafrika aufgewachsen. In Äthiopien ging er in den Kindergarten, in Kenia zur Schule, in Deutschland studierte er Politologie und Geografie. Von Ost- bis Südafrika bereiste er viele Gebiete, in seiner Kindheit mit seinen Eltern, dann im Alleingang, und lernte zahlreiche Naturschutzgebiete und die Tierwelt Afrikas kennen.

Noch während des Studiums betrieb Jörg Gabriel zusammen mit einem Freund ein Spezialreisebüro für außergewöhnliche Safaris nach Ostafrika. Danach leitete er als Manager und Guide ein exklusives Safari Camp im Selous Game Reserve. Seither hat er Expeditionen organisiert und begleitet, als Co-Produzent, Kameramann und Organisator zu Fernsehproduktionen für ZDF und Arte beigetragen. Heute lebt er mit seiner Frau *Marlies* in Tansania und betreibt auf der ehemaligen Farm von *Hardy Krüger* im Arusha National Park die kleine Lodge „Hatari".

Jörg Gabriel ist ebenfalls Autor des Urlaubshandbuchs „Sansibar, Pemba & Mafia" und des Praxis-Ratgebers „Safari-Handbuch Afrika" (beide bei REISE KNOW-HOW). Als Autor und Fotograf arbeitet er an weiteren Projekten.

In Zusammenarbeit mit namhaften Reiseveranstaltern in Deutschland führt er mehrmals im Jahr von ihm ausgearbeitete Safaris in Tansania durch, die neben der faszinierenden Tierwelt und Landschaft Afrikas auch Wanderungen und kulturelle Begegnungen beinhalten.

KARTENATLAS: BLATTSCHNITT I

II BUKOBA, RUBONDO ISLAND, KIBONDO, BIHARAMULO

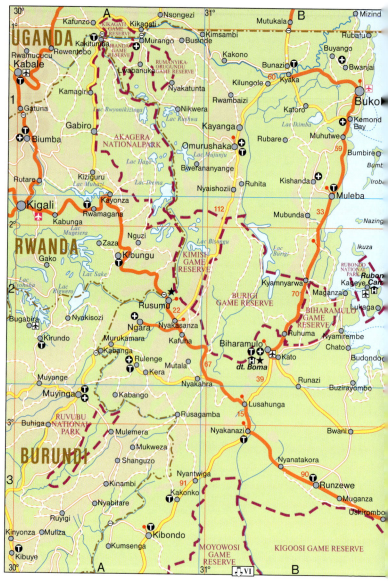

Lake Victoria, Mwanza, Musoma, Shinyanga   III

IV SERENGETI NATIONAL PARK, NGORONGORO AREA

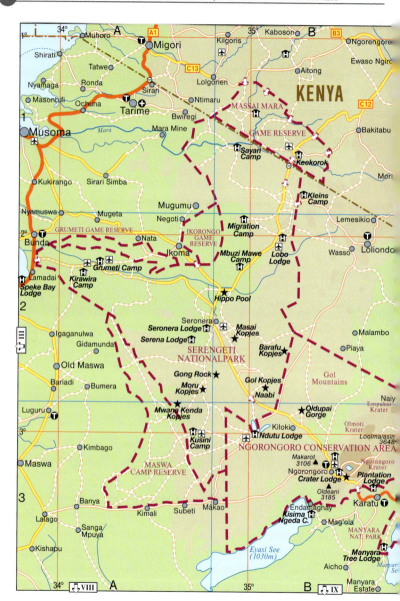

Nairobi, Arusha, Moshi, Kilimanjaro

VI Lake Tanganyika, Kigoma, Uvinza, Mpanda

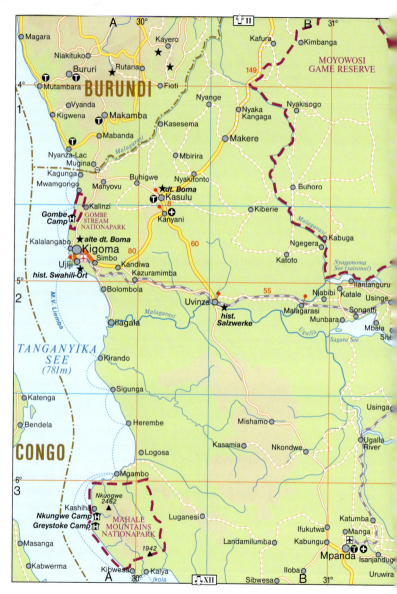

TABORA, URAMBO, NZEGA, UGALLA RIVER GR   VII

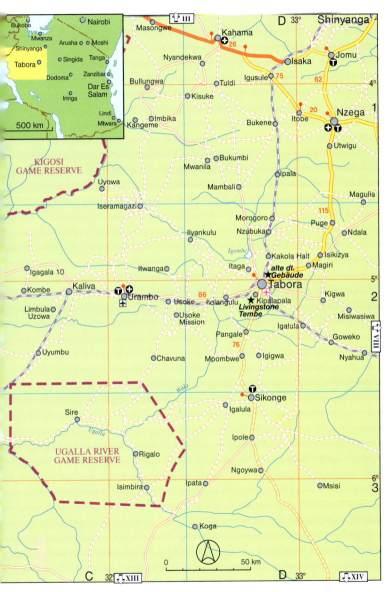

VIII Shinyanga, Tabora, Nzega, Malongwe

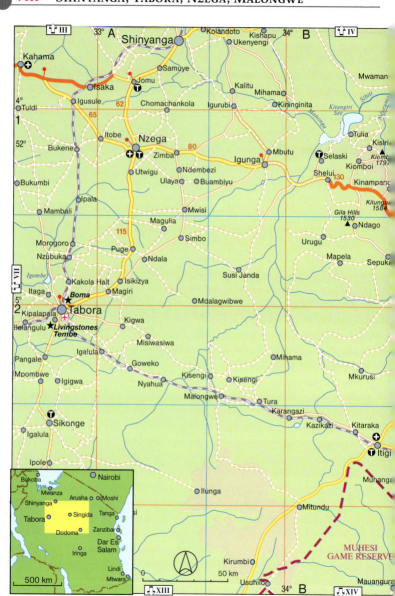

Tarangire NP, Babati, Kondoa, Singida, Dodoma   IX

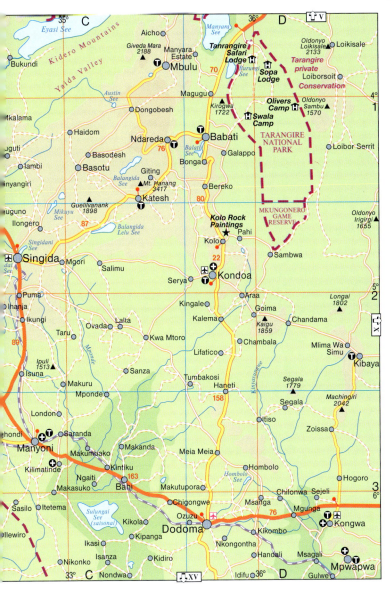

X Mpwapwa, Tarangire National Park, Same

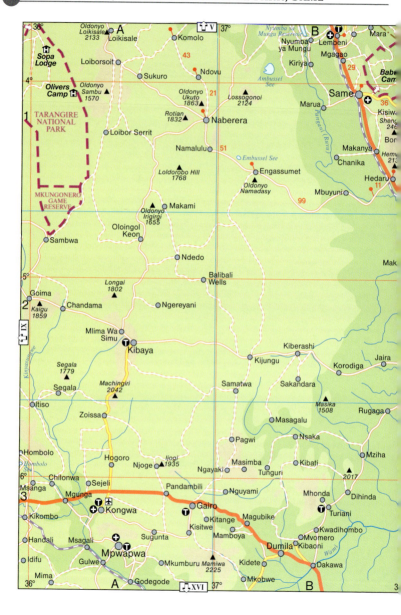

TANGA, PANGANI, BAGAMOYO, PEMBA, SANSIBAR XI

XII Lake Tanganyika, Mpulungu, Katavi NP

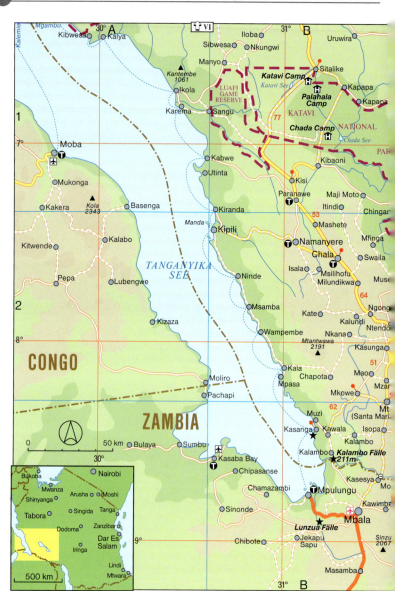

Sumbawanga, Lake Rukwa, Mbeya, Inyonga XIII

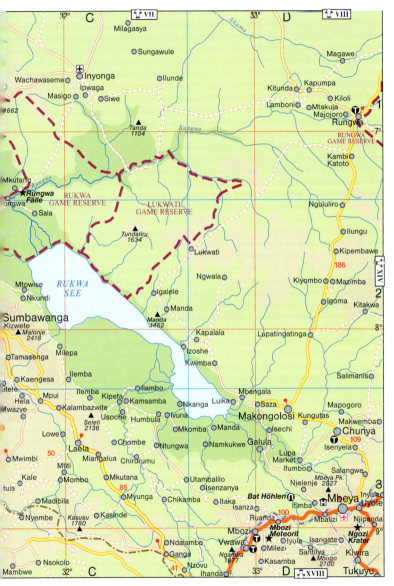

XIV Lake Rukwa, Rungwa, Mbeya

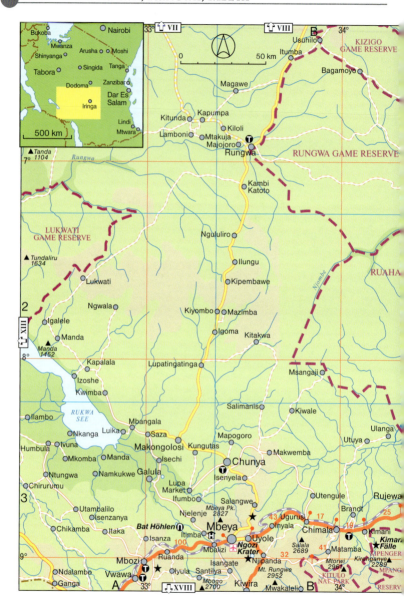

Ruaha National Park, Iringa, Mafinga   XV

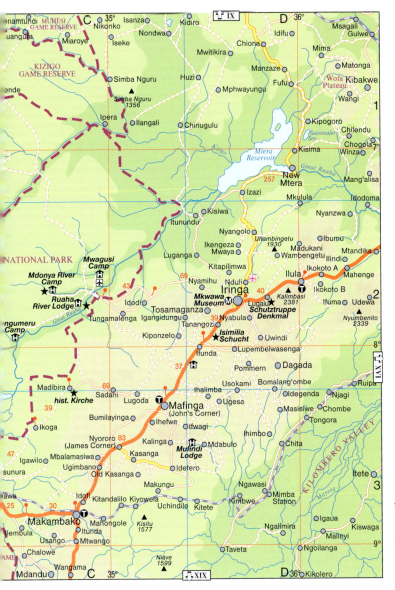

XVI MOROGORO, SELOUS GAME RESERVE

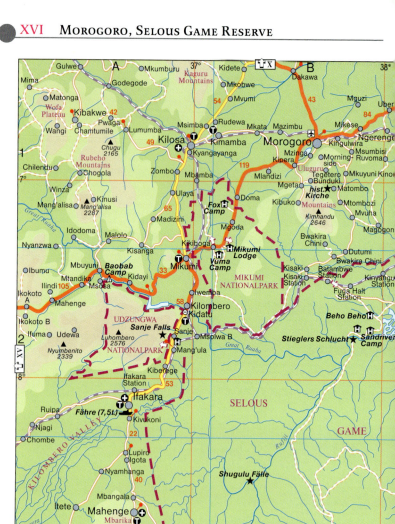

BAGAMOYO, DAR ES SALAAM, MAFIA, KILWA   XVII

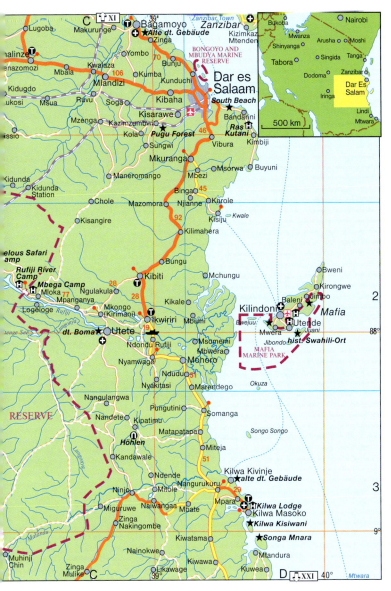

XVIII Tunduma, Tukuyu, Lake Nyasa, Nkhata Bay

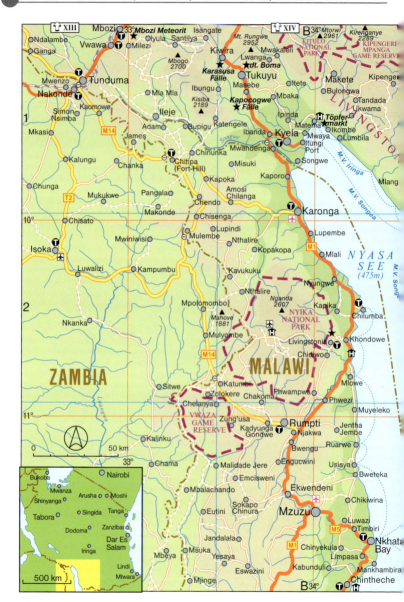

Songea, Mbamba Bay, Njombe, Peramiho XIX

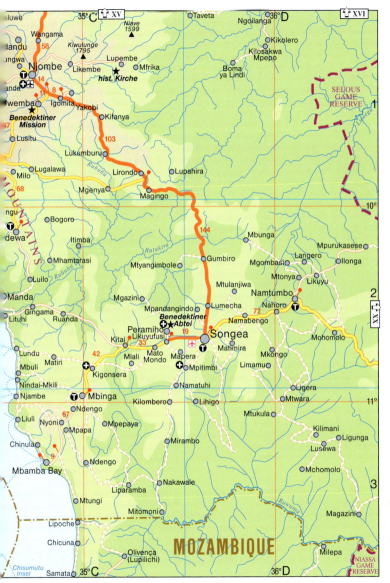

XX Tunduru, Liwale, Selous Game Reserve

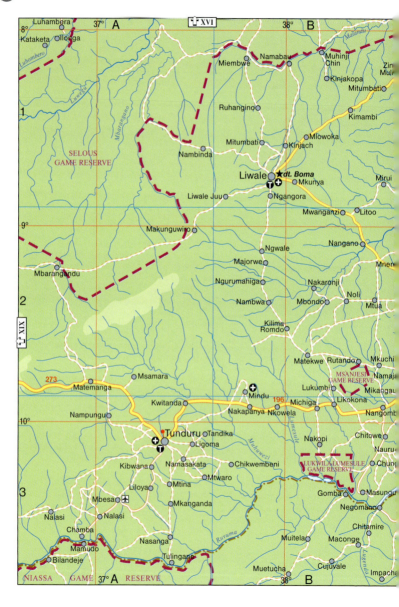

Mtwara, Lindi, Masasi, Newala, Nachingwea XXI

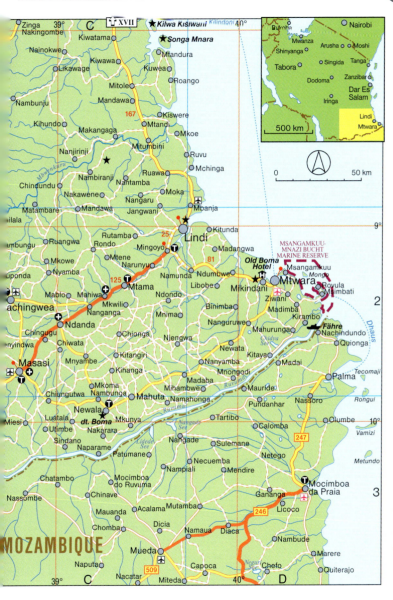

XXII KILIMANJARO

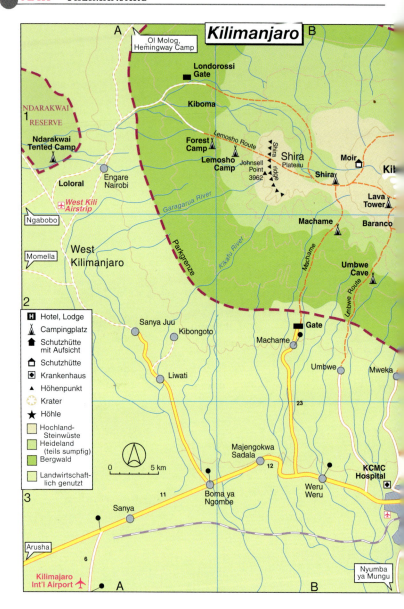

KILIMANJARO XXIII

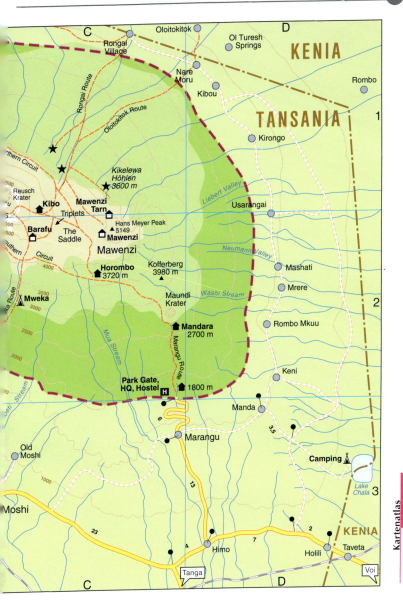